注释法典丛书

新五版·20

中华人民共和国

乡村振兴

注释法典

中国法制出版社
CHINA LEGAL PUBLISHING HOUSE

我国的立法体系①

全国人民代表大会	修改宪法，制定和修改刑事、民事、国家机构的和其他的基本法律
全国人民代表大会常务委员会	制定和修改除应当由全国人民代表大会制定的法律以外的其他法律；在全国人民代表大会闭会期间，对全国人民代表大会制定的法律进行部分补充和修改；根据全国人民代表大会授权制定相关法律；解释法律。
国务院	根据宪法、法律和全国人民代表大会及其常务委员会的授权，制定行政法规。
省、自治区、直辖市的人民代表大会及其常务委员会	根据本行政区域的具体情况和实际需要，在不同宪法、法律、行政法规相抵触的前提下，制定地方性法规。
设区的市、自治州的人民代表大会及其常务委员会	在不同上位法相抵触的前提下，可对城乡建设与管理、生态文明建设、历史文化保护、基层治理等事项制定地方性法规。
经济特区所在地的省、市的人民代表大会及其常务委员会	根据全国人民代表大会的授权决定，制定法规，在经济特区范围内实施。
上海市人民代表大会及其常务委员会	根据全国人民代表大会常务委员会的授权决定，制定浦东新区法规，在浦东新区实施。
海南省人民代表大会及其常务委员会	根据法律规定，制定海南自由贸易港法规，在海南自由贸易港范围内实施。
民族自治地方的人民代表大会	依照当地民族的政治、经济和文化的特点，制定自治条例和单行条例。对法律和行政法规的规定作出变通的规定，但不得违背法律或者行政法规的基本原则，不得对宪法和民族区域自治法的规定以及其他有关法律、行政法规专门就民族自治地方所作的规定作出变通规定。
国务院各部、委员会、中国人民银行、审计署和具有行政管理职能的直属机构以及法律规定的机构	根据法律和国务院的行政法规、决定、命令，在本部门的权限范围内，制定规章。
省、自治区、直辖市和设区的市、自治州的人民政府	根据法律、行政法规和本省、自治区、直辖市的地方性法规，制定规章。设区的市、自治州人民政府制定的地方政府规章限于城乡建设与管理、生态文明建设、历史文化保护、基层治理等方面的事项。
中央军事委员会	根据宪法和法律制定军事法规，在武装力量内部实施。
中国人民解放军各战区、军兵种和中国人民武装警察部队	根据法律和中央军事委员会的军事法规、决定、命令，在其权限范围内制定军事规章，在武装力量内部实施。
国家监察委员会	根据宪法和法律、全国人民代表大会常务委员会的有关决定，制定监察法规。
最高人民法院、最高人民检察院	作出属于审判、检察工作中具体应用法律的解释。

① 本图表为编者根据《立法法》相关规定编辑整理，供参考。

■ 因为专业　所以卓越

出版说明

“注释法典”丛书是我社集数年法规编撰经验，创新出版的大型实用法律工具书。本套工具书不仅全面反映我国立法成果与现状，全面收录相关领域重要法律文件，而且秉持权威、实用的理念，从条文【注释】、【实务问答】及【裁判规则】多角度阐释重要法律规定，相信能够成为广大读者理解、掌握、适用法律的首选工具书。

本套工具书以中国特色社会主义法律体系为主线，结合实践确定分册，独家打造七重法律价值：

一、内容全面

本分册涵盖乡村振兴领域重要的法律、法规、部门规章、司法解释等文件，收录的文件均为现行有效文本，方便读者全面、及时掌握相关规定。

二、注释精炼

在重要法律文件前设【理解与适用】，介绍该法历史沿革、主要内容、适用注意事项；以【注释】形式对重难点条文进行详细阐释。注释内容在吸取全国人大常委会法制工作委员会、最高人民法院等权威解读的基础上，结合最新公布的相关规定及司法实践全新撰写，保证注释内容的准确性与时效性。另外，在重要条文注释中，提炼简明小标题，并予以加粗，帮助读者快速把握条文注释主要内容。

三、实务问答

在相关法条下设【实务问答】，内容来源于最高人民法院司法观点、相关函复等，解答法律适用中的重点与难点。

四、案例指导

在相关法条下设【案例】，案件主要来源于最高人民法院、最高人民检察院指导性案例及公报案例，整理【裁判规则】，展示解决法律问题的权威实例。

五、关联法规链接

在相关法条下以【链接】的方式索引关联条文，提供相关且有效的条文援引，全面体现相关法律规定。

六、层级清晰　检索便捷

（1）目录按照法律文件的效力等级分为法律及文件、行政法规及文件、部门规章及文件、司法解释及文件四个层级。（2）每一层级下法律文件大多按照公布或者最后一次修改时间排列，以方便读者快速定位目标文件，但为了方便读者对某一类问题进行集中查找，本书将一些联系紧密的文件进行了集中排版。

七、超值增值服务

为了使读者能够全面了解解决法律问题的实例，准确适用法律，同时及时充分了解我国立法的动态信息，凡是购买本书的读者，均可获得以下超值增值服务：（1）扫码添加书后“法规编辑部”公众号→点击菜单栏→进入资料下载栏→选择注释法典资料项→点击网址或扫码下载，即可获取最高人民法院、最高人民检察院指导性案例电子版；（2）通过“法规编辑部”公众号，及时了解最新立法信息，并可线上留言，编辑团队会就图书相关疑问进行动态解答。

能够为大家学习法律、解决法律难题提供实实在在的帮助，是我们全心努力的方向，衷心欢迎广大读者朋友反馈意见、建议。

中国法制出版社

2023 年 5 月

目 录*

第一编 乡村振兴重大政策文件

核心政策——中央一号文件及“十四五”规划

---

* 编者按：本目录中的时间为法律文件的公布时间或最后一次修正、修订公布时间。

第二编 乡村振兴综合法律规定

一、综 合

二、农 业

(一)综 合

(二)农业经济管理

三、农 村

（一）综 合

● 行政法规及文件

（二）农村土地

1. 土地管理

● 法律及文件

● 行政法规及文件

● 司法解释及文件

2. 土地承包

● 法律及文件

● 部门规章及文件

● 司法解释及文件

3. 土地征收安置与补偿

● 司法解释及文件

（三）乡镇企业

● 法律及文件

第一编 乡村振兴重大政策文件

核心政策——中央一号文件及“十四五”规划

中共中央、国务院关于做好2023年全面推进乡村振兴重点工作的意见

·2023年1月2日

党的二十大擘画了以中国式现代化全面推进中华民族伟大复兴的宏伟蓝图。全面建设社会主义现代化国家,最艰巨最繁重的任务仍然在农村。世界百年未有之大变局加速演进,我国发展进入战略机遇和风险挑战并存、不确定难预料因素增多的时期,守好“三农”基本盘至关重要、不容有失。党中央认为,必须坚持不懈把解决好“三农”问题作为全党工作重中之重,举全党全社会之力全面推进乡村振兴,加快农业农村现代化。强国必先强农,农强方能国强。要立足国情农情,体现中国特色,建设供给保障强、科技装备强、经营体系强、产业韧性强、竞争能力强的农业强国。

做好2023年和今后一个时期“三农”工作,要坚持以习近平新时代中国特色社会主义思想为指导,全面贯彻落实党的二十大精神,深入贯彻落实习近平总书记关于“三农”工作的重要论述,坚持和加强党对“三农”工作的全面领导,坚持农业农村优先发展,坚持城乡融合发展,强化科技创新和制度创新,坚决守牢确保粮食安全、防止规模性返贫等底线,扎实推进乡村发展、乡村建设、乡村治理等重点工作,加快建设农业强国,建设宜居宜业和美乡村,为全面建设社会主义现代化国家开好局起好步打下坚实基础。

一、抓紧抓好粮食和重要农产品稳产保供

(一)全力抓好粮食生产。确保全国粮食产量保持在1.3万亿斤以上,各省(自治区、直辖市)都要稳住面积、主攻单产、力争多增产。全方位夯实粮食安全根基,强化藏粮于地、藏粮于技的物质基础,健全农民种粮挣钱得利、地方抓粮担责尽义的机制保障。实施新一轮千亿斤粮食产能提升行动。开展吨粮田创建。推动南方省份发展多熟制粮食生产,鼓励有条件的地方发展再生稻。支持开展小麦“一喷三防”。实施玉米单产提升工程。继续提高小麦最低收购价,合理确定稻谷最低收购价,稳定稻谷补贴,完善农资保供稳价应对机制。健全主产区利益补偿机制,增加产粮大县奖励资金规模。逐步扩大稻谷小麦玉米完全成本保险和种植收入保险实施范围。实施好优质粮食工程。鼓励发展粮食订单生产,实现优质优价。严防“割青毁粮”。严格省级党委和政府耕地保护和粮食安全责任制考核。推动出台粮食安全保障法。

(二)加力扩种大豆油料。深入推进大豆和油料产能提升工程。扎实推进大豆玉米带状复合种植,支持东北、黄淮海地区开展粮豆轮作,稳步开发利用盐碱地种植大豆。完善玉米大豆生产者补贴,实施好大豆完全成本保险和种植收入保险试点。统筹油菜综合性扶持措施,推行稻油轮作,大力开发利用冬闲田种植油菜。支持木本油料发展,实施加快油茶产业发展三年行动,落实油茶扩种和低产低效林改造任务。深入实施饲用豆粕减量替代行动。

(三)发展现代设施农业。实施设施农业现代化提升行动。加快发展水稻集中育秧中心和蔬菜集约化育苗中心。加快粮食烘干、农产品产地冷藏、冷链物流设施建设。集中连片推进老旧蔬菜设施改造提升。推进畜禽规模化养殖场和水产养殖池塘改造升级。在保护生态和不增加用水总量前提下,探索科学利用戈壁、沙漠等发展设施农

业。鼓励地方对设施农业建设给予信贷贴息。

（四）构建多元化食物供给体系。树立大食物观，加快构建粮经饲统筹、农林牧渔结合、植物动物微生物并举的多元化食物供给体系，分领域制定实施方案。建设优质节水高产稳产饲草料生产基地，加快苜蓿等草产业发展。大力发展青贮饲料，加快推进秸秆养畜。发展林下种养。深入推进草原畜牧业转型升级，合理利用草地资源，推进划区轮牧。科学划定限养区，发展大水面生态渔业。建设现代海洋牧场，发展深水网箱、养殖工船等深远海养殖。培育壮大食用菌和藻类产业。加大食品安全、农产品质量安全监管力度，健全追溯管理制度。

（五）统筹做好粮食和重要农产品调控。加强粮食应急保障能力建设。强化储备和购销领域监管。落实生猪稳产保供省负总责，强化以能繁母猪为主的生猪产能调控。严格“菜篮子”市长负责制考核。完善棉花目标价格政策。继续实施糖料蔗良种良法技术推广补助政策。完善天然橡胶扶持政策。加强化肥等农资生产、储运调控。发挥农产品国际贸易作用，深入实施农产品进口多元化战略。深入开展粮食节约行动，推进全链条节约减损，健全常态化、长效化工作机制。提倡健康饮食。

二、加强农业基础设施建设

（六）加强耕地保护和用途管控。严格耕地占补平衡管理，实行部门联合开展补充耕地验收评定和“市县审核、省级复核、社会监督”机制，确保补充的耕地数量相等、质量相当、产能不降。严格控制耕地转为其他农用地。探索建立耕地种植用途管控机制，明确利用优先序，加强动态监测，有序开展试点。加大撂荒耕地利用力度。做好第三次全国土壤普查工作。

（七）加强高标准农田建设。完成高标准农田新建和改造提升年度任务，重点补上土壤改良、农田灌排设施等短板，统筹推进高效节水灌溉，健全长效管护机制。制定逐步把永久基本农田全部建成高标准农田的实施方案。加强黑土地保护和坡耕地综合治理。严厉打击盗挖黑土、电捕蚯蚓等破坏土壤行为。强化干旱半干旱耕地、红黄壤耕地产能提升技术攻关，持续推动由主要治理盐碱地适应作物向更多选育耐盐碱植物适应盐碱地转变，做好盐碱地等耕地后备资源综合开发利用试点。

（八）加强水利基础设施建设。扎实推进重大水利工程建设，加快构建国家水网骨干网络。加快大中型灌区建设和现代化改造。实施一批中小型水库及引调水、抗旱备用水源等工程建设。加强田间地头渠系与灌区骨干工程连接等农田水利设施建设。支持重点区域开展地下水超采综合治理，推进黄河流域农业深度节水控水。在干旱半干旱地区发展高效节水旱作农业。强化蓄滞洪区建设管理、中小河流治理、山洪灾害防治，加快实施中小水库除险加固和小型水库安全监测。深入推进农业水价综合改革。

（九）强化农业防灾减灾能力建设。研究开展新一轮农业气候资源普查和农业气候区划工作。优化完善农业气象观测设施站网布局，分区域、分灾种发布农业气象灾害信息。加强旱涝灾害防御体系建设和农业生产防灾救灾保障。健全基层动植物疫病虫害监测预警网络。抓好非洲猪瘟等重大动物疫病常态化防控和重点人兽共患病源头防控。提升重点区域森林草原火灾综合防控水平。

三、强化农业科技和装备支撑

（十）推动农业关键核心技术攻关。坚持产业需求导向，构建梯次分明、分工协作、适度竞争的农业科技创新体系，加快前沿技术突破。支持农业领域国家实验室、全国重点实验室、制造业创新中心等平台建设，加强农业基础性长期性观测实验站（点）建设。完善农业科技领域基础研究稳定支持机制。

（十一）深入实施种业振兴行动。完成全国农业种质资源普查。构建开放协作、共享应用的种质资源精准鉴定评价机制。全面实施生物育种重大项目，扎实推进国家育种联合攻关和畜禽遗传改良计划，加快培育高产高油大豆、短生育期油菜、耐盐碱作物等新品种。加快玉米大豆生物育种产业化步伐，有序扩大试点范围，规范种植管理。

（十二）加快先进农机研发推广。加紧研发大型智能农机装备、丘陵山区适用小型机械和园艺机械。支持北斗智能监测终端及辅助驾驶系统集成应用。完善农机购置与应用补贴政策，探索与作业量挂钩的补贴办法，地方要履行法定支出责任。

（十三）推进农业绿色发展。加快农业投入品减量增效技术推广应用，推进水肥一体化，建立健全秸秆、农膜、农药包装废弃物、畜禽粪污等农业废弃物收集利用处理体系。推进农业绿色发展先行区和观测试验基地建设。健全耕地休耕轮作制度。加强农用地土壤镉等重金属污染源头防治。强化受污染耕地安全利用和风险管控。建立农业生态环境保护监测制度。出台生态保护补偿条例。严格执行休禁渔期制度,实施好长江十年禁渔,巩固退捕渔民安置保障成果。持续开展母亲河复苏行动,科学实施农村河湖综合整治。加强黄土高原淤地坝建设改造。加大草原保护修复力度。巩固退耕还林还草成果,落实相关补助政策。严厉打击非法引入外来物种行为,实施重大危害入侵物种防控攻坚行动,加强"异宠"交易与放生规范管理。

四、巩固拓展脱贫攻坚成果

(十四)坚决守住不发生规模性返贫底线。压紧压实各级巩固拓展脱贫攻坚成果责任,确保不松劲、不跑偏。强化防止返贫动态监测。对有劳动能力、有意愿的监测户,落实开发式帮扶措施。健全分层分类的社会救助体系,做好兜底保障。巩固提升"三保障"和饮水安全保障成果。

(十五)增强脱贫地区和脱贫群众内生发展动力。把增加脱贫群众收入作为根本要求,把促进脱贫县加快发展作为主攻方向,更加注重扶志扶智,聚焦产业就业,不断缩小收入差距、发展差距。中央财政衔接推进乡村振兴补助资金用于产业发展的比重力争提高到60%以上,重点支持补上技术、设施、营销等短板。鼓励脱贫地区有条件的农户发展庭院经济。深入开展多种形式的消费帮扶,持续推进消费帮扶示范城市和产地示范区创建,支持脱贫地区打造区域公用品牌。财政资金和帮扶资金支持的经营性帮扶项目要健全利益联结机制,带动农民增收。管好用好扶贫项目资产。深化东西部劳务协作,实施防止返贫就业攻坚行动,确保脱贫劳动力就业规模稳定在3000万人以上。持续运营好就业帮扶车间和其他产业帮扶项目。充分发挥乡村公益性岗位就业保障作用。深入开展"雨露计划+"就业促进行动。在国家乡村振兴重点帮扶县实施一批补短板促振兴重点项目,深入实施医疗、教育干部人才"组团式"帮扶,更好发挥驻村干部、科技特派员产业帮扶作用。深入开展巩固易地搬迁脱贫成果专项行动和搬迁群众就业帮扶专项行动。

(十六)稳定完善帮扶政策。落实巩固拓展脱贫攻坚成果同乡村振兴有效衔接政策。开展国家乡村振兴重点帮扶县发展成效监测评价。保持脱贫地区信贷投放力度不减,扎实做好脱贫人口小额信贷工作。按照市场化原则加大对帮扶项目的金融支持。深化东西部协作,组织东部地区经济较发达县(市、区)与脱贫县开展携手促振兴行动,带动脱贫县更多承接和发展劳动密集型产业。持续做好中央单位定点帮扶,调整完善结对关系。深入推进"万企兴万村"行动。研究过渡期后农村低收入人口和欠发达地区常态化帮扶机制。

五、推动乡村产业高质量发展

(十七)做大做强农产品加工流通业。实施农产品加工业提升行动,支持家庭农场、农民合作社和中小微企业等发展农产品产地初加工,引导大型农业企业发展农产品精深加工。引导农产品加工企业向产地下沉、向园区集中,在粮食和重要农产品主产区统筹布局建设农产品加工产业园。完善农产品流通骨干网络,改造提升产地、集散地、销地批发市场,布局建设一批城郊大仓基地。支持建设产地冷链集配中心。统筹疫情防控和农产品市场供应,确保农产品物流畅通。

(十八)加快发展现代乡村服务业。全面推进县域商业体系建设。加快完善县乡村电子商务和快递物流配送体系,建设县域集采集配中心,推动农村客货邮融合发展,大力发展共同配送、即时零售等新模式,推动冷链物流服务网络向乡村下沉。发展乡村餐饮购物、文化体育、旅游休闲、养老托幼、信息中介等生活服务。鼓励有条件的地区开展新能源汽车和绿色智能家电下乡。

(十九)培育乡村新产业新业态。继续支持创建农业产业强镇、现代农业产业园、优势特色产业集群。支持国家农村产业融合发展示范园建设。深入推进农业现代化示范区建设。实施文化产业赋能乡村振兴计划。实施乡村休闲旅游精品工程,推动乡村民宿提质升级。深入实施"数商兴农"和"互联网+"农产品出村进城工程,鼓励发展农产品电商直采、定制生产等模式,建设农副产品直播电商基地。提升净菜、中央厨房等产业标准化和规范化水平。培育发展预制菜产业。

(二十)培育壮大县域富民产业。完善县乡村产业空间布局,提升县城产业承载和配套服务功能,增强重点镇集聚功能。实施"一县一业"强县富民工程。引导劳动密集型产业向中西部地区、向县域梯度转移,支持大中城市在周边县域布局关联产业和配套企业。支持国家级高新区、经开区、农高区托管联办县域产业园区。

六、拓宽农民增收致富渠道

(二十一)促进农民就业增收。强化各项稳岗纾困政策落实,加大对中小微企业稳岗倾斜力度,稳定农民工就业。促进农民工职业技能提升。完善农民工工资支付监测预警机制。维护好超龄农民工就业权益。加快完善灵活就业人员权益保障制度。加强返乡入乡创业园、农村创业孵化实训基地等建设。在政府投资重点工程和农业农村基础设施建设项目中推广以工代赈,适当提高劳务报酬发放比例。

(二十二)促进农业经营增效。深入开展新型农业经营主体提升行动,支持家庭农场组建农民合作社、合作社根据发展需要办企业,带动小农户合作经营、共同增收。实施农业社会化服务促进行动,大力发展代耕代种、代管代收、全程托管等社会化服务,鼓励区域性综合服务平台建设,促进农业节本增效、提质增效、营销增效。引导土地经营权有序流转,发展农业适度规模经营。总结地方"小田并大田"等经验,探索在农民自愿前提下,结合农田建设、土地整治逐步解决细碎化问题。完善社会资本投资农业农村指引,加强资本下乡引入、使用、退出的全过程监管。健全社会资本通过流转取得土地经营权的资格审查、项目审核和风险防范制度,切实保障农民利益。坚持为农服务和政事分开、社企分开,持续深化供销合作社综合改革。

(二十三)赋予农民更加充分的财产权益。深化农村土地制度改革,扎实搞好确权,稳步推进赋权,有序实现活权,让农民更多分享改革红利。研究制定第二轮土地承包到期后再延长30年试点工作指导意见。稳慎推进农村宅基地制度改革试点,切实摸清底数,加快房地一体宅基地确权登记颁证,加强规范管理,妥善化解历史遗留问题,探索宅基地"三权分置"有效实现形式。深化农村集体经营性建设用地入市试点,探索建立兼顾国家、农村集体经济组织和农民利益的土地增值收益有效调节机制。保障进城落户农民合法土地权益,鼓励依法自愿有偿转让。巩固提升农村集体产权制度改革成果,构建产权关系明晰、治理架构科学、经营方式稳健、收益分配合理的运行机制,探索资源发包、物业出租、居间服务、资产参股等多样化途径发展新型农村集体经济。健全农村集体资产监管体系。保障妇女在农村集体经济组织中的合法权益。继续深化集体林权制度改革。深入推进农村综合改革试点示范。

七、扎实推进宜居宜业和美乡村建设

(二十四)加强村庄规划建设。坚持县域统筹,支持有条件有需求的村庄分区分类编制村庄规划,合理确定村庄布局和建设边界。将村庄规划纳入村级议事协商目录。规范优化乡村地区行政区划设置,严禁违背农民意愿撤并村庄、搞大社区。推进以乡镇为单元的全域土地综合整治。积极盘活存量集体建设用地,优先保障农民居住、乡村基础设施、公共服务空间和产业用地需求,出台乡村振兴用地政策指南。编制村容村貌提升导则,立足乡土特征、地域特点和民族特色提升村庄风貌,防止大拆大建、盲目建牌楼亭廊"堆盆景"。实施传统村落集中连片保护利用示范,建立完善传统村落调查认定、撤并前置审查、灾毁防范等制度。制定农村基本具备现代生活条件建设指引。

(二十五)扎实推进农村人居环境整治提升。加大村庄公共空间整治力度,持续开展村庄清洁行动。巩固农村户厕问题摸排整改成果,引导农民开展户内改厕。加强农村公厕建设维护。以人口集中村镇和水源保护区周边村庄为重点,分类梯次推进农村生活污水治理。推动农村生活垃圾源头分类减量,及时清运处置。推进厕所粪污、易腐烂垃圾、有机废弃物就近就地资源化利用。持续开展爱国卫生运动。

(二十六)持续加强乡村基础设施建设。加强农村公路养护和安全管理,推动与沿线配套设施、产业园区、旅游景区、乡村旅游重点村一体化建设。推进农村规模化供水工程建设和小型供水工程标准化改造,开展水质提升专项行动。推进农村电网巩固提升,发展农村可再生能源。支持农村危房改造和抗震改造,基本完成农房安全隐患排查整治,建立全过程监管制度。开展现代宜居农房建设示范。深入实施数字乡村发展行动,推动数字化应用场景研发推广。加快农业农村大数据应用,推进智慧农业发展。落实村庄公共基础设施管护责任。加强农村应急管理基础能力建设,深入开展乡村交通、消防、经营性自建房等重点领域风险隐患治理攻坚。

(二十七)提升基本公共服务能力。推动基本公共服务资源下沉,着力加强薄弱环节。推进县域内义务教育优质均衡发展,提升农村学校办学水平。落实乡村教师生活补助政策。推进医疗卫生资源县域统筹,加强乡村两级医疗卫生、医疗保障服务能力建设。统筹解决乡村医生薪酬分配和待遇保障问题,推进乡村医生队伍专业化规范化。提高农村传染病防控和应急处置能力。做好农村新冠疫情防控工作,层层压实责任,加强农村老幼病残孕等重点人群医疗保障,最大程度维护好农村居民身体健康和正常生产生活秩序。优化低保审核确认流程,确保符合条件的困难群众"应保尽保"。深化农村社会工作服务。加快乡镇区域养老服务中心建设,推广日间照料、互助养老、探访关爱、老年食堂等养老服务。实施农村妇女素质提升计划,加强农村未成年人保护工作,健全农村残疾人社会保障制度和关爱服务体系,关心关爱精神障碍人员。

八、健全党组织领导的乡村治理体系

(二十八)强化农村基层党组织政治功能和组织功能。突出大抓基层的鲜明导向,强化县级党委抓乡促村责任,深入推进抓党建促乡村振兴。全面培训提高乡镇、村班子领导乡村振兴能力。派强用好驻村第一书记和工作队,强化派出单位联村帮扶。开展乡村振兴领域腐败和作风问题整治。持续开展市县巡察,推动基层纪检监察组织和村务监督委员会有效衔接,强化对村干部全方位管理和经常性监督。对农村党员分期分批开展集中培训。通过设岗定责等方式,发挥农村党员先锋模范作用。

(二十九)提升乡村治理效能。坚持以党建引领乡村治理,强化县乡村三级治理体系功能,压实县级责任,推动乡镇扩权赋能,夯实村级基础。全面落实县级领导班子成员包乡走村、乡镇领导班子成员包村联户、村干部经常入户走访制度。健全党组织领导的村民自治机制,全面落实"四议两公开"制度。加强乡村法治教育和法律服务,深入开展"民主法治示范村(社区)"创建。坚持和发展新时代"枫桥经验",完善社会矛盾纠纷多元预防调处化解机制。完善网格化管理、精细化服务、信息化支撑的基层治理平台。推进农村扫黑除恶常态化。开展打击整治农村赌博违法犯罪专项行动。依法严厉打击侵害农村妇女儿童权利的违法犯罪行为。完善推广积分制、清单制、数字化、接诉即办等务实管用的治理方式。深化乡村治理体系建设试点,组织开展全国乡村治理示范村镇创建。

(三十)加强农村精神文明建设。深入开展社会主义核心价值观宣传教育,继续在乡村开展听党话、感党恩、跟党走宣传教育活动。深化农村群众性精神文明创建,拓展新时代文明实践中心、县级融媒体中心等建设,支持乡村自办群众性文化活动。注重家庭家教家风建设。深入实施农耕文化传承保护工程,加强重要农业文化遗产保护利用。办好中国农民丰收节。推动各地因地制宜制定移风易俗规范,强化村规民约约束作用,党员、干部带头示范,扎实开展高价彩礼、大操大办等重点领域突出问题专项治理。推进农村丧葬习俗改革。

九、强化政策保障和体制机制创新

(三十一)健全乡村振兴多元投入机制。坚持把农业农村作为一般公共预算优先保障领域,压实地方政府投入责任。稳步提高土地出让收益用于农业农村比例。将符合条件的乡村振兴项目纳入地方政府债券支持范围。支持以市场化方式设立乡村振兴基金。健全政府投资与金融、社会投入联动机制,鼓励将符合条件的项目打捆打包按规定由市场主体实施,撬动金融和社会资本按市场化原则更多投向农业农村。用好再贷款再贴现、差别化存款准备金、差异化金融监管和考核评估等政策,推动金融机构增加乡村振兴相关领域贷款投放,重点保障粮食安全信贷资金需求。引导信贷担保业务向农业农村领域倾斜,发挥全国农业信贷担保体系作用。加强农业信用信息共享。发挥多层次资本市场支农作用,优化"保险+期货"。加快农村信用社改革化险,推动村镇银行结构性重组。鼓励发展渔业保险。

(三十二)加强乡村人才队伍建设。实施乡村振兴人才支持计划,组织引导教育、卫生、科技、文化、社会工作、精神文明建设等领域人才到基层一线服务,支持培养本土急需紧缺人才。实施高素质农民培育计划,开展农村创业带头人培育行动,提高培训实效。大力发展面向乡村振兴的职业教育,深化产教融合和校企合作。完善城市专业技术人才定期服务乡村激励机制,对长期服务乡村的在职务晋升、职称评定方面予以适当倾斜。引导城市专业技术人员入乡兼职兼薪和离岗创业。允许符合一定条件的返乡回乡下乡就业创业人员在原籍地或就业创业地落户。继续实施农村订单定向医学生免费培养项目、教师“优师计划”、“特岗计划”、“国培计划”，实施“大学生乡村医生”专项计划。实施乡村振兴巾帼行动、青年人才开发行动。

（三十三）推进县域城乡融合发展。健全城乡融合发展体制机制和政策体系，畅通城乡要素流动。统筹县域城乡规划建设，推动县城城镇化补短板强弱项，加强中心镇市政、服务设施建设。深入推进县域农民工市民化，建立健全基本公共服务同常住人口挂钩、由常住地供给机制。做好农民工金融服务工作。梯度配置县乡村公共资源，发展城乡学校共同体、紧密型医疗卫生共同体、养老服务联合体，推动县域供电、供气、电信、邮政等普遍服务类设施城乡统筹建设和管护，有条件的地区推动市政管网、乡村微管网等往户延伸。扎实开展乡村振兴示范创建。

办好农村的事，实现乡村振兴，关键在党。各级党委和政府要认真学习宣传贯彻党的二十大精神，学深悟透习近平总书记关于“三农”工作的重要论述，把“三农”工作摆在突出位置抓紧抓好，不断提高“三农”工作水平。加强工作作风建设，党员干部特别是领导干部要树牢群众观点，贯彻群众路线，多到基层、多接地气，大兴调查研究之风。发挥农民主体作用，调动农民参与乡村振兴的积极性、主动性、创造性。强化系统观念，统筹解决好“三农”工作中两难、多难问题，把握好工作时度效。深化纠治乡村振兴中的各类形式主义、官僚主义等问题，切实减轻基层迎评送检、填表报数、过度留痕等负担，推动基层把主要精力放在谋发展、抓治理和为农民群众办实事上。全面落实乡村振兴责任制，坚持五级书记抓，统筹开展乡村振兴战略实绩考核、巩固拓展脱贫攻坚成果同乡村振兴有效衔接考核评估，将抓党建促乡村振兴情况作为市县乡党委书记抓基层党建述职评议考核的重要内容。加强乡村振兴统计监测。制定加快建设农业强国规划，做好整体谋划和系统安排，同现有规划相衔接，分阶段扎实稳步推进。

让我们紧密团结在以习近平同志为核心的党中央周围，坚定信心、踔厉奋发、埋头苦干，全面推进乡村振兴，加快建设农业强国，为全面建设社会主义现代化国家、全面推进中华民族伟大复兴作出新的贡献。

中共中央、国务院关于做好2022年全面推进乡村振兴重点工作的意见

·2022年1月4日

当前，全球新冠肺炎疫情仍在蔓延，世界经济复苏脆弱，气候变化挑战突出，我国经济社会发展各项任务极为繁重艰巨。党中央认为，从容应对百年变局和世纪疫情，推动经济社会平稳健康发展，必须着眼国家重大战略需要，稳住农业基本盘、做好“三农”工作，接续全面推进乡村振兴，确保农业稳产增产、农民稳步增收、农村稳定安宁。

做好2022年“三农”工作，要以习近平新时代中国特色社会主义思想为指导，全面贯彻党的十九大和十九届历次全会精神，深入贯彻中央经济工作会议精神，坚持稳中求进工作总基调，立足新发展阶段、贯彻新发展理念、构建新发展格局、推动高质量发展，促进共同富裕，坚持和加强党对“三农”工作的全面领导，牢牢守住保障国家粮食安全和不发生规模性返贫两条底线，突出年度性任务、针对性举措、实效性导向，充分发挥农村基层党组织领导作用，扎实有序做好乡村发展、乡村建设、乡村治理重点工作，推动乡村振兴取得新进展、农业农村现代化迈出新步伐。

一、全力抓好粮食生产和重要农产品供给

（一）稳定全年粮食播种面积和产量。坚持中国人的饭碗任何时候都要牢牢端在自己手中，饭碗主要装中国粮，全面落实粮食安全党政同责，严格粮食安全责任制考核，确保粮食播种面积稳定、产量保持在1.3万亿斤以上。主产区、主销区、产销平衡区都要保面积、保产量，不断提高主产区粮食综合生产能力，切实稳定和提高主销区粮食自给率，确保产销平衡区粮食基本自给。推进国家粮食安全产业带建设。大力开展绿色高质高效行动，深入实施优质粮食工程，提升粮食单产和品质。推进黄河流域农业深度节水控水，通过提升用水效率、发展旱作农业，稳定粮食播种面积。积极应对小麦晚播等不利影响，加强冬春田间管理，促进弱苗转壮。

（二）大力实施大豆和油料产能提升工程。加大耕地轮作补贴和产油大县奖励力度，集中支持适

宜区域、重点品种、经营服务主体，在黄淮海、西北、西南地区推广玉米大豆带状复合种植，在东北地区开展粮豆轮作，在黑龙江省部分地下水超采区、寒地井灌稻区推进水改旱、稻改豆试点，在长江流域开发冬闲田扩种油菜。开展盐碱地种植大豆示范。支持扩大油茶种植面积，改造提升低产林。

（三）保障"菜篮子"产品供给。加大力度落实"菜篮子"市长负责制。稳定生猪生产长效性支持政策，稳定基础产能，防止生产大起大落。加快扩大牛羊肉和奶业生产，推进草原畜牧业转型升级试点示范。稳定水产养殖面积，提升渔业发展质量。稳定大中城市常年菜地保有量，大力推进北方设施蔬菜、南菜北运基地建设，提高蔬菜应急保供能力。完善棉花目标价格政策。探索开展糖料蔗完全成本保险和种植收入保险。开展天然橡胶老旧胶园更新改造试点。

（四）合理保障农民种粮收益。按照让农民种粮有利可图、让主产区抓粮有积极性的目标要求，健全农民种粮收益保障机制。2022年适当提高稻谷、小麦最低收购价，稳定玉米、大豆生产者补贴和稻谷补贴政策，实现三大粮食作物完全成本保险和种植收入保险主产省产粮大县全覆盖。加大产粮大县奖励力度，创新粮食产销区合作机制。支持家庭农场、农民合作社、农业产业化龙头企业多种粮、种好粮。聚焦关键薄弱环节和小农户，加快发展农业社会化服务，支持农业服务公司、农民合作社、农村集体经济组织、基层供销合作社等各类主体大力发展单环节、多环节、全程生产托管服务，开展订单农业、加工物流、产品营销等，提高种粮综合效益。

（五）统筹做好重要农产品调控。健全农产品全产业链监测预警体系，推动建立统一的农产品供需信息发布制度，分类分品种加强调控和应急保障。深化粮食购销领域监管体制机制改革，开展专项整治，依法从严惩治系统性腐败。加强智能粮库建设，促进人防技防相结合，强化粮食库存动态监管。严格控制以玉米为原料的燃料乙醇加工。做好化肥等农资生产储备调运，促进保供稳价。坚持节约优先，落实粮食节约行动方案，深入推进产运储加消全链条节粮减损，强化粮食安全教育，反对食物浪费。

二、强化现代农业基础支撑

（六）落实"长牙齿"的耕地保护硬措施。实行耕地保护党政同责，严守18亿亩耕地红线。按照耕地和永久基本农田、生态保护红线、城镇开发边界的顺序，统筹划定落实三条控制线，把耕地保有量和永久基本农田保护目标任务足额带位置逐级分解下达，由中央和地方签订耕地保护目标责任书，作为刚性指标实行严格考核、一票否决、终身追责。分类明确耕地用途，严格落实耕地利用优先序，耕地主要用于粮食和棉、油、糖、蔬菜等农产品及饲草饲料生产，永久基本农田重点用于粮食生产，高标准农田原则上全部用于粮食生产。引导新发展林果业上山上坡，鼓励利用"四荒"资源，不与粮争地。落实和完善耕地占补平衡政策，建立补充耕地立项、实施、验收、管护全程监管机制，确保补充可长期稳定利用的耕地，实现补充耕地产能与所占耕地相当。改进跨省域补充耕地国家统筹管理办法。加大耕地执法监督力度，严厉查处违法违规占用耕地从事非农建设。强化耕地用途管制，严格管控耕地转为其他农用地。巩固提升受污染耕地安全利用水平。稳妥有序开展农村乱占耕地建房专项整治试点。巩固"大棚房"问题专项清理整治成果。落实工商资本流转农村土地审查审核和风险防范制度。

（七）全面完成高标准农田建设阶段性任务。多渠道增加投入，2022年建设高标准农田1亿亩，累计建成高效节水灌溉面积4亿亩。统筹规划、同步实施高效节水灌溉与高标准农田建设。各地要加大中低产田改造力度，提升耕地地力等级。研究制定增加农田灌溉面积的规划。实施重点水源和重大引调水等水资源配置工程。加大大中型灌区续建配套与改造力度，在水土资源条件适宜地区规划新建一批现代化灌区，优先将大中型灌区建成高标准农田。深入推进国家黑土地保护工程。实施黑土地保护性耕作8000万亩。积极挖掘潜力增加耕地，支持将符合条件的盐碱地等后备资源适度有序开发为耕地。研究制定盐碱地综合利用规划和实施方案。分类改造盐碱地，推动由主要治理盐碱地适应作物向更多选育耐盐碱植物适应盐碱地转变。支持盐碱地、干旱半干旱地区国家农业高新技术产业示范区建设。启动全国第三次土壤普查。

（八）大力推进种源等农业关键核心技术攻关。全面实施种业振兴行动方案。加快推进农业种质资源普查收集，强化精准鉴定评价。推进种业领域国家重大创新平台建设。启动农业生物育种重大项目。加快实施农业关键核心技术攻关工程，实行“揭榜挂帅”、“部省联动”等制度，开展长周期研发项目试点。强化现代农业产业技术体系建设。开展重大品种研发与推广后补助试点。贯彻落实种子法，实行实质性派生品种制度，强化种业知识产权保护，依法严厉打击套牌侵权等违法犯罪行为。

（九）提升农机装备研发应用水平。全面梳理短板弱项，加强农机装备工程化协同攻关，加快大马力机械、丘陵山区和设施园艺小型机械、高端智能机械研发制造并纳入国家重点研发计划予以长期稳定支持。实施农机购置与应用补贴政策，优化补贴兑付方式。完善农机性能评价机制，推进补贴机具有进有出、优机优补，重点支持粮食烘干、履带式作业、玉米大豆带状复合种植、油菜籽收获等农机，推广大型复合智能农机。推动新生产农机排放标准升级。开展农机研发制造推广应用一体化试点。

（十）加快发展设施农业。因地制宜发展塑料大棚、日光温室、连栋温室等设施。集中建设育苗工厂化设施。鼓励发展工厂化集约养殖、立体生态养殖等新型养殖设施。推动水肥一体化、饲喂自动化、环境控制智能化等设施装备技术研发应用。在保护生态环境基础上，探索利用可开发的空闲地、废弃地发展设施农业。

（十一）有效防范应对农业重大灾害。加大农业防灾减灾救灾能力建设和投入力度。修复水毁灾损农业、水利基础设施，加强沟渠疏浚以及水库、泵站建设和管护。加强防汛抗旱应急物资储备。强化农业农村、水利、气象灾害监测预警体系建设，增强极端天气应对能力。加强基层动植物疫病防控体系建设，落实属地责任，配齐配强专业人员，实行定责定岗定人，确保非洲猪瘟、草地贪夜蛾等动植物重大疫病防控责有人负、活有人干、事有人管。做好人兽共患病源头防控。加强外来入侵物种防控管理，做好普查监测、入境检疫、国内防控，对已传入并造成严重危害的，要“一种一策”精准治理、有效灭除。加强中长期气候变化对农业影响研究。

三、坚决守住不发生规模性返贫底线

（十二）完善监测帮扶机制。精准确定监测对象，将有返贫致贫风险和突发严重困难的农户纳入监测范围，简化工作流程，缩短认定时间。针对发现的因灾因病因疫等苗头性问题，及时落实社会救助、医疗保障等帮扶措施。强化监测帮扶责任落实，确保工作不留空档、政策不留空白。继续开展巩固脱贫成果后评估工作。

（十三）促进脱贫人口持续增收。推动脱贫地区更多依靠发展来巩固拓展脱贫攻坚成果，让脱贫群众生活更上一层楼。巩固提升脱贫地区特色产业，完善联农带农机制，提高脱贫人口家庭经营性收入。逐步提高中央财政衔接推进乡村振兴补助资金用于产业发展的比重，重点支持帮扶产业补上技术、设施、营销等短板，强化龙头带动作用，促进产业提档升级。巩固光伏扶贫工程成效，在有条件的脱贫地区发展光伏产业。压实就业帮扶责任，确保脱贫劳动力就业规模稳定。深化东西部劳务协作，做好省内转移就业工作。延续支持帮扶车间发展优惠政策。发挥以工代赈作用，具备条件的可提高劳务报酬发放比例。统筹用好乡村公益岗位，实行动态管理。逐步调整优化生态护林员政策。

（十四）加大对乡村振兴重点帮扶县和易地搬迁集中安置区支持力度。在乡村振兴重点帮扶县实施一批补短板促发展项目。编制国家乡村振兴重点帮扶县巩固拓展脱贫攻坚成果同乡村振兴有效衔接实施方案。做好国家乡村振兴重点帮扶县科技特派团选派，实行产业技术顾问制度，有计划开展教育、医疗干部人才组团式帮扶。建立健全国家乡村振兴重点帮扶县发展监测评价机制。加大对国家乡村振兴重点帮扶县信贷资金投入和保险保障力度。完善易地搬迁集中安置区配套设施和公共服务，持续加大安置区产业培育力度，开展搬迁群众就业帮扶专项行动。落实搬迁群众户籍管理、合法权益保障、社会融入等工作举措，提升安置社区治理水平。

（十五）推动脱贫地区帮扶政策落地见效。保持主要帮扶政策总体稳定，细化落实过渡期各项帮扶政策，开展政策效果评估。拓展东西部协作工作领域，深化区县、村企、学校、医院等结对帮扶。在东西部协作和对口支援框架下，继续开展城乡建设用地增减挂钩节余指标跨省域调剂。持续做好中央单位定点帮扶工作。扎实做好脱贫人口小额信贷工作。创建消费帮扶示范城市和产地示范区，发挥脱贫地区农副产品网络销售平台作用。

四、聚焦产业促进乡村发展

（十六）持续推进农村一二三产业融合发展。鼓励各地拓展农业多种功能、挖掘乡村多元价值，重点发展农产品加工、乡村休闲旅游、农村电商等产业。支持农业大县聚焦农产品加工业，引导企业到产地发展粮油加工、食品制造。推进现代农业产业园和农业产业强镇建设，培育优势特色产业集群，继续支持创建一批国家农村产业融合发展示范园。实施乡村休闲旅游提升计划。支持农民直接经营或参与经营的乡村民宿、农家乐特色村（点）发展。将符合要求的乡村休闲旅游项目纳入科普基地和中小学学农劳动实践基地范围。实施"数商兴农"工程，推进电子商务进乡村。促进农副产品直播带货规范健康发展。开展农业品种培优、品质提升、品牌打造和标准化生产提升行动，推进食用农产品承诺达标合格证制度，完善全产业链质量安全追溯体系。加快落实保障和规范农村一二三产业融合发展用地政策。

（十七）大力发展县域富民产业。支持大中城市疏解产业向县域延伸，引导产业有序梯度转移。大力发展县域范围内比较优势明显、带动农业农村能力强、就业容量大的产业，推动形成"一县一业"发展格局。加强县域基层创新，强化产业链与创新链融合。加快完善县城产业服务功能，促进产业向园区集中、龙头企业做强做大。引导具备条件的中心镇发展专业化中小微企业集聚区，推动重点村发展乡村作坊、家庭工场。

（十八）加强县域商业体系建设。实施县域商业建设行动，促进农村消费扩容提质升级。加快农村物流快递网点布局，实施"快递进村"工程，鼓励发展"多站合一"的乡镇客货邮综合服务站、"一点多能"的村级寄递物流综合服务点，推进县乡村物流共同配送，促进农村客货邮融合发展。支持大型流通企业以县城和中心镇为重点下沉供应链。加快实施"互联网+"农产品出村进城工程，推动建立长期稳定的产销对接关系。推动冷链物流服务网络向农村延伸，整县推进农产品产地仓储保鲜冷链物流设施建设，促进合作联营、成网配套。支持供销合作社开展县域流通服务网络建设提升行动，建设县域集采集配中心。

（十九）促进农民就地就近就业创业。落实各类农民工稳岗就业政策。发挥大中城市就业带动作用。实施县域农民工市民化质量提升行动。鼓励发展共享用工、多渠道灵活就业，规范发展新就业形态，培育发展家政服务、物流配送、养老托育等生活性服务业。推进返乡入乡创业园建设，落实各项扶持政策。大力开展适合农民工就业的技能培训和新职业新业态培训。合理引导灵活就业农民工按规定参加职工基本医疗保险和城镇职工基本养老保险。

（二十）推进农业农村绿色发展。加强农业面源污染综合治理，深入推进农业投入品减量化，加强畜禽粪污资源化利用，推进农膜科学使用回收，支持秸秆综合利用。建设国家农业绿色发展先行区。开展农业绿色发展情况评价。开展水系连通及水美乡村建设。实施生态保护修复重大工程，复苏河湖生态环境，加强天然林保护修复、草原休养生息。科学推进国土绿化。支持牧区发展和牧民增收，落实第三轮草原生态保护补助奖励政策。研发应用减碳增汇型农业技术，探索建立碳汇产品价值实现机制。实施生物多样性保护重大工程。巩固长江禁渔成果，强化退捕渔民安置保障，加强常态化执法监管。强化水生生物养护，规范增殖放流。构建以国家公园为主体的自然保护地体系。出台推进乡村生态振兴的指导意见。

五、扎实稳妥推进乡村建设

（二十一）健全乡村建设实施机制。落实乡村振兴为农民而兴、乡村建设为农民而建的要求，坚持自下而上、村民自治、农民参与，启动乡村建设行动实施方案，因地制宜、有力有序推进。坚持数量服从质量、进度服从实效，求好不求快，把握乡村建设的时度效。立足村庄现有基础开展乡村建设，不盲目拆旧村、建新村，不超越发展阶段搞大融资、大开发、大建设，避免无效投入造成浪费，防范村级债务风险。统筹城镇和村庄布局，科学确定村庄分类，加快推进有条件有需求的村庄编制村庄规划，严格规范村庄撤并。开展传统村落集中连片保护利用示范，健全传统村落监测评估、警示退出、撤并事前审查等机制。保护特色民族村寨。实施"拯救老屋行动"。推动村庄小型建设项目简易审批，规范项目管理，提高资金绩效。总结推广村民自治组织、农村集体经济组织、农民群众参与乡村建设项目的有效做法。明晰乡村建设项目产权，以县域为单位组织编制村庄公共基础设施管护责任清单。

（二十二）接续实施农村人居环境整治提升五

年行动。从农民实际需求出发推进农村改厕，具备条件的地方可推广水冲卫生厕所，统筹做好供水保障和污水处理；不具备条件的可建设卫生旱厕。巩固户厕问题摸排整改成果。分区分类推进农村生活污水治理，优先治理人口集中村庄，不适宜集中处理的推进小型化生态化治理和污水资源化利用。加快推进农村黑臭水体治理。推进生活垃圾源头分类减量，加强村庄有机废弃物综合处置利用设施建设，推进就地利用处理。深入实施村庄清洁行动和绿化美化行动。

（二十三）扎实开展重点领域农村基础设施建设。有序推进乡镇通三级及以上等级公路、较大人口规模自然村（组）通硬化路，实施农村公路安全生命防护工程和危桥改造。扎实开展农村公路管理养护体制改革试点。稳步推进农村公路路况自动化检测。推进农村供水工程建设改造，配套完善净化消毒设施设备。深入实施农村电网巩固提升工程。推进农村光伏、生物质能等清洁能源建设。实施农房质量安全提升工程，继续实施农村危房改造和抗震改造，完善农村房屋建设标准规范。加强对用作经营的农村自建房安全隐患整治。

（二十四）大力推进数字乡村建设。推进智慧农业发展，促进信息技术与农机农艺融合应用。加强农民数字素养与技能培训。以数字技术赋能乡村公共服务，推动“互联网+政务服务”向乡村延伸覆盖。着眼解决实际问题，拓展农业农村大数据应用场景。加快推动数字乡村标准化建设，研究制定发展评价指标体系，持续开展数字乡村试点。加强农村信息基础设施建设。

（二十五）加强基本公共服务县域统筹。加快推进以县城为重要载体的城镇化建设。加强普惠性、基础性、兜底性民生建设，推动基本公共服务供给由注重机构行政区域覆盖向注重常住人口服务覆盖转变。实施新一轮学前教育行动计划，多渠道加快农村普惠性学前教育资源建设，办好特殊教育。扎实推进城乡学校共同体建设。深入推进紧密型县域医疗卫生共同体建设，实施医保按总额付费，加强监督考核，实现结余留用、合理超支分担。推动农村基层定点医疗机构医保信息化建设，强化智能监控全覆盖，加强医疗保障基金监管。落实对特殊困难群体参加城乡居民基本医保的分类资助政策。有条件的地方可提供村卫生室运行经费补助，分类落实村医养老保障、医保等社会保障待遇。提升县级敬老院失能照护能力和乡镇敬老院集中供养水平，鼓励在有条件的村庄开展日间照料、老年食堂等服务。加强乡镇便民服务和社会工作服务，实施村级综合服务设施提升工程。健全分层分类的社会救助体系，切实保障困难农民群众基本生活。健全基层党员、干部关爱联系制度，经常探访空巢老人、留守儿童、残疾人。完善未成年人关爱保护工作网络。

六、突出实效改进乡村治理

（二十六）加强农村基层组织建设。强化县级党委抓乡促村职责，深化乡镇管理体制改革，健全乡镇党委统一指挥和统筹协调机制，加强乡镇、村集中换届后领导班子建设，全面开展农村基层干部乡村振兴主题培训。持续排查整顿软弱涣散村党组织。发挥驻村第一书记和工作队抓党建促乡村振兴作用。完善村级重要事项、重大问题经村党组织研究讨论机制，全面落实“四议两公开”制度。深入开展市县巡察，强化基层监督，加强基层纪检监察组织与村务监督委员会的沟通协作、有效衔接，强化对村干部的监督。健全党组织领导的自治、法治、德治相结合的乡村治理体系，推行网格化管理、数字化赋能、精细化服务。推进村委会规范化建设。深化乡村治理体系建设试点示范。开展村级议事协商创新实验。推广村级组织依法自治事项、依法协助政府工作事项等清单制，规范村级组织机构牌子和证明事项，推行村级基础信息统计“一张表”制度，减轻村级组织负担。

（二十七）创新农村精神文明建设有效平台载体。依托新时代文明实践中心、县级融媒体中心等平台开展对象化分众化宣传教育，弘扬和践行社会主义核心价值观。在乡村创新开展“听党话、感党恩、跟党走”宣传教育活动。探索统筹推动城乡精神文明融合发展的具体方式，完善全国文明村镇测评体系。启动实施文化产业赋能乡村振兴计划。整合文化惠民活动资源，支持农民自发组织开展村歌、“村晚”、广场舞、趣味运动会等体现农耕农趣农味的文化体育活动。办好中国农民丰收节。加强农耕文化传承保护，推进非物质文化遗产和重要农业文化遗产保护利用。推广积分制等治理方式，有效发挥村规民约、家庭家教家风作用，推进农村婚俗改革试点和殡葬习俗改革，开展高价彩礼、大操大办等移风易俗重点领域突出问题专项治理。

(二十八)切实维护农村社会平安稳定。推进更高水平的平安法治乡村建设。创建一批"枫桥式公安派出所"、"枫桥式人民法庭"。常态化开展扫黑除恶斗争,持续打击"村霸"。防范黑恶势力、家族宗族势力等对农村基层政权的侵蚀和影响。依法严厉打击农村黄赌毒和侵害农村妇女儿童人身权利的违法犯罪行为。加强农村法治宣传教育。加强基层社会心理服务和危机干预,构建一站式多元化矛盾纠纷化解机制。加强农村宗教工作力量。统筹推进应急管理与乡村治理资源整合,加快推进农村应急广播主动发布终端建设,指导做好人员紧急转移避险工作。开展农村交通、消防、安全生产、自然灾害、食品药品安全等领域风险隐患排查和专项治理,依法严厉打击农村制售假冒伪劣农资、非法集资、电信诈骗等违法犯罪行为。加强农业综合行政执法能力建设。落实基层医疗卫生机构疾病预防控制责任。健全农村新冠肺炎疫情常态化防控工作体系,严格落实联防联控、群防群控措施。

七、加大政策保障和体制机制创新力度

(二十九)扩大乡村振兴投入。继续把农业农村作为一般公共预算优先保障领域,中央预算内投资进一步向农业农村倾斜,压实地方政府投入责任。加强考核监督,稳步提高土地出让收入用于农业农村的比例。支持地方政府发行政府债券用于符合条件的乡村振兴公益性项目。提高乡村振兴领域项目储备质量。强化预算绩效管理和监督。

(三十)强化乡村振兴金融服务。对机构法人在县域、业务在县域、资金主要用于乡村振兴的地方法人金融机构,加大支农支小再贷款、再贴现支持力度,实施更加优惠的存款准备金政策。支持各类金融机构探索农业农村基础设施中长期信贷模式。加快农村信用社改革,完善省(自治区)农村信用社联合社治理机制,稳妥化解风险。完善乡村振兴金融服务统计制度,开展金融机构服务乡村振兴考核评估。深入开展农村信用体系建设,发展农户信用贷款。加强农村金融知识普及教育和金融消费权益保护。积极发展农业保险和再保险。优化完善"保险+期货"模式。强化涉农信贷风险市场化分担和补偿,发挥好农业信贷担保作用。

(三十一)加强乡村振兴人才队伍建设。发现和培养使用农业领域战略科学家。启动"神农英才"计划,加快培养科技领军人才、青年科技人才和高水平创新团队。深入推行科技特派员制度。实施高素质农民培育计划、乡村产业振兴带头人培育"头雁"项目、乡村振兴青春建功行动、乡村振兴巾帼行动。落实艰苦边远地区基层事业单位公开招聘倾斜政策,对县以下基层专业技术人员开展职称评聘"定向评价、定向使用"工作,对中高级专业技术岗位实行总量控制、比例单列。完善耕读教育体系。优化学科专业结构,支持办好涉农高等学校和职业教育。培养乡村规划、设计、建设、管理专业人才和乡土人才。鼓励地方出台城市人才下乡服务乡村振兴的激励政策。

(三十二)抓好农村改革重点任务落实。开展第二轮土地承包到期后再延长30年整县试点。巩固提升农村集体产权制度改革成果,探索建立农村集体资产监督管理服务体系,探索新型农村集体经济发展路径。稳慎推进农村宅基地制度改革试点,规范开展房地一体宅基地确权登记。稳妥有序推进农村集体经营性建设用地入市。推动开展集体经营性建设用地使用权抵押融资。依法依规有序开展全域土地综合整治试点。深化集体林权制度改革。健全农垦国有农用地使用权管理制度。开展农村产权流转交易市场规范化建设试点。制定新阶段深化农村改革实施方案。

八、坚持和加强党对"三农"工作的全面领导

(三十三)压实全面推进乡村振兴责任。制定乡村振兴责任制实施办法,明确中央和国家机关各部门推进乡村振兴责任,强化五级书记抓乡村振兴责任。开展省级党政领导班子和领导干部推进乡村振兴战略实绩考核。完善市县党政领导班子和领导干部推进乡村振兴战略实绩考核制度,鼓励地方对考核排名靠前的市县给予适当激励,对考核排名靠后、履职不力的进行约谈。落实各级党委和政府负责同志乡村振兴联系点制度。借鉴推广浙江"千万工程"经验,鼓励地方党委和政府开展现场观摩、交流学习等务实管用活动。开展《乡村振兴战略规划(2018-2022年)》实施总结评估。加强集中换届后各级党政领导干部特别是分管"三农"工作的领导干部培训。

(三十四)建强党的农村工作机构。各级党委农村工作领导小组要发挥"三农"工作牵头抓总、统筹协调等作用，一体承担巩固拓展脱贫攻坚成果、全面推进乡村振兴议事协调职责。推进各级党委农村工作领导小组议事协调规范化制度化建设，建立健全重点任务分工落实机制，协同推进乡村振兴。加强各级党委农村工作领导小组办公室建设，充实工作力量，完善运行机制，强化决策参谋、统筹协调、政策指导、推动落实、督导检查等职责。

（三十五）抓点带面推进乡村振兴全面展开。开展“百县千乡万村”乡村振兴示范创建，采取先创建后认定方式，分级创建一批乡村振兴示范县、示范乡镇、示范村。推进农业现代化示范区创建。广泛动员社会力量参与乡村振兴，深入推进“万企兴万村”行动。按规定建立乡村振兴表彰激励制度。

让我们紧密团结在以习近平同志为核心的党中央周围，真抓实干，埋头苦干，奋力开创全面推进乡村振兴新局面，以实际行动迎接党的二十大胜利召开！

中共中央、国务院关于全面推进乡村振兴加快农业农村现代化的意见

·2021年1月4日

党的十九届五中全会审议通过的《中共中央关于制定国民经济和社会发展第十四个五年规划和二〇三五年远景目标的建议》，对新发展阶段优先发展农业农村、全面推进乡村振兴作出总体部署，为做好当前和今后一个时期“三农”工作指明了方向。

“十三五”时期，现代农业建设取得重大进展，乡村振兴实现良好开局。粮食年产量连续保持在1.3万亿斤以上，农民人均收入较2010年翻一番多。新时代脱贫攻坚目标任务如期完成，现行标准下农村贫困人口全部脱贫，贫困县全部摘帽，易地扶贫搬迁任务全面完成，消除了绝对贫困和区域性整体贫困，创造了人类减贫史上的奇迹。农村人居环境明显改善，农村改革向纵深推进，农村社会保持和谐稳定，农村即将同步实现全面建成小康社会目标。农业农村发展取得新的历史性成就，为党和国家战胜各种艰难险阻、稳定经济社会发展大局，发挥了“压舱石”作用。实践证明，以习近平同志为核心的党中央驰而不息重农强农的战略决策完全正确，党的“三农”政策得到亿万农民衷心拥护。

“十四五”时期，是乘势而上开启全面建设社会主义现代化国家新征程、向第二个百年奋斗目标进军的第一个五年。民族要复兴，乡村必振兴。全面建设社会主义现代化国家，实现中华民族伟大复兴，最艰巨最繁重的任务依然在农村，最广泛最深厚的基础依然在农村。解决好发展不平衡不充分问题，重点难点在“三农”，迫切需要补齐农业农村短板弱项，推动城乡协调发展；构建新发展格局，潜力后劲在“三农”，迫切需要扩大农村需求，畅通城乡经济循环；应对国内外各种风险挑战，基础支撑在“三农”，迫切需要稳住农业基本盘，守好“三农”基础。党中央认为，新发展阶段“三农”工作依然极端重要，须臾不可放松，务必抓紧抓实。要坚持把解决好“三农”问题作为全党工作重中之重，把全面推进乡村振兴作为实现中华民族伟大复兴的一项重大任务，举全党全社会之力加快农业农村现代化，让广大农民过上更加美好的生活。

一、总体要求

（一）指导思想。以习近平新时代中国特色社会主义思想为指导，全面贯彻党的十九大和十九届二中、三中、四中、五中全会精神，贯彻落实中央经济工作会议精神，统筹推进“五位一体”总体布局，协调推进“四个全面”战略布局，坚定不移贯彻新发展理念，坚持稳中求进工作总基调，坚持加强党对“三农”工作的全面领导，坚持农业农村优先发展，坚持农业现代化与农村现代化一体设计、一并推进，坚持创新驱动发展，以推动高质量发展为主题，统筹发展和安全，落实加快构建新发展格局要求，巩固和完善农村基本经营制度，深入推进农业供给侧结构性改革，把乡村建设摆在社会主义现代化建设的重要位置，全面推进乡村产业、人才、文化、生态、组织振兴，充分发挥农业产品供给、生态屏障、文化传承等功能，走中国特色社会主义乡村振兴道路，加快农业农村现代化，加快形成工农互促、城乡互补、协调发展、共同繁荣的新型工农城乡关系，促进农业高质高效、乡村宜居宜业、农民富裕富足，为全面建设社会主义现代化国家开好局、起好步提供有力支撑。

（二）目标任务。2021年，农业供给侧结构性

改革深入推进，粮食播种面积保持稳定、产量达到1.3万亿斤以上，生猪产业平稳发展，农产品质量和食品安全水平进一步提高，农民收入增长继续快于城镇居民，脱贫攻坚成果持续巩固。农业农村现代化规划启动实施，脱贫攻坚政策体系和工作机制同乡村振兴有效衔接、平稳过渡，乡村建设行动全面启动，农村人居环境整治提升，农村改革重点任务深入推进，农村社会保持和谐稳定。

到2025年，农业农村现代化取得重要进展，农业基础设施现代化迈上新台阶，农村生活设施便利化初步实现，城乡基本公共服务均等化水平明显提高。农业基础更加稳固，粮食和重要农产品供应保障更加有力，农业生产结构和区域布局明显优化，农业质量效益和竞争力明显提升，现代乡村产业体系基本形成，有条件的地区率先基本实现农业现代化。脱贫攻坚成果巩固拓展，城乡居民收入差距持续缩小。农村生产生活方式绿色转型取得积极进展，化肥农药使用量持续减少，农村生态环境得到明显改善。乡村建设行动取得明显成效，乡村面貌发生显著变化，乡村发展活力充分激发，乡村文明程度得到新提升，农村发展安全保障更加有力，农民获得感、幸福感、安全感明显提高。

二、实现巩固拓展脱贫攻坚成果同乡村振兴有效衔接

（三）设立衔接过渡期。脱贫攻坚目标任务完成后，对摆脱贫困的县，从脱贫之日起设立5年过渡期，做到扶上马送一程。过渡期内保持现有主要帮扶政策总体稳定，并逐项分类优化调整，合理把握节奏、力度和时限，逐步实现由集中资源支持脱贫攻坚向全面推进乡村振兴平稳过渡，推动“三农”工作重心历史性转移。抓紧出台各项政策完善优化的具体实施办法，确保工作不留空档、政策不留空白。

（四）持续巩固拓展脱贫攻坚成果。健全防止返贫动态监测和帮扶机制，对易返贫致贫人口及时发现、及时帮扶，守住防止规模性返贫底线。以大中型集中安置区为重点，扎实做好易地搬迁后续帮扶工作，持续加大就业和产业扶持力度，继续完善安置区配套基础设施、产业园区配套设施、公共服务设施，切实提升社区治理能力。加强扶贫项目资产管理和监督。

（五）接续推进脱贫地区乡村振兴。实施脱贫地区特色种养业提升行动，广泛开展农产品产销对接活动，深化拓展消费帮扶。持续做好有组织劳务输出工作。统筹用好公益岗位，对符合条件的就业困难人员进行就业援助。在农业农村基础设施建设领域推广以工代赈方式，吸纳更多脱贫人口和低收入人口就地就近就业。在脱贫地区重点建设一批区域性和跨区域重大基础设施工程。加大对脱贫县乡村振兴支持力度。在西部地区脱贫县中确定一批国家乡村振兴重点帮扶县集中支持。支持各地自主选择部分脱贫县作为乡村振兴重点帮扶县。坚持和完善东西部协作和对口支援、社会力量参与帮扶等机制。

（六）加强农村低收入人口常态化帮扶。开展农村低收入人口动态监测，实行分层分类帮扶。对有劳动能力的农村低收入人口，坚持开发式帮扶，帮助其提高内生发展能力，发展产业、参与就业，依靠双手勤劳致富。对脱贫人口中丧失劳动能力且无法通过产业就业获得稳定收入的人口，以现有社会保障体系为基础，按规定纳入农村低保或特困人员救助供养范围，并按困难类型及时给予专项救助、临时救助。

三、加快推进农业现代化

（七）提升粮食和重要农产品供给保障能力。地方各级党委和政府要切实扛起粮食安全政治责任，实行粮食安全党政同责。深入实施重要农产品保障战略，完善粮食安全省长责任制和“菜篮子”市长负责制，确保粮、棉、油、糖、肉等供给安全。“十四五”时期各省（自治区、直辖市）要稳定粮食播种面积、提高单产水平。加强粮食生产功能区和重要农产品生产保护区建设。建设国家粮食安全产业带。稳定种粮农民补贴，让种粮有合理收益。坚持并完善稻谷、小麦最低收购价政策，完善玉米、大豆生产者补贴政策。深入推进农业结构调整，推动品种培优、品质提升、品牌打造和标准化生产。鼓励发展青贮玉米等优质饲草饲料，稳定大豆生产，多措并举发展油菜、花生等油料作物。健全产粮大县支持政策体系。扩大稻谷、小麦、玉米三大粮食作物完全成本保险和收入保险试点范围，支持有条件的省份降低产粮大县三大粮食作物农业保险保费县级补贴比例。深入推进优质粮食工程。加快构建现代养殖体系，保护生猪基础产能，健全生猪产业平稳有序发展长效机制，积极发展牛羊产业，继续实施奶业振兴行动,推进水产绿色健康养殖。推进渔港建设和管理改革。促进木本粮油和林下经济发展。优化农产品贸易布局,实施农产品进口多元化战略,支持企业融入全球农产品供应链。保持打击重点农产品走私高压态势。加强口岸检疫和外来入侵物种防控。开展粮食节约行动,减少生产、流通、加工、存储、消费环节粮食损耗浪费。

(八)打好种业翻身仗。农业现代化,种子是基础。加强农业种质资源保护开发利用,加快第三次农作物种质资源、畜禽种质资源调查收集,加强国家作物、畜禽和海洋渔业生物种质资源库建设。对育种基础性研究以及重点育种项目给予长期稳定支持。加快实施农业生物育种重大科技项目。深入实施农作物和畜禽良种联合攻关。实施新一轮畜禽遗传改良计划和现代种业提升工程。尊重科学、严格监管,有序推进生物育种产业化应用。加强育种领域知识产权保护。支持种业龙头企业建立健全商业化育种体系,加快建设南繁硅谷,加强制种基地和良种繁育体系建设,研究重大品种研发与推广后补助政策,促进育繁推一体化发展。

(九)坚决守住18亿亩耕地红线。统筹布局生态、农业、城镇等功能空间,科学划定各类空间管控边界,严格实行土地用途管制。采取“长牙齿”的措施,落实最严格的耕地保护制度。严禁违规占用耕地和违背自然规律绿化造林、挖湖造景,严格控制非农建设占用耕地,深入推进农村乱占耕地建房专项整治行动,坚决遏制耕地“非农化”、防止“非粮化”。明确耕地利用优先序,永久基本农田重点用于粮食特别是口粮生产,一般耕地主要用于粮食和棉、油、糖、蔬菜等农产品及饲草饲料生产。明确耕地和永久基本农田不同的管制目标和管制强度,严格控制耕地转为林地、园地等其他类型农用地,强化土地流转用途监管,确保耕地数量不减少、质量有提高。实施新一轮高标准农田建设规划,提高建设标准和质量,健全管护机制,多渠道筹集建设资金,中央和地方共同加大粮食主产区高标准农田建设投入,2021年建设1亿亩旱涝保收、高产稳产高标准农田。在高标准农田建设中增加的耕地作为占补平衡补充耕地指标在省域内调剂,所得收益用于高标准农田建设。加强和改进建设占用耕地占补平衡管理,严格新增耕地核实认定和监管。健全耕地数量和质量监测监管机制,加强耕地保护督察和执法监督,开展“十三五”时期省级政府耕地保护责任目标考核。

(十)强化现代农业科技和物质装备支撑。实施大中型灌区续建配套和现代化改造。到2025年全部完成现有病险水库除险加固。坚持农业科技自立自强,完善农业科技领域基础研究稳定支持机制,深化体制改革,布局建设一批创新基地平台。深入开展乡村振兴科技支撑行动。支持高校为乡村振兴提供智力服务。加强农业科技社会化服务体系建设,深入推行科技特派员制度。打造国家热带农业科学中心。提高农机装备自主研制能力,支持高端智能、丘陵山区农机装备研发制造,加大购置补贴力度,开展农机作业补贴。强化动物防疫和农作物病虫害防治体系建设,提升防控能力。

(十一)构建现代乡村产业体系。依托乡村特色优势资源,打造农业全产业链,把产业链主体留在县城,让农民更多分享产业增值收益。加快健全现代农业全产业链标准体系,推动新型农业经营主体按标生产,培育农业龙头企业标准“领跑者”。立足县域布局特色农产品产地初加工和精深加工,建设现代农业产业园、农业产业强镇、优势特色产业集群。推进公益性农产品市场和农产品流通骨干网络建设。开发休闲农业和乡村旅游精品线路,完善配套设施。推进农村一二三产业融合发展示范园和科技示范园区建设。把农业现代化示范区作为推进农业现代化的重要抓手,围绕提高农业产业体系、生产体系、经营体系现代化水平,建立指标体系,加强资源整合、政策集成,以县(市、区)为单位开展创建,到2025年创建500个左右示范区,形成梯次推进农业现代化的格局。创建现代林业产业示范区。组织开展“万企兴万村”行动。稳步推进反映全产业链价值的农业及相关产业统计核算。

(十二)推进农业绿色发展。实施国家黑土地保护工程,推广保护性耕作模式。健全耕地休耕轮作制度。持续推进化肥农药减量增效,推广农作物病虫害绿色防控产品和技术。加强畜禽粪污资源化利用。全面实施秸秆综合利用和农膜、农药包装物回收行动,加强可降解农膜研发推广。在长江经济带、黄河流域建设一批农业面源污染综合治理示范县。支持国家农业绿色发展先行区建设。加强农产品质量和食品安全监管,发展绿色农产品、有机农产品和地理标志农产品,试行食用农产品达标合格证制度,推进国家农产品质量安全县创建。加强水生生物资源养护,推进以长江为重点的渔政执法能力建设,确保十年禁渔令有效落实,做好退捕渔民安置保障工作。发展节水农业和旱作农业。推进荒漠化、石漠化、坡耕地水土流失综合治理和土壤污染防治、重点区域地下水保护与超采治理。实施水系连通及农村水系综合整治,强化河湖长制。巩固退耕还林还草成果,完善政策、有序推进。实行林长制。科学开展大规模国土绿化行动。完善草原生态保护补助奖励政策,全面推进草原禁牧轮牧休牧,加强草原鼠害防治,稳步恢复草原生态环境。

(十三)推进现代农业经营体系建设。突出抓好家庭农场和农民合作社两类经营主体,鼓励发展多种形式适度规模经营。实施家庭农场培育计划,把农业规模经营户培育成有活力的家庭农场。推进农民合作社质量提升,加大对运行规范的农民合作社扶持力度。发展壮大农业专业化社会化服务组织,将先进适用的品种、投入品、技术、装备导入小农户。支持市场主体建设区域性农业全产业链综合服务中心。支持农业产业化龙头企业创新发展、做大做强。深化供销合作社综合改革,开展生产、供销、信用"三位一体"综合合作试点,健全服务农民生产生活综合平台。培育高素质农民,组织参加技能评价、学历教育,设立专门面向农民的技能大赛。吸引城市各方面人才到农村创业创新,参与乡村振兴和现代农业建设。

四、大力实施乡村建设行动

(十四)加快推进村庄规划工作。2021 年基本完成县级国土空间规划编制,明确村庄布局分类。积极有序推进"多规合一"实用性村庄规划编制,对有条件、有需求的村庄尽快实现村庄规划全覆盖。对暂时没有编制规划的村庄,严格按照县乡两级国土空间规划中确定的用途管制和建设管理要求进行建设。编制村庄规划要立足现有基础,保留乡村特色风貌,不搞大拆大建。按照规划有序开展各项建设,严肃查处违规乱建行为。健全农房建设质量安全法律法规和监管体制,3 年内完成安全隐患排查整治。完善建设标准和规范,提高农房设计水平和建设质量。继续实施农村危房改造和地震高烈度设防地区农房抗震改造。加强村庄风貌引导,保护传统村落、传统民居和历史文化名村名镇。加大农村地区文化遗产遗迹保护力度。乡村建设是为农民而建,要因地制宜、稳扎稳打,不刮风搞运动。严格规范村庄撤并,不得违背农民意愿、强迫农民上楼,把好事办好、把实事办实。

(十五)加强乡村公共基础设施建设。继续把公共基础设施建设的重点放在农村,着力推进往村覆盖、往户延伸。实施农村道路畅通工程。有序实施较大人口规模自然村(组)通硬化路。加强农村资源路、产业路、旅游路和村内主干道建设。推进农村公路建设项目更多向进村入户倾斜。继续通过中央车购税补助地方资金、成品油税费改革转移支付、地方政府债券等渠道,按规定支持农村道路发展。继续开展"四好农村路"示范创建。全面实施路长制。开展城乡交通一体化示范创建工作。加强农村道路桥梁安全隐患排查,落实管养主体责任。强化农村道路交通安全监管。实施农村供水保障工程。加强中小型水库等稳定水源工程建设和水源保护,实施规模化供水工程建设和小型工程标准化改造,有条件的地区推进城乡供水一体化,到 2025 年农村自来水普及率达到 88%。完善农村水价水费形成机制和工程长效运营机制。实施乡村清洁能源建设工程。加大农村电网建设力度,全面巩固提升农村电力保障水平。推进燃气下乡,支持建设安全可靠的乡村储气罐站和微管网供气系统。发展农村生物质能源。加强煤炭清洁化利用。实施数字乡村建设发展工程。推动农村千兆光网、第五代移动通信(5G)、移动物联网与城市同步规划建设。完善电信普遍服务补偿机制,支持农村及偏远地区信息通信基础设施建设。加快建设农业农村遥感卫星等天基设施。发展智慧农业,建立农业农村大数据体系,推动新一代信息技术与农业生产经营深度融合。完善农业气象综合监测网络,提升农业气象灾害防范能力。加强乡村公共服务、社会治理等数字化智能化建设。实施村级综合服务设施提升工程。加强村级客运站点、文化体育、公共照明等服务设施建设。

(十六)实施农村人居环境整治提升五年行动。分类有序推进农村厕所革命,加快研发干旱、寒冷地区卫生厕所适用技术和产品,加强中西部地区农村户用厕所改造。统筹农村改厕和污水、黑臭水体治理,因地制宜建设污水处理设施。健全农村生活垃圾收运处置体系,推进源头分类减量、资源化处理利用，建设一批有机废弃物综合处置利用设施。健全农村人居环境设施管护机制。有条件的地区推广城乡环卫一体化第三方治理。深入推进村庄清洁和绿化行动。开展美丽宜居村庄和美丽庭院示范创建活动。

（十七）提升农村基本公共服务水平。建立城乡公共资源均衡配置机制，强化农村基本公共服务供给县乡村统筹，逐步实现标准统一、制度并轨。提高农村教育质量，多渠道增加农村普惠性学前教育资源供给，继续改善乡镇寄宿制学校办学条件，保留并办好必要的乡村小规模学校，在县城和中心镇新建改扩建一批高中和中等职业学校。完善农村特殊教育保障机制。推进县域内义务教育学校校长教师交流轮岗，支持建设城乡学校共同体。面向农民就业创业需求，发展职业技术教育与技能培训，建设一批产教融合基地。开展耕读教育。加快发展面向乡村的网络教育。加大涉农高校、涉农职业院校、涉农学科专业建设力度。全面推进健康乡村建设，提升村卫生室标准化建设和健康管理水平，推动乡村医生向执业（助理）医师转变，采取派驻、巡诊等方式提高基层卫生服务水平。提升乡镇卫生院医疗服务能力，选建一批中心卫生院。加强县级医院建设，持续提升县级疾控机构应对重大疫情及突发公共卫生事件能力。加强县域紧密型医共体建设，实行医保总额预算管理。加强妇幼、老年人、残疾人等重点人群健康服务。健全统筹城乡的就业政策和服务体系，推动公共就业服务机构向乡村延伸。深入实施新生代农民工职业技能提升计划。完善统一的城乡居民基本医疗保险制度，合理提高政府补助标准和个人缴费标准，健全重大疾病医疗保险和救助制度。落实城乡居民基本养老保险待遇确定和正常调整机制。推进城乡低保制度统筹发展，逐步提高特困人员供养服务质量。加强对农村留守儿童和妇女、老年人以及困境儿童的关爱服务。健全县乡村衔接的三级养老服务网络，推动村级幸福院、日间照料中心等养老服务设施建设，发展农村普惠型养老服务和互助性养老。推进农村公益性殡葬设施建设。推进城乡公共文化服务体系一体建设，创新实施文化惠民工程。

（十八）全面促进农村消费。加快完善县乡村三级农村物流体系，改造提升农村寄递物流基础设施，深入推进电子商务进农村和农产品出村进城，推动城乡生产与消费有效对接。促进农村居民耐用消费品更新换代。加快实施农产品仓储保鲜冷链物流设施建设工程，推进田头小型仓储保鲜冷链设施、产地低温直销配送中心、国家骨干冷链物流基地建设。完善农村生活性服务业支持政策，发展线上线下相结合的服务网点，推动便利化、精细化、品质化发展，满足农村居民消费升级需要，吸引城市居民下乡消费。

（十九）加快县域内城乡融合发展。推进以人为核心的新型城镇化，促进大中小城市和小城镇协调发展。把县域作为城乡融合发展的重要切入点，强化统筹谋划和顶层设计，破除城乡分割的体制弊端，加快打通城乡要素平等交换、双向流动的制度性通道。统筹县域产业、基础设施、公共服务、基本农田、生态保护、城镇开发、村落分布等空间布局，强化县城综合服务能力，把乡镇建设成为服务农民的区域中心，实现县乡村功能衔接互补。壮大县域经济，承接适宜产业转移，培育支柱产业。加快小城镇发展，完善基础设施和公共服务，发挥小城镇连接城市、服务乡村作用。推进以县城为重要载体的城镇化建设，有条件的地区按照小城市标准建设县城。积极推进扩权强镇，规划建设一批重点镇。开展乡村全域土地综合整治试点。推动在县域就业的农民工就地市民化，增加适应进城农民刚性需求的住房供给。鼓励地方建设返乡入乡创业园和孵化实训基地。

（二十）强化农业农村优先发展投入保障。继续把农业农村作为一般公共预算优先保障领域。中央预算内投资进一步向农业农村倾斜。制定落实提高土地出让收益用于农业农村比例考核办法，确保按规定提高用于农业农村的比例。各地区各部门要进一步完善涉农资金统筹整合长效机制。支持地方政府发行一般债券和专项债券用于现代农业设施建设和乡村建设行动，制定出台操作指引，做好高质量项目储备工作。发挥财政投入引领作用，支持以市场化方式设立乡村振兴基金，撬动金融资本、社会力量参与，重点支持乡村产业发展。坚持为农服务宗旨，持续深化农村金融改革。运用支农支小再贷款、再贴现等政策工具，实施最优惠的存款准备金率，加大对机构法人在县域、业务在县域的金融机构的支持力度，推动农村金融机构回归本源。鼓励银行业金融机构建立服务乡村振兴的内设机构。明确地方政府监管和风险处置责任，稳妥规范开展农民合作社内部信用合作试点。保持农村信用合作社等县域农村金融机构法人地位和数量总体稳定，做好监督管理、风险化解、深化改革工作。完善涉农金融机构治理结构和内控机制，强化金融监管部门的监管责任。支持市县构建域内共享的涉农信用信息数据库，用3年时间基本建成比较完善的新型农业经营主体信用体系。发展农村数字普惠金融。大力开展农户小额信用贷款、保单质押贷款、农机具和大棚设施抵押贷款业务。鼓励开发专属金融产品支持新型农业经营主体和农村新产业新业态，增加首贷、信用贷。加大对农业农村基础设施投融资的中长期信贷支持。加强对农业信贷担保放大倍数的量化考核，提高农业信贷担保规模。将地方优势特色农产品保险以奖代补做法逐步扩大到全国。健全农业再保险制度。发挥“保险+期货”在服务乡村产业发展中的作用。

（二十一）*深入推进农村改革*。完善农村产权制度和要素市场化配置机制，充分激发农村发展内生动力。坚持农村土地农民集体所有制不动摇，坚持家庭承包经营基础性地位不动摇，有序开展第二轮土地承包到期后再延长30年试点，保持农村土地承包关系稳定并长久不变，健全土地经营权流转服务体系。积极探索实施农村集体经营性建设用地入市制度。完善盘活农村存量建设用地政策，实行负面清单管理，优先保障乡村产业发展、乡村建设用地。根据乡村休闲观光等产业分散布局的实际需要，探索灵活多样的供地新方式。加强宅基地管理，稳慎推进农村宅基地制度改革试点，探索宅基地所有权、资格权、使用权分置有效实现形式。规范开展房地一体宅基地日常登记颁证工作。规范开展城乡建设用地增减挂钩，完善审批实施程序、节余指标调剂及收益分配机制。2021年基本完成农村集体产权制度改革阶段性任务，发展壮大新型农村集体经济。保障进城落户农民土地承包权、宅基地使用权、集体收益分配权，研究制定依法自愿有偿转让的具体办法。加强农村产权流转交易和管理信息网络平台建设，提供综合性交易服务。加快农业综合行政执法信息化建设。深入推进农业水价综合改革。继续深化农村集体林权制度改革。

五、加强党对“三农”工作的全面领导

（二十二）*强化五级书记抓乡村振兴的工作机制*。全面推进乡村振兴的深度、广度、难度都不亚于脱贫攻坚，必须采取更有力的举措，汇聚更强大的力量。要深入贯彻落实《中国共产党农村工作条例》，健全中央统筹、省负总责、市县乡抓落实的农村工作领导体制，将脱贫攻坚工作中形成的组织推动、要素保障、政策支持、协作帮扶、考核督导等工作机制，根据实际需要运用到推进乡村振兴，建立健全上下贯通、精准施策、一抓到底的乡村振兴工作体系。省、市、县级党委要定期研究乡村振兴工作。县委书记应当把主要精力放在“三农”工作上。建立乡村振兴联系点制度，省、市、县级党委和政府负责同志都要确定联系点。开展县乡村三级党组织书记乡村振兴轮训。加强党对乡村人才工作的领导，将乡村人才振兴纳入党委人才工作总体部署，健全适合乡村特点的人才培养机制，强化人才服务乡村激励约束。加快建设政治过硬、本领过硬、作风过硬的乡村振兴干部队伍，选派优秀干部到乡村振兴一线岗位，把乡村振兴作为培养锻炼干部的广阔舞台，对在艰苦地区、关键岗位工作表现突出的干部优先重用。

（二十三）*加强党委农村工作领导小组和工作机构建设*。充分发挥各级党委农村工作领导小组牵头抓总、统筹协调作用，成员单位出台重要涉农政策要征求党委农村工作领导小组意见并进行备案。各地要围绕“五大振兴”目标任务，设立由党委和政府负责同志领导的专项小组或工作专班，建立落实台账，压实工作责任。强化党委农村工作领导小组办公室决策参谋、统筹协调、政策指导、推动落实、督促检查等职能，每年分解“三农”工作重点任务，落实到各责任部门，定期调度工作进展。加强党委农村工作领导小组办公室机构设置和人员配置。

（二十四）*加强党的农村基层组织建设和乡村治理*。充分发挥农村基层党组织领导作用，持续抓党建促乡村振兴。有序开展乡镇、村集中换届，选优配强乡镇领导班子、村“两委”成员特别是村党组织书记。在有条件的地方积极推行村党组织书记通过法定程序担任村民委员会主任，因地制宜、不搞“一刀切”。与换届同步选优配强村务监督委员会成员，基层纪检监察组织加强与村务监督委员会的沟通协作、有效衔接。坚决惩治侵害农民利益的腐败行为。坚持和完善向重点乡村选派驻村第一书记和工作队制度。加大在优秀农村青年中发展党员力度，加强对农村基层干部激励关怀，提高工资补助待遇，改善工作生活条件，切实帮助解决实际困难。推进村委会规范化建设和村务公开“阳光工程”。开展乡村治理试点示范创建工作。创建民主法治示范村，培育农村学法用法示范户。加强乡村人民调解组织队伍建设，推动就地化解矛盾纠纷。深入推进平安乡村建设。建立健全农村地区扫黑除恶常态化机制。加强县乡村应急管理和消防安全体系建设，做好对自然灾害、公共卫生、安全隐患等重大事件的风险评估、监测预警、应急处置。

（二十五）加强新时代农村精神文明建设。弘扬和践行社会主义核心价值观，以农民群众喜闻乐见的方式，深入开展习近平新时代中国特色社会主义思想学习教育。拓展新时代文明实践中心建设，深化群众性精神文明创建活动。建强用好县级融媒体中心。在乡村深入开展“听党话、感党恩、跟党走”宣讲活动。深入挖掘、继承创新优秀传统乡土文化，把保护传承和开发利用结合起来，赋予中华农耕文明新的时代内涵。持续推进农村移风易俗，推广积分制、道德评议会、红白理事会等做法，加大高价彩礼、人情攀比、厚葬薄养、铺张浪费、封建迷信等不良风气治理，推动形成文明乡风、良好家风、淳朴民风。加大对农村非法宗教活动和境外渗透活动的打击力度，依法制止利用宗教干预农村公共事务。办好中国农民丰收节。

（二十六）健全乡村振兴考核落实机制。各省（自治区、直辖市）党委和政府每年向党中央、国务院报告实施乡村振兴战略进展情况。对市县党政领导班子和领导干部开展乡村振兴实绩考核，纳入党政领导班子和领导干部综合考核评价内容，加强考核结果应用，注重提拔使用乡村振兴实绩突出的市县党政领导干部。对考核排名落后、履职不力的市县党委和政府主要负责同志进行约谈，建立常态化约谈机制。将巩固拓展脱贫攻坚成果纳入乡村振兴考核。强化乡村振兴督查，创新完善督查方式，及时发现和解决存在的问题，推动政策举措落实落地。持续纠治形式主义、官僚主义，将减轻村级组织不合理负担纳入中央基层减负督查重点内容。坚持实事求是、依法行政，把握好农村各项工作的时度效。加强乡村振兴宣传工作，在全社会营造共同推进乡村振兴的浓厚氛围。

让我们紧密团结在以习近平同志为核心的党中央周围，开拓进取，真抓实干，全面推进乡村振兴，加快农业农村现代化，努力开创“三农”工作新局面，为全面建设社会主义现代化国家、实现第二个百年奋斗目标作出新的贡献！

中共中央、国务院关于抓好“三农”领域重点工作确保如期实现全面小康的意见

·2020年1月2日

党的十九大以来，党中央围绕打赢脱贫攻坚战、实施乡村振兴战略作出一系列重大部署，出台一系列政策举措。农业农村改革发展的实践证明，党中央制定的方针政策是完全正确的，今后一个时期要继续贯彻执行。

2020年是全面建成小康社会目标实现之年，是全面打赢脱贫攻坚战收官之年。党中央认为，完成上述两大目标任务，脱贫攻坚最后堡垒必须攻克，全面小康“三农”领域突出短板必须补上。小康不小康，关键看老乡。脱贫攻坚质量怎么样、小康成色如何，很大程度上要看“三农”工作成效。全党务必深刻认识做好2020年“三农”工作的特殊重要性，毫不松懈，持续加力，坚决夺取第一个百年奋斗目标的全面胜利。

做好2020年“三农”工作总的要求是，坚持以习近平新时代中国特色社会主义思想为指导，全面贯彻党的十九大和十九届二中、三中、四中全会精神，贯彻落实中央经济工作会议精神，对标对表全面建成小康社会目标，强化举措、狠抓落实，集中力量完成打赢脱贫攻坚战和补上全面小康“三农”领域突出短板两大重点任务，持续抓好农业稳产保供和农民增收，推进农业高质量发展，保持农村社会和谐稳定，提升农民群众获得感、幸福感、安全感，确保脱贫攻坚战圆满收官，确保农村同步全面建成小康社会。

一、坚决打赢脱贫攻坚战

（一）全面完成脱贫任务。脱贫攻坚已经取得决定性成就，绝大多数贫困人口已经脱贫，现在到了攻城拔寨、全面收官的阶段。要坚持精准扶贫，以更加有力的举措、更加精细的工作，在普遍实现

“两不愁”基础上，全面解决“三保障”和饮水安全问题，确保剩余贫困人口如期脱贫。进一步聚焦“三区三州”等深度贫困地区，瞄准突出问题和薄弱环节集中发力，狠抓政策落实。对深度贫困地区贫困人口多、贫困发生率高、脱贫难度大的县和行政村，要组织精锐力量强力帮扶、挂牌督战。对特殊贫困群体，要落实落细低保、医保、养老保险、特困人员救助供养、临时救助等综合社会保障政策，实现应保尽保。各级财政要继续增加专项扶贫资金，中央财政新增部分主要用于“三区三州”等深度贫困地区。优化城乡建设用地增减挂钩、扶贫小额信贷等支持政策。深入推进抓党建促脱贫攻坚。

（二）巩固脱贫成果防止返贫。各地要对已脱贫人口开展全面排查，认真查找漏洞缺项，一项一项整改清零，一户一户对账销号。总结推广各地经验做法，健全监测预警机制，加强对不稳定脱贫户、边缘户的动态监测，将返贫人口和新发生贫困人口及时纳入帮扶，为巩固脱贫成果提供制度保障。强化产业扶贫、就业扶贫，深入开展消费扶贫，加大易地扶贫搬迁后续扶持力度。扩大贫困地区退耕还林还草规模。深化扶志扶智，激发贫困人口内生动力。

（三）做好考核验收和宣传工作。严把贫困退出关，严格执行贫困退出标准和程序，坚决杜绝数字脱贫、虚假脱贫，确保脱贫成果经得起历史检验。加强常态化督导，及时发现问题、督促整改。开展脱贫攻坚普查。扎实做好脱贫攻坚宣传工作，全面展现新时代扶贫脱贫壮阔实践，全面宣传扶贫事业历史性成就，深刻揭示脱贫攻坚伟大成就背后的制度优势，向世界讲好中国减贫生动故事。

（四）保持脱贫攻坚政策总体稳定。坚持贫困县摘帽不摘责任、不摘政策、不摘帮扶、不摘监管。强化脱贫攻坚责任落实，继续执行对贫困县的主要扶持政策，进一步加大东西部扶贫协作、对口支援、定点扶贫、社会扶贫力度，稳定扶贫工作队伍，强化基层帮扶力量。持续开展扶贫领域腐败和作风问题专项治理。对已实现稳定脱贫的县，各省（自治区、直辖市）可以根据实际情况统筹安排专项扶贫资金，支持非贫困县、非贫困村贫困人口脱贫。

（五）研究接续推进减贫工作。脱贫攻坚任务完成后，我国贫困状况将发生重大变化，扶贫工作重心转向解决相对贫困，扶贫工作方式由集中作战调整为常态推进。要研究建立解决相对贫困的长效机制，推动减贫战略和工作体系平稳转型。加强解决相对贫困问题顶层设计，纳入实施乡村振兴战略统筹安排。抓紧研究制定脱贫攻坚与实施乡村振兴战略有机衔接的意见。

二、对标全面建成小康社会加快补上农村基础设施和公共服务短板

（六）加大农村公共基础设施建设力度。推动“四好农村路”示范创建提质扩面，启动省域、市域范围内示范创建。在完成具备条件的建制村通硬化路和通客车任务基础上，有序推进较大人口规模自然村（组）等通硬化路建设。支持村内道路建设和改造。加大成品油税费改革转移支付对农村公路养护的支持力度。加快农村公路条例立法进程。加强农村道路交通安全管理。完成“三区三州”和抵边村寨电网升级改造攻坚计划。基本实现行政村光纤网络和第四代移动通信网络普遍覆盖。落实农村公共基础设施管护责任，应由政府承担的管护费用纳入政府预算。做好村庄规划工作。

（七）提高农村供水保障水平。全面完成农村饮水安全巩固提升工程任务。统筹布局农村饮水基础设施建设，在人口相对集中的地区推进规模化供水工程建设。有条件的地区将城市管网向农村延伸，推进城乡供水一体化。中央财政加大支持力度，补助中西部地区、原中央苏区农村饮水安全工程维修养护。加强农村饮用水水源保护，做好水质监测。

（八）扎实搞好农村人居环境整治。分类推进农村厕所革命，东部地区、中西部城市近郊区等有基础有条件的地区要基本完成农村户用厕所无害化改造，其他地区实事求是确定目标任务。各地要选择适宜的技术和改厕模式，先搞试点，证明切实可行后再推开。全面推进农村生活垃圾治理，开展就地分类、源头减量试点。梯次推进农村生活污水治理，优先解决乡镇所在地和中心村生活污水问题。开展农村黑臭水体整治。支持农民群众开展村庄清洁和绿化行动，推进“美丽家园”建设。鼓励有条件的地方对农村人居环境公共设施维修养护进行补助。

（九）提高农村教育质量。加强乡镇寄宿制学

校建设，统筹乡村小规模学校布局，改善办学条件，提高教学质量。加强乡村教师队伍建设，全面推行义务教育阶段教师“县管校聘”，有计划安排县城学校教师到乡村支教。落实中小学教师平均工资收入水平不低于或高于当地公务员平均工资收入水平政策，教师职称评聘向乡村学校教师倾斜，符合条件的乡村学校教师纳入当地政府住房保障体系。持续推进农村义务教育控辍保学专项行动，巩固义务教育普及成果。增加学位供给，有效解决农民工随迁子女上学问题。重视农村学前教育，多渠道增加普惠性学前教育资源供给。加强农村特殊教育。大力提升中西部地区乡村教师国家通用语言文字能力，加强贫困地区学前儿童普通话教育。扩大职业教育学校在农村招生规模，提高职业教育质量。

（十）加强农村基层医疗卫生服务。办好县级医院，推进标准化乡镇卫生院建设，改造提升村卫生室，消除医疗服务空白点。稳步推进紧密型县域医疗卫生共同体建设。加强乡村医生队伍建设，适当简化本科及以上学历医学毕业生或经住院医师规范化培训合格的全科医生招聘程序。对应聘到中西部地区和艰苦边远地区乡村工作的应届高校医学毕业生，给予大学期间学费补偿、国家助学贷款代偿。允许各地盘活用好基层卫生机构现有编制资源，乡镇卫生院可优先聘用符合条件的村医。加强基层疾病预防控制队伍建设，做好重大疾病和传染病防控。将农村适龄妇女宫颈癌和乳腺癌检查纳入基本公共卫生服务范围。

（十一）加强农村社会保障。适当提高城乡居民基本医疗保险财政补助和个人缴费标准。提高城乡居民基本医保、大病保险、医疗救助经办服务水平，地级市域范围内实现“一站式服务、一窗口办理、一单制结算”。加强农村低保对象动态精准管理，合理提高低保等社会救助水平。完善农村留守儿童和妇女、老年人关爱服务体系。发展农村互助式养老，多形式建设日间照料中心，改善失能老年人和重度残疾人护理服务。

（十二）改善乡村公共文化服务。推动基本公共文化服务向乡村延伸，扩大乡村文化惠民工程覆盖面。鼓励城市文艺团体和文艺工作者定期送文化下乡。实施乡村文化人才培养工程，支持乡土文艺团组发展，扶持农村非遗传承人、民间艺人收徒传艺，发展优秀戏曲曲艺、少数民族文化、民间文化。保护好历史文化名镇（村）、传统村落、民族村寨、传统建筑、农业文化遗产、古树名木等。以“庆丰收、迎小康”为主题办好中国农民丰收节。

（十三）治理农村生态环境突出问题。大力推进畜禽粪污资源化利用，基本完成大规模养殖场粪污治理设施建设。深入开展农药化肥减量行动，加强农膜污染治理，推进秸秆综合利用。在长江流域重点水域实行常年禁捕，做好渔民退捕工作。推广黑土地保护有效治理模式，推进侵蚀沟治理，启动实施东北黑土地保护性耕作行动计划。稳步推进农用地土壤污染管控和修复利用。继续实施华北地区地下水超采综合治理。启动农村水系综合整治试点。

三、保障重要农产品有效供给和促进农民持续增收

（十四）稳定粮食生产。确保粮食安全始终是治国理政的头等大事。粮食生产要稳字当头，稳政策、稳面积、稳产量。强化粮食安全省长责任制考核，各省（自治区、直辖市）2020年粮食播种面积和产量要保持基本稳定。进一步完善农业补贴政策。调整完善稻谷、小麦最低收购价政策，稳定农民基本收益。推进稻谷、小麦、玉米完全成本保险和收入保险试点。加大对大豆高产品种和玉米、大豆间作新农艺推广的支持力度。抓好草地贪夜蛾等重大病虫害防控，推广统防统治、代耕代种、土地托管等服务模式。加大对产粮大县的奖励力度，优先安排农产品加工用地指标。支持产粮大县开展高标准农田建设新增耕地指标跨省域调剂使用，调剂收益按规定用于建设高标准农田。深入实施优质粮食工程。以北方农牧交错带为重点扩大粮改饲规模，推广种养结合模式。完善新疆棉花目标价格政策。拓展多元化进口渠道，增加适应国内需求的农产品进口。扩大优势农产品出口。深入开展农产品反走私综合治理专项行动。

（十五）加快恢复生猪生产。生猪稳产保供是当前经济工作的一件大事，要采取综合性措施，确保2020年年底前生猪产能基本恢复到接近正常年份水平。落实“省负总责”，压实“菜篮子”市长负责制，强化县级抓落实责任，保障猪肉供给。坚持补栏增养和疫病防控相结合，推动生猪标准化规模养殖，加强对中小散养户的防疫服务，做好饲料生产保障工作。严格落实扶持生猪生产的各项政策举措，抓紧打通环评、用地、信贷等瓶颈。纠正随意扩大限养禁养区和搞“无猪市”、“无猪县”问题。严格执行非洲猪瘟疫情报告制度和防控措施，加快疫苗研发进程。加强动物防疫体系建设，落实防疫人员和经费保障，在生猪大县实施乡镇动物防疫特聘计划。引导生猪屠宰加工向养殖集中区转移，逐步减少活猪长距离调运，推进“运猪”向“运肉”转变。加强市场监测和调控，做好猪肉保供稳价工作，打击扰乱市场行为，及时启动社会救助和保障标准与物价上涨挂钩联动机制。支持奶业、禽类、牛羊等生产，引导优化肉类消费结构。推进水产绿色健康养殖，加强渔港建设和管理改革。

（十六）加强现代农业设施建设。提早谋划实施一批现代农业投资重大项目，支持项目及早落地，有效扩大农业投资。以粮食生产功能区和重要农产品生产保护区为重点加快推进高标准农田建设，修编建设规划，合理确定投资标准，完善工程建设、验收、监督检查机制，确保建一块成一块。如期完成大中型灌区续建配套与节水改造，提高防汛抗旱能力，加大农业节水力度。抓紧启动和开工一批重大水利工程和配套设施建设，加快开展南水北调后续工程前期工作，适时推进工程建设。启动农产品仓储保鲜冷链物流设施建设工程。加强农产品冷链物流统筹规划、分级布局和标准制定。安排中央预算内投资，支持建设一批骨干冷链物流基地。国家支持家庭农场、农民合作社、供销合作社、邮政快递企业、产业化龙头企业建设产地分拣包装、冷藏保鲜、仓储运输、初加工等设施，对其在农村建设的保鲜仓储设施用电实行农业生产用电价格。依托现有资源建设农业农村大数据中心，加快物联网、大数据、区块链、人工智能、第五代移动通信网络、智慧气象等现代信息技术在农业领域的应用。开展国家数字乡村试点。

（十七）发展富民乡村产业。支持各地立足资源优势打造各具特色的农业全产业链，建立健全农民分享产业链增值收益机制，形成有竞争力的产业集群，推动农村一二三产业融合发展。加快建设国家、省、市、县现代农业产业园，支持农村产业融合发展示范园建设，办好农村“双创”基地。重点培育家庭农场、农民合作社等新型农业经营主体，培育农业产业化联合体，通过订单农业、入股分红、托管服务等方式，将小农户融入农业产业链。继续调整优化农业结构，加强绿色食品、有机农产品、地理标志农产品认证和管理，打造地方知名农产品品牌，增加优质绿色农产品供给。有效开发农村市场，扩大电子商务进农村覆盖面，支持供销合作社、邮政快递企业等延伸乡村物流服务网络，加强村级电商服务站点建设，推动农产品进城、工业品下乡双向流通。强化全过程农产品质量安全和食品安全监管，建立健全追溯体系，确保人民群众“舌尖上的安全”。引导和鼓励工商资本下乡，切实保护好企业家合法权益。制定农业及相关产业统计分类并加强统计核算，全面准确反映农业生产、加工、物流、营销、服务等全产业链价值。

（十八）稳定农民工就业。落实涉企减税降费等支持政策，加大援企稳岗工作力度，放宽失业保险稳岗返还申领条件，提高农民工技能提升补贴标准。农民工失业后，可在常住地进行失业登记，享受均等化公共就业服务。出台并落实保障农民工工资支付条例。以政府投资项目和工程建设领域为重点，开展农民工工资支付情况排查整顿，执行拖欠农民工工资“黑名单”制度，落实根治欠薪各项举措。实施家政服务、养老护理、医院看护、餐饮烹饪、电子商务等技能培训，打造区域性劳务品牌。鼓励地方设立乡村保洁员、水管员、护路员、生态护林员等公益性岗位。开展新业态从业人员职业伤害保障试点。深入实施农村创新创业带头人培育行动，将符合条件的返乡创业农民工纳入一次性创业补贴范围。

四、加强农村基层治理

（十九）充分发挥党组织领导作用。农村基层党组织是党在农村全部工作和战斗力的基础。要认真落实《中国共产党农村基层组织工作条例》，组织群众发展乡村产业，增强集体经济实力，带领群众共同致富；动员群众参与乡村治理，增强主人翁意识，维护农村和谐稳定；教育引导群众革除陈规陋习，弘扬公序良俗，培育文明乡风；密切联系群众，提高服务群众能力，把群众紧密团结在党的周围，筑牢党在农村的执政基础。全面落实村党组织书记县级党委备案管理制度，建立村“两委”成员县级联审常态化机制，持续整顿软弱涣散村党组织，发挥党组织在农村各种组织中的领导作用。严格村党组织书记监督管理，建立健全党委组织部门牵头协调，民政、农业农村等部门共同参与、加强指导的村务监督机制，全面落实“四议两公开”。加大农村基层巡察工作力度。强化基层纪检监察组织与村务监督委员会的沟通协作、有效衔接，形成监督合力。加大在青年农民中发展党员力度。持续向贫困村、软弱涣散村、集体经济薄弱村派驻第一书记。加强村级组织运转经费保障。健全激励村干部干事创业机制。选优配强乡镇领导班子特别是乡镇党委书记。在乡村开展“听党话、感党恩、跟党走”宣讲活动。

（二十）健全乡村治理工作体系。坚持县乡村联动，推动社会治理和服务重心向基层下移，把更多资源下沉到乡镇和村，提高乡村治理效能。县级是“一线指挥部”，要加强统筹谋划，落实领导责任，强化大抓基层的工作导向，增强群众工作本领。建立县级领导干部和县直部门主要负责人包村制度。乡镇是为农服务中心，要加强管理服务，整合审批、服务、执法等方面力量，建立健全统一管理服务平台，实现一站式办理。充实农村人居环境整治、宅基地管理、集体资产管理、民生保障、社会服务等工作力量。行政村是基本治理单元，要强化自我管理、自我服务、自我教育、自我监督，健全基层民主制度，完善村规民约，推进村民自治制度化、规范化、程序化。扎实开展自治、法治、德治相结合的乡村治理体系建设试点示范，推广乡村治理创新性典型案例经验。注重发挥家庭家教家风在乡村治理中的重要作用。

（二十一）调处化解乡村矛盾纠纷。坚持和发展新时代“枫桥经验”，进一步加强人民调解工作，做到小事不出村、大事不出乡、矛盾不上交。畅通农民群众诉求表达渠道，及时妥善处理农民群众合理诉求。持续整治侵害农民利益行为，妥善化解土地承包、征地拆迁、农民工工资、环境污染等方面矛盾。推行领导干部特别是市县领导干部定期下基层接访制度，积极化解信访积案。组织开展“一村一法律顾问”等形式多样的法律服务。对直接关系农民切身利益、容易引发社会稳定风险的重大决策事项，要先进行风险评估。

（二十二）深入推进平安乡村建设。推动扫黑除恶专项斗争向纵深推进，严厉打击非法侵占农村集体资产、扶贫惠农资金和侵犯农村妇女儿童人身权利等违法犯罪行为，推进反腐败斗争和基层“拍蝇”，建立防范和整治“村霸”长效机制。依法管理农村宗教事务，制止非法宗教活动，防范邪教向农村渗透，防止封建迷信蔓延。加强农村社会治安工作，推行网格化管理和服务。开展农村假冒伪劣食品治理行动。打击制售假劣农资违法违规行为。加强农村防灾减灾能力建设。全面排查整治农村各类安全隐患。

五、强化农村补短板保障措施

（二十三）优先保障“三农”投入。加大中央和地方财政“三农”投入力度，中央预算内投资继续向农业农村倾斜，确保财政投入与补上全面小康“三农”领域突出短板相适应。地方政府要在一般债券支出中安排一定规模支持符合条件的易地扶贫搬迁和乡村振兴项目建设。各地应有序扩大用于支持乡村振兴的专项债券发行规模。中央和省级各部门要根据补短板的需要优化涉农资金使用结构。按照“取之于农、主要用之于农”要求，抓紧出台调整完善土地出让收入使用范围进一步提高农业农村投入比例的意见。调整完善农机购置补贴范围，赋予省级更大自主权。研究本轮草原生态保护补奖政策到期后的政策。强化对“三农”信贷的货币、财税、监管政策正向激励，给予低成本资金支持，提高风险容忍度，优化精准奖补措施。对机构法人在县域、业务在县域的金融机构，适度扩大支农支小再贷款额度。深化农村信用社改革，坚持县域法人地位。加强考核引导，合理提升资金外流严重县的存贷比。鼓励商业银行发行“三农”、小微企业等专项金融债券。落实农户小额贷款税收优惠政策。符合条件的家庭农场等新型农业经营主体可按规定享受现行小微企业相关贷款税收减免政策。合理设置农业贷款期限，使其与农业生产周期相匹配。发挥全国农业信贷担保体系作用，做大面向新型农业经营主体的担保业务。推动温室大棚、养殖圈舍、大型农机、土地经营权依法合规抵押融资。稳妥扩大农村普惠金融改革试点，鼓励地方政府开展县域农户、中小企业信用等级评价，加快构建线上线下相结合、“银保担”风险共担的普惠金融服务体系，推出更多免抵押、免担保、低利率、可持续的普惠金融产品。抓好农业保险保费补贴政策落实，督促保险机构及时足额理赔。优化“保险+期货”试点模式，继续推进农产品期货期权品种上市。

（二十四）破解乡村发展用地难题。坚守耕地和永久基本农田保护红线。完善乡村产业发展用地政策体系，明确用地类型和供地方式，实行分类管理。将农业种植养殖配建的保鲜冷藏、晾晒存贮、农机库房、分拣包装、废弃物处理、管理看护房等辅助设施用地纳入农用地管理，根据生产实际合理确定辅助设施用地规模上限。农业设施用地可以使用耕地。强化农业设施用地监管，严禁以农业设施用地为名从事非农建设。开展乡村全域土地综合整治试点，优化农村生产、生活、生态空间布局。在符合国土空间规划前提下，通过村庄整治、土地整理等方式节余的农村集体建设用地优先用于发展乡村产业项目。新编县乡级国土空间规划应安排不少于10%的建设用地指标，重点保障乡村产业发展用地。省级制定土地利用年度计划时，应安排至少5%新增建设用地指标保障乡村重点产业和项目用地。农村集体建设用地可以通过入股、租用等方式直接用于发展乡村产业。按照“放管服”改革要求，对农村集体建设用地审批进行全面梳理，简化审批审核程序，下放审批权限。推进乡村建设审批“多审合一、多证合一”改革。抓紧出台支持农村一二三产业融合发展用地的政策意见。

（二十五）推动人才下乡。培养更多知农爱农、扎根乡村的人才，推动更多科技成果应用到田间地头。畅通各类人才下乡渠道，支持大学生、退役军人、企业家等到农村干事创业。整合利用农业广播学校、农业科研院所、涉农院校、农业龙头企业等各类资源，加快构建高素质农民教育培训体系。落实县域内人才统筹培养使用制度。有组织地动员城市科研人员、工程师、规划师、建筑师、教师、医生下乡服务。城市中小学教师、医生晋升高级职称前，原则上要有1年以上农村基层工作服务经历。优化涉农学科专业设置，探索对急需紧缺涉农专业实行“提前批次”录取。抓紧出台推进乡村人才振兴的意见。

（二十六）强化科技支撑作用。加强农业关键核心技术攻关，部署一批重大科技项目，抢占科技制高点。加强农业生物技术研发，大力实施种业自主创新工程，实施国家农业种质资源保护利用工程，推进南繁科研育种基地建设。加快大中型、智能化、复合型农业机械研发和应用，支持丘陵山区农田宜机化改造。深入实施科技特派员制度，进一步发展壮大科技特派员队伍。采取长期稳定的支持方式，加强现代农业产业技术体系建设，扩大对特色优势农产品覆盖范围，面向农业全产业链配置科技资源。加强农业产业科技创新中心建设。加强国家农业高新技术产业示范区、国家农业科技园区等创新平台基地建设。加快现代气象为农服务体系建设。

（二十七）抓好农村重点改革任务。完善农村基本经营制度，开展第二轮土地承包到期后再延长30年试点，在试点基础上研究制定延包的具体办法。鼓励发展多种形式适度规模经营，健全面向小农户的农业社会化服务体系。制定农村集体经营性建设用地入市配套制度。严格农村宅基地管理，加强对乡镇审批宅基地监管，防止土地占用失控。扎实推进宅基地使用权确权登记颁证。以探索宅基地所有权、资格权、使用权“三权分置”为重点，进一步深化农村宅基地制度改革试点。全面推开农村集体产权制度改革试点，有序开展集体成员身份确认、集体资产折股量化、股份合作制改革、集体经济组织登记赋码等工作。探索拓宽农村集体经济发展路径，强化集体资产管理。继续深化供销合作社综合改革，提高为农服务能力。加快推进农垦、国有林区林场、集体林权制度、草原承包经营制度、农业水价等改革。深化农业综合行政执法改革，完善执法体系，提高执法能力。

做好“三农”工作，关键在党。各级党委和政府要深入学习贯彻习近平总书记关于“三农”工作的重要论述，全面贯彻党的十九届四中全会精神，把制度建设和治理能力建设摆在“三农”工作更加突出位置，稳定农村基本政策，完善新时代“三农”工作制度框架和政策体系。认真落实《中国共产党农村工作条例》，加强党对“三农”工作的全面领导，坚持农业农村优先发展，强化五级书记抓乡村振兴责任，落实县委书记主要精力抓“三农”工作要求，加强党委农村工作机构建设，大力培养懂农业、爱农村、爱农民的“三农”工作队伍，提高农村干部待遇。坚持从农村实际出发，因地制宜，尊重农民意愿，尽力而为、量力而行，把当务之急的事一件一件解决好，力戒形式主义、官僚主义，防止政策执行简单化和“一刀切”。把党的十九大以来“三农”政策贯彻落实情况作为中央巡视重要内容。

让我们更加紧密地团结在以习近平同志为核心的党中央周围，坚定信心、锐意进取，埋头苦干、扎实工作，坚决打赢脱贫攻坚战，加快补上全面小康“三农”领域突出短板，为决胜全面建成小康社会、实现第一个百年奋斗目标作出应有的贡献！

中共中央、国务院关于坚持农业农村优先发展做好"三农"工作的若干意见

·2019年1月3日

今明两年是全面建成小康社会的决胜期,"三农"领域有不少必须完成的硬任务。党中央认为,在经济下行压力加大、外部环境发生深刻变化的复杂形势下,做好"三农"工作具有特殊重要性。必须坚持把解决好"三农"问题作为全党工作重中之重不动摇,进一步统一思想、坚定信心、落实工作,巩固发展农业农村好形势,发挥"三农"压舱石作用,为有效应对各种风险挑战赢得主动,为确保经济持续健康发展和社会大局稳定、如期实现第一个百年奋斗目标奠定基础。

做好"三农"工作,要以习近平新时代中国特色社会主义思想为指导,全面贯彻党的十九大和十九届二中、三中全会以及中央经济工作会议精神,紧紧围绕统筹推进"五位一体"总体布局和协调推进"四个全面"战略布局,牢牢把握稳中求进工作总基调,落实高质量发展要求,坚持农业农村优先发展总方针,以实施乡村振兴战略为总抓手,对标全面建成小康社会"三农"工作必须完成的硬任务,适应国内外复杂形势变化对农村改革发展提出的新要求,抓重点、补短板、强基础,围绕"巩固、增强、提升、畅通"深化农业供给侧结构性改革,坚决打赢脱贫攻坚战,充分发挥农村基层党组织战斗堡垒作用,全面推进乡村振兴,确保顺利完成到2020年承诺的农村改革发展目标任务。

一、聚力精准施策,决战决胜脱贫攻坚

(一)*不折不扣完成脱贫攻坚任务*。咬定既定脱贫目标,落实已有政策部署,到2020年确保现行标准下农村贫困人口实现脱贫、贫困县全部摘帽、解决区域性整体贫困。坚持现行扶贫标准,全面排查解决影响"两不愁三保障"实现的突出问题,防止盲目拔高标准、吊高胃口,杜绝数字脱贫、虚假脱贫。加强脱贫监测。进一步压实脱贫攻坚责任,落实最严格的考核评估,精准问责问效。继续加强东西部扶贫协作和中央单位定点扶贫。

深入推进抓党建促脱贫攻坚。组织开展常态化约谈,发现问题随时约谈。用好脱贫攻坚专项巡视成果,推动落实脱贫攻坚政治责任。

(二)*主攻深度贫困地区*。瞄准制约深度贫困地区精准脱贫的重点难点问题,列出清单,逐项明确责任,对账销号。重大工程建设项目继续向深度贫困地区倾斜,特色产业扶贫、易地扶贫搬迁、生态扶贫、金融扶贫、社会帮扶、干部人才等政策措施向深度贫困地区倾斜。各级财政优先加大"三区三州"脱贫攻坚资金投入。对"三区三州"外贫困人口多、贫困发生率高、脱贫难度大的深度贫困地区,也要统筹资金项目,加大扶持力度。

(三)*着力解决突出问题*。注重发展长效扶贫产业,着力解决产销脱节、风险保障不足等问题,提高贫困人口参与度和直接受益水平。强化易地扶贫搬迁后续措施,着力解决重搬迁、轻后续帮扶问题,确保搬迁一户、稳定脱贫一户。加强贫困地区义务教育控辍保学,避免因贫失学辍学。落实基本医疗保险、大病保险、医疗救助等多重保障措施,筑牢乡村卫生服务网底,保障贫困人口基本医疗需求。扎实推进生态扶贫,促进扶贫开发与生态保护相协调。坚持扶贫与扶志扶智相结合,加强贫困地区职业教育和技能培训,加强开发式扶贫与保障性扶贫统筹衔接,着力解决"一兜了之"和部分贫困人口等靠要问题,增强贫困群众内生动力和自我发展能力。切实加强一线精准帮扶力量,选优配强驻村工作队伍。关心关爱扶贫干部,加大工作支持力度,帮助解决实际困难,解除后顾之忧。持续开展扶贫领域腐败和作风问题专项治理,严厉查处虚报冒领、贪占挪用和优亲厚友、吃拿卡要等问题。

(四)*巩固和扩大脱贫攻坚成果*。攻坚期内贫困县、贫困村、贫困人口退出后,相关扶贫政策保持稳定,减少和防止贫困人口返贫。研究解决收入水平略高于建档立卡贫困户的群众缺乏政策支持等新问题。坚持和推广脱贫攻坚中的好经验好做法好路子。做好脱贫攻坚与乡村振兴的衔接,对摘帽后的贫困县要通过实施乡村振兴战略巩固发展成果,接续推动经济社会发展和群众生活改善。总结脱贫攻坚的实践创造和伟大精神。及早谋划脱贫攻坚目标任务2020年完成后的战略思路。

二、夯实农业基础,保障重要农产品有效供给

(一)*稳定粮食产量*。毫不放松抓好粮食生

产,推动藏粮于地、藏粮于技落实落地,确保粮食播种面积稳定在16.5亿亩。稳定完善扶持粮食生产政策举措,挖掘品种、技术、减灾等稳产增产潜力,保障农民种粮基本收益。发挥粮食主产区优势,完善粮食主产区利益补偿机制,健全产粮大县奖补政策。压实主销区和产销平衡区稳定粮食生产责任。严守18亿亩耕地红线,全面落实永久基本农田特殊保护制度,确保永久基本农田保持在15.46亿亩以上。建设现代气象为农服务体系。强化粮食安全省长责任制考核。

(二)完成高标准农田建设任务。巩固和提高粮食生产能力,到2020年确保建成8亿亩高标准农田。修编全国高标准农田建设总体规划,统一规划布局、建设标准、组织实施、验收考核、上图入库。加强资金整合,创新投融资模式,建立多元筹资机制。实施区域化整体建设,推进田水林路电综合配套,同步发展高效节水灌溉。全面完成粮食生产功能区和重要农产品生产保护区划定任务,高标准农田建设项目优先向"两区"安排。恢复启动新疆优质棉生产基地建设,将糖料蔗"双高"基地建设范围覆盖到划定的所有保护区。进一步加强农田水利建设。推进大中型灌区续建配套节水改造与现代化建设。加大东北黑土地保护力度。加强华北地区地下水超采综合治理。推进重金属污染耕地治理修复和种植结构调整试点。

(三)调整优化农业结构。大力发展紧缺和绿色优质农产品生产,推进农业由增产导向转向提质导向。深入推进优质粮食工程。实施大豆振兴计划,多途径扩大种植面积。支持长江流域油菜生产,推进新品种新技术示范推广和全程机械化。积极发展木本油料。实施奶业振兴行动,加强优质奶源基地建设,升级改造中小奶牛养殖场,实施婴幼儿配方奶粉提升行动。合理调整粮经饲结构,发展青贮玉米、苜蓿等优质饲草料生产。合理确定内陆水域养殖规模,压减近海、湖库过密网箱养殖,推进海洋牧场建设,规范有序发展远洋渔业。降低江河湖泊和近海渔业捕捞强度,全面实施长江水生生物保护区禁捕。实施农产品质量安全保障工程,健全监管体系、监测体系、追溯体系。加大非洲猪瘟等动物疫情监测防控力度,严格落实防控举措,确保产业安全。

(四)加快突破农业关键核心技术。强化创新驱动发展,实施农业关键核心技术攻关行动,培育一批农业战略科技创新力量,推动生物种业、重型农机、智慧农业、绿色投入品等领域自主创新。建设农业领域国家重点实验室等科技创新平台基地,打造产学研深度融合平台,加强国家现代农业产业技术体系、科技创新联盟、产业创新中心、高新技术产业示范区、科技园区等建设。强化企业技术创新主体地位,培育农业科技创新型企业,支持符合条件的企业牵头实施技术创新项目。继续组织实施水稻、小麦、玉米、大豆和畜禽良种联合攻关,加快选育和推广优质草种。支持薄弱环节适用农机研发,促进农机装备产业转型升级,加快推进农业机械化。加强农业领域知识产权创造与应用。加快先进实用技术集成创新与推广应用。建立健全农业科研成果产权制度,赋予科研人员科技成果所有权,完善人才评价和流动保障机制,落实兼职兼薪、成果权益分配政策。

(五)实施重要农产品保障战略。加强顶层设计和系统规划,立足国内保障粮食等重要农产品供给,统筹用好国际国内两个市场、两种资源,科学确定国内重要农产品保障水平,健全保障体系,提高国内安全保障能力。将稻谷、小麦作为必保品种,稳定玉米生产,确保谷物基本自给、口粮绝对安全。加快推进粮食安全保障立法进程。在提质增效基础上,巩固棉花、油料、糖料、天然橡胶生产能力。加快推进并支持农业走出去,加强"一带一路"农业国际合作,主动扩大国内紧缺农产品进口,拓展多元化进口渠道,培育一批跨国农业企业集团,提高农业对外合作水平。加大农产品反走私综合治理力度。

三、扎实推进乡村建设,加快补齐农村人居环境和公共服务短板

(一)抓好农村人居环境整治三年行动。深入学习推广浙江"千村示范、万村整治"工程经验,全面推开以农村垃圾污水治理、厕所革命和村容村貌提升为重点的农村人居环境整治,确保到2020年实现农村人居环境阶段性明显改善,村庄环境基本干净整洁有序,村民环境与健康意识普遍增强。鼓励各地立足实际、因地制宜,合理选择简便易行、长期管用的整治模式,集中攻克技术难题。建立地方为主、中央补助的政府投入机制。中央财政对农村厕所革命整村推进等给予补助,对农村人居环境整治先进县给予奖励。中央预算内投资安排专门资金支持农村人居环境整治。允许县级按规定统筹整合相关资金，集中用于农村人居环境整治。鼓励社会力量积极参与，将农村人居环境整治与发展乡村休闲旅游等有机结合。广泛开展村庄清洁行动。开展美丽宜居村庄和最美庭院创建活动。农村人居环境整治工作要同农村经济发展水平相适应、同当地文化和风土人情相协调，注重实效，防止做表面文章。

（二）实施村庄基础设施建设工程。推进农村饮水安全巩固提升工程，加强农村饮用水水源地保护，加快解决农村"吃水难"和饮水不安全问题。全面推进"四好农村路"建设，加大"路长制"和示范县实施力度，实现具备条件的建制村全部通硬化路，有条件的地区向自然村延伸。加强村内道路建设。全面实施乡村电气化提升工程，加快完成新一轮农村电网改造。完善县乡村物流基础设施网络，支持产地建设农产品贮藏保鲜、分级包装等设施，鼓励企业在县乡和具备条件的村建立物流配送网点。加快推进宽带网络向村庄延伸，推进提速降费。继续推进农村危房改造。健全村庄基础设施建管长效机制，明确各方管护责任，鼓励地方将管护费用纳入财政预算。

（三）提升农村公共服务水平。全面提升农村教育、医疗卫生、社会保障、养老、文化体育等公共服务水平，加快推进城乡基本公共服务均等化。推动城乡义务教育一体化发展，深入实施农村义务教育学生营养改善计划。实施高中阶段教育普及攻坚计划，加强农村儿童健康改善和早期教育、学前教育。加快标准化村卫生室建设，实施全科医生特岗计划。建立健全统一的城乡居民基本医疗保险制度，同步整合城乡居民大病保险。完善城乡居民基本养老保险待遇确定和基础养老金正常调整机制。统筹城乡社会救助体系，完善最低生活保障制度、优抚安置制度。加快推进农村基层综合性文化服务中心建设。完善农村留守儿童和妇女、老年人关爱服务体系，支持多层次农村养老事业发展，加强和改善农村残疾人服务。推动建立城乡统筹的基本公共服务经费投入机制，完善农村基本公共服务标准。

（四）加强农村污染治理和生态环境保护。统筹推进山水林田湖草系统治理，推动农业农村绿色发展。加大农业面源污染治理力度，开展农业节肥节药行动，实现化肥农药使用量负增长。发展生态循环农业，推进畜禽粪污、秸秆、农膜等农业废弃物资源化利用，实现畜牧养殖大县粪污资源化利用整县治理全覆盖，下大力气治理白色污染。扩大轮作休耕制度试点。创建农业绿色发展先行区。实施乡村绿化美化行动，建设一批森林乡村，保护古树名木，开展湿地生态效益补偿和退耕还湿。全面保护天然林。加强"三北"地区退化防护林修复。扩大退耕还林还草，稳步实施退牧还草。实施新一轮草原生态保护补助奖励政策。落实河长制、湖长制，推进农村水环境治理，严格乡村河湖水域岸线等水生态空间管理。

（五）强化乡村规划引领。把加强规划管理作为乡村振兴的基础性工作，实现规划管理全覆盖。以县为单位抓紧编制或修编村庄布局规划，县级党委和政府要统筹推进乡村规划工作。按照先规划后建设的原则，通盘考虑土地利用、产业发展、居民点建设、人居环境整治、生态保护和历史文化传承，注重保持乡土风貌，编制多规合一的实用性村庄规划。加强农村建房许可管理。

四、发展壮大乡村产业，拓宽农民增收渠道

（一）加快发展乡村特色产业。因地制宜发展多样性特色农业，倡导"一村一品"、"一县一业"。积极发展果菜茶、食用菌、杂粮杂豆、薯类、中药材、特色养殖、林特花卉苗木等产业。支持建设一批特色农产品优势区。创新发展具有民族和地域特色的乡村手工业，大力挖掘农村能工巧匠，培育一批家庭工场、手工作坊、乡村车间。健全特色农产品质量标准体系，强化农产品地理标志和商标保护，创响一批"土字号"、"乡字号"特色产品品牌。

（二）大力发展现代农产品加工业。以"粮头食尾"、"农头工尾"为抓手，支持主产区依托县域形成农产品加工产业集群，尽可能把产业链留在县域，改变农村卖原料、城市搞加工的格局。支持发展适合家庭农场和农民合作社经营的农产品初加工，支持县域发展农产品精深加工，建成一批农产品专业村镇和加工强县。统筹农产品产地、集散地、销地批发市场建设，加强农产品物流骨干网络和冷链物流体系建设。培育农业产业化龙头企业和联合体，推进现代农业产业园、农村产业融合发展示范园、农业产业强镇建设。健全农村一二三产业融合发展利益联结机制，让农民更多分享产业增值收益。

（三）发展乡村新型服务业。支持供销、邮政、农业服务公司、农民合作社等开展农技推广、土地托管、代耕代种、统防统治、烘干收储等农业生产性服务。充分发挥乡村资源、生态和文化优势，发展适应城乡居民需要的休闲旅游、餐饮民宿、文化体验、健康养生、养老服务等产业。加强乡村旅游基础设施建设，改善卫生、交通、信息、邮政等公共服务设施。

（四）实施数字乡村战略。深入推进“互联网+农业”，扩大农业物联网示范应用。推进重要农产品全产业链大数据建设，加强国家数字农业农村系统建设。继续开展电子商务进农村综合示范，实施“互联网+”农产品出村进城工程。全面推进信息进村入户，依托“互联网+”推动公共服务向农村延伸。

（五）促进农村劳动力转移就业。落实更加积极的就业政策，加强就业服务和职业技能培训，促进农村劳动力多渠道转移就业和增收。发展壮大县域经济，引导产业有序梯度转移，支持适宜产业向小城镇集聚发展，扶持发展吸纳就业能力强的乡村企业，支持企业在乡村兴办生产车间、就业基地，增加农民就地就近就业岗位。稳定农民工就业，保障工资及时足额发放。加快农业转移人口市民化，推进城镇基本公共服务常住人口全覆盖。

（六）支持乡村创新创业。鼓励外出农民工、高校毕业生、退伍军人、城市各类人才返乡下乡创新创业，支持建立多种形式的创业支撑服务平台，完善乡村创新创业支持服务体系。落实好减税降费政策，鼓励地方设立乡村就业创业引导基金，加快解决用地、信贷等困难。加强创新创业孵化平台建设，支持创建一批返乡创业园，支持发展小微企业。

五、全面深化农村改革，激发乡村发展活力

（一）巩固和完善农村基本经营制度。坚持家庭经营基础性地位，赋予双层经营体制新的内涵。突出抓好家庭农场和农民合作社两类新型农业经营主体，启动家庭农场培育计划，开展农民合作社规范提升行动，深入推进示范合作社建设，建立健全支持家庭农场、农民合作社发展的政策体系和管理制度。落实扶持小农户和现代农业发展有机衔接的政策，完善“农户+合作社”、“农户+公司”利益联结机制。加快培育各类社会化服务组织，为一家一户提供全程社会化服务。加快出台完善草原承包经营制度的意见。加快推进农业水价综合改革，健全节水激励机制。继续深化供销合作社综合改革，制定供销合作社条例。深化集体林权制度和国有林区林场改革。大力推进农垦垦区集团化、农场企业化改革。

（二）深化农村土地制度改革。保持农村土地承包关系稳定并长久不变，研究出台配套政策，指导各地明确第二轮土地承包到期后延包的具体办法，确保政策衔接平稳过渡。完善落实集体所有权、稳定农户承包权、放活土地经营权的法律法规和政策体系。在基本完成承包地确权登记颁证工作基础上，开展“回头看”，做好收尾工作，妥善化解遗留问题，将土地承包经营权证书发放至农户手中。健全土地流转规范管理制度，发展多种形式农业适度规模经营，允许承包土地的经营权担保融资。总结好农村土地制度三项改革试点经验，巩固改革成果。坚持农村土地集体所有、不搞私有化，坚持农地农用、防止非农化，坚持保障农民土地权益、不得以退出承包地和宅基地作为农民进城落户条件，进一步深化农村土地制度改革。在修改相关法律的基础上，完善配套制度，全面推开农村土地征收制度改革和农村集体经营性建设用地入市改革，加快建立城乡统一的建设用地市场。加快推进宅基地使用权确权登记颁证工作，力争2020年基本完成。稳慎推进农村宅基地制度改革，拓展改革试点，丰富试点内容，完善制度设计。抓紧制定加强农村宅基地管理指导意见。研究起草农村宅基地使用条例。开展闲置宅基地复垦试点。允许在县域内开展全域乡村闲置校舍、厂房、废弃地等整治，盘活建设用地重点用于支持乡村新产业新业态和返乡下乡创业。严格农业设施用地管理，满足合理需求。巩固“大棚房”问题整治成果。按照“取之于农，主要用之于农”的要求，调整完善土地出让收入使用范围，提高农业农村投入比例，重点用于农村人居环境整治、村庄基础设施建设和高标准农田建设。扎实开展新增耕地指标和城乡建设用地增减挂钩节余指标跨省域调剂使用，调剂收益全部用于巩固脱贫攻坚成果和支持乡村振兴。加快修订土地管理法、物权法等法律法规。

（三）深入推进农村集体产权制度改革。按期完成全国农村集体资产清产核资，加快农村集体资产监督管理平台建设，建立健全集体资产各项管理制度。指导农村集体经济组织在民主协商的基础上，做好成员身份确认，注重保护外嫁女等特殊人群的合法权利,加快推进农村集体经营性资产股份合作制改革,继续扩大试点范围。总结推广资源变资产、资金变股金、农民变股东经验。完善农村集体产权权能,积极探索集体资产股权质押贷款办法。研究制定农村集体经济组织法。健全农村产权流转交易市场,推动农村各类产权流转交易公开规范运行。研究完善适合农村集体经济组织特点的税收优惠政策。

(四)完善农业支持保护制度。按照增加总量、优化存量、提高效能的原则,强化高质量绿色发展导向,加快构建新型农业补贴政策体系。按照适应世贸组织规则、保护农民利益、支持农业发展的原则,抓紧研究制定完善农业支持保护政策的意见。调整改进"黄箱"政策,扩大"绿箱"政策使用范围。按照更好发挥市场机制作用取向,完善稻谷和小麦最低收购价政策。完善玉米和大豆生产者补贴政策。健全农业信贷担保费率补助和以奖代补机制,研究制定担保机构业务考核的具体办法,加快做大担保规模。按照扩面增品提标的要求,完善农业保险政策。推进稻谷、小麦、玉米完全成本保险和收入保险试点。扩大农业大灾保险试点和"保险+期货"试点。探索对地方优势特色农产品保险实施以奖代补试点。打通金融服务"三农"各个环节,建立县域银行业金融机构服务"三农"的激励约束机制,实现普惠性涉农贷款增速总体高于各项贷款平均增速。推动农村商业银行、农村合作银行、农村信用社逐步回归本源,为本地"三农"服务。研究制定商业银行"三农"事业部绩效考核和激励的具体办法。用好差别化准备金率和差异化监管等政策,切实降低"三农"信贷担保服务门槛,鼓励银行业金融机构加大对乡村振兴和脱贫攻坚中长期信贷支持力度。支持重点领域特色农产品期货期权品种上市。

六、完善乡村治理机制,保持农村社会和谐稳定

(一)增强乡村治理能力。建立健全党组织领导的自治、法治、德治相结合的领导体制和工作机制,发挥群众参与治理主体作用。开展乡村治理体系建设试点和乡村治理示范村镇创建。加强自治组织规范化制度化建设,健全村级议事协商制度,推进村级事务公开,加强村级权力有效监督。指导农村普遍制定或修订村规民约。推进农村基层依法治理,建立健全公共法律服务体系。加强农业综合执法。

(二)加强农村精神文明建设。引导农民践行社会主义核心价值观,巩固党在农村的思想阵地。加强宣传教育,做好农民群众的思想工作,宣传党的路线方针和强农惠农富农政策,引导农民听党话、感党恩、跟党走。开展新时代文明实践中心建设试点,抓好县级融媒体中心建设。深化拓展群众性精神文明创建活动,推出一批农村精神文明建设示范县、文明村镇、最美家庭,挖掘和树立道德榜样典型,发挥示范引领作用。支持建设文化礼堂、文化广场等设施,培育特色文化村镇、村寨。持续推进农村移风易俗工作,引导和鼓励农村基层群众性自治组织采取约束性强的措施,对婚丧陋习、天价彩礼、孝道式微、老无所养等不良社会风气进行治理。

(三)持续推进平安乡村建设。深入推进扫黑除恶专项斗争,严厉打击农村黑恶势力,杜绝"村霸"等黑恶势力对基层政权的侵蚀。严厉打击敌对势力、邪教组织、非法宗教活动向农村地区的渗透。推进纪检监察工作向基层延伸,坚决查处发生在农民身边的不正之风和腐败问题。健全落实社会治安综合治理领导责任制。深化拓展网格化服务管理,整合配优基层一线平安建设力量,把更多资源、服务、管理放到农村社区。加强乡村交通、消防、公共卫生、食品药品安全、地质灾害等公共安全事件易发领域隐患排查和专项治理。加快建设信息化、智能化农村社会治安防控体系,继续推进农村"雪亮工程"建设。坚持发展新时代"枫桥经验",完善农村矛盾纠纷排查调处化解机制,提高服务群众、维护稳定的能力和水平。

七、发挥农村党支部战斗堡垒作用,全面加强农村基层组织建设

(一)强化农村基层党组织领导作用。抓实建强农村基层党组织,以提升组织力为重点,突出政治功能,持续加强农村基层党组织体系建设。增加先进支部、提升中间支部、整顿后进支部,以县为单位对软弱涣散村党组织"一村一策"逐个整顿。对村"两委"换届进行一次"回头看",坚决把受过刑事处罚、存在"村霸"和涉黑涉恶等问题的村"两委"班子成员清理出去。实施村党组织带头人整体优化提升行动,配齐配强班子。全面落实村党组织书记县级党委备案管理制度。建立第一书记派驻长效工作机制,全面向贫困村、软弱涣散村和集体经济空壳村派出第一书记,并向乡村振兴任务重的村拓展。加大从高校毕业生、农民工、退伍军人、机关事业单位优秀党员中培养选拔村党组织书记力度。健全从优秀村党组织书记中选拔乡镇领导干部、考录乡镇公务员、招聘乡镇事业编制人员的常态化机制。落实村党组织5年任期规定,推动全国村“两委”换届与县乡换届同步进行。优化农村党员队伍结构,加大从青年农民、农村外出务工人员中发展党员力度。健全县级党委抓乡促村责任制,县乡党委要定期排查并及时解决基层组织建设突出问题。加强和改善村党组织对村级各类组织的领导,健全以党组织为领导的村级组织体系。全面推行村党组织书记通过法定程序担任村委会主任,推行村“两委”班子成员交叉任职,提高村委会成员和村民代表中党员的比例。加强党支部对村级集体经济组织的领导。全面落实“四议两公开”,健全村级重要事项、重大问题由村党组织研究讨论机制。

(二)发挥村级各类组织作用。理清村级各类组织功能定位,实现各类基层组织按需设置、按职履责、有人办事、有章理事。村民委员会要履行好基层群众性自治组织功能,增强村民自我管理、自我教育、自我服务能力。全面建立健全村务监督委员会,发挥在村务决策和公开、财产管理、工程项目建设、惠农政策措施落实等事项上的监督作用。强化集体经济组织服务功能,发挥在管理集体资产、合理开发集体资源、服务集体成员等方面的作用。发挥农村社会组织在服务农民、树立新风等方面的积极作用。

(三)强化村级组织服务功能。按照有利于村级组织建设、有利于服务群众的原则,将适合村级组织代办或承接的工作事项交由村级组织,并保障必要工作条件。规范村级组织协助政府工作事项,防止随意增加村级组织工作负担。统筹乡镇站所改革,强化乡镇为农服务体系建设,确保乡镇有队伍、有资源为农服务。

(四)完善村级组织运转经费保障机制。健全以财政投入为主的稳定的村级组织运转经费保障制度,全面落实村干部报酬待遇和村级组织办公经费,建立正常增长机制,保障村级公共服务运行维护等其他必要支出。把发展壮大村级集体经济作为发挥农村基层党组织领导作用的重要举措,加大政策扶持和统筹推进力度,因地制宜发展壮大村级集体经济,增强村级组织自我保障和服务农民能力。

八、加强党对“三农”工作的领导,落实农业农村优先发展总方针

(一)强化五级书记抓乡村振兴的制度保障。实行中央统筹、省负总责、市县乡抓落实的农村工作机制,制定落实五级书记抓乡村振兴责任的实施细则,严格督查考核。加强乡村振兴统计监测工作。2019年各省(自治区、直辖市)党委要结合本地实际,出台市县党政领导班子和领导干部推进乡村振兴战略的实绩考核意见,并加强考核结果应用。各地区各部门要抓紧梳理全面建成小康社会必须完成的硬任务,强化工作举措,确保2020年圆满完成各项任务。

(二)牢固树立农业农村优先发展政策导向。各级党委和政府必须把落实“四个优先”的要求作为做好“三农”工作的头等大事,扛在肩上、抓在手上,同政绩考核联系到一起,层层落实责任。优先考虑“三农”干部配备,把优秀干部充实到“三农”战线,把精锐力量充实到基层一线,注重选拔熟悉“三农”工作的干部充实地方各级党政班子。优先满足“三农”发展要素配置,坚决破除妨碍城乡要素自由流动、平等交换的体制机制壁垒,改变农村要素单向流出格局,推动资源要素向农村流动。优先保障“三农”资金投入,坚持把农业农村作为财政优先保障领域和金融优先服务领域,公共财政更大力度向“三农”倾斜,县域新增贷款主要用于支持乡村振兴。地方政府债券资金要安排一定比例用于支持农村人居环境整治、村庄基础设施建设等重点领域。优先安排农村公共服务,推进城乡基本公共服务标准统一、制度并轨,实现从形式上的普惠向实质上的公平转变。完善落实农业农村优先发展的顶层设计,抓紧研究出台指导意见和具体实施办法。

(三)培养懂农业、爱农村、爱农民的“三农”工作队伍。建立“三农”工作干部队伍培养、配备、管理、使用机制,落实关爱激励政策。引导教育“三农”干部大兴调查研究之风,倡导求真务实精神,密切与群众联系,加深对农民感情。坚决纠正脱贫攻坚和乡村振兴工作中的形式主义、官僚主义,清理规范各类检查评比、考核督导事项,切实解决基层疲于迎评迎检问题,让基层干部把精力集中到为群众办实事办好事上来。把乡村人才纳入各级人才培养计划予以重点支持。建立县域人才统筹使用制度和乡村人才定向委托培养制度，探索通过岗编适度分离、在岗学历教育、创新职称评定等多种方式，引导各类人才投身乡村振兴。对作出突出贡献的各类人才给予表彰和奖励。实施新型职业农民培育工程。大力发展面向乡村需求的职业教育，加强高等学校涉农专业建设。抓紧出台培养懂农业、爱农村、爱农民“三农”工作队伍的政策意见。

（四）发挥好农民主体作用。加强制度建设、政策激励、教育引导，把发动群众、组织群众、服务群众贯穿乡村振兴全过程，充分尊重农民意愿，弘扬自力更生、艰苦奋斗精神，激发和调动农民群众积极性主动性。发挥政府投资的带动作用，通过民办公助、筹资筹劳、以奖代补、以工代赈等形式，引导和支持村集体和农民自主组织实施或参与直接受益的村庄基础设施建设和农村人居环境整治。加强筹资筹劳使用监管，防止增加农民负担。出台村庄建设项目简易审批办法，规范和缩小招投标适用范围，让农民更多参与并从中获益。

当前，做好“三农”工作意义重大、任务艰巨、要求迫切，除上述8个方面工作之外，党中央、国务院部署的其他各项工作必须久久为功、狠抓落实、务求实效。

让我们紧密团结在以习近平同志为核心的党中央周围，全面贯彻落实习近平总书记关于做好“三农”工作的重要论述，锐意进取、攻坚克难、扎实工作，为决胜全面建成小康社会、推进乡村全面振兴作出新的贡献。

中共中央、国务院关于实施乡村振兴战略的意见

·2018年1月2日

实施乡村振兴战略，是党的十九大作出的重大决策部署，是决胜全面建成小康社会、全面建设社会主义现代化国家的重大历史任务，是新时代“三农”工作的总抓手。现就实施乡村振兴战略提出如下意见。

一、新时代实施乡村振兴战略的重大意义

党的十八大以来，在以习近平同志为核心的党中央坚强领导下，我们坚持把解决好“三农”问题作为全党工作重中之重，持续加大强农惠农富农政策力度，扎实推进农业现代化和新农村建设，全面深化农村改革，农业农村发展取得了历史性成就，为党和国家事业全面开创新局面提供了重要支撑。5年来，粮食生产能力跨上新台阶，农业供给侧结构性改革迈出新步伐，农民收入持续增长，农村民生全面改善，脱贫攻坚战取得决定性进展，农村生态文明建设显著加强，农民获得感显著提升，农村社会稳定和谐。农业农村发展取得的重大成就和“三农”工作积累的丰富经验，为实施乡村振兴战略奠定了良好基础。

农业农村农民问题是关系国计民生的根本性问题。没有农业农村的现代化，就没有国家的现代化。当前，我国发展不平衡不充分问题在乡村最为突出，主要表现在：农产品阶段性供过于求和供给不足并存，农业供给质量亟待提高；农民适应生产力发展和市场竞争的能力不足，新型职业农民队伍建设亟需加强；农村基础设施和民生领域欠账较多，农村环境和生态问题比较突出，乡村发展整体水平亟待提升；国家支农体系相对薄弱，农村金融改革任务繁重，城乡之间要素合理流动机制亟待健全；农村基层党建存在薄弱环节，乡村治理体系和治理能力亟待强化。实施乡村振兴战略，是解决人民日益增长的美好生活需要和不平衡不充分的发展之间矛盾的必然要求，是实现“两个一百年”奋斗目标的必然要求，是实现全体人民共同富裕的必然要求。

在中国特色社会主义新时代，乡村是一个可以大有作为的广阔天地，迎来了难得的发展机遇。我们有党的领导的政治优势，有社会主义的制度优势，有亿万农民的创造精神，有强大的经济实力支撑，有历史悠久的农耕文明，有旺盛的市场需求，完全有条件有能力实施乡村振兴战略。必须立足国情农情，顺势而为，切实增强责任感使命感紧迫感，举全党全国全社会之力，以更大的决心、更明确的目标、更有力的举措，推动农业全面升级、农村全面进步、农民全面发展，谱写新时代乡村全面振兴新篇章。

二、实施乡村振兴战略的总体要求

（一）指导思想。全面贯彻党的十九大精神，以习近平新时代中国特色社会主义思想为指导，加强党对“三农”工作的领导，坚持稳中求进工作总基调，牢固树立新发展理念，落实高质量发展的

要求，紧紧围绕统筹推进"五位一体"总体布局和协调推进"四个全面"战略布局，坚持把解决好"三农"问题作为全党工作重中之重，坚持农业农村优先发展，按照产业兴旺、生态宜居、乡风文明、治理有效、生活富裕的总要求，建立健全城乡融合发展体制机制和政策体系，统筹推进农村经济建设、政治建设、文化建设、社会建设、生态文明建设和党的建设，加快推进乡村治理体系和治理能力现代化，加快推进农业农村现代化，走中国特色社会主义乡村振兴道路，让农业成为有奔头的产业，让农民成为有吸引力的职业，让农村成为安居乐业的美丽家园。

（二）目标任务。按照党的十九大提出的决胜全面建成小康社会、分两个阶段实现第二个百年奋斗目标的战略安排，实施乡村振兴战略的目标任务是：

到2020年，乡村振兴取得重要进展，制度框架和政策体系基本形成。农业综合生产能力稳步提升，农业供给体系质量明显提高，农村一二三产业融合发展水平进一步提升；农民增收渠道进一步拓宽，城乡居民生活水平差距持续缩小；现行标准下农村贫困人口实现脱贫，贫困县全部摘帽，解决区域性整体贫困；农村基础设施建设深入推进，农村人居环境明显改善，美丽宜居乡村建设扎实推进；城乡基本公共服务均等化水平进一步提高，城乡融合发展体制机制初步建立；农村对人才吸引力逐步增强；农村生态环境明显好转，农业生态服务能力进一步提高；以党组织为核心的农村基层组织建设进一步加强，乡村治理体系进一步完善；党的农村工作领导体制机制进一步健全；各地区各部门推进乡村振兴的思路举措得以确立。

到2035年，乡村振兴取得决定性进展，农业农村现代化基本实现。农业结构得到根本性改善，农民就业质量显著提高，相对贫困进一步缓解，共同富裕迈出坚实步伐；城乡基本公共服务均等化基本实现，城乡融合发展体制机制更加完善；乡风文明达到新高度，乡村治理体系更加完善；农村生态环境根本好转，美丽宜居乡村基本实现。

到2050年，乡村全面振兴，农业强、农村美、农民富全面实现。

（三）基本原则

——坚持党管农村工作。毫不动摇地坚持和加强党对农村工作的领导，健全党管农村工作领导体制机制和党内法规，确保党在农村工作中始终总揽全局、协调各方，为乡村振兴提供坚强有力的政治保障。

——坚持农业农村优先发展。把实现乡村振兴作为全党的共同意志、共同行动，做到认识统一、步调一致，在干部配备上优先考虑，在要素配置上优先满足，在资金投入上优先保障，在公共服务上优先安排，加快补齐农业农村短板。

——坚持农民主体地位。充分尊重农民意愿，切实发挥农民在乡村振兴中的主体作用，调动亿万农民的积极性、主动性、创造性，把维护农民群众根本利益、促进农民共同富裕作为出发点和落脚点，促进农民持续增收，不断提升农民的获得感、幸福感、安全感。

——坚持乡村全面振兴。准确把握乡村振兴的科学内涵，挖掘乡村多种功能和价值，统筹谋划农村经济建设、政治建设、文化建设、社会建设、生态文明建设和党的建设，注重协同性、关联性，整体部署，协调推进。

——坚持城乡融合发展。坚决破除体制机制弊端，使市场在资源配置中起决定性作用，更好发挥政府作用，推动城乡要素自由流动、平等交换，推动新型工业化、信息化、城镇化、农业现代化同步发展，加快形成工农互促、城乡互补、全面融合、共同繁荣的新型工农城乡关系。

——坚持人与自然和谐共生。牢固树立和践行绿水青山就是金山银山的理念，落实节约优先、保护优先、自然恢复为主的方针，统筹山水林田湖草系统治理，严守生态保护红线，以绿色发展引领乡村振兴。

——坚持因地制宜、循序渐进。科学把握乡村的差异性和发展走势分化特征，做好顶层设计，注重规划先行、突出重点、分类施策、典型引路。既尽力而为，又量力而行，不搞层层加码，不搞一刀切，不搞形式主义，久久为功，扎实推进。

三、提升农业发展质量，培育乡村发展新动能

乡村振兴，产业兴旺是重点。必须坚持质量兴农、绿色兴农，以农业供给侧结构性改革为主线，加快构建现代农业产业体系、生产体系、经营体系，提高农业创新力、竞争力和全要素生产率，加快实现由农业大国向农业强国转变。

（一）夯实农业生产能力基础。深入实施藏粮于地、藏粮于技战略，严守耕地红线，确保国家粮

食安全，把中国人的饭碗牢牢端在自己手中。全面落实永久基本农田特殊保护制度，加快划定和建设粮食生产功能区、重要农产品生产保护区，完善支持政策。大规模推进农村土地整治和高标准农田建设，稳步提升耕地质量，强化监督考核和地方政府责任。加强农田水利建设，提高抗旱防洪除涝能力。实施国家农业节水行动，加快灌区续建配套与现代化改造，推进小型农田水利设施达标提质，建设一批重大高效节水灌溉工程。加快建设国家农业科技创新体系，加强面向全行业的科技创新基地建设。深化农业科技成果转化和推广应用改革。加快发展现代农作物、畜禽、水产、林木种业，提升自主创新能力。高标准建设国家南繁育种基地。推进我国农机装备产业转型升级，加强科研机构、设备制造企业联合攻关，进一步提高大宗农作物机械国产化水平，加快研发经济作物、养殖业、丘陵山区农林机械，发展高端农机装备制造。优化农业从业者结构，加快建设知识型、技能型、创新型农业经营者队伍。大力发展数字农业，实施智慧农业林业水利工程，推进物联网试验示范和遥感技术应用。

（二）实施质量兴农战略。制定和实施国家质量兴农战略规划，建立健全质量兴农评价体系、政策体系、工作体系和考核体系。深入推进农业绿色化、优质化、特色化、品牌化，调整优化农业生产力布局，推动农业由增产导向转向提质导向。推进特色农产品优势区创建，建设现代农业产业园、农业科技园。实施产业兴村强县行动，推行标准化生产，培育农产品品牌，保护地理标志农产品，打造一村一品、一县一业发展新格局。加快发展现代高效林业，实施兴林富民行动，推进森林生态标志产品建设工程。加强植物病虫害、动物疫病防控体系建设。优化养殖业空间布局，大力发展绿色生态健康养殖，做大做强民族奶业。统筹海洋渔业资源开发，科学布局近远海养殖和远洋渔业，建设现代化海洋牧场。建立产学研融合的农业科技创新联盟，加强农业绿色生态、提质增效技术研发应用。切实发挥农垦在质量兴农中的带动引领作用。实施食品安全战略，完善农产品质量和食品安全标准体系，加强农业投入品和农产品质量安全追溯体系建设，健全农产品质量和食品安全监管体制，重点提高基层监管能力。

（三）构建农村一二三产业融合发展体系。大力开发农业多种功能，延长产业链、提升价值链、完善利益链，通过保底分红、股份合作、利润返还等多种形式，让农民合理分享全产业链增值收益。实施农产品加工业提升行动，鼓励企业兼并重组，淘汰落后产能，支持主产区农产品就地加工转化增值。重点解决农产品销售中的突出问题，加强农产品产后分级、包装、营销，建设现代化农产品冷链仓储物流体系，打造农产品销售公共服务平台，支持供销、邮政及各类企业把服务网点延伸到乡村，健全农产品产销稳定衔接机制，大力建设具有广泛性的促进农村电子商务发展的基础设施，鼓励支持各类市场主体创新发展基于互联网的新型农业产业模式，深入实施电子商务进农村综合示范，加快推进农村流通现代化。实施休闲农业和乡村旅游精品工程，建设一批设施完备、功能多样的休闲观光园区、森林人家、康养基地、乡村民宿、特色小镇。对利用闲置农房发展民宿、养老等项目，研究出台消防、特种行业经营等领域便利市场准入、加强事中事后监管的管理办法。发展乡村共享经济、创意农业、特色文化产业。

（四）构建农业对外开放新格局。优化资源配置，着力节本增效，提高我国农产品国际竞争力。实施特色优势农产品出口提升行动，扩大高附加值农产品出口。建立健全我国农业贸易政策体系。深化与"一带一路"沿线国家和地区农产品贸易关系。积极支持农业走出去，培育具有国际竞争力的大粮商和农业企业集团。积极参与全球粮食安全治理和农业贸易规则制定，促进形成更加公平合理的农业国际贸易秩序。进一步加大农产品反走私综合治理力度。

（五）促进小农户和现代农业发展有机衔接。统筹兼顾培育新型农业经营主体和扶持小农户，采取有针对性的措施，把小农生产引入现代农业发展轨道。培育各类专业化市场化服务组织，推进农业生产全程社会化服务，帮助小农户节本增效。发展多样化的联合与合作，提升小农户组织化程度。注重发挥新型农业经营主体带动作用，打造区域公用品牌，开展农超对接、农社对接，帮助小农户对接市场。扶持小农户发展生态农业、设施农业、体验农业、定制农业，提高产品档次和附加值，拓展增收空间。改善小农户生产设施条件，提升小农户抗风险能力。研究制定扶持小农生产的政策意见。

四、推进乡村绿色发展，打造人与自然和谐共生发展新格局

乡村振兴，生态宜居是关键。良好生态环境是农村最大优势和宝贵财富。必须尊重自然、顺应自然、保护自然，推动乡村自然资本加快增值，实现百姓富、生态美的统一。

（一）统筹山水林田湖草系统治理。把山水林田湖草作为一个生命共同体，进行统一保护、统一修复。实施重要生态系统保护和修复工程。健全耕地草原森林河流湖泊休养生息制度，分类有序退出超载的边际产能。扩大耕地轮作休耕制度试点。科学划定江河湖海限捕、禁捕区域，健全水生生态保护修复制度。实行水资源消耗总量和强度双控行动。开展河湖水系连通和农村河塘清淤整治，全面推行河长制、湖长制。加大农业水价综合改革工作力度。开展国土绿化行动，推进荒漠化、石漠化、水土流失综合治理。强化湿地保护和恢复，继续开展退耕还湿。完善天然林保护制度，把所有天然林都纳入保护范围。扩大退耕还林还草、退牧还草，建立成果巩固长效机制。继续实施三北防护林体系建设等林业重点工程，实施森林质量精准提升工程。继续实施草原生态保护补助奖励政策。实施生物多样性保护重大工程，有效防范外来生物入侵。

（二）加强农村突出环境问题综合治理。加强农业面源污染防治，开展农业绿色发展行动，实现投入品减量化、生产清洁化、废弃物资源化、产业模式生态化。推进有机肥替代化肥、畜禽粪污处理、农作物秸秆综合利用、废弃农膜回收、病虫害绿色防控。加强农村水环境治理和农村饮用水水源保护，实施农村生态清洁小流域建设。扩大华北地下水超采区综合治理范围。推进重金属污染耕地防控和修复，开展土壤污染治理与修复技术应用试点，加大东北黑土地保护力度。实施流域环境和近岸海域综合治理。严禁工业和城镇污染向农业农村转移。加强农村环境监管能力建设，落实县乡两级农村环境保护主体责任。

（三）建立市场化多元化生态补偿机制。落实农业功能区制度，加大重点生态功能区转移支付力度，完善生态保护成效与资金分配挂钩的激励约束机制。鼓励地方在重点生态区位推行商品林赎买制度。健全地区间、流域上下游之间横向生态保护补偿机制，探索建立生态产品购买、森林碳汇等市场化补偿制度。建立长江流域重点水域禁捕补偿制度。推行生态建设和保护以工代赈做法，提供更多生态公益岗位。

（四）增加农业生态产品和服务供给。正确处理开发与保护的关系，运用现代科技和管理手段，将乡村生态优势转化为发展生态经济的优势，提供更多更好的绿色生态产品和服务，促进生态和经济良性循环。加快发展森林草原旅游、河湖湿地观光、冰雪海上运动、野生动物驯养观赏等产业，积极开发观光农业、游憩休闲、健康养生、生态教育等服务。创建一批特色生态旅游示范村镇和精品线路，打造绿色生态环保的乡村生态旅游产业链。

五、繁荣兴盛农村文化，焕发乡风文明新气象

乡村振兴，乡风文明是保障。必须坚持物质文明和精神文明一起抓，提升农民精神风貌，培育文明乡风、良好家风、淳朴民风，不断提高乡村社会文明程度。

（一）加强农村思想道德建设。以社会主义核心价值观为引领，坚持教育引导、实践养成、制度保障三管齐下，采取符合农村特点的有效方式，深化中国特色社会主义和中国梦宣传教育，大力弘扬民族精神和时代精神。加强爱国主义、集体主义、社会主义教育，深化民族团结进步教育，加强农村思想文化阵地建设。深入实施公民道德建设工程，挖掘农村传统道德教育资源，推进社会公德、职业道德、家庭美德、个人品德建设。推进诚信建设，强化农民的社会责任意识、规则意识、集体意识、主人翁意识。

（二）传承发展提升农村优秀传统文化。立足乡村文明，吸取城市文明及外来文化优秀成果，在保护传承的基础上，创造性转化、创新性发展，不断赋予时代内涵、丰富表现形式。切实保护好优秀农耕文化遗产，推动优秀农耕文化遗产合理适度利用。深入挖掘农耕文化蕴含的优秀思想观念、人文精神、道德规范，充分发挥其在凝聚人心、教化群众、淳化民风中的重要作用。划定乡村建设的历史文化保护线，保护好文物古迹、传统村落、民族村寨、传统建筑、农业遗迹、灌溉工程遗产。支持农村地区优秀戏曲曲艺、少数民族文化、民间文化等传承发展。

（三）加强农村公共文化建设。按照有标准、有网络、有内容、有人才的要求，健全乡村公共文化服务体系。发挥县级公共文化机构辐射作用，推进基层综合性文化服务中心建设，实现乡村两级公共文化服务全覆盖，提升服务效能。深入推进文化惠民，公共文化资源要重点向乡村倾斜，提供更多更好的农村公共文化产品和服务。支持“三农”题材文艺创作生产，鼓励文艺工作者不断推出反映农民生产生活尤其是乡村振兴实践的优秀文艺作品，充分展示新时代农村农民的精神面貌。培育挖掘乡土文化本土人才，开展文化结对帮扶，引导社会各界人士投身乡村文化建设。活跃繁荣农村文化市场，丰富农村文化业态，加强农村文化市场监管。

（四）开展移风易俗行动。广泛开展文明村镇、星级文明户、文明家庭等群众性精神文明创建活动。遏制大操大办、厚葬薄养、人情攀比等陈规陋习。加强无神论宣传教育，丰富农民群众精神文化生活，抵制封建迷信活动。深化农村殡葬改革。加强农村科普工作，提高农民科学文化素养。

六、加强农村基层基础工作，构建乡村治理新体系

乡村振兴，治理有效是基础。必须把夯实基层基础作为固本之策，建立健全党委领导、政府负责、社会协同、公众参与、法治保障的现代乡村社会治理体制，坚持自治、法治、德治相结合，确保乡村社会充满活力、和谐有序。

（一）加强农村基层党组织建设。扎实推进抓党建促乡村振兴，突出政治功能，提升组织力，抓乡促村，把农村基层党组织建成坚强战斗堡垒。强化农村基层党组织领导核心地位，创新组织设置和活动方式，持续整顿软弱涣散村党组织，稳妥有序开展不合格党员处置工作，着力引导农村党员发挥先锋模范作用。建立选派第一书记工作长效机制，全面向贫困村、软弱涣散村和集体经济薄弱村党组织派出第一书记。实施农村带头人队伍整体优化提升行动，注重吸引高校毕业生、农民工、机关企事业单位优秀党员干部到村任职，选优配强村党组织书记。健全从优秀村党组织书记中选拔乡镇领导干部、考录乡镇机关公务员、招聘乡镇事业编制人员制度。加大在优秀青年农民中发展党员力度。建立农村党员定期培训制度。全面落实村级组织运转经费保障政策。推行村级小微权力清单制度，加大基层小微权力腐败惩处力度。严厉整治惠农补贴、集体资产管理、土地征收等领域侵害农民利益的不正之风和腐败问题。

（二）深化村民自治实践。坚持自治为基，加强农村群众性自治组织建设，健全和创新村党组织领导的充满活力的村民自治机制。推动村党组织书记通过选举担任村委会主任。发挥自治章程、村规民约的积极作用。全面建立健全村务监督委员会，推行村级事务阳光工程。依托村民会议、村民代表会议、村民议事会、村民理事会、村民监事会等，形成民事民议、民事民办、民事民管的多层次基层协商格局。积极发挥新乡贤作用。推动乡村治理重心下移，尽可能把资源、服务、管理下放到基层。继续开展以村民小组或自然村为基本单元的村民自治试点工作。加强农村社区治理创新。创新基层管理体制机制，整合优化公共服务和行政审批职责，打造“一门式办理”、“一站式服务”的综合服务平台。在村庄普遍建立网上服务站点，逐步形成完善的乡村便民服务体系。大力培育服务性、公益性、互助性农村社会组织，积极发展农村社会工作和志愿服务。集中清理上级对村级组织考核评比多、创建达标多、检查督查多等突出问题。维护村民委员会、农村集体经济组织、农村合作经济组织的特别法人地位和权利。

（三）建设法治乡村。坚持法治为本，树立依法治理理念，强化法律在维护农民权益、规范市场运行、农业支持保护、生态环境治理、化解农村社会矛盾等方面的权威地位。增强基层干部法治观念、法治为民意识，将政府涉农各项工作纳入法治化轨道。深入推进综合行政执法改革向基层延伸，创新监管方式，推动执法队伍整合、执法力量下沉，提高执法能力和水平。建立健全乡村调解、县市仲裁、司法保障的农村土地承包经营纠纷调处机制。加大农村普法力度，提高农民法治素养，引导广大农民增强尊法学法守法用法意识。健全农村公共法律服务体系，加强对农民的法律援助和司法救助。

（四）提升乡村德治水平。深入挖掘乡村熟人社会蕴含的道德规范，结合时代要求进行创新，强化道德教化作用，引导农民向上向善、孝老爱亲、重义守信、勤俭持家。建立道德激励约束机制，引导农民自我管理、自我教育、自我服务、自我提高，实现家庭和睦、邻里和谐、干群融洽。广泛开展好媳妇、好儿女、好公婆等评选表彰活动，开展寻找最美乡村教师、医生、村官、家庭等活动。深入宣传道德模范、身边好人的典型事迹，弘扬真善美，传播正能量。

（五）建设平安乡村。健全落实社会治安综合治理领导责任制，大力推进农村社会治安防控体系建设，推动社会治安防控力量下沉。深入开展扫黑除恶专项斗争，严厉打击农村黑恶势力、宗族恶势力，严厉打击黄赌毒盗拐骗等违法犯罪。依法加大对农村非法宗教活动和境外渗透活动打击力度，依法制止利用宗教干预农村公共事务，继续整治农村乱建庙宇、滥塑宗教造像。完善县乡村三级综治中心功能和运行机制。健全农村公共安全体系，持续开展农村安全隐患治理。加强农村警务、消防、安全生产工作，坚决遏制重特大安全事故。探索以网格化管理为抓手、以现代信息技术为支撑，实现基层服务和管理精细化精准化。推进农村"雪亮工程"建设。

七、提高农村民生保障水平，塑造美丽乡村新风貌

乡村振兴，生活富裕是根本。要坚持人人尽责、人人享有，按照抓重点、补短板、强弱项的要求，围绕农民群众最关心最直接最现实的利益问题，一件事情接着一件事情办，一年接着一年干，把乡村建设成为幸福美丽新家园。

（一）优先发展农村教育事业。高度重视发展农村义务教育，推动建立以城带乡、整体推进、城乡一体、均衡发展的义务教育发展机制。全面改善薄弱学校基本办学条件，加强寄宿制学校建设。实施农村义务教育学生营养改善计划。发展农村学前教育。推进农村普及高中阶段教育，支持教育基础薄弱县普通高中建设，加强职业教育，逐步分类推进中等职业教育免除学杂费。健全学生资助制度，使绝大多数农村新增劳动力接受高中阶段教育、更多接受高等教育。把农村需要的人群纳入特殊教育体系。以市县为单位，推动优质学校辐射农村薄弱学校常态化。统筹配置城乡师资，并向乡村倾斜，建好建强乡村教师队伍。

（二）促进农村劳动力转移就业和农民增收。健全覆盖城乡的公共就业服务体系，大规模开展职业技能培训，促进农民工多渠道转移就业，提高就业质量。深化户籍制度改革，促进有条件、有意愿、在城镇有稳定就业和住所的农业转移人口在城镇有序落户，依法平等享受城镇公共服务。加强扶持引导服务，实施乡村就业创业促进行动，大力发展文化、科技、旅游、生态等乡村特色产业，振兴传统工艺。培育一批家庭工场、手工作坊、乡村车间，鼓励在乡村地区兴办环境友好型企业，实现乡村经济多元化，提供更多就业岗位。拓宽农民增收渠道，鼓励农民勤劳守法致富，增加农村低收入者收入，扩大农村中等收入群体，保持农村居民收入增速快于城镇居民。

（三）推动农村基础设施提档升级。继续把基础设施建设重点放在农村，加快农村公路、供水、供气、环保、电网、物流、信息、广播电视等基础设施建设，推动城乡基础设施互联互通。以示范县为载体全面推进"四好农村路"建设，加快实施通村组硬化路建设。加大成品油消费税转移支付资金用于农村公路养护力度。推进节水供水重大水利工程，实施农村饮水安全巩固提升工程。加快新一轮农村电网改造升级，制定农村通动力电规划，推进农村可再生能源开发利用。实施数字乡村战略，做好整体规划设计，加快农村地区宽带网络和第四代移动通信网络覆盖步伐，开发适应"三农"特点的信息技术、产品、应用和服务，推动远程医疗、远程教育等应用普及，弥合城乡数字鸿沟。提升气象为农服务能力。加强农村防灾减灾救灾能力建设。抓紧研究提出深化农村公共基础设施管护体制改革指导意见。

（四）加强农村社会保障体系建设。完善统一的城乡居民基本医疗保险制度和大病保险制度，做好农民重特大疾病救助工作。巩固城乡居民医保全国异地就医联网直接结算。完善城乡居民基本养老保险制度，建立城乡居民基本养老保险待遇确定和基础养老金标准正常调整机制。统筹城乡社会救助体系，完善最低生活保障制度，做好农村社会救助兜底工作。将进城落户农业转移人口全部纳入城镇住房保障体系。构建多层次农村养老保障体系，创新多元化照料服务模式。健全农村留守儿童和妇女、老年人以及困境儿童关爱服务体系。加强和改善农村残疾人服务。

（五）推进健康乡村建设。强化农村公共卫生服务，加强慢性病综合防控，大力推进农村地区精神卫生、职业病和重大传染病防治。完善基本公共卫生服务项目补助政策，加强基层医疗卫生服务体系建设，支持乡镇卫生院和村卫生室改善条件。加强乡村中医药服务。开展和规范家庭医生签约服务，加强妇幼、老人、残疾人等重点人群健康服务。倡导优生优育。深入开展乡村爱国卫生运动。

（六）持续改善农村人居环境。实施农村人居环境整治三年行动计划，以农村垃圾、污水治理和村容村貌提升为主攻方向，整合各种资源，强化各种举措，稳步有序推进农村人居环境突出问题治理。坚持不懈推进农村“厕所革命”，大力开展农村户用卫生厕所建设和改造，同步实施粪污治理，加快实现农村无害化卫生厕所全覆盖，努力补齐影响农民群众生活品质的短板。总结推广适用不同地区的农村污水治理模式，加强技术支撑和指导。深入推进农村环境综合整治。推进北方地区农村散煤替代，有条件的地方有序推进煤改气、煤改电和新能源利用。逐步建立农村低收入群体安全住房保障机制。强化新建农房规划管控，加强“空心村”服务管理和改造。保护保留乡村风貌，开展田园建筑示范，培养乡村传统建筑名匠。实施乡村绿化行动，全面保护古树名木。持续推进宜居宜业的美丽乡村建设。

八、打好精准脱贫攻坚战，增强贫困群众获得感

乡村振兴，摆脱贫困是前提。必须坚持精准扶贫、精准脱贫，把提高脱贫质量放在首位，既不降低扶贫标准，也不吊高胃口，采取更加有力的举措、更加集中的支持、更加精细的工作，坚决打好精准脱贫这场对全面建成小康社会具有决定性意义的攻坚战。

（一）瞄准贫困人口精准帮扶。对有劳动能力的贫困人口，强化产业和就业扶持，着力做好产销衔接、劳务对接，实现稳定脱贫。有序推进易地扶贫搬迁，让搬迁群众搬得出、稳得住、能致富。对完全或部分丧失劳动能力的特殊贫困人口，综合实施保障性扶贫政策，确保病有所医、残有所助、生活有兜底。做好农村最低生活保障工作的动态化精细化管理，把符合条件的贫困人口全部纳入保障范围。

（二）聚焦深度贫困地区集中发力。全面改善贫困地区生产生活条件，确保实现贫困地区基本公共服务主要指标接近全国平均水平。以解决突出制约问题为重点，以重大扶贫工程和到村到户帮扶为抓手，加大政策倾斜和扶贫资金整合力度，着力改善深度贫困地区发展条件，增强贫困农户发展能力，重点攻克深度贫困地区脱贫任务。新增脱贫攻坚资金项目主要投向深度贫困地区，增加金融投入对深度贫困地区的支持，新增建设用地指标优先保障深度贫困地区发展用地需要。

（三）激发贫困人口内生动力。把扶贫同扶志、扶智结合起来，把救急纾困和内生脱贫结合起来，提升贫困群众发展生产和务工经商的基本技能，实现可持续稳固脱贫。引导贫困群众克服等靠要思想，逐步消除精神贫困。要打破贫困均衡，促进形成自强自立、争先脱贫的精神风貌。改进帮扶方式方法，更多采用生产奖补、劳务补助、以工代赈等机制，推动贫困群众通过自己的辛勤劳动脱贫致富。

（四）强化脱贫攻坚责任和监督。坚持中央统筹省负总责市县抓落实的工作机制，强化党政一把手负总责的责任制。强化县级党委作为全县脱贫攻坚总指挥部的关键作用，脱贫攻坚期内贫困县县级党政正职要保持稳定。开展扶贫领域腐败和作风问题专项治理，切实加强扶贫资金管理，对挪用和贪污扶贫款项的行为严惩不贷。将2018年作为脱贫攻坚作风建设年，集中力量解决突出作风问题。科学确定脱贫摘帽时间，对弄虚作假、搞数字脱贫的严肃查处。完善扶贫督查巡查、考核评估办法，除党中央、国务院统一部署外，各部门一律不准再组织其他检查考评。严格控制各地开展增加一线扶贫干部负担的各类检查考评，切实给基层减轻工作负担。关心爱护战斗在扶贫第一线的基层干部，制定激励政策，为他们工作生活排忧解难，保护和调动他们的工作积极性。做好实施乡村振兴战略与打好精准脱贫攻坚战的有机衔接。制定坚决打好精准脱贫攻坚战三年行动指导意见。研究提出持续减贫的意见。

九、推进体制机制创新，强化乡村振兴制度性供给

实施乡村振兴战略，必须把制度建设贯穿其中。要以完善产权制度和要素市场化配置为重点，激活主体、激活要素、激活市场，着力增强改革的系统性、整体性、协同性。

（一）巩固和完善农村基本经营制度。落实农村土地承包关系稳定并长久不变政策，衔接落实好第二轮土地承包到期后再延长30年的政策，让农民吃上长效“定心丸”。全面完成土地承包经营权确权登记颁证工作，实现承包土地信息联通共享。完善农村承包地“三权分置”制度，在依法保护集体土地所有权和农户承包权前提下，平等保护土地经营权。农村承包土地经营权可以依法向金融机构融资担保、入股从事农业产业化经营。实施新型农业经营主体培育工程，培育发展家庭农场、合作社、龙头企业、社会化服务组织和农业产业化联合体，发展多种形式适度规模经营。

（二）深化农村土地制度改革。系统总结农村土地征收、集体经营性建设用地入市、宅基地制度改革试点经验，逐步扩大试点，加快土地管理法修改，完善农村土地利用管理政策体系。扎实推进房地一体的农村集体建设用地和宅基地使用权确权登记颁证。完善农民闲置宅基地和闲置农房政策，探索宅基地所有权、资格权、使用权"三权分置"，落实宅基地集体所有权，保障宅基地农户资格权和农民房屋财产权，适度放活宅基地和农民房屋使用权，不得违规违法买卖宅基地，严格实行土地用途管制，严格禁止下乡利用农村宅基地建设别墅大院和私人会馆。在符合土地利用总体规划前提下，允许县级政府通过村土地利用规划，调整优化村庄用地布局，有效利用农村零星分散的存量建设用地；预留部分规划建设用地指标用于单独选址的农业设施和休闲旅游设施等建设。对利用收储农村闲置建设用地发展农村新产业新业态的，给予新增建设用地指标奖励。进一步完善设施农用地政策。

（三）深入推进农村集体产权制度改革。全面开展农村集体资产清产核资、集体成员身份确认，加快推进集体经营性资产股份合作制改革。推动资源变资产、资金变股金、农民变股东，探索农村集体经济新的实现形式和运行机制。坚持农村集体产权制度改革正确方向，发挥村党组织对集体经济组织的领导核心作用，防止内部少数人控制和外部资本侵占集体资产。维护进城落户农民土地承包权、宅基地使用权、集体收益分配权，引导进城落户农民依法自愿有偿转让上述权益。研究制定农村集体经济组织法，充实农村集体产权权能。全面深化供销合作社综合改革，深入推进集体林权、水利设施产权等领域改革，做好农村综合改革、农村改革试验区等工作。

（四）完善农业支持保护制度。以提升农业质量效益和竞争力为目标，强化绿色生态导向，创新完善政策工具和手段，扩大"绿箱"政策的实施范围和规模，加快建立新型农业支持保护政策体系。深化农产品收储制度和价格形成机制改革，加快培育多元市场购销主体，改革完善中央储备粮管理体制。通过完善拍卖机制、定向销售、包干销售等，加快消化政策性粮食库存。落实和完善对农民直接补贴制度，提高补贴效能。健全粮食主产区利益补偿机制。探索开展稻谷、小麦、玉米三大粮食作物完全成本保险和收入保险试点，加快建立多层次农业保险体系。

十、汇聚全社会力量，强化乡村振兴人才支撑

实施乡村振兴战略，必须破解人才瓶颈制约。要把人力资本开发放在首要位置，畅通智力、技术、管理下乡通道，造就更多乡土人才，聚天下人才而用之。

（一）大力培育新型职业农民。全面建立职业农民制度，完善配套政策体系。实施新型职业农民培育工程。支持新型职业农民通过弹性学制参加中高等农业职业教育。创新培训机制，支持农民专业合作社、专业技术协会、龙头企业等主体承担培训。引导符合条件的新型职业农民参加城镇职工养老、医疗等社会保障制度。鼓励各地开展职业农民职称评定试点。

（二）加强农村专业人才队伍建设。建立县域专业人才统筹使用制度，提高农村专业人才服务保障能力。推动人才管理职能部门简政放权，保障和落实基层用人主体自主权。推行乡村教师"县管校聘"。实施好边远贫困地区、边疆民族地区和革命老区人才支持计划，继续实施"三支一扶"、特岗教师计划等，组织实施高校毕业生基层成长计划。支持地方高等学校、职业院校综合利用教育培训资源，灵活设置专业（方向），创新人才培养模式，为乡村振兴培养专业化人才。扶持培养一批农业职业经理人、经纪人、乡村工匠、文化能人、非遗传承人等。

（三）发挥科技人才支撑作用。全面建立高等院校、科研院所等事业单位专业技术人员到乡村和企业挂职、兼职和离岗创新创业制度，保障其在职称评定、工资福利、社会保障等方面的权益。深入实施农业科研杰出人才计划和杰出青年农业科学家项目。健全种业等领域科研人员以知识产权明晰为基础、以知识价值为导向的分配政策。探索公益性和经营性农技推广融合发展机制，允许农技人员通过提供增值服务合理取酬。全面实施农技推广服务特聘计划。

（四）鼓励社会各界投身乡村建设。建立有效激励机制，以乡情乡愁为纽带，吸引支持企业家、党政干部、专家学者、医生教师、规划师、建筑师、律师、技能人才等，通过下乡担任志愿者、投资兴业、包村包项目、行医办学、捐资捐物、法律服务等方式服务乡村振兴事业。研究制定管理办法，允许符合要求的公职人员回乡任职。吸引更多人才投身现代农业，培养造就新农民。加快制定鼓励引导工商资本参与乡村振兴的指导意见，落实和完善融资贷款、配套设施建设补助、税费减免、用地等扶持政策，明确政策边界，保护好农民利益。发挥工会、共青团、妇联、科协、残联等群团组织的优势和力量，发挥各民主党派、工商联、无党派人士等积极作用，支持农村产业发展、生态环境保护、乡风文明建设、农村弱势群体关爱等。实施乡村振兴"巾帼行动"。加强对下乡组织和人员的管理服务，使之成为乡村振兴的建设性力量。

（五）创新乡村人才培育引进使用机制。建立自主培养与人才引进相结合，学历教育、技能培训、实践锻炼等多种方式并举的人力资源开发机制。建立城乡、区域、校地之间人才培养合作与交流机制。全面建立城市医生教师、科技文化人员等定期服务乡村机制。研究制定鼓励城市专业人才参与乡村振兴的政策。

十一、开拓投融资渠道，强化乡村振兴投入保障

实施乡村振兴战略，必须解决钱从哪里来的问题。要健全投入保障制度，创新投融资机制，加快形成财政优先保障、金融重点倾斜、社会积极参与的多元投入格局，确保投入力度不断增强、总量持续增加。

（一）确保财政投入持续增长。建立健全实施乡村振兴战略财政投入保障制度，公共财政更大力度向"三农"倾斜，确保财政投入与乡村振兴目标任务相适应。优化财政供给结构，推进行业内资金整合与行业间资金统筹相互衔接配合，增加地方自主统筹空间，加快建立涉农资金统筹整合长效机制。充分发挥财政资金的引导作用，撬动金融和社会资本更多投向乡村振兴。切实发挥全国农业信贷担保体系作用，通过财政担保费率补助和以奖代补等，加大对新型农业经营主体支持力度。加快设立国家融资担保基金，强化担保融资增信功能，引导更多金融资源支持乡村振兴。支持地方政府发行一般债券用于支持乡村振兴、脱贫攻坚领域的公益性项目。稳步推进地方政府专项债券管理改革，鼓励地方政府试点发行项目融资和收益自平衡的专项债券，支持符合条件、有一定收益的乡村公益性项目建设。规范地方政府举债融资行为，不得借乡村振兴之名违法违规变相举债。

（二）拓宽资金筹集渠道。调整完善土地出让收入使用范围，进一步提高农业农村投入比例。严格控制未利用地开垦，集中力量推进高标准农田建设。改进耕地占补平衡管理办法，建立高标准农田建设等新增耕地指标和城乡建设用地增减挂钩节余指标跨省域调剂机制，将所得收益通过支出预算全部用于巩固脱贫攻坚成果和支持实施乡村振兴战略。推广一事一议、以奖代补等方式，鼓励农民对直接受益的乡村基础设施建设投工投劳，让农民更多参与建设管护。

（三）提高金融服务水平。坚持农村金融改革发展的正确方向，健全适合农业农村特点的农村金融体系，推动农村金融机构回归本源，把更多金融资源配置到农村经济社会发展的重点领域和薄弱环节，更好满足乡村振兴多样化金融需求。要强化金融服务方式创新，防止脱实向虚倾向，严格管控风险，提高金融服务乡村振兴能力和水平。抓紧出台金融服务乡村振兴的指导意见。加大中国农业银行、中国邮政储蓄银行"三农"金融事业部对乡村振兴支持力度。明确国家开发银行、中国农业发展银行在乡村振兴中的职责定位，强化金融服务方式创新，加大对乡村振兴中长期信贷支持。推动农村信用社省联社改革，保持农村信用社县域法人地位和数量总体稳定，完善村镇银行准入条件，地方法人金融机构要服务好乡村振兴。普惠金融重点要放在乡村。推动出台非存款类放贷组织条例。制定金融机构服务乡村振兴考核评估办法。支持符合条件的涉农企业发行上市、新三板挂牌和融资、并购重组，深入推进农产品期货期权市场建设，稳步扩大"保险+期货"试点，探索"订单农业+保险+期货（权）"试点。改进农村金融差异化监管体系，强化地方政府金融风险防范处置责任。

十二、坚持和完善党对"三农"工作的领导

实施乡村振兴战略是党和国家的重大决策部署，各级党委和政府要提高对实施乡村振兴战略重大意义的认识，真正把实施乡村振兴战略摆在优先位置，把党管农村工作的要求落到实处。

（一）完善党的农村工作领导体制机制。各级党委和政府要坚持工业农业一起抓、城市农村一起抓，把农业农村优先发展原则体现到各个方面。健全党委统一领导、政府负责、党委农村工作部门统筹协调的农村工作领导体制。建立实施乡村振兴战略领导责任制，实行中央统筹省负总责市县抓落实的工作机制。党政一把手是第一责任人，五级书记抓乡村振兴。县委书记要下大气力抓好"三农"工作，当好乡村振兴"一线总指挥"。各部门要按照职责，加强工作指导，强化资源要素支持和制度供给，做好协同配合，形成乡村振兴工作合力。切实加强各级党委农村工作部门建设，按照《中国共产党工作机关条例（试行）》有关规定，做好党的农村工作机构设置和人员配置工作，充分发挥决策参谋、统筹协调、政策指导、推动落实、督导检查等职能。各省（自治区、直辖市）党委和政府每年要向党中央、国务院报告推进实施乡村振兴战略进展情况。建立市县党政领导班子和领导干部推进乡村振兴战略的实绩考核制度，将考核结果作为选拔任用领导干部的重要依据。

（二）研究制定中国共产党农村工作条例。根据坚持党对一切工作的领导的要求和新时代"三农"工作新形势新任务新要求，研究制定中国共产党农村工作条例，把党领导农村工作的传统、要求、政策等以党内法规形式确定下来，明确加强对农村工作领导的指导思想、原则要求、工作范围和对象、主要任务、机构职责、队伍建设等，完善领导体制和工作机制，确保乡村振兴战略有效实施。

（三）加强"三农"工作队伍建设。把懂农业、爱农村、爱农民作为基本要求，加强"三农"工作干部队伍培养、配备、管理、使用。各级党委和政府主要领导干部要懂"三农"工作、会抓"三农"工作，分管领导要真正成为"三农"工作行家里手。制定并实施培训计划，全面提升"三农"干部队伍能力和水平。拓宽县级"三农"工作部门和乡镇干部来源渠道。把到农村一线工作锻炼作为培养干部的重要途径，注重提拔使用实绩优秀的干部，形成人才向农村基层一线流动的用人导向。

（四）强化乡村振兴规划引领。制定国家乡村振兴战略规划（2018－2022年），分别明确至2020年全面建成小康社会和2022年召开党的二十大时的目标任务，细化实化工作重点和政策措施，部署若干重大工程、重大计划、重大行动。各地区各部门要编制乡村振兴地方规划和专项规划或方案。加强各类规划的统筹管理和系统衔接，形成城乡融合、区域一体、多规合一的规划体系。根据发展现状和需要分类有序推进乡村振兴，对具备条件的村庄，要加快推进城镇基础设施和公共服务向农村延伸；对自然历史文化资源丰富的村庄，要统筹兼顾保护与发展；对生存条件恶劣、生态环境脆弱的村庄，要加大力度实施生态移民搬迁。

（五）强化乡村振兴法治保障。抓紧研究制定乡村振兴法的有关工作，把行之有效的乡村振兴政策法定化，充分发挥立法在乡村振兴中的保障和推动作用。及时修改和废止不适应的法律法规。推进粮食安全保障立法。各地可以从本地乡村发展实际需要出发，制定促进乡村振兴的地方性法规、地方政府规章。加强乡村统计工作和数据开发应用。

（六）营造乡村振兴良好氛围。凝聚全党全国全社会振兴乡村强大合力，宣传党的乡村振兴方针政策和各地丰富实践，振奋基层干部群众精神。建立乡村振兴专家决策咨询制度，组织智库加强理论研究。促进乡村振兴国际交流合作，讲好乡村振兴中国故事，为世界贡献中国智慧和中国方案。

让我们更加紧密地团结在以习近平同志为核心的党中央周围，高举中国特色社会主义伟大旗帜，以习近平新时代中国特色社会主义思想为指导，迎难而上、埋头苦干、开拓进取，为决胜全面建成小康社会、夺取新时代中国特色社会主义伟大胜利作出新的贡献！

中共中央、国务院关于深入推进农业供给侧结构性改革加快培育农业农村发展新动能的若干意见

· 2016年12月31日

经过多年不懈努力，我国农业农村发展不断迈上新台阶，已进入新的历史阶段。农业的主要矛盾由总量不足转变为结构性矛盾，突出表现为阶段性供过于求和供给不足并存，矛盾的主要方

面在供给侧。近几年，我国在农业转方式、调结构、促改革等方面进行积极探索，为进一步推进农业转型升级打下一定基础，但农产品供求结构失衡、要素配置不合理、资源环境压力大、农民收入持续增长乏力等问题仍很突出，增加产量与提升品质、成本攀升与价格低迷、库存高企与销售不畅、小生产与大市场、国内外价格倒挂等矛盾亟待破解。必须顺应新形势新要求，坚持问题导向，调整工作重心，深入推进农业供给侧结构性改革，加快培育农业农村发展新动能，开创农业现代化建设新局面。

推进农业供给侧结构性改革，要在确保国家粮食安全的基础上，紧紧围绕市场需求变化，以增加农民收入、保障有效供给为主要目标，以提高农业供给质量为主攻方向，以体制改革和机制创新为根本途径，优化农业产业体系、生产体系、经营体系，提高土地产出率、资源利用率、劳动生产率，促进农业农村发展由过度依赖资源消耗、主要满足量的需求，向追求绿色生态可持续、更加注重满足质的需求转变。

推进农业供给侧结构性改革是一个长期过程，处理好政府和市场关系、协调好各方面利益，面临许多重大考验。必须直面困难和挑战，坚定不移推进改革，勇于承受改革阵痛，尽力降低改革成本，积极防范改革风险，确保粮食生产能力不降低、农民增收势头不逆转、农村稳定不出问题。

2017年农业农村工作，要全面贯彻党的十八大和十八届三中、四中、五中、六中全会精神，以邓小平理论、“三个代表”重要思想、科学发展观为指导，深入贯彻习近平总书记系列重要讲话精神和治国理政新理念新思想新战略，坚持新发展理念，协调推进农业现代化与新型城镇化，以推进农业供给侧结构性改革为主线，围绕农业增效、农民增收、农村增绿，加强科技创新引领，加快结构调整步伐，加大农村改革力度，提高农业综合效益和竞争力，推动社会主义新农村建设取得新的进展，力争农村全面小康建设迈出更大步伐。

一、优化产品产业结构，着力推进农业提质增效

1. 统筹调整粮经饲种植结构。按照稳粮、优经、扩饲的要求，加快构建粮经饲协调发展的三元种植结构。粮食作物要稳定水稻、小麦生产，确保口粮绝对安全，重点发展优质稻米和强筋弱筋小麦，继续调减非优势区籽粒玉米，增加优质食用大豆、薯类、杂粮杂豆等。经济作物要优化品种品质和区域布局，巩固主产区棉花、油料、糖料生产，促进园艺作物增值增效。饲料作物要扩大种植面积，发展青贮玉米、苜蓿等优质牧草，大力培育现代饲草料产业体系。加快北方农牧交错带结构调整，形成以养带种、牧林农复合、草果菜结合的种植结构。继续开展粮改饲、粮改豆补贴试点。

2. 发展规模高效养殖业。稳定生猪生产，优化南方水网地区生猪养殖区域布局，引导产能向环境容量大的地区和玉米主产区转移。加快品种改良，大力发展牛羊等草食畜牧业。全面振兴奶业，重点支持适度规模的家庭牧场，引导扩大生鲜乳消费，严格执行复原乳标识制度，培育国产优质品牌。合理确定湖泊水库等内陆水域养殖规模，推动水产养殖减量增效。推进稻田综合种养和低洼盐碱地养殖。完善江河湖海限捕、禁捕时限和区域，率先在长江流域水生生物保护区实现全面禁捕。科学有序开发滩涂资源。支持集约化海水健康养殖，发展现代化海洋牧场，加强区域协同保护，合理控制近海捕捞。积极发展远洋渔业。建立海洋渔业资源总量管理制度，规范各类渔业用海活动，支持渔民减船转产。

3. 做大做强优势特色产业。实施优势特色农业提质增效行动计划，促进杂粮杂豆、蔬菜瓜果、茶叶蚕桑、花卉苗木、食用菌、中药材和特色养殖等产业提档升级，把地方土特产和小品种做成带动农民增收的大产业。大力发展木本粮油等特色经济林、珍贵树种用材林、花卉竹藤、森林食品等绿色产业。实施森林生态标志产品建设工程。开展特色农产品标准化生产示范，建设一批地理标志农产品和原产地保护基地。推进区域农产品公用品牌建设，支持地方以优势企业和行业协会为依托打造区域特色品牌，引入现代要素改造提升传统名优品牌。

4. 进一步优化农业区域布局。以主体功能区规划和优势农产品布局规划为依托，科学合理划定稻谷、小麦、玉米粮食生产功能区和大豆、棉花、油菜籽、糖料蔗、天然橡胶等重要农产品生产保护区。功能区和保护区内地块全部建档立册、上图入库，实现信息化精准化管理。抓紧研究制定功能区和保护区建设标准，完善激励机制和支持政策，层层落实建设管护主体责任。制定特色农产品优势区建设规划，建立评价标准和技术支撑体系，鼓励各地争创园艺产品、畜产品、水产品、林特产品等特色农产品优势区。

5. 全面提升农产品质量和食品安全水平。坚持质量兴农，实施农业标准化战略，突出优质、安全、绿色导向，健全农产品质量和食品安全标准体系。支持新型农业经营主体申请“三品一标”认证，推进农产品商标注册便利化，强化品牌保护。引导企业争取国际有机农产品认证，加快提升国内绿色、有机农产品认证的权威性和影响力。切实加强产地环境保护和源头治理，推行农业良好生产规范，推广生产记录台账制度，严格执行农业投入品生产销售使用有关规定。深入开展农兽药残留超标特别是养殖业滥用抗生素治理，严厉打击违禁超限量使用农兽药、非法添加和超范围超限量使用食品添加剂等行为。健全农产品质量和食品安全监管体制，强化风险分级管理和属地责任，加大抽检监测力度。建立全程可追溯、互联共享的追溯监管综合服务平台。鼓励生产经营主体投保食品安全责任险。抓紧修订农产品质量安全法。

6. 积极发展适度规模经营。大力培育新型农业经营主体和服务主体，通过经营权流转、股份合作、代耕代种、土地托管等多种方式，加快发展土地流转型、服务带动型等多种形式规模经营。积极引导农民在自愿基础上，通过村组内互换并地等方式，实现按户连片耕种。完善家庭农场认定办法，扶持规模适度的家庭农场。加强农民合作社规范化建设，积极发展生产、供销、信用“三位一体”综合合作。总结推广农业生产全程社会化服务试点经验，扶持培育农机作业、农田灌排、统防统治、烘干仓储等经营性服务组织。支持供销、邮政、农机等系统发挥为农服务综合平台作用，促进传统农资流通网点向现代农资综合服务商转型。鼓励地方探索土地流转履约保证保险。研究建立农业适度规模经营评价指标体系，引导规模经营健康发展。

7. 建设现代农业产业园。以规模化种养基地为基础，依托农业产业化龙头企业带动，聚集现代生产要素，建设“生产+加工+科技”的现代农业产业园，发挥技术集成、产业融合、创业平台、核心辐射等功能作用。科学制定产业园规划，统筹布局生产、加工、物流、研发、示范、服务等功能板块。鼓励地方统筹使用高标准农田建设、农业综合开发、现代农业生产发展等相关项目资金，集中建设产业园基础设施和配套服务体系。吸引龙头企业和科研机构建设运营产业园，发展设施农业、精准农业、精深加工、现代营销，带动新型农业经营主体和农户专业化、标准化、集约化生产，推动农业全环节升级、全链条增值。鼓励农户和返乡下乡人员通过订单农业、股份合作、入园创业就业等多种方式，参与建设，分享收益。

8. 创造良好农产品国际贸易环境。统筹利用国际市场，优化国内农产品供给结构，健全公平竞争的农产品进口市场环境。健全农产品贸易反补贴、反倾销和保障措施法律法规，依法对进口农产品开展贸易救济调查。鼓励扩大优势农产品出口，加大海外推介力度。加强农业对外合作，推动农业走出去。以“一带一路”沿线及周边国家和地区为重点，支持农业企业开展跨国经营，建立境外生产基地和加工、仓储物流设施，培育具有国际竞争力的大企业大集团。积极参与国际贸易规则和国际标准的制定修订，推进农产品认证结果互认工作。深入开展农产品反走私综合治理，实施专项打击行动。

二、推行绿色生产方式，增强农业可持续发展能力

9. 推进农业清洁生产。深入推进化肥农药零增长行动，开展有机肥替代化肥试点，促进农业节本增效。建立健全化肥农药行业生产监管及产品追溯系统，严格行业准入管理。大力推行高效生态循环的种养模式，加快畜禽粪便集中处理，推动规模化大型沼气健康发展。以县为单位推进农业废弃物资源化利用试点，探索建立可持续运营管理机制。鼓励各地加大农作物秸秆综合利用支持力度，健全秸秆多元化利用补贴机制。继续开展地膜清洁生产试点示范。推进国家农业可持续发展试验示范区创建。

10. 大规模实施农业节水工程。把农业节水作为方向性、战略性大事来抓，加快完善国家支持农业节水政策体系。加大大中型灌排骨干工程节水改造与建设力度，同步完善田间节水设施，建设现代化灌区。大力实施区域规模化高效节水灌溉行动，集中建成一批高效节水灌溉工程。稳步推进牧区高效节水灌溉饲草料地建设，严格限制生态脆弱地区抽取地下水灌溉人工草场。建立健全农业节水技术产品标准体系。加快开发种类齐全、系列配套、性能可靠的节水灌溉技术和产品,大力普及喷灌、滴灌等节水灌溉技术,加大水肥一体化等农艺节水推广力度。全面推进农业水价综合改革,落实地方政府主体责任,加快建立合理水价形成机制和节水激励机制。全面推行用水定额管理,开展县域节水型社会建设达标考核。实施第三次全国水资源调查评价。

11. 集中治理农业环境突出问题。实施耕地、草原、河湖休养生息规划。开展土壤污染状况详查,深入实施土壤污染防治行动计划,继续开展重金属污染耕地修复及种植结构调整试点。扩大农业面源污染综合治理试点范围。加大东北黑土地保护支持力度。推进耕地轮作休耕制度试点,合理设定补助标准。支持地方重点开展设施农业土壤改良,增加土壤有机质。扩大华北地下水超采区综合治理范围。加快新一轮退耕还林还草工程实施进度。上一轮退耕还林补助政策期满后,将符合条件的退耕还生态林分别纳入中央和地方森林生态效益补偿范围。继续实施退牧还草工程。推进北方农牧交错带已垦草原治理。实施湿地保护修复工程。

12. 加强重大生态工程建设。推进山水林田湖整体保护、系统修复、综合治理,加快构建国家生态安全屏障。全面推进大规模国土绿化行动。启动长江经济带重大生态修复工程,把共抓大保护、不搞大开发的要求落到实处。继续实施林业重点生态工程,推动森林质量精准提升工程建设。完善全面停止天然林商业性采伐补助政策。加快推进国家公园建设。加强国家储备林基地建设。推进沙化土地封禁与修复治理。加大野生动植物和珍稀种质资源保护力度,推进濒危野生动植物抢救性保护及自然保护区建设。加强重点区域水土流失综合治理和水生态修复治理,继续开展江河湖库水系连通工程建设。

三、壮大新产业新业态,拓展农业产业链价值链

13. 大力发展乡村休闲旅游产业。充分发挥乡村各类物质与非物质资源富集的独特优势,利用“旅游+”、“生态+”等模式,推进农业、林业与旅游、教育、文化、康养等产业深度融合。丰富乡村旅游业态和产品,打造各类主题乡村旅游目的地和精品线路,发展富有乡村特色的民宿和养生养老基地。鼓励农村集体经济组织创办乡村旅游合作社,或与社会资本联办乡村旅游企业。多渠道筹集建设资金,大力改善休闲农业、乡村旅游、森林康养公共服务设施条件,在重点村优先实现宽带全覆盖。完善休闲农业、乡村旅游行业标准,建立健全食品安全、消防安全、环境保护等监管规范。支持传统村落保护,维护少数民族特色村寨整体风貌,有条件的地区实行连片保护和适度开发。

14. 推进农村电商发展。促进新型农业经营主体、加工流通企业与电商企业全面对接融合,推动线上线下互动发展。加快建立健全适应农产品电商发展的标准体系。支持农产品电商平台和乡村电商服务站点建设。推动商贸、供销、邮政、电商互联互通,加强从村到乡镇的物流体系建设,实施快递下乡工程。深入实施电子商务进农村综合示范。鼓励地方规范发展电商产业园,聚集品牌推广、物流集散、人才培养、技术支持、质量安全等功能服务。全面实施信息进村入户工程,开展整省推进示范。完善全国农产品流通骨干网络,加快构建公益性农产品市场体系,加强农产品产地预冷等冷链物流基础设施网络建设,完善鲜活农产品直供直销体系。推进“互联网+”现代农业行动。

15. 加快发展现代食品产业。引导加工企业向主产区、优势产区、产业园区集中,在优势农产品产地打造食品加工产业集群。加大食品加工业技术改造支持力度,开发拥有自主知识产权的生产加工设备。鼓励食品企业设立研发机构,围绕“原字号”开发市场适销对路的新产品。实施主食加工业提升行动,积极推进传统主食工业化、规模化生产,大力发展方便食品、休闲食品、速冻食品、马铃薯主食产品。加强新食品原料、药食同源食品开发和应用。大力推广“生产基地+中央厨房+餐饮门店”、“生产基地+加工企业+商超销售”等产销模式。加强现代生物和营养强化技术研究,挖掘开发具有保健功能的食品。健全保健食品、特殊医学用途食品、婴幼儿配方乳粉注册备案制度。完善农产品产地初加工补助政策。

16. 培育宜居宜业特色村镇。围绕有基础、有特色、有潜力的产业,建设一批农业文化旅游“三位一体”、生产生活生态同步改善、一产二产三产深度融合的特色村镇。支持各地加强特色村镇产业支撑、基础设施、公共服务、环境风貌等建设。打造"一村一品"升级版，发展各具特色的专业村。支持有条件的乡村建设以农民合作社为主要载体、让农民充分参与和受益，集循环农业、创意农业、农事体验于一体的田园综合体，通过农业综合开发、农村综合改革转移支付等渠道开展试点示范。深入实施农村产业融合发展试点示范工程，支持建设一批农村产业融合发展示范园。

四、强化科技创新驱动，引领现代农业加快发展

17. 加强农业科技研发。适应农业转方式调结构新要求，调整农业科技创新方向和重点。整合科技创新资源，完善国家农业科技创新体系和现代农业产业技术体系，建立一批现代农业产业科技创新中心和农业科技创新联盟，推进资源开放共享与服务平台基地建设。加强农业科技基础前沿研究，提升原始创新能力。建设国家农业高新技术产业开发区。加大实施种业自主创新重大工程和主要农作物良种联合攻关力度，加快适宜机械化生产、优质高产多抗广适新品种选育。加强中低产田改良、经济作物、草食畜牧业、海洋牧场、智慧农业、农林产品精深加工、仓储物流等科技研发。加快研发适宜丘陵山区、设施农业、畜禽水产养殖的农机装备，提升农机核心零部件自主研发能力。支持地方开展特色优势产业技术研发。

18. 强化农业科技推广。创新公益性农技推广服务方式，引入项目管理机制，推行政府购买服务，支持各类社会力量广泛参与农业科技推广。鼓励地方建立农科教产学研一体化农业技术推广联盟，支持农技推广人员与家庭农场、农民合作社、龙头企业开展技术合作。深入推进绿色高产高效创建，重点推广优质专用品种和节本降耗、循环利用技术模式。实施智慧农业工程，推进农业物联网试验示范和农业装备智能化。发展智慧气象，提高气象灾害监测预报预警水平。深入推行科技特派员制度，打造一批"星创天地"。加强农村科普公共服务建设。

19. 完善农业科技创新激励机制。加快落实科技成果转化收益、科技人员兼职取酬等制度规定。通过"后补助"等方式支持农业科技创新。实施农业科研杰出人才培养计划，深入推进科研成果权益改革试点。发展面向市场的新型农业技术研发、成果转化和产业孵化机构。完善符合农业科技创新规律的基础研究支持方式，建立差别化农业科技评价制度。加强农业知识产权保护和运用。

20. 提升农业科技园区建设水平。科学制定园区规划，突出科技创新、研发应用、试验示范、科技服务与培训等功能，建设农业科技成果转化中心、科技人员创业平台、高新技术产业孵化基地，打造现代农业创新高地。支持园区产学研合作建立各类研发机构、测试检测中心、院士专家工作站、技术交易机构等科研和服务平台。支持园区企业和科研机构结合区域实际，开展特色优势产业关键共性技术研发和推广。完善国家农业科技园区管理办法和监测评价机制。

21. 开发农村人力资源。重点围绕新型职业农民培育、农民工职业技能提升，整合各渠道培训资金资源，建立政府主导、部门协作、统筹安排、产业带动的培训机制。探索政府购买服务等办法，发挥企业培训主体作用，提高农民工技能培训针对性和实效性。优化农业从业者结构，深入推进现代青年农场主、林场主培养计划和新型农业经营主体带头人轮训计划，探索培育农业职业经理人，培养适应现代农业发展需要的新农民。鼓励高等学校、职业院校开设乡村规划建设、乡村住宅设计等相关专业和课程，培养一批专业人才，扶持一批乡村工匠。

五、补齐农业农村短板，夯实农村共享发展基础

22. 持续加强农田基本建设。深入实施藏粮于地、藏粮于技战略，严守耕地红线，保护优化粮食产能。全面落实永久基本农田特殊保护政策措施，实施耕地质量保护和提升行动，持续推进中低产田改造。加快高标准农田建设，提高建设质量。有条件的地区可以将晒场、烘干、机具库棚、有机肥积造等配套设施纳入高标准农田建设范围。引导金融机构对高标准农田建设提供信贷支持。允许通过土地整治增加的耕地作为占补平衡补充耕地的指标在省域内调剂，按规定或合同约定取得指标调剂收益。推进重大水利工程建设，抓紧修复水毁灾损农业设施和水利工程，加强水利薄弱环节和"五小水利"工程建设。因地制宜推进平原地区农村机井油改电。

23. 深入开展农村人居环境治理和美丽宜居

乡村建设。推进农村生活垃圾治理专项行动,促进垃圾分类和资源化利用,选择适宜模式开展农村生活污水治理,加大力度支持农村环境集中连片综合治理和改厕。开展城乡垃圾乱排乱放集中排查整治行动。实施农村新能源行动,推进光伏发电,逐步扩大农村电力、燃气和清洁型煤供给。加快修订村庄和集镇规划建设管理条例,大力推进县域乡村建设规划编制工作。推动建筑设计下乡,开展田园建筑示范。深入开展建好、管好、护好、运营好农村公路工作,深化农村公路管养体制改革,积极推进城乡交通运输一体化。实施农村饮水安全巩固提升工程和新一轮农村电网改造升级工程。完善农村危房改造政策,提高补助标准,集中支持建档立卡贫困户、低保户、分散供养特困人员和贫困残疾人家庭等重点对象。开展农村地区枯井、河塘、饮用水、自建房、客运和校车等方面安全隐患排查治理工作。推进光纤到村建设,加快实现4G网络农村全覆盖。推进建制村直接通邮。开展农村人居环境和美丽宜居乡村示范创建。加强农村公共文化服务体系建设,统筹实施重点文化惠民项目,完善基层综合性文化服务设施,在农村地区深入开展送地方戏活动。支持重要农业文化遗产保护。

24. 提升农村基本公共服务水平。全面落实城乡统一、重在农村的义务教育经费保障机制,加强乡村教师队伍建设。继续提高城乡居民基本医疗保险筹资水平,加快推进城乡居民医保制度整合,推进基本医保全国联网和异地就医结算。加强农村基层卫生人才培养。完善农村低保对象认定办法,科学合理确定农村低保标准。扎实推进农村低保制度与扶贫开发政策有效衔接,做好农村低保兜底工作。完善城乡居民养老保险筹资和保障机制。健全农村留守儿童和妇女、老人、残疾人关爱服务体系。

25. 扎实推进脱贫攻坚。进一步推进精准扶贫各项政策措施落地生根,确保2017年再脱贫1000万人以上。深入推进重大扶贫工程,强化脱贫攻坚支撑保障体系,统筹安排使用扶贫资源,注重提高脱贫质量,激发贫困人口脱贫致富积极性主动性,建立健全稳定脱贫长效机制。加强扶贫资金监督管理,在所有贫困县开展涉农资金整合。严格执行脱贫攻坚考核监督和督查巡查等制度,全面落实责任。坚决制止扶贫工作中的形式主义做法,不搞层层加码,严禁弄虚作假,务求脱贫攻坚取得实效。

六、加大农村改革力度,激活农业农村内生发展动力

26. 深化粮食等重要农产品价格形成机制和收储制度改革。坚持并完善稻谷、小麦最低收购价政策,合理调整最低收购价水平,形成合理比价关系。坚定推进玉米市场定价、价补分离改革,健全生产者补贴制度,鼓励多元市场主体入市收购,防止出现卖粮难。采取综合措施促进过腹转化、加工转化,多渠道拓展消费需求,加快消化玉米等库存。调整完善新疆棉花目标价格政策,改进补贴方式。调整大豆目标价格政策。科学确定粮食等重要农产品国家储备规模,优化中央储备粮品种结构和区域布局,改革完善中央储备粮管理体制,充分发挥政策性职能作用,严格政策性粮食监督管理,严防跑冒滴漏,确保储存安全。支持家庭农场、农民合作社科学储粮。

27. 完善农业补贴制度。进一步提高农业补贴政策的指向性和精准性,重点补主产区、适度规模经营、农民收入、绿色生态。深入推进农业"三项补贴"制度改革。完善粮食主产区利益补偿机制,稳定产粮大县奖励政策,调整产粮大省奖励资金使用范围,盘活粮食风险基金。完善农机购置补贴政策,加大对粮棉油糖和饲草料生产全程机械化所需机具的补贴力度。深入实施新一轮草原生态保护补助奖励政策。健全林业补贴政策,扩大湿地生态效益补偿实施范围。

28. 改革财政支农投入机制。坚持把农业农村作为财政支出的优先保障领域,确保农业农村投入适度增加,着力优化投入结构,创新使用方式,提升支农效能。固定资产投资继续向农业农村倾斜。发挥规划统筹引领作用,多层次多形式推进涉农资金整合。推进专项转移支付预算编制环节源头整合改革,探索实行"大专项+任务清单"管理方式。创新财政资金使用方式,推广政府和社会资本合作,实行以奖代补和贴息,支持建立担保机制,鼓励地方建立风险补偿基金,撬动金融和社会资本更多投向农业农村。建立健全全国农业信贷担保体系,推进省级信贷担保机构向市县延伸,支持有条件的市县尽快建立担保机构,实现实质性运营。拓宽农业农村基础设施投融资渠道,支持社会资本以特许经营、参股控股等方式参与农林水利、农垦等项目建设运营。鼓励地方政府和社会资本设立各类农业农村发展投资基金。加大地方政府债券支持农村基础设施建设力度。在符合有关法律和规定的前提下,探索以市场化方式筹集资金,用于农业农村建设。研究制定引导和规范工商资本投资农业农村的具体意见。对各级财政支持的各类小型项目,优先安排农村集体经济组织、农民合作组织等作为建设管护主体,强化农民参与和全程监督。

29. 加快农村金融创新。强化激励约束机制,确保"三农"贷款投放持续增长。支持金融机构增加县域网点,适当下放县域分支机构业务审批权限。对涉农业务较多的金融机构,进一步完善差别化考核办法。落实涉农贷款增量奖励政策。支持农村商业银行、农村合作银行、村镇银行等农村中小金融机构立足县域,加大服务"三农"力度,健全内部控制和风险管理制度。规范发展农村资金互助组织,严格落实监管主体和责任。开展农民合作社内部信用合作试点,鼓励发展农业互助保险。支持国家开发银行创新信贷投放方式。完善农业发展银行风险补偿机制和资本金补充制度,加大对粮食多元市场主体入市收购的信贷支持力度。深化农业银行三农金融事业部改革,对达标县域机构执行优惠的存款准备金率。加快完善邮储银行三农金融事业部运作机制,研究给予相关优惠政策。抓紧研究制定农村信用社省联社改革方案。优化村镇银行设立模式,提高县市覆盖面。鼓励金融机构积极利用互联网技术,为农业经营主体提供小额存贷款、支付结算和保险等金融服务。推进信用户、信用村、信用乡镇创建。支持金融机构开展适合新型农业经营主体的订单融资和应收账款融资业务。深入推进承包土地的经营权和农民住房财产权抵押贷款试点,探索开展大型农机具、农业生产设施抵押贷款业务。加快农村各类资源资产权属认定,推动部门确权信息与银行业金融机构联网共享。持续推进农业保险扩面、增品、提标,开发满足新型农业经营主体需求的保险产品,采取以奖代补方式支持地方开展特色农产品保险。鼓励地方多渠道筹集资金,支持扩大农产品价格指数保险试点。探索建立农产品收入保险制度。支持符合条件的涉农企业上市融资、发行债券、兼并重组。在健全风险阻断机制前提下,完善财政与金融支农协作模式。鼓励金融机构发行"三农"专项金融债。扩大银行与保险公司合作,发展保证保险贷款产品。深入推进农产品期货、期权市场建设,积极引导涉农企业利用期货、期权管理市场风险,稳步扩大"保险+期货"试点。严厉打击农村非法集资和金融诈骗。积极推动农村金融立法。

30. 深化农村集体产权制度改革。落实农村土地集体所有权、农户承包权、土地经营权"三权分置"办法。加快推进农村承包地确权登记颁证,扩大整省试点范围。统筹协调推进农村土地征收、集体经营性建设用地入市、宅基地制度改革试点。全面加快"房地一体"的农村宅基地和集体建设用地确权登记颁证工作。认真总结农村宅基地制度改革试点经验,在充分保障农户宅基地用益物权、防止外部资本侵占控制的前提下,落实宅基地集体所有权,维护农户依法取得的宅基地占有和使用权,探索农村集体组织以出租、合作等方式盘活利用空闲农房及宅基地,增加农民财产性收入。允许地方多渠道筹集资金,按规定用于村集体对进城落户农民自愿退出承包地、宅基地的补偿。抓紧研究制定农村集体经济组织相关法律,赋予农村集体经济组织法人资格。全面开展农村集体资产清产核资。稳妥有序、由点及面推进农村集体经营性资产股份合作制改革,确认成员身份,量化经营性资产,保障农民集体资产权利。从实际出发探索发展集体经济有效途径,鼓励地方开展资源变资产、资金变股金、农民变股东等改革,增强集体经济发展活力和实力。研究制定支持农村集体产权制度改革的税收政策。深化集体林权制度改革。加快水权水市场建设,推进水资源使用权确权和进场交易。加快农村产权交易市场建设。

31. 探索建立农业农村发展用地保障机制。优化城乡建设用地布局,合理安排农业农村各业用地。完善新增建设用地保障机制,将年度新增建设用地计划指标确定一定比例用于支持农村新产业新业态发展。加快编制村级土地利用规划。在控制农村建设用地总量、不占用永久基本农田前提下,加大盘活农村存量建设用地力度。允许通过村庄整治、宅基地整理等节约的建设用地采取入股、联营等方式,重点支持乡村休闲旅游养老等产业和农村三产融合发展,严禁违法违规开发房地产或建私人庄园会所。完善农业用地政策,积极支持农产品冷链、初加工、休闲采摘、仓储等设施建设。改进耕地占补平衡管理办法，严格落实耕地占补平衡责任，探索对资源匮乏省份补充耕地实行国家统筹。

32. 健全农业劳动力转移就业和农村创业创新体制。完善城乡劳动者平等就业制度，健全农业劳动力转移就业服务体系，鼓励多渠道就业，切实保障农民工合法权益，着力解决新生代、身患职业病等农民工群体面临的突出问题。支持进城农民工返乡创业，带动现代农业和农村新产业新业态发展。鼓励高校毕业生、企业主、农业科技人员、留学归国人员等各类人才回乡下乡创业创新，将现代科技、生产方式和经营模式引入农村。整合落实支持农村创业创新的市场准入、财政税收、金融服务、用地用电、创业培训、社会保障等方面优惠政策。鼓励各地建立返乡创业园、创业孵化基地、创客服务平台，开设开放式服务窗口，提供一站式服务。

33. 统筹推进农村各项改革。继续深化供销合作社综合改革，增强为农服务能力。稳步推进国有林区和国有林场改革，加快转型升级。深化农垦改革，培育具有竞争力的现代农业企业集团。深化经济发达镇行政管理体制改革。全面推行河长制，确保2018年年底前全面建立省市县乡四级河长体系。扩大水资源税改革试点。继续加强农村改革试验区和国家现代农业示范区工作。开展农村综合性改革试点试验。尊重农民实践创造，鼓励基层先行先试，完善激励机制和容错机制。加强对农村各类改革试点试验的指导督查，及时总结可复制可推广经验，推动相关政策出台和法律法规修改，为推进农业供给侧结构性改革提供法治保障。扎实做好第三次全国农业普查工作。

各级党委和政府必须始终坚持把解决好“三农”问题作为全党工作重中之重不动摇，重农强农调子不能变、力度不能减，切实把认识和行动统一到中央决策部署上来，把农业农村工作的重心转移到推进农业供给侧结构性改革上来，落实到政策制定、工作部署、财力投放、干部配备等各个方面。要深入贯彻党的十八届六中全会精神，切实增强“四个意识”，将全面从严治党要求落实到农村基层，严格落实农村基层党建工作责任制，坚持整乡推进、整县提升，切实加强农村基层党组织建设，全面规范农村基层党组织生活，持续整顿软弱涣散村党组织，选好管好用好农村基层党组织带头人，实行村党组织书记县级备案管理，强化村级组织运转经费保障，发展壮大村级集体经济。扎实推进抓党建促脱贫攻坚工作，充分发挥村党组织第一书记的重要作用。县乡纪委要把查处侵害群众利益的不正之风和腐败问题作为主要工作任务。加强农民负担监管。完善村党组织领导的村民自治有效实现形式，加强村务监督委员会建设，健全务实管用的村务监督机制，开展以村民小组、自然村为基本单元的村民自治试点工作。深化农村社区建设试点。培育与社会主义核心价值观相契合、与社会主义新农村建设相适应的优良家风、文明乡风和新乡贤文化。提升农民思想道德和科学文化素质，加强农村移风易俗工作，引导群众抵制婚丧嫁娶大操大办、人情债等陈规陋习。强化农村社会治安管理、法律宣传教育服务和信访工作。加大“三农”工作宣传力度，为农村改革发展稳定营造良好氛围。

让我们更加紧密团结在以习近平同志为核心的党中央周围，锐意进取，攻坚克难，扎实推进农业供给侧结构性改革，以优异成绩迎接党的十九大召开！

中共中央、国务院关于落实发展新理念加快农业现代化实现全面小康目标的若干意见

·2015年12月31日

党的十八届五中全会通过的《中共中央关于制定国民经济和社会发展第十三个五年规划的建议》，对做好新时期农业农村工作作出了重要部署。各地区各部门要牢固树立和深入贯彻落实创新、协调、绿色、开放、共享的发展理念，大力推进农业现代化，确保亿万农民与全国人民一道迈入全面小康社会。

“十二五”时期，是农业农村发展的又一个黄金期。粮食连年高位增产，实现了农业综合生产能力质的飞跃；农民收入持续较快增长，扭转了城乡居民收入差距扩大的态势；农村基础设施和公共服务明显改善，提高了农民群众的民生保障水平；农村社会和谐稳定，夯实了党在农村的执政基

础。实践证明，党的“三农”政策是完全正确的，亿万农民是衷心拥护的。

当前，我国农业农村发展环境发生重大变化，既面临诸多有利条件，又必须加快破解各种难题。一方面，加快补齐农业农村短板成为全党共识，为开创“三农”工作新局面汇聚强大推动力；新型城镇化加快推进，为以工促农、以城带乡带来持续牵引力；城乡居民消费结构加快升级，为拓展农业农村发展空间增添巨大带动力；新一轮科技革命和产业变革正在孕育兴起，为农业转型升级注入强劲驱动力；农村各项改革全面展开，为农业农村现代化提供不竭源动力。另一方面，在经济发展新常态背景下，如何促进农民收入稳定较快增长，加快缩小城乡差距，确保如期实现全面小康，是必须完成的历史任务；在资源环境约束趋紧背景下，如何加快转变农业发展方式，确保粮食等重要农产品有效供给，实现绿色发展和资源永续利用，是必须破解的现实难题；在受国际农产品市场影响加深背景下，如何统筹利用国际国内两个市场、两种资源，提升我国农业竞争力，赢得参与国际市场竞争的主动权，是必须应对的重大挑战。农业是全面建成小康社会、实现现代化的基础。我们一定要切实增强做好“三农”工作的责任感、使命感、紧迫感，任何时候都不能忽视农业、忘记农民、淡漠农村，在认识的高度、重视的程度、投入的力度上保持好势头，始终把解决好“三农”问题作为全党工作重中之重，坚持强农惠农富农政策不减弱，推进农村全面小康建设不松劲，加快发展现代农业，加快促进农民增收，加快建设社会主义新农村，不断巩固和发展农业农村好形势。

“十三五”时期推进农村改革发展，要高举中国特色社会主义伟大旗帜，全面贯彻党的十八大和十八届三中、四中、五中全会精神，以邓小平理论、“三个代表”重要思想、科学发展观为指导，深入贯彻习近平总书记系列重要讲话精神，坚持全面建成小康社会、全面深化改革、全面依法治国、全面从严治党的战略布局，把坚持农民主体地位、增进农民福祉作为农村一切工作的出发点和落脚点，用发展新理念破解“三农”新难题，厚植农业农村发展优势，加大创新驱动力度，推进农业供给侧结构性改革，加快转变农业发展方式，保持农业稳定发展和农民持续增收，走产出高效、产品安全、资源节约、环境友好的农业现代化道路，推动新型城镇化与新农村建设双轮驱动、互促共进，让广大农民平等参与现代化进程、共同分享现代化成果。

到2020年，现代农业建设取得明显进展，粮食产能进一步巩固提升，国家粮食安全和重要农产品供给得到有效保障，农产品供给体系的质量和效率显著提高；农民生活达到全面小康水平，农村居民人均收入比2010年翻一番，城乡居民收入差距继续缩小；我国现行标准下农村贫困人口实现脱贫，贫困县全部摘帽，解决区域性整体贫困；农民素质和农村社会文明程度显著提升，社会主义新农村建设水平进一步提高；农村基本经济制度、农业支持保护制度、农村社会治理制度、城乡发展一体化体制机制进一步完善。

一、持续夯实现代农业基础，提高农业质量效益和竞争力

大力推进农业现代化，必须着力强化物质装备和技术支撑，着力构建现代农业产业体系、生产体系、经营体系，实施藏粮于地、藏粮于技战略，推动粮经饲统筹、农林牧渔结合、种养加一体、一二三产业融合发展，让农业成为充满希望的朝阳产业。

1. *大规模推进高标准农田建设。*加大投入力度，整合建设资金，创新投融资机制，加快建设步伐，到2020年确保建成8亿亩、力争建成10亿亩集中连片、旱涝保收、稳产高产、生态友好的高标准农田。整合完善建设规划，统一建设标准、统一监管考核、统一上图入库。提高建设标准，充实建设内容，完善配套设施。优化建设布局，优先在粮食主产区建设确保口粮安全的高标准农田。健全管护监督机制，明确管护责任主体。将高标准农田划为永久基本农田，实行特殊保护。将高标准农田建设情况纳入地方各级政府耕地保护责任目标考核内容。

2. *大规模推进农田水利建设。*把农田水利作为农业基础设施建设的重点，到2020年农田有效灌溉面积达到10亿亩以上，农田灌溉水有效利用系数提高到0.55以上。加快重大水利工程建设。积极推进江河湖库水系连通工程建设，优化水资源空间格局，增加水环境容量。加快大中型灌区建设及续建配套与节水改造、大型灌排泵站更新改造。完善小型农田水利设施，加强农村河塘清淤整治、山丘区“五小水利”、田间渠系配套、雨水集蓄利用、牧区节水灌溉饲草料地建设。大力开

展区域规模化高效节水灌溉行动，积极推广先进适用节水灌溉技术。继续实施中小河流治理和山洪、地质灾害防治。扩大开发性金融支持水利工程建设的规模和范围。稳步推进农业水价综合改革，实行农业用水总量控制和定额管理，合理确定农业水价，建立节水奖励和精准补贴机制，提高农业用水效率。完善用水权初始分配制度，培育水权交易市场。深化小型农田水利工程产权制度改革，创新运行管护机制。鼓励社会资本参与小型农田水利工程建设与管护。

3. *强化现代农业科技创新推广体系建设*。农业科技创新能力总体上达到发展中国家领先水平，力争在农业重大基础理论、前沿核心技术方面取得一批达到世界先进水平的成果。统筹协调各类农业科技资源，建设现代农业产业科技创新中心，实施农业科技创新重点专项和工程，重点突破生物育种、农机装备、智能农业、生态环保等领域关键技术。强化现代农业产业技术体系建设。加强农业转基因技术研发和监管，在确保安全的基础上慎重推广。加快研发高端农机装备及关键核心零部件，提升主要农作物生产全程机械化水平，推进林业装备现代化。大力推进"互联网+"现代农业，应用物联网、云计算、大数据、移动互联等现代信息技术，推动农业全产业链改造升级。大力发展智慧气象和农业遥感技术应用。深化农业科技体制改革，完善成果转化激励机制，制定促进协同创新的人才流动政策。加强农业知识产权保护，严厉打击侵权行为。深入开展粮食绿色高产高效创建。健全适应现代农业发展要求的农业科技推广体系，对基层农技推广公益性与经营性服务机构提供精准支持，引导高等学校、科研院所开展农技服务。推行科技特派员制度，鼓励支持科技特派员深入一线创新创业。发挥农村专业技术协会的作用。鼓励发展农业高新技术企业。深化国家现代农业示范区、国家农业科技园区建设。

4. *加快推进现代种业发展*。大力推进育繁推一体化，提升种业自主创新能力，保障国家种业安全。深入推进种业领域科研成果权益分配改革，探索成果权益分享、转移转化和科研人员分类管理机制。实施现代种业建设工程和种业自主创新重大工程。全面推进良种重大科研联合攻关，培育和推广适应机械化生产、优质高产多抗广适新品种，加快主要粮食作物新一轮品种更新换代。加快推进海南、甘肃、四川国家级育种制种基地和区域性良种繁育基地建设。强化企业育种创新主体地位，加快培育具有国际竞争力的现代种业企业。实施畜禽遗传改良计划，加快培育优异畜禽新品种。开展种质资源普查，加大保护利用力度。贯彻落实种子法，全面推进依法治种。加大种子打假护权力度。

5. *发挥多种形式农业适度规模经营引领作用*。坚持以农户家庭经营为基础，支持新型农业经营主体和新型农业服务主体成为建设现代农业的骨干力量，充分发挥多种形式适度规模经营在农业机械和科技成果应用、绿色发展、市场开拓等方面的引领功能。完善财税、信贷保险、用地用电、项目支持等政策，加快形成培育新型农业经营主体的政策体系，进一步发挥财政资金引导作用，撬动规模化经营主体增加生产性投入。适应新型农业经营主体和服务主体发展需要，允许将集中连片整治后新增加的部分耕地，按规定用于完善农田配套设施。探索开展粮食生产规模经营主体营销贷款改革试点。积极培育家庭农场、专业大户、农民合作社、农业产业化龙头企业等新型农业经营主体。支持多种类型的新型农业服务主体开展代耕代种、联耕联种、土地托管等专业化规模化服务。加强气象为农服务体系建设。实施农业社会化服务支撑工程，扩大政府购买农业公益性服务机制创新试点。加快发展农业生产性服务业。完善工商资本租赁农地准入、监管和风险防范机制。健全县乡农村经营管理体系，加强对土地流转和规模经营的管理服务。

6. *加快培育新型职业农民*。将职业农民培育纳入国家教育培训发展规划，基本形成职业农民教育培训体系，把职业农民培养成建设现代农业的主导力量。办好农业职业教育，将全日制农业中等职业教育纳入国家资助政策范围。依托高等教育、中等职业教育资源，鼓励农民通过"半农半读"等方式就地就近接受职业教育。开展新型农业经营主体带头人培育行动，通过5年努力使他们基本得到培训。加强涉农专业全日制学历教育，支持农业院校办好涉农专业，健全农业广播电视学校体系，定向培养职业农民。引导有志投身现代农业建设的农村青年、返乡农民工、农技推广人员、农村大中专毕业生和退役军人等加入职业农民队伍。优化财政支农资金使用，把一部分资金用于培养职业农民。总结各地经验，建立健全职业农民扶持制度，相关政策向符合条件的职业农民倾斜。鼓励有条件的地方探索职业农民养老保险办法。

7. 优化农业生产结构和区域布局。树立大食物观，面向整个国土资源，全方位、多途径开发食物资源，满足日益多元化的食物消费需求。在确保谷物基本自给、口粮绝对安全的前提下，基本形成与市场需求相适应、与资源禀赋相匹配的现代农业生产结构和区域布局，提高农业综合效益。启动实施种植业结构调整规划，稳定水稻和小麦生产，适当调减非优势区玉米种植。支持粮食主产区建设粮食生产核心区。扩大粮改饲试点，加快建设现代饲草料产业体系。合理调整粮食统计口径。制定划定粮食生产功能区和大豆、棉花、油料、糖料蔗等重要农产品生产保护区的指导意见。积极推进马铃薯主食开发。加快现代畜牧业建设，根据环境容量调整区域养殖布局，优化畜禽养殖结构，发展草食畜牧业，形成规模化生产、集约化经营为主导的产业发展格局。启动实施种养结合循环农业示范工程，推动种养结合、农牧循环发展。加强渔政渔港建设。大力发展旱作农业、热作农业、优质特色杂粮、特色经济林、木本油料、竹藤花卉、林下经济。

8. 统筹用好国际国内两个市场、两种资源。完善农业对外开放战略布局，统筹农产品进出口，加快形成农业对外贸易与国内农业发展相互促进的政策体系，实现补充国内市场需求、促进结构调整、保护国内产业和农民利益的有机统一。加大对农产品出口支持力度，巩固农产品出口传统优势，培育新的竞争优势，扩大特色和高附加值农产品出口。确保口粮绝对安全，利用国际资源和市场，优化国内农业结构，缓解资源环境压力。优化重要农产品进口的全球布局，推进进口来源多元化，加快形成互利共赢的稳定经贸关系。健全贸易救济和产业损害补偿机制。强化边境管理，深入开展综合治理，打击农产品走私。统筹制定和实施农业对外合作规划。加强与“一带一路”沿线国家和地区及周边国家和地区的农业投资、贸易、科技、动植物检疫合作。支持我国企业开展多种形式的跨国经营，加强农产品加工、储运、贸易等环节合作，培育具有国际竞争力的粮商和农业企业集团。

二、加强资源保护和生态修复，推动农业绿色发展

推动农业可持续发展，必须确立发展绿色农业就是保护生态的观念，加快形成资源利用高效、生态系统稳定、产地环境良好、产品质量安全的农业发展新格局。

9. 加强农业资源保护和高效利用。基本建立农业资源有效保护、高效利用的政策和技术支撑体系，从根本上改变开发强度过大、利用方式粗放的状况。坚持最严格的耕地保护制度，坚守耕地红线，全面划定永久基本农田，大力实施农村土地整治，推进耕地数量、质量、生态“三位一体”保护。落实和完善耕地占补平衡制度，坚决防止占多补少、占优补劣、占水田补旱地，严禁毁林开垦。全面推进建设占用耕地耕作层剥离再利用。实行建设用地总量和强度双控行动，严格控制农村集体建设用地规模。完善耕地保护补偿机制。实施耕地质量保护与提升行动，加强耕地质量调查评价与监测，扩大东北黑土地保护利用试点规模。实施渤海粮仓科技示范工程，加大科技支撑力度，加快改造盐碱地。创建农业可持续发展试验示范区。划定农业空间和生态空间保护红线。落实最严格的水资源管理制度，强化水资源管理“三条红线”刚性约束，实行水资源消耗总量和强度双控行动。加强地下水监测，开展超采区综合治理。落实河湖水域岸线用途管制制度。加强自然保护区建设与管理，对重要生态系统和物种资源实行强制性保护。实施濒危野生动植物抢救性保护工程，建设救护繁育中心和基因库。强化野生动植物进出口管理，严厉打击象牙等濒危野生动植物及其制品非法交易。

10. 加快农业环境突出问题治理。基本形成改善农业环境的政策法规制度和技术路径，确保农业生态环境恶化趋势总体得到遏制，治理明显见到成效。实施并完善农业环境突出问题治理总体规划。加大农业面源污染防治力度，实施化肥农药零增长行动，实施种养业废弃物资源化利用、无害化处理区域示范工程。积极推广高效生态循环农业模式。探索实行耕地轮作休耕制度试点，通过轮作、休耕、退耕、替代种植等多种方式，对地下水漏斗区、重金属污染区、生态严重退化地区开展综合治理。实施全国水土保持规划。推进荒漠化、石漠化、水土流失综合治理。

11. *加强农业生态保护和修复*。实施山水林田湖生态保护和修复工程,进行整体保护、系统修复、综合治理。到2020年森林覆盖率提高到23%以上,湿地面积不低于8亿亩。扩大新一轮退耕还林还草规模。扩大退牧还草工程实施范围。实施新一轮草原生态保护补助奖励政策,适当提高补奖标准。实施湿地保护与恢复工程,开展退耕还湿。建立沙化土地封禁保护制度。加强历史遗留工矿废弃和自然灾害损毁土地复垦利用。开展大规模国土绿化行动,增加森林面积和蓄积量。加强三北、长江、珠江、沿海防护林体系等林业重点工程建设。继续推进京津风沙源治理。完善天然林保护制度,全面停止天然林商业性采伐。完善海洋渔业资源总量管理制度,严格实行休渔禁渔制度,开展近海捕捞限额管理试点,按规划实行退养还滩。加快推进水生态修复工程建设。建立健全生态保护补偿机制,开展跨地区跨流域生态保护补偿试点。编制实施耕地、草原、河湖休养生息规划。

12. *实施食品安全战略*。加快完善食品安全国家标准,到2020年农兽药残留限量指标基本与国际食品法典标准接轨。加强产地环境保护和源头治理,实行严格的农业投入品使用管理制度。推广高效低毒低残留农药,实施兽用抗菌药治理行动。创建优质农产品和食品品牌。继续推进农业标准化示范区、园艺作物标准园、标准化规模养殖场(小区)、水产健康养殖场建设。实施动植物保护能力提升工程。加快健全从农田到餐桌的农产品质量和食品安全监管体系,建立全程可追溯、互联共享的信息平台,加强标准体系建设,健全风险监测评估和检验检测体系。落实生产经营主体责任,严惩各类食品安全违法犯罪。实施食品安全创新工程。加强基层监管机构能力建设,培育职业化检查员,扩大抽检覆盖面,加强日常检查。加快推进病死畜禽无害化处理与养殖业保险联动机制建设。规范畜禽屠宰管理,加强人畜共患传染病防治。强化动植物疫情疫病监测防控和边境、口岸及主要物流通道检验检疫能力建设,严防外来有害物种入侵。深入开展食品安全城市和农产品质量安全县创建,开展农村食品安全治理行动。强化食品安全责任制,把保障农产品质量和食品安全作为衡量党政领导班子政绩的重要考核指标。

三、推进农村产业融合,促进农民收入持续较快增长

大力推进农民奔小康,必须充分发挥农村的独特优势,深度挖掘农业的多种功能,培育壮大农村新产业新业态,推动产业融合发展成为农民增收的重要支撑,让农村成为可以大有作为的广阔天地。

13. *推动农产品加工业转型升级*。加强农产品加工技术创新,促进农产品初加工、精深加工及综合利用加工协调发展,提高农产品加工转化率和附加值,增强对农民增收的带动能力。加强规划和政策引导,促进主产区农产品加工业加快发展,支持粮食主产区发展粮食深加工,形成一批优势产业集群。开发拥有自主知识产权的技术装备,支持农产品加工设备改造提升,建设农产品加工技术集成基地。培育一批农产品精深加工领军企业和国内外知名品牌。强化环保、能耗、质量、安全等标准作用,促进农产品加工企业优胜劣汰。完善农产品产地初加工补助政策。研究制定促进农产品加工业发展的意见。

14. *加强农产品流通设施和市场建设*。健全统一开放、布局合理、竞争有序的现代农产品市场体系,在搞活流通中促进农民增收。加快农产品批发市场升级改造,完善流通骨干网络,加强粮食等重要农产品仓储物流设施建设。完善跨区域农产品冷链物流体系,开展冷链标准化示范,实施特色农产品产区预冷工程。推动公益性农产品市场建设。支持农产品营销公共服务平台建设。开展降低农产品物流成本行动。促进农村电子商务加快发展,形成线上线下融合、农产品进城与农资和消费品下乡双向流通格局。加快实现行政村宽带全覆盖,创新电信普遍服务补偿机制,推进农村互联网提速降费。加强商贸流通、供销、邮政等系统物流服务网络和设施建设与衔接,加快完善县乡村物流体系。实施"快递下乡"工程。鼓励大型电商平台企业开展农村电商服务,支持地方和行业健全农村电商服务体系。建立健全适应农村电商发展的农产品质量分级、采后处理、包装配送等标准体系。深入开展电子商务进农村综合示范。加大信息进村入户试点力度。

15. *大力发展休闲农业和乡村旅游*。依托农村绿水青山、田园风光、乡土文化等资源,大力发展休闲度假、旅游观光、养生养老、创意农业、农耕体验、乡村手工艺等,使之成为繁荣农村、富裕农民的新兴支柱产业。强化规划引导,采取以奖代补、先建后补、财政贴息、设立产业投资基金等方式扶持休闲农业与乡村旅游业发展,着力改善休闲旅游重点村进村道路、宽带、停车场、厕所、垃圾污水处理等基础服务设施。积极扶持农民发展休闲旅游业合作社。引导和支持社会资本开发农民参与度高、受益面广的休闲旅游项目。加强乡村生态环境和文化遗存保护,发展具有历史记忆、地域特点、民族风情的特色小镇,建设一村一品、一村一景、一村一韵的魅力村庄和宜游宜养的森林景区。依据各地具体条件,有规划地开发休闲农庄、乡村酒店、特色民宿、自驾露营、户外运动等乡村休闲度假产品。实施休闲农业和乡村旅游提升工程、振兴中国传统手工艺计划。开展农业文化遗产普查与保护。支持有条件的地方通过盘活农村闲置房屋、集体建设用地、"四荒地"、可用林场和水面等资产资源发展休闲农业和乡村旅游。将休闲农业和乡村旅游项目建设用地纳入土地利用总体规划和年度计划合理安排。

16. *完善农业产业链与农民的利益联结机制*。促进农业产加销紧密衔接、农村一二三产业深度融合,推进农业产业链整合和价值链提升,让农民共享产业融合发展的增值收益,培育农民增收新模式。支持供销合作社创办领办农民合作社,引领农民参与农村产业融合发展、分享产业链收益。创新发展订单农业,支持农业产业化龙头企业建设稳定的原料生产基地、为农户提供贷款担保和资助订单农户参加农业保险。鼓励发展股份合作,引导农户自愿以土地经营权等入股龙头企业和农民合作社,采取"保底收益+按股分红"等方式,让农户分享加工销售环节收益,建立健全风险防范机制。加强农民合作社示范社建设,支持合作社发展农产品加工流通和直供直销。通过政府与社会资本合作、贴息、设立基金等方式,带动社会资本投向农村新产业新业态。实施农村产业融合发展试点示范工程。财政支农资金使用要与建立农民分享产业链利益机制相联系。巩固和完善"合同帮农"机制,为农民和涉农企业提供法律咨询、合同示范文本、纠纷调处等服务。

四、推动城乡协调发展,提高新农村建设水平

加快补齐农业农村短板,必须坚持工业反哺农业、城市支持农村,促进城乡公共资源均衡配置、城乡要素平等交换,稳步提高城乡基本公共服务均等化水平。

17. *加快农村基础设施建设*。把国家财政支持的基础设施建设重点放在农村,建好、管好、护好、运营好农村基础设施,实现城乡差距显著缩小。健全农村基础设施投入长效机制,促进城乡基础设施互联互通、共建共享。强化农村饮用水水源保护。实施农村饮水安全巩固提升工程。推动城镇供水设施向周边农村延伸。加快实施农村电网改造升级工程,开展农村"低电压"综合治理,发展绿色小水电。加快实现所有具备条件的乡镇和建制村通硬化路、通班车,推动一定人口规模的自然村通公路。创造条件推进城乡客运一体化。加快国有林区防火应急道路建设。将农村公路养护资金逐步纳入地方财政预算。发展农村规模化沼气。加大农村危房改造力度,统筹搞好农房抗震改造,通过贷款贴息、集中建设公租房等方式,加快解决农村困难家庭的住房安全问题。加强农村防灾减灾体系建设。研究出台创新农村基础设施投融资体制机制的政策意见。

18. *提高农村公共服务水平*。把社会事业发展的重点放在农村和接纳农业转移人口较多的城镇,加快推动城镇公共服务向农村延伸。加快发展农村学前教育,坚持公办民办并举,扩大农村普惠性学前教育资源。建立城乡统一、重在农村的义务教育经费保障机制。全面改善贫困地区义务教育薄弱学校基本办学条件,改善农村学校寄宿条件,办好乡村小规模学校,推进学校标准化建设。加快普及高中阶段教育,逐步分类推进中等职业教育免除学杂费,率先从建档立卡的家庭经济困难学生实施普通高中免除学杂费,实现家庭经济困难学生资助全覆盖。深入实施农村贫困地区定向招生等专项计划,对民族自治县实现全覆盖。加强乡村教师队伍建设,拓展教师补充渠道,推动城镇优秀教师向乡村学校流动。办好农村特殊教育。整合城乡居民基本医疗保险制度,适当提高政府补助标准、个人缴费和受益水平。全面实施城乡居民大病保险制度。健全城乡医疗救助制度。完善城乡居民养老保险参保缴费激励约束机制,引导参保人员选择较高档次缴费。改进农村低保申请家庭经济状况核查机制,实现农村低保制度与扶贫开发政策有效衔接。建立健全农村留守儿童和妇女、老人关爱服务体系。建立健全农村困境儿童福利保障和未成年人社会保护制度。积极发展农村社会工作和志愿服务。切实维护农村妇女在财产分配、婚姻生育、政治参与等方面的合法权益,让女性获得公平的教育机会、就业机会、财产性收入、金融资源。加强农村养老服务体系、残疾人康复和供养托养设施建设。深化农村殡葬改革,依法管理、改进服务。推进农村基层综合公共服务资源优化整合。全面加强农村公共文化服务体系建设,继续实施文化惠民项目。在农村建设基层综合性文化服务中心,整合基层宣传文化、党员教育、科学普及、体育健身等设施,整合文化信息资源共享、农村电影放映、农家书屋等项目,发挥基层文化公共设施整体效应。

19. *开展农村人居环境整治行动和美丽宜居乡村建设*。遵循乡村自身发展规律,体现农村特点,注重乡土味道,保留乡村风貌,努力建设农民幸福家园。科学编制县域乡村建设规划和村庄规划,提升民居设计水平,强化乡村建设规划许可管理。继续推进农村环境综合整治,完善以奖促治政策,扩大连片整治范围。实施农村生活垃圾治理5年专项行动。采取城镇管网延伸、集中处理和分散处理等多种方式,加快农村生活污水治理和改厕。全面启动村庄绿化工程,开展生态乡村建设,推广绿色建材,建设节能农房。开展农村宜居水环境建设,实施农村清洁河道行动,建设生态清洁型小流域。发挥好村级公益事业一事一议财政奖补资金作用,支持改善村内公共设施和人居环境。普遍建立村庄保洁制度。坚持城乡环境治理并重,逐步把农村环境整治支出纳入地方财政预算,中央财政给予差异化奖补,政策性金融机构提供长期低息贷款,探索政府购买服务、专业公司一体化建设运营机制。加大传统村落、民居和历史文化名村名镇保护力度。开展生态文明示范村镇建设。鼓励各地因地制宜探索各具特色的美丽宜居乡村建设模式。

20. *推进农村劳动力转移就业创业和农民工市民化*。健全农村劳动力转移就业服务体系,大力促进就地就近转移就业创业,稳定并扩大外出农民工规模,支持农民工返乡创业。大力发展特色县域经济和农村服务业,加快培育中小城市和特色小城镇,增强吸纳农业转移人口能力。加大对农村灵活就业、新就业形态的支持。鼓励各地设立农村妇女就业创业基金,加大妇女小额担保贷款实施力度,加强妇女技能培训,支持农村妇女发展家庭手工业。实施新生代农民工职业技能提升计划,开展农村贫困家庭子女、未升学初高中毕业生、农民工、退役军人免费接受职业培训行动。依法维护农民工合法劳动权益,完善城乡劳动者平等就业制度,建立健全农民工工资支付保障长效机制。进一步推进户籍制度改革,落实1亿左右农民工和其他常住人口在城镇定居落户的目标,保障进城落户农民工与城镇居民有同等权利和义务,加快提高户籍人口城镇化率。全面实施居住证制度,建立健全与居住年限等条件相挂钩的基本公共服务提供机制,努力实现基本公共服务常住人口全覆盖。落实和完善农民工随迁子女在当地参加中考、高考政策。将符合条件的农民工纳入城镇社会保障和城镇住房保障实施范围。健全财政转移支付同农业转移人口市民化挂钩机制,建立城镇建设用地增加规模同吸纳农业转移人口落户数量挂钩机制。维护进城落户农民土地承包权、宅基地使用权、集体收益分配权,支持引导其依法自愿有偿转让上述权益。

21. *实施脱贫攻坚工程*。实施精准扶贫、精准脱贫,因人因地施策,分类扶持贫困家庭,坚决打赢脱贫攻坚战。通过产业扶持、转移就业、易地搬迁等措施解决5000万左右贫困人口脱贫;对完全或部分丧失劳动能力的2000多万贫困人口,全部纳入低保覆盖范围,实行社保政策兜底脱贫。实行脱贫工作责任制,进一步完善中央统筹、省(自治区、直辖市)负总责、市(地)县抓落实的工作机制。各级党委和政府要把脱贫攻坚作为重大政治任务扛在肩上,各部门要步调一致、协同作战、履职尽责,切实把民生项目、惠民政策最大限度向贫困地区倾斜。广泛动员社会各方面力量积极参与扶贫开发。实行最严格的脱贫攻坚考核督查问责。

五、深入推进农村改革,增强农村发展内生动力

破解"三农"难题,必须坚持不懈推进体制机制创新,着力破除城乡二元结构的体制障碍,激发亿万农民创新创业活力,释放农业农村发展新动能。

22. *改革完善粮食等重要农产品价格形成机制和收储制度*。坚持市场化改革取向与保护农民利益并重,采取"分品种施策、渐进式推进"的办法，完善农产品市场调控制度。继续执行并完善稻谷、小麦最低收购价政策。深入推进新疆棉花、东北地区大豆目标价格改革试点。按照市场定价、价补分离的原则，积极稳妥推进玉米收储制度改革，在使玉米价格反映市场供求关系的同时，综合考虑农民合理收益、财政承受能力、产业链协调发展等因素，建立玉米生产者补贴制度。按照政策性职能和经营性职能分离的原则，改革完善中央储备粮管理体制。深化国有粮食企业改革，发展多元化市场购销主体。科学确定粮食等重要农产品国家储备规模，完善吞吐调节机制。

23. 健全农业农村投入持续增长机制。优先保障财政对农业农村的投入，坚持将农业农村作为国家固定资产投资的重点领域，确保力度不减弱、总量有增加。充分发挥财政政策导向功能和财政资金杠杆作用，鼓励和引导金融资本、工商资本更多投向农业农村。加大专项建设基金对扶贫、水利、农村产业融合、农产品批发市场等"三农"领域重点项目和工程支持力度。发挥规划引领作用，完善资金使用和项目管理办法，多层级深入推进涉农资金整合统筹，实施省级涉农资金管理改革和市县涉农资金整合试点，改进资金使用绩效考核办法。将种粮农民直接补贴、良种补贴、农资综合补贴合并为农业支持保护补贴，重点支持耕地地力保护和粮食产能提升。完善农机购置补贴政策。用3年左右时间建立健全全国农业信贷担保体系，2016年推动省级农业信贷担保机构正式建立并开始运营。加大对农产品主产区和重点生态功能区的转移支付力度。完善主产区利益补偿机制。逐步将农垦系统纳入国家农业支持和民生改善政策覆盖范围。研究出台完善农民收入增长支持政策体系的指导意见。

24. 推动金融资源更多向农村倾斜。加快构建多层次、广覆盖、可持续的农村金融服务体系，发展农村普惠金融，降低融资成本，全面激活农村金融服务链条。进一步改善存取款、支付等基本金融服务。稳定农村信用社县域法人地位，提高治理水平和服务能力。开展农村信用社省联社改革试点，逐步淡出行政管理，强化服务职能。鼓励国有和股份制金融机构拓展"三农"业务。深化中国农业银行三农金融事业部改革，加大"三农"金融产品创新和重点领域信贷投入力度。发挥国家开发银行优势和作用，加强服务"三农"融资模式创新。强化中国农业发展银行政策性职能，加大中长期"三农"信贷投放力度。支持中国邮政储蓄银行建立三农金融事业部，打造专业化为农服务体系。创新村镇银行设立模式，扩大覆盖面。引导互联网金融、移动金融在农村规范发展。扩大在农民合作社内部开展信用合作试点的范围，健全风险防范化解机制，落实地方政府监管责任。开展农村金融综合改革试验，探索创新农村金融组织和服务。发展农村金融租赁业务。在风险可控前提下，稳妥有序推进农村承包土地的经营权和农民住房财产权抵押贷款试点。积极发展林权抵押贷款。创设农产品期货品种，开展农产品期权试点。支持涉农企业依托多层次资本市场融资，加大债券市场服务"三农"力度。全面推进农村信用体系建设。加快建立"三农"融资担保体系。完善中央与地方双层金融监管机制，切实防范农村金融风险。强化农村金融消费者风险教育和保护。完善"三农"贷款统计，突出农户贷款、新型农业经营主体贷款、扶贫贴息贷款等。

25. 完善农业保险制度。把农业保险作为支持农业的重要手段，扩大农业保险覆盖面、增加保险品种、提高风险保障水平。积极开发适应新型农业经营主体需求的保险品种。探索开展重要农产品目标价格保险，以及收入保险、天气指数保险试点。支持地方发展特色优势农产品保险、渔业保险、设施农业保险。完善森林保险制度。探索建立农业补贴、涉农信贷、农产品期货和农业保险联动机制。积极探索农业保险保单质押贷款和农户信用保证保险。稳步扩大"保险+期货"试点。鼓励和支持保险资金开展支农融资业务创新试点。进一步完善农业保险大灾风险分散机制。

26. 深化农村集体产权制度改革。到2020年基本完成土地等农村集体资源性资产确权登记颁证、经营性资产折股量化到本集体经济组织成员，健全非经营性资产集体统一运营管理机制。稳定农村土地承包关系，落实集体所有权，稳定农户承包权，放活土地经营权，完善"三权分置"办法，明确农村土地承包关系长久不变的具体规定。继续扩大农村承包地确权登记颁证整省推进试点。依法推进土地经营权有序流转，鼓励和引导农户自愿互换承包地块实现连片耕种。研究制定稳定和完善农村基本经营制度的指导意见。加快推进房地一体的农村集体建设用地和宅基地使用权确权登记颁证，所需工作经费纳入地方财政预算。推进农村土地征收、集体经营性建设用地入市、宅基地制度改革试点。完善宅基地权益保障和取得方式，探索农民住房保障新机制。总结农村集体经营性建设用地入市改革试点经验，适当提高农民集体和个人分享的增值收益，抓紧出台土地增值收益调节金征管办法。完善和拓展城乡建设用地增减挂钩试点，将指标交易收益用于改善农民生产生活条件。探索将通过土地整治增加的耕地作为占补平衡补充耕地的指标，按照谁投入、谁受益的原则返还指标交易收益。研究国家重大工程建设补充耕地由国家统筹的具体办法。加快编制村级土地利用规划。探索将财政资金投入农业农村形成的经营性资产，通过股权量化到户，让集体组织成员长期分享资产收益。制定促进农村集体产权制度改革的税收优惠政策。开展扶持村级集体经济发展试点。深入推进供销合作社综合改革，提升为农服务能力。完善集体林权制度，引导林权规范有序流转，鼓励发展家庭林场、股份合作林场。完善草原承包经营制度。

六、加强和改善党对“三农”工作领导

加快农业现代化和农民奔小康，必须坚持党总揽全局、协调各方的领导核心作用，改进农村工作体制机制和方式方法，不断强化政治和组织保障。

27. *提高党领导农村工作水平*。坚持把解决好“三农”问题作为全党工作重中之重不动摇，以更大的决心、下更大的气力加快补齐农业农村这块全面小康的短板。不断健全党委统一领导、党政齐抓共管、党委农村工作综合部门统筹协调、各部门各负其责的农村工作领导体制和工作机制。注重选派熟悉“三农”工作的干部进省市县党委和政府领导班子。各级党委和政府要把握好“三农”战略地位、农业农村发展新特点，顺应农民新期盼，关心群众诉求，解决突出问题，提高做好“三农”工作本领。巩固和拓展党的群众路线教育实践活动和“三严三实”专题教育成果。进一步减少和下放涉农行政审批事项。加强“三农”前瞻性、全局性、储备性政策研究，健全决策咨询机制。扎实推进农村各项改革，鼓励和允许不同地方实行差别化探索。对批准开展的农村改革试点，要不断总结可复制、可推广的经验，推动相关政策出台和法律法规立改废释。深入推进农村改革试验区工作。全面提升农村经济社会发展调查统计水平，扎实做好第三次全国农业普查。加快建立全球农业数据调查分析系统。加强农村法治建设，完善农村产权保护、农业市场规范运行、农业支持保护、农业资源环境等方面的法律法规。

28. *加强农村基层党组织建设*。始终坚持农村基层党组织领导核心地位不动摇，充分发挥农村基层党组织的战斗堡垒作用和党员的先锋模范作用，不断夯实党在农村基层执政的组织基础。严格落实各级党委抓农村基层党建工作责任制，发挥县级党委“一线指挥部”作用，实现整乡推进、整县提升。建立市县乡党委书记抓农村基层党建问题清单、任务清单、责任清单，坚持开展市县乡党委书记抓基层党建述职评议考核。选优配强乡镇领导班子尤其是党委书记，切实加强乡镇党委思想、作风、能力建设。选好用好管好农村基层党组织带头人，从严加强农村党员队伍建设，持续整顿软弱涣散村党组织，认真抓好选派“第一书记”工作。创新完善基层党组织设置，确保党的组织和党的工作全面覆盖、有效覆盖。健全以财政投入为主的经费保障制度，落实村级组织运转经费和村干部报酬待遇。进一步加强和改进大学生村官工作。各级党委特别是县级党委要切实履行农村基层党风廉政建设的主体责任，纪委要履行好监督责任，将全面从严治党的要求落实到农村基层，对责任不落实和不履行监管职责的要严肃问责。着力转变基层干部作风，解决不作为、乱作为问题，加大对农民群众身边腐败问题的监督审查力度，重点查处土地征收、涉农资金、扶贫开发、“三资”管理等领域虚报冒领、截留私分、贪污挪用等侵犯农民群众权益的问题。加强农民负担监管工作。

29. *创新和完善乡村治理机制*。加强乡镇服务型政府建设。研究提出深化经济发达镇行政管理体制改革指导意见。依法开展村民自治实践，探索村党组织领导的村民自治有效实现形式。深化农村社区建设试点工作，完善多元共治的农村社区治理结构。在有实际需要的地方开展以村民小组或自然村为基本单元的村民自治试点。建立健全务实管用的村务监督委员会或其他形式的村务监督机构。发挥好村规民约在乡村治理中的积极作用。深入开展涉农信访突出问题专项治理。加强农村法律服务和法律援助。推进县乡村三级综治中心建设,完善农村治安防控体系。开展农村不良风气专项治理,整治农村黄赌毒、非法宗教活动等突出问题。依法打击扰乱农村生产生活秩序、危害农民生命财产安全的犯罪活动。

30. 深化农村精神文明建设。深入开展中国特色社会主义和中国梦宣传教育,加强农村思想道德建设,大力培育和弘扬社会主义核心价值观,增强农民的国家意识、法治意识、社会责任意识,加强诚信教育,倡导契约精神、科学精神,提高农民文明素质和农村社会文明程度。深入开展文明村镇、“星级文明户”、“五好文明家庭”创建,培育文明乡风、优良家风、新乡贤文化。广泛宣传优秀基层干部、道德模范、身边好人等先进事迹。弘扬优秀传统文化,抓好移风易俗,树立健康文明新风尚。

让我们更加紧密地团结在以习近平同志为总书记的党中央周围,艰苦奋斗,真抓实干,攻坚克难,努力开创农业农村工作新局面,为夺取全面建成小康社会决胜阶段的伟大胜利作出更大贡献!

中共中央、国务院关于加大改革创新力度加快农业现代化建设的若干意见

·2015 年 2 月 1 日①

2014 年,各地区各部门认真贯彻落实党中央、国务院决策部署,加大深化农村改革力度,粮食产量实现“十一连增”,农民收入继续较快增长,农村公共事业持续发展,农村社会和谐稳定,为稳增长、调结构、促改革、惠民生作出了突出贡献。

当前,我国经济发展进入新常态,正从高速增长转向中高速增长,如何在经济增速放缓背景下继续强化农业基础地位、促进农民持续增收,是必须破解的一个重大课题。国内农业生产成本快速攀升,大宗农产品价格普遍高于国际市场,如何在“双重挤压”下创新农业支持保护政策、提高农业竞争力,是必须面对的一个重大考验。我国农业资源短缺,开发过度、污染加重,如何在资源环境硬约束下保障农产品有效供给和质量安全、提升农业可持续发展能力,是必须应对的一个重大挑战。城乡资源要素流动加速,城乡互动联系增强,如何在城镇化深入发展背景下加快新农村建设步伐、实现城乡共同繁荣,是必须解决好的一个重大问题。破解这些难题,是今后一个时期“三农”工作的重大任务。必须始终坚持把解决好“三农”问题作为全党工作的重中之重,靠改革添动力,以法治作保障,加快推进中国特色农业现代化。

2015 年,农业农村工作要全面贯彻落实党的十八大和十八届三中、四中全会精神,以邓小平理论、“三个代表”重要思想、科学发展观为指导,深入贯彻习近平总书记系列重要讲话精神,主动适应经济发展新常态,按照稳粮增收、提质增效、创新驱动的总要求,继续全面深化农村改革,全面推进农村法治建设,推动新型工业化、信息化、城镇化和农业现代化同步发展,努力在提高粮食生产能力上挖掘新潜力,在优化农业结构上开辟新途径,在转变农业发展方式上寻求新突破,在促进农民增收上获得新成效,在建设新农村上迈出新步伐,为经济社会持续健康发展提供有力支撑。

一、围绕建设现代农业,加快转变农业发展方式

中国要强,农业必须强。做强农业,必须尽快从主要追求产量和依赖资源消耗的粗放经营转到数量质量效益并重、注重提高竞争力、注重农业科技创新、注重可持续的集约发展上来,走产出高效、产品安全、资源节约、环境友好的现代农业发展道路。

1. 不断增强粮食生产能力。进一步完善和落实粮食省长负责制。强化对粮食主产省和主产县的政策倾斜,保障产粮大县重农抓粮得实惠、有发展。粮食主销区要切实承担起自身的粮食生产责任。全面开展永久基本农田划定工作。统筹实施全国高标准农田建设总体规划。实施耕地质量保护与提升行动。全面推进建设占用耕地剥离耕作层土壤再利用。探索建立粮食生产功能区,将口粮生产能力落实到田块地头、保障措施落实到具体项目。创新投融资机制,加大资金投入,集中力量加快建设一批重大引调水工程、重点水源工程、江河湖泊治理骨干工程,节水供水重大水利工程建设的征地补偿、耕地占补平衡实行与铁路等国

① 编者注:2015 年 2 月 1 日为新华社公布该文件的日期。

家重大基础设施项目同等政策。加快大中型灌区续建配套与节水改造,加快推进现代灌区建设,加强小型农田水利基础设施建设。实施粮食丰产科技工程和盐碱地改造科技示范。深入推进粮食高产创建和绿色增产模式攻关。实施植物保护建设工程,开展农作物病虫害专业化统防统治。

2. *深入推进农业结构调整*。科学确定主要农产品自给水平,合理安排农业产业发展优先序。启动实施油料、糖料、天然橡胶生产能力建设规划。加快发展草牧业,支持青贮玉米和苜蓿等饲草料种植,开展粮改饲和种养结合模式试点,促进粮食、经济作物、饲草料三元种植结构协调发展。立足各地资源优势,大力培育特色农业。推进农业综合开发布局调整。支持粮食主产区发展畜牧业和粮食加工业,继续实施农产品产地初加工补助政策,发展农产品精深加工。继续开展园艺作物标准园创建,实施园艺产品提质增效工程。加大对生猪、奶牛、肉牛、肉羊标准化规模养殖场(小区)建设支持力度,实施畜禽良种工程,加快推进规模化、集约化、标准化畜禽养殖,增强畜牧业竞争力。完善动物疫病防控政策。推进水产健康养殖,加大标准池塘改造力度,继续支持远洋渔船更新改造,加强渔政渔港等渔业基础设施建设。

3. *提升农产品质量和食品安全水平*。加强县乡农产品质量和食品安全监管能力建设。严格农业投入品管理,大力推进农业标准化生产。落实重要农产品生产基地、批发市场质量安全检验检测费用补助政策。建立全程可追溯、互联共享的农产品质量和食品安全信息平台。开展农产品质量安全县、食品安全城市创建活动。大力发展名特优新农产品,培育知名品牌。健全食品安全监管综合协调制度,强化地方政府法定职责。加大防范外来有害生物力度,保护农林业生产安全。落实生产经营者主体责任,严惩各类食品安全违法犯罪行为,提高群众安全感和满意度。

4. *强化农业科技创新驱动作用*。健全农业科技创新激励机制,完善科研院所、高校科研人员与企业人才流动和兼职制度,推进科研成果使用、处置、收益管理和科技人员股权激励改革试点,激发科技人员创新创业的积极性。建立优化整合农业科技规划、计划和科技资源协调机制,完善国家重大科研基础设施和大型科研仪器向社会开放机制。加强对企业开展农业科技研发的引导扶持,使企业成为技术创新和应用的主体。加快农业科技创新,在生物育种、智能农业、农机装备、生态环保等领域取得重大突破。建立农业科技协同创新联盟,依托国家农业科技园区搭建农业科技融资、信息、品牌服务平台。探索建立农业科技成果交易中心。充分发挥科研院所、高校及其新农村发展研究院、职业院校、科技特派员队伍在科研成果转化中的作用。积极推进种业科研成果权益分配改革试点,完善成果完成人分享制度。继续实施种子工程,推进海南、甘肃、四川三大国家级育种制种基地建设。加强农业转基因生物技术研究、安全管理、科学普及。支持农机、化肥、农药企业技术创新。

5. *创新农产品流通方式*。加快全国农产品市场体系转型升级,着力加强设施建设和配套服务,健全交易制度。完善全国农产品流通骨干网络,加大重要农产品仓储物流设施建设力度。加快千亿斤粮食新建仓容建设进度,尽快形成中央和地方职责分工明确的粮食收储机制,提高粮食收储保障能力。继续实施农户科学储粮工程。加强农产品产地市场建设,加快构建跨区域冷链物流体系,继续开展公益性农产品批发市场建设试点。推进合作社与超市、学校、企业、社区对接。清理整顿农产品运销乱收费问题。发展农产品期货交易,开发农产品期货交易新品种。支持电商、物流、商贸、金融等企业参与涉农电子商务平台建设。开展电子商务进农村综合示范。

6. *加强农业生态治理*。实施农业环境突出问题治理总体规划和农业可持续发展规划。加强农业面源污染治理,深入开展测土配方施肥,大力推广生物有机肥、低毒低残留农药,开展秸秆、畜禽粪便资源化利用和农田残膜回收区域性示范,按规定享受相关财税政策。落实畜禽规模养殖环境影响评价制度,大力推动农业循环经济发展。继续实行草原生态保护补助奖励政策,开展西北旱区农牧业可持续发展、农牧交错带已垦草原治理、东北黑土地保护试点。加大水生生物资源增殖保护力度。建立健全规划和建设项目水资源论证制度、国家水资源督察制度。大力推广节水技术,全面实施区域规模化高效节水灌溉行动。加大水污染防治和水生态保护力度。实施新一轮退耕还林还草工程,扩大重金属污染耕地修复、地下水超采区综合治理、退耕还湿试点范围,推进重要水源地生态清洁小流域等水土保持重点工程建设。大力推进重大林业生态工程,加强营造林工程建设,发展林产业和特色经济林。推进京津冀、丝绸之路经济带、长江经济带生态保护与修复。摸清底数、搞好规划、增加投入,保护好全国的天然林。提高天然林资源保护工程补助和森林生态效益补偿标准。继续扩大停止天然林商业性采伐试点。实施湿地生态效益补偿、湿地保护奖励试点和沙化土地封禁保护区补贴政策。加快实施退牧还草、牧区防灾减灾、南方草地开发利用等工程。建立健全农业生态环境保护责任制,加强问责监管,依法依规严肃查处各种破坏生态环境的行为。

7.提高统筹利用国际国内两个市场两种资源的能力。加强农产品进出口调控,积极支持优势农产品出口,把握好农产品进口规模、节奏。完善粮食、棉花、食糖等重要农产品进出口和关税配额管理,严格执行棉花滑准税政策。严厉打击农产品走私行为。完善边民互市贸易政策。支持农产品贸易做强,加快培育具有国际竞争力的农业企业集团。健全农业对外合作部际联席会议制度,抓紧制定农业对外合作规划。创新农业对外合作模式,重点加强农产品加工、储运、贸易等环节合作,支持开展境外农业合作开发,推进科技示范园区建设,开展技术培训、科研成果示范、品牌推广等服务。完善支持农业对外合作的投资、财税、金融、保险、贸易、通关、检验检疫等政策,落实到境外从事农业生产所需农用设备和农业投入品出境的扶持政策。充分发挥各类商会组织的信息服务、法律咨询、纠纷仲裁等作用。

二、围绕促进农民增收,加大惠农政策力度

中国要富,农民必须富。富裕农民,必须充分挖掘农业内部增收潜力,开发农村二三产业增收空间,拓宽农村外部增收渠道,加大政策助农增收力度,努力在经济发展新常态下保持城乡居民收入差距持续缩小的势头。

8.优先保证农业农村投入。增加农民收入,必须明确政府对改善农业农村发展条件的责任。坚持把农业农村作为各级财政支出的优先保障领域,加快建立投入稳定增长机制,持续增加财政农业农村支出,中央基建投资继续向农业农村倾斜。优化财政支农支出结构,重点支持农民增收、农村重大改革、农业基础设施建设、农业结构调整、农业可持续发展、农村民生改善。转换投入方式,创新涉农资金运行机制,充分发挥财政资金的引导和杠杆作用。改革涉农转移支付制度,下放审批权限,有效整合财政农业农村投入。切实加强涉农资金监管,建立规范透明的管理制度,杜绝任何形式的挤占挪用、层层截留、虚报冒领,确保资金使用见到实效。

9.提高农业补贴政策效能。增加农民收入,必须健全国家对农业的支持保护体系。保持农业补贴政策连续性和稳定性,逐步扩大"绿箱"支持政策实施规模和范围,调整改进"黄箱"支持政策,充分发挥政策惠农增收效应。继续实施种粮农民直接补贴、良种补贴、农机具购置补贴、农资综合补贴等政策。选择部分地方开展改革试点,提高补贴的导向性和效能。完善农机具购置补贴政策,向主产区和新型农业经营主体倾斜,扩大节水灌溉设备购置补贴范围。实施农业生产重大技术措施推广补助政策。实施粮油生产大县、粮食作物制种大县、生猪调出大县、牛羊养殖大县财政奖励补助政策。扩大现代农业示范区奖补范围。健全粮食主产区利益补偿、耕地保护补偿、生态补偿制度。

10.完善农产品价格形成机制。增加农民收入,必须保持农产品价格合理水平。继续执行稻谷、小麦最低收购价政策,完善重要农产品临时收储政策。总结新疆棉花、东北和内蒙古大豆目标价格改革试点经验,完善补贴方式,降低操作成本,确保补贴资金及时足额兑现到农户。积极开展农产品价格保险试点。合理确定粮食、棉花、食糖、肉类等重要农产品储备规模。完善国家粮食储备吞吐调节机制,加强储备粮监管。落实新增地方粮食储备规模计划,建立重要商品商贸企业代储制度,完善制糖企业代储制度。运用现代信息技术,完善种植面积和产量统计调查,改进成本和价格监测办法。

11.强化农业社会化服务。增加农民收入,必须完善农业服务体系,帮助农民降成本、控风险。抓好农业生产全程社会化服务机制创新试点,重点支持为农户提供代耕代收、统防统治、烘干储藏等服务。稳定和加强基层农技推广等公益性服务机构,健全经费保障和激励机制,改善基层农技推广人员工作和生活条件。发挥农村专业技术协会在农技推广中的作用。采取购买服务等方式,鼓励和引导社会力量参与公益性服务。加大中央、省级财政对主要粮食作物保险的保费补贴力度。将主要粮食作物制种保险纳入中央财政保费补贴目录。中央财政补贴险种的保险金额应覆盖直接物化成本。加快研究出台对地方特色优势农产品保险的中央财政以奖代补政策。扩大森林保险范围。支持邮政系统更好服务“三农”。创新气象为农服务机制,推动融入农业社会化服务体系。

12. *推进农村一二三产业融合发展*。增加农民收入,必须延长农业产业链、提高农业附加值。立足资源优势,以市场需求为导向,大力发展特色种养业、农产品加工业、农村服务业,扶持发展一村一品、一乡(县)一业,壮大县域经济,带动农民就业致富。积极开发农业多种功能,挖掘乡村生态休闲、旅游观光、文化教育价值。扶持建设一批具有历史、地域、民族特点的特色景观旅游村镇,打造形式多样、特色鲜明的乡村旅游休闲产品。加大对乡村旅游休闲基础设施建设的投入,增强线上线下营销能力,提高管理水平和服务质量。研究制定促进乡村旅游休闲发展的用地、财政、金融等扶持政策,落实税收优惠政策。激活农村要素资源,增加农民财产性收入。

13. *拓宽农村外部增收渠道*。增加农民收入,必须促进农民转移就业和创业。实施农民工职业技能提升计划。落实同工同酬政策,依法保障农民工劳动报酬权益,建立农民工工资正常支付的长效机制。保障进城农民工及其随迁家属平等享受城镇基本公共服务,扩大城镇社会保险对农民工的覆盖面,开展好农民工职业病防治和帮扶行动,完善随迁子女在当地接受义务教育和参加中高考相关政策,探索农民工享受城镇保障性住房的具体办法。加快户籍制度改革,建立居住证制度,分类推进农业转移人口在城镇落户并享有与当地居民同等待遇。现阶段,不得将农民进城落户与退出土地承包经营权、宅基地使用权、集体收益分配权相挂钩。引导有技能、资金和管理经验的农民工返乡创业,落实定向减税和普遍性降费政策,降低创业成本和企业负担。优化中西部中小城市、小城镇产业发展环境,为农民就地就近转移就业创造条件。

14. *大力推进农村扶贫开发*。增加农民收入,必须加快农村贫困人口脱贫致富步伐。以集中连片特困地区为重点,加大投入和工作力度,加快片区规划实施,打好扶贫开发攻坚战。推进精准扶贫,制定并落实建档立卡的贫困村和贫困户帮扶措施。加强集中连片特困地区基础设施建设、生态保护和基本公共服务,加大用地政策支持力度,实施整村推进、移民搬迁、乡村旅游扶贫等工程。扶贫项目审批权原则上要下放到县,省市切实履行监管责任。建立公告公示制度,全面公开扶贫对象、资金安排、项目建设等情况。健全社会扶贫组织动员机制,搭建社会参与扶贫开发平台。完善干部驻村帮扶制度。加强贫困监测,建立健全贫困县考核、约束、退出等机制。经济发达地区要不断提高扶贫开发水平。

三、围绕城乡发展一体化,深入推进新农村建设

中国要美,农村必须美。繁荣农村,必须坚持不懈推进社会主义新农村建设。要强化规划引领作用,加快提升农村基础设施水平,推进城乡基本公共服务均等化,让农村成为农民安居乐业的美丽家园。

15. *加大农村基础设施建设力度*。确保如期完成“十二五”农村饮水安全工程规划任务,推动农村饮水提质增效,继续执行税收优惠政策。推进城镇供水管网向农村延伸。继续实施农村电网改造升级工程。因地制宜采取电网延伸和光伏、风电、小水电等供电方式,2015 年解决无电人口用电问题。加快推进西部地区和集中连片特困地区农村公路建设。强化农村公路养护管理的资金投入和机制创新,切实加强农村客运和农村校车安全管理。完善农村沼气建管机制。加大农村危房改造力度,统筹搞好农房抗震改造。深入推进农村广播电视、通信等村村通工程,加快农村信息基础设施建设和宽带普及,推进信息进村入户。

16. *提升农村公共服务水平*。全面改善农村义务教育薄弱学校基本办学条件,提高农村学校教学质量。因地制宜保留并办好村小学和教学点。支持乡村两级公办和普惠性民办幼儿园建设。加快发展高中阶段教育,以未能继续升学的初中、高中毕业生为重点,推进中等职业教育和职业技能培训全覆盖,逐步实现免费中等职业教育。积极发展农业职业教育,大力培养新型职业农民。全面推进基础教育数字教育资源开发与应用,扩大农村地区优质教育资源覆盖面。提高重点高校招收农村学生比例。加强乡村教师队伍建设,落实好集中连片特困地区乡村教师生活补助政策。

国家教育经费要向边疆地区、民族地区、革命老区倾斜。建立新型农村合作医疗可持续筹资机制，同步提高人均财政补助和个人缴费标准，进一步提高实际报销水平。全面开展城乡居民大病保险，加强农村基层基本医疗、公共卫生能力和乡村医生队伍建设。推进各级定点医疗机构与省内新型农村合作医疗信息系统的互联互通，积极发展惠及农村的远程会诊系统。拓展重大文化惠民项目服务“三农”内容。加强农村最低生活保障制度规范管理，全面建立临时救助制度，改进农村社会救助工作。落实统一的城乡居民基本养老保险制度。支持建设多种农村养老服务和文化体育设施。整合利用现有设施场地和资源，构建农村基层综合公共服务平台。

17. *全面推进农村人居环境整治*。完善县域村镇体系规划和村庄规划，强化规划的科学性和约束力。改善农民居住条件，搞好农村公共服务设施配套，推进山水林田路综合治理。继续支持农村环境集中连片整治，加快推进农村河塘综合整治，开展农村垃圾专项整治，加大农村污水处理和改厕力度，加快改善村庄卫生状况。加强农村周边工业“三废”排放和城市生活垃圾堆放监管治理。完善村级公益事业一事一议财政奖补机制，扩大农村公共服务运行维护机制试点范围，重点支持村内公益事业建设与管护。完善传统村落名录和开展传统民居调查，落实传统村落和民居保护规划。鼓励各地从实际出发开展美丽乡村创建示范。有序推进村庄整治，切实防止违背农民意愿大规模撤并村庄、大拆大建。

18. *引导和鼓励社会资本投向农村建设*。鼓励社会资本投向农村基础设施建设和在农村兴办各类事业。对于政府主导、财政支持的农村公益性工程和项目，可采取购买服务、政府与社会资本合作等方式，引导企业和社会组织参与建设、管护和运营。对于能够商业化运营的农村服务业，向社会资本全面开放。制定鼓励社会资本参与农村建设目录，研究制定财税、金融等支持政策。探索建立乡镇政府职能转移目录，将适合社会兴办的公共服务交由社会组织承担。

19. *加强农村思想道德建设*。针对农村特点，围绕培育和践行社会主义核心价值观，深入开展中国特色社会主义和中国梦宣传教育，广泛开展形势政策宣传教育，提高农民综合素质，提升农村社会文明程度，凝聚起建设社会主义新农村的强大精神力量。深入推进农村精神文明创建活动，扎实开展好家风好家训活动，继续开展好媳妇、好儿女、好公婆等评选表彰活动，开展寻找最美乡村教师、医生、村官等活动，凝聚起向上、崇善、爱美的强大正能量。倡导文艺工作者深入农村，创作富有乡土气息、讴歌农村时代变迁的优秀文艺作品，提供健康有益、喜闻乐见的文化服务。创新乡贤文化，弘扬善行义举，以乡情乡愁为纽带吸引和凝聚各方人士支持家乡建设，传承乡村文明。

20. *切实加强农村基层党建工作*。认真贯彻落实党要管党、从严治党的要求，加强以党组织为核心的农村基层组织建设，充分发挥农村基层党组织的战斗堡垒作用，深入整顿软弱涣散基层党组织，不断夯实党在农村基层执政的组织基础。创新和完善农村基层党组织设置，扩大组织覆盖和工作覆盖。加强乡村两级党组织班子建设，进一步选好管好用好带头人。严肃农村基层党内政治生活，加强党员日常教育管理，发挥党员先锋模范作用。严肃处理违反党规党纪的行为，坚决查处发生在农民身边的不正之风和腐败问题。以农村基层服务型党组织建设为抓手，强化县乡村三级便民服务网络建设，多为群众办实事、办好事，通过服务贴近群众、团结群众、引导群众、赢得群众。严格落实党建工作责任制，全面开展市县乡党委书记抓基层党建工作述职评议考核。

四、围绕增添农村发展活力，全面深化农村改革

全面深化改革，必须把农村改革放在突出位置。要按照中央总体部署，完善顶层设计，抓好试点试验，不断总结深化，加强督查落实，确保改有所进、改有所成，进一步激发农村经济社会发展活力。

21. *加快构建新型农业经营体系*。坚持和完善农村基本经营制度，坚持农民家庭经营主体地位，引导土地经营权规范有序流转，创新土地流转和规模经营方式，积极发展多种形式适度规模经营，提高农民组织化程度。鼓励发展规模适度的农户家庭农场，完善对粮食生产规模经营主体的支持服务体系。引导农民专业合作社拓宽服务领域，促进规范发展，实行年度报告公示制度，深入推进示范社创建行动。推进农业产业化示范基地建设和龙头企业转型升级。引导农民以土地经营权入股合作社和龙头企业。鼓励工商资本发展适合企业化经营的现代种养业、农产品加工流通和农业社会化服务。土地经营权流转要尊重农民意愿,不得硬性下指标、强制推动。尽快制定工商资本租赁农地的准入和监管办法,严禁擅自改变农业用途。

22.推进农村集体产权制度改革。探索农村集体所有制有效实现形式,创新农村集体经济运行机制。出台稳步推进农村集体产权制度改革的意见。对土地等资源性资产,重点是抓紧抓实土地承包经营权确权登记颁证工作,扩大整省推进试点范围,总体上要确地到户,从严掌握确权确股不确地的范围。对非经营性资产,重点是探索有利于提高公共服务能力的集体统一运营管理有效机制。对经营性资产,重点是明晰产权归属,将资产折股量化到本集体经济组织成员,发展多种形式的股份合作。开展赋予农民对集体资产股份权能改革试点,试点过程中要防止侵蚀农民利益,试点各项工作应严格限制在本集体经济组织内部。健全农村集体"三资"管理监督和收益分配制度。充分发挥县乡农村土地承包经营权、林权流转服务平台作用,引导农村产权流转交易市场健康发展。完善有利于推进农村集体产权制度改革的税费政策。

23.稳步推进农村土地制度改革试点。在确保土地公有制性质不改变、耕地红线不突破、农民利益不受损的前提下,按照中央统一部署,审慎稳妥推进农村土地制度改革。分类实施农村土地征收、集体经营性建设用地入市、宅基地制度改革试点。制定缩小征地范围的办法。建立兼顾国家、集体、个人的土地增值收益分配机制,合理提高个人收益。完善对被征地农民合理、规范、多元保障机制。赋予符合规划和用途管制的农村集体经营性建设用地出让、租赁、入股权能,建立健全市场交易规则和服务监管机制。依法保障农民宅基地权益,改革农民住宅用地取得方式,探索农民住房保障的新机制。加强对试点工作的指导监督,切实做到封闭运行、风险可控,边试点、边总结、边完善,形成可复制、可推广的改革成果。

24.推进农村金融体制改革。要主动适应农村实际、农业特点、农民需求,不断深化农村金融改革创新。综合运用财政税收、货币信贷、金融监管等政策措施,推动金融资源继续向"三农"倾斜,确保农业信贷总量持续增加、涉农贷款比例不降低。完善涉农贷款统计制度,优化涉农贷款结构。延续并完善支持农村金融发展的有关税收政策。开展信贷资产质押再贷款试点,提供更优惠的支农再贷款利率。鼓励各类商业银行创新"三农"金融服务。农业银行三农金融事业部改革试点覆盖全部县域支行。农业发展银行要在强化政策性功能定位的同时,加大对水利、贫困地区公路等农业农村基础设施建设的贷款力度,审慎发展自营性业务。国家开发银行要创新服务"三农"融资模式,进一步加大对农业农村建设的中长期信贷投放。提高农村信用社资本实力和治理水平,牢牢坚持立足县域、服务"三农"的定位。鼓励邮政储蓄银行拓展农村金融业务。提高村镇银行在农村的覆盖面。积极探索新型农村合作金融发展的有效途径,稳妥开展农民合作社内部资金互助试点,落实地方政府监管责任。做好承包土地的经营权和农民住房财产权抵押担保贷款试点工作。鼓励开展"三农"融资担保业务,大力发展政府支持的"三农"融资担保和再担保机构,完善银担合作机制。支持银行业金融机构发行"三农"专项金融债,鼓励符合条件的涉农企业发行债券。开展大型农机具融资租赁试点。完善对新型农业经营主体的金融服务。强化农村普惠金融。继续加大小额担保财政贴息贷款等对农村妇女的支持力度。

25.深化水利和林业改革。建立健全水权制度,开展水权确权登记试点,探索多种形式的水权流转方式。推进农业水价综合改革,积极推广水价改革和水权交易的成功经验,建立农业灌溉用水总量控制和定额管理制度,加强农业用水计量,合理调整农业水价,建立精准补贴机制。吸引社会资本参与水利工程建设和运营。鼓励发展农民用水合作组织,扶持其成为小型农田水利工程建设和管护主体。积极发展农村水利工程专业化管理。建立健全最严格的林地、湿地保护制度。深化集体林权制度改革。稳步推进国有林场改革和国有林区改革,明确生态公益功能定位,加强森林资源保护培育。建立国家用材林储备制度。积极发展符合林业特点的多种融资业务,吸引社会资本参与碳汇林业建设。

26.加快供销合作社和农垦改革发展。全面深化供销合作社综合改革,坚持为农服务方向,着力推进基层社改造,创新联合社治理机制,拓展为农服务领域，把供销合作社打造成全国性为“三农”提供综合服务的骨干力量。抓紧制定供销合作社条例。加快研究出台推进农垦改革发展的政策措施，深化农场企业化、垦区集团化、股权多元化改革，创新行业指导管理体制、企业市场化经营体制、农场经营管理体制。明晰农垦国有资产权属关系，建立符合农垦特点的国有资产监管体制。进一步推进农垦办社会职能改革。发挥农垦独特优势，积极培育规模化农业经营主体，把农垦建成重要农产品生产基地和现代农业的示范带动力量。

27. *创新和完善乡村治理机制*。在有实际需要的地方，扩大以村民小组为基本单元的村民自治试点，继续搞好以社区为基本单元的村民自治试点，探索符合各地实际的村民自治有效实现形式。进一步规范村“两委”职责和村务决策管理程序，完善村务监督委员会的制度设计，健全村民对村务实行有效监督的机制，加强对村干部行使权力的监督制约，确保监督务实管用。激发农村社会组织活力，重点培育和优先发展农村专业协会类、公益慈善类、社区服务类等社会组织。构建农村立体化社会治安防控体系，开展突出治安问题专项整治，推进平安乡镇、平安村庄建设。

五、围绕做好“三农”工作，加强农村法治建设

农村是法治建设相对薄弱的领域，必须加快完善农业农村法律体系，同步推进城乡法治建设，善于运用法治思维和法治方式做好“三农”工作。同时要从农村实际出发，善于发挥乡规民约的积极作用，把法治建设和道德建设紧密结合起来。

28. *健全农村产权保护法律制度*。完善相关法律法规，加强对农村集体资产所有权、农户土地承包经营权和农民财产权的保护。抓紧修改农村土地承包方面的法律，明确现有土地承包关系保持稳定并长久不变的具体实现形式，界定农村土地集体所有权、农户承包权、土地经营权之间的权利关系，保障好农村妇女的土地承包权益。统筹推进与农村土地有关的法律法规制定和修改工作。抓紧研究起草农村集体经济组织条例。加强农业知识产权法律保护。

29. *健全农业市场规范运行法律制度*。健全农产品市场流通法律制度，规范市场秩序，促进公平交易，营造农产品流通法治化环境。完善农产品市场调控制度，适时启动相关立法工作。完善农产品质量和食品安全法律法规，加强产地环境保护，规范农业投入品管理和生产经营行为。逐步完善覆盖农村各类生产经营主体方面的法律法规，适时修改农民专业合作社法。

30. *健全“三农”支持保护法律制度*。研究制定规范各级政府“三农”事权的法律法规，明确规定中央和地方政府促进农业农村发展的支出责任。健全农业资源环境法律法规，依法推进耕地、水资源、森林草原、湿地滩涂等自然资源的开发保护，制定完善生态补偿和土壤、水、大气等污染防治法律法规。积极推动农村金融立法，明确政策性和商业性金融支农责任，促进新型农村合作金融、农业保险健康发展。加快扶贫开发立法。

31. *依法保障农村改革发展*。加强农村改革决策与立法的衔接。农村重大改革都要于法有据，立法要主动适应农村改革和发展需要。实践证明行之有效、立法条件成熟的，要及时上升为法律。对不适应改革要求的法律法规，要及时修改和废止。需要明确法律规定具体含义和适用法律依据的，要及时作出法律解释。实践条件还不成熟、需要先行先试的，要按照法定程序作出授权。继续推进农村改革试验区工作。深化行政执法体制改革，强化基层执法队伍，合理配置执法力量，积极探索农林水利等领域内的综合执法。健全涉农行政执法经费财政保障机制。统筹城乡法律服务资源，健全覆盖城乡居民的公共法律服务体系，加强对农民的法律援助和司法救助。

32. *提高农村基层法治水平*。深入开展农村法治宣传教育，增强各级领导、涉农部门和农村基层干部法治观念，引导农民增强学法尊法守法用法意识。健全依法维权和化解纠纷机制，引导和支持农民群众通过合法途径维权，理性表达合理诉求。依法加强农民负担监督管理。依靠农民和基层的智慧，通过村民议事会、监事会等，引导发挥村民民主协商在乡村治理中的积极作用。

各级党委和政府要从全面建成小康社会、加快推进社会主义现代化的战略高度出发，进一步加强和改善对“三农”工作的领导，切实防止出现放松农业的倾向，勇于直面挑战，敢于攻坚克难，努力保持农业农村持续向好的局面。各地区各部门要深入研究农业农村发展的阶段性特征和面临的风险挑战，科学谋划、统筹设计“十三五”时期农村改革发展的重大项目、重大工程和重大政策。

加强督促检查，确保各项“三农”政策不折不扣落实到位。巩固和拓展党的群众路线教育实践活动成果，坚持不懈改进工作作风，努力提高“三农”工作的能力和水平。

让我们紧密团结在以习近平同志为总书记的党中央周围，开拓创新，扎实工作，加快农村改革发展，为全面建成小康社会作出新的贡献！

中共中央、国务院关于全面深化农村改革加快推进农业现代化的若干意见

·2014年1月19日①

2013年，农业农村发展持续向好、稳中有进，粮食生产再创历史新高，城乡居民收入差距继续缩小，农村改革向纵深推进，农村民生有新的改善，农村社会保持和谐稳定。

我国经济社会发展正处在转型期，农村改革发展面临的环境更加复杂、困难挑战增多。工业化信息化城镇化快速发展对同步推进农业现代化的要求更为紧迫，保障粮食等重要农产品供给与资源环境承载能力的矛盾日益尖锐，经济社会结构深刻变化对创新农村社会管理提出了亟待破解的课题。必须全面贯彻落实党的十八大和十八届三中全会精神，进一步解放思想，稳中求进，改革创新，坚决破除体制机制弊端，坚持农业基础地位不动摇，加快推进农业现代化。

全面深化农村改革，要坚持社会主义市场经济改革方向，处理好政府和市场的关系，激发农村经济社会活力；要鼓励探索创新，在明确底线的前提下，支持地方先行先试，尊重农民群众实践创造；要因地制宜、循序渐进，不搞“一刀切”、不追求一步到位，允许采取差异性、过渡性的制度和政策安排；要城乡统筹联动，赋予农民更多财产权利，推进城乡要素平等交换和公共资源均衡配置，让农民平等参与现代化进程、共同分享现代化成果。

推进中国特色农业现代化，要始终把改革作为根本动力，立足国情农情，顺应时代要求，坚持家庭经营为基础与多种经营形式共同发展，传统精耕细作与现代物质技术装备相辅相成，实现高产高效与资源生态永续利用协调兼顾，加强政府支持保护与发挥市场配置资源决定性作用功能互补。要以解决好地怎么种为导向加快构建新型农业经营体系，以解决好地少水缺的资源环境约束为导向深入推进农业发展方式转变，以满足吃得好吃得安全为导向大力发展优质安全农产品，努力走出一条生产技术先进、经营规模适度、市场竞争力强、生态环境可持续的中国特色新型农业现代化道路。

2014年及今后一个时期，农业农村工作要以邓小平理论、“三个代表”重要思想、科学发展观为指导，按照稳定政策、改革创新、持续发展的总要求，力争在体制机制创新上取得新突破，在现代农业发展上取得新成就，在社会主义新农村建设上取得新进展，为保持经济社会持续健康发展提供有力支撑。

一、完善国家粮食安全保障体系

1. 抓紧构建新形势下的国家粮食安全战略。把饭碗牢牢端在自己手上，是治国理政必须长期坚持的基本方针。综合考虑国内资源环境条件、粮食供求格局和国际贸易环境变化，实施以我为主、立足国内、确保产能、适度进口、科技支撑的国家粮食安全战略。任何时候都不能放松国内粮食生产，严守耕地保护红线，划定永久基本农田，不断提升农业综合生产能力，确保谷物基本自给、口粮绝对安全。更加积极地利用国际农产品市场和农业资源，有效调剂和补充国内粮食供给。在重视粮食数量的同时，更加注重品质和质量安全；在保障当期供给的同时，更加注重农业可持续发展。加大力度落实“米袋子”省长负责制，进一步明确中央和地方的粮食安全责任与分工，主销区也要确立粮食面积底线、保证一定的口粮自给率。增强全社会节粮意识，在生产流通消费全程推广节粮减损设施和技术。

2. 完善粮食等重要农产品价格形成机制。继续坚持市场定价原则，探索推进农产品价格形成机制与政府补贴脱钩的改革，逐步建立农产品目标价格制度，在市场价格过高时补贴低收入消费者，在市场价格低于目标价格时按差价补贴生产者，切实保证农民收益。2014年，启动东北和内蒙

① 编者注：2014年1月19日为新华社公布该文件的日期。

古大豆、新疆棉花目标价格补贴试点，探索粮食、生猪等农产品目标价格保险试点，开展粮食生产规模经营主体营销贷款试点。继续执行稻谷、小麦最低收购价政策和玉米、油菜籽、食糖临时收储政策。

3. 健全农产品市场调控制度。综合运用储备吞吐、进出口调节等手段，合理确定不同农产品价格波动调控区间，保障重要农产品市场基本稳定。科学确定重要农产品储备功能和规模，强化地方尤其是主销区的储备责任，优化区域布局和品种结构。完善中央储备粮管理体制，鼓励符合条件的多元市场主体参与大宗农产品政策性收储。健全"菜篮子"市长负责制考核激励机制，完善生猪市场价格调控体系，抓好牛羊肉生产供应。进一步开展国家对农业大县的直接统计调查。编制发布权威性的农产品价格指数。

4. 合理利用国际农产品市场。抓紧制定重要农产品国际贸易战略，加强进口农产品规划指导，优化进口来源地布局，建立稳定可靠的贸易关系。有关部门要密切配合，加强进出境动植物检验检疫，打击农产品进出口走私行为，保障进口农产品质量安全和国内产业安全。加快实施农业走出去战略，培育具有国际竞争力的粮棉油等大型企业。支持到境外特别是与周边国家开展互利共赢的农业生产和进出口合作。鼓励金融机构积极创新为农产品国际贸易和农业走出去服务的金融品种和方式。探索建立农产品国际贸易基金和海外农业发展基金。

5. 强化农产品质量和食品安全监管。建立最严格的覆盖全过程的食品安全监管制度，完善法律法规和标准体系，落实地方政府属地管理和生产经营主体责任。支持标准化生产、重点产品风险监测预警、食品追溯体系建设，加大批发市场质量安全检验检测费用补助力度。加快推进县乡食品、农产品质量安全检测体系和监管能力建设。严格农业投入品管理，大力开展园艺作物标准园、畜禽规模化养殖、水产健康养殖等创建活动。完善农产品质量和食品安全工作考核评价制度，开展示范市、县创建试点。

二、强化农业支持保护制度

6. 健全"三农"投入稳定增长机制。完善财政支农政策，增加"三农"支出。公共财政要坚持把"三农"作为支出重点，中央基建投资继续向"三农"倾斜，优先保证"三农"投入稳定增长。拓宽"三农"投入资金渠道，充分发挥财政资金引导作用，通过贴息、奖励、风险补偿、税费减免等措施，带动金融和社会资金更多投入农业农村。

7. 完善农业补贴政策。按照稳定存量、增加总量、完善方法、逐步调整的要求，积极开展改进农业补贴办法的试点试验。继续实行种粮农民直接补贴、良种补贴、农资综合补贴等政策，新增补贴向粮食等重要农产品、新型农业经营主体、主产区倾斜。在有条件的地方开展按实际粮食播种面积或产量对生产者补贴试点，提高补贴精准性、指向性。加大农机购置补贴力度，完善补贴办法，继续推进农机报废更新补贴试点。强化农业防灾减灾稳产增产关键技术补助。继续实施畜牧良种补贴政策。

8. 加快建立利益补偿机制。加大对粮食主产区的财政转移支付力度，增加对商品粮生产大省和粮油猪生产大县的奖励补助，鼓励主销区通过多种方式到主产区投资建设粮食生产基地，更多地承担国家粮食储备任务，完善粮食主产区利益补偿机制。支持粮食主产区发展粮食加工业。降低或取消产粮大县直接用于粮食生产等建设项目资金配套。完善森林、草原、湿地、水土保持等生态补偿制度，继续执行公益林补偿、草原生态保护补助奖励政策，建立江河源头区、重要水源地、重要水生态修复治理区和蓄滞洪区生态补偿机制。支持地方开展耕地保护补偿。

9. 整合和统筹使用涉农资金。稳步推进从财政预算编制环节清理和归并整合涉农资金。支持黑龙江省进行涉农资金整合试点，在认真总结经验基础上，推动符合条件的地方开展涉农资金整合试验。改革项目审批制度，创造条件逐步下放中央和省级涉农资金项目审批权限。改革项目管理办法，加快项目实施和预算执行，切实提高监管水平。加强专项扶贫资金监管，强化省、市两级政府对资金和项目的监督责任，县级政府切实管好用好扶贫资金。盘活农业结余资金和超规定期限的结转资金，由同级预算统筹限时用于农田水利等建设。

10. 完善农田水利建设管护机制。深化水利工程管理体制改革，加快落实灌排工程运行维护经费财政补助政策。开展农田水利设施产权制度改革和创新运行管护机制试点，落实小型水利工程管护主体、责任和经费。通过以奖代补、先建后补等方式,探索农田水利基本建设新机制。深入推进农业水价综合改革。加大各级政府水利建设投入,落实和完善土地出让收益计提农田水利资金政策,提高水资源费征收标准、加大征收力度。完善大中型水利工程建设征地补偿政策。谋划建设一批关系国计民生的重大水利工程,加强水源工程建设和雨洪水资源化利用,启动实施全国抗旱规划,提高农业抗御水旱灾害能力。实施全国高标准农田建设总体规划,加大投入力度,规范建设标准,探索监管维护机制。

11. *推进农业科技创新*。深化农业科技体制改革,对具备条件的项目,实施法人责任制和专员制,推行农业领域国家科技报告制度。明晰和保护财政资助科研成果产权,创新成果转化机制,发展农业科技成果托管中心和交易市场。采取多种方式,引导和支持科研机构与企业联合研发。加大农业科技创新平台基地建设和技术集成推广力度,推动发展国家农业科技园区协同创新战略联盟,支持现代农业产业技术体系建设。加强以分子育种为重点的基础研究和生物技术开发,建设以农业物联网和精准装备为重点的农业全程信息化和机械化技术体系,推进以设施农业和农产品精深加工为重点的新兴产业技术研发,组织重大农业科技攻关。继续开展高产创建,加大农业先进适用技术推广应用和农民技术培训力度。发挥现代农业示范区的引领作用。加强农用航空建设。将农业作为财政科技投入优先领域,引导金融信贷、风险投资等进入农业科技创新领域。推行科技特派员制度,发挥高校在农业科研和农技推广中的作用。

12. *加快发展现代种业和农业机械化*。建立以企业为主体的育种创新体系,推进种业人才、资源、技术向企业流动,做大做强育繁推一体化种子企业,培育推广一批高产、优质、抗逆、适应机械化生产的突破性新品种。推行种子企业委托经营制度,强化种子全程可追溯管理。加快推进大田作物生产全程机械化,主攻机插秧、机采棉、甘蔗机收等薄弱环节,实现作物品种、栽培技术和机械装备的集成配套。积极发展农机作业、维修、租赁等社会化服务,支持发展农机合作社等服务组织。

13. *加强农产品市场体系建设*。着力加强促进农产品公平交易和提高流通效率的制度建设,加快制定全国农产品市场发展规划,落实部门协调机制,加强以大型农产品批发市场为骨干、覆盖全国的市场流通网络建设,开展公益性农产品批发市场建设试点。健全大宗农产品期货交易品种体系。加快发展主产区大宗农产品现代化仓储物流设施,完善鲜活农产品冷链物流体系。支持产地小型农产品收集市场、集配中心建设。完善农村物流服务体系,推进农产品现代流通综合示范区创建,加快邮政系统服务"三农"综合平台建设。实施粮食收储、供应安全保障工程。启动农村流通设施和农产品批发市场信息化提升工程,加强农产品电子商务平台建设。加快清除农产品市场壁垒。

三、建立农业可持续发展长效机制

14. *促进生态友好型农业发展*。落实最严格的耕地保护制度、节约集约用地制度、水资源管理制度、环境保护制度,强化监督考核和激励约束。分区域规模化推进高效节水灌溉行动。大力推进机械化深松整地和秸秆还田等综合利用,加快实施土壤有机质提升补贴项目,支持开展病虫害绿色防控和病死畜禽无害化处理。加大农业面源污染防治力度,支持高效肥和低残留农药使用、规模养殖场畜禽粪便资源化利用、新型农业经营主体使用有机肥、推广高标准农膜和残膜回收等试点。

15. *开展农业资源休养生息试点*。抓紧编制农业环境突出问题治理总体规划和农业可持续发展规划。启动重金属污染耕地修复试点。从 2014 年开始,继续在陡坡耕地、严重沙化耕地、重要水源地实施退耕还林还草。开展华北地下水超采漏斗区综合治理、湿地生态效益补偿和退耕还湿试点。通过财政奖补、结构调整等综合措施,保证修复区农民总体收入水平不降低。

16. *加大生态保护建设力度*。抓紧划定生态保护红线。继续实施天然林保护、京津风沙源治理二期等林业重大工程。在东北、内蒙古重点国有林区,进行停止天然林商业性采伐试点。推进林区森林防火设施建设和矿区植被恢复。完善林木良种、造林、森林抚育等林业补贴政策。加强沙化土地封禁保护。加大天然草原退牧还草工程实施力度,启动南方草地开发利用和草原自然保护区建设工程。支持饲草料基地的品种改良、水利建设、鼠虫害和毒草防治。加大海洋生态保护力度,加强海岛基础设施建设。严格控制渔业捕捞强度，继续实施增殖放流和水产养殖生态环境修复补助政策。实施江河湖泊综合整治、水土保持重点建设工程，开展生态清洁小流域建设。

四、深化农村土地制度改革

17. 完善农村土地承包政策。稳定农村土地承包关系并保持长久不变，在坚持和完善最严格的耕地保护制度前提下，赋予农民对承包地占有、使用、收益、流转及承包经营权抵押、担保权能。在落实农村土地集体所有权的基础上，稳定农户承包权、放活土地经营权，允许承包土地的经营权向金融机构抵押融资。有关部门要抓紧研究提出规范的实施办法，建立配套的抵押资产处置机制，推动修订相关法律法规。切实加强组织领导，抓紧抓实农村土地承包经营权确权登记颁证工作，充分依靠农民群众自主协商解决工作中遇到的矛盾和问题，可以确权确地，也可以确权确股不确地，确权登记颁证工作经费纳入地方财政预算，中央财政给予补助。稳定和完善草原承包经营制度，2015年基本完成草原确权承包和基本草原划定工作。切实维护妇女的土地承包权益。加强农村经营管理体系建设。深化农村综合改革，完善集体林权制度改革，健全国有林区经营管理体制，继续推进国有农场办社会职能改革。

18. 引导和规范农村集体经营性建设用地入市。在符合规划和用途管制的前提下，允许农村集体经营性建设用地出让、租赁、入股，实行与国有土地同等入市、同权同价，加快建立农村集体经营性建设用地产权流转和增值收益分配制度。有关部门要尽快提出具体指导意见，并推动修订相关法律法规。各地要按照中央统一部署，规范有序推进这项工作。

19. 完善农村宅基地管理制度。改革农村宅基地制度，完善农村宅基地分配政策，在保障农户宅基地用益物权前提下，选择若干试点，慎重稳妥推进农民住房财产权抵押、担保、转让。有关部门要抓紧提出具体试点方案，各地不得自行其是、抢跑越线。完善城乡建设用地增减挂钩试点工作，切实保证耕地数量不减少、质量有提高。加快包括农村宅基地在内的农村地籍调查和农村集体建设用地使用权确权登记颁证工作。

20. 加快推进征地制度改革。缩小征地范围，规范征地程序，完善对被征地农民合理、规范、多元保障机制。抓紧修订有关法律法规，保障农民公平分享土地增值收益，改变对被征地农民的补偿办法，除补偿农民被征收的集体土地外，还必须对农民的住房、社保、就业培训给予合理保障。因地制宜采取留地安置、补偿等多种方式，确保被征地农民长期受益。提高森林植被恢复费征收标准。健全征地争议调处裁决机制，保障被征地农民的知情权、参与权、申诉权、监督权。

五、构建新型农业经营体系

21. 发展多种形式规模经营。鼓励有条件的农户流转承包土地的经营权，加快健全土地经营权流转市场，完善县乡村三级服务和管理网络。探索建立工商企业流转农业用地风险保障金制度，严禁农用地非农化。有条件的地方，可对流转土地给予奖补。土地流转和适度规模经营要尊重农民意愿，不能强制推动。

22. 扶持发展新型农业经营主体。鼓励发展专业合作、股份合作等多种形式的农民合作社，引导规范运行，着力加强能力建设。允许财政项目资金直接投向符合条件的合作社，允许财政补助形成的资产转交合作社持有和管护，有关部门要建立规范透明的管理制度。推进财政支持农民合作社创新试点，引导发展农民专业合作社联合社。按照自愿原则开展家庭农场登记。鼓励发展混合所有制农业产业化龙头企业，推动集群发展，密切与农户、农民合作社的利益联结关系。在国家年度建设用地指标中单列一定比例专门用于新型农业经营主体建设配套辅助设施。鼓励地方政府和民间出资设立融资性担保公司，为新型农业经营主体提供贷款担保服务。加大对新型职业农民和新型农业经营主体领办人的教育培训力度。落实和完善相关税收优惠政策，支持农民合作社发展农产品加工流通。

23. 健全农业社会化服务体系。稳定农业公共服务机构，健全经费保障、绩效考核激励机制。采取财政扶持、税费优惠、信贷支持等措施，大力发展主体多元、形式多样、竞争充分的社会化服务，推行合作式、订单式、托管式等服务模式，扩大农业生产全程社会化服务试点范围。通过政府购买服务等方式，支持具有资质的经营性服务组织从事农业公益性服务。扶持发展农民用水合作组织、防汛抗旱专业队、专业技术协会、农民经纪人队伍。完善农村基层气象防灾减灾组织体系，开展面向新型农业经营主体的直通式气象服务。

24. 加快供销合作社改革发展。发挥供销合作社扎根农村、联系农民、点多面广的优势,积极稳妥开展供销合作社综合改革试点。按照改造自我、服务农民的要求,创新组织体系和服务机制,努力把供销合作社打造成为农民生产生活服务的生力军和综合平台。支持供销合作社加强新农村现代流通网络和农产品批发市场建设。

六、加快农村金融制度创新

25. 强化金融机构服务"三农"职责。稳定大中型商业银行的县域网点,扩展乡镇服务网络,根据自身业务结构和特点,建立适应"三农"需要的专门机构和独立运营机制。强化商业金融对"三农"和县域小微企业的服务能力,扩大县域分支机构业务授权,不断提高存贷比和涉农贷款比例,将涉农信贷投放情况纳入信贷政策导向效果评估和综合考评体系。稳步扩大农业银行"三农"金融事业部改革试点。鼓励邮政储蓄银行拓展农村金融业务。支持农业发展银行开展农业开发和农村基础设施建设中长期贷款业务,建立差别监管体制。增强农村信用社支农服务功能,保持县域法人地位长期稳定。积极发展村镇银行,逐步实现县市全覆盖,符合条件的适当调整主发起行与其他股东的持股比例。支持由社会资本发起设立服务"三农"的县域中小型银行和金融租赁公司。对小额贷款公司,要拓宽融资渠道,完善管理政策,加快接入征信系统,发挥支农支小作用。支持符合条件的农业企业在主板、创业板发行上市,督促上市农业企业改善治理结构,引导暂不具备上市条件的高成长性、创新型农业企业到全国中小企股份转让系统进行股权公开挂牌与转让,推动证券期货经营机构开发适合"三农"的个性化产品。

26. 发展新型农村合作金融组织。在管理民主、运行规范、带动力强的农民合作社和供销合作社基础上,培育发展农村合作金融,不断丰富农村地区金融机构类型。坚持社员制、封闭性原则,在不对外吸储放贷、不支付固定回报的前提下,推动社区性农村资金互助组织发展。完善地方农村金融管理体制,明确地方政府对新型农村合作金融监管职责,鼓励地方建立风险补偿基金,有效防范金融风险。适时制定农村合作金融发展管理办法。

27. 加大农业保险支持力度。提高中央、省级财政对主要粮食作物保险的保费补贴比例,逐步减少或取消产粮大县县级保费补贴,不断提高稻谷、小麦、玉米三大粮食品种保险的覆盖面和风险保障水平。鼓励保险机构开展特色优势农产品保险,有条件的地方提供保费补贴,中央财政通过以奖代补等方式予以支持。扩大畜产品及森林保险范围和覆盖区域。鼓励开展多种形式的互助合作保险。规范农业保险大灾风险准备金管理,加快建立财政支持的农业保险大灾风险分散机制。探索开办涉农金融领域的贷款保证保险和信用保险等业务。

七、健全城乡发展一体化体制机制

28. 开展村庄人居环境整治。加快编制村庄规划,推行以奖促治政策,以治理垃圾、污水为重点,改善村庄人居环境。实施村内道路硬化工程,加强村内道路、供排水等公用设施的运行管护,有条件的地方建立住户付费、村集体补贴、财政补助相结合的管护经费保障制度。制定传统村落保护发展规划,抓紧把有历史文化等价值的传统村落和民居列入保护名录,切实加大投入和保护力度。提高农村饮水安全工程建设标准,加强水源地水质监测与保护,有条件的地方推进城镇供水管网向农村延伸。以西部和集中连片特困地区为重点加快农村公路建设,加强农村公路养护和安全管理,推进城乡道路客运一体化。因地制宜发展户用沼气和规模化沼气。在地震高风险区实施农村民居地震安全工程。加快农村互联网基础设施建设,推进信息进村入户。

29. 推进城乡基本公共服务均等化。加快改善农村义务教育薄弱学校基本办学条件,适当提高农村义务教育生均公用经费标准。大力支持发展农村学前教育。落实中等职业教育国家助学政策,紧密结合市场需求,加强农村职业教育和技能培训。支持和规范农村民办教育。提高重点高校招收农村学生比例。有效整合各类农村文化惠民项目和资源,推动县乡公共文化体育设施和服务标准化建设。深化农村基层医疗卫生机构综合改革,实施中西部全科医生特岗计划。继续提高新型农村合作医疗的筹资标准和保障水平,完善重大疾病保险和救助制度,推动基本医疗保险制度城乡统筹。稳定农村计划生育网络和队伍,开展城乡计生卫生公共服务均等化试点。整合城乡居民基本养老保险制度,逐步建立基础养老金标准正常调整机制,加快构建农村社会养老服务体系。

加强农村最低生活保障的规范管理。开展农村公共服务标准化试点工作。着力创新扶贫开发工作机制,改进对国家扶贫开发工作重点县的考核办法,提高扶贫精准度,抓紧落实扶贫开发重点工作。

30. 加快推动农业转移人口市民化。积极推进户籍制度改革,建立城乡统一的户口登记制度,促进有能力在城镇合法稳定就业和生活的常住人口有序实现市民化。全面实行流动人口居住证制度,逐步推进居住证持有人享有与居住地居民相同的基本公共服务,保障农民工同工同酬。鼓励各地从实际出发制定相关政策,解决好辖区内农业转移人口在本地城镇的落户问题。

八、改善乡村治理机制

31. 加强农村基层党的建设。深入开展党的群众路线教育实践活动,推动农村基层服务型党组织建设。进一步加强农民合作社、专业技术协会等的党建工作,创新和完善组织设置,理顺隶属关系。加强农村基层党组织带头人队伍和党员队伍建设,提升村干部"一定三有"保障水平。总结宣传农村基层干部先进典型,树立正确舆论导向。加强城乡基层党建资源整合,建立稳定的村级组织运转经费保障制度。加强农村党风廉政建设,强化农村基层干部教育管理和监督,改进农村基层干部作风,坚决查处和纠正涉农领域侵害群众利益的腐败问题和加重农民负担行为。

32. 健全基层民主制度。强化党组织的领导核心作用,巩固和加强党在农村的执政基础,完善和创新村民自治机制,充分发挥其他社会组织的积极功能。深化乡镇行政体制改革,完善乡镇政府功能。深入推进村务公开、政务公开和党务公开,实现村民自治制度化和规范化。探索不同情况下村民自治的有效实现形式,农村社区建设试点单位和集体土地所有权在村民小组的地方,可开展以社区、村民小组为基本单元的村民自治试点。

33. 创新基层管理服务。按照方便农民群众生产生活、提高公共资源配置效率的原则,健全农村基层管理服务体系。推动农村集体产权股份合作制改革,保障农民集体经济组织成员权利,赋予农民对落实到户的集体资产股份占有、收益、有偿退出及抵押、担保、继承权,建立农村产权流转交易市场,加强农村集体资金、资产、资源管理,提高集体经济组织资产运营管理水平,发展壮大农村集体经济。扩大小城镇对农村基本公共服务供给的有效覆盖,统筹推进农村基层公共服务资源有效整合和设施共建共享,有条件的地方稳步推进农村社区化管理服务。总结推广"枫桥经验",创新群众工作机制。深入推进农村精神文明建设,倡导移风易俗,培养良好道德风尚,提高农民综合素质。加强对农村留守儿童、留守妇女、留守老年人的关爱和服务。发展农村残疾人事业。健全农村治安防控体系,充分发挥司法调解、人民调解的作用,维护农村社会和谐安定。

各级党委和政府要切实加强对"三农"工作的领导,把握好农村改革的方向和节奏,谋划好农业农村发展的思路和方法,落实好党在农村的各项方针和政策。各级党政干部要真正了解农民群众的诉求和期盼,真心实意解决农民群众生产生活中的实际问题。进一步加强党委农村工作综合部门建设,强化统筹协调、决策服务等职能。加强对农村改革试验区工作的指导,加大改革放权和政策支持力度,充实试验内容,完善工作机制,及时总结推广成功经验。

让我们紧密团结在以习近平同志为总书记的党中央周围,积极进取,锐意创新,力求农村改革发展取得新突破新进展。

中共中央、国务院关于加快发展现代农业进一步增强农村发展活力的若干意见

·2012 年 12 月 31 日

全面贯彻落实党的十八大精神,坚定不移沿着中国特色社会主义道路前进,为全面建成小康社会而奋斗,必须固本强基,始终把解决好农业农村农民问题作为全党工作重中之重,把城乡发展一体化作为解决"三农"问题的根本途径;必须统筹协调,促进工业化、信息化、城镇化、农业现代化同步发展,着力强化现代农业基础支撑,深入推进社会主义新农村建设。

党的十六大以来,我们深入贯彻落实科学发展观,全面推进"三农"实践创新、理论创新、制度创新,全面确立重中之重、统筹城乡、"四化同步"

等战略思想，全面制定一系列多予少取放活和工业反哺农业、城市支持农村的重大政策，全面构建农业生产经营、农业支持保护、农村社会保障、城乡协调发展的制度框架，农业生产得到很大发展、农村面貌得到很大改善、农民群众得到很大实惠，农业农村发展实现了历史性跨越，迎来了又一个黄金期，初步探索出一条中国特色农业现代化道路。粮食产量实现“九连增”，农业综合生产能力迈上新台阶。农民增收实现“九连快”，农村贫困人口生存和温饱问题基本解决。农村民生加速改善，办了许多深得民心的大事好事。农村综合改革和集体林权制度改革取得重大进展，城乡分割的体制障碍加快破除。农村党群干群关系明显改善，农村社会保持和谐稳定。农业农村形势好，为我国综合国力在国际风云变幻中大幅提升，为现代化建设在重重风险挑战中昂首迈进，为党和国家事业在各种困难考验中兴旺发达，注入了强劲动力，增添了应对底气，赢得了战略主动。实践证明，中央推动农村改革发展的大政方针完全正确，出台的强农惠农富农政策卓有成效。

伴随工业化、城镇化深入推进，我国农业农村发展正在进入新的阶段，呈现出农业综合生产成本上升、农产品供求结构性矛盾突出、农村社会结构加速转型、城乡发展加快融合的态势。人多地少水缺的矛盾加剧，农产品需求总量刚性增长、消费结构快速升级，农业对外依存度明显提高，保障国家粮食安全和重要农产品有效供给任务艰巨；农村劳动力大量流动，农户兼业化、村庄空心化、人口老龄化趋势明显，农民利益诉求多元，加强和创新农村社会管理势在必行；国民经济与农村发展的关联度显著增强，农业资源要素流失加快，建立城乡要素平等交换机制的要求更为迫切，缩小城乡区域发展差距和居民收入分配差距任重道远。我们必须顺应阶段变化，遵循发展规律，增强忧患意识，举全党全国之力持之以恒强化农业、惠及农村、富裕农民。

2013年农业农村工作的总体要求是：全面贯彻党的十八大精神，以邓小平理论、“三个代表”重要思想、科学发展观为指导，落实“四化同步”的战略部署，按照保供增收惠民生、改革创新添活力的工作目标，加大农村改革力度、政策扶持力度、科技驱动力度，围绕现代农业建设，充分发挥农村基本经营制度的优越性，着力构建集约化、专业化、组织化、社会化相结合的新型农业经营体系，进一步解放和发展农村社会生产力，巩固和发展农业农村大好形势。

一、建立重要农产品供给保障机制，努力夯实现代农业物质基础

确保国家粮食安全，保障重要农产品有效供给，始终是发展现代农业的首要任务。必须毫不放松粮食生产，加快构建现代农业产业体系，着力强化农业物质技术支撑。

1. 稳定发展农业生产。粮食生产要坚持稳定面积、优化结构、主攻单产的总要求，确保丰产丰收。继续开展粮食稳定增产行动，着力加强800个产粮大县基础设施建设，推进东北四省区节水增粮行动、粮食丰产科技工程。支持优势产区棉花、油料、糖料生产基地建设。扩大粮棉油糖高产创建规模，在重点产区实行整建制推进，集成推广区域性、标准化高产高效模式。深入实施测土配方施肥，加强重大病虫害监测预警与联防联控能力建设。加大新一轮“菜篮子”工程实施力度，扩大园艺作物标准园和畜禽水产品标准化养殖示范场创建规模。以奖代补支持现代农业示范区建设试点。推进种养业良种工程，加快农作物制种基地和新品种引进示范场建设。加强渔船升级改造、渔政执法船艇建造和避风港建设，支持发展远洋渔业。

2. 强化农业物质技术装备。落实和完善最严格的耕地保护制度，加大力度推进高标准农田建设。加快大中型灌区配套改造、灌排泵站更新改造、中小河流治理，扩大小型农田水利重点县覆盖范围，大力发展高效节水灌溉，加大雨水集蓄利用、堰塘整治等工程建设力度，提高防汛抗旱减灾能力。加大财政对小型水库建设和除险加固支持力度。及时足额计提并管好用好从土地出让收益中提取的农田水利建设资金。加快落实农业灌排工程运行管理费用由财政适当补助的政策。加强农业科技创新能力条件建设和知识产权保护，继续实施种业发展等重点科技专项，加快粮棉油糖等农机装备、高效安全肥料农药兽药研发。推进国家农业科技园区和高新技术产业示范区建设。

3. 提高农产品流通效率。统筹规划农产品市场流通网络布局，重点支持重要农产品集散地、优势农产品产地市场建设，加强农产品期货市场建设，适时增加新的农产品期货品种，培育具有国内外影响力的农产品价格形成和交易中心。加快推进以城市标准化菜市场、生鲜超市、城乡集贸市场为主体的农产品零售市场建设。加强粮油仓储物流设施建设,发展农产品冷冻贮藏、分级包装、电子结算。健全覆盖农产品收集、加工、运输、销售各环节的冷链物流体系。大力培育现代流通方式和新型流通业态,发展农产品网上交易、连锁分销和农民网店。继续实施"北粮南运"、"南菜北运"、"西果东送"、万村千乡市场工程、新农村现代流通网络工程,启动农产品现代流通综合示范区创建。支持供销合作社、大型商贸集团、邮政系统开展农产品流通。深入实施商标富农工程,强化农产品地理标志和商标保护。

4. 完善农产品市场调控。充分发挥价格对农业生产和农民增收的激励作用,按照生产成本加合理利润的原则,继续提高小麦、稻谷最低收购价,适时启动玉米、大豆、油菜籽、棉花、食糖等农产品临时收储。优化粮食等大宗农产品储备品种结构和区域布局,完善粮棉油糖进口转储制度。健全重要农产品市场监测预警机制,认真执行生猪市场价格调控预案,改善鲜活农产品调控办法。完善农产品进出口税收调控政策,加强进口关税配额管理,健全大宗品种进口报告制度,强化敏感品种进口监测。推动进口来源多元化,规范进出口秩序,打击走私行为。加强和完善农产品信息统计发布制度,建立市场调控效果评估制度。扩大农资产品储备品种。

5. 提升食品安全水平。改革和健全食品安全监管体制,加强综合协调联动,落实从田头到餐桌的全程监管责任,加快形成符合国情、科学完善的食品安全体系。健全农产品质量安全和食品安全追溯体系。强化农业生产过程环境监测,严格农业投入品生产经营使用管理,积极开展农业面源污染和畜禽养殖污染防治。支持农产品批发市场食品安全检测室(站)建设,补助检验检测费用。健全基层食品安全工作体系,加大监管机构建设投入,全面提升监管能力和水平。

二、健全农业支持保护制度,不断加大强农惠农富农政策力度

适应农业进入高投入、高成本、高风险发展时期的客观要求,必须更加自觉、更加坚定地加强对农业的支持保护。要在稳定完善强化行之有效政策基础上,着力构建"三农"投入稳定增长长效机制,确保总量持续增加、比例稳步提高。

1. 加大农业补贴力度。按照增加总量、优化存量、用好增量、加强监管的要求,不断强化农业补贴政策,完善主产区利益补偿、耕地保护补偿、生态补偿办法,加快让农业获得合理利润、让主产区财力逐步达到全国或全省平均水平。继续增加农业补贴资金规模,新增补贴向主产区和优势产区集中,向专业大户、家庭农场、农民合作社等新型生产经营主体倾斜。落实好对种粮农民直接补贴、良种补贴政策,扩大农机具购置补贴规模,推进农机以旧换新试点。完善农资综合补贴动态调整机制,逐步扩大种粮大户补贴试点范围。继续实施农业防灾减灾稳产增产关键技术补助和土壤有机质提升补助,支持开展农作物病虫害专业化统防统治,启动低毒低残留农药和高效缓释肥料使用补助试点。完善畜牧业生产扶持政策,支持发展肉牛肉羊,落实远洋渔业补贴及税收减免政策。增加产粮(油)大县奖励资金,实施生猪调出大县奖励政策,研究制定粮食作物制种大县奖励政策。增加农业综合开发财政资金投入。现代农业生产发展资金重点支持粮食及地方优势特色产业加快发展。

2. 改善农村金融服务。加强国家对农村金融改革发展的扶持和引导,切实加大商业性金融支农力度,充分发挥政策性金融和合作性金融作用,确保持续加大涉农信贷投放。创新金融产品和服务,优先满足农户信贷需求,加大新型生产经营主体信贷支持力度。加强财税杠杆与金融政策的有效配合,落实县域金融机构涉农贷款增量奖励、农村金融机构定向费用补贴、农户贷款税收优惠、小额担保贷款贴息等政策。稳定县(市)农村信用社法人地位,继续深化农村信用社改革。探索农业银行服务"三农"新模式,强化农业发展银行政策性职能定位,鼓励国家开发银行推动现代农业和新农村建设。支持社会资本参与设立新型农村金融机构。改善农村支付服务条件,畅通支付结算渠道。加强涉农信贷与保险协作配合,创新符合农村特点的抵(质)押担保方式和融资工具,建立多层次、多形式的农业信用担保体系。扩大林权抵押贷款规模,完善林业贷款贴息政策。健全政策性农业保险制度,完善农业保险保费补贴政策,加大对中西部地区、生产大县农业保险保费补贴力度,适当提高部分险种的保费补贴比例。开展农作物制种、渔业、农机、农房保险和重点国有林区森林保险保费补贴试点。推进建立财政支持的农业保险大灾风险分散机制。支持符合条件的农业产业化龙头企业和各类农业相关企业通过多层次资本市场筹集发展资金。

3. 鼓励社会资本投向新农村建设。各行各业制定发展规划、安排项目、增加投资要主动向农村倾斜。引导国有企业参与和支持农业农村发展。鼓励企业和社会组织采取投资筹资、捐款捐助、人才和技术支持等方式在农村兴办医疗卫生、教育培训、社会福利、社会服务、文化旅游体育等各类事业,按规定享受税收优惠、管护费用补助等政策。落实公益性捐赠农村公益事业项目支出所得税前扣除政策。鼓励企业以多种投资方式建设农村生产生活基础设施。

三、创新农业生产经营体制,稳步提高农民组织化程度

农业生产经营组织创新是推进现代农业建设的核心和基础。要尊重和保障农户生产经营的主体地位,培育和壮大新型农业生产经营组织,充分激发农村生产要素潜能。

1. 稳定农村土地承包关系。抓紧研究现有土地承包关系保持稳定并长久不变的具体实现形式,完善相关法律制度。坚持依法自愿有偿原则,引导农村土地承包经营权有序流转,鼓励和支持承包土地向专业大户、家庭农场、农民合作社流转,发展多种形式的适度规模经营。结合农田基本建设,鼓励农民采取互利互换方式,解决承包地块细碎化问题。土地流转不得搞强迫命令,确保不损害农民权益、不改变土地用途、不破坏农业综合生产能力。探索建立严格的工商企业租赁农户承包耕地(林地、草原)准入和监管制度。规范土地流转程序,逐步健全县乡村三级服务网络,强化信息沟通、政策咨询、合同签订、价格评估等流转服务。加强农村土地承包经营纠纷调解仲裁体系建设。深化国有农垦管理体制改革,扩大国有农场办社会职能改革试点。稳步推进农村综合改革示范试点。

2. 努力提高农户集约经营水平。按照规模化、专业化、标准化发展要求,引导农户采用先进适用技术和现代生产要素,加快转变农业生产经营方式。创造良好的政策和法律环境,采取奖励补助等多种办法,扶持联户经营、专业大户、家庭农场。大力培育新型农民和农村实用人才,着力加强农业职业教育和职业培训。充分利用各类培训资源,加大专业大户、家庭农场经营者培训力度,提高他们的生产技能和经营管理水平。制定专门计划,对符合条件的中高等学校毕业生、退役军人、返乡农民工务农创业给予补助和贷款支持。

3. 大力支持发展多种形式的新型农民合作组织。农民合作社是带动农户进入市场的基本主体,是发展农村集体经济的新型实体,是创新农村社会管理的有效载体。按照积极发展、逐步规范、强化扶持、提升素质的要求,加大力度、加快步伐发展农民合作社,切实提高引领带动能力和市场竞争能力。鼓励农民兴办专业合作和股份合作等多元化、多类型合作社。实行部门联合评定示范社机制,分级建立示范社名录,把示范社作为政策扶持重点。安排部分财政投资项目直接投向符合条件的合作社,引导国家补助项目形成的资产移交合作社管护,指导合作社建立健全项目资产管护机制。增加农民合作社发展资金,支持合作社改善生产经营条件、增强发展能力。逐步扩大农村土地整理、农业综合开发、农田水利建设、农技推广等涉农项目由合作社承担的规模。对示范社建设鲜活农产品仓储物流设施、兴办农产品加工业给予补助。在信用评定基础上对示范社开展联合授信,有条件的地方予以贷款贴息,规范合作社开展信用合作。完善合作社税收优惠政策,把合作社纳入国民经济统计并作为单独纳税主体列入税务登记,做好合作社发票领用等工作。创新适合合作社生产经营特点的保险产品和服务。建立合作社带头人人才库和培训基地,广泛开展合作社带头人、经营管理人员和辅导员培训,引导高校毕业生到合作社工作。落实设施农用地政策,合作社生产设施用地和附属设施用地按农用地管理。引导农民合作社以产品和产业为纽带开展合作与联合,积极探索合作社联社登记管理办法。抓紧研究修订农民专业合作社法。

4. 培育壮大龙头企业。支持龙头企业通过兼并、重组、收购、控股等方式组建大型企业集团。创建农业产业化示范基地,促进龙头企业集群发展。推动龙头企业与农户建立紧密型利益联结机制,采取保底收购、股份分红、利润返还等方式,让农户更多分享加工销售收益。鼓励和引导城市工商资本到农村发展适合企业化经营的种养业。增加扶持农业产业化资金，支持龙头企业建设原料基地、节能减排、培育品牌。逐步扩大农产品加工增值税进项税额核定扣除试点行业范围。适当扩大农产品产地初加工补助项目试点范围。

四、构建农业社会化服务新机制，大力培育发展多元服务主体

建设中国特色现代农业，必须建立完善的农业社会化服务体系。要坚持主体多元化、服务专业化、运行市场化的方向，充分发挥公共服务机构作用，加快构建公益性服务与经营性服务相结合、专项服务与综合服务相协调的新型农业社会化服务体系。

1. 强化农业公益性服务体系。不断提升乡镇或区域性农业技术推广、动植物疫病防控、农产品质量监管等公共服务机构的服务能力。继续实施基层农技推广体系改革与建设项目，建立补助经费与服务绩效挂钩的激励机制。继续实施农业技术推广机构条件建设项目，不断改善推广条件。支持高等学校、职业院校、科研院所通过建设新农村发展研究院、农业综合服务示范基地等方式，面向农村开展农业技术推广。加强乡镇或小流域水利、基层林业公共服务机构和抗旱服务组织、防汛机动抢险队伍建设。充分发挥供销合作社在农业社会化服务中的重要作用。加快推进农村气象信息服务和人工影响天气工作体系与能力建设，提高农业气象服务和农村气象灾害防御水平。

2. 培育农业经营性服务组织。支持农民合作社、专业服务公司、专业技术协会、农民用水合作组织、农民经纪人、涉农企业等为农业生产经营提供低成本、便利化、全方位的服务，发挥经营性服务组织的生力军作用。采取政府订购、定向委托、奖励补助、招投标等方式，引导经营性服务组织参与公益性服务，大力开展病虫害统防统治、动物疫病防控、农田灌排、地膜覆盖和回收等生产性服务。推进科技特派员农村科技创业行动。培育会计审计、资产评估、政策法律咨询等涉农中介服务组织。对符合条件的农业经营性服务业务免征营业税。

3. 创新服务方式和手段。鼓励搭建区域性农业社会化服务综合平台。发展专家大院、院县共建、农村科技服务超市、庄稼医院、专业服务公司加合作社加农户、涉农企业加专家加农户等服务模式，积极推行技物结合、技术承包、全程托管服务，促进农业先进适用技术到田到户。开展农业社会化服务示范县创建。整合资源建设乡村综合服务社和服务中心。加快用信息化手段推进现代农业建设，启动金农工程二期，推动国家农村信息化试点省建设。发展农业信息服务，重点开发信息采集、精准作业、农村远程数字化和可视化、气象预测预报、灾害预警等技术。

五、改革农村集体产权制度，有效保障农民财产权利

建立归属清晰、权能完整、流转顺畅、保护严格的农村集体产权制度，是激发农业农村发展活力的内在要求。必须健全农村集体经济组织资金资产资源管理制度，依法保障农民的土地承包经营权、宅基地使用权、集体收益分配权。

1. 全面开展农村土地确权登记颁证工作。健全农村土地承包经营权登记制度，强化对农村耕地、林地等各类土地承包经营权的物权保护。用5年时间基本完成农村土地承包经营权确权登记颁证工作，妥善解决农户承包地块面积不准、四至不清等问题。加快包括农村宅基地在内的农村集体土地所有权和建设用地使用权地籍调查，尽快完成确权登记颁证工作。农村土地确权登记颁证工作经费纳入地方财政预算，中央财政予以补助。各级党委和政府要高度重视，有关部门要密切配合，确保按时完成农村土地确权登记颁证工作。深化集体林权制度改革，提高林权证发证率和到户率。推进国有林场改革试点，探索国有林区改革。加快推进牧区草原承包工作，启动牧区草原承包经营权确权登记颁证试点。

2. 加快推进征地制度改革。依法征收农民集体所有土地，要提高农民在土地增值收益中的分配比例，确保被征地农民生活水平有提高、长远生计有保障。加快修订土地管理法，尽快出台农民集体所有土地征收补偿条例。完善征地补偿办法，合理确定补偿标准，严格征地程序，约束征地行为，补偿资金不落实的不得批准和实施征地。改革和完善农村宅基地制度，加强管理，依法保障农户宅基地使用权。依法推进农村土地综合整治，严格规范城乡建设用地增减挂钩试点和集体经营性建设用地流转。农村集体非经营性建设用地不得进入市场。

3. 加强农村集体"三资"管理。因地制宜探索集体经济多种有效实现形式，不断壮大集体经济实力。以清产核资、资产量化、股权管理为主要内容,加快推进农村集体"三资"管理的制度化、规范化、信息化。健全农村集体财务预决算、收入管理、开支审批、资产台账和资源登记等制度,严格农村集体资产承包、租赁、处置和资源开发利用的民主程序,支持建设农村集体"三资"信息化监管平台。鼓励具备条件的地方推进农村集体产权股份合作制改革。探索集体经济组织成员资格界定的具体办法。

六、改进农村公共服务机制,积极推进城乡公共资源均衡配置

按照提高水平、完善机制、逐步并轨的要求,大力推动社会事业发展和基础设施建设向农村倾斜,努力缩小城乡差距,加快实现城乡基本公共服务均等化。

1. 加强农村基础设施建设。加大公共财政对农村基础设施建设的覆盖力度,逐步建立投入保障和运行管护机制。"十二五"期间基本解决农村饮水安全问题。农村电网升级改造要注重改善农村居民用电和农业生产经营供电设施,中央投资继续支持农村水电供电区电网改造和农村水电增效扩容改造。推进西部地区、连片特困地区乡镇、建制村通沥青(水泥)路建设和东中部地区县乡公路改造、连通工程建设,加大农村公路桥梁、安保工程建设和渡口改造力度,继续推进农村乡镇客运站网建设。加快宽带网络等农村信息基础设施建设。促进农村沼气可持续发展,优化项目结构,创新管理方式,鼓励新技术研发应用。加大力度推进农村危房改造和国有林区(场)棚户区、国有垦区危房改造,加快实施游牧民定居工程和以船为家渔民上岸安居工程。健全村级公益事业一事一议财政奖补机制,积极推进公益性乡村债务清理化解试点。科学规划村庄建设,严格规划管理,合理控制建设强度,注重方便农民生产生活,保持乡村功能和特色。制定专门规划,启动专项工程,加大力度保护有历史文化价值和民族、地域元素的传统村落和民居。农村居民点迁建和村庄撤并,必须尊重农民意愿,经村民会议同意。不提倡、不鼓励在城镇规划区外拆并村庄、建设大规模的农民集中居住区,不得强制农民搬迁和上楼居住。加强山洪、地质灾害防治,加大避灾移民搬迁投入。

2. 大力发展农村社会事业。完善农村中小学校舍建设改造长效机制。办好村小学和教学点,改善办学条件,配强师资力量,方便农村学生就近上学。设立专项资金,对在连片特困地区乡、村学校和教学点工作的教师给予生活补助。深入实施农村重点文化惠民工程,建立农村文化投入保障机制。健全农村三级医疗卫生服务网络,加强乡村医生队伍建设。继续提高新型农村合作医疗政府补助标准,积极推进异地结算。健全新型农村社会养老保险政策体系,建立科学合理的保障水平调整机制,研究探索与其他养老保险制度衔接整合的政策措施。加强农村最低生活保障的规范管理,有条件的地方研究制定城乡最低生活保障相对统一的标准。完善农村优抚制度,加快农村社会养老服务体系建设。加大扶贫开发投入,全面实施连片特困地区区域发展与扶贫攻坚规划。搞好农村人口和计划生育工作。

3. 有序推进农业转移人口市民化。把推进人口城镇化特别是农民工在城镇落户作为城镇化的重要任务。加快改革户籍制度,落实放宽中小城市和小城镇落户条件的政策。加强农民工职业培训、社会保障、权益保护,推动农民工平等享有劳动报酬、子女教育、公共卫生、计划生育、住房租购、文化服务等基本权益,努力实现城镇基本公共服务常住人口全覆盖。各级党委、政府和社会各界要高度重视农村留守儿童、留守妇女、留守老人问题,加强生产扶持、社会救助、人文关怀,切实保障他们的基本权益和人身安全。

4. 推进农村生态文明建设。加强农村生态建设、环境保护和综合整治,努力建设美丽乡村。加大三北防护林、天然林保护等重大生态修复工程实施力度,推进荒漠化、石漠化、水土流失综合治理。巩固退耕还林成果,统筹安排新的退耕还林任务。探索开展沙化土地封禁保护区建设试点工作。加强国家木材战略储备基地和林区基础设施建设,提高中央财政国家级公益林补偿标准,增加湿地保护投入,完善林木良种、造林、森林抚育等林业补贴政策,积极发展林下经济。继续实施草原生态保护补助奖励政策。加强农作物秸秆综合利用。搞好农村垃圾、污水处理和土壤环境治理,实施乡村清洁工程,加快农村河道、水环境综合整治。发展乡村旅游和休闲农业。创建生态文明示范县和示范村镇。开展宜居村镇建设综合技术集成示范。

七、完善乡村治理机制，切实加强以党组织为核心的农村基层组织建设

顺应农村经济社会结构、城乡利益格局、农民思想观念的深刻变化，加强农村基层党建工作，不断推进农村基层民主政治建设，提高农村社会管理科学化水平，建立健全符合国情、规范有序、充满活力的乡村治理机制。

1. 强化农村基层党组织建设。切实发挥基层党组织战斗堡垒作用，夯实党在农村的执政基础。扩大农村党组织和党的工作覆盖面，加强基层党组织带头人队伍建设。强化村干部“一定三有”政策，健全村级组织运转和基本公共服务经费保障机制，提升推动农村发展、服务农民群众能力。加强农民合作社党建工作，完善组织设置，理顺隶属关系，探索功能定位。加强农村党风廉政建设，强化农村基层干部教育、管理和监督，开展集中查办和预防涉农惠农领域贪污贿赂等职务犯罪专项工作，坚决查处发生在农民身边的腐败问题。

2. 加强农村基层民主管理。进一步健全村党组织领导的充满活力的村民自治机制，继续推广“四议两公开”等工作法。充分发挥村务监督委员会作用，逐步建立责权明晰、衔接配套、运转有效的村级民主监督机制。不断完善村务公开民主管理，以县（市、区）为单位统一公开目录和时间，丰富公开内容，规范公开程序，实现村务公开由事后公开向事前、事中延伸。深入推进乡镇政务公开，推行乡镇财政预算、公共资源配置、重大建设项目、社会公益事业等领域的信息公开。有序发展民事调解、文化娱乐、红白喜事理事会等社区性社会组织，发挥农民自我管理、自我服务、自我教育、自我监督的作用。

3. 维护农民群众合法权益。坚持党和政府主导，依法维护、统筹兼顾广大农民群众多种利益，畅通和规范诉求表达、利益协调、权益保障渠道，加强农村信访工作，引导群众依法理性维护自身权益。通过人民调解、行政调解、司法调解等有效途径，妥善处理农村各种矛盾纠纷。依法保障外出村民在本村、外来人口在居住村的民主权利和物质利益。推进和谐矿区建设。建立减轻农民负担长效机制。巩固乡镇机构改革成果，加强社会管理和公共服务职能，推动乡镇干部直接联系服务群众。

4. 保障农村社会公共安全。加强农村抗灾救灾、警务消防、疫病防控等设施建设，严格执行农村学校、医院等公共设施建筑质量标准，增强农村突发公共事件和自然灾害的应对处置能力。深化农村平安建设，完善立体化社会治安防控体系，落实在农村警务室连续工作一定年限人员的有关激励政策。加强农村交通安全管理，创建平安畅通县市。依法打击乡村黑恶势力、黄赌毒和各种刑事犯罪。切实加强农村精神文明建设，深入开展群众性精神文明创建活动，全面提高农民思想道德素质和科学文化素质。加强农村法制宣传教育，落实党的民族和宗教政策，树立健康文明、遵纪守法的社会新风尚。

各级党委和政府要切实加强和改善对“三农”工作的领导，确保劲头不松懈、力度不减弱、力量有加强。各级党政领导干部要把熟悉党的“三农”政策和国情农情作为必修课，把善于做好新时期“三农”工作当作基本功，切实转变工作作风，深入基层调查研究，不断提高“三农”工作水平。要坚持从实际出发，因地制宜、分类指导各地推动“三农”工作。各地区各部门要明确职责分工，加强监督检查，实施绩效评价，开展强农惠农富农政策执行情况“回头看”，确保不折不扣落到实处。尊重农民首创精神，鼓励各地积极探索、勇于改革、大胆创新，做好农村改革试验区工作，及时总结推广各地成功经验。

加快发展现代农业，进一步增强农村发展活力，意义重大、任务繁重。让我们紧密团结在以习近平同志为总书记的党中央周围，奋力拼搏，锐意进取，求真务实，再创农村改革发展新的辉煌！

中共中央、国务院关于加快推进农业科技创新持续增强农产品供给保障能力的若干意见

· 2011 年 12 月 31 日

2011 年，各地区各部门认真贯彻中央决策部署，同心协力，扎实工作，克服多种困难挑战，农业农村保持了强劲发展势头。粮食生产稳定跃上新台阶，农民增收成效喜人，水利建设明显加速，农

村民生持续改善,农村社会安定祥和。农业农村形势好,有力支撑了经济平稳较快发展,有效维护了改革发展稳定大局。

做好2012年农业农村工作,稳定发展农业生产,确保农产品有效供给,对推动全局工作、赢得战略主动至关重要。当前,国际经济形势复杂严峻,全球气候变化影响加深,我国耕地和淡水资源短缺压力加大,农业发展面临的风险和不确定性明显上升,巩固和发展农业农村好形势的任务更加艰巨。全党要始终保持清醒认识,绝不能因为连续多年增产增收而思想麻痹,绝不能因为农村面貌有所改善而投入减弱,绝不能因为农村发展持续向好而工作松懈,必须再接再厉、迎难而上、开拓进取,努力在高起点上实现新突破、再创新佳绩。

实现农业持续稳定发展、长期确保农产品有效供给,根本出路在科技。农业科技是确保国家粮食安全的基础支撑,是突破资源环境约束的必然选择,是加快现代农业建设的决定力量,具有显著的公共性、基础性、社会性。必须紧紧抓住世界科技革命方兴未艾的历史机遇,坚持科教兴农战略,把农业科技摆上更加突出的位置,下决心突破体制机制障碍,大幅度增加农业科技投入,推动农业科技跨越发展,为农业增产、农民增收、农村繁荣注入强劲动力。

2012年农业农村工作的总体要求是:全面贯彻党的十七大和十七届三中、四中、五中、六中全会以及中央经济工作会议精神,高举中国特色社会主义伟大旗帜,以邓小平理论和“三个代表”重要思想为指导,深入贯彻落实科学发展观,同步推进工业化、城镇化和农业现代化,围绕强科技保发展、强生产保供给、强民生保稳定,进一步加大强农惠农富农政策力度,奋力夺取农业好收成,合力促进农民较快增收,努力维护农村社会和谐稳定。

一、加大投入强度和工作力度,持续推动农业稳定发展

1. 毫不放松抓好粮食生产。保障农产品有效供给,首先要稳住粮食生产,确保不出现滑坡。要切实落实“米袋子”省长负责制,继续开展粮食稳定增产行动,千方百计稳定粮食播种面积,扩大紧缺品种生产,着力提高单产和品质。继续实施全国新增千亿斤粮食生产能力规划,加快提升800个产粮大县(市、区、场)生产能力。继续实施粮食丰产科技工程、超级稻新品种选育和示范项目。支持优势产区加强棉花、油料、糖料生产基地建设,进一步优化布局、主攻单产、提高效益。深入推进粮棉油糖高产创建,积极扩大规模,选择基础条件好、增产潜力大的县乡大力开展整建制创建。大力支持在关键农时、重点区域开展防灾减灾技术指导和生产服务,加快推进农作物病虫害专业化统防统治,完善重大病虫疫情防控支持政策。

2. 狠抓“菜篮子”产品供给。抓好“菜篮子”,必须建好菜园子、管好菜摊子。要加快推进区域化布局、标准化生产、规模化种养,提升“菜篮子”产品整体供给保障能力和质量安全水平。大力发展设施农业,继续开展园艺作物标准园、畜禽水产示范场创建,启动农业标准化整体推进示范县建设。实施全国蔬菜产业发展规划,支持优势区域加强菜地基础设施建设。稳定发展生猪生产,扶持肉牛肉羊生产大县标准化养殖和原良种场建设,启动实施振兴奶业苜蓿发展行动,推进生猪和奶牛规模化养殖小区建设。制定和实施动物疫病防控二期规划,及时处置重大疫情。开展水产养殖生态环境修复试点,支持远洋渔船更新改造,加强渔政建设和管理。充分发挥农业产业化龙头企业在“菜篮子”产品生产和流通中的积极作用。强化食品质量安全监管综合协调,加强检验检测体系和追溯体系建设,开展质量安全风险评估。大力推广高效安全肥料、低毒低残留农药,严格规范使用食品和饲料添加剂。落实“菜篮子”市长负责制,充分发挥都市农业应急保障功能,大中城市要坚持保有一定的蔬菜等生鲜食品自给能力。

3. 加大农业投入和补贴力度。持续加大财政用于“三农”的支出,持续加大国家固定资产投资对农业农村的投入,持续加大农业科技投入,确保增量和比例均有提高。发挥政府在农业科技投入中的主导作用,保证财政农业科技投入增幅明显高于财政经常性收入增幅,逐步提高农业研发投入占农业增加值的比重,建立投入稳定增长的长效机制。按照增加总量、扩大范围、完善机制的要求,继续加大农业补贴强度,新增补贴向主产区、种养大户、农民专业合作社倾斜。提高对种粮农民的直接补贴水平。落实农资综合补贴动态调整机制,适时增加补贴。加大良种补贴力度。扩大农机具购置补贴规模和范围，进一步完善补贴机制和管理办法。健全主产区利益补偿机制，增加产粮(油)大县奖励资金，加大生猪调出大县奖励力度。探索完善森林、草原、水土保持等生态补偿制度。研究建立公益林补偿标准动态调整机制，进一步加大湿地保护力度。加快转变草原畜牧业发展方式，加大对牧业、牧区、牧民的支持力度，草原生态保护补助奖励政策覆盖到国家确定的牧区半牧区县(市、旗)。加大村级公益事业建设一事一议财政奖补力度，积极引导农民和社会资金投入"三农"。有效整合国家投入，提高资金使用效率。切实加强财政"三农"投入和补贴资金使用监管，坚决制止、严厉查处虚报冒领、截留挪用等违法违规行为。

4. 提升农村金融服务水平。加大农村金融政策支持力度，持续增加农村信贷投入，确保银行业金融机构涉农贷款增速高于全部贷款平均增速。完善涉农贷款税收激励政策，健全金融机构县域金融服务考核评价办法，引导县域银行业金融机构强化农村信贷服务。大力推进农村信用体系建设，完善农户信用评价机制。深化农村信用社改革，稳定县(市)农村信用社法人地位。发展多元化农村金融机构，鼓励民间资本进入农村金融服务领域，支持商业银行到中西部地区县域设立村镇银行。有序发展农村资金互助组织，引导农民专业合作社规范开展信用合作。完善符合农村银行业金融机构和业务特点的差别化监管政策，适当提高涉农贷款风险容忍度，实行适度宽松的市场准入、弹性存贷比政策。继续发展农户小额信贷业务，加大对种养大户、农民专业合作社、县域小型微型企业的信贷投放力度。加大对科技型农村企业、科技特派员下乡创业的信贷支持力度，积极探索农业科技专利质押融资业务。支持农业发展银行加大对农业科技的贷款力度。鼓励符合条件的涉农企业开展直接融资，积极发展涉农金融租赁业务。扩大农业保险险种和覆盖面，开展设施农业保费补贴试点，扩大森林保险保费补贴试点范围，扶持发展渔业互助保险，鼓励地方开展优势农产品生产保险。健全农业再保险体系，逐步建立中央财政支持下的农业大灾风险转移分散机制。

5. 稳定和完善农村土地政策。加快修改完善相关法律，落实现有土地承包关系保持稳定并长久不变的政策。按照依法自愿有偿原则，引导土地承包经营权流转，发展多种形式的适度规模经营，促进农业生产经营模式创新。加快推进农村地籍调查，2012 年基本完成覆盖农村集体各类土地的所有权确权登记颁证，推进包括农户宅基地在内的农村集体建设用地使用权确权登记颁证工作，稳步扩大农村土地承包经营权登记试点，财政适当补助工作经费。加强土地承包经营权流转管理和服务，健全土地承包经营纠纷调解仲裁制度。加快修改土地管理法，完善农村集体土地征收有关条款，健全严格规范的农村土地管理制度。加快推进牧区草原承包工作。深化集体林权制度改革，稳定林地家庭承包关系，2012 年基本完成明晰产权、承包到户的改革任务，完善相关配套政策。搞好国有林场、国有林区改革试点。深入推进农村综合改革，加强农村改革试验区工作。

二、依靠科技创新驱动，引领支撑现代农业建设

6. 明确农业科技创新方向。着眼长远发展，超前部署农业前沿技术和基础研究，力争在世界农业科技前沿领域占有重要位置。面向产业需求，着力突破农业重大关键技术和共性技术，切实解决科技与经济脱节问题。立足我国基本国情，遵循农业科技规律，把保障国家粮食安全作为首要任务，把提高土地产出率、资源利用率、劳动生产率作为主要目标，把增产增效并重、良种良法配套、农机农艺结合、生产生态协调作为基本要求，促进农业技术集成化、劳动过程机械化、生产经营信息化，构建适应高产、优质、高效、生态、安全农业发展要求的技术体系。

7. 突出农业科技创新重点。稳定支持农业基础性、前沿性、公益性科技研究。大力加强农业基础研究，在农业生物基因调控及分子育种、农林动植物抗逆机理、农田资源高效利用、农林生态修复、有害生物控制、生物安全和农产品安全等方面突破一批重大基础理论和方法。加快推进前沿技术研究，在农业生物技术、信息技术、新材料技术、先进制造技术、精准农业技术等方面取得一批重大自主创新成果，抢占现代农业科技制高点。着力突破农业技术瓶颈，在良种培育、节本降耗、节水灌溉、农机装备、新型肥药、疫病防控、加工贮运、循环农业、海洋农业、农村民生等方面取得一批重大实用技术成果。

8. 完善农业科技创新机制。打破部门、区域、学科界限,有效整合科技资源,建立协同创新机制,推动产学研、农科教紧密结合。按照事业单位分类改革的要求,深化农业科研院所改革,健全现代院所制度,扩大院所自主权,努力营造科研人员潜心研究的政策环境。完善农业科研立项机制,实行定向委托和自主选题相结合、稳定支持和适度竞争相结合。完善农业科研评价机制,坚持分类评价,注重解决实际问题,改变重论文轻发明、重数量轻质量、重成果轻应用的状况。大力推进现代农业产业技术体系建设,完善以产业需求为导向、以农产品为单元、以产业链为主线、以综合试验站为基点的新型农业科技资源组合模式,及时发现和解决生产中的技术难题,充分发挥技术创新、试验示范、辐射带动的积极作用。落实税收减免、企业研发费用加计扣除、高新技术优惠等政策,支持企业加强技术研发和升级,鼓励企业承担国家各类科技项目,增强自主创新能力。积极培育以企业为主导的农业产业技术创新战略联盟,发展涉农新兴产业。加快农业技术转移和成果转化,加强农业知识产权保护,稳步发展农业技术交易市场。

9. 改善农业科技创新条件。加大国家各类科技计划向农业领域倾斜支持力度,提高公益性科研机构运行经费保障水平。支持发展农业科技创新基金,积极引导和鼓励金融信贷、风险投资等社会资金参与农业科技创新创业。继续实施转基因生物新品种培育科技重大专项,加大涉农公益性行业科研专项实施力度。推进国家农业高新技术产业示范区和国家农业科技园区建设。按照统筹规划、共建共享的要求,增加涉农领域国家工程实验室、国家重点实验室、国家工程技术研究中心、科技资源共享平台的数量,支持部门开放实验室和试验示范基地建设。加强市地级涉农科研机构建设,鼓励有条件的地方纳入省级科研机构直接管理。加强国际农业科技交流与合作,加大力度引进消化吸收国外先进农业技术。加强农业气象研究和试验工作,强化人工影响天气基础设施和科技能力建设。

10. 着力抓好种业科技创新。科技兴农,良种先行。增加种业基础性、公益性研究投入,加强种质资源收集、保护、鉴定,创新育种理论方法和技术,创制改良育种材料,加快培育一批突破性新品种。重大育种科研项目要支持育繁推一体化种子企业,加快建立以企业为主体的商业化育种新机制。优化调整种子企业布局,提高市场准入门槛,推动种子企业兼并重组,鼓励大型企业通过并购、参股等方式进入种业。建立种业发展基金,培育一批育繁推一体化大型骨干企业,支持企业与优势科研单位建立育种平台,鼓励科研院所、高等学校科研人员与企业合作共享。加大动植物良种工程实施力度,加强西北、西南、海南等优势种子繁育基地建设,鼓励种子企业与农民专业合作社联合建立相对集中稳定的种子生产基地,在粮棉油生产大县建设新品种引进示范场。对符合条件的种子生产开展保险试点,加大种子储备财政补助力度。完善品种审定、保护、退出制度,强化种子生产经营行政许可管理,严厉打击制售假冒伪劣、套牌侵权、抢购套购等违法行为。

三、提升农业技术推广能力,大力发展农业社会化服务

11. 强化基层公益性农技推广服务。充分发挥各级农技推广机构的作用,着力增强基层农技推广服务能力,推动家庭经营向采用先进科技和生产手段的方向转变。普遍健全乡镇或区域性农业技术推广、动植物疫病防控、农产品质量监管等公共服务机构,明确公益性定位,根据产业发展实际设立公共服务岗位。全面实行人员聘用制度,严格上岗条件,落实岗位责任,推行县主管部门、乡镇政府、农民三方考评办法。对扎根乡村、服务农民、艰苦奉献的农技推广人员,要切实提高待遇水平,落实工资倾斜和绩效工资政策,实现在岗人员工资收入与基层事业单位人员工资收入平均水平相衔接。进一步完善乡镇农业公共服务机构管理体制,加强对农技推广工作的管理和指导。切实改善基层农技推广工作条件,按种养规模和服务绩效安排推广工作经费。2012 年基层农业技术推广体系改革与建设示范县项目基本覆盖农业县(市、区、场)、农业技术推广机构条件建设项目覆盖全部乡镇。大幅度增加农业防灾减灾稳产增产关键技术良法补助。加快把基层农技推广机构的经营性职能分离出去,按市场化方式运作,探索公益性服务多种实现形式。改进基层农技推广服务手段,充分利用广播电视、报刊、互联网、手机等媒体和现代信息技术，为农民提供高效便捷、简明直观、双向互动的服务。加强乡镇或小流域水利、基层林业公共服务机构建设，健全农业标准化服务体系。扩大农业农村公共气象服务覆盖面，提高农业气象服务和农村气象灾害防御科技水平。

12. 引导科研教育机构积极开展农技服务。引导高等学校、科研院所成为公益性农技推广的重要力量，强化服务"三农"职责，完善激励机制，鼓励科研教学人员深入基层从事农技推广服务。支持高等学校、科研院所承担农技推广项目，把农技推广服务绩效纳入专业技术职务评聘和工作考核，推行推广教授、推广型研究员制度。鼓励高等学校、科研院所建立农业试验示范基地，推行专家大院、校市联建、院县共建等服务模式，集成、熟化、推广农业技术成果。大力实施科技特派员农村科技创业行动，鼓励创办领办科技型企业和技术合作组织。

13. 培育和支持新型农业社会化服务组织。通过政府订购、定向委托、招投标等方式，扶持农民专业合作社、供销合作社、专业技术协会、农民用水合作组织、涉农企业等社会力量广泛参与农业产前、产中、产后服务。充分发挥农民专业合作社组织农民进入市场、应用先进技术、发展现代农业的积极作用，加大支持力度，加强辅导服务，推进示范社建设行动，促进农民专业合作社规范运行。支持农民专业合作社兴办农产品加工企业或参股龙头企业。壮大农村集体经济，探索有效实现形式，增强集体组织对农户生产经营的服务能力。鼓励有条件的基层站所创办农业服务型企业，推行科工贸一体化服务的企业化试点，由政府向其购买公共服务。支持发展农村综合服务中心。全面推进农业农村信息化，着力提高农业生产经营、质量安全控制、市场流通的信息服务水平。整合利用农村党员干部现代远程教育等网络资源，搭建三网融合的信息服务快速通道。加快国家农村信息化示范省建设，重点加强面向基层的涉农信息服务站点和信息示范村建设。继续实施星火计划，推进科技富民强县行动、科普惠农兴村计划等工作。

四、加强教育科技培训，全面造就新型农业农村人才队伍

14. 振兴发展农业教育。推进部部共建、省部共建高等农业院校，实施卓越农林教育培养计划，办好一批涉农学科专业，加强农科教合作人才培养基地建设。进一步提高涉农学科（专业）生均拨款标准。加大国家励志奖学金和助学金对高等学校涉农专业学生倾斜力度，提高涉农专业生源质量。加大高等学校对农村特别是贫困地区的定向招生力度。鼓励和引导高等学校毕业生到农村基层工作，对符合条件的，实行学费补偿和国家助学贷款代偿政策。深入推进大学生"村官"计划，因地制宜实施"三支一扶"、大学生志愿服务西部等计划。加快中等职业教育免费进程，落实职业技能培训补贴政策，鼓励涉农行业兴办职业教育，努力使每一个农村后备劳动力都掌握一门技能。

15. 加快培养农业科技人才。国家重大人才工程要向农业领域倾斜，继续实施创新人才推进计划和农业科研杰出人才培养计划，加快培养农业科技领军人才和创新团队。进一步完善农业科研人才激励机制、自主流动机制。制定以科研质量、创新能力和成果应用为导向的评价标准。广泛开展基层农技推广人员分层分类定期培训。完善基层农技推广人员职称评定标准，注重工作业绩和推广实效，评聘职数向乡镇和生产一线倾斜。开展农业技术推广服务特岗计划试点，选拔一批大学生到乡镇担任特岗人员。积极发挥农民技术人员示范带动作用，按承担任务量给予相应补助。

16. 大力培训农村实用人才。以提高科技素质、职业技能、经营能力为核心，大规模开展农村实用人才培训。充分发挥各部门各行业作用，加大各类农村人才培养计划实施力度，扩大培训规模，提高补助标准。加快培养村干部、农民专业合作社负责人、到村任职大学生等农村发展带头人，农民植保员、防疫员、水利员、信息员、沼气工等农村技能服务型人才，种养大户、农机大户、经纪人等农村生产经营型人才。大力培育新型职业农民，对未升学的农村高初中毕业生免费提供农业技能培训，对符合条件的农村青年务农创业和农民工返乡创业项目给予补助和贷款支持。

五、改善设施装备条件，不断夯实农业发展物质基础

17. 坚持不懈加强农田水利建设。加快推进水源工程建设、大江大河大湖和中小河流治理、病险水库水闸除险加固、山洪地质灾害防治，加大大中型灌区续建配套与节水改造、大中型灌溉排水泵站更新改造力度，在水土资源条件具备的地方新建一批灌区，努力扩大有效灌溉面积。继续增加中央财政小型农田水利设施建设补助专项资金，实现小型农田水利重点县建设基本覆盖农业大县。加大山丘区“五小水利”工程建设、农村河道综合整治、塘堰清淤力度，发展牧区水利。大力推广高效节水灌溉新技术、新设备，扩大设备购置补贴范围和贷款贴息规模，完善节水灌溉设备税收优惠政策。创新农田水利建设管理机制，加快推进土地出让收益用于农田水利建设资金的中央和省级统筹，落实农业灌排工程运行管理费用由财政适当补助政策。发展水利科技推广、防汛抗旱、灌溉试验等方面的专业化服务组织。

18. *加强高标准农田建设*。加快永久基本农田划定工作，启动耕地保护补偿试点。制定全国高标准农田建设总体规划和相关专项规划，多渠道筹集资金，增加农业综合开发投入，开展农村土地整治重大工程和示范建设，集中力量加快推进旱涝保收高产稳产农田建设，实施东北四省区高效节水农业灌溉工程，全面提升耕地持续增产能力。占用耕地建设重大工程，要积极推行“移土培肥”经验和做法。继续搞好农地质量调查和监测工作，深入推进测土配方施肥，扩大土壤有机质提升补贴规模，继续实施旱作农业工程。加强设施农业装备与技术示范基地建设。加快推进现代农业示范区建设，支持垦区率先发展现代农业。

19. *加快农业机械化*。充分发挥农业机械集成技术、节本增效、推动规模经营的重要作用，不断拓展农机作业领域，提高农机服务水平。着力解决水稻机插和玉米、油菜、甘蔗、棉花机收等突出难题，大力发展设施农业、畜牧水产养殖等机械装备，探索农业全程机械化生产模式。积极推广精量播种、化肥深施、保护性耕作等技术。加强农机关键零部件和重点产品研发，支持农机工业技术改造，提高产品适用性、便捷性、安全性。加大信贷支持力度，鼓励种养大户、农机大户、农机合作社购置大中型农机具。落实支持农机化发展的税费优惠政策，推动农机服务市场化和产业化。切实加强农机售后服务和农机安全监理工作。

20. *搞好生态建设*。巩固退耕还林成果，在江河源头、湖库周围等国家重点生态功能区适当扩大退耕还林规模。落实天然林资源保护工程二期实施方案，统筹解决就业困难的一次性安置职工社会保险补贴问题。逐步提高防护林造林投资中央补助标准，加强“三北”、沿海、长江等防护林体系工程建设。抓紧编制京津风沙源治理二期工程规划，扩大石漠化综合治理实施范围，开展沙化土地封禁保护补助试点。构建青藏高原生态安全屏障，启动区域性重点生态工程。适当扩大林木良种和造林补贴规模，完善森林抚育补贴政策。完善林权抵押贷款管理办法，增加贷款贴息规模。探索国家级公益林赎买机制。支持发展木本粮油、林下经济、森林旅游、竹藤等林产业。鼓励企业等社会力量运用产业化方式开展防沙治沙。扩大退牧还草工程实施范围，支持草原围栏、饲草基地、牲畜棚圈建设和重度退化草原改良。加强牧区半牧区草原监理工作。继续开展渔业增殖放流。加大国家水土保持重点建设工程实施力度，加快坡耕地整治步伐，推进清洁小流域建设，强化水土流失监测预报和生产建设项目水土保持监督管理。把农村环境整治作为环保工作的重点，完善以奖促治政策，逐步推行城乡同治。推进农业清洁生产，引导农民合理使用化肥农药，加强农村沼气工程和小水电代燃料生态保护工程建设，加快农业面源污染治理和农村污水、垃圾处理，改善农村人居环境。

六、提高市场流通效率，切实保障农产品稳定均衡供给

21. *加强农产品流通设施建设*。统筹规划全国农产品流通设施布局，加快完善覆盖城乡的农产品流通网络。推进全国性、区域性骨干农产品批发市场建设和改造，重点支持交易场所、电子结算、信息处理、检验检测等设施建设。把农产品批发市场、城市社区菜市场、乡镇集贸市场建设纳入土地利用总体规划和城乡建设规划，研究制定支持农产品加工流通设施建设的用地政策。鼓励有条件的地方通过投资入股、产权置换、公建配套、回购回租等方式，建设一批非营利性农产品批发、零售市场。继续推进粮棉油糖等大宗农产品仓储物流设施建设，支持拥有全国性经营网络的供销合作社和邮政物流、粮食流通、大型商贸企业等参与农产品批发市场、仓储物流体系的建设经营。加快发展鲜活农产品连锁配送物流中心，支持建立一体化冷链物流体系。继续加强农村公路建设和管护。扶持产地农产品收集、加工、包装、贮存等配套设施建设，重点对农民专业合作社建设初加工和贮藏设施予以补助。

22. *创新农产品流通方式*。充分利用现代信息技术手段，发展农产品电子商务等现代交易方式。探索建立生产与消费有效衔接、灵活多样的农产品产销模式，减少流通环节，降低流通成本。大力发展订单农业，推进生产者与批发市场、农贸市场、超市、宾馆饭店、学校和企业食堂等直接对接，支持生产基地、农民专业合作社在城市社区增加直供直销网点，形成稳定的农产品供求关系。扶持供销合作社、农民专业合作社等发展联通城乡市场的双向流通网络。开展"南菜北运"、"西果东送"现代流通综合试点。开展农村商务信息服务，举办多形式、多层次的农产品展销活动，培育具有全国性和地方特色的农产品展会品牌。充分发挥农产品期货市场引导生产、规避风险的积极作用。免除蔬菜批发和零售环节增值税，开展农产品进项税额核定扣除试点，落实和完善鲜活农产品运输绿色通道政策，清理和降低农产品批发市场、城市社区菜市场、乡镇集贸市场和超市的收费。

23. *完善农产品市场调控*。准确把握国内外农产品市场变化，采取有针对性的调控措施，确保主要农产品有效供给和市场稳定，保持价格合理水平。稳步提高小麦、稻谷最低收购价，适时启动玉米、大豆、油菜籽、棉花、食糖等临时收储，健全粮棉油糖等农产品储备制度。抓紧完善鲜活农产品市场调控办法，健全生猪市场价格调控预案，探索建立主要蔬菜品种价格稳定机制。加强国内外农产品市场监测预警，综合运用进出口、吞吐调剂等手段，稳定国内农产品市场。完善农产品进口关税配额管理，严厉打击走私违法行为。抓紧建立全国性、区域性农产品信息共享平台，加强农业统计调查和预测分析，提高对农业生产大县的统计调查能力，推行重大信息及时披露和权威发布制度，防止各类虚假信息影响产业发展、损害农民利益。

各级党委和政府必须始终坚持把解决好"三农"问题作为重中之重，不断加强和改善对农业农村工作的领导，切实把各项政策措施落到实处，努力形成全社会关心支持"三农"的良好氛围。全面贯彻落实党的十七届六中全会精神，促进城乡文化一体化发展，增加农村文化服务总量，缩小城乡文化发展差距。加快推进社会主义新农村建设，切实保障和改善农村民生，大力发展农村公共事业，认真落实《中国农村扶贫开发纲要（2011—2020年）》。推进以党组织为核心的农村基层组织建设，完善农村基层自治机制，健全农村法制，加强和创新农村社会管理，确保农村社会和谐稳定。

切实加强农业农村工作，加快推进农业科技创新，持续增强农产品供给保障能力，使命光荣、责任重大、任务艰巨。我们要紧密团结在以胡锦涛同志为总书记的党中央周围，坚定信心，真抓实干，以优异成绩迎接党的第十八次全国代表大会胜利召开！

中共中央、国务院关于
加快水利改革发展的决定

·2010年12月31日

水是生命之源、生产之要、生态之基。兴水利、除水害，事关人类生存、经济发展、社会进步，历来是治国安邦的大事。促进经济长期平稳较快发展和社会和谐稳定，夺取全面建设小康社会新胜利，必须下决心加快水利发展，切实增强水利支撑保障能力，实现水资源可持续利用。近年来我国频繁发生的严重水旱灾害，造成重大生命财产损失，暴露出农田水利等基础设施十分薄弱，必须大力加强水利建设。现就加快水利改革发展，作出如下决定。

一、新形势下水利的战略地位

（一）*水利面临的新形势*。新中国成立以来，特别是改革开放以来，党和国家始终高度重视水利工作，领导人民开展了气壮山河的水利建设，取得了举世瞩目的巨大成就，为经济社会发展、人民安居乐业作出了突出贡献。但必须看到，人多水少、水资源时空分布不均是我国的基本国情水情。洪涝灾害频繁仍然是中华民族的心腹大患，水资源供需矛盾突出仍然是可持续发展的主要瓶颈，农田水利建设滞后仍然是影响农业稳定发展和国家粮食安全的最大硬伤，水利设施薄弱仍然是国家基础设施的明显短板。随着工业化、城镇化深入发展，全球气候变化影响加大，我国水利面临的

形势更趋严峻，增强防灾减灾能力要求越来越迫切，强化水资源节约保护工作越来越繁重，加快扭转农业主要“靠天吃饭”局面任务越来越艰巨。2010年西南地区发生特大干旱、多数省区市遭受洪涝灾害、部分地方突发严重山洪泥石流，再次警示我们加快水利建设刻不容缓。

（二）新形势下水利的地位和作用。水利是现代农业建设不可或缺的首要条件，是经济社会发展不可替代的基础支撑，是生态环境改善不可分割的保障系统，具有很强的公益性、基础性、战略性。加快水利改革发展，不仅事关农业农村发展，而且事关经济社会发展全局；不仅关系到防洪安全、供水安全、粮食安全，而且关系到经济安全、生态安全、国家安全。要把水利工作摆上党和国家事业发展更加突出的位置，着力加快农田水利建设，推动水利实现跨越式发展。

二、水利改革发展的指导思想、目标任务和基本原则

（三）指导思想。全面贯彻党的十七大和十七届三中、四中、五中全会精神，以邓小平理论和“三个代表”重要思想为指导，深入贯彻落实科学发展观，把水利作为国家基础设施建设的优先领域，把农田水利作为农村基础设施建设的重点任务，把严格水资源管理作为加快转变经济发展方式的战略举措，注重科学治水、依法治水，突出加强薄弱环节建设，大力发展民生水利，不断深化水利改革，加快建设节水型社会，促进水利可持续发展，努力走出一条中国特色水利现代化道路。

（四）目标任务。力争通过5年到10年努力，从根本上扭转水利建设明显滞后的局面。到2020年，基本建成防洪抗旱减灾体系，重点城市和防洪保护区防洪能力明显提高，抗旱能力显著增强，“十二五”期间基本完成重点中小河流（包括大江大河支流、独流入海河流和内陆河流）重要河段治理、全面完成小型水库除险加固和山洪灾害易发区预警预报系统建设；基本建成水资源合理配置和高效利用体系，全国年用水总量力争控制在6700亿立方米以内，城乡供水保证率显著提高，城乡居民饮水安全得到全面保障，万元国内生产总值和万元工业增加值用水量明显降低，农田灌溉水有效利用系数提高到0.55以上，“十二五”期间新增农田有效灌溉面积4000万亩；基本建成水资源保护和河湖健康保障体系，主要江河湖泊水功能区水质明显改善，城镇供水水源地水质全面达标，重点区域水土流失得到有效治理，地下水超采基本遏制；基本建成有利于水利科学发展的制度体系，最严格的水资源管理制度基本建立，水利投入稳定增长机制进一步完善，有利于水资源节约和合理配置的水价形成机制基本建立，水利工程良性运行机制基本形成。

（五）基本原则。一要坚持民生优先。着力解决群众最关心最直接最现实的水利问题，推动民生水利新发展。二要坚持统筹兼顾。注重兴利除害结合、防灾减灾并重、治标治本兼顾，促进流域与区域、城市与农村、东中西部地区水利协调发展。三要坚持人水和谐。顺应自然规律和社会发展规律，合理开发、优化配置、全面节约、有效保护水资源。四要坚持政府主导。发挥公共财政对水利发展的保障作用，形成政府社会协同治水兴水合力。五要坚持改革创新。加快水利重点领域和关键环节改革攻坚，破解制约水利发展的体制机制障碍。

三、突出加强农田水利等薄弱环节建设

（六）大兴农田水利建设。到2020年，基本完成大型灌区、重点中型灌区续建配套和节水改造任务。结合全国新增千亿斤粮食生产能力规划实施，在水土资源条件具备的地区，新建一批灌区，增加农田有效灌溉面积。实施大中型灌溉排水泵站更新改造，加强重点涝区治理，完善灌排体系。健全农田水利建设新机制，中央和省级财政要大幅增加专项补助资金，市、县两级政府也要切实增加农田水利建设投入，引导农民自愿投工投劳。加快推进小型农田水利重点县建设，优先安排产粮大县，加强灌区末级渠系建设和田间工程配套，促进旱涝保收高标准农田建设。因地制宜兴建中小型水利设施，支持山丘区小水窖、小水池、小塘坝、小泵站、小水渠等“五小水利”工程建设，重点向革命老区、民族地区、边疆地区、贫困地区倾斜。大力发展节水灌溉，推广渠道防渗、管道输水、喷灌滴灌等技术，扩大节水、抗旱设备补贴范围。积极发展旱作农业，采用地膜覆盖、深松深耕、保护性耕作等技术。稳步发展牧区水利，建设节水高效灌溉饲草料地。

（七）加快中小河流治理和小型水库除险加固。中小河流治理要优先安排洪涝灾害易发、保护区人口密集、保护对象重要的河流及河段，加固堤岸，清淤疏浚，使治理河段基本达到国家防洪标准。巩固大中型病险水库除险加固成果，加快小型病险水库除险加固步伐，尽快消除水库安全隐患，恢复防洪库容，增强水资源调控能力。推进大中型病险水闸除险加固。山洪地质灾害防治要坚持工程措施和非工程措施相结合，抓紧完善专群结合的监测预警体系，加快实施防灾避让和重点治理。

（八）抓紧解决工程性缺水问题。加快推进西南等工程性缺水地区重点水源工程建设，坚持蓄引提与合理开采地下水相结合，以县域为单元，尽快建设一批中小型水库、引提水和连通工程，支持农民兴建小微型水利设施，显著提高雨洪资源利用和供水保障能力，基本解决缺水城镇、人口较集中乡村的供水问题。

（九）提高防汛抗旱应急能力。尽快健全防汛抗旱统一指挥、分级负责、部门协作、反应迅速、协调有序、运转高效的应急管理机制。加强监测预警能力建设，加大投入，整合资源，提高雨情汛情旱情预报水平。建立专业化与社会化相结合的应急抢险救援队伍，着力推进县乡两级防汛抗旱服务组织建设，健全应急抢险物资储备体系，完善应急预案。建设一批规模合理、标准适度的抗旱应急水源工程，建立应对特大干旱和突发水安全事件的水源储备制度。加强人工增雨（雪）作业示范区建设，科学开发利用空中云水资源。

（十）继续推进农村饮水安全建设。到 2013 年解决规划内农村饮水安全问题，“十二五”期间基本解决新增农村饮水不安全人口的饮水问题。积极推进集中供水工程建设，提高农村自来水普及率。有条件的地方延伸集中供水管网，发展城乡一体化供水。加强农村饮水安全工程运行管理，落实管护主体，加强水源保护和水质监测，确保工程长期发挥效益。制定支持农村饮水安全工程建设的用地政策，确保土地供应，对建设、运行给予税收优惠，供水用电执行居民生活或农业排灌用电价格。

四、全面加快水利基础设施建设

（十一）继续实施大江大河治理。进一步治理淮河，搞好黄河下游治理和长江中下游河势控制，继续推进主要江河河道整治和堤防建设，加强太湖、洞庭湖、鄱阳湖综合治理，全面加快蓄滞洪区建设，合理安排居民迁建。搞好黄河下游滩区安全建设。“十二五”期间抓紧建设一批流域防洪控制性水利枢纽工程，不断提高调蓄洪水能力。加强城市防洪排涝工程建设，提高城市排涝标准。推进海堤建设和跨界河流整治。

（十二）加强水资源配置工程建设。完善优化水资源战略配置格局，在保护生态前提下，尽快建设一批骨干水源工程和河湖水系连通工程，提高水资源调控水平和供水保障能力。加快推进南水北调东中线一期工程及配套工程建设，确保工程质量，适时开展南水北调西线工程前期研究。积极推进一批跨流域、区域调水工程建设。着力解决西北等地区资源性缺水问题。大力推进污水处理回用，积极开展海水淡化和综合利用，高度重视雨水、微咸水利用。

（十三）搞好水土保持和水生态保护。实施国家水土保持重点工程，采取小流域综合治理、淤地坝建设、坡耕地整治、造林绿化、生态修复等措施，有效防治水土流失。进一步加强长江上中游、黄河上中游、西南石漠化地区、东北黑土区等重点区域及山洪地质灾害易发区的水土流失防治。继续推进生态脆弱河流和地区水生态修复，加快污染严重江河湖泊水环境治理。加强重要生态保护区、水源涵养区、江河源头区、湿地的保护。实施农村河道综合整治，大力开展生态清洁型小流域建设。强化生产建设项目水土保持监督管理。建立健全水土保持、建设项目占用水利设施和水域等补偿制度。

（十四）合理开发水能资源。在保护生态和农民利益前提下，加快水能资源开发利用。统筹兼顾防洪、灌溉、供水、发电、航运等功能，科学制定规划，积极发展水电，加强水能资源管理，规范开发许可，强化水电安全监管。大力发展农村水电，积极开展水电新农村电气化县建设和小水电代燃料生态保护工程建设，搞好农村水电配套电网改造工程建设。

（十五）强化水文气象和水利科技支撑。加强水文气象基础设施建设，扩大覆盖范围，优化站网布局，着力增强重点地区、重要城市、地下水超采区水文测报能力，加快应急机动监测能力建设，实现资料共享，全面提高服务水平。健全水利科技创新体系，强化基础条件平台建设，加强基础研究和技术研发，力争在水利重点领域、关键环节和核心技术上实现新突破，获得一批具有重大实用价值的研究成果，加大技术引进和推广应用力度。提高水利技术装备水平。建立健全水利行业技术标准。推进水利信息化建设，全面实施“金水工程”，加快建设国家防汛抗旱指挥系统和水资源管理信息系统，提高水资源调控、水利管理和工程运行的信息化水平，以水利信息化带动水利现代化。加强水利国际交流与合作。

五、建立水利投入稳定增长机制

（十六）加大公共财政对水利的投入。多渠道筹集资金，力争今后10年全社会水利年平均投入比2010年高出一倍。发挥政府在水利建设中的主导作用，将水利作为公共财政投入的重点领域。各级财政对水利投入的总量和增幅要有明显提高。进一步提高水利建设资金在国家固定资产投资中的比重。大幅度增加中央和地方财政专项水利资金。从土地出让收益中提取10%用于农田水利建设，充分发挥新增建设用地土地有偿使用费等土地整治资金的综合效益。进一步完善水利建设基金政策，延长征收年限，拓宽来源渠道，增加收入规模。完善水资源有偿使用制度，合理调整水资源费征收标准，扩大征收范围，严格征收、使用和管理。有重点防洪任务和水资源严重短缺的城市要从城市建设维护税中划出一定比例用于城市防洪排涝和水源工程建设。切实加强水利投资项目和资金监督管理。

（十七）加强对水利建设的金融支持。综合运用财政和货币政策，引导金融机构增加水利信贷资金。有条件的地方根据不同水利工程的建设特点和项目性质，确定财政贴息的规模、期限和贴息率。在风险可控的前提下，支持农业发展银行积极开展水利建设中长期政策性贷款业务。鼓励国家开发银行、农业银行、农村信用社、邮政储蓄银行等银行业金融机构进一步增加农田水利建设的信贷资金。支持符合条件的水利企业上市和发行债券，探索发展大型水利设备设施的融资租赁业务，积极开展水利项目收益权质押贷款等多种形式融资。鼓励和支持发展洪水保险。提高水利利用外资的规模和质量。

（十八）广泛吸引社会资金投资水利。鼓励符合条件的地方政府融资平台公司通过直接、间接融资方式，拓宽水利投融资渠道，吸引社会资金参与水利建设。鼓励农民自力更生、艰苦奋斗，在统一规划基础上，按照多筹多补、多干多补原则，加大一事一议财政奖补力度，充分调动农民兴修农田水利的积极性。结合增值税改革和立法进程，完善农村水电增值税政策。完善水利工程耕地占用税政策。积极稳妥推进经营性水利项目进行市场融资。

六、实行最严格的水资源管理制度

（十九）建立用水总量控制制度。确立水资源开发利用控制红线，抓紧制定主要江河水量分配方案，建立取用水总量控制指标体系。加强相关规划和项目建设布局水资源论证工作，国民经济和社会发展规划以及城市总体规划的编制、重大建设项目的布局，要与当地水资源条件和防洪要求相适应。严格执行建设项目水资源论证制度，对擅自开工建设或投产的一律责令停止。严格取水许可审批管理，对取用水总量已达到或超过控制指标的地区，暂停审批建设项目新增取水；对取用水总量接近控制指标的地区，限制审批新增取水。严格地下水管理和保护，尽快核定并公布禁采和限采范围，逐步削减地下水超采量，实现采补平衡。强化水资源统一调度，协调好生活、生产、生态环境用水，完善水资源调度方案、应急调度预案和调度计划。建立和完善国家水权制度，充分运用市场机制优化配置水资源。

（二十）建立用水效率控制制度。确立用水效率控制红线，坚决遏制用水浪费，把节水工作贯穿于经济社会发展和群众生产生活全过程。加快制定区域、行业和用水产品的用水效率指标体系，加强用水定额和计划管理。对取用水达到一定规模的用水户实行重点监控。严格限制水资源不足地区建设高耗水型工业项目。落实建设项目节水设施与主体工程同时设计、同时施工、同时投产制度。加快实施节水技术改造，全面加强企业节水管理，建设节水示范工程，普及农业高效节水技术。抓紧制定节水强制性标准，尽快淘汰不符合节水标准的用水工艺、设备和产品。

（二十一）建立水功能区限制纳污制度。确立水功能区限制纳污红线，从严核定水域纳污容量，严格控制入河湖排污总量。各级政府要把限制排污总量作为水污染防治和污染减排工作的重要依据，明确责任，落实措施。对排污量已超出水功能区限制排污总量的地区，限制审批新增取水和入河排污口。建立水功能区水质达标评价体系，完善监测预警监督管理制度。加强水源地保护，依法划定饮用水水源保护区，强化饮用水水源应急管理。建立水生态补偿机制。

（二十二）建立水资源管理责任和考核制度。县级以上地方政府主要负责人对本行政区域水资源管理和保护工作负总责。严格实施水资源管理考核制度，水行政主管部门会同有关部门，对各地区水资源开发利用、节约保护主要指标的落实情况进行考核，考核结果交由干部主管部门，作为地方政府相关领导干部综合考核评价的重要依据。加强水量水质监测能力建设，为强化监督考核提供技术支撑。

七、不断创新水利发展体制机制

（二十三）完善水资源管理体制。强化城乡水资源统一管理，对城乡供水、水资源综合利用、水环境治理和防洪排涝等实行统筹规划、协调实施，促进水资源优化配置。完善流域管理与区域管理相结合的水资源管理制度，建立事权清晰、分工明确、行为规范、运转协调的水资源管理工作机制。进一步完善水资源保护和水污染防治协调机制。

（二十四）加快水利工程建设和管理体制改革。区分水利工程性质，分类推进改革，健全良性运行机制。深化国有水利工程管理体制改革，落实好公益性、准公益性水管单位基本支出和维修养护经费。中央财政对中西部地区、贫困地区公益性工程维修养护经费给予补助。妥善解决水管单位分流人员社会保障问题。深化小型水利工程产权制度改革，明确所有权和使用权，落实管护主体和责任，对公益性小型水利工程管护经费给予补助，探索社会化和专业化的多种水利工程管理模式。对非经营性政府投资项目，加快推行代建制。充分发挥市场机制在水利工程建设和运行中的作用，引导经营性水利工程积极走向市场，完善法人治理结构，实现自主经营、自负盈亏。

（二十五）健全基层水利服务体系。建立健全职能明确、布局合理、队伍精干、服务到位的基层水利服务体系，全面提高基层水利服务能力。以乡镇或小流域为单元，健全基层水利服务机构，强化水资源管理、防汛抗旱、农田水利建设、水利科技推广等公益性职能，按规定核定人员编制，经费纳入县级财政预算。大力发展农民用水合作组织。

（二十六）积极推进水价改革。充分发挥水价的调节作用，兼顾效率和公平，大力促进节约用水和产业结构调整。工业和服务业用水要逐步实行超额累进加价制度，拉开高耗水行业与其他行业的水价差价。合理调整城市居民生活用水价格，稳步推行阶梯式水价制度。按照促进节约用水、降低农民水费支出、保障灌排工程良性运行的原则，推进农业水价综合改革，农业灌排工程运行管理费用由财政适当补助，探索实行农民定额内用水享受优惠水价、超定额用水累进加价的办法。

八、切实加强对水利工作的领导

（二十七）落实各级党委和政府责任。各级党委和政府要站在全局和战略高度，切实加强水利工作，及时研究解决水利改革发展中的突出问题。实行防汛抗旱、饮水安全保障、水资源管理、水库安全管理行政首长负责制。各地要结合实际，认真落实水利改革发展各项措施，确保取得实效。各级水行政主管部门要切实增强责任意识，认真履行职责，抓好水利改革发展各项任务的实施工作。各有关部门和单位要按照职能分工，尽快制定完善各项配套措施和办法，形成推动水利改革发展合力。把加强农田水利建设作为农村基层开展创先争优活动的重要内容，充分发挥农村基层党组织的战斗堡垒作用和广大党员的先锋模范作用，带领广大农民群众加快改善农村生产生活条件。

（二十八）推进依法治水。建立健全水法规体系，抓紧完善水资源配置、节约保护、防汛抗旱、农村水利、水土保持、流域管理等领域的法律法规。全面推进水利综合执法，严格执行水资源论证、取水许可、水工程建设规划同意书、洪水影响评价、水土保持方案等制度。加强河湖管理，严禁建设项目非法侵占河湖水域。加强国家防汛抗旱督察工作制度化建设。健全预防为主、预防与调处相结合的水事纠纷调处机制，完善应急预案。深化水行政许可审批制度改革。科学编制水利规划，完善全国、流域、区域水利规划体系，加快重点建设项目前期工作，强化水利规划对涉水活动的管理和约束作用。做好水库移民安置工作，落实后期扶持政策。

（二十九）加强水利队伍建设。适应水利改革发展新要求，全面提升水利系统干部职工队伍素质，切实增强水利勘测设计、建设管理和依法行政能力。支持大专院校、中等职业学校水利类专业建设。大力引进、培养、选拔各类管理人才、专业技术人才、高技能人才，完善人才评价、流动、激励机制。鼓励广大科技人员服务于水利改革发展第一线，加大基层水利职工在职教育和继续培训力度，解决基层水利职工生产生活中的实际困难。广大水利干部职工要弘扬“献身、负责、求实”的水利行业精神，更加贴近民生，更多服务基层，更好服务经济社会发展全局。

（三十）动员全社会力量关心支持水利工作。加大力度宣传国情水情，提高全民水患意识、节水意识、水资源保护意识，广泛动员全社会力量参与水利建设。把水情教育纳入国民素质教育体系和中小学教育课程体系，作为各级领导干部和公务员教育培训的重要内容。把水利纳入公益性宣传范围，为水利又好又快发展营造良好舆论氛围。对在加快水利改革发展中取得显著成绩的单位和个人，各级政府要按照国家有关规定给予表彰奖励。

加快水利改革发展，使命光荣，任务艰巨，责任重大。我们要紧密团结在以胡锦涛同志为总书记的党中央周围，与时俱进，开拓进取，扎实工作，奋力开创水利工作新局面！

中共中央、国务院关于加大统筹城乡发展力度进一步夯实农业农村发展基础的若干意见

·2009 年 12 月 31 日

2009 年，是新世纪以来我国经济发展最为困难的一年。面对历史罕见国际金融危机的严重冲击，面对多年不遇自然灾害的重大考验，面对国内外农产品市场异常波动的不利影响，各地区各部门在党中央、国务院的坚强领导下，迎难而上，奋力拼搏，巩固和发展了农业农村好形势。粮食生产再获丰收，连续 6 年实现增产；农民工就业快速回升，农民收入连续 6 年较快增长；集体林权制度改革全面推进，农村体制创新取得新的突破；农村水电路气房建设继续加强，农民生产生活条件加快改变；农村教育、医疗、社保制度不断健全，农村民生状况明显改善；农村基层组织进一步巩固，农村社会和谐稳定。这为党和国家战胜困难、共克时艰赢得了战略主动，为保增长保民生保稳定提供了基础支撑。

当前，我国农业的开放度不断提高，城乡经济的关联度显著增强，气候变化对农业生产的影响日益加大，农业农村发展的有利条件和积极因素在积累增多，各种传统和非传统的挑战也在叠加凸显。面对复杂多变的发展环境，促进农业生产上新台阶的制约越来越多，保持农民收入较快增长的难度越来越大，转变农业发展方式的要求越来越高，破除城乡二元结构的任务越来越重。全党务必居安思危，切实防止忽视和放松“三农”工作的倾向，努力确保粮食生产不滑坡、农民收入不徘徊、农村发展好势头不逆转。必须不断深化把解决好“三农”问题作为全党工作重中之重的基本认识，稳定和完善党在农村的基本政策，突出强化农业农村的基础设施，建立健全农业社会化服务的基层体系，大力加强农村以党组织为核心的基层组织，夯实打牢农业农村发展基础，协调推进工业化、城镇化和农业现代化，努力形成城乡经济社会发展一体化新格局。

2010 年农业农村工作的总体要求是：全面贯彻党的十七大和十七届三中、四中全会以及中央经济工作会议精神，高举中国特色社会主义伟大旗帜，以邓小平理论和“三个代表”重要思想为指导，深入贯彻落实科学发展观，把统筹城乡发展作为全面建设小康社会的根本要求，把改善农村民生作为调整国民收入分配格局的重要内容，把扩大农村需求作为拉动内需的关键举措，把发展现代农业作为转变经济发展方式的重大任务，把建设社会主义新农村和推进城镇化作为保持经济平稳较快发展的持久动力，按照稳粮保供给、增收惠民生、改革促统筹、强基增后劲的基本思路，毫不松懈地抓好农业农村工作，继续为改革发展稳定大局作出新的贡献。

一、健全强农惠农政策体系，推动资源要素向农村配置

1. 继续加大国家对农业农村的投入力度。按照总量持续增加、比例稳步提高的要求，不断增加“三农”投入。要确保财政支出优先支持农业农村

发展,预算内固定资产投资优先投向农业基础设施和农村民生工程,土地出让收益优先用于农业土地开发和农村基础设施建设。各级财政对农业的投入增长幅度都要高于财政经常性收入增长幅度。预算内固定资产投资要继续向重大农业农村建设项目倾斜。耕地占用税税率提高后,新增收入全部用于农业。严格按照有关规定计提和使用用于农业土地开发的土地出让收入,严格执行新增建设用地土地有偿使用费全部用于耕地开发和土地整理的规定。对各地土地收入用于农业农村的各项资金征收和使用情况进行专项检查。继续增加现代农业生产发展资金和农业综合开发资金规模。

2. 完善农业补贴制度和市场调控机制。坚持对种粮农民实行直接补贴。增加良种补贴,扩大马铃薯补贴范围,启动青稞良种补贴,实施花生良种补贴试点。进一步增加农机具购置补贴,扩大补贴种类,把牧业、林业和抗旱、节水机械设备纳入补贴范围。落实和完善农资综合补贴动态调整机制。按照存量不动、增量倾斜的原则,新增农业补贴适当向种粮大户、农民专业合作社倾斜。逐步完善适合牧区、林区、垦区特点的农业补贴政策。加强对农业补贴对象、种类、资金结算的监督检查,确保补贴政策落到实处,不准将补贴资金用于抵扣农民交费。落实小麦最低收购价政策,继续提高稻谷最低收购价。扩大销区粮食储备规模。适时采取玉米、大豆、油菜籽等临时收储政策,支持企业参与收储,健全国家收储农产品的拍卖机制,做好棉花、食糖、猪肉调控预案,保持农产品市场稳定和价格合理水平。

3. 提高农村金融服务质量和水平。加强财税政策与农村金融政策的有效衔接,引导更多信贷资金投向"三农",切实解决农村融资难问题。落实和完善涉农贷款税收优惠、定向费用补贴、增量奖励等政策。进一步完善县域内银行业金融机构新吸收存款主要用于当地发放贷款政策。加大政策性金融对农村改革发展重点领域和薄弱环节支持力度,拓展农业发展银行支农领域,大力开展农业开发和农村基础设施建设中长期政策性信贷业务。农业银行、农村信用社、邮政储蓄银行等银行业金融机构都要进一步增加涉农信贷投放。积极推广农村小额信用贷款。加快培育村镇银行、贷款公司、农村资金互助社,有序发展小额贷款组织,引导社会资金投资设立适应"三农"需要的各类新型金融组织。抓紧制定对偏远地区新设农村金融机构费用补贴等办法,确保3年内消除基础金融服务空白乡镇。针对农业农村特点,创新金融产品和服务方式,搞好农村信用环境建设,加强和改进农村金融监管。建立农业产业发展基金。积极扩大农业保险保费补贴的品种和区域覆盖范围,加大中央财政对中西部地区保费补贴力度。鼓励各地对特色农业、农房等保险进行保费补贴。发展农村小额保险。健全农业再保险体系,建立财政支持的巨灾风险分散机制。支持符合条件的涉农企业上市。

4. 积极引导社会资源投向农业农村。各部门各行业要主动服务"三农",在制定规划、安排项目、增加资金时切实向农村倾斜。大中城市要发挥对农村的辐射带动作用。鼓励各种社会力量开展与乡村结对帮扶,参与农村产业发展和公共设施建设。企业通过公益性社会团体、县级以上人民政府及其部门或者设立专项的农村公益基金会,用于建设农村公益事业项目的捐赠支出,不超过年度利润总额12%的部分准予在计算企业所得税前扣除。有关部门要抓紧健全科技、教育、文化、卫生等下乡支农制度,通过完善精神物质奖励、职务职称晋升、定向免费培养等措施,引导更多城市教师下乡支教、城市文化和科研机构到农村拓展服务、城市医师支援农村。健全农业气象服务体系和农村气象灾害防御体系,充分发挥气象服务"三农"的重要作用。

5. 大力开拓农村市场。针对经济发展和农民生产生活需要,适时出台刺激农村消费需求的新办法新措施。加大家电、汽车、摩托车等下乡实施力度,大幅度提高家电下乡产品最高限价,对现行限价内的产品继续实行13%的补贴标准,超出限价的实行定额补贴,允许各省(自治区、直辖市)根据本地实际增选一个品种纳入补贴范围,补贴对象扩大到国有农林场(区)职工。改善售后服务,加强市场监管,严禁假冒伪劣产品流入农村。大力发展物流配送、连锁超市、电子商务等现代流通方式,支持商贸、邮政等企业向农村延伸服务,建设日用消费品、农产品、生产资料等经营网点,继续支持供销合作社新农村现代流通网络工程建设,提升“万村千乡”超市和农家店服务功能质量。鼓励农村金融机构对农民建房、购买汽车和家电等提供消费信贷,加大对兴办农家店的信贷投放。

二、提高现代农业装备水平,促进农业发展方式转变

6. 稳定发展粮食等大宗农产品生产。在稳定粮食播种面积基础上,大力优化品种结构,着力提高粮食单产和品质。全面实施全国新增千亿斤粮食生产能力规划,尽快形成生产能力。加快建立健全粮食主产区利益补偿制度,增加产粮大县奖励补助资金,提高产粮大县人均财力水平。有关扶持政策要向商品粮调出量大、对国家粮食安全贡献突出的产粮大县(农场)倾斜。继续减少直至取消主产区粮食风险基金地方资金配套。大力发展油料生产,加快优质油菜、花生生产基地县建设,积极发展油茶、核桃等木本油料。支持优势产区发展棉花、糖料生产。继续实施粮食丰产科技工程。扩大粮棉油糖高产创建实施规模,年内覆盖全国所有农业县(农场)。大力推进农作物病虫害专业化统防统治。支持垦区率先发展现代化大农业,建设大型农产品基地,带动周边农村经济社会发展。

7. 推进菜篮子产品标准化生产。实施新一轮菜篮子工程建设,加快园艺作物生产设施化、畜禽水产养殖规模化。支持建设生猪、奶牛规模养殖场(小区),发展园艺作物标准生产基地和水产健康养殖示范场,开展标准化创建活动,推进畜禽养殖加工一体化。支持畜禽良种繁育体系建设。加强重大动物疫病防控,完善扑杀补贴政策,推进基层防疫体系建设,健全工作经费保障机制。增加渔政、渔港、渔船安全设施等建设投入,搞好水生生物增殖放流,支持发展远洋渔业。加快农产品质量安全监管体系和检验检测体系建设,积极发展无公害农产品、绿色食品、有机农产品。

8. 突出抓好水利基础设施建设。国家固定资产投资要把水利建设放在重要位置。继续加强大江大河大湖治理,逐步推进重点中小河流治理。加快大中型水利枢纽工程建设,搞好蓄滞洪区建设和山洪灾害防治。大力推进大中型灌区续建配套和节水改造,加快末级渠系建设。按期完成规划内病险水库除险加固任务,统筹安排其余病险水库除险加固。在科学规划论证基础上,启动大中型病险水闸除险加固。加快大型灌排泵站更新改造。拓宽水利建设基金筹资渠道。大幅度增加中央和省级财政小型农田水利设施建设补助专项资金规模,新增一批小型农田水利建设重点县。大力发展高效节水灌溉,支持山丘区建设雨水集蓄等小微型水利设施。通过一事一议、财政补助等办法,鼓励农民自愿投工投劳开展直接受益的小型水利设施建设。深化水利工程管理体制改革。推广农民用水户参与管理模式,加大财政对农民用水合作组织的扶持力度。加强基层抗旱排涝和农村水利技术服务体系建设。

9. 大力建设高标准农田。按照统筹规划、分工协作、集中投入、连片推进的要求,加快建设高产稳产基本农田。重视耕地质量建设,加大投入力度,安排中长期政策性贷款,支持农田排灌、土地整治、土壤改良、机耕道路和农田林网建设,把800个产粮大县的基本农田加快建成高标准农田,建立稳固的商品粮基地。继续增加农业综合开发、农村土地整治投入,有计划分片推进中低产田改造。扩大测土配方施肥、土壤有机质提升补贴规模和范围。推广保护性耕作技术,实施旱作农业示范工程,对应用旱作农业技术给予补助。

10. 提高农业科技创新和推广能力。切实把农业科技的重点放在良种培育上,加快农业生物育种创新和推广应用体系建设。继续实施转基因生物新品种培育科技重大专项,抓紧开发具有重要应用价值和自主知识产权的功能基因和生物新品种,在科学评估、依法管理基础上,推进转基因新品种产业化。推动国内种业加快企业并购和产业整合,引导种子企业与科研单位联合,抓紧培育有核心竞争力的大型种子企业。培养农业科技领军人才,发展农业产学研联盟,加强农业重点实验室、工程技术中心、科技基础条件平台建设。实施农村科技创业行动、科技富民强县专项行动计划、科普惠农兴村计划,推进现代农业产业技术体系建设。抓紧建设乡镇或区域性农技推广等公共服务机构,扩大基层农技推广体系改革与建设示范县范围。积极发展多元化、社会化农技推广服务组织。启动基层农技推广机构特设岗位计划,鼓励高校涉农专业毕业生到基层农技推广机构工作。推进农用工业技术改造。加快发展农业机械化,大力推广机械深松整地,支持秸秆还田、水稻育插秧等农机作业。创建国家现代农业示范区。

11. 健全农产品市场体系。统筹制定全国农产品批发市场布局规划，支持重点农产品批发市场建设和升级改造，落实农产品批发市场用地等扶持政策，发展农产品大市场大流通。加大力度建设粮棉油糖等大宗农产品仓储设施，完善鲜活农产品冷链物流体系，支持大型涉农企业投资建设农产品物流设施。加快发展农产品期货市场，逐步拓展交易品种，鼓励生产经营者运用期货交易机制规避市场风险。发展农业会展经济，支持农产品营销。全面推进双百市场工程和农超对接，重点扶持农产品生产基地与大型连锁超市、学校及大企业等产销对接，减少流通环节，降低流通成本。大力培育农村经纪人，充分运用地理标志和农产品商标促进特色农业发展。加强市场动态监测和信息服务。完善全国鲜活农产品绿色通道政策。

12. 构筑牢固的生态安全屏障。巩固退耕还林成果，在重点生态脆弱区和重要生态区位，结合扶贫开发和库区移民，适当增加安排退耕还林。延长天然林保护工程实施期限，抓紧制定实施办法。继续推进三北、沿海、长江等防护林体系和京津风沙源治理、湿地保护与恢复等重点林业生态工程建设。统筹推进青海三江源生态保护和建设。加大力度筹集森林、草原、水土保持等生态效益补偿资金。从2010年起提高中央财政对属集体林的国家级公益林森林生态效益补偿标准。建立造林、抚育、保护、管理投入补贴制度，开展造林苗木、森林抚育补贴试点，中央财政对林木良种生产使用、中幼林和低产林抚育给予补贴。编制林地保护利用规划，启动森林经营工程，增强森林生态服务功能，提高林地综合产出能力。大力增加森林碳汇。切实加强草原生态保护建设，加大退牧还草工程实施力度，延长实施年限，适当提高补贴标准。落实草畜平衡制度，继续推行禁牧休牧轮牧，发展舍饲圈养，搞好人工饲草地和牧区水利建设。推进西藏草原生态保护奖励机制试点工作。加大草原鼠虫害防治力度。加强草原监理体系建设，强化草原执法监督。实施国家水土保持重点建设工程，加快岩溶地区石漠化和南方崩岗治理，启动坡耕地水土流失综合治理工程，搞好清洁小流域建设。加强农业面源污染治理，发展循环农业和生态农业。

三、加快改善农村民生，缩小城乡公共事业发展差距

13. 努力促进农民就业创业。建立覆盖城乡的公共就业服务体系，积极开展农业生产技术和农民务工技能培训，整合培训资源，规范培训工作，增强农民科学种田和就业创业能力。因地制宜发展特色高效农业、林下种养业，挖掘农业内部就业潜力。推进乡镇企业结构调整和产业升级，扶持发展农产品加工业，积极发展休闲农业、乡村旅游、森林旅游和农村服务业，拓展农村非农就业空间。完善促进创业带动就业的政策措施，将农民工返乡创业和农民就地就近创业纳入政策扶持范围。加大农民外出务工就业指导和服务力度，切实维护农民工合法权益，促进农村劳动力平稳有序转移。健全农民工社会保障制度，深入开展工伤保险全覆盖行动，加强职业病防治和农民工健康服务，将与企业建立稳定劳动关系的农民工纳入城镇职工基本医疗保险，抓紧落实包括农民工在内的城镇企业职工基本养老保险关系转移接续办法。落实以公办学校为主、以输入地为主解决好农民工子女入学问题的政策，关心农村留守儿童。

14. 提高农村教育卫生文化事业发展水平。巩固和完善农村义务教育经费保障机制，落实好教师培训制度和绩效工资制度。农村学校布局要符合实际，方便学生上学，保证学生安全。继续实施中小学校舍安全工程。逐步改善贫困地区农村学生营养状况。大力发展中等职业教育，继续推进农村中等职业教育免费进程。逐步实施农村新成长劳动力免费劳动预备制培训。完善农村三级医疗卫生服务网络，落实乡镇卫生院人员绩效工资和乡村医生公共卫生服务补助政策，逐步实施免费为农村定向培养全科医生和招聘执业医师计划。搞好农村地区妇幼卫生工作和疾病防治，加强农村食品和药品监管。积极发展农村远程教育、远程医疗。稳定农村低生育水平，继续推进新农村新家庭计划和少生快富工程，完善农村部分计划生育家庭奖励扶助制度和计划生育家庭特别扶持制度，加强和创新农村流动人口计划生育服务管理。建立稳定的农村文化投入保障机制，推进广播电视村村通、文化信息资源共享、乡镇综合文化站和村文化室、农村电影放映、农家书屋等重点文化惠民工程建设和综合利用,广泛开展群众性精神文明创建活动和农民健身活动。

15. 提高农村社会保障水平。逐步提高新型农村合作医疗筹资水平、政府补助标准和保障水平。做好新型农村合作医疗、农村医疗救助、城镇居民基本医疗保险、城镇职工基本医疗保险制度的政策衔接。继续抓好新型农村社会养老保险试点,有条件的地方可加快试点步伐。积极引导试点地区适龄农村居民参保,确保符合规定条件的老年居民按时足额领取养老金。合理确定农村最低生活保障标准和补助水平,实现动态管理下的应保尽保。落实和完善被征地农民社会保障政策。健全临时救助制度。逐步提高农村五保户集中供养水平。搞好农村养老院建设,发展农村养老服务,探索应对农村人口老龄化的有效办法。加大对农村残疾人生产扶助和生活救助力度,农村各项社会保障政策优先覆盖残疾人。做好农村防灾减灾工作。

16. 加强农村水电路气房建设。搞好新农村建设规划引导,合理布局,完善功能,加快改变农村面貌。加大农村饮水安全工程投入,加强水源保护、水质监测和工程运行管理,确保如期完成规划任务。鼓励有条件的地方推行城乡区域供水。适应农村用电需求快速增长的趋势,结合推进农村电力体制改革,抓紧实施新一轮农村电网改造升级工程,提升农网供电可靠性和供电能力。继续实施小水电代燃料工程,推进水电新农村电气化县建设。全面完成“十一五”农村公路建设任务,落实农村公路管理养护责任,推进城乡客运交通一体化。加快推进农村户用沼气、大中型沼气和集中供气工程建设,加强沼气技术创新、维护管理和配套服务。支持农村开发利用新能源,推进农林废弃物资源化、清洁化利用。加快推进农村危房改造和国有林区(场)、垦区棚户区改造,继续实施游牧民定居工程。抓住当前农村建房快速增长和建筑材料供给充裕的时机,把支持农民建房作为扩大内需的重大举措,采取有效措施推动建材下乡,鼓励有条件的地方通过多种形式支持农民依法依规建设自用住房。加强村镇规划,引导农民建设富有地方特点、民族特色、传统风貌的安全节能环保型住房。实行以奖促治政策,稳步推进农村环境综合整治,开展农村排水、河道疏浚等试点,搞好垃圾、污水处理,改善农村人居环境。采取有效措施防止城市、工业污染向农村扩散。推进农村信息化,积极支持农村电信和互联网基础设施建设,健全农村综合信息服务体系。

17. 继续抓好扶贫开发工作。坚持农村开发式扶贫方针,加大投入力度,逐步扩大扶贫开发和农村低保制度有效衔接试点,对农村低收入人口全面实施扶贫政策,着力提高贫困地区群众自我发展能力,确保扶贫开发工作重点县农民人均纯收入增长幅度高于全国平均水平。因地制宜加大整村推进、劳动力转移培训、产业化扶贫、以工代赈等各项扶贫工作力度,加快贫困地区基础设施建设和社会事业发展。积极稳妥实行扶贫易地搬迁,妥善解决移民后续发展问题。对特殊类型贫困地区进行综合治理。扩大贫困村互助资金、连片开发以及彩票公益金支持革命老区建设等试点。动员社会各界参与扶贫事业,充分发挥行业扶贫作用,积极开展反贫困领域国际交流合作。研究制定未来10年扶贫开发纲要和相关规划。

四、协调推进城乡改革,增强农业农村发展活力

18. 稳定和完善农村基本经营制度。完善农村土地承包法律法规和政策,加快制定具体办法,确保农村现有土地承包关系保持稳定并长久不变。继续做好土地承包管理工作,全面落实承包地块、面积、合同、证书“四到户”,扩大农村土地承包经营权登记试点范围,保障必要的工作经费。加强土地承包经营权流转管理和服务,健全流转市场,在依法自愿有偿流转的基础上发展多种形式的适度规模经营。严格执行农村土地承包经营纠纷调解仲裁法,加快构建农村土地承包经营纠纷调解仲裁体系。按照权属明确、管理规范、承包到户的要求,继续推进草原基本经营制度改革。稳定渔民水域滩涂养殖使用权。鼓励有条件的地方开展农村集体产权制度改革试点。

19. 有序推进农村土地管理制度改革。坚决守住耕地保护红线,建立保护补偿机制,加快划定基本农田,实行永久保护。落实政府耕地保护目标责任制,上级审计、监察、组织等部门参与考核。加快农村集体土地所有权、宅基地使用权、集体建设用地使用权等确权登记颁证工作,工作经费纳入财政预算。力争用3年时间把农村集体土地所有权证确认到每个具有所有权的农民集体经济组织。有序开展农村土地整治，城乡建设用地增减挂钩要严格限定在试点范围内，周转指标纳入年度土地利用计划统一管理，农村宅基地和村庄整理后节约的土地仍属农民集体所有，确保城乡建设用地总规模不突破，确保复垦耕地质量，确保维护农民利益。按照严格审批、局部试点、封闭运行、风险可控的原则，规范农村土地管理制度改革试点。加快修改土地管理法。

20. 着力提高农业生产经营组织化程度。推动家庭经营向采用先进科技和生产手段的方向转变，推动统一经营向发展农户联合与合作，形成多元化、多层次、多形式经营服务体系的方向转变。壮大农村集体经济组织实力，为农民提供多种有效服务。大力发展农民专业合作社，深入推进示范社建设行动，对服务能力强、民主管理好的合作社给予补助。各级政府扶持的贷款担保公司要把农民专业合作社纳入服务范围，支持有条件的合作社兴办农村资金互助社。扶持农民专业合作社自办农产品加工企业。积极发展农业农村各种社会化服务组织，为农民提供便捷高效、质优价廉的各种专业服务。支持龙头企业提高辐射带动能力，增加农业产业化专项资金，扶持建设标准化生产基地，建立农业产业化示范区。推进"一村一品"强村富民工程和专业示范村镇建设。

21. 积极推进林业改革。健全林业支持保护体系，建立现代林业管理制度。深化以明晰产权、承包到户为重点的集体林权制度改革，加快推进配套改革。规范集体林权流转，支持发展林农专业合作社。深化集体林采伐管理改革，建立森林采伐管理新机制和森林可持续经营新体系。完善林权抵押贷款办法，建立森林资源资产评估制度和评估师制度。逐步扩大政策性森林保险试点范围。扶持林业产业发展，促进林农增收致富。启动国有林场改革，支持国有林场基础设施建设。开展国有林区管理体制和国有森林资源统一管理改革试点。

22. 继续深化农村综合改革。深入推进乡镇机构改革。继续推进省直管县财政管理体制改革，提高县乡基本财力保障水平，落实村级组织运转经费保障政策。按相关规划和要求，中央和省级财政继续支持农村义务教育历史债务的清理化解，推进其他公益性乡村债务清理化解试点，防止发生新的乡村债务。坚持政府引导、分级负责、农民自愿、上限控制、财政补助的原则，探索建立新形势下村级公益事业建设的有效机制，认真总结一事一议财政奖补试点经验，加大财政奖补力度，扩大试点范围。继续开展农民负担重点治理，坚决防止农民负担反弹。加快落实推进供销合作社改革发展的相关政策，加强基层社建设，强化县联合社服务功能。深化农垦体制改革，分离企业办社会职能，健全社会保障制度。加强对新形势下农村改革试验区工作的指导。

23. 推进城镇化发展的制度创新。积极稳妥推进城镇化，提高城镇规划水平和发展质量，当前要把加强中小城市和小城镇发展作为重点。深化户籍制度改革，加快落实放宽中小城市、小城镇特别是县城和中心镇落户条件的政策，促进符合条件的农业转移人口在城镇落户并享有与当地城镇居民同等的权益。多渠道多形式改善农民工居住条件，鼓励有条件的城市将有稳定职业并在城市居住一定年限的农民工逐步纳入城镇住房保障体系。采取有针对性的措施，着力解决新生代农民工问题。统筹研究农业转移人口进城落户后城乡出现的新情况新问题。大力发展县域经济，抓住产业转移有利时机，促进特色产业、优势项目向县城和重点镇集聚，提高城镇综合承载能力，吸纳农村人口加快向小城镇集中。完善加快小城镇发展的财税、投融资等配套政策，安排年度土地利用计划要支持中小城市和小城镇发展。农村宅基地和村庄整理所节约的土地首先要补充耕地，调剂为建设用地的，在县域内按照土地利用总体规划使用，纳入年度土地利用计划，主要用于产业集聚发展，方便农民就近转移就业。继续推进扩权强县改革试点，推动经济发展快、人口吸纳能力强的镇行政管理体制改革，根据经济社会发展需要，下放管理权限，合理设置机构和配备人员编制。

24. 提高农业对外开放水平。支持优势农产品扩大出口，提供出口通关、检验检疫便利和优惠。推进农产品质量可追溯体系建设，支持建设出口基地。推动农产品出口信贷创新，探索建立出口信用保险与农业保险相结合的风险防范机制。积极应对国际贸易壁垒，支持行业协会和龙头企业维护自身权益。充分利用海关特殊监管区域及保税加工物流等措施，发展农产品加工贸易。

加强国际农业科技和农业资源开发合作，制定鼓励政策，支持有条件的企业“走出去”。引导外资投向鼓励类产业，提高农业利用外资水平。加强农产品进出口调控，实行灵活高效的农产品进出口政策，建立健全农产品和农用物资进出口监测预警机制，严厉打击农产品走私违法犯罪行为，切实加强进出口农产品质量监督。

五、加强农村基层组织建设，巩固党在农村的执政基础

25. *加强和改进农村基层党的建设*。推动农村基层党组织工作创新，扩大基层党组织对农村新型组织的覆盖面，推广在农民专业合作社、专业协会、外出务工经商人员相对集中点建立党组织的做法。加强乡镇党委书记队伍建设，选好配强乡镇党委班子。提高村党组织带头人队伍素质，注重从转业退伍军人、务工回乡青年、致富能手等党员中选拔村党组织书记。以明确责任、考核监督、保障服务为重点，加强乡、村党组织领导班子管理，及时调整软弱涣散农村基层党组织班子。抓紧落实对长期在基层和艰苦边远地区工作的干部、长期担任县乡党政领导职务的干部实行工资福利倾斜的政策，进一步完善村干部“一定三有”政策，推进从优秀村干部中考录乡镇公务员、选任乡镇领导干部工作。建立稳定规范的农村基层组织工作经费保障制度，加快村级组织活动场所、农村党员干部现代远程教育网络建设。继续选聘高校毕业生到村任职，完善下得去、待得住、干得好、流得动的长效机制。不断深化农村党的建设三级联创活动，统筹城乡基层党建工作，创新完善农村流动党员教育管理服务制度，切实加强农民工中党的工作。深入开展党性党风党纪教育，加强农村基层党风廉政建设。

26. *进一步完善符合国情的农村基层治理机制*。发展和完善党领导的村级民主自治机制，规范村级民主选举、民主决策、民主管理、民主监督程序。总结各地实践经验，因地制宜推广本村重大事项由村党支部提议、支委会和村委会联席会议商议、全村党员大会审议、村民代表会议或村民会议决议，以及决议公开、实施结果公开等做法。加强对村党支部、村委会换届选举的领导和指导，严肃查处拉票、贿选等行为，确保选举平稳有序，防范和制止利用宗教、宗族等势力干预农村公共事务。加强农村集体资金、资产、资源管理，推进村务公开和民主管理“难点村”治理。开展农村社区建设创建活动，加强服务设施建设，培育发展社区服务性、公益性、互助性社会组织。强化乡镇政府社会管理和公共服务职能，建立综合服务平台，有条件的乡镇要设立便民服务中心、村设立代办点，为农民提供一站式服务。

27. *切实维护农村社会稳定*。完善党和政府主导的维护群众权益机制，切实解决好农村征地、环境污染、移民安置、集体资产管理等方面损害农民利益的突出问题。加强农村法制教育，畅通农村信访渠道，引导农民群众依法理性表达合理诉求、维护自身权益。推进农业综合执法。深入开展农村平安创建活动，坚持群防群治、依靠群众，加强和改进农村社会治安综合治理，进一步推进农村警务建设，严厉打击黑恶势力和各类违法犯罪活动。加强农村消防工作，健全农村应急反应机制。全面贯彻落实党的民族政策和宗教工作基本方针，加快民族地区经济社会发展，依法管理农村宗教事务。

各级党委和政府要站在经济社会发展全局和巩固党的执政基础的战略高度，切实加强和改善党对农村工作的领导。巩固农村基层深入学习实践科学发展观活动成果，建立党员干部受教育、科学发展上水平、农民群众得实惠的长效机制。按照促进科学发展的党政领导班子和领导干部考核评价办法的要求，指导地方细化考核指标，把粮食生产、农民增收、耕地保护、环境治理、和谐稳定等纳入地方党政领导班子绩效考核。完善农村工作领导体制和工作机制，把重中之重的要求落实到领导分工、机构设置、干部配备上，不断提高农村工作领导水平。切实加大农村政策落实力度，及时组织专项督查。各级领导干部要弘扬党的优良作风，密切联系群众，创造性开展工作。充分发挥民主党派、人民团体、社会组织和工商企业的作用，形成发展现代农业和建设社会主义新农村的强大合力。

做好2010年农业农村工作意义十分重大。我们要紧密团结在以胡锦涛同志为总书记的党中央周围，振奋精神，开拓进取，扎实工作，奋力开创农业农村工作新局面！

中共中央、国务院关于2009年促进农业稳定发展农民持续增收的若干意见

·2008年12月31日

党的十七届三中全会从中国特色社会主义事业总体布局和全面建设小康社会战略全局出发，描绘了我国农村全面小康建设的宏伟蓝图，制定了新形势下推进农村改革发展的行动纲领。各地区各部门要认真学习、深刻领会全会精神，坚定不移推进社会主义新农村建设，坚定不移走中国特色农业现代化道路，坚定不移加快形成城乡经济社会发展一体化新格局，切实把《中共中央关于推进农村改革发展若干重大问题的决定》提出的大政方针落到实处。

2008年，各地区各部门认真贯彻中央决策部署，战胜了重大自然灾害，克服了多种困难风险，农业农村继续保持良好发展局面。农业生产再获丰收，粮食总产再创新高，农民收入较快增长，农村公共事业加速发展，农村党群干群关系继续改善。农业农村的好形势，为党和国家成功办好大事、妥善应对难事奠定了坚实基础，为保持经济平稳较快发展、维护社会和谐稳定作出了重大贡献。

当前，国际金融危机持续蔓延、世界经济增长明显减速，对我国经济的负面影响日益加深，对农业农村发展的冲击不断显现。2009年可能是新世纪以来我国经济发展最为困难的一年，也是巩固发展农业农村好形势极为艰巨的一年。在农业连续5年增产的高基数上，保持粮食稳定发展的任务更加繁重；在国内外资源性产品价格普遍下行的态势中，保持农产品价格合理水平的难度更加凸显；在全社会高度关注食品质量安全的氛围里，保持农产品质量进一步提升和规避经营风险的要求更加迫切；在当前农民工就业形势严峻的情况下，保持农民收入较快增长的制约更加突出。必须切实增强危机意识，充分估计困难，紧紧抓住机遇，果断采取措施，坚决防止粮食生产滑坡，坚决防止农民收入徘徊，确保农业稳定发展，确保农村社会安定。

做好2009年农业农村工作，具有特殊重要的意义。扩大国内需求，最大潜力在农村；实现经济平稳较快发展，基础支撑在农业；保障和改善民生，重点难点在农民。2009年农业农村工作的总体要求是：全面贯彻党的十七大、十七届三中全会和中央经济工作会议精神，高举中国特色社会主义伟大旗帜，以邓小平理论和"三个代表"重要思想为指导，深入贯彻落实科学发展观，把保持农业农村经济平稳较快发展作为首要任务，围绕稳粮、增收、强基础、重民生，进一步强化惠农政策，增强科技支撑，加大投入力度，优化产业结构，推进改革创新，千方百计保证国家粮食安全和主要农产品有效供给，千方百计促进农民收入持续增长，为经济社会又好又快发展继续提供有力保障。

一、加大对农业的支持保护力度

1. 进一步增加农业农村投入。扩大内需、实施积极财政政策，要把"三农"作为投入重点。大幅度增加国家对农村基础设施建设和社会事业发展的投入，提高预算内固定资产投资用于农业农村的比重，新增国债使用向"三农"倾斜。大幅度提高政府土地出让收益、耕地占用税新增收入用于农业的比例，耕地占用税税率提高后新增收入全部用于农业，土地出让收入重点支持农业土地开发和农村基础设施建设。大幅度增加对中西部地区农村公益性建设项目的投入，2009年起国家在中西部地区安排的病险水库除险加固、生态建设、农村饮水安全、大中型灌区配套改造等公益性建设项目，取消县及县以下资金配套。城市维护建设税新增部分主要用于乡村建设规划、农村基础设施建设和维护。有条件的地方可成立政策性农业投资公司和农业产业发展基金。

2. 较大幅度增加农业补贴。2009年要在上年较大幅度增加补贴的基础上，进一步增加补贴资金。增加对种粮农民直接补贴。加大良种补贴力度，提高补贴标准，实现水稻、小麦、玉米、棉花全覆盖，扩大油菜和大豆良种补贴范围。大规模增加农机具购置补贴，将先进适用、技术成熟、安全可靠、节能环保、服务到位的农机具纳入补贴目录，补贴范围覆盖全国所有农牧业县（场），带动农机普及应用和农机工业发展。加大农资综合补贴力度，完善补贴动态调整机制，加强农业生产成本收益监测，根据农资价格上涨幅度和农作物实际

播种面积，及时增加补贴。按照目标清晰、简便高效、有利于鼓励粮食生产的要求，完善农业补贴办法。根据新增农业补贴的实际情况，逐步加大对专业大户、家庭农场种粮补贴力度。

3. 保持农产品价格合理水平。密切跟踪国内外农产品市场变化，适时加强政府调控，灵活运用多种手段，努力避免农产品价格下行，防止谷贱伤农，保障农业经营收入稳定增长。2009 年继续提高粮食最低收购价。扩大国家粮食、棉花、食用植物油、猪肉储备，2009 年地方粮油储备要按规定规模全部落实到位，适时启动主要农产品临时收储，鼓励企业增加商业收储。加强“北粮南运”、新疆棉花外运协调，继续实行相关运费补贴和减免政策，支持销区企业到产区采购。把握好主要农产品进出口时机和节奏，支持优势农产品出口，防止部分品种过度进口冲击国内市场。

4. 增强农村金融服务能力。抓紧制定鼓励县域内银行业金融机构新吸收的存款主要用于当地发放贷款的实施办法，建立独立考核机制。在加强监管、防范风险的前提下，加快发展多种形式新型农村金融组织和以服务农村为主的地区性中小银行。鼓励和支持金融机构创新农村金融产品和金融服务，大力发展小额信贷和微型金融服务，农村微小型金融组织可通过多种方式从金融机构融入资金。积极扩大农村消费信贷市场。依法开展权属清晰、风险可控的大型农用生产设备、林权、四荒地使用权等抵押贷款和应收账款、仓单、可转让股权、专利权、商标专用权等权利质押贷款。抓紧出台对涉农贷款定向实行税收减免和费用补贴、政策性金融对农业中长期信贷支持、农民专业合作社开展信用合作试点的具体办法。放宽金融机构对涉农贷款的呆账核销条件。加快发展政策性农业保险，扩大试点范围、增加险种，加大中央财政对中西部地区保费补贴力度，加快建立农业再保险体系和财政支持的巨灾风险分散机制，鼓励在农村发展互助合作保险和商业保险业务。探索建立农村信贷与农业保险相结合的银保互动机制。

二、稳定发展农业生产

5. 加大力度扶持粮食生产。稳定粮食播种面积，优化品种结构，提高单产水平，不断增强综合生产能力。建立健全粮食主产区利益补偿制度，根据主产区对国家粮食安全的贡献，增加一般性转移支付和产粮大县奖励补助等资金，优先安排农业基础设施建设投资和农业综合开发等资金，扶持粮食产业和龙头企业发展，引导产销区建立利益衔接机制，促进主产区经济社会加快发展，确保主产区得到合理利益补偿，确保种粮农民得到合理经济收益。加快取消主产区粮食风险基金资金配套。推进全国新增千亿斤粮食生产能力建设，以主产区重点县（场）为单位，集中投入、整体开发。进一步强化“米袋子”省长负责制，各地区都要承担本地耕地和水资源保护、粮食产销和市场调控责任，逐级建立有效的粮食安全监督检查和绩效考核机制。结合振兴东北地区等老工业基地，加快推进现代农业建设。发挥国有农场在建设现代农业、保障国家粮食安全等方面的积极作用。

6. 支持优势产区集中发展油料等经济作物生产。加快实施新一轮优势农产品区域布局规划。落实国家扶持油料生产的各项政策措施，加强东北和内蒙古优质大豆、长江流域“双低”油菜生产基地建设。尽快制定实施全国木本油料产业发展规划，重点支持适宜地区发展油茶等木本油料产业，加快培育推广高产优良品种。稳定发展棉花生产，启动长江流域、黄淮海地区棉花生产基地建设。支持优势产区发展糖料、马铃薯、天然橡胶等作物，积极推进蔬菜、水果、茶叶、花卉等园艺产品设施化生产。

7. 加快发展畜牧水产规模化标准化健康养殖。采取市场预警、储备调节、增加险种、期货交易等措施，稳定发展生猪产业。继续落实生猪良种补贴和能繁母猪补贴政策，扩大生猪调出大县奖励政策实施范围。继续落实奶牛良种补贴、优质后备奶牛饲养补贴等政策，实施奶牛生产大县财政奖励政策，着力扶持企业建设标准化奶站，确保奶源质量。增加畜禽标准化规模养殖场（小区）项目投资，加大信贷支持力度，落实养殖场用地等政策。加大畜禽水产良种工程实施力度，充实动物防疫体系建设内容，加快推进动物标识及疫病可追溯体系建设，落实村级防疫员补助经费。扩大水产健康养殖示范区（场）建设，继续实行休渔、禁渔制度，强化增殖放流等水生生物资源养护措施。扩大渔港、渔船航标、渔船安全设施等建设规模，扶持和壮大远洋渔业。

8. 严格农产品质量安全全程监控。抓紧出台食品安全法，制定和完善农产品质量安全法配套规章制度，健全部门分工合作的监管工作机制，进一步探索更有效的食品安全监管体制，实行严格的食品质量安全追溯制度、召回制度、市场准入和退出制度。加快农产品质量安全检验检测体系建设，完善农产品质量安全标准，加强检验检测机构资质认证。扩大农产品和食品例行监测范围，逐步清理并降低强制性检验检疫费用。健全饲料安全监管体系，促进饲料产业健康发展。强化企业质量安全责任，对上市产品实行批批自检。建立农产品和食品生产经营质量安全征信体系。开展专项整治，坚决制止违法使用农药、兽（渔）药行为。加快农业标准化示范区建设，推动龙头企业、农民专业合作社、专业大户等率先实行标准化生产，支持建设绿色和有机农产品生产基地。

9. *加强农产品进出口调控*。健全高效灵活的农产品进出口调控机制，协调内外贸易，密切政府、协会、企业之间的沟通磋商。扩大农产品出口信用保险承保范围，探索出口信用保险与农业保险、出口信贷相结合的风险防范机制。对劳动密集型和技术密集型农产品出口实行优惠信贷政策。培育农业跨国经营企业。按照世界贸易组织规则，健全外商经营农产品和农资准入制度，明确外资并购境内涉农企业安全审查范围和程序，建立联席会议制度。

三、强化现代农业物质支撑和服务体系

10. *加快农业科技创新步伐*。加大农业科技投入，多渠道筹集资金，建立农业科技创新基金，重点支持关键领域、重要产品、核心技术的科学研究。加快推进转基因生物新品种培育科技重大专项，整合科研资源，加大研发力度，尽快培育一批抗病虫、抗逆、高产、优质、高效的转基因新品种，并促进产业化。实施主要农作物强杂交优势技术研发重大项目。强化农业知识产权保护。支持龙头企业承担国家科技计划项目。加强和完善现代农业产业技术体系。深入推进粮棉油高产创建活动，支持科技人员和大学毕业生到农技推广一线工作。开展农业科技培训，培养新型农民。采取委托、招标等形式，引导农民专业技术协会等社会力量承担公益性农技推广服务项目。

11. *加快高标准农田建设*。大力推进土地整治，搞好规划，统筹安排土地整理复垦开发、农业综合开发等各类建设资金，集中连片推进农村土地整治，实行田、水、路、林综合治理，大规模开展中低产田改造，提高高标准农田比重。继续推进"沃土工程"，扩大测土配方施肥实施范围。开展鼓励农民增施有机肥、种植绿肥、秸秆还田奖补试点。大力开展保护性耕作，加快实施旱作农业示范工程。

12. *加强水利基础设施建设*。加强大江大河和重点中小河流治理，建成一批大中型水利骨干工程。加快大中型和重点小型病险水库除险加固进度，确保工程建设质量。增加投资规模，重点加快大型灌区续建配套和节水改造。扩大大型排灌泵站更新改造规模和范围，启动西北沿黄高扬程提水灌溉泵站、东北涝区排水泵站等更新改造建设。继续加大农业综合开发中型灌区骨干工程节水改造力度。增加中央和省级财政小型农田水利工程建设补助专项资金，依据规划整合投资，推进大中型灌区田间工程和小型灌区节水改造，推广高效节水灌溉技术，因地制宜修建小微型抗旱水源工程，发展牧区水利。加强重要水源工程及配套灌区建设。推进水利工程管理和农村水利体制改革，探索农业灌溉工程运行管理财政补贴机制，启动减轻农业用水负担综合改革试点。

13. *加快推进农业机械化*。启动农业机械化推进工程，重点加强示范基地、机耕道建设，提高农机推广服务和安全监理能力。普及主要粮油作物播种、收获等环节机械化，加快研发适合丘陵山区使用的轻便农业机械和适合大面积作业的大型农业机械。支持农机工业技术改造，提高农机产品适用性和耐用性，切实加强售后服务。实行重点环节农机作业补贴试点。对农机大户、种粮大户和农机服务组织购置大中型农机具，给予信贷支持。完善农用燃油供应保障机制，建立高能耗农业机械更新报废经济补偿制度。

14. *推进生态重点工程建设*。巩固退耕还林成果，继续推进京津风沙源治理等重点工程，增加天然林保护投资，抓紧研究延长天然林保护工程实施期限有关政策，完善三北防护林工程投入和建设机制。建设现代林业，发展山区林特产品、生态旅游业和碳汇林业。扩大退牧还草工程实施范围，加强人工饲草地和灌溉草场建设。加强森林草原火灾监测预警体系和防火基础设施建设。加快重点区域荒漠化和小流域综合治理,启动坡耕地水土流失综合整治工程,加强山洪和泥石流等地质灾害防治。提高中央财政森林生态效益补偿标准,启动草原、湿地、水土保持等生态效益补偿试点。安排专门资金,实行以奖促治,支持农业农村污染治理。

15. *加强农产品市场体系建设*。加大力度支持重点产区和集散地农产品批发市场、集贸市场等流通基础设施建设。推进大型粮食物流节点、农产品冷链系统和生鲜农产品配送中心建设。落实停止收取个体工商户管理费和集贸市场管理费政策。支持大型连锁超市和农产品流通企业开展农超对接,建设农产品直接采购基地。发挥农村经纪人作用。长期实行并逐步完善鲜活农产品运销绿色通道政策,推进在全国范围内免收整车合法装载鲜活农产品的车辆通行费。

16. *推进基层农业公共服务机构建设*。按照3年内在全国普遍健全乡镇或区域性农业技术推广、动植物疫病防控、农产品质量监管等公共服务机构的要求,尽快明确职责、健全队伍、完善机制、保障经费,切实增强服务能力。创新管理体制和运行机制,采取公开招聘、竞聘上岗等方式择优聘用专业技术人员。改革考评、分配制度,将服务人员收入与岗位职责、工作业绩挂钩。农业公共服务机构履行职责所需经费纳入地方各级财政预算。逐步推进村级服务站点建设试点。

四、稳定完善农村基本经营制度

17. *稳定农村土地承包关系*。抓紧修订、完善相关法律法规和政策,赋予农民更加充分而有保障的土地承包经营权,现有土地承包关系保持稳定并长久不变。强化对土地承包经营权的物权保护,做好集体土地所有权确权登记颁证工作,将权属落实到法定行使所有权的集体组织;稳步开展土地承包经营权登记试点,把承包地块的面积、空间位置和权属证书落实到农户,严禁借机调整土地承包关系,坚决禁止和纠正违法收回农民承包土地的行为。加快落实草原承包经营制度。

18. *建立健全土地承包经营权流转市场*。土地承包经营权流转,不得改变土地集体所有性质,不得改变土地用途,不得损害农民土地承包权益。坚持依法自愿有偿原则,尊重农民的土地流转主体地位,任何组织和个人不得强迫流转,也不能妨碍自主流转。按照完善管理、加强服务的要求,规范土地承包经营权流转。鼓励有条件的地方发展流转服务组织,为流转双方提供信息沟通、法规咨询、价格评估、合同签订、纠纷调处等服务。

19. *实行最严格的耕地保护制度和最严格的节约用地制度*。基本农田必须落实到地块、标注在土地承包经营权登记证书上,并设立统一的永久基本农田保护标志,严禁地方擅自调整规划改变基本农田区位。严格地方政府耕地保护责任目标考核,实行耕地和基本农田保护领导干部离任审计制度。尽快出台基本农田保护补偿具体办法。从严控制城乡建设用地总规模,从规划、标准、市场配置、评价考核等方面全面建立和落实节约用地制度。抓紧编制乡镇土地利用规划和乡村建设规划,科学合理安排村庄建设用地和宅基地,根据区域资源条件修订宅基地使用标准。农村宅基地和村庄整理所节约的土地,首先要复垦为耕地,用作折抵建设占用耕地补偿指标必须依法进行,必须符合土地利用总体规划,纳入土地计划管理。农村土地管理制度改革要在完善相关法律法规、出台具体配套政策后,规范有序地推进。

20. *全面推进集体林权制度改革*。用5年左右时间基本完成明晰产权、承包到户的集体林权制度改革任务。集体林地经营权和林木所有权已经落实到户的地方,要尽快建立健全产权交易平台,加快林地、林木流转制度建设,完善林木采伐管理制度。尚未落实到户的地方,要在加强宣传、做好培训和搞好勘界发证基础上,加快集体林权制度改革步伐。加大财政对集体林权制度改革的支持力度,开展政策性森林保险试点。引导森林资源资产评估、森林经营方案编制等中介服务健康发展。进一步扩大国有林场和重点国有林区林权制度改革试点。

21. *扶持农民专业合作社和龙头企业发展*。加快发展农民专业合作社,开展示范社建设行动。加强合作社人员培训,各级财政给予经费支持。将合作社纳入税务登记系统,免收税务登记工本费。尽快制定金融支持合作社、有条件的合作社承担国家涉农项目的具体办法。扶持农业产业化经营,鼓励发展农产品加工,让农民更多分享加工流通增值收益。中央和地方财政增加农业产业化专项资金规模,重点支持对农户带动力强的龙头企业开展技术研发、基地建设、质量检测。鼓励龙头企业在财政支持下参与担保体系建设。采取有效措施帮助龙头企业解决贷款难问题。

五、推进城乡经济社会发展一体化

22. *加快农村社会事业发展*。建立稳定的农村文化投入保障机制,尽快形成完备的农村公共文化服务体系。推进广播电视村村通、文化信息资源共享、乡镇综合文化站和村文化室建设、农村电影放映、农家书屋等重点文化惠民工程。巩固农村义务教育普及成果,提高农村学校公用经费和家庭经济困难寄宿生补助标准,改善农村教师待遇,推进农村中小学校舍安全排查、加固和改造。加快发展农村中等职业教育,2009年起对中等职业学校农村家庭经济困难学生和涉农专业学生实行免费。国家新增助学金要向农村生源学生倾斜。巩固发展新型农村合作医疗,坚持大病住院保障为主、兼顾门诊医疗保障,开展门诊统筹试点,有条件的地方可提高财政补助标准和水平。进一步增加投入,加强县、乡、村医疗卫生公共服务体系建设。抓紧制定指导性意见,建立个人缴费、集体补助、政府补贴的新型农村社会养老保险制度。加大中央和省级财政对农村最低生活保障补助力度,提高农村低保标准和补助水平。加快研究解决农垦职工社会保障问题。

23. *加快农村基础设施建设*。调整农村饮水安全工程建设规划,加大投资和建设力度,把农村学校、国有农(林)场纳入建设范围。扩大电网供电人口覆盖率,加快推进城乡同网同价。加大农村水电建设投入,扩大小水电代燃料建设规模。加快农村公路建设,2010年底基本实现全国乡镇和东中部地区具备条件的建制村通油(水泥)路,西部地区具备条件的建制村通公路,加大中央财政对中西部地区农村公路建设投资力度,建立农村客运政策性补贴制度。增加农村沼气工程建设投资,扩大秸秆固化气化试点示范。发展农村信息化。加快国有林区、垦区棚户区改造,实施游牧民定居工程,扩大农村危房改造试点。

24. *积极扩大农村劳动力就业*。对当前农民工就业困难和工资下降等问题,各地区和有关部门要高度重视,采取有力措施,最大限度安置好农民工,努力增加农民的务工收入。引导企业履行社会责任,支持企业多留用农民工,督促企业及时足额发放工资,妥善解决劳资纠纷。对生产经营遇到暂时困难的企业,引导其采取灵活用工、弹性工时、在岗培训等多种措施稳定就业岗位。城乡基础设施建设和新增公益性就业岗位,要尽量多使用农民工。采取以工代赈等方式引导农民参与农业农村基础设施建设。输出地、输入地政府和企业都要加大投入,大规模开展针对性、实用性强的农民工技能培训。有条件的地方可将失去工作的农民工纳入相关就业政策支持范围。落实农民工返乡创业扶持政策,在贷款发放、税费减免、工商登记、信息咨询等方面提供支持。保障返乡农民工的合法土地承包权益,对生活无着的返乡农民工要提供临时救助或纳入农村低保。同时,充分挖掘农业内部就业潜力,拓展农村非农就业空间,鼓励农民就近就地创业。抓紧制定适合农民工特点的养老保险办法,解决养老保险关系跨社保统筹地区转移接续问题。建立农民工统计监测制度。

25. *推进农村综合改革*。按照着力增强社会管理和公共服务职能、到2012年基本完成改革任务的要求,继续推进乡镇机构改革。推进"乡财县管"改革,加强县乡财政对涉农资金的监管。力争用3年左右时间,逐步建立资金稳定、管理规范、保障有力的村级组织运转经费保障机制。总结试点经验,完善相关政策,扩大农村公益事业一事一议财政奖补试点范围,中央和试点地区省级财政要增加试点投入。积极稳妥化解乡村债务,2010年基本完成全国农村义务教育债务化解,继续选择与农民利益直接相关的农村公益事业建设形成的乡村债务进行化解试点。

26. *增强县域经济发展活力*。调整财政收入分配格局,增加对县乡财政的一般性转移支付,逐步提高县级财政在省以下财力分配中的比重,探索建立县乡财政基本财力保障制度。推进省直接管理县(市)财政体制改革,将粮食、油料、棉花和生猪生产大县全部纳入改革范围。稳步推进扩权强县改革试点,鼓励有条件的省份率先减少行政层次,依法探索省直接管理县(市)的体制。依法赋予经济发展快、人口吸纳能力强的小城镇在投资审批、工商管理、社会治安等方面的行政管理权限。支持发展乡镇企业,加大技术改造投入,促进产业集聚和升级。

27. *积极开拓农村市场*。支持流通企业与生产企业合作建立区域性农村商品采购联盟，用现代流通方式建设和改造农村日用消费品流通网络，扩大“农家店”覆盖范围，重点提高配送率和统一结算率，改善农村消费环境。鼓励设计开发适合农村特点的生活消费品和建筑材料。2009 年在全国范围实施“家电下乡”，对农民购买彩电、电冰箱、手机、洗衣机等指定家电品种，国家按产品销售价格一定比例给予直接补贴，并根据需要增加新的补贴品种。保证下乡家电质量，搞好售后服务。加强农资产销调控，扶持化肥生产，增加淡季储备，保障市场供应。支持供销合作社、邮政、商贸企业和农民专业合作社等加快发展农资连锁经营，推行农资信用销售。鼓励有条件的地方改造建设农村综合服务中心。加强农村市场监管，严厉查处坑农害农行为。

28. 完善国家扶贫战略和政策体系。坚持开发式扶贫方针，制定农村最低生活保障制度与扶贫开发有效衔接办法。实行新的扶贫标准，对农村没有解决温饱的贫困人口、低收入人口全面实施扶贫政策，尽快稳定解决温饱并实现脱贫致富，重点提高农村贫困人口的自我发展能力。继续增加扶贫资金投入，加大整村推进力度，提高劳动力转移培训质量，提升产业化扶贫水平。优先支持革命老区、民族地区、边疆地区扶贫开发，积极稳妥实行移民扶贫，对特殊类型贫困地区进行综合治理。充分发挥行业扶贫作用，继续动员社会各界参与扶贫事业，积极开展反贫困领域国际交流合作。

各级党委和政府要坚持把解决好农业、农村、农民问题作为全党工作和政府全部工作的重中之重，切实加强和改善党对农村工作的领导，确保把党的各项农村政策落到实处。扎实开展农村基层深入学习实践科学发展观活动，按照科学发展观和正确政绩观要求，把粮食生产、农民增收、耕地保护、环境治理、和谐稳定作为考核地方特别是县（市）领导班子绩效的重要内容，尽快制定指标，严格监督检查。抓好以村党组织为核心的村级组织配套建设，深化农村党的建设三级联创活动，创新农村党组织设置方式，扩大党在农村的组织覆盖和工作覆盖。建立健全城乡一体党员动态管理机制，加强农民工党员教育管理。广泛开展创先争优活动。完善党员设岗定责、依岗承诺等活动载体。加强农村党风廉政建设，抓好党的农村政策贯彻落实情况的监督检查，认真解决损害农民利益的突出问题。完善村党组织两推一选、村委会直选的制度和办法，着力拓宽农村干部来源，稳步推进高校毕业生到村任职工作，实施一村一名大学生计划，完善长效机制和政策措施。创新培养选拔机制，选优配强村党组织书记。按照定职责目标和工作有合理待遇、干好有发展前途、退岗有一定保障的要求，以不低于当地农村劳动力平均收入水平确定村干部基本报酬，并根据实际情况建立业绩考核奖励制度，逐步解决好村干部养老保障问题，加大从优秀村干部中选任乡镇领导干部、考录乡镇公务员、招聘乡镇事业编制人员的力度。积极推进农村党员干部现代远程教育和村级组织活动场所建设。加强农村民主法制建设和精神文明建设，深入推进政务公开、村务公开和党务公开。高度重视农村社会稳定工作，妥善解决农村征地、环境污染、移民搬迁、集体资产处置等引发的突出矛盾和问题，做好农村信访工作，搞好农村社会治安综合治理，推进农村警务建设，反对和制止利用宗教、宗族势力干预农村公共事务，严密防范境外敌对势力对农村的渗透，保持农村社会和谐稳定。

做好 2009 年农业农村工作意义十分重大。我们要紧密团结在以胡锦涛同志为总书记的党中央周围，开拓进取，扎实工作，迎难而上，奋力开创农村改革发展新局面！

中共中央、国务院关于切实加强农业基础建设进一步促进农业发展农民增收的若干意见

· 2007 年 12 月 31 日

党的十七大高举中国特色社会主义伟大旗帜，对继续推进改革开放和社会主义现代化建设、实现全面建设小康社会的宏伟目标作出了全面部署。推动科学发展，促进社会和谐，夺取全面建设小康社会新胜利，必须加强农业基础地位，走中国特色农业现代化道路，建立以工促农、以城带乡长效机制，形成城乡经济社会发展一体化新格局。

党的十六大以来，党中央、国务院顺应时代要求，遵循发展规律，与时俱进加强“三农”工作，作出了一系列意义重大、影响深远的战略部署。坚持把解决好“三农”问题作为全党工作的重中之重，不断强化对农业和农村工作的领导；坚持统筹城乡发展，不断加大工业反哺农业、城市支持农村的力度；坚持多予少取放活，不断完善农业支持保护体系；坚持市场取向改革，不断解放和发展农村生产力；坚持改善民生，不断解决农民生产生活最迫切的实际问题。经过全党全国人民的共同努力，农业和农村发展呈现出难得的好局面。粮食连续4年增产，农业生产全面发展。农民收入持续较快增长，生活水平明显提高。农村基础设施加快改善，社会事业发展和扶贫开发迈出重大步伐。农村改革取得历史性突破，发展活力不断增强。农村党群干群关系明显改善，农村社会稳定和谐。农业和农村形势好，为改革发展稳定全局作出了重大贡献。实践证明，中央关于“三农”工作的方针政策是完全正确的。

当前，工业化、信息化、城镇化、市场化、国际化深入发展，农业和农村正经历着深刻变化。农业资源环境和市场约束增强，保障农产品供求平衡难度加大，要求加速转变农业发展方式。农产品贸易竞争加剧，促进优势农产品出口和适时适度调控进口难度加大，要求加快提升农业竞争力。农业比较效益下降，保持粮食稳定发展、农民持续增收难度加大，要求健全农业支持保护体系。农村生产要素外流加剧，缩小城乡差距难度加大，要求加大统筹城乡发展力度。农村社会结构深刻转型，兼顾各方利益和搞好社会管理难度加大，要求进一步完善乡村治理机制。全党必须深刻认识“三农”工作面临的新形势新任务，全面把握新机遇新挑战，增强做好“三农”工作的紧迫感，粮食安全的警钟要始终长鸣，巩固农业基础的弦要始终绷紧，解决好“三农”问题作为全党工作重中之重的要求要始终坚持。

2008年和今后一个时期，农业和农村工作的总体要求是：全面贯彻党的十七大精神，高举中国特色社会主义伟大旗帜，以邓小平理论和“三个代表”重要思想为指导，深入贯彻落实科学发展观，按照形成城乡经济社会发展一体化新格局的要求，突出加强农业基础建设，积极促进农业稳定发展、农民持续增收，努力保障主要农产品基本供给，切实解决农村民生问题，扎实推进社会主义新农村建设。

一、加快构建强化农业基础的长效机制

在经济社会发展新阶段，农业的多种功能日益凸现，农业的基础作用日益彰显。必须更加自觉地加强农业基础地位，不断加大强农惠农政策力度。

（一）按照统筹城乡发展要求切实加大“三农”投入力度。强化农业基础，必须引导要素资源合理配置，推动国民收入分配切实向“三农”倾斜，大幅度增加对农业和农村投入。要坚持并落实工业反哺农业、城市支持农村和多予少取放活的方针，坚持做到县级以上各级财政每年对农业总投入增长幅度高于其财政经常性收入增长幅度，坚持把国家基础设施建设和社会事业发展的重点转向农村。2008年，财政支农投入的增量要明显高于上年，国家固定资产投资用于农村的增量要明显高于上年，政府土地出让收入用于农村建设的增量要明显高于上年。耕地占用税新增收入主要用于“三农”，重点加强农田水利、农业综合开发和农村基础设施建设。完善城市维护建设税政策，各地预算安排的城市维护建设支出要确定部分资金用于乡村规划、基础设施建设和维护。从2008年起，国家在国家扶贫开发工作重点县新安排的病险水库除险加固、生态建设等公益性强的基本建设项目，根据不同情况，逐步减少或取消县及县以下配套。加强农业投入管理，提高资金使用效益。加快农业投入立法。

（二）巩固、完善、强化强农惠农政策。按照适合国情、着眼长远、逐步增加、健全机制的原则，坚持和完善农业补贴制度，不断强化对农业的支持保护。继续加大对农民的直接补贴力度，增加粮食直补、良种补贴、农机具购置补贴和农资综合直补。扩大良种补贴范围。增加农机具购置补贴种类，提高补贴标准，将农机具购置补贴覆盖到所有农业县。认真总结各地开展政策性农业保险试点的经验和做法，稳步扩大试点范围，科学确定补贴品种。全面落实对粮食、油料、生猪和奶牛生产的各项扶持政策，加大对生产大县的奖励补助，逐步形成稳定规范的制度。根据保障农产品供给和调动农民积极性的需要，统筹研究重要农产品的补

贴政策。强农惠农政策要向重点产区倾斜,向提高生产能力倾斜。继续对重点地区、重点粮食品种实行最低收购价政策。

(三)形成农业增效、农民增收良性互动格局。要通过结构优化增收,继续搞好农产品优势区域布局规划和建设,支持优质农产品生产和特色农业发展,推进农产品精深加工。要通过降低成本增收,大力发展节约型农业,促进秸秆等副产品和生活废弃物资源化利用,提高农业生产效益。要通过非农就业增收,提高乡镇企业、家庭工业和乡村旅游发展水平,增强县域经济发展活力,改善农民工进城就业和返乡创业环境。要通过政策支持增收,加大惠农力度,防止农民负担反弹,合理调控重要农产品和农业生产资料价格。进一步明确农民家庭财产的法律地位,保障农民对集体财产的收益权,创造条件让更多农民获得财产性收入。

(四)探索建立促进城乡一体化发展的体制机制。着眼于改变农村落后面貌,加快破除城乡二元体制,努力形成城乡发展规划、产业布局、基础设施、公共服务、劳动就业和社会管理一体化新格局。健全城乡统一的生产要素市场,引导资金、技术、人才等资源向农业和农村流动,逐步实现城乡基础设施共建共享、产业发展互动互促。切实按照城乡一体化发展的要求,完善各级行政管理机构和职能设置,逐步实现城乡社会统筹管理和基本公共服务均等化。

二、切实保障主要农产品基本供给

确保农产品有效供给是促进经济发展和社会稳定的重要物质基础。必须立足发展国内生产,深入推进农业结构战略性调整,保障农产品供求总量平衡、结构平衡和质量安全。

(一)高度重视发展粮食生产。切实稳定粮食播种面积,优化品种结构,提高单产水平,确保粮食生产稳定发展。积极发展稻谷生产,扩大专用小麦播种面积,合理引导玉米消费。继续实施粮食生产各项工程。根据粮食产销格局的变化,进一步完善粮食风险基金政策,加大对粮食主产区的扶持力度,完善产粮大县奖励政策。实施粮食战略工程,集中力量建设一批基础条件好、生产水平高和调出量大的粮食核心产区;在保护生态前提下,着手开发一批资源有优势、增产有潜力的粮食后备产区。扩大西部退耕地区基本口粮田建设。落实粮食省长负责制,主销区和产销平衡区要稳定粮食自给水平。支持发展主要粮食作物的政策性保险。大力发展油料生产,鼓励优势区域发展棉花、糖料生产,着力提高品质和单产。积极应对全球气候变化,加强防灾减灾工作。支持农垦企业建设大型粮食和农产品生产基地,充分发挥其在现代农业建设中的示范带动作用。

(二)切实抓好“菜篮子”产品生产。继续强化“菜篮子”市长负责制,确保“菜篮子”产品生产稳定发展。积极推动蔬菜等园艺产品的规模化种植。加快转变畜禽养殖方式,对规模养殖实行“以奖代补”,落实规模养殖用地政策,继续实行对畜禽养殖业的各项补贴政策。完善原料奶价格形成机制,严格执行液态奶标识制度。推行水产健康养殖,强化水生生物资源养护,落实禁渔休渔制度,加强渔业安全基础设施建设,支持发展远洋渔业。有条件的地方要积极发展设施农业和精细农业。建立健全生猪、奶牛等政策性保险制度。

(三)加强农业标准化和农产品质量安全工作。加快农业标准修订制定工作。继续实施农业标准化示范项目,扶持龙头企业、农民专业合作组织、科技示范户和种养大户率先实行标准化生产。实施农产品质量安全检验检测体系建设规划,依法开展质量安全监测和检查,巩固农产品质量安全专项整治成果。深入实施无公害农产品行动计划,建立农产品质量安全风险评估机制,健全农产品标识和可追溯制度。强化农业投入品监管,启动实施“放心农资下乡进村”示范工程。积极发展绿色食品和有机食品,培育名牌农产品,加强农产品地理标志保护。

(四)支持农业产业化发展。继续实施农业产业化提升行动,培育壮大一批成长性好、带动力强的龙头企业,支持龙头企业跨区域经营,促进优势产业集群发展。中央和地方财政要增加农业产业化专项资金,支持龙头企业开展技术研发、节能减排和基地建设等。探索采取建立担保基金、担保公司等方式,解决龙头企业融资难问题。抓紧研究完善农产品加工税收政策,促进农产品精深加工健康发展。允许符合条件的龙头企业向社会发行企业债券。龙头企业要增强社会责任,与农民结成更紧密的利益共同体,让农民更多地分享产业化经营成果。健全国家和省级重点龙头企业动态管理机制。引导各类市场主体参与农业产业化经营。鼓励农民专业合作社兴办农产品加工企业或参股龙头企业。支持发展“一村一品”。

（五）加强和改善农产品市场调控。适应生产方式、产销格局和资源环境的变化，统筹利用两个市场、两种资源，保障国内农产品供给和生产发展。兼顾生产者和消费者利益，运用经济杠杆引导农产品价格保持合理水平。加强粮食等重要农产品储备体系建设，完善吞吐调节机制，引导企业建立商业性储备。抓紧建立健全重要农产品供求和价格监测预警体系。鼓励优势农产品出口，推进出口农产品质量追溯体系建设，支持发展农产品出口信贷和信用保险。完善大宗农产品进口管理和贸易救济预警制度。探索采取符合国际惯例的有效手段，调节农产品进出口。驻外机构特别是我驻农产品主要贸易国使领馆要加强国际农产品市场信息服务和农业合作交流。

三、突出抓好农业基础设施建设

加强以农田水利为重点的农业基础设施建设是强化农业基础的紧迫任务。必须切实加大投入力度，加快建设步伐，努力提高农业综合生产能力，尽快改变农业基础设施长期薄弱的局面。

（一）狠抓小型农田水利建设。抓紧编制和完善县级农田水利建设规划，整体推进农田水利工程建设和管理。大幅度增加中央和省级小型农田水利工程建设补助专项资金，将大中型灌区末级渠系改造和小型排涝设施建设纳入补助范围。以雨水集蓄利用为重点，兴建山区小型抗旱水源工程。采取奖励、补助等形式，调动农民建设小型农田水利工程的积极性。推进小型农田水利工程产权制度改革，探索非经营性农村水利工程管理体制改革办法，明确建设主体和管护责任。支持农民用水合作组织发展，提高服务能力。

（二）大力发展节水灌溉。继续把大型灌区节水改造作为农业固定资产投资的重点，力争到2020年基本完成大型灌区续建配套与节水改造任务。农业综合开发要增加中型灌区骨干工程和大中型灌区田间节水改造资金投入。搞好节水灌溉示范，引导农民积极采用节水设备和技术。扩大大型灌溉排水泵站技术改造规模和范围，实施重点涝区治理。对农业灌排用电给予优惠。

（三）抓紧实施病险水库除险加固。大幅度增加病险水库除险加固资金投入，健全责任制，加快完成大中型和重点小型病险水库除险加固任务。各地要加快编制重点地区中小河流治理规划，增加建设投入，中央对中西部地区给予适当补助。引导地方搞好河道疏浚。深化水利工程管理体制改革，进一步落实库区移民政策。加快西南地区中小型水源工程建设。扩大实施山洪灾害防治试点，加强地质灾害防治工作。

（四）加强耕地保护和土壤改良。严格执行土地利用总体规划和年度计划，全面落实耕地保护责任制，建立和完善土地违法违规案件查处协调机制，切实控制建设占用耕地和林地。土地出让收入用于农村的投入，要重点支持基本农田整理、灾毁复垦和耕地质量建设。继续增加投入，加大力度改造中低产田。加快沃土工程实施步伐，扩大测土配方施肥规模。支持农民秸秆还田、种植绿肥、增施有机肥。加快实施旱作农业示范工程，建设一批旱作节水示范区。

（五）加快推进农业机械化。推进农业机械化是转变农业生产方式的迫切需要，也为振兴农机工业提供了重要机遇。加快推进粮食作物生产全程机械化，稳步发展经济作物和养殖业机械化。加强先进适用、生产急需农业机械的研发，重点在粮食主产区、南方丘陵区和血吸虫疫区加快推广应用。完善农业机械化税费优惠政策，对农机作业服务实行减免税，对从事田间作业的拖拉机免征养路费，继续落实农机跨区作业免费通行政策。继续实施保护性耕作项目。扶持发展农机大户、农机合作社和农机专业服务公司。加强农机安全监理工作。

（六）继续加强生态建设。深入实施天然林保护、退耕还林等重点生态工程。建立健全森林、草原和水土保持生态效益补偿制度，多渠道筹集补偿资金，增强生态功能。继续推进山区综合开发，促进林业产业发展。落实草畜平衡制度，推进退牧还草，发展牧区水利，兴建人工草场。加强森林草原火灾监测预警体系和防火基础设施建设。继续搞好长江、黄河、东北黑土区等重点流域、区域水土保持工作。加强荒漠化、石漠化治理，加大坡改梯、黄土高原淤地坝和南方崩岗治理工程建设力度，加强湿地保护，促进生态自我修复。加强农村节能减排工作，鼓励发展循环农业，推进以非粮油作物为主要原料的生物质能源研究和开发。加大农业面源污染防治力度，抓紧制定规划，切实增加投入，落实治理责任，加快重点区域治理步伐。

四、着力强化农业科技和服务体系基本支撑

加强农业科技和服务体系建设是加快发展现代农业的客观需要。必须推动农业科技创新取得新突破，农业社会化服务迈出新步伐，农业素质、效益和竞争力实现新提高。

（一）加快推进农业科技研发和推广应用。切实增加农业科研投入，重点支持公益性农业科研机构和高等学校开展基础性、前沿性研究，加强先进实用技术集成配套。加强产学研密切结合，推进农业科技创新活动。推动现代农业产业技术体系建设，提升农业区域创新能力。启动转基因生物新品种培育科技重大专项，加快实施种子工程和畜禽水产良种工程。继续安排农业科技成果转化资金。深入实施科技入户工程，加大重大技术推广支持力度，继续探索农业科技成果进村入户的有效机制和办法。切实加强公益性农业技术推广服务，对国家政策规定必须确保的各项公益性服务，要抓紧健全相关机构和队伍，确保必要的经费。通过3到5年的建设，力争使基层公益性农技推广机构具备必要的办公场所、仪器设备和试验示范基地。国家可采取委托、招标等形式，调动各方面力量参与农业技术推广，形成多元化农技推广网络。充分发挥气象为农业生产服务的职能和作用。

（二）建立健全动植物疫病防控体系。加快构建网络健全、队伍稳定、保障有力、处置高效的动物疫病防控体系。抓紧落实官方兽医和执业兽医制度，继续加大动物防疫体系建设投入力度，扩大无规定动物疫病区建设范围。对重大动物疫病实施免费强制免疫，完善重大动物疫病扑杀补偿机制。加快研制高效安全农药、兽药。加强动物疫病防控基础工作，健全村级动物防疫员队伍，并给予必要的经费补助。继续实施植保工程，探索建立专业化防治队伍，推进重大植物病虫害统防统治。

（三）大力培养农村实用人才。组织实施新农村实用人才培训工程，重点培训种养业能手、科技带头人、农村经纪人和专业合作组织领办人等。加快提高农民素质和创业能力，以创业带动就业，实现创业富民、创新强农。继续加大外出务工农民职业技能培训力度。加快构建县域农村职业教育和培训网络，发展城乡一体化的中等职业教育。支持高等学校设置和强化农林水类专业。国家励志奖学金和助学金对在高等学校农林水类专业就读的学生给予倾斜，对毕业后到农村基层从事农林水专业工作达到一定年限的毕业生，实行国家助学贷款代偿政策，落实中等职业教育助学金政策，对农林水类专业学生给予倾斜。

（四）积极发展农民专业合作社和农村服务组织。全面贯彻落实农民专业合作社法，抓紧出台配套法规政策，尽快制定税收优惠办法，清理取消不合理收费。各级财政要继续加大对农民专业合作社的扶持，农民专业合作社可以申请承担国家的有关涉农项目。支持发展农业生产经营服务组织，为农民提供代耕代种、用水管理和仓储运输等服务。鼓励发展农村综合服务组织，具备条件的地方可建立便民利民的农村社区服务中心和公益服务站。

（五）加强农村市场体系建设。建立健全适应现代农业发展要求的大市场、大流通。继续实施“万村千乡”、“双百市场”和“农产品批发市场升级改造”等工程，落实农产品批发市场用地按工业用地对待的政策。加强粮食现代物流体系建设，开展鲜活农产品冷链物流试点。供销合作社要加快组织创新和经营创新，推进新农村现代流通网络工程建设。通过实施财税、信贷、保险等政策，鼓励商贸、邮政、医药、文化等企业在农村发展现代流通业。完善农产品期货市场，积极稳妥发展农产品期货品种。加快落实鲜活农产品绿色通道省内外车辆无差别减免通行费政策。

（六）积极推进农村信息化。按照求实效、重服务、广覆盖、多模式的要求，整合资源，共建平台，健全农村信息服务体系。推进“金农”、“三电合一”、农村信息化示范和农村商务信息服务等工程建设，积极探索信息服务进村入户的途径和办法。在全国推广资费优惠的农业公益性服务电话。健全农业信息收集和发布制度，为农民和企业提供及时有效的信息服务。

五、逐步提高农村基本公共服务水平

推进城乡基本公共服务均等化是构建社会主义和谐社会的必然要求。必须加快发展农村公共事业，提高农村公共产品供给水平。

（一）提高农村义务教育水平。对全部农村义务教育阶段学生免费提供教科书，提高农村义务教育阶段家庭经济困难寄宿生生活费补助标准，扩大覆盖面，提高农村中小学公用经费和校舍维修经费补助标准，加大农村薄弱学校改造力度。加强农村教育经费使用的规范管理。努力提高农村中小学教师素质，实施中西部农村和边疆地区骨干教师远程培训计划，选派和组织城市教师到农村交流任教，鼓励和组织大学毕业生到农村学校任教。

（二）增强农村基本医疗服务能力。2008年在全国普遍建立新型农村合作医疗制度，提高国家补助标准，适当增加农民个人缴费，规范基金管理，完善补偿机制，扩大农民受益面。完善农村医疗救助制度。加强农村卫生服务网络建设和药品监管，规范农村医疗卫生服务。加大农村传染病和地方病防治力度。优先在农村落实扩大免费预防接种范围的政策。

（三）稳定农村低生育水平。推进新农村新家庭计划，继续实施农村计划生育家庭奖励制度、少生快富工程和特别扶助制度。稳定农村人口和计划生育工作队伍，加强农村计划生育服务体系建设。加强农村流动人口的计划生育工作。

（四）繁荣农村公共文化。加强农村精神文明建设，用社会主义荣辱观引领农村社会风尚。深入实施广播电视“村村通”、农村电影放映、乡镇综合文化站和农民书屋工程，建设文化信息资源共享工程农村基层服务点。大力创作和生产农民喜闻乐见的优秀文化产品，积极开展健康向上的农村群众文化活动，着力丰富偏远地区和进城务工人员的精神文化生活。广泛开展农村体育健身活动。引导和鼓励社会力量投入农村文化建设。

（五）建立健全农村社会保障体系。完善农村最低生活保障制度，在健全政策法规和运行机制基础上，将符合条件的农村贫困家庭全部纳入低保范围。中央和地方各级财政要逐步增加农村低保补助资金，提高保障标准和补助水平。落实农村五保供养政策，保障五保供养对象权益。探索建立农村养老保险制度，鼓励各地开展农村社会养老保险试点。

（六）不断提高扶贫开发水平。继续坚持开发式扶贫的方针，增加扶贫开发投入，逐步提高扶贫标准，加大对农村贫困人口和贫困地区的扶持力度。继续做好整村推进、培训转移和产业化扶贫工作。加大移民扶贫力度。集中力量解决革命老区、民族地区、边疆地区和特殊类型地区贫困问题。动员社会力量参与扶贫开发事业。

（七）大力发展农村公共交通。加大中央和地方财政性资金、国债资金投入力度，继续加强农村公路建设。强化农村公路建设质量监管，推进农村公路管理养护体制改革。加快实施渡改桥及渡口渡船改造等工程。完善扶持农村公共交通发展的政策措施，改善农村公共交通服务，推进农村客运网络化和线路公交化改造，推动城乡客运协调发展。

（八）继续改善农村人居环境。增加农村饮水安全工程建设投入，加快实施进度，加强饮水水源地保护，对供水成本较高的可给予政策优惠或补助，让农民尽快喝上放心水。加强农村水能资源规划和管理，推进水电农村电气化建设，扩大小水电代燃料建设规模。继续实施农村电网改造。增加农村沼气投入，积极发展户用沼气，组织实施大中型沼气工程，加强沼气服务体系建设。支持有条件的农牧区发展太阳能、风能。有序推进村庄治理，继续实施乡村清洁工程，开展创建“绿色家园”行动。完善小城镇规划，加强小城镇基础设施建设。重视解决农村困难群众住房安全问题。

六、稳定完善农村基本经营制度和深化农村改革

以家庭承包经营为基础、统分结合的双层经营体制是农村改革最重要的制度性成果。深化农村改革是强化农业基础、促进城乡一体化发展的动力源泉。必须稳定完善农村基本经营制度，不断深化农村改革，激发亿万农民的创造活力，为农村经济社会发展提供强大动力。

（一）坚持和完善以家庭承包经营为基础、统分结合的双层经营体制。这是宪法规定的农村基本经营制度，必须毫不动摇地长期坚持，在实践中加以完善。各地要切实稳定农村土地承包关系，认真开展延包后续完善工作，确保农村土地承包经营权证到户。加强农村土地承包规范管理，加快建立土地承包经营权登记制度。继续推进农村土地承包纠纷仲裁试点。严格执行土地承包期内不得调整、收回农户承包地的法律规定。按照依法自愿有偿原则,健全土地承包经营权流转市场。农村土地承包合同管理部门要加强土地流转中介服务,完善土地流转合同、登记、备案等制度,在有条件的地方培育发展多种形式适度规模经营的市场环境。坚决防止和纠正强迫农民流转、通过流转改变土地农业用途等问题,依法制止乡、村组织通过“反租倒包”等形式侵犯农户土地承包经营权等行为。稳步推进草原家庭承包经营,稳定渔民的水域滩涂养殖使用权。

(二)切实保障农民土地权益。继续推进征地制度改革试点,规范征地程序,提高补偿标准,健全对被征地农民的社会保障制度,建立征地纠纷调处裁决机制。对未履行征地报批程序、征地补偿标准偏低、补偿不及时足额到位、社会保障不落实的,坚决不予报批用地。对违法违规占地批地的,坚决依法查处。严格农村集体建设用地管理,严禁通过“以租代征”等方式提供建设用地。城镇居民不得到农村购买宅基地、农民住宅或“小产权房”。开展城镇建设用地增加与农村建设用地减少挂钩的试点,必须严格控制在国家批准的范围之内。依法规范农民宅基地整理工作。

(三)积极推进乡镇机构和县乡财政管理体制改革。深化乡镇机构改革,加强基层政权建设。加快转变乡镇政府职能,着力强化公共服务和社会管理,为农村经济社会发展创造有利环境。从不同地区实际出发,明确乡镇工作任务和工作重点,严格控制对乡镇党政领导的“一票否决”事项。完善县乡财政体制,增强基层财政实力,建立健全村级组织运转经费保障机制。探索建立农村公益事业建设新机制,支持建立村级公益事业建设“一事一议”财政奖补制度试点。进一步加强农民负担监管工作,推进减轻农民水费负担综合改革试点,继续开展重点领域农村乱收费专项治理工作。

(四)全面推进集体林权制度改革。在坚持集体林地所有权不变的前提下,将林地使用权和林木所有权落实到户。在不改变林地用途前提下,承包人有权依法处置林地使用权和林木所有权,可依法自主经营商品林。积极推进林木采伐管理、公益林补偿、林权抵押、政策性森林保险等配套改革。切实加强对集体林权制度改革的组织领导,加大财政支持力度,确保集体林权制度改革顺利进行。稳步推进国有林场和重点国有林区林权制度改革试点。

(五)加快农村金融体制改革和创新。加快推进调整放宽农村地区银行业金融机构准入政策试点工作。加大农业发展银行支持“三农”的力度。推进农业银行改革。继续深化农村信用社改革,加大支持力度,完善治理结构,维护和保持县级联社的独立法人地位。邮政储蓄银行要通过多种方式积极扩大涉农业务范围。积极培育小额信贷组织,鼓励发展信用贷款和联保贷款。通过批发或转贷等方式,解决部分农村信用社及新型农村金融机构资金来源不足的问题。加快落实县域内银行业金融机构将一定比例新增存款投放当地的政策。推进农村担保方式创新,扩大有效抵押品范围,探索建立政府支持、企业和银行多方参与的农村信贷担保机制。制定符合农村信贷业务特点的监管制度。加强财税、货币政策的协调和支持,引导各类金融机构到农村开展业务。完善政策性农业保险经营机制和发展模式。建立健全农业再保险体系,逐步形成农业巨灾风险转移分担机制。

(六)妥善处置乡村债务。各地要抓紧清理乡村债务,在锁定旧债、制止新债前提下,分类进行处置。对公益性债务的化解,县级以上各级人民政府要予以支持;对生产经营性债务,应按照市场原则协商解决。当前,要重点推进农村义务教育历史债务化解试点工作,有条件的要以省为单位试点,暂不具备条件的也要进行局部试点。主要通过增加中央和省级财政投入,用3年左右时间,基本化解农村义务教育的历史债务。

(七)全面加强农民工权益保障。建立统一规范的人力资源市场,形成城乡劳动者平等就业的制度。加快大中城市户籍制度改革,探索在城镇有稳定职业和固定居所的农民登记为城市居民的办法。各地和有关部门要切实加强对农民工的就业指导和服务。采取强有力的措施,建立农民工工资正常增长和支付保障机制。健全农民工社会保障制度,加快制定低费率、广覆盖、可转移、与现行制度相衔接的农民工养老保险办法,扩大工伤、医疗保险覆盖范围。鼓励有条件的地方和企业通过多种形式,提供符合农民工特点的低租金房屋,改善农民工居住条件。农民工输入地要坚持以公办学校为主接收农民工子女就学,收费与当地学生平等对待。农民工输出地要为留守儿童创造良好的学习、寄宿和监护条件。深入开展“共享蓝天”关爱农村留守、流动儿童行动。

七、扎实推进农村基层组织建设

农村基层组织是落实农村政策、做好“三农”工作的重要组织基础。必须以改革创新精神全面加强农村基层组织建设，增强基层组织带领群众发展生产、共建和谐的能力。

（一）加强村级党组织建设。巩固和发展保持共产党员先进性教育活动成果，坚持和完善基层组织建设的有效经验和做法，深入推进农村党的建设“三级联创”活动，加强以村党组织为核心的村级组织配套建设，充分发挥基层党组织的战斗堡垒作用。创新农村基层党组织设置和活动方式，加强和改进对流动党员的服务和管理。进一步规范和完善党员推荐、群众推荐、党内选举“两推一选”的办法，选好配齐配强村党组织领导班子。加强村级组织活动场所建设，建立城乡党的基层组织互帮互助机制。广泛开展农村党员设岗定责、依岗承诺等活动，健全农村党员联系和服务群众的工作体系。

（二）完善村民自治制度。健全基层党组织领导的充满活力的基层群众自治制度。进一步规范和完善民主选举，依法保障农民群众的推选权、直接提名权、投票权、罢免权。完善村民民主决策、民主管理、民主监督制度，充分发挥农民群众在村级治理中的主体作用。有条件的地方村党支部书记和村委会主任可交叉任职。坚决制止利用宗教、宗族、家族势力干预基层经济社会事务管理的行为。坚持和完善“一事一议”制度。切实推行村务公开，建立答疑纠错的监督制度。深入开展农村普法教育，增强农村基层干部和群众的法制观念。

（三）加强农村基层干部队伍建设。按照办事公道、作风正派、能带领群众致富的要求，注重从农村知识青年、退伍军人、外出务工返乡农民、农村致富带头人中培养选拔村级组织骨干力量。制定鼓励政策，引导高等学校毕业生和选派县乡年轻干部到乡村任职。继续加大从优秀村干部中考录乡镇公务员、选任乡镇领导干部的工作力度。推广农村基层党组织领导班子成员由党员和群众公开推荐与上级党组织推荐相结合的办法，逐步扩大农村基层党组织领导班子直接选举范围。普遍开展农村党员干部现代远程教育。稳定农村基层干部队伍，探索建立农村基层干部激励保障机制，逐步健全并落实村干部报酬待遇和相应的社会保障制度。

（四）探索乡村有效治理机制。引导共青团、妇联等人民团体更好地发挥党联系群众的桥梁和纽带作用。在党组织领导下，培育和发展服务“三农”的社会组织，发挥在扩大群众参与、反映群众诉求方面的积极作用，实现政府行政管理和基层群众自治有效良性互动。鼓励有条件的村建立与农民生产生活密切相关的公益服务员制度。支持和帮助乡镇企业建立工会基层组织。发挥民兵组织在新农村建设中的作用。不断增强社会自治功能，创新农村社区管理和服务模式，优先在城市郊区开展农村社区建设实验工作，加强农村警务和消防工作，搞好农村社会治安综合治理，努力把农村社区建设成管理有序、服务完善、文明祥和的社会生活共同体。

八、加强和改善党对“三农”工作的领导

做好农业和农村工作，是我们党领导科学发展、促进社会和谐的重大历史任务。必须始终坚持把解决好“三农”问题作为全党工作的重中之重，牢牢把握“三农”工作主动权。

（一）毫不松懈地抓好农业和农村工作。全党同志特别是各级领导干部要站在政治和战略的高度，充分认识新时期“三农”工作的艰巨性和紧迫性，切实增强做好“三农”工作的自觉性和主动性。当前和今后一个时期，各级党委、政府要把发展农业生产、促进农民增收、保障农产品供给、稳定市场物价作为关系全局的大事来抓，认真落实中央各项强农惠农政策，在工作安排、财力分配、干部配备上，切实体现重中之重的要求。充分发挥各级党委农村工作领导机构的协调作用，加强农村工作综合部门。各级领导干部要切实转变工作作风，深入调查研究，努力把握“三农”工作规律，不断提高领导“三农”工作的水平。

（二）统筹规划、突出重点加强农业基础建设。各地和有关部门要站在改革发展新的历史起点，研究谋划关系全局的重大战略问题。2008 年和今后一段时间，要利用财政增收形势较好的有利时机，针对农业发展的薄弱环节，集中力量办成几件大事，力争在农田水利建设、病险水库除险加固、安全饮水、动物疫病防控、农业科技研发推广、农村现代流通体系建设等方面取得重大进展和明显成效。要科学制定规划，明确工作目标，确定时间步骤，建立保障机制，确保如期完成。

（三）努力营造全社会参与支持社会主义新农村建设的氛围。巩固农业基础、加快农村发展是全社会的共同责任。各行各业要结合自身特点，发挥各自优势，积极参与支持社会主义新农村建设。要采取政策支持、舆论宣传、荣誉激励等形式，引导社会各方面力量对农业和农村进行结对帮扶、捐资捐助和智力支持，营造强农惠农的浓厚社会氛围。

加强农业基础，做好"三农"工作，对稳定经济社会发展大局具有特殊重要的意义。我们要紧密团结在以胡锦涛同志为总书记的党中央周围，高举中国特色社会主义伟大旗帜，以邓小平理论和"三个代表"重要思想为指导，深入贯彻落实科学发展观，开拓进取，锐意创新，扎实工作，为夺取全面建设小康社会新胜利作出新的贡献。

中共中央、国务院关于积极发展现代农业扎实推进社会主义新农村建设的若干意见

·2006年12月31日

农业丰则基础强，农民富则国家盛，农村稳则社会安。加强"三农"工作，积极发展现代农业，扎实推进社会主义新农村建设，是全面落实科学发展观、构建社会主义和谐社会的必然要求，是加快社会主义现代化建设的重大任务。

2006年以来，各地区各部门认真贯彻中央部署，社会主义新农村建设开局良好。在自然灾害较重的情况下，粮食继续增产，农民持续增收，农村综合改革稳步推进，农村公共事业明显加强，农村社会更加稳定。但当前农村发展仍存在许多突出矛盾和问题，农业基础设施依然薄弱，农民稳定增收依然困难，农村社会事业发展依然滞后，改变农村落后面貌、缩小城乡差距仍需付出艰苦努力。要增强危机感，坚持解决好"三农"问题是全党工作重中之重的战略思想丝毫不能动摇，促进农业稳定发展、农民持续增收的重要任务丝毫不能放松，支农惠农的政策力度丝毫不能减弱，扎实推进新农村建设的各项工作丝毫不能松懈。

发展现代农业是社会主义新农村建设的首要任务，是以科学发展观统领农村工作的必然要求。推进现代农业建设，顺应我国经济发展的客观趋势，符合当今世界农业发展的一般规律，是促进农民增加收入的基本途径，是提高农业综合生产能力的重要举措，是建设社会主义新农村的产业基础。要用现代物质条件装备农业，用现代科学技术改造农业，用现代产业体系提升农业，用现代经营形式推进农业，用现代发展理念引领农业，用培养新型农民发展农业，提高农业水利化、机械化和信息化水平，提高土地产出率、资源利用率和农业劳动生产率，提高农业素质、效益和竞争力。建设现代农业的过程，就是改造传统农业、不断发展农村生产力的过程，就是转变农业增长方式、促进农业又好又快发展的过程。必须把建设现代农业作为贯穿新农村建设和现代化全过程的一项长期艰巨任务，切实抓紧抓好。

2007年农业和农村工作的总体要求是：以邓小平理论和"三个代表"重要思想为指导，全面落实科学发展观，坚持把解决好"三农"问题作为全党工作的重中之重，统筹城乡经济社会发展，实行工业反哺农业、城市支持农村和多予少取放活的方针，巩固、完善、加强支农惠农政策，切实加大农业投入，积极推进现代农业建设，强化农村公共服务，深化农村综合改革，促进粮食稳定发展、农民持续增收、农村更加和谐，确保新农村建设取得新的进展，巩固和发展农业农村的好形势。

一、加大对"三农"的投入力度，建立促进现代农业建设的投入保障机制

增加农业投入，是建设现代农业、强化农业基础的迫切需要。必须不断开辟新的农业投入渠道，逐步形成农民积极筹资投劳、政府持续加大投入、社会力量广泛参与的多元化投入机制。特别要抓住当前经济发展较快和财政增收较多的时机，继续巩固、完善、加强支农惠农政策，切实加大对"三农"的投入，实实在在为农民办一些实事。

（一）大幅度增加对"三农"的投入。各级政府要切实把基础设施建设和社会事业发展的重点转向农村，国家财政新增教育、卫生、文化等事业经费和固定资产投资增量主要用于农村，逐步加大

政府土地出让收入用于农村的比重。要建立“三农”投入稳定增长机制，积极调整财政支出结构、固定资产投资结构和信贷投放结构，中央和县级以上地方财政每年对农业总投入的增长幅度应当高于其财政经常性收入的增长幅度，尽快形成新农村建设稳定的资金来源。2007年，财政支农投入的增量要继续高于上年，国家固定资产投资用于农村的增量要继续高于上年，土地出让收入用于农村建设的增量要继续高于上年。建设用地税费提高后新增收入主要用于“三农”。加快制定农村金融整体改革方案，努力形成商业金融、合作金融、政策性金融和小额贷款组织互为补充、功能齐备的农村金融体系，探索建立多种形式的担保机制，引导金融机构增加对“三农”的信贷投放。加大支农资金整合力度，抓紧建立支农投资规划、计划衔接和部门信息沟通工作机制，完善投入管理办法，集中用于重点地区、重点项目，提高支农资金使用效益。要注重发挥政府资金的带动作用，引导农民和社会各方面资金投入农村建设。加快农业投入立法进程，加强执法检查。

（二）健全农业支持补贴制度。近几年实行的各项补贴政策，深受基层和农民欢迎，要不断巩固、完善和加强，逐步形成目标清晰、受益直接、类型多样、操作简便的农业补贴制度。各地用于种粮农民直接补贴的资金要达到粮食风险基金的50%以上。加大良种补贴力度，扩大补贴范围和品种。扩大农机具购置补贴规模、补贴机型和范围。加大农业生产资料综合补贴力度。中央财政要加大对产粮大县的奖励力度，增加对财政困难县乡增收节支的补助。同时，继续对重点地区、重点粮食品种实行最低收购价政策，并逐步完善办法、健全制度。

（三）建立农业风险防范机制。要加强自然灾害和重大动植物病虫害预测预报和预警应急体系建设，提高农业防灾减灾能力。积极发展农业保险，按照政府引导、政策支持、市场运作、农民自愿的原则，建立完善农业保险体系。扩大农业政策性保险试点范围，各级财政对农户参加农业保险给予保费补贴，完善农业巨灾风险转移分摊机制，探索建立中央、地方财政支持的农业再保险体系。鼓励龙头企业、中介组织帮助农户参加农业保险。

（四）鼓励农民和社会力量投资现代农业。充分发挥农民在建设新农村和发展现代农业中的主体作用，引导农民发扬自力更生精神，增加生产投入和智力投入，提高科学种田和集约经营水平。完善农村“一事一议”筹资筹劳办法，支持各地对“一事一议”建设公益设施实行奖励补助制度。对农户投资投劳兴建直接受益的生产生活设施，可给予适当补助。综合运用税收、补助、参股、贴息、担保等手段，为社会力量投资建设现代农业创造良好环境。企业捐款和投资建设农村公益设施，可以按规定享受相应的税收优惠政策。

二、加快农业基础建设，提高现代农业的设施装备水平

改善农业设施装备，是建设现代农业的重要内容。必须下决心增加投入，加强基础设施建设，加快改变农村生产生活条件落后的局面。

（一）大力抓好农田水利建设。要把加强农田水利设施建设作为现代农业建设的一件大事来抓。加快大型灌区续建配套和节水改造，搞好末级渠系建设，推行灌溉用水总量控制和定额管理。扩大大型泵站技术改造实施范围和规模。农业综合开发要增加对中型灌区节水改造投入。加强丘陵山区抗旱水源建设，加快西南地区中小型水源工程建设。增加小型农田水利工程建设补助专项资金规模。加大病险水库除险加固力度，加强中小河流治理，改善农村水环境。引导农民开展直接受益的农田水利工程建设，推广农民用水户参与灌溉管理的有效做法。

（二）切实提高耕地质量。强化和落实耕地保护责任制，切实控制农用地转为建设用地的规模。合理引导农村节约集约用地，切实防止破坏耕作层的农业生产行为。加大土地复垦、整理力度。按照田地平整、土壤肥沃、路渠配套的要求，加快建设旱涝保收、高产稳产的高标准农田。加快实施沃土工程，重点支持有机肥积造和水肥一体化设施建设，鼓励农民发展绿肥、秸秆还田和施用农家肥。扩大土壤有机质提升补贴项目试点规模和范围。增加农业综合开发投入，积极支持高标准农田建设。

（三）加快发展农村清洁能源。继续增加农村沼气建设投入，支持有条件的地方开展养殖场大中型沼气建设。在适宜地区积极发展秸秆气化和太阳能、风能等清洁能源,加快绿色能源示范县建设,实施西北地区百万户太阳灶建设工程。加快实施乡村清洁工程,推进人畜粪便、农作物秸秆、生活垃圾和污水的综合治理和转化利用。加强农村水能资源开发规划和管理,扩大小水电代燃料工程实施范围和规模,加大对贫困地区农村水电开发的投入和信贷支持。

(四)加大乡村基础设施建设力度。"十一五"时期,要解决1.6亿农村人口的饮水安全问题,优先解决人口较少民族、水库移民、血吸虫病区和农村学校的安全饮水,争取到2015年基本实现农村人口安全饮水目标,有条件的地方可加快步伐。加大农村公路建设力度,加强农村公路养护和管理,完善农村公路筹资建设和养护机制。继续推进农村电网改造和建设,落实城乡同网同价政策,加快户户通电工程建设,实施新农村电气化建设"百千万"工程。鼓励农民在政府支持下,自愿筹资筹劳开展农村小型基础设施建设。治理农村人居环境,搞好村庄治理规划和试点,节约农村建设用地。继续发展小城镇和县域经济,充分发挥辐射周边农村的功能,带动现代农业发展,促进基础设施和公共服务向农村延伸。

(五)发展新型农用工业。农用工业是增强农业物质装备的重要依托。积极发展新型肥料、低毒高效农药、多功能农业机械及可降解农膜等新型农业投入品。优化肥料结构,加快发展适合不同土壤、不同作物特点的专用肥、缓释肥。加大对新农药创制工程支持力度,推进农药产品更新换代。加快农机行业技术创新和结构调整,重点发展大中型拖拉机、多功能通用型高效联合收割机及各种专用农机产品。尽快制定有利于农用工业发展的支持政策。

(六)提高农业可持续发展能力。鼓励发展循环农业、生态农业,有条件的地方可加快发展有机农业。继续推进天然林保护、退耕还林等重大生态工程建设,进一步完善政策、巩固成果。启动石漠化综合治理工程,继续实施沿海防护林工程。完善森林生态效益补偿基金制度,探索建立草原生态补偿机制。加快实施退牧还草工程。加强森林草原防火工作。加快长江、黄河上中游和西南石灰岩等地区水土流失治理,启动坡耕地水土流失综合整治工程。加强农村环境保护,减少农业面源污染,搞好江河湖海的水污染治理。

三、推进农业科技创新,强化建设现代农业的科技支撑

科技进步是突破资源和市场对我国农业双重制约的根本出路。必须着眼增强农业科技自主创新能力,加快农业科技成果转化应用,提高科技对农业增长的贡献率,促进农业集约生产、清洁生产、安全生产和可持续发展。

(一)加强农业科技创新体系建设。大幅度增加农业科研投入,加强国家基地、区域性农业科研中心创新能力建设。启动农业行业科研专项,支持农业科技项目。着力扶持对现代农业建设有重要支撑作用的技术研发。继续安排农业科技成果转化资金和国外先进农业技术引进资金。加快推进农业技术成果的集成创新和中试熟化。深化农业科研院所改革,开展稳定支持农业科研院所的试点工作,逐步提高农业科研院所的人均事业费水平。建立鼓励科研人员科技创新的激励机制。充分发挥大专院校在农业科技研究中的作用。引导涉农企业开展技术创新活动,企业与科研单位进行农业技术合作、向基地农户推广农业新品种新技术所发生的有关费用,享受企业所得税的相关优惠政策。对于涉农企业符合国家产业政策和有关规定引进的加工生产设备,允许免征进口关税和进口环节增值税。

(二)推进农业科技进村入户。积极探索农业科技成果进村入户的有效机制和办法,形成以技术指导员为纽带,以示范户为核心,连接周边农户的技术传播网络。继续加强基层农业技术推广体系建设,健全公益性职能经费保障机制,改善推广条件,提高人员素质。推进农科教结合,发挥农业院校在农业技术推广中的积极作用。增大国家富民强县科技专项资金规模,提高基层农业科技成果转化能力。继续支持重大农业技术推广,加快实施科技入户工程。着力培育科技大户,发挥对农民的示范带动作用。

(三)大力推广资源节约型农业技术。要积极开发运用各种节约型农业技术,提高农业资源和投入品使用效率。大力普及节水灌溉技术,启动旱作节水农业示范工程。扩大测土配方施肥的实施范围和补贴规模,进一步推广诊断施肥、精准施肥等先进施肥技术。改革农业耕作制度和种植方式，开展免耕栽培技术推广补贴试点，加快普及农作物精量半精量播种技术。积极推广集约、高效、生态畜禽水产养殖技术，降低饲料和能源消耗。

（四）积极发展农业机械化。要改善农机装备结构，提升农机装备水平，走符合国情、符合各地实际的农业机械化发展道路。加快粮食生产机械化进程，因地制宜地拓展农业机械化的作业和服务领域，在重点农时季节组织开展跨区域的机耕、机播、机收作业服务。建设农机化试验示范基地，大力推广水稻插秧、土地深松、化肥深施、秸秆粉碎还田等农机化技术。鼓励农业生产经营者共同使用、合作经营农业机械，积极培育和发展农机大户和农机专业服务组织，推进农机服务市场化、产业化。加强农机安全监理工作。

（五）加快农业信息化建设。用信息技术装备农业，对于加速改造传统农业具有重要意义。健全农业信息收集和发布制度，整合涉农信息资源，推动农业信息数据收集整理规范化、标准化。加强信息服务平台建设，深入实施“金农”工程，建立国家、省、市、县四级农业信息网络互联中心。加快建设一批标准统一、实用性强的公用农业数据库。加强农村一体化的信息基础设施建设，创新服务模式，启动农村信息化示范工程。积极发挥气象为农业生产和农民生活服务的作用。鼓励有条件的地方在农业生产中积极采用全球卫星定位系统、地理信息系统、遥感和管理信息系统等技术。

四、开发农业多种功能，健全发展现代农业的产业体系

农业不仅具有食品保障功能，而且具有原料供给、就业增收、生态保护、观光休闲、文化传承等功能。建设现代农业，必须注重开发农业的多种功能，向农业的广度和深度进军，促进农业结构不断优化升级。

（一）促进粮食稳定发展。继续坚持立足国内保障粮食基本自给的方针，逐步构建供给稳定、调控有力、运转高效的粮食安全保障体系。2007年，要努力稳定粮食播种面积，提高单产、优化品种、改善品质。继续实施优质粮食产业、种子、植保和粮食丰产科技等工程。推进粮食优势产业带建设，鼓励有条件的地方适度发展连片种植，加大对粮食加工转化的扶持力度。支持粮食主产区发展粮食生产和促进经济增长，水利建设、中低产田改造和农产品加工转化等资金和项目安排，要向粮食主产区倾斜。加强对粮食生产、消费、库存及进出口的监测和调控，建立和完善粮食安全预警系统，维护国内粮食市场稳定。

（二）发展健康养殖业。健康养殖直接关系人民群众的生命安全。转变养殖观念，调整养殖模式，做大做强畜牧产业。按照预防为主、关口前移的要求，积极推行健康养殖方式，加强饲料安全管理，从源头上把好养殖产品质量安全关。牧区要积极推广舍饲半舍饲饲养，农区有条件的要发展规模养殖和畜禽养殖小区。扩大对养殖小区的补贴规模，继续安排奶牛良种补贴资金。加大动物疫病防控投入力度，加强基层兽医队伍建设，健全重大动物疫情监测和应急处置机制，建立和完善动物标识及疫病可追溯体系。水产养殖业要推广优良品种，加强水产养殖品种病害防治，提高健康养殖水平。

（三）大力发展特色农业。要立足当地自然和人文优势，培育主导产品，优化区域布局。适应人们日益多样化的物质文化需求，因地制宜地发展特而专、新而奇、精而美的各种物质、非物质产品和产业，特别要重视发展园艺业、特种养殖业和乡村旅游业。通过规划引导、政策支持、示范带动等办法，支持“一村一品”发展。加快培育一批特色明显、类型多样、竞争力强的专业村、专业乡镇。

（四）扶持农业产业化龙头企业发展。龙头企业是引导农民发展现代农业的重要带动力量。通过贴息补助、投资参股和税收优惠等政策，支持农产品加工业发展。中央和省级财政要专门安排扶持农产品加工的补助资金，支持龙头企业开展技术引进和技术改造。完善农产品加工业增值税政策，减轻农产品加工企业税负。落实扶持农业产业化经营的各项政策，各级财政要逐步增加对农业产业化的资金投入。农业综合开发资金要积极支持农业产业化发展。金融机构要加大对龙头企业的信贷支持，重点解决农产品收购资金困难问题。有关部门要加强对龙头企业的指导和服务。

（五）推进生物质产业发展。以生物能源、生物基产品和生物质原料为主要内容的生物质产业，是拓展农业功能、促进资源高效利用的朝阳产业。加快开发以农作物秸秆等为主要原料的生物质燃料、肥料、饲料，启动农作物秸秆生物气化和固化成型燃料试点项目,支持秸秆饲料化利用。加强生物质产业技术研发、示范、储备和推广,组织实施农林生物质科技工程。鼓励有条件的地方利用荒山、荒地等资源,发展生物质原料作物种植。加快制定有利于生物质产业发展的扶持政策。

五、健全农村市场体系,发展适应现代农业要求的物流产业

发达的物流产业和完善的市场体系,是现代农业的重要保障。必须强化农村流通基础设施建设,发展现代流通方式和新型流通业态,培育多元化、多层次的市场流通主体,构建开放统一、竞争有序的市场体系。

(一)建设农产品流通设施和发展新型流通业态。采取优惠财税措施,支持农村流通基础设施建设和物流企业发展。要合理布局,加快建设一批设施先进、功能完善、交易规范的鲜活农产品批发市场。大力发展农村连锁经营、电子商务等现代流通方式。加快建设"万村千乡市场"、"双百市场"、"新农村现代流通网络"和"农村商务信息服务"等工程。支持龙头企业、农民专业合作组织等直接向城市超市、社区菜市场和便利店配送农产品。积极支持农资超市和农家店建设,对农资和农村日用消费品连锁经营,实行企业总部统一办理工商注册登记和经营审批手续。切实落实鲜活农产品运输绿色通道政策。改善农民进城销售农产品的市场环境。进一步规范和完善农产品期货市场,充分发挥引导生产、稳定市场、规避风险的作用。

(二)加强农产品质量安全监管和市场服务。认真贯彻农产品质量安全法,提高农产品质量安全监管能力。加快完善农产品质量安全标准体系,建立农产品质量可追溯制度。在重点地区、品种、环节和企业,加快推行标准化生产和管理。实行农药、兽药专营和添加剂规范使用制度,实施良好农业操作规范试点。继续加强农产品生产环境和产品质量检验检测,搞好无公害农产品、绿色食品、有机食品认证,依法保护农产品注册商标、地理标志和知名品牌。严格执行转基因食品、液态奶等农产品标识制度。加强农业领域知识产权保护。启动实施农产品质量安全检验检测体系建设规划。加强对农资生产经营和农村食品药品质量安全监管,探索建立农资流通企业信用档案制度和质量保障赔偿机制。

(三)加强农产品进出口调控。加快实施农业"走出去"战略。加强农产品出口基地建设,实行企业出口产品卫生注册制度和国际认证,推进农产品检测结果国际互认。支持农产品出口企业在国外市场注册品牌,开展海外市场研究、营销策划、产品推介活动。有关部门和行业协会要积极开展农产品技术标准、国际市场促销等培训服务。搞好对农产品出口的信贷和保险服务。减免出口农产品检验检疫费用,简化检验检疫程序,加快农产品特别是鲜活产品出口的通关速度。加强对大宗农产品进口的调控和管理,保护农民利益,维护国内生产和市场稳定。

(四)积极发展多元化市场流通主体。加快培育农村经纪人、农产品运销专业户和农村各类流通中介组织。采取财税、金融等措施,鼓励各类工商企业通过收购、兼并、参股和特许经营等方式,参与农村市场建设和农产品、农资经营,培育一批大型涉农商贸企业集团。供销合作社要推进开放办社,发展联合与合作,提高经营活力和市场竞争力。邮政系统要发挥邮递物流网络的优势,拓展为农服务领域。国有粮食企业要加快改革步伐,发挥衔接产销、稳定市场的作用。商贸、医药、通信、文化等企业要积极开拓农村市场。

六、培养新型农民,造就建设现代农业的人才队伍

建设现代农业,最终要靠有文化、懂技术、会经营的新型农民。必须发挥农村的人力资源优势,大幅度增加人力资源开发投入,全面提高农村劳动者素质,为推进新农村建设提供强大的人才智力支持。

(一)培育现代农业经营主体。普遍开展农业生产技能培训,扩大新型农民科技培训工程和科普惠农兴村计划规模,组织实施新农村实用人才培训工程,努力把广大农户培养成有较强市场意识、有较高生产技能、有一定管理能力的现代农业经营者。积极发展种养专业大户、农民专业合作组织、龙头企业和集体经济组织等各类适应现代农业发展要求的经营主体。采取各类支持政策,鼓励外出务工农民带技术、带资金回乡创业,成为建设现代农业的带头人。支持工商企业、大专院校和中等职业学校毕业生、乡土人才创办现代农业企业。

（二）加强农民转移就业培训和权益保护。加大“阳光工程”等农村劳动力转移就业培训支持力度，进一步提高补贴标准，充实培训内容，创新培训方式，完善培训机制。适应制造业发展需要，从农民工中培育一批中高级技工。鼓励用工企业和培训机构开展定向、订单培训。组织动员社会力量广泛参与农民转移就业培训。按照城乡统一、公平就业的要求，进一步完善农民外出就业的制度保障。做好农民工就业的公共服务工作，加快解决农民工的子女上学、工伤、医疗和养老保障等问题，切实提高农民工的生活质量和社会地位。

（三）加快发展农村社会事业。这是增强农民综合素质的必然要求，也是构建社会主义和谐社会的重要内容。继续改善农村办学条件，促进城乡义务教育均衡发展。2007 年全国农村义务教育阶段学生全部免除学杂费，对家庭经济困难学生免费提供教科书并补助寄宿生生活费，有条件的地方可扩大免、补实施范围。加快发展农村职业技术教育和农村成人教育，扩大职业教育面向农村的招生规模。加大对大专院校和中等职业学校农林类专业学生的助学力度，有条件的地方可减免种植、养殖专业学生的学费。努力扫除农村青壮年文盲。继续扩大新型农村合作医疗制度试点范围，加强规范管理，扩大农民受益面，并不断完善农村医疗救助制度。加强农村计划生育工作，全面推行农村计划生育家庭奖励扶助政策，加大少生快富工程实施力度。增加农村文化事业投入，加强农村公共文化服务体系建设，加快广播电视“村村通”和农村文化信息资源共享工程建设步伐。

（四）提高农村公共服务人员能力。建立农村基层干部、农村教师、乡村医生、计划生育工作者、基层农技推广人员及其他与农民生产生活相关服务人员的培训制度，加强在岗培训，提高服务能力。进一步转换乡镇事业单位用人机制，积极探索由受益农民参与基层服务人员业绩考核评定的相关办法。加大城市教师、医务人员、文化工作者支援农村的力度，完善鼓励大专院校和中等职业学校毕业生到农村服务的有关办法，引导他们到农村创业。有条件的地方，可选拔大专院校和中等职业学校毕业生到乡村任职，改善农村基层干部队伍结构。

七、深化农村综合改革，创新推动现代农业发展的体制机制

深化农村综合改革，是巩固农村税费改革成果、推进现代农业建设的客观要求。必须加快改革步伐，为建设现代农业提供体制机制保障。

（一）深化农村综合改革。有条件的地方要在全省范围内开展乡镇机构改革试点，暂不具备条件的省份要进一步扩大市、县试点范围，从乡村实际出发转变乡镇政府职能，完善农村基层行政管理体制和工作机制，提高农村公共服务水平。认真落实农村义务教育经费保障机制改革措施，搞好教育人事制度改革，加强农村教师队伍建设。建立健全财力与事权相匹配的省以下财政管理体制，进一步完善财政转移支付制度，增强基层政府公共产品和公共服务的供给能力。中央和省级财政要安排一定资金，对地方推进农村综合改革给予奖励补助。

（二）统筹推进农村其他改革。进一步发挥中国农业银行、中国农业发展银行在农村金融中的骨干和支柱作用，继续深化农村信用社改革，尽快明确县域内各金融机构新增存款投放当地的比例，引导邮政储蓄等资金返还农村，大力发展农村小额贷款，在贫困地区先行开展发育农村多种所有制金融组织的试点。坚持农村基本经营制度，稳定土地承包关系，规范土地承包经营权流转，加快征地制度改革。稳定渔民的水域滩涂养殖使用权。加快推进农村集体林权制度改革，明晰林地使用权和林木所有权，放活经营权，落实处置权，继续搞好国有林区林权制度改革试点。积极搞好水权制度改革，探索建立水权分配、登记、转让等各项管理制度。继续推进农垦体制改革，转换企业经营机制，发挥农垦企业在现代农业建设中的示范带动作用。

（三）清理化解乡村债务。全面清理核实乡村债务，摸清底数，锁定旧债，制止发生新债，积极探索化解债务的措施和办法，优先化解农村义务教育、基础设施建设和社会公益事业发展等方面的债务。各地要妥善处理好历年农业税尾欠，在严格把握政策和加强审核的前提下，该减免的要坚决减免，能豁免的应予以豁免。中央和省级财政要安排一定奖励资金，鼓励地方主动化解乡村债务。

（四）大力发展农民专业合作组织。认真贯彻农民专业合作社法，支持农民专业合作组织加快发展。各地要加快制定推动农民专业合作社发展的实施细则,有关部门要抓紧出台具体登记办法、财务会计制度和配套支持措施。要采取有利于农民专业合作组织发展的税收和金融政策,增大农民专业合作社建设示范项目资金规模,着力支持农民专业合作组织开展市场营销、信息服务、技术培训、农产品加工储藏和农资采购经营。

八、加强党对农村工作的领导,确保现代农业建设取得实效

党管农村工作是我们党的一个传统和重大原则,也是建设现代农业、推进社会主义新农村建设的根本保证。全党要高度重视"三农"工作,把建设现代农业作为一件大事列入重要议事日程,切实抓紧抓好。要适应农村经济社会深刻变化的新形势,调整工作思路,转变工作作风,改进工作方法。

(一)各级党委和政府要坚持不懈抓好"三农"工作。各级党政主要领导要亲自抓"三农"工作,省、市、县党委要有负责同志分管"三农"工作。充实和加强"三农"工作综合机构,贯彻落实好党的支农惠农政策。各部门要树立全局观念,强化服务意识,更加积极主动地支持现代农业建设。各级领导干部要转变作风,深入乡村、深入群众,帮助基层解决实际问题。要进一步细分地域类型,细化工作措施,更有针对性地搞好分类指导。加强农村基层组织建设,巩固和发展农村保持共产党员先进性教育活动成果。继续开展农村党的建设"三级联创"活动,选好配强乡村党组织领导班子,加强以村党组织为核心的村级组织配套建设。加快推进农村党员干部现代远程教育工程,大力推进村级组织活动场所建设。积极探索从优秀村干部中考录乡镇公务员、选任乡镇领导干部的有效途径,关心村干部的工作和生活,合理提高村干部的待遇和保障水平。加强农村基层党风廉政建设,增强农村基层党组织的创造力、凝聚力、战斗力。

(二)加强和改进农村社会管理。针对农村经济社会发展的新变化,要创新农村社会管理体制机制,切实加强维护农村社会稳定工作。拓宽农村社情民意表达渠道,建立健全矛盾纠纷的排查调处机制,综合运用多种手段和办法,妥善解决农村社会的苗头性、倾向性问题。深入开展平安农村建设,加强农村警务建设,搞好农村社会治安综合治理,保持农村安定有序。在农村广泛开展法制宣传教育,增强群众的法律意识,引导农民以理性合法的方式表达利益诉求,依法行使权利、履行义务。建立农村应急管理体制,提高危机处置能力。

(三)促进农村和谐发展。健全村党组织领导的充满活力的村民自治机制,完善村务公开制度,促进农村基层民主健康发展。加强农村精神文明建设,开展以"八荣八耻"为主要内容的社会主义荣辱观教育,推进群众性精神文明创建活动,引导农民崇尚科学、抵制迷信、移风易俗。加大对中西部地区特别是老少边穷地区发展社会事业、改善生产生活条件的支持力度。继续搞好开发式扶贫,实行整村推进扶贫方式,分户制定更有针对性的扶贫措施,提高扶贫开发成效。在全国范围建立农村最低生活保障制度,各地应根据当地经济发展水平和财力状况,确定低保对象范围、标准,鼓励已建立制度的地区完善制度,支持未建立制度的地区建立制度,中央财政对财政困难地区给予适当补助。有条件的地方,可探索建立多种形式的农村养老保险制度。高度重视农村残疾人事业,妥善解决外出务工农民家庭的实际困难。做好农村消防及其他安全工作,坚决制止污染企业向农村扩散,强化对各类地质灾害的监控,做好救灾救济工作,切实增强群众安全感。

加快建设现代农业,推进社会主义新农村建设,意义重大,任务艰巨。我们要紧密团结在以胡锦涛同志为总书记的党中央周围,高举邓小平理论和"三个代表"重要思想伟大旗帜,全面落实科学发展观,坚定信心,扎实苦干,奋力开拓,为构建社会主义和谐社会作出新的贡献。

中华人民共和国国民经济和社会发展第十四个五年规划和2035年远景目标纲要(节录)

· 2021年3月11日第十三届全国人民代表大会第四次会议批准

……

第七篇 坚持农业农村优先发展 全面推进乡村振兴

走中国特色社会主义乡村振兴道路,全面实

施乡村振兴战略,强化以工补农、以城带乡,推动形成工农互促、城乡互补、协调发展、共同繁荣的新型工农城乡关系,加快农业农村现代化。

第二十三章 提高农业质量效益和竞争力

持续强化农业基础地位,深化农业供给侧结构性改革,强化质量导向,推动乡村产业振兴。

第一节 增强农业综合生产能力

夯实粮食生产能力基础,保障粮、棉、油、糖、肉、奶等重要农产品供给安全。坚持最严格的耕地保护制度,强化耕地数量保护和质量提升,严守18亿亩耕地红线,遏制耕地"非农化"、防止"非粮化",规范耕地占补平衡,严禁占优补劣、占水田补旱地。以粮食生产功能区和重要农产品生产保护区为重点,建设国家粮食安全产业带,实施高标准农田建设工程,建成10.75亿亩集中连片高标准农田。实施黑土地保护工程,加强东北黑土地保护和地力恢复。推进大中型灌区节水改造和精细化管理,建设节水灌溉骨干工程,同步推进水价综合改革。加强大中型、智能化、复合型农业机械研发应用,农作物耕种收综合机械化率提高到75%。加强种质资源保护利用和种子库建设,确保种源安全。加强农业良种技术攻关,有序推进生物育种产业化应用,培育具有国际竞争力的种业龙头企业。完善农业科技创新体系,创新农技推广服务方式,建设智慧农业。加强动物防疫和农作物病虫害防治,强化农业气象服务。

图2 粮食生产功能区和重要农产品生产保护区布局示意图(略)

第二节 深化农业结构调整

优化农业生产布局,建设优势农产品产业带和特色农产品优势区。推进粮经饲统筹、农林牧渔协调,优化种植业结构,大力发展现代畜牧业,促进水产生态健康养殖。积极发展设施农业,因地制宜发展林果业。深入推进优质粮食工程。推进农业绿色转型,加强产地环境保护治理,发展节水农业和旱作农业,深入实施农药化肥减量行动,治理农膜污染,提升农膜回收利用率,推进秸秆综合利用和畜禽粪污资源化利用。完善绿色农业标准体系,加强绿色食品、有机农产品和地理标志农产品认证管理。强化全过程农产品质量安全监管,健全追溯体系。建设现代农业产业园区和农业现代化示范区。

第三节 丰富乡村经济业态

发展县域经济,推进农村一二三产业融合发展,延长农业产业链条,发展各具特色的现代乡村富民产业。推动种养加结合和产业链再造,提高农产品加工业和农业生产性服务业发展水平,壮大休闲农业、乡村旅游、民宿经济等特色产业。加强农产品仓储保鲜和冷链物流设施建设,健全农村产权交易、商贸流通、检验检测认证等平台和智能标准厂房等设施,引导农村二三产业集聚发展。完善利益联结机制,通过"资源变资产、资金变股金、农民变股东",让农民更多分享产业增值收益。

第二十四章 实施乡村建设行动

把乡村建设摆在社会主义现代化建设的重要位置,优化生产生活生态空间,持续改善村容村貌和人居环境,建设美丽宜居乡村。

第一节 强化乡村建设的规划引领

统筹县域城镇和村庄规划建设,通盘考虑土地利用、产业发展、居民点建设、人居环境整治、生态保护、防灾减灾和历史文化传承。科学编制县域村庄布局规划,因地制宜、分类推进村庄建设,规范开展全域土地综合整治,保护传统村落、民族村寨和乡村风貌,严禁随意撤并村庄搞大社区、违背农民意愿大拆大建。优化布局乡村生活空间,严格保护农业生产空间和乡村生态空间,科学划定养殖业适养、限养、禁养区域。鼓励有条件地区编制实用性村庄规划。

第二节 提升乡村基础设施和公共服务水平

以县域为基本单元推进城乡融合发展,强化县城综合服务能力和乡镇服务农民功能。健全城乡基础设施统一规划、统一建设、统一管护机制,推动市政公用设施向郊区乡村和规模较大中心镇延伸,完善乡村水、电、路、气、邮政通信、广播电视、物流等基础设施,提升农房建设质量。推进城乡基本公共服务标准统一、制度并轨,增加农村教育、医疗、养老、文化等服务供给,推进县域内教师医生交流轮岗，鼓励社会力量兴办农村公益事业。提高农民科技文化素质，推动乡村人才振兴。

第三节　改善农村人居环境

开展农村人居环境整治提升行动，稳步解决“垃圾围村”和乡村黑臭水体等突出环境问题。推进农村生活垃圾就地分类和资源化利用，以乡镇政府驻地和中心村为重点梯次推进农村生活污水治理。支持因地制宜推进农村厕所革命。推进农村水系综合整治。深入开展村庄清洁和绿化行动，实现村庄公共空间及庭院房屋、村庄周边干净整洁。

专栏10　现代农业农村建设工程
01　高标准农田 新建高标准农田2.75亿亩，其中新增高效节水灌溉面积0.6亿亩。实施东北地区1.4亿亩黑土地保护性耕作。
02　现代种业 建设国家农作物种质资源长期库、种质资源中期库圃，提升海南、甘肃、四川等国家级育制种基地水平，建设黑龙江大豆等区域性育制种基地。新建、改扩建国家畜禽和水产品种质资源库、保种场（区）、基因库，推进国家级畜禽核心育种场建设。
03　农业机械化 创建300个农作物生产全程机械化示范县，建设300个设施农业和规模养殖全程机械化示范县，推进农机深松整地和丘陵山区农田宜机化改造。
04　动物防疫和农作物病虫害防治 提升动物疫病国家参考实验室和病原学监测区域中心设施条件，改善牧区动物防疫专用设施和基层动物疫苗冷藏设施，建设动物防疫指定通道和病死动物无害化处理场。分级建设农作物病虫疫情监测中心和病虫害应急防治中心、农药风险监控中心。建设林草病虫害防治中心。
05　农业面源污染治理 在长江、黄河等重点流域环境敏感区建设200个农业面源污染综合治理示范县，继续推进畜禽养殖粪污资源化利用，在水产养殖主产区推进养殖尾水治理。
06　农产品冷链物流设施 建设30个全国性和70个区域性农产品骨干冷链物流基地，提升田头市场仓储保鲜设施，改造畜禽定点屠宰加工厂冷链储藏和运输设施。
07　乡村基础设施 因地制宜推动自然村通硬化路，加强村组连通和村内道路建设，推进农村水源保护和供水保障工程建设，升级改造农村电网，提升农村宽带网络水平，强化运行管护。
08　农村人居环境整治提升 有序推进经济欠发达地区以及高海拔、寒冷、缺水地区的农村改厕。支持600个县整县推进人居环境整治，建设农村生活垃圾和污水处理设施。

第二十五章 健全城乡融合发展体制机制

建立健全城乡要素平等交换、双向流动政策体系,促进要素更多向乡村流动,增强农业农村发展活力。

第一节 深化农业农村改革

巩固完善农村基本经营制度,落实第二轮土地承包到期后再延长30年政策,完善农村承包地所有权、承包权、经营权分置制度,进一步放活经营权。发展多种形式适度规模经营,加快培育家庭农场、农民合作社等新型农业经营主体,健全农业专业化社会化服务体系,实现小农户和现代农业有机衔接。深化农村宅基地制度改革试点,加快房地一体的宅基地确权颁证,探索宅基地所有权、资格权、使用权分置实现形式。积极探索实施农村集体经营性建设用地入市制度。允许农村集体在农民自愿前提下,依法把有偿收回的闲置宅基地、废弃的集体公益性建设用地转变为集体经营性建设用地入市。建立土地征收公共利益认定机制,缩小土地征收范围。深化农村集体产权制度改革,完善产权权能,将经营性资产量化到集体经济组织成员,发展壮大新型农村集体经济。切实减轻村级组织负担。发挥国家城乡融合发展试验区、农村改革试验区示范带动作用。

第二节 加强农业农村发展要素保障

健全农业农村投入保障制度,加大中央财政转移支付、土地出让收入、地方政府债券支持农业农村力度。健全农业支持保护制度,完善粮食主产区利益补偿机制,构建新型农业补贴政策体系,完善粮食最低收购价政策。深化供销合作社改革。完善农村用地保障机制,保障设施农业和乡村产业发展合理用地需求。健全农村金融服务体系,完善金融支农激励机制,扩大农村资产抵押担保融资范围,发展农业保险。允许入乡就业创业人员在原籍地或就业创业地落户并享受相关权益,建立科研人员入乡兼职兼薪和离岗创业制度。

第二十六章 实现巩固拓展脱贫攻坚成果同乡村振兴有效衔接

建立完善农村低收入人口和欠发达地区帮扶机制,保持主要帮扶政策和财政投入力度总体稳定,接续推进脱贫地区发展。

第一节 巩固提升脱贫攻坚成果

严格落实"摘帽不摘责任、摘帽不摘政策、摘帽不摘帮扶、摘帽不摘监管"要求,建立健全巩固拓展脱贫攻坚成果长效机制。健全防止返贫动态监测和精准帮扶机制,对易返贫致贫人口实施常态化监测,建立健全快速发现和响应机制,分层分类及时纳入帮扶政策范围。完善农村社会保障和救助制度,健全农村低收入人口常态化帮扶机制。对脱贫地区继续实施城乡建设用地增减挂钩节余指标省内交易政策、调整完善跨省域交易政策。加强扶贫项目资金资产管理和监督,推动特色产业可持续发展。推广以工代赈方式,带动低收入人口就地就近就业。做好易地扶贫搬迁后续帮扶,加强大型搬迁安置区新型城镇化建设。

第二节 提升脱贫地区整体发展水平

实施脱贫地区特色种养业提升行动,广泛开展农产品产销对接活动,深化拓展消费帮扶。在西部地区脱贫县中集中支持一批乡村振兴重点帮扶县,从财政、金融、土地、人才、基础设施、公共服务等方面给予集中支持,增强其巩固脱贫成果及内生发展能力。坚持和完善东西部协作和对口支援、中央单位定点帮扶、社会力量参与帮扶等机制,调整优化东西部协作结对帮扶关系和帮扶方式,强化产业合作和劳务协作。

第八篇 完善新型城镇化战略 提升城镇化发展质量

坚持走中国特色新型城镇化道路,深入推进以人为核心的新型城镇化战略,以城市群、都市圈为依托促进大中小城市和小城镇协调联动、特色化发展,使更多人民群众享有更高品质的城市生活。

第二十七章 加快农业转移人口市民化

坚持存量优先、带动增量,统筹推进户籍制度改革和城镇基本公共服务常住人口全覆盖,健全农业转移人口市民化配套政策体系,加快推动农业转移人口全面融入城市。

第一节　深化户籍制度改革

放开放宽除个别超大城市外的落户限制，试行以经常居住地登记户口制度。全面取消城区常住人口300万以下的城市落户限制，确保外地与本地农业转移人口进城落户标准一视同仁。全面放宽城区常住人口300万至500万的I型大城市落户条件。完善城区常住人口500万以上的超大特大城市积分落户政策，精简积分项目，确保社会保险缴纳年限和居住年限分数占主要比例，鼓励取消年度落户名额限制。健全以居住证为载体、与居住年限等条件相挂钩的基本公共服务提供机制，鼓励地方政府提供更多基本公共服务和办事便利，提高居住证持有人城镇义务教育、住房保障等服务的实际享有水平。

第二节　健全农业转移人口市民化机制

完善财政转移支付与农业转移人口市民化挂钩相关政策，提高均衡性转移支付分配中常住人口折算比例，中央财政市民化奖励资金分配主要依据跨省落户人口数量确定。建立财政性建设资金对吸纳落户较多城市的基础设施投资补助机制，加大中央预算内投资支持力度。调整城镇建设用地年度指标分配依据，建立同吸纳农业转移人口落户数量和提供保障性住房规模挂钩机制。根据人口流动实际调整人口流入流出地区教师、医生等编制定额和基本公共服务设施布局。依法保障进城落户农民农村土地承包权、宅基地使用权、集体收益分配权，建立农村产权流转市场体系，健全农户“三权”市场化退出机制和配套政策。

……

第二编　乡村振兴综合法律规定

一、综　合

中华人民共和国宪法(节录)

· 1982年12月4日第五届全国人民代表大会第五次会议通过　1982年12月4日全国人民代表大会公告公布施行

· 根据1988年4月12日第七届全国人民代表大会第一次会议通过的《中华人民共和国宪法修正案》、1993年3月29日第八届全国人民代表大会第一次会议通过的《中华人民共和国宪法修正案》、1999年3月15日第九届全国人民代表大会第二次会议通过的《中华人民共和国宪法修正案》、2004年3月14日第十届全国人民代表大会第二次会议通过的《中华人民共和国宪法修正案》和2018年3月11日第十三届全国人民代表大会第一次会议通过的《中华人民共和国宪法修正案》修正

……

第六条　【经济制度与分配制度】中华人民共和国的社会主义经济制度的基础是生产资料的社会主义公有制,即全民所有制和劳动群众集体所有制。社会主义公有制消灭人剥削人的制度,实行各尽所能、按劳分配的原则。

国家在社会主义初级阶段,坚持公有制为主体、多种所有制经济共同发展的基本经济制度,坚持按劳分配为主体、多种分配方式并存的分配制度。

第七条　【国有经济】国有经济,即社会主义全民所有制经济,是国民经济中的主导力量。国家保障国有经济的巩固和发展。

第八条　【集体经济】农村集体经济组织实行家庭承包经营为基础、统分结合的双层经营体制。农村中的生产、供销、信用、消费等各种形式的合作经济,是社会主义劳动群众集体所有制经济。参加农村集体经济组织的劳动者,有权在法律规定的范围内经营自留地、自留山、家庭副业和饲养自留畜。

城镇中的手工业、工业、建筑业、运输业、商业、服务业等行业的各种形式的合作经济,都是社会主义劳动群众集体所有制经济。

国家保护城乡集体经济组织的合法的权利和利益,鼓励、指导和帮助集体经济的发展。

链接《农村土地承包法》;《民法典》第二编第十一章

第九条　【自然资源】矿藏、水流、森林、山岭、草原、荒地、滩涂等自然资源,都属于国家所有,即全民所有;由法律规定属于集体所有的森林和山岭、草原、荒地、滩涂除外。

国家保障自然资源的合理利用,保护珍贵的动物和植物。禁止任何组织或者个人用任何手段侵占或者破坏自然资源。

链接《民法典》第246—252条;《矿产资源法》;《水法》;《海域使用管理法》;《土地管理法》;《森林法》;《草原法》;《野生动物保护法》;《野生植物保护条例》;《无线电管理条例》

第十条　【土地制度】城市的土地属于国家所有。

农村和城市郊区的土地,除由法律规定属于国家所有的以外,属于集体所有;宅基地和自留地、自留山,也属于集体所有。

国家为了公共利益的需要,可以依照法律规定对土地实行征收或者征用并给予补偿。

任何组织或者个人不得侵占、买卖或者以其他形式非法转让土地。土地的使用权可以依照法

律的规定转让。

一切使用土地的组织和个人必须合理地利用土地。

注释 中华人民共和国实行土地的社会主义公有制,即全民所有制和劳动群众集体所有制。全民所有,即国家所有土地的所有权由国务院代表国家行使。任何单位和个人不得侵占、买卖或者以其他形式非法转让土地。土地使用权可以依法转让。国家为了公共利益的需要,可以依法对土地实行征收或者征用并给予补偿。国家依法实行国有土地有偿使用制度。但是,国家在法律规定的范围内划拨国有土地使用权的除外。

征收和征用既有共同之处,又有不同之处。共同之处在于,都是为了公共利益需要,都要经过法定程序,都要依法给予补偿。不同之处在于,征收主要是所有权的改变,征用只是使用权的改变。

根据《民法典》第243条规定,为了公共利益的需要,依照法律规定的权限和程序可以征收集体所有的土地和组织、个人的房屋以及其他不动产。征收集体所有的土地,应当依法及时足额支付土地补偿费、安置补助费以及农村村民住宅、其他地上附着物和青苗等的补偿费用,并安排被征地农民的社会保障费用,保障被征地农民的生活,维护被征地农民的合法权益。征收组织、个人的房屋以及其他不动产,应当依法给予征收补偿,维护被征收人的合法权益;征收个人住宅的,还应当保障被征收人的居住条件。任何组织或者个人不得贪污、挪用、私分、截留、拖欠征收补偿费等费用。

根据《民法典》第245条规定,因抢险救灾、疫情防控等紧急需要,依照法律规定的权限和程序可以征用组织、个人的不动产或者动产。被征用的不动产或者动产使用后,应当返还被征用人。组织、个人的不动产或者动产被征用或者征用后毁损、灭失的,应当给予补偿。

链接《民法典》第249、250、260—263、344—365条;《土地管理法》第2条

第十一条 【非公有制经济】在法律规定范围内的个体经济、私营经济等非公有制经济,是社会主义市场经济的重要组成部分。

国家保护个体经济、私营经济等非公有制经济的合法的权利和利益。国家鼓励、支持和引导非公有制经济的发展,并对非公有制经济依法实行监督和管理。

第十二条 【公共财产不可侵犯】社会主义的公共财产神圣不可侵犯。

国家保护社会主义的公共财产。禁止任何组织或者个人用任何手段侵占或者破坏国家的和集体的财产。

第十三条 【保护私有财产】公民的合法的私有财产不受侵犯。

国家依照法律规定保护公民的私有财产权和继承权。

国家为了公共利益的需要,可以依照法律规定对公民的私有财产实行征收或者征用并给予补偿。

链接《民法典》第266、267条;《国有土地上房屋征收与补偿条例》

第十四条 【发展生产与社会保障】国家通过提高劳动者的积极性和技术水平,推广先进的科学技术,完善经济管理体制和企业经营管理制度,实行各种形式的社会主义责任制,改进劳动组织,以不断提高劳动生产率和经济效益,发展社会生产力。

国家厉行节约,反对浪费。

国家合理安排积累和消费,兼顾国家、集体和个人的利益,在发展生产的基础上,逐步改善人民的物质生活和文化生活。

国家建立健全同经济发展水平相适应的社会保障制度。

注释 社会保障,是指国家对社会成员在年老、疾病、伤残、失业、遭受灾害、生活困难等情况时,给予物质帮助的制度。一般来说,社会保障由社会保险、社会救济、社会福利、优抚安置等组成。其中,社会保险是社会保障的核心内容。按照我国《社会保险法》的规定,社会保险项目分为基本养老保险、失业保险、基本医疗保险、工伤保险和生育保险。

链接《劳动法》;《劳动合同法》;《社会保险法》;《工伤保险条例》;《失业保险条例》

第十五条 【市场经济】国家实行社会主义市场经济。

国家加强经济立法,完善宏观调控。

国家依法禁止任何组织或者个人扰乱社会经济秩序。

第十六条 【国有企业】国有企业在法律规定

的范围内有权自主经营。

国有企业依照法律规定,通过职工代表大会和其他形式,实行民主管理。

链接《公司法》;《全民所有制工业企业法》;《工会法》

第十七条 【集体经济组织】集体经济组织在遵守有关法律的前提下,有独立进行经济活动的自主权。

集体经济组织实行民主管理,依照法律规定选举和罢免管理人员,决定经营管理的重大问题。

链接《乡镇企业法》

……

第二十五条 【计划生育】国家推行计划生育,使人口的增长同经济和社会发展计划相适应。

第二十六条 【环境保护】国家保护和改善生活环境和生态环境,防治污染和其他公害。

国家组织和鼓励植树造林,保护林木。

链接《环境保护法》;《土壤污染防治法》;《水污染防治法》;《大气污染防治法》;《放射性污染防治法》;《噪声污染防治法》;《固体废物污染环境防治法》;《防沙治沙法》;《水土保持法》;《森林法》;《草原法》;《水法》

……

中华人民共和国民法典(节录)

· 2020年5月28日第十三届全国人民代表大会第三次会议通过
· 2020年5月28日中华人民共和国主席令第45号公布
· 自2021年1月1日起施行

……

第五十五条 【农村承包经营户】农村集体经济组织的成员,依法取得农村土地承包经营权,从事家庭承包经营的,为农村承包经营户。

注释 农村土地家庭承包的承包方是本集体经济组织的农户。农户是农村中以血缘和婚姻关系为基础组成的农村最基本的社会单位。它既是独立的生活单位,又是独立的生产单位。作为生产单位的农户,一般是依靠家庭成员的劳动进行农业生产与经营活动的。对农村土地实行家庭承包的,农户成为农村集体经济中一个独立的经营层次,是农村从事生产经营活动的基本单位。以户为生产经营单位,与一般的自然人个人作为民事主体有所区别,但又不同于非法人组织这类民事主体。因此法律对其单独进行规定,即农村集体经济组织的成员,依法取得农村土地承包经营权,从事家庭承包经营的,为农村承包经营户。

链接《农村土地承包法》第5、16条

第五十六条 【"两户"的债务承担】个体工商户的债务,个人经营的,以个人财产承担;家庭经营的,以家庭财产承担;无法区分的,以家庭财产承担。

农村承包经营户的债务,以从事农村土地承包经营的农户财产承担;事实上由农户部分成员经营的,以该部分成员的财产承担。

实务问答 **如何区分是个人经营还是家庭经营,是个人投资还是家庭投资,是个人享用经营收益还是家庭共同享用经营收益,进而确定债务是以个人财产承担还是以家庭财产承担**

司法实践中一般有以下认定标准:1. 以公民个人名义申请登记的个体工商户,用家庭共有财产投资,或者收益的主要部分供家庭成员享用的,其债务应以家庭共有财产清偿。2. 夫妻关系存续期间,一方从事个体经营,其收入为夫妻共有财产,债务亦应以夫妻共有财产清偿。此外,个体工商户的债务,如以其家庭共有财产承担责任,应当保留家庭成员的生活必需品和必要的生产工具。

对于农村土地承包经营需要说明的是:1. 家庭承包中,是按人人有份分配承包地,按户组成一个生产经营单位作为承包方。2. 本集体经济组织的农户作为承包方的,主要是针对耕地、草地和林地等适宜家庭承包的土地的承包。3. 农户内的成员分家析产的,单独成户的成员可以对原家庭承包的土地进行分别耕作,但承包经营权仍是一个整体,不能分割。

在承包期内,无论承包户内人口发生什么样的变化,是增是减,只要作为承包户的家庭还存在,承包户就是一个生产经营单位,是一个对外承担责任的主体。考虑到随着我国城乡经济结构的调整和城镇化的发展,农村剩余劳动力向城镇的转移会不断增加,有的家庭成员进城务工就业,分门立户,已完全不参与家庭土地承包经营,也不分享承包家庭的收益，在这种情况下，可以不再承担原所在家庭承包经营的债务。因此本条规定，“事实上由农户部分成员经营的，以该部分成员的财产承担”。需要指出的是，在实践中，这一规定要严格掌握，防止借本条规定逃避应承担的债务。

……

第九十六条 【特别法人的类型】本节规定的机关法人、农村集体经济组织法人、城镇农村的合作经济组织法人、基层群众性自治组织法人，为特别法人。

注释 特别法人，是指我国现实生活中存在的，既不属于营利法人，也不属于非营利法人，具有民事权利能力和民事行为能力，依法独立享有民事权利和承担民事义务的组织。其特点是：1. 特别法人既不属于营利法人，也不属于非营利法人。特别法人是为公益目的或者其他非营利目的而成立的，但又不具有出资人和设立人，而是依据国家法律或者政府的命令而设立的法人。2. 特别法人具有法人的组织形式。特别法人有自己的名称、组织机构、住所，有一定的财产或者经费，也有其法定代表人，并且依照法律的规定而设立，具备法人的所有组织形式，是一个具有法人资格的组织体。3. 特别法人具有民事权利能力和民事行为能力，能够以自己的财产或者经费承担民事责任。4. 法律只规定了四类特别法人，包括机关法人、农村集体经济组织法人、合作经济组织法人和基层群众性自治组织法人。

……

第九十九条 【农村集体经济组织法人】农村集体经济组织依法取得法人资格。

法律、行政法规对农村集体经济组织有规定的，依照其规定。

注释 农村集体经济组织法人，是指在自然乡村范围内，农民将其各自所有的生产资料投入集体所有，集体组织农业生产经营，集体劳动或者个人承包，按劳分配，具有民事权利能力和民事行为能力的特别法人。

实务问答 **农村集体经济组织法人与营利法人和非营利法人的区别是什么**

农村集体经济组织法人与营利法人和非营利法人最大的区别是，农村集体经济组织法人的成员具有天然性和身份性。所谓天然性和身份性是指集体经济组织的成员与土地有依附关系，与农民的身份也有依附关系。因此，农村集体成员的加入、退出与其他法人有很大的区别，营利法人和非营利法人的成员原则上讲都是加入自愿，退出自由；而农村集体经济组织的成员原则上讲，其加入和退出都是与土地和农民的身份密切相关的。

链接《农村土地承包法》第13条

第一百条 【合作经济组织法人】城镇农村的合作经济组织依法取得法人资格。

法律、行政法规对城镇农村的合作经济组织有规定的，依照其规定。

注释 城镇农村的合作经济组织法人，是指城市居民或者农民等小生产者，为了维护和改善各自的生产及生活条件，在自愿互助和平等互利的基础上，遵守合作社的法律和规章制度，联合从事特定经济活动所组成的具有企业性质的特别法人。合作经济组织依法成立后，符合法律要求的，就具有法人资格，具有民事权利能力和民事行为能力，依法承担民事责任。

链接《农民专业合作社法》第2、10、11条

第一百零一条 【基层群众性自治组织法人】居民委员会、村民委员会具有基层群众性自治组织法人资格，可以从事为履行职能所需要的民事活动。

未设立村集体经济组织的，村民委员会可以依法代行村集体经济组织的职能。

注释 村民委员会和居民委员会都是我国的基层群众性自治组织。

与其他法人相比，具有下列特殊性：1. 设立特殊。村民委员会、居民委员会都是依据法律直接设立的。村民委员会是各行政村依据村民委员会组织法设立的；居民委员会是依据居民委员会组织法设立的。2. 变更和终止特殊。除非村乡合并或者居民社区的区划发生变化，否则村民委员会和居民委员会不终止。3. 行使职能特殊。村民委员会和居民委员会主要从事公益事业和提供公共服务，这与营利法人和非营利法人的职能有较大的不同。4. 组织机构特殊。村民委员会一般由村主任等村干部组成，居民委员会一般由居委会主任等干部组成，根据村民委员会组织法和居民委员会组织法，这些成员都是经过公开选举产生。5. 责任承担上特殊。根据《城市居民委员会组织法》的规定，居民委员会办理本居住地区公益事业所需的费用，经居民会议讨论决定，可以根据自愿

原则向居民筹集,也可以向本居住地区的受益单位筹集,但是必须经受益单位同意;收支账目应当及时公布,接受居民监督。居民委员会的工作经费和来源,由不设区的市、市辖区的人民政府或者上级人民政府规定并拨付;经居民会议同意,可以从居民委员会的经济收入中给予适当补助。因此,其债务也只能以居民筹集的费用、政府拨付的工作经费和居民委员会的经济收入补助来承担。村民委员会原则上也应当以其办公经费承担债务,该债务是其代表村集体从事经济活动所欠,可以以村集体财产承担,但不得处分村集体所有的土地。

链接《村民委员会组织法》第2条;《城市居民委员会组织法》第2—4条

……

第一百一十七条 【征收与征用】为了公共利益的需要,依照法律规定的权限和程序征收、征用不动产或者动产的,应当给予公平、合理的补偿。

链接《国有土地上房屋征收与补偿条例》第2条;《宪法》第10、13条;《土地管理法》第45—49条

……

第二百四十三条 【征收】为了公共利益的需要,依照法律规定的权限和程序可以征收集体所有的土地和组织、个人的房屋以及其他不动产。

征收集体所有的土地,应当依法及时足额支付土地补偿费、安置补助费以及农村村民住宅、其他地上附着物和青苗等的补偿费用,并安排被征地农民的社会保障费用,保障被征地农民的生活,维护被征地农民的合法权益。

征收组织、个人的房屋以及其他不动产,应当依法给予征收补偿,维护被征收人的合法权益;征收个人住宅的,还应当保障被征收人的居住条件。

任何组织或者个人不得贪污、挪用、私分、截留、拖欠征收补偿费等费用。

第二百四十四条 【保护耕地与禁止违法征地】国家对耕地实行特殊保护,严格限制农用地转为建设用地,控制建设用地总量。不得违反法律规定的权限和程序征收集体所有的土地。

……

第二百五十条 【国家所有的自然资源】森林、山岭、草原、荒地、滩涂等自然资源,属于国家所有,但是法律规定属于集体所有的除外。

……

第二百六十条 【集体财产范围】集体所有的不动产和动产包括:

(一)法律规定属于集体所有的土地和森林、山岭、草原、荒地、滩涂;

(二)集体所有的建筑物、生产设施、农田水利设施;

(三)集体所有的教育、科学、文化、卫生、体育等设施;

(四)集体所有的其他不动产和动产。

第二百六十一条 【农民集体所有财产归属及重大事项集体决定】农民集体所有的不动产和动产,属于本集体成员集体所有。

下列事项应当依照法定程序经本集体成员决定:

(一)土地承包方案以及将土地发包给本集体以外的组织或者个人承包;

(二)个别土地承包经营权人之间承包地的调整;

(三)土地补偿费等费用的使用、分配办法;

(四)集体出资的企业的所有权变动等事项;

(五)法律规定的其他事项。

链接《土地管理法》第9—10条;《农村土地承包法》第28、52条;《村民委员会组织法》第21—24条

第二百六十二条 【行使集体所有权的主体】对于集体所有的土地和森林、山岭、草原、荒地、滩涂等,依照下列规定行使所有权:

(一)属于村农民集体所有的,由村集体经济组织或者村民委员会依法代表集体行使所有权;

(二)分别属于村内两个以上农民集体所有的,由村内各该集体经济组织或者村民小组依法代表集体行使所有权;

(三)属于乡镇农民集体所有的,由乡镇集体经济组织代表集体行使所有权。

注释“村”是指行政村,即设立村民委员会的村,而非自然村。“分别属于村内两个以上农民集体所有”主要是指该农民集体所有的土地和其他财产在改革开放以前就分别属于两个以上的生产队,现在其土地和其他集体财产仍然分别属于相当于原生产队的各该农村集体经济组织或者村民小组的农民集体所有。“村民小组”是指行政村内的由村民组成的自治组织。根据村民委员会组织法的规定,村民委员会可以根据居住地区划分若干个村民小组。如果村内有集体经济组织,就由

村内的集体经济组织行使所有权；如果没有村内的集体经济组织，则由村民小组来行使所有权。

实务问答 由乡镇集体经济组织代表集体行使所有权的情形有哪些

一是指改革开放以前，原来以人民公社为核算单位的土地，在公社改为乡镇以后仍然属于乡镇农民集体所有；二是在人民公社时期，公社一级掌握的集体所有的土地和其他财产仍然属于乡镇农民集体所有。上述两种情况下，由乡镇集体经济组织来行使所有权。

链接《土地管理法》第 11 条；《农村土地承包法》第 13 条

第二百六十三条 【城镇集体财产权利】城镇集体所有的不动产和动产，依照法律、行政法规的规定由本集体享有占有、使用、收益和处分的权利。

第二百六十四条 【集体财产状况的公布】农村集体经济组织或者村民委员会、村民小组应当依照法律、行政法规以及章程、村规民约向本集体成员公布集体财产的状况。集体成员有权查阅、复制相关资料。

第二百六十五条 【集体财产的保护】集体所有的财产受法律保护，禁止任何组织或者个人侵占、哄抢、私分、破坏。

农村集体经济组织、村民委员会或者其负责人作出的决定侵害集体成员合法权益的，受侵害的集体成员可以请求人民法院予以撤销。

注释 集体所有的财产，不论是农村集体所有的财产，还是城镇集体所有的财产，都平等地受到法律保护，他人不得侵害。故本条规定禁止任何组织或者个人侵占、哄抢、私分、破坏集体所有的财产。

本条特别授予集体组织成员一项权利，即在农村集体经济组织、村民委员会或者其负责人作出的决定侵害集体成员合法权益的时候，受侵害的集体成员享有撤销权，可以请求人民法院对侵害集体成员合法权益的决定予以撤销。本条中集体成员享有的撤销权原则上应当适用《民法典》第 152 条有关除斥期间为 1 年的规定。

……

第二百六十八条 【企业出资人的权利】国家、集体和私人依法可以出资设立有限责任公司、股份有限公司或者其他企业。国家、集体和私人所有的不动产或者动产投到企业的，由出资人按照约定或者出资比例享有资产收益、重大决策以及选择经营管理者等权利并履行义务。

……

第三百三十条 【农村土地承包经营】农村集体经济组织实行家庭承包经营为基础、统分结合的双层经营体制。

农民集体所有和国家所有由农民集体使用的耕地、林地、草地以及其他用于农业的土地，依法实行土地承包经营制度。

链接《农村土地承包法》第 1—3 条

第三百三十一条 【土地承包经营权内容】土地承包经营权人依法对其承包经营的耕地、林地、草地等享有占有、使用和收益的权利，有权从事种植业、林业、畜牧业等农业生产。

链接《土地管理法》第 13 条；《农村土地承包法》第 8—11、17 条

第三百三十二条 【土地的承包期限】耕地的承包期为三十年。草地的承包期为三十年至五十年。林地的承包期为三十年至七十年。

前款规定的承包期限届满，由土地承包经营权人依照农村土地承包的法律规定继续承包。

第三百三十三条 【土地承包经营权的设立与登记】土地承包经营权自土地承包经营权合同生效时设立。

登记机构应当向土地承包经营权人发放土地承包经营权证、林权证等证书，并登记造册，确认土地承包经营权。

注释 土地承包经营权合同生效后，发包方不得因承办人或者负责人的变动而变更或者解除，也不得因集体经济组织的分立或者合并而变更或者解除。

链接《农村土地承包法》第 22—24 条

第三百三十四条 【土地承包经营权的互换、转让】土地承包经营权人依照法律规定，有权将土地承包经营权互换、转让。未经依法批准，不得将承包地用于非农建设。

链接《农村土地承包法》第 9、10、29—47 条；《国务院办公厅关于引导农村产权流转交易市场健康发展的意见》

第三百三十五条 【土地承包经营权流转的登记对抗主义】土地承包经营权互换、转让的，当事人可以向登记机构申请登记；未经登记，不得对抗善意第三人。

第三百三十六条 【承包地的调整】承包期内发包人不得调整承包地。

因自然灾害严重毁损承包地等特殊情形,需要适当调整承包的耕地和草地的,应当依照农村土地承包的法律规定办理。

注释 承包期内,因自然灾害严重毁损承包地等特殊情形对个别农户之间承包的耕地和草地需要适当调整的,必须经本集体经济组织成员的村民会议三分之二以上成员或者三分之二以上村民代表的同意,并报乡(镇)人民政府和县级人民政府农业农村、林业和草原等主管部门批准。承包合同中约定不得调整的,按照其约定。

链接《农村土地承包法》第28—31条

第三百三十七条 【承包地的收回】承包期内发包人不得收回承包地。法律另有规定的,依照其规定。

链接《农村土地承包法》第27条

第三百三十八条 【征收承包地的补偿规则】承包地被征收的,土地承包经营权人有权依据本法第二百四十三条的规定获得相应补偿。

链接《土地管理法》第47、48条;《农村土地承包法》第17条

第三百三十九条 【土地经营权的流转】土地承包经营权人可以自主决定依法采取出租、入股或者其他方式向他人流转土地经营权。

注释 本条为《民法典》为与《农村土地承包法》相衔接新增的条文,是对土地经营权流转的规定。

土地经营权,是建立在农村土地承包经营的“三权分置”制度之上产生的权利,即在农村土地集体所有权的基础上,设立土地承包经营权;再在土地承包经营权之上设立土地经营权,构成“三权分置”的农村土地权利结构。其中,土地所有权归属于农村集体经济组织所有,土地承包经营权归属于承包该土地的农民家庭享有。由于土地承包经营权流转性不强,因而在土地承包经营权之上,再设立一个土地经营权,属于土地承包经营权人享有的、可以进行较大范围流转并且能够保持土地承包经营权不变的用益物权。

链接《农村土地承包法》第36条

第三百四十条 【土地经营权人的基本权利】土地经营权人有权在合同约定的期限内占有农村土地,自主开展农业生产经营并取得收益。

注释 由于土地经营权是建立在土地承包经营权之上的用益物权,其期限受到原来的用益物权即土地承包经营权期限的制约,因而土地经营权人的权利行使期限是在合同约定的期限内,即设置土地经营权的期限不得超过土地承包经营权的期限,土地承包经营权的期限受制于设置土地承包经营权合同的期限。在合同约定的期限内,土地经营权人享有用益物权的权能,即占有、使用、收益的权利,有权占有该农村土地,自主开展农业生产经营活动,获得收益。

第三百四十一条 【土地经营权的设立与登记】流转期限为五年以上的土地经营权,自流转合同生效时设立。当事人可以向登记机构申请土地经营权登记;未经登记,不得对抗善意第三人。

注释 土地经营权作为用益物权,其设立的方式是出让方和受让方签订土地经营权出租、入股等合同,在合同中约定双方各自的权利义务。对于流转期限为五年以上的土地经营权流转,当该合同生效时土地经营权就设立,受让方取得土地经营权。对于土地经营权的登记问题,本条规定采登记对抗主义,即当事人可以向登记机构申请土地经营权登记,未经登记的,不得对抗善意第三人。

链接《农村土地承包法》第41条

第三百四十二条 【以其他方式承包取得的土地经营权流转】通过招标、拍卖、公开协商等方式承包农村土地,经依法登记取得权属证书的,可以依法采取出租、入股、抵押或者其他方式流转土地经营权。

链接《农村土地承包法》第48、49条

第三百四十三条 【国有农用地承包经营的法律适用】国家所有的农用地实行承包经营的,参照适用本编的有关规定。

链接《土地管理法》第13条

……

第三百六十二条 【宅基地使用权内容】宅基地使用权人依法对集体所有的土地享有占有和使用的权利,有权依法利用该土地建造住宅及其附属设施。

第三百六十三条 【宅基地使用权的法律适用】宅基地使用权的取得、行使和转让,适用土地管理的法律和国家有关规定。

注释 农村村民一户只能拥有一处宅基地,其宅基地的面积不得超过省、自治区、直辖市规定的标准。人均土地少、不能保障一户拥有一处宅基地的地区,县级人民政府在充分尊重农村村民意愿的基础上,可以采取措施,按照省、自治区、直辖市

规定的标准保障农村村民实现户有所居。农村村民建住宅,应当符合乡(镇)土地利用总体规划、村庄规划,不得占用永久基本农田,并尽量使用原有的宅基地和村内空闲地。编制乡(镇)土地利用总体规划、村庄规划应当统筹并合理安排宅基地用地,改善农村村民居住环境和条件。农村村民住宅用地,由乡(镇)人民政府审核批准;其中,涉及占用农用地的,依照《土地管理法》第44条的规定办理审批手续。农村村民出卖、出租、赠与住宅后,再申请宅基地的,不予批准。国家允许进城落户的农村村民依法自愿有偿退出宅基地,鼓励农村集体经济组织及其成员盘活利用闲置宅基地和闲置住宅。国务院农业农村主管部门负责全国农村宅基地改革和管理有关工作。

第三百六十四条 【宅基地灭失后的重新分配】宅基地因自然灾害等原因灭失的,宅基地使用权消灭。对失去宅基地的村民,应当依法重新分配宅基地。

第三百六十五条 【宅基地使用权的变更登记与注销登记】已经登记的宅基地使用权转让或者消灭的,应当及时办理变更登记或者注销登记。

……

第三百七十二条 【地役权的定义】地役权人有权按照合同约定,利用他人的不动产,以提高自己的不动产的效益。

前款所称他人的不动产为供役地,自己的不动产为需役地。

注释 地役权是一种独立的物权,在性质上属于用益物权的范围,是按照合同约定利用他人的不动产,以提高自己不动产效益的权利。因使用他人不动产而获得便利的不动产为需役地,为他人不动产的便利而供使用的不动产为供役地。地役权的"役",即"使用"的意思。

第三百七十三条 【地役权合同】设立地役权,当事人应当采用书面形式订立地役权合同。

地役权合同一般包括下列条款:

(一)当事人的姓名或者名称和住所;

(二)供役地和需役地的位置;

(三)利用目的和方法;

(四)地役权期限;

(五)费用及其支付方式;

(六)解决争议的方法。

第三百七十四条 【地役权的设立与登记】地役权自地役权合同生效时设立。当事人要求登记的,可以向登记机构申请地役权登记;未经登记,不得对抗善意第三人。

第三百七十五条 【供役地权利人的义务】供役地权利人应当按照合同约定,允许地役权人利用其不动产,不得妨害地役权人行使权利。

第三百七十六条 【地役权人的义务】地役权人应当按照合同约定的利用目的和方法利用供役地,尽量减少对供役地权利人物权的限制。

第三百七十七条 【地役权的期限】地役权期限由当事人约定;但是,不得超过土地承包经营权、建设用地使用权等用益物权的剩余期限。

第三百七十八条 【在享有或者负担地役权的土地上设立用益物权的规则】土地所有权人享有地役权或者负担地役权的,设立土地承包经营权、宅基地使用权等用益物权时,该用益物权人继续享有或者负担已经设立的地役权。

第三百七十九条 【土地所有权人在已设立用益物权的土地上设立地役权的规则】土地上已经设立土地承包经营权、建设用地使用权、宅基地使用权等用益物权的,未经用益物权人同意,土地所有权人不得设立地役权。

第三百八十条 【地役权的转让规则】地役权不得单独转让。土地承包经营权、建设用地使用权等转让的,地役权一并转让,但是合同另有约定的除外。

第三百八十一条 【地役权不得单独抵押】地役权不得单独抵押。土地经营权、建设用地使用权等抵押的,在实现抵押权时,地役权一并转让。

第三百八十二条 【需役地部分转让效果】需役地以及需役地上的土地承包经营权、建设用地使用权等部分转让时,转让部分涉及地役权的,受让人同时享有地役权。

第三百八十三条 【供役地部分转让效果】供役地以及供役地上的土地承包经营权、建设用地使用权等部分转让时,转让部分涉及地役权的,地役权对受让人具有法律约束力。

第三百八十四条 【供役地权利人解除权】地役权人有下列情形之一的,供役地权利人有权解除地役权合同,地役权消灭:

(一)违反法律规定或者合同约定,滥用地役权;

(二)有偿利用供役地,约定的付款期限届满后在合理期限内经两次催告未支付费用。

实务问答 什么情况下供役地权利人有权解除地役权合同

(1)违反法律规定或者合同约定,滥用地役权。地役权设定后,地役权人与供役地权利人的任何一方都不得擅自解除地役权合同,但如果地役权人违反法律规定或者合同约定,法律赋予了供役地权利人解除地役权合同的权利。如地役权人超越土地利用的范围不按约定的方法利用供役地等,就属于滥用地役权。

(2)有偿利用供役地,约定的付款期限届满后在合理期限内经两次催告未支付费用。地役权合同通常为有偿,那么,地役权人应当按照合同的约定履行付款义务。如果地役权人无正当理由,在合同约定的付款期限届满后,仍没有按照合同约定支付费用,而且在供役地权利人确定的一个合理期限内经两次催告,地役权人仍不履行付款义务的,表明地役权人没有履行合同的诚意,或者根本不可能再履行合同,供役地权利人可以解除地役权合同,地役权随之消灭。

第三百八十五条 【地役权变动后的登记】已经登记的地役权变更、转让或者消灭的,应当及时办理变更登记或者注销登记。

……

第三百九十六条 【浮动抵押】企业、个体工商户、农业生产经营者可以将现有的以及将有的生产设备、原材料、半成品、产品抵押,债务人不履行到期债务或者发生当事人约定的实现抵押权的情形,债权人有权就抵押财产确定时的动产优先受偿。

注释 浮动抵押权,是指企业、个体工商户、农业生产经营者作为抵押人,以其所有的财产包括现有的以及将有的生产设备、原材料、半成品、产品为标的而设立的动产抵押权。债务人不履行到期债务或者发生当事人约定的实现抵押权的情形,债权人有权就抵押财产确定时的动产优先受偿。比如企业以现有的以及未来可能买进的机器设备、库存产成品、生产原材料等动产担保债务的履行。

链接《民法典》第411条

第三百九十七条 【建筑物和相应的建设用地使用权一并抵押规则】以建筑物抵押的,该建筑物占用范围内的建设用地使用权一并抵押。以建设用地使用权抵押的,该土地上的建筑物一并抵押。

抵押人未依据前款规定一并抵押的,未抵押的财产视为一并抵押。

第三百九十八条 【乡镇、村企业的建设用地使用权与房屋一并抵押规则】乡镇、村企业的建设用地使用权不得单独抵押。以乡镇、村企业的厂房等建筑物抵押的,其占用范围内的建设用地使用权一并抵押。

注释 乡镇、村企业不能仅以集体所有的建设用地使用权抵押,但可以将乡镇、村企业的厂房等建筑物抵押,以厂房等建筑物抵押的,其占用范围内的建设用地使用权一并抵押。以乡镇、村企业的厂房等建筑物占用范围内的建设用地使用权抵押的,实现抵押权后,未经法定程序不得改变土地所有权的性质和土地的用途。

第三百九十九条 【禁止抵押的财产范围】下列财产不得抵押:

(一)土地所有权;

(二)宅基地、自留地、自留山等集体所有土地的使用权,但是法律规定可以抵押的除外;

(三)学校、幼儿园、医疗机构等为公益目的成立的非营利法人的教育设施、医疗卫生设施和其他公益设施;

(四)所有权、使用权不明或者有争议的财产;

(五)依法被查封、扣押、监管的财产;

(六)法律、行政法规规定不得抵押的其他财产。

注释 土地所有权既包括国有土地所有权,也包括集体土地所有权。

依法被查封、扣押的财产,指被人民法院或者行政机关采取强制措施就地贴上封条或者运到另外的处所,不准任何人占有、使用或者处分的财产。依法被监管的财产,指行政机关依照法律规定监督、管理的财产。比如海关依照有关法律、法规,监管进出境的运输工具、货物、行李物品、邮递物品和其他物品,对违反海关法和其他有关法律法规规定的进出境货物、物品予以扣留。依法被查封、扣押、监管的财产,其合法性处于不确定状态,国家法律不能予以确认和保护。因此禁止以依法被查封、扣押、监管的财产抵押。

实务问答 已经设定抵押的财产被查封、扣押是否影响抵押权的效力

已经设定抵押的财产被采取查封、扣押等财产保全或者执行措施的,不影响抵押权的效力。

链接《最高人民法院关于适用〈中华人民共和国民法典〉有关担保制度的解释》第6条

……

中华人民共和国乡村振兴促进法

· 2021年4月29日第十三届全国人民代表大会常务委员会第二十八次会议通过
· 2021年4月29日中华人民共和国主席令第77号公布
· 自2021年6月1日起施行

第一章 总 则

第一条 【立法目的】为了全面实施乡村振兴战略，促进农业全面升级、农村全面进步、农民全面发展，加快农业农村现代化，全面建设社会主义现代化国家，制定本法。

第二条 【适用范围和乡村定义】全面实施乡村振兴战略，开展促进乡村产业振兴、人才振兴、文化振兴、生态振兴、组织振兴，推进城乡融合发展等活动，适用本法。

本法所称乡村，是指城市建成区以外具有自然、社会、经济特征和生产、生活、生态、文化等多重功能的地域综合体，包括乡镇和村庄等。

注释 1."乡村"的地域范围在"城市建成区"以外。城乡规划法第二条规定，本法所称规划区，是指城市、镇和村庄的建成区以及因城乡建设和发展需要，必须实行规划控制的区域。乡村振兴促进法明确"乡村"的地域范围在"城市建成区"以外，并且符合本法规定的其他限定条件，才属于本法调整的"乡村"的范围。

2."乡村"是具有自然、社会、经济特征和生产、生活、生态、文化等多重功能的地域综合体。即，虽然在"城市建成区"以外，但没有相关的特征和功能的区域，也不属于本法调整的"乡村"的范围。

3."乡村"包括乡镇和村庄等。即，"乡村"主要包括"乡镇"和"村庄"，一些"小城镇"，只要其属于"城市建成区"以外，也属于本法调整的范围。另外，本法调整的范围也不仅仅只有"乡镇"和"村庄"，一些农场、林场、牧场、渔场等，只要符合本条规定，也属于本法调整的范围。

虽然乡村振兴促进法调整的地域范围主要是乡村，但促进乡村振兴行为的发生地不受"乡村"的限制，包括更广阔的范围，不是说出了"乡村"的地域范围就不受本法调整。

第三条 【促进乡村振兴的总要求】促进乡村振兴应当按照产业兴旺、生态宜居、乡风文明、治理有效、生活富裕的总要求，统筹推进农村经济建设、政治建设、文化建设、社会建设、生态文明建设和党的建设，充分发挥乡村在保障农产品供给和粮食安全、保护生态环境、传承发展中华民族优秀传统文化等方面的特有功能。

注释 产业兴旺，是解决农村一切问题的前提，从"生产发展"到"产业兴旺"，反映了农业农村经济适应市场需求变化、加快优化升级、促进产业融合的新要求；生态宜居，是乡村振兴的内在要求，从"村容整洁"到"生态宜居"反映了农村生态文明建设质的提升，体现了广大农民群众对建设美丽家园的追求；乡风文明，是乡村振兴的紧迫任务，重点是弘扬社会主义核心价值观，保护和传承农村优秀传统文化，加强农村公共文化建设，开展移风易俗，改善农民精神风貌，提高乡村社会文明程度；治理有效，是乡村振兴的重要保障，从"管理民主"到"治理有效"，是要推进乡村治理能力和治理水平现代化，让农村既充满活力又和谐有序；生活富裕，是乡村振兴的主要目的，从"生活宽裕"到"生活富裕"，反映了广大农民群众日益增长的美好生活需要。

第四条 【促进乡村振兴的原则】全面实施乡村振兴战略，应当坚持中国共产党的领导，贯彻创新、协调、绿色、开放、共享的新发展理念，走中国特色社会主义乡村振兴道路，促进共同富裕，遵循以下原则：

（一）坚持农业农村优先发展，在干部配备上优先考虑，在要素配置上优先满足，在资金投入上优先保障，在公共服务上优先安排；

（二）坚持农民主体地位，充分尊重农民意愿，保障农民民主权利和其他合法权益，调动农民的积极性、主动性、创造性，维护农民根本利益；

（三）坚持人与自然和谐共生，统筹山水林田湖草沙系统治理，推动绿色发展，推进生态文明建设；

（四）坚持改革创新，充分发挥市场在资源配置中的决定性作用，更好发挥政府作用，推进农业供给侧结构性改革和高质量发展，不断解放和发展乡村社会生产力，激发农村发展活力；

（五）坚持因地制宜、规划先行、循序渐进，顺应村庄发展规律，根据乡村的历史文化、发展现状、区位条件、资源禀赋、产业基础分类推进。

第五条 【巩固完善农村基本经营制度】国家巩固和完善以家庭承包经营为基础、统分结合的双层经营体制,发展壮大农村集体所有制经济。

注释 我国宪法第八条第一款明确规定,农村集体经济组织实行家庭承包经营为基础、统分结合的双层经营体制。农村中的生产、供销、信用、消费等各种形式的合作经济,是社会主义劳动群众集体所有制经济;第三款规定,国家保护城乡集体经济组织的合法的权利和利益,鼓励、指导和帮助集体经济的发展。民法典第三百三十条第一款规定,农村集体经济组织实行家庭承包经营为基础、统分结合的双层经营体制。

本条是对巩固和完善农村基本经营制度、发展壮大农村集体所有制经济的总体性规定,在"产业发展""组织建设"等章节中,还对完善集体产权制度、增强集体所有制经济发展活力、促进集体资产保值增值、培育新型农业经营主体、支持农村集体经济组织发展、在党组织领导下发展集体所有制经济、支持农村集体所有制经济发挥作用、保障农村集体组织独立运营等作出了具体规范。

第六条 【促进城乡融合】国家建立健全城乡融合发展的体制机制和政策体系,推动城乡要素有序流动、平等交换和公共资源均衡配置,坚持以工补农、以城带乡,推动形成工农互促、城乡互补、协调发展、共同繁荣的新型工农城乡关系。

注释 1. 建立健全有利于城乡要素合理配置的体制机制。一是健全农业转移人口市民化机制。二是建立城市人才入乡激励机制。三是改革完善农村承包地制度。四是稳慎改革农村宅基地制度。五是建立集体经营性建设用地入市制度。六是健全财政投入保障机制。七是完善乡村金融服务体系。八是建立工商资本入乡促进机制。九是建立科技成果入乡转化机制。

2. 建立健全有利于城乡基本公共服务普惠共享的体制机制。推动公共服务向农村延伸、社会事业向农村覆盖,健全全民覆盖、普惠共享、城乡一体的基本公共服务体系,推进城乡基本公共服务标准统一、制度并轨。一是建立城乡教育资源均衡配置机制。二是健全乡村医疗卫生服务体系。三是健全城乡公共文化服务体系。四是完善城乡统一的社会保险制度。五是统筹城乡社会救助体系。六是建立健全乡村治理机制。

3. 建立健全有利于城乡基础设施一体化发展的体制机制。把公共基础设施建设重点放在乡村,坚持先建机制、后建工程,加快推动乡村基础设施提档升级,实现城乡基础设施统一规划、统一建设、统一管护。一是建立城乡基础设施一体化规划机制。二是健全城乡基础设施一体化建设机制。三是建立城乡基础设施一体化管护机制。

4. 建立健全有利于乡村经济多元化发展的体制机制。围绕发展现代农业、培育新产业新业态,完善农企利益紧密联结机制,实现乡村经济多元化和农业全产业链发展。一是完善农业支持保护制度。二是建立新产业新业态培育机制。三是探索生态产品价值实现机制。四是建立乡村文化保护利用机制。五是搭建城乡产业协同发展平台。六是健全城乡统筹规划制度。

5. 建立健全有利于农民收入持续增长的体制机制。拓宽农民增收渠道,促进农民收入持续增长,持续缩小城乡居民生活水平差距。一是完善促进农民工资性收入增长环境。二是健全农民经营性收入增长机制。三是建立农民财产性收入增长机制。四是强化农民转移性收入保障机制。五是完善巩固脱贫攻坚战成果与乡村振兴有效衔接长效机制。

第七条 【繁荣发展乡村文化】国家坚持以社会主义核心价值观为引领,大力弘扬民族精神和时代精神,加强乡村优秀传统文化保护和公共文化服务体系建设,繁荣发展乡村文化。

每年农历秋分日为中国农民丰收节。

注释 经党中央批准、国务院批复,自2018年起,将每年农历秋分设立为"中国农民丰收节"。"中国农民丰收节"是亿万农民庆祝丰收、享受丰收的节日,也是五谷丰登、国泰民安的生动体现。在实施乡村振兴战略的开局之年设立"中国农民丰收节",顺应了新时代的新要求、新期待,有助于宣传展示农耕文化的悠久厚重,传承弘扬中华优秀传统文化,推动传统文化和现代文明有机融合,将进一步调动起亿万农民的积极性、主动性、创造性,提升亿万农民的荣誉感、幸福感、获得感,增强中国人民的文化自信心和民族自豪感。

第八条 【保障国家粮食安全】国家实施以我为主、立足国内、确保产能、适度进口、科技支撑的粮食安全战略,坚持藏粮于地、藏粮于技,采取措施不断提高粮食综合生产能力,建设国家粮食安全产业带，完善粮食加工、流通、储备体系，确保谷物基本自给、口粮绝对安全，保障国家粮食安全。

国家完善粮食加工、储存、运输标准，提高粮食加工出品率和利用率，推动节粮减损。

注释 以我为主、立足国内，就是要牢牢掌握粮食安全的主动权。一个国家只有立足粮食基本自给，才能掌握粮食安全主动权，进而才能掌控经济社会发展这个大局。靠别人解决吃饭问题是靠不住的。如果口粮依赖进口，我们就会被别人牵着鼻子走。确保产能，就是任何时候都不能放松国内粮食生产，严守耕地保护红线，加强永久基本农田保护和高标准农田建设，采取措施提高农民种粮积极性，不断提升农业综合生产能力，确保谷物基本自给、口粮绝对安全。适度进口，就是要更加积极地利用国际农产品市场和农业资源，有效调剂和补充国内粮食供给。科技支撑，就是要加强农业科技创新，建设现代农业产业技术体系，加大农业科技成果转化力度，提高农业技术推广和农业机械化信息化水平，依靠科技手段和农艺农技应用，增加粮食供给，提升粮食品质。

第九条　【建立健全乡村振兴工作机制】国家建立健全中央统筹、省负总责、市县乡抓落实的乡村振兴工作机制。

各级人民政府应当将乡村振兴促进工作纳入国民经济和社会发展规划，并建立乡村振兴考核评价制度、工作年度报告制度和监督检查制度。

注释　乡村振兴工作机制

党中央、国务院主要负责统筹制定乡村振兴大政方针，出台重大政策举措等；省（自治区、直辖市）党委和政府对乡村振兴工作负总责，抓好目标确定、组织动员、监督考核等工作；市（地）党委和政府要做好上下衔接、域内协调、督促检查工作，发挥好以市带县作用；县级党委和政府承担主体责任，书记和县长是第一责任人，应当结合本地区实际，制定具体管用的工作措施，贯彻落实上级有关乡村振兴的各项要求和决策部署，做好推进乡村振兴战略实施的各项具体工作；乡镇党委和政府负责落实上级要求，开展好相关具体工作。

第十条　【相关部门职责】国务院农业农村主管部门负责全国乡村振兴促进工作的统筹协调、宏观指导和监督检查；国务院其他有关部门在各自职责范围内负责有关的乡村振兴促进工作。

县级以上地方人民政府农业农村主管部门负责本行政区域内乡村振兴促进工作的统筹协调、指导和监督检查；县级以上地方人民政府其他有关部门在各自职责范围内负责有关的乡村振兴促进工作。

注释　农业农村主管部门

农业农村部作为主管全国“三农”工作的国务院部门，在全国乡村振兴促进工作的统筹协调、宏观指导和监督检查等方面具有义不容辞的责任。除本条规定的总体性职责外，农业农村部还应当根据有关法律法规、规章和规范性文件的规定，以及其“三定”方案确定的职责，做好促进乡村振兴方面的各项工作。2021年2月25日，国家乡村振兴局正式挂牌。新成立的国家乡村振兴局由原国务院扶贫开发领导小组办公室重组而来，作为农业农村部管理的国家局，主要负责巩固拓展脱贫攻坚成果、统筹推进实施乡村振兴战略有关具体工作。

在地方政府层面，本条第二款对县级以上地方人民政府农业农村主管部门以及其他有关部门在本行政区域内的乡村振兴促进工作职责作出了总体性规定。各部门要按照职责，加强工作指导，强化资源要素支持和制度供给，做好协同配合，形成乡村振兴工作合力。

第十一条　【鼓励全社会参与乡村振兴活动】各级人民政府及其有关部门应当采取多种形式，广泛宣传乡村振兴促进相关法律法规和政策，鼓励、支持人民团体、社会组织、企事业单位等社会各方面参与乡村振兴促进相关活动。

对在乡村振兴促进工作中作出显著成绩的单位和个人，按照国家有关规定给予表彰和奖励。

第二章　产业发展

第十二条　【促进乡村振兴总体性规定】国家完善农村集体产权制度，增强农村集体所有制经济发展活力，促进集体资产保值增值，确保农民受益。

各级人民政府应当坚持以农民为主体，以乡村优势特色资源为依托，支持、促进农村一二三产业融合发展，推动建立现代农业产业体系、生产体系和经营体系，推进数字乡村建设，培育新产业、新业态、新模式和新型农业经营主体，促进小农户和现代农业发展有机衔接。

注释 开展农村集体产权制度改革，重点是开展集体经营性资产产权制度改革。一是有序推进经营性资产股份合作制改革。将农村集体经营性资产以股份或者份额形式量化到本集体成员，作为其参加集体收益分配的基本依据。改革要体现成员集体所有和特有的社区性，只能在农村集体经济组织内部进行。二是确认农村集体经济组织成员身份。依据有关法律法规，按照尊重历史、兼顾现实、程序规范、群众认可的原则，统筹考虑户籍关系、农村土地承包关系、对集体积累的贡献等因素，协调平衡各方利益，做好农村集体经济组织成员身份确认工作，解决成员边界不清的问题。三是保障农民集体资产股份权利。组织实施好赋予农民对集体资产股份占有、收益、有偿退出及抵押、担保、继承权改革试点。建立集体资产股权登记制度，健全集体收益分配制度，探索农民对集体资产股份有偿退出的条件和程序。

完善和发展农村集体所有制经济，应当因地制宜探索农村集体经济有效实现形式，促进集体资产保值增值。一是要发挥农村集体经济组织功能作用。二是要维护农村集体经济组织合法权利。严格保护集体资产所有权，防止被虚置。对于经营性资产，要体现集体的维护、管理、运营权利；对于非经营性资产，不宜折股量化到户，要根据其不同投资来源和有关规定统一运行管护。三是要采取多种形式发展集体经济。四是要引导农村产权规范流转和交易。鼓励地方特别是县乡依托集体资产监督管理、土地经营权流转管理等平台，建立符合农村实际需要的产权流转交易市场，开展农村承包土地经营权、集体林权、"四荒"地使用权、农业类知识产权、农村集体经营性资产出租等流转交易，加强农村产权流转交易服务和监督管理。

链接《农村集体经济组织示范章程（试行）》；《国务院办公厅关于推进农村一二三产业融合发展的指导意见》

第十三条 【构建农产品供给保障体系】国家采取措施优化农业生产力布局，推进农业结构调整，发展优势特色产业，保障粮食和重要农产品有效供给和质量安全，推动品种培优、品质提升、品牌打造和标准化生产，推动农业对外开放，提高农业质量、效益和竞争力。

国家实行重要农产品保障战略，分品种明确保障目标，构建科学合理、安全高效的重要农产品供给保障体系。

第十四条 【严格保护和提高耕地质量】国家建立农用地分类管理制度，严格保护耕地，严格控制农用地转为建设用地，严格控制耕地转为林地、园地等其他类型农用地。省、自治区、直辖市人民政府应当采取措施确保耕地总量不减少、质量有提高。

国家实行永久基本农田保护制度，建设粮食生产功能区、重要农产品生产保护区，建设并保护高标准农田。

地方各级人民政府应当推进农村土地整理和农用地科学安全利用，加强农田水利等基础设施建设，改善农业生产条件。

注释 **农用地分类管理制度**

土地管理法规定，我国实行土地用途管制制度。使用土地的单位和个人必须严格按照土地利用总体规划确定的用途使用土地。土地管理法还对违反土地用途管制制度的行为规定了严格的法律责任。一是要严格按照土地利用总体规划确定的用途使用土地。二是要严格限制农用地转为建设用地。根据土地管理法的规定，建设占用土地，涉及农用地转为建设用地的，应当办理农用地转用审批手续。其中，永久基本农田转为建设用地的，由国务院批准。其他的农用地转为建设用地的，要按照土地管理法规定的程序报批。

加强永久基本农田保护

土地管理法规定国家实行永久基本农田保护制度，明确了永久基本农田的划定标准、所占比例和调整程序。《基本农田保护条例》对具体监督管理制度作出了细化规定。党中央高度重视永久基本农田保护，加强永久基本农田保护，一是要巩固永久基本农田划定成果，严格规范永久基本农田上农业生产活动，依法处置违法违规建设占用问题。二是要严控建设占用永久基本农田，严格占用和补划审查论证，处理好涉及永久基本农田的矿业权设置。三是要统筹生态建设和永久基本农田保护，协调安排生态建设项目，妥善处理好生态退耕。四是要加强永久基本农田建设，开展永久基本农田质量建设，建立健全耕地质量调查监测与评价制度，建立永久基本农田储备区。五是要健全永久基本农田保护监管机制，构建动态监管体系，严格监督检查，强化考核机制，完善激励补偿机制。

链接《土地管理法》;《基本农田保护条例》;《农田水利条例》;《关于坚决制止耕地"非农化"行为的通知》;《关于防止耕地"非粮化"稳定粮食生产的意见》;《关于建立粮食生产功能区和重要农产品生产保护区的指导意见》;《关于切实加强高标准农田建设 提升国家粮食安全保障能力的意见》

第十五条 【促进种业高质量发展】国家加强农业种质资源保护利用和种质资源库建设,支持育种基础性、前沿性和应用技术研究,实施农作物和畜禽等良种培育、育种关键技术攻关,鼓励种业科技成果转化和优良品种推广,建立并实施种业国家安全审查机制,促进种业高质量发展。

注释 **加强农业种质资源保护利用和种质资源库建设**

一是要全面加强种质资源保护和利用。种子法第九条规定,国家有计划地普查、收集、整理、鉴定、登记、保存、交流和利用种质资源,重点收集珍稀、濒危、特有资源和地方特色品种,定期公布可供利用的种质资源目录。

二是要加强种质资源保护体系建设。要进一步加强种质资源保存、鉴定、共享等基础设施建设,加快推进国家农作物、畜禽和海洋渔业种质资源库建设,鼓励地方、科研机构、高等院校以及企业等开展种质资源库建设。要创新种质资源保护方法与技术,进一步提高保存质量。要加强种质资源保护利用信息化建设,健全国家农业种质资源数据库,构建全国统一的农业种质资源大数据平台。

建立并实施种业国家安全审查机制

种子法第六十一条规定,国家建立种业国家安全审查机制。主要是指境外机构或者个人到我国境内开展涉及种子的有关活动应当符合法律法规以及有关负面清单等的条件和要求,依法依规获得审批并接受监管。需要审查的活动主要包括四类:一是投资、并购境内种子企业;二是与境内科研院所、种子企业开展技术合作;三是从事品种研发活动;四是从事种子生产经营活动。同时,上述活动涉及生物安全法、外商投资法、外商投资安全审查办法等法律法规规定的有关安全审查机制的,也应当依法依规进行安全审查。根据《外商投资准入特别管理措施(负面清单)》(2021年版)的规定,涉及种业的外商投资特别管理措施主要有三种:一是小麦新品种选育和种子生产的中方股比不低于34%、玉米新品种选育和种子生产须由中方控股。二是禁止投资中国稀有和特有的珍贵优良品种的研发、养殖、种植以及相关繁殖材料的生产(包括种植业、畜牧业、水产业的优良基因)。三是禁止投资农作物、种畜禽、水产苗种转基因品种选育及其转基因种子(苗)生产。

第十六条 【关于加强农业科技创新】国家采取措施加强农业科技创新,培育创新主体,构建以企业为主体、产学研协同的创新机制,强化高等学校、科研机构、农业企业创新能力,建立创新平台,加强新品种、新技术、新装备、新产品研发,加强农业知识产权保护,推进生物种业、智慧农业、设施农业、农产品加工、绿色农业投入品等领域创新,建设现代农业产业技术体系,推动农业农村创新驱动发展。

国家健全农业科研项目评审、人才评价、成果产权保护制度,保障对农业科技基础性、公益性研究的投入,激发农业科技人员创新积极性。

第十七条 【农业技术推广体系建设】国家加强农业技术推广体系建设,促进建立有利于农业科技成果转化推广的激励机制和利益分享机制,鼓励企业、高等学校、职业学校、科研机构、科学技术社会团体、农民专业合作社、农业专业化社会化服务组织、农业科技人员等创新推广方式,开展农业技术推广服务。

第十八条 【推动农业生产经营信息化】国家鼓励农业机械生产研发和推广应用,推进主要农作物生产全程机械化,提高设施农业、林草业、畜牧业、渔业和农产品初加工的装备水平,推动农机农艺融合、机械化信息化融合,促进机械化生产与农田建设相适应、服务模式与农业适度规模经营相适应。

国家鼓励农业信息化建设,加强农业信息监测预警和综合服务,推进农业生产经营信息化。

链接《数字农业农村发展规划(2019—2025年)》

第十九条 【推进乡村产业融合发展】各级人民政府应当发挥农村资源和生态优势,支持特色农业、休闲农业、现代农产品加工业、乡村手工业、绿色建材、红色旅游、乡村旅游、康养和乡村物流、电子商务等乡村产业的发展;引导新型经营主体通过特色化、专业化经营,合理配置生产要素,促进乡村产业深度融合；支持特色农产品优势区、现代农业产业园、农业科技园、农村创业园、休闲农业和乡村旅游重点村镇等的建设；统筹农产品生产地、集散地、销售地市场建设，加强农产品流通骨干网络和冷链物流体系建设；鼓励企业获得国际通行的农产品认证，增强乡村产业竞争力。

发展乡村产业应当符合国土空间规划和产业政策、环境保护的要求。

第二十条 【支持农民、返乡入乡人员在乡村创业创新】各级人民政府应当完善扶持政策，加强指导服务，支持农民、返乡入乡人员在乡村创业创新，促进乡村产业发展和农民就业。

第二十一条 【促进农民增加收入规定】各级人民政府应当建立健全有利于农民收入稳定增长的机制，鼓励支持农民拓宽增收渠道，促进农民增加收入。

国家采取措施支持农村集体经济组织发展，为本集体成员提供生产生活服务，保障成员从集体经营收入中获得收益分配的权利。

国家支持农民专业合作社、家庭农场和涉农企业、电子商务企业、农业专业化社会化服务组织等以多种方式与农民建立紧密型利益联结机制，让农民共享全产业链增值收益。

注释 各级人民政府应当采取多种措施拓宽增收渠道，千方百计促进农民增收。

一是要挖掘农业农村内部增收富民潜力。完善政策支持体系，发展富民乡村产业。创新农业产业组织方式，推动种养业向规模化、标准化、品牌化和绿色化方向发展，不断提高质量、效益和竞争力。发展农产品初加工和精深加工，加强农产品物流骨干网络和冷链物流体系建设。推动“互联网+”现代农业，发展农业新型业态。推动一二三产业融合发展，延长产业链，提升价值链。

二是要促进农村劳动力更高质量更充分就业。要有序引导农村转移劳动力，促进农村劳动力到效率更高的领域和部门就业。通过职业技能培训，拓宽就业创业渠道。统筹城乡产业布局，发展县域经济，扩大农民就近就业。

三是要优化农民财产性收入稳步提升的制度环境。推动资源变资产、资金变股金、农民变股东，赋予农民更多财产权利。健全要素由市场评价贡献、按贡献决定报酬的机制。落实农村土地承包关系稳定并长久不变政策。稳慎推进宅基地制度改革，完善盘活农民闲置宅基地和闲置农房政策。加快建设城乡统一的建设用地市场，建立同权同价、流转顺畅、收益共享的农村集体经营性建设用地入市制度。完善对被征地农民合理、规范、多元保障机制。

四是要完善农业补贴政策。完善对农民直接补贴政策，健全以税收、社会保障、转移支付等为主要手段的再分配调节机制，加大对农民直接补贴力度。完善重要农产品生产者补贴制度，建立补贴标准动态调整机制。完善农业服务补贴政策，促进农业生产性服务业良性竞争、提质增效。完善农业生态补偿制度，及时调整农业资源休养生息补偿标准。统筹整合涉农资金，探索建立普惠性农民补贴长效机制。

五是要健全城乡统筹的社会保障制度。各项保障措施要更加注重向农村、基层、欠发达地区倾斜，向困难群众倾斜，促进社会公平正义，让发展成果更多、更公平惠及全体人民。健全基本养老保险制度、基本医疗保险制度，推动农民工失业保险扩大覆盖面、提高参保率，完善最低生活保障制度，做好农村社会救助工作，稳步提高保障水平。

第二十二条 【推进国有农场现代农业发展】各级人民政府应当加强国有农（林、牧、渔）场规划建设，推进国有农（林、牧、渔）场现代农业发展，鼓励国有农（林、牧、渔）场在农业农村现代化建设中发挥示范引领作用。

第二十三条 【深化供销合作社综合改革】各级人民政府应当深化供销合作社综合改革，鼓励供销合作社加强与农民利益联结，完善市场运作机制，强化为农服务功能，发挥其为农服务综合性合作经济组织的作用。

注释 **推进基层社的改造**

一是要广泛吸纳农民和各类新型农业经营主体入社，通过劳动合作、资本合作、土地合作等多种途径，采取合作制、股份合作制等多种形式，不断强化基层社与农民在组织上和经济上的联结。二是要按照合作制原则加快完善治理结构，落实基层社社员代表大会、理事会、监事会制度，强化民主管理、民主监督，提高农民社员在经营管理事务中的参与度和话语权。三是要规范基层社和农民社员的利益分配关系，建立健全按交易额返利和按股分红相结合的分配制度，切实做到农民出资、农民参与、农民受益。

完善供销合作社市场运作机制

一是要构建联合社主导的行业指导体系。市地级以上联合社要加强行业管理、政策协调、资产监管、教育培训，贯彻落实好上级社和地方党委、政府的决策部署。县级联合社要组织实施好基层社改造，强化市场运营，搞好直接面向农民的生产生活服务网点建设。二是要构建社有企业支撑的经营服务体系。三是要理顺联合社与社有企业的关系。联合社机关要切实把握好社有企业为农服务方向，加强社有资产监管，促进社有资产保值增值；社有企业要面向市场自主经营、自负盈亏。四是要创新联合社治理结构。

链接《关于深化供销合作社综合改革的决定》；《关于深入贯彻落实中央一号文件大力推动乡村振兴的实施意见》

第三章　人才支撑

第二十四条　【健全乡村人才工作体制机制】国家健全乡村人才工作体制机制，采取措施鼓励和支持社会各方面提供教育培训、技术支持、创业指导等服务，培养本土人才，引导城市人才下乡，推动专业人才服务乡村，促进农业农村人才队伍建设。

第二十五条　【加强教育、医疗卫生等人才支撑】各级人民政府应当加强农村教育工作统筹，持续改善农村学校办学条件，支持开展网络远程教育，提高农村基础教育质量，加大乡村教师培养力度，采取公费师范教育等方式吸引高等学校毕业生到乡村任教，对长期在乡村任教的教师在职称评定等方面给予优待，保障和改善乡村教师待遇，提高乡村教师学历水平、整体素质和乡村教育现代化水平。

各级人民政府应当采取措施加强乡村医疗卫生队伍建设，支持县乡村医疗卫生人员参加培训、进修，建立县乡村上下贯通的职业发展机制，对在乡村工作的医疗卫生人员实行优惠待遇，鼓励医学院校毕业生到乡村工作，支持医师到乡村医疗卫生机构执业、开办乡村诊所、普及医疗卫生知识，提高乡村医疗卫生服务能力。

各级人民政府应当采取措施培育农业科技人才、经营管理人才、法律服务人才、社会工作人才，加强乡村文化人才队伍建设，培育乡村文化骨干力量。

第二十六条　【培育高素质农民队伍】各级人民政府应当采取措施，加强职业教育和继续教育，组织开展农业技能培训、返乡创业就业培训和职业技能培训，培养有文化、懂技术、善经营、会管理的高素质农民和农村实用人才、创新创业带头人。

第二十七条　【加强高校培养农村专业人才】县级以上人民政府及其教育行政部门应当指导、支持高等学校、职业学校设置涉农相关专业，加大农村专业人才培养力度，鼓励高等学校、职业学校毕业生到农村就业创业。

注释为鼓励高等学校、职业学校毕业生到农村就业创业，中央有关部门及地方政府相继出台有关支持政策，如农业农村部联合农业发展银行探索扩大农村贷款抵押物范围，开发符合返乡下乡大学生创业需求的金融产品和金融服务，加大对农村创业创新信贷的支持和服务力度。农业农村部还组织实施休闲农业和乡村旅游升级行动，大力支持返乡下乡大学生兴办休闲农业和乡村旅游等新兴产业，进一步盘活闲置资产，为农村创业创新提供条件和保障。各省（区、市）也根据本地实际，制定管理办法，支持返乡下乡大学生到农村就业创业。如有的地方规定，返乡下乡大学生可依托自有和闲置农房、院落发展农家乐；有的地方鼓励将"四荒地"和厂矿废弃地、砖瓦窑废弃地、道路改线废弃地、闲置校舍、村庄空闲地等用于返乡下乡大学生创业就业。

第二十八条　【鼓励各类人才助推乡村振兴】国家鼓励城市人才向乡村流动，建立健全城乡、区域、校地之间人才培养合作与交流机制。

县级以上人民政府应当建立鼓励各类人才参与乡村建设的激励机制，搭建社会工作和乡村建设志愿服务平台，支持和引导各类人才通过多种方式服务乡村振兴。

乡镇人民政府和村民委员会、农村集体经济组织应当为返乡入乡人员和各类人才提供必要的生产生活服务。农村集体经济组织可以根据实际情况提供相关的福利待遇。

链接《关于推进返乡入乡创业园建设 提升农村创业创新水平的意见》

第四章　文化繁荣

第二十九条　【加强农村精神文明建设】各级人民政府应当组织开展新时代文明实践活动，加强农村精神文明建设,不断提高乡村社会文明程度。

第三十条 【促进乡风文明建设】各级人民政府应当采取措施丰富农民文化体育生活,倡导科学健康的生产生活方式,发挥村规民约积极作用,普及科学知识,推进移风易俗,破除大操大办、铺张浪费等陈规陋习,提倡孝老爱亲、勤俭节约、诚实守信,促进男女平等,创建文明村镇、文明家庭,培育文明乡风、良好家风、淳朴民风,建设文明乡村。

注释 乡村振兴促进法明确规定,要发挥村规民约积极作用。要进一步加强村规民约建设,实现村规民约行政村全覆盖;要依靠群众因地制宜制定村规民约,提倡把喜事新办、丧事简办、弘扬孝道、尊老爱幼、扶残助残、和谐敦睦等内容纳入村规民约;要以法律法规为依据,规范完善村规民约,确保制定过程、条文内容合法合规,防止一部分人侵害另一部分人的合法权益;要建立健全村规民约监督和奖惩机制,注重运用舆论和道德力量促进村规民约有效实施,对违背村规民约的,在符合法律法规的前提下运用自治组织的方式进行合情合理的规劝、约束。

推动移风易俗涉及人的生活方式和思维方式的转变,需要循序渐进,不可操之过急。要大力开展移风易俗、弘扬时代新风行动,破除陈规陋习、传播文明理念、涵育文明乡风。要倡导科学文明健康的生活方式,宣传普及工作生活、社会交往、人际关系、公共场所等方面的文明礼仪规范。要针对红白喜事大操大办、奢侈浪费、厚葬薄养等不良习气,广泛开展乡风评议,发挥村民议事会、道德评议会、红白理事会、禁毒禁赌协会等群众组织的作用。要切实加强无神论宣传教育,引导农村群众自觉抵制腐朽落后文化的侵蚀。要大力弘扬科学精神,广泛普及科学知识。

链接《关于做好村规民约和居民公约工作的指导意见》

第三十一条 【促进乡村公共文化服务建设】各级人民政府应当健全完善乡村公共文化体育设施网络和服务运行机制,鼓励开展形式多样的农民群众性文化体育、节日民俗等活动,充分利用广播电视、视听网络和书籍报刊,拓展乡村文化服务渠道,提供便利可及的公共文化服务。

各级人民政府应当支持农业农村农民题材文艺创作,鼓励制作反映农民生产生活和乡村振兴实践的优秀文艺作品。

注释 乡村振兴促进法对促进乡村公共文化服务建设作出专门规定,为丰富乡村文化生活提供了法律依据。

支持农村公共文化服务建设

乡村振兴促进法规定,各级人民政府应当为乡村提供便利可及的公共文化服务。随着经济社会的发展,应当不断加大对农村公共文化服务建设的投入,建立以公共财政为主导的多元化投入机制。要扩大乡村文化惠民工程覆盖面,支持建设农村文化礼堂、文化广场,提升农村公共文化服务能力,推动基层公共文化服务优质均衡发展。

加强公共文化服务设施建设和运营服务

乡村振兴促进法规定,各级人民政府应当健全完善乡村公共文化体育设施网络和服务运行机制。各地应当不断完善公共文化服务网络,满足农民群众享受更好地读书看报、看电视、听广播、参加公共文化活动等基本公共文化服务需求,提升文化获得感。要加快构建农村广播电视现代传输覆盖体系,统筹推进基层综合性文化服务中心建设,在乡村统筹建设集宣传文化、党员教育、科技普及、普法教育、体育健身于一体的综合性文化服务中心。

增加公共文化产品和服务供给

乡村振兴促进法规定,各级人民政府应当支持农业农村农民题材文艺创作,鼓励制作反映农民生产生活和乡村振兴实践的优秀文艺作品。这一规定为农村公共文化产品和服务供给提供了法制保障。要加大"三农"题材文艺创作生产支持力度,引导文化艺术团体深入挖掘乡村振兴战略进程中的重大事件、重大成果、先进事迹、鲜活事例,以戏曲、曲艺、音乐、舞蹈等群众喜闻乐见的艺术形式为载体,创作推出一批展示当前乡村振兴重大成就、反映当代农民精神风貌的优秀文艺作品,丰富农民文化生活,凝聚乡村振兴力量。要持续组织开展送文化下乡、送电影下乡、送戏曲下乡活动,把优秀精神文化产品和服务送到农民群众身边。要大力推进文化惠民,为农村地区提供更多、更好的公共文化产品和服务。要因地制宜开展"菜单式""订单式"服务,更好地满足农民群众需求。要不断加强公共文化服务品牌建设,推动形成具有鲜明特色和社会影响力的农村公共文化服务项目。

广泛开展群众文化体育活动

乡村振兴促进法规定,鼓励开展形式多样的

农民群众性文化体育、节日民俗等活动。要从农村实际出发，大力开展农民群众乐于参与、便于参与的文化活动，让农民群众在多姿多彩、喜闻乐见的文化活动中获得精神滋养、增强精神力量。经常组织开展地方戏曲会演，支持举办乡村春晚等文化活动，不断激发乡村文化创造力。

链接《公共文化服务保障法》；《关于加快构建现代公共文化服务体系的意见》

第三十二条 【传承和发展农村优秀传统文化】各级人民政府应当采取措施保护农业文化遗产和非物质文化遗产，挖掘优秀农业文化深厚内涵，弘扬红色文化，传承和发展优秀传统文化。

县级以上地方人民政府应当加强对历史文化名镇名村、传统村落和乡村风貌、少数民族特色村寨的保护，开展保护状况监测和评估，采取措施防御和减轻火灾、洪水、地震等灾害。

注释 乡村振兴促进法将保护农业文化遗产、传承和发展优秀传统文化等要求写入法律，并对历史文化名镇名村、传统村落和乡村风貌、少数民族特色村寨的保护等作出明确规定，为保护和传承农村优秀传统文化提供了法制保障。

实施农村优秀传统文化保护传承行动

划定乡村建设的历史文化保护线，保护好文物古迹、传统村落、民族村寨、传统建筑、农业遗迹等，优化农业文化遗产地空间布局和农业生产生态类型结构，加强农业文化遗产地核心要素系统性保护和传承发展。加强农业文化遗产展示宣传，大力推进转化创新，探索合理利用方式，依托农业文化遗产资源，发展休闲农业、农耕体验等农文旅结合新业态，让遗产地农民群众在保护传承利用农村优秀传统文化中增强获得感。

完善保护传承农村优秀传统文化的法律制度体系

要加快完善相关法律制度体系，不断健全和完善传统工艺保护、传统村落保护、农业文化遗产保护等方面的法律法规。同时，各级人民政府及有关部门应当健全保护和管理制度，细化管理措施，切实将农村优秀传统文化遗产保护和传承落到实处。

加大传统村落保护力度

要把保护传统村落作为全面推进乡村振兴的重要任务，坚持保护优先、突出特色、合理利用、活态传承、共治共享。要完善传统村落调查，建立国家和地方传统村落名录。要健全传统村落保护的制度框架和政策体系，提升传统村落可持续发展能力。要积极吸引社会力量，实施“拯救老屋”行动，开展乡村遗产客栈示范项目，探索古村落、古民居利用新途径。要尊重农民主体地位，打造特色传统村落乡村旅游品牌。要广泛开展“记住乡愁”等传统村落保护活动。要加快建立传统村落保护发展的管理制度和防火技术支撑体系，更好地统筹传统村落保护、发展和安全。要开展传统村落保护状况监测评估，定期向社会公开发布监测评估报告，营造重视传统村落保护的社会氛围。

第三十三条 【促进乡村文化产业发展】县级以上地方人民政府应当坚持规划引导、典型示范，有计划地建设特色鲜明、优势突出的农业文化展示区、文化产业特色村落，发展乡村特色文化体育产业，推动乡村地区传统工艺振兴，积极推动智慧广电乡村建设，活跃繁荣农村文化市场。

注释 乡村振兴促进法对发展乡村文化产业作出明确规定，为发展乡村文化产业提供了法制保障。

持续促进农村优秀传统文化传承发展

通过组织专题展览、线上直播展示、教育培训等多种方式，加强农业文化遗产宣传推介和科学普及，提高公众遗产保护意识和文化自信，弘扬优秀农耕文化。

支持发展文化产业特色村落

结合美丽乡村建设，深入挖掘村落特色文化符号，盘活地方和民族特色文化资源，走特色化、差异化发展之路。

支持发展乡村特色文化体育产业

创新财政支持政策，通过多种方式扶持乡村特色文化体育产业项目建设。在符合法律规定的前提下，出台市场准入、资格认定、价格调节、财税优惠等政策，鼓励和引导社会资本发展乡村特色文化体育产业。

推动乡村地区传统工艺振兴

实施中国传统工艺振兴计划，帮助乡村群众掌握一门手艺或技术，支持具备条件的地区搭建平台，整合资源，提高传统工艺产品的设计、制作水平，培育具有市场影响力的地域品牌。

推动智慧广电乡村建设

坚持整体规划、试点先行、分步实施，推动智慧广电乡村建设，提升有线电视网络承载能力，升级改造农村有线广播。

第五章 生态保护

第三十四条 【健全和落实国家生态保护政策】国家健全重要生态系统保护制度和生态保护补偿机制,实施重要生态系统保护和修复工程,加强乡村生态保护和环境治理,绿化美化乡村环境,建设美丽乡村。

注释 **乡村生态保护和环境治理的重点**

一是加强农村饮用水水源保护。二是加快推进农村生活垃圾污水治理。三是着力解决养殖业污染。四是有效防控种植业污染。持续推进化肥、农药减量增效,加强秸秆、农膜废弃物资源化利用,大力推进种植产业模式生态化,实施耕地分类管理,开展涉镉等重金属重点行业企业排查整治。五是提升农业农村环境监管能力。严守生态保护红线,强化农业农村生态环境监管执法。六是加大执法力度,开展农村集中式饮用水水源地保护、生活垃圾和污水处理、秸秆焚烧、畜禽养殖污染防治等专项执法检查行动。

链接《全国重要生态系统保护和修复重大工程总体规划(2021—2035年)》;《关于健全生态保护补偿机制的意见》

第三十五条 【推动农业绿色发展】国家鼓励和支持农业生产者采用节水、节肥、节药、节能等先进的种植养殖技术,推动种养结合、农业资源综合开发,优先发展生态循环农业。

各级人民政府应当采取措施加强农业面源污染防治,推进农业投入品减量化、生产清洁化、废弃物资源化、产业模式生态化,引导全社会形成节约适度、绿色低碳、文明健康的生产生活和消费方式。

第三十六条 【改善乡村生态环境】各级人民政府应当实施国土综合整治和生态修复,加强森林、草原、湿地等保护修复,开展荒漠化、石漠化、水土流失综合治理,改善乡村生态环境。

链接《山水林田湖草生态保护修复工程指南(试行)》

第三十七条 【改善农村人居环境】各级人民政府应当建立政府、村级组织、企业、农民等各方面参与的共建共管共享机制,综合整治农村水系,因地制宜推广卫生厕所和简便易行的垃圾分类,治理农村垃圾和污水,加强乡村无障碍设施建设,鼓励和支持使用清洁能源、可再生能源,持续改善农村人居环境。

链接《关于开展水系连通及农村水系综合整治试点工作的通知》;《水利部办公厅关于印发水系连通及农村水系综合整治试点县实施方案编制指南的通知》;《关于组织推荐农村生活垃圾分类和资源化利用示范县的通知》

第三十八条 【加强农村住房安全建设】国家建立健全农村住房建设质量安全管理制度和相关技术标准体系,建立农村低收入群体安全住房保障机制。建设农村住房应当避让灾害易发区域,符合抗震、防洪等基本安全要求。

县级以上地方人民政府应当加强农村住房建设管理和服务,强化新建农村住房规划管控,严格禁止违法占用耕地建房;鼓励农村住房设计体现地域、民族和乡土特色,鼓励农村住房建设采用新型建造技术和绿色建材,引导农民建设功能现代、结构安全、成本经济、绿色环保、与乡村环境相协调的宜居住房。

实务问答 **农村住房安全保障的对象主要有哪些**

农村住房安全保障对象主要是农村低收入群体,包括农村易返贫致贫户、农村低保户、农村分散供养特困人员以及因病因灾因意外事故等刚性支出较大或收入大幅缩减导致基本生活出现严重困难的家庭等。

链接《建设工程质量管理条例》;《建设工程安全生产管理条例》;《农村乱占耕地建房"八不准"的通知》

第三十九条 【严格管理农业投入品】国家对农业投入品实行严格管理,对剧毒、高毒、高残留的农药、兽药采取禁用限用措施。农产品生产经营者不得使用国家禁用的农药、兽药或者其他有毒有害物质,不得违反农产品质量安全标准和国家有关规定超剂量、超范围使用农药、兽药、肥料、饲料添加剂等农业投入品。

链接《农药管理条例》;《兽药管理条例》;《饲料和饲料添加剂管理条例》

第四十条 【加强农村生态环境管控】国家实行耕地养护、修复、休耕和草原森林河流湖泊休养生息制度。县级以上人民政府及其有关部门依法划定江河湖海限捕、禁捕的时间和区域,并可以根据地下水超采情况,划定禁止、限制开采地下水区域。

禁止违法将污染环境、破坏生态的产业、企业向农村转移。禁止违法将城镇垃圾、工业固体废物、未经达标处理的城镇污水等向农业农村转移。

禁止向农用地排放重金属或者其他有毒有害物质含量超标的污水、污泥，以及可能造成土壤污染的清淤底泥、尾矿、矿渣等；禁止将有毒有害废物用作肥料或者用于造田和土地复垦。

地方各级人民政府及其有关部门应当采取措施，推进废旧农膜和农药等农业投入品包装废弃物回收处理，推进农作物秸秆、畜禽粪污的资源化利用，严格控制河流湖库、近岸海域投饵网箱养殖。

注释 **农用地休养**

农用地休养是一种环境保护行为，是按照相关规定和规律对土地进行休耕和保养。具体来说休养的方式分为两种，一种是让一部分地力贫瘠、土壤污染退化严重的土地长期进行休耕退耕，进行退耕还林，退耕还草、还湖，有助于提升地力，资源效益最大化利用，以及让彻底不能进行耕种的土地退出农用地的范围；另一种是在短时间内将符合一定条件的土地，按照土壤侵蚀程度、地力程度在一段时间内进行循环的休耕和保养。

长江禁限捕制度

农业农村部于2019年12月27日发布了《关于长江流域重点水域禁捕范围和时间的通告》，宣布从2020年1月1日0时起实施长江十年禁渔计划。长江干流和重要支流除水生生物自然保护区和水产种质资源保护区以外的天然水域，最迟自2021年1月1日0时起实行暂定为期十年的常年禁捕，其间禁止天然渔业资源的生产性捕捞。2020年12月26日，第十三届全国人民代表大会常务委员会第二十四次会议通过的长江保护法将禁限捕制度上升为法律，对长江流域禁限捕作出了明确规定，即国家对长江流域重点水域实行严格捕捞管理。在长江流域水生生物保护区全面禁止生产性捕捞；在国家规定的期限内，长江干流和重要支流、大型通江湖泊、长江河口规定区域等重点水域全面禁止天然渔业资源的生产性捕捞。具体办法由国务院农业农村主管部门会同国务院有关部门制定。

链接《农药包装废弃物回收处理管理办法》

第六章 组织建设

第四十一条 【完善乡村社会治理体系和乡镇功能】建立健全党委领导、政府负责、民主协商、社会协同、公众参与、法治保障、科技支撑的现代乡村社会治理体制和自治、法治、德治相结合的乡村社会治理体系，建设充满活力、和谐有序的善治乡村。

地方各级人民政府应当加强乡镇人民政府社会管理和服务能力建设，把乡镇建成乡村治理中心、农村服务中心、乡村经济中心。

注释 改革开放以来，我国构建起党领导下以村民自治为基础的乡村治理格局，农村社会大局稳定，社会形势总体良好。但与实施乡村振兴战略的要求相比，我国乡村治理体制机制还存在不适应的地方。我国乡村治理体系和治理能力现代化水平还不高，治理理念、治理方式、治理手段还存在短板，乡村治理需要破解的难题还不少。

第四十二条 【加强农村基层党组织建设】中国共产党农村基层组织，按照中国共产党章程和有关规定发挥全面领导作用。村民委员会、农村集体经济组织等应当在乡镇党委和村党组织的领导下，实行村民自治，发展集体所有制经济，维护农民合法权益，并应当接受村民监督。

第四十三条 【加强农村干部队伍建设】国家建立健全农业农村工作干部队伍的培养、配备、使用、管理机制，选拔优秀干部充实到农业农村工作干部队伍，采取措施提高农业农村工作干部队伍的能力和水平，落实农村基层干部相关待遇保障，建设懂农业、爱农村、爱农民的农业农村工作干部队伍。

第四十四条 【完善基层管理体制和服务体系】地方各级人民政府应当构建简约高效的基层管理体制，科学设置乡镇机构，加强乡村干部培训，健全农村基层服务体系，夯实乡村治理基础。

注释 本条专门对完善乡村治理的方式和路径进行规定。

一是加强基层政权建设。合理设置基层政权机构、调配人力资源，不简单照搬上级机关设置模式。根据工作需要，整合基层审批、服务、执法等方面力量，统筹机构编制资源，整合相关职能，设立综合性机构，实行扁平化和网格化管理。推动乡村治理重心下移，尽可能把资源、服务、管理下放到基层。加强乡镇领导班子建设，有计划地选派省市县机关部门有发展潜力的年轻干部到乡镇任职。加大从优秀选调生、乡镇事业编制人员、优秀村干部、大学生村官中选拔乡镇领导班子成员力度。加强边境地区、民族地区农村基层政权建设相关工作。

二是创新基层管理体制机制。明确县乡财政事权和支出责任划分,改进乡镇财政预算管理制度。推进乡镇协商制度化、规范化建设,创新联系服务群众工作方法。推进直接服务民生的公共事业部门改革,改进服务方式,最大限度方便群众。推动乡镇政务服务事项一窗式办理、部门信息系统一平台整合、社会服务管理大数据一口径汇集,不断提高乡村治理智能化水平。健全监督体系,规范乡镇管理行为。改革创新考评体系,强化以群众满意度为重点的考核导向。

三是健全农村基层服务体系。制定基层政府在村(农村社区)治理方面的权责清单,推进农村基层服务规范化、标准化。整合优化公共服务和行政审批职责,打造"一门式办理""一站式服务"的综合服务平台。在村庄普遍建立网上服务站点,逐步形成完善的乡村便民服务体系。大力培育服务性、公益性、互助性农村社会组织,积极发展农村社会工作和志愿服务。开展农村基层减负工作,集中清理对村级组织考核评比多、创建达标多、检查督查多等突出问题。

第四十五条 【加强基层群众自治】乡镇人民政府应当指导和支持农村基层群众性自治组织规范化、制度化建设,健全村民委员会民主决策机制和村务公开制度,增强村民自我管理、自我教育、自我服务、自我监督能力。基层群众性自治组织指的是依照有关法律规定,以城乡居民(村民)一定的居住地为纽带和范围设立,并由居民(村民)选举产生的成员组成的,实行自我管理、自我教育、自我服务的社会组织。基层群众性自治组织不同于国家政权组织和其他政治、经济等社会组织,是基于一定居住地范围内居民(村民)社会生活的共同需要而建立的,目的是解决居住地范围内的公共事务和公益事业方面的社会问题,如社会治安、公共卫生等。基层群众性自治组织是建立在中国社会的最基层、与群众直接联系的组织,是在自愿的基础上由群众按照居住地区自己组织起来管理自己事务的组织。基层群众性自治组织的主任、副主任和委员由居民选举。

第四十六条 【促进农村集体经济组织等发展】各级人民政府应当引导和支持农村集体经济组织发挥依法管理集体资产、合理开发集体资源、服务集体成员等方面的作用,保障农村集体经济组织的独立运营。

县级以上地方人民政府应当支持发展农民专业合作社、家庭农场、农业企业等多种经营主体,健全农业农村社会化服务体系。

注释 2018年中央一号文件提出,深入推进农村集体产权制度改革。全面开展农村集体资产清产核资、集体成员身份确认,加快推进集体经营性资产股份合作制改革。推动资源变资产、资金变股金、农民变股东,探索农村集体经济新的实现形式和运行机制。坚持农村集体产权制度改革正确方向,发挥村党组织对集体经济组织的领导作用,防止内部少数人控制和外部资本侵占集体资产。2020年,为促进农村集体经济组织规范发展,保障农村集体经济组织及其成员的合法权益,农业农村部拟定了《农村集体经济组织示范章程(试行)》,各地农村集体经济组织可以按此制定或完善其章程,以使农村集体经济组织运行制度化、规范化,从而提升经营管理和服务水平。各级人民政府要引导农村集体经济组织挖掘集体土地、房屋、设施等资源和资产潜力,依法通过股份制、合作制、股份合作制、租赁等形式,积极参与产业融合发展。

第四十七条 【促进基层群团组织和社会组织发展】县级以上地方人民政府应当采取措施加强基层群团组织建设,支持、规范和引导农村社会组织发展,发挥基层群团组织、农村社会组织团结群众、联系群众、服务群众等方面的作用。

注释 群团组织是人民团体和群众团体的统称,常见的群团组织有工会、共青团、妇联、科协、残联等。农村社会组织的涵盖范围很广,包括农村专业协会类、公益慈善类、社区服务类等社会组织。基层群团组织和农村社会组织有贴近基层、贴近群众的优势,能够积极发动群众参与农村各项事业,激发群众改善各项生活条件的积极性。

要发挥工会、共青团、妇联、科协、残联等群团组织的优势和力量,发挥各民主党派、工商联、无党派人士等积极作用,支持农村产业发展、生态环境保护、乡风文明建设、农村弱势群体关爱等。要以加强农村基层群团组织建设为着力点,广泛拓宽农村妇女、青年等群体参与农村基层治理的多元化渠道,统筹基层群团组织资源配置,推动群团资源不断向基层延伸,健全联系妇女、青年等群体的组织体系,强化基层群团组织的政治功能、社会功能,改革创新体制机制,支持群团组织承担农村公共服务职能。

第四十八条 【推进乡村法治建设】地方各级人民政府应当加强基层执法队伍建设，鼓励乡镇人民政府根据需要设立法律顾问和公职律师，鼓励有条件的地方在村民委员会建立公共法律服务工作室，深入开展法治宣传教育和人民调解工作，健全乡村矛盾纠纷调处化解机制，推进法治乡村建设。

注释 加强基层执法队伍建设

深化行政执法体制改革，强化基层执法队伍，合理配置执法力量，积极探索农林水利等领域内的综合执法。要着力破解农业综合行政执法面临的突出问题，牢牢把握农业综合行政执法工作定位，推动改革攻坚、职责履行、机制创新和能力提升，在促进执法改革、提高执法效能、建设高素质执法队伍等方面扎实开展工作。合理配置执法力量资源，整合基层审批服务执法力量，推进行政执法权限和力量向基层延伸下沉。扎实实施农业综合行政执法能力提升行动，聚焦执法办案主责主业，以学助练、以查提技、以案强兵，在实战中练兵、在练兵中提升，努力扎实开展农业行政执法大练兵活动，加大网络培训力度，推动各省组建执法指导小组强化办案指导，打造正规化、专业化、职业化的农业执法队伍。严格实施行政执法人员持证上岗和资格管理制度，坚持从严管理，以"负面清单"形式划清行政执法行为的"红线"，做到严格规范公正文明执法。县级以上人民政府农业农村部门应当为农业综合行政执法人员提供必要的执法装备、后勤保障等条件，并采取措施保障其人身健康和生命安全。

加强法律服务供给

统筹城乡法律服务资源，健全覆盖城乡居民的公共法律服务体系，加强对农民的法律援助、司法救助和公益法律服务。鼓励有条件的地方在村民委员会建立公共法律服务工作室，深入推进公共法律服务实体、热线、网络平台建设，鼓励乡镇党委和政府根据需要设立法律顾问和公职律师，鼓励有条件的地方在村民委员会建立公共法律服务工作室，进一步加强村(居)法律顾问工作，完善政府购买服务机制，充分发挥律师、基层法律服务工作者等在提供公共法律服务、促进乡村依法治理中的作用。积极制定村级公共法律服务工作室建设规范标准，运用"互联网+"等信息化手段，创新工作方式，倡导一体化管理、一条龙服务，不断完善村级公共法律服务工作室的职责，为农民群众提供开展法律咨询、法律援助、公证服务、司法鉴定、安置帮教等法律服务，在提供公共法律服务的全过程中开展法治宣传，帮助农民群众依法调解村内的各类矛盾纠纷，一揽子解决问题，稳步提升村民知法、学法、懂法、用法意识。

开展法治宣传教育

深入宣传习近平法治思想，深入宣传党内法规。深入开展"尊崇宪法、学习宪法、遵守宪法、维护宪法、运用宪法"宣传教育，组织实施"宪法进万家"活动。落实"谁执法谁普法"普法责任制，紧紧围绕防范化解重大风险、精准脱贫、污染防治三大攻坚任务，加大以案普法、以案释法和案例指导力度，深入宣传与群众生产生活密切相关的法律法规。利用乡村已有公共党建文化设施，推进法治广场、长廊、院坝等农村法治文化阵地建设，基本实现一村一法治文化阵地。统筹运用基层法治宣传阵地、乡镇成人文化技术学校(社区教育机构)、农村文化礼堂、农家书屋，为群众搭建有效学法平台。充分利用"12·4"国家宪法日、宪法宣传周、中国农民丰收节等时间节点和农贸会、庙会、各类集市等，组织开展法治宣传教育活动。推动法治文化与民俗文化、乡土文化融合发展，组织编写、创作具有乡土文化特色、群众喜闻乐见的法治文化作品，广泛开展群众性法治文化活动。加强对村"两委"班子成员、村务监督委员会委员的法治培训，提高运用法治思维和法治方式深化改革、推动发展、化解矛盾、维护稳定、应对风险的能力。实施农村"法律明白人"培养工程，重点培育一批以村"两委"班子成员、人民调解员、网格员、村民小组长等为重点的"法治带头人"。

健全纠纷解决机制

坚持发展新时代"枫桥经验"，做到"小事不出村、大事不出乡"。健全人民调解员队伍，加强人民调解工作。完善调解、仲裁、行政裁决、行政复议、诉讼等有机衔接、相互协调的多元化纠纷解决机制。引导和支持农民群众通过合法途径维权，理性表达合理诉求。依法办理涉农信访事项，注重从政策层面预防和化解信访反映的普遍性、倾向性问题，切实维护农民群众、农村集体经济组织和新型农业经营主体等的合法权益。坚持法律效果、政治效果、社会效果有机统一，注重以法为据、以理服人、以情感人，加大农业执法过程中调处化解涉农矛盾纠纷的力度。完善分级处置机制，根据矛盾纠纷的性质、涉及人数、财产数额等情况，细化类型、分级归类、分层处置。对轻微矛盾纠纷，由调解员或村级调委会直接调处；对重大矛盾纠纷，县、乡有关部门提前入村指导或直接处置；对确不适宜调解的矛盾纠纷，应做好导入诉讼和协助起诉工作。

第四十九条 【推进平安乡村建设】地方各级人民政府应当健全农村社会治安防控体系，加强农村警务工作，推动平安乡村建设；健全农村公共安全体系，强化农村公共卫生、安全生产、防灾减灾救灾、应急救援、应急广播、食品、药品、交通、消防等安全管理责任。

第七章 城乡融合

第五十条 【促进城乡融合发展】各级人民政府应当协同推进乡村振兴战略和新型城镇化战略的实施，整体筹划城镇和乡村发展，科学有序统筹安排生态、农业、城镇等功能空间，优化城乡产业发展、基础设施、公共服务设施等布局，逐步健全全民覆盖、普惠共享、城乡一体的基本公共服务体系，加快县域城乡融合发展，促进农业高质高效、乡村宜居宜业、农民富裕富足。

注释 2019年4月，中共中央、国务院印发的《关于建立健全城乡融合发展体制机制和政策体系的意见》提出，要以协调推进乡村振兴战略和新型城镇化战略为抓手，以缩小城乡发展差距和居民生活水平差距为目标，以完善产权制度和要素市场化配置为重点，坚决破除体制机制弊端，促进城乡要素自由流动、平等交换和公共资源合理配置，加快形成工农互促、城乡互补、全面融合、共同繁荣的新型工农城乡关系，加快推进农业农村现代化。因此，落实党中央决策部署，促进乡村全面振兴，需要重塑新型城乡关系，走城乡融合发展之路。乡村振兴促进法专门设立了“城乡融合”一章，对促进城乡融合作出规定，为促进城乡融合发展提供法制保障。

第五十一条 【优化乡村发展布局、推进村庄建设】县级人民政府和乡镇人民政府应当优化本行政区域内乡村发展布局，按照尊重农民意愿、方便群众生产生活、保持乡村功能和特色的原则，因地制宜安排村庄布局，依法编制村庄规划，分类有序推进村庄建设，严格规范村庄撤并，严禁违背农民意愿、违反法定程序撤并村庄。

注释 方便群众生产生活，即农村建设不能好看不好用，表面上光鲜亮丽，实际上农民生产生活却十分不便。村庄是农民的村庄，以服务农民生产生活为第一要务，科学合理的村庄建设应当既好看又实用，让农民生产生活方便舒适。例如，农村住宅对农民来说不仅是生活场所，也具有一定的生产功能，需要停放农机、饲养牲畜、晾晒农产品等，而一些地方建设的楼房则难以满足农民的生产生活需求。保持乡村功能和特色，即乡村建设要从实际出发，实事求是，结合当地特色确定村庄布局和建设方案，不搞“一刀切”，不搞千村一面，也不能强制按照城镇的标准和要求去建设农村，而是要保持当地农村应有的历史、文化、地理、风俗、民族等方面的特色，让农村看着像农村，生活像农村。

第五十二条 【促进农村基础设施建设】县级以上地方人民政府应当统筹规划、建设、管护城乡道路以及垃圾污水处理、供水供电供气、物流、客运、信息通信、广播电视、消防、防灾减灾等公共基础设施和新型基础设施，推动城乡基础设施互联互通，保障乡村发展能源需求，保障农村饮用水安全，满足农民生产生活需要。

第五十三条 【提升乡村基本公共服务水平】国家发展农村社会事业，促进公共教育、医疗卫生、社会保障等资源向农村倾斜，提升乡村基本公共服务水平，推进城乡基本公共服务均等化。

国家健全乡村便民服务体系，提升乡村公共服务数字化智能化水平，支持完善村级综合服务设施和综合信息平台，培育服务机构和服务类社会组织，完善服务运行机制，促进公共服务与自我服务有效衔接，增强生产生活服务功能。

注释 基本公共服务是由政府主导、保障全体公民生存和发展基本需要、与经济社会发展水平相适应的公共服务。基本公共服务均等化，是指全体公民都能公平可及地获得大致均等的基本公共服务，其核心是促进机会均等，重点是保障人民群众得到基本公共服务的机会，而不是简单的平均化。享有基本公共服务是公民的基本权利，保障人人享有基本公共服务是政府的重要职责。

一是在教育方面，要建立城乡教育资源均衡配置机制。要优先发展农村教育事业，促进各类教育资源向乡村倾斜，建立以城带乡、整体推进、城乡一体、均衡发展的义务教育发展机制，用教育公平来促进整个社会的公平正义。二是在医疗方面,要健全乡村医疗卫生服务体系。要建立完善相关的政策制度,统筹加强乡村医疗卫生人才和医疗卫生服务设施建设,并通过鼓励县医院和乡村卫生所建立医疗共同体,鼓励城市大医院对口帮扶或者发展远程医疗,缓解农村居民看病难、看病贵的问题。三是在文化方面,要健全城乡公共文化服务体系。四是在社会保障方面,要推动城乡社会保障标准统一、制度并轨。医疗保险、养老保险等,是城乡居民最关切的民生热点,也是目前我国发展过程中所面临的一个痛点。要加快实现各类社会保险标准统一、制度并轨,充分发挥社保制度在保障人民生活、调节社会收入分配方面的重要作用。此外,还应当在社会救助、社会治理等方面,促进基本公共服务均等化。

第五十四条 【健全乡村社会保障制度】国家完善城乡统筹的社会保障制度,建立健全保障机制,支持乡村提高社会保障管理服务水平;建立健全城乡居民基本养老保险待遇确定和基础养老金标准正常调整机制,确保城乡居民基本养老保险待遇随经济社会发展逐步提高。

国家支持农民按照规定参加城乡居民基本养老保险、基本医疗保险,鼓励具备条件的灵活就业人员和农业产业化从业人员参加职工基本养老保险、职工基本医疗保险等社会保险。

国家推进城乡最低生活保障制度统筹发展,提高农村特困人员供养等社会救助水平,加强对农村留守儿童、妇女和老年人以及残疾人、困境儿童的关爱服务,支持发展农村普惠型养老服务和互助性养老。

注释 健全城乡统筹的社会保障制度

一是健全城乡居民基本养老保险制度。2014年2月,国务院印发了《关于建立统一的城乡居民基本养老保险制度的意见》,在总结新型农村社会养老保险和城镇居民社会养老保险试点经验的基础上,将新型农村社会养老保险和城镇居民社会养老保险两项制度合并实施,在全国范围内建立统一的城乡居民基本养老保险制度,并对参保范围、基金筹集、待遇及调整、领取条件、基金管理和运营等作出具体规定。党的十九大报告指出,要完善城镇职工基本养老保险和城乡居民基本养老保险制度,尽快实现养老保险全国统筹。2018年3月,人力资源和社会保障部、财政部印发的《关于建立城乡居民基本养老保险待遇确定和基础养老金正常调整机制的指导意见》提出,建立激励约束有效、筹资权责清晰、保障水平适度的城乡居民基本养老保险待遇确定和基础养老金正常调整机制,推动城乡居民基本养老保险待遇水平随经济发展而逐步提高,并在待遇确定机制、基础养老金正常调整机制、个人缴费档次标准调整机制、缴费补贴调整机制、个人账户基金保值增值等方面作出具体安排。

二是健全城乡居民基本医疗保险制度。我国从1998年开始建立职工基本医疗保险制度,2003年建立新型农村合作医疗制度,2007年建立城镇居民基本医疗保险制度。城乡居民医疗保障水平存在较大差别。2013年11月,党的十八届三中全会提出,整合城乡居民基本医疗保险制度。2016年1月,国务院印发了《关于整合城乡居民基本医疗保险制度的意见》,在总结城镇居民基本医疗保险和新型农村合作医疗运行情况以及地方实践经验的基础上,整合城镇居民基本医疗保险和新型农村合作医疗两项制度,建立统一的城乡居民基本医疗保险制度,提出要统一覆盖范围、统一筹资政策、统一保障待遇、统一医保目录、统一定点管理、统一基金管理,同时还要整合城乡居民医保经办机构、人员和信息系统,提供一体化的经办服务。党的十九大报告指出,完善统一的城乡居民基本医疗保险制度和大病保险制度。乡村振兴促进法对此也作出专门规定,国家支持农民按照规定参加城乡居民基本养老保险、基本医疗保险,鼓励具备条件的灵活就业人员和农业产业化从业人员参加职工基本养老保险、职工基本医疗保险等社会保险。下一步,要在实践中不断健全城乡居民基本医疗保险制度,推动保障更加公平、管理服务更加规范、医疗资源利用更加有效,促进全民医保体系持续健康发展。

统筹发展城乡最低生活保障制度

1. 提高农村特困人员供养等社会救助水平。2020年8月,中共中央办公厅、国务院办公厅印发了《关于改革完善社会救助制度的意见》(以下简称《意见》),在社会救助体系、基本生活救助、专项社会救助、急难社会救助等方面作了规定,提出要加快构建政府主导、社会参与、制度健全、政策衔接、兜底有力的综合救助格局;以基本生活救助、专项社会救助、急难社会救助为主体,社会力量参与为补充,建立健全分层分类的救助制度体系。

在推进社会救助制度城乡统筹方面,《意见》提出,要加快实现城乡救助服务均等化;顺应农业转移人口市民化进程,及时对符合条件的农业转移人口提供相应救助帮扶;有条件的地区有序推进持有居住证人员在居住地申办社会救助;加大农村社会救助投入,逐步缩小城乡差距。

2014年2月,国务院颁布的《社会救助暂行办法》,将城乡"三无"人员保障制度统一为特困人员供养制度。2016年2月,国务院印发了《关于进一步健全特困人员救助供养制度的意见》,在对象范围、办理程序、救助供养内容、救助供养标准、救助供养形式等方面作了具体规定。

2. 加强对农村留守儿童、妇女和老年人以及残疾人、困境儿童的关爱服务

一是加强对农村留守儿童的关爱。留守儿童是指父母双方外出务工或一方外出务工另一方无监护能力、不满十六周岁的未成年人。2016年2月,国务院印发了《关于加强农村留守儿童关爱保护工作的意见》,对完善农村留守儿童关爱服务体系、建立健全农村留守儿童救助保护机制、从源头上逐步减少儿童留守现象、强化农村留守儿童关爱保护工作保障措施等方面作出具体部署。

二是加强对农村妇女的关爱。2019年11月,民政部等部门印发了《关于加强农村留守妇女关爱服务工作的意见》,针对农村留守妇女在生产生活中面临的困难和需求,提出要提升农村留守妇女关爱服务水平;要加强就业创业指导,提升农村留守妇女就业创业能力;要加强精神关爱,丰富农村留守妇女精神文化生活;要加强权益维护,保障农村留守妇女合法权益;要加强家教支持服务,提高农村留守妇女家庭教育水平。

三是加强对农村老年人的关爱。2017年12月,民政部等部门印发了《关于加强农村留守老年人关爱服务工作的意见》,对强化家庭在农村留守老年人赡养与关爱服务中的主体责任、发挥村民委员会在农村留守老年人关爱服务中的权益保障作用、发挥为老组织和设施在农村留守老年人关爱服务中的独特作用、促进社会力量广泛参与留守老年人关爱服务以及支持保障等方面作出部署。

四是加强对农村残疾人的关爱。2021年7月,国务院印发了《"十四五"残疾人保障和发展规划》,对促进残疾人发展作了全面部署,并对促进残疾人事业城乡协同发展、增强基层为残疾人服务的能力等提出明确要求。

五是加强对困境儿童的关爱。困境儿童包括因家庭贫困导致生活、就医、就学等困难的儿童,因自身残疾导致康复、照料、护理和社会融入等困难的儿童,以及因家庭监护缺失或监护不当遭受虐待、遗弃、意外伤害、不法侵害等导致人身安全受到威胁或侵害的儿童。2016年6月,国务院印发了《关于加强困境儿童保障工作的意见》,针对困境儿童生存发展面临的突出困难和问题,从保障基本生活、保障基本医疗、强化教育保障、落实监护责任、加强残疾儿童福利服务五方面提出具体措施。

第五十五条 【促进乡村人员就业】国家推动形成平等竞争、规范有序、城乡统一的人力资源市场,健全城乡均等的公共就业创业服务制度。

县级以上地方人民政府应当采取措施促进在城镇稳定就业和生活的农民自愿有序进城落户,不得以退出土地承包经营权、宅基地使用权、集体收益分配权等作为农民进城落户的条件;推进取得居住证的农民及其随迁家属享受城镇基本公共服务。

国家鼓励社会资本到乡村发展与农民利益联结型项目,鼓励城市居民到乡村旅游、休闲度假、养生养老等,但不得破坏乡村生态环境,不得损害农村集体经济组织及其成员的合法权益。

第五十六条 【促进城乡产业协同发展】县级以上人民政府应当采取措施促进城乡产业协同发展,在保障农民主体地位的基础上健全联农带农激励机制,实现乡村经济多元化和农业全产业链发展。

注释 促进城乡产业协同发展,应当以农民为主体,因地制宜,有所侧重。一是要因地制宜、突出特色。二是要充分保障农民主体地位,注意发挥农民主体作用,充分调动农民的积极性、主动性和创造性,保障农民获得合理的产业链增值收益,引导乡村产业更好地带动农民就业增收。三是要健全联农带农激励机制,加快全产业链、全价值链建设,健全利益联结机制,把以农业农村资源为依托的二三产业尽量留在农村,把农业产业链的增值收益、就业岗位尽量留给农民。

第五十七条 【保障农民工合法权益】各级人民政府及其有关部门应当采取措施鼓励农民进城务工,全面落实城乡劳动者平等就业、同工同酬,依法保障农民工工资支付和社会保障权益。

第八章 扶持措施

第五十八条 【保障乡村振兴资金】国家建立健全农业支持保护体系和实施乡村振兴战略财政投入保障制度。县级以上人民政府应当优先保障用于乡村振兴的财政投入，确保投入力度不断增强、总量持续增加、与乡村振兴目标任务相适应。

省、自治区、直辖市人民政府可以依法发行政府债券，用于现代农业设施建设和乡村建设。

各级人民政府应当完善涉农资金统筹整合长效机制，强化财政资金监督管理，全面实施预算绩效管理，提高财政资金使用效益。

链接《关于探索建立涉农资金统筹整合长效机制的意见》

第五十九条 【巩固拓展脱贫攻坚成果同乡村振兴有效衔接】各级人民政府应当采取措施增强脱贫地区内生发展能力，建立农村低收入人口、欠发达地区帮扶长效机制，持续推进脱贫地区发展；建立健全易返贫致贫人口动态监测预警和帮扶机制，实现巩固拓展脱贫攻坚成果同乡村振兴有效衔接。

国家加大对革命老区、民族地区、边疆地区实施乡村振兴战略的支持力度。

链接《关于实现巩固拓展脱贫攻坚成果同乡村振兴有效衔接的意见》

第六十条 【构建农业补贴政策体系】国家按照增加总量、优化存量、提高效能的原则，构建以高质量绿色发展为导向的新型农业补贴政策体系。

注释 农业补贴往往是一国政府农业政策体系中最主要、最常用的工具，是支持和保护本国农业最直接、最灵活、最有效的手段。我国在遵守国际规则的前提下，历来非常重视并积极采取农业补贴政策以支持和保护本国农业的发展。农业补贴政策需要随经济形势和资源条件的变化而不断调整。本条专门对农业补贴体系的构建提出了原则要求。按照增加总量、优化存量、提高效能的原则，强化高质量绿色发展导向，加快构建新型农业补贴政策体系。

第六十一条 【完善土地出让收入使用范围】各级人民政府应当坚持取之于农、主要用之于农的原则，按照国家有关规定调整完善土地使用权出让收入使用范围，提高农业农村投入比例，重点用于高标准农田建设、农田水利建设、现代种业提升、农村供水保障、农村人居环境整治、农村土地综合整治、耕地及永久基本农田保护、村庄公共设施建设和管护、农村教育、农村文化和精神文明建设支出，以及与农业农村直接相关的山水林田湖草沙生态保护修复、以工代赈工程建设等。

第六十二条 【拓展乡村振兴资金来源】县级以上人民政府设立的相关专项资金、基金应当按照规定加强对乡村振兴的支持。

国家支持以市场化方式设立乡村振兴基金，重点支持乡村产业发展和公共基础设施建设。

县级以上地方人民政府应当优化乡村营商环境，鼓励创新投融资方式，引导社会资本投向乡村。

注释 为发挥财政资金对社会资本的引导撬动作用，中央财政相继设立了中国农业产业发展基金、现代种业发展基金、中国农垦产业发展基金等支持农业产业发展，引导符合条件的金融机构和产业资本投入现代农业建设，提高农村金融服务质量和水平。此外，地方也推动设立了相关农业类投资基金。2021 年中央一号文件提出，发挥财政投入引领作用，支持以市场化方式设立乡村振兴基金，撬动金融资本、社会力量参与，重点支持乡村产业发展。本条规定“支持以市场化方式设立乡村振兴基金”，以撬动金融资本、社会力量参与，重点支持乡村产业发展和公共基础设施建设，从而为乡村振兴基金的设立提供了法律保障和政策支持。

链接《政府投资基金暂行管理办法》；《关于探索建立涉农资金统筹整合长效机制的意见》；《关于金融服务乡村振兴的指导意见》

第六十三条 【加强乡村振兴金融支持】国家综合运用财政、金融等政策措施，完善政府性融资担保机制，依法完善乡村资产抵押担保权能，改进、加强乡村振兴的金融支持和服务。

财政出资设立的农业信贷担保机构应当主要为从事农业生产和与农业生产直接相关的经营主体服务。

注释 **完善政府性融资担保机制**

融资担保是指担保人为被担保人借款、发行债券等债务融资提供担保的行为。为推进国家融资担保体系建设，2017 年 6 月，国务院第 177 次常务会议通过的《融资担保公司监督管理条例》立足国情,规定了一系列政策措施,一是国家推动建立政府性融资担保体系,发展政府支持的融资担保公司,建立政府、银行业金融机构、融资担保公司合作机制。二是各级人民政府财政部门通过资本金投入、建立风险分担机制等方式。三是政府支持的融资担保公司应当增强运用大数据等现代信息技术手段的能力。四是融资担保公司的担保责任余额不得超过其净资产的10倍;对主要为小微企业和农业、农村、农民服务的融资担保公司,前款规定的倍数上限可以提高至15倍。五是纳入政府推动建立的融资担保风险分担机制的融资担保公司,应当按照国家有关规定降低对小微企业和农业、农村、农民的融资担保费率。

2019年2月国务院办公厅印发《关于有效发挥政府性融资担保基金作用切实支持小微企业和"三农"发展的指导意见》,聚力引导金融机构不断加大支小支农贷款投放。2020年8月,中国银保监会、发展改革委、工业和信息化部、财政部、农业农村部、商务部、人民银行联合印发的《关于做好政府性融资担保机构监管工作的通知》指出,银保监会将银行与政府性融资担保机构合作情况作为单独指标,纳入商业银行小微企业金融服务监管评价体系,提升银行开展业务的积极性;同时,定期组织开展绩效评价,突出支小支农、拓展覆盖面、降费让利等导向,强化正向激励。本条从法律上对完善政府性融资担保机制作出规定,对改进、加强乡村振兴的金融支持和服务意义重大。

强化农业信贷担保机构职能

一般所称的农业信贷担保机构,是国家为破解农业融资难、融资贵而专门成立的政策性担保公司。当前,全国农业信贷担保体系框架已经基本建立,主要包括全国性的农业信贷担保机构、省级农业信贷担保机构和市、县农业信贷担保机构。相关信贷担保机构的服务能力不断提升,业务规模加快发展。

2020年4月,财政部、农业农村部、银保监会、人民银行联合印发的《关于进一步做好全国农业信贷担保工作的通知》(财农〔2020〕15号,以下简称《通知》)指出:建立健全全国农担体系,是完善我国农业支持保护体系、深化农村金融改革的重大创新,是推动解决农业适度规模经营中的融资难题、激发其内生活力的重要手段,要提高农业信贷担保业务覆盖面和普惠性,全力助推乡村产业振兴和农业现代化。《通知》专门规定了实行绩效评价"双挂钩"、完善监督指导机制等激励约束机制,确保发挥农业信贷担保体系的作用,真正做到服务农业生产、服务农村生产直接相关的经营主体。

第六十四条 【促进涉农企业融资】国家健全多层次资本市场,多渠道推动涉农企业股权融资,发展并规范债券市场,促进涉农企业利用多种方式融资;丰富农产品期货品种,发挥期货市场价格发现和风险分散功能。

注释 **健全多层次资本市场**

2019年,为做好金融服务乡村振兴工作,人民银行、银保监会、证监会、财政部、农业农村部五个部门联合印发《关于金融服务乡村振兴的指导意见》,提出要"建立完善金融服务乡村振兴的市场体系、组织体系、产品体系,完善农村金融资源回流机制,把更多金融资源配置到农村重点领域和薄弱环节,更好地满足乡村振兴多样化、多层次的金融需求"的总体要求,并强调加大多层次资本市场的支持力度。

发展并规范债券市场

债券是政府、企业、银行等债务人为筹集资金,按照法定程序发行并向债权人承诺于指定日期还本付息的有价证券,一般可以分为政府债券、金融债券和企业债券。

1. 关于政府债券。政府债券包括一般债券和专项债券,按照党中央、国务院有关文件的要求,在服务乡村振兴方面的基本做法包括:一是支持地方政府发行一般债券,在一般债券支出中安排一定规模支持符合条件的易地扶贫搬迁和乡村振兴项目建设;二是各地应当有序扩大用于支持乡村振兴的专项债券发行规模;三是稳步推进地方政府专项债券管理改革,鼓励地方政府试点发行项目融资和收益自平衡的专项债券,支持符合条件、有一定收益的乡村公益性项目建设。

2. 关于金融债券。国家鼓励商业银行发行"三农"、小微企业等专项金融债券。2013年7月,国务院办公厅印发的《关于金融支持经济结构调整和转型升级的指导意见》(国办发〔2013〕67号)指出,支持符合条件的银行发行"三农"专项金融债。同年,中国银监会下发《关于商业银行发行"三农"专项金融债有关事项的通知》,对"三农"

专项金融债的准入程序、基本标准及申请材料目录要求，对“三农”专项金融债发行额度和募集资金期限以及监管等事项提出了明确要求。《关于金融服务乡村振兴的指导意见》进一步指出，鼓励商业银行发行“三农”专项金融债券，募集资金用于支持符合条件的乡村振兴项目建设。同时，为更好地满足乡村振兴多样化融资需求，提出要完善绿色信贷体系，鼓励银行业金融机构加快创新“三农”绿色金融产品和服务，通过发行绿色金融债券等方式，筹集资金用于支持污染防治、清洁能源、节水、生态保护、绿色农业等绿色领域，助力打好污染防治攻坚战。在我国脱贫攻坚战取得了全面胜利的新阶段，人民银行、银保监会、证监会、财政部、农业农村部、乡村振兴局联合发布的《关于金融支持巩固拓展脱贫攻坚成果 全面推进乡村振兴的意见》（银发〔2021〕171 号）再次强调，鼓励金融机构发行绿色金融债券，募集资金支持农业农村绿色发展。

3. 关于企业债券。国家鼓励符合条件的涉农企业发行债券，《关于金融服务乡村振兴的指导意见》明确提出，要加大对非金融企业债务融资工具的宣传力度，支持对优质涉农企业开辟注册发行绿色通道，在满足信息披露要求的前提下简化注册发行流程。聚焦重点问题，《关于金融支持巩固拓展脱贫攻坚成果 全面推进乡村振兴的意见》提出“鼓励天使投资、风险投资、创业投资基金加大对种子期、初创期种业企业和农业关键核心技术攻关的资金投入，支持符合条件的种业企业通过股权、债券市场进行直接融资”等要求，为当前一个时期发展并规范企业债券，发挥企业债券作用，提供了政策引导。

链接《关于金融服务乡村振兴的指导意见》

第六十五条 【完善农村金融服务体系】国家建立健全多层次、广覆盖、可持续的农村金融服务体系，完善金融支持乡村振兴考核评估机制，促进农村普惠金融发展，鼓励金融机构依法将更多资源配置到乡村发展的重点领域和薄弱环节。

政策性金融机构应当在业务范围内为乡村振兴提供信贷支持和其他金融服务，加大对乡村振兴的支持力度。

商业银行应当结合自身职能定位和业务优势，创新金融产品和服务模式，扩大基础金融服务覆盖面，增加对农民和农业经营主体的信贷规模，为乡村振兴提供金融服务。

农村商业银行、农村合作银行、农村信用社等农村中小金融机构应当主要为本地农业农村农民服务，当年新增可贷资金主要用于当地农业农村发展。

第六十六条 【健全农业保险体系】国家建立健全多层次农业保险体系，完善政策性农业保险制度，鼓励商业性保险公司开展农业保险业务，支持农民和农业经营主体依法开展互助合作保险。

县级以上人民政府应当采取保费补贴等措施，支持保险机构适当增加保险品种，扩大农业保险覆盖面，促进农业保险发展。

链接《关于加快农业保险高质量发展的指导意见》；《国务院关于加快发展现代保险服务业的若干意见》；《相互保险组织监管试行办法》；《关于加快构建政策体系培育新型农业经营主体的意见》《关于保险业改革发展的若干意见》；《关于加快农业保险高质量发展的指导意见》；《关于金融服务乡村振兴的指导意见》；《中国银保监会关于中国农业再保险股份有限公司开业的批复》；《关于开展三大粮食作物完全成本保险和收入保险试点工作的通知》

第六十七条 【完善乡村振兴用地保障机制】县级以上地方人民政府应当推进节约集约用地，提高土地使用效率，依法采取措施盘活农村存量建设用地，激活农村土地资源，完善农村新增建设用地保障机制，满足乡村产业、公共服务设施和农民住宅用地合理需求。

县级以上地方人民政府应当保障乡村产业用地，建设用地指标应当向乡村发展倾斜，县域内新增耕地指标应当优先用于折抵乡村产业发展所需建设用地指标，探索灵活多样的供地新方式。

经国土空间规划确定为工业、商业等经营性用途并依法登记的集体经营性建设用地，土地所有权人可以依法通过出让、出租等方式交由单位或者个人使用，优先用于发展集体所有制经济和乡村产业。

链接《关于促进节约集约用地的通知》；《关于保障农村村民住宅建设合理用地的通知》；《关于设施农业用地管理有关问题的通知》；《关于保障和规范农村一二三产业融合发展用地的通知》

第九章 监督检查

第六十八条 【目标责任制和考核评价制度】

国家实行乡村振兴战略实施目标责任制和考核评价制度。上级人民政府应当对下级人民政府实施乡村振兴战略的目标完成情况等进行考核，考核结果作为地方人民政府及其负责人综合考核评价的重要内容。

注释 实施乡村振兴战略是一项复杂的系统工程，需要充分发挥政府的引领、组织、推动和服务作用。本法第九条明确规定，国家建立健全中央统筹、省负总责、市县乡抓落实的乡村振兴工作机制。各级人民政府应当将乡村振兴促进工作纳入国民经济和社会发展规划，并建立乡村振兴考核评价制度、工作年度报告制度和监督检查制度。本条通过规定实行乡村振兴战略实施目标责任制和考核评价制度，督促各级人民政府及其有关部门，强化自身责任，推进乡村振兴战略落地落实。

实施目标责任制

《乡村振兴战略规划(2018—2022年)》对实施乡村战略的发展目标和远景规划作出安排，即到2020年，乡村振兴的制度框架和政策体系基本形成；到2022年，乡村振兴的制度框架和政策体系初步健全；到2035年，乡村振兴取得决定性进展，农业农村现代化基本实现；到2050年，乡村全面振兴，农业强、农村美、农民富全面实现。

实施考核评价制度

2018年中央一号文件提出，要完善党的农村工作领导机制，建立实施乡村振兴战略的领导责任制，提出“党政一把手是第一责任人，五级书记抓乡村振兴”，建立市县的实绩考核并将考核结果作为选拔任用领导干部的重要依据。《乡村振兴战略规划(2018—2022年)》(以下简称《规划》)进一步提出，要加强乡村振兴战略规划实施考核监督和激励约束。将《规划》实施成效纳入地方各级党委和政府及有关部门的年度绩效考评内容，考核结果作为有关领导干部年度考核、选拔任用的重要依据，确保完成各项目标任务。

第六十九条 【乡村振兴指标和统计体系】国务院和省、自治区、直辖市人民政府有关部门建立客观反映乡村振兴进展的指标和统计体系。县级以上地方人民政府应当对本行政区域内乡村振兴战略实施情况进行评估。

注释 **建立乡村振兴进展指标和统计体系**

在《乡村振兴战略规划(2018—2022年)》(以下简称《规划》)中明确了到2022年乡村振兴的重点任务，提出22项具体指标，其中约束性指标3项、预期性指标19项，涉及产业兴旺、生态宜居、乡风文明、治理有效、生活富裕五个方面。《规划》还提出，本规划确定的约束性指标以及重大工程、重大项目、重大政策和重要改革任务，要明确责任主体和进度要求，确保质量和效果。本法在第四条中将“根据乡村的历史文化、发展现状、区位条件、资源禀赋、产业基础分类推进”作为全面实施乡村振兴战略的原则之一。各地应因地制宜，发挥创造精神，走差异化发展的特色乡村振兴之路。这就需要建立既能够综合反映某一个地区乡村振兴整体进展，又能够方便不同地区互相比较的综合性评价体系。因此，本条要求国务院和各省、自治区、直辖市人民政府有关部门，结合实际，因地制宜建立科学客观反映乡村振兴进展的指标和统计体系，让乡村振兴进程可测度可评估。

实行乡村振兴战略实施情况评估制度

要确保乡村振兴各项目标任务的完成，需要加强乡村振兴战略规划的定期跟踪评估，通过考核、评估、奖惩，层层压实各地各部门推进乡村振兴的责任。《规划》要求加强乡村振兴战略规划实施考核监督和激励约束，建立规划实施督促检查机制，适时开展规划中期评估和总结评估。2021年，国家发展改革委、农业农村部开展了《规划》实施第三方中期评估，评估显示《规划》提出的22项主要指标，有6项提前完成，11项达到2020年阶段性目标，总体符合预期。一些地方也在陆续推进乡村振兴战略实施情况中期评估。

第七十条 【向人大报告乡村振兴促进工作】县级以上各级人民政府应当向本级人民代表大会或者其常务委员会报告乡村振兴促进工作情况。乡镇人民政府应当向本级人民代表大会报告乡村振兴促进工作情况。

注释 人民代表大会及其常委会对政府工作实施监督，是宪法和法律赋予国家权力机关的重要职权。各级人民代表大会常务委员会监督法第八条第一款规定，各级人民代表大会常务委员会每年选择若干关系改革发展稳定大局和群众切身利益、社会普遍关注的重大问题，有计划地安排听取和审议本级人民政府、人民法院和人民检察院的专项工作报告。各级政府作为同级人民代表大会的执行机关需要向人民代表大会报告工作，听取政府的工作报告是人民代表大会行使监督权的一种方式。本条规定县级以上各级人民政府向本级人民代表大会或者其常务委员会，乡镇人民政府向本级人民代表大会报告乡村振兴促进工作情况，就是人民政府接受人民代表大会及其常委会监督的一种形式，属于人民代表大会及其常委会对政府的工作监督。

人民政府向人民代表大会或者其常务委员会报告乡村振兴促进工作情况，可以根据实际需要进行主动报告，也可以根据人民代表大会或者其常务委员会的要求进行报告，主要运用听取和审议政府专项工作报告这一基本形式，接受人民代表大会或者其常务委员会的检查和监督。同时，人民政府接受人民代表大会或者其常务委员会的监督，还可以根据需要组织代表或委员对乡村振兴促进工作进行视察，也可以对特定问题进行调查、询问、质询。需要说明的是，根据地方各级人民代表大会和地方各级人民政府组织法的规定，县级以上的地方各级人民代表大会设立常务委员会，乡镇一级人大不设常务委员会。因此，本条专门规定乡镇人民政府应当向本级人民代表大会报告乡村振兴促进工作情况。

第七十一条　【上下级政府之间乡村振兴工作情况报告与监督检查】地方各级人民政府应当每年向上一级人民政府报告乡村振兴促进工作情况。

县级以上人民政府定期对下一级人民政府乡村振兴促进工作情况开展监督检查。

注释 上下级政府之间存在组织隶属关系，因而下一级政府应当向上一级政府报告工作，听取、审查报告也是上级政府监督下级政府、各级政府监督其工作部门执行情况的主要方式。为确保乡村振兴促进工作有效推进，县级以上人民政府还应当主动加强对下一级人民政府乡村振兴促进工作情况的监督检查。本条通过规定政府内部的报告与监督检查，建立制度机制，保障乡村振兴目标任务的实现。

第七十二条　【乡村振兴投入监督】县级以上人民政府发展改革、财政、农业农村、审计等部门按照各自职责对农业农村投入优先保障机制落实情况、乡村振兴资金使用情况和绩效等实施监督。

注释 在推进乡村振兴发展的战略中，农业农村优先发展优先保障机制是否落实，乡村振兴资金是否切实发挥作用至关重要。除县级以上人民政府定期对下一级政府的乡村振兴工作开展一般监督检查外，设立各部门开展的专项监督，对建立实施乡村战略的财政投入和保障制度，调整和优化财政收支规模和结构，提高资金配置和管理效率具有重要作用。

发展改革部门实施的监督

按照职责分工，国家发展改革部门统筹推进实施国家重大区域发展战略；组织拟订和实施老少边贫及其他特殊困难地区发展规划和政策；负责提出农村经济和生态保护与建设发展战略、体制改革及有关政策建议，协调有关重大问题；衔接平衡农业、林业、草原、水利、气象、生态及有关农村基础设施等发展规划、计划和政策；负责安排中央预算内农业建设项目，指导和监督中央政策预算内农业资金的使用方向等工作。可见，发展改革部门对农业农村投入优先保障机制落实情况责任重大，实践中，可以重点严格审查项目申请人的资质，尤其要加强事中事后监管。

财政部门实施的监督

按照职责分工，财政部负责管理中央各项财政收支；负责办理和监督中央财政的经济发展支出、中央政府性投资项目的财政拨款，参与拟订中央基建投资有关政策，制定基建财务管理制度；承担农业农村、水利、气象、扶贫等方面的部门预算和相关领域预算支出有关工作，提出相关财政政策建议；承担财政支持实施乡村振兴战略相关工作，统筹安排财政扶贫资金；提出有关农村综合改革政策措施建议等工作，与乡村振兴紧密相关。2018 年 9 月，财政部发布了《贯彻落实实施乡村振兴战略的意见》，提出要完善农业农村投入优先保障机制，坚持把农业农村作为财政支出的优先保障领域，公共财政更大力度向“三农”倾斜。

农业农村部门实施的监督

按照职责分工，农业农村部统筹研究和组织实施“三农”工作的发展战略、中长期规划、重大政策；负责农业投资管理，提出农业投融资体制机制改革建议，编制中央投资安排的农业投资项目建设规划，提出农业投资规模和方向、扶持农业农村发展财政项目的建议，按国务院规定权限审批农业投资项目，负责农业投资项目资金安排和监督管理等工作。本法第十条也明确规定，农业农村主管部门负责全国乡村振兴促进工作的统筹协调、宏观指导和监督检查。

在专项监督中，农业农村部门有其特殊的地位和作用，需要更广泛地对农业农村投入优先保障机制落实情况进行监督，监督的内容主要包括：在干部配备上是否优先考虑，在要素配置上是否优先满足，在资金投入上是否优先保障，在公共服务上是否优先安排，是否突出农业农村短板弱项。应当重点加强对乡村振兴资金使用情况的监督，对实行“大专项+任务清单”管理模式的农业生产发展资金，要督促全面落实预算信息公开的要求，做到公开、透明、可被监督，并加强对乡村振兴发展资金分配、使用、管理情况的监督检查工作，及时纠正问题。对乡村振兴发展资金的使用管理，实行绩效评价制度，其结果作为资金分类的重要依据。

审计部门实施的监督

国家实行审计监督制度，审计监督是宪法和审计法赋予的基本职责，具有强制性、独立性和全面性的特点。围绕实施乡村振兴战略的目标任务和总体要求，突出以下审计重点：着力监督检查乡村振兴规划制定和实施情况；着力监督检查乡村振兴各项政策措施落实情况；着力监督检查乡村振兴战略投入保障情况；着力监督检查乡村振兴资金安全和绩效情况等，专门明确了要加大对涉农资金统筹整合使用的审计力度，推动加快建立涉农资金统筹整合长效机制，加大对乡村振兴资金支出经济性、效率性和效果性的审计等内容。

除本法明确提出的发展改革、财政、农业农村、审计等部门的监督外，国家乡村振兴局印发的《关于做好县级巩固拓展脱贫攻坚成果和乡村振兴项目库建设管理的通知》（国乡振发〔2021〕3号），人民银行、银保监会、证监会、财政部、农业农村部联合印发的《关于金融服务乡村振兴的指导意见》等文件，都提到了加强监督管理的相关内容。

第七十三条　【相关法律责任】各级人民政府及其有关部门在乡村振兴促进工作中不履行或者不正确履行职责的，依照法律法规和国家有关规定追究责任，对直接负责的主管人员和其他直接责任人员依法给予处分。

违反有关农产品质量安全、生态环境保护、土地管理等法律法规的，由有关主管部门依法予以处罚；构成犯罪的，依法追究刑事责任。

注释 本法作为促进法，着重点在促进，重点为政府及其相关负责人员在乡村振兴促进工作中设定相应的责任和义务，多为指导性、倡导性规定。对具体的法律责任，本法只作了衔接性规定。

一、乡村振兴促进工作中单位和个人的责任承担

本法中总共有52处提到“国家”、51处提到“政府应当”，均是为政府设定的义务。这些义务涵盖了维护农民权益、保护耕地和保障粮食安全、引导新型农业产业发展、建立农民收入稳定增长机制、统筹农村教育和医疗工作、健全完善农村公共文化体育实施运行机制、改善农村人居环境、农村住房管理和服务、构建简约高效的农村基层管理体制、支持农民合作社和集体经济组织发展、促进城乡产业协同发展以及建立和落实乡村振兴扶持各项措施，等等。在落实乡村振兴促进工作的过程中，政府不仅要积极履行自己的各项职责，而且要正确履行，才能确保乡村振兴目标的实现。如果出现政府滥用职权、超越职权等违法情形，会严重损害乡村振兴工作的成效。本条第一款规定，各级人民政府不履行义务或不正确履行职责的，应当承担法律责任，对直接负责的主管人员和其他直接责任人员，要依法给予处分。本法规定的各级人民政府的职责具有强制性，不同条文中规定的考核评价制度、评估制度、报告制度、监督检查制度等，是对政府及其有关部门的行为进行约束的重要手段，法律规定应当履行的义务没有履行的，需要承担相应的法律责任、行政责任和政治责任。依据政务处分法和公务员法等有关法律的规定，不履行或者不正确履行职责，玩忽职守，贻误工作，造成不良后果或者影响的，予以警告、记过或者记大过；情节较重的，予以降级或者撤职；情节严重的，予以开除。构成犯罪的，依法追究刑事责任。

二、与其他相关法律规范责任的衔接

作为促进法，本法通过建立健全法律制度和政策措施，促进乡村全面振兴和城乡融合发展，不取代其他涉农法律。因此，在法律责任的表述上也是作出概括性和衔接性规定。本条第二款明确了，违反有关农产品质量安全、生态环境保护、土地管理等法律法规的，由有关主管部门依法予以处罚；构成犯罪的，依法追究刑事责任。如涉及违反农产品质量安全情况，需要适用农产品安全质量法中法律责任的规定。又如污染环境或破坏生态的行为，则需要援用环境保护法的相关规定对其进行行政处罚。违反本法第三十九条“国家对农业投入品实行严格管理，对剧毒、高毒、高残留

的农药、兽药采取禁用限用措施。农产品生产经营者不得使用国家禁用的农药、兽药或者其他有毒有害物质,不得违反农产品质量安全标准和国家有关规定超剂量、超范围使用农药、兽药、肥料、饲料添加剂等农业投入品"规定的行为,则需要具体适用《农药管理条例》《兽药管理条例》《饲料和饲料添加剂管理条例》等有关农业投入品的行政法规。"构成犯罪的,依法追究刑事责任",是与刑法的衔接,具有指引功能,即对具有严重社会危害性行为,需要依据罪刑法定原则适用刑法的有关规定。

第十章　附　则

第七十四条　【施行日期】本法自 2021 年 6 月 1 日起施行。

二、农　业

（一）综　合

中华人民共和国农业法

·1993年7月2日第八届全国人民代表大会常务委员会第二次会议通过
·2002年12月28日第九届全国人民代表大会常务委员会第三十一次会议修订
·根据2009年8月27日第十一届全国人民代表大会常务委员会第十次会议《关于修改部分法律的决定》第一次修正
·根据2012年12月28日第十一届全国人民代表大会常务委员会第三十次会议《关于修改〈中华人民共和国农业法〉的决定》第二次修正

第一章　总　则

第一条　为了巩固和加强农业在国民经济中的基础地位，深化农村改革，发展农业生产力，推进农业现代化，维护农民和农业生产经营组织的合法权益，增加农民收入，提高农民科学文化素质，促进农业和农村经济的持续、稳定、健康发展，实现全面建设小康社会的目标，制定本法。

第二条　本法所称农业，是指种植业、林业、畜牧业和渔业等产业，包括与其直接相关的产前、产中、产后服务。

本法所称农业生产经营组织，是指农村集体经济组织、农民专业合作经济组织、农业企业和其他从事农业生产经营的组织。

第三条　国家把农业放在发展国民经济的首位。

农业和农村经济发展的基本目标是：建立适应发展社会主义市场经济要求的农村经济体制，不断解放和发展农村生产力，提高农业的整体素质和效益，确保农产品供应和质量，满足国民经济发展和人口增长、生活改善的需求，提高农民的收入和生活水平，促进农村富余劳动力向非农产业和城镇转移，缩小城乡差别和区域差别，建设富裕、民主、文明的社会主义新农村，逐步实现农业和农村现代化。

第四条　国家采取措施，保障农业更好地发挥在提供食物、工业原料和其他农产品，维护和改善生态环境，促进农村经济社会发展等多方面的作用。

第五条　国家坚持和完善公有制为主体、多种所有制经济共同发展的基本经济制度，振兴农村经济。

国家长期稳定农村以家庭承包经营为基础、统分结合的双层经营体制，发展社会化服务体系，壮大集体经济实力，引导农民走共同富裕的道路。

国家在农村坚持和完善以按劳分配为主体、多种分配方式并存的分配制度。

第六条　国家坚持科教兴农和农业可持续发展的方针。

国家采取措施加强农业和农村基础设施建设，调整、优化农业和农村经济结构，推进农业产业化经营，发展农业科技、教育事业，保护农业生态环境，促进农业机械化和信息化，提高农业综合生产能力。

第七条　国家保护农民和农业生产经营组织的财产及其他合法权益不受侵犯。

各级人民政府及其有关部门应当采取措施增加农民收入，切实减轻农民负担。

第八条　全社会应当高度重视农业，支持农业发展。

国家对发展农业和农村经济有显著成绩的单位和个人，给予奖励。

第九条　各级人民政府对农业和农村经济发展工作统一负责，组织各有关部门和全社会做好发展农业和为发展农业服务的各项工作。

国务院农业行政主管部门主管全国农业和农村经济发展工作,国务院林业行政主管部门和其他有关部门在各自的职责范围内,负责有关的农业和农村经济发展工作。

县级以上地方人民政府各农业行政主管部门负责本行政区域内的种植业、畜牧业、渔业等农业和农村经济发展工作,林业行政主管部门负责本行政区域内的林业工作。县级以上地方人民政府其他有关部门在各自的职责范围内,负责本行政区域内有关的为农业生产经营服务的工作。

第二章　农业生产经营体制

第十条　国家实行农村土地承包经营制度,依法保障农村土地承包关系的长期稳定,保护农民对承包土地的使用权。

农村土地承包经营的方式、期限、发包方和承包方的权利义务、土地承包经营权的保护和流转等,适用《中华人民共和国土地管理法》和《中华人民共和国农村土地承包法》。

农村集体经济组织应当在家庭承包经营的基础上,依法管理集体资产,为其成员提供生产、技术、信息等服务,组织合理开发、利用集体资源,壮大经济实力。

第十一条　国家鼓励农民在家庭承包经营的基础上自愿组成各类专业合作经济组织。

农民专业合作经济组织应当坚持为成员服务的宗旨,按照加入自愿、退出自由、民主管理、盈余返还的原则,依法在其章程规定的范围内开展农业生产经营和服务活动。

农民专业合作经济组织可以有多种形式,依法成立、依法登记。任何组织和个人不得侵犯农民专业合作经济组织的财产和经营自主权。

第十二条　农民和农业生产经营组织可以自愿按照民主管理、按劳分配和按股分红相结合的原则,以资金、技术、实物等入股,依法兴办各类企业。

第十三条　国家采取措施发展多种形式的农业产业化经营,鼓励和支持农民和农业生产经营组织发展生产、加工、销售一体化经营。

国家引导和支持从事农产品生产、加工、流通服务的企业、科研单位和其他组织,通过与农民或者农民专业合作经济组织订立合同或者建立各类企业等形式,形成收益共享、风险共担的利益共同体,推进农业产业化经营,带动农业发展。

第十四条　农民和农业生产经营组织可以按照法律、行政法规成立各种农产品行业协会,为成员提供生产、营销、信息、技术、培训等服务,发挥协调和自律作用,提出农产品贸易救济措施的申请,维护成员和行业的利益。

第三章　农业生产

第十五条　县级以上人民政府根据国民经济和社会发展的中长期规划、农业和农村经济发展的基本目标和农业资源区划,制定农业发展规划。

省级以上人民政府农业行政主管部门根据农业发展规划,采取措施发挥区域优势,促进形成合理的农业生产区域布局,指导和协调农业和农村经济结构调整。

第十六条　国家引导和支持农民和农业生产经营组织结合本地实际按照市场需求,调整和优化农业生产结构,协调发展种植业、林业、畜牧业和渔业,发展优质、高产、高效益的农业,提高农产品国际竞争力。

种植业以优化品种、提高质量、增加效益为中心,调整作物结构、品种结构和品质结构。

加强林业生态建设,实施天然林保护、退耕还林和防沙治沙工程,加强防护林体系建设,加速营造速生丰产林、工业原料林和薪炭林。

加强草原保护和建设,加快发展畜牧业,推广圈养和舍饲,改良畜禽品种,积极发展饲料工业和畜禽产品加工业。

渔业生产应当保护和合理利用渔业资源,调整捕捞结构,积极发展水产养殖业、远洋渔业和水产品加工业。

县级以上人民政府应当制定政策,安排资金,引导和支持农业结构调整。

第十七条　各级人民政府应当采取措施,加强农业综合开发和农田水利、农业生态环境保护、乡村道路、农村能源和电网、农产品仓储和流通、渔港、草原围栏、动植物原种良种基地等农业和农村基础设施建设,改善农业生产条件,保护和提高农业综合生产能力。

第十八条　国家扶持动植物品种的选育、生产、更新和良种的推广使用,鼓励品种选育和生产、经营相结合,实施种子工程和畜禽良种工程。

国务院和省、自治区、直辖市人民政府设立专项资金，用于扶持动植物良种的选育和推广工作。

第十九条 各级人民政府和农业生产经营组织应当加强农田水利设施建设，建立健全农田水利设施的管理制度，节约用水，发展节水型农业，严格依法控制非农业建设占用灌溉水源，禁止任何组织和个人非法占用或者毁损农田水利设施。

国家对缺水地区发展节水型农业给予重点扶持。

第二十条 国家鼓励和支持农民和农业生产经营组织使用先进、适用的农业机械，加强农业机械安全管理，提高农业机械化水平。

国家对农民和农业生产经营组织购买先进农业机械给予扶持。

第二十一条 各级人民政府应当支持为农业服务的气象事业的发展，提高对气象灾害的监测和预报水平。

第二十二条 国家采取措施提高农产品的质量，建立健全农产品质量标准体系和质量检验检测监督体系，按照有关技术规范、操作规程和质量卫生安全标准，组织农产品的生产经营，保障农产品质量安全。

第二十三条 国家支持依法建立健全优质农产品认证和标志制度。

国家鼓励和扶持发展优质农产品生产。县级以上地方人民政府应当结合本地情况，按照国家有关规定采取措施，发展优质农产品生产。

符合国家规定标准的优质农产品可以依照法律或者行政法规的规定申请使用有关的标志。符合规定产地及生产规范要求的农产品可以依照有关法律或者行政法规的规定申请使用农产品地理标志。

第二十四条 国家实行动植物防疫、检疫制度，健全动植物防疫、检疫体系，加强对动物疫病和植物病、虫、杂草、鼠害的监测、预警、防治，建立重大动物疫情和植物病虫害的快速扑灭机制，建设动物无规定疫病区，实施植物保护工程。

第二十五条 农药、兽药、饲料和饲料添加剂、肥料、种子、农业机械等可能危害人畜安全的农业生产资料的生产经营，依照相关法律、行政法规的规定实行登记或者许可制度。

各级人民政府应当建立健全农业生产资料的安全使用制度，农民和农业生产经营组织不得使用国家明令淘汰和禁止使用的农药、兽药、饲料添加剂等农业生产资料和其他禁止使用的产品。

农业生产资料的生产者、销售者应当对其生产、销售的产品的质量负责，禁止以次充好、以假充真、以不合格的产品冒充合格的产品；禁止生产和销售国家明令淘汰的农药、兽药、饲料添加剂、农业机械等农业生产资料。

第四章 农产品流通与加工

第二十六条 农产品的购销实行市场调节。国家对关系国计民生的重要农产品的购销活动实行必要的宏观调控，建立中央和地方分级储备调节制度，完善仓储运输体系，做到保证供应，稳定市场。

第二十七条 国家逐步建立统一、开放、竞争、有序的农产品市场体系，制定农产品批发市场发展规划。对农村集体经济组织和农民专业合作经济组织建立农产品批发市场和农产品集贸市场，国家给予扶持。

县级以上人民政府工商行政管理部门和其他有关部门按照各自的职责，依法管理农产品批发市场，规范交易秩序，防止地方保护与不正当竞争。

第二十八条 国家鼓励和支持发展多种形式的农产品流通活动。支持农民和农民专业合作经济组织按照国家有关规定从事农产品收购、批发、贮藏、运输、零售和中介活动。鼓励供销合作社和其他从事农产品购销的农业生产经营组织提供市场信息，开拓农产品流通渠道，为农产品销售服务。

县级以上人民政府应当采取措施，督促有关部门保障农产品运输畅通，降低农产品流通成本。有关行政管理部门应当简化手续，方便鲜活农产品的运输，除法律、行政法规另有规定外，不得扣押鲜活农产品的运输工具。

第二十九条 国家支持发展农产品加工业和食品工业，增加农产品的附加值。县级以上人民政府应当制定农产品加工业和食品工业发展规划，引导农产品加工企业形成合理的区域布局和规模结构，扶持农民专业合作经济组织和乡镇企业从事农产品加工和综合开发利用。

国家建立健全农产品加工制品质量标准，完善检测手段，加强农产品加工过程中的质量安全管理和监督，保障食品安全。

第三十条 国家鼓励发展农产品进出口贸易。

国家采取加强国际市场研究、提供信息和营销服务等措施，促进农产品出口。

为维护农产品产销秩序和公平贸易，建立农产品进口预警制度，当某些进口农产品已经或者可能对国内相关农产品的生产造成重大的不利影响时，国家可以采取必要的措施。

第五章 粮食安全

第三十一条 国家采取措施保护和提高粮食综合生产能力，稳步提高粮食生产水平，保障粮食安全。

国家建立耕地保护制度，对基本农田依法实行特殊保护。

第三十二条 国家在政策、资金、技术等方面对粮食主产区给予重点扶持，建设稳定的商品粮生产基地，改善粮食收贮及加工设施，提高粮食主产区的粮食生产、加工水平和经济效益。

国家支持粮食主产区与主销区建立稳定的购销合作关系。

第三十三条 在粮食的市场价格过低时，国务院可以决定对部分粮食品种实行保护价制度。保护价应当根据有利于保护农民利益、稳定粮食生产的原则确定。

农民按保护价制度出售粮食，国家委托的收购单位不得拒收。

县级以上人民政府应当组织财政、金融等部门以及国家委托的收购单位及时筹足粮食收购资金，任何部门、单位或者个人不得截留或者挪用。

第三十四条 国家建立粮食安全预警制度，采取措施保障粮食供给。国务院应当制定粮食安全保障目标与粮食储备数量指标，并根据需要组织有关主管部门进行耕地、粮食库存情况的核查。

国家对粮食实行中央和地方分级储备调节制度，建设仓储运输体系。承担国家粮食储备任务的企业应当按照国家规定保证储备粮的数量和质量。

第三十五条 国家建立粮食风险基金，用于支持粮食储备、稳定粮食市场和保护农民利益。

第三十六条 国家提倡珍惜和节约粮食，并采取措施改善人民的食物营养结构。

第六章 农业投入与支持保护

第三十七条 国家建立和完善农业支持保护体系，采取财政投入、税收优惠、金融支持等措施，从资金投入、科研与技术推广、教育培训、农业生产资料供应、市场信息、质量标准、检验检疫、社会化服务以及灾害救助等方面扶持农民和农业生产经营组织发展农业生产，提高农民的收入水平。

在不与我国缔结或加入的有关国际条约相抵触的情况下，国家对农民实施收入支持政策，具体办法由国务院制定。

第三十八条 国家逐步提高农业投入的总体水平。中央和县级以上地方财政每年对农业总投入的增长幅度应当高于其财政经常性收入的增长幅度。

各级人民政府在财政预算内安排的各项用于农业的资金应当主要用于：加强农业基础设施建设；支持农业结构调整，促进农业产业化经营；保护粮食综合生产能力，保障国家粮食安全；健全动植物检疫、防疫体系，加强动物疫病和植物病、虫、杂草、鼠害防治；建立健全农产品质量标准和检验检测监督体系、农产品市场及信息服务体系；支持农业科研教育、农业技术推广和农民培训；加强农业生态环境保护建设；扶持贫困地区发展；保障农民收入水平等。

县级以上各级财政用于种植业、林业、畜牧业、渔业、农田水利的农业基本建设投入应当统筹安排，协调增长。

国家为加快西部开发，增加对西部地区农业发展和生态环境保护的投入。

第三十九条 县级以上人民政府每年财政预算内安排的各项用于农业的资金应当及时足额拨付。各级人民政府应当加强对国家各项农业资金分配、使用过程的监督管理，保证资金安全，提高资金的使用效率。

任何单位和个人不得截留、挪用用于农业的财政资金和信贷资金。审计机关应当依法加强对用于农业的财政和信贷等资金的审计监督。

第四十条 国家运用税收、价格、信贷等手段，鼓励和引导农民和农业生产经营组织增加农业生产经营性投入和小型农田水利等基本建设投入。

国家鼓励和支持农民和农业生产经营组织在

自愿的基础上依法采取多种形式，筹集农业资金。

第四十一条 国家鼓励社会资金投向农业，鼓励企业事业单位、社会团体和个人捐资设立各种农业建设和农业科技、教育基金。

国家采取措施，促进农业扩大利用外资。

第四十二条 各级人民政府应当鼓励和支持企业事业单位及其他各类经济组织开展农业信息服务。

县级以上人民政府农业行政主管部门及其他有关部门应当建立农业信息搜集、整理和发布制度，及时向农民和农业生产经营组织提供市场信息等服务。

第四十三条 国家鼓励和扶持农用工业的发展。

国家采取税收、信贷等手段鼓励和扶持农业生产资料的生产和贸易，为农业生产稳定增长提供物质保障。

国家采取宏观调控措施，使化肥、农药、农用薄膜、农业机械和农用柴油等主要农业生产资料和农产品之间保持合理的比价。

第四十四条 国家鼓励供销合作社、农村集体经济组织、农民专业合作经济组织、其他组织和个人发展多种形式的农业生产产前、产中、产后的社会化服务事业。县级以上人民政府及其各有关部门应当采取措施对农业社会化服务事业给予支持。

对跨地区从事农业社会化服务的，农业、工商管理、交通运输、公安等有关部门应当采取措施给予支持。

第四十五条 国家建立健全农村金融体系，加强农村信用制度建设，加强农村金融监管。

有关金融机构应当采取措施增加信贷投入，改善农村金融服务，对农民和农业生产经营组织的农业生产经营活动提供信贷支持。

农村信用合作社应当坚持为农业、农民和农村经济发展服务的宗旨，优先为当地农民的生产经营活动提供信贷服务。

国家通过贴息等措施，鼓励金融机构向农民和农业生产经营组织的农业生产经营活动提供贷款。

第四十六条 国家建立和完善农业保险制度。

国家逐步建立和完善政策性农业保险制度。鼓励和扶持农民和农业生产经营组织建立为农业生产经营活动服务的互助合作保险组织，鼓励商业性保险公司开展农业保险业务。

农业保险实行自愿原则。任何组织和个人不得强制农民和农业生产经营组织参加农业保险。

第四十七条 各级人民政府应当采取措施，提高农业防御自然灾害的能力，做好防灾、抗灾和救灾工作，帮助灾民恢复生产，组织生产自救，开展社会互助互济；对没有基本生活保障的灾民给予救济和扶持。

第七章 农业科技与农业教育

第四十八条 国务院和省级人民政府应当制定农业科技、农业教育发展规划，发展农业科技、教育事业。

县级以上人民政府应当按照国家有关规定逐步增加农业科技经费和农业教育经费。

国家鼓励、吸引企业等社会力量增加农业科技投入，鼓励农民、农业生产经营组织、企业事业单位等依法举办农业科技、教育事业。

第四十九条 国家保护植物新品种、农产品地理标志等知识产权，鼓励和引导农业科研、教育单位加强农业科学技术的基础研究和应用研究，传播和普及农业科学技术知识，加速科技成果转化与产业化，促进农业科学技术进步。

国务院有关部门应当组织农业重大关键技术的科技攻关。国家采取措施促进国际农业科技、教育合作与交流，鼓励引进国外先进技术。

第五十条 国家扶持农业技术推广事业，建立政府扶持和市场引导相结合，有偿与无偿服务相结合，国家农业技术推广机构和社会力量相结合的农业技术推广体系，促使先进的农业技术尽快应用于农业生产。

第五十一条 国家设立的农业技术推广机构应当以农业技术试验示范基地为依托，承担公共所需的关键性技术的推广和示范等公益性职责，为农民和农业生产经营组织提供无偿农业技术服务。

县级以上人民政府应当根据农业生产发展需要，稳定和加强农业技术推广队伍，保障农业技术推广机构的工作经费。

各级人民政府应当采取措施，按照国家规定保障和改善从事农业技术推广工作的专业科技人员的工作条件、工资待遇和生活条件,鼓励他们为农业服务。

第五十二条 农业科研单位、有关学校、农民专业合作社、涉农企业、群众性科技组织及有关科技人员,根据农民和农业生产经营组织的需要,可以提供无偿服务,也可以通过技术转让、技术服务、技术承包、技术咨询和技术入股等形式,提供有偿服务,取得合法收益。农业科研单位、有关学校、农民专业合作社、涉农企业、群众性科技组织及有关科技人员应当提高服务水平,保证服务质量。

对农业科研单位、有关学校、农业技术推广机构举办的为农业服务的企业,国家在税收、信贷等方面给予优惠。

国家鼓励和支持农民、供销合作社、其他企业事业单位等参与农业技术推广工作。

第五十三条 国家建立农业专业技术人员继续教育制度。县级以上人民政府农业行政主管部门会同教育、人事等有关部门制定农业专业技术人员继续教育计划,并组织实施。

第五十四条 国家在农村依法实施义务教育,并保障义务教育经费。国家在农村举办的普通中小学校教职工工资由县级人民政府按照国家规定统一发放,校舍等教学设施的建设和维护经费由县级人民政府按照国家规定统一安排。

第五十五条 国家发展农业职业教育。国务院有关部门按照国家职业资格证书制度的统一规定,开展农业行业的职业分类、职业技能鉴定工作,管理农业行业的职业资格证书。

第五十六条 国家采取措施鼓励农民采用先进的农业技术,支持农民举办各种科技组织,开展农业实用技术培训、农民绿色证书培训和其他就业培训,提高农民的文化技术素质。

第八章 农业资源与农业环境保护

第五十七条 发展农业和农村经济必须合理利用和保护土地、水、森林、草原、野生动植物等自然资源,合理开发和利用水能、沼气、太阳能、风能等可再生能源和清洁能源,发展生态农业,保护和改善生态环境。

县级以上人民政府应当制定农业资源区划或者农业资源合理利用和保护的区划,建立农业资源监测制度。

第五十八条 农民和农业生产经营组织应当保养耕地,合理使用化肥、农药、农用薄膜,增加使用有机肥料,采用先进技术,保护和提高地力,防止农用地的污染、破坏和地力衰退。

县级以上人民政府农业行政主管部门应当采取措施,支持农民和农业生产经营组织加强耕地质量建设,并对耕地质量进行定期监测。

第五十九条 各级人民政府应当采取措施,加强小流域综合治理,预防和治理水土流失。从事可能引起水土流失的生产建设活动的单位和个人,必须采取预防措施,并负责治理因生产建设活动造成的水土流失。

各级人民政府应当采取措施,预防土地沙化,治理沙化土地。国务院和沙化土地所在地区的县级以上地方人民政府应当按照法律规定制定防沙治沙规划,并组织实施。

第六十条 国家实行全民义务植树制度。各级人民政府应当采取措施,组织群众植树造林,保护林地和林木,预防森林火灾,防治森林病虫害,制止滥伐、盗伐林木,提高森林覆盖率。

国家在天然林保护区域实行禁伐或者限伐制度,加强造林护林。

第六十一条 有关地方人民政府,应当加强草原的保护、建设和管理,指导、组织农(牧)民和农(牧)业生产经营组织建设人工草场、饲草饲料基地和改良天然草原,实行以草定畜,控制载畜量,推行划区轮牧、休牧和禁牧制度,保护草原植被,防止草原退化沙化和盐渍化。

第六十二条 禁止毁林毁草开垦、烧山开垦以及开垦国家禁止开垦的陡坡地,已经开垦的应当逐步退耕还林、还草。

禁止围湖造田以及围垦国家禁止围垦的湿地。已经围垦的,应当逐步退耕还湖、还湿地。

对在国务院批准规划范围内实施退耕的农民,应当按照国家规定予以补助。

第六十三条 各级人民政府应当采取措施,依法执行捕捞限额和禁渔、休渔制度,增殖渔业资源,保护渔业水域生态环境。

国家引导、支持从事捕捞业的农(渔)民和农(渔)业生产经营组织从事水产养殖业或者其他职业,对根据当地人民政府统一规划转产转业的农(渔)民,应当按照国家规定予以补助。

第六十四条 国家建立与农业生产有关的生

物物种资源保护制度，保护生物多样性，对稀有、濒危、珍贵生物资源及其原生地实行重点保护。从境外引进生物物种资源应当依法进行登记或者审批，并采取相应安全控制措施。

农业转基因生物的研究、试验、生产、加工、经营及其他应用，必须依照国家规定严格实行各项安全控制措施。

第六十五条 各级农业行政主管部门应当引导农民和农业生产经营组织采取生物措施或者使用高效低毒低残留农药、兽药，防治动植物病、虫、杂草、鼠害。

农产品采收后的秸秆及其他剩余物质应当综合利用，妥善处理，防止造成环境污染和生态破坏。

从事畜禽等动物规模养殖的单位和个人应当对粪便、废水及其他废弃物进行无害化处理或者综合利用，从事水产养殖的单位和个人应当合理投饵、施肥、使用药物，防止造成环境污染和生态破坏。

第六十六条 县级以上人民政府应当采取措施，督促有关单位进行治理，防治废水、废气和固体废弃物对农业生态环境的污染。排放废水、废气和固体废弃物造成农业生态环境污染事故的，由环境保护行政主管部门或者农业行政主管部门依法调查处理；给农民和农业生产经营组织造成损失的，有关责任者应当依法赔偿。

第九章 农民权益保护

第六十七条 任何机关或者单位向农民或者农业生产经营组织收取行政、事业性费用必须依据法律、法规的规定。收费的项目、范围和标准应当公布。没有法律、法规依据的收费，农民和农业生产经营组织有权拒绝。

任何机关或者单位对农民或者农业生产经营组织进行罚款处罚必须依据法律、法规、规章的规定。没有法律、法规、规章依据的罚款，农民和农业生产经营组织有权拒绝。

任何机关或者单位不得以任何方式向农民或者农业生产经营组织进行摊派。除法律、法规另有规定外，任何机关或者单位以任何方式要求农民或者农业生产经营组织提供人力、财力、物力的，属于摊派。农民和农业生产经营组织有权拒绝任何方式的摊派。

第六十八条 各级人民政府及其有关部门和所属单位不得以任何方式向农民或者农业生产经营组织集资。

没有法律、法规依据或者未经国务院批准，任何机关或者单位不得在农村进行任何形式的达标、升级、验收活动。

第六十九条 农民和农业生产经营组织依照法律、行政法规的规定承担纳税义务。税务机关及代扣、代收税款的单位应当依法征税，不得违法摊派税款及以其他违法方法征税。

第七十条 农村义务教育除按国务院规定收取的费用外，不得向农民和学生收取其他费用。禁止任何机关或者单位通过农村中小学校向农民收费。

第七十一条 国家依法征收农民集体所有的土地，应当保护农民和农村集体经济组织的合法权益，依法给予农民和农村集体经济组织征地补偿，任何单位和个人不得截留、挪用征地补偿费用。

第七十二条 各级人民政府、农村集体经济组织或者村民委员会在农业和农村经济结构调整、农业产业化经营和土地承包经营权流转等过程中，不得侵犯农民的土地承包经营权，不得干涉农民自主安排的生产经营项目，不得强迫农民购买指定的生产资料或者按指定的渠道销售农产品。

第七十三条 农村集体经济组织或者村民委员会为发展生产或者兴办公益事业，需要向其成员（村民）筹资筹劳的，应当经成员（村民）会议或者成员（村民）代表会议过半数通过后，方可进行。

农村集体经济组织或者村民委员会依照前款规定筹资筹劳的，不得超过省级以上人民政府规定的上限控制标准，禁止强行以资代劳。

农村集体经济组织和村民委员会对涉及农民利益的重要事项，应当向农民公开，并定期公布财务账目，接受农民的监督。

第七十四条 任何单位和个人向农民或者农业生产经营组织提供生产、技术、信息、文化、保险等有偿服务，必须坚持自愿原则，不得强迫农民和农业生产经营组织接受服务。

第七十五条 农产品收购单位在收购农产品时，不得压级压价，不得在支付的价款中扣缴任何费用。法律、行政法规规定代扣、代收税款的，依照法律、行政法规的规定办理。

农产品收购单位与农产品销售者因农产品的质量等级发生争议的,可以委托具有法定资质的农产品质量检验机构检验。

第七十六条 农业生产资料使用者因生产资料质量问题遭受损失的,出售该生产资料的经营者应当予以赔偿,赔偿额包括购货价款、有关费用和可得利益损失。

第七十七条 农民或者农业生产经营组织为维护自身的合法权益,有向各级人民政府及其有关部门反映情况和提出合法要求的权利,人民政府及其有关部门对农民或者农业生产经营组织提出的合理要求,应当按照国家规定及时给予答复。

第七十八条 违反法律规定,侵犯农民权益的,农民或者农业生产经营组织可以依法申请行政复议或者向人民法院提起诉讼,有关人民政府及其有关部门或者人民法院应当依法受理。

人民法院和司法行政主管机关应当依照有关规定为农民提供法律援助。

第十章 农村经济发展

第七十九条 国家坚持城乡协调发展的方针,扶持农村第二、第三产业发展,调整和优化农村经济结构,增加农民收入,促进农村经济全面发展,逐步缩小城乡差别。

第八十条 各级人民政府应当采取措施,发展乡镇企业,支持农业的发展,转移富余的农业劳动力。

国家完善乡镇企业发展的支持措施,引导乡镇企业优化结构,更新技术,提高素质。

第八十一条 县级以上地方人民政府应当根据当地的经济发展水平、区位优势和资源条件,按照合理布局、科学规划、节约用地的原则,有重点地推进农村小城镇建设。

地方各级人民政府应当注重运用市场机制,完善相应政策,吸引农民和社会资金投资小城镇开发建设,发展第二、第三产业,引导乡镇企业相对集中发展。

第八十二条 国家采取措施引导农村富余劳动力在城乡、地区间合理有序流动。地方各级人民政府依法保护进入城镇就业的农村劳动力的合法权益,不得设置不合理限制,已经设置的应当取消。

第八十三条 国家逐步完善农村社会救济制度,保障农村五保户、贫困残疾农民、贫困老年农民和其他丧失劳动能力的农民的基本生活。

第八十四条 国家鼓励、支持农民巩固和发展农村合作医疗和其他医疗保障形式,提高农民健康水平。

第八十五条 国家扶持贫困地区改善经济发展条件,帮助进行经济开发。省级人民政府根据国家关于扶持贫困地区的总体目标和要求,制定扶贫开发规划,并组织实施。

各级人民政府应当坚持开发式扶贫方针,组织贫困地区的农民和农业生产经营组织合理使用扶贫资金,依靠自身力量改变贫穷落后面貌,引导贫困地区的农民调整经济结构、开发当地资源。扶贫开发应当坚持与资源保护、生态建设相结合,促进贫困地区经济、社会的协调发展和全面进步。

第八十六条 中央和省级财政应当把扶贫开发投入列入年度财政预算,并逐年增加,加大对贫困地区的财政转移支付和建设资金投入。

国家鼓励和扶持金融机构、其他企业事业单位和个人投入资金支持贫困地区开发建设。

禁止任何单位和个人截留、挪用扶贫资金。审计机关应当加强扶贫资金的审计监督。

第十一章 执法监督

第八十七条 县级以上人民政府应当采取措施逐步完善适应社会主义市场经济发展要求的农业行政管理体制。

县级以上人民政府农业行政主管部门和有关行政主管部门应当加强规划、指导、管理、协调、监督、服务职责,依法行政,公正执法。

县级以上地方人民政府农业行政主管部门应当在其职责范围内健全行政执法队伍,实行综合执法,提高执法效率和水平。

第八十八条 县级以上人民政府农业行政主管部门及其执法人员履行执法监督检查职责时,有权采取下列措施:

(一)要求被检查单位或者个人说明情况,提供有关文件、证照、资料;

(二)责令被检查单位或者个人停止违反本法的行为,履行法定义务。

农业行政执法人员在履行监督检查职责时,应当向被检查单位或者个人出示行政执法证件,遵守执法程序。有关单位或者个人应当配合农业行政执法人员依法执行职务，不得拒绝和阻碍。

第八十九条 农业行政主管部门与农业生产、经营单位必须在机构、人员、财务上彻底分离。农业行政主管部门及其工作人员不得参与和从事农业生产经营活动。

第十二章 法律责任

第九十条 违反本法规定，侵害农民和农业生产经营组织的土地承包经营权等财产权或者其他合法权益的，应当停止侵害，恢复原状；造成损失、损害的，依法承担赔偿责任。

国家工作人员利用职务便利或者以其他名义侵害农民和农业生产经营组织的合法权益的，应当赔偿损失，并由其所在单位或者上级主管机关给予行政处分。

第九十一条 违反本法第十九条、第二十五条、第六十二条、第七十一条规定的，依照相关法律或者行政法规的规定予以处罚。

第九十二条 有下列行为之一的，由上级主管机关责令限期归还被截留、挪用的资金，没收非法所得，并由上级主管机关或者所在单位给予直接负责的主管人员和其他直接责任人员行政处分；构成犯罪的，依法追究刑事责任：

（一）违反本法第三十三条第三款规定，截留、挪用粮食收购资金的；

（二）违反本法第三十九条第二款规定，截留、挪用用于农业的财政资金和信贷资金的；

（三）违反本法第八十六条第三款规定，截留、挪用扶贫资金的。

第九十三条 违反本法第六十七条规定，向农民或者农业生产经营组织违法收费、罚款、摊派的，上级主管机关应当予以制止，并予公告；已经收取钱款或者已经使用人力、物力的，由上级主管机关责令限期归还已经收取的钱款或者折价偿还已经使用的人力、物力，并由上级主管机关或者所在单位给予直接负责的主管人员和其他直接责任人员行政处分；情节严重，构成犯罪的，依法追究刑事责任。

第九十四条 有下列行为之一的，由上级主管机关责令停止违法行为，并给予直接负责的主管人员和其他直接责任人员行政处分，责令退还违法收取的集资款、税款或者费用：

（一）违反本法第六十八条规定，非法在农村进行集资、达标、升级、验收活动的；

（二）违反本法第六十九条规定，以违法方法向农民征税的；

（三）违反本法第七十条规定，通过农村中小学校向农民超额、超项目收费的。

第九十五条 违反本法第七十三条第二款规定，强迫农民以资代劳的，由乡（镇）人民政府责令改正，并退还违法收取的资金。

第九十六条 违反本法第七十四条规定，强迫农民和农业生产经营组织接受有偿服务的，由有关人民政府责令改正，并返还其违法收取的费用；情节严重的，给予直接负责的主管人员和其他直接责任人员行政处分；造成农民和农业生产经营组织损失的，依法承担赔偿责任。

第九十七条 县级以上人民政府农业行政主管部门的工作人员违反本法规定参与和从事农业生产经营活动的，依法给予行政处分；构成犯罪的，依法追究刑事责任。

第十三章 附 则

第九十八条 本法有关农民的规定，适用于国有农场、牧场、林场、渔场等企业事业单位实行承包经营的职工。

第九十九条 本法自 2003 年 3 月 1 日起施行。

中华人民共和国城乡规划法

· 2007 年 10 月 28 日第十届全国人民代表大会常务委员会第三十次会议通过

· 根据 2015 年 4 月 24 日第十二届全国人民代表大会常务委员会第十四次会议《关于修改〈中华人民共和国港口法〉等七部法律的决定》第一次修正

· 根据 2019 年 4 月 23 日第十三届全国人民代表大会常务委员会第十次会议《关于修改〈中华人民共和国建筑法〉等八部法律的决定》第二次修正

第一章 总 则

第一条 【立法宗旨】为了加强城乡规划管理，协调城乡空间布局，改善人居环境，促进城乡经济社会全面协调可持续发展,制定本法。

第二条 【城乡规划的制定和实施】制定和实施城乡规划,在规划区内进行建设活动,必须遵守本法。

本法所称城乡规划,包括城镇体系规划、城市规划、镇规划、乡规划和村庄规划。城市规划、镇规划分为总体规划和详细规划。详细规划分为控制性详细规划和修建性详细规划。

本法所称规划区,是指城市、镇和村庄的建成区以及因城乡建设和发展需要,必须实行规划控制的区域。规划区的具体范围由有关人民政府在组织编制的城市总体规划、镇总体规划、乡规划和村庄规划中,根据城乡经济社会发展水平和统筹城乡发展的需要划定。

第三条 【城乡建设活动与制定城乡规划关系】城市和镇应当依照本法制定城市规划和镇规划。城市、镇规划区内的建设活动应当符合规划要求。

县级以上地方人民政府根据本地农村经济社会发展水平,按照因地制宜、切实可行的原则,确定应当制定乡规划、村庄规划的区域。在确定区域内的乡、村庄,应当依照本法制定规划,规划区内的乡、村庄建设应当符合规划要求。

县级以上地方人民政府鼓励、指导前款规定以外的区域的乡、村庄制定和实施乡规划、村庄规划。

第四条 【城乡规划制定、实施原则】制定和实施城乡规划,应当遵循城乡统筹、合理布局、节约土地、集约发展和先规划后建设的原则,改善生态环境,促进资源、能源节约和综合利用,保护耕地等自然资源和历史文化遗产,保持地方特色、民族特色和传统风貌,防止污染和其他公害,并符合区域人口发展、国防建设、防灾减灾和公共卫生、公共安全的需要。

在规划区内进行建设活动,应当遵守土地管理、自然资源和环境保护等法律、法规的规定。

县级以上地方人民政府应当根据当地经济社会发展的实际,在城市总体规划、镇总体规划中合理确定城市、镇的发展规模、步骤和建设标准。

第五条 【城乡规划与国民经济和社会发展规划、土地利用总体规划衔接】城市总体规划、镇总体规划以及乡规划和村庄规划的编制,应当依据国民经济和社会发展规划,并与土地利用总体规划相衔接。

第六条 【城乡规划经费保障】各级人民政府应当将城乡规划的编制和管理经费纳入本级财政预算。

第七条 【城乡规划修改】经依法批准的城乡规划,是城乡建设和规划管理的依据,未经法定程序不得修改。

第八条 【城乡规划公开公布】城乡规划组织编制机关应当及时公布经依法批准的城乡规划。但是,法律、行政法规规定不得公开的内容除外。

第九条 【单位和个人的权利义务】任何单位和个人都应当遵守经依法批准并公布的城乡规划,服从规划管理,并有权就涉及其利害关系的建设活动是否符合规划的要求向城乡规划主管部门查询。

任何单位和个人都有权向城乡规划主管部门或者其他有关部门举报或者控告违反城乡规划的行为。城乡规划主管部门或者其他有关部门对举报或者控告,应当及时受理并组织核查、处理。

第十条 【采用先进科学技术】国家鼓励采用先进的科学技术,增强城乡规划的科学性,提高城乡规划实施及监督管理的效能。

第十一条 【城乡规划管理体制】国务院城乡规划主管部门负责全国的城乡规划管理工作。

县级以上地方人民政府城乡规划主管部门负责本行政区域内的城乡规划管理工作。

第二章 城乡规划的制定

第十二条 【全国城镇体系规划制定】国务院城乡规划主管部门会同国务院有关部门组织编制全国城镇体系规划,用于指导省域城镇体系规划、城市总体规划的编制。

全国城镇体系规划由国务院城乡规划主管部门报国务院审批。

第十三条 【省域城镇体系规划制定】省、自治区人民政府组织编制省域城镇体系规划,报国务院审批。

省域城镇体系规划的内容应当包括:城镇空间布局和规模控制,重大基础设施的布局,为保护生态环境、资源等需要严格控制的区域。

第十四条 【城市总体规划编制】城市人民政府组织编制城市总体规划。

直辖市的城市总体规划由直辖市人民政府报

国务院审批。省、自治区人民政府所在地的城市以及国务院确定的城市的总体规划，由省、自治区人民政府审查同意后，报国务院审批。其他城市的总体规划，由城市人民政府报省、自治区人民政府审批。

第十五条 【镇总体规划编制】县人民政府组织编制县人民政府所在地镇的总体规划，报上一级人民政府审批。其他镇的总体规划由镇人民政府组织编制，报上一级人民政府审批。

第十六条 【各级人大常委会参与规划制定】省、自治区人民政府组织编制的省域城镇体系规划，城市、县人民政府组织编制的总体规划，在报上一级人民政府审批前，应当先经本级人民代表大会常务委员会审议，常务委员会组成人员的审议意见交由本级人民政府研究处理。

镇人民政府组织编制的镇总体规划，在报上一级人民政府审批前，应当先经镇人民代表大会审议，代表的审议意见交由本级人民政府研究处理。

规划的组织编制机关报送审批省域城镇体系规划、城市总体规划或者镇总体规划，应当将本级人民代表大会常务委员会组成人员或者镇人民代表大会代表的审议意见和根据审议意见修改规划的情况一并报送。

第十七条 【城市、镇总体规划内容和期限】城市总体规划、镇总体规划的内容应当包括：城市、镇的发展布局，功能分区，用地布局，综合交通体系，禁止、限制和适宜建设的地域范围，各类专项规划等。

规划区范围、规划区内建设用地规模、基础设施和公共服务设施用地、水源地和水系、基本农田和绿化用地、环境保护、自然与历史文化遗产保护以及防灾减灾等内容，应当作为城市总体规划、镇总体规划的强制性内容。

城市总体规划、镇总体规划的规划期限一般为二十年。城市总体规划还应当对城市更长远的发展作出预测性安排。

第十八条 【乡规划和村庄规划的内容】乡规划、村庄规划应当从农村实际出发，尊重村民意愿，体现地方和农村特色。

乡规划、村庄规划的内容应当包括：规划区范围，住宅、道路、供水、排水、供电、垃圾收集、畜禽养殖场所等农村生产、生活服务设施、公益事业等各项建设的用地布局、建设要求，以及对耕地等自然资源和历史文化遗产保护、防灾减灾等的具体安排。乡规划还应当包括本行政区域内的村庄发展布局。

第十九条 【城市控制性详细规划】城市人民政府城乡规划主管部门根据城市总体规划的要求，组织编制城市的控制性详细规划，经本级人民政府批准后，报本级人民代表大会常务委员会和上一级人民政府备案。

第二十条 【镇控制性详细规划】镇人民政府根据镇总体规划的要求，组织编制镇的控制性详细规划，报上一级人民政府审批。县人民政府所在地镇的控制性详细规划，由县人民政府城乡规划主管部门根据镇总体规划的要求组织编制，经县人民政府批准后，报本级人民代表大会常务委员会和上一级人民政府备案。

第二十一条 【修建性详细规划】城市、县人民政府城乡规划主管部门和镇人民政府可以组织编制重要地块的修建性详细规划。修建性详细规划应当符合控制性详细规划。

第二十二条 【乡、村庄规划编制】乡、镇人民政府组织编制乡规划、村庄规划，报上一级人民政府审批。村庄规划在报送审批前，应当经村民会议或者村民代表会议讨论同意。

第二十三条 【首都总体规划和详细规划】首都的总体规划、详细规划应当统筹考虑中央国家机关用地布局和空间安排的需要。

第二十四条 【城乡规划编制单位】城乡规划组织编制机关应当委托具有相应资质等级的单位承担城乡规划的具体编制工作。

从事城乡规划编制工作应当具备下列条件，并经国务院城乡规划主管部门或者省、自治区、直辖市人民政府城乡规划主管部门依法审查合格，取得相应等级的资质证书后，方可在资质等级许可的范围内从事城乡规划编制工作：

（一）有法人资格；

（二）有规定数量的经相关行业协会注册的规划师；

（三）有规定数量的相关专业技术人员；

（四）有相应的技术装备；

（五）有健全的技术、质量、财务管理制度。

编制城乡规划必须遵守国家有关标准。

第二十五条 【城乡规划基础资料】编制城乡

规划,应当具备国家规定的勘察、测绘、气象、地震、水文、环境等基础资料。

县级以上地方人民政府有关主管部门应当根据编制城乡规划的需要,及时提供有关基础资料。

第二十六条 【公众参与城乡规划编制】城乡规划报送审批前,组织编制机关应当依法将城乡规划草案予以公告,并采取论证会、听证会或者其他方式征求专家和公众的意见。公告的时间不得少于三十日。

组织编制机关应当充分考虑专家和公众的意见,并在报送审批的材料中附具意见采纳情况及理由。

第二十七条 【专家和有关部门参与城镇规划审批】省域城镇体系规划、城市总体规划、镇总体规划批准前,审批机关应当组织专家和有关部门进行审查。

第三章 城乡规划的实施

第二十八条 【政府实施城乡规划】地方各级人民政府应当根据当地经济社会发展水平,量力而行,尊重群众意愿,有计划、分步骤地组织实施城乡规划。

第二十九条 【城市、镇和乡、村庄建设和发展实施城乡规划】城市的建设和发展,应当优先安排基础设施以及公共服务设施的建设,妥善处理新区开发与旧区改建的关系,统筹兼顾进城务工人员生活和周边农村经济社会发展、村民生产与生活的需要。

镇的建设和发展,应当结合农村经济社会发展和产业结构调整,优先安排供水、排水、供电、供气、道路、通信、广播电视等基础设施和学校、卫生院、文化站、幼儿园、福利院等公共服务设施的建设,为周边农村提供服务。

乡、村庄的建设和发展,应当因地制宜、节约用地,发挥村民自治组织的作用,引导村民合理进行建设,改善农村生产、生活条件。

第三十条 【城市新区开发和建设实施城乡规划】城市新区的开发和建设,应当合理确定建设规模和时序,充分利用现有市政基础设施和公共服务设施,严格保护自然资源和生态环境,体现地方特色。

在城市总体规划、镇总体规划确定的建设用地范围以外,不得设立各类开发区和城市新区。

第三十一条 【旧城区改造实施城乡规划】旧城区的改建,应当保护历史文化遗产和传统风貌,合理确定拆迁和建设规模,有计划地对危房集中、基础设施落后等地段进行改建。

历史文化名城、名镇、名村的保护以及受保护建筑物的维护和使用,应当遵守有关法律、行政法规和国务院的规定。

第三十二条 【城乡建设和发展实施城乡规划】城乡建设和发展,应当依法保护和合理利用风景名胜资源,统筹安排风景名胜区及周边乡、镇、村庄的建设。

风景名胜区的规划、建设和管理,应当遵守有关法律、行政法规和国务院的规定。

第三十三条 【城市地下空间的开发和利用遵循的原则】城市地下空间的开发和利用,应当与经济和技术发展水平相适应,遵循统筹安排、综合开发、合理利用的原则,充分考虑防灾减灾、人民防空和通信等需要,并符合城市规划,履行规划审批手续。

第三十四条 【城市、县、镇人民政府制定近期建设规划】城市、县、镇人民政府应当根据城市总体规划、镇总体规划、土地利用总体规划和年度计划以及国民经济和社会发展规划,制定近期建设规划,报总体规划审批机关备案。

近期建设规划应当以重要基础设施、公共服务设施和中低收入居民住房建设以及生态环境保护为重点内容,明确近期建设的时序、发展方向和空间布局。近期建设规划的规划期限为五年。

第三十五条 【禁止擅自改变城乡规划确定的重要用地用途】城乡规划确定的铁路、公路、港口、机场、道路、绿地、输配电设施及输电线路走廊、通信设施、广播电视设施、管道设施、河道、水库、水源地、自然保护区、防汛通道、消防通道、核电站、垃圾填埋场及焚烧厂、污水处理厂和公共服务设施的用地以及其他需要依法保护的用地,禁止擅自改变用途。

第三十六条 【申请核发选址意见书】按照国家规定需要有关部门批准或者核准的建设项目,以划拨方式提供国有土地使用权的,建设单位在报送有关部门批准或者核准前,应当向城乡规划主管部门申请核发选址意见书。

前款规定以外的建设项目不需要申请选址意见书。

第三十七条 【划拨建设用地程序】在城市、镇规划区内以划拨方式提供国有土地使用权的建设项目，经有关部门批准、核准、备案后，建设单位应当向城市、县人民政府城乡规划主管部门提出建设用地规划许可申请，由城市、县人民政府城乡规划主管部门依据控制性详细规划核定建设用地的位置、面积、允许建设的范围，核发建设用地规划许可证。

建设单位在取得建设用地规划许可证后，方可向县级以上地方人民政府土地主管部门申请用地，经县级以上人民政府审批后，由土地主管部门划拨土地。

第三十八条 【国有土地使用权出让合同】在城市、镇规划区内以出让方式提供国有土地使用权的，在国有土地使用权出让前，城市、县人民政府城乡规划主管部门应当依据控制性详细规划，提出出让地块的位置、使用性质、开发强度等规划条件，作为国有土地使用权出让合同的组成部分。未确定规划条件的地块，不得出让国有土地使用权。

以出让方式取得国有土地使用权的建设项目，建设单位在取得建设项目的批准、核准、备案文件和签订国有土地使用权出让合同后，向城市、县人民政府城乡规划主管部门领取建设用地规划许可证。

城市、县人民政府城乡规划主管部门不得在建设用地规划许可证中，擅自改变作为国有土地使用权出让合同组成部分的规划条件。

第三十九条 【规划条件未纳入出让合同的法律后果】规划条件未纳入国有土地使用权出让合同的，该国有土地使用权出让合同无效；对未取得建设用地规划许可证的建设单位批准用地的，由县级以上人民政府撤销有关批准文件；占用土地的，应当及时退回；给当事人造成损失的，应当依法给予赔偿。

第四十条 【建设单位和个人领取建设工程规划许可证】在城市、镇规划区内进行建筑物、构筑物、道路、管线和其他工程建设的，建设单位或者个人应当向城市、县人民政府城乡规划主管部门或者省、自治区、直辖市人民政府确定的镇人民政府申请办理建设工程规划许可证。

申请办理建设工程规划许可证，应当提交使用土地的有关证明文件、建设工程设计方案等材料。需要建设单位编制修建性详细规划的建设项目，还应当提交修建性详细规划。对符合控制性详细规划和规划条件的，由城市、县人民政府城乡规划主管部门或者省、自治区、直辖市人民政府确定的镇人民政府核发建设工程规划许可证。

城市、县人民政府城乡规划主管部门或者省、自治区、直辖市人民政府确定的镇人民政府应当依法将经审定的修建性详细规划、建设工程设计方案的总平面图予以公布。

第四十一条 【乡村建设规划许可证】在乡、村庄规划区内进行乡镇企业、乡村公共设施和公益事业建设的，建设单位或者个人应当向乡、镇人民政府提出申请，由乡、镇人民政府报城市、县人民政府城乡规划主管部门核发乡村建设规划许可证。

在乡、村庄规划区内使用原有宅基地进行农村村民住宅建设的规划管理办法，由省、自治区、直辖市制定。

在乡、村庄规划区内进行乡镇企业、乡村公共设施和公益事业建设以及农村村民住宅建设，不得占用农用地；确需占用农用地的，应当依照《中华人民共和国土地管理法》有关规定办理农用地转用审批手续后，由城市、县人民政府城乡规划主管部门核发乡村建设规划许可证。

建设单位或者个人在取得乡村建设规划许可证后，方可办理用地审批手续。

第四十二条 【不得超出范围作出规划许可】城乡规划主管部门不得在城乡规划确定的建设用地范围以外作出规划许可。

第四十三条 【建设单位按照规划条件建设】建设单位应当按照规划条件进行建设；确需变更的，必须向城市、县人民政府城乡规划主管部门提出申请。变更内容不符合控制性详细规划的，城乡规划主管部门不得批准。城市、县人民政府城乡规划主管部门应当及时将依法变更后的规划条件通报同级土地主管部门并公示。

建设单位应当及时将依法变更后的规划条件报有关人民政府土地主管部门备案。

第四十四条 【临时建设】在城市、镇规划区内进行临时建设的，应当经城市、县人民政府城乡规划主管部门批准。临时建设影响近期建设规划或者控制性详细规划的实施以及交通、市容、安全等的，不得批准。

临时建设应当在批准的使用期限内自行拆除。

临时建设和临时用地规划管理的具体办法,由省、自治区、直辖市人民政府制定。

第四十五条 【城乡规划主管部门核实符合规划条件情况】县级以上地方人民政府城乡规划主管部门按照国务院规定对建设工程是否符合规划条件予以核实。未经核实或者经核实不符合规划条件的,建设单位不得组织竣工验收。

建设单位应当在竣工验收后六个月内向城乡规划主管部门报送有关竣工验收资料。

第四章 城乡规划的修改

第四十六条 【规划实施情况评估】省域城镇体系规划、城市总体规划、镇总体规划的组织编制机关,应当组织有关部门和专家定期对规划实施情况进行评估,并采取论证会、听证会或者其他方式征求公众意见。组织编制机关应当向本级人民代表大会常务委员会、镇人民代表大会和原审批机关提出评估报告并附具征求意见的情况。

第四十七条 【规划修改条件和程序】有下列情形之一的,组织编制机关方可按照规定的权限和程序修改省域城镇体系规划、城市总体规划、镇总体规划:

(一)上级人民政府制定的城乡规划发生变更,提出修改规划要求的;

(二)行政区划调整确需修改规划的;

(三)因国务院批准重大建设工程确需修改规划的;

(四)经评估确需修改规划的;

(五)城乡规划的审批机关认为应当修改规划的其他情形。

修改省域城镇体系规划、城市总体规划、镇总体规划前,组织编制机关应当对原规划的实施情况进行总结,并向原审批机关报告;修改涉及城市总体规划、镇总体规划强制性内容的,应当先向原审批机关提出专题报告,经同意后,方可编制修改方案。

修改后的省域城镇体系规划、城市总体规划、镇总体规划,应当依照本法第十三条、第十四条、第十五条和第十六条规定的审批程序报批。

第四十八条 【修改程序性规划以及乡规划、村庄规划】修改控制性详细规划的,组织编制机关应当对修改的必要性进行论证,征求规划地段内利害关系人的意见,并向原审批机关提出专题报告,经原审批机关同意后,方可编制修改方案。修改后的控制性详细规划,应当依照本法第十九条、第二十条规定的审批程序报批。控制性详细规划修改涉及城市总体规划、镇总体规划的强制性内容的,应当先修改总体规划。

修改乡规划、村庄规划的,应当依照本法第二十二条规定的审批程序报批。

第四十九条 【修改近期建设规划报送备案】城市、县、镇人民政府修改近期建设规划的,应当将修改后的近期建设规划报总体规划审批机关备案。

第五十条 【修改规划或总平面图造成损失补偿】在选址意见书、建设用地规划许可证、建设工程规划许可证或者乡村建设规划许可证发放后,因依法修改城乡规划给被许可人合法权益造成损失的,应当依法给予补偿。

经依法审定的修建性详细规划、建设工程设计方案的总平面图不得随意修改;确需修改的,城乡规划主管部门应当采取听证会等形式,听取利害关系人的意见;因修改给利害关系人合法权益造成损失的,应当依法给予补偿。

第五章 监督检查

第五十一条 【政府及城乡规划主管部门加强监督检查】县级以上人民政府及其城乡规划主管部门应当加强对城乡规划编制、审批、实施、修改的监督检查。

第五十二条 【政府向人大报告城乡规划实施情况】地方各级人民政府应当向本级人民代表大会常务委员会或者乡、镇人民代表大会报告城乡规划的实施情况,并接受监督。

第五十三条 【城乡规划主管部门检查职权和行为规范】县级以上人民政府城乡规划主管部门对城乡规划的实施情况进行监督检查,有权采取以下措施:

(一)要求有关单位和人员提供与监督事项有关的文件、资料,并进行复制;

(二)要求有关单位和人员就监督事项涉及的问题作出解释和说明,并根据需要进入现场进行勘测;

(三)责令有关单位和人员停止违反有关城乡

规划的法律、法规的行为。

城乡规划主管部门的工作人员履行前款规定的监督检查职责，应当出示执法证件。被监督检查的单位和人员应当予以配合，不得妨碍和阻挠依法进行的监督检查活动。

第五十四条 【公开监督检查情况和处理结果】监督检查情况和处理结果应当依法公开，供公众查阅和监督。

第五十五条 【城乡规划主管部门提出处分建议】城乡规划主管部门在查处违反本法规定的行为时，发现国家机关工作人员依法应当给予行政处分的，应当向其任免机关或者监察机关提出处分建议。

第五十六条 【上级城乡规划主管部门的建议处罚权】依照本法规定应当给予行政处罚，而有关城乡规划主管部门不给予行政处罚的，上级人民政府城乡规划主管部门有权责令其作出行政处罚决定或者建议有关人民政府责令其给予行政处罚。

第五十七条 【上级城乡规划主管部门责令撤销许可、赔偿损失权】城乡规划主管部门违反本法规定作出行政许可的，上级人民政府城乡规划主管部门有权责令其撤销或者直接撤销该行政许可。因撤销行政许可给当事人合法权益造成损失的，应当依法给予赔偿。

第六章 法律责任

第五十八条 【编制、审批、修改城乡规划玩忽职守的法律责任】对依法应当编制城乡规划而未组织编制，或者未按法定程序编制、审批、修改城乡规划的，由上级人民政府责令改正，通报批评；对有关人民政府负责人和其他直接责任人员依法给予处分。

第五十九条 【委托不合格单位编制城乡规划的法律责任】城乡规划组织编制机关委托不具有相应资质等级的单位编制城乡规划的，由上级人民政府责令改正，通报批评；对有关人民政府负责人和其他直接责任人员依法给予处分。

第六十条 【城乡规划主管部门违法行为的法律责任】镇人民政府或者县级以上人民政府城乡规划主管部门有下列行为之一的，由本级人民政府、上级人民政府城乡规划主管部门或者监察机关依据职权责令改正，通报批评；对直接负责的主管人员和其他直接责任人员依法给予处分：

（一）未依法组织编制城市的控制性详细规划、县人民政府所在地镇的控制性详细规划的；

（二）超越职权或者对不符合法定条件的申请人核发选址意见书、建设用地规划许可证、建设工程规划许可证、乡村建设规划许可证的；

（三）对符合法定条件的申请人未在法定期限内核发选址意见书、建设用地规划许可证、建设工程规划许可证、乡村建设规划许可证的；

（四）未依法对经审定的修建性详细规划、建设工程设计方案的总平面图予以公布的；

（五）同意修改修建性详细规划、建设工程设计方案的总平面图前未采取听证会等形式听取利害关系人的意见的；

（六）发现未依法取得规划许可或者违反规划许可的规定在规划区内进行建设的行为，而不予查处或者接到举报后不依法处理的。

第六十一条 【县级以上人民政府有关部门的法律责任】县级以上人民政府有关部门有下列行为之一的，由本级人民政府或者上级人民政府有关部门责令改正，通报批评；对直接负责的主管人员和其他直接责任人员依法给予处分：

（一）对未依法取得选址意见书的建设项目核发建设项目批准文件的；

（二）未依法在国有土地使用权出让合同中确定规划条件或者改变国有土地使用权出让合同中依法确定的规划条件的；

（三）对未依法取得建设用地规划许可证的建设单位划拨国有土地使用权的。

第六十二条 【城乡规划编制单位违法的法律责任】城乡规划编制单位有下列行为之一的，由所在地城市、县人民政府城乡规划主管部门责令限期改正，处合同约定的规划编制费一倍以上二倍以下的罚款；情节严重的，责令停业整顿，由原发证机关降低资质等级或者吊销资质证书；造成损失的，依法承担赔偿责任：

（一）超越资质等级许可的范围承揽城乡规划编制工作的；

（二）违反国家有关标准编制城乡规划的。

未依法取得资质证书承揽城乡规划编制工作的，由县级以上地方人民政府城乡规划主管部门责令停止违法行为，依照前款规定处以罚款；造成损失的，依法承担赔偿责任。

以欺骗手段取得资质证书承揽城乡规划编制工作的，由原发证机关吊销资质证书，依照本条第一款规定处以罚款；造成损失的，依法承担赔偿责任。

第六十三条 【城乡规划编制单位不符合资质的处理】城乡规划编制单位取得资质证书后，不再符合相应的资质条件的，由原发证机关责令限期改正；逾期不改正的，降低资质等级或者吊销资质证书。

第六十四条 【违规建设的法律责任】未取得建设工程规划许可证或者未按照建设工程规划许可证的规定进行建设的，由县级以上地方人民政府城乡规划主管部门责令停止建设；尚可采取改正措施消除对规划实施的影响的，限期改正，处建设工程造价百分之五以上百分之十以下的罚款；无法采取改正措施消除影响的，限期拆除，不能拆除的，没收实物或者违法收入，可以并处建设工程造价百分之十以下的罚款。

第六十五条 【违规进行乡村建设的法律责任】在乡、村庄规划区内未依法取得乡村建设规划许可证或者未按照乡村建设规划许可证的规定进行建设的，由乡、镇人民政府责令停止建设、限期改正；逾期不改正的，可以拆除。

第六十六条 【违规进行临时建设的法律责任】建设单位或者个人有下列行为之一的，由所在地城市、县人民政府城乡规划主管部门责令限期拆除，可以并处临时建设工程造价一倍以下的罚款：

（一）未经批准进行临时建设的；

（二）未按照批准内容进行临时建设的；

（三）临时建筑物、构筑物超过批准期限不拆除的。

第六十七条 【建设单位竣工未报送验收材料的法律责任】建设单位未在建设工程竣工验收后六个月内向城乡规划主管部门报送有关竣工验收资料的，由所在地城市、县人民政府城乡规划主管部门责令限期补报；逾期不补报的，处一万元以上五万元以下的罚款。

第六十八条 【查封施工现场、强制拆除措施】城乡规划主管部门作出责令停止建设或者限期拆除的决定后，当事人不停止建设或者逾期不拆除的，建设工程所在地县级以上地方人民政府可以责成有关部门采取查封施工现场、强制拆除等措施。

第六十九条 【刑事责任】违反本法规定，构成犯罪的，依法追究刑事责任。

第七章 附 则

第七十条 【实施日期】本法自2008年1月1日起施行。《中华人民共和国城市规划法》同时废止。

规范农业行政处罚自由裁量权办法

·2019年5月31日农业农村部公告第180号公布

·根据2022年1月7日《农业农村部关于修改和废止部分规章、规范性文件的决定》修订

第一条 为规范农业行政执法行为，保障农业农村主管部门合法、合理、适当地行使行政处罚自由裁量权，保护公民、法人和其他组织的合法权益，根据《中华人民共和国行政处罚法》以及国务院有关规定，制定本办法。

第二条 本办法所称农业行政处罚自由裁量权，是指农业农村主管部门在实施农业行政处罚时，根据法律、法规、规章的规定，综合考虑违法行为的事实、性质、情节、社会危害程度等因素，决定行政处罚种类及处罚幅度的权限。

第三条 农业农村主管部门制定行政处罚自由裁量基准和行使行政处罚自由裁量权，适用本办法。

第四条 行使行政处罚自由裁量权，应当符合法律、法规、规章的规定，遵循法定程序，保障行政相对人的合法权益。

第五条 行使行政处罚自由裁量权应当符合法律目的，排除不相关因素的干扰，所采取的措施和手段应当必要、适当。

第六条 行使行政处罚自由裁量权，应当以事实为依据，行政处罚的种类和幅度应当与违法行为的事实、性质、情节、社会危害程度相当，与违法行为发生地的经济社会发展水平相适应。

违法事实、性质、情节及社会危害后果等相同或相近的违法行为，同一行政区域行政处罚的种类和幅度应当基本一致。

第七条 农业农村部可以根据统一和规范全国农业行政执法裁量尺度的需要，针对特定的农业行政处罚事项制定自由裁量基准。

第八条 法律、法规、规章对行政处罚事项规定有自由裁量空间的，省级农业农村主管部门应当根据本办法结合本地区实际制定自由裁量基准，明确处罚裁量标准和适用条件，供本地区农业农村主管部门实施行政处罚时参照执行。

市、县级农业农村主管部门可以在省级农业农村主管部门制定的行政处罚自由裁量基准范围内，结合本地实际对处罚裁量标准和适用条件进行细化和量化。

第九条 农业农村主管部门应当依据法律、法规、规章制修订情况、上级主管部门制定的行政处罚自由裁量权适用规则的变化以及执法工作实际，及时修订完善本部门的行政处罚自由裁量基准。

第十条 制定行政处罚自由裁量基准，应当遵守以下规定：

(一)法律、法规、规章规定可以选择是否给予行政处罚的，应当明确是否给予行政处罚的具体裁量标准和适用条件；

(二)法律、法规、规章规定可以选择行政处罚种类的，应当明确适用不同种类行政处罚的具体裁量标准和适用条件；

(三)法律、法规、规章规定可以选择行政处罚幅度的，应当根据违法事实、性质、情节、社会危害程度等因素确定具体裁量标准和适用条件；

(四)法律、法规、规章规定可以单处也可以并处行政处罚的，应当明确单处或者并处行政处罚的具体裁量标准和适用条件。

第十一条 法律、法规、规章设定的罚款数额有一定幅度的，在相应的幅度范围内分为从重处罚、一般处罚、从轻处罚。除法律、法规、规章另有规定外，罚款处罚的数额按照以下标准确定：

(一)罚款为一定幅度的数额，并同时规定了最低罚款数额和最高罚款数额的，从轻处罚应低于最高罚款数额与最低罚款数额的中间值，从重处罚应高于中间值；

(二)只规定了最高罚款数额未规定最低罚款数额的，从轻处罚一般按最高罚款数额的百分之三十以下确定，一般处罚按最高罚款数额的百分三十以上百分之六十以下确定，从重处罚应高于最高罚款数额的百分之六十；

(三)罚款为一定金额的倍数，并同时规定了最低罚款倍数和最高罚款倍数的，从轻处罚应低于最低罚款倍数和最高罚款倍数的中间倍数，从重处罚应高于中间倍数；

(四)只规定最高罚款倍数未规定最低罚款倍数的，从轻处罚一般按最高罚款倍数的百分之三十以下确定，一般处罚按最高罚款倍数的百分之三十以上百分之六十以下确定，从重处罚应高于最高罚款倍数的百分之六十。

第十二条 同时具有两个以上从重情节、且不具有从轻情节的，应当在违法行为对应的处罚幅度内按最高档次实施处罚。

同时具有两个以上从轻情节、且不具有从重情节的，应当在违法行为对应的处罚幅度内按最低档次实施处罚。

同时具有从重和从轻情节的，应当根据违法行为的性质和主要情节确定对应的处罚幅度，综合考虑后实施处罚。

第十三条 有下列情形之一的，农业农村主管部门依法不予处罚：

(一)未满 14 周岁的未成年人实施违法行为的；

(二)精神病人、智力残疾人在不能辨认或者控制自己行为时实施违法行为的；

(三)违法事实不清，证据不足的；

(四)违法行为轻微并及时纠正，未造成危害后果的；

(五)违法行为在两年内未被发现的；涉及公民生命健康安全、金融安全且有危害后果的，上述期限延长至五年。法律另有规定的除外；

(六)其他依法不予处罚的。

第十四条 有下列情形之一的，农业农村主管部门依法从轻或减轻处罚：

(一)已满 14 周岁不满 18 周岁的未成年人实施违法行为的；

(二)主动消除或减轻违法行为危害后果的；

(三)受他人胁迫或者诱骗实施违法行为的；

(四)主动供述行政机关尚未掌握的违法行为的；

(五)配合行政机关查处违法行为有立功表现的；

(六)其他依法应当从轻或减轻处罚的。

第十五条 有下列情形之一的，农业农村主管部门依法从重处罚：

（一）违法情节恶劣，造成严重危害后果的；

（二）责令改正拒不改正，或者一年内实施两次以上同种违法行为的；

（三）妨碍、阻挠或者抗拒执法人员依法调查、处理其违法行为的；

（四）故意转移、隐匿、毁坏或伪造证据，或者对举报投诉人、证人打击报复的；

（五）在共同违法行为中起主要作用的；

（六）胁迫、诱骗或教唆未成年人实施违法行为的；

（七）其他依法应当从重处罚的。

第十六条 给予减轻处罚的，依法在法定行政处罚的最低限度以下作出。

第十七条 农业农村主管部门行使行政处罚自由裁量权，应当充分听取当事人的陈述、申辩，并记录在案。按照一般程序作出的农业行政处罚决定，应当经农业农村主管部门法制工作机构审核；对情节复杂或者重大违法行为给予较重的行政处罚的，还应当经农业农村主管部门负责人集体讨论决定，并在案卷讨论记录和行政处罚决定书中说明理由。

第十八条 行使行政处罚自由裁量权，应当坚持处罚与教育相结合、执法与普法相结合，将普法宣传融入行政执法全过程，教育和引导公民、法人或者其他组织知法学法、自觉守法。

第十九条 农业农村主管部门应当加强农业执法典型案例的收集、整理、研究和发布工作，建立农业行政执法案例库，充分发挥典型案例在指导和规范行政处罚自由裁量权工作中的引导、规范功能。

第二十条 农业农村主管部门行使行政处罚自由裁量权，不得有下列情形：

（一）违法行为的事实、性质、情节以及社会危害程度与受到的行政处罚相比，畸轻或者畸重的；

（二）在同一时期同类案件中，不同当事人的违法行为相同或者相近，所受行政处罚差别较大的；

（三）依法应当不予行政处罚或者应当从轻、减轻行政处罚的，给予处罚或未从轻、减轻行政处罚的；

（四）其他滥用行政处罚自由裁量权情形的。

第二十一条 各级农业农村主管部门应当建立健全规范农业行政处罚自由裁量权的监督制度，通过以下方式加强对本行政区域内农业农村主管部门行使自由裁量权情况的监督：

（一）行政处罚决定法制审核；

（二）开展行政执法评议考核；

（三）开展行政处罚案卷评查；

（四）受理行政执法投诉举报；

（五）法律、法规和规章规定的其他方式。

第二十二条 农业行政执法人员滥用行政处罚自由裁量权的，依法追究其行政责任。涉嫌违纪、犯罪的，移交纪检监察机关、司法机关依法依规处理。

第二十三条 县级以上地方人民政府农业农村主管部门制定的行政处罚自由裁量权基准，应当及时向社会公开。

第二十四条 本办法自2019年6月1日起施行。

农业行政处罚程序规定

· 2021年12月21日农业农村部令2021年第4号公布

· 自2022年2月1日起施行

第一章 总 则

第一条 为规范农业行政处罚程序，保障和监督农业农村主管部门依法实施行政管理，保护公民、法人或者其他组织的合法权益，根据《中华人民共和国行政处罚法》《中华人民共和国行政强制法》等有关法律、行政法规的规定，结合农业农村部门实际，制定本规定。

第二条 农业行政处罚机关实施行政处罚及其相关的行政执法活动，适用本规定。

本规定所称农业行政处罚机关，是指依法行使行政处罚权的县级以上人民政府农业农村主管部门。

第三条 农业行政处罚机关实施行政处罚，应当遵循公正、公开的原则，做到事实清楚，证据充分，程序合法，定性准确，适用法律正确，裁量合理，文书规范。

第四条 农业行政处罚机关实施行政处罚，

应当坚持处罚与教育相结合,采取指导、建议等方式,引导和教育公民、法人或者其他组织自觉守法。

第五条 具有下列情形之一的,农业行政执法人员应当主动申请回避,当事人也有权申请其回避:

(一)是本案当事人或者当事人的近亲属;

(二)本人或者其近亲属与本案有直接利害关系;

(三)与本案当事人有其他利害关系,可能影响案件的公正处理。

农业行政处罚机关主要负责人的回避,由该机关负责人集体讨论决定;其他人员的回避,由该机关主要负责人决定。

回避决定作出前,主动申请回避或者被申请回避的人员不停止对案件的调查处理。

第六条 农业行政处罚应当由具有行政执法资格的农业行政执法人员实施。农业行政执法人员不得少于两人,法律另有规定的除外。

农业行政执法人员调查处理农业行政处罚案件时,应当主动向当事人或者有关人员出示行政执法证件,并按规定着装和佩戴执法标志。

第七条 各级农业行政处罚机关应当全面推行行政执法公示制度、执法全过程记录制度、重大执法决定法制审核制度,加强行政执法信息化建设,推进信息共享,提高行政处罚效率。

第八条 县级以上人民政府农业农村主管部门在法定职权范围内实施行政处罚。

县级以上地方人民政府农业农村主管部门内设或所属的农业综合行政执法机构承担并集中行使行政处罚以及与行政处罚有关的行政强制、行政检查职能,以农业农村主管部门名义统一执法。

第九条 县级以上人民政府农业农村主管部门依法设立的派出执法机构,应当在派出部门确定的权限范围内以派出部门的名义实施行政处罚。

第十条 上级农业农村主管部门依法监督下级农业农村主管部门实施的行政处罚。

县级以上人民政府农业农村主管部门负责监督本部门农业综合行政执法机构或者派出执法机构实施的行政处罚。

第十一条 农业行政处罚机关在工作中发现违纪、违法或者犯罪问题线索的,应当按照《执法机关和司法机关向纪检监察机关移送问题线索工作办法》的规定,及时移送纪检监察机关。

第二章 农业行政处罚的管辖

第十二条 农业行政处罚由违法行为发生地的农业行政处罚机关管辖。法律、行政法规以及农业农村部规章另有规定的,从其规定。

省、自治区、直辖市农业行政处罚机关应当按照职权法定、属地管理、重心下移的原则,结合违法行为涉及区域、案情复杂程度、社会影响范围等因素,厘清本行政区域内不同层级农业行政处罚机关行政执法权限,明确职责分工。

第十三条 渔业行政违法行为有下列情况之一的,适用"谁查获、谁处理"的原则:

(一)违法行为发生在共管区、叠区;

(二)违法行为发生在管辖权不明确或者有争议的区域;

(三)违法行为发生地与查获地不一致。

第十四条 电子商务平台经营者和通过自建网站、其他网络服务销售商品或者提供服务的电子商务经营者的农业违法行为由其住所地县级以上农业行政处罚机关管辖。

平台内经营者的农业违法行为由其实际经营地县级以上农业行政处罚机关管辖。电子商务平台经营者住所地或者违法物品的生产、加工、存储、配送地的县级以上农业行政处罚机关先行发现违法线索或者收到投诉、举报的,也可以管辖。

第十五条 对当事人的同一违法行为,两个以上农业行政处罚机关都有管辖权的,应当由先立案的农业行政处罚机关管辖。

第十六条 两个以上农业行政处罚机关对管辖发生争议的,应当自发生争议之日起七日内协商解决,协商不成的,报请共同的上一级农业行政处罚机关指定管辖;也可以直接由共同的上一级农业行政机关指定管辖。

第十七条 农业行政处罚机关发现立案查处的案件不属于本部门管辖的,应当将案件移送有管辖权的农业行政处罚机关。受移送的农业行政处罚机关对管辖权有异议的,应当报请共同的上一级农业行政处罚机关指定管辖,不得再自行移送。

第十八条 上级农业行政处罚机关认为有必要时,可以直接管辖下级农业行政处罚机关管辖的案件,也可以将本机关管辖的案件交由下级农业行政处罚机关管辖,必要时可以将下级农业行政处罚机关管辖的案件指定其他下级农业行政处罚机关管辖,但不得违反法律、行政法规的规定。

下级农业行政处罚机关认为依法应由其管辖的农业行政处罚案件重大、复杂或者本地不适宜管辖的,可以报请上一级农业行政处罚机关直接管辖或者指定管辖。上一级农业行政处罚机关应当自收到报送材料之日起七日内作出书面决定。

第十九条 农业行政处罚机关实施农业行政处罚时,需要其他行政机关协助的,可以向有关机关发送协助函,提出协助请求。

农业行政处罚机关在办理跨行政区域案件时,需要其他地区农业行政处罚机关协查的,可以发送协查函。收到协查函的农业行政处罚机关应当予以协助并及时书面告知协查结果。

第二十条 农业行政处罚机关查处案件,对依法应当由原许可、批准的部门作出吊销许可证件等农业行政处罚决定的,应当自作出处理决定之日起十五日内将查处结果及相关材料书面报送或告知原许可、批准的部门,并提出处理建议。

第二十一条 农业行政处罚机关发现所查处的案件不属于农业农村主管部门管辖的,应当按照有关要求和时限移送有管辖权的部门处理。

违法行为涉嫌犯罪的案件,农业行政处罚机关应当依法移送司法机关,不得以行政处罚代替刑事处罚。

农业行政处罚机关应当与司法机关加强协调配合,建立健全案件移送制度,加强证据材料移交、接收衔接,完善案件处理信息通报机制。

农业行政处罚机关应当将移送案件的相关材料妥善保管、存档备查。

第三章 农业行政处罚的决定

第二十二条 公民、法人或者其他组织违反农业行政管理秩序的行为,依法应当给予行政处罚的,农业行政处罚机关必须查明事实;违法事实不清、证据不足的,不得给予行政处罚。

第二十三条 农业行政处罚机关作出农业行政处罚决定前,应当告知当事人拟作出行政处罚内容及事实、理由、依据,并告知当事人依法享有的陈述、申辩、要求听证等权利。

采取普通程序查办的案件,农业行政处罚机关应当制作行政处罚事先告知书送达当事人,并告知当事人可以在收到告知书之日起三日内进行陈述、申辩。符合听证条件的,应当告知当事人可以要求听证。

当事人无正当理由逾期提出陈述、申辩或者要求听证的,视为放弃上述权利。

第二十四条 当事人有权进行陈述和申辩。农业行政处罚机关必须充分听取当事人的意见,对当事人提出的事实、理由和证据,应当进行复核;当事人提出的事实、理由或者证据成立的,应当予以采纳。

农业行政处罚机关不得因当事人陈述、申辩而给予更重的处罚。

第一节 简易程序

第二十五条 违法事实确凿并有法定依据,对公民处以二百元以下、对法人或者其他组织处以三千元以下罚款或者警告的行政处罚的,可以当场作出行政处罚决定。法律另有规定的,从其规定。

第二十六条 当场作出行政处罚决定时,农业行政执法人员应当遵守下列程序:

(一)向当事人表明身份,出示行政执法证件;

(二)当场查清当事人的违法事实,收集和保存相关证据;

(三)在行政处罚决定作出前,应当告知当事人拟作出决定的内容及事实、理由、依据,并告知当事人有权进行陈述和申辩;

(四)听取当事人陈述、申辩,并记入笔录;

(五)填写预定格式、编有号码、盖有农业行政处罚机关印章的当场处罚决定书,由执法人员签名或者盖章,当场交付当事人;当事人拒绝签收的,应当在行政处罚决定书上注明。

前款规定的行政处罚决定书应当载明当事人的违法行为,行政处罚的种类和依据、罚款数额、时间、地点,申请行政复议、提起行政诉讼的途径和期限以及行政机关名称。

第二十七条 农业行政执法人员应当在作出当场处罚决定之日起、在水上办理渔业行政违法案件的农业行政执法人员应当自抵岸之日起二日内,将案件的有关材料交至所属农业行政处罚机关归档保存。

第二节 普通程序

第二十八条 实施农业行政处罚,除依法可以当场作出的行政处罚外,应当适用普通程序。

第二十九条 农业行政处罚机关对依据监督检查职责或者通过投诉、举报、其他部门移送、上级交办等途径发现的违法行为线索,应当自发现线索或者收到相关材料之日起七日内予以核查,由农业行政处罚机关负责人决定是否立案;因特殊情况不能在规定期限内立案的,经农业行政处罚机关负责人批准,可以延长七日。法律、法规、规章另有规定的除外。

第三十条 符合下列条件的,农业行政处罚机关应当予以立案,并填写行政处罚立案审批表:

(一)有涉嫌违反法律、法规和规章的行为;

(二)依法应当或者可以给予行政处罚;

(三)属于本机关管辖;

(四)违法行为发生之日起至被发现之日止未超过二年,或者违法行为有连续、继续状态,从违法行为终了之日起至被发现之日止未超过二年;涉及公民生命健康安全且有危害后果的,上述期限延长至五年。法律另有规定的除外。

第三十一条 对已经立案的案件,根据新的情况发现不符合本规定第三十条规定的立案条件的,农业行政处罚机关应当撤销立案。

第三十二条 农业行政处罚机关对立案的农业违法行为,必须全面、客观、公正地调查,收集有关证据;必要时,按照法律、法规的规定,可以进行检查。

农业行政执法人员在调查或者收集证据、进行检查时,不得少于两人。当事人或者有关人员有权要求农业行政执法人员出示执法证件。执法人员不出示执法证件的,当事人或者有关人员有权拒绝接受调查或者检查。

第三十三条 农业行政执法人员有权依法采取下列措施:

(一)查阅、复制书证和其他有关材料;

(二)询问当事人或者其他与案件有关的单位和个人;

(三)要求当事人或者有关人员在一定的期限内提供有关材料;

(四)采取现场检查、勘验、抽样、检验、检测、鉴定、评估、认定、录音、拍照、录像、调取现场及周边监控设备电子数据等方式进行调查取证;

(五)对涉案的场所、设施或者财物依法实施查封、扣押等行政强制措施;

(六)责令被检查单位或者个人停止违法行为,履行法定义务;

(七)其他法律、法规、规章规定的措施。

第三十四条 农业行政处罚证据包括书证、物证、视听资料、电子数据、证人证言、当事人的陈述、鉴定意见、勘验笔录和现场笔录。

证据必须经查证属实,方可作为农业行政处罚机关认定案件事实的根据。立案前依法取得或收集的证据材料,可以作为案件的证据使用。

以非法手段取得的证据,不得作为认定案件事实的根据。

第三十五条 收集、调取的书证、物证应当是原件、原物。收集、调取原件、原物确有困难的,可以提供与原件核对无误的复制件、影印件或者抄录件,也可以提供足以反映原物外形或者内容的照片、录像等其他证据。

复制件、影印件、抄录件和照片由证据提供人或者执法人员核对无误后注明与原件、原物一致,并注明出证日期、证据出处,同时签名或者盖章。

第三十六条 收集、调取的视听资料应当是有关资料的原始载体。调取原始载体确有困难的,可以提供复制件,并注明制作方法、制作时间、制作人和证明对象等。声音资料应当附有该声音内容的文字记录。

第三十七条 收集、调取的电子数据应当是有关数据的原始载体。收集电子数据原始载体确有困难的,可以采用拷贝复制、委托分析、书式固定、拍照录像等方式取证,并注明制作方法、制作时间、制作人等。

农业行政处罚机关可以利用互联网信息系统或者设备收集、固定违法行为证据。用来收集、固定违法行为证据的互联网信息系统或者设备应当符合相关规定,保证所收集、固定电子数据的真实性、完整性。

农业行政处罚机关可以指派或者聘请具有专门知识的人员或者专业机构,辅助农业行政执法人员对与案件有关的电子数据进行调查取证。

第三十八条 农业行政执法人员询问证人或者当事人,应当个别进行,并制作询问笔录。

询问笔录有差错、遗漏的,应当允许被询问人更正或者补充。更正或者补充的部分应当由被询问人签名、盖章或者按指纹等方式确认。

询问笔录经被询问人核对无误后，由被询问人在笔录上逐页签名、盖章或者按指纹等方式确认。农业行政执法人员应当在笔录上签名。被询问人拒绝签名、盖章或者按指纹的，由农业行政执法人员在笔录上注明情况。

第三十九条 农业行政执法人员对与案件有关的物品或者场所进行现场检查或者勘验，应当通知当事人到场，制作现场检查笔录或者勘验笔录，必要时可以采取拍照、录像或者其他方式记录现场情况。

当事人拒不到场、无法找到当事人或者当事人拒绝签名或盖章的，农业行政执法人员应当在笔录中注明，并可以请在场的其他人员见证。

第四十条 农业行政处罚机关在调查案件时，对需要检测、检验、鉴定、评估、认定的专门性问题，应当委托具有法定资质的机构进行；没有具有法定资质的机构的，可以委托其他具备条件的机构进行。

检验、检测、鉴定、评估、认定意见应当由检验、检测、鉴定、评估、认定人员签名或者盖章，并加盖所在机构公章。检验、检测、鉴定、评估、认定意见应当送达当事人。

第四十一条 农业行政处罚机关收集证据时，可以采取抽样取证的方法。农业行政执法人员应当制作抽样取证凭证，对样品加贴封条，并由执法人员和当事人在抽样取证凭证上签名或者盖章。当事人拒绝签名或者盖章的，应当采取拍照、录像或者其他方式记录抽样取证情况。

农业行政处罚机关抽样送检的，应当将抽样检测结果及时告知当事人，并告知当事人有依法申请复检的权利。

非从生产单位直接抽样取证的，农业行政处罚机关可以向产品标注生产单位发送产品确认通知书，对涉案产品是否为其生产的产品进行确认，并可以要求其在一定期限内提供相关证明材料。

第四十二条 在证据可能灭失或者以后难以取得的情况下，经农业行政处罚机关负责人批准，农业行政执法人员可以对与涉嫌违法行为有关的证据采取先行登记保存措施。

情况紧急，农业行政执法人员需要当场采取先行登记保存措施的，可以采用即时通讯方式报请农业行政处罚机关负责人同意，并在二十四小时内补办批准手续。

先行登记保存有关证据，应当当场清点，开具清单，填写先行登记保存执法文书，由农业行政执法人员和当事人签名、盖章或者按指纹，并向当事人交付先行登记保存证据通知书和物品清单。

第四十三条 先行登记保存物品时，就地由当事人保存的，当事人或者有关人员不得使用、销售、转移、损毁或者隐匿。

就地保存可能妨害公共秩序、公共安全，或者存在其他不适宜就地保存情况的，可以异地保存。对异地保存的物品，农业行政处罚机关应当妥善保管。

第四十四条 农业行政处罚机关对先行登记保存的证据，应当自采取登记保存之日起七日内作出下列处理决定并送达当事人：

（一）根据情况及时采取记录、复制、拍照、录像等证据保全措施；

（二）需要进行技术检测、检验、鉴定、评估、认定的，送交有关机构检测、检验、鉴定、评估、认定；

（三）对依法应予没收的物品，依照法定程序处理；

（四）对依法应当由有关部门处理的，移交有关部门；

（五）为防止损害公共利益，需要销毁或者无害化处理的，依法进行处理；

（六）不需要继续登记保存的，解除先行登记保存。

第四十五条 农业行政处罚机关依法对涉案场所、设施或者财物采取查封、扣押等行政强制措施，应当在实施前向农业行政处罚机关负责人报告并经批准，由具备资格的农业行政执法人员实施。

情况紧急，需要当场采取行政强制措施的，农业行政执法人员应当在二十四小时内向农业行政处罚机关负责人报告，并补办批准手续。农业行政处罚机关负责人认为不应当采取行政强制措施的，应当立即解除。

查封、扣押的场所、设施或者财物，应当妥善保管，不得使用或者损毁。除法律、法规另有规定外，鲜活产品、保管困难或者保管费用过高的物品和其他容易损毁、灭失、变质的物品，在确定为罚没财物前，经权利人同意或者申请，并经农业行政处罚机关负责人批准，在采取相关措施留存证据后，可以依法先行处置；权利人不明确的，可以依法公告，公告期满后仍没有权利人同意或者申请的，可以依法先行处置。先行处置所得款项按照涉案现金管理。

第四十六条 农业行政处罚机关实施查封、扣押等行政强制措施，应当履行《中华人民共和国行政强制法》规定的程序和要求，制作并当场交付查封、扣押决定书和清单。

第四十七条 经查明与违法行为无关或者不再需要采取查封、扣押措施的，应当解除查封、扣押措施，将查封、扣押的财物如数返还当事人，并由农业行政执法人员和当事人在解除查封或者扣押决定书和清单上签名、盖章或者按指纹。

第四十八条 有下列情形之一的，经农业行政处罚机关负责人批准，中止案件调查，并制作案件中止调查决定书：

（一）行政处罚决定必须以相关案件的裁判结果或者其他行政决定为依据，而相关案件尚未审结或者其他行政决定尚未作出；

（二）涉及法律适用等问题，需要送请有权机关作出解释或者确认；

（三）因不可抗力致使案件暂时无法调查；

（四）因当事人下落不明致使案件暂时无法调查；

（五）其他应当中止调查的情形。

中止调查的原因消除后，应当立即恢复案件调查。

第四十九条 农业行政执法人员在调查结束后，应当根据不同情形提出如下处理建议，并制作案件处理意见书，报请农业行政处罚机关负责人审查：

（一）确有应受行政处罚的违法行为的，根据情节轻重及具体情况，建议作出行政处罚；

（二）违法事实不能成立的，建议不予行政处罚；

（三）违法行为轻微并及时改正，没有造成危害后果的，建议不予行政处罚；

（四）当事人有证据足以证明没有主观过错的，建议不予行政处罚，但法律、行政法规另有规定的除外；

（五）初次违法且危害后果轻微并及时改正的，建议可以不予行政处罚；

（六）违法行为超过追责时效的，建议不再给予行政处罚；

（七）违法行为不属于农业行政处罚机关管辖的，建议移送其他行政机关；

（八）违法行为涉嫌犯罪应当移送司法机关的，建议移送司法机关；

（九）依法作出处理的其他情形。

第五十条 有下列情形之一，在农业行政处罚机关负责人作出农业行政处罚决定前，应当由从事农业行政处罚决定法制审核的人员进行法制审核；未经法制审核或者审核未通过的，农业行政处罚机关不得作出决定：

（一）涉及重大公共利益的；

（二）直接关系当事人或者第三人重大权益，经过听证程序的；

（三）案件情况疑难复杂、涉及多个法律关系的；

（四）法律、法规规定应当进行法制审核的其他情形。

农业行政处罚法制审核工作由农业行政处罚机关法制机构负责；未设置法制机构的，由农业行政处罚机关确定的承担法制审核工作的其他机构或者专门人员负责。

案件查办人员不得同时作为该案件的法制审核人员。农业行政处罚机关中初次从事法制审核的人员，应当通过国家统一法律职业资格考试取得法律职业资格。

第五十一条 农业行政处罚决定法制审核的主要内容包括：

（一）本机关是否具有管辖权；

（二）程序是否合法；

（三）案件事实是否清楚，证据是否确实、充分；

（四）定性是否准确；

（五）适用法律依据是否正确；

（六）当事人基本情况是否清楚；

（七）处理意见是否适当；

（八）其他应当审核的内容。

除本规定第五十条第一款规定以外，适用普通程序的其他农业行政处罚案件，在作出处罚决定前，应当参照前款规定进行案件审核。审核工作由农业行政处罚机关的办案机构或其他机构负责实施。

第五十二条 法制审核结束后,应当区别不同情况提出如下建议:

(一)对事实清楚、证据充分、定性准确、适用依据正确、程序合法、处理适当的案件,拟同意作出行政处罚决定;

(二)对定性不准、适用依据错误、程序不合法或者处理不当的案件,建议纠正;

(三)对违法事实不清、证据不充分的案件,建议补充调查或者撤销案件;

(四)违法行为轻微并及时纠正没有造成危害后果的,或者违法行为超过追责时效的,建议不予行政处罚;

(五)认为有必要提出的其他意见和建议。

第五十三条 法制审核机构或者法制审核人员应当自接到审核材料之日起五日内完成审核。特殊情况下,经农业行政处罚机关负责人批准,可以延长十五日。法律、法规、规章另有规定的除外。

第五十四条 农业行政处罚机关负责人应当对调查结果、当事人陈述申辩或者听证情况、案件处理意见和法制审核意见等进行全面审查,并区别不同情况分别作出如下处理决定:

(一)确有应受行政处罚的违法行为的,根据情节轻重及具体情况,作出行政处罚决定;

(二)违法事实不能成立的,不予行政处罚;

(三)违法行为轻微并及时改正,没有造成危害后果的,不予行政处罚;

(四)当事人有证据足以证明没有主观过错的,不予行政处罚,但法律、行政法规另有规定的除外;

(五)初次违法且危害后果轻微并及时改正的,可以不予行政处罚;

(六)违法行为超过追责时效的,不予行政处罚;

(七)不属于农业行政处罚机关管辖的,移送其他行政机关处理;

(八)违法行为涉嫌犯罪的,将案件移送司法机关。

第五十五条 下列行政处罚案件,应当由农业行政处罚机关负责人集体讨论决定:

(一)符合本规定第五十九条所规定的听证条件,且申请人申请听证的案件;

(二)案情复杂或者有重大社会影响的案件;

(三)有重大违法行为需要给予较重行政处罚的案件;

(四)农业行政处罚机关负责人认为应当提交集体讨论的其他案件。

第五十六条 农业行政处罚机关决定给予行政处罚的,应当制作行政处罚决定书。行政处罚决定书应当载明以下内容:

(一)当事人的姓名或者名称、地址;

(二)违反法律、法规、规章的事实和证据;

(三)行政处罚的种类和依据;

(四)行政处罚的履行方式和期限;

(五)申请行政复议、提起行政诉讼的途径和期限;

(六)作出行政处罚决定的农业行政处罚机关名称和作出决定的日期。

农业行政处罚决定书应当加盖作出行政处罚决定的行政机关的印章。

第五十七条 在边远、水上和交通不便的地区按普通程序实施处罚时,农业行政执法人员可以采用即时通讯方式,报请农业行政处罚机关负责人批准立案和对调查结果及处理意见进行审查。报批记录必须存档备案。当事人可当场向农业行政执法人员进行陈述和申辩。当事人当场书面放弃陈述和申辩的,视为放弃权利。

前款规定不适用于本规定第五十五条规定的应当由农业行政处罚机关负责人集体讨论决定的案件。

第五十八条 农业行政处罚案件应当自立案之日起九十日内作出处理决定;因案情复杂、调查取证困难等需要延长的,经本农业行政处罚机关负责人批准,可以延长三十日。案情特别复杂或者有其他特殊情况,延期后仍不能作出处理决定的,应当报经上一级农业行政处罚机关决定是否继续延期;决定继续延期的,应当同时确定延长的合理期限。

案件办理过程中,中止、听证、公告、检验、检测、鉴定等时间不计入前款所指的案件办理期限。

第三节 听证程序

第五十九条 农业行政处罚机关依照《中华人民共和国行政处罚法》第六十三条的规定,在作出较大数额罚款、没收较大数额违法所得、没收较大价值非法财物、降低资质等级、吊销许可证件、责令停产停业、责令关闭、限制从业等较重农业行政处罚决定前，应当告知当事人有要求举行听证的权利。当事人要求听证的，农业行政处罚机关应当组织听证。

前款所称的较大数额、较大价值，县级以上地方人民政府农业农村主管部门按所在省、自治区、直辖市人民代表大会及其常委会或者人民政府规定的标准执行。农业农村部规定的较大数额、较大价值，对个人是指超过一万元，对法人或者其他组织是指超过十万元。

第六十条 听证由拟作出行政处罚的农业行政处罚机关组织。具体实施工作由其法制机构或者相应机构负责。

第六十一条 当事人要求听证的，应当在收到行政处罚事先告知书之日起五日内向听证机关提出。

第六十二条 听证机关应当在举行听证会的七日前送达行政处罚听证会通知书，告知当事人及有关人员举行听证的时间、地点、听证人员名单及当事人可以申请回避和可以委托代理人等事项。

当事人可以亲自参加听证，也可以委托一至二人代理。当事人及其代理人应当按期参加听证，无正当理由拒不出席听证或者未经许可中途退出听证的，视为放弃听证权利，行政机关终止听证。

第六十三条 听证参加人由听证主持人、听证员、书记员、案件调查人员、当事人及其委托代理人等组成。

听证主持人、听证员、书记员应当由听证机关负责人指定的法制工作机构工作人员或者其他相应工作人员等非本案调查人员担任。

当事人委托代理人参加听证的，应当提交授权委托书。

第六十四条 除涉及国家秘密、商业秘密或者个人隐私依法予以保密等情形外，听证应当公开举行。

第六十五条 当事人在听证中的权利和义务：

（一）有权对案件的事实认定、法律适用及有关情况进行陈述和申辩；

（二）有权对案件调查人员提出的证据质证并提出新的证据；

（三）如实回答主持人的提问；

（四）遵守听证会场纪律，服从听证主持人指挥。

第六十六条 听证按下列程序进行：

（一）听证书记员宣布听证会场纪律、当事人的权利和义务，听证主持人宣布案由、核实听证参加人名单、宣布听证开始；

（二）案件调查人员提出当事人的违法事实、出示证据，说明拟作出的农业行政处罚的内容及法律依据；

（三）当事人或者其委托代理人对案件的事实、证据、适用的法律等进行陈述、申辩和质证，可以当场向听证会提交新的证据，也可以在听证会后三日内向听证机关补交证据；

（四）听证主持人就案件的有关问题向当事人、案件调查人员、证人询问；

（五）案件调查人员、当事人或者其委托代理人相互辩论；

（六）当事人或者其委托代理人作最后陈述；

（七）听证主持人宣布听证结束。听证笔录交当事人和案件调查人员审核无误后签字或者盖章。

当事人或者其代理人拒绝签字或者盖章的，由听证主持人在笔录中注明。

第六十七条 听证结束后，听证主持人应当依据听证情况，制作行政处罚听证会报告书，连同听证笔录，报农业行政处罚机关负责人审查。农业行政处罚机关应当根据听证笔录，按照本规定第五十四条的规定，作出决定。

第六十八条 听证机关组织听证，不得向当事人收取费用。

第四章 执法文书的送达和处罚决定的执行

第六十九条 农业行政处罚机关送达行政处罚决定书，应当在宣告后当场交付当事人；当事人不在场的，应当在七日内依照《中华人民共和国民事诉讼法》的有关规定将行政处罚决定书送达当事人。

当事人同意并签订确认书的，农业行政处罚机关可以采用传真、电子邮件等方式，将行政处罚决定书等送达当事人。

第七十条 农业行政处罚机关送达行政执法文书，应当使用送达回证，由受送达人在送达回证上记明收到日期,签名或者盖章。

受送达人是公民的,本人不在时交其同住成年家属签收;受送达人是法人或者其他组织的,应当由法人的法定代表人、其他组织的主要负责人或者该法人、其他组织负责收件的有关人员签收;受送达人有代理人的,可以送交其代理人签收;受送达人已向农业行政处罚机关指定代收人的,送交代收人签收。

受送达人、受送达人的同住成年家属、法人或者其他组织负责收件的有关人员、代理人、代收人在送达回证上签收的日期为送达日期。

第七十一条 受送达人或者他的同住成年家属拒绝接收行政执法文书的,送达人可以邀请有关基层组织或者其所在单位的代表到场,说明情况,在送达回证上记明拒收事由和日期,由送达人、见证人签名或者盖章,把行政执法文书留在受送达人的住所;也可以把行政执法文书留在受送达人的住所,并采用拍照、录像等方式记录送达过程,即视为送达。

第七十二条 直接送达行政执法文书有困难的,农业行政处罚机关可以邮寄送达或者委托其他农业行政处罚机关代为送达。

受送达人下落不明,或者采用直接送达、留置送达、委托送达等方式无法送达的,农业行政处罚机关可以公告送达。

委托送达的,受送达人的签收日期为送达日期;邮寄送达的,以回执上注明的收件日期为送达日期;公告送达的,自发出公告之日起经过六十日,即视为送达。

第七十三条 当事人应当在行政处罚决定书确定的期限内,履行处罚决定。

农业行政处罚决定依法作出后,当事人对行政处罚决定不服,申请行政复议或者提起行政诉讼的,除法律另有规定外,行政处罚决定不停止执行。

第七十四条 除依照本规定第七十五条、第七十六条的规定当场收缴罚款外,农业行政处罚机关及其执法人员不得自行收缴罚款。决定罚款的农业行政处罚机关应当书面告知当事人在收到行政处罚决定书之日起十五日内,到指定的银行或者通过电子支付系统缴纳罚款。

第七十五条 依照本规定第二十五条的规定当场作出农业行政处罚决定,有下列情形之一,农业行政执法人员可以当场收缴罚款:

(一)依法给予一百元以下罚款的;

(二)不当场收缴事后难以执行的。

第七十六条 在边远、水上、交通不便地区,农业行政处罚机关及其执法人员依照本规定第二十五条、第五十四条、第五十五条的规定作出罚款决定后,当事人到指定的银行或者通过电子支付系统缴纳罚款确有困难,经当事人提出,农业行政处罚机关及其执法人员可以当场收缴罚款。

第七十七条 农业行政处罚机关及其执法人员当场收缴罚款的,应当向当事人出具国务院财政部门或者省、自治区、直辖市财政部门统一制发的专用票据,不出具财政部门统一制发的专用票据的,当事人有权拒绝缴纳罚款。

第七十八条 农业行政执法人员当场收缴的罚款,应当自返回农业行政处罚机关所在地之日起二日内,交至农业行政处罚机关;在水上当场收缴的罚款,应当自抵岸之日起二日内交至农业行政处罚机关;农业行政处罚机关应当自收到款项之日起二日内将罚款交至指定的银行。

第七十九条 对需要继续行驶的农业机械、渔业船舶实施暂扣或者吊销证照的行政处罚,农业行政处罚机关在实施行政处罚的同时,可以发给当事人相应的证明,责令农业机械、渔业船舶驶往预定或者指定的地点。

第八十条 对生效的农业行政处罚决定,当事人拒不履行的,作出农业行政处罚决定的农业行政处罚机关依法可以采取下列措施:

(一)到期不缴纳罚款的,每日按罚款数额的百分之三加处罚款,加处罚款的数额不得超出罚款的数额;

(二)根据法律规定,将查封、扣押的财物拍卖、依法处理或者将冻结的存款、汇款划拨抵缴罚款;

(三)依照《中华人民共和国行政强制法》的规定申请人民法院强制执行。

第八十一条 当事人确有经济困难,需要延期或者分期缴纳罚款的,应当在行政处罚决定书确定的缴纳期限届满前,向作出行政处罚决定的农业行政处罚机关提出延期或者分期缴纳罚款的书面申请。

农业行政处罚机关负责人批准当事人延期或者分期缴纳罚款后,应当制作同意延期(分期)缴纳罚款通知书,并送达当事人和收缴罚款的机构。农业行政处罚机关批准延期、分期缴纳罚款的,申请人民法院强制执行的期限,自暂缓或者分期缴纳罚款期限结束之日起计算。

第八十二条 除依法应当予以销毁的物品外,依法没收的非法财物,必须按照国家规定公开拍卖或者按照国家有关规定处理。处理没收物品,应当制作罚没物品处理记录和清单。

第八十三条 罚款、没收的违法所得或者没收非法财物拍卖的款项,必须全部上缴国库,任何行政机关或者个人不得以任何形式截留、私分或者变相私分。

罚款、没收的违法所得或者没收非法财物拍卖的款项,不得同作出农业行政处罚决定的农业行政处罚机关及其工作人员的考核、考评直接或者变相挂钩。除依法应当退还、退赔的外,财政部门不得以任何形式向作出农业行政处罚决定的农业行政处罚机关返还罚款、没收的违法所得或者没收非法财物拍卖的款项。

第五章 结案和立卷归档

第八十四条 有下列情形之一的,农业行政处罚机关可以结案:

(一)行政处罚决定由当事人履行完毕的;

(二)农业行政处罚机关依法申请人民法院强制执行行政处罚决定,人民法院依法受理的;

(三)不予行政处罚等无须执行的;

(四)行政处罚决定被依法撤销的;

(五)农业行政处罚机关认为可以结案的其他情形。

农业行政执法人员应当填写行政处罚结案报告,经农业行政处罚机关负责人批准后结案。

第八十五条 农业行政处罚机关应当按照下列要求及时将案件材料立卷归档:

(一)一案一卷;

(二)文书齐全,手续完备;

(三)案卷应当按顺序装订。

第八十六条 案件立卷归档后,任何单位和个人不得修改、增加或者抽取案卷材料,不得修改案卷内容。案卷保管及查阅,按档案管理有关规定执行。

第八十七条 农业行政处罚机关应当建立行政处罚工作报告制度,并于每年1月31日前向上级农业行政处罚机关报送本行政区域上一年度农业行政处罚工作情况。

第六章 附 则

第八十八条 本规定中的"以上""以下""内"均包括本数。

第八十九条 本规定中"二日""三日""五日""七日"的规定是指工作日,不含法定节假日。

期间以时、日、月、年计算。期间开始的时或者日,不计算在内。

期间届满的最后一日是节假日的,以节假日后的第一日为期间届满的日期。

行政处罚文书的送达期间不包括在路途上的时间,行政处罚文书在期满前交邮的,视为在有效期内。

第九十条 农业行政处罚基本文书格式由农业农村部统一制定。各省、自治区、直辖市人民政府农业农村主管部门可以根据地方性法规、规章和工作需要,调整有关内容或者补充相应文书,报农业农村部备案。

第九十一条 本规定自2022年2月1日起实施。2020年1月14日农业农村部发布的《农业行政处罚程序规定》同时废止。

农业综合行政执法管理办法

· 2022年11月30日农业农村部令2022年第9号公布

· 自2023年1月1日起施行

第一章 总 则

第一条 为加强农业综合行政执法机构和执法人员管理,规范农业行政执法行为,根据《中华人民共和国行政处罚法》等有关法律的规定,结合农业综合行政执法工作实际,制定本办法。

第二条 县级以上人民政府农业农村主管部门及农业综合行政执法机构开展农业综合行政执法工作及相关活动,适用本办法。

第三条 农业综合行政执法工作应当遵循合法行政、合理行政、诚实信用、程序正当、高效便民、权责统一的原则。

第四条 农业农村部负责指导和监督全国农

业综合行政执法工作。

县级以上地方人民政府农业农村主管部门负责本辖区内农业综合行政执法工作。

第五条 县级以上地方人民政府农业农村主管部门应当明确农业综合行政执法机构与行业管理、技术支撑机构的职责分工,健全完善线索处置、信息共享、监督抽查、检打联动等协作配合机制,形成执法合力。

第六条 县级以上地方人民政府农业农村主管部门应当建立健全跨区域农业行政执法联动机制,加强与其他行政执法部门、司法机关的交流协作。

第七条 县级以上人民政府农业农村主管部门对农业行政执法工作中表现突出、有显著成绩和贡献或者有其他突出事迹的执法机构、执法人员,按照国家和地方人民政府有关规定给予表彰和奖励。

第八条 县级以上地方人民政府农业农村主管部门及其农业综合行政执法机构应当加强基层党组织和党员队伍建设,建立健全党风廉政建设责任制。

第二章 执法机构和人员管理

第九条 县级以上地方人民政府农业农村主管部门依法设立的农业综合行政执法机构承担并集中行使农业行政处罚以及与行政处罚相关的行政检查、行政强制职能,以农业农村部门名义统一执法。

第十条 省级农业综合行政执法机构承担并集中行使法律、法规、规章明确由省级人民政府农业农村主管部门及其所属单位承担的农业行政执法职责,负责查处具有重大影响的跨区域复杂违法案件,监督指导、组织协调辖区内农业行政执法工作。

市级农业综合行政执法机构承担并集中行使法律、法规、规章规定明确由市级人民政府农业农村主管部门及其所属单位承担的农业行政执法职责,负责查处具有较大影响的跨区域复杂违法案件及其直接管辖的市辖区内一般农业违法案件,监督指导、组织协调辖区内农业行政执法工作。

县级农业综合行政执法机构负责统一实施辖区内日常执法检查和一般农业违法案件查处工作。

第十一条 农业农村部建立健全执法办案指导机制,分领域遴选执法办案能手,组建全国农业行政执法专家库。

市级以上地方人民政府农业农村主管部门应当选调辖区内农业行政执法骨干组建执法办案指导小组,加强对基层农业行政执法工作的指导。

第十二条 县级以上地方人民政府农业农村主管部门应当建立与乡镇人民政府、街道办事处执法协作机制,引导和支持乡镇人民政府、街道办事处执法机构协助农业综合行政执法机构开展日常巡查、投诉举报受理以及调查取证等工作。

县级农业行政处罚权依法交由乡镇人民政府、街道办事处行使的,县级人民政府农业农村主管部门应当加强对乡镇人民政府、街道办事处综合行政执法机构的业务指导和监督,提供专业技术、业务培训等方面的支持保障。

第十三条 上级农业农村主管部门及其农业综合行政执法机构可以根据工作需要,经下级农业农村主管部门同意后,按程序调用下级农业综合行政执法机构人员开展调查、取证等执法工作。

持有行政执法证件的农业综合行政执法人员,可以根据执法协同工作需要,参加跨部门、跨区域、跨层级的行政执法活动。

第十四条 农业综合行政执法人员应当经过岗位培训,考试合格并取得行政执法证件后,方可从事行政执法工作。

农业综合行政执法机构应当鼓励和支持农业综合行政执法人员参加国家统一法律职业资格考试,取得法律职业资格。

第十五条 农业农村部负责制定全国农业综合行政执法人员培训大纲,编撰统编执法培训教材,组织开展地方执法骨干和师资培训。县级以上地方人民政府农业农村主管部门应当制定培训计划,组织开展本辖区内执法人员培训。鼓励有条件的地方建设农业综合行政执法实训基地、现场教学基地。

农业综合行政执法人员每年应当接受不少于60学时的公共法律知识、业务法律知识和执法技能培训。

第十六条 县级以上人民政府农业农村主管部门应当定期开展执法练兵比武活动,选拔和培养业务水平高、综合素质强的执法办案能手。

第十七条 农业综合行政执法机构应当建立

和实施执法人员定期轮岗制度，培养通专结合、一专多能的执法人才。

第十八条 县级以上人民政府农业农村主管部门可以根据工作需要，按照规定程序和权限为农业综合行政执法机构配置行政执法辅助人员。

行政执法辅助人员应当在农业综合行政执法机构及执法人员的指导和监督下开展行政执法辅助性工作。禁止辅助人员独立执法。

第三章 执法行为规范

第十九条 县级以上人民政府农业农村主管部门实施行政处罚及相关执法活动，应当做到事实清楚，证据充分，程序合法，定性准确，适用法律正确，裁量合理，文书规范。

农业综合行政执法人员应当依照法定权限履行行政执法职责，做到严格规范公正文明执法，不得玩忽职守、超越职权、滥用职权。

第二十条 县级以上人民政府农业农村主管部门应当通过本部门或者本级政府官方网站、公示栏、执法服务窗口等平台，向社会公开行政执法人员、职责、依据、范围、权限、程序等农业行政执法基本信息，并及时根据法律法规及机构职能、执法人员等变化情况进行动态调整。

县级以上人民政府农业农村主管部门作出涉及农产品质量安全、农资质量、耕地质量、动植物疫情防控、农机、农业资源生态环境保护、植物新品种权保护等具有一定社会影响的行政处罚决定，应当依法向社会公开。

第二十一条 县级以上人民政府农业农村主管部门应当通过文字、音像等形式，对农业行政执法的启动、调查取证、审核决定、送达执行等全过程进行记录，全面系统归档保存，做到执法全过程留痕和可回溯管理。

查封扣押财产、收缴销毁违法物品产品等直接涉及重大财产权益的现场执法活动，以及调查取证、举行听证、留置送达和公告送达等容易引发争议的行政执法过程，应当全程音像记录。

农业行政执法制作的法律文书、音像等记录资料，应当按照有关法律法规和档案管理规定归档保存。

第二十二条 县级以上地方人民政府农业农村主管部门作出涉及重大公共利益，可能造成重大社会影响或引发社会风险，案件情况疑难复杂、涉及多个法律关系等重大执法决定前，应当依法履行法制审核程序。未经法制审核或者审核未通过的，不得作出决定。

县级以上地方人民政府农业农村主管部门应当结合本部门行政执法行为类别、执法层级、所属领域、涉案金额等，制定本部门重大执法决定法制审核目录清单。

第二十三条 农业综合行政执法机构制作农业行政执法文书，应当遵照农业农村部制定的农业行政执法文书制作规范和农业行政执法基本文书格式。

农业行政执法文书的内容应当符合有关法律、法规和规章的规定，做到格式统一、内容完整、表述清楚、逻辑严密、用语规范。

第二十四条 农业农村部可以根据统一和规范全国农业行政执法裁量尺度的需要，针对特定的农业行政处罚事项制定自由裁量权基准。

县级以上地方人民政府农业农村主管部门应当根据法律、法规、规章以及农业农村部规定，制定本辖区农业行政处罚自由裁量权基准，明确裁量标准和适用条件，并向社会公开。

县级以上人民政府农业农村主管部门行使农业行政处罚自由裁量权，应当根据违法行为的事实、性质、情节、社会危害程度等，准确适用行政处罚种类和处罚幅度。

第二十五条 农业综合行政执法人员开展执法检查、调查取证、采取强制措施和强制执行、送达执法文书等执法时，应当主动出示执法证件，向当事人和相关人员表明身份，并按照规定要求统一着执法服装、佩戴农业执法标志。

第二十六条 农业农村部定期发布农业行政执法指导性案例，规范和统一全国农业综合行政执法法律适用。

县级以上人民政府农业农村主管部门应当及时发布辖区内农业行政执法典型案例，发挥警示和震慑作用。

第二十七条 农业综合行政执法机构应当坚持处罚与教育相结合，按照“谁执法谁普法”的要求，将法治宣传教育融入执法工作全过程。

县级农业综合行政执法人员应当采取包区包片等方式，与农村学法用法示范户建立联系机制。

第二十八条 农业综合行政执法人员依法履行法定职责受法律保护，非因法定事由、非经法定程序，不受处分。任何组织和个人不得阻挠、妨碍农业综合行政执法人员依法执行公务。

农业综合行政执法人员因故意或者重大过失，不履行或者违法履行行政执法职责，造成危害后果或者不良影响的，应当依法承担行政责任。

第二十九条 农业综合行政执法机构及其执法人员应当严格依照法律、法规、规章的要求进行执法，严格遵守下列规定：

（一）不准徇私枉法、庇护违法者；

（二）不准越权执法、违反程序办案；

（三）不准干扰市场主体正常经营活动；

（四）不准利用职务之便为自己和亲友牟利；

（五）不准执法随意、畸轻畸重、以罚代管；

（六）不准作风粗暴。

第四章 执法条件保障

第三十条 县级以上地方人民政府农业农村主管部门应当落实执法经费财政保障制度，将农业行政执法运行经费、执法装备建设经费、执法抽检经费、罚没物品保管处置经费等纳入部门预算，确保满足执法工作需要。

第三十一条 县级以上人民政府农业农村主管部门应当依托大数据、云计算、人工智能等信息技术手段，加强农业行政执法信息化建设，推进执法数据归集整合、互联互通。

农业综合行政执法机构应当充分利用已有执法信息系统和信息共享平台，全面推行掌上执法、移动执法，实现执法程序网上流转、执法活动网上监督、执法信息网上查询。

第三十二条 县级以上地方人民政府农业农村主管部门应当根据执法工作需要，为农业综合行政执法机构配置执法办公用房和问询室、调解室、听证室、物证室、罚没收缴扣押物品仓库等执法辅助用房。

第三十三条 县级以上地方人民政府农业农村主管部门应当按照党政机关公务用车管理办法、党政机关执法执勤用车配备使用管理办法等有关规定，结合本辖区农业行政执法实际，为农业综合行政执法机构合理配备农业行政执法执勤用车。

县级以上地方人民政府农业农村主管部门应当按照有关执法装备配备标准为农业综合行政执法机构配备依法履职所需的基础装备、取证设备、应急设备和个人防护设备等执法装备。

第三十四条 县级以上地方人民政府农业农村主管部门内设或所属的农业综合行政执法机构中在编在职执法人员，统一配发农业综合行政执法制式服装和标志。

县级以上地方人民政府农业农村主管部门应当按照综合行政执法制式服装和标志管理办法及有关技术规范配发制式服装和标志，不得自行扩大着装范围和提高发放标准，不得改变制式服装和标志样式。

农业综合行政执法人员应当妥善保管制式服装和标志，辞职、调离或者被辞退、开除的，应当交回所有制式服装和帽徽、臂章、肩章等标志；退休的，应当交回帽徽、臂章、肩章等所有标志。

第三十五条 农业农村部制定、发布全国统一的农业综合行政执法标识。

县级以上地方人民政府农业农村主管部门应当按照农业农村部有关要求，规范使用执法标识，不得随意改变标识的内容、颜色、内部结构及比例。

农业综合行政执法标识所有权归农业农村部所有。未经许可，任何单位和个人不得擅自使用，不得将相同或者近似标识作为商标注册。

第五章 执法监督

第三十六条 上级农业农村部门应当对下级农业农村部门及其农业综合行政执法机构的行政执法工作情况进行监督，及时纠正违法或明显不当的行为。

第三十七条 属于社会影响重大、案情复杂或者可能涉及犯罪的重大违法案件，上级农业农村部门可以采取发函督办、挂牌督办、现场督办等方式，督促下级农业农村部门及其农业综合行政执法机构调查处理。接办案件的农业农村部门及其农业综合行政执法机构应当及时调查处置，并按要求反馈查处进展情况和结果。

第三十八条 县级以上人民政府农业农村主管部门应当建立健全行政执法文书和案卷评查制度，定期开展评查，发布评查结果。

第三十九条 县级以上地方人民政府农业农村主管部门应当定期对本单位农业综合行政执法工作情况进行考核评议。考核评议结果作为农业行政执法人员职级晋升、评优评先的重要依据。

第四十条 农业综合行政执法机构应当建立行政执法情况统计报送制度，按照农业农村部有关要求，于每年6月30日和12月31日前向本级农业农村主管部门和上一级农业综合行政执法机构报送半年、全年执法统计情况。

第四十一条 县级以上地方人民政府农业农村主管部门应当健全群众监督、舆论监督等社会监督机制，对人民群众举报投诉、新闻媒体曝光、有关部门移送的涉农违法案件及时回应，妥善处置。

第四十二条 鼓励县级以上地方人民政府农业农村主管部门会同财政、司法行政等有关部门建立重大违法行为举报奖励机制，结合本地实际对举报奖励范围、标准等予以具体规定，规范发放程序，做好全程监督。

第四十三条 县级以上人民政府农业农村主管部门应当建立领导干部干预执法活动、插手具体案件责任追究制度。

第四十四条 县级以上人民政府农业农村主管部门应当建立健全突发问题预警研判和应急处置机制，及时回应社会关切，提高风险防范及应对能力。

第六章 附 则

第四十五条 本办法自2023年1月1日起施行。

（二）农业经济管理

中华人民共和国食品安全法

· 2009年2月28日第十一届全国人民代表大会常务委员会第七次会议通过
· 2015年4月24日第十二届全国人民代表大会常务委员会第十四次会议修订
· 根据2018年12月29日第十三届全国人民代表大会常务委员会第七次会议《关于修改〈中华人民共和国产品质量法〉等五部法律的决定》第一次修正
· 根据2021年4月29日第十三届全国人民代表大会常务委员会第二十八次会议《关于修改〈中华人民共和国道路交通安全法〉等八部法律的决定》第二次修正

理解与适用

食品安全事关人民群众的身体健康和生命安全，为解决当前食品安全领域存在的突出问题，以法治方式维护食品安全，2015年4月24日第十二届全国人民代表大会常务委员会第十四次会议对《食品安全法》进行了全面修订。2018年12月29日第十三届全国人民代表大会常务委员会第七次会议对《食品安全法》进行了修正。

2015年修订的主要内容包括：

（一）强化预防为主、风险防范的法律制度。一是完善基础性制度。增加风险监测计划调整、监测行为规范、监测结果通报等规定，明确应当开展风险评估的情形，补充风险信息交流制度，提出加快标准整合、跟踪评价标准实施情况等要求。二是增设生产经营者自查制度。要求其定期自查食品安全状况，发现有发生食品安全事故潜在风险的，立即停止生产经营并向监管部门报告。三是增设责任约谈制度。规定食品生产经营者未及时采取措施消除安全隐患的，监管部门可对其负责人进行责任约谈；监管部门未及时发现系统性风险、未及时消除监管区域内的食品安全隐患的，本级政府可对其主要负责人进行责任约谈。四是增设风险分级管理要求。规定监管部门根据食品安全风险监测、评估结果等确定监管重点、方式和频次，实施风险分级管理；建立食品安全违法行为信息库，向社会公布并实时更新。

（二）设立最严格的全过程监管法律制度。一是在食品生产环节，增设投料、半成品及成品检验等关键事项的控制要求,婴幼儿配方食品的配方备案和出厂逐批检验等义务,并明确规定不得以分装方式生产婴幼儿配方乳粉。二是在食品流通环节,增设批发企业的销售记录制度和网络食品交易相关主体的食品安全责任。三是在餐饮服务环节,增设餐饮服务提供者的原料控制义务以及学校等集中用餐单位的食品安全管理规范。四是完善食品追溯制度,细化生产经营者索证索票、进货查验记录等制度,增加规定食品和食用农产品全程追溯协作机制。五是补充规定保健食品的产品注册和备案制度以及广告审批制度,规范保健食品原料使用和功能声称;补充食品添加剂的经营规范和食品相关产品的生产管理制度。六是进一步明确进出口食品管理制度,重在把好进口食品的口岸管理关。七是完善食品安全监管体制,将现行分段监管体制修改为由食品药品监管部门统一负责食品生产、流通和餐饮服务监管的相对集中的体制。

(三)建立最严格的法律责任制度。一是突出民事赔偿责任。规定实行首负责任制,要求接到消费者赔偿请求的生产经营者应当先行赔付,不得推诿;同时完善了消费者在法定情形下可以要求十倍价款或者三倍损失的惩罚性赔偿金制度。二是加大行政处罚力度。对在食品中添加有毒有害物质等性质恶劣的违法行为,规定直接吊销许可证,并处最高为货值金额三十倍的罚款;对明知从事上述严重违法行为、仍为其提供生产场所或者向其销售违禁物质的主体,规定了最高二十万元的罚款;对因食品安全违法行为受到刑事处罚或者出具虚假检验报告受到开除处分的食品检验机构人员,规定终身禁止从事食品检验工作。三是细化并加重对失职的地方政府负责人和食品安全监管人员的处分。依照规定的职责逐项设定相应的法律责任,细化处分规定;增设地方政府主要负责人应当引咎辞职的情形;设置监管"高压线",对有瞒报、谎报重大食品安全事故等三种行为的,直接给予开除处分。

(四)实行社会共治。一是规定食品安全有奖举报制度。明确对查证属实的举报,应给予举报人奖励。二是规范食品安全信息发布。强调监管部门应当准确、及时、客观公布食品安全信息,鼓励新闻媒体对食品安全违法行为进行舆论监督,同时规定有关食品安全的宣传报道应当客观、真实、公正,任何单位和个人不得编造、散布虚假食品安全信息。三是增设食品安全责任保险制度。国家鼓励食品生产经营企业参加食品安全责任保险。

2018年主要根据《国务院机构改革和职能转变方案》对其中机构名称等专有名词作了修正,无实质内容更改,此处不作赘述。

2021年4月29日第十三届全国人民代表大会常务委员会第二十八次会议对《食品安全法》进行了修正,将第三十五条第一款修改为:"国家对食品生产经营实行许可制度。从事食品生产、食品销售、餐饮服务,应当依法取得许可。但是,销售食用农产品和仅销售预包装食品的,不需要取得许可。仅销售预包装食品的,应当报所在地县级以上地方人民政府食品安全监督管理部门备案。"

第一章　总　则

第一条　【立法目的】为了保证食品安全,保障公众身体健康和生命安全,制定本法。

注释"食品安全"是1974年由联合国粮农组织提出的概念,从广义上讲主要包括三个方面的内容:一是从数量角度,要求国家能够提供给公众足够的食物,满足社会稳定的基本需要;二是从卫生安全角度,要求食品对人体健康不造成任何危害,并获取充足的营养;三是从发展角度,要求食品的获得要注重生态环境的良好保护和资源利用的可持续性。食品安全法规定的"食品安全",是一个狭义概念,指食品无毒、无害,符合应当有的营养要求,对人体健康不造成任何急性、亚急性或者慢性危害。食品安全法之所以选择了这样一个狭义的食品安全概念,主要是考虑到,在食品的数量安全和生产过程中的资源环境保护方面总体上已经有法可依,农业法和环境保护法等法律,对促进农业发展和资源环境保护方面的制度已经进行了规范。在这样的情况下,需要通过食品安全立法,集中解决食品卫生安全的问题。

第二条　【适用范围】在中华人民共和国境内从事下列活动,应当遵守本法:

(一)食品生产和加工(以下称食品生产),食

品销售和餐饮服务(以下称食品经营);

(二)食品添加剂的生产经营;

(三)用于食品的包装材料、容器、洗涤剂、消毒剂和用于食品生产经营的工具、设备(以下称食品相关产品)的生产经营;

(四)食品生产经营者使用食品添加剂、食品相关产品;

(五)食品的贮存和运输;

(六)对食品、食品添加剂、食品相关产品的安全管理。

供食用的源于农业的初级产品(以下称食用农产品)的质量安全管理,遵守《中华人民共和国农产品质量安全法》的规定。但是,食用农产品的市场销售、有关质量安全标准的制定、有关安全信息的公布和本法对农业投入品作出规定的,应当遵守本法的规定。

注释 适用范围

(1)食品生产。食品生产包括食品生产和加工,是指把食品原料通过生产加工程序,形成一种新形式的可直接食用的产品。

(2)食品经营。食品经营包括食品销售和餐饮服务。需要指出的是,2021年食品安全法将"食品的贮存和运输"明确列为调整范围,为避免内容交叉,将原先法律条文中的"食品流通"均修改为"食品销售"。

(3)食品添加剂、食品相关产品的生产经营和使用。食品添加剂和食品相关产品是食品生产经营活动中必不可少的物质,与食品安全息息相关,可以说没有食品添加剂和食品相关产品的安全,就没有食品安全。需要说明的是,在管理体制上,原食品安全法将食品添加剂作为工业产品,规定由质量监督部门按工业产品生产许可证管理的相关规定进行管理。2015年修改法律,为与国务院对食品添加剂监管职能调整的规定相衔接,明确由食品药品监督管理部门负责对食品添加剂进行监管。2018年修改,根据机构改革内容将负责部门改为食品安全监督管理部门。

(4)食品的贮存和运输。这是2015年修改新增加的规定。食品贮存、运输是食品安全管理的重要环节,除食品生产经营者外,还有一些专业的仓储、物流企业也从事食品的贮存、运输活动,应当对其加强管理。

除了上述活动外,其他对食品、食品添加剂和食品相关产品的安全管理活动均适用食品安全法。

食用农产品的法律适用

食用农产品是指供食用的源于农业的初级产品,如蔬菜、瓜果、未经加工的肉类等。而食品是指各种供人食用或者饮用的成品和原料以及按照传统既是食品又是药品的物品,但是不包括以治疗为目的的物品。根据这一定义,食品包含食用农产品。但是考虑到我国在2006年已经制定了农产品质量安全法,对包括食用农产品在内的农产品的生产、监督检查等作了规定,本条明确食用农产品的质量安全管理,遵守农产品质量安全法的规定。但是,食用农产品的市场销售、有关质量安全标准的制定、有关安全信息的公布和本法对农业投入品作出规定的,应当遵守本法的规定。

链接《农产品质量安全法》;《农药管理条例》

第三条 【食品安全工作原则】食品安全工作实行预防为主、风险管理、全程控制、社会共治,建立科学、严格的监督管理制度。

第四条 【食品生产经营者的责任】食品生产经营者对其生产经营食品的安全负责。

食品生产经营者应当依照法律、法规和食品安全标准从事生产经营活动,保证食品安全,诚信自律,对社会和公众负责,接受社会监督,承担社会责任。

注释 食品生产经营者是食品安全第一责任人,应当对其生产经营食品的安全负责,承担食品安全主体责任,正所谓"谁生产,谁负责;谁经营,谁负责"。

第五条 【食品安全监管体制】国务院设立食品安全委员会,其职责由国务院规定。

国务院食品安全监督管理部门依照本法和国务院规定的职责,对食品生产经营活动实施监督管理。

国务院卫生行政部门依照本法和国务院规定的职责,组织开展食品安全风险监测和风险评估,会同国务院食品安全监督管理部门制定并公布食品安全国家标准。

国务院其他有关部门依照本法和国务院规定的职责,承担有关食品安全工作。

第六条 【地方政府食品安全监督管理职责】县级以上地方人民政府对本行政区域的食品安全监督管理工作负责,统一领导、组织、协调本行政区域的食品安全监督管理工作以及食品安全突发事件应对工作,建立健全食品安全全程监督管理工作机制和信息共享机制。

县级以上地方人民政府依照本法和国务院的规定,确定本级食品安全监督管理、卫生行政部门和其他有关部门的职责。有关部门在各自职责范围内负责本行政区域的食品安全监督管理工作。

县级人民政府食品安全监督管理部门可以在乡镇或者特定区域设立派出机构。

注释 县级以上人民政府建立统一权威的食品安全监督管理体制,加强食品安全监督管理能力建设。县级以上人民政府食品安全监督管理部门和其他有关部门应当依法履行职责,加强协调配合,做好食品安全监督管理工作。乡镇人民政府和街道办事处应当支持、协助县级人民政府食品安全监督管理部门及其派出机构依法开展食品安全监督管理工作。

链接《食品安全法实施条例》第4条

第七条 【地方政府食品安全责任评议、考核制度】县级以上地方人民政府实行食品安全监督管理责任制。上级人民政府负责对下一级人民政府的食品安全监督管理工作进行评议、考核。县级以上地方人民政府负责对本级食品安全监督管理部门和其他有关部门的食品安全监督管理工作进行评议、考核。

第八条 【政府对食品安全工作的财政保障和监管职责】县级以上人民政府应当将食品安全工作纳入本级国民经济和社会发展规划,将食品安全工作经费列入本级政府财政预算,加强食品安全监督管理能力建设,为食品安全工作提供保障。

县级以上人民政府食品安全监督管理部门和其他有关部门应当加强沟通、密切配合,按照各自职责分工,依法行使职权,承担责任。

第九条 【食品行业协会和消费者协会的责任】食品行业协会应当加强行业自律,按照章程建立健全行业规范和奖惩机制,提供食品安全信息、技术等服务,引导和督促食品生产经营者依法生产经营,推动行业诚信建设,宣传、普及食品安全知识。

消费者协会和其他消费者组织对违反本法规定,损害消费者合法权益的行为,依法进行社会监督。

链接《消费者权益保护法》第36、37条

第十条 【食品安全宣传教育和舆论监督】各级人民政府应当加强食品安全的宣传教育,普及食品安全知识,鼓励社会组织、基层群众性自治组织、食品生产经营者开展食品安全法律、法规以及食品安全标准和知识的普及工作,倡导健康的饮食方式,增强消费者食品安全意识和自我保护能力。

新闻媒体应当开展食品安全法律、法规以及食品安全标准和知识的公益宣传,并对食品安全违法行为进行舆论监督。有关食品安全的宣传报道应当真实、公正。

注释 国家将食品安全知识纳入国民素质教育内容,普及食品安全科学常识和法律知识,提高全社会的食品安全意识。

链接《食品安全法实施条例》第5条

第十一条 【食品安全研究和农药管理】国家鼓励和支持开展与食品安全有关的基础研究、应用研究,鼓励和支持食品生产经营者为提高食品安全水平采用先进技术和先进管理规范。

国家对农药的使用实行严格的管理制度,加快淘汰剧毒、高毒、高残留农药,推动替代产品的研发和应用,鼓励使用高效低毒低残留农药。

链接《农产品质量安全法》第29条;《农药管理条例》

第十二条 【社会监督】任何组织或者个人有权举报食品安全违法行为,依法向有关部门了解食品安全信息,对食品安全监督管理工作提出意见和建议。

注释 **完善举报奖励制度**

针对举报奖励制度,2019年修订的《食品安全法实施条例》也作出了明确规定,国家实行食品安全违法行为举报奖励制度,对查证属实的举报,给予举报人奖励。举报人举报所在企业食品安全重大违法犯罪行为的,应当加大奖励力度。有关部门应当对举报人的信息予以保密,保护举报人的合法权益。食品安全违法行为举报奖励办法由国务院食品安全监督管理部门会同国务院财政等有关部门制定。食品安全违法行为举报奖励资金纳入各级人民政府预算。

链接《政府信息公开条例》;《食品安全法实施条例》第65条

第十三条 【表彰、奖励有突出贡献的单位和个人】对在食品安全工作中做出突出贡献的单位和个人,按照国家有关规定给予表彰、奖励。

第二章 食品安全风险监测和评估

第十四条 【食品安全风险监测制度】国家建立食品安全风险监测制度，对食源性疾病、食品污染以及食品中的有害因素进行监测。

国务院卫生行政部门会同国务院食品安全监督管理等部门，制定、实施国家食品安全风险监测计划。

国务院食品安全监督管理部门和其他有关部门获知有关食品安全风险信息后，应当立即核实并向国务院卫生行政部门通报。对有关部门通报的食品安全风险信息以及医疗机构报告的食源性疾病等有关疾病信息，国务院卫生行政部门应当会同国务院有关部门分析研究，认为必要的，及时调整国家食品安全风险监测计划。

省、自治区、直辖市人民政府卫生行政部门会同同级食品安全监督管理等部门，根据国家食品安全风险监测计划，结合本行政区域的具体情况，制定、调整本行政区域的食品安全风险监测方案，报国务院卫生行政部门备案并实施。

注释 食品安全风险监测是指系统和持续收集食源性疾病、食品污染、食品中有害因素等相关数据信息，并运用医学、卫生学原理和方法进行监测。国家建立食品安全风险监测制度，主要对以下三类内容进行监测：

(1)食源性疾病。食源性疾病是指食品中致病因素进入人体引起的感染性、中毒性等疾病。包括常见的食物中毒、肠道传染病、人畜共患传染病、寄生虫病以及化学性有毒有害物质所引起的疾病。

(2)食品污染。食品污染是指食品及其原料在生产、加工、运输、包装、贮存、销售、烹调等过程中，因农药、废水、污水，病虫害和家畜疫病所引起的污染，以及霉菌毒素引起的食品霉变，运输、包装材料中有毒物质等对食品所造成的污染的总称。食品污染可分为生物性污染、化学性污染和物理性污染三大类。

(3)食品中的有害因素。食品中可能存在的有害因素按来源可分为三类：①食品污染物。在生产、加工、贮存、运输、销售等过程中混入食品中的物质。②食品中天然存在的有害物质，如大豆中存在的蛋白酶抑制剂。③食品加工、保藏过程中产生的有害物质，如酿酒过程中产生的甲醇、杂醇油等有害成分。

食品安全风险监测会商机制

2019年修订的《食品安全法实施条例》规定县级以上人民政府卫生行政部门会同同级食品安全监督管理等部门建立食品安全风险监测会商机制，汇总、分析风险监测数据，研判食品安全风险，形成食品安全风险监测分析报告，报本级人民政府；县级以上地方人民政府卫生行政部门还应当将食品安全风险监测分析报告同时报上一级人民政府卫生行政部门。食品安全风险监测会商的具体办法由国务院卫生行政部门会同国务院食品安全监督管理等部门制定。

链接《食品安全法实施条例》第6条

第十五条 【食品安全风险监测工作】承担食品安全风险监测工作的技术机构应当根据食品安全风险监测计划和监测方案开展监测工作，保证监测数据真实、准确，并按照食品安全风险监测计划和监测方案的要求报送监测数据和分析结果。

食品安全风险监测工作人员有权进入相关食用农产品种植养殖、食品生产经营场所采集样品、收集相关数据。采集样品应当按照市场价格支付费用。

第十六条 【及时通报食品安全风险监测结果】食品安全风险监测结果表明可能存在食品安全隐患的，县级以上人民政府卫生行政部门应当及时将相关信息通报同级食品安全监督管理等部门，并报告本级人民政府和上级人民政府卫生行政部门。食品安全监督管理等部门应当组织开展进一步调查。

链接 本法第5、8条

第十七条 【食品安全风险评估制度】国家建立食品安全风险评估制度，运用科学方法，根据食品安全风险监测信息、科学数据以及有关信息，对食品、食品添加剂、食品相关产品中生物性、化学性和物理性危害因素进行风险评估。

国务院卫生行政部门负责组织食品安全风险评估工作，成立由医学、农业、食品、营养、生物、环境等方面的专家组成的食品安全风险评估专家委员会进行食品安全风险评估。食品安全风险评估结果由国务院卫生行政部门公布。

对农药、肥料、兽药、饲料和饲料添加剂等的安全性评估，应当有食品安全风险评估专家委员会的专家参加。

食品安全风险评估不得向生产经营者收取费用，采集样品应当按照市场价格支付费用。

注释 食品安全风险评估

食品安全风险评估，是指对食品、食品添加剂、食品中生物性、化学性和物理性危害因素对人体健康可能造成的不良影响所进行的科学评估，具体包括危害识别、危害特征描述、暴露评估、风险特征描述等四个阶段。

危害识别是指根据相关的科学数据和科学实验，来判断食品中的某种因素会不会危及人体健康的过程。危害特征描述，是对某种因素对人体可能造成的危害予以定性或者对其予以量化。暴露评估，是通过膳食调查，确定危害以何种途径进入人体，同时计算出人体对各种食物的安全摄入量究竟是多少。风险特征描述是综合危害识别、危害描述和暴露评估的结果，总结某种危害因素对人体产生不良影响的程度。

实务问答 对农药、肥料、兽药、饲料和饲料添加剂等的评估，《农产品质量安全法》和《食品安全法》的规定有何区别

对于农药、肥料、兽药、饲料和饲料添加剂等的安全性评估，根据农产品质量安全法的规定，应当由农产品质量安全风险评估专家委员会进行安全性评估，但本条规定应当有食品安全风险评估专家委员会的专家参加。这是因为农药、肥料、兽药、饲料和饲料添加剂等对于动植物本身可能没有明显危害，但是往往因其残留影响到终端食品的质量安全，因此规定这些相关评估工作要有食品安全风险评估专家委员会的专家参加。

食品安全风险评估是否应当付费

本条第4款规定包含两层含义：一方面评估不得向企业收取费用，对于评估机构在评估过程中的收费行为，企业有权拒绝；另一方面评估机构应当按照市场价格向企业支付样品的费用。对于评估机构拒不支付样品费用的行为，企业有权向监管部门投诉举报。

链接《农产品质量安全法》第14、15条

第十八条 【食品安全风险评估法定情形】有下列情形之一的，应当进行食品安全风险评估：

（一）通过食品安全风险监测或者接到举报发现食品、食品添加剂、食品相关产品可能存在安全隐患的；

（二）为制定或者修订食品安全国家标准提供科学依据需要进行风险评估的；

（三）为确定监督管理的重点领域、重点品种需要进行风险评估的；

（四）发现新的可能危害食品安全因素的；

（五）需要判断某一因素是否构成食品安全隐患的；

（六）国务院卫生行政部门认为需要进行风险评估的其他情形。

第十九条 【监管部门在食品安全风险评估中的配合协作义务】国务院食品安全监督管理、农业行政等部门在监督管理工作中发现需要进行食品安全风险评估的，应当向国务院卫生行政部门提出食品安全风险评估的建议，并提供风险来源、相关检验数据和结论等信息、资料。属于本法第十八条规定情形的，国务院卫生行政部门应当及时进行食品安全风险评估，并向国务院有关部门通报评估结果。

注释 2019年修订的《食品安全法实施条例》规定了有关部门在食品安全风险监测和评估方面的协作、配合义务，《条例》规定：县级以上人民政府卫生行政部门会同同级食品安全监督管理等部门建立食品安全风险监测会商机制，汇总、分析风险监测数据，研判食品安全风险，形成食品安全风险监测分析报告，报本级人民政府；县级以上地方人民政府卫生行政部门还应当将食品安全风险监测分析报告同时报上一级人民政府卫生行政部门。食品安全风险监测会商的具体办法由国务院卫生行政部门会同国务院食品安全监督管理等部门制定。

链接本法第18条；《食品安全法实施条例》第6条

第二十条 【卫生行政、农业行政部门信息共享机制】省级以上人民政府卫生行政、农业行政部门应当及时相互通报食品、食用农产品安全风险监测信息。

国务院卫生行政、农业行政部门应当及时相互通报食品、食用农产品安全风险评估结果等信息。

注释 根据本法第2条第2款规定，供食用的源于农业的初级产品的质量安全管理，遵守农产品质量安全法的规定。但是，食用农产品的市场销售、有关质量安全标准的制定、有关安全信息的公布和本法对农业投入品作出规定的，应当遵守本法的规定。根据这一规定，本法规定的食品安全风险监测、评估制度，不适用食用农产品，食用农产品的风险监测、评估由农业行政部门依据农产品质量安全法进行。《农产品质量安全法》第15条规定，国务院农业农村主管部门应当根据农产品质量安全风险监测、风险评估结果采取相应的管理措施，并将农产品质量安全风险监测、风险评估结果及时通报国务院市场监督管理、卫生健康等部门和有关省、自治区、直辖市人民政府农业农村主管部门。第21条规定，县级以上地方人民政府农业农村主管部门应当会同同级生态环境、自然资源等部门按照保障农产品质量安全的要求，根据农产品品种特性和产地安全调查、监测、评价结果，依照土壤污染防治等法律、法规的规定提出划定特定农产品禁止生产区域的建议，报本级人民政府批准后实施。

农产品质量安全法也对国务院农业农村主管部门向国务院有关部门通报信息的职责作了规定。本条规定，既是为了与农产品质量安全法相衔接，也是对卫生行政部门和农业行政部门互通信息的职责进一步提出了明确要求，这样规定能够更好地保障食品和食用农产品的质量安全，有利于实现“从农田到餐桌”的全程监管。

链接 本法第2条；《农产品质量安全法》第15、21条

第二十一条 【食品安全风险评估结果】食品安全风险评估结果是制定、修订食品安全标准和实施食品安全监督管理的科学依据。

经食品安全风险评估，得出食品、食品添加剂、食品相关产品不安全结论的，国务院食品安全监督管理等部门应当依据各自职责立即向社会公告，告知消费者停止食用或者使用，并采取相应措施，确保该食品、食品添加剂、食品相关产品停止生产经营；需要制定、修订相关食品安全国家标准的，国务院卫生行政部门应当会同国务院食品安全监督管理部门立即制定、修订。

第二十二条 【食品安全风险警示】国务院食品安全监督管理部门应当会同国务院有关部门，根据食品安全风险评估结果、食品安全监督管理信息，对食品安全状况进行综合分析。对经综合分析表明可能具有较高程度安全风险的食品，国务院食品安全监督管理部门应当及时提出食品安全风险警示，并向社会公布。

链接 本法第118条

第二十三条 【食品安全风险交流】县级以上人民政府食品安全监督管理部门和其他有关部门、食品安全风险评估专家委员会及其技术机构，应当按照科学、客观、及时、公开的原则，组织食品生产经营者、食品检验机构、认证机构、食品行业协会、消费者协会以及新闻媒体等，就食品安全风险评估信息和食品安全监督管理信息进行交流沟通。

注释 2019年修订的《食品安全法实施条例》同样规定了国务院食品安全监督管理部门和其他有关部门应建立食品安全风险信息交流机制，明确食品安全风险信息交流的内容、程序和要求。

链接《食品安全法实施条例》第9条

第三章 食品安全标准

第二十四条 【食品安全标准的制定原则】制定食品安全标准，应当以保障公众身体健康为宗旨，做到科学合理、安全可靠。

第二十五条 【食品安全标准的强制性】食品安全标准是强制执行的标准。除食品安全标准外，不得制定其他食品强制性标准。

第二十六条 【食品安全标准的内容】食品安全标准应当包括下列内容：

（一）食品、食品添加剂、食品相关产品中的致病性微生物，农药残留、兽药残留、生物毒素、重金属等污染物质以及其他危害人体健康物质的限量规定；

（二）食品添加剂的品种、使用范围、用量；

（三）专供婴幼儿和其他特定人群的主辅食品的营养成分要求；

（四）对与卫生、营养等食品安全要求有关的标签、标志、说明书的要求；

（五）食品生产经营过程的卫生要求；

（六）与食品安全有关的质量要求；

（七）与食品安全有关的食品检验方法与规程；

（八）其他需要制定为食品安全标准的内容。

链接《食品添加剂使用标准》(GB2760-2014)

案例 盐城市奥康食品有限公司东台分公司诉盐城市东台工商行政管理局工商行政处罚案（最高人民法院指导案例60号）

裁判规则：1. 食品经营者在食品标签、食品说明书上特别强调添加、含有一种或多种有价值、有特性的配料、成分，应标示所强调配料、成分的添加量或含量，未标示的，属于违反《中华人民共和

国食品安全法》的行为，工商行政管理部门依法对其实施行政处罚的，人民法院应予支持。

2. 所谓“强调”，是指通过名称、色差、字体、字号、图形、排列顺序、文字说明、同一内容反复出现或多个内容都指向同一事物等形式进行着重标识。所谓“有价值、有特性的配料”，是指不同于一般配料的特殊配料，对人体有较高的营养作用，其市场价格、营养成分往往高于其他配料。

第二十七条 【食品安全国家标准的制定、公布主体】食品安全国家标准由国务院卫生行政部门会同国务院食品安全监督管理部门制定、公布，国务院标准化行政部门提供国家标准编号。

食品中农药残留、兽药残留的限量规定及其检验方法与规程由国务院卫生行政部门、国务院农业行政部门会同国务院食品安全监督管理部门制定。

屠宰畜、禽的检验规程由国务院农业行政部门会同国务院卫生行政部门制定。

第二十八条 【制定食品安全国家标准的要求和程序】制定食品安全国家标准，应当依据食品安全风险评估结果并充分考虑食用农产品安全风险评估结果，参照相关的国际标准和国际食品安全风险评估结果，并将食品安全国家标准草案向社会公布，广泛听取食品生产经营者、消费者、有关部门等方面的意见。

食品安全国家标准应当经国务院卫生行政部门组织的食品安全国家标准审评委员会审查通过。食品安全国家标准审评委员会由医学、农业、食品、营养、生物、环境等方面的专家以及国务院有关部门、食品行业协会、消费者协会的代表组成，对食品安全国家标准草案的科学性和实用性等进行审查。

第二十九条 【食品安全地方标准】对地方特色食品，没有食品安全国家标准的，省、自治区、直辖市人民政府卫生行政部门可以制定并公布食品安全地方标准，报国务院卫生行政部门备案。食品安全国家标准制定后，该地方标准即行废止。

注释 本条对制定食品安全地方标准的情形进行了限制，仅对没有食品安全标准的地方特色食品可以制定食品安全地方标准。对于非地方特色食品的其他食品或者食品添加剂、食品相关产品、专供婴幼儿和其他特定人群的主辅食品、保健食品等其他食品安全标准内容，不能制定地方标准。

食品安全地方标准，应当公开征求意见。省、自治区、直辖市人民政府卫生行政部门应当自食品安全地方标准公布之日起30个工作日内，将地方标准报国务院卫生行政部门备案。国务院卫生行政部门发现备案的食品安全地方标准违反法律、法规或者食品安全国家标准的，应当及时予以纠正。食品安全地方标准依法废止的，省、自治区、直辖市人民政府卫生行政部门应当及时在其网站上公布废止情况。

链接《标准化法》；《食品安全法实施条例》第11、12条

第三十条 【食品安全企业标准】国家鼓励食品生产企业制定严于食品安全国家标准或者地方标准的企业标准，在本企业适用，并报省、自治区、直辖市人民政府卫生行政部门备案。

链接《食品安全法实施条例》第14条

第三十一条 【食品安全标准公布和有关问题解答】省级以上人民政府卫生行政部门应当在其网站上公布制定和备案的食品安全国家标准、地方标准和企业标准，供公众免费查阅、下载。

对食品安全标准执行过程中的问题，县级以上人民政府卫生行政部门应当会同有关部门及时给予指导、解答。

第三十二条 【食品安全标准跟踪评价和执行】省级以上人民政府卫生行政部门应当会同同级食品安全监督管理、农业行政等部门，分别对食品安全国家标准和地方标准的执行情况进行跟踪评价，并根据评价结果及时修订食品安全标准。

省级以上人民政府食品安全监督管理、农业行政等部门应当对食品安全标准执行中存在的问题进行收集、汇总，并及时向同级卫生行政部门通报。

食品生产经营者、食品行业协会发现食品安全标准在执行中存在问题的，应当立即向卫生行政部门报告。

第四章 食品生产经营

第一节 一般规定

第三十三条 【食品生产经营要求】食品生产经营应当符合食品安全标准，并符合下列要求：

（一）具有与生产经营的食品品种、数量相适应的食品原料处理和食品加工、包装、贮存等场所，保持该场所环境整洁，并与有毒、有害场所以

及其他污染源保持规定的距离；

（二）具有与生产经营的食品品种、数量相适应的生产经营设备或者设施，有相应的消毒、更衣、盥洗、采光、照明、通风、防腐、防尘、防蝇、防鼠、防虫、洗涤以及处理废水、存放垃圾和废弃物的设备或者设施；

（三）有专职或者兼职的食品安全专业技术人员、食品安全管理人员和保证食品安全的规章制度；

（四）具有合理的设备布局和工艺流程，防止待加工食品与直接入口食品、原料与成品交叉污染，避免食品接触有毒物、不洁物；

（五）餐具、饮具和盛放直接入口食品的容器，使用前应当洗净、消毒，炊具、用具用后应当洗净，保持清洁；

（六）贮存、运输和装卸食品的容器、工具和设备应当安全、无害，保持清洁，防止食品污染，并符合保证食品安全所需的温度、湿度等特殊要求，不得将食品与有毒、有害物品一同贮存、运输；

（七）直接入口的食品应当使用无毒、清洁的包装材料、餐具、饮具和容器；

（八）食品生产经营人员应当保持个人卫生，生产经营食品时，应当将手洗净，穿戴清洁的工作衣、帽等；销售无包装的直接入口食品时，应当使用无毒、清洁的容器、售货工具和设备；

（九）用水应当符合国家规定的生活饮用水卫生标准；

（十）使用的洗涤剂、消毒剂应当对人体安全、无害；

（十一）法律、法规规定的其他要求。

非食品生产经营者从事食品贮存、运输和装卸的，应当符合前款第六项的规定。

第三十四条 【禁止生产经营的食品、食品添加剂、食品相关产品】禁止生产经营下列食品、食品添加剂、食品相关产品：

（一）用非食品原料生产的食品或者添加食品添加剂以外的化学物质和其他可能危害人体健康物质的食品，或者用回收食品作为原料生产的食品；

（二）致病性微生物，农药残留、兽药残留、生物毒素、重金属等污染物质以及其他危害人体健康的物质含量超过食品安全标准限量的食品、食品添加剂、食品相关产品；

（三）用超过保质期的食品原料、食品添加剂生产的食品、食品添加剂；

（四）超范围、超限量使用食品添加剂的食品；

（五）营养成分不符合食品安全标准的专供婴幼儿和其他特定人群的主辅食品；

（六）腐败变质、油脂酸败、霉变生虫、污秽不洁、混有异物、掺假掺杂或者感官性状异常的食品、食品添加剂；

（七）病死、毒死或者死因不明的禽、畜、兽、水产动物肉类及其制品；

（八）未按规定进行检疫或者检疫不合格的肉类，或者未经检验或者检验不合格的肉类制品；

（九）被包装材料、容器、运输工具等污染的食品、食品添加剂；

（十）标注虚假生产日期、保质期或者超过保质期的食品、食品添加剂；

（十一）无标签的预包装食品、食品添加剂；

（十二）国家为防病等特殊需要明令禁止生产经营的食品；

（十三）其他不符合法律、法规或者食品安全标准的食品、食品添加剂、食品相关产品。

注释 食品安全法所称回收食品，是指已经售出，因违反法律、法规、食品安全标准或者超过保质期等原因，被召回或者退回的食品，不包括依照食品安全法第63条第3款的规定可以继续销售的食品。

第三十五条 【食品生产经营许可】国家对食品生产经营实行许可制度。从事食品生产、食品销售、餐饮服务，应当依法取得许可。但是，销售食用农产品和仅销售预包装食品的，不需要取得许可。仅销售预包装食品的，应当报所在地县级以上地方人民政府食品安全监督管理部门备案。

县级以上地方人民政府食品安全监督管理部门应当依照《中华人民共和国行政许可法》的规定，审核申请人提交的本法第三十三条第一款第一项至第四项规定要求的相关资料，必要时对申请人的生产经营场所进行现场核查；对符合规定条件的，准予许可；对不符合规定条件的，不予许可并书面说明理由。

注释 行政许可法第12条规定，直接关系人身健康、生命财产安全等特定活动，需要按照法定条件予以批准的事项，可以设定行政许可。食品生产经营直接关系人身健康和生命财产安全，对其实行许可制度是必要的。食品生产、销售和餐饮服务统一由食品药品监督管理部门监督管理，颁发食品生产经营许可证。销售食用农产品的，不需要取得许可。

实务问答 食品生产经营许可的有效期是多长

2019年修订的《食品安全法实施条例》将食品生产经营许可的有效期从3年延长至5年。

链接《食品安全法实施条例》第15条

第三十六条 【对食品生产加工小作坊和食品摊贩等的管理】 食品生产加工小作坊和食品摊贩等从事食品生产经营活动，应当符合本法规定的与其生产经营规模、条件相适应的食品安全要求，保证所生产经营的食品卫生、无毒、无害，食品安全监督管理部门应当对其加强监督管理。

县级以上地方人民政府应当对食品生产加工小作坊、食品摊贩等进行综合治理，加强服务和统一规划，改善其生产经营环境，鼓励和支持其改进生产经营条件，进入集中交易市场、店铺等固定场所经营，或者在指定的临时经营区域、时段经营。

食品生产加工小作坊和食品摊贩等的具体管理办法由省、自治区、直辖市制定。

注释 食品生产加工小作坊一般是指固定从业人员较少，有固定生产场所，生产条件简单，从事传统、低风险食品生产加工的生产单位或个人。食品摊贩一般是指没有固定经营场所、从事食品销售等的经营者。食品生产加工小作坊和食品摊贩等因其自身条件限制，不能与生产经营企业同等要求，但应当以本法第33条规定为原则，符合与其生产经营规模、条件相适应的食品安全要求，保证所生产经营的食品卫生、无毒、无害。

链接《食品生产加工小作坊质量安全控制基本要求》(GB/T23734-2009)

第三十七条 【利用新的食品原料从事食品生产等的安全性评估】 利用新的食品原料生产食品，或者生产食品添加剂新品种、食品相关产品新品种，应当向国务院卫生行政部门提交相关产品的安全性评估材料。国务院卫生行政部门应当自收到申请之日起六十日内组织审查；对符合食品安全要求的，准予许可并公布；对不符合食品安全要求的，不予许可并书面说明理由。

链接《行政许可法》；《新食品原料安全性审查管理办法》；《食品添加剂新品种管理办法》；《食品相关产品新品种行政许可管理规定》

第三十八条 【食品中不得添加药品】 生产经营的食品中不得添加药品，但是可以添加按照传统既是食品又是中药材的物质。按照传统既是食品又是中药材的物质目录由国务院卫生行政部门会同国务院食品安全监督管理部门制定、公布。

注释 药品，是指用于预防、治疗、诊断人的疾病，有目的地调节人的生理机能并规定有适应症或者功能主治、用法和用量的物质，包括中药材、中药饮片、中成药、化学原料药及其制剂、抗生素、生化药品、放射性药品、血清、疫苗、血液制品和诊断药品等。药品都有毒副作用，不得在食品中添加药品，但是按照传统既是食品又是中药材的物质可以添加。

链接《既是食品又是药品名单》

第三十九条 【食品添加剂生产许可】 国家对食品添加剂生产实行许可制度。从事食品添加剂生产，应当具有与所生产食品添加剂品种相适应的场所、生产设备或者设施、专业技术人员和管理制度，并依照本法第三十五条第二款规定的程序，取得食品添加剂生产许可。

生产食品添加剂应当符合法律、法规和食品安全国家标准。

第四十条 【食品添加剂允许使用的条件和使用要求】 食品添加剂应当在技术上确有必要且经过风险评估证明安全可靠，方可列入允许使用的范围；有关食品安全国家标准应当根据技术必要性和食品安全风险评估结果及时修订。

食品生产经营者应当按照食品安全国家标准使用食品添加剂。

链接《食品添加剂使用标准》(GB2760-2014)

第四十一条 【食品相关产品的生产要求】 生产食品相关产品应当符合法律、法规和食品安全国家标准。对直接接触食品的包装材料等具有较高风险的食品相关产品，按照国家有关工业产品生产许可证管理的规定实施生产许可。食品安全监督管理部门应当加强对食品相关产品生产活动的监督管理。

链接《工业产品生产许可证管理条例》

第四十二条 【食品安全全程追溯制度】 国家建立食品安全全程追溯制度。

食品生产经营者应当依照本法的规定，建立食品安全追溯体系，保证食品可追溯。国家鼓励食品生产经营者采用信息化手段采集、留存生产经营信息，建立食品安全追溯体系。

国务院食品安全监督管理部门会同国务院农业行政等有关部门建立食品安全全程追溯协作机制。

注释 2019年修订的《食品安全法实施条例》规定国务院食品安全监督管理部门应会同国务院农业行政等有关部门明确食品安全全程追溯基本要求，指导食品生产经营者通过信息化手段建立、完善食品安全追溯体系。食品安全监督管理等部门应当将婴幼儿配方食品等针对特定人群的食品以及其他食品安全风险较高或者销售量大的食品的追溯体系建设作为监督检查的重点。

链接 本法第51-53条；《食品安全法实施条例》第17条

第四十三条　【食品规模化生产和食品安全责任保险】地方各级人民政府应当采取措施鼓励食品规模化生产和连锁经营、配送。

国家鼓励食品生产经营企业参加食品安全责任保险。

第二节　生产经营过程控制

第四十四条　【食品生产经营企业食品安全管理制度】食品生产经营企业应当建立健全食品安全管理制度，对职工进行食品安全知识培训，加强食品检验工作，依法从事生产经营活动。

食品生产经营企业的主要负责人应当落实企业食品安全管理制度，对本企业的食品安全工作全面负责。

食品生产经营企业应当配备食品安全管理人员，加强对其培训和考核。经考核不具备食品安全管理能力的，不得上岗。食品安全监督管理部门应当对企业食品安全管理人员随机进行监督抽查考核并公布考核情况。监督抽查考核不得收取费用。

注释 **主要负责人全面负责食品安全工作**

2019年修订的《食品安全法实施条例》细化了企业主要负责人的责任，规定主要负责人对本企业的食品安全工作全面负责，加强供货者管理、进货查验和出厂检验、生产经营过程控制等工作。

链接《食品安全法实施条例》第19、20条

第四十五条　【食品从业人员健康管理】食品生产经营者应当建立并执行从业人员健康管理制度。患有国务院卫生行政部门规定的有碍食品安全疾病的人员，不得从事接触直接入口食品的工作。

从事接触直接入口食品工作的食品生产经营人员应当每年进行健康检查，取得健康证明后方可上岗工作。

第四十六条　【食品生产企业制定并实施食品安全管理控制要求】食品生产企业应当就下列事项制定并实施控制要求，保证所生产的食品符合食品安全标准：

（一）原料采购、原料验收、投料等原料控制；

（二）生产工序、设备、贮存、包装等生产关键环节控制；

（三）原料检验、半成品检验、成品出厂检验等检验控制；

（四）运输和交付控制。

第四十七条　【食品生产经营者的自查制度】食品生产经营者应当建立食品安全自查制度，定期对食品安全状况进行检查评价。生产经营条件发生变化，不再符合食品安全要求的，食品生产经营者应当立即采取整改措施；有发生食品安全事故潜在风险的，应当立即停止食品生产经营活动，并向所在地县级人民政府食品安全监督管理部门报告。

实务问答 **食品生产经营者如何进行自查**

一般来说，食品安全检查可以从以下几个方面进行：(1)食品安全管理制度的建立落实情况。检查本企业的制度是否健全、完善，生产过程中每个环节是否按照控制要求进行操作；(2)设施、设备是否处于正常、安全的运行状态。餐具、饮具、包装材料等是否清洁、无毒无害。用水是否符合国家规定的标准；食品贮存和运输是否符合要求；(3)检查从业人员在工作中是否严格遵守操作规范和食品安全管理制度；(4)检查从业人员在工作中是否具备相应的安全知识和安全生产技能；(5)生产经营过程中是否符合食品生产经营的记录查验制度，生产企业出厂食品是否经过了检验；(6)食品的标签是否符合规定；(7)检查与食品安全有关的事故隐患；(8)发现问题食品是否及时召回处理；(9)其他事项。

第四十八条　【鼓励食品企业提高食品安全管理水平】国家鼓励食品生产经营企业符合良好生产规范要求，实施危害分析与关键控制点体系，提高食品安全管理水平。

对通过良好生产规范、危害分析与关键控制点体系认证的食品生产经营企业，认证机构应当依法实施跟踪调查；对不再符合认证要求的企业，

应当依法撤销认证，及时向县级以上人民政府食品安全监督管理部门通报，并向社会公布。认证机构实施跟踪调查不得收取费用。

链接《认证认可条例》第 26 条

第四十九条 【农业投入品的使用管理】食用农产品生产者应当按照食品安全标准和国家有关规定使用农药、肥料、兽药、饲料和饲料添加剂等农业投入品，严格执行农业投入品使用安全间隔期或者休药期的规定，不得使用国家明令禁止的农业投入品。禁止将剧毒、高毒农药用于蔬菜、瓜果、茶叶和中草药材等国家规定的农作物。

食用农产品的生产企业和农民专业合作经济组织应当建立农业投入品使用记录制度。

县级以上人民政府农业行政部门应当加强对农业投入品使用的监督管理和指导，建立健全农业投入品安全使用制度。

链接《农产品质量安全法》第 29 条；《农药管理条例》第 26、28、35 条；《兽药管理条例》第 38-41 条；《饲料和饲料添加剂管理条例》

第五十条 【食品生产者进货查验记录制度】食品生产者采购食品原料、食品添加剂、食品相关产品，应当查验供货者的许可证和产品合格证明；对无法提供合格证明的食品原料，应当按照食品安全标准进行检验；不得采购或者使用不符合食品安全标准的食品原料、食品添加剂、食品相关产品。

食品生产企业应当建立食品原料、食品添加剂、食品相关产品进货查验记录制度，如实记录食品原料、食品添加剂、食品相关产品的名称、规格、数量、生产日期或者生产批号、保质期、进货日期以及供货者名称、地址、联系方式等内容，并保存相关凭证。记录和凭证保存期限不得少于产品保质期满后六个月；没有明确保质期的，保存期限不得少于二年。

注释 **食品生产者的进货查验制度**

进货查验制度是指食品生产者依照法律、法规和规章的规定在采购时，对购进的食品原料、食品添加剂、食品相关产品的质量状况进行检查，对经检查确认符合食品安全标准的方可予以购进的进货质量保证制度。食品生产者采购食品原料、添加剂、相关产品是关系食品安全的源头。

食品生产企业进货查验记录制度

查验记录制度是食品生产企业建立追溯体系的具体手段。进货查验记录制度包括采购索证、进货验收和台账记录过程。(1)在采购索证方面。食品生产企业采购时，应当到证照齐全的食品生产经营者或市场采购，索取销售者或市场管理者出具的购物凭证并留存备查。要查验证件、以便溯源。从固定供货商或供货基地采购食品的，应索取并留存供货基地或供货商的资质证明，供货商或供货基地应签订采购供货合同并保证食品卫生质量。(2)在进货验收方面，应有专人负责验收，原则上要符合食品安全标准的要求，对不符合标准的食品不得采购。(3)在台账记录方面，应如实记录食品原料、食品添加剂、食品相关产品的名称、规格、数量、生产日期或生产批号、保质期、进货日期、供货者名称及其联络方式等内容。一旦发生食品安全事故，能够确保迅速地追溯到源头和具体责任人。

食品生产者如不认真履行本条所规定的进货查验记录制度，对不符合本法和有关规定要求的食品予以购进，出现问题后，该食品生产者就要承担相应的法律责任。

实务问答**食品生产者在采购时是否要履行检查或者检验义务**

本条规定，食品生产者在采购食品原料、食品添加剂、食品相关产品时，应当查验供货者的许可证和产品合格证明。也就是说，食品生产者在采购时需要履行检查或者检验的义务。食品生产者在采购时应当索取并查验供货者资格，检查供货者是否是获得许可证的合法企业，同时还要检验采购的原料是否有检验单位出具的同批次产品检验合格证明，如产品生产许可证、动物检疫合格证明、进口卫生证书等，并对物料进行验收审核。

链接《食品安全法实施条例》第 21 条

第五十一条 【食品出厂检验记录制度】食品生产企业应当建立食品出厂检验记录制度，查验出厂食品的检验合格证和安全状况，如实记录食品的名称、规格、数量、生产日期或者生产批号、保质期、检验合格证号、销售日期以及购货者名称、地址、联系方式等内容，并保存相关凭证。记录和凭证保存期限应当符合本法第五十条第二款的规定。

第五十二条 【食品质量检验】食品、食品添加剂、食品相关产品的生产者，应当按照食品安全标准对所生产的食品、食品添加剂、食品相关产品进行检验，检验合格后方可出厂或者销售。

第五十三条 【食品经营者进货查验记录制

度】食品经营者采购食品，应当查验供货者的许可证和食品出厂检验合格证或者其他合格证明（以下称合格证明文件）。

食品经营企业应当建立食品进货查验记录制度，如实记录食品的名称、规格、数量、生产日期或者生产批号、保质期、进货日期以及供货者名称、地址、联系方式等内容，并保存相关凭证。记录和凭证保存期限应当符合本法第五十条第二款的规定。

实行统一配送经营方式的食品经营企业，可以由企业总部统一查验供货者的许可证和食品合格证明文件，进行食品进货查验记录。

从事食品批发业务的经营企业应当建立食品销售记录制度，如实记录批发食品的名称、规格、数量、生产日期或者生产批号、保质期、销售日期以及购货者名称、地址、联系方式等内容，并保存相关凭证。记录和凭证保存期限应当符合本法第五十条第二款的规定。

注释 **食品经营者的进货查验制度**

执行进货查验制度，不仅是保证食品安全的措施，也是保护食品经营者自身合法权益的重要措施。食品经营者对所进货物进行检查验收，发现存在食品安全问题时，可以提出异议，经进一步证实所进食品不符合食品安全要求的，可以拒绝验收进货。如果食品经营者不认真执行进货查验制度，对不符合食品安全标准的食品，予以验收进货，则责任随即转移到食品经营者一方。

实行统一配送经营方式的食品经营企业的进货查验记录制度

实行统一配送经营方式的食品经营企业，可以由企业总部统一查验供货者的许可证、食品合格证明文件，做好食品进货查验记录。

从事食品批发业务的经营企业的销售记录制度

从事食品批发业务的经营企业，是相对于零售企业而言的，是指组织食品供应、转售等大宗交易的经营企业。由于食品批发经营企业主要面向的是零售经营企业，不直接面向消费者个人，其销售食品量大，涉及的范围广、散，一旦出现问题影响大，如其不做好相应的记录，将无法查找问题的根源。因此，本条第4款对其进行销售记录进行了专门的规定。

实务问答 食品经营者在采购食品时如何审查供应商的条件

食品经营者在采购食品时，应当严格审查食品供应商的条件，认真查验供货者的许可证和食品合格证明文件，确保所采购的食品符合标准。食品合格证明文件，是生产者出具的用于证明出厂产品的质量经过检验，符合相关要求的凭证，包括食品生产者自行检验后出具的出厂检验合格证和第三方检验机构出具的检验报告，检疫合格证明等。

第五十四条 【食品经营者贮存食品的要求】食品经营者应当按照保证食品安全的要求贮存食品，定期检查库存食品，及时清理变质或者超过保质期的食品。

食品经营者贮存散装食品，应当在贮存位置标明食品的名称、生产日期或者生产批号、保质期、生产者名称及联系方式等内容。

注释 食品生产经营者不得在食品生产、加工场所贮存依照《食品安全法实施条例》第63条规定制定的名录中的物质。第63条规定，国务院食品安全监督管理部门会同国务院卫生行政等部门根据食源性疾病信息、食品安全风险监测信息和监督管理信息等，对发现的添加或者可能添加到食品中的非食品用化学物质和其他可能危害人体健康的物质，制定名录及检测方法并予以公布。

链接《食品安全法实施条例》第22、63条

第五十五条 【餐饮服务提供者原料控制要求】餐饮服务提供者应当制定并实施原料控制要求，不得采购不符合食品安全标准的食品原料。倡导餐饮服务提供者公开加工过程，公示食品原料及其来源等信息。

餐饮服务提供者在加工过程中应当检查待加工的食品及原料，发现有本法第三十四条第六项规定情形的，不得加工或者使用。

第五十六条 【餐饮服务提供者的食品安全管理】餐饮服务提供者应当定期维护食品加工、贮存、陈列等设施、设备；定期清洗、校验保温设施及冷藏、冷冻设施。

餐饮服务提供者应当按照要求对餐具、饮具进行清洗消毒，不得使用未经清洗消毒的餐具、饮具；餐饮服务提供者委托清洗消毒餐具、饮具的，应当委托符合本法规定条件的餐具、饮具集中消毒服务单位。

链接 本法第58条；《消毒服务机构卫生规范》；《卫生部、国家工商行政管理总局、国家食品药品监管局关于加强餐饮具集中消毒单位监督管理的通知》

第五十七条 【集中用餐单位食品安全管理】 学校、托幼机构、养老机构、建筑工地等集中用餐单位的食堂应当严格遵守法律、法规和食品安全标准;从供餐单位订餐的,应当从取得食品生产经营许可的企业订购,并按照要求对订购的食品进行查验。供餐单位应当严格遵守法律、法规和食品安全标准,当餐加工,确保食品安全。

学校、托幼机构、养老机构、建筑工地等集中用餐单位的主管部门应当加强对集中用餐单位的食品安全教育和日常管理,降低食品安全风险,及时消除食品安全隐患。

注释 **集中用餐单位食品安全工作**

为了进一步加强学校、托幼机构、养老机构、建筑工地等集中用餐单位的食品安全,2019年修订的《食品安全法实施条例》规定,学校食堂应当执行原料控制、餐具饮具清洗消毒、食品留样等制度,并定期开展食品安全自查;承包食堂的,应当取得食品经营许可,对食堂的食品安全负责;学校应当督促承包方落实食品安全管理制度,并承担管理责任。

链接《食品安全法实施条例》第28条

第五十八条 【餐饮具集中消毒服务单位食品安全责任】 餐具、饮具集中消毒服务单位应当具备相应的作业场所、清洗消毒设备或者设施,用水和使用的洗涤剂、消毒剂应当符合相关食品安全国家标准和其他国家标准、卫生规范。

餐具、饮具集中消毒服务单位应当对消毒餐具、饮具进行逐批检验,检验合格后方可出厂,并应当随附消毒合格证明。消毒后的餐具、饮具应当在独立包装上标注单位名称、地址、联系方式、消毒日期以及使用期限等内容。

注释 2019年修订的《食品安全法实施条例》对出厂检验记录、消毒合格证明等的保存期限作了规定,规定保存期限不得少于消毒餐具饮具使用期限到期后6个月。

链接《消毒服务机构卫生规范》;《消毒管理办法》;《食品安全法实施条例》第26、27条

第五十九条 【食品添加剂生产者出厂检验记录制度】 食品添加剂生产者应当建立食品添加剂出厂检验记录制度,查验出厂产品的检验合格证和安全状况,如实记录食品添加剂的名称、规格、数量、生产日期或者生产批号、保质期、检验合格证号、销售日期以及购货者名称、地址、联系方式等相关内容,并保存相关凭证。记录和凭证保存期限应当符合本法第五十条第二款的规定。

第六十条 【食品添加剂经营者进货查验记录制度】 食品添加剂经营者采购食品添加剂,应当依法查验供货者的许可证和产品合格证明文件,如实记录食品添加剂的名称、规格、数量、生产日期或者生产批号、保质期、进货日期以及供货者名称、地址、联系方式等内容,并保存相关凭证。记录和凭证保存期限应当符合本法第五十条第二款的规定。

注释 食品添加剂经营者在采购食品添加剂时,应当严格把关,严格审查食品添加剂的来源。(1)查验添加剂许可证。按照本法的规定,食品添加剂生产必须取得许可。因此,食品添加剂经营者在采购食品添加剂时,首先要查验供货者的生产许可证,确保所采购的食品添加剂为合法企业生产的产品。(2)查验供货者的产品合格证明文件。产品合格证明文件是食品添加剂生产者或者第三方检验机构出具的用于证明出厂产品的质量经过检验,符合相关要求的证明文件。

根据本法规定,食品添加剂经营者在进货时未查验许可证和相关证明文件或者未按规定建立遵守进货查验记录制度的,由有关部门依据各自职责,责令立即改正,给予警告,处五千元以上五万元以下罚款;情节严重的,责令停产停业,直至吊销许可证。

第六十一条 【集中交易市场的开办者、柜台出租者和展销会举办者的食品安全责任】 集中交易市场的开办者、柜台出租者和展销会举办者,应当依法审查入场食品经营者的许可证,明确其食品安全管理责任,定期对其经营环境和条件进行检查,发现其有违反本法规定行为的,应当及时制止并立即报告所在地县级人民政府食品安全监督管理部门。

注释 本条规定了集中交易市场的开办者、柜台出租者和展销会举办者审查许可证、定期检查等方面的责任:(1)审查和检验的义务。集中交易市场的开办者、柜台出租者和展销会举办者应当允许有经营资格的主体入场经营。经营资格的凭证就是许可证和营业执照。通过对入场食品经营者许可证和营业执照的审查,确保入场经营者的主体资格。对未取得相关许可证的,不得允许其入场经营。(2)明确入场食品经营者的食品安全管理责任。集中交易市场应制定食品安全检查制度及

其他管理制度，指定专人负责食品安全管理。食品安全管理人员应当接受食品安全知识和业务知识培训。对取得相关许可证的入场食品经营者，集中交易市场的开办者、柜台出租者和展销会举办者应当与其签订食品安全责任书，明确其食品安全管理责任。(3)定期进行检查。集中交易市场的开办者、柜台出租者和展销会举办者应当建立健全食品安全管理制度，定期对入场的食品经营者的经营环境和条件进行检查，看入场经营者的经营条件和经营环境是否符合本法的要求。如检查经营的内容是否与许可证的许可范围一致，检查经营者是否具有与经营的食品相适应的场所，场所是否干净整洁，是否有与经营的食品相适应的设备或设施，设备、设施是否符合要求，从业人员是否符合食品安全管理制度，是否建立和执行食品进货查验记录制度；经营的食品是否属于本法规定的禁止生产经营的食品；盛放食品的容器、工具和设备是否符合规定等，并将以上检查情况进行记录。(4)制止并报告的义务。对检查中发现的问题，应督促入场经营者及时采取整改措施，发现食品经营者有违法行为的，应当及时制止并立即报告县级人民政府食品安全监管部门。

此外，集中交易市场的开办者、柜台出租者和展销会的举办者应负责处理涉及食品安全问题的群众投诉，并主动向监管部门举报入场经营者的食品安全违法行为，积极配合有关部门调查处理入场食品经营者的食品安全违法案件。

未履行规定义务，本市场发生食品安全事故使消费者的合法权益受到损害的，集中交易市场的开办者、柜台出租者和展销会的举办者应当与食品经营者承担连带责任。

链接 本法第130条；《食品安全法实施条例》第31条

第六十二条 【网络食品交易第三方平台提供者的义务】网络食品交易第三方平台提供者应当对入网食品经营者进行实名登记，明确其食品安全管理责任；依法应当取得许可证的，还应当审查其许可证。

网络食品交易第三方平台提供者发现入网食品经营者有违反本法规定行为的，应当及时制止并立即报告所在地县级人民政府食品安全监督管理部门；发现严重违法行为的，应当立即停止提供网络交易平台服务。

注释 **网络食品交易第三方平台提供者对入网食品经营者的身份审查义务**

网络食品交易第三方平台提供者是指在网络食品交易活动中为交易双方或者多方提供网页空间、虚拟经营场所、交易规则、交易撮合、信息发布等服务，供交易双方或者多方独立开展交易活动的信息网络系统。平台提供者自身并不参与交易，只是根据与买卖双方分别订立的协议提供技术服务以保证网上交易的顺利进行，这类平台为中介型或者开放型的平台。

网络食品交易第三方平台提供者对入网食品经营者身份的审查义务主要为实名登记义务，网络食品交易第三方平台提供者应当记录入网食品经营者的真实名称、地址和有效联系方式，以实现交易的可追溯和责任的可追究。对于依照本法第35条规定应当取得许可的入网食品经营者，还应当审查其许可证。网络食品交易第三方平台提供者在对入网食品经营者进行身份审查的同时，还应当明确其食品安全管理责任。

网络食品交易第三方平台提供者制止、报告和停止提供服务的义务

入网食品经营者作为食品经营者，应当遵守本法和相关法律法规的规定，保证食品符合食品安全国家标准和法律法规的要求，保证食品安全。网络食品交易第三方平台提供者应当对入网食品经营者及其发布的食品信息建立检查监控制度，并履行制止、报告和停止提供服务的义务，发现入网食品经营者有违反本法规定行为的，应当履行及时制止违法行为的义务，并应当立即报告所在地的县级人民政府食品安全监督管理部门；发现入网经营者有严重违法行为的，应当立即停止提供网络交易平台服务。县级以上人民政府食品安全监督管理部门及其工作人员对网络食品交易第三方平台提供者提供的信息依法负有保密义务。

链接 《网络食品安全违法行为查处办法》；《食品安全法实施条例》第32条

第六十三条 【食品召回制度】国家建立食品召回制度。食品生产者发现其生产的食品不符合食品安全标准或者有证据证明可能危害人体健康的，应当立即停止生产，召回已经上市销售的食品，通知相关生产经营者和消费者，并记录召回和通知情况。

食品经营者发现其经营的食品有前款规定情形的，应当立即停止经营，通知相关生产经营者和消费者，并记录停止经营和通知情况。食品生产者认为应当召回的，应当立即召回。由于食品经营者的原因造成其经营的食品有前款规定情形的，食品经营者应当召回。

食品生产经营者应当对召回的食品采取无害化处理、销毁等措施，防止其再次流入市场。但是，对因标签、标志或者说明书不符合食品安全标准而被召回的食品，食品生产者在采取补救措施且能保证食品安全的情况下可以继续销售；销售时应当向消费者明示补救措施。

食品生产经营者应当将食品召回和处理情况向所在地县级人民政府食品安全监督管理部门报告；需要对召回的食品进行无害化处理、销毁的，应当提前报告时间、地点。食品安全监督管理部门认为必要的，可以实施现场监督。

食品生产经营者未依照本条规定召回或者停止经营的，县级以上人民政府食品安全监督管理部门可以责令其召回或者停止经营。

注释 根据食品召回程序的启动方式，食品召回可分为食品生产经营者主动召回和监管部门强制召回两种。

主动召回

(1)食品生产者召回。食品生产者发现其生产的食品不符合食品安全标准或者有证据证明可能危害人体健康的，应当立即停止生产，召回已经上市销售的食品，通知相关生产经营者和消费者，并记录召回和通知情况。

(2)食品经营者召回。食品经营者发现其经营的食品不符合食品安全标准或者有证据证明可能危害人体健康的，应当立即停止经营，通知相关生产经营者和消费者，以便及时采取补救措施，避免危害进一步扩大，并记录停止经营和通知情况。食品生产者接到经营者的通知后，认为应当召回的，应当立即召回。由于食品经营者的原因，如贮存不当，造成其经营的食品有前款规定情形的，应当由食品经营者，而非生产者，进行召回。

召回后的处理。一般情况下，召回的食品不符合食品安全标准或者可能存在食品安全隐患，食品生产经营者应当对召回的食品采取无害化处理、销毁等措施，防止其再次流入市场。但是，对因标签、标志或者说明书不符合食品安全标准而被召回的食品，食品生产者在采取补救措施且能保证食品安全的情况下可以继续销售，但销售时应当向消费者明示补救措施。食品生产经营者应当将食品召回和处理情况向所在地县级人民政府食品安全监督管理部门报告；需要对召回的食品进行无害化处理、销毁的，应当提前报告时间、地点。食品安全监督管理部门认为必要的，可以赴无害化处理或者销毁现场进行监督，以确保存在安全隐患的被召回食品不会再次流入市场。

责令召回

县级以上人民政府食品安全监督管理部门发现食品生产经营者生产经营的食品不符合食品安全标准或者有证据证明可能危害人体健康，但未依照本条规定召回或者停止经营的，可以责令其召回或者停止经营。食品生产经营者在接到责令召回的通知后，应当立即停止生产或者经营，按照本条第一款、第二款和第三款规定的程序召回不符合食品安全标准的食品，进行相应的处理，并将食品召回和处理情况向所在地县级人民政府食品安全监督管理部门报告。

链接《食品召回管理办法》；《食品安全法实施条例》第29、30条

第六十四条 【食用农产品批发市场对进场销售的食用农产品抽样检验】食用农产品批发市场应当配备检验设备和检验人员或者委托符合本法规定的食品检验机构，对进入该批发市场销售的食用农产品进行抽样检验；发现不符合食品安全标准的，应当要求销售者立即停止销售，并向食品安全监督管理部门报告。

链接《农产品质量安全法》第37条

第六十五条 【食用农产品进货查验记录制度】食用农产品销售者应当建立食用农产品进货查验记录制度，如实记录食用农产品的名称、数量、进货日期以及供货者名称、地址、联系方式等内容，并保存相关凭证。记录和凭证保存期限不得少于六个月。

注释 关于食用农产品进货查验记录制度，这里应当说明几点：(1)适用这一制度的主体，包括食用农产品销售企业和个体工商户，但不包括食品摊贩，食品摊贩的具体管理制度适用有关省、自治区、直辖市地方立法的规定。(2)需要查验并记录的具体事项，包括食用农产品的名称、数量、进货

日期以及供货者名称、地址、联系方式等内容。(3)食用农产品经营者除了要作好查验记录外,还要对记录予以保存,并保存相关凭证,二者的保存期限均不得少于六个月。六个月的时间从经营者购进该批产品之日起计算。对于食用农产品销售者违反本条规定的,要依据食品安全法第一百二十六条的规定,承担相应的法律责任。

第六十六条 【食用农产品使用食品添加剂和食品相关产品应当符合食品安全国家标准】进入市场销售的食用农产品在包装、保鲜、贮存、运输中使用保鲜剂、防腐剂等食品添加剂和包装材料等食品相关产品,应当符合食品安全国家标准。

注释 本条规定的主体,既包括食用农产品经营者,也包括专门运输和贮存食用农产品的物流公司、仓储公司等其他主体,都应当按照食品安全国家标准的要求,使用食品添加剂和食品相关产品,以确保食用农产品的安全。

链接《农产品质量安全法》第35条

第三节 标签、说明书和广告

第六十七条 【预包装食品标签】预包装食品的包装上应当有标签。标签应当标明下列事项:

(一)名称、规格、净含量、生产日期;

(二)成分或者配料表;

(三)生产者的名称、地址、联系方式;

(四)保质期;

(五)产品标准代号;

(六)贮存条件;

(七)所使用的食品添加剂在国家标准中的通用名称;

(八)生产许可证编号;

(九)法律、法规或者食品安全标准规定应当标明的其他事项。

专供婴幼儿和其他特定人群的主辅食品,其标签还应当标明主要营养成分及其含量。

食品安全国家标准对标签标注事项另有规定的,从其规定。

注释 食品标签,指在食品包装容器上或附于食品包装容器上的一切附签、吊牌、文字、图形、符号说明物。食品标签的基本功能是通过对被标识食品的名称、规格、生产者名称等进行清晰、准确地描述,科学地向消费者传达该食品的安全特性等信息。

案例 皮某某诉重庆某百货有限公司、重庆市武陵某食品开发有限公司等产品责任纠纷案(2014年1月9日最高人民法院公布五起审理食品药品纠纷典型案例)

裁判规则:案涉食品中"东方魔汤料包"属预包装食品,该食品预包装的标签上没有标明成分或者配料表以及产品标准代号,不符合《食品安全法》关于预包装食品标签标明事项的有关规定。包装上的文字"家中养生我最好"是商品包装中国家标准要求必须标注事项以外的文字,符合广告特征,应适用《广告法》之规定,该文字属于国家明令禁止的绝对化用语,不合法。

链接《消费者权益保护法》第8条;《预包装食品标签通则》;《预包装食品营养标签通则》;《预包装特殊膳食用食品标签》;《关于进出口预包装食品标签检验监督管理有关事宜的公告》

第六十八条 【散装食品的标注要求】食品经营者销售散装食品,应当在散装食品的容器、外包装上标明食品的名称、生产日期或者生产批号、保质期以及生产经营者名称、地址、联系方式等内容。

第六十九条 【转基因食品的显著标示】生产经营转基因食品应当按照规定显著标示。

注释 转基因食品,是利用基因工程技术改变基因组成而形成的食品。转基因食品主要分为三类:植物性转基因食品、动物转基因食品和微生物转基因食品。转基因食品标识是转基因食品管理中的重要环节。生产经营者对转基因食品进行标示应当具有显著性。

链接 本法第151条;《农业法》第64条;《畜牧法》第22条;《渔业法》第17条;《农业转基因生物安全管理条例》第8条;《农业转基因生物标识管理办法》;《食品安全法实施条例》第33条

第七十条 【食品添加剂的标签、说明书和包装】食品添加剂应当有标签、说明书和包装。标签、说明书应当载明本法第六十七条第一款第一项至第六项、第八项、第九项规定的事项,以及食品添加剂的使用范围、用量、使用方法,并在标签上载明"食品添加剂"字样。

链接 本法第67条

第七十一条 【标签、说明书的真实性要求】食品和食品添加剂的标签、说明书,不得含有虚假内容,不得涉及疾病预防、治疗功能。生产经营者对其提供的标签、说明书的内容负责。

食品和食品添加剂的标签、说明书应当清楚、明显,生产日期、保质期等事项应当显著标注,容易辨识。

食品和食品添加剂与其标签、说明书的内容不符的,不得上市销售。

注释 食品、食品添加剂的标签、说明书不得含有虚假内容。食品和食品添加剂的标签、说明书的基本要求是真实性和准确性。其内容应当与食品和食品添加剂的有关情况相一致,其描述应当科学、客观。不得以虚假、使消费者误解或欺骗性的文字、图形等方式介绍食品和食品添加剂;不得利用字号大小或色差误导消费者;不得以直接或者间接暗示性的语言、图形、符号,使消费者或者使用者将食品、食品添加剂的某一性质与另一产品混淆。

链接《药品管理法实施条例》第44、45、46条;《预包装食品标签通则》

第七十二条 【预包装食品的销售要求】食品经营者应当按照食品标签标示的警示标志、警示说明或者注意事项的要求销售食品。

链接《产品质量法》第27、28条;《食品标识管理规定》第15条

第七十三条 【食品广告要求】食品广告的内容应当真实合法,不得含有虚假内容,不得涉及疾病预防、治疗功能。食品生产经营者对食品广告内容的真实性、合法性负责。

县级以上人民政府食品安全监督管理部门和其他有关部门以及食品检验机构、食品行业协会不得以广告或者其他形式向消费者推荐食品。消费者组织不得以收取费用或者其他牟取利益的方式向消费者推荐食品。

注释 广告,是指商品经营者或者服务提供者承担费用,通过一定媒介和形式直接或者间接地介绍自己所推销的商品或者所提供的服务的商业广告。

食品广告的内容应当真实合法,不得含有虚假内容

所谓真实,指与客观事实相符合。广告的生命在于真实,反映在食品广告上,就应当如实介绍食品的名称、产地、用途、质量、价格、生产者、保质期以及生产日期等内容,不能进行任何形式的虚假、夸大宣传,也不能滥用艺术夸张而违背真实性原则。

所谓合法,指符合食品安全法、广告法和相关法律、法规的规定。食品广告不得有下列情形:使用或者变相使用中华人民共和国国旗、国歌、国徽,军旗、军歌、军徽;使用或者变相使用国家机关、国家机关工作人员的名义或者形象;使用"国家级"、"最高级"、"最佳"等用语;损害国家的尊严或者利益,泄露国家秘密;妨碍社会安定,损害社会公共利益;危害人身、财产安全,泄露个人隐私;妨碍社会公共秩序或者违背社会良好风尚;含有淫秽、色情、赌博、迷信、恐怖、暴力的内容;含有民族、种族、宗教、性别歧视的内容;妨碍环境、自然资源或者文化遗产保护;法律、行政法规规定禁止的其他情形。食品广告不得损害未成年人和残疾人的身心健康;不得贬低其他生产经营者的商品或者服务。

所谓虚假,指广告的内容与客观事实不符,如将未获奖的食品宣传为获奖食品,将非进口食品宣传为进口食品。广告法第4条规定,广告不得含有虚假或者引人误解的内容,不得欺骗、误导消费者。第28条规定,广告以虚假或者引人误解的内容欺骗、误导消费者的,构成虚假广告。虚假广告具体包括:(1)商品或者服务不存在的;(2)商品的性能、功能、产地、用途、质量、规格、成分、价格、生产者、有效期限、销售状况、曾获荣誉等信息,或者服务的内容、提供者、形式、质量、价格、销售状况、曾获荣誉等信息,以及与商品或者服务有关的允诺等与实际情况不符,对购买行为有实质性影响的;(3)使用虚构、伪造或者无法验证的科研成果、统计资料、调查结果、文摘、引用语等信息作证明材料的;(4)虚构使用商品或者接受服务的效果的;(5)以虚假或者引人误解的内容欺骗、误导消费者的其他情形。

食品广告的内容不得涉及疾病预防、治疗功能

疾病预防、治疗功能是药品应具备的功能,食品广告的内容不得涉及疾病预防、治疗功能。对此,《药品管理法》第90条规定,非药品广告不得有涉及药品的宣传。《广告法》第18条规定,保健食品广告不得含有表示功效、安全性的断言或者保证;涉及疾病预防、治疗功能;声称或者暗示广告商品为保障健康所必需;与药品、其他保健食品进行比较;利用广告代言人作推荐、证明;法律、行政法规规定禁止的其他内容。第19条规定,广播电台、电视台、报刊音像出版单位、互联网信息服务提供者不得以介绍健康、养生知识等形式变相发布保健食品广告。

案例 1. 从某松诉某健康体检管理集团股份有限公司北京潘家园门诊部产品销售者责任纠纷案(2014年1月9日最高人民法院公布五起审理食品药品纠纷典型案例)

裁判规则:消费者因经营者利用虚假广告提供商品或者服务,其合法权益受到损害的,可以向经营者要求赔偿。经营者提供商品或者服务有发布虚假广告,欺骗和误导消费者,使购买商品或者接受服务的消费者的合法权益受到损害的行为的,当按照消费者的要求增加赔偿其受到的损失,增加赔偿的金额为消费者购买商品的价款或者接受服务的费用的一倍。

2. 王某诉某肾脏病医院邮购药品赔偿纠纷案(2014年1月9日最高人民法院公布五起审理食品药品纠纷典型案例)

裁判规则:广告不得含有不科学的表示功效的断言或者保证,也不得有说明治愈率或者有效率的内容。

链接 本法第79、80条;《广告法》第4、18、19、28、55条;《消费者权益保护法》第38条;《药品管理法》第60条;《药品、医疗器械、保健食品、特殊医学用途配方食品广告审查管理暂行办法》

第四节 特殊食品

第七十四条 【特殊食品监督管理原则】国家对保健食品、特殊医学用途配方食品和婴幼儿配方食品等特殊食品实行严格监督管理。

注释 实行严格监督管理,是指比普通食品更加严格的监督管理,表现在:一是注册或者备案制度。生产普通食品只要求取得食品生产许可,并不需要进行产品注册或者备案,而生产保健食品、特殊医学用途配方食品、婴幼儿配方食品除需要取得食品生产许可外,还要进行产品或者配方的注册或者备案。二是生产质量管理体系。国家对普通食品生产经营企业符合良好生产规范要求,实施危害分析与关键控制点体系,是采取鼓励的态度,不强制要求。但是对生产保健食品,特殊医学用途配方食品、婴幼儿配方食品和其他专供特定人群的主辅食品的企业,要求按照良好生产规范的要求建立与所生产食品相适应的生产质量管理体系。三是食品安全地方标准的制定。保健食品、特殊医学用途配方食品、婴幼儿配方食品等特殊食品不属于地方特色食品,不得对其制定食品安全地方标准。四是其他管理制度。例如,特殊医学用途配方食品广告适用《广告法》和其他法律、行政法规关于药品广告管理的规定,婴幼儿配方食品生产企业对出厂的婴幼儿配方食品实施逐批检验等。这些都是比普通食品更严的要求。

同时,特殊食品在本质上仍是食品,其生产经营除应当遵守本节规定的要求以外,还应当遵守本法对食品规定的一般性要求。

链接《食品安全法实施条例》第12条

第七十五条 【保健食品原料和功能目录】保健食品声称保健功能,应当具有科学依据,不得对人体产生急性、亚急性或者慢性危害。

保健食品原料目录和允许保健食品声称的保健功能目录,由国务院食品安全监督管理部门会同国务院卫生行政部门、国家中医药管理部门制定、调整并公布。

保健食品原料目录应当包括原料名称、用量及其对应的功效;列入保健食品原料目录的原料只能用于保健食品生产,不得用于其他食品生产。

注释 保健食品生产工艺有原料提取、纯化等前处理工序的,生产企业应当具备相应的原料前处理能力。

链接《卫生部关于进一步规范保健食品原料管理的通知》;《食品安全法实施条例》第35条

第七十六条 【保健食品的注册和备案制度】使用保健食品原料目录以外原料的保健食品和首次进口的保健食品应当经国务院食品安全监督管理部门注册。但是,首次进口的保健食品中属于补充维生素、矿物质等营养物质的,应当报国务院食品安全监督管理部门备案。其他保健食品应当报省、自治区、直辖市人民政府食品安全监督管理部门备案。

进口的保健食品应当是出口国(地区)主管部门准许上市销售的产品。

注释 **实行注册管理的保健食品**

使用保健食品原料目录以外原料的保健食品,包括使用全新原料的保健食品和改变原料目录中的原料、用量或者功效的保健食品。首次进口的保健食品是指第一次进口到中国境内的保健食品。使用保健食品原料目录以内原料(包括用量和对应的功效)的保健食品和再次进口到中国境内的保健食品,不需要再进行注册,只需要进行备案。

实行备案管理的保健食品

因为标准化程度高、安全风险低,对首次进口的保健食品中属于补充维生素、矿物质等营养物质的,不实行注册管理,但应当报国务院食品药品监督管理部门备案。其他保健食品应当报省、自治区、直辖市人民政府食品药品监督管理部门备案。

本条还规定了进口的保健食品应当是出口国(地区)主管部门准许上市销售的产品。这一规定要求保健食品不仅仅在进口时应当是出口国(地区)主管部门准许上市销售的产品,在进口后也应当是出口国(地区)主管部门准许上市销售的产品。在进口后因各种原因被出口国(地区)主管部门禁止上市销售的保健食品,应当依法停止进口,予以召回。

第七十七条 【保健食品注册和备案的具体要求】依法应当注册的保健食品,注册时应当提交保健食品的研发报告、产品配方、生产工艺、安全性和保健功能评价、标签、说明书等材料及样品,并提供相关证明文件。国务院食品安全监督管理部门经组织技术审评,对符合安全和功能声称要求的,准予注册;对不符合要求的,不予注册并书面说明理由。对使用保健食品原料目录以外原料的保健食品作出准予注册决定的,应当及时将该原料纳入保健食品原料目录。

依法应当备案的保健食品,备案时应当提交产品配方、生产工艺、标签、说明书以及表明产品安全性和保健功能的材料。

注释 保健食品注册应当提交的材料

研发报告是指反映产品整个研发过程和成果的报告。产品配方是指产品生产时使用,并存在于最终产品中的原料、辅料的品种及用量。生产工艺,根据产品的原料、剂型、工艺的不同,可有所不同,但一般均包含如下过程或其中部分过程:原料投料、前处理、提取、精制、浓缩、干燥、制剂成型、灭菌或消毒、包装、检验、入库等。安全性和保健功能评价材料是指关于保健食品的安全性和是否具有保健功能的材料。样品是指申请人根据申请材料组织试制的产品。

保健食品备案应当提交的材料

实行备案管理的保健食品也应当提交相关材料,以备食品安全监督管理部门实行事后的监督检查。包括产品配方、生产工艺、标签、说明书以及表明产品安全性和保健功能的材料。食品安全监督管理部门发现备案的保健食品不符合本法规定的,应当依法采取相应的处理措施。

第七十八条 【保健食品的标签、说明书】保健食品的标签、说明书不得涉及疾病预防、治疗功能,内容应当真实,与注册或者备案的内容相一致,载明适宜人群、不适宜人群、功效成分或者标志性成分及其含量等,并声明“本品不能代替药物”。保健食品的功能和成分应当与标签、说明书相一致。

注释 疾病预防、治疗功能是药品才具备的功能,非药品不得在其标签、说明书上进行含有预防、治疗人体疾病等有关内容的宣传。因此,保健食品不得用“治疗”、“治愈”、“疗效”、“痊愈”、“医治”等词汇描述和介绍产品的保健作用,也不得以图形、符号或其他形式暗示疾病预防、治疗功能。

保健食品标签、说明书是消费者科学选购、合理食用保健食品的重要依据,其内容应当确保真实,准确反映产品信息,做到“两个一致”,即保健食品标签、说明书与注册或者备案的内容相一致,保健食品的功能和成分与标签、说明书相一致。

第七十九条 【保健食品广告】保健食品广告除应当符合本法第七十三条第一款的规定外,还应当声明“本品不能代替药物”;其内容应当经生产企业所在地省、自治区、直辖市人民政府食品安全监督管理部门审查批准,取得保健食品广告批准文件。省、自治区、直辖市人民政府食品安全监督管理部门应当公布并及时更新已经批准的保健食品广告目录以及批准的广告内容。

注释 保健食品广告首先是食品广告,应当符合本法第73条第1款关于食品广告的规定,即食品广告的内容应当真实合法,不得含有虚假内容,不得涉及疾病预防、治疗功能。同时,应当声明“本品不能代替药物”。

保健食品的广告实行审查制度,广告内容应当经生产企业所在地省、自治区、直辖市人民政府食品安全监督管理部门审查批准,取得保健食品广告批准文件。未经审查,不得发布保健食品广告。为便于社会监督,省、自治区、直辖市人民政府食品安全监督管理部门应当公布并及时更新已经批准的保健食品广告目录以及批准的广告内容。

链接《广告法》第18、19条

第八十条 【特殊医学用途配方食品】特殊医学用途配方食品应当经国务院食品安全监督管理部门注册。注册时，应当提交产品配方、生产工艺、标签、说明书以及表明产品安全性、营养充足性和特殊医学用途临床效果的材料。

特殊医学用途配方食品广告适用《中华人民共和国广告法》和其他法律、行政法规关于药品广告管理的规定。

注释 特殊医学用途配方食品是指为了满足进食受限、消化吸收障碍、代谢紊乱或特定疾病状态人群对营养素或膳食的特殊需要，专门加工配制而成的配方食品。该类产品必须在医生或临床营养师指导下，单独食用或与其他食品配合食用。特殊医学用途配方食品是食品，而不是药品，但不是正常人吃的普通食品，而是经过临床医生和营养学家们大量的医学科学研究，以科学的客观事实为依据专门研制、生产的配方食品。因此，其食用人群具有特殊性和敏感性。为保障特定疾病状态人群的膳食安全，新法增加了特殊医学用途配方食品实行注册的规定。

特殊医学用途配方食品广告适用《广告法》和其他法律、行政法规关于药品广告管理的规定。例如，《广告法》规定，药品广告不得含有下列内容：(1)表示功效、安全性的断言或者保证；(2)说明治愈率或者有效率；(3)与其他药品、医疗器械的功效和安全性或者其他医疗机构比较；(4)利用广告代言人作推荐、证明；(5)法律、行政法规规定禁止的其他内容。药品广告的内容不得与国务院药品监督管理部门批准的说明书不一致，并应当显著标明禁忌、不良反应。发布药品广告，应当在发布前由广告审查机关对广告内容进行审查；未经审查，不得发布。

2019年修订的《食品安全法实施条例》对本条作了细化规定，特殊医学用途配方食品生产企业应当按照食品安全国家标准规定的检验项目对出厂产品实施逐批检验。特殊医学用途配方食品中的特定全营养配方食品应当通过医疗机构或者药品零售企业向消费者销售。医疗机构、药品零售企业销售特定全营养配方食品的，不需要取得食品经营许可，但是应当遵守食品安全法及其实施条例关于食品销售的规定。特殊医学用途配方食品中的特定全营养配方食品广告按照处方药广告管理，其他类别的特殊医学用途配方食品广告按照非处方药广告管理。

链接《广告法》第16条；《食品安全法实施条例》第36、37条

第八十一条 【婴幼儿配方食品的管理】婴幼儿配方食品生产企业应当实施从原料进厂到成品出厂的全过程质量控制，对出厂的婴幼儿配方食品实施逐批检验，保证食品安全。

生产婴幼儿配方食品使用的生鲜乳、辅料等食品原料、食品添加剂等，应当符合法律、行政法规的规定和食品安全国家标准，保证婴幼儿生长发育所需的营养成分。

婴幼儿配方食品生产企业应当将食品原料、食品添加剂、产品配方及标签等事项向省、自治区、直辖市人民政府食品安全监督管理部门备案。

婴幼儿配方乳粉的产品配方应当经国务院食品安全监督管理部门注册。注册时，应当提交配方研发报告和其他表明配方科学性、安全性的材料。

不得以分装方式生产婴幼儿配方乳粉，同一企业不得用同一配方生产不同品牌的婴幼儿配方乳粉。

注释 禁止以进口大包装乳粉直接分装等分装方式生产婴幼儿配方乳粉，是为了避免在分装过程造成乳粉污染，影响乳粉安全。禁止同一企业用同一配方生产不同品牌的婴幼儿配方乳粉，是为了防止企业将同一配方改头换面后用另一品牌上市销售，欺骗消费者，解决我国婴幼儿配方乳粉配方过多过滥的问题。

2019年修订的《食品安全法实施条例》对本条作了补充规定，《条例》规定对添加食品安全国家标准规定的选择性添加物质的婴幼儿配方食品，不得以选择性添加物质命名。

链接《食品安全法实施条例》第38条

第八十二条 【注册、备案材料确保真实】保健食品、特殊医学用途配方食品、婴幼儿配方乳粉的注册人或者备案人应当对其提交材料的真实性负责。

省级以上人民政府食品安全监督管理部门应当及时公布注册或者备案的保健食品、特殊医学用途配方食品、婴幼儿配方乳粉目录，并对注册或者备案中获知的企业商业秘密予以保密。

保健食品、特殊医学用途配方食品、婴幼儿配方乳粉生产企业应当按照注册或者备案的产品配方、生产工艺等技术要求组织生产。

第八十三条 【特殊食品生产质量管理体系】 生产保健食品,特殊医学用途配方食品、婴幼儿配方食品和其他专供特定人群的主辅食品的企业,应当按照良好生产规范的要求建立与所生产食品相适应的生产质量管理体系,定期对该体系的运行情况进行自查,保证其有效运行,并向所在地县级人民政府食品安全监督管理部门提交自查报告。

链接《保健食品良好生产规范》(GB17405-1998)

第五章 食品检验

第八十四条 【食品检验机构】 食品检验机构按照国家有关认证认可的规定取得资质认定后,方可从事食品检验活动。但是,法律另有规定的除外。

食品检验机构的资质认定条件和检验规范,由国务院食品安全监督管理部门规定。

符合本法规定的食品检验机构出具的检验报告具有同等效力。

县级以上人民政府应当整合食品检验资源,实现资源共享。

注释 针对违法发布信息误导消费者的问题,2019年修订的《食品安全法实施条例》规定,任何单位和个人不得发布未依法取得资质认定的食品检验机构出具的食品检验信息,不得利用上述检验信息对食品、食品生产经营者进行等级评定,欺骗、误导消费者。发布未依法取得资质认定的食品检验机构出具的食品检验信息,或者利用上述检验信息对食品、食品生产经营者进行等级评定,欺骗、误导消费者的,由县级以上人民政府食品安全监督管理部门责令改正,有违法所得的,没收违法所得,并处10万元以上50万元以下罚款;拒不改正的,处50万元以上100万元以下罚款;构成违反治安管理行为的,由公安机关依法给予治安管理处罚。

链接《农产品质量安全法》第48条;《国务院机构改革和职能转变方案的决定》;《食品检验机构资质认定条件》;《食品检验工作规范》;《食品安全法实施条例》第43、80条

第八十五条 【食品检验人】 食品检验由食品检验机构指定的检验人独立进行。

检验人应当依照有关法律、法规的规定,并按照食品安全标准和检验规范对食品进行检验,尊重科学,恪守职业道德,保证出具的检验数据和结论客观、公正,不得出具虚假检验报告。

第八十六条 【食品检验机构与检验人共同负责制】 食品检验实行食品检验机构与检验人负责制。食品检验报告应当加盖食品检验机构公章,并有检验人的签名或者盖章。食品检验机构和检验人对出具的食品检验报告负责。

第八十七条 【监督抽检】 县级以上人民政府食品安全监督管理部门应当对食品进行定期或者不定期的抽样检验,并依据有关规定公布检验结果,不得免检。进行抽样检验,应当购买抽取的样品,委托符合本法规定的食品检验机构进行检验,并支付相关费用;不得向食品生产经营者收取检验费和其他费用。

注释 **抽样检验**

食品安全抽样检验包括定期和不定期的抽样检验两种。定期检验主要是指监管部门根据监管工作的需要,作出明确规定和安排,在确定的时间,对食品进行抽样检验。不定期检验主要是针对特定时期的食品安全形势、消费者和有关组织反映的情况,或者因其他原因需要在定期检验的基础上,不定期地对某一类食品、某一生产经营者的食品,或者某一区域的食品,进行抽样检验。

可制定补充检验项目和检验方法

根据2019年修订的《食品安全法实施条例》规定:对可能掺杂掺假的食品,按照现有食品安全标准规定的检验项目和检验方法以及依照食品安全法第一百一十一条和本条例第六十三条规定制定的检验项目和检验方法无法检验的,国务院食品安全监督管理部门可以制定补充检验项目和检验方法,用于对食品的抽样检验、食品安全案件调查处理和食品安全事故处置。此项规定丰富了食品安全监管手段。

链接《食品安全抽样检验管理办法》;《食品安全法实施条例》第41条

第八十八条 【复检】 对依照本法规定实施的检验结论有异议的,食品生产经营者可以自收到检验结论之日起七个工作日内向实施抽样检验的食品安全监督管理部门或者其上一级食品安全监督管理部门提出复检申请,由受理复检申请的食品安全监督管理部门在公布的复检机构名录中随机确定复检机构进行复检。复检机构出具的复检结论为最终检验结论。复检机构与初检机构不得为同一机构。复检机构名录由国务院认证认可监

督管理、食品安全监督管理、卫生行政、农业行政等部门共同公布。

采用国家规定的快速检测方法对食用农产品进行抽查检测，被抽查人对检测结果有异议的，可以自收到检测结果时起四小时内申请复检。复检不得采用快速检测方法。

注释 监督抽检不合格的检验结论，是执法机关责令食品生产经营者召回问题食品，或者对食品生产经营者采取行政强制措施或进行行政处罚的依据。《食品安全抽样检验管理办法》第 27 条规定，国家市场监督管理总局组织的食品安全监督抽检的检验结论不合格的，承检机构除按照相关要求报告外，还应当通过食品安全抽样检验信息系统及时通报抽样地以及标称的食品生产者住所地市场监督管理部门。地方市场监督管理部门组织或者实施食品安全监督抽检的检验结论不合格的，抽样地与标称食品生产者住所地不在同一省级行政区域的，抽样地市场监督管理部门应当在收到不合格检验结论后通过食品安全抽样检验信息系统及时通报标称的食品生产者住所地同级市场监督管理部门。同一省级行政区域内不合格检验结论的通报按照抽检地省级市场监督管理部门规定的程序和时限通报。通过网络食品交易第三方平台抽样的，除按照前两款的规定通报外，还应当同时通报网络食品交易第三方平台提供者住所地市场监督管理部门。因此，监督抽检不合格的检验结论事关被监督抽检的食品生产经营者的切身利益，为了维护其合法权益，有必要从法律上为其提供救济途径，即向食品安全监督管理部门提出复检申请。

为保证复检的公正性，复检机构与初检机构不得为同一机构，且不得采用快速检测方法。

链接《食品安全抽样检验管理办法》第五章；《食品安全法实施条例》第 79 条

第八十九条 【自行检验和委托检验】食品生产企业可以自行对所生产的食品进行检验，也可以委托符合本法规定的食品检验机构进行检验。

食品行业协会和消费者协会等组织、消费者需要委托食品检验机构对食品进行检验的，应当委托符合本法规定的食品检验机构进行。

第九十条 【食品添加剂的检验】食品添加剂的检验，适用本法有关食品检验的规定。

第六章 食品进出口

第九十一条 【进出口食品的监督管理部门】国家出入境检验检疫部门对进出口食品安全实施监督管理。

第九十二条 【进口食品、食品添加剂和相关产品的要求】进口的食品、食品添加剂、食品相关产品应当符合我国食品安全国家标准。

进口的食品、食品添加剂应当经出入境检验检疫机构依照进出口商品检验相关法律、行政法规的规定检验合格。

进口的食品、食品添加剂应当按照国家出入境检验检疫部门的要求随附合格证明材料。

链接《进出口商品检验法》第 5、6 条；《进出口商品检验法实施条例》第 2 条

第九十三条 【进口尚无食品安全国家标准的食品及“三新”产品的要求】进口尚无食品安全国家标准的食品，由境外出口商、境外生产企业或者其委托的进口商向国务院卫生行政部门提交所执行的相关国家（地区）标准或者国际标准。国务院卫生行政部门对相关标准进行审查，认为符合食品安全要求的，决定暂予适用，并及时制定相应的食品安全国家标准。进口利用新的食品原料生产的食品或者进口食品添加剂新品种、食品相关产品新品种，依照本法第三十七条的规定办理。

出入境检验检疫机构按照国务院卫生行政部门的要求，对前款规定的食品、食品添加剂、食品相关产品进行检验。检验结果应当公开。

链接《食品添加剂新品种管理办法》；《食品相关产品新品种行政许可管理规定》；《食品中污染物限量》(GB2762-2012)；《食品安全法实施条例》第 47 条

第九十四条 【境外出口商、生产企业、进口商食品安全义务】境外出口商、境外生产企业应当保证向我国出口的食品、食品添加剂、食品相关产品符合本法以及我国其他有关法律、行政法规的规定和食品安全国家标准的要求，并对标签、说明书的内容负责。

进口商应当建立境外出口商、境外生产企业审核制度，重点审核前款规定的内容；审核不合格的，不得进口。

发现进口食品不符合我国食品安全国家标准或者有证据证明可能危害人体健康的，进口商应当立即停止进口，并依照本法第六十三条的规定召回。

注释《进出口食品安全管理办法》第37条规定，食品进口商发现进口食品不符合法律、行政法规和食品安全国家标准，或者有证据证明可能危害人体健康，应当按照《食品安全法》第63条和第94条第3款规定，立即停止进口、销售和使用，实施召回，通知相关生产经营者和消费者，记录召回和通知情况，并将食品召回、通知和处理情况向所在地海关报告。

由于进口食品已经在市场上销售，所以本法第95条第2款规定，县级以上人民政府食品药品监督管理部门对国内市场上销售的进口食品、食品添加剂实施监督管理。

2019年修订的《食品安全法实施条例》规定了进口商依照本条第三款的规定召回进口食品的，应当将食品召回和处理情况向所在地县级人民政府食品安全监督管理部门和所在地出入境检验检疫机构报告。

链接《进出境动植物检疫法》第2章；《进出口食品安全管理办法》第30、37条；《食品安全法实施条例》第48、49条

第九十五条 【进口食品等出现严重食品安全问题的应对措施】境外发生的食品安全事件可能对我国境内造成影响，或者在进口食品、食品添加剂、食品相关产品中发现严重食品安全问题的，国家出入境检验检疫部门应当及时采取风险预警或者控制措施，并向国务院食品安全监督管理、卫生行政、农业行政部门通报。接到通报的部门应当及时采取相应措施。

县级以上人民政府食品安全监督管理部门对国内市场上销售的进口食品、食品添加剂实施监督管理。发现存在严重食品安全问题的，国务院食品安全监督管理部门应当及时向国家出入境检验检疫部门通报。国家出入境检验检疫部门应当及时采取相应措施。

注释 **风险预警**

风险预警是部门内或者行业内发布警示公告，旨在采取控制措施。本法第118条规定，国家建立统一的食品安全信息平台，实行食品安全信息统一公布制度。明确指出，食品安全风险警示信息由国务院食品安全监督管理部门统一公布。

2019年修订的《食品安全法实施条例》对此作了细化规定，《条例》规定境外发生的食品安全事件可能对我国境内造成影响，或者在进口食品、食品添加剂、食品相关产品中发现严重食品安全问题的，国家出入境检验检疫部门应当及时进行风险预警，并可以对相关的食品、食品添加剂、食品相关产品采取下列控制措施：（一）退货或者销毁处理；（二）有条件地限制进口；（三）暂停或者禁止进口。

控制措施

如果食品安全监督管理部门通过抽样检查等途径发现市场上销售的进口食品、食品添加剂存在严重食品安全问题的，国务院食品安全监督管理部门应当及时向国家出入境检验检疫部门通报。国家出入境检验检疫部门应当及时采取相应措施。

国家出入境检验检疫部门收到国际组织、境外政府机构发布的风险预警信息及其他食品安全信息，认为境外发生的食品安全事件可能对我国境内造成影响，或者在进口食品、食品添加剂、食品相关产品检验过程中发现严重食品安全问题的，或者收到国务院食品安全监督管理部门通报市场上销售的进口食品、食品添加剂存在严重食品安全问题的，应当采取相应的控制措施。《进出口食品安全管理办法》第59条规定，境内外发生食品安全事件或者疫情疫病可能影响到进出口食品安全的，或者在进出口食品中发现严重食品安全问题的，直属海关应当及时上报海关总署；海关总署根据情况进行风险预警，在海关系统内发布风险警示通报，并向国务院食品安全监督管理、卫生行政、农业行政部门通报，必要时向消费者发布风险警示通告。海关总署发布风险警示通报的，应当根据风险警示通报要求对进出口食品采取本办法第34条、第35条、第36条和第54条规定的控制措施。

进口食品安全风险已不存在或者已降低到可接受的程度时，应当及时解除风险预警通报及控制措施。

链接《进出口食品安全管理办法》第59、61条；《食品安全法实施条例》第52条

第九十六条 【进出口食品商、代理商、境外食品生产企业的备案与注册制度】向我国境内出口食品的境外出口商或者代理商、进口食品的进口商应当向国家出入境检验检疫部门备案。向我国境内出口食品的境外食品生产企业应当经国家出入境检验检疫部门注册。已经注册的境外食品生产企业提供虚假材料，或者因其自身的原因致

使进口食品发生重大食品安全事故的，国家出入境检验检疫部门应当撤销注册并公告。

国家出入境检验检疫部门应当定期公布已经备案的境外出口商、代理商、进口商和已经注册的境外食品生产企业名单。

注释 国家出入境检验检疫部门发现已经注册的境外食品生产企业不再符合注册要求的，应当责令其在规定期限内整改，整改期间暂停进口其生产的食品；经整改仍不符合注册要求的，国家出入境检验检疫部门应当撤销境外食品生产企业注册并公告。对通过我国良好生产规范、危害分析与关键控制点体系认证的境外生产企业，认证机构应当依法实施跟踪调查。对不再符合认证要求的企业，认证机构应当依法撤销认证并向社会公布。

链接《进口食品进出口商备案管理规定》；《进口食品境外生产企业注册管理规定》；《食品安全法实施条例》第 50、51 条

第九十七条 【进口的预包装食品、食品添加剂标签、说明书】进口的预包装食品、食品添加剂应当有中文标签；依法应当有说明书的，还应当有中文说明书。标签、说明书应当符合本法以及我国其他有关法律、行政法规的规定和食品安全国家标准的要求，并载明食品的原产地以及境内代理商的名称、地址、联系方式。预包装食品没有中文标签、中文说明书或者标签、说明书不符合本条规定的，不得进口。

链接《产品质量法》第 27、28 条；《预包装食品标签通则》（GB7718-2011）

第九十八条 【食品、食品添加剂进口和销售记录制度】进口商应当建立食品、食品添加剂进口和销售记录制度，如实记录食品、食品添加剂的名称、规格、数量、生产日期、生产或者进口批号、保质期、境外出口商和购货者名称、地址及联系方式、交货日期等内容，并保存相关凭证。记录和凭证保存期限应当符合本法第五十条第二款的规定。

链接《食品进口记录和销售记录管理规定》

第九十九条 【对出口食品和出口食品企业的监督管理】出口食品生产企业应当保证其出口食品符合进口国（地区）的标准或者合同要求。

出口食品生产企业和出口食品原料种植、养殖场应当向国家出入境检验检疫部门备案。

注释 出口食品、食品添加剂的生产企业应当保证其出口食品、食品添加剂符合进口国家（地区）的标准或者合同要求；我国缔结或者参加的国际条约、协定有要求的，还应当符合国际条约、协定的要求。

链接《进出口商品检验法》第 5 条；《进出口食品安全管理办法》第 38 条；《出口食品原料种植场备案管理规定》；《食品安全法实施条例》第 53 条

第一百条 【国家出入境检验检疫部门收集信息及实施信用管理】国家出入境检验检疫部门应当收集、汇总下列进出口食品安全信息，并及时通报相关部门、机构和企业：

（一）出入境检验检疫机构对进出口食品实施检验检疫发现的食品安全信息；

（二）食品行业协会和消费者协会等组织、消费者反映的进口食品安全信息；

（三）国际组织、境外政府机构发布的风险预警信息及其他食品安全信息，以及境外食品行业协会等组织、消费者反映的食品安全信息；

（四）其他食品安全信息。

国家出入境检验检疫部门应当对进出口食品的进口商、出口商和出口食品生产企业实施信用管理，建立信用记录，并依法向社会公布。对有不良记录的进口商、出口商和出口食品生产企业，应当加强对其进出口食品的检验检疫。

链接《进出口商品检验法》第 10 条

第一百零一条 【国家出入境检验检疫部门的评估和审查职责】国家出入境检验检疫部门可以对向我国境内出口食品的国家（地区）的食品安全管理体系和食品安全状况进行评估和审查，并根据评估和审查结果，确定相应检验检疫要求。

链接《进出口食品安全管理办法》第 2 章

第七章 食品安全事故处置

第一百零二条 【食品安全事故应急预案】国务院组织制定国家食品安全事故应急预案。

县级以上地方人民政府应当根据有关法律、法规的规定和上级人民政府的食品安全事故应急预案以及本行政区域的实际情况，制定本行政区域的食品安全事故应急预案，并报上一级人民政府备案。

食品安全事故应急预案应当对食品安全事故分级、事故处置组织指挥体系与职责、预防预警机制、处置程序、应急保障措施等作出规定。

食品生产经营企业应当制定食品安全事故处

置方案,定期检查本企业各项食品安全防范措施的落实情况,及时消除事故隐患。

注释 食品安全事故应急预案应当包括食品安全事故分级、事故处置指挥体系与职责、预防预警机制、处置程序、应急保障措施等内容。

食品生产经营企业,是食品安全的第一责任人,有防范食品安全事故发生的义务。为了降低食品安全事故发生的危险,从源头上消除事故隐患,发生食品安全事故后尽早发现,将事故危害控制在可控范围,需要将食品生产经营企业纳入食品安全事故应急预案体系中。食品生产经营企业有义务制定食品安全事故处置方案,定期检查本企业各项食品安全防范措施的落实情况,及时消除事故隐患。在发生食品安全事故后也须承担采取控制措施、进行及时报告等义务。

链接《国家食品安全事故应急预案》;《突发事件应对法》;《食品安全法实施条例》第54、55条

第一百零三条 【食品安全事故应急处置、报告、通报】发生食品安全事故的单位应当立即采取措施,防止事故扩大。事故单位和接收病人进行治疗的单位应当及时向事故发生地县级人民政府食品安全监督管理、卫生行政部门报告。

县级以上人民政府农业行政等部门在日常监督管理中发现食品安全事故或者接到事故举报,应当立即向同级食品安全监督管理部门通报。

发生食品安全事故,接到报告的县级人民政府食品安全监督管理部门应当按照应急预案的规定向本级人民政府和上级人民政府食品安全监督管理部门报告。县级人民政府和上级人民政府食品安全监督管理部门应当按照应急预案的规定上报。

任何单位和个人不得对食品安全事故隐瞒、谎报、缓报,不得隐匿、伪造、毁灭有关证据。

注释 **事故单位的应急处置**

一般来讲,事故发生单位采取的应急处置措施包括:采取措施立即停止可能导致食品安全事故的食品及原料的食用和使用;密切注意已食用可能导致事故的食品的人员,一旦出现不适症状的,立即送至医院救治;保护食品安全事故发生的现场,控制和保存可能导致食品安全事故的食品及其原料,以便有关部门采集、分析;立即将事故情况如实向所在地县级人民政府食品安全监督管理、卫生行政部门报告等。

报告制度

有义务向食品安全监督管理部门报告食品安全事故的主体包括:发生可能与食品有关的急性群体性健康损害的单位、接收食品安全事故病人治疗的单位。质量监督、农业行政、卫生行政等部门在日常监督管理中发现食品安全事故或者接到事故举报的,应当立即向食品安全监督管理部门通报。根据国家食品安全事故应急预案的规定,食品生产经营者、食品安全相关技术机构、有关社会团体及个人也有报告义务。另外,经核实的公众举报信息、经核实的媒体披露与报道信息、世界卫生组织等国际机构、其他国家和地区通报我国的信息,也是重要的事故信息来源。

不得对食品安全事故隐瞒、谎报、缓报,不得隐匿、伪造、毁灭有关证据

隐瞒是指明知食品安全事故的真实情况,故意不按照规定报告的行为。谎报是指明知食品安全事故的真实情况,故意编造虚假或者不真实的食品安全事故情况。缓报是指超过食品安全事故的报告时限,不按照规定的时限拖延报告的行为。隐匿、伪造、毁灭有关证据不利于查清事实真相,也不利于追究相关责任人的法律责任。

链接《食品安全法实施条例》第56条

第一百零四条 【食源性疾病的报告和通报】医疗机构发现其接收的病人属于食源性疾病病人或者疑似病人的,应当按照规定及时将相关信息向所在地县级人民政府卫生行政部门报告。县级人民政府卫生行政部门认为与食品安全有关的,应当及时通报同级食品安全监督管理部门。

县级以上人民政府卫生行政部门在调查处理传染病或者其他突发公共卫生事件中发现与食品安全相关的信息,应当及时通报同级食品安全监督管理部门。

注释 食源性疾病与食品安全密切相关。食源性疾病,指食品中致病因素进入人体引起的感染性、中毒性等疾病,包括食物中毒;食品安全事故,指食源性疾病、食品污染等源于食品,对人体健康有危害或者可能有危害的事故。实践中,食源性疾病可能是因为食品生产经营行为不当造成,也可能是因为个人误食引起的。食源性疾病很可能是发生食品安全事故的信号,属于涉及食品安全的重要信息,应当予以重视。

第一百零五条 【食品安全事故发生后应采取的措施】县级以上人民政府食品安全监督管理部门接到食品安全事故的报告后，应当立即会同同级卫生行政、农业行政等部门进行调查处理，并采取下列措施，防止或者减轻社会危害：

（一）开展应急救援工作，组织救治因食品安全事故导致人身伤害的人员；

（二）封存可能导致食品安全事故的食品及其原料，并立即进行检验；对确认属于被污染的食品及其原料，责令食品生产经营者依照本法第六十三条的规定召回或者停止经营；

（三）封存被污染的食品相关产品，并责令进行清洗消毒；

（四）做好信息发布工作，依法对食品安全事故及其处理情况进行发布，并对可能产生的危害加以解释、说明。

发生食品安全事故需要启动应急预案的，县级以上人民政府应当立即成立事故处置指挥机构，启动应急预案，依照前款和应急预案的规定进行处置。

发生食品安全事故，县级以上疾病预防控制机构应当对事故现场进行卫生处理，并对与事故有关的因素开展流行病学调查，有关部门应当予以协助。县级以上疾病预防控制机构应当向同级食品安全监督管理、卫生行政部门提交流行病学调查报告。

注释 食品安全监督管理部门还应当对事故单位封存的食品及原料、工具、设备、设施等予以保护，需要封存而事故单位尚未封存的应当直接封存或者责令事故单位立即封存，并通知疾病预防控制机构对与事故有关的因素开展流行病学调查。

链接《食品安全法实施条例》第57条

第一百零六条 【食品安全事故责任调查】发生食品安全事故，设区的市级以上人民政府食品安全监督管理部门应当立即会同有关部门进行事故责任调查，督促有关部门履行职责，向本级人民政府和上一级人民政府食品安全监督管理部门提出事故责任调查处理报告。

涉及两个以上省、自治区、直辖市的重大食品安全事故由国务院食品安全监督管理部门依照前款规定组织事故责任调查。

注释 2019年修订的《食品安全法实施条例》还规定了疾病预防控制机构应当在调查结束后向同级食品安全监督管理、卫生行政部门同时提交流行病学调查报告。有关部门应当对疾病预防控制机构开展流行病学调查予以协助。

链接《食品安全法实施条例》第57条

第一百零七条 【食品安全事故调查原则、主要任务】调查食品安全事故，应当坚持实事求是、尊重科学的原则，及时、准确查清事故性质和原因，认定事故责任，提出整改措施。

调查食品安全事故，除了查明事故单位的责任，还应当查明有关监督管理部门、食品检验机构、认证机构及其工作人员的责任。

第一百零八条 【食品安全事故调查部门的职权】食品安全事故调查部门有权向有关单位和个人了解与事故有关的情况，并要求提供相关资料和样品。有关单位和个人应当予以配合，按照要求提供相关资料和样品，不得拒绝。

任何单位和个人不得阻挠、干涉食品安全事故的调查处理。

第八章 监督管理

第一百零九条 【食品安全风险分级管理和年度监督管理计划】县级以上人民政府食品安全监督管理部门根据食品安全风险监测、风险评估结果和食品安全状况等，确定监督管理的重点、方式和频次，实施风险分级管理。

县级以上地方人民政府组织本级食品安全监督管理、农业行政等部门制定本行政区域的食品安全年度监督管理计划，向社会公布并组织实施。

食品安全年度监督管理计划应当将下列事项作为监督管理的重点：

（一）专供婴幼儿和其他特定人群的主辅食品；

（二）保健食品生产过程中的添加行为和按照注册或者备案的技术要求组织生产的情况，保健食品标签、说明书以及宣传材料中有关功能宣传的情况；

（三）发生食品安全事故风险较高的食品生产经营者；

（四）食品安全风险监测结果表明可能存在食品安全隐患的事项。

第一百一十条 【食品安全监督检查措施】县级以上人民政府食品安全监督管理部门履行食品安全监督管理职责，有权采取下列措施，对生产经营者遵守本法的情况进行监督检查：

（一）进入生产经营场所实施现场检查；

（二）对生产经营的食品、食品添加剂、食品相关产品进行抽样检验；

（三）查阅、复制有关合同、票据、账簿以及其他有关资料；

（四）查封、扣押有证据证明不符合食品安全标准或者有证据证明存在安全隐患以及用于违法生产经营的食品、食品添加剂、食品相关产品；

（五）查封违法从事生产经营活动的场所。

注释 为了丰富食品安全监管手段，2019年修订的《食品安全法实施条例》规定，设区的市级以上人民政府食品安全监督管理部门根据监督管理工作需要，可以对由下级人民政府食品安全监督管理部门负责日常监督管理的食品生产经营者实施随机监督检查，也可以组织下级人民政府食品安全监督管理部门对食品生产经营者实施异地监督检查。设区的市级以上人民政府食品安全监督管理部门认为必要的，可以直接调查处理下级人民政府食品安全监督管理部门管辖的食品安全违法案件，也可以指定其他下级人民政府食品安全监督管理部门调查处理。

根据本条规定实施查封、扣押措施，查封、扣押的期限不得超过30日；情况复杂的，经实施查封、扣押措施的食品安全监督管理部门负责人批准，可以延长，延长期限不得超过45日。

链接《食品安全法实施条例》第59、61条

第一百一十一条 【有害物质的临时限量值和临时检验方法】对食品安全风险评估结果证明食品存在安全隐患，需要制定、修订食品安全标准的，在制定、修订食品安全标准前，国务院卫生行政部门应当及时会同国务院有关部门规定食品中有害物质的临时限量值和临时检验方法，作为生产经营和监督管理的依据。

第一百一十二条 【快速检测】县级以上人民政府食品安全监督管理部门在食品安全监督管理工作中可以采用国家规定的快速检测方法对食品进行抽查检测。

对抽查检测结果表明可能不符合食品安全标准的食品，应当依照本法第八十七条的规定进行检验。抽查检测结果确定有关食品不符合食品安全标准的，可以作为行政处罚的依据。

链接《餐饮服务食品安全快速检测方法认定管理办法》

第一百一十三条 【食品安全信用档案】县级以上人民政府食品安全监督管理部门应当建立食品生产经营者食品安全信用档案，记录许可颁发、日常监督检查结果、违法行为查处等情况，依法向社会公布并实时更新；对有不良信用记录的食品生产经营者增加监督检查频次，对违法行为情节严重的食品生产经营者，可以通报投资主管部门、证券监督管理机构和有关的金融机构。

注释 **建立黑名单制度**

根据2019年修订的《食品安全法实施条例》，在食品安全监督管理方面还可以建立黑名单制度，实施联合惩戒，将食品安全信用状况与准入、融资、信贷、征信等相衔接。

链接《食品安全法实施条例》第66条

第一百一十四条 【对食品生产经营者进行责任约谈】食品生产经营过程中存在食品安全隐患，未及时采取措施消除的，县级以上人民政府食品安全监督管理部门可以对食品生产经营者的法定代表人或者主要负责人进行责任约谈。食品生产经营者应当立即采取措施，进行整改，消除隐患。责任约谈情况和整改情况应当纳入食品生产经营者食品安全信用档案。

注释 责任约谈是食品安全领域一种新的行政执法方式。其是指依法享有监督管理职权的行政主体，发现其所监管的行政相对人出现了特定问题，为了防止发生违法行为，在事先约定的时间、地点与行政相对人进行沟通、协商，然后给予警示、告诫的一种非强制行政行为。责任约谈实现了行政监管方式由事后处罚打击型向事前监督指导型的转变，更有利于对食品安全事故发生的防范。责任约谈的一个必然法律后果，就是责任约谈情况和整改情况应当纳入食品生产经营者食品安全信用档案。

链接《国家食品药品监督管理局关于建立餐饮服务食品安全责任人约谈制度的通知》；《食品安全法实施条例》第62条

第一百一十五条 【有奖举报和举报人合法权益的保护】县级以上人民政府食品安全监督管理等部门应当公布本部门的电子邮件地址或者电话，接受咨询、投诉、举报。接到咨询、投诉、举报，对属于本部门职责的，应当受理并在法定期限内及时答复、核实、处理；对不属于本部门职责的，应当移交有权处理的部门并书面通知咨询、投诉、举报

人。有权处理的部门应当在法定期限内及时处理,不得推诿。对查证属实的举报,给予举报人奖励。

有关部门应当对举报人的信息予以保密,保护举报人的合法权益。举报人举报所在企业的,该企业不得以解除、变更劳动合同或者其他方式对举报人进行打击报复。

链接《消费者权益保护法》第46条;《政府信息公开条例》第33条;《食品安全法实施条例》第65条

第一百一十六条 【加强食品安全执法人员管理】县级以上人民政府食品安全监督管理等部门应当加强对执法人员食品安全法律、法规、标准和专业知识与执法能力等的培训,并组织考核。不具备相应知识和能力的,不得从事食品安全执法工作。

食品生产经营者、食品行业协会、消费者协会等发现食品安全执法人员在执法过程中有违反法律、法规规定的行为以及不规范执法行为的,可以向本级或者上级人民政府食品安全监督管理等部门或者监察机关投诉、举报。接到投诉、举报的部门或者机关应当进行核实,并将经核实的情况向食品安全执法人员所在部门通报;涉嫌违法违纪的,按照本法和有关规定处理。

第一百一十七条 【对所属食品安全监管部门或下级地方人民政府进行责任约谈】县级以上人民政府食品安全监督管理等部门未及时发现食品安全系统性风险,未及时消除监督管理区域内的食品安全隐患的,本级人民政府可以对其主要负责人进行责任约谈。

地方人民政府未履行食品安全职责,未及时消除区域性重大食品安全隐患的,上级人民政府可以对其主要负责人进行责任约谈。

被约谈的食品安全监督管理等部门、地方人民政府应当立即采取措施,对食品安全监督管理工作进行整改。

责任约谈情况和整改情况应当纳入地方人民政府和有关部门食品安全监督管理工作评议、考核记录。

注释 本条规定的责任约谈属于行政层级监督。责任约谈的效力和后果是被约谈的食品药品监督管理等部门、地方人民政府应当立即采取措施,对食品安全监督管理工作进行整改。

第一百一十八条 【食品安全信息统一公布制度】国家建立统一的食品安全信息平台,实行食品安全信息统一公布制度。国家食品安全总体情况、食品安全风险警示信息、重大食品安全事故及其调查处理信息和国务院确定需要统一公布的其他信息由国务院食品安全监督管理部门统一公布。食品安全风险警示信息和重大食品安全事故及其调查处理信息的影响限于特定区域的,也可以由有关省、自治区、直辖市人民政府食品安全监督管理部门公布。未经授权不得发布上述信息。

县级以上人民政府食品安全监督管理、农业行政部门依据各自职责公布食品安全日常监督管理信息。

公布食品安全信息,应当做到准确、及时,并进行必要的解释说明,避免误导消费者和社会舆论。

注释 需要有关部门进行公布的食品安全信息可以分为三个层次:一是国家食品安全总体情况、食品安全风险警示信息、重大食品安全事故及其调查处理信息和国务院确定需要统一公布的其他信息。二是食品安全风险警示信息和重大食品安全事故及其调查处理信息的影响限于特定区域的,一般由省、自治区、直辖市人民政府食品安全监督管理部门公布,但也可以由国务院食品安全监督管理部门公布。三是县级以上人民政府食品安全监督管理、质量监督、农业行政部门的食品安全日常监督管理信息。无论哪个层次的食品安全信息,有关部门在进行公布时都应当做到准确、及时,并进行必要的解释说明,避免误导消费者和社会舆论。

链接 本法第141条

第一百一十九条 【食品安全信息的报告、通报制度】县级以上地方人民政府食品安全监督管理、卫生行政、农业行政部门获知本法规定需要统一公布的信息,应当向上级主管部门报告,由上级主管部门立即报告国务院食品安全监督管理部门;必要时,可以直接向国务院食品安全监督管理部门报告。

县级以上人民政府食品安全监督管理、卫生行政、农业行政部门应当相互通报获知的食品安全信息。

第一百二十条 【不得编造、散布虚假食品安全信息】任何单位和个人不得编造、散布虚假食品安全信息。

县级以上人民政府食品安全监督管理部门发

现可能误导消费者和社会舆论的食品安全信息，应当立即组织有关部门、专业机构、相关食品生产经营者等进行核实、分析，并及时公布结果。

链接《食品安全法实施条例》第 83 条

第一百二十一条 【涉嫌食品安全犯罪案件的处理】县级以上人民政府食品安全监督管理等部门发现涉嫌食品安全犯罪的，应当按照有关规定及时将案件移送公安机关。对移送的案件，公安机关应当及时审查；认为有犯罪事实需要追究刑事责任的，应当立案侦查。

公安机关在食品安全犯罪案件侦查过程中认为没有犯罪事实，或者犯罪事实显著轻微，不需要追究刑事责任，但依法应当追究行政责任的，应当及时将案件移送食品安全监督管理等部门和监察机关，有关部门应当依法处理。

公安机关商请食品安全监督管理、生态环境等部门提供检验结论、认定意见以及对涉案物品进行无害化处理等协助的，有关部门应当及时提供，予以协助。

注释 遵循罪刑法定原则，依照刑法和有关司法解释规定，涉嫌食品安全犯罪案件主要有以下几种：生产、销售不符合安全标准的食品罪；生产、销售有毒、有害食品罪；生产、销售伪劣产品罪；非法经营罪；虚假广告罪；提供虚假证明文件罪；食品监管渎职罪；徇私舞弊罪、渎职罪等。

处理涉嫌食品安全犯罪案件，食品安全法确立了双向移送制度，体现了先刑事后行政的责任追究机制。

链接《刑法》第 143、144、149、225 条；《最高人民法院、最高人民检察院关于办理危害食品安全刑事案件适用法律若干问题的解释》；《行政执法机关移送涉嫌犯罪案件的规定》

第九章 法律责任

第一百二十二条 【未经许可从事食品生产经营活动等的法律责任】违反本法规定，未取得食品生产经营许可从事食品生产经营活动，或者未取得食品添加剂生产许可从事食品添加剂生产活动的，由县级以上人民政府食品安全监督管理部门没收违法所得和违法生产经营的食品、食品添加剂以及用于违法生产经营的工具、设备、原料等物品；违法生产经营的食品、食品添加剂货值金额不足一万元的，并处五万元以上十万元以下罚款；货值金额一万元以上的，并处货值金额十倍以上二十倍以下罚款。

明知从事前款规定的违法行为，仍为其提供生产经营场所或者其他条件的，由县级以上人民政府食品安全监督管理部门责令停止违法行为，没收违法所得，并处五万元以上十万元以下罚款；使消费者的合法权益受到损害的，应当与食品、食品添加剂生产经营者承担连带责任。

链接本法第 35、36、39、127 条

第一百二十三条 【八类最严重违法食品生产经营行为的法律责任】违反本法规定，有下列情形之一，尚不构成犯罪的，由县级以上人民政府食品安全监督管理部门没收违法所得和违法生产经营的食品，并可以没收用于违法生产经营的工具、设备、原料等物品；违法生产经营的食品货值金额不足一万元的，并处十万元以上十五万元以下罚款；货值金额一万元以上的，并处货值金额十五倍以上三十倍以下罚款；情节严重的，吊销许可证，并可以由公安机关对其直接负责的主管人员和其他直接责任人员处五日以上十五日以下拘留：

（一）用非食品原料生产食品、在食品中添加食品添加剂以外的化学物质和其他可能危害人体健康的物质，或者用回收食品作为原料生产食品，或者经营上述食品；

（二）生产经营营养成分不符合食品安全标准的专供婴幼儿和其他特定人群的主辅食品；

（三）经营病死、毒死或者死因不明的禽、畜、兽、水产动物肉类，或者生产经营其制品；

（四）经营未按规定进行检疫或者检疫不合格的肉类，或者生产经营未经检验或者检验不合格的肉类制品；

（五）生产经营国家为防病等特殊需要明令禁止生产经营的食品；

（六）生产经营添加药品的食品。

明知从事前款规定的违法行为，仍为其提供生产经营场所或者其他条件的，由县级以上人民政府食品安全监督管理部门责令停止违法行为，没收违法所得，并处十万元以上二十万元以下罚款；使消费者的合法权益受到损害的，应当与食品生产经营者承担连带责任。

违法使用剧毒、高毒农药的，除依照有关法律、法规规定给予处罚外，可以由公安机关依照第一款规定给予拘留。

链接 本法第34、38、49条；《刑法》第143、144条；《食品安全法实施条例》第67、77条

第一百二十四条 【十一类违法生产经营行为的法律责任】违反本法规定，有下列情形之一，尚不构成犯罪的，由县级以上人民政府食品安全监督管理部门没收违法所得和违法生产经营的食品、食品添加剂，并可以没收用于违法生产经营的工具、设备、原料等物品；违法生产经营的食品、食品添加剂货值金额不足一万元的，并处五万元以上十万元以下罚款；货值金额一万元以上的，并处货值金额十倍以上二十倍以下罚款；情节严重的，吊销许可证：

（一）生产经营致病性微生物，农药残留、兽药残留、生物毒素、重金属等污染物质以及其他危害人体健康的物质含量超过食品安全标准限量的食品、食品添加剂；

（二）用超过保质期的食品原料、食品添加剂生产食品、食品添加剂，或者经营上述食品、食品添加剂；

（三）生产经营超范围、超限量使用食品添加剂的食品；

（四）生产经营腐败变质、油脂酸败、霉变生虫、污秽不洁、混有异物、掺假掺杂或者感官性状异常的食品、食品添加剂；

（五）生产经营标注虚假生产日期、保质期或者超过保质期的食品、食品添加剂；

（六）生产经营未按规定注册的保健食品、特殊医学用途配方食品、婴幼儿配方乳粉，或者未按注册的产品配方、生产工艺等技术要求组织生产；

（七）以分装方式生产婴幼儿配方乳粉，或者同一企业以同一配方生产不同品牌的婴幼儿配方乳粉；

（八）利用新的食品原料生产食品，或者生产食品添加剂新品种，未通过安全性评估；

（九）食品生产经营者在食品安全监督管理部门责令其召回或者停止经营后，仍拒不召回或者停止经营。

除前款和本法第一百二十三条、第一百二十五条规定的情形外，生产经营不符合法律、法规或者食品安全标准的食品、食品添加剂的，依照前款规定给予处罚。

生产食品相关产品新品种，未通过安全性评估，或者生产不符合食品安全标准的食品相关产品的，由县级以上人民政府食品安全监督管理部门依照第一款规定给予处罚。

链接 本法第34、37、75－77、80－82条；《刑法》第143、144条

第一百二十五条 【四类违法生产经营行为的法律责任】违反本法规定，有下列情形之一的，由县级以上人民政府食品安全监督管理部门没收违法所得和违法生产经营的食品、食品添加剂，并可以没收用于违法生产经营的工具、设备、原料等物品；违法生产经营的食品、食品添加剂货值金额不足一万元的，并处五千元以上五万元以下罚款；货值金额一万元以上的，并处货值金额五倍以上十倍以下罚款；情节严重的，责令停产停业，直至吊销许可证：

（一）生产经营被包装材料、容器、运输工具等污染的食品、食品添加剂；

（二）生产经营无标签的预包装食品、食品添加剂或者标签、说明书不符合本法规定的食品、食品添加剂；

（三）生产经营转基因食品未按规定进行标示；

（四）食品生产经营者采购或者使用不符合食品安全标准的食品原料、食品添加剂、食品相关产品。

生产经营的食品、食品添加剂的标签、说明书存在瑕疵但不影响食品安全且不会对消费者造成误导的，由县级以上人民政府食品安全监督管理部门责令改正；拒不改正的，处二千元以下罚款。

链接 本法第33、34、50、55、69条；《食品安全法实施条例》第68条

第一百二十六条 【十六类生产经营过程中违法行为所应承担的法律责任】违反本法规定，有下列情形之一的，由县级以上人民政府食品安全监督管理部门责令改正，给予警告；拒不改正的，处五千元以上五万元以下罚款；情节严重的，责令停产停业，直至吊销许可证：

（一）食品、食品添加剂生产者未按规定对采购的食品原料和生产的食品、食品添加剂进行检验；

（二）食品生产经营企业未按规定建立食品安全管理制度，或者未按规定配备或者培训、考核食品安全管理人员；

（三）食品、食品添加剂生产经营者进货时未查验许可证和相关证明文件，或者未按规定建立

并遵守进货查验记录、出厂检验记录和销售记录制度；

（四）食品生产经营企业未制定食品安全事故处置方案；

（五）餐具、饮具和盛放直接入口食品的容器，使用前未经洗净、消毒或者清洗消毒不合格，或者餐饮服务设施、设备未按规定定期维护、清洗、校验；

（六）食品生产经营者安排未取得健康证明或者患有国务院卫生行政部门规定的有碍食品安全疾病的人员从事接触直接入口食品的工作；

（七）食品经营者未按规定要求销售食品；

（八）保健食品生产企业未按规定向食品安全监督管理部门备案，或者未按备案的产品配方、生产工艺等技术要求组织生产；

（九）婴幼儿配方食品生产企业未将食品原料、食品添加剂、产品配方、标签等向食品安全监督管理部门备案；

（十）特殊食品生产企业未按规定建立生产质量管理体系并有效运行，或者未定期提交自查报告；

（十一）食品生产经营者未定期对食品安全状况进行检查评价，或者生产经营条件发生变化，未按规定处理；

（十二）学校、托幼机构、养老机构、建筑工地等集中用餐单位未按规定履行食品安全管理责任；

（十三）食品生产企业、餐饮服务提供者未按规定制定、实施生产经营过程控制要求。

餐具、饮具集中消毒服务单位违反本法规定用水，使用洗涤剂、消毒剂，或者出厂的餐具、饮具未按规定检验合格并随附消毒合格证明，或者未按规定在独立包装上标注相关内容的，由县级以上人民政府卫生行政部门依照前款规定给予处罚。

食品相关产品生产者未按规定对生产的食品相关产品进行检验的，由县级以上人民政府食品安全监督管理部门依照第一款规定给予处罚。

食用农产品销售者违反本法第六十五条规定的，由县级以上人民政府食品安全监督管理部门依照第一款规定给予处罚。

链接《食品安全法实施条例》第67、69、71条

第一百二十七条 【对食品生产加工小作坊、食品摊贩等的违法行为的处罚】对食品生产加工小作坊、食品摊贩等的违法行为的处罚，依照省、自治区、直辖市制定的具体管理办法执行。

注释 生产加工小作坊、食品摊贩等规模不大，数量不少，考虑到这种实际情况，授权省、自治区、直辖市制定这类生产经营者的具体管理办法，相应这类生产经营者的违法行为的处罚也应当由省、自治区、直辖市根据这类生产经营者的特点及其违法行为的危害程度制定。

链接 本法第36条

第一百二十八条 【事故单位违法行为所应承担的法律责任】违反本法规定，事故单位在发生食品安全事故后未进行处置、报告的，由有关主管部门按照各自职责分工责令改正，给予警告；隐匿、伪造、毁灭有关证据的，责令停产停业，没收违法所得，并处十万元以上五十万元以下罚款；造成严重后果的，吊销许可证。

第一百二十九条 【进出口违法行为所应承担的法律责任】违反本法规定，有下列情形之一的，由出入境检验检疫机构依照本法第一百二十四条的规定给予处罚：

（一）提供虚假材料，进口不符合我国食品安全国家标准的食品、食品添加剂、食品相关产品；

（二）进口尚无食品安全国家标准的食品，未提交所执行的标准并经国务院卫生行政部门审查，或者进口利用新的食品原料生产的食品或者进口食品添加剂新品种、食品相关产品新品种，未通过安全性评估；

（三）未遵守本法的规定出口食品；

（四）进口商在有关主管部门责令其依照本法规定召回进口的食品后，仍拒不召回。

违反本法规定，进口商未建立并遵守食品、食品添加剂进口和销售记录制度、境外出口商或者生产企业审核制度的，由出入境检验检疫机构依照本法第一百二十六条的规定给予处罚。

第一百三十条 【集中交易市场违法行为所应承担的法律责任】违反本法规定，集中交易市场的开办者、柜台出租者、展销会的举办者允许未依法取得许可的食品经营者进入市场销售食品，或者未履行检查、报告等义务的，由县级以上人民政府食品安全监督管理部门责令改正，没收违法所得，并处五万元以上二十万元以下罚款；造成严重后果的，责令停业，直至由原发证部门吊销许可证；使消费者的合法权益受到损害的，应当与食品经营者承担连带责任。

食用农产品批发市场违反本法第六十四条规

定的，依照前款规定承担责任。

第一百三十一条 【网络食品交易违法行为所应承担的法律责任】违反本法规定，网络食品交易第三方平台提供者未对入网食品经营者进行实名登记、审查许可证，或者未履行报告、停止提供网络交易平台服务等义务的，由县级以上人民政府食品安全监督管理部门责令改正，没收违法所得，并处五万元以上二十万元以下罚款；造成严重后果的，责令停业，直至由原发证部门吊销许可证；使消费者的合法权益受到损害的，应当与食品经营者承担连带责任。

消费者通过网络食品交易第三方平台购买食品，其合法权益受到损害的，可以向入网食品经营者或者食品生产者要求赔偿。网络食品交易第三方平台提供者不能提供入网食品经营者的真实名称、地址和有效联系方式的，由网络食品交易第三方平台提供者赔偿。网络食品交易第三方平台提供者赔偿后，有权向入网食品经营者或者食品生产者追偿。网络食品交易第三方平台提供者作出更有利于消费者承诺的，应当履行其承诺。

链接《消费者权益保护法》第44条

第一百三十二条 【进行食品贮存、运输和装卸违法行为所应承担的法律责任】违反本法规定，未按要求进行食品贮存、运输和装卸的，由县级以上人民政府食品安全监督管理等部门按照各自职责分工责令改正，给予警告；拒不改正的，责令停产停业，并处一万元以上五万元以下罚款；情节严重的，吊销许可证。

链接《食品安全法实施条例》第67条

第一百三十三条 【拒绝、阻挠、干涉依法开展食品安全工作、打击报复举报人的法律责任】违反本法规定，拒绝、阻挠、干涉有关部门、机构及其工作人员依法开展食品安全监督检查、事故调查处理、风险监测和风险评估的，由有关主管部门按照各自职责分工责令停产停业，并处二千元以上五万元以下罚款；情节严重的，吊销许可证；构成违反治安管理行为的，由公安机关依法给予治安管理处罚。

违反本法规定，对举报人以解除、变更劳动合同或者其他方式打击报复的，应当依照有关法律的规定承担责任。

链接《治安管理处罚法》第50条；《劳动合同法》第42、87条

第一百三十四条 【屡次违法可以增加处罚】食品生产经营者在一年内累计三次因违反本法规定受到责令停产停业、吊销许可证以外处罚的，由食品安全监督管理部门责令停产停业，直至吊销许可证。

注释 累计的处罚应当是因为违反本法规定而受到的处罚，处罚种类包括警告、罚款、没收违法所得和没收工具、设备、物品等责令停产停业、吊销许可证以外的处罚。一年内累计三次是指食品生产经营者在一年之内有三次违反本法规定且受到处罚的违法行为。

第一百三十五条 【严重违法犯罪者的从业禁止】被吊销许可证的食品生产经营者及其法定代表人、直接负责的主管人员和其他直接责任人员自处罚决定作出之日起五年内不得申请食品生产经营许可，或者从事食品生产经营管理工作、担任食品生产经营企业食品安全管理人员。

因食品安全犯罪被判处有期徒刑以上刑罚的，终身不得从事食品生产经营管理工作，也不得担任食品生产经营企业食品安全管理人员。

食品生产经营者聘用人员违反前两款规定的，由县级以上人民政府食品安全监督管理部门吊销许可证。

第一百三十六条 【食品经营者免予处罚的情形】食品经营者履行了本法规定的进货查验等义务，有充分证据证明其不知道所采购的食品不符合食品安全标准，并能如实说明其进货来源的，可以免予处罚，但应当依法没收其不符合食品安全标准的食品；造成人身、财产或者其他损害的，依法承担赔偿责任。

注释 **减轻处罚的情形**

2019年修订的《食品安全法实施条例》规定食品生产经营者依法实施召回或者采取其他有效措施减轻、消除食品安全风险，未造成危害后果的，可以从轻或者减轻处罚，以此引导食品生产经营者主动、及时采取措施控制风险、减少危害。

链接《产品质量法》第55条；《药品管理法实施条例》第75条；《食品安全法实施条例》第76条

第一百三十七条 【提供虚假监测、评估信息的法律责任】违反本法规定，承担食品安全风险监测、风险评估工作的技术机构、技术人员提供虚假监测、评估信息的，依法对技术机构直接负责的主管人员和技术人员给予撤职、开除处分；

有执业资格的，由授予其资格的主管部门吊销执业证书。

链接《事业单位工作人员处分暂行规定》第23条

第一百三十八条 【出具或提供虚假检验报告的法律责任】违反本法规定，食品检验机构、食品检验人员出具虚假检验报告的，由授予其资质的主管部门或者机构撤销该食品检验机构的检验资质，没收所收取的检验费用，并处检验费用五倍以上十倍以下罚款，检验费用不足一万元的，并处五万元以上十万元以下罚款；依法对食品检验机构直接负责的主管人员和食品检验人员给予撤职或者开除处分；导致发生重大食品安全事故的，对直接负责的主管人员和食品检验人员给予开除处分。

违反本法规定，受到开除处分的食品检验机构人员，自处分决定作出之日起十年内不得从事食品检验工作；因食品安全违法行为受到刑事处罚或者因出具虚假检验报告导致发生重大食品安全事故受到开除处分的食品检验机构人员，终身不得从事食品检验工作。食品检验机构聘用不得从事食品检验工作的人员的，由授予其资质的主管部门或者机构撤销该食品检验机构的检验资质。

食品检验机构出具虚假检验报告，使消费者的合法权益受到损害的，应当与食品生产经营者承担连带责任。

链接《食品安全法实施条例》第80条

第一百三十九条 【虚假认证的法律责任】违反本法规定，认证机构出具虚假认证结论，由认证认可监督管理部门没收所收取的认证费用，并处认证费用五倍以上十倍以下罚款，认证费用不足一万元的，并处五万元以上十万元以下罚款；情节严重的，责令停业，直至撤销认证机构批准文件，并向社会公布；对直接负责的主管人员和负有直接责任的认证人员，撤销其执业资格。

认证机构出具虚假认证结论，使消费者的合法权益受到损害的，应当与食品生产经营者承担连带责任。

链接《认证认可条例》第61条

第一百四十条 【虚假宣传和违法推荐食品的法律责任】违反本法规定，在广告中对食品作虚假宣传，欺骗消费者，或者发布未取得批准文件、广告内容与批准文件不一致的保健食品广告的，依照《中华人民共和国广告法》的规定给予处罚。

广告经营者、发布者设计、制作、发布虚假食品广告，使消费者的合法权益受到损害的，应当与食品生产经营者承担连带责任。

社会团体或者其他组织、个人在虚假广告或者其他虚假宣传中向消费者推荐食品，使消费者的合法权益受到损害的，应当与食品生产经营者承担连带责任。

违反本法规定，食品安全监督管理等部门、食品检验机构、食品行业协会以广告或者其他形式向消费者推荐食品，消费者组织以收取费用或者其他牟取利益的方式向消费者推荐食品的，由有关主管部门没收违法所得，依法对直接负责的主管人员和其他直接责任人员给予记大过、降级或者撤职处分；情节严重的，给予开除处分。

对食品作虚假宣传且情节严重的，由省级以上人民政府食品安全监督管理部门决定暂停销售该食品，并向社会公布；仍然销售该食品的，由县级以上人民政府食品安全监督管理部门没收违法所得和违法销售的食品，并处二万元以上五万元以下罚款。

注释 **禁止利用包括会议、讲座、健康咨询在内的任何方式对食品进行虚假宣传**

2019年修订的《食品安全法实施条例》明确禁止利用包括会议、讲座、健康咨询在内的任何方式对食品进行虚假宣传。食品安全监督管理部门发现虚假宣传行为的，应当依法及时处理。利用会议、讲座、健康咨询等方式对食品进行虚假宣传的，由县级以上人民政府食品安全监督管理部门责令消除影响，有违法所得的，没收违法所得；情节严重的，依照食品安全法第一百四十条第五款的规定进行处罚；属于单位违法的，还应当依照本条例第七十五条的规定对单位的法定代表人、主要负责人、直接负责的主管人员和其他直接责任人员给予处罚。

链接《广告法》第55、58条；《食品安全法实施条例》第34、73条

第一百四十一条 【编造、散布虚假食品安全信息的法律责任】违反本法规定，编造、散布虚假食品安全信息，构成违反治安管理行为的，由公安机关依法给予治安管理处罚。

媒体编造、散布虚假食品安全信息的，由有关主管部门依法给予处罚，并对直接负责的主管人员和其他直接责任人员给予处分；使公民、法人或者

其他组织的合法权益受到损害的，依法承担消除影响、恢复名誉、赔偿损失、赔礼道歉等民事责任。

链接《治安管理处罚法》第25条

第一百四十二条 【地方人民政府有关食品安全事故应对不当的法律责任】违反本法规定，县级以上地方人民政府有下列行为之一的，对直接负责的主管人员和其他直接责任人员给予记大过处分；情节较重的，给予降级或者撤职处分；情节严重的，给予开除处分；造成严重后果的，其主要负责人还应当引咎辞职：

（一）对发生在本行政区域内的食品安全事故，未及时组织协调有关部门开展有效处置，造成不良影响或者损失；

（二）对本行政区域内涉及多环节的区域性食品安全问题，未及时组织整治，造成不良影响或者损失；

（三）隐瞒、谎报、缓报食品安全事故；

（四）本行政区域内发生特别重大食品安全事故，或者连续发生重大食品安全事故。

第一百四十三条 【政府未落实有关法定职责的法律责任】违反本法规定，县级以上地方人民政府有下列行为之一的，对直接负责的主管人员和其他直接责任人员给予警告、记过或者记大过处分；造成严重后果的，给予降级或者撤职处分：

（一）未确定有关部门的食品安全监督管理职责，未建立健全食品安全全程监督管理工作机制和信息共享机制，未落实食品安全监督管理责任制；

（二）未制定本行政区域的食品安全事故应急预案，或者发生食品安全事故后未按规定立即成立事故处置指挥机构、启动应急预案。

第一百四十四条 【食品安全监管部门的法律责任一】违反本法规定，县级以上人民政府食品安全监督管理、卫生行政、农业行政等部门有下列行为之一的，对直接负责的主管人员和其他直接责任人员给予记大过处分；情节较重的，给予降级或者撤职处分；情节严重的，给予开除处分；造成严重后果的，其主要负责人还应当引咎辞职：

（一）隐瞒、谎报、缓报食品安全事故；

（二）未按规定查处食品安全事故，或者接到食品安全事故报告未及时处理，造成事故扩大或者蔓延；

（三）经食品安全风险评估得出食品、食品添加剂、食品相关产品不安全结论后，未及时采取相应措施，造成食品安全事故或者不良社会影响；

（四）对不符合条件的申请人准予许可，或者超越法定职权准予许可；

（五）不履行食品安全监督管理职责，导致发生食品安全事故。

第一百四十五条 【食品安全监管部门的法律责任二】违反本法规定，县级以上人民政府食品安全监督管理、卫生行政、农业行政等部门有下列行为之一，造成不良后果的，对直接负责的主管人员和其他直接责任人员给予警告、记过或者记大过处分；情节较重的，给予降级或者撤职处分；情节严重的，给予开除处分：

（一）在获知有关食品安全信息后，未按规定向上级主管部门和本级人民政府报告，或者未按规定相互通报；

（二）未按规定公布食品安全信息；

（三）不履行法定职责，对查处食品安全违法行为不配合，或者滥用职权、玩忽职守、徇私舞弊。

链接《食品安全法实施条例》第84条

第一百四十六条 【违法实施检查、强制等行政行为的法律责任】食品安全监督管理等部门在履行食品安全监督管理职责过程中，违法实施检查、强制等执法措施，给生产经营者造成损失的，应当依法予以赔偿，对直接负责的主管人员和其他直接责任人员依法给予处分。

注释 行政强制法对违法实施行政强制措施的法律责任作了规定。《行政强制法》第62条规定，行政机关有下列情形之一的，由上级行政机关或者有关部门责令改正，对直接负责的主管人员和其他直接责任人员依法给予处分：(1)扩大查封、扣押、冻结范围的；(2)使用或者损毁查封、扣押场所、设施或者财物的；(3)在查封、扣押法定期间不作出处理决定或者未依法及时解除查封、扣押的。该法还规定，行政机关将查封、扣押的财物或者划拨的存款、汇款以及拍卖和依法处理所得的款项，截留、私分或者变相私分的，由财政部门或者有关部门予以追缴；对直接负责的主管人员和其他直接责任人员依法给予记大过、降级、撤职或者开除的处分。行政机关工作人员利用职务上的便利，将查封、扣押的场所、设施或者财物据为己有的，由上级行政机关或者有关部门责令改正，依法给予记大过、降级、撤职或者开除的处分。

对于在实施行政检查、行政强制过程中给生产经营者造成损失的，应当依照国家赔偿法予以赔偿。国家赔偿法规定，行政机关及其工作人员在行使行政职权时，违法对财产采取查封、扣押、冻结等行政强制措施的，受害人有取得赔偿的权利。

第一百四十七条 【赔偿责任及民事赔偿责任优先原则】违反本法规定，造成人身、财产或者其他损害的，依法承担赔偿责任。生产经营者财产不足以同时承担民事赔偿责任和缴纳罚款、罚金时，先承担民事赔偿责任。

注释 食品生产经营企业出现违反本法规定的违法行为，依据本章法律责任的规定，可能会出现财产责任方面的竞合，即：一方面因为给他人的人身和财产造成损害而需要对受害者承担民事赔偿责任，另一方面还需要接受监管部门罚款的行政处罚；如果构成犯罪的，还要承担罚金的刑事责任。当一个食品生产经营企业同时面临民事赔偿、罚款、罚金的处罚时，可能会出现因财产不足而难以同时支付的问题。在此情况下，哪一种责任应当优先执行呢？我国的公司法、产品质量法等法律已经作出了明确规定，即民事赔偿责任优先的原则，本法也明确了这一原则，旨在保护消费者的合法权益。

第一百四十八条 【首付责任制和惩罚性赔偿】消费者因不符合食品安全标准的食品受到损害的，可以向经营者要求赔偿损失，也可以向生产者要求赔偿损失。接到消费者赔偿要求的生产经营者，应当实行首负责任制，先行赔付，不得推诿；属于生产者责任的，经营者赔偿后有权向生产者追偿；属于经营者责任的，生产者赔偿后有权向经营者追偿。

生产不符合食品安全标准的食品或者经营明知是不符合食品安全标准的食品，消费者除要求赔偿损失外，还可以向生产者或者经营者要求支付价款十倍或者损失三倍的赔偿金；增加赔偿的金额不足一千元的，为一千元。但是，食品的标签、说明书存在不影响食品安全且不会对消费者造成误导的瑕疵的除外。

注释 首负责任制，是指消费者在合法权益受到损害，向生产者或者经营者要求赔偿时，由首先接到赔偿要求的生产者或者经营者负责先行赔付，再由先行赔付的生产者或者经营者依法向相关责任人追偿。首负责任制有利于防止生产者与经营者相互推诿，切实维护消费者合法权益。

案例 **1. 华某诉北京某仓储超市有限责任公司第二十六分公司、北京某仓储超市有限责任公司人身权益纠纷案**（2014 年 1 月 9 日最高人民法院公布五起审理食品药品纠纷典型案例）

裁判规则：根据国家对蜜饯产品的安全卫生标准，软质山楂片内应是无杂质的。公司销售的山楂片中含有硬度很高的山楂核，不符合国家规定的相关食品安全卫生标准，应认定存在食品质量瑕疵，不合格食品的销售者对其销售的不合格食品所带来的损害后果，应承担全部责任。华某自身牙齿牙壁较薄，但对于本案损害的发生并无过错，侵权人的责任并不因而减轻。从团结湖消协出具的情况说明来看，该山楂片所存在的瑕疵是在外包装完整的情况下即可发现的，因此，产品销售商是在应当知道该食品存在安全问题的情况下销售该产品，应向消费者支付价款 10 倍的赔偿金。鉴于华某因此遭受的精神损害并不严重，对其要求赔偿精神损失的主张，依法不予支持。

2. 孙某山诉南京某超市有限公司江宁店买卖合同纠纷案（2014 年 1 月 9 日最高人民法院公布五起审理食品药品纠纷典型案例）

裁判规则：食品销售者负有保证食品安全的法定义务，应当对不符合安全标准的食品及时清理下架。本案中，超市仍然销售超过保质期的香肠，系不履行法定义务的行为，应当被认定为销售明知是不符合食品安全标准的食品。在此情况下，消费者可以同时主张赔偿损失和价款 10 倍的赔偿金，也可以只主张价款 10 倍的赔偿金。孙银山要求欧尚超市支付售价 10 倍的赔偿金，属于当事人自行处分权利的行为，应予支持。

第一百四十九条 【刑事责任】违反本法规定，构成犯罪的，依法追究刑事责任。

链接《食品安全法实施条例》第 85 条

案例 **刘某、奚某杰、肖某、陈某伟、刘某林以危险方法危害公共安全案**（最高人民法院公布危害食品安全犯罪典型案例）

裁判规则：使用盐酸克仑特罗饲养的生猪大量流入市场，严重危害不特定多数人的生命、健康，致使公私财产遭受特别重大损失，社会危害极大，影响极其恶劣，五名犯罪嫌疑人的行为均已构成以危险方法危害公共安全罪，系共同犯罪。

链接《刑法》;《最高人民法院、最高人民检察院关于办理危害食品安全刑事案件适用法律若干问题的解释》

第十章 附 则

第一百五十条 【本法中部分用语含义】本法下列用语的含义:

食品,指各种供人食用或者饮用的成品和原料以及按照传统既是食品又是中药材的物品,但是不包括以治疗为目的的物品。

食品安全,指食品无毒、无害,符合应当有的营养要求,对人体健康不造成任何急性、亚急性或者慢性危害。

预包装食品,指预先定量包装或者制作在包装材料、容器中的食品。

食品添加剂,指为改善食品品质和色、香、味以及为防腐、保鲜和加工工艺的需要而加入食品中的人工合成或者天然物质,包括营养强化剂。

用于食品的包装材料和容器,指包装、盛放食品或者食品添加剂用的纸、竹、木、金属、搪瓷、陶瓷、塑料、橡胶、天然纤维、化学纤维、玻璃等制品和直接接触食品或者食品添加剂的涂料。

用于食品生产经营的工具、设备,指在食品或者食品添加剂生产、销售、使用过程中直接接触食品或者食品添加剂的机械、管道、传送带、容器、用具、餐具等。

用于食品的洗涤剂、消毒剂,指直接用于洗涤或者消毒食品、餐具、饮具以及直接接触食品的工具、设备或者食品包装材料和容器的物质。

食品保质期,指食品在标明的贮存条件下保持品质的期限。

食源性疾病,指食品中致病因素进入人体引起的感染性、中毒性等疾病,包括食物中毒。

食品安全事故,指食源性疾病、食品污染等源于食品,对人体健康有危害或者可能有危害的事故。

第一百五十一条 【转基因食品和食盐的食品安全管理规定】转基因食品和食盐的食品安全管理,本法未作规定的,适用其他法律、行政法规的规定。

链接《农业转基因生物安全管理条例》;《食盐专营办法》

第一百五十二条 【铁路、民航、国境口岸、军队等有关食品安全的管理】铁路、民航运营中食品安全的管理办法由国务院食品安全监督管理部门会同国务院有关部门依照本法制定。

保健食品的具体管理办法由国务院食品安全监督管理部门依照本法制定。

食品相关产品生产活动的具体管理办法由国务院食品安全监督管理部门依照本法制定。

国境口岸食品的监督管理由出入境检验检疫机构依照本法以及有关法律、行政法规的规定实施。

军队专用食品和自供食品的食品安全管理办法由中央军事委员会依照本法制定。

链接《出入境口岸食品卫生监督管理规定》

第一百五十三条 【国务院可以调整食品安全监管体制】国务院根据实际需要,可以对食品安全监督管理体制作出调整。

第一百五十四条 【施行日期】本法自2015年10月1日起施行。

中华人民共和国农产品质量安全法

- 2006年4月29日第十届全国人民代表大会常务委员会第二十一次会议通过
- 根据2018年10月26日第十三届全国人民代表大会常务委员会第六次会议《关于修改〈中华人民共和国野生动物保护法〉等十五部法律的决定》修正
- 2022年9月2日第十三届全国人民代表大会常务委员会第三十六次会议修订
- 2022年9月2日中华人民共和国主席令第120号公布
- 自2023年1月1日起施行

第一章 总 则

第一条 为了保障农产品质量安全,维护公众健康,促进农业和农村经济发展,制定本法。

第二条 本法所称农产品,是指来源于种植业、林业、畜牧业和渔业等的初级产品,即在农业活动中获得的植物、动物、微生物及其产品。

本法所称农产品质量安全,是指农产品质量达到农产品质量安全标准,符合保障人的健康、安全的要求。

第三条 与农产品质量安全有关的农产品生产经营及其监督管理活动,适用本法。

《中华人民共和国食品安全法》对食用农产品的市场销售、有关质量安全标准的制定、有关安全信息的公布和农业投入品已经作出规定的，应当遵守其规定。

第四条 国家加强农产品质量安全工作，实行源头治理、风险管理、全程控制，建立科学、严格的监督管理制度，构建协同、高效的社会共治体系。

第五条 国务院农业农村主管部门、市场监督管理部门依照本法和规定的职责，对农产品质量安全实施监督管理。

国务院其他有关部门依照本法和规定的职责承担农产品质量安全的有关工作。

第六条 县级以上地方人民政府对本行政区域的农产品质量安全工作负责，统一领导、组织、协调本行政区域的农产品质量安全工作，建立健全农产品质量安全工作机制，提高农产品质量安全水平。

县级以上地方人民政府应当依照本法和有关规定，确定本级农业农村主管部门、市场监督管理部门和其他有关部门的农产品质量安全监督管理工作职责。各有关部门在职责范围内负责本行政区域的农产品质量安全监督管理工作。

乡镇人民政府应当落实农产品质量安全监督管理责任，协助上级人民政府及其有关部门做好农产品质量安全监督管理工作。

第七条 农产品生产经营者应当对其生产经营的农产品质量安全负责。

农产品生产经营者应当依照法律、法规和农产品质量安全标准从事生产经营活动，诚信自律，接受社会监督，承担社会责任。

第八条 县级以上人民政府应当将农产品质量安全管理工作纳入本级国民经济和社会发展规划，所需经费列入本级预算，加强农产品质量安全监督管理能力建设。

第九条 国家引导、推广农产品标准化生产，鼓励和支持生产绿色优质农产品，禁止生产、销售不符合国家规定的农产品质量安全标准的农产品。

第十条 国家支持农产品质量安全科学技术研究，推行科学的质量安全管理方法，推广先进安全的生产技术。国家加强农产品质量安全科学技术国际交流与合作。

第十一条 各级人民政府及有关部门应当加强农产品质量安全知识的宣传，发挥基层群众性自治组织、农村集体经济组织的优势和作用，指导农产品生产经营者加强质量安全管理，保障农产品消费安全。

新闻媒体应当开展农产品质量安全法律、法规和农产品质量安全知识的公益宣传，对违法行为进行舆论监督。有关农产品质量安全的宣传报道应当真实、公正。

第十二条 农民专业合作社和农产品行业协会等应当及时为其成员提供生产技术服务，建立农产品质量安全管理制度，健全农产品质量安全控制体系，加强自律管理。

第二章 农产品质量安全风险管理和标准制定

第十三条 国家建立农产品质量安全风险监测制度。

国务院农业农村主管部门应当制定国家农产品质量安全风险监测计划，并对重点区域、重点农产品品种进行质量安全风险监测。省、自治区、直辖市人民政府农业农村主管部门应当根据国家农产品质量安全风险监测计划，结合本行政区域农产品生产经营实际，制定本行政区域的农产品质量安全风险监测实施方案，并报国务院农业农村主管部门备案。县级以上地方人民政府农业农村主管部门负责组织实施本行政区域的农产品质量安全风险监测。

县级以上人民政府市场监督管理部门和其他有关部门获知有关农产品质量安全风险信息后，应当立即核实并向同级农业农村主管部门通报。接到通报的农业农村主管部门应当及时上报。制定农产品质量安全风险监测计划、实施方案的部门应当及时研究分析，必要时进行调整。

第十四条 国家建立农产品质量安全风险评估制度。

国务院农业农村主管部门应当设立农产品质量安全风险评估专家委员会，对可能影响农产品质量安全的潜在危害进行风险分析和评估。国务院卫生健康、市场监督管理等部门发现需要对农产品进行质量安全风险评估的，应当向国务院农业农村主管部门提出风险评估建议。

农产品质量安全风险评估专家委员会由农业、食品、营养、生物、环境、医学、化工等方面的专家组成。

第十五条 国务院农业农村主管部门应当根据农产品质量安全风险监测、风险评估结果采取相应的管理措施，并将农产品质量安全风险监测、风险评估结果及时通报国务院市场监督管理、卫生健康等部门和有关省、自治区、直辖市人民政府农业农村主管部门。

县级以上人民政府农业农村主管部门开展农产品质量安全风险监测和风险评估工作时，可以根据需要进入农产品产地、储存场所及批发、零售市场。采集样品应当按照市场价格支付费用。

第十六条 国家建立健全农产品质量安全标准体系，确保严格实施。农产品质量安全标准是强制执行的标准，包括以下与农产品质量安全有关的要求：

（一）农业投入品质量要求、使用范围、用法、用量、安全间隔期和休药期规定；

（二）农产品产地环境、生产过程管控、储存、运输要求；

（三）农产品关键成分指标等要求；

（四）与屠宰畜禽有关的检验规程；

（五）其他与农产品质量安全有关的强制性要求。

《中华人民共和国食品安全法》对食用农产品的有关质量安全标准作出规定的，依照其规定执行。

第十七条 农产品质量安全标准的制定和发布，依照法律、行政法规的规定执行。

制定农产品质量安全标准应当充分考虑农产品质量安全风险评估结果，并听取农产品生产经营者、消费者、有关部门、行业协会等的意见，保障农产品消费安全。

第十八条 农产品质量安全标准应当根据科学技术发展水平以及农产品质量安全的需要，及时修订。

第十九条 农产品质量安全标准由农业农村主管部门商有关部门推进实施。

第三章 农产品产地

第二十条 国家建立健全农产品产地监测制度。

县级以上地方人民政府农业农村主管部门应当会同同级生态环境、自然资源等部门制定农产品产地监测计划，加强农产品产地安全调查、监测和评价工作。

第二十一条 县级以上地方人民政府农业农村主管部门应当会同同级生态环境、自然资源等部门按照保障农产品质量安全的要求，根据农产品品种特性和产地安全调查、监测、评价结果，依照土壤污染防治等法律、法规的规定提出划定特定农产品禁止生产区域的建议，报本级人民政府批准后实施。

任何单位和个人不得在特定农产品禁止生产区域种植、养殖、捕捞、采集特定农产品和建立特定农产品生产基地。

特定农产品禁止生产区域划定和管理的具体办法由国务院农业农村主管部门商国务院生态环境、自然资源等部门制定。

第二十二条 任何单位和个人不得违反有关环境保护法律、法规的规定向农产品产地排放或者倾倒废水、废气、固体废物或者其他有毒有害物质。

农业生产用水和用作肥料的固体废物，应当符合法律、法规和国家有关强制性标准的要求。

第二十三条 农产品生产者应当科学合理使用农药、兽药、肥料、农用薄膜等农业投入品，防止对农产品产地造成污染。

农药、肥料、农用薄膜等农业投入品的生产者、经营者、使用者应当按照国家有关规定回收并妥善处置包装物和废弃物。

第二十四条 县级以上人民政府应当采取措施，加强农产品基地建设，推进农业标准化示范建设，改善农产品的生产条件。

第四章 农产品生产

第二十五条 县级以上地方人民政府农业农村主管部门应当根据本地区的实际情况，制定保障农产品质量安全的生产技术要求和操作规程，并加强对农产品生产经营者的培训和指导。

农业技术推广机构应当加强对农产品生产经营者质量安全知识和技能的培训。国家鼓励科研教育机构开展农产品质量安全培训。

第二十六条 农产品生产企业、农民专业合作社、农业社会化服务组织应当加强农产品质量安全管理。

农产品生产企业应当建立农产品质量安全管

理制度，配备相应的技术人员；不具备配备条件的，应当委托具有专业技术知识的人员进行农产品质量安全指导。

国家鼓励和支持农产品生产企业、农民专业合作社、农业社会化服务组织建立和实施危害分析和关键控制点体系，实施良好农业规范，提高农产品质量安全管理水平。

第二十七条 农产品生产企业、农民专业合作社、农业社会化服务组织应当建立农产品生产记录，如实记载下列事项：

（一）使用农业投入品的名称、来源、用法、用量和使用、停用的日期；

（二）动物疫病、农作物病虫害的发生和防治情况；

（三）收获、屠宰或者捕捞的日期。

农产品生产记录应当至少保存二年。禁止伪造、变造农产品生产记录。

国家鼓励其他农产品生产者建立农产品生产记录。

第二十八条 对可能影响农产品质量安全的农药、兽药、饲料和饲料添加剂、肥料、兽医器械，依照有关法律、行政法规的规定实行许可制度。

省级以上人民政府农业农村主管部门应当定期或者不定期组织对可能危及农产品质量安全的农药、兽药、饲料和饲料添加剂、肥料等农业投入品进行监督抽查，并公布抽查结果。

农药、兽药经营者应当依照有关法律、行政法规的规定建立销售台账，记录购买者、销售日期和药品施用范围等内容。

第二十九条 农产品生产经营者应当依照有关法律、行政法规和国家有关强制性标准、国务院农业农村主管部门的规定，科学合理使用农药、兽药、饲料和饲料添加剂、肥料等农业投入品，严格执行农业投入品使用安全间隔期或者休药期的规定；不得超范围、超剂量使用农业投入品危及农产品质量安全。

禁止在农产品生产经营过程中使用国家禁止使用的农业投入品以及其他有毒有害物质。

第三十条 农产品生产场所以及生产活动中使用的设施、设备、消毒剂、洗涤剂等应当符合国家有关质量安全规定，防止污染农产品。

第三十一条 县级以上人民政府农业农村主管部门应当加强对农业投入品使用的监督管理和指导，建立健全农业投入品的安全使用制度，推广农业投入品科学使用技术，普及安全、环保农业投入品的使用。

第三十二条 国家鼓励和支持农产品生产经营者选用优质特色农产品品种，采用绿色生产技术和全程质量控制技术，生产绿色优质农产品，实施分等分级，提高农产品品质，打造农产品品牌。

第三十三条 国家支持农产品产地冷链物流基础设施建设，健全有关农产品冷链物流标准、服务规范和监管保障机制，保障冷链物流农产品畅通高效、安全便捷，扩大高品质市场供给。

从事农产品冷链物流的生产经营者应当依照法律、法规和有关农产品质量安全标准，加强冷链技术创新与应用、质量安全控制，执行对冷链物流农产品及其包装、运输工具、作业环境等的检验检测检疫要求，保证冷链农产品质量安全。

第五章 农产品销售

第三十四条 销售的农产品应当符合农产品质量安全标准。

农产品生产企业、农民专业合作社应当根据质量安全控制要求自行或者委托检测机构对农产品质量安全进行检测；经检测不符合农产品质量安全标准的农产品，应当及时采取管控措施，且不得销售。

农业技术推广等机构应当为农户等农产品生产经营者提供农产品检测技术服务。

第三十五条 农产品在包装、保鲜、储存、运输中所使用的保鲜剂、防腐剂、添加剂、包装材料等，应当符合国家有关强制性标准以及其他农产品质量安全规定。

储存、运输农产品的容器、工具和设备应当安全、无害。禁止将农产品与有毒有害物质一同储存、运输，防止污染农产品。

第三十六条 有下列情形之一的农产品，不得销售：

（一）含有国家禁止使用的农药、兽药或者其他化合物；

（二）农药、兽药等化学物质残留或者含有的重金属等有毒有害物质不符合农产品质量安全标准；

（三）含有的致病性寄生虫、微生物或者生物毒素不符合农产品质量安全标准；

（四）未按照国家有关强制性标准以及其他农产品质量安全规定使用保鲜剂、防腐剂、添加剂、包装材料等，或者使用的保鲜剂、防腐剂、添加剂、包装材料等不符合国家有关强制性标准以及其他质量安全规定；

（五）病死、毒死或者死因不明的动物及其产品；

（六）其他不符合农产品质量安全标准的情形。

对前款规定不得销售的农产品，应当依照法律、法规的规定进行处置。

第三十七条 农产品批发市场应当按照规定设立或者委托检测机构，对进场销售的农产品质量安全状况进行抽查检测；发现不符合农产品质量安全标准的，应当要求销售者立即停止销售，并向所在地市场监督管理、农业农村等部门报告。

农产品销售企业对其销售的农产品，应当建立健全进货检查验收制度；经查验不符合农产品质量安全标准的，不得销售。

食品生产者采购农产品等食品原料，应当依照《中华人民共和国食品安全法》的规定查验许可证和合格证明，对无法提供合格证明的，应当按照规定进行检验。

第三十八条 农产品生产企业、农民专业合作社以及从事农产品收购的单位或者个人销售的农产品，按照规定应当包装或者附加承诺达标合格证等标识的，须经包装或者附加标识后方可销售。包装物或者标识上应当按照规定标明产品的品名、产地、生产者、生产日期、保质期、产品质量等级等内容；使用添加剂的，还应当按照规定标明添加剂的名称。具体办法由国务院农业农村主管部门制定。

第三十九条 农产品生产企业、农民专业合作社应当执行法律、法规的规定和国家有关强制性标准，保证其销售的农产品符合农产品质量安全标准，并根据质量安全控制、检测结果等开具承诺达标合格证，承诺不使用禁用的农药、兽药及其他化合物且使用的常规农药、兽药残留不超标等。鼓励和支持农户销售农产品时开具承诺达标合格证。法律、行政法规对畜禽产品的质量安全合格证明有特别规定的，应当遵守其规定。

从事农产品收购的单位或者个人应当按照规定收取、保存承诺达标合格证或者其他质量安全合格证明，对其收购的农产品进行混装或者分装后销售的，应当按照规定开具承诺达标合格证。

农产品批发市场应当建立健全农产品承诺达标合格证查验等制度。

县级以上人民政府农业农村主管部门应当做好承诺达标合格证有关工作的指导服务，加强日常监督检查。

农产品质量安全承诺达标合格证管理办法由国务院农业农村主管部门会同国务院有关部门制定。

第四十条 农产品生产经营者通过网络平台销售农产品的，应当依照本法和《中华人民共和国电子商务法》、《中华人民共和国食品安全法》等法律、法规的规定，严格落实质量安全责任，保证其销售的农产品符合质量安全标准。网络平台经营者应当依法加强对农产品生产经营者的管理。

第四十一条 国家对列入农产品质量安全追溯目录的农产品实施追溯管理。国务院农业农村主管部门应当会同国务院市场监督管理等部门建立农产品质量安全追溯协作机制。农产品质量安全追溯管理办法和追溯目录由国务院农业农村主管部门会同国务院市场监督管理等部门制定。

国家鼓励具备信息化条件的农产品生产经营者采用现代信息技术手段采集、留存生产记录、购销记录等生产经营信息。

第四十二条 农产品质量符合国家规定的有关优质农产品标准的，农产品生产经营者可以申请使用农产品质量标志。禁止冒用农产品质量标志。

国家加强地理标志农产品保护和管理。

第四十三条 属于农业转基因生物的农产品，应当按照农业转基因生物安全管理的有关规定进行标识。

第四十四条 依法需要实施检疫的动植物及其产品，应当附具检疫标志、检疫证明。

第六章 监督管理

第四十五条 县级以上人民政府农业农村主管部门和市场监督管理等部门应当建立健全农产品质量安全全程监督管理协作机制，确保农产品从生产到消费各环节的质量安全。

县级以上人民政府农业农村主管部门和市场监督管理部门应当加强收购、储存、运输过程中农产品质量安全监督管理的协调配合和执法衔接，及时通报和共享农产品质量安全监督管理信息，并按照职责权限，发布有关农产品质量安全日常监督管理信息。

第四十六条 县级以上人民政府农业农村主管部门应当根据农产品质量安全风险监测、风险评估结果和农产品质量安全状况等，制定监督抽查计划，确定农产品质量安全监督抽查的重点、方式和频次，并实施农产品质量安全风险分级管理。

第四十七条 县级以上人民政府农业农村主管部门应当建立健全随机抽查机制，按照监督抽查计划，组织开展农产品质量安全监督抽查。

农产品质量安全监督抽查检测应当委托符合本法规定条件的农产品质量安全检测机构进行。监督抽查不得向被抽查人收取费用，抽取的样品应当按照市场价格支付费用，并不得超过国务院农业农村主管部门规定的数量。

上级农业农村主管部门监督抽查的同批次农产品，下级农业农村主管部门不得另行重复抽查。

第四十八条 农产品质量安全检测应当充分利用现有的符合条件的检测机构。

从事农产品质量安全检测的机构，应当具备相应的检测条件和能力，由省级以上人民政府农业农村主管部门或者其授权的部门考核合格。具体办法由国务院农业农村主管部门制定。

农产品质量安全检测机构应当依法经资质认定。

第四十九条 从事农产品质量安全检测工作的人员，应当具备相应的专业知识和实际操作技能，遵纪守法，恪守职业道德。

农产品质量安全检测机构对出具的检测报告负责。检测报告应当客观公正，检测数据应当真实可靠，禁止出具虚假检测报告。

第五十条 县级以上地方人民政府农业农村主管部门可以采用国务院农业农村主管部门会同国务院市场监督管理等部门认定的快速检测方法，开展农产品质量安全监督抽查检测。抽查检测结果确定有关农产品不符合农产品质量安全标准的，可以作为行政处罚的证据。

第五十一条 农产品生产经营者对监督抽查检测结果有异议的，可以自收到检测结果之日起五个工作日内，向实施农产品质量安全监督抽查的农业农村主管部门或者其上一级农业农村主管部门申请复检。复检机构与初检机构不得为同一机构。

采用快速检测方法进行农产品质量安全监督抽查检测，被抽查人对检测结果有异议的，可以自收到检测结果时起四小时内申请复检。复检不得采用快速检测方法。

复检机构应当自收到复检样品之日起七个工作日内出具检测报告。

因检测结果错误给当事人造成损害的，依法承担赔偿责任。

第五十二条 县级以上地方人民政府农业农村主管部门应当加强对农产品生产的监督管理，开展日常检查，重点检查农产品产地环境、农业投入品购买和使用、农产品生产记录、承诺达标合格证开具等情况。

国家鼓励和支持基层群众性自治组织建立农产品质量安全信息员工作制度，协助开展有关工作。

第五十三条 开展农产品质量安全监督检查，有权采取下列措施：

（一）进入生产经营场所进行现场检查，调查了解农产品质量安全的有关情况；

（二）查阅、复制农产品生产记录、购销台账等与农产品质量安全有关的资料；

（三）抽样检测生产经营的农产品和使用的农业投入品以及其他有关产品；

（四）查封、扣押有证据证明存在农产品质量安全隐患或者经检测不符合农产品质量安全标准的农产品；

（五）查封、扣押有证据证明可能危及农产品质量安全或者经检测不符合产品质量标准的农业投入品以及其他有毒有害物质；

（六）查封、扣押用于违法生产经营农产品的设施、设备、场所以及运输工具；

（七）收缴伪造的农产品质量标志。

农产品生产经营者应当协助、配合农产品质量安全监督检查，不得拒绝、阻挠。

第五十四条 县级以上人民政府农业农村等部门应当加强农产品质量安全信用体系建设，建立农产品生产经营者信用记录，记载行政处罚等信息，推进农产品质量安全信用信息的应用和管理。

第五十五条 农产品生产经营过程中存在质

量安全隐患，未及时采取措施消除的，县级以上地方人民政府农业农村主管部门可以对农产品生产经营者的法定代表人或者主要负责人进行责任约谈。农产品生产经营者应当立即采取措施，进行整改，消除隐患。

第五十六条 国家鼓励消费者协会和其他单位或者个人对农产品质量安全进行社会监督，对农产品质量安全监督管理工作提出意见和建议。任何单位和个人有权对违反本法的行为进行检举控告、投诉举报。

县级以上人民政府农业农村主管部门应当建立农产品质量安全投诉举报制度，公开投诉举报渠道，收到投诉举报后，应当及时处理。对不属于本部门职责的，应当移交有权处理的部门并书面通知投诉举报人。

第五十七条 县级以上地方人民政府农业农村主管部门应当加强对农产品质量安全执法人员的专业技术培训并组织考核。不具备相应知识和能力的，不得从事农产品质量安全执法工作。

第五十八条 上级人民政府应当督促下级人民政府履行农产品质量安全职责。对农产品质量安全责任落实不力、问题突出的地方人民政府，上级人民政府可以对其主要负责人进行责任约谈。被约谈的地方人民政府应当立即采取整改措施。

第五十九条 国务院农业农村主管部门应当会同国务院有关部门制定国家农产品质量安全突发事件应急预案，并与国家食品安全事故应急预案相衔接。

县级以上地方人民政府应当根据有关法律、行政法规的规定和上级人民政府的农产品质量安全突发事件应急预案，制定本行政区域的农产品质量安全突发事件应急预案。

发生农产品质量安全事故时，有关单位和个人应当采取控制措施，及时向所在地乡镇人民政府和县级人民政府农业农村等部门报告；收到报告的机关应当按照农产品质量安全突发事件应急预案及时处理并报本级人民政府、上级人民政府有关部门。发生重大农产品质量安全事故时，按照规定上报国务院及其有关部门。

任何单位和个人不得隐瞒、谎报、缓报农产品质量安全事故，不得隐匿、伪造、毁灭有关证据。

第六十条 县级以上地方人民政府市场监督管理部门依照本法和《中华人民共和国食品安全法》等法律、法规的规定，对农产品进入批发、零售市场或者生产加工企业后的生产经营活动进行监督检查。

第六十一条 县级以上人民政府农业农村、市场监督管理等部门发现农产品质量安全违法行为涉嫌犯罪的，应当及时将案件移送公安机关。对移送的案件，公安机关应当及时审查；认为有犯罪事实需要追究刑事责任的，应当立案侦查。

公安机关对依法不需要追究刑事责任但应当给予行政处罚的，应当及时将案件移送农业农村、市场监督管理等部门，有关部门应当依法处理。

公安机关商请农业农村、市场监督管理、生态环境等部门提供检验结论、认定意见以及对涉案农产品进行无害化处理等协助的，有关部门应当及时提供、予以协助。

第七章 法律责任

第六十二条 违反本法规定，地方各级人民政府有下列情形之一的，对直接负责的主管人员和其他直接责任人员给予警告、记过、记大过处分；造成严重后果的，给予降级或者撤职处分：

（一）未确定有关部门的农产品质量安全监督管理工作职责，未建立健全农产品质量安全工作机制，或者未落实农产品质量安全监督管理责任；

（二）未制定本行政区域的农产品质量安全突发事件应急预案，或者发生农产品质量安全事故后未按照规定启动应急预案。

第六十三条 违反本法规定，县级以上人民政府农业农村等部门有下列行为之一的，对直接负责的主管人员和其他直接责任人员给予记大过处分；情节较重的，给予降级或者撤职处分；情节严重的，给予开除处分；造成严重后果的，其主要负责人还应当引咎辞职：

（一）隐瞒、谎报、缓报农产品质量安全事故或者隐匿、伪造、毁灭有关证据；

（二）未按照规定查处农产品质量安全事故，或者接到农产品质量安全事故报告未及时处理，造成事故扩大或者蔓延；

（三）发现农产品质量安全重大风险隐患后，未及时采取相应措施，造成农产品质量安全事故或者不良社会影响；

（四）不履行农产品质量安全监督管理职责，

导致发生农产品质量安全事故。

第六十四条 县级以上地方人民政府农业农村、市场监督管理等部门在履行农产品质量安全监督管理职责过程中，违法实施检查、强制等执法措施，给农产品生产经营者造成损失的，应当依法予以赔偿，对直接负责的主管人员和其他直接责任人员依法给予处分。

第六十五条 农产品质量安全检测机构、检测人员出具虚假检测报告的，由县级以上人民政府农业农村主管部门没收所收取的检测费用，检测费用不足一万元的，并处五万元以上十万元以下罚款，检测费用一万元以上的，并处检测费用五倍以上十倍以下罚款；对直接负责的主管人员和其他直接责任人员处一万元以上五万元以下罚款；使消费者的合法权益受到损害的，农产品质量安全检测机构应当与农产品生产经营者承担连带责任。

因农产品质量安全违法行为受到刑事处罚或者因出具虚假检测报告导致发生重大农产品质量安全事故的检测人员，终身不得从事农产品质量安全检测工作。农产品质量安全检测机构不得聘用上述人员。

农产品质量安全检测机构有前两款违法行为的，由授予其资质的主管部门或者机构吊销该农产品质量安全检测机构的资质证书。

第六十六条 违反本法规定，在特定农产品禁止生产区域种植、养殖、捕捞、采集特定农产品或者建立特定农产品生产基地的，由县级以上地方人民政府农业农村主管部门责令停止违法行为，没收农产品和违法所得，并处违法所得一倍以上三倍以下罚款。

违反法律、法规规定，向农产品产地排放或者倾倒废水、废气、固体废物或者其他有毒有害物质的，依照有关环境保护法律、法规的规定处理、处罚；造成损害的，依法承担赔偿责任。

第六十七条 农药、肥料、农用薄膜等农业投入品的生产者、经营者、使用者未按照规定回收并妥善处置包装物或者废弃物的，由县级以上地方人民政府农业农村主管部门依照有关法律、法规的规定处理、处罚。

第六十八条 违反本法规定，农产品生产企业有下列情形之一的，由县级以上地方人民政府农业农村主管部门责令限期改正；逾期不改正的，处五千元以上五万元以下罚款：

（一）未建立农产品质量安全管理制度；

（二）未配备相应的农产品质量安全管理技术人员，且未委托具有专业技术知识的人员进行农产品质量安全指导。

第六十九条 农产品生产企业、农民专业合作社、农业社会化服务组织未依照本法规定建立、保存农产品生产记录，或者伪造、变造农产品生产记录的，由县级以上地方人民政府农业农村主管部门责令限期改正；逾期不改正的，处二千元以上二万元以下罚款。

第七十条 违反本法规定，农产品生产经营者有下列行为之一，尚不构成犯罪的，由县级以上地方人民政府农业农村主管部门责令停止生产经营、追回已经销售的农产品，对违法生产经营的农产品进行无害化处理或者予以监督销毁，没收违法所得，并可以没收用于违法生产经营的工具、设备、原料等物品；违法生产经营的农产品货值金额不足一万元的，并处十万元以上十五万元以下罚款，货值金额一万元以上的，并处货值金额十五倍以上三十倍以下罚款；对农户，并处一千元以上一万元以下罚款；情节严重的，有许可证的吊销许可证，并可以由公安机关对其直接负责的主管人员和其他直接责任人员处五日以上十五日以下拘留：

（一）在农产品生产经营过程中使用国家禁止使用的农业投入品或者其他有毒有害物质；

（二）销售含有国家禁止使用的农药、兽药或者其他化合物的农产品；

（三）销售病死、毒死或者死因不明的动物及其产品。

明知农产品生产经营者从事前款规定的违法行为，仍为其提供生产经营场所或者其他条件的，由县级以上地方人民政府农业农村主管部门责令停止违法行为，没收违法所得，并处十万元以上二十万元以下罚款；使消费者的合法权益受到损害的，应当与农产品生产经营者承担连带责任。

第七十一条 违反本法规定，农产品生产经营者有下列行为之一，尚不构成犯罪的，由县级以上地方人民政府农业农村主管部门责令停止生产经营、追回已经销售的农产品，对违法生产经营的农产品进行无害化处理或者予以监督销毁，没收违法所得，并可以没收用于违法生产经营的工具、设备、原料等物品；违法生产经营的农产品货值金额不足一万元的，并处五万元以上十万元以下罚款，货值金额一万元以上的，并处货值金额十倍以上二十倍以下罚款；对农户，并处五百元以上五千元以下罚款：

（一）销售农药、兽药等化学物质残留或者含有的重金属等有毒有害物质不符合农产品质量安全标准的农产品；

（二）销售含有的致病性寄生虫、微生物或者生物毒素不符合农产品质量安全标准的农产品；

（三）销售其他不符合农产品质量安全标准的农产品。

第七十二条 违反本法规定，农产品生产经营者有下列行为之一的，由县级以上地方人民政府农业农村主管部门责令停止生产经营、追回已经销售的农产品，对违法生产经营的农产品进行无害化处理或者予以监督销毁，没收违法所得，并可以没收用于违法生产经营的工具、设备、原料等物品；违法生产经营的农产品货值金额不足一万元的，并处五千元以上五万元以下罚款，货值金额一万元以上的，并处货值金额五倍以上十倍以下罚款；对农户，并处三百元以上三千元以下罚款：

（一）在农产品生产场所以及生产活动中使用的设施、设备、消毒剂、洗涤剂等不符合国家有关质量安全规定；

（二）未按照国家有关强制性标准或者其他农产品质量安全规定使用保鲜剂、防腐剂、添加剂、包装材料等，或者使用的保鲜剂、防腐剂、添加剂、包装材料等不符合国家有关强制性标准或者其他质量安全规定；

（三）将农产品与有毒有害物质一同储存、运输。

第七十三条 违反本法规定，有下列行为之一的，由县级以上地方人民政府农业农村主管部门按照职责给予批评教育，责令限期改正；逾期不改正的，处一百元以上一千元以下罚款：

（一）农产品生产企业、农民专业合作社、从事农产品收购的单位或者个人未按照规定开具承诺达标合格证；

（二）从事农产品收购的单位或者个人未按照规定收取、保存承诺达标合格证或者其他合格证明。

第七十四条 农产品生产经营者冒用农产品质量标志，或者销售冒用农产品质量标志的农产品的，由县级以上地方人民政府农业农村主管部门按照职责责令改正，没收违法所得；违法生产经营的农产品货值金额不足五千元的，并处五千元以上五万元以下罚款，货值金额五千元以上的，并处货值金额十倍以上二十倍以下罚款。

第七十五条 违反本法关于农产品质量安全追溯规定的，由县级以上地方人民政府农业农村主管部门按照职责责令限期改正；逾期不改正的，可以处一万元以下罚款。

第七十六条 违反本法规定，拒绝、阻挠依法开展的农产品质量安全监督检查、事故调查处理、抽样检测和风险评估的，由有关主管部门按照职责责令停产停业，并处二千元以上五万元以下罚款；构成违反治安管理行为的，由公安机关依法给予治安管理处罚。

第七十七条 《中华人民共和国食品安全法》对食用农产品进入批发、零售市场或者生产加工企业后的违法行为和法律责任有规定的，由县级以上地方人民政府市场监督管理部门依照其规定进行处罚。

第七十八条 违反本法规定，构成犯罪的，依法追究刑事责任。

第七十九条 违反本法规定，给消费者造成人身、财产或者其他损害的，依法承担民事赔偿责任。生产经营者财产不足以同时承担民事赔偿责任和缴纳罚款、罚金时，先承担民事赔偿责任。

食用农产品生产经营者违反本法规定，污染环境、侵害众多消费者合法权益，损害社会公共利益的，人民检察院可以依照《中华人民共和国民事诉讼法》、《中华人民共和国行政诉讼法》等法律的规定向人民法院提起诉讼。

第八章 附 则

第八十条 粮食收购、储存、运输环节的质量安全管理，依照有关粮食管理的法律、行政法规执行。

第八十一条 本法自 2023 年 1 月 1 日起施行。

中华人民共和国
进出境动植物检疫法

· 1991年10月30日第七届全国人民代表大会常务委员会第二十二次会议通过
· 根据2009年8月27日第十一届全国人民代表大会常务委员会第十次会议《关于修改部分法律的决定》修正

第一章 总 则

第一条 为防止动物传染病、寄生虫病和植物危险性病、虫、杂草以及其他有害生物（以下简称病虫害）传入、传出国境，保护农、林、牧、渔业生产和人体健康，促进对外经济贸易的发展，制定本法。

第二条 进出境的动植物、动植物产品和其他检疫物，装载动植物、动植物产品和其他检疫物的装载容器、包装物，以及来自动植物疫区的运输工具，依照本法规定实施检疫。

第三条 国务院设立动植物检疫机关（以下简称国家动植物检疫机关），统一管理全国进出境动植物检疫工作。国家动植物检疫机关在对外开放的口岸和进出境动植物检疫业务集中的地点设立的口岸动植物检疫机关，依照本法规定实施进出境动植物检疫。

贸易性动物产品出境的检疫机关，由国务院根据情况规定。

国务院农业行政主管部门主管全国进出境动植物检疫工作。

第四条 口岸动植物检疫机关在实施检疫时可以行使下列职权：

（一）依照本法规定登船、登车、登机实施检疫；

（二）进入港口、机场、车站、邮局以及检疫物的存放、加工、养殖、种植场所实施检疫，并依照规定采样；

（三）根据检疫需要，进入有关生产、仓库等场所，进行疫情监测、调查和检疫监督管理；

（四）查阅、复制、摘录与检疫物有关的运行日志、货运单、合同、发票及其他单证。

第五条 国家禁止下列各物进境：

（一）动植物病原体（包括菌种、毒种等）、害虫及其他有害生物；

（二）动植物疫情流行的国家和地区的有关动植物、动植物产品和其他检疫物；

（三）动物尸体；

（四）土壤。

口岸动植物检疫机关发现有前款规定的禁止进境物的，作退回或者销毁处理。

因科学研究等特殊需要引进本条第一款规定的禁止进境物的，必须事先提出申请，经国家动植物检疫机关批准。

本条第一款第二项规定的禁止进境物的名录，由国务院农业行政主管部门制定并公布。

第六条 国外发生重大动植物疫情并可能传入中国时，国务院应当采取紧急预防措施，必要时可以下令禁止来自动植物疫区的运输工具进境或者封锁有关口岸；受动植物疫情威胁地区的地方人民政府和有关口岸动植物检疫机关，应当立即采取紧急措施，同时向上级人民政府和国家动植物检疫机关报告。

邮电、运输部门对重大动植物疫情报告和送检材料应当优先传送。

第七条 国家动植物检疫机关和口岸动植物检疫机关对进出境动植物、动植物产品的生产、加工、存放过程，实行检疫监督制度。

第八条 口岸动植物检疫机关在港口、机场、车站、邮局执行检疫任务时，海关、交通、民航、铁路、邮电等有关部门应当配合。

第九条 动植物检疫机关检疫人员必须忠于职守，秉公执法。

动植物检疫机关检疫人员依法执行公务，任何单位和个人不得阻挠。

第二章 进境检疫

第十条 输入动物、动物产品、植物种子、种苗及其他繁殖材料的，必须事先提出申请，办理检疫审批手续。

第十一条 通过贸易、科技合作、交换、赠送、援助等方式输入动植物、动植物产品和其他检疫物的，应当在合同或者协议中订明中国法定的检疫要求，并订明必须附有输出国家或者地区政府动植物检疫机关出具的检疫证书。

第十二条 货主或者其代理人应当在动植物、动植物产品和其他检疫物进境前或者进境时持输出国家或者地区的检疫证书、贸易合同等单证，向进境口岸动植物检疫机关报检。

第十三条 装载动物的运输工具抵达口岸时，口岸动植物检疫机关应当采取现场预防措施，对上下运输工具或者接近动物的人员、装载动物的运输工具和被污染的场地作防疫消毒处理。

第十四条 输入动植物、动植物产品和其他检疫物，应当在进境口岸实施检疫。未经口岸动植物检疫机关同意，不得卸离运输工具。

输入动植物，需隔离检疫的，在口岸动植物检疫机关指定的隔离场所检疫。

因口岸条件限制等原因，可以由国家动植物检疫机关决定将动植物、动植物产品和其他检疫物运往指定地点检疫。在运输、装卸过程中，货主或者其代理人应当采取防疫措施。指定的存放、加工和隔离饲养或者隔离种植的场所，应当符合动植物检疫和防疫的规定。

第十五条 输入动植物、动植物产品和其他检疫物，经检疫合格的，准予进境；海关凭口岸动植物检疫机关签发的检疫单证或者在报关单上加盖的印章验放。

输入动植物、动植物产品和其他检疫物，需调离海关监管区检疫的，海关凭口岸动植物检疫机关签发的《检疫调离通知单》验放。

第十六条 输入动物，经检疫不合格的，由口岸动植物检疫机关签发《检疫处理通知单》，通知货主或者其代理人作如下处理：

（一）检出一类传染病、寄生虫病的动物，连同其同群动物全群退回或者全群扑杀并销毁尸体；

（二）检出二类传染病、寄生虫病的动物，退回或者扑杀，同群其他动物在隔离场或者其他指定地点隔离观察。

输入动物产品和其他检疫物经检疫不合格的，由口岸动植物检疫机关签发《检疫处理通知单》，通知货主或者其代理人作除害、退回或者销毁处理。经除害处理合格的，准予进境。

第十七条 输入植物、植物产品和其他检疫物，经检疫发现有植物危险性病、虫、杂草的，由口岸动植物检疫机关签发《检疫处理通知单》，通知货主或者其代理人作除害、退回或者销毁处理。经除害处理合格的，准予进境。

第十八条 本法第十六条第一款第一项、第二项所称一类、二类动物传染病、寄生虫病的名录和本法第十七条所称植物危险性病、虫、杂草的名录，由国务院农业行政主管部门制定并公布。

第十九条 输入动植物、动植物产品和其他检疫物，经检疫发现有本法第十八条规定的名录之外，对农、林、牧、渔业有严重危害的其他病虫害的，由口岸动植物检疫机关依照国务院农业行政主管部门的规定，通知货主或者其代理人作除害、退回或者销毁处理。经除害处理合格的，准予进境。

第三章 出境检疫

第二十条 货主或者其代理人在动植物、动植物产品和其他检疫物出境前，向口岸动植物检疫机关报检。

出境前需经隔离检疫的动物，在口岸动植物检疫机关指定的隔离场所检疫。

第二十一条 输出动植物、动植物产品和其他检疫物，由口岸动植物检疫机关实施检疫，经检疫合格或者经除害处理合格的，准予出境；海关凭口岸动植物检疫机关签发的检疫证书或者在报关单上加盖的印章验放。检疫不合格又无有效方法作除害处理的，不准出境。

第二十二条 经检疫合格的动植物、动植物产品和其他检疫物，有下列情形之一的，货主或者其代理人应当重新报检：

（一）更改输入国家或者地区，更改后的输入国家或者地区又有不同检疫要求的；

（二）改换包装或者原未拼装后来拼装的；

（三）超过检疫规定有效期限的。

第四章 过境检疫

第二十三条 要求运输动物过境的，必须事先商得中国国家动植物检疫机关同意，并按照指定的口岸和路线过境。

装载过境动物的运输工具、装载容器、饲料和铺垫材料，必须符合中国动植物检疫的规定。

第二十四条 运输动植物、动植物产品和其他检疫物过境的，由承运人或者押运人持货运单和输出国家或者地区政府动植物检疫机关出具的检疫证书，在进境时向口岸动植物检疫机关报检，出境口岸不再检疫。

第二十五条 过境的动物经检疫合格的，准予过境；发现有本法第十八条规定的名录所列的动物传染病、寄生虫病的，全群动物不准过境。

过境动物的饲料受病虫害污染的，作除害、不准过境或者销毁处理。

过境的动物的尸体、排泄物、铺垫材料及其他废弃物，必须按照动植物检疫机关的规定处理，不得擅自抛弃。

第二十六条 对过境植物、动植物产品和其他检疫物，口岸动植物检疫机关检查运输工具或者包装，经检疫合格的，准予过境；发现有本法第十八条规定的名录所列的病虫害的，作除害处理或者不准过境。

第二十七条 动植物、动植物产品和其他检疫物过境期间，未经动植物检疫机关批准，不得开拆包装或者卸离运输工具。

第五章 携带、邮寄物检疫

第二十八条 携带、邮寄植物种子、种苗及其他繁殖材料进境的，必须事先提出申请，办理检疫审批手续。

第二十九条 禁止携带、邮寄进境的动植物、动植物产品和其他检疫物的名录，由国务院农业行政主管部门制定并公布。

携带、邮寄前款规定的名录所列的动植物、动植物产品和其他检疫物进境的，作退回或者销毁处理。

第三十条 携带本法第二十九条规定的名录以外的动植物、动植物产品和其他检疫物进境的，在进境时向海关申报并接受口岸动植物检疫机关检疫。

携带动物进境的，必须持有输出国家或者地区的检疫证书等证件。

第三十一条 邮寄本法第二十九条规定的名录以外的动植物、动植物产品和其他检疫物进境的，由口岸动植物检疫机关在国际邮件互换局实施检疫，必要时可以取回口岸动植物检疫机关检疫；未经检疫不得运递。

第三十二条 邮寄进境的动植物、动植物产品和其他检疫物，经检疫或者除害处理合格后放行；经检疫不合格又无有效方法作除害处理的，作退回或者销毁处理，并签发《检疫处理通知单》。

第三十三条 携带、邮寄出境的动植物、动植物产品和其他检疫物，物主有检疫要求的，由口岸动植物检疫机关实施检疫。

第六章 运输工具检疫

第三十四条 来自动植物疫区的船舶、飞机、火车抵达口岸时，由口岸动植物检疫机关实施检疫。发现有本法第十八条规定的名录所列的病虫害的，作不准带离运输工具、除害、封存或者销毁处理。

第三十五条 进境的车辆，由口岸动植物检疫机关作防疫消毒处理。

第三十六条 进出境运输工具上的泔水、动植物性废弃物，依照口岸动植物检疫机关的规定处理，不得擅自抛弃。

第三十七条 装载出境的动植物、动植物产品和其他检疫物的运输工具，应当符合动植物检疫和防疫的规定。

第三十八条 进境供拆船用的废旧船舶，由口岸动植物检疫机关实施检疫，发现有本法第十八条规定的名录所列的病虫害的，作除害处理。

第七章 法律责任

第三十九条 违反本法规定，有下列行为之一的，由口岸动植物检疫机关处以罚款：

（一）未报检或者未依法办理检疫审批手续的；

（二）未经口岸动植物检疫机关许可擅自将进境动植物、动植物产品或者其他检疫物卸离运输工具或者运递的；

（三）擅自调离或者处理在口岸动植物检疫机关指定的隔离场所中隔离检疫的动植物的。

第四十条 报检的动植物、动植物产品或者其他检疫物与实际不符的，由口岸动植物检疫机关处以罚款；已取得检疫单证的，予以吊销。

第四十一条 违反本法规定，擅自开拆过境动植物、动植物产品或者其他检疫物的包装的，擅自将过境动植物、动植物产品或者其他检疫物卸离运输工具的，擅自抛弃过境动物的尸体、排泄物、铺垫材料或者其他废弃物的，由动植物检疫机关处以罚款。

第四十二条 违反本法规定，引起重大动植物疫情的，依照刑法有关规定追究刑事责任。

第四十三条 伪造、变造检疫单证、印章、标志、封识，依照刑法有关规定追究刑事责任。

第四十四条 当事人对动植物检疫机关的处罚决定不服的，可以在接到处罚通知之日起 15 日内向作出处罚决定的机关的上一级机关申请复议；当事人也可以在接到处罚通知之日起15日内直接向人民法院起诉。

复议机关应当在接到复议申请之日起60日内作出复议决定。当事人对复议决定不服的，可以在接到复议决定之日起15日内向人民法院起诉。复议机关逾期不作出复议决定的，当事人可以在复议期满之日起15日内向人民法院起诉。

当事人逾期不申请复议也不向人民法院起诉、又不履行处罚决定的，作出处罚决定的机关可以申请人民法院强制执行。

第四十五条 动植物检疫机关检疫人员滥用职权，徇私舞弊，伪造检疫结果，或者玩忽职守，延误检疫出证，构成犯罪的，依法追究刑事责任；不构成犯罪的，给予行政处分。

第八章 附 则

第四十六条 本法下列用语的含义是：

（一）"动物"是指饲养、野生的活动物，如畜、禽、兽、蛇、龟、鱼、虾、蟹、贝、蚕、蜂等；

（二）"动物产品"是指来源于动物未经加工或者虽经加工但仍有可能传播疫病的产品，如生皮张、毛类、肉类、脏器、油脂、动物水产品、奶制品、蛋类、血液、精液、胚胎、骨、蹄、角等；

（三）"植物"是指栽培植物、野生植物及其种子、种苗及其他繁殖材料等；

（四）"植物产品"是指来源于植物未经加工或者虽经加工但仍有可能传播病虫害的产品，如粮食、豆、棉花、油、麻、烟草、籽仁、干果、鲜果、蔬菜、生药材、木材、饲料等；

（五）"其他检疫物"是指动物疫苗、血清、诊断液、动植物性废弃物等。

第四十七条 中华人民共和国缔结或者参加的有关动植物检疫的国际条约与本法有不同规定的，适用该国际条约的规定。但是，中华人民共和国声明保留的条款除外。

第四十八条 口岸动植物检疫机关实施检疫依照规定收费。收费办法由国务院农业行政主管部门会同国务院物价等有关主管部门制定。

第四十九条 国务院根据本法制定实施条例。

第五十条 本法自1992年4月1日起施行。1982年6月4日国务院发布的《中华人民共和国进出口动植物检疫条例》同时废止。

中华人民共和国
食品安全法实施条例

- 2009年7月20日中华人民共和国国务院令第557号公布
- 根据2016年2月6日《国务院关于修改部分行政法规的决定》修订
- 2019年3月26日国务院第42次常务会议修订通过
- 2019年10月11日中华人民共和国国务院令第721号公布
- 自2019年12月1日起施行

第一章 总 则

第一条 根据《中华人民共和国食品安全法》（以下简称食品安全法），制定本条例。

第二条 食品生产经营者应当依照法律、法规和食品安全标准从事生产经营活动，建立健全食品安全管理制度，采取有效措施预防和控制食品安全风险，保证食品安全。

第三条 国务院食品安全委员会负责分析食品安全形势，研究部署、统筹指导食品安全工作，提出食品安全监督管理的重大政策措施，督促落实食品安全监督管理责任。县级以上地方人民政府食品安全委员会按照本级人民政府规定的职责开展工作。

第四条 县级以上人民政府建立统一权威的食品安全监督管理体制，加强食品安全监督管理能力建设。

县级以上人民政府食品安全监督管理部门和其他有关部门应当依法履行职责，加强协调配合，做好食品安全监督管理工作。

乡镇人民政府和街道办事处应当支持、协助县级人民政府食品安全监督管理部门及其派出机构依法开展食品安全监督管理工作。

第五条 国家将食品安全知识纳入国民素质教育内容，普及食品安全科学常识和法律知识，提高全社会的食品安全意识。

第二章 食品安全风险监测和评估

第六条 县级以上人民政府卫生行政部门会

同同级食品安全监督管理等部门建立食品安全风险监测会商机制，汇总、分析风险监测数据，研判食品安全风险，形成食品安全风险监测分析报告，报本级人民政府；县级以上地方人民政府卫生行政部门还应当将食品安全风险监测分析报告同时报上一级人民政府卫生行政部门。食品安全风险监测会商的具体办法由国务院卫生行政部门会同国务院食品安全监督管理等部门制定。

第七条　食品安全风险监测结果表明存在食品安全隐患，食品安全监督管理等部门经进一步调查确认有必要通知相关食品生产经营者的，应当及时通知。

接到通知的食品生产经营者应当立即进行自查，发现食品不符合食品安全标准或者有证据证明可能危害人体健康的，应当依照食品安全法第六十三条的规定停止生产、经营，实施食品召回，并报告相关情况。

第八条　国务院卫生行政、食品安全监督管理等部门发现需要对农药、肥料、兽药、饲料和饲料添加剂等进行安全性评估的，应当向国务院农业行政部门提出安全性评估建议。国务院农业行政部门应当及时组织评估，并向国务院有关部门通报评估结果。

第九条　国务院食品安全监督管理部门和其他有关部门建立食品安全风险信息交流机制，明确食品安全风险信息交流的内容、程序和要求。

第三章　食品安全标准

第十条　国务院卫生行政部门会同国务院食品安全监督管理、农业行政等部门制定食品安全国家标准规划及其年度实施计划。国务院卫生行政部门应当在其网站上公布食品安全国家标准规划及其年度实施计划的草案，公开征求意见。

第十一条　省、自治区、直辖市人民政府卫生行政部门依照食品安全法第二十九条的规定制定食品安全地方标准，应当公开征求意见。省、自治区、直辖市人民政府卫生行政部门应当自食品安全地方标准公布之日起30个工作日内，将地方标准报国务院卫生行政部门备案。国务院卫生行政部门发现备案的食品安全地方标准违反法律、法规或者食品安全国家标准的，应当及时予以纠正。

食品安全地方标准依法废止的，省、自治区、直辖市人民政府卫生行政部门应当及时在其网站上公布废止情况。

第十二条　保健食品、特殊医学用途配方食品、婴幼儿配方食品等特殊食品不属于地方特色食品，不得对其制定食品安全地方标准。

第十三条　食品安全标准公布后，食品生产经营者可以在食品安全标准规定的实施日期之前实施并公开提前实施情况。

第十四条　食品生产企业不得制定低于食品安全国家标准或者地方标准要求的企业标准。食品生产企业制定食品安全指标严于食品安全国家标准或者地方标准的企业标准的，应当报省、自治区、直辖市人民政府卫生行政部门备案。

食品生产企业制定企业标准的，应当公开，供公众免费查阅。

第四章　食品生产经营

第十五条　食品生产经营许可的有效期为5年。

食品生产经营者的生产经营条件发生变化，不再符合食品生产经营要求的，食品生产经营者应当立即采取整改措施；需要重新办理许可手续的，应当依法办理。

第十六条　国务院卫生行政部门应当及时公布新的食品原料、食品添加剂新品种和食品相关产品新品种目录以及所适用的食品安全国家标准。

对按照传统既是食品又是中药材的物质目录，国务院卫生行政部门会同国务院食品安全监督管理部门应当及时更新。

第十七条　国务院食品安全监督管理部门会同国务院农业行政等有关部门明确食品安全全程追溯基本要求，指导食品生产经营者通过信息化手段建立、完善食品安全追溯体系。

食品安全监督管理等部门应当将婴幼儿配方食品等针对特定人群的食品以及其他食品安全风险较高或者销售量大的食品的追溯体系建设作为监督检查的重点。

第十八条　食品生产经营者应当建立食品安全追溯体系，依照食品安全法的规定如实记录并保存进货查验、出厂检验、食品销售等信息，保证食品可追溯。

第十九条　食品生产经营企业的主要负责人对本企业的食品安全工作全面负责，建立并落实本企业的食品安全责任制，加强供货者管理、进货查验和出厂检验、生产经营过程控制、食品安全自查等工作。食品生产经营企业的食品安全管理人员应当协助企业主要负责人做好食品安全管理工作。

第二十条 食品生产经营企业应当加强对食品安全管理人员的培训和考核。食品安全管理人员应当掌握与其岗位相适应的食品安全法律、法规、标准和专业知识，具备食品安全管理能力。食品安全监督管理部门应当对企业食品安全管理人员进行随机监督抽查考核。考核指南由国务院食品安全监督管理部门制定、公布。

第二十一条 食品、食品添加剂生产经营者委托生产食品、食品添加剂的，应当委托取得食品生产许可、食品添加剂生产许可的生产者生产，并对其生产行为进行监督，对委托生产的食品、食品添加剂的安全负责。受托方应当依照法律、法规、食品安全标准以及合同约定进行生产，对生产行为负责，并接受委托方的监督。

第二十二条 食品生产经营者不得在食品生产、加工场所贮存依照本条例第六十三条规定制定的名录中的物质。

第二十三条 对食品进行辐照加工，应当遵守食品安全国家标准，并按照食品安全国家标准的要求对辐照加工食品进行检验和标注。

第二十四条 贮存、运输对温度、湿度等有特殊要求的食品，应当具备保温、冷藏或者冷冻等设备设施，并保持有效运行。

第二十五条 食品生产经营者委托贮存、运输食品的，应当对受托方的食品安全保障能力进行审核，并监督受托方按照保证食品安全的要求贮存、运输食品。受托方应当保证食品贮存、运输条件符合食品安全的要求，加强食品贮存、运输过程管理。

接受食品生产经营者委托贮存、运输食品的，应当如实记录委托方和收货方的名称、地址、联系方式等内容。记录保存期限不得少于贮存、运输结束后2年。

非食品生产经营者从事对温度、湿度等有特殊要求的食品贮存业务的，应当自取得营业执照之日起30个工作日内向所在地县级人民政府食品安全监督管理部门备案。

第二十六条 餐饮服务提供者委托餐具饮具集中消毒服务单位提供清洗消毒服务的，应当查验、留存餐具饮具集中消毒服务单位的营业执照复印件和消毒合格证明。保存期限不得少于消毒餐具饮具使用期限到期后6个月。

第二十七条 餐具饮具集中消毒服务单位应当建立餐具饮具出厂检验记录制度，如实记录出厂餐具饮具的数量、消毒日期和批号、使用期限、出厂日期以及委托方名称、地址、联系方式等内容。出厂检验记录保存期限不得少于消毒餐具饮具使用期限到期后6个月。消毒后的餐具饮具应当在独立包装上标注单位名称、地址、联系方式、消毒日期和批号以及使用期限等内容。

第二十八条 学校、托幼机构、养老机构、建筑工地等集中用餐单位的食堂应当执行原料控制、餐具饮具清洗消毒、食品留样等制度，并依照食品安全法第四十七条的规定定期开展食堂食品安全自查。

承包经营集中用餐单位食堂的，应当依法取得食品经营许可，并对食堂的食品安全负责。集中用餐单位应当督促承包方落实食品安全管理制度，承担管理责任。

第二十九条 食品生产经营者应当对变质、超过保质期或者回收的食品进行显著标示或者单独存放在有明确标志的场所，及时采取无害化处理、销毁等措施并如实记录。

食品安全法所称回收食品，是指已经售出，因违反法律、法规、食品安全标准或者超过保质期等原因，被召回或者退回的食品，不包括依照食品安全法第六十三条第三款的规定可以继续销售的食品。

第三十条 县级以上地方人民政府根据需要建设必要的食品无害化处理和销毁设施。食品生产经营者可以按照规定使用政府建设的设施对食品进行无害化处理或者予以销毁。

第三十一条 食品集中交易市场的开办者、食品展销会的举办者应当在市场开业或者展销会举办前向所在地县级人民政府食品安全监督管理部门报告。

第三十二条 网络食品交易第三方平台提供者应当妥善保存入网食品经营者的登记信息和交易信息。县级以上人民政府食品安全监督管理部门开展食品安全监督检查、食品安全案件调查处理、食品安全事故处置确需了解有关信息的，经其负责人批准，可以要求网络食品交易第三方平台提供者提供，网络食品交易第三方平台提供者应当按照要求提供。县级以上人民政府食品安全监督管理部门及其工作人员对网络食品交易第三方平台提供者提供的信息依法负有保密义务。

第三十三条 生产经营转基因食品应当显著标示，标示办法由国务院食品安全监督管理部门会同国务院农业行政部门制定。

第三十四条 禁止利用包括会议、讲座、健康咨询在内的任何方式对食品进行虚假宣传。食品安全监督管理部门发现虚假宣传行为的，应当依法及时处理。

第三十五条 保健食品生产工艺有原料提取、纯化等前处理工序的，生产企业应当具备相应的原料前处理能力。

第三十六条 特殊医学用途配方食品生产企业应当按照食品安全国家标准规定的检验项目对出厂产品实施逐批检验。

特殊医学用途配方食品中的特定全营养配方食品应当通过医疗机构或者药品零售企业向消费者销售。医疗机构、药品零售企业销售特定全营养配方食品的，不需要取得食品经营许可，但是应当遵守食品安全法和本条例关于食品销售的规定。

第三十七条 特殊医学用途配方食品中的特定全营养配方食品广告按照处方药广告管理，其他类别的特殊医学用途配方食品广告按照非处方药广告管理。

第三十八条 对保健食品之外的其他食品，不得声称具有保健功能。

对添加食品安全国家标准规定的选择性添加物质的婴幼儿配方食品，不得以选择性添加物质命名。

第三十九条 特殊食品的标签、说明书内容应当与注册或者备案的标签、说明书一致。销售特殊食品，应当核对食品标签、说明书内容是否与注册或者备案的标签、说明书一致，不一致的不得销售。省级以上人民政府食品安全监督管理部门应当在其网站上公布注册或者备案的特殊食品的标签、说明书。

特殊食品不得与普通食品或者药品混放销售。

第五章　食品检验

第四十条 对食品进行抽样检验，应当按照食品安全标准、注册或者备案的特殊食品的产品技术要求以及国家有关规定确定的检验项目和检验方法进行。

第四十一条 对可能掺杂掺假的食品，按照现有食品安全标准规定的检验项目和检验方法以及依照食品安全法第一百一十一条和本条例第六十三条规定制定的检验项目和检验方法无法检验的，国务院食品安全监督管理部门可以制定补充检验项目和检验方法，用于对食品的抽样检验、食品安全案件调查处理和食品安全事故处置。

第四十二条 依照食品安全法第八十八条的规定申请复检的，申请人应当向复检机构先行支付复检费用。复检结论表明食品不合格的，复检费用由复检申请人承担；复检结论表明食品合格的，复检费用由实施抽样检验的食品安全监督管理部门承担。

复检机构无正当理由不得拒绝承担复检任务。

第四十三条 任何单位和个人不得发布未依法取得资质认定的食品检验机构出具的食品检验信息，不得利用上述检验信息对食品、食品生产经营者进行等级评定，欺骗、误导消费者。

第六章　食品进出口

第四十四条 进口商进口食品、食品添加剂，应当按照规定向出入境检验检疫机构报检，如实申报产品相关信息，并随附法律、行政法规规定的合格证明材料。

第四十五条 进口食品运达口岸后，应当存放在出入境检验检疫机构指定或者认可的场所；需要移动的，应当按照出入境检验检疫机构的要求采取必要的安全防护措施。大宗散装进口食品应当在卸货口岸进行检验。

第四十六条 国家出入境检验检疫部门根据风险管理需要，可以对部分食品实行指定口岸进口。

第四十七条 国务院卫生行政部门依照食品安全法第九十三条的规定对境外出口商、境外生产企业或者其委托的进口商提交的相关国家(地区)标准或者国际标准进行审查，认为符合食品安全要求的，决定暂予适用并予以公布；暂予适用的标准公布前，不得进口尚无食品安全国家标准的食品。

食品安全国家标准中通用标准已经涵盖的食品不属于食品安全法第九十三条规定的尚无食品安全国家标准的食品。

第四十八条 进口商应当建立境外出口商、境外生产企业审核制度，重点审核境外出口商、境外生产企业制定和执行食品安全风险控制措施的情况以及向我国出口的食品是否符合食品安全法、本条例和其他有关法律、行政法规的规定以及食品安全国家标准的要求。

第四十九条 进口商依照食品安全法第九十四条第三款的规定召回进口食品的，应当将食品召回和处理情况向所在地县级人民政府食品安全监督管理部门和所在地出入境检验检疫机构报告。

第五十条 国家出入境检验检疫部门发现已经注册的境外食品生产企业不再符合注册要求的，应当责令其在规定期限内整改，整改期间暂停进口其生产的食品；经整改仍不符合注册要求的，国家出入境检验检疫部门应当撤销境外食品生产企业注册并公告。

第五十一条 对通过我国良好生产规范、危害分析与关键控制点体系认证的境外生产企业，认证机构应当依法实施跟踪调查。对不再符合认证要求的企业，认证机构应当依法撤销认证并向社会公布。

第五十二条 境外发生的食品安全事件可能对我国境内造成影响，或者在进口食品、食品添加剂、食品相关产品中发现严重食品安全问题的，国家出入境检验检疫部门应当及时进行风险预警，并可以对相关的食品、食品添加剂、食品相关产品采取下列控制措施：

（一）退货或者销毁处理；

（二）有条件地限制进口；

（三）暂停或者禁止进口。

第五十三条 出口食品、食品添加剂的生产企业应当保证其出口食品、食品添加剂符合进口国家（地区）的标准或者合同要求；我国缔结或者参加的国际条约、协定有要求的，还应当符合国际条约、协定的要求。

第七章 食品安全事故处置

第五十四条 食品安全事故按照国家食品安全事故应急预案实行分级管理。县级以上人民政府食品安全监督管理部门会同同级有关部门负责食品安全事故调查处理。

县级以上人民政府应当根据实际情况及时修改、完善食品安全事故应急预案。

第五十五条 县级以上人民政府应当完善食品安全事故应急管理机制，改善应急装备，做好应急物资储备和应急队伍建设，加强应急培训、演练。

第五十六条 发生食品安全事故的单位应当对导致或者可能导致食品安全事故的食品及原料、工具、设备、设施等，立即采取封存等控制措施。

第五十七条 县级以上人民政府食品安全监督管理部门接到食品安全事故报告后，应当立即会同同级卫生行政、农业行政等部门依照食品安全法第一百零五条的规定进行调查处理。食品安全监督管理部门应当对事故单位封存的食品及原料、工具、设备、设施等予以保护，需要封存而事故单位尚未封存的应当直接封存或者责令事故单位立即封存，并通知疾病预防控制机构对与事故有关的因素开展流行病学调查。

疾病预防控制机构应当在调查结束后向同级食品安全监督管理、卫生行政部门同时提交流行病学调查报告。

任何单位和个人不得拒绝、阻挠疾病预防控制机构开展流行病学调查。有关部门应当对疾病预防控制机构开展流行病学调查予以协助。

第五十八条 国务院食品安全监督管理部门会同国务院卫生行政、农业行政等部门定期对全国食品安全事故情况进行分析，完善食品安全监督管理措施，预防和减少事故的发生。

第八章 监督管理

第五十九条 设区的市级以上人民政府食品安全监督管理部门根据监督管理工作需要，可以对由下级人民政府食品安全监督管理部门负责日常监督管理的食品生产经营者实施随机监督检查，也可以组织下级人民政府食品安全监督管理部门对食品生产经营者实施异地监督检查。

设区的市级以上人民政府食品安全监督管理部门认为必要的，可以直接调查处理下级人民政府食品安全监督管理部门管辖的食品安全违法案件，也可以指定其他下级人民政府食品安全监督管理部门调查处理。

第六十条 国家建立食品安全检查员制度，依托现有资源加强职业化检查员队伍建设，强化考核培训，提高检查员专业化水平。

第六十一条 县级以上人民政府食品安全监督管理部门依照食品安全法第一百一十条的规定实施查封、扣押措施，查封、扣押的期限不得超过30日；情况复杂的，经实施查封、扣押措施的食品安全监督管理部门负责人批准，可以延长，延长期限不得超过45日。

第六十二条 网络食品交易第三方平台多次出现入网食品经营者违法经营或者入网食品经营者的违法经营行为造成严重后果的，县级以上人民政府食品安全监督管理部门可以对网络食品交易第三方平台提供者的法定代表人或者主要负责人进行责任约谈。

第六十三条 国务院食品安全监督管理部门会同国务院卫生行政等部门根据食源性疾病信息、食品安全风险监测信息和监督管理信息等，对发现的添加或者可能添加到食品中的非食品用化学物质和其他可能危害人体健康的物质，制定名录及检测方法并予以公布。

第六十四条 县级以上地方人民政府卫生行政部门应当对餐具饮具集中消毒服务单位进行监督检查，发现不符合法律、法规、国家相关标准以及相关卫生规范等要求的，应当及时调查处理。监督检查的结果应当向社会公布。

第六十五条 国家实行食品安全违法行为举报奖励制度，对查证属实的举报，给予举报人奖励。举报人举报所在企业食品安全重大违法犯罪行为的，应当加大奖励力度。有关部门应当对举报人的信息予以保密，保护举报人的合法权益。食品安全违法行为举报奖励办法由国务院食品安全监督管理部门会同国务院财政等有关部门制定。

食品安全违法行为举报奖励资金纳入各级人民政府预算。

第六十六条 国务院食品安全监督管理部门应当会同国务院有关部门建立守信联合激励和失信联合惩戒机制，结合食品生产经营者信用档案，建立严重违法生产经营者黑名单制度，将食品安全信用状况与准入、融资、信贷、征信等相衔接，及时向社会公布。

第九章 法律责任

第六十七条 有下列情形之一的，属于食品安全法第一百二十三条至第一百二十六条、第一百三十二条以及本条例第七十二条、第七十三条规定的情节严重情形：

（一）违法行为涉及的产品货值金额2万元以上或者违法行为持续时间3个月以上；

（二）造成食源性疾病并出现死亡病例，或者造成30人以上食源性疾病但未出现死亡病例；

（三）故意提供虚假信息或者隐瞒真实情况；

（四）拒绝、逃避监督检查；

（五）因违反食品安全法律、法规受到行政处罚后1年内又实施同一性质的食品安全违法行为，或者因违反食品安全法律、法规受到刑事处罚后又实施食品安全违法行为；

（六）其他情节严重的情形。

对情节严重的违法行为处以罚款时，应当依法从重从严。

第六十八条 有下列情形之一的，依照食品安全法第一百二十五条第一款、本条例第七十五条的规定给予处罚：

（一）在食品生产、加工场所贮存依照本条例第六十三条规定制定的名录中的物质；

（二）生产经营的保健食品之外的食品的标签、说明书声称具有保健功能；

（三）以食品安全国家标准规定的选择性添加物质命名婴幼儿配方食品；

（四）生产经营的特殊食品的标签、说明书内容与注册或者备案的标签、说明书不一致。

第六十九条 有下列情形之一的，依照食品安全法第一百二十六条第一款、本条例第七十五条的规定给予处罚：

（一）接受食品生产经营者委托贮存、运输食品，未按照规定记录保存信息；

（二）餐饮服务提供者未查验、留存餐具饮具集中消毒服务单位的营业执照复印件和消毒合格证明；

（三）食品生产经营者未按照规定对变质、超过保质期或者回收的食品进行标示或者存放，或者未及时对上述食品采取无害化处理、销毁等措施并如实记录；

（四）医疗机构和药品零售企业之外的单位或

者个人向消费者销售特殊医学用途配方食品中的特定全营养配方食品；

（五）将特殊食品与普通食品或者药品混放销售。

第七十条 除食品安全法第一百二十五条第一款、第一百二十六条规定的情形外，食品生产经营者的生产经营行为不符合食品安全法第三十三条第一款第五项、第七项至第十项的规定，或者不符合有关食品生产经营过程要求的食品安全国家标准的，依照食品安全法第一百二十六条第一款、本条例第七十五条的规定给予处罚。

第七十一条 餐具饮具集中消毒服务单位未按照规定建立并遵守出厂检验记录制度的，由县级以上人民政府卫生行政部门依照食品安全法第一百二十六条第一款、本条例第七十五条的规定给予处罚。

第七十二条 从事对温度、湿度等有特殊要求的食品贮存业务的非食品生产经营者，食品集中交易市场的开办者、食品展销会的举办者，未按照规定备案或者报告的，由县级以上人民政府食品安全监督管理部门责令改正，给予警告；拒不改正的，处1万元以上5万元以下罚款；情节严重的，责令停产停业，并处5万元以上20万元以下罚款。

第七十三条 利用会议、讲座、健康咨询等方式对食品进行虚假宣传的，由县级以上人民政府食品安全监督管理部门责令消除影响，有违法所得的，没收违法所得；情节严重的，依照食品安全法第一百四十条第五款的规定进行处罚；属于单位违法的，还应当依照本条例第七十五条的规定对单位的法定代表人、主要负责人、直接负责的主管人员和其他直接责任人员给予处罚。

第七十四条 食品生产经营者生产经营的食品符合食品安全标准但不符合食品所标注的企业标准规定的食品安全指标的，由县级以上人民政府食品安全监督管理部门给予警告，并责令食品经营者停止经营该食品，责令食品生产企业改正；拒不停止经营或者改正的，没收不符合企业标准规定的食品安全指标的食品，货值金额不足1万元的，并处1万元以上5万元以下罚款，货值金额1万元以上的，并处货值金额5倍以上10倍以下罚款。

第七十五条 食品生产经营企业等单位有食品安全法规定的违法情形，除依照食品安全法的规定给予处罚外，有下列情形之一的，对单位的法定代表人、主要负责人、直接负责的主管人员和其他直接责任人员处以其上一年度从本单位取得收入的1倍以上10倍以下罚款：

（一）故意实施违法行为；

（二）违法行为性质恶劣；

（三）违法行为造成严重后果。

属于食品安全法第一百二十五条第二款规定情形的，不适用前款规定。

第七十六条 食品生产经营者依照食品安全法第六十三条第一款、第二款的规定停止生产、经营，实施食品召回，或者采取其他有效措施减轻或者消除食品安全风险，未造成危害后果的，可以从轻或者减轻处罚。

第七十七条 县级以上地方人民政府食品安全监督管理等部门对有食品安全法第一百二十三条规定的违法情形且情节严重，可能需要行政拘留的，应当及时将案件及有关材料移送同级公安机关。公安机关认为需要补充材料的，食品安全监督管理等部门应当及时提供。公安机关经审查认为不符合行政拘留条件的，应当及时将案件及有关材料退回移送的食品安全监督管理等部门。

第七十八条 公安机关对发现的食品安全违法行为，经审查没有犯罪事实或者立案侦查后认为不需要追究刑事责任，但依法应当予以行政拘留的，应当及时作出行政拘留的处罚决定；不需要予以行政拘留但依法应当追究其他行政责任的，应当及时将案件及有关材料移送同级食品安全监督管理等部门。

第七十九条 复检机构无正当理由拒绝承担复检任务的，由县级以上人民政府食品安全监督管理部门给予警告，无正当理由1年内2次拒绝承担复检任务的，由国务院有关部门撤销其复检机构资质并向社会公布。

第八十条 发布未依法取得资质认定的食品检验机构出具的食品检验信息，或者利用上述检验信息对食品、食品生产经营者进行等级评定，欺骗、误导消费者的，由县级以上人民政府食品安全监督管理部门责令改正，有违法所得的，没收违法所得，并处10万元以上50万元以下罚款；拒不改正的，处50万元以上100万元以下罚款；构成违反治安管理行为的，由公安机关依法给予治安管理处罚。

第八十一条 食品安全监督管理部门依照食

品安全法、本条例对违法单位或者个人处以30万元以上罚款的，由设区的市级以上人民政府食品安全监督管理部门决定。罚款具体处罚权限由国务院食品安全监督管理部门规定。

第八十二条 阻碍食品安全监督管理等部门工作人员依法执行职务，构成违反治安管理行为的，由公安机关依法给予治安管理处罚。

第八十三条 县级以上人民政府食品安全监督管理等部门发现单位或者个人违反食品安全法第一百二十条第一款规定，编造、散布虚假食品安全信息，涉嫌构成违反治安管理行为的，应当将相关情况通报同级公安机关。

第八十四条 县级以上人民政府食品安全监督管理部门及其工作人员违法向他人提供网络食品交易第三方平台提供者提供的信息的，依照食品安全法第一百四十五条的规定给予处分。

第八十五条 违反本条例规定，构成犯罪的，依法追究刑事责任。

第十章 附 则

第八十六条 本条例自2019年12月1日起施行。

中华人民共和国进出境动植物检疫法实施条例

· 1996年12月2日中华人民共和国国务院令第206号发布
· 自1997年1月1日起施行

第一章 总 则

第一条 根据《中华人民共和国进出境动植物检疫法》（以下简称进出境动植物检疫法）的规定，制定本条例。

第二条 下列各物，依照进出境动植物检疫法和本条例的规定实施检疫：

（一）进境、出境、过境的动植物、动植物产品和其他检疫物；

（二）装载动植物、动植物产品和其他检疫物的装载容器、包装物、铺垫材料；

（三）来自动植物疫区的运输工具；

（四）进境拆解的废旧船舶；

（五）有关法律、行政法规、国际条约规定或者贸易合同约定应当实施进出境动植物检疫的其他货物、物品。

第三条 国务院农业行政主管部门主管全国进出境动植物检疫工作。

中华人民共和国动植物检疫局（以下简称国家动植物检疫局）统一管理全国进出境动植物检疫工作，收集国内外重大动植物疫情，负责国际间进出境动植物检疫的合作与交流。

国家动植物检疫局在对外开放的口岸和进出境动植物检疫业务集中的地点设立的口岸动植物检疫机关，依照进出境动植物检疫法和本条例的规定，实施进出境动植物检疫。

第四条 国（境）外发生重大动植物疫情并可能传入中国时，根据情况采取下列紧急预防措施：

（一）国务院可以对相关边境区域采取控制措施，必要时下令禁止来自动植物疫区的运输工具进境或者封锁有关口岸；

（二）国务院农业行政主管部门可以公布禁止从动植物疫情流行的国家和地区进境的动植物、动植物产品和其他检疫物的名录；

（三）有关口岸动植物检疫机关可以对可能受病虫害污染的本条例第二条所列进境各物采取紧急检疫处理措施；

（四）受动植物疫情威胁地区的地方人民政府可以立即组织有关部门制定并实施应急方案，同时向上级人民政府和国家动植物检疫局报告。

邮电、运输部门对重大动植物疫情报告和送检材料应当优先传送。

第五条 享有外交、领事特权与豁免的外国机构和人员公用或者自用的动植物、动植物产品和其他检疫物进境，应当依照进出境动植物检疫法和本条例的规定实施检疫；口岸动植物检疫机关查验时，应当遵守有关法律的规定。

第六条 海关依法配合口岸动植物检疫机关，对进出境动植物、动植物产品和其他检疫物实行监管。具体办法由国务院农业行政主管部门会同海关总署制定。

第七条 进出境动植物检疫法所称动植物疫区和动植物疫情流行的国家与地区的名录，由国务院农业行政主管部门确定并公布。

第八条 对贯彻执行进出境动植物检疫法和本条例做出显著成绩的单位和个人，给予奖励。

第二章　检疫审批

第九条　输入动物、动物产品和进出境动植物检疫法第五条第一款所列禁止进境物的检疫审批，由国家动植物检疫局或者其授权的口岸动植物检疫机关负责。

输入植物种子、种苗及其他繁殖材料的检疫审批，由植物检疫条例规定的机关负责。

第十条　符合下列条件的，方可办理进境检疫审批手续：

(一)输出国家或者地区无重大动植物疫情；

(二)符合中国有关动植物检疫法律、法规、规章的规定；

(三)符合中国与输出国家或者地区签订的有关双边检疫协定(含检疫协议、备忘录等，下同)。

第十一条　检疫审批手续应当在贸易合同或者协议签订前办妥。

第十二条　携带、邮寄植物种子、种苗及其他繁殖材料进境的，必须事先提出申请，办理检疫审批手续；因特殊情况无法事先办理的，携带人或者邮寄人应当在口岸补办检疫审批手续，经审批机关同意并经检疫合格后方准进境。

第十三条　要求运输动物过境的，货主或者其代理人必须事先向国家动植物检疫局提出书面申请，提交输出国家或者地区政府动植物检疫机关出具的疫情证明、输入国家或者地区政府动植物检疫机关出具的准许该动物进境的证件，并说明拟过境的路线，国家动植物检疫局审查同意后，签发《动物过境许可证》。

第十四条　因科学研究等特殊需要，引进进出境动植物检疫法第五条第一款所列禁止进境物的，办理禁止进境物特许检疫审批手续时，货主、物主或者其代理人必须提交书面申请，说明其数量、用途、引进方式、进境后的防疫措施，并附具有关口岸动植物检疫机关签署的意见。

第十五条　办理进境检疫审批手续后，有下列情况之一的，货主、物主或者其代理人应当重新申请办理检疫审批手续：

(一)变更进境物的品种或者数量的；

(二)变更输出国家或者地区的；

(三)变更进境口岸的；

(四)超过检疫审批有效期的。

第三章　进境检疫

第十六条　进出境动植物检疫法第十一条所称中国法定的检疫要求，是指中国的法律、行政法规和国务院农业行政主管部门规定的动植物检疫要求。

第十七条　国家对向中国输出动植物产品的国外生产、加工、存放单位，实行注册登记制度。具体办法由国务院农业行政主管部门制定。

第十八条　输入动植物、动植物产品和其他检疫物的，货主或者其代理人应当在进境前或者进境时向进境口岸动植物检疫机关报检。属于调离海关监管区检疫的，运达指定地点时，货主或者其代理人应当通知有关口岸动植物检疫机关。属于转关货物的，货主或者其代理人应当在进境时向进境口岸动植物检疫机关申报；到达指运地时，应当向指运地口岸动植物检疫机关报检。

输入种畜禽及其精液、胚胎的，应当在进境前30日报检；输入其他动物的，应当在进境前15日报检；输入植物种子、种苗及其他繁殖材料的，应当在进境前7日报检。

动植物性包装物、铺垫材料进境时，货主或者其代理人应当及时向口岸动植物检疫机关申报；动植物检疫机关可以根据具体情况对申报物实施检疫。

前款所称动植物性包装物、铺垫材料，是指直接用作包装物、铺垫材料的动物产品和植物、植物产品。

第十九条　向口岸动植物检疫机关报检时，应当填写报检单，并提交输出国家或者地区政府动植物检疫机关出具的检疫证书、产地证书和贸易合同、信用证、发票等单证；依法应当办理检疫审批手续的，还应当提交检疫审批单。无输出国家或者地区政府动植物检疫机关出具的有效检疫证书，或者未依法办理检疫审批手续的，口岸动植物检疫机关可以根据具体情况，作退回或者销毁处理。

第二十条　输入的动植物、动植物产品和其他检疫物运达口岸时，检疫人员可以到运输工具上和货物现场实施检疫，核对货、证是否相符，并可以按照规定采取样品。承运人、货主或者其代理人应当向检疫人员提供装载清单和有关资料。

第二十一条　装载动物的运输工具抵达口岸

时，上下运输工具或者接近动物的人员，应当接受口岸动植物检疫机关实施的防疫消毒，并执行其采取的其他现场预防措施。

第二十二条 检疫人员应当按照下列规定实施现场检疫：

（一）动物：检查有无疫病的临床症状。发现疑似感染传染病或者已死亡的动物时，在货主或者押运人的配合下查明情况，立即处理。动物的铺垫材料、剩余饲料和排泄物等，由货主或者其代理人在检疫人员的监督下，作除害处理。

（二）动物产品：检查有无腐败变质现象，容器、包装是否完好。符合要求的，允许卸离运输工具。发现散包、容器破裂的，由货主或者其代理人负责整理完好，方可卸离运输工具。根据情况，对运输工具的有关部位及装载动物产品的容器、外表包装、铺垫材料、被污染场地等进行消毒处理。需要实施实验室检疫的，按照规定采取样品。对易滋生植物害虫或者混藏杂草种子的动物产品，同时实施植物检疫。

（三）植物、植物产品：检查货物和包装物有无病虫害，并按照规定采取样品。发现病虫害并有扩散可能时，及时对该批货物、运输工具和装卸现场采取必要的防疫措施。对来自动物传染病疫区或者易带动物传染病和寄生虫病病原体并用作动物饲料的植物产品，同时实施动物检疫。

（四）动植物性包装物、铺垫材料：检查是否携带病虫害、混藏杂草种子、沾带土壤，并按照规定采取样品。

（五）其他检疫物：检查包装是否完好及是否被病虫害污染。发现破损或者被病虫害污染时，作除害处理。

第二十三条 对船舶、火车装运的大宗动植物产品，应当就地分层检查；限于港口、车站的存放条件，不能就地检查的，经口岸动植物检疫机关同意，也可以边卸载边疏运，将动植物产品运往指定的地点存放。在卸货过程中经检疫发现疫情时，应当立即停止卸货，由货主或者其代理人按照口岸动植物检疫机关的要求，对已卸和未卸货物作除害处理，并采取防止疫情扩散的措施；对被病虫害污染的装卸工具和场地，也应当作除害处理。

第二十四条 输入种用大中家畜的，应当在国家动植物检疫局设立的动物隔离检疫场所隔离检疫45日；输入其他动物的，应当在口岸动植物检疫机关指定的动物隔离检疫场所隔离检疫30日。动物隔离检疫场所管理办法，由国务院农业行政主管部门制定。

第二十五条 进境的同一批动植物产品分港卸货时，口岸动植物检疫机关只对本港卸下的货物进行检疫，先期卸货港的口岸动植物检疫机关应当将检疫及处理情况及时通知其他分卸港的口岸动植物检疫机关；需要对外出证的，由卸毕港的口岸动植物检疫机关汇总后统一出具检疫证书。

在分卸港实施检疫中发现疫情并必须进行船上熏蒸、消毒时，由该分卸港的口岸动植物检疫机关统一出具检疫证书，并及时通知其他分卸港的口岸动植物检疫机关。

第二十六条 对输入的动植物、动植物产品和其他检疫物，按照中国的国家标准、行业标准以及国家动植物检疫局的有关规定实施检疫。

第二十七条 输入动植物、动植物产品和其他检疫物，经检疫合格的，由口岸动植物检疫机关在报关单上加盖印章或者签发《检疫放行通知单》；需要调离进境口岸海关监管区检疫的，由进境口岸动植物检疫机关签发《检疫调离通知单》。货主或者其代理人凭口岸动植物检疫机关在报关单上加盖的印章或者签发的《检疫放行通知单》、《检疫调离通知单》办理报关、运递手续。海关对输入的动植物、动植物产品和其他检疫物，凭口岸动植物检疫机关在报关单上加盖的印章或者签发的《检疫放行通知单》、《检疫调离通知单》验放。运输、邮电部门凭单运递，运递期间国内其他检疫机关不再检疫。

第二十八条 输入动植物、动植物产品和其他检疫物，经检疫不合格的，由口岸动植物检疫机关签发《检疫处理通知单》，通知货主或者其代理人在口岸动植物检疫机关的监督和技术指导下，作除害处理；需要对外索赔的，由口岸动植物检疫机关出具检疫证书。

第二十九条 国家动植物检疫局根据检疫需要，并商输出动植物、动植物产品国家或者地区政府有关机关同意，可以派检疫人员进行预检、监装或者产地疫情调查。

第三十条 海关、边防等部门截获的非法进境的动植物、动植物产品和其他检疫物，应当就近交由口岸动植物检疫机关检疫。

第四章　出境检疫

第三十一条　货主或者其代理人依法办理动植物、动植物产品和其他检疫物的出境报检手续时,应当提供贸易合同或者协议。

第三十二条　对输入国要求中国对向其输出的动植物、动植物产品和其他检疫物的生产、加工、存放单位注册登记的,口岸动植物检疫机关可以实行注册登记,并报国家动植物检疫局备案。

第三十三条　输出动物,出境前需经隔离检疫的,在口岸动植物检疫机关指定的隔离场所检疫。输出植物、动植物产品和其他检疫物的,在仓库或者货场实施检疫;根据需要,也可以在生产、加工过程中实施检疫。

待检出境植物、动植物产品和其他检疫物,应当数量齐全、包装完好、堆放整齐、唛头标记明显。

第三十四条　输出动植物、动植物产品和其他检疫物的检疫依据:

(一)输入国家或者地区和中国有关动植物检疫规定;

(二)双边检疫协定;

(三)贸易合同中订明的检疫要求。

第三十五条　经启运地口岸动植物检疫机关检疫合格的动植物、动植物产品和其他检疫物,运达出境口岸时,按照下列规定办理:

(一)动物应当经出境口岸动植物检疫机关临床检疫或者复检;

(二)植物、动植物产品和其他检疫物从启运地随原运输工具出境的,由出境口岸动植物检疫机关验证放行;改换运输工具出境的,换证放行;

(三)植物、动植物产品和其他检疫物到达出境口岸后拼装的,因变更输入国家或者地区而有不同检疫要求的,或者超过规定的检疫有效期的,应当重新报检。

第三十六条　输出动植物、动植物产品和其他检疫物,经启运地口岸动植物检疫机关检疫合格的,运往出境口岸时,运输、邮电部门凭启运地口岸动植物检疫机关签发的检疫单证运递,国内其他检疫机关不再检疫。

第五章　过境检疫

第三十七条　运输动植物、动植物产品和其他检疫物过境(含转运,下同)的,承运人或者押运人应当持货运单和输出国家或者地区政府动植物检疫机关出具的证书,向进境口岸动植物检疫机关报检;运输动物过境的,还应当同时提交国家动植物检疫局签发的《动物过境许可证》。

第三十八条　过境动物运达进境口岸时,由进境口岸动植物检疫机关对运输工具、容器的外表进行消毒并对动物进行临床检疫,经检疫合格的,准予过境。进境口岸动植物检疫机关可以派检疫人员监运至出境口岸,出境口岸动植物检疫机关不再检疫。

第三十九条　装载过境植物、动植物产品和其他检疫物的运输工具和包装物、装载容器必须完好。经口岸动植物检疫机关检查,发现运输工具或者包装物、装载容器有可能造成途中散漏的,承运人或者押运人应当按照口岸动植物检疫机关的要求,采取密封措施;无法采取密封措施的,不准过境。

第六章　携带、邮寄物检疫

第四十条　携带、邮寄植物种子、种苗及其他繁殖材料进境,未依法办理检疫审批手续的,由口岸动植物检疫机关作退回或者销毁处理。邮件作退回处理的,由口岸动植物检疫机关在邮件及发递单上批注退回原因;邮件作销毁处理的,由口岸动植物检疫机关签发通知单,通知寄件人。

第四十一条　携带动植物、动植物产品和其他检疫物进境的,进境时必须向海关申报并接受口岸动植物检疫机关检疫。海关应当将申报或者查获的动植物、动植物产品和其他检疫物及时交由口岸动植物检疫机关检疫。未经检疫的,不得携带进境。

第四十二条　口岸动植物检疫机关可以在港口、机场、车站的旅客通道、行李提取处等现场进行检查,对可能携带动植物、动植物产品和其他检疫物而未申报的,可以进行查询并抽检其物品,必要时可以开包(箱)检查。

旅客进出境检查现场应当设立动植物检疫台位和标志。

第四十三条　携带动物进境的,必须持有输出动物的国家或者地区政府动植物检疫机关出具的检疫证书,经检疫合格后放行;携带犬、猫等宠物进境的,还必须持有疫苗接种证书。没有检疫证书、疫苗接种证书的,由口岸动植物检疫机关作限期退回或者没收销毁处理。作限期退回处理的，携带人必须在规定的时间内持口岸动植物检疫机关签发的截留凭证，领取并携带出境；逾期不领取的，作自动放弃处理。

携带植物、动植物产品和其他检疫物进境，经现场检疫合格的，当场放行；需要作实验室检疫或者隔离检疫的，由口岸动植物检疫机关签发截留凭证。截留检疫合格的，携带人持截留凭证向口岸动植物检疫机关领回；逾期不领回的，作自动放弃处理。

禁止携带、邮寄进出境动植物检疫法第二十九条规定的名录所列动植物、动植物产品和其他检疫物进境。

第四十四条 邮寄进境的动植物、动植物产品和其他检疫物，由口岸动植物检疫机关在国际邮件互换局（含国际邮件快递公司及其他经营国际邮件的单位，以下简称邮局）实施检疫。邮局应当提供必要的工作条件。

经现场检疫合格的，由口岸动植物检疫机关加盖检疫放行章，交邮局运递。需要作实验室检疫或者隔离检疫的，口岸动植物检疫机关应当向邮局办理交接手续；检疫合格的，加盖检疫放行章，交邮局运递。

第四十五条 携带、邮寄进境的动植物、动植物产品和其他检疫物，经检疫不合格又无有效方法作除害处理的，作退回或者销毁处理，并签发《检疫处理通知单》交携带人、寄件人。

第七章 运输工具检疫

第四十六条 口岸动植物检疫机关对来自动植物疫区的船舶、飞机、火车，可以登船、登机、登车实施现场检疫。有关运输工具负责人应当接受检疫人员的询问并在询问记录上签字，提供运行日志和装载货物的情况，开启舱室接受检疫。

口岸动植物检疫机关应当对前款运输工具可能隐藏病虫害的餐车、配餐间、厨房、储藏室、食品舱等动植物产品存放、使用场所和泔水、动植物性废弃物的存放场所以及集装箱箱体等区域或者部位，实施检疫；必要时，作防疫消毒处理。

第四十七条 来自动植物疫区的船舶、飞机、火车，经检疫发现有进出境动植物检疫法第十八条规定的名录所列病虫害的，必须作熏蒸、消毒或者其他除害处理。发现有禁止进境的动植物、动植物产品和其他检疫物的，必须作封存或者销毁处理；作封存处理的，在中国境内停留或者运行期间，未经口岸动植物检疫机关许可，不得启封动用。对运输工具上的泔水、动植物性废弃物及其存放场所、容器，应当在口岸动植物检疫机关的监督下作除害处理。

第四十八条 来自动植物疫区的进境车辆，由口岸动植物检疫机关作防疫消毒处理。装载进境动植物、动植物产品和其他检疫物的车辆，经检疫发现病虫害的，连同货物一并作除害处理。装运供应香港、澳门地区的动物的回空车辆，实施整车防疫消毒。

第四十九条 进境拆解的废旧船舶，由口岸动植物检疫机关实施检疫。发现病虫害的，在口岸动植物检疫机关监督下作除害处理。发现有禁止进境的动植物、动植物产品和其他检疫物的，在口岸动植物检疫机关的监督下作销毁处理。

第五十条 来自动植物疫区的进境运输工具经检疫或者经消毒处理合格后，运输工具负责人或者其代理人要求出证的，由口岸动植物检疫机关签发《运输工具检疫证书》或者《运输工具消毒证书》。

第五十一条 进境、过境运输工具在中国境内停留期间，交通员工和其他人员不得将所装载的动植物、动植物产品和其他检疫物带离运输工具；需要带离时，应当向口岸动植物检疫机关报检。

第五十二条 装载动物出境的运输工具，装载前应当在口岸动植物检疫机关监督下进行消毒处理。

装载植物、动植物产品和其他检疫物出境的运输工具，应当符合国家有关动植物防疫和检疫的规定。发现危险性病虫害或者超过规定标准的一般性病虫害的，作除害处理后方可装运。

第八章 检疫监督

第五十三条 国家动植物检疫局和口岸动植物检疫机关对进出境动植物、动植物产品的生产、加工、存放过程，实行检疫监督制度。具体办法由国务院农业行政主管部门制定。

第五十四条 进出境动物和植物种子、种苗及其他繁殖材料，需要隔离饲养、隔离种植的，在隔离期间，应当接受口岸动植物检疫机关的检疫监督。

第五十五条 从事进出境动植物检疫熏蒸、消毒处理业务的单位和人员，必须经口岸动植物检疫机关考核合格。

口岸动植物检疫机关对熏蒸、消毒工作进行监督、指导，并负责出具熏蒸、消毒证书。

第五十六条 口岸动植物检疫机关可以根据需要，在机场、港口、车站、仓库、加工厂、农场等生产、加工、存放进出境动植物、动植物产品和其他检疫物的场所实施动植物疫情监测，有关单位应当配合。

未经口岸动植物检疫机关许可，不得移动或者损坏动植物疫情监测器具。

第五十七条 口岸动植物检疫机关根据需要，可以对运载进出境动植物、动植物产品和其他检疫物的运输工具、装载容器加施动植物检疫封识或者标志；未经口岸动植物检疫机关许可，不得开拆或者损毁检疫封识、标志。

动植物检疫封识和标志由国家动植物检疫局统一制发。

第五十八条 进境动植物、动植物产品和其他检疫物，装载动植物、动植物产品和其他检疫物的装载容器、包装物，运往保税区（含保税工厂、保税仓库等）的，在进境口岸依法实施检疫；口岸动植物检疫机关可以根据具体情况实施检疫监督；经加工复运出境的，依照进出境动植物检疫法和本条例有关出境检疫的规定办理。

第九章 法律责任

第五十九条 有下列违法行为之一的，由口岸动植物检疫机关处5000元以下的罚款：

（一）未报检或者未依法办理检疫审批手续或者未按检疫审批的规定执行的；

（二）报检的动植物、动植物产品和其他检疫物与实际不符的。

有前款第（二）项所列行为，已取得检疫单证的，予以吊销。

第六十条 有下列违法行为之一的，由口岸动植物检疫机关处3000元以上3万元以下的罚款：

（一）未经口岸动植物检疫机关许可擅自将进境、过境动植物、动植物产品和其他检疫物卸离运输工具或者运递的；

（二）擅自调离或者处理在口岸动植物检疫机关指定的隔离场所中隔离检疫的动植物的；

（三）擅自开拆过境动植物、动植物产品和其他检疫物的包装，或者擅自开拆、损毁动植物检疫封识或者标志的；

（四）擅自抛弃过境动物的尸体、排泄物、铺垫材料或者其他废弃物，或者未按规定处理运输工具上的泔水、动植物性废弃物的。

第六十一条 依照本条例第十七条、第三十二条的规定注册登记的生产、加工、存放动植物、动植物产品和其他检疫物的单位，进出境的上述物品经检疫不合格的，除依照本条例有关规定作退回、销毁或者除害处理外，情节严重的，由口岸动植物检疫机关注销注册登记。

第六十二条 有下列违法行为之一的，依法追究刑事责任；尚不构成犯罪或者犯罪情节显著轻微依法不需要判处刑罚的，由口岸动植物检疫机关处2万元以上5万元以下的罚款：

（一）引起重大动植物疫情的；

（二）伪造、变造动植物检疫单证、印章、标志、封识的。

第六十三条 从事进出境动植物检疫熏蒸、消毒处理业务的单位和人员，不按照规定进行熏蒸和消毒处理的，口岸动植物检疫机关可以视情节取消其熏蒸、消毒资格。

第十章 附 则

第六十四条 进出境动植物检疫法和本条例下列用语的含义：

（一）“植物种子、种苗及其他繁殖材料”，是指栽培、野生的可供繁殖的植物全株或者部分，如植株、苗木（含试管苗）、果实、种子、砧木、接穗、插条、叶片、芽体、块根、块茎、鳞茎、球茎、花粉、细胞培养材料等；

（二）“装载容器”，是指可以多次使用、易受病虫害污染并用于装载进出境货物的容器，如笼、箱、桶、筐等；

（三）“其他有害生物”，是指动物传染病、寄生虫病和植物危险性病、虫、杂草以外的各种为害动植物的生物有机体、病原微生物，以及软体类、啮齿类、螨类、多足虫类动物和危险性病虫的中间寄主、媒介生物等；

（四）“检疫证书”，是指动植物检疫机关出具的关于动植物、动植物产品和其他检疫物健康或者卫生状况的具有法律效力的文件，如《动物检疫证书》、《植物检疫证书》、《动物健康证书》、《兽医卫生证书》、《熏蒸/消毒证书》等。

第六十五条 对进出境动植物、动植物产品和其他检疫物因实施检疫或者按照规定作熏蒸、消毒、退回、销毁等处理所需费用或者招致的损失，由货主、物主或者其代理人承担。

第六十六条 口岸动植物检疫机关依法实施检疫，需要采取样品时，应当出具采样凭单；验余的样品，货主、物主或者其代理人应当在规定的期限内领回；逾期不领回的，由口岸动植物检疫机关按照规定处理。

第六十七条 贸易性动物产品出境的检疫机关，由国务院根据情况规定。

第六十八条 本条例自1997年1月1日起施行。

农业保险条例

· 2012年11月12日中华人民共和国国务院令第629号公布

· 根据2016年2月6日《国务院关于修改部分行政法规的决定》修订

第一章 总 则

第一条 为了规范农业保险活动，保护农业保险活动当事人的合法权益，提高农业生产抗风险能力，促进农业保险事业健康发展，根据《中华人民共和国保险法》、《中华人民共和国农业法》等法律，制定本条例。

第二条 本条例所称农业保险，是指保险机构根据农业保险合同，对被保险人在种植业、林业、畜牧业和渔业生产中因保险标的遭受约定的自然灾害、意外事故、疫病、疾病等保险事故所造成的财产损失，承担赔偿保险金责任的保险活动。

本条例所称保险机构，是指保险公司以及依法设立的农业互助保险等保险组织。

第三条 国家支持发展多种形式的农业保险，健全政策性农业保险制度。

农业保险实行政府引导、市场运作、自主自愿和协同推进的原则。

省、自治区、直辖市人民政府可以确定适合本地区实际的农业保险经营模式。

任何单位和个人不得利用行政权力、职务或者职业便利以及其他方式强迫、限制农民或者农业生产经营组织参加农业保险。

第四条 国务院保险监督管理机构对农业保险业务实施监督管理。国务院财政、农业、林业、发展改革、税务、民政等有关部门按照各自的职责，负责农业保险推进、管理的相关工作。

财政、保险监督管理、国土资源、农业、林业、气象等有关部门、机构应当建立农业保险相关信息的共享机制。

第五条 县级以上地方人民政府统一领导、组织、协调本行政区域的农业保险工作，建立健全推进农业保险发展的工作机制。县级以上地方人民政府有关部门按照本级人民政府规定的职责，负责本行政区域农业保险推进、管理的相关工作。

第六条 国务院有关部门、机构和地方各级人民政府及其有关部门应当采取多种形式，加强对农业保险的宣传，提高农民和农业生产经营组织的保险意识，组织引导农民和农业生产经营组织积极参加农业保险。

第七条 农民或者农业生产经营组织投保的农业保险标的属于财政给予保险费补贴范围的，由财政部门按照规定给予保险费补贴，具体办法由国务院财政部门商国务院农业、林业主管部门和保险监督管理机构制定。

国家鼓励地方人民政府采取由地方财政给予保险费补贴等措施，支持发展农业保险。

第八条 国家建立财政支持的农业保险大灾风险分散机制，具体办法由国务院财政部门会同国务院有关部门制定。

国家鼓励地方人民政府建立地方财政支持的农业保险大灾风险分散机制。

第九条 保险机构经营农业保险业务依法享受税收优惠。

国家支持保险机构建立适应农业保险业务发展需要的基层服务体系。

国家鼓励金融机构对投保农业保险的农民和农业生产经营组织加大信贷支持力度。

第二章 农业保险合同

第十条 农业保险可以由农民、农业生产经营组织自行投保，也可以由农业生产经营组织、村民委员会等单位组织农民投保。

由农业生产经营组织、村民委员会等单位组织农民投保的，保险机构应当在订立农业保险合同时，制定投保清单，详细列明被保险人的投保信息，并由被保险人签字确认。保险机构应当将承保情况予以公示。

第十一条 在农业保险合同有效期内，合同当事人不得因保险标的的危险程度发生变化增加保险费或者解除农业保险合同。

第十二条 保险机构接到发生保险事故的通知后，应当及时进行现场查勘，会同被保险人核定保险标的的受损情况。由农业生产经营组织、村民委员会等单位组织农民投保的，保险机构应当将查勘定损结果予以公示。

保险机构按照农业保险合同约定，可以采取抽样方式或者其他方式核定保险标的的损失程度。采用抽样方式核定损失程度的，应当符合有关部门规定的抽样技术规范。

第十三条 法律、行政法规对受损的农业保险标的的处理有规定的，理赔时应当取得受损保险标的已依法处理的证据或者证明材料。

保险机构不得主张对受损的保险标的残余价值的权利，农业保险合同另有约定的除外。

第十四条 保险机构应当在与被保险人达成赔偿协议后10日内，将应赔偿的保险金支付给被保险人。农业保险合同对赔偿保险金的期限有约定的，保险机构应当按照约定履行赔偿保险金义务。

第十五条 保险机构应当按照农业保险合同约定，根据核定的保险标的的损失程度足额支付应赔偿的保险金。

任何单位和个人不得非法干预保险机构履行赔偿保险金的义务，不得限制被保险人取得保险金的权利。

农业生产经营组织、村民委员会等单位组织农民投保的，理赔清单应当由被保险人签字确认，保险机构应当将理赔结果予以公示。

第十六条 本条例对农业保险合同未作规定的，参照适用《中华人民共和国保险法》中保险合同的有关规定。

第三章 经营规则

第十七条 保险机构经营农业保险业务，应当符合下列条件：

（一）有完善的基层服务网络；

（二）有专门的农业保险经营部门并配备相应的专业人员；

（三）有完善的农业保险内控制度；

（四）有稳健的农业再保险和大灾风险安排以及风险应对预案；

（五）偿付能力符合国务院保险监督管理机构的规定；

（六）国务院保险监督管理机构规定的其他条件。

除保险机构外，任何单位和个人不得经营农业保险业务。

第十八条 保险机构经营农业保险业务，实行自主经营、自负盈亏。

保险机构经营农业保险业务，应当与其他保险业务分开管理，单独核算损益。

第十九条 保险机构应当公平、合理地拟订农业保险条款和保险费率。属于财政给予保险费补贴的险种的保险条款和保险费率，保险机构应当在充分听取省、自治区、直辖市人民政府财政、农业、林业部门和农民代表意见的基础上拟订。

农业保险条款和保险费率应当依法报保险监督管理机构审批或者备案。

第二十条 保险机构经营农业保险业务的准备金评估和偿付能力报告的编制，应当符合国务院保险监督管理机构的规定。

农业保险业务的财务管理和会计核算需要采取特殊原则和方法的，由国务院财政部门制定具体办法。

第二十一条 保险机构可以委托基层农业技术推广等机构协助办理农业保险业务。保险机构应当与被委托协助办理农业保险业务的机构签订书面合同，明确双方权利义务，约定费用支付，并对协助办理农业保险业务的机构进行业务指导。

第二十二条 保险机构应当按照国务院保险监督管理机构的规定妥善保存农业保险查勘定损的原始资料。

禁止任何单位和个人涂改、伪造、隐匿或者违反规定销毁查勘定损的原始资料。

第二十三条 保险费补贴的取得和使用，应当遵守依照本条例第七条制定的具体办法的规定。

禁止以下列方式或者其他任何方式骗取农业保险的保险费补贴：

（一）虚构或者虚增保险标的或者以同一保险

标的进行多次投保；

（二）以虚假理赔、虚列费用、虚假退保或者截留、挪用保险金、挪用经营费用等方式冲销投保人应缴的保险费或者财政给予的保险费补贴。

第二十四条 禁止任何单位和个人挪用、截留、侵占保险机构应当赔偿被保险人的保险金。

第二十五条 本条例对农业保险经营规则未作规定的，适用《中华人民共和国保险法》中保险经营规则及监督管理的有关规定。

第四章 法律责任

第二十六条 保险机构不符合本条例第十七条第一款规定条件经营农业保险业务的，由保险监督管理机构责令限期改正，停止接受新业务；逾期不改正或者造成严重后果的，处10万元以上50万元以下的罚款，可以责令停业整顿或者吊销经营保险业务许可证。

保险机构以外的其他组织或者个人非法经营农业保险业务的，由保险监督管理机构予以取缔，没收违法所得，并处违法所得1倍以上5倍以下的罚款；没有违法所得或者违法所得不足20万元的，处20万元以上100万元以下的罚款。

第二十七条 保险机构经营农业保险业务，有下列行为之一的，由保险监督管理机构责令改正，处10万元以上50万元以下的罚款；情节严重的，可以限制其业务范围、责令停止接受新业务：

（一）编制或者提供虚假的报告、报表、文件、资料；

（二）拒绝或者妨碍依法监督检查；

（三）未按照规定使用经批准或者备案的农业保险条款、保险费率。

第二十八条 保险机构经营农业保险业务，违反本条例规定，有下列行为之一的，由保险监督管理机构责令改正，处5万元以上30万元以下的罚款；情节严重的，可以限制其业务范围、责令停止接受新业务：

（一）未按照规定将农业保险业务与其他保险业务分开管理，单独核算损益；

（二）利用开展农业保险业务为其他机构或者个人牟取不正当利益；

（三）未按照规定申请批准农业保险条款、保险费率。

保险机构经营农业保险业务，未按照规定报送农业保险条款、保险费率备案的，由保险监督管理机构责令限期改正；逾期不改正的，处1万元以上10万元以下的罚款。

第二十九条 保险机构违反本条例规定，保险监督管理机构除依照本条例的规定给予处罚外，对其直接负责的主管人员和其他直接责任人员给予警告，并处1万元以上10万元以下的罚款；情节严重的，对取得任职资格或者从业资格的人员撤销其相应资格。

第三十条 违反本条例第二十三条规定，骗取保险费补贴的，由财政部门依照《财政违法行为处罚处分条例》的有关规定予以处理；构成犯罪的，依法追究刑事责任。

违反本条例第二十四条规定，挪用、截留、侵占保险金的，由有关部门依法处理；构成犯罪的，依法追究刑事责任。

第三十一条 保险机构违反本条例规定的法律责任，本条例未作规定的，适用《中华人民共和国保险法》的有关规定。

第五章 附 则

第三十二条 保险机构经营有政策支持的涉农保险，参照适用本条例有关规定。

涉农保险是指农业保险以外、为农民在农业生产生活中提供保险保障的保险，包括农房、农机具、渔船等财产保险，涉及农民的生命和身体等方面的短期意外伤害保险。

第三十三条 本条例自2013年3月1日起施行。

农业转基因生物安全管理条例

· 2001年5月23日中华人民共和国国务院令第304号公布

· 根据2011年1月8日《国务院关于废止和修改部分行政法规的决定》第一次修订

· 根据2017年10月7日《国务院关于修改部分行政法规的决定》第二次修订

第一章 总 则

第一条 为了加强农业转基因生物安全管理，保障人体健康和动植物、微生物安全，保护生态环境,促进农业转基因生物技术研究,制定本条例。

第二条 在中华人民共和国境内从事农业转基因生物的研究、试验、生产、加工、经营和进口、出口活动,必须遵守本条例。

第三条 本条例所称农业转基因生物,是指利用基因工程技术改变基因组构成,用于农业生产或者农产品加工的动植物、微生物及其产品,主要包括:

(一)转基因动植物(含种子、种畜禽、水产苗种)和微生物;

(二)转基因动植物、微生物产品;

(三)转基因农产品的直接加工品;

(四)含有转基因动植物、微生物或者其产品成份的种子、种畜禽、水产苗种、农药、兽药、肥料和添加剂等产品。

本条例所称农业转基因生物安全,是指防范农业转基因生物对人类、动植物、微生物和生态环境构成的危险或者潜在风险。

第四条 国务院农业行政主管部门负责全国农业转基因生物安全的监督管理工作。

县级以上地方各级人民政府农业行政主管部门负责本行政区域内的农业转基因生物安全的监督管理工作。

县级以上各级人民政府有关部门依照《中华人民共和国食品安全法》的有关规定,负责转基因食品安全的监督管理工作。

第五条 国务院建立农业转基因生物安全管理部际联席会议制度。

农业转基因生物安全管理部际联席会议由农业、科技、环境保护、卫生、外经贸、检验检疫等有关部门的负责人组成,负责研究、协调农业转基因生物安全管理工作中的重大问题。

第六条 国家对农业转基因生物安全实行分级管理评价制度。

农业转基因生物按照其对人类、动植物、微生物和生态环境的危险程度,分为Ⅰ、Ⅱ、Ⅲ、Ⅳ四个等级。具体划分标准由国务院农业行政主管部门制定。

第七条 国家建立农业转基因生物安全评价制度。

农业转基因生物安全评价的标准和技术规范,由国务院农业行政主管部门制定。

第八条 国家对农业转基因生物实行标识制度。

实施标识管理的农业转基因生物目录,由国务院农业行政主管部门商国务院有关部门制定、调整并公布。

第二章 研究与试验

第九条 国务院农业行政主管部门应当加强农业转基因生物研究与试验的安全评价管理工作,并设立农业转基因生物安全委员会,负责农业转基因生物的安全评价工作。

农业转基因生物安全委员会由从事农业转基因生物研究、生产、加工、检验检疫以及卫生、环境保护等方面的专家组成。

第十条 国务院农业行政主管部门根据农业转基因生物安全评价工作的需要,可以委托具备检测条件和能力的技术检测机构对农业转基因生物进行检测。

第十一条 从事农业转基因生物研究与试验的单位,应当具备与安全等级相适应的安全设施和措施,确保农业转基因生物研究与试验的安全,并成立农业转基因生物安全小组,负责本单位农业转基因生物研究与试验的安全工作。

第十二条 从事Ⅲ、Ⅳ级农业转基因生物研究的,应当在研究开始前向国务院农业行政主管部门报告。

第十三条 农业转基因生物试验,一般应当经过中间试验、环境释放和生产性试验三个阶段。

中间试验,是指在控制系统内或者控制条件下进行的小规模试验。

环境释放,是指在自然条件下采取相应安全措施所进行的中规模的试验。

生产性试验,是指在生产和应用前进行的较大规模的试验。

第十四条 农业转基因生物在实验室研究结束后,需要转入中间试验的,试验单位应当向国务院农业行政主管部门报告。

第十五条 农业转基因生物试验需要从上一试验阶段转入下一试验阶段的,试验单位应当向国务院农业行政主管部门提出申请;经农业转基因生物安全委员会进行安全评价合格的,由国务院农业行政主管部门批准转入下一试验阶段。

试验单位提出前款申请,应当提供下列材料:

（一）农业转基因生物的安全等级和确定安全等级的依据；

（二）农业转基因生物技术检测机构出具的检测报告；

（三）相应的安全管理、防范措施；

（四）上一试验阶段的试验报告。

第十六条 从事农业转基因生物试验的单位在生产性试验结束后，可以向国务院农业行政主管部门申请领取农业转基因生物安全证书。

试验单位提出前款申请，应当提供下列材料：

（一）农业转基因生物的安全等级和确定安全等级的依据；

（二）生产性试验的总结报告；

（三）国务院农业行政主管部门规定的试验材料、检测方法等其他材料。

国务院农业行政主管部门收到申请后，应当委托具备检测条件和能力的技术检测机构进行检测，并组织农业转基因生物安全委员会进行安全评价；安全评价合格的，方可颁发农业转基因生物安全证书。

第十七条 转基因植物种子、种畜禽、水产苗种，利用农业转基因生物生产的或者含有农业转基因生物成份的种子、种畜禽、水产苗种、农药、兽药、肥料和添加剂等，在依照有关法律、行政法规的规定进行审定、登记或者评价、审批前，应当依照本条例第十六条的规定取得农业转基因生物安全证书。

第十八条 中外合作、合资或者外方独资在中华人民共和国境内从事农业转基因生物研究与试验的，应当经国务院农业行政主管部门批准。

第三章 生产与加工

第十九条 生产转基因植物种子、种畜禽、水产苗种，应当取得国务院农业行政主管部门颁发的种子、种畜禽、水产苗种生产许可证。

生产单位和个人申请转基因植物种子、种畜禽、水产苗种生产许可证，除应当符合有关法律、行政法规规定的条件外，还应当符合下列条件：

（一）取得农业转基因生物安全证书并通过品种审定；

（二）在指定的区域种植或者养殖；

（三）有相应的安全管理、防范措施；

（四）国务院农业行政主管部门规定的其他条件。

第二十条 生产转基因植物种子、种畜禽、水产苗种的单位和个人，应当建立生产档案，载明生产地点、基因及其来源、转基因的方法以及种子、种畜禽、水产苗种流向等内容。

第二十一条 单位和个人从事农业转基因生物生产、加工的，应当由国务院农业行政主管部门或者省、自治区、直辖市人民政府农业行政主管部门批准。具体办法由国务院农业行政主管部门制定。

第二十二条 从事农业转基因生物生产、加工的单位和个人，应当按照批准的品种、范围、安全管理要求和相应的技术标准组织生产、加工，并定期向所在地县级人民政府农业行政主管部门提供生产、加工、安全管理情况和产品流向的报告。

第二十三条 农业转基因生物在生产、加工过程中发生基因安全事故时，生产、加工单位和个人应当立即采取安全补救措施，并向所在地县级人民政府农业行政主管部门报告。

第二十四条 从事农业转基因生物运输、贮存的单位和个人，应当采取与农业转基因生物安全等级相适应的安全控制措施，确保农业转基因生物运输、贮存的安全。

第四章 经 营

第二十五条 经营转基因植物种子、种畜禽、水产苗种的单位和个人，应当取得国务院农业行政主管部门颁发的种子、种畜禽、水产苗种经营许可证。

经营单位和个人申请转基因植物种子、种畜禽、水产苗种经营许可证，除应当符合有关法律、行政法规规定的条件外，还应当符合下列条件：

（一）有专门的管理人员和经营档案；

（二）有相应的安全管理、防范措施；

（三）国务院农业行政主管部门规定的其他条件。

第二十六条 经营转基因植物种子、种畜禽、水产苗种的单位和个人，应当建立经营档案，载明种子、种畜禽、水产苗种的来源、贮存、运输和销售去向等内容。

第二十七条 在中华人民共和国境内销售列入农业转基因生物目录的农业转基因生物，应当有明显的标识。

列入农业转基因生物目录的农业转基因生

物，由生产、分装单位和个人负责标识；未标识的，不得销售。经营单位和个人在进货时，应当对货物和标识进行核对。经营单位和个人拆开原包装进行销售的，应当重新标识。

第二十八条 农业转基因生物标识应当载明产品中含有转基因成份的主要原料名称；有特殊销售范围要求的，还应当载明销售范围，并在指定范围内销售。

第二十九条 农业转基因生物的广告，应当经国务院农业行政主管部门审查批准后，方可刊登、播放、设置和张贴。

第五章 进口与出口

第三十条 从中华人民共和国境外引进农业转基因生物用于研究、试验的，引进单位应当向国务院农业行政主管部门提出申请；符合下列条件的，国务院农业行政主管部门方可批准：

（一）具有国务院农业行政主管部门规定的申请资格；

（二）引进的农业转基因生物在国（境）外已经进行了相应的研究、试验；

（三）有相应的安全管理、防范措施。

第三十一条 境外公司向中华人民共和国出口转基因植物种子、种畜禽、水产苗种和利用农业转基因生物生产的或者含有农业转基因生物成份的植物种子、种畜禽、水产苗种、农药、兽药、肥料和添加剂的，应当向国务院农业行政主管部门提出申请；符合下列条件的，国务院农业行政主管部门方可批准试验材料入境并依照本条例的规定进行中间试验、环境释放和生产性试验：

（一）输出国家或者地区已经允许作为相应用途并投放市场；

（二）输出国家或者地区经过科学试验证明对人类、动植物、微生物和生态环境无害；

（三）有相应的安全管理、防范措施。

生产性试验结束后，经安全评价合格，并取得农业转基因生物安全证书后，方可依照有关法律、行政法规的规定办理审定、登记或者评价、审批手续。

第三十二条 境外公司向中华人民共和国出口农业转基因生物用作加工原料的，应当向国务院农业行政主管部门提出申请，提交国务院农业行政主管部门要求的试验材料、检测方法等材料；符合下列条件，经国务院农业行政主管部门委托的、具备检测条件和能力的技术检测机构检测确认对人类、动植物、微生物和生态环境不存在危险，并经安全评价合格的，由国务院农业行政主管部门颁发农业转基因生物安全证书：

（一）输出国家或者地区已经允许作为相应用途并投放市场；

（二）输出国家或者地区经过科学试验证明对人类、动植物、微生物和生态环境无害；

（三）有相应的安全管理、防范措施。

第三十三条 从中华人民共和国境外引进农业转基因生物的，或者向中华人民共和国出口农业转基因生物的，引进单位或者境外公司应当凭国务院农业行政主管部门颁发的农业转基因生物安全证书和相关批准文件，向口岸出入境检验检疫机构报检；经检疫合格后，方可向海关申请办理有关手续。

第三十四条 农业转基因生物在中华人民共和国过境转移的，应当遵守中华人民共和国有关法律、行政法规的规定。

第三十五条 国务院农业行政主管部门应当自收到申请人申请之日起270日内作出批准或者不批准的决定，并通知申请人。

第三十六条 向中华人民共和国境外出口农产品，外方要求提供非转基因农产品证明的，由口岸出入境检验检疫机构根据国务院农业行政主管部门发布的转基因农产品信息，进行检测并出具非转基因农产品证明。

第三十七条 进口农业转基因生物，没有国务院农业行政主管部门颁发的农业转基因生物安全证书和相关批准文件的，或者与证书、批准文件不符的，作退货或者销毁处理。进口农业转基因生物不按照规定标识的，重新标识后方可入境。

第六章 监督检查

第三十八条 农业行政主管部门履行监督检查职责时，有权采取下列措施：

（一）询问被检查的研究、试验、生产、加工、经营或者进口、出口的单位和个人、利害关系人、证明人，并要求其提供与农业转基因生物安全有关的证明材料或者其他资料；

（二）查阅或者复制农业转基因生物研究、试验、生产、加工、经营或者进口、出口的有关档案、账册和资料等；

（三）要求有关单位和个人就有关农业转基因生物安全的问题作出说明；

（四）责令违反农业转基因生物安全管理的单位和个人停止违法行为；

（五）在紧急情况下，对非法研究、试验、生产、加工、经营或者进口、出口的农业转基因生物实施封存或者扣押。

第三十九条 农业行政主管部门工作人员在监督检查时，应当出示执法证件。

第四十条 有关单位和个人对农业行政主管部门的监督检查，应当予以支持、配合，不得拒绝、阻碍监督检查人员依法执行职务。

第四十一条 发现农业转基因生物对人类、动植物和生态环境存在危险时，国务院农业行政主管部门有权宣布禁止生产、加工、经营和进口，收回农业转基因生物安全证书，销毁有关存在危险的农业转基因生物。

第七章 罚 则

第四十二条 违反本条例规定，从事Ⅲ、Ⅳ级农业转基因生物研究或者进行中间试验，未向国务院农业行政主管部门报告的，由国务院农业行政主管部门责令暂停研究或者中间试验，限期改正。

第四十三条 违反本条例规定，未经批准擅自从事环境释放、生产性试验的，已获批准但未按照规定采取安全管理、防范措施的，或者超过批准范围进行试验的，由国务院农业行政主管部门或者省、自治区、直辖市人民政府农业行政主管部门依据职权，责令停止试验，并处1万元以上5万元以下的罚款。

第四十四条 违反本条例规定，在生产性试验结束后，未取得农业转基因生物安全证书，擅自将农业转基因生物投入生产和应用的，由国务院农业行政主管部门责令停止生产和应用，并处2万元以上10万元以下的罚款。

第四十五条 违反本条例第十八条规定，未经国务院农业行政主管部门批准，从事农业转基因生物研究与试验的，由国务院农业行政主管部门责令立即停止研究与试验，限期补办审批手续。

第四十六条 违反本条例规定，未经批准生产、加工农业转基因生物或者未按照批准的品种、范围、安全管理要求和技术标准生产、加工的，由国务院农业行政主管部门或者省、自治区、直辖市人民政府农业行政主管部门依据职权，责令停止生产或者加工，没收违法生产或者加工的产品及违法所得；违法所得10万元以上的，并处违法所得1倍以上5倍以下的罚款；没有违法所得或者违法所得不足10万元的，并处10万元以上20万元以下的罚款。

第四十七条 违反本条例规定，转基因植物种子、种畜禽、水产苗种的生产、经营单位和个人，未按照规定制作、保存生产、经营档案的，由县级以上人民政府农业行政主管部门依据职权，责令改正，处1000元以上1万元以下的罚款。

第四十八条 违反本条例规定，未经国务院农业行政主管部门批准，擅自进口农业转基因生物的，由国务院农业行政主管部门责令停止进口，没收已进口的产品和违法所得；违法所得10万元以上的，并处违法所得1倍以上5倍以下的罚款；没有违法所得或者违法所得不足10万元的，并处10万元以上20万元以下的罚款。

第四十九条 违反本条例规定，进口、携带、邮寄农业转基因生物未向口岸出入境检验检疫机构报检的，由口岸出入境检验检疫机构比照进出境动植物检疫法的有关规定处罚。

第五十条 违反本条例关于农业转基因生物标识管理规定的，由县级以上人民政府农业行政主管部门依据职权，责令限期改正，可以没收非法销售的产品和违法所得，并可以处1万元以上5万元以下的罚款。

第五十一条 假冒、伪造、转让或者买卖农业转基因生物有关证明文书的，由县级以上人民政府农业行政主管部门依据职权，收缴相应的证明文书，并处2万元以上10万元以下的罚款；构成犯罪的，依法追究刑事责任。

第五十二条 违反本条例规定，在研究、试验、生产、加工、贮存、运输、销售或者进口、出口农业转基因生物过程中发生基因安全事故，造成损害的，依法承担赔偿责任。

第五十三条 国务院农业行政主管部门或者省、自治区、直辖市人民政府农业行政主管部门违反本条例规定核发许可证、农业转基因生物安全证书以及其他批准文件的，或者核发许可证、农业转基因生物安全证书以及其他批准文件后不履行监督管理职责的,对直接负责的主管人员和其他直接责任人员依法给予行政处分;构成犯罪的,依法追究刑事责任。

第八章　附　则

第五十四条　本条例自公布之日起施行。

农田水利条例

·2016 年 4 月 27 日国务院第 131 次常务会议通过
·2016 年 5 月 17 日中华人民共和国国务院令第 669 号公布
·自 2016 年 7 月 1 日起施行

第一章　总　则

第一条　为了加快农田水利发展,提高农业综合生产能力,保障国家粮食安全,制定本条例。

第二条　农田水利规划的编制实施、农田水利工程建设和运行维护、农田灌溉和排水等活动,适用本条例。

本条例所称农田水利,是指为防治农田旱、涝、渍和盐碱灾害,改善农业生产条件,采取的灌溉、排水等工程措施和其他相关措施。

第三条　发展农田水利,坚持政府主导、科学规划、因地制宜、节水高效、建管并重的原则。

县级以上人民政府应当加强对农田水利工作的组织领导,采取措施保障农田水利发展。

第四条　国务院水行政主管部门负责全国农田水利的管理和监督工作。国务院有关部门按照职责分工做好农田水利相关工作。

县级以上地方人民政府水行政主管部门负责本行政区域农田水利的管理和监督工作。县级以上地方人民政府有关部门按照职责分工做好农田水利相关工作。

乡镇人民政府应当协助上级人民政府及其有关部门做好本行政区域农田水利工程建设和运行维护等方面的工作。

第五条　国家鼓励和引导农村集体经济组织、农民用水合作组织、农民和其他社会力量进行农田水利工程建设、经营和运行维护,保护农田水利工程设施,节约用水,保护生态环境。

国家依法保护农田水利工程投资者的合法权益。

第二章　规　划

第六条　国务院水行政主管部门负责编制全国农田水利规划,征求国务院有关部门意见后,报国务院或者国务院授权的部门批准公布。

县级以上地方人民政府水行政主管部门负责编制本行政区域农田水利规划,征求本级人民政府有关部门意见后,报本级人民政府批准公布。

第七条　编制农田水利规划应当统筹考虑经济社会发展水平、水土资源供需平衡、农业生产需求、灌溉排水发展需求、环境保护等因素。

农田水利规划应当包括发展思路、总体任务、区域布局、保障措施等内容;县级农田水利规划还应当包括水源保障、工程布局、工程规模、生态环境影响、工程建设和运行维护、技术推广、资金筹措等内容。

第八条　县级以上人民政府应当组织开展农田水利调查。农田水利调查结果是编制农田水利规划的依据。

县级人民政府水行政主管部门编制农田水利规划,应当征求农村集体经济组织、农民用水合作组织、农民等方面的意见。

第九条　下级农田水利规划应当根据上级农田水利规划编制,并向上一级人民政府水行政主管部门备案。

经批准的农田水利规划是农田水利建设和管理的依据。农田水利规划确需修改的,应当按照原审批程序报送审批。

第十条　县级以上人民政府水行政主管部门和其他有关部门按照职责分工负责实施农田水利规划。

县级以上人民政府水行政主管部门应当会同本级人民政府有关部门对农田水利规划实施情况进行评估,并将评估结果向本级人民政府报告。

第十一条　编制土地整治、农业综合开发等规划涉及农田水利,应当与农田水利规划相衔接,并征求本级人民政府水行政主管部门的意见。

第三章　工程建设

第十二条　县级人民政府应当根据农田水利规划组织制定农田水利工程建设年度实施计划,

统筹协调有关部门和单位安排的与农田水利有关的各类工程建设项目。

乡镇人民政府应当协调农村集体经济组织、农民用水合作组织以及其他社会力量开展农田水利工程建设的有关工作。

第十三条 农田水利工程建设应当符合国家有关农田水利标准。

农田水利标准由国务院标准化主管部门、水行政主管部门以及省、自治区、直辖市人民政府标准化主管部门、水行政主管部门依照法定程序和权限组织制定。

第十四条 农田水利工程建设应当节约集约使用土地。县级以上人民政府应当根据农田水利规划,保障农田水利工程建设用地需求。

第十五条 农田水利工程建设单位应当建立健全工程质量安全管理制度,对工程质量安全负责,并公示工程建设情况。

县级以上人民政府水行政主管部门和其他有关部门应当按照职责分工加强对农田水利工程建设的监督管理。

第十六条 政府投资建设的农田水利工程由县级以上人民政府有关部门组织竣工验收,并邀请有关专家和农村集体经济组织、农民用水合作组织、农民代表参加。社会力量投资建设的农田水利工程由投资者或者受益者组织竣工验收。政府与社会力量共同投资的农田水利工程,由县级以上人民政府有关部门、社会投资者或者受益者共同组织竣工验收。

大中型农田水利工程应当按照水利建设工程验收规程组织竣工验收。小型农田水利工程验收办法由省、自治区、直辖市人民政府水行政主管部门会同有关部门制定。

农田水利工程验收合格后,由县级以上地方人民政府水行政主管部门组织造册存档。

第十七条 县级以上人民政府水行政主管部门应当会同有关部门加强农田水利信息系统建设,收集与发布农田水利规划、农田水利工程建设和运行维护等信息。

第四章 工程运行维护

第十八条 农田水利工程按照下列规定确定运行维护主体:

(一)政府投资建设的大中型农田水利工程,由县级以上人民政府按照工程管理权限确定的单位负责运行维护,鼓励通过政府购买服务等方式引进社会力量参与运行维护;

(二)政府投资建设或者财政补助建设的小型农田水利工程,按照规定交由受益农村集体经济组织、农民用水合作组织、农民等使用和管理的,由受益者或者其委托的单位、个人负责运行维护;

(三)农村集体经济组织筹资筹劳建设的农田水利工程,由农村集体经济组织或者其委托的单位、个人负责运行维护;

(四)农民或者其他社会力量投资建设的农田水利工程,由投资者或者其委托的单位、个人负责运行维护;

(五)政府与社会力量共同投资建设的农田水利工程,由投资者按照约定确定运行维护主体。

农村土地承包经营权依法流转的,应当同时明确该土地上农田水利工程的运行维护主体。

第十九条 灌区农田水利工程实行灌区管理单位管理与受益农村集体经济组织、农民用水合作组织、农民等管理相结合的方式。灌区管理办法由国务院水行政主管部门会同有关部门制定。

第二十条 县级以上人民政府应当建立农田水利工程运行维护经费合理负担机制。

农田水利工程所有权人应当落实农田水利工程运行维护经费,保障运行维护工作正常进行。

第二十一条 负责农田水利工程运行维护的单位和个人应当建立健全运行维护制度,加强对农田水利工程的日常巡查、维修和养护,按照有关规定进行调度,保障农田水利工程正常运行。

农田水利工程水量调度涉及航道通航的,应当符合《中华人民共和国航道法》的有关规定。

第二十二条 县级以上人民政府水行政主管部门和农田水利工程所有权人应当加强对农田水利工程运行维护工作的监督,督促负责运行维护的单位和个人履行运行维护责任。

农村集体经济组织、农民用水合作组织、农民等发现影响农田水利工程正常运行的情形的,有权向县级以上人民政府水行政主管部门和农田水利工程所有权人报告。接到报告的县级以上人民政府水行政主管部门和农田水利工程所有权人应当督促负责运行维护的单位和个人及时处理。

第二十三条 禁止危害农田水利工程设施的下列行为:

（一）侵占、损毁农田水利工程设施；

（二）危害农田水利工程设施安全的爆破、打井、采石、取土等活动；

（三）堆放阻碍蓄水、输水、排水的物体；

（四）建设妨碍蓄水、输水、排水的建筑物和构筑物；

（五）向塘坝、沟渠排放污水、倾倒垃圾以及其他废弃物。

第二十四条 任何单位和个人不得擅自占用农业灌溉水源、农田水利工程设施。

新建、改建、扩建建设工程确需占用农业灌溉水源、农田水利工程设施的，应当与取用水的单位、个人或者农田水利工程所有权人协商，并报经有管辖权的县级以上地方人民政府水行政主管部门同意。

占用者应当建设与被占用的农田水利工程设施效益和功能相当的替代工程；不具备建设替代工程条件的，应当按照建设替代工程的总投资额支付占用补偿费；造成运行成本增加等其他损失的，应当依法给予补偿。补偿标准由省、自治区、直辖市制定。

第二十五条 农田水利工程设施因超过设计使用年限、灌溉排水功能基本丧失或者严重毁坏而无法继续使用的，工程所有权人或者管理单位应当按照有关规定及时处置，消除安全隐患，并将相关情况告知县级以上地方人民政府水行政主管部门。

第五章　灌溉排水管理

第二十六条 县级以上人民政府水行政主管部门应当加强对农田灌溉排水的监督和指导，做好技术服务。

第二十七条 农田灌溉用水实行总量控制和定额管理相结合的制度。

农作物灌溉用水定额依照《中华人民共和国水法》规定的权限和程序制定并公布。

农田灌溉用水应当合理确定水价，实行有偿使用、计量收费。

第二十八条 灌区管理单位应当根据有管辖权的县级以上人民政府水行政主管部门核定的年度取用水计划，制定灌区内用水计划和调度方案，与用水户签订用水协议。

第二十九条 农田灌溉用水应当符合相应的水质标准。县级以上地方人民政府环境保护主管部门应当会同水行政主管部门、农业主管部门加强对农田灌溉用水的水质监测。

第三十条 国家鼓励采取先进适用的农田排水技术和措施，促进盐碱地和中低产田改造；控制和合理利用农田排水，减少肥料流失，防止农业面源污染。

第三十一条 省、自治区、直辖市人民政府水行政主管部门应当组织做好本行政区域农田灌溉排水试验工作。灌溉试验站应当做好农田灌溉排水试验研究，加强科技成果示范推广，指导用水户科学灌溉排水。

第三十二条 国家鼓励推广应用喷灌、微灌、管道输水灌溉、渠道防渗输水灌溉等节水灌溉技术，以及先进的农机、农艺和生物技术等，提高灌溉用水效率。

第三十三条 粮食主产区和严重缺水、生态环境脆弱地区以及地下水超采地区应当优先发展节水灌溉。

国家鼓励企业、农村集体经济组织、农民用水合作组织等单位和个人投资建设节水灌溉设施，采取财政补助等方式鼓励购买节水灌溉设备。

第三十四条 规划建设商品粮、棉、油、菜等农业生产基地，应当充分考虑当地水资源条件。水资源短缺地区，限制发展高耗水作物；地下水超采区，禁止农田灌溉新增取用地下水。

第六章　保障与扶持

第三十五条 农田水利工程建设实行政府投入和社会力量投入相结合的方式。

县级以上人民政府应当多渠道筹措农田水利工程建设资金，保障农田水利建设投入。

第三十六条 县级人民政府应当及时公布农田水利工程建设年度实施计划、建设条件、补助标准等信息，引导社会力量参与建设农田水利工程。

县级以上地方人民政府应当支持社会力量通过提供农田灌溉服务、收取供水水费等方式，开展农田水利工程经营活动，保障其合法经营收益。

县级以上地方人民政府水行政主管部门应当为社会力量参与建设、经营农田水利工程提供指导和技术支持。

第三十七条 国家引导金融机构推出符合农田水利工程项目特点的金融产品和服务方式，加大对农田水利工程建设的信贷支持力度。

农田灌溉和排水的用电执行农业生产用电价格。

第三十八条 县级人民政府应当建立健全基层水利服务体系，将基层水利服务机构公益性业务经费纳入本级政府预算。基层水利服务机构应当履行农田水利建设管理、科技推广等公益性职能。

国家通过政府购买服务等方式，支持专业化服务组织开展农田灌溉和排水、农田水利工程设施维修等公益性工作。

第三十九条 县级以上人民政府水行政主管部门应当会同本级人民政府有关部门，制定农田水利新技术推广目录和培训计划，加强对基层水利服务人员和农民的培训。

第四十条 对农田水利工作中成绩显著的单位和个人，按照国家有关规定给予表彰。

第七章 法律责任

第四十一条 违反本条例规定，县级以上人民政府水行政主管部门和其他有关部门不依法履行农田水利管理和监督职责的，对负有责任的领导人员和直接责任人员依法给予处分；负有责任的领导人员和直接责任人员构成犯罪的，依法追究刑事责任。

第四十二条 违反本条例规定，县级以上人民政府确定的农田水利工程运行维护单位不按照规定进行维修养护和调度、不执行年度取用水计划的，由县级以上地方人民政府水行政主管部门责令改正；发生责任事故或者造成其他重大损失的，对直接负责的主管人员和其他直接责任人员依法给予处分；直接负责的主管人员和其他直接责任人员构成犯罪的，依法追究刑事责任。

第四十三条 违反本条例规定，有下列行为之一的，由县级以上地方人民政府水行政主管部门责令停止违法行为，限期恢复原状或者采取补救措施；逾期不恢复原状或者采取补救措施的，依法强制执行；造成损失的，依法承担民事责任；构成违反治安管理行为的，依法给予治安管理处罚；构成犯罪的，依法追究刑事责任：

（一）堆放阻碍农田水利工程设施蓄水、输水、排水的物体；

（二）建设妨碍农田水利工程设施蓄水、输水、排水的建筑物和构筑物；

（三）擅自占用农业灌溉水源、农田水利工程设施。

第四十四条 违反本条例规定，侵占、损毁农田水利工程设施，以及有危害农田水利工程设施安全的爆破、打井、采石、取土等行为的，依照《中华人民共和国水法》的规定处理。

违反本条例规定，向塘坝、沟渠排放污水、倾倒垃圾以及其他废弃物的，依照环境保护有关法律、行政法规的规定处理。

第八章 附 则

第四十五条 本条例自2016年7月1日起施行。

1. 农产品

农产品质量安全监测管理办法

· 2012年8月14日农业部令2012年第7号公布

· 根据2022年1月7日《农业农村部关于修改和废止部分规章、规范性文件的决定》修订

第一章 总 则

第一条 为加强农产品质量安全管理，规范农产品质量安全监测工作，根据《中华人民共和国农产品质量安全法》、《中华人民共和国食品安全法》和《中华人民共和国食品安全法实施条例》，制定本办法。

第二条 县级以上人民政府农业农村主管部门开展农产品质量安全监测工作，应当遵守本办法。

第三条 农产品质量安全监测，包括农产品质量安全风险监测和农产品质量安全监督抽查。

农产品质量安全风险监测，是指为了掌握农产品质量安全状况和开展农产品质量安全风险评估，系统和持续地对影响农产品质量安全的有害因素进行检验、分析和评价的活动，包括农产品质量安全例行监测、普查和专项监测等内容。

农产品质量安全监督抽查，是指为了监督农产品质量安全，依法对生产中或市场上销售的农产品进行抽样检测的活动。

第四条 农业农村部根据农产品质量安全风险评估、农产品质量安全监督管理等工作需要，制

定全国农产品质量安全监测计划并组织实施。

县级以上地方人民政府农业农村主管部门应当根据全国农产品质量安全监测计划和本行政区域的实际情况，制定本级农产品质量安全监测计划并组织实施。

第五条 农产品质量安全检测工作，由符合《中华人民共和国农产品质量安全法》第三十五条规定条件的检测机构承担。

县级以上人民政府农业农村主管部门应当加强农产品质量安全检测机构建设，提升其检测能力。

第六条 农业农村部统一管理全国农产品质量安全监测数据和信息，并指定机构建立国家农产品质量安全监测数据库和信息管理平台，承担全国农产品质量安全监测数据和信息的采集、整理、综合分析、结果上报等工作。

县级以上地方人民政府农业农村主管部门负责管理本行政区域内的农产品质量安全监测数据和信息。鼓励县级以上地方人民政府农业农村主管部门建立本行政区域的农产品质量安全监测数据库。

第七条 县级以上人民政府农业农村主管部门应当将农产品质量安全监测工作经费列入本部门财政预算，保证监测工作的正常开展。

第二章 风险监测

第八条 农产品质量安全风险监测应当定期开展。根据农产品质量安全监管需要，可以随时开展专项风险监测。

第九条 省级以上人民政府农业农村主管部门应当根据农产品质量安全风险监测工作的需要，制定并实施农产品质量安全风险监测网络建设规划，建立健全农产品质量安全风险监测网络。

第十条 县级以上人民政府农业农村主管部门根据监测计划向承担农产品质量安全监测工作的机构下达工作任务。接受任务的机构应当根据农产品质量安全监测计划编制工作方案，并报下达监测任务的农业农村主管部门备案。

工作方案应当包括下列内容：

（一）监测任务分工，明确具体承担抽样、检测、结果汇总等的机构；

（二）各机构承担的具体监测内容，包括样品种类、来源、数量、检测项目等；

（三）样品的封装、传递及保存条件；

（四）任务下达部门指定的抽样方法、检测方法及判定依据；

（五）监测完成时间及结果报送日期。

第十一条 县级以上人民政府农业农村主管部门应当根据农产品质量安全风险隐患分布及变化情况，适时调整监测品种、监测区域、监测参数和监测频率。

第十二条 农产品质量安全风险监测抽样应当采取符合统计学要求的抽样方法，确保样品的代表性。

第十三条 农产品质量安全风险监测应当按照公布的标准方法检测。没有标准方法的可以采用非标准方法，但应当遵循先进技术手段与成熟技术相结合的原则，并经方法学研究确认和专家组认定。

第十四条 承担农产品质量安全监测任务的机构应当按要求向下达任务的农业农村主管部门报送监测数据和分析结果。

第十五条 省级以上人民政府农业农村主管部门应当建立风险监测形势会商制度，对风险监测结果进行会商分析，查找问题原因，研究监管措施。

第十六条 县级以上地方人民政府农业农村主管部门应当及时向上级农业农村主管部门报送监测数据和分析结果，并向同级食品安全委员会办公室、卫生行政、市场监督管理等有关部门通报。

农业农村部及时向国务院食品安全委员会办公室和卫生行政、市场监督管理等有关部门及各省、自治区、直辖市、计划单列市人民政府农业农村主管部门通报监测结果。

第十七条 县级以上人民政府农业农村主管部门应当按照法定权限和程序发布农产品质量安全监测结果及相关信息。

第十八条 风险监测工作的抽样程序、检测方法等符合本办法第三章规定的，监测结果可以作为执法依据。

第三章 监督抽查

第十九条 县级以上人民政府农业农村主管部门应当重点针对农产品质量安全风险监测结果和农产品质量安全监管中发现的突出问题，及时开展农产品质量安全监督抽查工作。

第二十条 监督抽查按照抽样机构和检测机构分离的原则实施。抽样工作由当地农业农村主管部门或其执法机构负责,检测工作由农产品质量安全检测机构负责。检测机构根据需要可以协助实施抽样和样品预处理等工作。

采用快速检测方法实施监督抽查的,不受前款规定的限制。

第二十一条 抽样人员在抽样前应当向被抽查人出示执法证件或工作证件。具有执法证件的抽样人员不得少于两名。

抽样人员应当准确、客观、完整地填写抽样单。抽样单应当加盖抽样单位印章,并由抽样人员和被抽查人签字或捺印;被抽查人为单位的,应当加盖被抽查人印章或者由其工作人员签字或捺印。

抽样单一式四份,分别留存抽样单位、被抽查人、检测单位和下达任务的农业农村主管部门。

抽取的样品应当经抽样人员和被抽查人签字或捺印确认后现场封样。

第二十二条 有下列情形之一的,被抽查人可以拒绝抽样:

(一)具有执法证件的抽样人员少于两名的;

(二)抽样人员未出示执法证件或工作证件的。

第二十三条 被抽查人无正当理由拒绝抽样的,抽样人员应当告知拒绝抽样的后果和处理措施。被抽查人仍拒绝抽样的,抽样人员应当现场填写监督抽查拒检确认文书,由抽样人员和见证人共同签字,并及时向当地农业农村主管部门报告情况,对被抽查农产品以不合格论处。

第二十四条 上级农业农村主管部门监督抽查的同一批次农产品,下级农业农村主管部门不得重复抽查。

第二十五条 检测机构接收样品,应当检查、记录样品的外观、状态、封条有无破损及其他可能对检测结果或者综合判定产生影响的情况,并确认样品与抽样单的记录是否相符,对检测和备份样品分别加贴相应标识后入库。必要时,在不影响样品检测结果的情况下,可以对检测样品分装或者重新包装编号。

第二十六条 检测机构应当按照任务下达部门指定的方法和判定依据进行检测与判定。

采用快速检测方法检测的,应当遵守相关操作规范。

检测过程中遇有样品失效或者其他情况致使检测无法进行时,检测机构应当如实记录,并出具书面证明。

第二十七条 检测机构不得将监督抽查检测任务委托其他检测机构承担。

第二十八条 检测机构应当将检测结果及时报送下达任务的农业农村主管部门。检测结果不合格的,应当在确认后二十四小时内将检测报告报送下达任务的农业农村主管部门和抽查地农业农村主管部门,抽查地农业农村主管部门应当及时书面通知被抽查人。

第二十九条 被抽查人对检测结果有异议的,可以自收到检测结果之日起五日内,向下达任务的农业农村主管部门或者其上级农业农村主管部门书面申请复检。

采用快速检测方法进行监督抽查检测,被抽查人对检测结果有异议的,可以自收到检测结果时起四小时内书面申请复检。

第三十条 复检由农业农村主管部门指定具有资质的检测机构承担。

复检不得采用快速检测方法。

复检结论与原检测结论一致的,复检费用由申请人承担;不一致的,复检费用由原检测机构承担。

第三十一条 县级以上地方人民政府农业农村主管部门对抽检不合格的农产品,应当及时依法查处,或依法移交市场监督管理等有关部门查处。

第四章 工作纪律

第三十二条 农产品质量安全监测不得向被抽查人收取费用,监测样品由抽样单位向被抽查人购买。

第三十三条 参与监测工作的人员应当秉公守法、廉洁公正,不得弄虚作假、以权谋私。

被抽查人或者与其有利害关系的人员不得参与抽样、检测工作。

第三十四条 抽样应当严格按照工作方案进行,不得擅自改变。

抽样人员不得事先通知被抽查人,不得接受被抽查人的馈赠,不得利用抽样之便牟取非法利益。

第三十五条 检测机构应当对检测结果的真实性负责,不得瞒报、谎报、迟报检测数据和分析结果。

检测机构不得利用检测结果参与有偿活动。

第三十六条 监测任务承担单位和参与监测工作的人员应当对监测工作方案和检测结果保密,未经任务下达部门同意,不得向任何单位和个人透露。

第三十七条 任何单位和个人对农产品质量安全监测工作中的违法行为,有权向农业农村主管部门举报,接到举报的部门应当及时调查处理。

第三十八条 对违反抽样和检测工作纪律的工作人员,由任务承担单位作出相应处理,并报上级主管部门备案。

违反监测数据保密规定的,由上级主管部门对任务承担单位的负责人通报批评,对直接责任人员依法予以处分、处罚。

第三十九条 检测机构无正当理由未按时间要求上报数据结果的,由上级主管部门通报批评并责令改正;情节严重的,取消其承担检测任务的资格。

检测机构伪造检测结果或者出具检测结果不实的,依照《中华人民共和国农产品质量安全法》第四十四条规定处罚。

第四十条 违反本办法规定,涉嫌犯罪的,及时将案件移送司法机关,依法追究刑事责任。

第五章 附 则

第四十一条 本规定自2012年10月1日起施行。

食用农产品市场销售质量安全监督管理办法

·2016年1月5日国家食品药品监督管理总局令第20号公布

·自2016年3月1日起施行

第一章 总 则

第一条 为规范食用农产品市场销售行为,加强食用农产品市场销售质量安全监督管理,保证食用农产品质量安全,根据《中华人民共和国食品安全法》等法律法规,制定本办法。

第二条 食用农产品市场销售质量安全及其监督管理适用本办法。

本办法所称食用农产品市场销售,是指通过集中交易市场、商场、超市、便利店等销售食用农产品的活动。

本办法所称集中交易市场,是指销售食用农产品的批发市场和零售市场(含农贸市场)。

第三条 国家食品药品监督管理总局负责监督指导全国食用农产品市场销售质量安全的监督管理工作。

省、自治区、直辖市食品药品监督管理部门负责监督指导本行政区域食用农产品市场销售质量安全的监督管理工作。

市、县级食品药品监督管理部门负责本行政区域食用农产品市场销售质量安全的监督管理工作。

第四条 食用农产品市场销售质量安全及其监督管理工作坚持预防为主、风险管理原则,推进产地准出与市场准入衔接,保证市场销售的食用农产品可追溯。

第五条 县级以上食品药品监督管理部门应当与相关部门建立健全食用农产品市场销售质量安全监督管理协作机制。

第六条 集中交易市场开办者应当依法对入场销售者履行管理义务,保障市场规范运行。

食用农产品销售者(以下简称销售者)应当依照法律法规和食品安全标准从事销售活动,保证食用农产品质量安全。

第七条 县级以上食品药品监督管理部门应当加强信息化建设,汇总分析食用农产品质量安全信息,加强监督管理,防范食品安全风险。

集中交易市场开办者和销售者应当按照食品药品监督管理部门的要求提供并公开食用农产品质量安全数据信息。

鼓励集中交易市场开办者和销售者建立食品安全追溯体系,利用信息化手段采集和记录所销售的食用农产品信息。

第八条 集中交易市场开办者相关行业协会和食用农产品相关行业协会应当加强行业自律,督促集中交易市场开办者和销售者履行法律义务。

第二章 集中交易市场开办者义务

第九条 集中交易市场开办者应当建立健全食品安全管理制度,督促销售者履行义务,加强食用农产品质量安全风险防控。

集中交易市场开办者主要负责人应当落实食品安全管理制度，对本市场的食用农产品质量安全工作全面负责。

集中交易市场开办者应当配备专职或者兼职食品安全管理人员、专业技术人员，明确入场销售者的食品安全管理责任，组织食品安全知识培训。

集中交易市场开办者应当制定食品安全事故处置方案，根据食用农产品风险程度确定检查重点、方式、频次等，定期检查食品安全事故防范措施落实情况，及时消除食用农产品质量安全隐患。

第十条 集中交易市场开办者应当按照食用农产品类别实行分区销售。

集中交易市场开办者销售和贮存食用农产品的环境、设施、设备等应当符合食用农产品质量安全的要求。

第十一条 集中交易市场开办者应当建立入场销售者档案，如实记录销售者名称或者姓名、社会信用代码或者身份证号码、联系方式、住所、食用农产品主要品种、进货渠道、产地等信息。

销售者档案信息保存期限不少于销售者停止销售后6个月。集中交易市场开办者应当对销售者档案及时更新，保证其准确性、真实性和完整性。

集中交易市场开办者应当如实向所在地县级食品药品监督管理部门报告市场名称、住所、类型、法定代表人或者负责人姓名、食品安全管理制度、食用农产品主要种类、摊位数量等信息。

第十二条 集中交易市场开办者应当查验并留存入场销售者的社会信用代码或者身份证复印件，食用农产品产地证明或者购货凭证、合格证明文件。

销售者无法提供食用农产品产地证明或者购货凭证、合格证明文件的，集中交易市场开办者应当进行抽样检验或者快速检测；抽样检验或者快速检测合格的，方可进入市场销售。

第十三条 食用农产品生产企业或者农民专业合作经济组织及其成员生产的食用农产品，由本单位出具产地证明；其他食用农产品生产者或者个人生产的食用农产品，由村民委员会、乡镇政府等出具产地证明；无公害农产品、绿色食品、有机农产品以及农产品地理标志等食用农产品标志上所标注的产地信息，可以作为产地证明。

第十四条 供货者提供的销售凭证、销售者与供货者签订的食用农产品采购协议，可以作为食用农产品购货凭证。

第十五条 有关部门出具的食用农产品质量安全合格证明或者销售者自检合格证明等可以作为合格证明文件。

销售按照有关规定需要检疫、检验的肉类，应当提供检疫合格证明、肉类检验合格证明等证明文件。

销售进口食用农产品，应当提供出入境检验检疫部门出具的入境货物检验检疫证明等证明文件。

第十六条 集中交易市场开办者应当建立食用农产品检查制度，对销售者的销售环境和条件以及食用农产品质量安全状况进行检查。

集中交易市场开办者发现存在食用农产品不符合食品安全标准等违法行为的，应当要求销售者立即停止销售，依照集中交易市场管理规定或者与销售者签订的协议进行处理，并向所在地县级食品药品监督管理部门报告。

第十七条 集中交易市场开办者应当在醒目位置及时公布食品安全管理制度、食品安全管理人员、食用农产品抽样检验结果以及不合格食用农产品处理结果、投诉举报电话等信息。

第十八条 批发市场开办者应当与入场销售者签订食用农产品质量安全协议，明确双方食用农产品质量安全权利义务；未签订食用农产品质量安全协议的，不得进入批发市场进行销售。

鼓励零售市场开办者与销售者签订食用农产品质量安全协议，明确双方食用农产品质量安全权利义务。

第十九条 批发市场开办者应当配备检验设备和检验人员，或者委托具有资质的食品检验机构，开展食用农产品抽样检验或者快速检测，并根据食用农产品种类和风险等级确定抽样检验或者快速检测频次。

鼓励零售市场开办者配备检验设备和检验人员，或者委托具有资质的食品检验机构，开展食用农产品抽样检验或者快速检测。

第二十条 批发市场开办者应当印制统一格式的销售凭证，载明食用农产品名称、产地、数量、销售日期以及销售者名称、地址、联系方式等项目。销售凭证可以作为销售者的销售记录和其他购货者的进货查验记录凭证。

销售者应当按照销售凭证的要求如实记录。记录和销售凭证保存期限不得少于6个月。

第二十一条 与屠宰厂(场)、食用农产品种植养殖基地签订协议的批发市场开办者应当对屠宰厂(场)和食用农产品种植养殖基地进行实地考察,了解食用农产品生产过程以及相关信息,查验种植养殖基地食用农产品相关证明材料以及票据等。

第二十二条 鼓励食用农产品批发市场开办者改造升级,更新设施、设备和场所,提高食品安全保障能力和水平。

鼓励批发市场开办者与取得无公害农产品、绿色食品、有机农产品、农产品地理标志等认证的食用农产品种植养殖基地或者生产加工企业签订食用农产品质量安全合作协议。

第三章 销售者义务

第二十三条 销售者应当具有与其销售的食用农产品品种、数量相适应的销售和贮存场所,保持场所环境整洁,并与有毒、有害场所以及其他污染源保持适当的距离。

第二十四条 销售者应当具有与其销售的食用农产品品种、数量相适应的销售设备或者设施。

销售冷藏、冷冻食用农产品的,应当配备与销售品种相适应的冷藏、冷冻设施,并符合保证食用农产品质量安全所需要的温度、湿度和环境等特殊要求。

鼓励采用冷链、净菜上市、畜禽产品冷鲜上市等方式销售食用农产品。

第二十五条 禁止销售下列食用农产品:

(一)使用国家禁止的兽药和剧毒、高毒农药,或者添加食品添加剂以外的化学物质和其他可能危害人体健康的物质的;

(二)致病性微生物、农药残留、兽药残留、生物毒素、重金属等污染物质以及其他危害人体健康的物质含量超过食品安全标准限量的;

(三)超范围、超限量使用食品添加剂的;

(四)腐败变质、油脂酸败、霉变生虫、污秽不洁、混有异物、掺假掺杂或者感官性状异常的;

(五)病死、毒死或者死因不明的禽、畜、兽、水产动物肉类;

(六)未按规定进行检疫或者检疫不合格的肉类;

(七)未按规定进行检验或者检验不合格的肉类;

(八)使用的保鲜剂、防腐剂等食品添加剂和包装材料等食品相关产品不符合食品安全国家标准的;

(九)被包装材料、容器、运输工具等污染的;

(十)标注虚假生产日期、保质期或者超过保质期的;

(十一)国家为防病等特殊需要明令禁止销售的;

(十二)标注虚假的食用农产品产地、生产者名称、生产者地址,或者标注伪造、冒用的认证标志等质量标志的;

(十三)其他不符合法律、法规或者食品安全标准的。

第二十六条 销售者采购食用农产品,应当按照规定查验相关证明材料,不符合要求的,不得采购和销售。

销售者应当建立食用农产品进货查验记录制度,如实记录食用农产品名称、数量、进货日期以及供货者名称、地址、联系方式等内容,并保存相关凭证。记录和凭证保存期限不得少于6个月。

实行统一配送销售方式的食用农产品销售企业,可以由企业总部统一建立进货查验记录制度;所属各销售门店应当保存总部的配送清单以及相应的合格证明文件。配送清单和合格证明文件保存期限不得少于6个月。

从事食用农产品批发业务的销售企业,应当建立食用农产品销售记录制度,如实记录批发食用农产品名称、数量、销售日期以及购货者名称、地址、联系方式等内容,并保存相关凭证。记录和凭证保存期限不得少于6个月。

鼓励和引导有条件的销售企业采用扫描、拍照、数据交换、电子表格等方式,建立食用农产品进货查验记录制度。

第二十七条 销售者贮存食用农产品,应当定期检查库存,及时清理腐败变质、油脂酸败、霉变生虫、污秽不洁或者感官性状异常的食用农产品。

销售者贮存食用农产品,应当如实记录食用农产品名称、产地、贮存日期、生产者或者供货者名称或者姓名、联系方式等内容,并在贮存场所保存记录。记录和凭证保存期限不得少于6个月。

第二十八条 销售者租赁仓库的，应当选择能够保障食用农产品质量安全的食用农产品贮存服务提供者。

贮存服务提供者应当按照食用农产品质量安全的要求贮存食用农产品，履行下列义务：

（一）如实向所在地县级食品药品监督管理部门报告其名称、地址、法定代表人或者负责人姓名、社会信用代码或者身份证号码、联系方式以及所提供服务的销售者名称、贮存的食用农产品品种、数量等信息；

（二）查验所提供服务的销售者的营业执照或者身份证明和食用农产品产地或者来源证明、合格证明文件，并建立进出货台账，记录食用农产品名称、产地、贮存日期、出货日期、销售者名称或者姓名、联系方式等。进出货台账和相关证明材料保存期限不得少于6个月；

（三）保证贮存食用农产品的容器、工具和设备安全无害，保持清洁，防止污染，保证食用农产品质量安全所需的温度、湿度和环境等特殊要求，不得将食用农产品与有毒、有害物品一同贮存；

（四）贮存肉类冻品应当查验并留存检疫合格证明、肉类检验合格证明等证明文件；

（五）贮存进口食用农产品，应当查验并记录出入境检验检疫部门出具的入境货物检验检疫证明等证明文件；

（六）定期检查库存食用农产品，发现销售者有违法行为的，应当及时制止并立即报告所在地县级食品药品监督管理部门；

（七）法律、法规规定的其他义务。

第二十九条 销售者自行运输或者委托承运人运输食用农产品的，运输容器、工具和设备应当安全无害，保持清洁，防止污染，并符合保证食用农产品质量安全所需的温度、湿度和环境等特殊要求，不得将食用农产品与有毒、有害物品一同运输。

承运人应当按照有关部门的规定履行相关食品安全义务。

第三十条 销售企业应当建立健全食用农产品质量安全管理制度，配备必要的食品安全管理人员，对职工进行食品安全知识培训，制定食品安全事故处置方案，依法从事食用农产品销售活动。

鼓励销售企业配备相应的检验设备和检验人员，加强食用农产品检验工作。

第三十一条 销售者应当建立食用农产品质量安全自查制度，定期对食用农产品质量安全情况进行检查，发现不符合食用农产品质量安全要求的，应当立即停止销售并采取整改措施；有发生食品安全事故潜在风险的，应当立即停止销售并向所在地县级食品药品监督管理部门报告。

第三十二条 销售按照规定应当包装或者附加标签的食用农产品，在包装或者附加标签后方可销售。包装或者标签上应当按照规定标注食用农产品名称、产地、生产者、生产日期等内容；对保质期有要求的，应当标注保质期；保质期与贮藏条件有关的，应当予以标明；有分级标准或者使用食品添加剂的，应当标明产品质量等级或者食品添加剂名称。

食用农产品标签所用文字应当使用规范的中文，标注的内容应当清楚、明显，不得含有虚假、错误或者其他误导性内容。

第三十三条 销售获得无公害农产品、绿色食品、有机农产品等认证的食用农产品以及省级以上农业行政部门规定的其他需要包装销售的食用农产品应当包装，并标注相应标志和发证机构，鲜活畜、禽、水产品等除外。

第三十四条 销售未包装的食用农产品，应当在摊位（柜台）明显位置如实公布食用农产品名称、产地、生产者或者销售者名称或者姓名等信息。

鼓励采取附加标签、标示带、说明书等方式标明食用农产名称、产地、生产者或者销售者名称或者姓名、保存条件以及最佳食用期等内容。

第三十五条 进口食用农产品的包装或者标签应当符合我国法律、行政法规的规定和食品安全国家标准的要求，并载明原产地，境内代理商的名称、地址、联系方式。

进口鲜冻肉类产品的包装应当标明产品名称、原产国（地区）、生产企业名称、地址以及企业注册号、生产批号；外包装上应当以中文标明规格、产地、目的地、生产日期、保质期、储存温度等内容。

分装销售的进口食用农产品，应当在包装上保留原进口食用农产品全部信息以及分装企业、分装时间、地点、保质期等信息。

第三十六条 销售者发现其销售的食用农产品不符合食品安全标准或者有证据证明可能危害人体健康的，应当立即停止销售，通知相关生产经营者、消费者，并记录停止销售和通知情况。

由于销售者的原因造成其销售的食用农产品

不符合食品安全标准或者有证据证明可能危害人体健康的，销售者应当召回。

对于停止销售的食用农产品，销售者应当按照要求采取无害化处理、销毁等措施，防止其再次流入市场。但是，因标签、标志或者说明书不符合食品安全标准而被召回的食用农产品，在采取补救措施且能保证食用农产品质量安全的情况下可以继续销售；销售时应当向消费者明示补救措施。

集中交易市场开办者、销售者应当将食用农产品停止销售、召回和处理情况向所在地县级食品药品监督管理部门报告，配合政府有关部门根据有关法律法规进行处理，并记录相关情况。

集中交易市场开办者、销售者未依照本办法停止销售或者召回的，县级以上地方食品药品监督管理部门可以责令其停止销售或者召回。

第四章　监督管理

第三十七条　县级以上地方食品药品监督管理部门应当按照当地人民政府制定的本行政区域食品安全年度监督管理计划，开展食用农产品市场销售质量安全监督管理工作。

市、县级食品药品监督管理部门应当根据年度监督检查计划、食用农产品风险程度等，确定监督检查的重点、方式和频次，对本行政区域的集中交易市场开办者、销售者、贮存服务提供者进行日常监督检查。

第三十八条　市、县级食品药品监督管理部门按照地方政府属地管理要求，可以依法采取下列措施，对集中交易市场开办者、销售者、贮存服务提供者遵守本办法情况进行日常监督检查：

（一）对食用农产品销售、贮存和运输等场所进行现场检查；

（二）对食用农产品进行抽样检验；

（三）向当事人和其他有关人员调查了解与食用农产品销售活动和质量安全有关的情况；

（四）检查食用农产品进货查验记录制度落实情况，查阅、复制与食用农产品质量安全有关的记录、协议、发票以及其他资料；

（五）对有证据证明不符合食品安全标准或者有证据证明存在质量安全隐患以及用于违法生产经营的食用农产品，有权查封、扣押、监督销毁；

（六）查封违法从事食用农产品销售活动的场所。

集中交易市场开办者、销售者、贮存服务提供者对食品药品监督管理部门实施的监督检查应当予以配合，不得拒绝、阻挠、干涉。

第三十九条　市、县级食品药品监督管理部门应当建立本行政区域集中交易市场开办者、销售者、贮存服务提供者食品安全信用档案，如实记录日常监督检查结果、违法行为查处等情况，依法向社会公布并实时更新。对有不良信用记录的集中交易市场开办者、销售者、贮存服务提供者增加监督检查频次；将违法行为情节严重的集中交易市场开办者、销售者、贮存服务提供者及其主要负责人和其他直接责任人的相关信息，列入严重违法者名单，并予以公布。

市、县级食品药品监督管理部门应当逐步建立销售者市场准入前信用承诺制度，要求销售者以规范格式向社会作出公开承诺，如存在违法失信销售行为将自愿接受信用惩戒。信用承诺纳入销售者信用档案，接受社会监督，并作为事中事后监督管理的参考。

第四十条　食用农产品在销售过程中存在质量安全隐患，未及时采取有效措施消除的，市、县级食品药品监督管理部门可以对集中交易市场开办者、销售者、贮存服务提供者的法定代表人或者主要负责人进行责任约谈。

被约谈者无正当理由拒不按时参加约谈或者未按要求落实整改的，食品药品监督管理部门应当记入集中交易市场开办者、销售者、贮存服务提供者食品安全信用档案。

第四十一条　县级以上地方食品药品监督管理部门应当将食用农产品监督抽检纳入年度检验检测工作计划，对食用农产品进行定期或者不定期抽样检验，并依据有关规定公布检验结果。

市、县级食品药品监督管理部门可以采用国家规定的快速检测方法对食用农产品质量安全进行抽查检测，抽查检测结果表明食用农产品可能存在质量安全隐患的，销售者应当暂停销售；抽查检测结果确定食用农产品不符合食品安全标准的，可以作为行政处罚的依据。

被抽查人对快速检测结果有异议的，可以自收到检测结果时起4小时内申请复检。复检结论仍不合格的，复检费用由申请人承担。复检不得采用快速检测方法。

第四十二条　市、县级食品药品监督管理部门应当依据职责公布食用农产品监督管理信息。

公布食用农产品监督管理信息，应当做到准确、及时、客观，并进行必要的解释说明，避免误导消费者和社会舆论。

第四十三条 市、县级食品药品监督管理部门发现批发市场有本办法禁止销售的食用农产品，在依法处理的同时，应当及时追查食用农产品来源和流向，查明原因、控制风险并报告上级食品药品监督管理部门，同时通报所涉地同级食品药品监督管理部门；涉及种植养殖和进出口环节的，还应当通报相关农业行政部门和出入境检验检疫部门。

第四十四条 市、县级食品药品监督管理部门发现超出其管辖范围的食用农产品质量安全案件线索，应当及时移送有管辖权的食品药品监督管理部门。

第四十五条 县级以上地方食品药品监督管理部门在监督管理中发现食用农产品质量安全事故，或者接到有关食用农产品质量安全事故的举报，应当立即会同相关部门进行调查处理，采取措施防止或者减少社会危害，按照应急预案的规定报告当地人民政府和上级食品药品监督管理部门，并在当地人民政府统一领导下及时开展调查处理。

第五章 法律责任

第四十六条 食用农产品市场销售质量安全的违法行为，食品安全法等法律法规已有规定的，依照其规定。

第四十七条 集中交易市场开办者违反本办法第九条至第十二条、第十六条第二款、第十七条规定，有下列情形之一的，由县级以上食品药品监督管理部门责令改正，给予警告；拒不改正的，处5000元以上3万元以下罚款：

（一）未建立或者落实食品安全管理制度的；

（二）未按要求配备食品安全管理人员、专业技术人员，或者未组织食品安全知识培训的；

（三）未制定食品安全事故处置方案的；

（四）未按食用农产品类别实行分区销售的；

（五）环境、设施、设备等不符合有关食用农产品质量安全要求的；

（六）未按要求建立入场销售者档案，或者未按要求保存和更新销售者档案的；

（七）未如实向所在地县级食品药品监督管理部门报告市场基本信息的；

（八）未查验并留存入场销售者的社会信用代码或者身份证复印件、食用农产品产地证明或者购货凭证、合格证明文件的；

（九）未进行抽样检验或者快速检测，允许无法提供食用农产品产地证明或者购货凭证、合格证明文件的销售者入场销售的；

（十）发现食用农产品不符合食品安全标准等违法行为，未依照集中交易市场管理规定或者与销售者签订的协议处理的；

（十一）未在醒目位置及时公布食用农产品质量安全管理制度、食品安全管理人员、食用农产品抽样检验结果以及不合格食用农产品处理结果、投诉举报电话等信息的。

第四十八条 批发市场开办者违反本办法第十八条第一款、第二十条规定，未与入场销售者签订食用农产品质量安全协议，或者未印制统一格式的食用农产品销售凭证的，由县级以上食品药品监督管理部门责令改正，给予警告；拒不改正的，处1万元以上3万元以下罚款。

第四十九条 销售者违反本办法第二十四条第二款规定，未按要求配备与销售品种相适应的冷藏、冷冻设施，或者温度、湿度和环境等不符合特殊要求的，由县级以上食品药品监督管理部门责令改正，给予警告；拒不改正的，处5000元以上3万元以下罚款。

第五十条 销售者违反本办法第二十五条第一项、第五项、第六项、第十一项规定的，由县级以上食品药品监督管理部门依照食品安全法第一百二十三条第一款的规定给予处罚。

违反本办法第二十五条第二项、第三项、第四项、第十项规定的，由县级以上食品药品监督管理部门依照食品安全法第一百二十四条第一款的规定给予处罚。

违反本办法第二十五条第七项、第十二项规定，销售未按规定进行检验的肉类，或者销售标注虚假的食用农产品产地、生产者名称、生产者地址，标注伪造、冒用的认证标志等质量标志的食用农产品的，由县级以上食品药品监督管理部门责令改正，处1万元以上3万元以下罚款。

违反本办法第二十五条第八项、第九项规定的，由县级以上食品药品监督管理部门依照食品安全法第一百二十五条第一款的规定给予处罚。

第五十一条 销售者违反本办法第二十八条

第一款规定，未按要求选择贮存服务提供者，或者贮存服务提供者违反本办法第二十八条第二款规定，未履行食用农产品贮存相关义务的，由县级以上食品药品监督管理部门责令改正，给予警告；拒不改正的，处5000元以上3万元以下罚款。

第五十二条 销售者违反本办法第三十二条、第三十三条、第三十五条规定，未按要求进行包装或者附加标签的，由县级以上食品药品监督管理部门责令改正，给予警告；拒不改正的，处5000元以上3万元以下罚款。

第五十三条 销售者违反本办法第三十四条第一款规定，未按要求公布食用农产品相关信息的，由县级以上食品药品监督管理部门责令改正，给予警告；拒不改正的，处5000元以上1万元以下罚款。

第五十四条 销售者履行了本办法规定的食用农产品进货查验等义务，有充分证据证明其不知道所采购的食用农产品不符合食品安全标准，并能如实说明其进货来源的，可以免予处罚，但应当依法没收其不符合食品安全标准的食用农产品；造成人身、财产或者其他损害的，依法承担赔偿责任。

第五十五条 县级以上地方食品药品监督管理部门不履行食用农产品质量安全监督管理职责，或者滥用职权、玩忽职守、徇私舞弊的，依法追究直接负责的主管人员和其他直接责任人员的行政责任。

第五十六条 违法销售食用农产品涉嫌犯罪的，由县级以上地方食品药品监督管理部门依法移交公安机关追究刑事责任。

第六章 附 则

第五十七条 本办法下列用语的含义：

食用农产品，指在农业活动中获得的供人食用的植物、动物、微生物及其产品。农业活动，指传统的种植、养殖、采摘、捕捞等农业活动，以及设施农业、生物工程等现代农业活动。植物、动物、微生物及其产品，指在农业活动中直接获得的，以及经过分拣、去皮、剥壳、干燥、粉碎、清洗、切割、冷冻、打蜡、分级、包装等加工，但未改变其基本自然性状和化学性质的产品。

食用农产品集中交易市场开办者，指依法设立、为食用农产品交易提供平台、场地、设施、服务以及日常管理的企业法人或者其他组织。

第五十八条 柜台出租者和展销会举办者销售食用农产品的，参照本办法对集中交易市场开办者的规定执行。

第五十九条 食品摊贩等销售食用农产品的具体管理规定由省、自治区、直辖市制定。

第六十条 本办法自2016年3月1日起施行。

绿色食品标志管理办法

· 2012年7月30日农业部令2012年第6号公布
· 根据2019年4月25日《农业农村部关于修改和废止部分规章、规范性文件的决定》第一次修订
· 根据2022年1月7日《农业农村部关于修改和废止部分规章、规范性文件的决定》第二次修订

第一章 总 则

第一条 为加强绿色食品标志使用管理，确保绿色食品信誉，促进绿色食品事业健康发展，维护生产经营者和消费者合法权益，根据《中华人民共和国农业法》、《中华人民共和国食品安全法》、《中华人民共和国农产品质量安全法》和《中华人民共和国商标法》，制定本办法。

第二条 本办法所称绿色食品，是指产自优良生态环境、按照绿色食品标准生产、实行全程质量控制并获得绿色食品标志使用权的安全、优质食用农产品及相关产品。

第三条 绿色食品标志依法注册为证明商标，受法律保护。

第四条 县级以上人民政府农业农村主管部门依法对绿色食品及绿色食品标志进行监督管理。

第五条 中国绿色食品发展中心负责全国绿色食品标志使用申请的审查、颁证和颁证后跟踪检查工作。

省级人民政府农业行政农村部门所属绿色食品工作机构（以下简称省级工作机构）负责本行政区域绿色食品标志使用申请的受理、初审和颁证后跟踪检查工作。

第六条 绿色食品产地环境、生产技术、产品质量、包装贮运等标准和规范，由农业农村部制定

并发布。

第七条 承担绿色食品产品和产地环境检测工作的技术机构，应当具备相应的检测条件和能力，并依法经过资质认定，由中国绿色食品发展中心按照公平、公正、竞争的原则择优指定并报农业农村部备案。

第八条 县级以上地方人民政府农业农村主管部门应当鼓励和扶持绿色食品生产，将其纳入本地农业和农村经济发展规划，支持绿色食品生产基地建设。

第二章 标志使用申请与核准

第九条 申请使用绿色食品标志的产品，应当符合《中华人民共和国食品安全法》和《中华人民共和国农产品质量安全法》等法律法规规定，在国家知识产权局商标局核定的范围内，并具备下列条件：

（一）产品或产品原料产地环境符合绿色食品产地环境质量标准；

（二）农药、肥料、饲料、兽药等投入品使用符合绿色食品投入品使用准则；

（三）产品质量符合绿色食品产品质量标准；

（四）包装贮运符合绿色食品包装贮运标准。

第十条 申请使用绿色食品标志的生产单位（以下简称申请人），应当具备下列条件：

（一）能够独立承担民事责任；

（二）具有绿色食品生产的环境条件和生产技术；

（三）具有完善的质量管理和质量保证体系；

（四）具有与生产规模相适应的生产技术人员和质量控制人员；

（五）具有稳定的生产基地；

（六）申请前三年内无质量安全事故和不良诚信记录。

第十一条 申请人应当向省级工作机构提出申请，并提交下列材料：

（一）标志使用申请书；

（二）产品生产技术规程和质量控制规范；

（三）预包装产品包装标签或其设计样张；

（四）中国绿色食品发展中心规定提交的其他证明材料。

第十二条 省级工作机构应当自收到申请之日起十个工作日内完成材料审查。符合要求的，予以受理，并在产品及产品原料生产期内组织有资质的检查员完成现场检查；不符合要求的，不予受理，书面通知申请人并告知理由。

现场检查合格的，省级工作机构应当书面通知申请人，由申请人委托符合第七条规定的检测机构对申请产品和相应的产地环境进行检测；现场检查不合格的，省级工作机构应当退回申请并书面告知理由。

第十三条 检测机构接受申请人委托后，应当及时安排现场抽样，并自产品样品抽样之日起二十个工作日内、环境样品抽样之日起三十个工作日内完成检测工作，出具产品质量检验报告和产地环境监测报告，提交省级工作机构和申请人。

检测机构应当对检测结果负责。

第十四条 省级工作机构应当自收到产品检验报告和产地环境监测报告之日起二十个工作日内提出初审意见。初审合格的，将初审意见及相关材料报送中国绿色食品发展中心。初审不合格的，退回申请并书面告知理由。

省级工作机构应当对初审结果负责。

第十五条 中国绿色食品发展中心应当自收到省级工作机构报送的申请材料之日起三十个工作日内完成书面审查，并在二十个工作日内组织专家评审。必要时，应当进行现场核查。

第十六条 中国绿色食品发展中心应当根据专家评审的意见，在五个工作日内作出是否颁证的决定。同意颁证的，与申请人签订绿色食品标志使用合同，颁发绿色食品标志使用证书，并公告；不同意颁证的，书面通知申请人并告知理由。

第十七条 绿色食品标志使用证书是申请人合法使用绿色食品标志的凭证，应当载明准许使用的产品名称、商标名称、获证单位及其信息编码、核准产量、产品编号、标志使用有效期、颁证机构等内容。

绿色食品标志使用证书分中文、英文版本，具有同等效力。

第十八条 绿色食品标志使用证书有效期三年。

证书有效期满，需要继续使用绿色食品标志的，标志使用人应当在有效期满三个月前向省级工作机构书面提出续展申请。省级工作机构应当在四十个工作日内组织完成相关检查、检测及材料审核。初审合格的，由中国绿色食品发展中心在十个工作日内作出是否准予续展的决定。准予续展的,与标志使用人续签绿色食品标志使用合同,颁发新的绿色食品标志使用证书并公告;不予续展的,书面通知标志使用人并告知理由。

标志使用人逾期未提出续展申请,或者申请续展未获通过的,不得继续使用绿色食品标志。

第三章 标志使用管理

第十九条 标志使用人在证书有效期内享有下列权利:

(一)在获证产品及其包装、标签、说明书上使用绿色食品标志;

(二)在获证产品的广告宣传、展览展销等市场营销活动中使用绿色食品标志;

(三)在农产品生产基地建设、农业标准化生产、产业化经营、农产品市场营销等方面优先享受相关扶持政策。

第二十条 标志使用人在证书有效期内应当履行下列义务:

(一)严格执行绿色食品标准,保持绿色食品产地环境和产品质量稳定可靠;

(二)遵守标志使用合同及相关规定,规范使用绿色食品标志;

(三)积极配合县级以上人民政府农业农村主管部门的监督检查及其所属绿色食品工作机构的跟踪检查。

第二十一条 未经中国绿色食品发展中心许可,任何单位和个人不得使用绿色食品标志。

禁止将绿色食品标志用于非许可产品及其经营性活动。

第二十二条 在证书有效期内,标志使用人的单位名称、产品名称、产品商标等发生变化的,应当经省级工作机构审核后向中国绿色食品发展中心申请办理变更手续。

产地环境、生产技术等条件发生变化,导致产品不再符合绿色食品标准要求的,标志使用人应当立即停止标志使用,并通过省级工作机构向中国绿色食品发展中心报告。

第四章 监督检查

第二十三条 标志使用人应当健全和实施产品质量控制体系,对其生产的绿色食品质量和信誉负责。

第二十四条 县级以上地方人民政府农业农村主管部门应当加强绿色食品标志的监督管理工作,依法对辖区内绿色食品产地环境、产品质量、包装标识、标志使用等情况进行监督检查。

第二十五条 中国绿色食品发展中心和省级工作机构应当建立绿色食品风险防范及应急处置制度,组织对绿色食品及标志使用情况进行跟踪检查。

省级工作机构应当组织对辖区内绿色食品标志使用人使用绿色食品标志的情况实施年度检查。检查合格的,在标志使用证书上加盖年度检查合格章。

第二十六条 标志使用人有下列情形之一的,由中国绿色食品发展中心取消其标志使用权,收回标志使用证书,并予公告:

(一)生产环境不符合绿色食品环境质量标准的;

(二)产品质量不符合绿色食品产品质量标准的;

(三)年度检查不合格的;

(四)未遵守标志使用合同约定的;

(五)违反规定使用标志和证书的;

(六)以欺骗、贿赂等不正当手段取得标志使用权的。

标志使用人依照前款规定被取消标志使用权的,三年内中国绿色食品发展中心不再受理其申请;情节严重的,永久不再受理其申请。

第二十七条 任何单位和个人不得伪造、转让绿色食品标志和标志使用证书。

第二十八条 国家鼓励单位和个人对绿色食品和标志使用情况进行社会监督。

第二十九条 从事绿色食品检测、审核、监管工作的人员,滥用职权、徇私舞弊和玩忽职守的,依照有关规定给予行政处罚或行政处分;涉嫌犯罪的,及时将案件移送司法机关,依法追究刑事责任。

承担绿色食品产品和产地环境检测工作的技术机构伪造检测结果的,除依法予以处罚外,由中国绿色食品发展中心取消指定,永久不得再承担绿色食品产品和产地环境检测工作。

第三十条 其他违反本办法规定的行为,依照《中华人民共和国食品安全法》、《中华人民共和国农产品质量安全法》和《中华人民共和国商标法》等法律法规处罚。

第五章　附　则

第三十一条　绿色食品标志有关收费办法及标准,依照国家相关规定执行。

第三十二条　本办法自 2012 年 10 月 1 日起施行。农业部 1993 年 1 月 11 日印发的《绿色食品标志管理办法》(1993 农(绿)字第 1 号)同时废止。

农产品包装和标识管理办法

·2006 年 10 月 17 日农业部令第 70 号公布
·自 2006 年 11 月 1 日起施行

第一章　总　则

第一条　为规范农产品生产经营行为,加强农产品包装和标识管理,建立健全农产品可追溯制度,保障农产品质量安全,依据《中华人民共和国农产品质量安全法》,制定本办法。

第二条　农产品的包装和标识活动应当符合本办法规定。

第三条　农业部负责全国农产品包装和标识的监督管理工作。

县级以上地方人民政府农业行政主管部门负责本行政区域内农产品包装和标识的监督管理工作。

第四条　国家支持农产品包装和标识科学研究,推行科学的包装方法,推广先进的标识技术。

第五条　县级以上人民政府农业行政主管部门应当将农产品包装和标识管理经费纳入年度预算。

第六条　县级以上人民政府农业行政主管部门对在农产品包装和标识工作中做出突出贡献的单位和个人,予以表彰和奖励。

第二章　农产品包装

第七条　农产品生产企业、农民专业合作经济组织以及从事农产品收购的单位或者个人,用于销售的下列农产品必须包装:

(一)获得无公害农产品、绿色食品、有机农产品等认证的农产品,但鲜活畜、禽、水产品除外。

(二)省级以上人民政府农业行政主管部门规定的其他需要包装销售的农产品。

符合规定包装的农产品拆包后直接向消费者销售的,可以不再另行包装。

第八条　农产品包装应当符合农产品储藏、运输、销售及保障安全的要求,便于拆卸和搬运。

第九条　包装农产品的材料和使用的保鲜剂、防腐剂、添加剂等物质必须符合国家强制性技术规范要求。

包装农产品应当防止机械损伤和二次污染。

第三章　农产品标识

第十条　农产品生产企业、农民专业合作经济组织以及从事农产品收购的单位或者个人包装销售的农产品,应当在包装物上标注或者附加标识标明品名、产地、生产者或者销售者名称、生产日期。

有分级标准或者使用添加剂的,还应当标明产品质量等级或者添加剂名称。

未包装的农产品,应当采取附加标签、标识牌、标识带、说明书等形式标明农产品的品名、生产地、生产者或者销售者名称等内容。

第十一条　农产品标识所用文字应当使用规范的中文。标识标注的内容应当准确、清晰、显著。

第十二条　销售获得无公害农产品、绿色食品、有机农产品等质量标志使用权的农产品,应当标注相应标志和发证机构。

禁止冒用无公害农产品、绿色食品、有机农产品等质量标志。

第十三条　畜禽及其产品、属于农业转基因生物的农产品,还应当按照有关规定进行标识。

第四章　监督检查

第十四条　农产品生产企业、农民专业合作经济组织以及从事农产品收购的单位或者个人,应当对其销售农产品的包装质量和标识内容负责。

第十五条　县级以上人民政府农业行政主管部门依照《中华人民共和国农产品质量安全法》对农产品包装和标识进行监督检查。

第十六条　有下列情形之一的,由县级以上人民政府农业行政主管部门按照《中华人民共和国农产品质量安全法》第四十八条、四十九条、五十一条、五十二条的规定处理、处罚:

(一)使用的农产品包装材料不符合强制性技术规范要求的;

(二)农产品包装过程中使用的保鲜剂、防腐剂、添加剂等材料不符合强制性技术规范要求的;

(三)应当包装的农产品未经包装销售的;

(四)冒用无公害农产品、绿色食品等质量标志的;

(五)农产品未按照规定标识的。

第五章 附 则

第十七条 本办法下列用语的含义:

(一)农产品包装:是指对农产品实施装箱、装盒、装袋、包裹、捆扎等。

(二)保鲜剂:是指保持农产品新鲜品质,减少流通损失,延长贮存时间的人工合成化学物质或者天然物质。

(三)防腐剂:是指防止农产品腐烂变质的人工合成化学物质或者天然物质。

(四)添加剂:是指为改善农产品品质和色、香、味以及加工性能加入的人工合成化学物质或者天然物质。

(五)生产日期:植物产品是指收获日期;畜禽产品是指屠宰或者产出日期;水产品是指起捕日期;其他产品是指包装或者销售时的日期。

第十八条 本办法自 2006 年 11 月 1 日起施行。

无公害农产品管理办法

· 2002 年 4 月 29 日农业部、国家质量监督检验检疫总局令第 12 号公布

· 2007 年 11 月 8 日农业部令第 6 号修订

第一章 总 则

第一条 为加强对无公害农产品的管理,维护消费者权益,提高农产品质量,保护农业生态环境,促进农业可持续发展,制定本办法。

第二条 本办法所称无公害农产品,是指产地环境、生产过程和产品质量符合国家有关标准和规范的要求,经认证合格获得认证证书并允许使用无公害农产品标志的未经加工或者初加工的食用农产品。

第三条 无公害农产品管理工作,由政府推动,并实行产地认定和产品认证的工作模式。

第四条 在中华人民共和国境内从事无公害农产品生产、产地认定、产品认证和监督管理等活动,适用本办法。

第五条 全国无公害农产品的管理及质量监督工作,由农业部门、国家质量监督检验检疫部门和国家认证认可监督管理委员会按照"三定"方案赋予的职责和国务院的有关规定,分工负责,共同做好工作。

第六条 各级农业行政主管部门和质量监督检验检疫部门应当在政策、资金、技术等方面扶持无公害农产品的发展,组织无公害农产品新技术的研究、开发和推广。

第七条 国家鼓励生产单位和个人申请无公害农产品产地认定和产品认证。

实施无公害农产品认证的产品范围由农业部、国家认证认可监督管理委员会共同确定、调整。

第八条 国家适时推行强制性无公害农产品认证制度。

第二章 产地条件与生产管理

第九条 无公害农产品产地应当符合下列条件:

(一)产地环境符合无公害农产品产地环境的标准要求;

(二)区域范围明确;

(三)具备一定的生产规模。

第十条 无公害农产品的生产管理应当符合下列条件:

(一)生产过程符合无公害农产品生产技术的标准要求;

(二)有相应的专业技术和管理人员;

(三)有完善的质量控制措施,并有完整的生产和销售记录档案。

第十一条 从事无公害农产品生产的单位或者个人,应当严格按规定使用农业投入品。禁止使用国家禁用、淘汰的农业投入品。

第十二条 无公害农产品产地应当树立标示牌,标明范围、产品品种、责任人。

第三章 产地认定

第十三条 省级农业行政主管部门根据本办

法的规定负责组织实施本辖区内无公害农产品产地的认定工作。

第十四条 申请无公害农产品产地认定的单位或者个人(以下简称申请人),应当向县级农业行政主管部门提交书面申请,书面申请应当包括以下内容:

(一)申请人的姓名(名称)、地址、电话号码;

(二)产地的区域范围、生产规模;

(三)无公害农产品生产计划;

(四)产地环境说明;

(五)无公害农产品质量控制措施;

(六)有关专业技术和管理人员的资质证明材料;

(七)保证执行无公害农产品标准和规范的声明;

(八)其他有关材料。

第十五条 县级农业行政主管部门自收到申请之日起,在10个工作日内完成对申请材料的初审工作。

申请材料初审不符合要求的,应当书面通知申请人。

第十六条 申请材料初审符合要求的,县级农业行政主管部门应当逐级将推荐意见和有关材料上报省级农业行政主管部门。

第十七条 省级农业行政主管部门自收到推荐意见和有关材料之日起,在10个工作日内完成对有关材料的审核工作,符合要求的,组织有关人员对产地环境、区域范围、生产规模、质量控制措施、生产计划等进行现场检查。

现场检查不符合要求的,应当书面通知申请人。

第十八条 现场检查符合要求的,应当通知申请人委托具有资质资格的检测机构,对产地环境进行检测。

承担产地环境检测任务的机构,根据检测结果出具产地环境检测报告。

第十九条 省级农业行政主管部门对材料审核、现场检查和产地环境检测结果符合要求的,应当自收到现场检查报告和产地环境检测报告之日起,30个工作日内颁发无公害农产品产地认定证书,并报农业部和国家认证认可监督管理委员会备案。

不符合要求的,应当书面通知申请人。

第二十条 无公害农产品产地认定证书有效期为3年。期满需要继续使用的,应当在有效期满90日前按照本办法规定的无公害农产品产地认定程序,重新办理。

第四章 无公害农产品认证

第二十一条 无公害农产品的认证机构,由国家认证认可监督管理委员会审批,并获得国家认证认可监督管理委员会授权的认可机构的资格认可后,方可从事无公害农产品认证活动。

第二十二条 申请无公害产品认证的单位或者个人(以下简称申请人),应当向认证机构提交书面申请,书面申请应当包括以下内容:

(一)申请人的姓名(名称)、地址、电话号码;

(二)产品品种、产地的区域范围和生产规模;

(三)无公害农产品生产计划;

(四)产地环境说明;

(五)无公害农产品质量控制措施;

(六)有关专业技术和管理人员的资质证明材料;

(七)保证执行无公害农产品标准和规范的声明;

(八)无公害农产品产地认定证书;

(九)生产过程记录档案;

(十)认证机构要求提交的其他材料。

第二十三条 认证机构自收到无公害农产品认证申请之日起,应当在15个工作日内完成对申请材料的审核。

材料审核不符合要求的,应当书面通知申请人。

第二十四条 符合要求的,认证机构可以根据需要派员对产地环境、区域范围、生产规模、质量控制措施、生产计划、标准和规范的执行情况等进行现场检查。

现场检查不符合要求的,应当书面通知申请人。

第二十五条 材料审核符合要求的、或者材料审核和现场检查符合要求的(限于需要对现场进行检查时),认证机构应当通知申请人委托具有资质资格的检测机构对产品进行检测。承担产品检测任务的机构,根据检测结果出具产品检测报告。

第二十六条 认证机构对材料审核、现场检查(限于需要对现场进行检查时)和产品检测结果符合要求的,应当在自收到现场检查报告和产品检测报告之日起,30个工作日内颁发无公害农产品认证证书。

不符合要求的，应当书面通知申请人。

第二十七条 认证机构应当自颁发无公害农产品认证证书后30个工作日内，将其颁发的认证证书副本同时报农业部和国家认证认可监督管理委员会备案，由农业部和国家认证认可监督管理委员会公告。

第二十八条 无公害农产品认证证书有效期为3年。期满需要继续使用的，应当在有效期满90日前按照本办法规定的无公害农产品认证程序，重新办理。

在有效期内生产无公害农产品认证证书以外的产品品种的，应当向原无公害农产品认证机构办理认证证书的变更手续。

第二十九条 无公害农产品产地认定证书、产品认证证书格式由农业部、国家认证认可监督管理委员会规定。

第五章 标志管理

第三十条 农业部和国家认证认可监督管理委员会制定并发布《无公害农产品标志管理办法》。

第三十一条 无公害农产品标志应当在认证的品种、数量等范围内使用。

第三十二条 获得无公害农产品认证证书的单位或者个人，可以在证书规定的产品、包装、标签、广告、说明书上使用无公害农产品标志。

第六章 监督管理

第三十三条 农业部、国家质量监督检验检疫总局、国家认证认可监督管理委员会和国务院有关部门根据职责分工依法组织对无公害农产品的生产、销售和无公害农产品标志使用等活动进行监督管理。

（一）查阅或者要求生产者、销售者提供有关材料；

（二）对无公害农产品产地认定工作进行监督；

（三）对无公害农产品认证机构的认证工作进行监督；

（四）对无公害农产品的检测机构的检测工作进行检查；

（五）对使用无公害农产品标志的产品进行检查、检验和鉴定；

（六）必要时对无公害农产品经营场所进行检查。

第三十四条 认证机构对获得认证的产品进行跟踪检查，受理有关的投诉、申诉工作。

第三十五条 任何单位和个人不得伪造、冒用、转让、买卖无公害农产品产地认定证书、产品认证证书和标志。

第七章 罚 则

第三十六条 获得无公害农产品产地认定证书的单位或者个人违反本办法，有下列情形之一的，由省级农业行政主管部门予以警告，并责令限期改正；逾期未改正的，撤销其无公害农产品产地认定证书：

（一）无公害农产品产地被污染或者产地环境达不到标准要求的；

（二）无公害农产品产地使用的农业投入品不符合无公害农产品相关标准要求的；

（三）擅自扩大无公害农产品产地范围的。

第三十七条 违反本办法第三十五条规定的，由县级以上农业行政主管部门和各地质量监督检验检疫部门根据各自的职责分工责令其停止，并可处以违法所得1倍以上3倍以下的罚款，但最高罚款不得超过3万元；没有违法所得的，可以处1万元以下的罚款。

法律、法规对处罚另有规定的，从其规定。

第三十八条 获得无公害农产品认证并加贴标志的产品，经检查、检测、鉴定，不符合无公害农产品质量标准要求的，由县级以上农业行政主管部门或者各地质量监督检验检疫部门责令停止使用无公害农产品标志，由认证机构暂停或者撤销认证证书。

第三十九条 从事无公害农产品管理的工作人员滥用职权、徇私舞弊、玩忽职守的，由所在单位或者所在单位的上级行政主管部门给予行政处分；构成犯罪的，依法追究刑事责任。

第八章 附 则

第四十条 从事无公害农产品的产地认定的部门和产品认证的机构不得收取费用。检测机构的检测、无公害农产品标志按国家规定收取费用。

第四十一条 本办法由农业部、国家质量监督检验检疫总局和国家认证认可监督管理委员会负责解释。

第四十二条 本办法自发布之日起施行。

无公害农产品标志管理办法

· 2002年11月25日
· 农业部、国家认证认可监督管理委员会第231号公告

第一条 为加强对无公害农产品标志的管理，保证无公害农产品的质量，维护生产者、经营者和消费者的合法权益，根据《无公害农产品管理办法》，制定本办法。

第二条 无公害农产品标志是加施于获得无公害农产品认证的产品或者其包装上的证明性标记。

本办法所指无公害农产品标志是全国统一的无公害农产品认证标志。

国家鼓励获得无公害农产品认证证书的单位和个人积极使用全国统一的无公害农产品标志。

第三条 农业部和国家认证认可监督管理委员会（以下简称国家认监委）对全国统一的无公害农产品标志实行统一监督管理。

县级以上地方人民政府农业行政主管部门和质量技术监督部门按照职责分工依法负责本行政区域内无公害农产品标志的监督检查工作。

第四条 本办法适用于无公害农产品标志的申请、印制、发放、使用和监督管理。

第五条 无公害农产品标志基本图案、规格和颜色如下：

（一）无公害农产品标志基本图案为：

（二）无公害农产品标志规格分为五种，其规格、尺寸（直径）为：

规格	1号	2号	3号	4号	5号
尺寸(mm)	10	15	20	30	60

（三）无公害农产品标志标准颜色由绿色和橙色组成。

第六条 根据《无公害农产品管理办法》的规定获得无公害农产品认证资格的认证机构（以下简称认证机构），负责无公害农产品标志的申请受理、审核和发放工作。

第七条 凡获得无公害农产品认证证书的单位和个人，均可以向认证机构申请无公害农产品标志。

第八条 认证机构应当向申请使用无公害农产品标志的单位和个人说明无公害农产品标志的管理规定，并指导和监督其正确使用无公害农产品标志。

第九条 认证机构应当按照认证证书标明的产品品种和数量发放无公害农产品标志，认证机构应当建立无公害农产品标志出入库登记制度。无公害农产品标志出入库时，应当清点数量，登记台账；无公害农产品标志出入库台账应当存档，保存时间为5年。

第十条 认证机构应当将无公害农产品标志的发放情况每6个月报农业部和国家认监委。

第十一条 获得无公害农产品认证证书的单位和个人，可以在证书规定的产品或者其包装上加施无公害农产品标志，用以证明产品符合无公害农产品标准。

印制在包装、标签、广告、说明书上的无公害农产品标志图案，不能作为无公害农产品标志使用。

第十二条 使用无公害农产品标志的单位和个人，应当在无公害农产品认证证书规定的产品范围和有效期内使用，不得超范围和逾期使用，不得买卖和转让。

第十三条 使用无公害农产品标志的单位和个人，应当建立无公害农产品标志的使用管理制度，对无公害农产品标志的使用情况如实记录并存档。

第十四条 无公害农产品标志的印制工作应当由经农业部和国家认监委考核合格的印制单位承担，其他任何单位和个人不得擅自印制。

第十五条 无公害农产品标志的印制单位应当具备以下基本条件：

（一）经工商行政管理部门依法注册登记，具有合法的营业证明；

（二）获得公安、新闻出版等相关管理部门发放的许可证明；

（三）有与其承印的无公害农产品标志业务相适应的技术、设备及仓储保管设施等条件；

（四）具有无公害农产品标志防伪技术和辨伪能力；

（五）有健全的管理制度；

（六）符合国家有关规定的其他条件。

第十六条 无公害农产品标志的印制单位应当按照本办法规定的基本图案、规格和颜色印制无公害农产品标志。

第十七条 无公害农产品标志的印制单位应当建立无公害农产品标志出入库登记制度。无公害农产品标志出入库时，应当清点数量，登记台账；无公害农产品标志出入库台账应当存档，期限为5年。

对废、残、次无公害农产品标志应当进行销毁，并予以记录。

第十八条 无公害农产品标志的印制单位，不得向具有无公害农产品认证资格的认证机构以外的任何单位和个人转让无公害农产品标志。

第十九条 伪造、变造、盗用、冒用、买卖和转让无公害农产品标志以及违反本办法规定的，按照国家有关法律法规的规定，予以行政处罚；构成犯罪的，依法追究其刑事责任。

第二十条 从事无公害农产品标志管理的工作人员滥用职权、徇私舞弊、玩忽职守，由所在单位或者所在单位的上级行政主管部门给予行政处分；构成犯罪的，依法追究刑事责任。

第二十一条 对违反本办法规定的，任何单位和个人可以向认证机构投诉，也可以直接向农业部或者国家认监委投诉。

第二十二条 本办法由农业部和国家认监委负责解释。

第二十三条 本办法自公告之日起实施。

食用农产品抽样检验和核查处置规定

· 2020年11月30日
· 国市监食检〔2020〕184号

为进一步规范市场监管部门食用农产品抽样检验和核查处置工作，依据《中华人民共和国食品安全法》《食品安全抽样检验管理办法》《食用农产品市场销售质量安全监督管理办法》等法律、法规和规章，现就食用农产品抽样检验和核查处置作出以下规定：

第一条 市场监管部门可以自行抽样或委托承检机构抽样。委托抽样的，应当不少于2名监管人员参与现场抽样。

第二条 现场抽样时，应检查食用农产品销售者是否有进货查验记录、合法进货凭证等。食用农产品销售者无法提供进货查验记录、合法进货凭证或产品真实合法来源的，市场监管部门应当依法予以查处。

第三条 对易腐烂变质的蔬菜、水果等食用农产品样品，需进行均质备份样品的，应当在现场抽样时主动向食用农产品销售者告知确认，可采取拍照或摄像等方式对样品均质备份进行记录。

第四条 现场封样时，抽样人员应按规定要求采取有效防拆封措施。抽样人员（含监管人员）、食用农产品销售者，应当在样品封条上共同签字或者盖章确认。

第五条 抽样人员应当使用规范的抽样文书，详细记录被抽样食用农产品销售者的名称或者姓名、社会信用代码或者身份证号码、联系电话、住所，食用农产品名称（有俗称的应标明俗称）、产地（或生产者名称和地址）、是否具有合格证明文件，供货者名称和地址、进货日期，抽样批次等。在集中交易市场抽样的，应当记录销售者的摊位号码等信息。

现场抽样时，抽样人员（含监管人员）、食用农产品销售者，应当在抽样文书上共同签字或盖章。

第六条 带包装或附加标签的食用农产品，以标识的生产者、产品名称、生产日期等内容一致的产品为一个抽样批次；简易包装或散装的食用农产品，以同一产地、生产者或进货商，同一生产日期或进货日期的同一种产品为一个抽样批次。

第七条 检验机构在接收样品时，应当核对样品与抽样文书信息。对记录信息不完整、不规范的样品应当拒绝接收，并书面说明理由，及时向组织或者实施抽样检验的市场监管部门报告。

第八条 承检机构应按规范采取冷冻或冷藏等方式妥善保存备份样品。自检验结论作出之日起，合格样品的备份样品应继续保存3个月，不合格样品的备份样品应继续保存6个月。

第九条 食用农产品销售者对监督抽检结果有异议的,可按照规定申请复检。

第十条 食用农产品销售者收到不合格检验结论后,应当立即对不合格食用农产品依法采取停止销售、召回等措施,并及时通知相关生产经营者和消费者;对停止销售、召回的不合格食用农产品应依照有关法律规定要求采取处置措施,并及时向市场监管部门报告。

复检和异议期间,食用农产品销售者不得停止履行上述义务。未履行前款义务的,市场监管部门应当依法责令其履行。

第十一条 抽检发现的不合格食用农产品涉及种植、养殖环节的,由组织抽检的市场监管部门及时向产地同级农业农村部门通报;涉及进口环节的,及时向进口地海关通报。

第十二条 对食用农产品销售者、集中交易市场开办者经营不合格食用农产品等违法行为,市场监管部门应当依法予以查处,并开展跟踪抽检。

第十三条 市场监管部门应当依法依规、及时公布食用农产品监督抽检结果、核查处置信息。与不合格食用农产品核查处置有关的行政处罚信息,应当依法归集至国家企业信用信息公示系统。

第十四条 各级市场监管部门应当按要求将食用农产品抽样、检验和核查处置等信息,及时录入国家食品安全抽样检验信息系统。

第十五条 市场监管部门在集中交易市场、商场、超市、便利店、网络食品交易第三方平台等食用农产品销售场所开展抽样检验和核查处置工作,适用本规定。

第十六条 省级市场监管部门应当加强对食用农产品抽样检验和核查处置的指导,可结合地方实际制定本地区食用农产品抽样检验和核查处置实施细则。

2. 农业转基因生物

农业转基因生物安全评价管理办法

- 2002 年 1 月 5 日农业部令第 8 号公布
- 根据 2004 年 7 月 1 日农业部令第 38 号第一次修订
- 根据 2016 年 7 月 25 日农业部令第 7 号第二次修订
- 根据 2017 年 11 月 30 日农业部令 2017 年第 8 号第三次修订
- 根据 2022 年 1 月 21 日农业农村部令第 2 号第四次修订

第一章 总 则

第一条 为了加强农业转基因生物安全评价管理,保障人类健康和动植物、微生物安全,保护生态环境,根据《农业转基因生物安全管理条例》(简称《条例》),制定本办法。

第二条 在中华人民共和国境内从事农业转基因生物的研究、试验、生产、加工、经营和进口、出口活动,依照《条例》规定需要进行安全评价的,应当遵守本办法。

第三条 本办法适用于《条例》规定的农业转基因生物,即利用基因工程技术改变基因组构成,用于农业生产或者农产品加工的植物、动物、微生物及其产品,主要包括:

(一)转基因动植物(含种子、种畜禽、水产苗种)和微生物;

(二)转基因动植物、微生物产品;

(三)转基因农产品的直接加工品;

(四)含有转基因动植物、微生物或者其产品成份的种子、种畜禽、水产苗种、农药、兽药、肥料和添加剂等产品。

第四条 本办法评价的是农业转基因生物对人类、动植物、微生物和生态环境构成的危险或者潜在的风险。安全评价工作按照植物、动物、微生物三个类别,以科学为依据,以个案审查为原则,实行分级分阶段管理。

第五条 根据《条例》第九条的规定设立国家

农业转基因生物安全委员会,负责农业转基因生物的安全评价工作。国家农业转基因生物安全委员会由从事农业转基因生物研究、生产、加工、检验检疫、卫生、环境保护等方面的专家组成,每届任期五年。

农业农村部设立农业转基因生物安全管理办公室,负责农业转基因生物安全评价管理工作。

第六条 从事农业转基因生物研究与试验的单位是农业转基因生物安全管理的第一责任人,应当成立由单位法定代表人负责的农业转基因生物安全小组,负责本单位农业转基因生物的安全管理及安全评价申报的审查工作。

从事农业转基因生物研究与试验的单位,应当制定农业转基因生物试验操作规程,加强农业转基因生物试验的可追溯管理。

第七条 农业农村部根据农业转基因生物安全评价工作的需要,委托具备检测条件和能力的技术检测机构对农业转基因生物进行检测,为安全评价和管理提供依据。

第八条 转基因植物种子、种畜禽、水产种苗,利用农业转基因生物生产的或者含有农业转基因生物成份的种子、种畜禽、水产种苗、农药、兽药、肥料和添加剂等,在依照有关法律、行政法规的规定进行审定、登记或者评价、审批前,应当依照本办法的规定取得农业转基因生物安全证书。

第二章 安全等级和安全评价

第九条 农业转基因生物安全实行分级评价管理。

按照对人类、动植物、微生物和生态环境的危险程度,将农业转基因生物分为以下四个等级:

安全等级Ⅰ:尚不存在危险;

安全等级Ⅱ:具有低度危险;

安全等级Ⅲ:具有中度危险;

安全等级Ⅳ:具有高度危险。

第十条 农业转基因生物安全评价和安全等级的确定按以下步骤进行:

(一)确定受体生物的安全等级;

(二)确定基因操作对受体生物安全等级影响的类型;

(三)确定转基因生物的安全等级;

(四)确定生产、加工活动对转基因生物安全性的影响;

(五)确定转基因产品的安全等级。

第十一条 受体生物安全等级的确定

受体生物分为四个安全等级:

(一)符合下列条件之一的受体生物应当确定为安全等级Ⅰ:

1. 对人类健康和生态环境未曾发生过不利影响;

2. 演化成有害生物的可能性极小;

3. 用于特殊研究的短存活期受体生物,实验结束后在自然环境中存活的可能性极小。

(二)对人类健康和生态环境可能产生低度危险,但是通过采取安全控制措施完全可以避免其危险的受体生物,应当确定为安全等级Ⅱ。

(三)对人类健康和生态环境可能产生中度危险,但是通过采取安全控制措施,基本上可以避免其危险的受体生物,应当确定为安全等级Ⅲ。

(四)对人类健康和生态环境可能产生高度危险,而且在封闭设施之外尚无适当的安全控制措施避免其发生危险的受体生物,应当确定为安全等级Ⅳ。包括:

1. 可能与其它生物发生高频率遗传物质交换的有害生物;

2. 尚无有效技术防止其本身或其产物逃逸、扩散的有害生物;

3. 尚无有效技术保证其逃逸后,在对人类健康和生态环境产生不利影响之前,将其捕获或消灭的有害生物。

第十二条 基因操作对受体生物安全等级影响类型的确定

基因操作对受体生物安全等级的影响分为三种类型,即:增加受体生物的安全性;不影响受体生物的安全性;降低受体生物的安全性。

类型1 增加受体生物安全性的基因操作

包括:去除某个(些)已知具有危险的基因或抑制某个(些)已知具有危险的基因表达的基因操作。

类型2 不影响受体生物安全性的基因操作

包括:

1. 改变受体生物的表型或基因型而对人类健康和生态环境没有影响的基因操作;

2. 改变受体生物的表型或基因型而对人类健康和生态环境没有不利影响的基因操作。

类型3 降低受体生物安全性的基因操作

包括：

1. 改变受体生物的表型或基因型，并可能对人类健康或生态环境产生不利影响的基因操作；

2. 改变受体生物的表型或基因型，但不能确定对人类健康或生态环境影响的基因操作。

第十三条 农业转基因生物安全等级的确定

根据受体生物的安全等级和基因操作对其安全等级的影响类型及影响程度，确定转基因生物的安全等级。

（一）受体生物安全等级为Ⅰ的转基因生物

1. 安全等级为Ⅰ的受体生物，经类型1或类型2的基因操作而得到的转基因生物，其安全等级仍为Ⅰ。

2. 安全等级为Ⅰ的受体生物，经类型3的基因操作而得到的转基因生物，如果安全性降低很小，且不需要采取任何安全控制措施的，则其安全等级仍为Ⅰ；如果安全性有一定程度的降低，但是可以通过适当的安全控制措施完全避免其潜在危险的，则其安全等级为Ⅱ；如果安全性严重降低，但是可以通过严格的安全控制措施避免其潜在危险的，则其安全等级为Ⅲ；如果安全性严重降低，而且无法通过安全控制措施完全避免其危险的，则其安全等级为Ⅳ。

（二）受体生物安全等级为Ⅱ的转基因生物

1. 安全等级为Ⅱ的受体生物，经类型1的基因操作而得到的转基因生物，如果安全性增加到对人类健康和生态环境不再产生不利影响的，则其安全等级为Ⅰ；如果安全性虽有增加，但对人类健康和生态环境仍有低度危险的，则其安全等级仍为Ⅱ。

2. 安全等级为Ⅱ的受体生物，经类型2的基因操作而得到的转基因生物，其安全等级仍为Ⅱ。

3. 安全等级为Ⅱ的受体生物，经类型3的基因操作而得到的转基因生物，根据安全性降低的程度不同，其安全等级可为Ⅱ、Ⅲ或Ⅳ，分级标准与受体生物的分级标准相同。

（三）受体生物安全等级为Ⅲ的转基因生物

1. 安全等级为Ⅲ的受体生物，经类型1的基因操作而得到的转基因生物，根据安全性增加的程度不同，其安全等级可为Ⅰ、Ⅱ或Ⅲ，分级标准与受体生物的分级标准相同。

2. 安全等级为Ⅲ的受体生物，经类型2的基因操作而得到的转基因生物，其安全等级仍为Ⅲ。

3. 安全等级为Ⅲ的受体生物，经类型3的基因操作得到的转基因生物，根据安全性降低的程度不同，其安全等级可为Ⅲ或Ⅳ，分级标准与受体生物的分级标准相同。

（四）受体生物安全等级为Ⅳ的转基因生物

1. 安全等级为Ⅳ的受体生物，经类型1的基因操作而得到的转基因生物，根据安全性增加的程度不同，其安全等级可为Ⅰ、Ⅱ、Ⅲ或Ⅳ，分级标准与受体生物的分级标准相同。

2. 安全等级为Ⅳ的受体生物，经类型2或类型3的基因操作而得到的转基因生物，其安全等级仍为Ⅳ。

第十四条 农业转基因产品安全等级的确定

根据农业转基因生物的安全等级和产品的生产、加工活动对其安全等级的影响类型和影响程度，确定转基因产品的安全等级。

（一）农业转基因产品的生产、加工活动对转基因生物安全等级的影响分为三种类型：

类型1 增加转基因生物的安全性；

类型2 不影响转基因生物的安全性；

类型3 降低转基因生物的安全性。

（二）转基因生物安全等级为Ⅰ的转基因产品

1. 安全等级为Ⅰ的转基因生物，经类型1或类型2的生产、加工活动而形成的转基因产品，其安全等级仍为Ⅰ。

2. 安全等级为Ⅰ的转基因生物，经类型3的生产、加工活动而形成的转基因产品，根据安全性降低的程度不同，其安全等级可为Ⅰ、Ⅱ、Ⅲ或Ⅳ，分级标准与受体生物的分级标准相同。

（三）转基因生物安全等级为Ⅱ的转基因产品

1. 安全等级为Ⅱ的转基因生物，经类型1的生产、加工活动而形成的转基因产品，如果安全性增加到对人类健康和生态环境不再产生不利影响的，其安全等级为Ⅰ；如果安全性虽然有增加，但是对人类健康或生态环境仍有低度危险的，其安全等级仍为Ⅱ。

2. 安全等级为Ⅱ的转基因生物，经类型2的生产、加工活动而形成的转基因产品，其安全等级仍为Ⅱ。

3. 安全等级为Ⅱ的转基因生物，经类型3的生产、加工活动而形成的转基因产品，根据安全性降低的程度不同，其安全等级可为Ⅱ、Ⅲ或Ⅳ，分级标准与受体生物的分级标准相同。

（四）转基因生物安全等级为Ⅲ的转基因产品

1.安全等级为Ⅲ的转基因生物，经类型1的生产、加工活动而形成的转基因产品，根据安全性增加的程度不同，其安全等级可为Ⅰ、Ⅱ或Ⅲ，分级标准与受体生物的分级标准相同。

2.安全等级为Ⅲ的转基因生物，经类型2的生产、加工活动而形成的转基因产品，其安全等级仍为Ⅲ。

3.安全等级为Ⅲ的转基因生物，经类型3的生产、加工活动而形成转基因产品，根据安全性降低的程度不同，其安全等级可为Ⅲ或Ⅳ，分级标准与受体生物的分级标准相同。

（五）转基因生物安全等级为Ⅳ的转基因产品

1.安全等级为Ⅳ的转基因生物，经类型1的生产、加工活动而得到的转基因产品，根据安全性增加的程度不同，其安全等级可为Ⅰ、Ⅱ、Ⅲ或Ⅳ，分级标准与受体生物的分级标准相同。

2.安全等级为Ⅳ的转基因生物，经类型2或类型3的生产、加工活动而得到的转基因产品，其安全等级仍为Ⅳ。

第三章　申报和审批

第十五条　凡在中华人民共和国境内从事农业转基因生物安全等级为Ⅲ和Ⅳ的研究以及所有安全等级的试验和进口的单位以及生产和加工的单位和个人，应当根据农业转基因生物的类别和安全等级，分阶段向农业转基因生物安全管理办公室报告或者提出申请。

第十六条　农业农村部依法受理农业转基因生物安全评价申请。申请被受理的，应当交由国家农业转基因生物安全委员会进行安全评价。国家农业转基因生物安全委员会每年至少开展两次农业转基因生物安全评审。农业农村部收到安全评价结果后按照《中华人民共和国行政许可法》和《条例》的规定作出批复。

第十七条　从事农业转基因生物试验和进口的单位以及从事农业转基因生物生产和加工的单位和个人，在向农业转基因生物安全管理办公室提出安全评价报告或申请前应当完成下列手续：

（一）报告或申请单位和报告或申请人对所从事的转基因生物工作进行安全性评价，并填写报告书或申报书；

（二）组织本单位转基因生物安全小组对申报材料进行技术审查；

（三）提供有关技术资料。

第十八条　在中华人民共和国从事农业转基因生物实验研究与试验的，应当具备下列条件：

（一）在中华人民共和国境内有专门的机构；

（二）有从事农业转基因生物实验研究与试验的专职技术人员；

（三）具备与实验研究和试验相适应的仪器设备和设施条件；

（四）成立农业转基因生物安全管理小组。

鼓励从事农业转基因生物试验的单位建立或共享专门的试验基地。

第十九条　报告农业转基因生物实验研究和中间试验以及申请环境释放、生产性试验和安全证书的单位应当按照农业农村部制定的农业转基因植物、动物和微生物安全评价各阶段的报告或申报要求、安全评价的标准和技术规范，办理报告或申请手续（见附录Ⅰ、Ⅱ、Ⅲ、Ⅳ）。

第二十条　从事安全等级为Ⅰ和Ⅱ的农业转基因生物实验研究，由本单位农业转基因生物安全小组批准；从事安全等级为Ⅲ和Ⅳ的农业转基因生物实验研究，应当在研究开始前向农业转基因生物安全管理办公室报告。

研究单位向农业转基因生物安全管理办公室报告时应当提供以下材料：

（一）实验研究报告书；

（二）农业转基因生物的安全等级和确定安全等级的依据；

（三）相应的实验室安全设施、安全管理和防范措施。

第二十一条　在农业转基因生物（安全等级Ⅰ、Ⅱ、Ⅲ、Ⅳ）实验研究结束后拟转入中间试验的，试验单位应当向农业转基因生物安全管理办公室报告。

试验单位向农业转基因生物安全管理办公室报告时应当提供下列材料：

（一）中间试验报告书；

（二）实验研究总结报告；

（三）农业转基因生物的安全等级和确定安全等级的依据；

（四）相应的安全研究内容、安全管理和防范措施。

第二十二条　在农业转基因生物中间试验结

束后拟转入环境释放的，或者在环境释放结束后拟转入生产性试验的，试验单位应当向农业转基因生物安全管理办公室提出申请，经国家农业转基因生物安全委员会安全评价合格并由农业农村部批准后，方可根据农业转基因生物安全审批书的要求进行相应的试验。

试验单位提出前款申请时，应当按照相关安全评价指南的要求提供下列材料：

（一）安全评价申报书；

（二）农业转基因生物的安全等级和确定安全等级的依据；

（三）有检测条件和能力的技术检测机构出具的检测报告；

（四）相应的安全研究内容、安全管理和防范措施；

（五）上一试验阶段的试验总结报告；

申请生产性试验的，还应当按要求提交农业转基因生物样品、对照样品及检测方法。

第二十三条 在农业转基因生物安全审批书有效期内，试验单位需要改变试验地点的，应当向农业转基因生物安全管理办公室报告。

第二十四条 在农业转基因生物试验结束后拟申请安全证书的，试验单位应当向农业转基因生物安全管理办公室提出申请。

试验单位提出前款申请时，应当按照相关安全评价指南的要求提供下列材料：

（一）安全评价申报书；

（二）农业转基因生物的安全等级和确定安全等级的依据；

（三）中间试验、环境释放和生产性试验阶段的试验总结报告；

（四）按要求提交农业转基因生物样品、对照样品及检测所需的试验材料、检测方法，但按照本办法第二十二条规定已经提交的除外；

（五）其他有关材料。

农业农村部收到申请后，应当组织农业转基因生物安全委员会进行安全评价，并委托具备检测条件和能力的技术检测机构进行检测；安全评价合格的，经农业农村部批准后，方可颁发农业转基因生物安全证书。

第二十五条 农业转基因生物安全证书应当明确转基因生物名称（编号）、规模、范围、时限及有关责任人、安全控制措施等内容。

从事农业转基因生物生产和加工的单位和个人以及进口的单位，应当按照农业转基因生物安全证书的要求开展工作并履行安全证书规定的相关义务。

第二十六条 从中华人民共和国境外引进农业转基因生物，或者向中华人民共和国出口农业转基因生物的，应当按照《农业转基因生物进口安全管理办法》的规定提供相应的安全评价材料，并在申请安全证书时按要求提交农业转基因生物样品、对照样品及检测方法。

第二十七条 农业转基因生物安全评价受理审批机构的工作人员和参与审查的专家，应当为申报者保守技术秘密和商业秘密，与本人及其近亲属有利害关系的应当回避。

第四章 技术检测管理

第二十八条 农业农村部根据农业转基因生物安全评价及其管理工作的需要，委托具备检测条件和能力的技术检测机构进行检测。

第二十九条 技术检测机构应当具备下列基本条件：

（一）具有公正性和权威性，设有相对独立的机构和专职人员；

（二）具备与检测任务相适应的、符合国家标准（或行业标准）的仪器设备和检测手段；

（三）严格执行检测技术规范，出具的检测数据准确可靠；

（四）有相应的安全控制措施。

第三十条 技术检测机构的职责任务：

（一）为农业转基因生物安全管理和评价提供技术服务；

（二）承担农业农村部或申请人委托的农业转基因生物定性定量检验、鉴定和复查任务；

（三）出具检测报告，做出科学判断；

（四）研究检测技术与方法，承担或参与评价标准和技术法规的制修订工作；

（五）检测结束后，对用于检测的样品应当安全销毁，不得保留；

（六）为委托人和申请人保守技术秘密和商业秘密。

第五章 监督管理与安全监控

第三十一条 农业农村部负责农业转基因生

物安全的监督管理，指导不同生态类型区域的农业转基因生物安全监控和监测工作，建立全国农业转基因生物安全监管和监测体系。

第三十二条 县级以上地方各级人民政府农业农村主管部门按照《条例》第三十八条和第三十九条的规定负责本行政区域内的农业转基因生物安全的监督管理工作。

第三十三条 有关单位和个人应当按照《条例》第四十条的规定，配合农业农村主管部门做好监督检查工作。

第三十四条 从事农业转基因生物试验、生产的单位，应当接受农业农村主管部门的监督检查，并在每年3月31日前，向试验、生产所在地省级和县级人民政府农业农村主管部门提交上一年度试验、生产总结报告。

第三十五条 从事农业转基因生物试验和生产的单位，应当根据本办法的规定确定安全控制措施和预防事故的紧急措施，做好安全监督记录，以备核查。

安全控制措施包括物理控制、化学控制、生物控制、环境控制和规模控制等(见附录Ⅳ)。

第三十六条 安全等级Ⅱ、Ⅲ、Ⅳ的转基因生物，在废弃物处理和排放之前应当采取可靠措施将其销毁、灭活，以防止扩散和污染环境。发现转基因生物扩散、残留或者造成危害的，必须立即采取有效措施加以控制、消除，并向当地农业农村主管部门报告。

第三十七条 农业转基因生物在贮存、转移、运输和销毁、灭活时，应当采取相应的安全管理和防范措施，具备特定的设备或场所，指定专人管理并记录。

第三十八条 发现农业转基因生物对人类、动植物和生态环境存在危险时，农业农村部有权宣布禁止生产、加工、经营和进口，收回农业转基因生物安全证书，由货主销毁有关存在危险的农业转基因生物。

第六章 罚 则

第三十九条 违反本办法规定，从事安全等级Ⅲ、Ⅳ的农业转基因生物实验研究或者从事农业转基因生物中间试验，未向农业农村部报告的，按照《条例》第四十二条的规定处理。

第四十条 违反本办法规定，未经批准擅自从事环境释放、生产性试验的，或已获批准但未按照规定采取安全管理防范措施的，或者超过批准范围和期限进行试验的，按照《条例》第四十三条的规定处罚。

第四十一条 违反本办法规定，在生产性试验结束后，未取得农业转基因生物安全证书，擅自将农业转基因生物投入生产和应用的，按照《条例》第四十四条的规定处罚。

第四十二条 假冒、伪造、转让或者买卖农业转基因生物安全证书、审批书以及其他批准文件的，按照《条例》第五十一条的规定处罚。

第四十三条 违反本办法规定核发农业转基因生物安全审批书、安全证书以及其他批准文件的，或者核发后不履行监督管理职责的，按照《条例》第五十三条的规定处罚。

第七章 附 则

第四十四条 本办法所用术语及含义如下：

一、基因，系控制生物性状的遗传物质的功能和结构单位，主要指具有遗传信息的DNA片段。

二、基因工程技术，包括利用载体系统的重组DNA技术以及利用物理、化学和生物学等方法把重组DNA分子导入有机体的技术。

三、基因组，系指特定生物的染色体和染色体外所有遗传物质的总和。

四、DNA，系脱氧核糖核酸的英文名词缩写，是贮存生物遗传信息的遗传物质。

五、农业转基因生物，系指利用基因工程技术改变基因组构成，用于农业生产或者农产品加工的动植物、微生物及其产品。

六、目的基因，系指以修饰受体细胞遗传组成并表达其遗传效应为目的的基因。

七、受体生物，系指被导入重组DNA分子的生物。

八、种子，系指农作物和林木的种植材料或者繁殖材料，包括籽粒、果实和根、茎、苗、芽、叶等。

九、实验研究，系指在实验室控制系统内进行的基因操作和转基因生物研究工作。

十、中间试验，系指在控制系统内或者控制条件下进行的小规模试验。

十一、环境释放，系指在自然条件下采取相应安全措施所进行的中规模的试验。

十二、生产性试验，系指在生产和应用前进行的较大规模的试验。

十三、控制系统，系指通过物理控制、化学控制和生物控制建立的封闭或半封闭操作体系。

十四、物理控制措施，系指利用物理方法限制转基因生物及其产物在实验区外的生存及扩散，如设置栅栏，防止转基因生物及其产物从实验区逃逸或被人或动物携带至实验区外等。

十五、化学控制措施，系指利用化学方法限制转基因生物及其产物的生存、扩散或残留，如生物材料、工具和设施的消毒。

十六、生物控制措施，系指利用生物措施限制转基因生物及其产物的生存、扩散或残留，以及限制遗传物质由转基因生物向其它生物的转移，如设置有效的隔离区及监控区、清除试验区附近可与转基因生物杂交的物种、阻止转基因生物开花或去除繁殖器官、或采用花期不遇等措施，以防止目的基因向相关生物的转移。

十七、环境控制措施，系指利用环境条件限制转基因生物及其产物的生存、繁殖、扩散或残留，如控制温度、水份、光周期等。

十八、规模控制措施，系指尽可能地减少用于试验的转基因生物及其产物的数量或减小试验区的面积，以降低转基因生物及其产物广泛扩散的可能性，在出现预想不到的后果时，能比较彻底地将转基因生物及其产物消除。

第四十五条 本办法由农业农村部负责解释。

第四十六条 本办法自2002年3月20日起施行。1996年7月10日农业部发布的第7号令《农业生物基因工程安全管理实施办法》同时废止。

附录Ⅰ 转基因植物安全评价（略）

附录Ⅱ 转基因动物安全评价（略）

附录Ⅲ 转基因微生物安全评价（略）

附录Ⅳ 农业转基因生物及其产品安全控制措施（略）

农业转基因生物标识管理办法

· 2002年1月5日农业部令第10号公布
· 根据2004年7月1日《农业部关于修订农业行政许可规章和规范性文件的决定》第一次修订
· 根据2017年11月30日《农业部关于修改和废止部分规章、规范性文件的决定》第二次修订

第一条 为了加强对农业转基因生物的标识管理，规范农业转基因生物的销售行为，引导农业转基因生物的生产和消费，保护消费者的知情权，根据《农业转基因生物安全管理条例》（简称《条例》）的有关规定，制定本办法。

第二条 国家对农业转基因生物实行标识制度。实施标识管理的农业转基因生物目录，由国务院农业行政主管部门商国务院有关部门制定、调整和公布。

第三条 在中华人民共和国境内销售列入农业转基因生物标识目录的农业转基因生物，必须遵守本办法。

凡是列入标识管理目录并用于销售的农业转基因生物，应当进行标识；未标识和不按规定标识的，不得进口或销售。

第四条 农业部负责全国农业转基因生物标识的监督管理工作。

县级以上地方人民政府农业行政主管部门负责本行政区域内的农业转基因生物标识的监督管理工作。

国家质检总局负责进口农业转基因生物在口岸的标识检查验证工作。

第五条 列入农业转基因生物标识目录的农业转基因生物，由生产、分装单位和个人负责标识；经营单位和个人拆开原包装进行销售的，应当重新标识。

第六条 标识的标注方法：

（一）转基因动植物（含种子、种畜禽、水产苗种）和微生物，转基因动植物、微生物产品，含有转基因动植物、微生物或者其产品成份的种子、种畜禽、水产苗种、农药、兽药、肥料和添加剂等产品，直接标注“转基因××”。

（二）转基因农产品的直接加工品，标注为“转

基因××加工品(制成品)”或者“加工原料为转基因××”。

(三)用农业转基因生物或用含有农业转基因生物成份的产品加工制成的产品,但最终销售产品中已不再含有或检测不出转基因成份的产品,标注为“本产品为转基因××加工制成,但本产品中已不再含有转基因成份”或者标注为“本产品加工原料中有转基因××,但本产品中已不再含有转基因成份”。

第七条 农业转基因生物标识应当醒目,并和产品的包装、标签同时设计和印制。

难以在原有包装、标签上标注农业转基因生物标识的,可采用在原有包装、标签的基础上附加转基因生物标识的办法进行标注,但附加标识应当牢固、持久。

第八条 难以用包装物或标签对农业转基因生物进行标识时,可采用下列方式标注:

(一)难以在每个销售产品上标识的快餐业和零售业中的农业转基因生物,可以在产品展销(示)柜(台)上进行标识,也可以在价签上进行标识或者设立标识板(牌)进行标识。

(二)销售无包装和标签的农业转基因生物时,可以采取设立标识板(牌)的方式进行标识。

(三)装在运输容器内的农业转基因生物不经包装直接销售时,销售现场可以在容器上进行标识,也可以设立标识板(牌)进行标识。

(四)销售无包装和标签的农业转基因生物,难以用标识板(牌)进行标注时,销售者应当以适当的方式声明。

(五)进口无包装和标签的农业转基因生物,难以用标识板(牌)进行标注时,应当在报检(关)单上注明。

第九条 有特殊销售范围要求的农业转基因生物,还应当明确标注销售的范围,可标注为“仅限于××销售(生产、加工、使用)”。

第十条 农业转基因生物标识应当使用规范的中文汉字进行标注。

第十一条 销售农业转基因生物的经营单位和个人在进货时,应当对货物和标识进行核对。

第十二条 违反本办法规定的,按《条例》第五十二条规定予以处罚。

第十三条 本办法由农业部负责解释。

第十四条 本办法自2002年3月20起施行。

3. 农业基本建设

农业基本建设项目申报审批管理规定

·2004年7月14日农计发〔2004〕10号公布

·根据2017年11月30日《农业部关于修改和废止部分规章、规范性文件的决定》修订

第一条 为加强农业基本建设项目管理,规范项目申报审批程序,明确职责分工,提高项目决策水平,根据《农业基本建设项目管理办法》及有关规定,制定本规定。

第二条 本规定适用于农业部管理的农业基本建设项目的申报、评估、审批与计划管理等工作。

第三条 农业部发展计划司负责贯彻落实国家关于固定资产投资和基本建设项目管理的法规、政策,起草农业基本建设计划管理的有关规章制度和管理办法并监督执行,提出年度农业基本建设投资计划总体方案和项目前期工作计划,统一审批基本建设项目,下达年度投资计划,归口管理农业基本建设项目的勘察设计、招标投标、工程监理、监督检查及竣工验收等工作。

农业部财务司负责农业基本建设项目的基建财务管理,监督检查项目资金使用情况,审核、审批直属单位项目竣工财务决算。

农业部行业司局负责提出本行业投资计划建议,初选本行业基本建设项目,根据授权审批初步设计概算,组织本行业项目的实施,管理本行业项目的勘察设计、招标投标、工程监理、日常监督检查及竣工验收等工作。

省级人民政府农业行政主管部门负责本辖区农业基本建设项目的管理,包括统一规划布局,开展项目前期工作,组织项目申报,根据委托审批项目初步设计与概算,组织项目实施和竣工验收,落实地方配套资金,监督检查项目资金使用、勘察设计、工程监理、招标投标、施工建设等。

第四条 农业基本建设项目的申报、审批与投资计划下达,坚持先开展前期研究、后申报项

目，先专家评估论证、后进行决策，先审批项目、后下达投资计划的原则。

第五条 农业部发展计划司根据国家关于固定资产投资管理的规定及国家发展和改革委员会、国务院机关事务管理局等国家投资主管部门的具体要求，结合农业行业发展的需要和农业部的中心工作，在综合部内行业司局意见的基础上，编制年度项目投资指南，报部常务会议或部领导审定后发布。

项目投资指南应主要包括年度投资方向和项目重点领域，目标任务和区域布局原则，主要建设内容和建设规模，以及投资控制规模等。

项目投资指南于每年第四季度由农业部发展计划司统一印发各省级人民政府农业行政主管部门及有关直属直供垦区，指导相关单位开展项目前期工作。

第六条 地方及直属直供垦区申报的项目，其项目建议书、可行性研究报告等项目文件，由省级人民政府农业行政主管部门和直属直供垦区以计字号文报农业部，分送农业部发展计划司和有关行业司局。

农业部直属单位基本建设项目的项目建议书、可行性研究报告、初步设计等项目文件，由各单位内的投资计划管理机构会同业务管理机构组织编制和审查，以计字号文报农业部，分送农业部发展计划司和有关行业司局。

第七条 立项评估和初步设计评审原则上应委托有相应工程咨询资质的机构承担。评估（评审）机构组织专家按类别对项目进行评审。每个项目应由工程、技术、经济等方面的专家提出独立审查意见，评估（评审）机构综合专家意见后形成对项目的评审意见。

农业部发展计划司制定项目立项评估办法和评估标准，会同行业司局统一组织项目建议书、可行性研究报告的评估工作。包括统一从农业部基本建设项目专家库中抽取并确定评估专家，统一评估细则、时间和地点等。

地方和直属直供垦区承担项目的初步设计，由省级农业行政主管部门负责评审。农业部直属单位基本建设项目的方案设计、初步设计与概算由农业部发展计划司负责评审。

项目评估（评审）费用根据实际支出由农业行政主管部门负担。

第八条 经专家评估通过的行业项目，由农业部行业司局进行初选，向农业部发展计划司提出年度项目总体安排意见及初选项目（包括项目名称、建设单位、建设地点、详细建设内容与规模、投资估算与来源、建设期限、新增能力及其他有关内容）。

第九条 农业部发展计划司根据投资可能、项目评估结果和行业司局的初选意见，对项目进行审查和综合平衡。对限额以上或需国家发展和改革委员会、国务院机关事务管理局等相关部门审定同意后再由我部审批的限额以下项目，按程序报送国家发展和改革委员会、国务院机关事务管理局等相关部门审批或审定；对由农业部审批的中央投资600万元以上（含600万元）的项目，经部常务会议审定后，报主管部长审批立项；对中央投资600万元以下的项目，报主管部长审批立项。

项目建议书、可行性研究报告的批复文件，由农业部发展计划司主办，有关行业司局会签，报部领导签发，以农业部文件下达。

第十条 地方及直属直供垦区承担项目的初步设计，由省级农业行政主管部门根据项目评估意见，办理批复文件，同时抄报农业部发展计划司和行业司局。农业部直属单位基本建设项目的初步设计由发展计划司或委托相关部门根据项目评审意见办理批复文件。

农业部初步设计批复文件以办公厅文件下达。

第十一条 基本建设项目一经农业部批准，必须严格按照审批文件执行，不得擅自变更项目建设地点、建设性质、建设单位、建设内容、降低工程（货物）质量、压缩投资规模等。

第十二条 确因客观原因需进行重大变更的项目，应当重新向农业部报批可行性研究报告。有下列情形之一的属重大变更：

（一）变更建设地点的；

（二）变更建设性质的；

（三）变更建设单位的；

（四）变更建设内容、建设标准、建设规模导致项目主要使用（服务）功能发生变化的；

（五）初步设计概算的总投资变更超过立项批复总投资10%以上（含10%）的，或者实施过程中投资变动超过批准的项目总投资10%以上（含

10%)的。

第十三条 施工图预算总投资变更超过批准的初步设计概算总投资5%以上的,须向原审批部门重新报批初步设计。

第十四条 有下列情形之一的,须向原审批部门申请批准:

(一)变更建设期限;

(二)变更招标方案;

(三)变更建设内容、建设标准、建设规模,但不属于本规定第十二条第四项情形的;

(四)变更初步设计概算的总投资超过立项批复总投资10%以下的,或者实施过程中投资变动超过批准的项目总投资10%以下的;

(五)其他变更。

第十五条 完成可行性研究报告、初步设计审批的项目,可列入农业部基本建设投资计划,并按项目建设进度下达年度投资。

对农业部利用中央预算内投资安排的建设内容比较简单、中央投资规模小于100万元(不含100万元)的地方和直属直供垦区的项目,可适当简化、合并相关程序。由农业部有关行业司局根据项目申请文件,直接提出项目计划安排意见(要列明具体建设内容和规模),报农业部发展计划司综合平衡后,列入年度投资计划。

第十六条 本办法所称农业部行业司局是指农业部内管理的种植业、畜牧业、渔业、农垦、农机化、乡镇企业等司(局)。

第十七条 本办法自2004年9月1日起施行。

农业基本建设项目竣工验收管理规定

· 2004年7月14日农计发〔2004〕10号公布
· 根据2017年11月30日《农业部关于修改和废止部分规章、规范性文件的决定》修订

第一章 总 则

第一条 为加强农业基本建设项目管理,规范项目竣工验收程序,提高工程质量和投资效益,依据《农业基本建设项目管理办法》及有关规定,制定本规定。

第二条 农业基本建设项目竣工验收是对项目建设及资金使用等进行的全面审查和总结。

第三条 凡农业部审批的部分或全部利用中央预算内资金(含国债资金)新建、改建、扩建的农业基本建设项目,须按本规定组织项目竣工验收工作。

国家对有关建设项目的竣工验收有特殊规定的,从其规定。

第二章 职责分工

第四条 地方及农业部直属直供垦区承担的项目,由省级农业行政主管部门组织验收。

第五条 农业部直属单位承担的项目,按照《农业部直属单位建设项目管理办法》(农计发〔2014〕78号)组织验收。

第三章 竣工验收条件和内容

第六条 申请竣工验收的项目必须具备下列条件:

(一)完成批准的项目可行性研究报告、初步设计和投资计划文件中规定的各项建设内容;

(二)系统整理所有技术文件材料并分类立卷,技术档案和施工管理资料齐全、完整。包括:项目审批文件和年度投资计划文件,设计(含工艺、设备技术)、施工、监理文件,招投标、合同管理文件,基建财务档案(含账册、凭证、报表等),工程总结文件,勘察、设计、施工、监理等单位签署的质量合格文件,施工单位签署的工程保修证书,工程竣工图;

(三)土建工程质量经当地建设工程质量监督机构备案;

(四)主要工艺设备及配套设施能够按批复的设计要求运行,并达到项目设计目标;

(五)环境保护、劳动安全卫生及消防设施已按设计要求与主体工程同时建成并经相关部门审查合格;

(六)工程项目或各单项工程已经建设单位初验合格;

(七)编制了竣工决算,并经有资质的中介审计机构或由当地审计机关审计。必要时竣工决算审计由项目验收组织单位委托中介审计机构进行竣工决算审计。

第七条 农业基本建设项目竣工验收的主要内容:

（一）项目建设总体完成情况。建设地点、建设内容、建设规模、建设标准、建设质量、建设工期等是否按批准的可行性研究报告和初步设计文件建成。

（二）项目资金到位及使用情况。资金到位及使用是否符合国家有关投资、财务管理的规定。包括中央投资、地方配套及自筹资金到位时间、实际落实情况，资金支出及分项支出范畴及结构情况，项目资金管理情况（包括专账独立核算、入账手续及凭证完整性、支出结构合理性等），材料、仪器、设备购置款项使用及其他各项支出的合理性。

（三）项目变更情况。项目在建设过程中是否发生变更，是否按规定程序办理报批手续。

（四）施工和设备到位情况。各单位工程和单项工程验收合格纪录。包括建筑施工合格率和优良率，仪器、设备安装及调试情况，生产性项目是否经过试产运行，有无试运转及试生产的考核、记录，是否编制各专业竣工图。

（五）执行法律、法规情况。环保、劳动安全卫生、消防等设施是否按批准的设计文件建成，是否合格，建筑抗震设防是否符合规定。

（六）投产或者投入使用准备情况。组织机构、岗位人员培训、物资准备、外部协作条件是否落实。

（七）竣工决算情况。是否按要求编制了竣工决算，出具了合格的审计报告。

（八）档案资料情况。建设项目批准文件、设计文件、竣工文件、监理文件及各项技术文件是否齐全、准确，是否按规定归档。

（九）项目管理情况及其他需要验收的内容。

第四章　竣工验收程序与组织

第八条　建设项目在竣工验收之前，先由建设单位组织施工、监理、设计及使用等有关单位进行初验。初验前由施工单位按照国家规定，整理好文件、技术资料，向建设单位提出交工报告。建设单位接到报告后，应及时组织初验。初验不合格的工程不得报请竣工验收。

第九条　初验合格并具备竣工验收条件后，建设单位应在15个工作日内向竣工验收主管部门提出竣工验收申请报告。

第十条　竣工验收申请报告应依照竣工验收条件对项目实施情况进行分类总结，并附初步验收结论意见、工程竣工决算、审计报告。

竣工验收申请报告应规范、完整、真实，装订成册。

第十一条　竣工验收的组织

（一）省级人民政府农业行政主管部门、农业部行业司局和发展计划司，按照项目隶属关系和职能分工，在收到项目竣工验收申请报告后，对具备竣工验收条件的项目，在60日内组织竣工验收。

（二）竣工验收要组成验收组。验收组由验收组织单位、相关部门及工艺技术、工程技术、基建财会等方面的专家组成。成员人数为5人以上（含5人）单数，其中工程、技术、经济等方面的专家不得少于成员总数的三分之二。

验收组可根据项目规模和复杂程度分成工程、投资、工艺、财会等验收小组，分别对相关内容进行验收。

建设单位、使用单位、施工单位、勘察设计、工程监理等单位应当配合验收工作。

（三）验收组要听取各有关单位的项目建设工作报告，查阅工程档案、财务账目及其他相关资料，实地查验建设情况，充分研究讨论，对工程设计、施工和工程质量等方面作出全面评价。

第十二条　验收组通过对项目的全面检查和考核，与建设单位交换意见，对项目建设的科学性、合理性、合法性做出评价，形成竣工验收报告，填写竣工验收表。

竣工验收报告由以下主要内容组成：项目概况，资金到位、使用及财务管理情况，土建及田间工程情况，仪器设备购置情况，制度建设、操作规程及档案情况，项目实施与运行情况，项目效益与建设效果评价，存在的主要问题，验收结论与建议。

第十三条　竣工验收报告和竣工验收表由竣工验收组三分之二以上成员签字，报送项目验收组织单位。

农业部行业司局或省级人民政府农业行政主管部门须将竣工验收报告和竣工验收表报送农业部发展计划司，并输入农业建设项目信息管理系统。

第十四条　对验收合格的建设项目，验收组织单位核发由农业部统一格式的竣工验收合格证书。对不符合竣工验收要求的建设项目不予验收，由验收组织单位提出整改要求，限期整改。

无法整改或整改后仍达不到竣工验收要求的，由验收组织单位将验收情况报农业部发展计划司，按照《农业部建设项目监督检查规定》有关规定进行处理。

第十五条 中央投资低于50万元的项目，竣工验收组织部门可以视情况简化验收程序，但须将验收报告和竣工验收表报农业部备案。

第五章 附 则

第十六条 省级人民政府农业行政主管部门和农业部行业司局可以根据本规定和行业特点制定竣工验收实施细则。

第十七条 竣工项目（工程）通过验收后，建设单位应及时办理固定资产移交手续，加强固定资产管理。

第十八条 本规定自2004年9月1日起实施。

农田建设项目管理办法

· 2019年8月27日农业农村部令2019年第4号公布

· 自2019年10月1日起施行

第一章 总 则

第一条 为规范农田建设项目管理，确保项目建设质量，实现项目预期目标，依据《中华人民共和国农业法》《基本农田保护条例》《政府投资条例》等法律、行政法规，制定本办法。

第二条 本办法所称农田建设，是指各级人民政府为支持农业可持续发展，改善农田基础设施条件，提高农田综合生产能力，贯彻落实"藏粮于地、藏粮于技"战略，安排资金对农田进行综合治理和保护的活动。本办法所称农田建设项目，是指为开展农田建设而实施的高标准农田建设等项目类型。

第三条 农田建设实行集中统一管理体制，统一规划布局、建设标准、组织实施、验收评价、上图入库。

第四条 农业农村部负责管理和指导全国农田建设工作，制定农田建设政策、规章制度，牵头组织编制农田建设规划，建立全国农田建设项目评审专家库，统筹安排农田建设任务，管理农田建设项目，对各地农田建设项目管理进行监督评价。

省级人民政府农业农村主管部门负责指导本地区农田建设工作，牵头拟订本地区农田建设政策和规划，组织完成中央下达的建设任务，提出本地区农田建设年度任务方案，建立省级农田建设项目评审专家库，审批项目初步设计文件，组织开展项目竣工验收和监督检查，确定本地区各级人民政府农业农村主管部门农田建设项目管理职责，对本地区农田建设项目进行管理。

地（市、州、盟）级人民政府农业农村主管部门负责指导本地区农田建设工作，承担省级下放或委托的项目初步设计审批、竣工验收等职责，对本地区农田建设项目进行监督检查和统计汇总等。

县级人民政府农业农村主管部门负责本地区农田建设工作，制定县域农田建设规划，建立项目库，组织编制项目初步设计文件，申报项目，组织开展项目实施和初步验收，落实监管责任，开展日常监管。

第五条 农田建设项目遵循规划编制、前期准备、申报审批、计划管理、组织实施、竣工验收、监督评价等管理程序。

第二章 规划编制

第六条 农田建设项目坚持规划先行。规划应遵循突出重点、集中连片、整体推进、分期建设的原则，明确农田建设区域布局，优先扶持粮食生产功能区和重要农产品生产保护区（以下简称"两区"），把"两区"耕地全部建成高标准农田。

第七条 农业农村部负责牵头组织制定全国农田建设规划，报经国务院批准后实施。省级人民政府农业农村主管部门根据全国农田建设规划，研究编制本省农田建设规划，经省级人民政府批准后发布实施，并报农业农村部备案。

第八条 县级人民政府农业农村主管部门对接省级农田建设规划任务，牵头组织编制本级农田建设规划，并与当地水利、自然资源等部门规划衔接。

县级农田建设规划要根据区域水土资源条件，按流域或连片区域规划项目，落实到地块，形成规划项目布局图和项目库（单个项目达到项目可行性研究深度）。县级规划经本级人民政府批准后发布实施，并报省、市两级人民政府农业农村主管部门备案。

第九条 省级人民政府农业农村主管部门汇总县级项目库,形成省级农田建设项目库。

第三章 项目申报与审批

第十条 农田建设项目实行常态化申报,纳入项目库的项目,在征求项目区农村集体经济组织和农户意见后,在完成项目区实地测绘和勘察的基础上,编制项目初步设计文件。

第十一条 农田建设项目初步设计文件由县级人民政府农业农村主管部门牵头组织编制。初步设计文件包括初步设计报告、设计图、概算书等材料。

第十二条 初步设计文件应由具有相应勘察、设计资质的机构进行编制,并达到规定的深度。

第十三条 县级人民政府农业农村主管部门依据规划任务、工作实际等情况,将项目初步设计文件报送上级人民政府农业农村主管部门。省级人民政府农业农村主管部门会同有关部门,结合本地实际,按照地方法规要求,确定项目审批主体。

第十四条 省、受托的地(市、州、盟)组织或委托第三方机构开展初步设计文件评审工作。评审专家从评审专家库中抽取。评审可行的项目要向社会公示(涉及国家秘密的内容除外),公示期一般不少于5个工作日。公示无异议的项目要适时批复。

第十五条 省级人民政府农业农村主管部门依据本省农田建设规划以及前期工作情况,以县为单元向农业农村部申报年度建设任务。农业农村部根据全国农田建设规划并结合省级监督评价等情况,下达年度农田建设任务。

第十六条 地方各级人民政府农业农村主管部门应当依据经批复的项目初步设计文件,编制、汇总农田建设项目年度实施计划。省级人民政府农业农村主管部门负责批复本地区农田建设项目年度实施计划,并报农业农村部备案。

第四章 组织实施

第十七条 农田建设项目应按照批复的初步设计文件和年度实施计划组织实施,按期完工,并达到项目设计目标。建设期一般为1-2年。

第十八条 农田建设项目应当推行项目法人制,按照国家有关招标投标、政府采购、合同管理、工程监理、资金和项目公示等规定执行。省级人民政府农业农村主管部门根据本地区实际情况,对具备条件的新型经营主体或农村集体经济组织自主组织实施的农田建设项目,可简化操作程序,以先建后补等方式实施,县级人民政府农业农村主管部门应选定工程监理单位监督实施。

第十九条 组织开展农田建设应坚持农民自愿、民主方式,调动农民主动参与项目规划、建设和管护等积极性。鼓励在项目建设中开展耕地小块并大块的宜机化整理。

第二十条 参与项目建设的工程施工、监理、审计及专业化管理等单位或机构应具有相应资质。

第二十一条 项目实施应当严格按照年度实施计划和初步设计批复执行,不得擅自调整或终止。确需进行调整或终止的,按照“谁审批、谁调整”的原则,依据有关规定办理审核批复。项目调整应确保批复的建设任务不减少,建设标准不降低。

终止项目和省级部门批复调整的项目应当报农业农村部备案。

第二十二条 农田建设项目执行定期调度和统计调查制度,各级人民政府农业农村主管部门应按照有关要求,及时汇总上报建设进度,定期报送项目年度实施计划完成情况。

第五章 竣工验收

第二十三条 农田建设项目按照“谁审批、谁验收”的原则,由审批项目初步设计单位组织竣工验收。

第二十四条 申请竣工验收的项目应当具备下列条件:

(一)完成批复的初步设计文件中各项建设内容;

(二)技术文件材料分类立卷,技术档案和施工管理资料齐全、完整;

(三)主要设备及配套设施运行正常,达到项目设计目标;

(四)各单项工程已经设计单位、施工单位、监理单位和建设单位等四方验收;

(五)编制竣工决算,并经有资质的机构审计。

第二十五条 县级人民政府农业农村主管部

门组织初验，初验合格后，提出竣工验收申请报告。

竣工验收申请报告应依照竣工验收条件对项目实施情况进行分类总结，并附初验意见、竣工决算审计报告等。

第二十六条 项目初步设计审批部门在收到项目竣工验收申请报告后，及时组织竣工验收。由地（市、州、盟）级人民政府农业农村主管部门组织验收的项目，验收结果应报省级人民政府农业农村主管部门备案。省级每年应对不低于10%的当年竣工验收项目进行抽查。

对竣工验收合格的项目，核发由农业农村部统一格式的竣工验收合格证书。

第二十七条 农田建设项目全部竣工验收后，要在项目区设立统一规范的公示标牌和标志，将农田建设项目建设单位、设计单位、施工单位、监理单位、项目年度、建设区域、投资规模以及管护主体等信息进行公示，接受社会和群众监督。

第二十八条 项目竣工验收后，应及时按有关规定办理资产交付手续。按照"谁受益、谁管护，谁使用、谁管护"的原则明确工程管护主体，拟定管护制度，落实管护责任，保证工程在设计使用期限内正常运行。

第二十九条 项目竣工验收后，县级人民政府农业农村主管部门应按照有关规定对项目档案进行收集、整理、组卷、存档。

第三十条 加强农田建设新增耕地核定工作，并按相关要求将新增耕地指标调剂收益优先用于高标准农田建设。

第六章 监督管理

第三十一条 各级人民政府农业农村主管部门应当按照《中华人民共和国政府信息公开条例》等有关规定，公开农田建设项目建设相关信息，接受社会监督。

第三十二条 各级人民政府农业农村主管部门应当制定、实施内部控制制度，对农田建设项目管理风险进行预防和控制，加强事前、事中、事后的监督检查，发现问题及时纠正。

第三十三条 各级人民政府农业农村主管部门应当加强对农田建设项目的监督评价。农业农村部结合粮食安全省长责任制考核，采取直接组织或委托第三方的方式，对各省农田建设项目开展监督评价和检查。

第三十四条 农田建设项目实施过程中发现存在严重违法违规问题的，各级人民政府农业农村主管部门应当及时终止项目，协助有关部门追回项目财政资金，并依法依规追究相关人员责任。

第三十五条 各级人民政府农业农村主管部门应当积极配合相关部门的审计和监督检查，对发现的问题及时整改。

第三十六条 各级人民政府农业农村主管部门应当及时在信息平台上填报农田建设项目的任务下达、初步设计审批、实施管理、竣工验收等工作信息。

县级人民政府农业农村主管部门应当在项目竣工验收后，对项目建档立册、上图入库并与规划图衔接。

第七章 附 则

第三十七条 省级人民政府农业农村主管部门根据本办法，结合本地区的实际情况，制定具体实施办法，报农业农村部备案。

第三十八条 本办法为农田建设项目管理程序性规定，涉及资金管理和中央预算内投资计划管理相关事宜按照相关规定执行。

第三十九条 在本办法施行之前，原由相关部门已经批复的农田建设项目，仍按原规定执行。

第四十条 本办法自2019年10月1日起施行。

（三）农业机械

中华人民共和国农业技术推广法

·1993年7月2日第八届全国人民代表大会常务委员会第二次会议通过

·根据2012年8月31日第十一届全国人民代表大会常务委员会第二十八次会议《关于修改〈中华人民共和国农业技术推广法〉的决定》修正

第一章 总 则

第一条 为了加强农业技术推广工作，促使农业科研成果和实用技术尽快应用于农业生产，增强科技支撑保障能力,促进农业和农村经济可持续发展,实现农业现代化,制定本法。

第二条 本法所称农业技术,是指应用于种植业、林业、畜牧业、渔业的科研成果和实用技术,包括:

(一)良种繁育、栽培、肥料施用和养殖技术;

(二)植物病虫害、动物疫病和其他有害生物防治技术;

(三)农产品收获、加工、包装、贮藏、运输技术;

(四)农业投入品安全使用、农产品质量安全技术;

(五)农田水利、农村供排水、土壤改良与水土保持技术;

(六)农业机械化、农用航空、农业气象和农业信息技术;

(七)农业防灾减灾、农业资源与农业生态安全和农村能源开发利用技术;

(八)其他农业技术。

本法所称农业技术推广,是指通过试验、示范、培训、指导以及咨询服务等,把农业技术普及应用于农业产前、产中、产后全过程的活动。

第三条 国家扶持农业技术推广事业,加快农业技术的普及应用,发展高产、优质、高效、生态、安全农业。

第四条 农业技术推广应当遵循下列原则:

(一)有利于农业、农村经济可持续发展和增加农民收入;

(二)尊重农业劳动者和农业生产经营组织的意愿;

(三)因地制宜,经过试验、示范;

(四)公益性推广与经营性推广分类管理;

(五)兼顾经济效益、社会效益,注重生态效益。

第五条 国家鼓励和支持科技人员开发、推广应用先进的农业技术,鼓励和支持农业劳动者和农业生产经营组织应用先进的农业技术。

国家鼓励运用现代信息技术等先进传播手段,普及农业科学技术知识,创新农业技术推广方式方法,提高推广效率。

第六条 国家鼓励和支持引进国外先进的农业技术,促进农业技术推广的国际合作与交流。

第七条 各级人民政府应当加强对农业技术推广工作的领导,组织有关部门和单位采取措施,提高农业技术推广服务水平,促进农业技术推广事业的发展。

第八条 对在农业技术推广工作中做出贡献的单位和个人,给予奖励。

第九条 国务院农业、林业、水利等部门(以下统称农业技术推广部门)按照各自的职责,负责全国范围内有关的农业技术推广工作。县级以上地方各级人民政府农业技术推广部门在同级人民政府的领导下,按照各自的职责,负责本行政区域内有关的农业技术推广工作。同级人民政府科学技术部门对农业技术推广工作进行指导。同级人民政府其他有关部门按照各自的职责,负责农业技术推广的有关工作。

第二章 农业技术推广体系

第十条 农业技术推广,实行国家农业技术推广机构与农业科研单位、有关学校、农民专业合作社、涉农企业、群众性科技组织、农民技术人员等相结合的推广体系。

国家鼓励和支持供销合作社、其他企业事业单位、社会团体以及社会各界的科技人员,开展农业技术推广服务。

第十一条 各级国家农业技术推广机构属于公共服务机构,履行下列公益性职责:

(一)各级人民政府确定的关键农业技术的引进、试验、示范;

(二)植物病虫害、动物疫病及农业灾害的监测、预报和预防;

(三)农产品生产过程中的检验、检测、监测咨询技术服务;

(四)农业资源、森林资源、农业生态安全和农业投入品使用的监测服务;

(五)水资源管理、防汛抗旱和农田水利建设技术服务;

(六)农业公共信息和农业技术宣传教育、培训服务;

(七)法律、法规规定的其他职责。

第十二条 根据科学合理、集中力量的原则以及县域农业特色、森林资源、水系和水利设施分布等情况,因地制宜设置县、乡镇或者区域国家农业技术推广机构。

乡镇国家农业技术推广机构,可以实行县级

人民政府农业技术推广部门管理为主或者乡镇人民政府管理为主、县级人民政府农业技术推广部门业务指导的体制，具体由省、自治区、直辖市人民政府确定。

第十三条 国家农业技术推广机构的人员编制应当根据所服务区域的种养规模、服务范围和工作任务等合理确定，保证公益性职责的履行。

国家农业技术推广机构的岗位设置应当以专业技术岗位为主。乡镇国家农业技术推广机构的岗位应当全部为专业技术岗位，县级国家农业技术推广机构的专业技术岗位不得低于机构岗位总量的百分之八十，其他国家农业技术推广机构的专业技术岗位不得低于机构岗位总量的百分之七十。

第十四条 国家农业技术推广机构的专业技术人员应当具有相应的专业技术水平，符合岗位职责要求。

国家农业技术推广机构聘用的新进专业技术人员，应当具有大专以上有关专业学历，并通过县级以上人民政府有关部门组织的专业技术水平考核。自治县、民族乡和国家确定的连片特困地区，经省、自治区、直辖市人民政府有关部门批准，可以聘用具有中专有关专业学历的人员或者其他具有相应专业技术水平的人员。

国家鼓励和支持高等学校毕业生和科技人员到基层从事农业技术推广工作。各级人民政府应当采取措施，吸引人才，充实和加强基层农业技术推广队伍。

第十五条 国家鼓励和支持村农业技术服务站点和农民技术人员开展农业技术推广。对农民技术人员协助开展公益性农业技术推广活动，按照规定给予补助。

农民技术人员经考核符合条件的，可以按照有关规定授予相应的技术职称，并发给证书。

国家农业技术推广机构应当加强对村农业技术服务站点和农民技术人员的指导。

村民委员会和村集体经济组织，应当推动、帮助村农业技术服务站点和农民技术人员开展工作。

第十六条 农业科研单位和有关学校应当适应农村经济建设发展的需要，开展农业技术开发和推广工作，加快先进技术在农业生产中的普及应用。

农业科研单位和有关学校应当将其科技人员从事农业技术推广工作的实绩作为工作考核和职称评定的重要内容。

第十七条 国家鼓励农场、林场、牧场、渔场、水利工程管理单位面向社会开展农业技术推广服务。

第十八条 国家鼓励和支持发展农村专业技术协会等群众性科技组织，发挥其在农业技术推广中的作用。

第三章 农业技术的推广与应用

第十九条 重大农业技术的推广应当列入国家和地方相关发展规划、计划，由农业技术推广部门会同科学技术等相关部门按照各自的职责，相互配合，组织实施。

第二十条 农业科研单位和有关学校应当把农业生产中需要解决的技术问题列为研究课题，其科研成果可以通过有关农业技术推广单位进行推广或者直接向农业劳动者和农业生产经营组织推广。

国家引导农业科研单位和有关学校开展公益性农业技术推广服务。

第二十一条 向农业劳动者和农业生产经营组织推广的农业技术，必须在推广地区经过试验证明具有先进性、适用性和安全性。

第二十二条 国家鼓励和支持农业劳动者和农业生产经营组织参与农业技术推广。

农业劳动者和农业生产经营组织在生产中应用先进的农业技术，有关部门和单位应当在技术培训、资金、物资和销售等方面给予扶持。

农业劳动者和农业生产经营组织根据自愿的原则应用农业技术，任何单位或者个人不得强迫。

推广农业技术，应当选择有条件的农户、区域或者工程项目，进行应用示范。

第二十三条 县、乡镇国家农业技术推广机构应当组织农业劳动者学习农业科学技术知识，提高其应用农业技术的能力。

教育、人力资源和社会保障、农业、林业、水利、科学技术等部门应当支持农业科研单位、有关学校开展有关农业技术推广的职业技术教育和技术培训，提高农业技术推广人员和农业劳动者的技术素质。

国家鼓励社会力量开展农业技术培训。

第二十四条 各级国家农业技术推广机构应当认真履行本法第十一条规定的公益性职责，向农业劳动者和农业生产经营组织推广农业技术，实行无偿服务。

国家农业技术推广机构以外的单位及科技人员以技术转让、技术服务、技术承包、技术咨询和技术入股等形式提供农业技术的，可以实行有偿服务，其合法收入和植物新品种、农业技术专利等知识产权受法律保护。进行农业技术转让、技术服务、技术承包、技术咨询和技术入股，当事人各方应当订立合同，约定各自的权利和义务。

第二十五条 国家鼓励和支持农民专业合作社、涉农企业，采取多种形式，为农民应用先进农业技术提供有关的技术服务。

第二十六条 国家鼓励和支持以大宗农产品和优势特色农产品生产为重点的农业示范区建设，发挥示范区对农业技术推广的引领作用，促进农业产业化发展和现代农业建设。

第二十七条 各级人民政府可以采取购买服务等方式，引导社会力量参与公益性农业技术推广服务。

第四章 农业技术推广的保障措施

第二十八条 国家逐步提高对农业技术推广的投入。各级人民政府在财政预算内应当保障用于农业技术推广的资金，并按规定使该资金逐年增长。

各级人民政府通过财政拨款以及从农业发展基金中提取一定比例的资金的渠道，筹集农业技术推广专项资金，用于实施农业技术推广项目。中央财政对重大农业技术推广给予补助。

县、乡镇国家农业技术推广机构的工作经费根据当地服务规模和绩效确定，由各级财政共同承担。

任何单位或者个人不得截留或者挪用用于农业技术推广的资金。

第二十九条 各级人民政府应当采取措施，保障和改善县、乡镇国家农业技术推广机构的专业技术人员的工作条件、生活条件和待遇，并按照国家规定给予补贴，保持国家农业技术推广队伍的稳定。

对在县、乡镇、村从事农业技术推广工作的专业技术人员的职称评定，应当以考核其推广工作的业务技术水平和实绩为主。

第三十条 各级人民政府应当采取措施，保障国家农业技术推广机构获得必需的试验示范场所、办公场所、推广和培训设施设备等工作条件。

地方各级人民政府应当保障国家农业技术推广机构的试验示范场所、生产资料和其他财产不受侵害。

第三十一条 农业技术推广部门和县级以上国家农业技术推广机构，应当有计划地对农业技术推广人员进行技术培训，组织专业进修，使其不断更新知识、提高业务水平。

第三十二条 县级以上农业技术推广部门、乡镇人民政府应当对其管理的国家农业技术推广机构履行公益性职责的情况进行监督、考评。

各级农业技术推广部门和国家农业技术推广机构，应当建立国家农业技术推广机构的专业技术人员工作责任制度和考评制度。

县级人民政府农业技术推广部门管理为主的乡镇国家农业技术推广机构的人员，其业务考核、岗位聘用以及晋升，应当充分听取所服务区域的乡镇人民政府和服务对象的意见。

乡镇人民政府管理为主、县级人民政府农业技术推广部门业务指导的乡镇国家农业技术推广机构的人员，其业务考核、岗位聘用以及晋升，应当充分听取所在地的县级人民政府农业技术推广部门和服务对象的意见。

第三十三条 从事农业技术推广服务的，可以享受国家规定的税收、信贷等方面的优惠。

第五章 法律责任

第三十四条 各级人民政府有关部门及其工作人员未依照本法规定履行职责的，对直接负责的主管人员和其他直接责任人员依法给予处分。

第三十五条 国家农业技术推广机构及其工作人员未依照本法规定履行职责的，由主管机关责令限期改正，通报批评；对直接负责的主管人员和其他直接责任人员依法给予处分。

第三十六条 违反本法规定，向农业劳动者、农业生产经营组织推广未经试验证明具有先进性、适用性或者安全性的农业技术，造成损失的，应当承担赔偿责任。

第三十七条 违反本法规定，强迫农业劳动者、农业生产经营组织应用农业技术，造成损失的，依法承担赔偿责任。

第三十八条 违反本法规定，截留或者挪用用于农业技术推广的资金的，对直接负责的主管人员和其他直接责任人员依法给予处分；构成犯罪的，依法追究刑事责任。

第六章 附 则

第三十九条 本法自公布之日起施行。

中华人民共和国农业机械化促进法

· 2004年6月25日第十届全国人民代表大会常务委员会第十次会议通过
· 根据2018年10月26日第十三届全国人民代表大会常务委员会第六次会议《关于修改〈中华人民共和国野生动物保护法〉等十五部法律的决定》修正

第一章 总 则

第一条 为了鼓励、扶持农民和农业生产经营组织使用先进适用的农业机械，促进农业机械化，建设现代农业，制定本法。

第二条 本法所称农业机械化，是指运用先进适用的农业机械装备农业，改善农业生产经营条件，不断提高农业的生产技术水平和经济效益、生态效益的过程。

本法所称农业机械，是指用于农业生产及其产品初加工等相关农事活动的机械、设备。

第三条 县级以上人民政府应当把推进农业机械化纳入国民经济和社会发展计划，采取财政支持和实施国家规定的税收优惠政策以及金融扶持等措施，逐步提高对农业机械化的资金投入，充分发挥市场机制的作用，按照因地制宜、经济有效、保障安全、保护环境的原则，促进农业机械化的发展。

第四条 国家引导、支持农民和农业生产经营组织自主选择先进适用的农业机械。任何单位和个人不得强迫农民和农业生产经营组织购买其指定的农业机械产品。

第五条 国家采取措施，开展农业机械化科技知识的宣传和教育，培养农业机械化专业人才，推进农业机械化信息服务，提高农业机械化水平。

第六条 国务院农业行政主管部门和其他负责农业机械化有关工作的部门，按照各自的职责分工，密切配合，共同做好农业机械化促进工作。

县级以上地方人民政府主管农业机械化工作的部门和其他有关部门，按照各自的职责分工，密切配合，共同做好本行政区域的农业机械化促进工作。

第二章 科研开发

第七条 省级以上人民政府及其有关部门应当组织有关单位采取技术攻关、试验、示范等措施，促进基础性、关键性、公益性农业机械科学研究和先进适用的农业机械的推广应用。

第八条 国家支持有关科研机构和院校加强农业机械化科学技术研究，根据不同的农业生产条件和农民需求，研究开发先进适用的农业机械；支持农业机械科研、教学与生产、推广相结合，促进农业机械与农业生产技术的发展要求相适应。

第九条 国家支持农业机械生产者开发先进适用的农业机械，采用先进技术、先进工艺和先进材料，提高农业机械产品的质量和技术水平，降低生产成本，提供系列化、标准化、多功能和质量优良、节约能源、价格合理的农业机械产品。

第十条 国家支持引进、利用先进的农业机械、关键零配件和技术，鼓励引进外资从事农业机械的研究、开发、生产和经营。

第三章 质量保障

第十一条 国家加强农业机械化标准体系建设，制定和完善农业机械产品质量、维修质量和作业质量等标准。对农业机械产品涉及人身安全、农产品质量安全和环境保护的技术要求，应当按照有关法律、行政法规的规定制定强制执行的技术规范。

第十二条 市场监督管理部门应当依法组织对农业机械产品质量的监督抽查，加强对农业机械产品市场的监督管理工作。

国务院农业行政主管部门和省级人民政府主管农业机械化工作的部门根据农业机械使用者的投诉情况和农业生产的实际需要，可以组织对在用的特定种类农业机械产品的适用性、安全性、可靠性和售后服务状况进行调查，并公布调查结果。

第十三条 农业机械生产者、销售者应当对其生产、销售的农业机械产品质量负责，并按照国家有关规定承担零配件供应和培训等售后服务责任。

农业机械生产者应当按照国家标准、行业标准和保障人身安全的要求，在其生产的农业机械产品上设置必要的安全防护装置、警示标志和中文警示说明。

第十四条 农业机械产品不符合质量要求的，农业机械生产者、销售者应当负责修理、更换、退货；给农业机械使用者造成农业生产损失或者其他损失的，应当依法赔偿损失。农业机械使用者有权要求农业机械销售者先予赔偿。农业机械销售者赔偿后，属于农业机械生产者的责任的，农业机械销售者有权向农业机械生产者追偿。

因农业机械存在缺陷造成人身伤害、财产损失的，农业机械生产者、销售者应当依法赔偿损失。

第十五条 列入依法必须经过认证的产品目录的农业机械产品，未经认证并标注认证标志，禁止出厂、销售和进口。

禁止生产、销售不符合国家技术规范强制性要求的农业机械产品。

禁止利用残次零配件和报废机具的部件拼装农业机械产品。

第四章 推广使用

第十六条 国家支持向农民和农业生产经营组织推广先进适用的农业机械产品。推广农业机械产品，应当适应当地农业发展的需要，并依照农业技术推广法的规定，在推广地区经过试验证明具有先进性和适用性。

农业机械生产者或者销售者，可以委托农业机械试验鉴定机构，对其定型生产或者销售的农业机械产品进行适用性、安全性和可靠性检测，作出技术评价。农业机械试验鉴定机构应当公布具有适用性、安全性和可靠性的农业机械产品的检测结果，为农民和农业生产经营组织选购先进适用的农业机械提供信息。

第十七条 县级以上人民政府可以根据实际情况，在不同的农业区域建立农业机械化示范基地，并鼓励农业机械生产者、经营者等建立农业机械示范点，引导农民和农业生产经营组织使用先进适用的农业机械。

第十八条 国务院农业行政主管部门会同国务院财政部门、经济综合宏观调控部门，根据促进农业结构调整、保护自然资源与生态环境、推广农业新技术与加快农机具更新的原则，确定、公布国家支持推广的先进适用的农业机械产品目录，并定期调整。省级人民政府主管农业机械化工作的部门会同同级财政部门、经济综合宏观调控部门根据上述原则，确定、公布省级人民政府支持推广的先进适用的农业机械产品目录，并定期调整。

列入前款目录的产品，应当由农业机械生产者自愿提出申请，并通过农业机械试验鉴定机构进行的先进性、适用性、安全性和可靠性鉴定。

第十九条 国家鼓励和支持农民合作使用农业机械，提高农业机械利用率和作业效率，降低作业成本。

国家支持和保护农民在坚持家庭承包经营的基础上，自愿组织区域化、标准化种植，提高农业机械的作业水平。任何单位和个人不得以区域化、标准化种植为借口，侵犯农民的土地承包经营权。

第二十条 国务院农业行政主管部门和县级以上地方人民政府主管农业机械化工作的部门，应当按照安全生产、预防为主的方针，加强对农业机械安全使用的宣传、教育和管理。

农业机械使用者作业时，应当按照安全操作规程操作农业机械，在有危险的部位和作业现场设置防护装置或者警示标志。

第五章 社会化服务

第二十一条 农民、农业机械作业组织可以按照双方自愿、平等协商的原则，为本地或者外地的农民和农业生产经营组织提供各项有偿农业机械作业服务。有偿农业机械作业应当符合国家或者地方规定的农业机械作业质量标准。

国家鼓励跨行政区域开展农业机械作业服务。各级人民政府及其有关部门应当支持农业机械跨行政区域作业，维护作业秩序，提供便利和服务，并依法实施安全监督管理。

第二十二条 各级人民政府应当采取措施，鼓励和扶持发展多种形式的农业机械服务组织，推进农业机械化信息网络建设，完善农业机械化服务体系。农业机械服务组织应当根据农民、农业生产经营组织的需求，提供农业机械示范推广、实用技术培训、维修、信息、中介等社会化服务。

第二十三条 国家设立的基层农业机械技术推广机构应当以试验示范基地为依托，为农民和农业生产经营组织无偿提供公益性农业机械技术的推广、培训等服务。

第二十四条 从事农业机械维修，应当具备与维修业务相适应的仪器、设备和具有农业机械维修职业技能的技术人员，保证维修质量。维修质量不合格的，维修者应当免费重新修理；造成人身伤害或者财产损失的，维修者应当依法承担赔偿责任。

第二十五条 农业机械生产者、经营者、维修者可以依照法律、行政法规的规定，自愿成立行业协会，实行行业自律，为会员提供服务，维护会员的合法权益。

第六章 扶持措施

第二十六条 国家采取措施，鼓励和支持农业机械生产者增加新产品、新技术、新工艺的研究开发投入，并对农业机械的科研开发和制造实施税收优惠政策。

中央和地方财政预算安排的科技开发资金应当对农业机械工业的技术创新给予支持。

第二十七条 中央财政、省级财政应当分别安排专项资金，对农民和农业生产经营组织购买国家支持推广的先进适用的农业机械给予补贴。补贴资金的使用应当遵循公开、公正、及时、有效的原则，可以向农民和农业生产经营组织发放，也可以采用贴息方式支持金融机构向农民和农业生产经营组织购买先进适用的农业机械提供贷款。具体办法由国务院规定。

第二十八条 从事农业机械生产作业服务的收入，按照国家规定给予税收优惠。

国家根据农业和农村经济发展的需要，对农业机械的农业生产作业用燃油安排财政补贴。燃油补贴应当向直接从事农业机械作业的农民和农业生产经营组织发放。具体办法由国务院规定。

第二十九条 地方各级人民政府应当采取措施加强农村机耕道路等农业机械化基础设施的建设和维护，为农业机械化创造条件。

县级以上地方人民政府主管农业机械化工作的部门应当建立农业机械化信息搜集、整理、发布制度，为农民和农业生产经营组织免费提供信息服务。

第七章 法律责任

第三十条 违反本法第十五条规定的，依照产品质量法的有关规定予以处罚；构成犯罪的，依法追究刑事责任。

第三十一条 农业机械驾驶、操作人员违反国家规定的安全操作规程，违章作业的，责令改正，依照有关法律、行政法规的规定予以处罚；构成犯罪的，依法追究刑事责任。

第三十二条 农业机械试验鉴定机构在鉴定工作中不按照规定为农业机械生产者、销售者进行鉴定，或者伪造鉴定结果、出具虚假证明，给农业机械使用者造成损失的，依法承担赔偿责任。

第三十三条 国务院农业行政主管部门和县级以上地方人民政府主管农业机械化工作的部门违反本法规定，强制或者变相强制农业机械生产者、销售者对其生产、销售的农业机械产品进行鉴定的，由上级主管机关或者监察机关责令限期改正，并对直接负责的主管人员和其他直接责任人员给予行政处分。

第三十四条 违反本法第二十七条、第二十八条规定，截留、挪用有关补贴资金的，由上级主管机关责令限期归还被截留、挪用的资金，没收非法所得，并由上级主管机关、监察机关或者所在单位对直接负责的主管人员和其他直接责任人员给予行政处分；构成犯罪的，依法追究刑事责任。

第八章 附 则

第三十五条 本法自 2004 年 11 月 1 日起施行。

农业机械安全监督管理条例

· 2009 年 9 月 17 日中华人民共和国国务院令第 563 号公布
· 根据 2016 年 2 月 6 日《国务院关于修改部分行政法规的决定》第一次修订
· 根据 2019 年 3 月 2 日《国务院关于修改部分行政法规的决定》第二次修订

第一章 总 则

第一条 为了加强农业机械安全监督管理，预防和减少农业机械事故，保障人民生命和财产安全，制定本条例。

第二条 在中华人民共和国境内从事农业机械的生产、销售、维修、使用操作以及安全监督管理等活动，应当遵守本条例。

本条例所称农业机械，是指用于农业生产及其产品初加工等相关农事活动的机械、设备。

第三条 农业机械安全监督管理应当遵循以人为本、预防事故、保障安全、促进发展的原则。

第四条 县级以上人民政府应当加强对农业机械安全监督管理工作的领导，完善农业机械安全监督管理体系，增加对农民购买农业机械的补贴，保障农业机械安全的财政投入，建立健全农业机械安全生产责任制。

第五条 国务院有关部门和地方各级人民政府、有关部门应当加强农业机械安全法律、法规、标准和知识的宣传教育。

农业生产经营组织、农业机械所有人应当对农业机械操作人员及相关人员进行农业机械安全使用教育，提高其安全意识。

第六条 国家鼓励和支持开发、生产、推广、应用先进适用、安全可靠、节能环保的农业机械，建立健全农业机械安全技术标准和安全操作规程。

第七条 国家鼓励农业机械操作人员、维修技术人员参加职业技能培训和依法成立安全互助组织，提高农业机械安全操作水平。

第八条 国家建立落后农业机械淘汰制度和危及人身财产安全的农业机械报废制度，并对淘汰和报废的农业机械依法实行回收。

第九条 国务院农业机械化主管部门、工业主管部门、市场监督管理部门等有关部门依照本条例和国务院规定的职责，负责农业机械安全监督管理工作。

县级以上地方人民政府农业机械化主管部门、工业主管部门和市场监督管理部门等有关部门按照各自职责，负责本行政区域的农业机械安全监督管理工作。

第二章 生产、销售和维修

第十条 国务院工业主管部门负责制定并组织实施农业机械工业产业政策和有关规划。

国务院标准化主管部门负责制定发布农业机械安全技术国家标准，并根据实际情况及时修订。农业机械安全技术标准是强制执行的标准。

第十一条 农业机械生产者应当依据农业机械工业产业政策和有关规划，按照农业机械安全技术标准组织生产，并建立健全质量保障控制体系。

对依法实行工业产品生产许可证管理的农业机械，其生产者应当取得相应资质，并按照许可的范围和条件组织生产。

第十二条 农业机械生产者应当按照农业机械安全技术标准对生产的农业机械进行检验；农业机械经检验合格并附具详尽的安全操作说明书和标注安全警示标志后，方可出厂销售；依法必须进行认证的农业机械，在出厂前应当标注认证标志。

上道路行驶的拖拉机，依法必须经过认证的，在出厂前应当标注认证标志，并符合机动车国家安全技术标准。

农业机械生产者应当建立产品出厂记录制度，如实记录农业机械的名称、规格、数量、生产日期、生产批号、检验合格证号、购货者名称及联系方式、销售日期等内容。出厂记录保存期限不得少于3年。

第十三条 进口的农业机械应当符合我国农业机械安全技术标准，并依法由出入境检验检疫机构检验合格。依法必须进行认证的农业机械，还应当由出入境检验检疫机构进行入境验证。

第十四条 农业机械销售者对购进的农业机械应当查验产品合格证明。对依法实行工业产品生产许可证管理、依法必须进行认证的农业机械，还应当验明相应的证明文件或者标志。

农业机械销售者应当建立销售记录制度，如实记录农业机械的名称、规格、生产批号、供货者名称及联系方式、销售流向等内容。销售记录保存期限不得少于3年。

农业机械销售者应当向购买者说明农业机械操作方法和安全注意事项，并依法开具销售发票。

第十五条 农业机械生产者、销售者应当建立健全农业机械销售服务体系，依法承担产品质量责任。

第十六条 农业机械生产者、销售者发现其生产、销售的农业机械存在设计、制造等缺陷，可能对人身财产安全造成损害的，应当立即停止生产、销售，及时报告当地市场监督管理部门，通知农业机械使用者停止使用。农业机械生产者应当及时召回存在设计、制造等缺陷的农业机械。

农业机械生产者、销售者不履行本条第一款

义务的，市场监督管理部门可以责令生产者召回农业机械，责令销售者停止销售农业机械。

第十七条 禁止生产、销售下列农业机械：

（一）不符合农业机械安全技术标准的；

（二）依法实行工业产品生产许可证管理而未取得许可证的；

（三）依法必须进行认证而未经认证的；

（四）利用残次零配件或者报废农业机械的发动机、方向机、变速器、车架等部件拼装的；

（五）国家明令淘汰的。

第十八条 从事农业机械维修经营，应当有必要的维修场地，有必要的维修设施、设备和检测仪器，有相应的维修技术人员，有安全防护和环境保护措施。

第十九条 农业机械维修经营者应当遵守国家有关维修质量安全技术规范和维修质量保证期的规定，确保维修质量。

从事农业机械维修不得有下列行为：

（一）使用不符合农业机械安全技术标准的零配件；

（二）拼装、改装农业机械整机；

（三）承揽维修已经达到报废条件的农业机械；

（四）法律、法规和国务院农业机械化主管部门规定的其他禁止性行为。

第三章 使用操作

第二十条 农业机械操作人员可以参加农业机械操作人员的技能培训，可以向有关农业机械化主管部门、人力资源和社会保障部门申请职业技能鉴定，获取相应等级的国家职业资格证书。

第二十一条 拖拉机、联合收割机投入使用前，其所有人应当按照国务院农业机械化主管部门的规定，持本人身份证明和机具来源证明，向所在地县级人民政府农业机械化主管部门申请登记。拖拉机、联合收割机经安全检验合格的，农业机械化主管部门应当在2个工作日内予以登记并核发相应的证书和牌照。

拖拉机、联合收割机使用期间登记事项发生变更的，其所有人应当按照国务院农业机械化主管部门的规定申请变更登记。

第二十二条 拖拉机、联合收割机操作人员经过培训后，应当按照国务院农业机械化主管部门的规定，参加县级人民政府农业机械化主管部门组织的考试。考试合格的，农业机械化主管部门应当在2个工作日内核发相应的操作证件。

拖拉机、联合收割机操作证件有效期为6年；有效期满，拖拉机、联合收割机操作人员可以向原发证机关申请续展。未满18周岁不得操作拖拉机、联合收割机。操作人员年满70周岁的，县级人民政府农业机械化主管部门应当注销其操作证件。

第二十三条 拖拉机、联合收割机应当悬挂牌照。拖拉机上道路行驶，联合收割机因转场作业、维修、安全检验等需要转移的，其操作人员应当携带操作证件。

拖拉机、联合收割机操作人员不得有下列行为：

（一）操作与本人操作证件规定不相符的拖拉机、联合收割机；

（二）操作未按照规定登记、检验或者检验不合格、安全设施不全、机件失效的拖拉机、联合收割机；

（三）使用国家管制的精神药品、麻醉品后操作拖拉机、联合收割机；

（四）患有妨碍安全操作的疾病操作拖拉机、联合收割机；

（五）国务院农业机械化主管部门规定的其他禁止行为。

禁止使用拖拉机、联合收割机违反规定载人。

第二十四条 农业机械操作人员作业前，应当对农业机械进行安全查验；作业时，应当遵守国务院农业机械化主管部门和省、自治区、直辖市人民政府农业机械化主管部门制定的安全操作规程。

第四章 事故处理

第二十五条 县级以上地方人民政府农业机械化主管部门负责农业机械事故责任的认定和调解处理。

本条例所称农业机械事故，是指农业机械在作业或者转移等过程中造成人身伤亡、财产损失的事件。

农业机械在道路上发生的交通事故，由公安机关交通管理部门依照道路交通安全法律、法规处理；拖拉机在道路以外通行时发生的事故，公安机关交通管理部门接到报案的，参照道路交通安全法律、法规处理。农业机械事故造成公路及其附属设施损坏的，由交通主管部门依照公路法律、法规处理。

第二十六条 在道路以外发生的农业机械事故，操作人员和现场其他人员应当立即停止作业或者停止农业机械的转移，保护现场，造成人员伤害的，应当向事故发生地农业机械化主管部门报告；造成人员死亡的，还应当向事故发生地公安机关报告。造成人身伤害的，应当立即采取措施，抢救受伤人员。因抢救受伤人员变动现场的，应当标明位置。

接到报告的农业机械化主管部门和公安机关应当立即派人赶赴现场进行勘验、检查，收集证据，组织抢救受伤人员，尽快恢复正常的生产秩序。

第二十七条 对经过现场勘验、检查的农业机械事故，农业机械化主管部门应当在10个工作日内制作完成农业机械事故认定书；需要进行农业机械鉴定的，应当自收到农业机械鉴定机构出具的鉴定结论之日起5个工作日内制作农业机械事故认定书。

农业机械事故认定书应当载明农业机械事故的基本事实、成因和当事人的责任，并在制作完成农业机械事故认定书之日起3个工作日内送达当事人。

第二十八条 当事人对农业机械事故损害赔偿有争议，请求调解的，应当自收到事故认定书之日起10个工作日内向农业机械化主管部门书面提出调解申请。

调解达成协议的，农业机械化主管部门应当制作调解书送交各方当事人。调解书经各方当事人共同签字后生效。调解不能达成协议或者当事人向人民法院提起诉讼的，农业机械化主管部门应当终止调解并书面通知当事人。调解达成协议后当事人反悔的，可以向人民法院提起诉讼。

第二十九条 农业机械化主管部门应当为当事人处理农业机械事故损害赔偿等后续事宜提供帮助和便利。因农业机械产品质量原因导致事故的，农业机械化主管部门应当依法出具有关证明材料。

农业机械化主管部门应当定期将农业机械事故统计情况及说明材料报送上级农业机械化主管部门并抄送同级安全生产监督管理部门。

农业机械事故构成生产安全事故的，应当依照相关法律、行政法规的规定调查处理并追究责任。

第五章 服务与监督

第三十条 县级以上地方人民政府农业机械化主管部门应当定期对危及人身财产安全的农业机械进行免费实地安全检验。但是道路交通安全法律对拖拉机的安全检验另有规定的，从其规定。

拖拉机、联合收割机的安全检验为每年1次。

实施安全技术检验的机构应当对检验结果承担法律责任。

第三十一条 农业机械化主管部门在安全检验中发现农业机械存在事故隐患的，应当告知其所有人停止使用并及时排除隐患。

实施安全检验的农业机械化主管部门应当对安全检验情况进行汇总，建立农业机械安全监督管理档案。

第三十二条 联合收割机跨行政区域作业前，当地县级人民政府农业机械化主管部门应当会同有关部门，对跨行政区域作业的联合收割机进行必要的安全检查，并对操作人员进行安全教育。

第三十三条 国务院农业机械化主管部门应当定期对农业机械安全使用状况进行分析评估，发布相关信息。

第三十四条 国务院工业主管部门应当定期对农业机械生产行业运行态势进行监测和分析，并按照先进适用、安全可靠、节能环保的要求，会同国务院农业机械化主管部门、市场监督管理部门等有关部门制定、公布国家明令淘汰的农业机械产品目录。

第三十五条 危及人身财产安全的农业机械达到报废条件的，应当停止使用，予以报废。农业机械的报废条件由国务院农业机械化主管部门会同国务院市场监督管理部门、工业主管部门规定。

县级人民政府农业机械化主管部门对达到报废条件的危及人身财产安全的农业机械，应当书面告知其所有人。

第三十六条 国家对达到报废条件或者正在使用的国家已经明令淘汰的农业机械实行回收。农业机械回收办法由国务院农业机械化主管部门会同国务院财政部门、商务主管部门制定。

第三十七条 回收的农业机械由县级人民政府农业机械化主管部门监督回收单位进行解体或者销毁。

第三十八条 使用操作过程中发现农业机械存在产品质量、维修质量问题的,当事人可以向县级以上地方人民政府农业机械化主管部门或者市场监督管理部门投诉。接到投诉的部门对属于职责范围内的事项,应当依法及时处理;对不属于职责范围内的事项,应当及时移交有权处理的部门,有权处理的部门应当立即处理,不得推诿。

县级以上地方人民政府农业机械化主管部门和市场监督管理部门应当定期汇总农业机械产品质量、维修质量投诉情况并逐级上报。

第三十九条 国务院农业机械化主管部门和省、自治区、直辖市人民政府农业机械化主管部门应当根据投诉情况和农业安全生产需要,组织开展在用的特定种类农业机械的安全鉴定和重点检查,并公布结果。

第四十条 农业机械安全监督管理执法人员在农田、场院等场所进行农业机械安全监督检查时,可以采取下列措施:

(一)向有关单位和个人了解情况,查阅、复制有关资料;

(二)查验拖拉机、联合收割机证书、牌照及有关操作证件;

(三)检查危及人身财产安全的农业机械的安全状况,对存在重大事故隐患的农业机械,责令当事人立即停止作业或者停止农业机械的转移,并进行维修;

(四)责令农业机械操作人员改正违规操作行为。

第四十一条 发生农业机械事故后企图逃逸的、拒不停止存在重大事故隐患农业机械的作业或者转移的,县级以上地方人民政府农业机械化主管部门可以扣押有关农业机械及证书、牌照、操作证件。案件处理完毕或者农业机械事故肇事方提供担保的,县级以上地方人民政府农业机械化主管部门应当及时退还被扣押的农业机械及证书、牌照、操作证件。存在重大事故隐患的农业机械,其所有人或者使用人排除隐患前不得继续使用。

第四十二条 农业机械安全监督管理执法人员进行安全监督检查时,应当佩戴统一标志,出示行政执法证件。农业机械安全监督检查、事故勘察车辆应当在车身喷涂统一标识。

第四十三条 农业机械化主管部门不得为农业机械指定维修经营者。

第四十四条 农业机械化主管部门应当定期向同级公安机关交通管理部门通报拖拉机登记、检验以及有关证书、牌照、操作证件发放情况。公安机关交通管理部门应当定期向同级农业机械化主管部门通报农业机械在道路上发生的交通事故及处理情况。

第六章 法律责任

第四十五条 县级以上地方人民政府农业机械化主管部门、工业主管部门、市场监督管理部门及其工作人员有下列行为之一的,对直接负责的主管人员和其他直接责任人员,依法给予处分,构成犯罪的,依法追究刑事责任:

(一)不依法对拖拉机、联合收割机实施安全检验、登记,或者不依法核发拖拉机、联合收割机证书、牌照的;

(二)对未经考试合格者核发拖拉机、联合收割机操作证件,或者对经考试合格者拒不核发拖拉机、联合收割机操作证件的;

(三)不依法处理农业机械事故,或者不依法出具农业机械事故认定书和其他证明材料的;

(四)在农业机械生产、销售等过程中不依法履行监督管理职责的;

(五)其他未依照本条例的规定履行职责的行为。

第四十六条 生产、销售利用残次零配件或者报废农业机械的发动机、方向机、变速器、车架等部件拼装的农业机械的,由县级以上人民政府市场监督管理部门责令停止生产、销售,没收违法所得和违法生产、销售的农业机械,并处违法产品货值金额1倍以上3倍以下罚款;情节严重的,吊销营业执照。

农业机械生产者、销售者违反工业产品生产许可证管理、认证认可管理、安全技术标准管理以及产品质量管理的,依照有关法律、行政法规处罚。

第四十七条 农业机械销售者未依照本条例的规定建立、保存销售记录的,由县级以上人民政府市场监督管理部门责令改正,给予警告;拒不改正的,处1000元以上1万元以下罚款,并责令停业整顿；情节严重的，吊销营业执照。

第四十八条 从事农业机械维修经营不符合本条例第十八条规定的，由县级以上地方人民政府农业机械化主管部门责令改正；拒不改正的，处5000元以上1万元以下罚款。

第四十九条 农业机械维修经营者使用不符合农业机械安全技术标准的配件维修农业机械，或者拼装、改装农业机械整机，或者承揽维修已经达到报废条件的农业机械的，由县级以上地方人民政府农业机械化主管部门责令改正，没收违法所得，并处违法经营额1倍以上2倍以下罚款；拒不改正的，处违法经营额2倍以上5倍以下罚款。

第五十条 未按照规定办理登记手续并取得相应的证书和牌照，擅自将拖拉机、联合收割机投入使用，或者未按照规定办理变更登记手续的，由县级以上地方人民政府农业机械化主管部门责令限期补办相关手续；逾期不补办的，责令停止使用；拒不停止使用的，扣押拖拉机、联合收割机，并处200元以上2000元以下罚款。

当事人补办相关手续的，应当及时退还扣押的拖拉机、联合收割机。

第五十一条 伪造、变造或者使用伪造、变造的拖拉机、联合收割机证书和牌照的，或者使用其他拖拉机、联合收割机的证书和牌照的，由县级以上地方人民政府农业机械化主管部门收缴伪造、变造或者使用的证书和牌照，对违法行为人予以批评教育，并处200元以上2000元以下罚款。

第五十二条 未取得拖拉机、联合收割机操作证件而操作拖拉机、联合收割机的，由县级以上地方人民政府农业机械化主管部门责令改正，处100元以上500元以下罚款。

第五十三条 拖拉机、联合收割机操作人员操作与本人操作证件规定不相符的拖拉机、联合收割机，或者操作未按照规定登记、检验或者检验不合格、安全设施不全、机件失效的拖拉机、联合收割机，或者使用国家管制的精神药品、麻醉品后操作拖拉机、联合收割机，或者患有妨碍安全操作的疾病操作拖拉机、联合收割机的，由县级以上地方人民政府农业机械化主管部门对违法行为人予以批评教育，责令改正；拒不改正的，处100元以上500元以下罚款；情节严重的，吊销有关人员的操作证件。

第五十四条 使用拖拉机、联合收割机违反规定载人的，由县级以上地方人民政府农业机械化主管部门对违法行为人予以批评教育，责令改正；拒不改正的，扣押拖拉机、联合收割机的证书、牌照；情节严重的，吊销有关人员的操作证件。非法从事经营性道路旅客运输的，由交通主管部门依照道路运输管理法律、行政法规处罚。

当事人改正违法行为的，应当及时退还扣押的拖拉机、联合收割机的证书、牌照。

第五十五条 经检验、检查发现农业机械存在事故隐患，经农业机械化主管部门告知拒不排除并继续使用的，由县级以上地方人民政府农业机械化主管部门对违法行为人予以批评教育，责令改正；拒不改正的，责令停止使用；拒不停止使用的，扣押存在事故隐患的农业机械。

事故隐患排除后，应当及时退还扣押的农业机械。

第五十六条 违反本条例规定，造成他人人身伤亡或者财产损失的，依法承担民事责任；构成违反治安管理行为的，依法给予治安管理处罚；构成犯罪的，依法追究刑事责任。

第七章 附 则

第五十七条 本条例所称危及人身财产安全的农业机械，是指对人身财产安全可能造成损害的农业机械，包括拖拉机、联合收割机、机动植保机械、机动脱粒机、饲料粉碎机、插秧机、铡草机等。

第五十八条 本条例规定的农业机械证书、牌照、操作证件，由国务院农业机械化主管部门会同国务院有关部门统一规定式样，由国务院农业机械化主管部门监制。

第五十九条 拖拉机操作证件考试收费、安全技术检验收费和牌证的工本费，应当严格执行国务院价格主管部门核定的收费标准。

第六十条 本条例自2009年11月1日起施行。

农业机械质量调查办法

·2006年8月20日农业部令第69号公布

·自2006年11月1日起施行

第一章 总 则

第一条 为了规范农业机械质量调查工作，

加强农业机械产品质量监督管理,维护农业机械使用者和生产者、销售者的合法权益,依据《中华人民共和国农业机械化促进法》,制定本办法。

第二条 本办法所称农业机械质量调查(以下简称质量调查),是指省级以上人民政府农业机械化行政主管部门组织对在用特定种类农业机械产品的适用性、安全性、可靠性和售后服务状况进行调查监督的活动。

第三条 农业部主管全国质量调查工作,统一质量调查规范,协调跨省的质量调查,制定并组织实施全国质量调查计划,公布调查结果。

省级人民政府农业机械化行政主管部门负责本行政区域内的质量调查工作,制定并组织实施本行政区域的质量调查计划,公布调查结果。

第四条 质量调查的具体工作由省级以上农业机械试验鉴定机构承担,农业机械化技术推广、安全监理等机构配合。调查涉及地区的农业、农业机械化行政主管部门应当予以支持协助。

第五条 质量调查坚持科学、公正、公开的原则,接受农业机械使用者、生产者、销售者和社会的监督。

第六条 质量调查不向调查涉及的单位和个人收取任何费用。

第二章 质量调查的确定

第七条 县级以上人民政府农业机械化行政主管部门应当明确农机质量投诉机构,负责受理投诉,统计、分析、报送投诉信息,为制定质量调查计划提供依据。

农机质量投诉机构的地址和联系电话应当向社会公布。

第八条 农业机械试验鉴定机构应当加强质量信息收集和调查研究工作,并提出质量调查建议。

第九条 质量调查计划应当根据农业机械使用者的投诉情况和农业生产的实际需要制定,并及时公布。

省级质量调查计划在公布前应当报农业部备案。

第十条 质量调查计划应当明确质量调查的名称、目的、内容、范围、对象、时间、方法、实施单位等事项。

第十一条 列入质量调查计划的农业机械产品,应当具备下列条件之一:

(一)属于国家财政补贴、优惠信贷、政府采购等政策支持范围的;

(二)对人体健康、人身和财产安全、资源节约、环境保护有重大影响的;

(三)出现集中质量投诉或者重大质量事故的。

第十二条 质量调查内容包括:

(一)安全性调查:对农业机械影响人体健康、人身和财产安全、环境保护的程度进行调查;

(二)可靠性调查:对农业机械故障情况进行调查;

(三)适用性调查:对农业机械在不同地域、不同作物及品种或者不同耕作制度的作业效果进行调查;

(四)售后服务状况调查:对企业质量承诺和售后服务承诺兑现情况进行调查。

第十三条 承担质量调查任务的省级以上农业机械试验鉴定机构(以下称调查承担单位)接受任务后,应当制定实施方案,报下达任务的省级以上人民政府农业机械化行政主管部门(以下称任务下达部门)批准。

实施方案应当包括质量调查的具体内容、程序、样本数量和分布、技术路线、调查方法和依据标准、调查表格和填写说明、数据统计处理方法、工作分工、参加人员等。

第十四条 任务下达部门批准实施方案后,应当向调查承担单位下达质量调查任务书。

第三章 质量调查的实施

第十五条 调查承担单位应当对调查人员进行培训,发放当次质量调查证件。

第十六条 进行质量调查时,调查人员应当向被调查方出示质量调查任务书和质量调查证件。

质量调查采取问询查证、发放问卷、现场跟踪、召开座谈会等方式进行。必要时依据国家标准、行业标准、企业标准或者企业质量承诺进行试验检测。

第十七条 被调查方应当配合质量调查工作,按照调查要求及时提供有关资料和信息,并对其真实性负责。

第十八条 质量调查结束后,调查承担单位应当按照实施方案要求汇总、处理和分析调查信息,形成调查报告,报送任务下达部门。

第十九条 调查承担单位和调查人员对调查结果负责,对调查中涉及的商业秘密应当依法保密,不得利用质量调查进行有偿活动。

第四章 调查结果的公布

第二十条 任务下达部门收到调查报告后,应当对调查内容、程序、方法是否符合实施方案的规定进行审查。

审查工作应当在收到调查报告之日起 20 个工作日内完成。审查通过的,任务下达部门应当及时公布质量调查结果。

省级质量调查结果应当在公布前报农业部备案。

第二十一条 调查承担单位应当在质量调查结果公布后 20 个工作日内组织召开质量分析会,向有关企业通报调查中发现的问题,提出改进建议。

对质量调查中发现的产品质量或售后服务问题严重的生产或者销售企业,由任务下达部门责令整改。

第二十二条 企业对整改通知有异议的,应当在收到通知后 15 个工作日内书面提出;逾期未提出的,视为无异议。

整改通知下达部门应当在收到企业书面异议之日起 15 个工作日内予以答复。

第二十三条 企业对整改通知无异议的,或者有异议而未被采纳的,应当按照通知要求报告整改情况,由整改通知下达部门组织确认。

第五章 罚 则

第二十四条 调查承担单位和人员有下列情形之一的,责令改正,对单位负责人和其他直接责任人员,依法给予处分;情节严重的,取消调查承担单位或者个人的质量调查资格:

(一)不按规定进行调查、伪造调查结果、瞒报或者出具虚假证明的;

(二)利用质量调查从事有偿活动的;

(三)擅自透露质量调查相关信息造成不良后果的;

(四)有其他徇私舞弊、滥用职权、玩忽职守行为的。

调查承担单位和个人利用质量调查获取违法所得的,予以追缴。

第二十五条 被调查的企业和个人虚报、瞒报、伪造、篡改有关资料,或者拒不配合调查工作的,由所在地农业机械化行政主管部门责令改正;情节严重的,对所涉及产品由省级以上人民政府农业机械化行政主管部门注销农业机械推广鉴定证书、取消列入国家支持推广的农业机械产品目录资格。

第二十六条 企业收到整改通知后拒不整改或者逾期达不到整改要求的,整改通知下达部门应当注销该产品的农业机械推广鉴定证书、取消列入国家支持推广的农业机械产品目录的资格;属于实施生产许可证或强制性认证的产品,还应当向有关主管部门通报情况。

第六章 附 则

第二十七条 本办法自 2006 年 11 月 1 日起施行。

农业机械维修管理规定

- 2006 年 5 月 10 日农业部、国家工商行政管理总局令第 57 号公布
- 根据 2016 年 5 月 30 日《农业部关于废止和修改部分规章、规范性文件的决定》第一次修订
- 根据 2019 年 4 月 25 日《农业农村部关于修改和废止部分规章、规范性文件的决定》第二次修订

第一章 总 则

第一条 为了规范农业机械维修业务,保证农业机械维修质量,维护农业机械维修当事人的合法权益,根据《中华人民共和国农业机械化促进法》和有关法律、行政法规的规定,制定本规定。

第二条 本规定所称农业机械维修,是指使用工具、仪器、设备,对农业机械进行维护和修理,使其保持、恢复技术状态和工作能力的技术服务活动。

第三条 从事农业机械维修经营及相关的维修配件销售活动,应当遵守本规定。

第四条 农业机械维修者和维修配件销售者,应当依法经营,诚实守信,公平竞争,优质服务。

第五条 县级以上人民政府农业机械化主管部门、工商行政管理部门按照各自的职责分工,负责本行政区域内的农业机械维修和维修配件经营的监督管理工作,保护农业机械消费者的合法权益。

第六条 国家鼓励农业机械维修技术科研开发,促进农业机械维修新技术、新材料、新工艺和新设备的推广应用,提高维修质量,降低维修费用,节约资源,保护环境。

第二章 维修资格

第七条 农业机械维修者,应当具备符合有关农业行业标准规定的设备、设施、人员、质量管理、安全生产及环境保护等条件,方可从事农业机械维修业务。

第八条 农业机械维修者应公开维修工时定额和收费标准。

第九条 农业机械维修者和维修配件销售者应当向农业机械消费者如实说明维修配件的真实质量状况,农业机械维修者使用可再利用旧配件进行维修时,应当征得送修者同意,并保证农业机械安全性能符合国家安全标准。

禁止农业机械维修者和维修配件销售者从事下列活动:

(一)销售不符合国家技术规范强制性要求的农业机械维修配件;

(二)使用不符合国家技术规范强制性要求的维修配件维修农业机械;

(三)以次充好、以旧充新,或者作引人误解的虚假宣传;

(四)利用维修零配件和报废机具的部件拼装农业机械整机;

(五)承揽已报废农业机械维修业务。

第十条 农业机械化主管部门应当加强对农业机械维修和维修配件销售从业人员职业技能培训和鉴定工作的指导,提高从业人员素质和技能水平。

第三章 质量管理

第十一条 维修农业机械,应当执行国家有关技术标准、规范或者与用户签订的维修协议,保证维修质量。

第十二条 农业机械维修实行质量保证期制度。在质量保证期内,农业机械因维修质量不合格的,维修者应当免费重新修理。

整机或总成修理质量保证期为3个月。

第十三条 农业机械维修配件销售者对其销售的维修配件质量负责。农业机械维修配件应当用中文标明产品名称、生产厂厂名和厂址,有质量检验合格证。

在质量保证期内的维修配件,应当按照有关规定包修、包换、包退。

第十四条 农业机械维修当事人因维修质量发生争议,可以向农业机械化主管部门投诉,或者向工商行政管理部门投诉,农业机械化主管部门和工商行政管理部门应当受理,调解质量纠纷。调解不成的,应当告知当事人向人民法院提起诉讼或者向仲裁机构申请仲裁。

第十五条 农业机械维修者应当使用符合标准的量具、仪表、仪器等检测器具和其他维修设备,对农业机械的维修应当填写维修记录,并于每年一月份向农业机械化主管部门报送上一年度维修情况统计表。

第四章 监督检查

第十六条 农业机械化主管部门、工商行政管理部门应当按照各自职责,密切配合,加强对农业机械维修者的从业资格、维修人员资格、维修质量、维修设备和检测仪器技术状态以及安全生产情况的监督检查。

第十七条 农业机械化主管部门应当建立健全农业机械维修监督检查制度,加强农机执法人员培训,完善相应技术检测手段,确保行政执法公开、公平、公正。

第十八条 农业机械化主管部门、工商行政管理部门执法人员实施农业机械维修监督检查,应当出示行政执法证件,否则受检查者有权拒绝检查。

第十九条 农业机械维修者和维修配件销售者应当配合农业机械化主管部门、工商行政管理部门依法开展监督检查,如实反映情况,提供有关资料。

第五章 罚 则

第二十条 违反本规定,不能保持设备、设施、人员、质量管理、安全生产和环境保护等技术条件符合要求的,由农业机械化主管部门给予警告,限期整改;拒不改正的,依照《农业机械安全监督管理条例》有关规定予以处罚。

第二十一条 违反本规定,超越范围承揽无技术能力保障的维修项目的,由农业机械化主管部门处200元以上500元以下罚款。

第二十二条 违反本规定第十三条第二款第一、三、四项的,由工商行政管理部门依法处理;违反本规定第十三条第二款第二、五项的,由农业机械化主管部门处500元以上1000元以下罚款。

第二十三条 农业机械维修者未按规定填写维修记录和报送年度维修情况统计表的,由农业机械化主管部门给予警告,限期改正;逾期拒不改正的,处100元以下罚款。

第二十四条 农业机械化主管部门工作人员玩忽职守、滥用职权、徇私舞弊的,由其所在单位或者上级主管机关依法给予行政处分。

第六章 附 则

第二十五条 本规定自2006年7月1日起施行。原农牧渔业部、国家工商行政管理局1984年11月15日发布的《全国农村机械维修点管理办法》(〔84〕农[机]字第42号)同时废止。

拖拉机和联合收割机登记规定

· 2018年1月15日农业部令2018年第2号公布
· 根据2018年12月6日《农业农村部关于修改部分规章的决定》修订

第一章 总 则

第一条 为了规范拖拉机和联合收割机登记,根据《中华人民共和国农业机械化促进法》、《中华人民共和国道路交通安全法》和《农业机械安全监督管理条例》、《中华人民共和国道路交通安全法实施条例》等有关法律、行政法规,制定本规定。

第二条 本规定所称登记,是指依法对拖拉机和联合收割机进行的登记。包括注册登记、变更登记、转移登记、抵押登记和注销登记。

拖拉机包括轮式拖拉机、手扶拖拉机、履带拖拉机、轮式拖拉机运输机组、手扶拖拉机运输机组。

联合收割机包括轮式联合收割机、履带式联合收割机。

第三条 县级人民政府农业机械化主管部门负责本行政区域内拖拉机和联合收割机的登记管理,其所属的农机安全监理机构(以下简称农机监理机构)承担具体工作。

县级以上人民政府农业机械化主管部门及其所属的农机监理机构负责拖拉机和联合收割机登记业务工作的指导、检查和监督。

第四条 农机监理机构办理拖拉机、联合收割机登记业务,应当遵循公开、公正、便民、高效原则。

农机监理机构在办理业务时,对材料齐全并符合规定的,应当按期办结。对材料不全或者不符合规定的,应当一次告知申请人需要补正的全部内容。对不予受理的,应当书面告知不予受理的理由。

第五条 农机监理机构应当在业务办理场所公示业务办理条件、依据、程序、期限、收费标准、需要提交的材料和申请表示范文本等内容,并在相关网站发布信息,便于群众查阅、下载和使用。

第六条 农机监理机构应当使用计算机管理系统办理登记业务,完整、准确记录和存储登记内容、办理过程以及经办人员等信息,打印行驶证和登记证书。计算机管理系统的数据库标准由农业部制定。

第二章 注册登记

第七条 初次申领拖拉机、联合收割机号牌、行驶证的,应当在申请注册登记前,对拖拉机、联合收割机进行安全技术检验,取得安全技术检验合格证明。

依法通过农机推广鉴定的机型,其新机在出厂时经检验获得出厂合格证明的,出厂一年内免予安全技术检验,拖拉机运输机组除外。

第八条 拖拉机、联合收割机所有人应当向居住地的农机监理机构申请注册登记,填写申请表,交验拖拉机、联合收割机,提交以下材料:

(一)所有人身份证明;

(二)拖拉机、联合收割机来历证明;

(三)出厂合格证明或进口凭证;

(四)拖拉机运输机组交通事故责任强制保险凭证;

(五)安全技术检验合格证明(免检产品除外)。

农机监理机构应当自受理之日起 2 个工作日内，确认拖拉机、联合收割机的类型、品牌、型号名称、机身颜色、发动机号码、底盘号/机架号、挂车架号码，核对发动机号码和拖拉机、联合收割机底盘号/机架号、挂车架号码的拓印膜，审查提交的证明、凭证；对符合条件的，核发登记证书、号牌、行驶证和检验合格标志。登记证书由所有人自愿申领。

第九条 办理注册登记，应当登记下列内容：

（一）拖拉机、联合收割机号牌号码、登记证书编号；

（二）所有人的姓名或者单位名称、身份证明名称与号码、住址、联系电话和邮政编码；

（三）拖拉机、联合收割机的类型、生产企业名称、品牌、型号名称、发动机号码、底盘号/机架号、挂车架号码、生产日期、机身颜色；

（四）拖拉机、联合收割机的有关技术数据；

（五）拖拉机、联合收割机的获得方式；

（六）拖拉机、联合收割机来历证明的名称、编号；

（七）拖拉机运输机组交通事故责任强制保险的日期和保险公司的名称；

（八）注册登记的日期；

（九）法律、行政法规规定登记的其他事项。

拖拉机、联合收割机登记后，对其来历证明、出厂合格证明应当签注已登记标志，收存来历证明、出厂合格证明原件和身份证明复印件。

第十条 有下列情形之一的，不予办理注册登记：

（一）所有人提交的证明、凭证无效；

（二）来历证明被涂改，或者来历证明记载的所有人与身份证明不符；

（三）所有人提交的证明、凭证与拖拉机、联合收割机不符；

（四）拖拉机、联合收割机不符合国家安全技术强制标准；

（五）拖拉机、联合收割机达到国家规定的强制报废标准；

（六）属于被盗抢、扣押、查封的拖拉机和联合收割机；

（七）其他不符合法律、行政法规规定的情形。

第三章 变更登记

第十一条 有下列情形之一的，所有人应当向登记地农机监理机构申请变更登记：

（一）改变机身颜色、更换机身（底盘）或者挂车的；

（二）更换发动机的；

（三）因质量有问题，更换整机的；

（四）所有人居住地在本行政区域内迁移、所有人姓名（单位名称）变更的。

第十二条 申请变更登记的，应当填写申请表，提交下列材料：

（一）所有人身份证明；

（二）行驶证；

（三）更换整机、发动机、机身（底盘）或挂车需要提供法定证明、凭证；

（四）安全技术检验合格证明。

农机监理机构应当自受理之日起 2 个工作日内查验相关证明，准予变更的，收回原行驶证，重新核发行驶证。

第十三条 拖拉机、联合收割机所有人居住地迁出农机监理机构管辖区域的，应当向登记地农机监理机构申请变更登记，提交行驶证和身份证明。

农机监理机构应当自受理之日起 2 个工作日内核发临时行驶号牌，收回原号牌、行驶证，将档案密封交所有人。

所有人应当于 3 个月内到迁入地农机监理机构申请转入，提交身份证明、登记证书和档案，交验拖拉机、联合收割机。

迁入地农机监理机构应当自受理之日起 2 个工作日内，查验拖拉机、联合收割机，收存档案，核发号牌、行驶证。

第十四条 办理变更登记，应当分别登记下列内容：

（一）变更后的机身颜色；

（二）变更后的发动机号码；

（三）变更后的底盘号/机架号、挂车架号码；

（四）发动机、机身（底盘）或者挂车来历证明的名称、编号；

（五）发动机、机身（底盘）或者挂车出厂合格证明或者进口凭证编号、生产日期、注册登记日期；

（六）变更后的所有人姓名或者单位名称；

（七）需要办理档案转出的，登记转入地农机监理机构的名称；

（八）变更登记的日期。

第四章　转移登记

第十五条　拖拉机、联合收割机所有权发生转移的,应当向登记地的农机监理机构申请转移登记,填写申请表,交验拖拉机、联合收割机,提交以下材料:

(一)所有人身份证明;

(二)所有权转移的证明、凭证;

(三)行驶证、登记证书。

农机监理机构应当自受理之日起2个工作日内办理转移手续。转移后的拖拉机、联合收割机所有人居住地在原登记地农机监理机构管辖区内的,收回原行驶证,核发新行驶证;转移后的拖拉机、联合收割机所有人居住地不在原登记地农机监理机构管辖区内的,按照本规定第十三条办理。

第十六条　办理转移登记,应当登记下列内容:

(一)转移后的拖拉机、联合收割机所有人的姓名或者单位名称、身份证明名称与号码、住址、联系电话和邮政编码;

(二)拖拉机、联合收割机获得方式;

(三)拖拉机、联合收割机来历证明的名称、编号;

(四)转移登记的日期;

(五)改变拖拉机、联合收割机号牌号码的,登记拖拉机、联合收割机号牌号码;

(六)转移后的拖拉机、联合收割机所有人居住地不在原登记地农机监理机构管辖区内的,登记转入地农机监理机构的名称。

第十七条　有下列情形之一的,不予办理转移登记:

(一)有本规定第十条规定情形;

(二)拖拉机、联合收割机与该机的档案记载的内容不一致;

(三)在抵押期间;

(四)拖拉机、联合收割机或者拖拉机、联合收割机档案被人民法院、人民检察院、行政执法部门依法查封、扣押;

(五)拖拉机、联合收割机涉及未处理完毕的道路交通违法行为、农机安全违法行为或者道路交通事故、农机事故。

第十八条　被司法机关和行政执法部门依法没收并拍卖,或者被仲裁机构依法仲裁裁决,或者被人民法院调解、裁定、判决拖拉机、联合收割机所有权转移时,原所有人未向转移后的所有人提供行驶证的,转移后的所有人在办理转移登记时,应当提交司法机关出具的《协助执行通知书》或者行政执法部门出具的未取得行驶证的证明。农机监理机构应当公告原行驶证作废,并在办理所有权转移登记的同时,发放拖拉机、联合收割机行驶证。

第五章　抵押登记

第十九条　申请抵押登记的,由拖拉机、联合收割机所有人(抵押人)和抵押权人共同申请,填写申请表,提交下列证明、凭证:

(一)抵押人和抵押权人身份证明;

(二)拖拉机、联合收割机登记证书;

(三)抵押人和抵押权人依法订立的主合同和抵押合同。

农机监理机构应当自受理之日起1日内,在拖拉机、联合收割机登记证书上记载抵押登记内容。

第二十条　农机监理机构办理抵押登记,应当登记下列内容:

(一)抵押权人的姓名或者单位名称、身份证明名称与号码、住址、联系电话和邮政编码;

(二)抵押担保债权的数额;

(三)主合同和抵押合同号码;

(四)抵押登记的日期。

第二十一条　申请注销抵押的,应当由抵押人与抵押权人共同申请,填写申请表,提交以下证明、凭证:

(一)抵押人和抵押权人身份证明;

(二)拖拉机、联合收割机登记证书。

农机监理机构应当自受理之日起1日内,在农机监理信息系统注销抵押内容和注销抵押的日期。

第二十二条　抵押登记内容和注销抵押日期应当允许公众查询。

第六章　注销登记

第二十三条　有下列情形之一的,应当向登记地的农机监理机构申请注销登记,填写申请表,提交身份证明,并交回号牌、行驶证、登记证书:

(一)报废的;

（二）灭失的；

（三）所有人因其他原因申请注销的。

农机监理机构应当自受理之日起 1 日内办理注销登记，收回号牌、行驶证和登记证书。无法收回的，由农机监理机构公告作废。

第七章　其他规定

第二十四条　拖拉机、联合收割机号牌、行驶证、登记证书灭失、丢失或者损毁申请补领、换领的，所有人应当向登记地农机监理机构提出申请，提交身份证明和相关证明材料。

经审查，属于补发、换发号牌的，农机监理机构应当自受理之日起 15 日内办理；属于补发、换发行驶证、登记证书的，自受理之日起 1 日内办理。

办理补发、换发号牌期间，应当给所有人核发临时行驶号牌。

补发、换发号牌、行驶证、登记证书后，应当收回未灭失、丢失或者损坏的号牌、行驶证、登记证书。

第二十五条　未注册登记的拖拉机、联合收割机需要驶出本行政区域的，所有人应当申请临时行驶号牌，提交以下证明、凭证：

（一）所有人身份证明；

（二）拖拉机、联合收割机来历证明；

（三）出厂合格证明或进口凭证；

（四）拖拉机运输机组须提交交通事故责任强制保险凭证。

农机监理机构应当自受理之日起 1 日内，核发临时行驶号牌。临时行驶号牌有效期最长为 3 个月。

第二十六条　拖拉机、联合收割机所有人发现登记内容有错误的，应当及时到农机监理机构申请更正。农机监理机构应当自受理之日起 2 个工作日内予以确认并更正。

第二十七条　已注册登记的拖拉机、联合收割机被盗抢，所有人应当在向公安机关报案的同时，向登记地农机监理机构申请封存档案。农机监理机构应当受理申请，在计算机管理系统内记录被盗抢信息，封存档案，停止办理该拖拉机、联合收割机的各项登记。被盗抢拖拉机、联合收割机发还后，所有人应当向登记地农机监理机构申请解除封存，农机监理机构应当受理申请，恢复办理各项登记。

在被盗抢期间，发动机号码、底盘号/机架号、挂车架号码或者机身颜色被改变的，农机监理机构应当凭有关技术鉴定证明办理变更。

第二十八条　登记的拖拉机、联合收割机应当每年进行 1 次安全检验。

第二十九条　拖拉机、联合收割机所有人可以委托代理人代理申请各项登记和相关业务，但申请补发登记证书的除外。代理人办理相关业务时，应当提交代理人身份证明、经申请人签字的委托书。

第三十条　申请人以隐瞒、欺骗等不正当手段办理登记的，应当撤销登记，并收回相关证件和号牌。

农机安全监理人员违反规定为拖拉机、联合收割机办理登记的，按照国家有关规定给予处分；构成犯罪的，依法追究刑事责任。

第八章　附　则

第三十一条　行驶证的式样、规格按照农业行业标准《中华人民共和国拖拉机和联合收割机行驶证》执行。拖拉机、联合收割机号牌、临时行驶号牌、登记证书、检验合格标志和相关登记表格的式样、规格，由农业部制定。

第三十二条　本规定下列用语的含义：

（一）拖拉机、联合收割机所有人是指拥有拖拉机、联合收割机所有权的个人或者单位。

（二）身份证明是指：

1. 机关、事业单位、企业和社会团体的身份证明，是指标注有“统一社会信用代码”的注册登记证（照）。上述单位已注销、撤销或者破产的，已注销的企业单位的身份证明，是工商行政管理部门出具的注销证明；已撤销的机关、事业单位的身份证明，是上级主管机关出具的有关证明；已破产的企业单位的身份证明，是依法成立的财产清算机构出具的有关证明；

2. 居民的身份证明，是指《居民身份证》或者《居民户口簿》。在户籍所在地以外居住的，其身份证明还包括公安机关核发的居住证明。

（三）住址是指：

1. 单位的住址为其主要办事机构所在地的地址；

2. 个人的住址为其身份证明记载的地址。在户籍所在地以外居住的是公安机关核发的居住证明记载的地址。

（四）获得方式是指：购买、继承、赠予、中奖、协议抵偿债务、资产重组、资产整体买卖、调拨，人民法院调解、裁定、判决，仲裁机构仲裁裁决等。

（五）来历证明是指：

1. 在国内购买的拖拉机、联合收割机，其来历证明是销售发票；销售发票遗失的由销售商或所有人所在组织出具证明；在国外购买的拖拉机、联合收割机，其来历证明是该机销售单位开具的销售发票和其翻译文本；

2. 人民法院调解、裁定或者判决所有权转移的拖拉机、联合收割机，其来历证明是人民法院出具的已经生效的调解书、裁定书或者判决书以及相应的《协助执行通知书》；

3. 仲裁机构仲裁裁决所有权转移的拖拉机、联合收割机，其来历证明是仲裁裁决书和人民法院出具的《协助执行通知书》；

4. 继承、赠予、中奖和协议抵偿债务的拖拉机、联合收割机，其来历证明是继承、赠予、中奖和协议抵偿债务的相关文书；

5. 经公安机关破案发还的被盗抢且已向原所有人理赔完毕的拖拉机、联合收割机，其来历证明是保险公司出具的《权益转让证明书》；

6. 更换发动机、机身（底盘）、挂车的来历证明，是生产、销售单位开具的发票或者修理单位开具的发票；

7. 其它能够证明合法来历的书面证明。

第三十三条 本规定自2018年6月1日起施行。2004年9月21日公布、2010年11月26日修订的《拖拉机登记规定》和2006年11月2日公布、2010年11月26日修订的《联合收割机及驾驶人安全监理规定》同时废止。

（四）种植业

中华人民共和国种子法

·2000年7月8日第九届全国人民代表大会常务委员会第十六次会议通过

·根据2004年8月28日第十届全国人民代表大会常务委员会第十一次会议《关于修改〈中华人民共和国种子法〉的决定》第一次修正

·根据2013年6月29日第十二届全国人民代表大会常务委员会第三次会议《关于修改〈中华人民共和国文物保护法〉等十二部法律的决定》第二次修正

·2015年11月4日第十二届全国人民代表大会常务委员会第十七次会议修订

·根据2021年12月24日第十三届全国人民代表大会常务委员会第三十二次会议《关于修改〈中华人民共和国种子法〉的决定》第三次修正

第一章 总 则

第一条 为了保护和合理利用种质资源，规范品种选育、种子生产经营和管理行为，加强种业科学技术研究，鼓励育种创新，保护植物新品种权，维护种子生产经营者、使用者的合法权益，提高种子质量，发展现代种业，保障国家粮食安全，促进农业和林业的发展，制定本法。

第二条 在中华人民共和国境内从事品种选育、种子生产经营和管理等活动，适用本法。

本法所称种子，是指农作物和林木的种植材料或者繁殖材料，包括籽粒、果实、根、茎、苗、芽、叶、花等。

第三条 国务院农业农村、林业草原主管部门分别主管全国农作物种子和林木种子工作；县级以上地方人民政府农业农村、林业草原主管部门分别主管本行政区域内农作物种子和林木种子工作。

各级人民政府及其有关部门应当采取措施，加强种子执法和监督，依法惩处侵害农民权益的种子违法行为。

第四条 国家扶持种质资源保护工作和选育、生产、更新、推广使用良种，鼓励品种选育和种子生产经营相结合，奖励在种质资源保护工作和良种选育、推广等工作中成绩显著的单位和个人。

第五条 省级以上人民政府应当根据科教兴农方针和农业、林业发展的需要制定种业发展规划并组织实施。

第六条 省级以上人民政府建立种子储备制度，主要用于发生灾害时的生产需要及余缺调剂，保障农业和林业生产安全。对储备的种子应当定期检验和更新。种子储备的具体办法由国务院规定。

第七条 转基因植物品种的选育、试验、审定和推广应当进行安全性评价，并采取严格的安全控制措施。国务院农业农村、林业草原主管部门应当加强跟踪监管并及时公告有关转基因植物品种审定和推广的信息。具体办法由国务院规定。

第二章 种质资源保护

第八条 国家依法保护种质资源，任何单位和个人不得侵占和破坏种质资源。

禁止采集或者采伐国家重点保护的天然种质资源。因科研等特殊情况需要采集或者采伐的，应当经国务院或者省、自治区、直辖市人民政府的农业农村、林业草原主管部门批准。

第九条 国家有计划地普查、收集、整理、鉴定、登记、保存、交流和利用种质资源，重点收集珍稀、濒危、特有资源和特色地方品种，定期公布可供利用的种质资源目录。具体办法由国务院农业农村、林业草原主管部门规定。

第十条 国务院农业农村、林业草原主管部门应当建立种质资源库、种质资源保护区或者种质资源保护地。省、自治区、直辖市人民政府农业农村、林业草原主管部门可以根据需要建立种质资源库、种质资源保护区、种质资源保护地。种质资源库、种质资源保护区、种质资源保护地的种质资源属公共资源，依法开放利用。

占用种质资源库、种质资源保护区或者种质资源保护地的，需经原设立机关同意。

第十一条 国家对种质资源享有主权。任何单位和个人向境外提供种质资源，或者与境外机构、个人开展合作研究利用种质资源的，应当报国务院农业农村、林业草原主管部门批准，并同时提交国家共享惠益的方案。国务院农业农村、林业草原主管部门可以委托省、自治区、直辖市人民政府农业农村、林业草原主管部门接收申请材料。国务院农业农村、林业草原主管部门应当将批准情况通报国务院生态环境主管部门。

从境外引进种质资源的，依照国务院农业农村、林业草原主管部门的有关规定办理。

第三章 品种选育、审定与登记

第十二条 国家支持科研院所及高等院校重点开展育种的基础性、前沿性和应用技术研究以及生物育种技术研究，支持常规作物、主要造林树种育种和无性繁殖材料选育等公益性研究。

国家鼓励种子企业充分利用公益性研究成果，培育具有自主知识产权的优良品种；鼓励种子企业与科研院所及高等院校构建技术研发平台，开展主要粮食作物、重要经济作物育种攻关，建立以市场为导向、利益共享、风险共担的产学研相结合的种业技术创新体系。

国家加强种业科技创新能力建设，促进种业科技成果转化，维护种业科技人员的合法权益。

第十三条 由财政资金支持形成的育种发明专利权和植物新品种权，除涉及国家安全、国家利益和重大社会公共利益的外，授权项目承担者依法取得。

由财政资金支持为主形成的育种成果的转让、许可等应当依法公开进行，禁止私自交易。

第十四条 单位和个人因林业草原主管部门为选育林木良种建立测定林、试验林、优树收集区、基因库等而减少经济收入的，批准建立的林业草原主管部门应当按照国家有关规定给予经济补偿。

第十五条 国家对主要农作物和主要林木实行品种审定制度。主要农作物品种和主要林木品种在推广前应当通过国家级或者省级审定。由省、自治区、直辖市人民政府林业草原主管部门确定的主要林木品种实行省级审定。

申请审定的品种应当符合特异性、一致性、稳定性要求。

主要农作物品种和主要林木品种的审定办法由国务院农业农村、林业草原主管部门规定。审定办法应当体现公正、公开、科学、效率的原则，有利于产量、品质、抗性等的提高与协调，有利于适应市场和生活消费需要的品种的推广。在制定、修改审定办法时，应当充分听取育种者、种子使用者、生产经营者和相关行业代表意见。

第十六条 国务院和省、自治区、直辖市人民政府的农业农村、林业草原主管部门分别设立由专业人员组成的农作物品种和林木品种审定委员会。品种审定委员会承担主要农作物品种和主要林木品种的审定工作，建立包括申请文件、品种审定试验数据、种子样品、审定意见和审定结论等内容的审定档案，保证可追溯。在审定通过的品种依法公布的相关信息中应当包括审定意见情况，接受监督。

品种审定实行回避制度。品种审定委员会委员、工作人员及相关测试、试验人员应当忠于职守，公正廉洁。对单位和个人举报或者监督检查发现的上述人员的违法行为，省级以上人民政府农业农村、林业草原主管部门和有关机关应当及时依法处理。

第十七条 实行选育生产经营相结合，符合国务院农业农村、林业草原主管部门规定条件的种子企业，对其自主研发的主要农作物品种、主要林木品种可以按照审定办法自行完成试验，达到审定标准的，品种审定委员会应当颁发审定证书。种子企业对试验数据的真实性负责，保证可追溯，接受省级以上人民政府农业农村、林业草原主管部门和社会的监督。

第十八条 审定未通过的农作物品种和林木品种，申请人有异议的，可以向原审定委员会或者国家级审定委员会申请复审。

第十九条 通过国家级审定的农作物品种和林木良种由国务院农业农村、林业草原主管部门公告，可以在全国适宜的生态区域推广。通过省级审定的农作物品种和林木良种由省、自治区、直辖市人民政府农业农村、林业草原主管部门公告，可以在本行政区域内适宜的生态区域推广；其他省、自治区、直辖市属于同一适宜生态区的地域引种农作物品种、林木良种的，引种者应当将引种的品种和区域报所在省、自治区、直辖市人民政府农业农村、林业草原主管部门备案。

引种本地区没有自然分布的林木品种，应当按照国家引种标准通过试验。

第二十条 省、自治区、直辖市人民政府农业农村、林业草原主管部门应当完善品种选育、审定工作的区域协作机制，促进优良品种的选育和推广。

第二十一条 审定通过的农作物品种和林木良种出现不可克服的严重缺陷等情形不宜继续推广、销售的，经原审定委员会审核确认后，撤销审定，由原公告部门发布公告，停止推广、销售。

第二十二条 国家对部分非主要农作物实行品种登记制度。列入非主要农作物登记目录的品种在推广前应当登记。

实行品种登记的农作物范围应当严格控制，并根据保护生物多样性、保证消费安全和用种安全的原则确定。登记目录由国务院农业农村主管部门制定和调整。

申请者申请品种登记应当向省、自治区、直辖市人民政府农业农村主管部门提交申请文件和种子样品，并对其真实性负责，保证可追溯，接受监督检查。申请文件包括品种的种类、名称、来源、特性、育种过程以及特异性、一致性、稳定性测试报告等。

省、自治区、直辖市人民政府农业农村主管部门自受理品种登记申请之日起二十个工作日内，对申请者提交的申请文件进行书面审查，符合要求的，报国务院农业农村主管部门予以登记公告。

对已登记品种存在申请文件、种子样品不实的，由国务院农业农村主管部门撤销该品种登记，并将该申请者的违法信息记入社会诚信档案，向社会公布；给种子使用者和其他种子生产经营者造成损失的，依法承担赔偿责任。

对已登记品种出现不可克服的严重缺陷等情形的，由国务院农业农村主管部门撤销登记，并发布公告，停止推广。

非主要农作物品种登记办法由国务院农业农村主管部门规定。

第二十三条 应当审定的农作物品种未经审定的，不得发布广告、推广、销售。

应当审定的林木品种未经审定通过的，不得作为良种推广、销售，但生产确需使用的，应当经林木品种审定委员会认定。

应当登记的农作物品种未经登记的，不得发布广告、推广，不得以登记品种的名义销售。

第二十四条 在中国境内没有经常居所或者营业场所的境外机构、个人在境内申请品种审定或者登记的，应当委托具有法人资格的境内种子企业代理。

第四章 新品种保护

第二十五条 国家实行植物新品种保护制

度。对国家植物品种保护名录内经过人工选育或者发现的野生植物加以改良，具备新颖性、特异性、一致性、稳定性和适当命名的植物品种，由国务院农业农村、林业草原主管部门授予植物新品种权，保护植物新品种权所有人的合法权益。植物新品种权的内容和归属、授予条件、申请和受理、审查与批准，以及期限、终止和无效等依照本法、有关法律和行政法规规定执行。

国家鼓励和支持种业科技创新、植物新品种培育及成果转化。取得植物新品种权的品种得到推广应用的，育种者依法获得相应的经济利益。

第二十六条 一个植物新品种只能授予一项植物新品种权。两个以上的申请人分别就同一个品种申请植物新品种权的，植物新品种权授予最先申请的人；同时申请的，植物新品种权授予最先完成该品种育种的人。

对违反法律，危害社会公共利益、生态环境的植物新品种，不授予植物新品种权。

第二十七条 授予植物新品种权的植物新品种名称，应当与相同或者相近的植物属或者种中已知品种的名称相区别。该名称经授权后即为该植物新品种的通用名称。

下列名称不得用于授权品种的命名：

（一）仅以数字表示的；

（二）违反社会公德的；

（三）对植物新品种的特征、特性或者育种者身份等容易引起误解的。

同一植物品种在申请新品种保护、品种审定、品种登记、推广、销售时只能使用同一个名称。生产推广、销售的种子应当与申请植物新品种保护、品种审定、品种登记时提供的样品相符。

第二十八条 植物新品种权所有人对其授权品种享有排他的独占权。植物新品种权所有人可以将植物新品种权许可他人实施，并按照合同约定收取许可使用费；许可使用费可以采取固定价款、从推广收益中提成等方式收取。

任何单位或者个人未经植物新品种权所有人许可，不得生产、繁殖和为繁殖而进行处理、许诺销售、销售、进口、出口以及为实施上述行为储存该授权品种的繁殖材料，不得为商业目的将该授权品种的繁殖材料重复使用于生产另一品种的繁殖材料。本法、有关法律、行政法规另有规定的除外。

实施前款规定的行为，涉及由未经许可使用授权品种的繁殖材料而获得的收获材料的，应当得到植物新品种权所有人的许可；但是，植物新品种权所有人对繁殖材料已有合理机会行使其权利的除外。

对实质性派生品种实施第二款、第三款规定行为的，应当征得原始品种的植物新品种权所有人的同意。

实质性派生品种制度的实施步骤和办法由国务院规定。

案例 蔡新光诉广州市润平商业有限公司侵害植物新品种权纠纷案（最高人民法院指导案例160号）

裁判规则：1. 授权品种的繁殖材料是植物新品种权的保护范围，是品种权人行使排他独占权的基础。授权品种的保护范围不限于申请品种权时所采取的特定方式获得的繁殖材料，即使不同于植物新品种权授权阶段育种者所普遍使用的繁殖材料，其他植物材料可用于授权品种繁殖材料的，亦应当纳入植物新品种权的保护范围。

2. 植物材料被认定为某一授权品种的繁殖材料，必须同时满足以下要件：属于活体，具有繁殖能力，并且繁殖出的新个体与该授权品种的特征特性相同。植物材料仅可以用作收获材料而不能用作繁殖材料的，不属于植物新品种权保护的范围。

第二十九条 在下列情况下使用授权品种的，可以不经植物新品种权所有人许可，不向其支付使用费，但不得侵犯植物新品种权所有人依照本法、有关法律、行政法规享有的其他权利：

（一）利用授权品种进行育种及其他科研活动；

（二）农民自繁自用授权品种的繁殖材料。

第三十条 为了国家利益或者社会公共利益，国务院农业农村、林业草原主管部门可以作出实施植物新品种权强制许可的决定，并予以登记和公告。

取得实施强制许可的单位或者个人不享有独占的实施权，并且无权允许他人实施。

第五章 种子生产经营

第三十一条 从事种子进出口业务的种子生产经营许可证，由国务院农业农村、林业草原主管部门核发。国务院农业农村、林业草原主管部门可以委托省、自治区、直辖市人民政府农业农村、林业草原主管部门接收申请材料。

从事主要农作物杂交种子及其亲本种子、林木良种繁殖材料生产经营的，以及符合国务院农业农村主管部门规定条件的实行选育生产经营相结合的农作物种子企业的种子生产经营许可证，由省、自治区、直辖市人民政府农业农村、林业草原主管部门核发。

前两款规定以外的其他种子的生产经营许可证，由生产经营者所在地县级以上地方人民政府农业农村、林业草原主管部门核发。

只从事非主要农作物种子和非主要林木种子生产的，不需要办理种子生产经营许可证。

第三十二条 申请取得种子生产经营许可证的，应当具有与种子生产经营相适应的生产经营设施、设备及专业技术人员，以及法规和国务院农业农村、林业草原主管部门规定的其他条件。

从事种子生产的，还应当同时具有繁殖种子的隔离和培育条件，具有无检疫性有害生物的种子生产地点或者县级以上人民政府林业草原主管部门确定的采种林。

申请领取具有植物新品种权的种子生产经营许可证的，应当征得植物新品种权所有人的书面同意。

第三十三条 种子生产经营许可证应当载明生产经营者名称、地址、法定代表人、生产种子的品种、地点和种子经营的范围、有效期限、有效区域等事项。

前款事项发生变更的，应当自变更之日起三十日内，向原核发许可证机关申请变更登记。

除本法另有规定外，禁止任何单位和个人无种子生产经营许可证或者违反种子生产经营许可证的规定生产、经营种子。禁止伪造、变造、买卖、租借种子生产经营许可证。

第三十四条 种子生产应当执行种子生产技术规程和种子检验、检疫规程，保证种子符合净度、纯度、发芽率等质量要求和检疫要求。

县级以上人民政府农业农村、林业草原主管部门应当指导、支持种子生产经营者采用先进的种子生产技术，改进生产工艺，提高种子质量。

第三十五条 在林木种子生产基地内采集种子的，由种子生产基地的经营者组织进行，采集种子应当按照国家有关标准进行。

禁止抢采掠青、损坏母树，禁止在劣质林内、劣质母树上采集种子。

第三十六条 种子生产经营者应当建立和保存包括种子来源、产地、数量、质量、销售去向、销售日期和有关责任人员等内容的生产经营档案，保证可追溯。种子生产经营档案的具体载明事项，种子生产经营档案及种子样品的保存期限由国务院农业农村、林业草原主管部门规定。

第三十七条 农民个人自繁自用的常规种子有剩余的，可以在当地集贸市场上出售、串换，不需要办理种子生产经营许可证。

第三十八条 种子生产经营许可证的有效区域由发证机关在其管辖范围内确定。种子生产经营者在种子生产经营许可证载明的有效区域设立分支机构的，专门经营不再分装的包装种子的，或者受具有种子生产经营许可证的种子生产经营者以书面委托生产、代销其种子的，不需要办理种子生产经营许可证，但应当向当地农业农村、林业草原主管部门备案。

实行选育生产经营相结合，符合国务院农业农村、林业草原主管部门规定条件的种子企业的生产经营许可证的有效区域为全国。

第三十九条 销售的种子应当加工、分级、包装。但是不能加工、包装的除外。

大包装或者进口种子可以分装；实行分装的，应当标注分装单位，并对种子质量负责。

第四十条 销售的种子应当符合国家或者行业标准，附有标签和使用说明。标签和使用说明标注的内容应当与销售的种子相符。种子生产经营者对标注内容的真实性和种子质量负责。

标签应当标注种子类别、品种名称、品种审定或者登记编号、品种适宜种植区域及季节、生产经营者及注册地、质量指标、检疫证明编号、种子生产经营许可证编号和信息代码，以及国务院农业农村、林业草原主管部门规定的其他事项。

销售授权品种种子的，应当标注品种权号。

销售进口种子的，应当附有进口审批文号和中文标签。

销售转基因植物品种种子的，必须用明显的文字标注，并应当提示使用时的安全控制措施。

种子生产经营者应当遵守有关法律、法规的规定，诚实守信，向种子使用者提供种子生产者信息、种子的主要性状、主要栽培措施、适应性等使用条件的说明、风险提示与有关咨询服务,不得作虚假或者引人误解的宣传。

任何单位和个人不得非法干预种子生产经营者的生产经营自主权。

第四十一条 种子广告的内容应当符合本法和有关广告的法律、法规的规定,主要性状描述等应当与审定、登记公告一致。

第四十二条 运输或者邮寄种子应当依照有关法律、行政法规的规定进行检疫。

第四十三条 种子使用者有权按照自己的意愿购买种子,任何单位和个人不得非法干预。

第四十四条 国家对推广使用林木良种造林给予扶持。国家投资或者国家投资为主的造林项目和国有林业单位造林,应当根据林业草原主管部门制定的计划使用林木良种。

第四十五条 种子使用者因种子质量问题或者因种子的标签和使用说明标注的内容不真实,遭受损失的,种子使用者可以向出售种子的经营者要求赔偿,也可以向种子生产者或者其他经营者要求赔偿。赔偿额包括购种价款、可得利益损失和其他损失。属于种子生产者或者其他经营者责任的,出售种子的经营者赔偿后,有权向种子生产者或者其他经营者追偿;属于出售种子的经营者责任的,种子生产者或者其他经营者赔偿后,有权向出售种子的经营者追偿。

第六章 种子监督管理

第四十六条 农业农村、林业草原主管部门应当加强对种子质量的监督检查。种子质量管理办法、行业标准和检验方法,由国务院农业农村、林业草原主管部门制定。

农业农村、林业草原主管部门可以采用国家规定的快速检测方法对生产经营的种子品种进行检测,检测结果可以作为行政处罚依据。被检查人对检测结果有异议的,可以申请复检,复检不得采用同一检测方法。因检测结果错误给当事人造成损失的,依法承担赔偿责任。

第四十七条 农业农村、林业草原主管部门可以委托种子质量检验机构对种子质量进行检验。

承担种子质量检验的机构应当具备相应的检测条件、能力,并经省级以上人民政府有关主管部门考核合格。

种子质量检验机构应当配备种子检验员。种子检验员应当具有中专以上有关专业学历,具备相应的种子检验技术能力和水平。

第四十八条 禁止生产经营假、劣种子。农业农村、林业草原主管部门和有关部门依法打击生产经营假、劣种子的违法行为,保护农民合法权益,维护公平竞争的市场秩序。

下列种子为假种子:

(一)以非种子冒充种子或者以此种品种种子冒充其他品种种子的;

(二)种子种类、品种与标签标注的内容不符或者没有标签的。

下列种子为劣种子:

(一)质量低于国家规定标准的;

(二)质量低于标签标注指标的;

(三)带有国家规定的检疫性有害生物的。

案例 山东省青岛市徐某某经营假种子案(第二批农业行政执法指导性案例之二)

裁判规则:新《行政处罚法》生效施行前,行政处罚领域主要遵循客观归责原则,一般不需要考虑当事人的主观过错。新《行政处罚法》第三十三条第二款规定,除法律、行政法规另有规定外,当事人有证据足以证明其没有主观过错的,不予行政处罚。本案中,徐某某的违法行为发生在新《行政处罚法》生效施行前,农业农村部门立案调查和作出行政处罚的时间均在新《行政处罚法》生效施行后,按照新《行政处罚法》第三十七条规定的"从旧兼从轻"适用原则,应当适用新《行政处罚法》第三十三条第二条规定。徐某某经营的种子系假种子的违法事实十分清楚,但其提出无主观过错不应当受到处罚。农业农村部门审查后认为,因徐某某销售的种子为不再分装的包装种子,现行种子法律法规未要求种子零售商对其经营种子的质量和真伪进行检验检测;同时,徐某某的进货查验流程和方法符合一般农资经营门店的进货习惯,且按规定将种子信息向农业农村部门作了备案,已尽到了种子零售商应尽的法律义务和注意义务,其提供的证据足以证明确实无主观过错。据此,农业农村部门对徐某某依法作出了不予行政处罚的决定。该案为种子零售商经营的种子被检测出质量问题后,如何认定其是否具有主观过错、是否应当受到行政处罚等提供了参考。

第四十九条 农业农村、林业草原主管部门是种子行政执法机关。种子执法人员依法执行公务时应当出示行政执法证件。农业农村、林业草原主管部门依法履行种子监督检查职责时，有权采取下列措施：

（一）进入生产经营场所进行现场检查；

（二）对种子进行取样测试、试验或者检验；

（三）查阅、复制有关合同、票据、账簿、生产经营档案及其他有关资料；

（四）查封、扣押有证据证明违法生产经营的种子，以及用于违法生产经营的工具、设备及运输工具等；

（五）查封违法从事种子生产经营活动的场所。

农业农村、林业草原主管部门依照本法规定行使职权，当事人应当协助、配合，不得拒绝、阻挠。

农业农村、林业草原主管部门所属的综合执法机构或者受其委托的种子管理机构，可以开展种子执法相关工作。

第五十条 种子生产经营者依法自愿成立种子行业协会，加强行业自律管理，维护成员合法权益，为成员和行业发展提供信息交流、技术培训、信用建设、市场营销和咨询等服务。

第五十一条 种子生产经营者可自愿向具有资质的认证机构申请种子质量认证。经认证合格的，可以在包装上使用认证标识。

第五十二条 由于不可抗力原因，为生产需要必须使用低于国家或者地方规定标准的农作物种子的，应当经用种地县级以上地方人民政府批准。

第五十三条 从事品种选育和种子生产经营以及管理的单位和个人应当遵守有关植物检疫法律、行政法规的规定，防止植物危险性病、虫、杂草及其他有害生物的传播和蔓延。

禁止任何单位和个人在种子生产基地从事检疫性有害生物接种试验。

第五十四条 省级以上人民政府农业农村、林业草原主管部门应当在统一的政府信息发布平台上发布品种审定、品种登记、新品种保护、种子生产经营许可、监督管理等信息。

国务院农业农村、林业草原主管部门建立植物品种标准样品库，为种子监督管理提供依据。

第五十五条 农业农村、林业草原主管部门及其工作人员，不得参与和从事种子生产经营活动。

第七章 种子进出口和对外合作

第五十六条 进口种子和出口种子必须实施检疫，防止植物危险性病、虫、杂草及其他有害生物传入境内和传出境外，具体检疫工作按照有关植物进出境检疫法律、行政法规的规定执行。

第五十七条 从事种子进出口业务的，应当具备种子生产经营许可证；其中，从事农作物种子进出口业务的，还应当按照国家有关规定取得种子进出口许可。

从境外引进农作物、林木种子的审定权限，农作物种子的进口审批办法，引进转基因植物品种的管理办法，由国务院规定。

第五十八条 进口种子的质量，应当达到国家标准或者行业标准。没有国家标准或者行业标准的，可以按照合同约定的标准执行。

第五十九条 为境外制种进口种子的，可以不受本法第五十七条第一款的限制，但应当具有对外制种合同，进口的种子只能用于制种，其产品不得在境内销售。

从境外引进农作物或者林木试验用种，应当隔离栽培，收获物也不得作为种子销售。

第六十条 禁止进出口假、劣种子以及属于国家规定不得进出口的种子。

第六十一条 国家建立种业国家安全审查机制。境外机构、个人投资、并购境内种子企业，或者与境内科研院所、种子企业开展技术合作，从事品种研发、种子生产经营的审批管理依照有关法律、行政法规的规定执行。

第八章 扶持措施

第六十二条 国家加大对种业发展的支持。对品种选育、生产、示范推广、种质资源保护、种子储备以及制种大县给予扶持。

国家鼓励推广使用高效、安全制种采种技术和先进适用的制种采种机械，将先进适用的制种采种机械纳入农机具购置补贴范围。

国家积极引导社会资金投资种业。

第六十三条 国家加强种业公益性基础设施建设，保障育种科研设施用地合理需求。

对优势种子繁育基地内的耕地，划入永久基本农田。优势种子繁育基地由国务院农业农村主管部门商所在省、自治区、直辖市人民政府确定。

第六十四条 对从事农作物和林木品种选育、生产的种子企业,按照国家有关规定给予扶持。

第六十五条 国家鼓励和引导金融机构为种子生产经营和收储提供信贷支持。

第六十六条 国家支持保险机构开展种子生产保险。省级以上人民政府可以采取保险费补贴等措施,支持发展种业生产保险。

第六十七条 国家鼓励科研院所及高等院校与种子企业开展育种科技人员交流,支持本单位的科技人员到种子企业从事育种成果转化活动;鼓励育种科研人才创新创业。

第六十八条 国务院农业农村、林业草原主管部门和异地繁育种子所在地的省、自治区、直辖市人民政府应当加强对异地繁育种子工作的管理和协调,交通运输部门应当优先保证种子的运输。

第九章 法律责任

第六十九条 农业农村、林业草原主管部门不依法作出行政许可决定,发现违法行为或者接到对违法行为的举报不予查处,或者有其他未依照本法规定履行职责的行为的,由本级人民政府或者上级人民政府有关部门责令改正,对负有责任的主管人员和其他直接责任人员依法给予处分。

违反本法第五十五条规定,农业农村、林业草原主管部门工作人员从事种子生产经营活动的,依法给予处分。

第七十条 违反本法第十六条规定,品种审定委员会委员和工作人员不依法履行职责,弄虚作假、徇私舞弊的,依法给予处分;自处分决定作出之日起五年内不得从事品种审定工作。

第七十一条 品种测试、试验和种子质量检验机构伪造测试、试验、检验数据或者出具虚假证明的,由县级以上人民政府农业农村、林业草原主管部门责令改正,对单位处五万元以上十万元以下罚款,对直接负责的主管人员和其他直接责任人员处一万元以上五万元以下罚款;有违法所得的,并处没收违法所得;给种子使用者和其他种子生产经营者造成损失的,与种子生产经营者承担连带责任;情节严重的,由省级以上人民政府有关主管部门取消种子质量检验资格。

第七十二条 违反本法第二十八条规定,有侵犯植物新品种权行为的,由当事人协商解决,不愿协商或者协商不成的,植物新品种权所有人或者利害关系人可以请求县级以上人民政府农业农村、林业草原主管部门进行处理,也可以直接向人民法院提起诉讼。

县级以上人民政府农业农村、林业草原主管部门,根据当事人自愿的原则,对侵犯植物新品种权所造成的损害赔偿可以进行调解。调解达成协议的,当事人应当履行;当事人不履行协议或者调解未达成协议的,植物新品种权所有人或者利害关系人可以依法向人民法院提起诉讼。

侵犯植物新品种权的赔偿数额按照权利人因被侵权所受到的实际损失确定;实际损失难以确定的,可以按照侵权人因侵权所获得的利益确定。权利人的损失或者侵权人获得的利益难以确定的,可以参照该植物新品种权许可使用费的倍数合理确定。故意侵犯植物新品种权,情节严重的,可以在按照上述方法确定数额的一倍以上五倍以下确定赔偿数额。

权利人的损失、侵权人获得的利益和植物新品种权许可使用费均难以确定的,人民法院可以根据植物新品种权的类型、侵权行为的性质和情节等因素,确定给予五百万元以下的赔偿。

赔偿数额应当包括权利人为制止侵权行为所支付的合理开支。

县级以上人民政府农业农村、林业草原主管部门处理侵犯植物新品种权案件时,为了维护社会公共利益,责令侵权人停止侵权行为,没收违法所得和种子;货值金额不足五万元的,并处一万元以上二十五万元以下罚款;货值金额五万元以上的,并处货值金额五倍以上十倍以下罚款。

假冒授权品种的,由县级以上人民政府农业农村、林业草原主管部门责令停止假冒行为,没收违法所得和种子;货值金额不足五万元的,并处一万元以上二十五万元以下罚款;货值金额五万元以上的,并处货值金额五倍以上十倍以下罚款。

案例 1. 广东省韶关市某米业公司侵犯水稻植物新品种权案(农业农村部公布农业执法保障粮食安全十大典型案例之五)

裁判规则:2022年6月,广东省韶关市农业农村局接深圳市某种业公司举报,韶关市某米业公司销售的“美香占”水稻种子涉嫌侵犯其所享有的“美香占2号”品种权。经韶关市农业农村局执法人员实地核查并依法抽样送检,该公司销售的水稻种子与“美香占2号”属相同或极近似品种。经

立案查明，当事人未经品种权人授权，非法生产销售"美香占"水稻种子。至案发时，当事人生产种子9005千克，货值金额6.3万元。依据《中华人民共和国种子法》第七十二条第六款之规定，韶关市农业农村局责令当事人停止侵权行为，作出没收非法生产的水稻种子，并处罚款37.82万元的行政处罚。

2. 浙江省宁波市蔡某某、黄某某等未经品种权人许可销售授权品种种子案（第二批农业行政执法指导性案例之一）

裁判规则：党中央、国务院高度重视种业发展和种业知识产权保护工作。《中华人民共和国种子法》（以下简称《种子法》）第二十八条规定，除法律、行政法规另有规定外，任何单位或者个人未经植物新品种权人许可，不得生产、繁殖或者销售该授权品种的繁殖材料，不得为商业目的将该授权品种繁殖材料重复使用于生产另一品种的繁殖材料。本案中，制种农户蔡某某等人擅自将品种权人委托其制种的授权品种种子对外销售，不仅违反了制种合同约定，还侵犯了品种权人的植物新品种权，依法应当承担法律责任。黄某某等人明知其收购的种子系制种基地非法流出的授权品种种子，仍然购进并转卖获利，也侵犯了品种权人的植物新品种权，依法应当承担法律责任。根据《种子法》第七十三条第五款（修订后的《种子法》第七十二条第六款）规定，对侵犯农作物新品种权行为，农业农村部门为了公共利益，有权责令侵权人停止侵权行为，给予没收违法所得、种子和罚款的行政处罚。

第七十三条 当事人就植物新品种的申请权和植物新品种权的权属发生争议的，可以向人民法院提起诉讼。

第七十四条 违反本法第四十八条规定，生产经营假种子的，由县级以上人民政府农业农村、林业草原主管部门责令停止生产经营，没收违法所得和种子，吊销种子生产经营许可证；违法生产经营的货值金额不足二万元的，并处二万元以上二十万元以下罚款；货值金额二万元以上的，并处货值金额十倍以上二十倍以下罚款。

因生产经营假种子犯罪被判处有期徒刑以上刑罚的，种子企业或者其他单位的法定代表人、直接负责的主管人员自刑罚执行完毕之日起五年内不得担任种子企业的法定代表人、高级管理人员。

第七十五条 违反本法第四十八条规定，生产经营劣种子的，由县级以上人民政府农业农村、林业草原主管部门责令停止生产经营，没收违法所得和种子；违法生产经营的货值金额不足二万元的，并处一万元以上十万元以下罚款；货值金额二万元以上的，并处货值金额五倍以上十倍以下罚款；情节严重的，吊销种子生产经营许可证。

因生产经营劣种子犯罪被判处有期徒刑以上刑罚的，种子企业或者其他单位的法定代表人、直接负责的主管人员自刑罚执行完毕之日起五年内不得担任种子企业的法定代表人、高级管理人员。

案例 1. 安徽省濉溪县某农资店经营假玉米种子案（农业农村部公布农业执法保障粮食安全十大典型案例之三）

裁判规则：2021年12月，安徽省濉溪县农业农村局接安徽省农业农村厅核查函，濉溪县某农资店涉嫌经营假"弘展898"玉米种子。经濉溪县农业综合行政执法大队执法人员实地检查并依法抽样送检，该农资店经营的标称"弘展898"玉米种子实为其他品种的玉米种子，涉嫌经营假种子。经立案查明，当事人经营涉案玉米种子1000袋，货值金额2.9万元。依据《中华人民共和国种子法》（2015年修订）第七十五条第一款之规定，濉溪县农业农村局责令当事人停止违法行为，作出没收违法经营的假玉米种子和违法所得，并处罚款34.57万元的行政处罚。

2. 天津市宝坻区某农资经营部经营假种子案（第一批农业行政执法指导性案例之一）

裁判规则：种子是重要的农业生产资料，直接关系农业生产安全和农民权益。生产经营假劣种子行为破坏了正常的种子管理秩序，一直是农业农村部门的执法重点。本案当事人以"JM22"冒充"LX310"品种销售，是典型的经营假种子行为。根据《中华人民共和国种子法》第七十五条第一款的规定，经营假种子的，依法应当责令其停止生产经营，没收违法所得和种子，吊销种子生产经营许可证，并处罚款。因本案当事人积极配合行政机关调查，主动追回已销售的违法种子，并与购种农户签订赔偿协议，符合《中华人民共和国行政处罚法》第二十七条第一款第一项规定的"当事人有主动消除或者减轻违法行为危害后果的，应当依法从轻或者减轻行政处罚"的情形，农业农村部门依法给予当事人没收假种子、违法所得和罚款的处

罚，未吊销其种子生产经营许可证，体现了宽严相济、过罚相当的处罚原则。

第七十六条 违反本法第三十二条、第三十三条、第三十四条规定，有下列行为之一的，由县级以上人民政府农业农村、林业草原主管部门责令改正，没收违法所得和种子；违法生产经营的货值金额不足一万元的，并处三千元以上三万元以下罚款；货值金额一万元以上的，并处货值金额三倍以上五倍以下罚款；可以吊销种子生产经营许可证：

（一）未取得种子生产经营许可证生产经营种子的；

（二）以欺骗、贿赂等不正当手段取得种子生产经营许可证的；

（三）未按照种子生产经营许可证的规定生产经营种子的；

（四）伪造、变造、买卖、租借种子生产经营许可证的；

（五）不再具有繁殖种子的隔离和培育条件，或者不再具有无检疫性有害生物的种子生产地点或者县级以上人民政府林业草原主管部门确定的采种林，继续从事种子生产的；

（六）未执行种子检验、检疫规程生产种子的。

被吊销种子生产经营许可证的单位，其法定代表人、直接负责的主管人员自处罚决定作出之日起五年内不得担任种子企业的法定代表人、高级管理人员。

案例 1. 山东省济南市邵某某等人未取得种子生产经营许可证生产经营假劣玉米种子案（农业农村部公布农业执法保障粮食安全十大典型案例之一）

裁判规则：2022年1月，山东省济南市农业农村局接群众举报，邵某某等人涉嫌无证生产经营假劣玉米种子。济南市农业综合行政执法支队执法人员立即开展核查，发现邵某某等人未取得种子生产经营许可证，在济南市4个区建立生产窝点，非法生产经营玉米种子且数量较大，涉嫌构成犯罪。济南市农业农村局商请济南市公安局提前介入，并积极配合公安机关查明邵某某等人生产涉案玉米种子共141个品种，在山东省聊城市、泰安市、德州市、潍坊市等多地建立分销渠道销售涉案玉米种子。经依法抽样送检，涉案141个玉米品种有106个为假种子，11个为劣种子。经公安机关进一步侦查，目前已查明涉案假劣玉米种子约1200吨，涉案金额1200万元。

2. 浙江省温州市某农资经营部经营劣种子案（第一批农业行政执法指导性案例之二）

裁判规则：及时查处种子违法案件，对于维护正常的种子市场秩序、保护农民合法权益具有重要意义。本案虽然货值金额不大，但农业农村部门坚持违法必究，严格办案，对涉案种子的上游供货商、下游农户销售两个方向和进货、销货、存货三个渠道开展全面调查取证，查明了当事人违法经营劣种子的事实，对违法种子数量、货值和违法所得及危害后果等进行了准确认定，并依法作出了行政处罚。此外，本案中农业农村部门在行政处罚决定执行完毕后，还专门开展“回头看”，对当事人改正违法行为的情况进行检查核实，确保了监督检查和行政处罚的实际效果。

第七十七条 违反本法第二十一条、第二十二条、第二十三条规定，有下列行为之一的，由县级以上人民政府农业农村、林业草原主管部门责令停止违法行为，没收违法所得和种子，并处二万元以上二十万元以下罚款：

（一）对应当审定未经审定的农作物品种进行推广、销售的；

（二）作为良种推广、销售应当审定未经审定的林木品种的；

（三）推广、销售应当停止推广、销售的农作物品种或者林木良种的；

（四）对应当登记未经登记的农作物品种进行推广，或者以登记品种的名义进行销售的；

（五）对已撤销登记的农作物品种进行推广，或者以登记品种的名义进行销售的。

违反本法第二十三条、第四十一条规定，对应当审定未经审定或者应当登记未经登记的农作物品种发布广告，或者广告中有关品种的主要性状描述的内容与审定、登记公告不一致的，依照《中华人民共和国广告法》的有关规定追究法律责任。

案例 1. 江苏省宿迁市某农资经营部经营依法应当审定未经审定的玉米种子案（农业农村部公布农业执法保障粮食安全十大典型案例之四）

裁判规则：2022年7月，江苏省宿迁市农业综合行政执法支队执法人员在开展种子执法检查时，发现某农资经营部销售的10个品种玉米种子均未标注品种审定编号。经立案查明，上述玉米品种均未通过国家或者省级审定，当事人经营依

法应当审定未经审定的玉米种子共计2610袋，货值金额3.5万元。依据《中华人民共和国种子法》第七十七条第一款第一项之规定，宿迁市农业农村局对当事人作出没收违法经营的玉米种子和违法所得，并处罚款12万元的行政处罚。

2. 上海市奉贤区某农资公司销售应当审定未经审定的农作物种子案（第二批农业行政执法指导性案例之四）

裁判规则：国家对主要农作物实行品种审定制度。农作物品种的品质、产量、抗性、适应性，除受本身遗传特性的影响外，还会受气候类型、生态条件等因素的影响。农业农村部制定发布的《主要农作物品种审定办法》将品种适宜种植区域作为品种审定公告的重要内容。经营主要农作物种子，必须遵守品种审定、引种备案等规定，不得在农作物品种的适宜生态区外推广、销售，否则将构成违法。《农业农村部办公厅关于种子法有关条款适用的意见》（农办法〔2019〕1号）对如何认定《种子法》第七十八条（修订后的《种子法》第七十七条）规定的“应当审定未经审定的农作物品种进行推广销售”作出了明确规定。本案中，农业综合行政执法人员在执法检查过程中，以检查种子包装上的审定编号和引种编号为突破口，通过检查标签、查询审定信息等方式，查明了当事人销售应当审定未经审定玉米种子的违法行为，并依法查处，有力保障了当地农民的合法权益。

3. 福建省武夷山市某公司推广应当审定未经审定的水稻种子案（第三批农业行政执法指导性案例之一）

裁判规则：《种子法》明确规定应当审定的农作物品种未经审定的，不得发布广告、推广、销售。《农业农村部办公厅关于种子法有关条款适用的意见》（农办法〔2019〕1号）细化规定了“应当审定未经审定的农作物品种进行推广销售”的4种主要情形。本案中，当事人与农民专业合作社以“公司+农户”名义签订种植合作协议，由其向合作社提供尚未通过品种审定的水稻种子，并向合作社收取数十万元的技术服务费，同时约定全部回收合作社种植后收获的稻谷。新余市农业农村局立案调查后，将该行为依法认定为推广应当审定未经审定的农作物品种。对此，当事人主张其种子系免费提供给合作社，不存在推广和销售种子行为。但新余市农业农村局认为，根据当事人与合作社签订种植合作协议约定的种子供应数量、技术服务费数额、稻谷收获物归属等内容，以及当事人印制的品种宣传手册等事实，足以证明当事人实施了将应当审定未经审定的水稻种子推广应用于农业生产的违法行为。此外，双方协议虽然约定了稻谷回购条款，但回购并未改变收获物归属于合作社、种植风险由合作社自担的事实，合作社获得的是“生产性收入”而非“劳务报酬”，不能将其视为当事人委托合作社对未经审定的种子进行小范围“生产性试种”的行为。本案的依法查处为农业行政执法人员准确理解《种子法》上述条款中“推广”的内涵外延，依法认定农作物品种“未审先推”行为提供了有益借鉴。

第七十八条 违反本法第五十七条、第五十九条、第六十条规定，有下列行为之一的，由县级以上人民政府农业农村、林业草原主管部门责令改正，没收违法所得和种子；违法生产经营的货值金额不足一万元的，并处三千元以上三万元以下罚款；货值金额一万元以上的，并处货值金额三倍以上五倍以下罚款；情节严重的，吊销种子生产经营许可证：

（一）未经许可进出口种子的；

（二）为境外制种的种子在境内销售的；

（三）从境外引进农作物或者林木种子进行引种试验的收获物作为种子在境内销售的；

（四）进出口假、劣种子或者属于国家规定不得进出口的种子的。

第七十九条 违反本法第三十六条、第三十八条、第三十九条、第四十条规定，有下列行为之一的，由县级以上人民政府农业农村、林业草原主管部门责令改正，处二千元以上二万元以下罚款：

（一）销售的种子应当包装而没有包装的；

（二）销售的种子没有使用说明或者标签内容不符合规定的；

（三）涂改标签的；

（四）未按规定建立、保存种子生产经营档案的；

（五）种子生产经营者在异地设立分支机构、专门经营不再分装的包装种子或者受委托生产、代销种子，未按规定备案的。

第八十条 违反本法第八条规定，侵占、破坏种质资源，私自采集或者采伐国家重点保护的天然种质资源的，由县级以上人民政府农业农村、林业草原主管部门责令停止违法行为,没收种质资源和违法所得,并处五千元以上五万元以下罚款;造成损失的,依法承担赔偿责任。

第八十一条 违反本法第十一条规定,向境外提供或者从境外引进种质资源,或者与境外机构、个人开展合作研究利用种质资源的,由国务院或者省、自治区、直辖市人民政府的农业农村、林业草原主管部门没收种质资源和违法所得,并处二万元以上二十万元以下罚款。

未取得农业农村、林业草原主管部门的批准文件携带、运输种质资源出境的,海关应当将该种质资源扣留,并移送省、自治区、直辖市人民政府农业农村、林业草原主管部门处理。

第八十二条 违反本法第三十五条规定,抢采掠青、损坏母树或者在劣质林内、劣质母树上采种的,由县级以上人民政府林业草原主管部门责令停止采种行为,没收所采种子,并处所采种子货值金额二倍以上五倍以下罚款。

第八十三条 违反本法第十七条规定,种子企业有造假行为的,由省级以上人民政府农业农村、林业草原主管部门处一百万元以上五百万元以下罚款;不得再依照本法第十七条的规定申请品种审定;给种子使用者和其他种子生产经营者造成损失的,依法承担赔偿责任。

第八十四条 违反本法第四十四条规定,未根据林业草原主管部门制定的计划使用林木良种的,由同级人民政府林业草原主管部门责令限期改正;逾期未改正的,处三千元以上三万元以下罚款。

第八十五条 违反本法第五十三条规定,在种子生产基地进行检疫性有害生物接种试验的,由县级以上人民政府农业农村、林业草原主管部门责令停止试验,处五千元以上五万元以下罚款。

第八十六条 违反本法第四十九条规定,拒绝、阻挠农业农村、林业草原主管部门依法实施监督检查的,处二千元以上五万元以下罚款,可以责令停产停业整顿;构成违反治安管理行为的,由公安机关依法给予治安管理处罚。

第八十七条 违反本法第十三条规定,私自交易育种成果,给本单位造成经济损失的,依法承担赔偿责任。

第八十八条 违反本法第四十三条规定,强迫种子使用者违背自己的意愿购买、使用种子,给使用者造成损失的,应当承担赔偿责任。

第八十九条 违反本法规定,构成犯罪的,依法追究刑事责任。

第十章 附 则

第九十条 本法下列用语的含义是:

(一)种质资源是指选育植物新品种的基础材料,包括各种植物的栽培种、野生种的繁殖材料以及利用上述繁殖材料人工创造的各种植物的遗传材料。

(二)品种是指经过人工选育或者发现并经过改良,形态特征和生物学特性一致,遗传性状相对稳定的植物群体。

(三)主要农作物是指稻、小麦、玉米、棉花、大豆。

(四)主要林木由国务院林业草原主管部门确定并公布;省、自治区、直辖市人民政府林业草原主管部门可以在国务院林业草原主管部门确定的主要林木之外确定其他八种以下的主要林木。

(五)林木良种是指通过审定的主要林木品种,在一定的区域内,其产量、适应性、抗性等方面明显优于当前主栽材料的繁殖材料和种植材料。

(六)新颖性是指申请植物新品种权的品种在申请日前,经申请权人自行或者同意销售、推广其种子,在中国境内未超过一年;在境外,木本或者藤本植物未超过六年,其他植物未超过四年。

本法施行后新列入国家植物品种保护名录的植物的属或者种,从名录公布之日起一年内提出植物新品种权申请的,在境内销售、推广该品种种子未超过四年的,具备新颖性。

除销售、推广行为丧失新颖性外,下列情形视为已丧失新颖性:

1. 品种经省、自治区、直辖市人民政府农业农村、林业草原主管部门依据播种面积确认已经形成事实扩散的;

2. 农作物品种已审定或者登记两年以上未申请植物新品种权的。

(七)特异性是指一个植物品种有一个以上性状明显区别于已知品种。

(八)一致性是指一个植物品种的特性除可预期的自然变异外,群体内个体间相关的特征或者特性表现一致。

(九)稳定性是指一个植物品种经过反复繁殖后或者在特定繁殖周期结束时,其主要性状保持不变。

（十）实质性派生品种是指由原始品种实质性派生，或者由该原始品种的实质性派生品种派生出来的品种，与原始品种有明显区别，并且除派生引起的性状差异外，在表达由原始品种基因型或者基因型组合产生的基本性状方面与原始品种相同。

（十一）已知品种是指已受理申请或者已通过品种审定、品种登记、新品种保护，或者已经销售、推广的植物品种。

（十二）标签是指印制、粘贴、固定或者附着在种子、种子包装物表面的特定图案及文字说明。

第九十一条 国家加强中药材种质资源保护，支持开展中药材育种科学技术研究。

草种、烟草种、中药材种、食用菌菌种的种质资源管理和选育、生产经营、管理等活动，参照本法执行。

第九十二条 本法自2016年1月1日起施行。

植物检疫条例

· 1983年1月3日国务院发布
· 根据1992年5月13日《国务院关于修改〈植物检疫条例〉的决定》第一次修订
· 根据2017年10月7日《国务院关于修改部分行政法规的决定》第二次修订

第一条 为了防止危害植物的危险性病、虫、杂草传播蔓延，保护农业、林业生产安全，制定本条例。

第二条 国务院农业主管部门、林业主管部门主管全国的植物检疫工作，各省、自治区、直辖市农业主管部门、林业主管部门主管本地区的植物检疫工作。

第三条 县级以上地方各级农业主管部门、林业主管部门所属的植物检疫机构，负责执行国家的植物检疫任务。

植物检疫人员进入车站、机场、港口、仓库以及其他有关场所执行植物检疫任务，应穿着检疫制服和佩带检疫标志。

第四条 凡局部地区发生的危险性大、能随植物及其产品传播的病、虫、杂草，应定为植物检疫对象。农业、林业植物检疫对象和应施检疫的植物、植物产品名单，由国务院农业主管部门、林业主管部门制定。各省、自治区、直辖市农业主管部门、林业主管部门可以根据本地区的需要，制定本省、自治区、直辖市的补充名单，并报国务院农业主管部门、林业主管部门备案。

第五条 局部地区发生植物检疫对象的，应划为疫区，采取封锁、消灭措施，防止植物检疫对象传出；发生地区已比较普遍的，则应将未发生地区划为保护区，防止植物检疫对象传入。

疫区应根据植物检疫对象的传播情况、当地的地理环境、交通状况以及采取封锁、消灭措施的需要来划定，其范围应严格控制。

在发生疫情的地区，植物检疫机构可以派人参加当地的道路联合检查站或者木材检查站；发生特大疫情时，经省、自治区、直辖市人民政府批准，可以设立植物检疫检查站，开展植物检疫工作。

第六条 疫区和保护区的划定，由省、自治区、直辖市农业主管部门、林业主管部门提出，报省、自治区、直辖市人民政府批准，并报国务院农业主管部门、林业主管部门备案。

疫区和保护区的范围涉及两省、自治区、直辖市以上的，由有关省、自治区、直辖市农业主管部门、林业主管部门共同提出，报国务院农业主管部门、林业主管部门批准后划定。

疫区、保护区的改变和撤销的程序，与划定时同。

第七条 调运植物和植物产品，属于下列情况的，必须经过检疫：

（一）列入应施检疫的植物、植物产品名单的，运出发生疫情的县级行政区域之前，必须经过检疫；

（二）凡种子、苗木和其他繁殖材料，不论是否列入应施检疫的植物、植物产品名单和运往何地，在调运之前，都必须经过检疫。

第八条 按照本条例第七条的规定必须检疫的植物和植物产品，经检疫未发现植物检疫对象的，发给植物检疫证书。发现有植物检疫对象，但能彻底消毒处理的，托运人应按植物检疫机构的要求，在指定地点作消毒处理，经检查合格后发给植物检疫证书；无法消毒处理的，应停止调运。

植物检疫证书的格式由国务院农业主管部门、林业主管部门制定。

对可能被植物检疫对象污染的包装材料、运载工具、场地、仓库等，也应实施检疫。如已被污染，托运人应按植物检疫机构的要求处理。

因实施检疫需要的车船停留、货物搬运、开拆、取样、储存、消毒处理等费用，由托运人负责。

第九条 按照本条例第七条的规定必须检疫的植物和植物产品，交通运输部门和邮政部门一律凭植物检疫证书承运或收寄。植物检疫证书应随货运寄。具体办法由国务院农业主管部门、林业主管部门会同铁道、交通、民航、邮政部门制定。

第十条 省、自治区、直辖市间调运本条例第七条规定必须经过检疫的植物和植物产品的，调入单位必须事先征得所在地的省、自治区、直辖市植物检疫机构同意，并向调出单位提出检疫要求；调出单位必须根据该检疫要求向所在地的省、自治区、直辖市植物检疫机构申请检疫。对调入的植物和植物产品，调入单位所在地的省、自治区、直辖市的植物检疫机构应当查验检疫证书，必要时可以复检。

省、自治区、直辖市内调运植物和植物产品的检疫办法，由省、自治区、直辖市人民政府规定。

第十一条 种子、苗木和其他繁殖材料的繁育单位，必须有计划地建立无植物检疫对象的种苗繁育基地、母树林基地。试验、推广的种子、苗木和其他繁殖材料，不得带有植物检疫对象。植物检疫机构应实施产地检疫。

第十二条 从国外引进种子、苗木，引进单位应当向所在地的省、自治区、直辖市植物检疫机构提出申请，办理检疫审批手续。但是，国务院有关部门所属的在京单位从国外引进种子、苗木，应当向国务院农业主管部门、林业主管部门所属的植物检疫机构提出申请，办理检疫审批手续。具体办法由国务院农业主管部门、林业主管部门制定。

从国外引进、可能潜伏有危险性病、虫的种子、苗木和其他繁殖材料，必须隔离试种，植物检疫机构应进行调查、观察和检疫，证明确实不带危险性病、虫的，方可分散种植。

第十三条 农林院校和试验研究单位对植物检疫对象的研究，不得在检疫对象的非疫区进行。因教学、科研确需在非疫区进行时，应当遵守国务院农业主管部门、林业主管部门的规定。

第十四条 植物检疫机构对于新发现的检疫对象和其他危险性病、虫、杂草，必须及时查清情况，立即报告省、自治区、直辖市农业主管部门、林业主管部门，采取措施，彻底消灭，并报告国务院农业主管部门、林业主管部门。

第十五条 疫情由国务院农业主管部门、林业主管部门发布。

第十六条 按照本条例第五条第一款和第十四条的规定，进行疫情调查和采取消灭措施所需的紧急防治费和补助费，由省、自治区、直辖市在每年的植物保护费、森林保护费或者国营农场生产费中安排。特大疫情的防治费，国家酌情给予补助。

第十七条 在植物检疫工作中作出显著成绩的单位和个人，由人民政府给予奖励。

第十八条 有下列行为之一的，植物检疫机构应当责令纠正，可以处以罚款；造成损失的，应当负责赔偿；构成犯罪的，由司法机关依法追究刑事责任：

（一）未依照本条例规定办理植物检疫证书或者在报检过程中弄虚作假的；

（二）伪造、涂改、买卖、转让植物检疫单证、印章、标志、封识的；

（三）未依照本条例规定调运、隔离试种或者生产应施检疫的植物、植物产品的；

（四）违反本条例规定，擅自开拆植物、植物产品包装，调换植物、植物产品，或者擅自改变植物、植物产品的规定用途的；

（五）违反本条例规定，引起疫情扩散的。

有前款第（一）、（二）、（三）、（四）项所列情形之一，尚不构成犯罪的，植物检疫机构可以没收非法所得。

对违反本条例规定调运的植物和植物产品，植物检疫机构有权予以封存、没收、销毁或者责令改变用途。销毁所需费用由责任人承担。

案例 四川省江油市某种业有限公司生产销售未经检疫水稻种子案（第二批农业行政执法指导性案例之三）

裁判规则：植物检疫是农业生产安全的重要保障，依法查处植物检疫违法行为是农业农村部门的重要执法职责。根据《植物检疫条例》《植物检疫条例实施细则（农业部分）》的规定，调运种子、苗木和其他繁殖材料必须经过检疫，跨省调运还应当事先征得所在地省、自治区、直辖市植物检疫机构同意。因此，农业农村部门对种子开展执

法检查时,既要查验种子包装标签、购销台账和种子的质量、真实性、转基因成分等,还要注意查验种子植物检疫证书或检疫证明编号,确保农业生产用种安全。本案中,重庆市合川区农业综合行政执法机构正是通过查验植物检疫证书发现了违法线索,并立即向国家有关部门报告,为案件查处和疫情处置赢得了宝贵时机。鉴于案情复杂、涉及面广,部省两级农业农村部门强化指挥调度,四川、重庆、湖南、贵州4省(市)120个县(区)农业综合行政执法机构联动,同步开展拉网式排查和执法,有效防止了水稻重大疫情的发生和传播,避免了2300余万公斤稻谷的损失,对维护农民利益和保障国家粮食安全意义重大。

第十九条 植物检疫人员在植物检疫工作中,交通运输部门和邮政部门有关工作人员在植物、植物产品的运输、邮寄工作中,徇私舞弊、玩忽职守的,由其所在单位或者上级主管机关给予行政处分;构成犯罪的,由司法机关依法追究刑事责任。

第二十条 当事人对植物检疫机构的行政处罚决定不服的,可以自接到处罚决定通知书之日起15日内,向作出行政处罚决定的植物检疫机构的上级机构申请复议;对复议决定不服的,可以自接到复议决定书之日起15日内向人民法院提起诉讼。当事人逾期不申请复议或者不起诉又不履行行政处罚决定的,植物检疫机构可以申请人民法院强制执行或者依法强制执行。

第二十一条 植物检疫机构执行检疫任务可以收取检疫费,具体办法由国务院农业主管部门、林业主管部门制定。

第二十二条 进出口植物的检疫,按照《中华人民共和国进出境动植物检疫法》的规定执行。

第二十三条 本条例的实施细则由国务院农业主管部门、林业主管部门制定。各省、自治区、直辖市可根据本条例及其实施细则,结合当地具体情况,制定实施办法。

第二十四条 本条例自发布之日起施行。国务院批准,农业部一九五七年十二月四日发布的《国内植物检疫试行办法》同时废止。

中华人民共和国野生植物保护条例

· 1996年9月30日中华人民共和国国务院令第204号公布

· 根据2017年10月7日《国务院关于修改部分行政法规的决定》修订

第一章 总 则

第一条 为了保护、发展和合理利用野生植物资源,保护生物多样性,维护生态平衡,制定本条例。

第二条 在中华人民共和国境内从事野生植物的保护、发展和利用活动,必须遵守本条例。

本条例所保护的野生植物,是指原生地天然生长的珍贵植物和原生地天然生长并具有重要经济、科学研究、文化价值的濒危、稀有植物。

药用野生植物和城市园林、自然保护区、风景名胜区内的野生植物的保护,同时适用有关法律、行政法规。

第三条 国家对野生植物资源实行加强保护、积极发展、合理利用的方针。

第四条 国家保护依法开发利用和经营管理野生植物资源的单位和个人的合法权益。

第五条 国家鼓励和支持野生植物科学研究、野生植物的就地保护和迁地保护。

在野生植物资源保护、科学研究、培育利用和宣传教育方面成绩显著的单位和个人,由人民政府给予奖励。

第六条 县级以上各级人民政府有关主管部门应当开展保护野生植物的宣传教育,普及野生植物知识,提高公民保护野生植物的意识。

第七条 任何单位和个人都有保护野生植物资源的义务,对侵占或者破坏野生植物及其生长环境的行为有权检举和控告。

第八条 国务院林业行政主管部门主管全国林区内野生植物和林区外珍贵野生树木的监督管理工作。国务院农业行政主管部门主管全国其他野生植物的监督管理工作。

国务院建设行政部门负责城市园林、风景名胜区内野生植物的监督管理工作。国务院环境保护部门负责对全国野生植物环境保护工作的协调和监督。国务院其他有关部门依照职责分工负责有关的野生植物保护工作。

县级以上地方人民政府负责野生植物管理工作的部门及其职责，由省、自治区、直辖市人民政府根据当地具体情况规定。

第二章　野生植物保护

第九条　国家保护野生植物及其生长环境。禁止任何单位和个人非法采集野生植物或者破坏其生长环境。

第十条　野生植物分为国家重点保护野生植物和地方重点保护野生植物。

国家重点保护野生植物分为国家一级保护野生植物和国家二级保护野生植物。国家重点保护野生植物名录，由国务院林业行政主管部门、农业行政主管部门（以下简称国务院野生植物行政主管部门）商国务院环境保护、建设等有关部门制定，报国务院批准公布。

地方重点保护野生植物，是指国家重点保护野生植物以外，由省、自治区、直辖市保护的野生植物。地方重点保护野生植物名录，由省、自治区、直辖市人民政府制定并公布，报国务院备案。

第十一条　在国家重点保护野生植物物种和地方重点保护野生植物物种的天然集中分布区域，应当依照有关法律、行政法规的规定，建立自然保护区；在其他区域，县级以上地方人民政府野生植物行政主管部门和其他有关部门可以根据实际情况建立国家重点保护野生植物和地方重点保护野生植物的保护点或者设立保护标志。

禁止破坏国家重点保护野生植物和地方重点保护野生植物的保护点的保护设施和保护标志。

第十二条　野生植物行政主管部门及其他有关部门应当监视、监测环境对国家重点保护野生植物生长和地方重点保护野生植物生长的影响，并采取措施，维护和改善国家重点保护野生植物和地方重点保护野生植物的生长条件。由于环境影响对国家重点保护野生植物和地方重点保护野生植物的生长造成危害时，野生植物行政主管部门应当会同其他有关部门调查并依法处理。

第十三条　建设项目对国家重点保护野生植物和地方重点保护野生植物的生长环境产生不利影响的，建设单位提交的环境影响报告书中必须对此作出评价；环境保护部门在审批环境影响报告书时，应当征求野生植物行政主管部门的意见。

第十四条　野生植物行政主管部门和有关单位对生长受到威胁的国家重点保护野生植物和地方重点保护野生植物应当采取拯救措施，保护或者恢复其生长环境，必要时应当建立繁育基地、种质资源库或者采取迁地保护措施。

第三章　野生植物管理

第十五条　野生植物行政主管部门应当定期组织国家重点保护野生植物和地方重点保护野生植物资源调查，建立资源档案。

第十六条　禁止采集国家一级保护野生植物。因科学研究、人工培育、文化交流等特殊需要，采集国家一级保护野生植物的，应当按照管理权限向国务院林业行政主管部门或者其授权的机构申请采集证；或者向采集地的省、自治区、直辖市人民政府农业行政主管部门或者其授权的机构申请采集证。

采集国家二级保护野生植物的，必须经采集地的县级人民政府野生植物行政主管部门签署意见后，向省、自治区、直辖市人民政府野生植物行政主管部门或者其授权的机构申请采集证。

采集城市园林或者风景名胜区内的国家一级或者二级保护野生植物的，须先征得城市园林或者风景名胜区管理机构同意，分别依照前两款的规定申请采集证。

采集珍贵野生树木或者林区内、草原上的野生植物的，依照森林法、草原法的规定办理。

野生植物行政主管部门发放采集证后，应当抄送环境保护部门备案。

采集证的格式由国务院野生植物行政主管部门制定。

第十七条　采集国家重点保护野生植物的单位和个人，必须按照采集证规定的种类、数量、地点、期限和方法进行采集。

县级人民政府野生植物行政主管部门对在本行政区域内采集国家重点保护野生植物的活动，应当进行监督检查，并及时报告批准采集的野生植物行政主管部门或者其授权的机构。

第十八条　禁止出售、收购国家一级保护野生植物。

出售、收购国家二级保护野生植物的，必须经省、自治区、直辖市人民政府野生植物行政主管部门或者其授权的机构批准。

第十九条 野生植物行政主管部门应当对经营利用国家二级保护野生植物的活动进行监督检查。

第二十条 出口国家重点保护野生植物或者进出口中国参加的国际公约所限制进出口的野生植物的,应当按照管理权限经国务院林业行政主管部门批准,或者经进出口者所在地的省、自治区、直辖市人民政府农业行政主管部门审核后报国务院农业行政主管部门批准,并取得国家濒危物种进出口管理机构核发的允许进出口证明书或者标签。海关凭允许进出口证明书或者标签查验放行。国务院野生植物行政主管部门应当将有关野生植物进出口的资料抄送国务院环境保护部门。

禁止出口未定名的或者新发现并有重要价值的野生植物。

第二十一条 外国人不得在中国境内采集或者收购国家重点保护野生植物。

外国人在中国境内对农业行政主管部门管理的国家重点保护野生植物进行野外考察的,应当经农业行政主管部门管理的国家重点保护野生植物所在地的省、自治区、直辖市人民政府农业行政主管部门批准。

第二十二条 地方重点保护野生植物的管理办法,由省、自治区、直辖市人民政府制定。

第四章 法律责任

第二十三条 未取得采集证或者未按照采集证的规定采集国家重点保护野生植物的,由野生植物行政主管部门没收所采集的野生植物和违法所得,可以并处违法所得10倍以下的罚款;有采集证的,并可以吊销采集证。

第二十四条 违反本条例规定,出售、收购国家重点保护野生植物的,由工商行政管理部门或者野生植物行政主管部门按照职责分工没收野生植物和违法所得,可以并处违法所得10倍以下的罚款。

第二十五条 非法进出口野生植物的,由海关依照海关法的规定处罚。

第二十六条 伪造、倒卖、转让采集证、允许进出口证明书或者有关批准文件、标签的,由野生植物行政主管部门或者工商行政管理部门按照职责分工收缴,没收违法所得,可以并处5万元以下的罚款。

第二十七条 外国人在中国境内采集、收购国家重点保护野生植物,或者未经批准对农业行政主管部门管理的国家重点保护野生植物进行野外考察的,由野生植物行政主管部门没收所采集、收购的野生植物和考察资料,可以并处5万元以下的罚款。

第二十八条 违反本条例规定,构成犯罪的,依法追究刑事责任。

第二十九条 野生植物行政主管部门的工作人员滥用职权、玩忽职守、徇私舞弊,构成犯罪的,依法追究刑事责任;尚不构成犯罪的,依法给予行政处分。

第三十条 依照本条例规定没收的实物,由作出没收决定的机关按照国家有关规定处理。

第五章 附 则

第三十一条 中华人民共和国缔结或者参加的与保护野生植物有关的国际条约与本条例有不同规定的,适用国际条约的规定;但是,中华人民共和国声明保留的条款除外。

第三十二条 本条例自1997年1月1日起施行。

中华人民共和国植物新品种保护条例

- 1997年3月20日中华人民共和国国务院令第213号公布
- 根据2013年1月31日《国务院关于修改〈中华人民共和国植物新品种保护条例〉的决定》第一次修订
- 根据2014年7月29日《国务院关于修改部分行政法规的决定》第二次修订

第一章 总 则

第一条 为了保护植物新品种权,鼓励培育和使用植物新品种,促进农业、林业的发展,制定本条例。

第二条 本条例所称植物新品种,是指经过人工培育的或者对发现的野生植物加以开发,具备新颖性、特异性、一致性和稳定性并有适当命名的植物品种。

第三条 国务院农业、林业行政部门(以下统称审批机关)按照职责分工共同负责植物新品种权申请的受理和审查并对符合本条例规定的植物新品种授予植物新品种权(以下称品种权)。

第四条 完成关系国家利益或者公共利益并有重大应用价值的植物新品种育种的单位或者个人,由县级以上人民政府或者有关部门给予奖励。

第五条 生产、销售和推广被授予品种权的植物新品种(以下称授权品种),应当按照国家有关种子的法律、法规的规定审定。

第二章 品种权的内容和归属

第六条 完成育种的单位或者个人对其授权品种,享有排他的独占权。任何单位或者个人未经品种权所有人(以下称品种权人)许可,不得为商业目的生产或者销售该授权品种的繁殖材料,不得为商业目的将该授权品种的繁殖材料重复使用于生产另一品种的繁殖材料;但是,本条例另有规定的除外。

案例 山东登海先锋种业有限公司诉陕西农丰种业有限责任公司、山西大丰种业有限公司侵害植物新品种权纠纷案(最高人民法院指导案例100号)

裁判规则:判断被诉侵权繁殖材料的特征特性与授权品种的特征特性相同是认定构成侵害植物新品种权的前提。当DNA指纹鉴定意见为两者相同或相近似时,被诉侵权方提交DUS测试报告证明通过田间种植,被控侵权品种与授权品种对比具有特异性,应当认定不构成侵害植物新品种权。

第七条 执行本单位的任务或者主要是利用本单位的物质条件所完成的职务育种,植物新品种的申请权属于该单位;非职务育种,植物新品种的申请权属于完成育种的个人。申请被批准后,品种权属于申请人。

委托育种或者合作育种,品种权的归属由当事人在合同中约定;没有合同约定的,品种权属于受委托完成或者共同完成育种的单位或者个人。

第八条 一个植物新品种只能授予一项品种权。两个以上的申请人分别就同一个植物新品种申请品种权的,品种权授予最先申请的人;同时申请的,品种权授予最先完成该植物新品种育种的人。

第九条 植物新品种的申请权和品种权可以依法转让。

中国的单位或者个人就其在国内培育的植物新品种向外国人转让申请权或者品种权的,应当经审批机关批准。

国有单位在国内转让申请权或者品种权的,应当按照国家有关规定报经有关行政主管部门批准。

转让申请权或者品种权的,当事人应当订立书面合同,并向审批机关登记,由审批机关予以公告。

第十条 在下列情况下使用授权品种的,可以不经品种权人许可,不向其支付使用费,但是不得侵犯品种权人依照本条例享有的其他权利:

(一)利用授权品种进行育种及其他科研活动;

(二)农民自繁自用授权品种的繁殖材料。

第十一条 为了国家利益或者公共利益,审批机关可以作出实施植物新品种强制许可的决定,并予以登记和公告。

取得实施强制许可的单位或者个人应当付给品种权人合理的使用费,其数额由双方商定;双方不能达成协议的,由审批机关裁决。

品种权人对强制许可决定或者强制许可使用费的裁决不服的,可以自收到通知之日起3个月内向人民法院提起诉讼。

第十二条 不论授权品种的保护期是否届满,销售该授权品种应当使用其注册登记的名称。

第三章 授予品种权的条件

第十三条 申请品种权的植物新品种应当属于国家植物品种保护名录中列举的植物的属或者种。植物品种保护名录由审批机关确定和公布。

第十四条 授予品种权的植物新品种应当具备新颖性。新颖性,是指申请品种权的植物新品种在申请日前该品种繁殖材料未被销售,或者经育种者许可,在中国境内销售该品种繁殖材料未超过1年;在中国境外销售藤本植物、林木、果树和观赏树木品种繁殖材料未超过6年,销售其他植物品种繁殖材料未超过4年。

第十五条 授予品种权的植物新品种应当具备特异性。特异性,是指申请品种权的植物新品种应当明显区别于在递交申请以前已知的植物品种。

第十六条 授予品种权的植物新品种应当具备一致性。一致性,是指申请品种权的植物新品种经过繁殖,除可以预见的变异外,其相关的特征或者特性一致。

案例 莱州市金海种业有限公司诉张掖市富凯农业科技有限责任公司侵犯植物新品种权纠纷案(最高人民法院指导案例92号)

裁判规则:依据中华人民共和国农业行业标准《玉米品种鉴定DNA指纹方法》NY/T1432-2007检测及判定标准的规定,品种间差异位点数等于1,判定为近似品种;品种间差异位点数大于等于2,判定为不同品种。品种间差异位点数等于1,不足以认定不是同一品种。对差异位点数在两个以下的,应当综合其他因素判定是否为不同品种,如可采取扩大检测位点进行加测,以及提交审定样品进行测定等,举证责任由被诉侵权一方承担。

第十七条 授予品种权的植物新品种应当具备稳定性。稳定性,是指申请品种权的植物新品种经过反复繁殖后或者在特定繁殖周期结束时,其相关的特征或者特性保持不变。

第十八条 授予品种权的植物新品种应当具备适当的名称,并与相同或者相近的植物属或者种中已知品种的名称相区别。该名称经注册登记后即为该植物新品种的通用名称。

下列名称不得用于品种命名:

(一)仅以数字组成的;

(二)违反社会公德的;

(三)对植物新品种的特征、特性或者育种者的身份等容易引起误解的。

第四章 品种权的申请和受理

第十九条 中国的单位和个人申请品种权的,可以直接或者委托代理机构向审批机关提出申请。

中国的单位和个人申请品种权的植物新品种涉及国家安全或者重大利益需要保密的,应当按照国家有关规定办理。

第二十条 外国人、外国企业或者外国其他组织在中国申请品种权的,应当按其所属国和中华人民共和国签订的协议或者共同参加的国际条约办理,或者根据互惠原则,依照本条例办理。

第二十一条 申请品种权的,应当向审批机关提交符合规定格式要求的请求书、说明书和该品种的照片。

申请文件应当使用中文书写。

第二十二条 审批机关收到品种权申请文件之日为申请日;申请文件是邮寄的,以寄出的邮戳日为申请日。

第二十三条 申请人自在外国第一次提出品种权申请之日起12个月内,又在中国就该植物新品种提出品种权申请的,依照该外国同中华人民共和国签订的协议或者共同参加的国际条约,或者根据相互承认优先权的原则,可以享有优先权。

申请人要求优先权的,应当在申请时提出书面说明,并在3个月内提交经原受理机关确认的第一次提出的品种权申请文件的副本;未依照本条例规定提出书面说明或者提交申请文件副本的,视为未要求优先权。

第二十四条 对符合本条例第二十一条规定的品种权申请,审批机关应当予以受理,明确申请日、给予申请号,并自收到申请之日起1个月内通知申请人缴纳申请费。

对不符合或者经修改仍不符合本条例第二十一条规定的品种权申请,审批机关不予受理,并通知申请人。

第二十五条 申请人可以在品种权授予前修改或者撤回品种权申请。

第二十六条 中国的单位或者个人将国内培育的植物新品种向国外申请品种权的,应当按照职责分工向省级人民政府农业、林业行政部门登记。

第五章 品种权的审查与批准

第二十七条 申请人缴纳申请费后,审批机关对品种权申请的下列内容进行初步审查:

(一)是否属于植物品种保护名录列举的植物属或者种的范围;

(二)是否符合本条例第二十条的规定;

(三)是否符合新颖性的规定;

(四)植物新品种的命名是否适当。

第二十八条 审批机关应当自受理品种权申请之日起6个月内完成初步审查。对经初步审查合格的品种权申请,审批机关予以公告,并通知申请人在3个月内缴纳审查费。

对经初步审查不合格的品种权申请,审批机关应当通知申请人在3个月内陈述意见或者予以修正;逾期未答复或者修正后仍然不合格的,驳回申请。

第二十九条 申请人按照规定缴纳审查费后,审批机关对品种权申请的特异性、一致性和稳定性进行实质审查。

申请人未按照规定缴纳审查费的,品种权申请视为撤回。

第三十条 审批机关主要依据申请文件和其他有关书面材料进行实质审查。审批机关认为必要时,可以委托指定的测试机构进行测试或者考察业已完成的种植或者其他试验的结果。

因审查需要,申请人应当根据审批机关的要求提供必要的资料和该植物新品种的繁殖材料。

第三十一条 对经实质审查符合本条例规定的品种权申请,审批机关应当作出授予品种权的决定,颁发品种权证书,并予以登记和公告。

对经实质审查不符合本条例规定的品种权申请,审批机关予以驳回,并通知申请人。

第三十二条 审批机关设立植物新品种复审委员会。

对审批机关驳回品种权申请的决定不服的,申请人可以自收到通知之日起3个月内,向植物新品种复审委员会请求复审。植物新品种复审委员会应当自收到复审请求书之日起6个月内作出决定,并通知申请人。

申请人对植物新品种复审委员会的决定不服的,可以自接到通知之日起15日内向人民法院提起诉讼。

第三十三条 品种权被授予后,在自初步审查合格公告之日起至被授予品种权之日止的期间,对未经申请人许可,为商业目的生产或者销售该授权品种的繁殖材料的单位和个人,品种权人享有追偿的权利。

第六章 期限、终止和无效

第三十四条 品种权的保护期限,自授权之日起,藤本植物、林木、果树和观赏树木为20年,其他植物为15年。

第三十五条 品种权人应当自被授予品种权的当年开始缴纳年费,并且按照审批机关的要求提供用于检测的该授权品种的繁殖材料。

第三十六条 有下列情形之一的,品种权在其保护期限届满前终止:

(一)品种权人以书面声明放弃品种权的;

(二)品种权人未按照规定缴纳年费的;

(三)品种权人未按照审批机关的要求提供检测所需的该授权品种的繁殖材料的;

(四)经检测该授权品种不再符合被授予品种权时的特征和特性的。

品种权的终止,由审批机关登记和公告。

第三十七条 自审批机关公告授予品种权之日起,植物新品种复审委员会可以依据职权或者依据任何单位或者个人的书面请求,对不符合本条例第十四条、第十五条、第十六条和第十七条规定的,宣告品种权无效;对不符合本条例第十八条规定的,予以更名。宣告品种权无效或者更名的决定,由审批机关登记和公告,并通知当事人。

对植物新品种复审委员会的决定不服的,可以自收到通知之日起3个月内向人民法院提起诉讼。

第三十八条 被宣告无效的品种权视为自始不存在。

宣告品种权无效的决定,对在宣告前人民法院作出并已执行的植物新品种侵权的判决、裁定,省级以上人民政府农业、林业行政部门作出并已执行的植物新品种侵权处理决定,以及已经履行的植物新品种实施许可合同和植物新品种权转让合同,不具有追溯力;但是,因品种权人的恶意给他人造成损失的,应当给予合理赔偿。

依照前款规定,品种权人或者品种权转让人不向被许可实施人或者受让人返还使用费或者转让费,明显违反公平原则的,品种权人或者品种权转让人应当向被许可实施人或者受让人返还全部或者部分使用费或者转让费。

第七章 罚 则

第三十九条 未经品种权人许可,以商业目的生产或者销售授权品种的繁殖材料的,品种权人或者利害关系人可以请求省级以上人民政府农业、林业行政部门依据各自的职权进行处理,也可以直接向人民法院提起诉讼。

省级以上人民政府农业、林业行政部门依据各自的职权,根据当事人自愿的原则,对侵权所造成的损害赔偿可以进行调解。调解达成协议的,当事人应当履行;调解未达成协议的,品种权人或者利害关系人可以依照民事诉讼程序向人民法院提起诉讼。

省级以上人民政府农业、林业行政部门依据各自的职权处理品种权侵权案件时，为维护社会公共利益，可以责令侵权人停止侵权行为，没收违法所得和植物品种繁殖材料；货值金额5万元以上的，可处货值金额1倍以上5倍以下的罚款；没有货值金额或者货值金额5万元以下的，根据情节轻重，可处25万元以下的罚款。

案例 天津天隆种业科技有限公司与江苏徐农种业科技有限公司侵害植物新品种权纠纷案（最高人民法院指导案例86号）

裁判规则：分别持有植物新品种父本与母本的双方当事人，因不能达成相互授权许可协议，导致植物新品种不能继续生产，损害双方各自利益，也不符合合作育种的目的。为维护社会公共利益，保障国家粮食安全，促进植物新品种转化实施，确保已广为种植的新品种继续生产，在衡量父本与母本对植物新品种生产具有基本相同价值基础上，人民法院可以直接判令双方当事人相互授权许可并相互免除相应的许可费。

第四十条 假冒授权品种的，由县级以上人民政府农业、林业行政部门依据各自的职权责令停止假冒行为，没收违法所得和植物品种繁殖材料；货值金额5万元以上的，处货值金额1倍以上5倍以下的罚款；没有货值金额或者货值金额5万元以下的，根据情节轻重，处25万元以下的罚款；情节严重，构成犯罪的，依法追究刑事责任。

第四十一条 省级以上人民政府农业、林业行政部门依据各自的职权在查处品种权侵权案件和县级以上人民政府农业、林业行政部门依据各自的职权在查处假冒授权品种案件时，根据需要，可以封存或者扣押与案件有关的植物品种的繁殖材料，查阅、复制或者封存与案件有关的合同、账册及有关文件。

第四十二条 销售授权品种未使用其注册登记的名称的，由县级以上人民政府农业、林业行政部门依据各自的职权责令限期改正，可以处1000元以下的罚款。

第四十三条 当事人就植物新品种的申请权和品种权的权属发生争议的，可以向人民法院提起诉讼。

第四十四条 县级以上人民政府农业、林业行政部门的及有关部门的工作人员滥用职权、玩忽职守、徇私舞弊、索贿受贿，构成犯罪的，依法追究刑事责任；尚不构成犯罪的，依法给予行政处分。

第八章 附 则

第四十五条 审批机关可以对本条例施行前首批列入植物品种保护名录的和本条例施行后新列入植物品种保护名录的植物属或者种的新颖性要求作出变通性规定。

第四十六条 本条例自1997年10月1日起施行。

农药管理条例

· 1997年5月8日中华人民共和国国务院令第216号公布
· 根据2001年11月29日《国务院关于修改〈农药管理条例〉的决定》第一次修订
· 2017年2月8日国务院第164次常务会议修订通过
· 根据2022年3月29日《国务院关于修改和废止部分行政法规的决定》第二次修订

第一章 总 则

第一条 为了加强农药管理，保证农药质量，保障农产品质量安全和人畜安全，保护农业、林业生产和生态环境，制定本条例。

第二条 本条例所称农药，是指用于预防、控制危害农业、林业的病、虫、草、鼠和其他有害生物以及有目的地调节植物、昆虫生长的化学合成或者来源于生物、其他天然物质的一种物质或者几种物质的混合物及其制剂。

前款规定的农药包括用于不同目的、场所的下列各类：

（一）预防、控制危害农业、林业的病、虫（包括昆虫、蜱、螨）、草、鼠、软体动物和其他有害生物；

（二）预防、控制仓储以及加工场所的病、虫、鼠和其他有害生物；

（三）调节植物、昆虫生长；

（四）农业、林业产品防腐或者保鲜；

（五）预防、控制蚊、蝇、蜚蠊、鼠和其他有害生物；

（六）预防、控制危害河流堤坝、铁路、码头、机场、建筑物和其他场所的有害生物。

第三条 国务院农业主管部门负责全国的农药监督管理工作。

县级以上地方人民政府农业主管部门负责本行政区域的农药监督管理工作。

县级以上人民政府其他有关部门在各自职责范围内负责有关的农药监督管理工作。

第四条 县级以上地方人民政府应当加强对农药监督管理工作的组织领导,将农药监督管理经费列入本级政府预算,保障农药监督管理工作的开展。

第五条 农药生产企业、农药经营者应当对其生产、经营的农药的安全性、有效性负责,自觉接受政府监管和社会监督。

农药生产企业、农药经营者应当加强行业自律,规范生产、经营行为。

第六条 国家鼓励和支持研制、生产、使用安全、高效、经济的农药,推进农药专业化使用,促进农药产业升级。

对在农药研制、推广和监督管理等工作中作出突出贡献的单位和个人,按照国家有关规定予以表彰或者奖励。

第二章 农药登记

第七条 国家实行农药登记制度。农药生产企业、向中国出口农药的企业应当依照本条例的规定申请农药登记,新农药研制者可以依照本条例的规定申请农药登记。

国务院农业主管部门所属的负责农药检定工作的机构负责农药登记具体工作。省、自治区、直辖市人民政府农业主管部门所属的负责农药检定工作的机构协助做好本行政区域的农药登记具体工作。

第八条 国务院农业主管部门组织成立农药登记评审委员会,负责农药登记评审。

农药登记评审委员会由下列人员组成:

(一)国务院农业、林业、卫生、环境保护、粮食、工业行业管理、安全生产监督管理等有关部门和供销合作总社等单位推荐的农药产品化学、药效、毒理、残留、环境、质量标准和检测等方面的专家;

(二)国家食品安全风险评估专家委员会的有关专家;

(三)国务院农业、林业、卫生、环境保护、粮食、工业行业管理、安全生产监督管理等有关部门和供销合作总社等单位的代表。

农药登记评审规则由国务院农业主管部门制定。

第九条 申请农药登记的,应当进行登记试验。

农药的登记试验应当报所在地省、自治区、直辖市人民政府农业主管部门备案。

第十条 登记试验应当由国务院农业主管部门认定的登记试验单位按照国务院农业主管部门的规定进行。

与已取得中国农药登记的农药组成成分、使用范围和使用方法相同的农药,免予残留、环境试验,但已取得中国农药登记的农药依照本条例第十五条的规定在登记资料保护期内的,应当经农药登记证持有人授权同意。

登记试验单位应当对登记试验报告的真实性负责。

第十一条 登记试验结束后,申请人应当向所在地省、自治区、直辖市人民政府农业主管部门提出农药登记申请,并提交登记试验报告、标签样张和农药产品质量标准及其检验方法等申请资料;申请新农药登记的,还应当提供农药标准品。

省、自治区、直辖市人民政府农业主管部门应当自受理申请之日起20个工作日内提出初审意见,并报送国务院农业主管部门。

向中国出口农药的企业申请农药登记的,应当持本条第一款规定的资料、农药标准品以及在有关国家(地区)登记、使用的证明材料,向国务院农业主管部门提出申请。

第十二条 国务院农业主管部门受理申请或者收到省、自治区、直辖市人民政府农业主管部门报送的申请资料后,应当组织审查和登记评审,并自收到评审意见之日起20个工作日内作出审批决定,符合条件的,核发农药登记证;不符合条件的,书面通知申请人并说明理由。

第十三条 农药登记证应当载明农药名称、剂型、有效成分及其含量、毒性、使用范围、使用方法和剂量、登记证持有人、登记证号以及有效期等事项。

农药登记证有效期为5年。有效期届满,需要继续生产农药或者向中国出口农药的,农药登记证持有人应当在有效期届满90日前向国务院农业主管部门申请延续。

农药登记证载明事项发生变化的，农药登记证持有人应当按照国务院农业主管部门的规定申请变更农药登记证。

国务院农业主管部门应当及时公告农药登记证核发、延续、变更情况以及有关的农药产品质量标准号、残留限量规定、检验方法、经核准的标签等信息。

第十四条 新农药研制者可以转让其已取得登记的新农药的登记资料；农药生产企业可以向具有相应生产能力的农药生产企业转让其已取得登记的农药的登记资料。

第十五条 国家对取得首次登记的、含有新化合物的农药的申请人提交的其自己所取得且未披露的试验数据和其他数据实施保护。

自登记之日起6年内，对其他申请人未经已取得登记的申请人同意，使用前款规定的数据申请农药登记的，登记机关不予登记；但是，其他申请人提交其自己所取得的数据的除外。

除下列情况外，登记机关不得披露本条第一款规定的数据：

（一）公共利益需要；

（二）已采取措施确保该类信息不会被不正当地进行商业使用。

第三章 农药生产

第十六条 农药生产应当符合国家产业政策。国家鼓励和支持农药生产企业采用先进技术和先进管理规范，提高农药的安全性、有效性。

第十七条 国家实行农药生产许可制度。农药生产企业应当具备下列条件，并按照国务院农业主管部门的规定向省、自治区、直辖市人民政府农业主管部门申请农药生产许可证：

（一）有与所申请生产农药相适应的技术人员；

（二）有与所申请生产农药相适应的厂房、设施；

（三）有对所申请生产农药进行质量管理和质量检验的人员、仪器和设备；

（四）有保证所申请生产农药质量的规章制度。

省、自治区、直辖市人民政府农业主管部门应当自受理申请之日起20个工作日内作出审批决定，必要时应当进行实地核查。符合条件的，核发农药生产许可证；不符合条件的，书面通知申请人并说明理由。

安全生产、环境保护等法律、行政法规对企业生产条件有其他规定的，农药生产企业还应当遵守其规定。

第十八条 农药生产许可证应当载明农药生产企业名称、住所、法定代表人（负责人）、生产范围、生产地址以及有效期等事项。

农药生产许可证有效期为5年。有效期届满，需要继续生产农药的，农药生产企业应当在有效期届满90日前向省、自治区、直辖市人民政府农业主管部门申请延续。

农药生产许可证载明事项发生变化的，农药生产企业应当按照国务院农业主管部门的规定申请变更农药生产许可证。

第十九条 委托加工、分装农药的，委托人应当取得相应的农药登记证，受托人应当取得农药生产许可证。

委托人应当对委托加工、分装的农药质量负责。

第二十条 农药生产企业采购原材料，应当查验产品质量检验合格证和有关许可证明文件，不得采购、使用未依法附具产品质量检验合格证、未依法取得有关许可证明文件的原材料。

农药生产企业应当建立原材料进货记录制度，如实记录原材料的名称、有关许可证明文件编号、规格、数量、供货人名称及其联系方式、进货日期等内容。原材料进货记录应当保存2年以上。

第二十一条 农药生产企业应当严格按照产品质量标准进行生产，确保农药产品与登记农药一致。农药出厂销售，应当经质量检验合格并附具产品质量检验合格证。

农药生产企业应当建立农药出厂销售记录制度，如实记录农药的名称、规格、数量、生产日期和批号、产品质量检验信息、购货人名称及其联系方式、销售日期等内容。农药出厂销售记录应当保存2年以上。

第二十二条 农药包装应当符合国家有关规定，并印制或者贴有标签。国家鼓励农药生产企业使用可回收的农药包装材料。

农药标签应当按照国务院农业主管部门的规

定,以中文标注农药的名称、剂型、有效成分及其含量、毒性及其标识、使用范围、使用方法和剂量、使用技术要求和注意事项、生产日期、可追溯电子信息码等内容。

剧毒、高毒农药以及使用技术要求严格的其他农药等限制使用农药的标签还应当标注“限制使用”字样,并注明使用的特别限制和特殊要求。用于食用农产品的农药的标签还应当标注安全间隔期。

第二十三条 农药生产企业不得擅自改变经核准的农药的标签内容,不得在农药的标签中标注虚假、误导使用者的内容。

农药包装过小,标签不能标注全部内容的,应当同时附具说明书,说明书的内容应当与经核准的标签内容一致。

第四章 农药经营

第二十四条 国家实行农药经营许可制度,但经营卫生用农药的除外。农药经营者应当具备下列条件,并按照国务院农业主管部门的规定向县级以上地方人民政府农业主管部门申请农药经营许可证:

(一)有具备农药和病虫害防治专业知识,熟悉农药管理规定,能够指导安全合理使用农药的经营人员;

(二)有与其他商品以及饮用水水源、生活区域等有效隔离的营业场所和仓储场所,并配备与所申请经营农药相适应的防护设施;

(三)有与所申请经营农药相适应的质量管理、台账记录、安全防护、应急处置、仓储管理等制度。

经营限制使用农药的,还应当配备相应的用药指导和病虫害防治专业技术人员,并按照所在地省、自治区、直辖市人民政府农业主管部门的规定实行定点经营。

县级以上地方人民政府农业主管部门应当自受理申请之日起20个工作日内作出审批决定。符合条件的,核发农药经营许可证;不符合条件的,书面通知申请人并说明理由。

案例 辽宁省沈阳市和平区某消毒消杀公司未取得农药经营许可经营农药案(第三批农业行政执法指导性案例之二)

裁判规则:行政处罚裁量权的行使必须遵循合理行政原则,准确适用《行政处罚法》无主观过错不处罚和过罚相当等裁量适用规则。根据《农药管理条例》第二十四条和《农药经营许可管理办法》第三条、第十九条第一项的规定,国家实行农药经营许可制度,经营农药应当取得经营许可证,专门经营卫生用农药的除外。本案中,当事人未取得农药经营许可证,参与有关部门组织的限用农药政府采购项目,并于中标后实际履行了农药采购合同,属于无农药经营许可证经营农药。当事人以不知道销售涉案农药需取得农药经营许可证,政府采购项目招标文件未明确投标方需取得农药经营许可证,相关部门在履约过程中也未对当事人资质进行核验为由,主张其无主观过错,要求依法免责。对此,沈阳市农业农村局认为,农药经营实行许可制度是《农药管理条例》的明确规定,溴鼠灵和溴敌隆是《中华人民共和国农业部第2567号公告》明确规定的限制使用农药。当事人作为在消毒消杀领域从业10余年的商事经营主体,参与涉及农药产品的政府采购项目时理应自觉了解和遵守国家农药法规和相关制度要求,其以不了解法律要求请求免责的理由不成立。同时,政府采购文件规定参与竞标人应当符合“本项目特定的资格要求”,相关部门在开标、评标、决标以及履行政府采购合同过程中未对当事人是否具备竞标资格进行审查的事实,不能成为当事人免除自身法律义务的理由,故当事人的陈述申辩及提供的证据,不足以证明其没有主观过错。但考虑到当事人所经营的农药有合法来源且产品质量合格,未造成实际危害后果,且当事人一贯的经营表现较为良好,案发后能够主动交代执法人员尚未掌握的其他同类型较重违法行为,沈阳市农业农村局决定对其予以减轻处罚,符合过罚相当的裁量规则。此外,本案中当事人先后中标的2个政府采购项目都涉及6种农药产品,但鉴于经营卫生用农药依法不需要办理农药经营许可证,当事人无证经营的范围限于限用农药,故认定本案货值金额时应以上述2种限用农药的销售金额作为依据,不能直接采用政府采购合同的总价款。本案对执法人员结合个案事实准确适用《行政处罚法》、恰当行使自由裁量权具有借鉴价值。

第二十五条 农药经营许可证应当载明农药经营者名称、住所、负责人、经营范围以及有效期等事项。

农药经营许可证有效期为5年。有效期届

满,需要继续经营农药的,农药经营者应当在有效期届满90日前向发证机关申请延续。

农药经营许可证载明事项发生变化的,农药经营者应当按照国务院农业主管部门的规定申请变更农药经营许可证。

取得农药经营许可证的农药经营者设立分支机构的,应当依法申请变更农药经营许可证,并向分支机构所在地县级以上地方人民政府农业主管部门备案,其分支机构免予办理农药经营许可证。农药经营者应当对其分支机构的经营活动负责。

第二十六条 农药经营者采购农药应当查验产品包装、标签、产品质量检验合格证以及有关许可证明文件,不得向未取得农药生产许可证的农药生产企业或者未取得农药经营许可证的其他农药经营者采购农药。

农药经营者应当建立采购台账,如实记录农药的名称、有关许可证明文件编号、规格、数量、生产企业和供货人名称及其联系方式、进货日期等内容。采购台账应当保存2年以上。

第二十七条 农药经营者应当建立销售台账,如实记录销售农药的名称、规格、数量、生产企业、购买人、销售日期等内容。销售台账应当保存2年以上。

农药经营者应当向购买人询问病虫害发生情况并科学推荐农药,必要时应当实地查看病虫害发生情况,并正确说明农药的使用范围、使用方法和剂量、使用技术要求和注意事项,不得误导购买人。

经营卫生用农药的,不适用本条第一款、第二款的规定。

第二十八条 农药经营者不得加工、分装农药,不得在农药中添加任何物质,不得采购、销售包装和标签不符合规定,未附具产品质量检验合格证,未取得有关许可证明文件的农药。

经营卫生用农药的,应当将卫生用农药与其他商品分柜销售;经营其他农药的,不得在农药经营场所内经营食品、食用农产品、饲料等。

第二十九条 境外企业不得直接在中国销售农药。境外企业在中国销售农药的,应当依法在中国设立销售机构或者委托符合条件的中国代理机构销售。

向中国出口的农药应当附具中文标签、说明书,符合产品质量标准,并经出入境检验检疫部门依法检验合格。禁止进口未取得农药登记证的农药。

办理农药进出口海关申报手续,应当按照海关总署的规定出示相关证明文件。

第五章 农药使用

第三十条 县级以上人民政府农业主管部门应当加强农药使用指导、服务工作,建立健全农药安全、合理使用制度,并按照预防为主、综合防治的要求,组织推广农药科学使用技术,规范农药使用行为。林业、粮食、卫生等部门应当加强对林业、储粮、卫生用农药安全、合理使用的技术指导,环境保护主管部门应当加强对农药使用过程中环境保护和污染防治的技术指导。

第三十一条 县级人民政府农业主管部门应当组织植物保护、农业技术推广等机构向农药使用者提供免费技术培训,提高农药安全、合理使用水平。

国家鼓励农业科研单位、有关学校、农民专业合作社、供销合作社、农业社会化服务组织和专业人员为农药使用者提供技术服务。

第三十二条 国家通过推广生物防治、物理防治、先进施药器械等措施,逐步减少农药使用量。

县级人民政府应当制定并组织实施本行政区域的农药减量计划;对实施农药减量计划、自愿减少农药使用量的农药使用者,给予鼓励和扶持。

县级人民政府农业主管部门应当鼓励和扶持设立专业化病虫害防治服务组织,并对专业化病虫害防治和限制使用农药的配药、用药进行指导、规范和管理,提高病虫害防治水平。

县级人民政府农业主管部门应当指导农药使用者有计划地轮换使用农药,减缓危害农业、林业的病、虫、草、鼠和其他有害生物的抗药性。

乡、镇人民政府应当协助开展农药使用指导、服务工作。

第三十三条 农药使用者应当遵守国家有关农药安全、合理使用制度,妥善保管农药,并在配药、用药过程中采取必要的防护措施,避免发生农药使用事故。

限制使用农药的经营者应当为农药使用者提供用药指导,并逐步提供统一用药服务。

第三十四条 农药使用者应当严格按照农药

的标签标注的使用范围、使用方法和剂量、使用技术要求和注意事项使用农药，不得扩大使用范围、加大用药剂量或者改变使用方法。

农药使用者不得使用禁用的农药。

标签标注安全间隔期的农药，在农产品收获前应当按照安全间隔期的要求停止使用。

剧毒、高毒农药不得用于防治卫生害虫，不得用于蔬菜、瓜果、茶叶、菌类、中草药材的生产，不得用于水生植物的病虫害防治。

第三十五条 农药使用者应当保护环境，保护有益生物和珍稀物种，不得在饮用水水源保护区、河道内丢弃农药、农药包装物或者清洗施药器械。

严禁在饮用水水源保护区内使用农药，严禁使用农药毒鱼、虾、鸟、兽等。

第三十六条 农产品生产企业、食品和食用农产品仓储企业、专业化病虫害防治服务组织和从事农产品生产的农民专业合作社等应当建立农药使用记录，如实记录使用农药的时间、地点、对象以及农药名称、用量、生产企业等。农药使用记录应当保存2年以上。

国家鼓励其他农药使用者建立农药使用记录。

第三十七条 国家鼓励农药使用者妥善收集农药包装物等废弃物；农药生产企业、农药经营者应当回收农药废弃物，防止农药污染环境和农药中毒事故的发生。具体办法由国务院环境保护主管部门会同国务院农业主管部门、国务院财政部门等部门制定。

第三十八条 发生农药使用事故，农药使用者、农药生产企业、农药经营者和其他有关人员应当及时报告当地农业主管部门。

接到报告的农业主管部门应当立即采取措施，防止事故扩大，同时通知有关部门采取相应措施。造成农药中毒事故的，由农业主管部门和公安机关依照职责权限组织调查处理，卫生主管部门应当按照国家有关规定立即对受到伤害的人员组织医疗救治；造成环境污染事故的，由环境保护等有关部门依法组织调查处理；造成储粮药剂使用事故和农作物药害事故的，分别由粮食、农业等部门组织技术鉴定和调查处理。

第三十九条 因防治突发重大病虫害等紧急需要，国务院农业主管部门可以决定临时生产、使用规定数量的未取得登记或者禁用、限制使用的农药，必要时应当会同国务院对外贸易主管部门决定临时限制出口或者临时进口规定数量、品种的农药。

前款规定的农药，应当在使用地县级人民政府农业主管部门的监督和指导下使用。

第六章 监督管理

第四十条 县级以上人民政府农业主管部门应当定期调查统计农药生产、销售、使用情况，并及时通报本级人民政府有关部门。

县级以上地方人民政府农业主管部门应当建立农药生产、经营诚信档案并予以公布；发现违法生产、经营农药的行为涉嫌犯罪的，应当依法移送公安机关查处。

第四十一条 县级以上人民政府农业主管部门履行农药监督管理职责，可以依法采取下列措施：

（一）进入农药生产、经营、使用场所实施现场检查；

（二）对生产、经营、使用的农药实施抽查检测；

（三）向有关人员调查了解有关情况；

（四）查阅、复制合同、票据、账簿以及其他有关资料；

（五）查封、扣押违法生产、经营、使用的农药，以及用于违法生产、经营、使用农药的工具、设备、原材料等；

（六）查封违法生产、经营、使用农药的场所。

第四十二条 国家建立农药召回制度。农药生产企业发现其生产的农药对农业、林业、人畜安全、农产品质量安全、生态环境等有严重危害或者较大风险的，应当立即停止生产，通知有关经营者和使用者，向所在地农业主管部门报告，主动召回产品，并记录通知和召回情况。

农药经营者发现其经营的农药有前款规定的情形的，应当立即停止销售，通知有关生产企业、供货人和购买人，向所在地农业主管部门报告，并记录停止销售和通知情况。

农药使用者发现其使用的农药有本条第一款规定的情形的，应当立即停止使用，通知经营者，并向所在地农业主管部门报告。

第四十三条 国务院农业主管部门和省、自治区、直辖市人民政府农业主管部门应当组织负责农药检定工作的机构、植物保护机构对已登记农药的安全性和有效性进行监测。

发现已登记农药对农业、林业、人畜安全、农产品质量安全、生态环境等有严重危害或者较大风险的，国务院农业主管部门应当组织农药登记评审委员会进行评审，根据评审结果撤销、变更相应的农药登记证，必要时应当决定禁用或者限制使用并予以公告。

第四十四条 有下列情形之一的，认定为假农药：

（一）以非农药冒充农药；

（二）以此种农药冒充他种农药；

（三）农药所含有效成分种类与农药的标签、说明书标注的有效成分不符。

禁用的农药，未依法取得农药登记证而生产、进口的农药，以及未附具标签的农药，按照假农药处理。

案例 福建省莆田市某贸易公司经营假农药案（农业农村部公布农业执法保障粮食安全十大典型案例之九）

裁判规则：2022年2月，福建省莆田市农业综合行政执法支队执法人员对列入福建省农资企业重点监控名单的莆田市某贸易公司开展执法检查，依法对其经营的3个批次“阿维菌素”农药产品进行抽检送检。经检测，该公司经营的上述农药有效成分种类与标签标注的内容不符，属假农药。经立案查明，当事人经营涉案农药1.08万包，货值金额1.24万元。依据《农药管理条例》第四十四条第一款第三项、第五十五条第一款第二项之规定，莆田市农业农村局责令当事人停止经营假农药，作出没收其违法经营的假农药和违法所得，并处罚款6.22万元的行政处罚决定。同时，依据福建省农资企业重点监控制度，莆田市农业农村局延长对当事人的重点监控期限1年。

第四十五条 有下列情形之一的，认定为劣质农药：

（一）不符合农药产品质量标准；

（二）混有导致药害等有害成分。

超过农药质量保证期的农药，按照劣质农药处理。

第四十六条 假农药、劣质农药和回收的农药废弃物等应当交由具有危险废物经营资质的单位集中处置，处置费用由相应的农药生产企业、农药经营者承担；农药生产企业、农药经营者不明确的，处置费用由所在地县级人民政府财政列支。

第四十七条 禁止伪造、变造、转让、出租、出借农药登记证、农药生产许可证、农药经营许可证等许可证明文件。

第四十八条 县级以上人民政府农业主管部门及其工作人员和负责农药检定工作的机构及其工作人员，不得参与农药生产、经营活动。

第七章　法律责任

第四十九条 县级以上人民政府农业主管部门及其工作人员有下列行为之一的，由本级人民政府责令改正；对负有责任的领导人员和直接责任人员，依法给予处分；负有责任的领导人员和直接责任人员构成犯罪的，依法追究刑事责任：

（一）不履行监督管理职责，所辖行政区域的违法农药生产、经营活动造成重大损失或者恶劣社会影响；

（二）对不符合条件的申请人准予许可或者对符合条件的申请人拒不准予许可；

（三）参与农药生产、经营活动；

（四）有其他徇私舞弊、滥用职权、玩忽职守行为。

第五十条 农药登记评审委员会组成人员在农药登记评审中谋取不正当利益的，由国务院农业主管部门从农药登记评审委员会除名；属于国家工作人员的，依法给予处分；构成犯罪的，依法追究刑事责任。

第五十一条 登记试验单位出具虚假登记试验报告的，由省、自治区、直辖市人民政府农业主管部门没收违法所得，并处5万元以上10万元以下罚款；由国务院农业主管部门从登记试验单位中除名，5年内不再受理其登记试验单位认定申请；构成犯罪的，依法追究刑事责任。

第五十二条 未取得农药生产许可证生产农药或者生产假农药的，由县级以上地方人民政府农业主管部门责令停止生产，没收违法所得、违法生产的产品和用于违法生产的工具、设备、原材料等，违法生产的产品货值金额不足1万元的，并处5万元以上10万元以下罚款，货值金额1万元以上的，并处货值金额10倍以上20倍以下罚款，由发证机关吊销农药生产许可证和相应的农药登记证;构成犯罪的,依法追究刑事责任。

取得农药生产许可证的农药生产企业不再符合规定条件继续生产农药的,由县级以上地方人民政府农业主管部门责令限期整改;逾期拒不整改或者整改后仍不符合规定条件的,由发证机关吊销农药生产许可证。

农药生产企业生产劣质农药的,由县级以上地方人民政府农业主管部门责令停止生产,没收违法所得、违法生产的产品和用于违法生产的工具、设备、原材料等,违法生产的产品货值金额不足1万元的,并处1万元以上5万元以下罚款,货值金额1万元以上的,并处货值金额5倍以上10倍以下罚款;情节严重的,由发证机关吊销农药生产许可证和相应的农药登记证;构成犯罪的,依法追究刑事责任。

委托未取得农药生产许可证的受托人加工、分装农药,或者委托加工、分装假农药、劣质农药的,对委托人和受托人均依照本条第一款、第三款的规定处罚。

案例 浙江省遂昌县某公司经营劣质农药案(农业农村部公布农业执法保障粮食安全十大典型案例之六)

裁判规则:2021年12月,浙江省遂昌县农业农村局接群众举报,遂昌县某公司涉嫌经营劣质农药"41%草甘膦异丙胺盐水剂"。经遂昌县农业行政执法队执法人员实地核查并依法抽样送检,该农药草甘膦有效成分含量仅8.7%,属劣质农药。经立案查明,至案发时当事人已销售7个批次共1800瓶涉案农药,销售金额16.2万元。因当事人的行为涉嫌构成犯罪,遂昌县农业农村局依法将该案移送遂昌县公安局。经公安机关进一步侦查,抓获犯罪嫌疑人9名,捣毁生产窝点2处,涉案金额1700万元。

第五十三条　农药生产企业有下列行为之一的,由县级以上地方人民政府农业主管部门责令改正,没收违法所得、违法生产的产品和用于违法生产的原材料等,违法生产的产品货值金额不足1万元的,并处1万元以上2万元以下罚款,货值金额1万元以上的,并处货值金额2倍以上5倍以下罚款;拒不改正或者情节严重的,由发证机关吊销农药生产许可证和相应的农药登记证:

(一)采购、使用未依法附具产品质量检验合格证、未依法取得有关许可证明文件的原材料;

(二)出厂销售未经质量检验合格并附具产品质量检验合格证的农药;

(三)生产的农药包装、标签、说明书不符合规定;

(四)不召回依法应当召回的农药。

第五十四条　农药生产企业不执行原材料进货、农药出厂销售记录制度,或者不履行农药废弃物回收义务的,由县级以上地方人民政府农业主管部门责令改正,处1万元以上5万元以下罚款;拒不改正或者情节严重的,由发证机关吊销农药生产许可证和相应的农药登记证。

第五十五条　农药经营者有下列行为之一的,由县级以上地方人民政府农业主管部门责令停止经营,没收违法所得、违法经营的农药和用于违法经营的工具、设备等,违法经营的农药货值金额不足1万元的,并处5000元以上5万元以下罚款,货值金额1万元以上的,并处货值金额5倍以上10倍以下罚款;构成犯罪的,依法追究刑事责任:

(一)违反本条例规定,未取得农药经营许可证经营农药;

(二)经营假农药;

(三)在农药中添加物质。

有前款第二项、第三项规定的行为,情节严重的,还应当由发证机关吊销农药经营许可证。

取得农药经营许可证的农药经营者不再符合规定条件继续经营农药的,由县级以上地方人民政府农业主管部门责令限期整改;逾期拒不整改或者整改后仍不符合规定条件的,由发证机关吊销农药经营许可证。

案例 1. 四川省苍溪县某农资门市部经营假农药案(农业农村部公布农业执法保障粮食安全十大典型案例之七)

裁判规则:2021年7月,四川省苍溪县农业综合行政执法大队执法人员在对某农资门市部开展农药产品质量专项执法检查时,发现该门市部销售的3种农药标称的登记证号等信息存在异常。经依法抽样送检,涉案的3种农药有效成分含量均为零,属假农药。经立案查明,至案发时当事人已销售涉案农药3010袋,销售金额8.3万元。因当事人的行为涉嫌构成犯罪,苍溪县农业农村局依法将该案移送苍溪县公安局。苍溪县农业农村局和公安局随即组建联合专案组,开展溯源调查,查获一个生产并通过网络电商平台向全国24个省

份销售假农药的特大犯罪团伙。2022 年 3 月、6 月,苍溪县农业综合行政执法大队配合公安机关先后开展两轮集中收网抓捕,共抓获犯罪嫌疑人 84 名,捣毁制假窝点 8 个,扣押制假设备 21 台、成品假农药 8 万余袋、农药原药 6400 余公斤,收缴赃款 500 万元,涉案金额 1.2 亿元。

2. 天津市武清区某农资公司跨省线上销售假农药案(农业农村部公布农业执法保障粮食安全十大典型案例之八)

裁判规则:2022 年 6 月,天津市武清区农业农村委员会接群众举报,某农资经营有限公司涉嫌通过网络电商平台跨省销售假农药“敌草快”。经武清区农业综合行政执法支队执法人员依法抽样送检,涉案农药“25%敌草快水剂”的敌草快含量仅为 0.04%,且含有禁用农药百草枯成分,属假农药。经立案查明,当事人在天津取得农药经营许可证后,在江苏省通过网络电商平台销售假农药。2022 年 7 月,天津市武清区农业农村委员会与天津市公安局武清分局成立联合调查组,赴江苏省淮安市、宿迁市等地进一步查明,至案发时当事人销售假农药的金额近 200 万元。因当事人的行为涉嫌构成犯罪,武清区农业农村委员会依法将该案移送公安机关。2022 年 8 月,武清区农业综合行政执法队配合公安机关抓获犯罪嫌疑人 5 名,现场查获涉案农药 4.5 吨,涉案金额 2000 万元。

3. 浙江省温州市某日用品有限公司经营假冒登记证农药案(第二批农业行政执法指导性案例之七)

裁判规则:近年来,互联网电商平台销售种子、农药、兽药等农资现象日益增多。由于网络销售农资产品的生产、加工、销售、仓储、配送场所往往分布在不同地区,农资质量出现违法问题后,如何确定案件管辖机关以及如何调查取证在执法实践中经常引发争议。2020 年农业农村部修订发布的《农业行政处罚程序规定》第十四条,对电子商务平台内经营者的农业违法行为管辖问题专门作了规定,明确可以由经营者实际经营地农业农村部门管辖,也可以由电子商务平台经营者住所地或者违法物品的生产、加工、存储、配送地农业农村部门管辖。本案中,销售假冒登记证农药的温州某日用品有限公司注册地在浙江省温州市,发货仓库在浙江省义乌市,违法产品生产企业在广东省深圳市,网络平台经营者住所地在上海市,根据上述规定,这些地方的农业农村部门对本案都具有管辖权。

4. 四川省南充市嘉陵区某农资经营部经营未取得农药登记证的农药案(第三批农业行政执法指导性案例之六)

裁判规则:鸟鼠兔驱避剂是一种在农业生产中广泛使用的投入品,对生态环境和人畜安全都可能产生重要影响,执法实践中围绕其应按照农药还是兽药进行管理曾存在争议。《农业农村部办公厅关于驱鸟剂定性问题的函》(农办法函〔2020〕18 号)和《农业农村部办公厅关于依法界定管理兽药和农药的函》(农办农函〔2021〕3 号)对鸟鼠兔驱避剂的性质予以明确,强调从产品的功能用途、使用场所和保护对象出发,鸟鼠兔驱避剂应当界定为农药,按照《农药管理条例》有关规定管理。本案中,当事人销售的鸟鼠兔驱避剂未取得农药登记证,违反了《农药管理条例》的规定,依法应当按照经营假农药处理。由于当事人经营的农药标称生产企业不在本地,嘉陵区农业农村局运用四川、重庆、河南、湖北等 8 省份于 2022 年 7 月建立的农业综合行政执法省际协作机制,商请河南省洛阳市偃师区农业农村局协助调查,查明涉案农药并非标称生产企业所产,进一步完善了本案当事人经营假农药的证据链条。本案中执法人员从专项执法检查中发现违法线索、准确适用法律到跨区域协作调查取证的过程可供办理类似案件参考。

第五十六条 农药经营者经营劣质农药的,由县级以上地方人民政府农业主管部门责令停止经营,没收违法所得、违法经营的农药和用于违法经营的工具、设备等,违法经营的农药货值金额不足 1 万元的,并处 2000 元以上 2 万元以下罚款,货值金额 1 万元以上的,并处货值金额 2 倍以上 5 倍以下罚款;情节严重的,由发证机关吊销农药经营许可证;构成犯罪的,依法追究刑事责任。

案例 江西省乐安县某农资门市部经营劣质农药案(第一批农业行政执法指导性案例之三)

裁判规则:农药产品质量直接关系农业生产安全,使用低于农药质量标准的农药难以起到防治病虫害的作用,可能导致农作物减产甚至绝收,严重损害农户权益。《农药管理条例》第四十五条规定,不符合农药产品质量标准的,属于劣质农药。本案中,当事人经营农药产品的实际有效成分明显低于标称值,属于典型的经营劣质农药违法行为。

农业农村部门依法对其经营劣质农药产品的违法行为进行查处，维护了农药经营管理秩序，保护了农户合法权益。特别是本案系省级农业农村部门组织异地交叉监督抽检发现，并及时移送违法行为地农业农村部门立案查处。实践证明，这种执法办案方式既有利于克服地方保护主义，又有利于落实检打联动机制，值得肯定和借鉴。

第五十七条 农药经营者有下列行为之一的，由县级以上地方人民政府农业主管部门责令改正，没收违法所得和违法经营的农药，并处5000元以上5万元以下罚款；拒不改正或者情节严重的，由发证机关吊销农药经营许可证：

（一）设立分支机构未依法变更农药经营许可证，或者未向分支机构所在地县级以上地方人民政府农业主管部门备案；

（二）向未取得农药生产许可证的农药生产企业或者未取得农药经营许可证的其他农药经营者采购农药；

（三）采购、销售未附具产品质量检验合格证或者包装、标签不符合规定的农药；

（四）不停止销售依法应当召回的农药。

第五十八条 农药经营者有下列行为之一的，由县级以上地方人民政府农业主管部门责令改正；拒不改正或者情节严重的，处2000元以上2万元以下罚款，并由发证机关吊销农药经营许可证：

（一）不执行农药采购台账、销售台账制度；

（二）在卫生用农药以外的农药经营场所内经营食品、食用农产品、饲料等；

（三）未将卫生用农药与其他商品分柜销售；

（四）不履行农药废弃物回收义务。

第五十九条 境外企业直接在中国销售农药的，由县级以上地方人民政府农业主管部门责令停止销售，没收违法所得、违法经营的农药和用于违法经营的工具、设备等，违法经营的农药货值金额不足5万元的，并处5万元以上50万元以下罚款，货值金额5万元以上的，并处货值金额10倍以上20倍以下罚款，由发证机关吊销农药登记证。

取得农药登记证的境外企业向中国出口劣质农药情节严重或者出口假农药的，由国务院农业主管部门吊销相应的农药登记证。

第六十条 农药使用者有下列行为之一的，由县级人民政府农业主管部门责令改正，农药使用者为农产品生产企业、食品和食用农产品仓储企业、专业化病虫害防治服务组织和从事农产品生产的农民专业合作社等单位的，处5万元以上10万元以下罚款，农药使用者为个人的，处1万元以下罚款；构成犯罪的，依法追究刑事责任：

（一）不按照农药的标签标注的使用范围、使用方法和剂量、使用技术要求和注意事项、安全间隔期使用农药；

（二）使用禁用的农药；

（三）将剧毒、高毒农药用于防治卫生害虫，用于蔬菜、瓜果、茶叶、菌类、中草药材生产或者用于水生植物的病虫害防治；

（四）在饮用水水源保护区内使用农药；

（五）使用农药毒鱼、虾、鸟、兽等；

（六）在饮用水水源保护区、河道内丢弃农药、农药包装物或者清洗施药器械。

有前款第二项规定的行为的，县级人民政府农业主管部门还应当没收禁用的农药。

案例 广东省广州市某农业发展有限公司超出标签标注的使用范围使用农药案（第一批农业行政执法指导性案例之四）

裁判规则：农药标签标注的使用范围是农产品生产者正确使用农药的基本指引。食用农产品生产过程中，超出标签标注的范围使用农药，直接威胁到农产品质量安全，危害消费者身体健康和生命安全。本案中，农产品质量安全监管机构通过农产品质量安全例行监测发现了违法线索，之后农业综合行政执法机构立即对当事人进行有针对性地执法检查和监督抽检。在农产品抽检结果符合食品安全标准的情况下，执法人员没有放松警惕"一走了之"，而是继续通过检查农药仓库、查询农药使用台账和询问种植主管人员等方式，最终查明当事人在农产品生产过程中存在超出农药标签标注范围使用农药的违法行为，充分体现了农业农村部门对食品安全高度负责的态度，真正做到了检打联动、精准执法，切实保障了人民群众"舌尖上的安全"。

第六十一条 农产品生产企业、食品和食用农产品仓储企业、专业化病虫害防治服务组织和从事农产品生产的农民专业合作社等不执行农药使用记录制度的，由县级人民政府农业主管部门责令改正；拒不改正或者情节严重的，处2000元以上2万元以下罚款。

第六十二条 伪造、变造、转让、出租、出借农药登记证、农药生产许可证、农药经营许可证等许可证明文件的，由发证机关收缴或者予以吊销，没收违法所得，并处1万元以上5万元以下罚款；构成犯罪的，依法追究刑事责任。

第六十三条 未取得农药生产许可证生产农药，未取得农药经营许可证经营农药，或者被吊销农药登记证、农药生产许可证、农药经营许可证的，其直接负责的主管人员10年内不得从事农药生产、经营活动。

农药生产企业、农药经营者招用前款规定的人员从事农药生产、经营活动的，由发证机关吊销农药生产许可证、农药经营许可证。

被吊销农药登记证的，国务院农业主管部门5年内不再受理其农药登记申请。

第六十四条 生产、经营的农药造成农药使用者人身、财产损害的，农药使用者可以向农药生产企业要求赔偿，也可以向农药经营者要求赔偿。属于农药生产企业责任的，农药经营者赔偿后有权向农药生产企业追偿；属于农药经营者责任的，农药生产企业赔偿后有权向农药经营者追偿。

第八章 附 则

第六十五条 申请农药登记的，申请人应当按照自愿有偿的原则，与登记试验单位协商确定登记试验费用。

第六十六条 本条例自2017年6月1日起施行。

农作物病虫害防治条例

· 2020年3月17日国务院第86次常务会议通过
· 2020年3月26日中华人民共和国国务院令第725号公布
· 自2020年5月1日起施行

第一章 总 则

第一条 为了防治农作物病虫害，保障国家粮食安全和农产品质量安全，保护生态环境，促进农业可持续发展，制定本条例。

第二条 本条例所称农作物病虫害防治，是指对危害农作物及其产品的病、虫、草、鼠等有害生物的监测与预报、预防与控制、应急处置等防治活动及其监督管理。

第三条 农作物病虫害防治实行预防为主、综合防治的方针，坚持政府主导、属地负责、分类管理、科技支撑、绿色防控。

第四条 根据农作物病虫害的特点及其对农业生产的危害程度，将农作物病虫害分为下列三类：

（一）一类农作物病虫害，是指常年发生面积特别大或者可能给农业生产造成特别重大损失的农作物病虫害，其名录由国务院农业农村主管部门制定、公布；

（二）二类农作物病虫害，是指常年发生面积大或者可能给农业生产造成重大损失的农作物病虫害，其名录由省、自治区、直辖市人民政府农业农村主管部门制定、公布，并报国务院农业农村主管部门备案；

（三）三类农作物病虫害，是指一类农作物病虫害和二类农作物病虫害以外的其他农作物病虫害。

新发现的农作物病虫害可能给农业生产造成重大或者特别重大损失的，在确定其分类前，按照一类农作物病虫害管理。

第五条 县级以上人民政府应当加强对农作物病虫害防治工作的组织领导，将防治工作经费纳入本级政府预算。

第六条 国务院农业农村主管部门负责全国农作物病虫害防治的监督管理工作。县级以上地方人民政府农业农村主管部门负责本行政区域农作物病虫害防治的监督管理工作。

县级以上人民政府其他有关部门按照职责分工，做好农作物病虫害防治相关工作。

乡镇人民政府应当协助上级人民政府有关部门做好本行政区域农作物病虫害防治宣传、动员、组织等工作。

第七条 县级以上人民政府农业农村主管部门组织植物保护工作机构开展农作物病虫害防治有关技术工作。

第八条 农业生产经营者等有关单位和个人应当做好生产经营范围内的农作物病虫害防治工作，并对各级人民政府及有关部门开展的防治工作予以配合。

农村集体经济组织、村民委员会应当配合各

级人民政府及有关部门做好农作物病虫害防治工作。

第九条 国家鼓励和支持开展农作物病虫害防治科技创新、成果转化和依法推广应用，普及应用信息技术、生物技术，推进农作物病虫害防治的智能化、专业化、绿色化。

国家鼓励和支持农作物病虫害防治国际合作与交流。

第十条 国家鼓励和支持使用生态治理、健康栽培、生物防治、物理防治等绿色防控技术和先进施药机械以及安全、高效、经济的农药。

第十一条 对在农作物病虫害防治工作中作出突出贡献的单位和个人，按照国家有关规定予以表彰。

第二章 监测与预报

第十二条 国家建立农作物病虫害监测制度。国务院农业农村主管部门负责编制全国农作物病虫害监测网络建设规划并组织实施。省、自治区、直辖市人民政府农业农村主管部门负责编制本行政区域农作物病虫害监测网络建设规划并组织实施。

县级以上人民政府农业农村主管部门应当加强对农作物病虫害监测网络的管理。

第十三条 任何单位和个人不得侵占、损毁、拆除、擅自移动农作物病虫害监测设施设备，或者以其他方式妨害农作物病虫害监测设施设备正常运行。

新建、改建、扩建建设工程应当避开农作物病虫害监测设施设备；确实无法避开、需要拆除农作物病虫害监测设施设备的，应当由县级以上人民政府农业农村主管部门按照有关技术要求组织迁建，迁建费用由建设单位承担。

农作物病虫害监测设施设备毁损的，县级以上人民政府农业农村主管部门应当及时组织修复或者重新建设。

第十四条 县级以上人民政府农业农村主管部门应当组织开展农作物病虫害监测。农作物病虫害监测包括下列内容：

（一）农作物病虫害发生的种类、时间、范围、程度；

（二）害虫主要天敌种类、分布与种群消长情况；

（三）影响农作物病虫害发生的田间气候；

（四）其他需要监测的内容。

农作物病虫害监测技术规范由省级以上人民政府农业农村主管部门制定。

农业生产经营者等有关单位和个人应当配合做好农作物病虫害监测。

第十五条 县级以上地方人民政府农业农村主管部门应当按照国务院农业农村主管部门的规定及时向上级人民政府农业农村主管部门报告农作物病虫害监测信息。

任何单位和个人不得瞒报、谎报农作物病虫害监测信息，不得授意他人编造虚假信息，不得阻挠他人如实报告。

第十六条 县级以上人民政府农业农村主管部门应当在综合分析监测结果的基础上，按照国务院农业农村主管部门的规定发布农作物病虫害预报，其他组织和个人不得向社会发布农作物病虫害预报。

农作物病虫害预报包括农作物病虫害发生以及可能发生的种类、时间、范围、程度以及预防控制措施等内容。

第十七条 境外组织和个人不得在我国境内开展农作物病虫害监测活动。确需开展的，应当由省级以上人民政府农业农村主管部门组织境内有关单位与其联合进行，并遵守有关法律、法规的规定。

任何单位和个人不得擅自向境外组织和个人提供未发布的农作物病虫害监测信息。

第三章 预防与控制

第十八条 国务院农业农村主管部门组织制定全国农作物病虫害预防控制方案，县级以上地方人民政府农业农村主管部门组织制定本行政区域农作物病虫害预防控制方案。

农作物病虫害预防控制方案根据农业生产情况、气候条件、农作物病虫害常年发生情况、监测预报情况以及发生趋势等因素制定，其内容包括预防控制目标、重点区域、防治阈值、预防控制措施和保障措施等方面。

第十九条 县级以上人民政府农业农村主管部门应当健全农作物病虫害防治体系，并组织开展农作物病虫害抗药性监测评估，为农业生产经营者提供农作物病虫害预防控制技术培训、指导、服务。

国家鼓励和支持科研单位、有关院校、农民专业合作社、企业、行业协会等单位和个人研究、依法推广绿色防控技术。

对在农作物病虫害防治工作中接触有毒有害物质的人员，有关单位应当组织做好安全防护，并按照国家有关规定发放津贴补贴。

第二十条 县级以上人民政府农业农村主管部门应当在农作物病虫害孳生地、源头区组织开展作物改种、植被改造、环境整治等生态治理工作，调整种植结构，防止农作物病虫害孳生和蔓延。

第二十一条 县级以上人民政府农业农村主管部门应当指导农业生产经营者选用抗病、抗虫品种，采用包衣、拌种、消毒等种子处理措施，采取合理轮作、深耕除草、覆盖除草、土壤消毒、清除农作物病残体等健康栽培管理措施，预防农作物病虫害。

第二十二条 从事农作物病虫害研究、饲养、繁殖、运输、展览等活动的，应当采取措施防止其逃逸、扩散。

第二十三条 农作物病虫害发生时，农业生产经营者等有关单位和个人应当及时采取防止农作物病虫害扩散的控制措施。发现农作物病虫害严重发生或者暴发的，应当及时报告所在地县级人民政府农业农村主管部门。

第二十四条 有关单位和个人开展农作物病虫害防治使用农药时，应当遵守农药安全、合理使用制度，严格按照农药标签或者说明书使用农药。

农田除草时，应当防止除草剂危害当季和后茬作物；农田灭鼠时，应当防止杀鼠剂危害人畜安全。

第二十五条 农作物病虫害严重发生时，县级以上地方人民政府农业农村主管部门应当按照农作物病虫害预防控制方案以及监测预报情况，及时组织、指导农业生产经营者、专业化病虫害防治服务组织等有关单位和个人采取统防统治等控制措施。

一类农作物病虫害严重发生时，国务院农业农村主管部门应当对控制工作进行综合协调、指导。二类、三类农作物病虫害严重发生时，省、自治区、直辖市人民政府农业农村主管部门应当对控制工作进行综合协调、指导。

国有荒地上发生的农作物病虫害由县级以上地方人民政府组织控制。

第二十六条 农田鼠害严重发生时，县级以上地方人民政府应当组织采取统一灭鼠措施。

第二十七条 县级以上地方人民政府农业农村主管部门应当组织做好农作物病虫害灾情调查汇总工作，将灾情信息及时报告本级人民政府和上一级人民政府农业农村主管部门，并抄送同级人民政府应急管理部门。

农作物病虫害灾情信息由县级以上人民政府农业农村主管部门商同级人民政府应急管理部门发布，其他组织和个人不得向社会发布。

第二十八条 国家鼓励和支持保险机构开展农作物病虫害防治相关保险业务，鼓励和支持农业生产经营者等有关单位和个人参加保险。

第四章 应急处置

第二十九条 国务院农业农村主管部门应当建立农作物病虫害防治应急响应和处置机制，制定应急预案。

县级以上地方人民政府及其有关部门应当根据本行政区域农作物病虫害应急处置需要，组织制定应急预案，开展应急业务培训和演练，储备必要的应急物资。

第三十条 农作物病虫害暴发时，县级以上地方人民政府应当立即启动应急响应，采取下列措施：

（一）划定应急处置的范围和面积；

（二）组织和调集应急处置队伍；

（三）启用应急备用药剂、机械等物资；

（四）组织应急处置行动。

第三十一条 县级以上地方人民政府有关部门应当在各自职责范围内做好农作物病虫害应急处置工作。

公安、交通运输等主管部门应当为应急处置所需物资的调度、运输提供便利条件，民用航空主管部门应当为应急处置航空作业提供优先保障，气象主管机构应当为应急处置提供气象信息服务。

第三十二条 农作物病虫害应急处置期间，县级以上地方人民政府可以根据需要依法调集必需的物资、运输工具以及相关设施设备。应急处置结束后，应当及时归还并对毁损、灭失的给予补偿。

第五章 专业化服务

第三十三条 国家通过政府购买服务等方式鼓励和扶持专业化病虫害防治服务组织，鼓励专业化病虫害防治服务组织使用绿色防控技术。

县级以上人民政府农业农村主管部门应当加强对专业化病虫害防治服务组织的规范和管理，并为专业化病虫害防治服务组织提供技术培训、指导、服务。

第三十四条 专业化病虫害防治服务组织应当具备相应的设施设备、技术人员、田间作业人员以及规范的管理制度。

依照有关法律、行政法规需要办理登记的专业化病虫害防治服务组织，应当依法向县级以上人民政府有关部门申请登记。

第三十五条 专业化病虫害防治服务组织的田间作业人员应当能够正确识别服务区域的农作物病虫害，正确掌握农药适用范围、施用方法、安全间隔期等专业知识以及田间作业安全防护知识，正确使用施药机械以及农作物病虫害防治相关用品。专业化病虫害防治服务组织应当定期组织田间作业人员参加技术培训。

第三十六条 专业化病虫害防治服务组织应当与服务对象共同商定服务方案或者签订服务合同。

专业化病虫害防治服务组织应当遵守国家有关农药安全、合理使用制度，建立服务档案，如实记录服务的时间、地点、内容以及使用农药的名称、用量、生产企业、农药包装废弃物处置方式等信息。服务档案应当保存2年以上。

第三十七条 专业化病虫害防治服务组织应当按照国家有关规定为田间作业人员参加工伤保险缴纳工伤保险费。国家鼓励专业化病虫害防治服务组织为田间作业人员投保人身意外伤害保险。

专业化病虫害防治服务组织应当为田间作业人员配备必要的防护用品。

第三十八条 专业化病虫害防治服务组织开展农作物病虫害预防控制航空作业，应当按照国家有关规定向公众公告作业范围、时间、施药种类以及注意事项；需要办理飞行计划或者备案手续的，应当按照国家有关规定办理。

第六章 法律责任

第三十九条 地方各级人民政府和县级以上人民政府有关部门及其工作人员有下列行为之一的，对负有责任的领导人员和直接责任人员依法给予处分；构成犯罪的，依法追究刑事责任：

（一）未依照本条例规定履行职责；

（二）瞒报、谎报农作物病虫害监测信息，授意他人编造虚假信息或者阻挠他人如实报告；

（三）擅自向境外组织和个人提供未发布的农作物病虫害监测信息；

（四）其他滥用职权、玩忽职守、徇私舞弊行为。

第四十条 违反本条例规定，侵占、损毁、拆除、擅自移动农作物病虫害监测设施设备或者以其他方式妨害农作物病虫害监测设施设备正常运行的，由县级以上人民政府农业农村主管部门责令停止违法行为，限期恢复原状或者采取其他补救措施，可以处5万元以下罚款；造成损失的，依法承担赔偿责任；构成犯罪的，依法追究刑事责任。

第四十一条 违反本条例规定，有下列行为之一的，由县级以上人民政府农业农村主管部门处5000元以上5万元以下罚款；情节严重的，处5万元以上10万元以下罚款；造成损失的，依法承担赔偿责任；构成犯罪的，依法追究刑事责任：

（一）擅自向社会发布农作物病虫害预报或者灾情信息；

（二）从事农作物病虫害研究、饲养、繁殖、运输、展览等活动未采取有效措施，造成农作物病虫害逃逸、扩散；

（三）开展农作物病虫害预防控制航空作业未按照国家有关规定进行公告。

第四十二条 专业化病虫害防治服务组织有下列行为之一的，由县级以上人民政府农业农村主管部门责令改正；拒不改正或者情节严重的，处2000元以上2万元以下罚款；造成损失的，依法承担赔偿责任：

（一）不具备相应的设施设备、技术人员、田间作业人员以及规范的管理制度；

（二）其田间作业人员不能正确识别服务区域的农作物病虫害，或者不能正确掌握农药适用范围、施用方法、安全间隔期等专业知识以及田间作

业安全防护知识,或者不能正确使用施药机械以及农作物病虫害防治相关用品;

(三)未按规定建立或者保存服务档案;

(四)未为田间作业人员配备必要的防护用品。

第四十三条 境外组织和个人违反本条例规定,在我国境内开展农作物病虫害监测活动的,由县级以上人民政府农业农村主管部门责令其停止监测活动,没收监测数据和工具,并处10万元以上50万元以下罚款;情节严重的,并处50万元以上100万元以下罚款;构成犯罪的,依法追究刑事责任。

第七章 附 则

第四十四条 储存粮食的病虫害防治依照有关法律、行政法规的规定执行。

第四十五条 本条例自2020年5月1日起施行。

农作物种子生产经营许可管理办法

· 2016年7月8日农业部令第5号公布
· 根据2017年11月30日《农业部关于修改和废止部分规章、规范性文件的决定》第一次修订
· 根据2019年4月25日《农业农村部关于修改和废止部分规章、规范性文件的决定》第二次修订
· 根据2020年7月8日《农业农村部关于修改和废止部分规章、规范性文件的决定》第三次修订
· 根据2022年1月7日《农业农村部关于修改和废止部分规章、规范性文件的决定》第四次修订
· 根据2022年1月21日《农业农村部关于修改〈农业转基因生物安全评价管理办法〉等规章的决定》第五次修订

第一章 总 则

第一条 为加强农作物种子生产经营许可管理,规范农作物种子生产经营秩序,根据《中华人民共和国种子法》,制定本办法。

第二条 农作物种子生产经营许可证的申请、审核、核发和监管,适用本办法。

第三条 县级以上人民政府农业农村主管部门按照职责分工,负责农作物种子生产经营许可证的受理、审核、核发和监管工作。

第四条 负责审核、核发农作物种子生产经营许可证的农业农村主管部门,应当将农作物种子生产经营许可证的办理条件、程序等在办公场所公开。

第五条 农业农村主管部门应当按照保障农业生产安全、提升农作物品种选育和种子生产经营水平、促进公平竞争、强化事中事后监管的原则,依法加强农作物种子生产经营许可管理。

第二章 申请条件

第六条 申请领取种子生产经营许可证的企业,应当具有与种子生产经营相适应的设施、设备、品种及人员,符合本办法规定的条件。

第七条 申请领取主要农作物常规种子或非主要农作物种子生产经营许可证的企业,应当具备以下条件:

(一)基本设施。生产经营主要农作物常规种子的,具有办公场所150平方米以上、检验室100平方米以上、加工厂房500平方米以上、仓库500平方米以上;生产经营非主要农作物种子的,具有办公场所100平方米以上、检验室50平方米以上、加工厂房100平方米以上、仓库100平方米以上;

(二)检验仪器。具有净度分析台、电子秤、样品粉碎机、烘箱、生物显微镜、电子天平、扦样器、分样器、发芽箱等检验仪器,满足种子质量常规检测需要;

(三)加工设备。具有与其规模相适应的种子加工、包装等设备。其中,生产经营主要农作物常规种子的,应当具有种子加工成套设备,生产经营常规小麦种子的,成套设备总加工能力10吨/小时以上;生产经营常规稻种子的,成套设备总加工能力5吨/小时以上;生产经营常规大豆种子的,成套设备总加工能力3吨/小时以上;生产经营常规棉花种子的,成套设备总加工能力1吨/小时以上;

(四)人员。具有种子生产、加工贮藏和检验专业技术人员各2名以上;

(五)品种。生产经营主要农作物常规种子的,生产经营的品种应当通过审定,并具有1个以上与申请作物类别相应的审定品种;生产经营登记作物种子的,应当具有1个以上的登记品种。生产经营授权品种种子的,应当征得品种权人的

书面同意；

（六）生产环境。生产地点无检疫性有害生物，并具有种子生产的隔离和培育条件；

（七）农业农村部规定的其他条件。

第八条 申请领取主要农作物杂交种子及其亲本种子生产经营许可证的企业，应当具备以下条件：

（一）基本设施。具有办公场所200平方米以上、检验室150平方米以上、加工厂房500平方米以上、仓库500平方米以上；

（二）检验仪器。除具备本办法第七条第二项规定的条件外，还应当具有PCR扩增仪及产物检测配套设备、酸度计、高压灭菌锅、磁力搅拌器、恒温水浴锅、高速冷冻离心机、成套移液器等仪器设备，能够开展种子水分、净度、纯度、发芽率四项指标检测及品种分子鉴定；

（三）加工设备。具有种子加工成套设备，生产经营杂交玉米种子的，成套设备总加工能力10吨/小时以上；生产经营杂交稻种子的，成套设备总加工能力5吨/小时以上；生产经营其他主要农作物杂交种子的，成套设备总加工能力1吨/小时以上；

（四）人员。具有种子生产、加工贮藏和检验专业技术人员各5名以上；

（五）品种。生产经营的品种应当通过审定，并具有自育品种或作为第一选育人的审定品种1个以上，或者合作选育的审定品种2个以上，或者受让品种权的品种3个以上。生产经营授权品种种子的，应当征得品种权人的书面同意；

（六）具有本办法第七条第六项规定的条件；

（七）农业农村部规定的其他条件。

第九条 申请领取实行选育生产经营相结合、有效区域为全国的种子生产经营许可证的企业，应当具备以下条件：

（一）基本设施。具有办公场所500平方米以上，冷藏库200平方米以上。生产经营主要农作物种子或马铃薯种薯的，具有检验室300平方米以上；生产经营其他农作物种子的，具有检验室200平方米以上。生产经营杂交玉米、杂交稻、小麦种子或马铃薯种薯的，具有加工厂房1000平方米以上、仓库2000平方米以上；生产经营棉花、大豆种子的，具有加工厂房500平方米以上、仓库500平方米以上；生产经营其他农作物种子的，具有加工厂房200平方米以上、仓库500平方米以上；

（二）育种机构及测试网络。具有专门的育种机构和相应的育种材料，建有完整的科研育种档案。生产经营杂交玉米、杂交稻种子的，在全国不同生态区有测试点30个以上和相应的播种、收获、考种设施设备；生产经营其他农作物种子的，在全国不同生态区有测试点10个以上和相应的播种、收获、考种设施设备；

（三）育种基地。具有自有或租用（租期不少于5年）的科研育种基地。生产经营杂交玉米、杂交稻种子的，具有分布在不同生态区的育种基地5处以上、总面积200亩以上；生产经营其他农作物种子的，具有分布在不同生态区的育种基地3处以上、总面积100亩以上；

（四）品种。生产经营主要农作物种子的，生产经营的品种应当通过审定，并具有相应作物的作为第一育种者的国家级审定品种3个以上，或者省级审定品种6个以上（至少包含3个省份审定通过），或者国家级审定品种2个和省级审定品种3个以上，或者国家级审定品种1个和省级审定品种5个以上。生产经营杂交稻种子同时生产经营常规稻种子的，除具有杂交稻要求的品种条件外，还应当具有常规稻的作为第一育种者的国家级审定品种1个以上或者省级审定品种3个以上。生产经营非主要农作物种子的，应当具有相应作物的以本企业名义单独申请获得植物新品种权的品种5个以上。生产经营授权品种种子的，应当征得品种权人的书面同意；

（五）生产规模。生产经营杂交玉米种子的，近3年年均种子生产面积2万亩以上；生产经营杂交稻种子的，近3年年均种子生产面积1万亩以上；生产经营其他农作物种子的，近3年年均种子生产的数量不低于该类作物100万亩的大田用种量；

（六）种子经营。具有健全的销售网络和售后服务体系。生产经营杂交玉米种子的，在申请之日前3年内至少有1年，杂交玉米种子销售额2亿元以上或占该类种子全国市场份额的1%以上；生产经营杂交稻种子的，在申请之日前3年内至少有1年，杂交稻种子销售额1.2亿元以上或占该类种子全国市场份额的1%以上；生产经营蔬菜种子的，在申请之日前3年内至少有1年，蔬菜种子销售额8000万元以上或占该类种子全国市场份额的

1%以上；生产经营其他农作物种子的，在申请之日前3年内至少有1年，其种子销售额占该类种子全国市场份额的1%以上；

（七）种子加工。具有种子加工成套设备，生产经营杂交玉米、小麦种子的，总加工能力20吨/小时以上；生产经营杂交稻种子的，总加工能力10吨/小时以上（含窝眼清选设备）；生产经营大豆种子的，总加工能力5吨/小时以上；生产经营其他农作物种子的，总加工能力1吨/小时以上。生产经营杂交玉米、杂交稻、小麦种子的，还应当具有相应的干燥设备；

（八）人员。生产经营杂交玉米、杂交稻种子的，具有本科以上学历或中级以上职称的专业育种人员10人以上；生产经营其他农作物种子的，具有本科以上学历或中级以上职称的专业育种人员6人以上。生产经营主要农作物种子的，具有专职的种子生产、加工贮藏和检验专业技术人员各5名以上；生产经营非主要农作物种子的，具有专职的种子生产、加工贮藏和检验专业技术人员各3名以上；

（九）具有本办法第七条第六项、第八条第二项规定的条件；

（十）农业农村部规定的其他条件。

第十条 申请领取转基因农作物种子生产经营许可证的企业，应当具备下列条件：

（一）农业转基因生物安全管理人员2名以上；

（二）种子生产地点、经营区域在农业转基因生物安全证书批准的区域内；

（三）有符合要求的隔离和生产条件；

（四）有相应的农业转基因生物安全管理、防范措施；

（五）农业农村部规定的其他条件。

从事种子进出口业务、转基因农作物种子生产经营的企业和外商投资企业申请领取种子生产经营许可证，除具备本办法规定的相应农作物种子生产经营许可证核发的条件外，还应当符合有关法律、行政法规规定的其他条件。

第十一条 申请领取种子生产经营许可证，应当提交以下材料：

（一）种子生产经营许可证申请表（式样见附件1）；

（二）单位性质、股权结构等基本情况，公司章程、营业执照复印件，设立分支机构、委托生产种子、委托代销种子以及以购销方式销售种子等情况说明；

（三）种子生产、加工贮藏、检验专业技术人员和农业转基因生物安全管理人员的基本情况，企业法定代表人和高级管理人员名单及其种业从业简历；

（四）种子检验室、加工厂房、仓库和其他设施的自有产权或自有资产的证明材料；办公场所自有产权证明复印件或租赁合同；种子检验、加工等设备清单和购置发票复印件；相关设施设备的情况说明及实景照片；

（五）品种审定证书复印件；生产经营转基因农作物种子的，提交农业转基因生物安全证书复印件；生产经营授权品种种子的，提交植物新品种权证书复印件及品种权人的书面同意证明；

（六）委托种子生产合同复印件或自行组织种子生产的情况说明和证明材料；

（七）种子生产地点检疫证明；

（八）农业转基因生物安全管理、防范措施和隔离、生产条件的说明；

（九）农业农村部规定的其他材料。

第十二条 申请领取选育生产经营相结合、有效区域为全国的种子生产经营许可证，除提交本办法第十一条所规定的材料外，还应当提交以下材料：

（一）自有科研育种基地证明或租用科研育种基地的合同复印件；

（二）品种试验测试网络和测试点情况说明，以及相应的播种、收获、烘干等设备设施的自有产权证明复印件及实景照片；

（三）育种机构、科研投入及育种材料、科研活动等情况说明和证明材料，育种人员基本情况及其企业缴纳的社保证明复印件；

（四）近三年种子生产地点、面积和基地联系人等情况说明和证明材料；

（五）种子经营量、经营额及其市场份额的情况说明和证明材料；

（六）销售网络和售后服务体系的建设情况。

第三章 受理、审核与核发

第十三条 种子生产经营许可证实行分级审核、核发。

（一）从事主要农作物常规种子生产经营及非主要农作物种子经营的，其种子生产经营许可证由企业所在地县级以上地方农业农村主管部门核发；

（二）从事主要农作物杂交种子及其亲本种子生产经营以及实行选育生产经营相结合、有效区域为全国的种子企业，其种子生产经营许可证由企业所在地县级农业农村主管部门审核，省、自治区、直辖市农业农村主管部门核发；

（三）从事农作物种子进出口业务以及转基因农作物种子生产经营的，其种子生产经营许可证由农业农村部核发。

第十四条　农业农村主管部门对申请人提出的种子生产经营许可申请，应当根据下列情况分别作出处理：

（一）不需要取得种子生产经营许可的，应当即时告知申请人不受理；

（二）不属于本部门职权范围的，应当即时作出不予受理的决定，并告知申请人向有关部门申请；

（三）申请材料存在可以当场更正的错误的，应当允许申请人当场更正；

（四）申请材料不齐全或者不符合法定形式的，应当当场或者在五个工作日内一次告知申请人需要补正的全部内容，逾期不告知的，自收到申请材料之日起即为受理；

（五）申请材料齐全、符合法定形式，或者申请人按照要求提交全部补正申请材料的，应当予以受理。

第十五条　审核机关应当对申请人提交的材料进行审查，并对申请人的办公场所和种子加工、检验、仓储等设施设备进行实地考察，查验相关申请材料原件。

审核机关应当自受理申请之日起二十个工作日内完成审核工作。具备本办法规定条件的，签署审核意见，上报核发机关；审核不予通过的，书面通知申请人并说明理由。

第十六条　核发机关应当自受理申请或收到审核意见之日起二十个工作日内完成核发工作。核发机关认为有必要的，可以进行实地考察并查验原件。符合条件的，发给种子生产经营许可证并予公告；不符合条件的，书面通知申请人并说明理由。

选育生产经营相结合、有效区域为全国的种子生产经营许可证，核发机关应当在核发前在中国种业信息网公示五个工作日。

第四章　许可证管理

第十七条　种子生产经营许可证设主证、副证（式样见附件2）。主证注明许可证编号、企业名称、统一社会信用代码、住所、法定代表人、生产经营范围、生产经营方式、有效区域、有效期至、发证机关、发证日期；副证注明生产种子的作物种类、种子类别、品种名称及审定（登记）编号、种子生产地点等内容。

（一）许可证编号为“____（××××）农种许字（××××）第××××号”。“____”上标注生产经营类型，A为实行选育生产经营相结合，B为主要农作物杂交种子及其亲本种子，C为其他主要农作物种子，D为非主要农作物种子，E为种子进出口，F为外商投资企业，G为转基因农作物种子；第一个括号内为发证机关所在地简称，格式为“省地县”；第二个括号内为首次发证时的年号；“第××××号”为四位顺序号；

（二）生产经营范围按生产经营种子的作物名称填写，蔬菜、花卉、麻类按作物类别填写；

（三）生产经营方式按生产、加工、包装、批发、零售或进出口填写；

（四）有效区域。实行选育生产经营相结合的种子生产经营许可证的有效区域为全国。其他种子生产经营许可证的有效区域由发证机关在其管辖范围内确定；

（五）生产地点为种子生产所在地，主要农作物杂交种子标注至县级行政区域，其他作物标注至省级行政区域。

种子生产经营许可证加注许可信息代码。许可信息代码应当包括种子生产经营许可相关内容，由发证机关打印许可证书时自动生成。

第十八条　种子生产经营许可证载明的有效区域是指企业设立分支机构的区域。

种子生产地点不受种子生产经营许可证载明的有效区域限制，由发证机关根据申请人提交的种子生产合同复印件及无检疫性有害生物证明确定。

种子销售活动不受种子生产经营许可证载明的有效区域限制，但种子的终端销售地应当在品种审定、品种登记或标签标注的适宜区域内。

第十九条 种子生产经营许可证有效期为五年。转基因农作物种子生产经营许可证有效期不得超出农业转基因生物安全证书规定的有效期限。

在有效期内变更主证载明事项的，应当向原发证机关申请变更并提交相应材料，原发证机关应当依法进行审查，办理变更手续。

在有效期内变更副证载明的生产种子的品种、地点等事项的，应当在播种三十日前向原发证机关申请变更并提交相应材料，申请材料齐全且符合法定形式的，原发证机关应当当场予以变更登记。

种子生产经营许可证期满后继续从事种子生产经营的，企业应当在期满六个月前重新提出申请。

第二十条 在种子生产经营许可证有效期内，有下列情形之一的，发证机关应当注销许可证，并予以公告：

（一）企业停止生产经营活动一年以上的；

（二）企业不再具备本办法规定的许可条件，经限期整改仍达不到要求的。

第五章 监督检查

第二十一条 有下列情形之一的，不需要办理种子生产经营许可证：

（一）农民个人自繁自用常规种子有剩余，在当地集贸市场上出售、串换的；

（二）在种子生产经营许可证载明的有效区域设立分支机构的；

（三）专门经营不再分装的包装种子的；

（四）受具有种子生产经营许可证的企业书面委托生产、代销其种子的。

前款第一项所称农民，是指以家庭联产承包责任制的形式签订农村土地承包合同的农民；所称当地集贸市场，是指农民所在的乡（镇）区域。农民个人出售、串换的种子数量不应超过其家庭联产承包土地的年度用种量。违反本款规定出售、串换种子的，视为无证生产经营种子。

第二十二条 种子生产经营者在种子生产经营许可证载明有效区域设立的分支机构，应当在取得或变更分支机构营业执照后十五个工作日内向当地县级农业农村主管部门备案。备案时应当提交分支机构的营业执照复印件、设立企业的种子生产经营许可证复印件以及分支机构名称、住所、负责人、联系方式等材料（式样见附件3）。

第二十三条 专门经营不再分装的包装种子或者受具有种子生产经营许可证的企业书面委托代销其种子的，应当在种子销售前向当地县级农业农村主管部门备案，并建立种子销售台账。备案时应当提交种子销售者的营业执照复印件、种子购销凭证或委托代销合同复印件，以及种子销售者名称、住所、经营方式、负责人、联系方式、销售地点、品种名称、种子数量等材料（式样见附件4）。种子销售台账应当如实记录销售种子的品种名称、种子数量、种子来源和种子去向。

第二十四条 受具有种子生产经营许可证的企业书面委托生产其种子的，应当在种子播种前向当地县级农业农村主管部门备案。受委托生产转基因农作物种子的，应当有专门的管理人员和经营档案，有相应的安全管理、防范措施及国务院农业农村主管部门规定的其他条件。备案时应当提交委托企业的种子生产经营许可证复印件、委托生产合同，以及种子生产者名称、住所、负责人、联系方式、品种名称、生产地点、生产面积等材料（式样见附件5）。受托生产杂交玉米、杂交稻种子的，还应当提交与生产所在地农户、农民合作组织或村委会的生产协议。受委托生产转基因种子的，还应当提交转基因生物安全证书复印件。

第二十五条 种子生产经营者应当建立包括种子田间生产、加工包装、销售流通等环节形成的原始记载或凭证的种子生产经营档案，具体内容如下：

（一）田间生产方面：技术负责人，作物类别、品种名称、亲本（原种）名称、亲本（原种）来源，生产地点、生产面积、播种日期、隔离措施、产地检疫、收获日期、种子产量等。委托种子生产的，还应当包括种子委托生产合同。

（二）加工包装方面：技术负责人，品种名称、生产地点，加工时间、加工地点、包装规格、种子批次、标签标注，入库时间、种子数量、质量检验报告等。

（三）流通销售方面：经办人，种子销售对象姓名及地址、品种名称、包装规格、销售数量、销售时间、销售票据。批量购销的，还应包括种子购销合同。

种子生产经营者应当至少保存种子生产经营档案五年,确保档案记载信息连续、完整、真实,保证可追溯。档案材料含有复印件的,应当注明复印时间并经相关责任人签章。

第二十六条 种子生产经营者应当按批次保存所生产经营的种子样品,样品至少保存该类作物两个生产周期。

第二十七条 申请人故意隐瞒有关情况或者提供虚假材料申请种子生产经营许可证的,农业农村主管部门应当不予许可,并将申请人的不良行为记录在案,纳入征信系统。申请人在一年内不得再次申请种子生产经营许可证。

申请人以欺骗、贿赂等不正当手段取得种子生产经营许可证的,农业农村主管部门应当撤销种子生产经营许可证,并将申请人的不良行为记录在案,纳入征信系统。申请人在三年内不得再次申请种子生产经营许可证。

第二十八条 农业农村主管部门应当对种子生产经营行为进行监督检查,发现不符合本办法的违法行为,按照《中华人民共和国种子法》有关规定进行处理。

核发、撤销、吊销、注销种子生产经营许可证的有关信息,农业农村主管部门应当依法予以公布,并在中国种业信息网上及时更新信息。

对管理过程中获知的种子生产经营者的商业秘密,农业农村主管部门及其工作人员应当依法保密。

第二十九条 上级农业农村主管部门应当对下级农业农村主管部门的种子生产经营许可行为进行监督检查。有下列情形的,责令改正,对直接负责的主管人员和其他直接责任人依法给予行政处分;涉嫌犯罪的,及时将案件移送司法机关,依法追究刑事责任:

(一)未按核发权限发放种子生产经营许可证的;

(二)擅自降低核发标准发放种子生产经营许可证的;

(三)其他未依法核发种子生产经营许可证的。

第六章 附 则

第三十条 本办法所称种子生产经营,是指种植、采收、干燥、清选、分级、包衣、包装、标识、贮藏、销售及进出口种子的活动;种子生产是指繁(制)种的种植、采收的田间活动。

第三十一条 本办法所称种子加工成套设备,是指主机和配套系统相互匹配并固定安装在加工厂房内,实现种子精选、包衣、计量和包装基本功能的加工系统。主机主要包括风筛清选机(风选部分应具有前后吸风道,双沉降室;筛选部分应具有三层以上筛片)、比重式清选机和电脑计量包装设备;配套系统主要包括输送系统、储存系统、除尘系统、除杂系统和电控系统。

第三十二条 本办法规定的科研育种、生产、加工、检验、贮藏等设施设备,应为申请企业自有产权或自有资产,或者为其绝对控股子公司的自有产权或自有资产。办公场所应在种子生产经营许可证核发机关所辖行政区域,可以租赁。对申请企业绝对控股子公司的自有品种可以视为申请企业的自有品种。申请企业的绝对控股子公司不可重复利用上述办证条件申请办理种子生产经营许可证。

第三十三条 本办法所称不再分装的包装种子,是指按有关规定和标准包装的、不再分拆的最小包装种子。分装种子的,应当取得种子生产经营许可证,保证种子包装的完整性,并对其所分装种子负责。

有性繁殖作物的籽粒、果实,包括颖果、荚果、蒴果、核果等以及马铃薯微型脱毒种薯应当包装。无性繁殖的器官和组织、种苗以及不宜包装的非籽粒种子可以不包装。

种子包装应当符合有关国家标准或者行业标准。

第三十四条 申请领取鲜食、爆裂玉米的种子生产经营许可证的,按非主要农作物种子的许可条件办理。

第三十五条 生产经营无性繁殖的器官和组织、种苗、种薯以及不宜包装的非籽粒种子的,应当具有相适应的设施、设备、品种及人员,具体办法由省级农业农村主管部门制定,报农业农村部备案。

第三十六条 没有设立农业农村主管部门的行政区域,种子生产经营许可证由上级行政区域农业农村主管部门审核、核发。

第三十七条 种子生产经营许可证由农业农村部统一印制,相关表格格式由农业农村部统一制定。种子生产经营许可证的申请、受理、审核、核发和打印,以及种子生产经营备案管理,在中国种业信息网统一进行。

第三十八条 本办法自 2016 年 8 月 15 日起施行。农业部 2011 年 8 月 22 日公布、2015 年 4 月 29 日修订的《农作物种子生产经营许可管理办法》(农业部令 2011 年第 3 号)和 2001 年 2 月 26 日公布的《农作物商品种子加工包装规定》(农业部令第 50 号)同时废止。

本办法施行之日前已取得的农作物种子生产、经营许可证有效期不变,有效期在本办法发布之日至 2016 年 8 月 15 日届满的企业,其原有种子生产、经营许可证的有效期自动延展至 2016 年 12 月 31 日。

本办法施行之日前已取得农作物种子生产、经营许可证且在有效期内,申请变更许可证载明事项的,按本办法第十三条规定程序办理。

附件:1. 农作物种子生产经营许可证申请表(式样)(略)

2. 农作物种子生产经营许可证(式样)(略)

3. 农作物种子生产经营备案表(分支机构)(式样)(略)

4. 农作物种子生产经营备案表(经营代销种子/经营不分装种子)(式样)(略)

5. 农作物种子生产经营备案表(种子生产者)(式样)(略)

农作物种质资源管理办法

- 2003 年 7 月 8 日农业部令第 30 号公布
- 根据 2004 年 7 月 1 日《农业部关于修订农业行政许可规章和规范性文件的决定》第一次修订
- 根据 2022 年 1 月 7 日《农业农村部关于修改和废止部分规章、规范性文件的决定》第二次修订

第一章 总 则

第一条 为了加强农作物种质资源的保护,促进农作物种质资源的交流和利用,根据《中华人民共和国种子法》(以下简称《种子法》)的规定,制定本办法。

第二条 在中华人民共和国境内从事农作物种质资源收集、整理、鉴定、登记、保存、交流、利用和管理等活动,适用本办法。

第三条 本办法所称农作物种质资源,是指选育农作物新品种的基础材料,包括农作物的栽培种、野生种和濒危稀有种的繁殖材料,以及利用上述繁殖材料人工创造的各种遗传材料,其形态包括果实、籽粒、苗、根、茎、叶、芽、花、组织、细胞和 DNA、DNA 片段及基因等有生命的物质材料。

第四条 农业农村部设立国家农作物种质资源委员会,研究提出国家农作物种质资源发展战略和方针政策,协调全国农作物种质资源的管理工作。委员会办公室设在农业农村部种植业管理司,负责委员会的日常工作。

各省、自治区、直辖市农业农村主管部门可根据需要,确定相应的农作物种质资源管理单位。

第五条 农作物种质资源工作属于公益性事业,国家及地方政府有关部门应当采取措施,保障农作物种质资源工作的稳定和经费来源。

第六条 国家对在农作物种质资源收集、整理、鉴定、登记、保存、交流、引进、利用和管理过程中成绩显著的单位和个人,给予表彰和奖励。

第二章 农作物种质资源收集

第七条 国家有计划地组织农作物种质资源普查、重点考察和收集工作。因工程建设、环境变化等情况可能造成农作物种质资源灭绝的,应当及时组织抢救收集。

第八条 禁止采集或者采伐列入国家重点保护野生植物名录的野生种、野生近缘种、濒危稀有种和保护区、保护地、种质圃内的农作物种质资源。

因科研等特殊情况需要采集或者采伐列入国家重点保护野生植物名录的野生种、野生近缘种、濒危稀有种种质资源的,应当按照国务院及农业农村部有关野生植物管理的规定,办理审批手续;需要采集或者采伐保护区、保护地、种质圃内种质资源的,应当经建立该保护区、保护地、种质圃的农业农村主管部门批准。

第九条 农作物种质资源的采集数量应当以不影响原始居群的遗传完整性及其正常生长为标准。

第十条 未经批准,境外人员不得在中国境内采集农作物种质资源。中外科学家联合考察我国农作物种质资源的,应当提前 6 个月报经农业农村部批准。

采集的农作物种质资源需要带出境外的,应当按照本办法的规定办理对外提供农作物种质资

源审批手续。

第十一条 收集种质资源应当建立原始档案，详细记载材料名称、基本特征特性、采集地点和时间、采集数量、采集人等。

第十二条 收集的所有农作物种质资源及其原始档案应当送交国家种质库登记保存。

第十三条 申请品种审定的单位和个人，应当将适量繁殖材料（包括杂交亲本繁殖材料）交国家种质库登记保存。

第十四条 单位和个人持有国家尚未登记保存的种质资源的，有义务送交国家种质库登记保存。

当事人可以将种质资源送交当地农业农村主管部门或者农业科研机构，地方农业农村主管部门或者农业科研机构应当及时将收到的种质资源送交国家种质库登记保存。

第三章 农作物种质资源鉴定、登记和保存

第十五条 对收集的所有农作物种质资源应当进行植物学类别和主要农艺性状鉴定。

农作物种质资源的鉴定实行国家统一标准制度，具体标准由农业农村部根据国家农作物种质资源委员会的建议制定和公布。

农作物种质资源的登记实行统一编号制度，任何单位和个人不得更改国家统一编号和名称。

第十六条 农作物种质资源保存实行原生境保存和非原生境保存相结合的制度。原生境保存包括建立农作物种质资源保护区和保护地，非原生境保存包括建立各种类型的种质库、种质圃及试管苗库。

第十七条 农业农村部在农业植物多样性中心、重要农作物野生种及野生近缘植物原生地以及其他农业野生资源富集区，建立农作物种质资源保护区或者保护地。

第十八条 农业农村部建立国家农作物种质库，包括长期种质库及其复份库、中期种质库、种质圃及试管苗库。

长期种质库负责全国农作物种质资源的长期保存；复份库负责长期种质库贮存种质的备份保存；中期种质库负责种质的中期保存、特性鉴定、繁殖和分发；种质圃及试管苗库负责无性繁殖作物及多年生作物种质的保存、特性鉴定、繁殖和分发。

国家和地方有关部门应当采取措施，保障国家种质库的正常运转和种质资源安全。

第十九条 各省、自治区、直辖市农业农村主管部门根据需要建立本地区的农作物种质资源保护区、保护地、种质圃和中期种质库。

第四章 农作物种质资源繁殖和利用

第二十条 国家鼓励单位和个人从事农作物种质资源研究和创新。

第二十一条 国家长期种质库保存的种质资源属国家战略资源，未经农业农村部批准，任何单位和个人不得动用。

因国家中期种质库保存的种质资源绝种，需要从国家长期种质库取种繁殖的，应当报农业农村部审批。

国家长期种质库应当定期检测库存种质资源，当库存种质资源活力降低或数量减少影响种质资源安全时，应当及时繁殖补充。

第二十二条 国家中期种质库应当定期繁殖更新库存种质资源，保证库存种质资源活力和数量；国家种质圃应当定期更新复壮圃存种质资源，保证圃存种质资源的生长势。国家有关部门应保障其繁殖更新费用。

第二十三条 农业农村部根据国家农作物种质资源委员会的建议，定期公布可供利用的农作物种质资源目录，并评选推荐优异种质资源。

因科研和育种需要目录中农作物种质资源的单位和个人，可以向国家中期种质库、种质圃提出申请。对符合国家中期种质库、种质圃提供种质资源条件的，国家中期种质库、种质圃应当迅速、免费向申请者提供适量种质材料。如需收费，不得超过繁种等所需的最低费用。

第二十四条 从国家获取的种质资源不得直接申请新品种保护及其他知识产权。

第二十五条 从国家中期种质库、种质圃获取种质资源的单位和个人应当及时向国家中期种质库、种质圃反馈种质资源利用信息，对不反馈信息者，国家中期种质库、种质圃有权不再向其提供种质资源。

国家中期种质库、种质圃应当定期向国家农作物种质资源委员会办公室上报种质资源发放和利用情况。

第二十六条 各省、自治区、直辖市农业农村主管部门可以根据本办法和本地区实际情况，制定本地区的农作物种质资源发放和利用办法。

第五章 农作物种质资源国际交流

第二十七条 国家对农作物种质资源享有主权，任何单位和个人向境外提供种质资源，应当经所在地省、自治区、直辖市农业农村主管部门审核，报农业农村部审批。

第二十八条 对外提供农作物种质资源实行分类管理制度，农业农村部定期修订分类管理目录。

第二十九条 对外提供农作物种质资源按以下程序办理：

（一）对外提供种质资源的单位和个人按规定的格式及要求填写《对外提供农作物种质资源申请表》（见附件一），提交对外提供种质资源说明，向农业农村部提出申请。

（二）农业农村部应当在收到审核意见之日起20日内作出审批决定。审批通过的，开具《对外提供农作物种质资源准许证》（见附件二），加盖“农业农村部对外提供农作物种质资源审批专用章”。

（三）对外提供种质资源的单位和个人持《对外提供农作物种质资源准许证》到检疫机关办理检疫审批手续。

（四）《对外提供农作物种质资源准许证》和检疫通关证明作为海关放行依据。

第三十条 对外合作项目中包括农作物种质资源交流的，应当在签订合作协议前，办理对外提供农作物种质资源审批手续。

第三十一条 国家鼓励单位和个人从境外引进农作物种质资源。

第三十二条 从境外引进新物种的，应当进行科学论证，采取有效措施，防止可能造成的生态危害和环境危害。引进前，报经农业农村部批准，引进后隔离种植1个以上生育周期，经评估，证明确实安全和有利用价值的，方可分散种植。

第三十三条 单位和个人从境外引进种质资源，应当依照有关植物检疫法律、行政法规的规定，办理植物检疫手续。引进的种质资源，应当隔离试种，经植物检疫机构检疫，证明确实不带危险性病、虫及杂草的，方可分散种植。

第三十四条 国家实行引种统一登记制度。引种单位和个人应当在引进种质资源入境之日起一年之内向国家农作物种质资源委员会办公室申报备案，并附适量种质材料供国家种质库保存。

当事人可以将引种信息和种质资源送交当地农业农村主管部门或者农业科研机构，地方农业农村主管部门或者农业科研机构应当及时向国家农作物种质资源委员会办公室申报备案，并将收到的种质资源送交国家种质库保存。

第三十五条 引进的种质资源，由国家农作物种质资源委员会统一编号和译名，任何单位和个人不得更改国家引种编号和译名。

第六章 农作物种质资源信息管理

第三十六条 国家农作物种质资源委员会办公室应当加强农作物种质资源的信息管理工作，包括种质资源收集、鉴定、保存、利用、国际交流等动态信息，为有关部门提供信息服务，保护国家种质资源信息安全。

第三十七条 负责农作物种质资源收集、鉴定、保存、登记等工作的单位，有义务向国家农作物种质资源委员会办公室提供相关信息，保障种质资源信息共享。

第七章 罚 则

第三十八条 违反本办法规定，未经批准私自采集或者采伐国家重点保护的天然种质资源的，按照《种子法》第八十一条的规定予以处罚。

第三十九条 违反本办法规定，未经批准动用国家长期种质库贮存的种质资源的，对直接负责的主管人员和其他直接责任人员，依法给予行政处分。

第四十条 违反本办法规定，未经批准向境外提供或者从境外引进种质资源的，按照《种子法》第八十二条的规定予以处罚。

第四十一条 违反本办法规定，农业农村主管部门或者农业科研机构未及时将收到的单位或者个人送交的国家未登记的种质资源及境外引种种质资源送交国家种质库保存的，或者引进境外种质资源未申报备案的，由本单位或者上级主管部门责令改正，对直接负责的主管人员和其他直接责任人员，可以依法给予行政处分。

第八章 附 则

第四十二条 中外科学家联合考察的农作物种质资源，对外提供的农作物种质资源，以及从境外引进的农作物种质资源，属于列入国家重点保护野生植物名录的野生种、野生近缘种、濒危稀有种的，除按本办法办理审批手续外，还应按照《野生植物保护条例》、《农业野生植物保护办法》的规定，办理相关审批手续。

第四十三条 本办法自2003年10月1日起施行。1997年3月28日农业部发布的《进出口农作物种子（苗）管理暂行办法》有关种质资源进出口管理的内容同时废止。

农业野生植物保护办法

- 2002年9月6日农业部令第21号公布
- 根据2004年7月1日《农业部关于修改农业行政许可规章和规范性文件的决定》第一次修订
- 根据2013年12月31日《农业部关于修改部分规章的决定》第二次修订
- 根据2016年5月30日《农业部关于废止和修改部分规章、规范性文件的决定》第三次修订
- 根据2022年1月7日《农业农村部关于修改和废止部分规章、规范性文件的决定》第四次修订

第一章 总 则

第一条 为保护和合理利用珍稀、濒危野生植物资源，保护生物多样性，加强野生植物管理，根据《中华人民共和国野生植物保护条例》（以下简称《条例》），制定本办法。

第二条 本办法所称野生植物是指符合《条例》第二条第二款规定的野生植物，包括野生植物的任何部分及其衍生物。

第三条 农业农村部按照《条例》第八条和本办法第二条规定的范围，主管全国野生植物的监督管理工作，并设立野生植物保护管理办公室负责全国野生植物监督管理的日常工作。

农业农村部野生植物保护管理办公室由部内有关司局组成。

县级以上地方人民政府农业农村（畜牧、渔业）主管部门（以下简称农业农村主管部门）依据《条例》和本办法规定负责本行政区域内野生植物监督管理工作。

第二章 野生植物保护

第四条 国家重点保护野生植物名录的制定和调整由农业农村部野生植物保护管理办公室提出初步意见，经农业农村部野生植物保护专家审定委员会审定通过后，由农业农村部按照《条例》第十条第二款的规定报国务院批准公布。

第五条 农业农村部和省级农业农村主管部门负责在国家重点保护野生植物物种天然集中分布区域，划定并建立国家级或省级国家重点保护野生植物类型自然保护区。

国家级和省级国家重点保护野生植物类型自然保护区的建立，按照《中华人民共和国自然保护区条例》有关规定执行。

第六条 县级以上地方人民政府农业农村主管部门可以在国家级或省级野生植物类型保护区以外的其他区域，建立国家重点保护野生植物保护点或者设立保护标志。

国家重点保护野生植物保护点和保护标志的具体管理办法，由农业农村部野生植物保护管理办公室负责统一制定。

第七条 农业农村部根据需要，组织野生植物资源调查，建立国家重点保护野生植物资源档案，为确定国家重点保护野生植物名录及保护方案提供依据。

第八条 农业农村部建立国家重点保护野生植物监测制度，对国家重点保护野生植物进行动态监测。

第九条 县级以上农业农村主管部门所属的农业环境监测机构，负责监视、监测本辖区内环境质量变化对国家或地方重点保护野生植物生长情况的影响，并将监视、监测情况及时报送农业农村主管部门。

第十条 在国家重点保护野生植物生长地或周边地区实施建设项目，建设单位应当在该建设项目环境影响评价报告书中对是否影响野生植物生存环境作出专项评价。

建设项目所在区域农业农村主管部门依据《条例》规定，对上述专项评价进行审查，并根据审查结果对建设项目提出具体意见。

第十一条 对国家重点保护野生植物及其生长环境造成危害的单位和个人，应当及时采取补救措施，并报当地农业农村主管部门，接受调查处理。

第十二条 各级农业农村主管部门应当积极开展野生植物保护的宣传教育工作。

第三章 野生植物管理

第十三条 禁止采集国家一级保护野生植物。有下列情形之一，确需进行少量采集的，应当申请办理采集许可证。

（一）进行科学考察、资源调查，应当从野外获取野生植物标本的；

（二）进行野生植物人工培育、驯化，应当从野外获取种源的；

（三）承担省部级以上科研项目，应当从野外获取标本或实验材料的；

（四）因国事活动需要，应当提供并从野外获取野生植物活体的；

（五）因调控野生植物种群数量、结构，经科学论证应当采集的。

第十四条 申请采集国家重点保护野生植物，有下列情形之一的，不予发放采集许可证：

（一）申请人有条件以非采集的方式获取野生植物的种源、产品或者达到其目的的；

（二）采集申请不符合国家或地方有关规定，或者采集申请的采集方法、采集时间、采集地点、采集数量不当的；

（三）根据野生植物资源现状不宜采集的。

第十五条 申请采集国家重点保护野生植物，应当填写《国家重点保护野生植物采集申请表》，经采集地县级农业农村主管部门签署审核意见后，向采集地省级农业农村主管部门或其授权的野生植物保护管理机构申请办理采集许可证。

采集城市园林或风景名胜区内的国家重点保护野生植物，按照《条例》第十六条第三款和前款有关规定办理。

第十六条 申请采集国家一级重点保护野生植物的，还应当提供以下材料：

（一）进行科学考察、资源调查，需要从野外获取野生植物标本的，或者进行野生植物人工培育、驯化，需要从野外获取种源的，应当提供省级以上主管部门批复的项目审批文件、项目任务书（合同书）及执行方案（均为复印件）。

（二）承担省部级以上科研项目，需要从野外获取标本或实验材料的，应当提供项目审批文件、项目任务书（合同书）及执行方案（均为复印件）。

（三）因国事活动，需要提供并从野外获取野生植物活体的，应当出具国务院外事主管部门的证明文件（复印件）。

（四）因调控野生植物种群数量、结构，经科学论证需要采集的，应当出具省级以上农业农村主管部门或省部级以上科研机构的论证报告或说明。

第十七条 负责签署审核意见的农业农村主管部门应当自受理申请之日起20日内签署审核意见。同意采集的，报送上级农业农村主管部门审批。

负责核发采集许可的农业农村主管部门或其授权的野生植物保护管理机构，应当在收到下级农业农村主管部门报来的审核材料之日起20日内，作出批准或不批准的决定，并及时通知申请者。

接受授权的野生植物保护管理机构在作出批准或者不批准的决定之前，应当征求本部门业务主管单位的意见。

农业农村主管部门或其授权的野生植物保护管理机构核发采集许可证后，应当抄送同级生态环境主管部门备案。

省级农业农村主管部门或其授权的野生植物保护管理机构核发采集许可证后，应当向农业农村部备案。

第十八条 取得采集许可证的单位和个人，应当按照许可证规定的植物种（或亚种）、数量、地点、期限和方式进行采集。采集作业完成后，应当及时向批准采集的农业农村主管部门或其授权的野生植物保护管理机构申请查验。

县级农业农村主管部门对在本辖区内的采集国家或地方重点保护野生植物的活动，应当进行实时监督检查，并应及时向批准采集的农业农村主管部门或其授权的野生植物保护管理机构报告监督检查结果。

第十九条 出售、收购国家二级保护野生植物的，应当填写《出售、收购国家重点保护二级野生植物申请表》，省级农业农村主管部门或其授权的野生植物保护管理机构自收到申请之日起20日内完成审查，作出是否批准的决定，并通知申请者。

由野生植物保护管理机构负责批准的，野生植物保护管理机构在做出批准或者不批准的决定之前，应当征求本部门业务主管单位的意见。

第二十条 出售、收购国家二级保护野生植物的许可为一次一批。

出售、收购国家二级保护野生植物的许可文件应当载明野生植物的物种名称(或亚种名)、数量、期限、地点及获取方式、来源等项内容。

第二十一条 国家重点保护野生植物的采集限定采集方式和规定禁采期。

国家重点保护野生植物的采集方式和禁采期由省级人民政府农业农村主管部门负责规定。

禁止在禁采期内或者以非法采集方式采集国家重点保护野生植物。

第二十二条 出口国家重点保护野生植物,或者进出口中国参加的国际公约所限制进出口的野生植物,应当填报《国家重点保护野生植物进出口许可申请表》,并报申请者所在地省级农业农村主管部门办理《国家重点保护野生植物进出口许可审批表》。省级农业农村主管部门应当自收到申请材料之日起20日作出是否批准的决定,并通知申请者。

省级农业农村主管部门应当将签发的进出口许可审批表抄送农业农村部、国家濒危物种进出口管理机构、海关等部门。

第二十三条 申请出口国家重点保护野生植物,或者进出口中国参加的国际公约所限制进出口的野生植物的,应当提供以下材料:

(一)国家重点保护野生植物进出口许可申请表。

(二)进出口合同(协议)复印件。

(三)出口野生植物及其产品的,应当提供省级以上农业农村主管部门或其授权机构核发的《国家重点保护野生植物采集许可证》复印件;野生植物来源为收购的,还应当提供省级农业农村主管部门出具的出售、收购审批件及购销合同(均为复印件)。

(四)出口含有国家重点保护农业野生植物成分产品的,应当提供由产品生产单位所在地省级以上农业农村主管部门认可的产品成分及规格的说明,以及产品成分检验报告。

第二十四条 经省级农业农村主管部门批准进行野外考察的外国人,应当在地方农业农村主管部门有关人员的陪同下,按照规定的时间、区域、路线、植物种类进行考察。

考察地省级农业农村主管部门或其授权的野生植物保护管理机构应当对外国人在本行政区域内的考察活动进行现场监督检查,并及时将监督检查情况报告农业农村部野生植物保护管理办公室。

外国人野外科学考察结束离境之前,应当向省级农业农村主管部门提交此次科学考察的报告副本。

第四章 奖励与处罚

第二十五条 在野生植物资源保护、科学研究、培育利用、宣传教育及其管理工作中成绩显著的单位和个人,县级以上人民政府农业农村主管部门予以表彰和奖励。

第二十六条 违反本办法规定,依照《条例》的有关规定追究法律责任。

第五章 附 则

第二十七条 本办法规定的《国家重点保护野生植物采集申请表》、《国家重点保护野生植物采集许可证》、《国家重点保护野生植物进出口许可申请表》和《国家重点保护野生植物进出口许可审批表》等文书格式,由农业农村部规定。有关表格由农业农村部野生植物保护管理办公室统一监制。《出售、收购国家重点保护二级野生植物申请表》等其他文书格式由省级农业农村主管部门规定。

第二十八条 本办法由农业农村部负责解释。

第二十九条 本办法自2002年10月1日起施行。

农药标签和说明书管理办法

·2017年6月21日农业部令2017年第7号公布

·自2017年8月1日起施行

第一章 总 则

第一条 为了规范农药标签和说明书的管理,保证农药使用的安全,根据《农药管理条例》,制定本办法。

第二条 在中国境内经营、使用的农药产品应当在包装物表面印制或者贴有标签。产品包装尺寸过小、标签无法标注本办法规定内容的,应当附具相应的说明书。

第三条 本办法所称标签和说明书,是指农药包装物上或者附于农药包装物的,以文字、图形、符号说明农药内容的一切说明物。

第四条 农药登记申请人应当在申请农药登记时提交农药标签样张及电子文档。附具说明书的农药,应当同时提交说明书样张及电子文档。

第五条 农药标签和说明书由农业部核准。农业部在批准农药登记时公布经核准的农药标签和说明书的内容、核准日期。

第六条 标签和说明书的内容应当真实、规范、准确,其文字、符号、图形应当易于辨认和阅读,不得擅自以粘贴、剪切、涂改等方式进行修改或者补充。

第七条 标签和说明书应当使用国家公布的规范化汉字,可以同时使用汉语拼音或者其他文字。其他文字表述的含义应当与汉字一致。

第二章 标注内容

第八条 农药标签应当标注下列内容:

(一)农药名称、剂型、有效成分及其含量;

(二)农药登记证号、产品质量标准号以及农药生产许可证号;

(三)农药类别及其颜色标志带、产品性能、毒性及其标识;

(四)使用范围、使用方法、剂量、使用技术要求和注意事项;

(五)中毒急救措施;

(六)储存和运输方法;

(七)生产日期、产品批号、质量保证期、净含量;

(八)农药登记证持有人名称及其联系方式;

(九)可追溯电子信息码;

(十)像形图;

(十一)农业部要求标注的其他内容。

第九条 除第八条规定内容外,下列农药标签标注内容还应当符合相应要求:

(一)原药(母药)产品应当注明"本品是农药制剂加工的原材料,不得用于农作物或者其他场所。"且不标注使用技术和使用方法。但是,经登记批准允许直接使用的除外;

(二)限制使用农药应当标注"限制使用"字样,并注明对使用的特别限制和特殊要求;

(三)用于食用农产品的农药应当标注安全间隔期,但属于第十八条第三款所列情形的除外;

(四)杀鼠剂产品应当标注规定的杀鼠剂图形;

(五)直接使用的卫生用农药可以不标注特征颜色标志带;

(六)委托加工或者分装农药的标签还应当注明受托人的农药生产许可证号、受托人名称及其联系方式和加工、分装日期;

(七)向中国出口的农药可以不标注农药生产许可证号,应当标注其境外生产地,以及在中国设立的办事机构或者代理机构的名称及联系方式。

第十条 农药标签过小,无法标注规定全部内容的,应当至少标注农药名称、有效成分含量、剂型、农药登记证号、净含量、生产日期、质量保证期等内容,同时附具说明书。说明书应当标注规定的全部内容。

登记的使用范围较多,在标签中无法全部标注的,可以根据需要,在标签中标注部分使用范围,但应当附具说明书并标注全部使用范围。

第十一条 农药名称应当与农药登记证的农药名称一致。

第十二条 联系方式包括农药登记证持有人、企业或者机构的住所和生产地的地址、邮政编码、联系电话、传真等。

第十三条 生产日期应当按照年、月、日的顺序标注,年份用四位数字表示,月、日分别用两位数表示。产品批号包含生产日期的,可以与生产日期合并表示。

第十四条 质量保证期应当规定在正常条件下的质量保证期限,质量保证期也可以用有效日期或者失效日期表示。

第十五条 净含量应当使用国家法定计量单位表示。特殊农药产品,可根据其特性以适当方式表示。

第十六条 产品性能主要包括产品的基本性质、主要功能、作用特点等。对农药产品性能的描述应当与农药登记批准的使用范围、使用方法相符。

第十七条 使用范围主要包括适用作物或者场所、防治对象。

使用方法是指施用方式。

使用剂量以每亩使用该产品的制剂量或者稀释倍数表示。种子处理剂的使用剂量采用每100公斤种子使用该产品的制剂量表示。特殊用途的农药,使用剂量的表述应当与农药登记批准的内容一致。

第十八条 使用技术要求主要包括施用条件、施药时期、次数、最多使用次数,对当茬作物、后茬作物的影响及预防措施,以及后茬仅能种植的作物或者后茬不能种植的作物、间隔时间等。

限制使用农药,应当在标签上注明施药后设立警示标志,并明确人畜允许进入的间隔时间。

安全间隔期及农作物每个生产周期的最多使用次数的标注应当符合农业生产、农药使用实际。下列农药标签可以不标注安全间隔期:

(一)用于非食用作物的农药;

(二)拌种、包衣、浸种等用于种子处理的农药;

(三)用于非耕地(牧场除外)的农药;

(四)用于苗前土壤处理剂的农药;

(五)仅在农作物苗期使用一次的农药;

(六)非全面撒施使用的杀鼠剂;

(七)卫生用农药;

(八)其他特殊情形。

第十九条 毒性分为剧毒、高毒、中等毒、低毒、微毒五个级别,分别用“”标识和“剧毒”字样、“”标识和“高毒”字样、“”标识和“中等毒”字样、“

”标识、“微毒”字样标注。标识应当为黑色,描述文字应当为红色。

由剧毒、高毒农药原药加工的制剂产品,其毒性级别与原药的最高毒性级别不一致时,应当同时以括号标明其所使用的原药的最高毒性级别。

第二十条 注意事项应当标注以下内容:

(一)对农作物容易产生药害,或者对病虫容易产生抗性的,应当标明主要原因和预防方法;

(二)对人畜、周边作物或者植物、有益生物(如蜜蜂、鸟、蚕、蚯蚓、天敌及鱼、水蚤等水生生物)和环境容易产生不利影响的,应当明确说明,并标注使用时的预防措施、施用器械的清洗要求;

(三)已知与其他农药等物质不能混合使用的,应当标明;

(四)开启包装物时容易出现药剂撒漏或者人身伤害的,应当标明正确的开启方法;

(五)施用时应当采取的安全防护措施;

(六)国家规定禁止的使用范围或者使用方法等。

第二十一条 中毒急救措施应当包括中毒症状及误食、吸入、眼睛溅入、皮肤沾附农药后的急救和治疗措施等内容。

有专用解毒剂的,应当标明,并标注医疗建议。

剧毒、高毒农药应当标明中毒急救咨询电话。

第二十二条 储存和运输方法应当包括储存时的光照、温度、湿度、通风等环境条件要求及装卸、运输时的注意事项,并标明“置于儿童接触不到的地方”、“不能与食品、饮料、粮食、饲料等混合储存”等警示内容。

第二十三条 农药类别应当采用相应的文字和特征颜色标志带表示。

不同类别的农药采用在标签底部加一条与底边平行的、不褪色的特征颜色标志带表示。

除草剂用“除草剂”字样和绿色带表示;杀虫(螨、软体动物)剂用“杀虫剂”或者“杀螨剂”、“杀软体动物剂”字样和红色带表示;杀菌(线虫)剂用“杀菌剂”或者“杀线虫剂”字样和黑色带表示;植物生长调节剂用“植物生长调节剂”字样和深黄色带表示;杀鼠剂用“杀鼠剂”字样和蓝色带表示;杀虫/杀菌剂用“杀虫/杀菌剂”字样、红色和黑色带表示。农药类别的描述文字应当镶嵌在标志带上,颜色与其形成明显反差。其他农药可以不标注特征颜色标志带。

第二十四条 可追溯电子信息码应当以二维码等形式标注,能够扫描识别农药名称、农药登记证持有人名称等信息。信息码不得含有违反本办法规定的文字、符号、图形。

可追溯电子信息码格式及生成要求由农业部另行制定。

第二十五条 像形图包括储存像形图、操作像形图、忠告像形图、警告像形图。像形图应当根据产品安全使用措施的需要选择,并按照产品实际使用的操作要求和顺序排列,但不得代替标签中必要的文字说明。

第二十六条 标签和说明书不得标注任何带有宣传、广告色彩的文字、符号、图形,不得标注企业获奖和荣誉称号。法律、法规或者规章另有规定的,从其规定。

第三章 制作、使用和管理

第二十七条 每个农药最小包装应当印制或者贴有独立标签,不得与其他农药共用标签或者使用同一标签。

第二十八条 标签上汉字的字体高度不得小于1.8毫米。

第二十九条 农药名称应当显著、突出，字体、字号、颜色应当一致，并符合以下要求：

（一）对于横版标签，应当在标签上部三分之一范围内中间位置显著标出；对于竖版标签，应当在标签右部三分之一范围内中间位置显著标出；

（二）不得使用草书、篆书等不易识别的字体，不得使用斜体、中空、阴影等形式对字体进行修饰；

（三）字体颜色应当与背景颜色形成强烈反差；

（四）除因包装尺寸的限制无法同行书写外，不得分行书写。

除"限制使用"字样外，标签其他文字内容的字号不得超过农药名称的字号。

第三十条 有效成分及其含量和剂型应当醒目标注在农药名称的正下方（横版标签）或者正左方（竖版标签）相邻位置（直接使用的卫生用农药可以不再标注剂型名称），字体高度不得小于农药名称的二分之一。

混配制剂应当标注总有效成分含量以及各有效成分的中文通用名称和含量。各有效成分的中文通用名称及含量应当醒目标注在农药名称的正下方（横版标签）或者正左方（竖版标签），字体、字号、颜色应当一致，字体高度不得小于农药名称的二分之一。

第三十一条 农药标签和说明书不得使用未经注册的商标。

标签使用注册商标的，应当标注在标签的四角，所占面积不得超过标签面积的九分之一，其文字部分的字号不得大于农药名称的字号。

第三十二条 毒性及其标识应当标注在有效成分含量和剂型的正下方（横版标签）或者正左方（竖版标签），并与背景颜色形成强烈反差。

像形图应当用黑白两种颜色印刷，一般位于标签底部，其尺寸应当与标签的尺寸相协调。

安全间隔期及施药次数应当醒目标注，字号大于使用技术要求其他文字的字号。

第三十三条 "限制使用"字样，应当以红色标注在农药标签正面右上角或者左上角，并与背景颜色形成强烈反差，其字号不得小于农药名称的字号。

第三十四条 标签中不得含有虚假、误导使用者的内容，有下列情形之一的，属于虚假、误导使用者的内容：

（一）误导使用者扩大使用范围、加大用药剂量或者改变使用方法的；

（二）卫生用农药标注适用于儿童、孕妇、过敏者等特殊人群的文字、符号、图形等；

（三）夸大产品性能及效果、虚假宣传、贬低其他产品或者与其他产品相比较，容易给使用者造成误解或者混淆的；

（四）利用任何单位或者个人的名义、形象作证明或者推荐的；

（五）含有保证高产、增产、铲除、根除等断言或者保证，含有速效等绝对化语言和表示的；

（六）含有保险公司保险、无效退款等承诺性语言的；

（七）其他虚假、误导使用者的内容。

第三十五条 标签和说明书上不得出现未经登记批准的使用范围或者使用方法的文字、图形、符号。

第三十六条 除本办法规定应当标注的农药登记证持有人、企业或者机构名称及其联系方式之外，标签不得标注其他任何企业或者机构的名称及其联系方式。

第三十七条 产品毒性、注意事项、技术要求等与农药产品安全性、有效性有关的标注内容经核准后不得擅自改变，许可证书编号、生产日期、企业联系方式等产品证明性、企业相关性信息由企业自主标注，并对真实性负责。

第三十八条 农药登记证持有人变更标签或者说明书有关产品安全性和有效性内容的，应当向农业部申请重新核准。

农业部应当在三个月内作出核准决定。

第三十九条 农业部根据监测与评价结果等信息，可以要求农药登记证持有人修改标签和说明书，并重新核准。

农药登记证载明事项发生变化的，农业部在作出准予农药登记变更决定的同时，对其农药标签予以重新核准。

第四十条 标签和说明书重新核准三个月后，不得继续使用原标签和说明书。

第四十一条 违反本办法的，依照《农药管理条例》有关规定处罚。

第四章 附 则

第四十二条 本办法自2017年8月1日起施行。2007年12月8日农业部公布的《农药标签和说明书管理办法》同时废止。

现有产品标签或者说明书与本办法不符的，应当自2018年1月1日起使用符合本办法规定的标签和说明书。

农药生产许可管理办法

· 2017年6月21日农业部令2017年第4号公布
· 根据2018年12月6日《农业农村部关于修改部分规章的决定》修订

第一章 总 则

第一条 为了规范农药生产行为，加强农药生产管理，保证农药产品质量，根据《农药管理条例》，制定本办法。

第二条 本办法所称农药生产，包括农药原药(母药)生产、制剂加工或者分装。

第三条 农药生产许可的申请、审查、核发和监督管理，适用本办法。

第四条 农业部负责监督指导全国农药生产许可管理工作，制定生产条件要求和审查细则。

省级人民政府农业主管部门(以下简称省级农业部门)负责受理申请、审查并核发农药生产许可证。

县级以上地方农业部门应当加强本行政区域内的农药生产监督管理工作。

第五条 农药生产许可实行一企一证管理，一个农药生产企业只核发一个农药生产许可证。

第六条 农药生产应当符合国家产业政策，不得生产国家淘汰的产品，不得采用国家淘汰的工艺、装置、原材料从事农药生产，不得新增国家限制生产的产品或者国家限制的工艺、装置、原材料从事农药生产。

第七条 各级农业部门应当加强农药生产许可信息化建设。农业部加快建设全国统一的农药管理信息平台，逐步实现农药生产许可证的申请、受理、审核、核发和打印在农药管理信息平台统一进行。地方农业部门应当及时上传、更新农药生产许可、监督管理等信息。

第二章 申请与审查

第八条 从事农药生产的企业，应当具备下列条件：

(一)符合国家产业政策；

(二)有符合生产工艺要求的管理、技术、操作、检验等人员；

(三)有固定的生产厂址；

(四)有布局合理的厂房，新设立化学农药生产企业或者非化学农药生产企业新增化学农药生产范围的，应当在省级以上化工园区内建厂；新设立非化学农药生产企业、家用卫生杀虫剂企业或者化学农药生产企业新增原药(母药)生产范围的，应当进入地市级以上化工园区或者工业园区；

(五)有与生产农药相适应的自动化生产设备、设施，有利用产品可追溯电子信息码从事生产、销售的设施；

(六)有专门的质量检验机构，齐全的质量检验仪器和设备，完整的质量保证体系和技术标准；

(七)有完备的管理制度，包括原材料采购、工艺设备、质量控制、产品销售、产品召回、产品储存与运输、安全生产、职业卫生、环境保护、农药废弃物回收与处置、人员培训、文件与记录等管理制度；

(八)农业部规定的其他条件。

安全生产、环境保护等法律、法规对企业生产条件有其他规定的，农药生产企业还应当遵守其规定，并主动接受相关管理部门监管。

第九条 申请农药生产许可证的，应当向生产所在地省级农业部门提交以下材料：

(一)农药生产许可证申请书；

(二)企业营业执照复印件；

(三)法定代表人(负责人)身份证明及基本情况；

(四)主要管理人员、技术人员、检验人员简介及资质证件复印件，以及从事农药生产相关人员基本情况；

(五)生产厂址所在区域的说明及生产布局平面图、土地使用权证或者租赁证明；

(六)所申请生产农药原药(母药)或者制剂剂型的生产装置工艺流程图、生产装置平面布置图、生产工艺流程图和工艺说明，以及相对应的主要厂房、设备、设施和保障正常运转的辅助设施等名称、数量、照片；

（七）所申请生产农药原药（母药）或者制剂剂型的产品质量标准及主要检验仪器设备清单；

（八）产品质量保证体系文件和管理制度；

（九）按照产品质量保证体系文件和管理制度要求，所申请农药的三批次试生产运行原始记录；

（十）申请材料真实性、合法性声明；

（十一）农业部规定的其他材料。

第十条 省级农业部门对申请人提交的申请材料，应当根据下列情况分别作出处理：

（一）不需要取得农药生产许可的，即时告知申请者不予受理；

（二）申请材料存在错误的，允许申请者当场更正；

（三）申请材料不齐全或者不符合法定形式的，应当当场或者在五个工作日内一次告知申请者需要补正的全部内容，逾期不告知的，自收到申请材料之日起即为受理；

（四）申请材料齐全、符合法定形式，或者申请者按照要求提交全部补正材料的，予以受理。

第十一条 省级农业部门应当对申请材料书面审查和技术评审，必要时应当进行实地核查，自受理申请之日起二十个工作日内作出是否核发生产许可证的决定。符合条件的，核发农药生产许可证；不符合条件的，书面通知申请人并说明理由。

技术评审可以组织农药管理、生产、质量控制等方面的专业人员进行，所需时间不计算许可期限内，不得超过九十日。

第十二条 农药生产许可证式样及相关表格格式由农业部统一制定。

农药生产许可证应当载明许可证编号、生产企业名称、统一社会信用代码、住所、法定代表人（负责人）、生产范围、生产地址、有效期等事项。

农药生产许可证编号规则为：农药生许+省份简称+顺序号（四位数）。

农药生产许可证的生产范围按照下列规定进行标注：

（一）原药（母药）品种；

（二）制剂剂型，同时区分化学农药或者非化学农药。

第三章 变更与延续

第十三条 农药生产许可证有效期为五年。农药生产许可证有效期内，企业名称、住所、法定代表人（负责人）发生变化或者缩小生产范围的，应当自发生变化之日起三十日内向省级农业部门提出变更申请，并提交变更申请表和相关证明等材料。

省级农业部门应当自受理申请之日起二十个工作日内作出审批决定。符合条件的，予以变更；不符合条件的，书面通知申请人并说明理由。

第十四条 农药生产企业扩大生产范围或者改变生产地址的，应当按照本办法的规定重新申请农药生产许可证。化学农药生产企业改变生产地址的，还应当进入市级以上化工园区或者工业园区。

新增生产地址的，按新设立农药生产企业要求办理。

第十五条 农药生产许可证有效期届满，需要继续生产农药的，农药生产企业应当在有效期届满九十日前向省级农业部门申请延续。

第十六条 申请农药生产许可证延续的，应当提交申请书、生产情况报告等材料。省级农业部门对申请材料进行审查，未在规定期限内提交申请或者不符合农药生产企业条件要求的，不予延续。

第十七条 农药生产许可证遗失、损坏的，应当说明原因并提供相关证明材料，及时向所在地省级农业部门申请补发。

第四章 监督检查

第十八条 农药生产企业应当按照产品质量标准和生产许可证的规定组织生产，确保农药产品与登记农药一致，对农药产品质量负责。

农药生产企业在其农药生产许可范围内，依据《农药管理条例》第十九条的规定，可以接受新农药研制者和其他农药生产企业的委托，加工或者分装农药；也可以接受向中国出口农药的企业委托，分装农药。

第十九条 农药生产企业应当在每季度结束之日起十五日内，将上季度生产销售数据上传至农业部规定的农药管理信息平台。委托加工、分装农药的，由委托方报送。

第二十条 县级以上地方农业部门应当加强对农药生产企业的监督检查，定期调查统计农药生产情况，建立农药生产诚信档案并予以公布。

第二十一条 有下列情形之一的，由省级农业部门依法吊销农药生产许可证：

（一）生产假农药的；

（二）生产劣质农药情节严重的；

（三）不再符合农药生产许可条件继续生产农药且逾期拒不整改或者整改后仍不符合要求的；

（四）违反《农药管理条例》第五十三条、五十四条规定情形的；

（五）转让、出租、出借农药生产许可证的；

（六）招用《农药管理条例》第六十三条第一款规定人员从事农药生产活动的；

（七）依法应当吊销农药生产许可证的其他情形。

第二十二条 有下列情形之一的，由省级农业部门依法撤销农药生产许可证：

（一）发证机关工作人员滥用职权、玩忽职守作出准予农药生产许可决定的；

（二）发证机关违反法定程序作出准予农药生产许可决定的；

（三）发证机关对不具备申请资格或者不符合法定条件的申请人准予农药生产许可的；

（四）申请人以欺骗、贿赂等不正当手段取得农药生产许可的；

（五）依法应当撤销农药生产许可的其他情形。

第二十三条 有下列情形之一的，由省级农业部门依法注销农药生产许可证：

（一）企业申请注销的；

（二）企业主体资格依法终止的；

（三）农药生产许可有效期届满未申请延续的；

（四）农药生产许可依法被撤回、撤销、吊销的；

（五）依法应当注销的其他情形。

第二十四条 有下列情形之一的，按未取得农药生产许可证处理：

（一）超过农药生产许可证有效期继续生产农药的；

（二）超过农药生产许可范围生产农药的；

（三）未经批准擅自改变生产地址生产农药的；

（四）委托已取得农药生产许可证的企业超过农药生产许可范围加工或者分装农药的；

（五）应当按照未取得农药生产许可证处理的其他情形。

第二十五条 农业部加强对省级农业部门实施农药生产许可的监督检查，及时纠正农药生产许可审批中的违规行为。发现有关工作人员有违规行为的，应当责令改正；依法应当给予处分的，向其任免机关或者监察机关提出处分建议。

第二十六条 县级以上农业部门及其工作人员有下列行为之一的，责令改正；对负有责任的领导人员和直接责任人员调查处理；依法给予处分；构成犯罪的，依法追究刑事责任：

（一）不履行农药生产监督管理职责，所辖行政区域的违法农药生产活动造成重大损失或者恶劣社会影响；

（二）对不符合条件的申请人准予生产许可或者对符合条件的申请人拒不准予生产许可；

（三）参与农药生产、经营活动；

（四）有其他徇私舞弊、滥用职权、玩忽职守行为。

第二十七条 任何单位和个人发现违法从事农药生产活动的，有权向农业部门举报，农业部门应当及时核实、处理，严格为举报人保密。经查证属实，并对生产安全起到积极作用或者挽回损失较大的，按照国家有关规定予以表彰或者奖励。

第二十八条 农药生产企业违法从事农药生产活动的，按照《农药管理条例》的规定处罚；构成犯罪的，依法追究刑事责任。

第五章 附 则

第二十九条 本办法中化学农药是指利用化学物质人工合成的农药。

第三十条 本办法自 2017 年 8 月 1 日起实施。

在本办法实施前已取得农药生产批准证书或者农药生产许可证的农药生产企业，可以在有效期内继续生产相应的农药产品。有效期届满，需要继续生产农药的，农药生产企业应当在有效期届满九十日前，按照本办法的规定，向省级农业部门申请农药生产许可证。

在本办法实施前已取得农药登记证但未取得农药生产批准证书或者农药生产许可证，需要继续生产农药的，应当在本办法实施之日起两年内取得农药生产许可证。

农药经营许可管理办法

· 2017 年 6 月 21 日农业部令 2017 年第 5 号公布
· 根据 2018 年 12 月 6 日《农业农村部关于修改部分规章的决定》修订

第一章 总 则

第一条 为了规范农药经营行为,加强农药经营许可管理,根据《农药管理条例》,制定本办法。

第二条 农药经营许可的申请、审查、核发和监督管理,适用本办法。

第三条 在中华人民共和国境内销售农药的,应当取得农药经营许可证。

第四条 农业部负责监督指导全国农药经营许可管理工作。

限制使用农药经营许可由省级人民政府农业主管部门(以下简称省级农业部门)核发;其他农药经营许可由县级以上地方人民政府农业主管部门(以下简称县级以上地方农业部门)根据农药经营者的申请分别核发。

第五条 农药经营许可实行一企一证管理,一个农药经营者只核发一个农药经营许可证。

第六条 县级以上地方农业部门应当加强农药经营许可信息化管理,及时将农药经营许可、监督管理等信息上传至农业部规定的农药管理信息平台。

第二章 申请与受理

第七条 农药经营者应当具备下列条件:

(一)有农学、植保、农药等相关专业中专以上学历或者专业教育培训机构五十六学时以上的学习经历,熟悉农药管理规定,掌握农药和病虫害防治专业知识,能够指导安全合理使用农药的经营人员;

(二)有不少于三十平方米的营业场所、不少于五十平方米的仓储场所,并与其他商品、生活区域、饮用水源有效隔离;兼营其他农业投入品的,应当具有相对独立的农药经营区域;

(三)营业场所和仓储场所应当配备通风、消防、预防中毒等设施,有与所经营农药品种、类别相适应的货架、柜台等展示、陈列的设施设备;

(四)有可追溯电子信息码扫描识别设备和用于记载农药购进、储存、销售等电子台账的计算机管理系统;

(五)有进货查验、台账记录、安全管理、安全防护、应急处置、仓储管理、农药废弃物回收与处置、使用指导等管理制度和岗位操作规程;

(六)农业部规定的其他条件。

经营限制使用农药的,还应当具备下列条件:

(一)有熟悉限制使用农药相关专业知识和病虫害防治的专业技术人员,并有两年以上从事农学、植保、农药相关工作的经历;

(二)有明显标识的销售专柜、仓储场所及其配套的安全保障设施、设备;

(三)符合省级农业部门制定的限制使用农药的定点经营布局。

农药经营者的分支机构也应当符合本条第一款、第二款的相关规定。限制使用农药经营者的分支机构经营限制使用农药的,应当符合限制使用农药定点经营规定。

第八条 申请农药经营许可证的,应当向县级以上地方农业部门提交以下材料:

(一)农药经营许可证申请表;

(二)法定代表人(负责人)身份证明复印件;

(三)经营人员的学历或者培训证明;

(四)营业场所和仓储场所地址、面积、平面图等说明材料及照片;

(五)计算机管理系统、可追溯电子信息码扫描设备、安全防护、仓储设施等清单及照片;

(六)有关管理制度目录及文本;

(七)申请材料真实性、合法性声明;

(八)农业部规定的其他材料。

第九条 县级以上地方农业部门对申请人提交的申请材料,应当根据下列情况分别作出处理:

(一)不需要农药经营许可的,即时告知申请者不予受理;

(二)申请材料存在错误的,允许申请者当场更正;

(三)申请材料不齐全或者不符合法定形式的,应当当场或者在五个工作日内一次告知申请者需要补正的全部内容,逾期不告知的,自收到申请材料之日起即为受理;

(四)申请材料齐全、符合法定形式,或者申请者按照要求提交全部补正材料的,予以受理。

第三章　审查与决定

第十条　县级以上地方农业部门应当对农药经营许可申请材料进行审查，必要时进行实地核查或者委托下级农业主管部门进行实地核查。

第十一条　县级以上地方农业部门应当自受理之日起二十个工作日内作出审批决定。符合条件的，核发农药经营许可证；不符合条件的，书面通知申请人并说明理由。

第十二条　农药经营许可证应当载明许可证编号、经营者名称、住所、营业场所、仓储场所、经营范围、有效期、法定代表人（负责人）、统一社会信用代码等事项。

经营者设立分支机构的，还应当注明分支机构的营业场所和仓储场所地址等事项。

农药经营许可证编号规则为：农药经许+省份简称+发证机关代码+经营范围代码+顺序号（四位数）。

经营范围按照农药、农药（限制使用农药除外）分别标注。

农药经营许可证式样由农业部统一制定。

第四章　变更与延续

第十三条　农药经营许可证有效期为五年。农药经营许可证有效期内，改变农药经营者名称、法定代表人（负责人）、住所、调整分支机构，或者减少经营范围的，应当自发生变化之日起三十日内向原发证机关提出变更申请，并提交变更申请表和相关证明等材料。

原发证机关应当自受理变更申请之日起二十个工作日内办理。符合条件的，重新核发农药经营许可证；不符合条件的，书面通知申请人并说明理由。

第十四条　经营范围增加限制使用农药或者营业场所、仓储场所地址发生变更的，应当按照本办法的规定重新申请农药经营许可证。

第十五条　农药经营许可证有效期届满，需要继续经营农药的，农药经营者应当在有效期届满九十日前向原发证机关申请延续。

第十六条　申请农药经营许可证延续的，应当向原发证机关提交申请表、农药经营情况综合报告等材料。

第十七条　原发证机关对申请材料进行审查，未在规定期限内提交申请或者不符合农药经营条件要求的，不予延续。

第十八条　农药经营许可证遗失、损坏的，应当说明原因并提供相关证明材料，及时向原发证机关申请补发。

第五章　监督检查

第十九条　有下列情形之一的，不需要取得农药经营许可证：

（一）专门经营卫生用农药的；

（二）农药经营者在发证机关管辖的行政区域内设立分支机构的；

（三）农药生产企业在其生产场所范围内销售本企业生产的农药，或者向农药经营者直接销售本企业生产农药的。

第二十条　农药经营者应当将农药经营许可证置于营业场所的醒目位置，并按照《农药管理条例》规定，建立采购、销售台账，向购买人询问病虫害发生情况，必要时应当实地查看病虫害发生情况，科学推荐农药，正确说明农药的使用范围、使用方法和剂量、使用技术要求和注意事项，不得误导购买人。

限制使用农药的经营者应当为农药使用者提供用药指导，并逐步提供统一用药服务。

第二十一条　限制使用农药不得利用互联网经营。利用互联网经营其他农药的，应当取得农药经营许可证。

超出经营范围经营限制使用农药，或者利用互联网经营限制使用农药的，按照未取得农药经营许可证处理。

第二十二条　农药经营者应当在每季度结束之日起十五日内，将上季度农药经营数据上传至农业部规定的农药管理信息平台或者通过其他形式报发证机关备案。

农药经营者设立分支机构的，应当在农药经营许可证变更后三十日内，向分支机构所在地县级农业部门备案。

第二十三条　县级以上地方农业部门应当对农药经营情况进行监督检查，定期调查统计农药销售情况，建立农药经营诚信档案并予以公布。

第二十四条　县级以上地方农业部门发现农药经营者不再符合规定条件的，应当责令其限期整改；逾期拒不整改或者整改后仍不符合规定条件的，发证机关吊销其农药经营许可证。

第二十五条 有下列情形之一的，发证机关依法注销农药经营许可证：

（一）农药经营者申请注销的；

（二）主体资格依法终止的；

（三）农药经营许可有效期届满未申请延续的；

（四）农药经营许可依法被撤回、撤销、吊销的；

（五）依法应当注销的其他情形。

第二十六条 县级以上地方农业部门及其工作人员应当依法履行农药经营许可管理职责，自觉接受农药经营者和社会监督。

第二十七条 上级农业部门应当加强对下级农业部门农药经营许可管理工作的监督，发现有关工作人员有违规行为的，应当责令改正；依法应当给予处分的，向其任免机关或者监察机关提出处分建议。

第二十八条 县级以上农业部门及其工作人员有下列行为之一的，责令改正；对负有责任的领导人员和直接责任人员调查处理；依法给予处分；构成犯罪的，依法追究刑事责任：

（一）不履行农药经营监督管理职责，所辖行政区域的违法农药经营活动造成重大损失或者恶劣社会影响；

（二）对不符合条件的申请人准予经营许可或者对符合条件的申请人拒不准予经营许可；

（三）参与农药生产、经营活动；

（四）有其他徇私舞弊、滥用职权、玩忽职守行为。

第二十九条 任何单位和个人发现违法从事农药经营活动的，有权向农业部门举报，农业部门应当及时核实、处理，严格为举报人保密。经查证属实，并对生产安全起到积极作用或者挽回损失较大的，按照国家有关规定予以表彰或者奖励。

第三十条 农药经营者违法从事农药经营活动的，按照《农药管理条例》的规定处罚；构成犯罪的，依法追究刑事责任。

第六章 附 则

第三十一条 本办法自2017年8月1日起施行。

2017年6月1日前已从事农药经营活动的，应当自本办法施行之日起一年内达到本办法规定的条件，并依法申领农药经营许可证。

在本办法施行前已按有关规定取得农药经营许可证的，可以在有效期内继续从事农药经营活动，但经营限制使用农药的应当重新申请农药经营许可证；有效期届满，需要继续经营农药的，应当在有效期届满九十日前，按本办法的规定，重新申请农药经营许可证。

农药登记管理办法

·2017年6月21日农业部令2017年第3号公布

·根据2018年12月6日《农业农村部关于修改部分规章的决定》第一次修订

·根据2022年1月7日《农业农村部关于修改和废止部分规章、规范性文件的决定》第二次修订

第一章 总 则

第一条 为了规范农药登记行为，加强农药登记管理，保证农药的安全性、有效性，根据《农药管理条例》，制定本办法。

第二条 在中华人民共和国境内生产、经营、使用的农药，应当取得农药登记。

未依法取得农药登记证的农药，按照假农药处理。

第三条 农业农村部负责全国农药登记管理工作，组织成立农药登记评审委员会，制定农药登记评审规则。

农业农村部所属的负责农药检定工作的机构负责全国农药登记具体工作。

第四条 省级人民政府农业农村主管部门（以下简称省级农业农村部门）负责受理本行政区域内的农药登记申请，对申请资料进行审查，提出初审意见。

省级农业农村部门负责农药检定工作的机构（以下简称省级农药检定机构）协助做好农药登记具体工作。

第五条 农药登记应当遵循科学、公平、公正、高效和便民的原则。

第六条 鼓励和支持登记安全、高效、经济的农药，加快淘汰对农业、林业、人畜安全、农产品质量安全和生态环境等风险高的农药。

第二章 基本要求

第七条 农药名称应当使用农药的中文通用

名称或者简化中文通用名称，植物源农药名称可以用植物名称加提取物表示。直接使用的卫生用农药的名称用功能描述词语加剂型表示。

第八条 农药有效成分含量、剂型的设定应当符合提高质量、保护环境和促进农业可持续发展的原则。

制剂产品的配方应当科学、合理、方便使用。相同有效成分和剂型的单制剂产品，含量梯度不超过三个。混配制剂的有效成分不超过两种，除草剂、种子处理剂、信息素等有效成分不超过三种。有效成分和剂型相同的混配制剂，配比不超过三个，相同配比的总含量梯度不超过三个。不经稀释或者分散直接使用的低有效成分含量农药单独分类。有关具体要求，由农业农村部另行制定。

第九条 农业农村部根据农药助剂的毒性和危害性，适时公布和调整禁用、限用助剂名单及限量。

使用时需要添加指定助剂的，申请农药登记时，应当提交相应的试验资料。

第十条 农药产品的稀释倍数或者使用浓度，应当与施药技术相匹配。

第十一条 申请人提供的相关数据或者资料，应当能够满足风险评估的需要，产品与已登记产品在安全性、有效性等方面相当或者具有明显优势。

对申请登记产品进行审查，需要参考已登记产品风险评估结果时，遵循最大风险原则。

第十二条 申请人应当按规定提交相关材料，并对所提供资料的真实性、合法性负责。

第三章 申请与受理

第十三条 申请人应当是农药生产企业、向中国出口农药的企业或者新农药研制者。

农药生产企业，是指已经取得农药生产许可证的境内企业。向中国出口农药的企业（以下简称境外企业），是指将在境外生产的农药向中国出口的企业。新农药研制者，是指在我国境内研制开发新农药的中国公民、法人或者其他组织。

多个主体联合研制的新农药，应当明确其中一个主体作为申请人，并说明其他合作研制机构，以及相关试验样品同质性的证明材料。其他主体不得重复申请。

第十四条 境内申请人向所在地省级农业农村部门提出农药登记申请。境外企业向农业农村部提出农药登记申请。

第十五条 申请人应当提交产品化学、毒理学、药效、残留、环境影响等试验报告、风险评估报告、标签或者说明书样张、产品安全数据单、相关文献资料、申请表、申请人资质证明、资料真实性声明等申请资料。

农药登记申请资料应当真实、规范、完整、有效，具体要求由农业农村部另行制定。

第十六条 登记试验报告应当由农业农村部认定的登记试验单位出具，也可以由与中国政府有关部门签署互认协定的境外相关实验室出具；但药效、残留、环境影响等与环境条件密切相关的试验以及中国特有生物物种的登记试验应当在中国境内完成。

第十七条 申请新农药登记的，应当同时提交新农药原药和新农药制剂登记申请，并提供农药标准品。

自新农药登记之日起六年内，其他申请人提交其自己所取得的或者新农药登记证持有人授权同意的数据申请登记的，按照新农药登记申请。

第十八条 农药登记证持有人独立拥有的符合登记资料要求的完整登记资料，可以授权其他申请人使用。

按照《农药管理条例》第十四条规定转让农药登记资料的，由受让方凭双方的转让合同及符合登记资料要求的登记资料申请农药登记。

第十九条 农业农村部或者省级农业农村部门对申请人提交的申请资料，应当根据下列情况分别作出处理：

（一）不需要农药登记的，即时告知申请者不予受理；

（二）申请资料存在错误的，允许申请者当场更正；

（三）申请资料不齐全或者不符合法定形式的，应当当场或者在五个工作日内一次告知申请者需要补正的全部内容，逾期不告知的，自收到申请资料之日起即为受理；

（四）申请资料齐全、符合法定形式，或者申请者按照要求提交全部补正资料的，予以受理。

第四章 审查与决定

第二十条 省级农业农村部门应当自受理申

请之日起二十个工作日内对申请人提交的资料进行初审,提出初审意见,并报送农业农村部。初审不通过的,可以根据申请人意愿,书面通知申请人并说明理由。

第二十一条 农业农村部自受理申请或者收到省级农业农村部门报送的申请资料和初审意见后,应当在九个月内完成产品化学、毒理学、药效、残留、环境影响、标签样张等的技术审查工作,并将审查意见提交农药登记评审委员会评审。

第二十二条 农药登记评审委员会在收到技术审查意见后,按照农药登记评审规则提出评审意见。

第二十三条 农药登记申请受理后,申请人可以撤回登记申请,并在补充完善相关资料后重新申请。

农业农村部根据农药登记评审委员会意见,可以要求申请人补充资料。

第二十四条 在登记审查和评审期间,申请人提交的登记申请的种类以及其所依照的技术要求和审批程序,不因为其他申请人在此期间取得农药登记证而发生变化。

新农药获得批准后,已经受理的其他申请人的新农药登记申请,可以继续按照新农药登记审批程序予以审查和评审。其他申请人也可以撤回该申请,重新提出登记申请。

第二十五条 农业农村部自收到评审意见之日起二十个工作日内作出审批决定。符合条件的,核发农药登记证;不符合条件的,书面通知申请人并说明理由。

第二十六条 农药登记证由农业农村部统一印制。

第五章 变更与延续

第二十七条 农药登记证有效期为五年。

第二十八条 农药登记证有效期内有下列情形之一的,农药登记证持有人应当向农业农村部申请变更:

(一)改变农药使用范围、使用方法或者使用剂量的;

(二)改变农药有效成分以外组成成分的;

(三)改变产品毒性级别的;

(四)原药产品有效成分含量发生改变的;

(五)产品质量标准发生变化的;

(六)农业农村部规定的其他情形。

变更农药登记证持有人的,应当提交相关证明材料,向农业农村部申请换发农药登记证。

第二十九条 有效期届满,需要继续生产农药或者向中国出口农药的,应当在有效期届满九十日前申请延续。逾期未申请延续的,应当重新申请登记。

第三十条 申请变更或者延续的,由农药登记证持有人向农业农村部提出,填写申请表并提交相关资料。

第三十一条 农业农村部应当在六个月内完成登记变更审查,形成审查意见,提交农药登记评审委员会评审,并自收到评审意见之日起二十个工作日内作出审批决定。符合条件的,准予登记变更,登记证号及有效期不变;不符合条件的,书面通知申请人并说明理由。

第三十二条 农业农村部对登记延续申请资料进行审查,在有效期届满前作出是否延续的决定。审查中发现安全性、有效性出现隐患或者风险的,提交农药登记评审委员会评审。

第六章 风险监测与评价

第三十三条 省级以上农业农村部门应当建立农药安全风险监测制度,组织农药检定机构、植保机构对已登记农药的安全性和有效性进行监测、评价。

第三十四条 监测内容包括农药对农业、林业、人畜安全、农产品质量安全、生态环境等的影响。

有下列情形之一的,应当组织开展评价:

(一)发生多起农作物药害事故的;

(二)靶标生物抗性大幅升高的;

(三)农产品农药残留多次超标的;

(四)出现多起对蜜蜂、鸟、鱼、蚕、虾、蟹等非靶标生物、天敌生物危害事件的;

(五)对地下水、地表水和土壤等产生不利影响的;

(六)对农药使用者或者接触人群、畜禽等产生健康危害的。

省级农业农村部门应当及时将监测、评价结果报告农业农村部。

第三十五条 农药登记证持有人应当收集分析农药产品的安全性、有效性变化和产品召回、生产使用过程中事故发生等情况。

第三十六条 对登记十五年以上的农药品种，农业农村部根据生产使用和产业政策变化情况，组织开展周期性评价。

第三十七条 发现已登记农药对农业、林业、人畜安全、农产品质量安全、生态环境等有严重危害或者较大风险的，农业农村部应当组织农药登记评审委员会进行评审，根据评审结果撤销或者变更相应农药登记证，必要时决定禁用或者限制使用并予以公告。

第七章 监督管理

第三十八条 有下列情形之一的，农业农村部或者省级农业农村部门不予受理农药登记申请；已经受理的，不予批准：

（一）申请资料的真实性、完整性或者规范性不符合要求；

（二）申请人不符合本办法第十三条规定的资格要求；

（三）申请人被列入国家有关部门规定的严重失信单位名单并限制其取得行政许可；

（四）申请登记农药属于国家有关部门明令禁止生产、经营、使用或者农业农村部依法不再新增登记的农药；

（五）登记试验不符合《农药管理条例》第九条、第十条规定；

（六）应当不予受理或者批准的其他情形。

申请人隐瞒有关情况或者提交虚假农药登记资料和试验样品的，一年内不受理其申请；已批准登记的，撤销农药登记证，三年内不受理其申请。被吊销农药登记证的，五年内不受理其申请。

第三十九条 对提交虚假资料和试验样品的，农业农村部将申请人的违法信息列入诚信档案，并予以公布。

第四十条 有下列情形之一的，农业农村部注销农药登记证，并予以公布：

（一）有效期届满未延续的；

（二）农药登记证持有人依法终止或者不具备农药登记申请人资格的；

（三）农药登记资料已经依法转让的；

（四）应当注销农药登记证的其他情形。

第四十一条 农业农村部推进农药登记信息平台建设，逐步实行网上办理登记申请和受理，通过农业农村部网站或者发布农药登记公告，公布农药登记证核发、延续、变更、撤销、注销情况以及有关的农药产品质量标准号、残留限量规定、检验方法、经核准的标签等信息。

第四十二条 农药登记评审委员会组成人员在农药登记评审中谋取不正当利益的，农业农村部将其从农药登记评审委员会除名；属于国家工作人员的，提请有关部门依法予以处分；构成犯罪的，依法追究刑事责任。

第四十三条 农业农村部、省级农业农村部门及其负责农药登记工作人员，应当依法履行职责，科学、客观、公正地提出审查和评审意见，对申请人提交的登记资料和尚未公开的审查、评审结果、意见负有保密义务；与申请人或者其产品（资料）具有利害关系的，应当回避；不得参与农药生产、经营活动。

第四十四条 农药登记工作人员不依法履行职责，滥用职权、徇私舞弊，索取、收受他人财物，或者谋取其他利益的，依法给予处分；自处分决定作出之日起，五年内不得从事农药登记工作。

第四十五条 任何单位和个人发现有违反本办法规定情形的，有权向农业农村部或者省级农业农村部门举报。农业农村部或者省级农业农村部门应当及时核实、处理，并为举报人保密。经查证属实，并对生产安全起到积极作用或者挽回损失较大的，按照国家有关规定予以表彰或者奖励。

第八章 附 则

第四十六条 用于特色小宗作物的农药登记，实行群组化扩大使用范围登记管理，特色小宗作物的范围由农业农村部规定。

尚无登记农药可用的特色小宗作物或者新的有害生物，省级农业农村部门可以根据当地实际情况，在确保风险可控的前提下，采取临时用药措施，并报农业农村部备案。

第四十七条 本办法下列用语的含义是：

（一）新农药，是指含有的有效成分尚未在中国批准登记的农药，包括新农药原药（母药）和新农药制剂。

（二）原药，是指在生产过程中得到的由有效成分及有关杂质组成的产品，必要时可加入少量的添加剂。

（三）母药，是指在生产过程中得到的由有效成分及有关杂质组成的产品,可含有少量必需的添加剂和适当的稀释剂。

(四)制剂,是指由农药原药(母药)和适宜的助剂加工成的,或者由生物发酵、植物提取等方法加工而成的状态稳定的农药产品。

(五)助剂,是指除有效成分以外,任何被添加在农药产品中,本身不具有农药活性和有效成分功能,但能够或者有助于提高、改善农药产品理化性能的单一组分或者多个组分的物质。

第四十八条 仅供境外使用农药的登记管理由农业农村部另行规定。

第四十九条 本办法自2017年8月1日起施行。

2017年6月1日之前,已经取得的农药临时登记证到期不予延续;已经受理尚未作出审批决定的农药登记申请,按照《农药管理条例》有关规定办理。

农药包装废弃物回收处理管理办法

· 2020年8月27日农业农村部、生态环境部令2020年第6号公布
· 自2020年10月1日起施行

第一章 总 则

第一条 为了防治农药包装废弃物污染,保障公众健康,保护生态环境,根据《中华人民共和国土壤污染防治法》《中华人民共和国固体废物污染环境防治法》《农药管理条例》等法律、行政法规,制定本办法。

第二条 本办法适用于农业生产过程中农药包装废弃物的回收处理活动及其监督管理。

第三条 本办法所称农药包装废弃物,是指农药使用后被废弃的与农药直接接触或含有农药残余物的包装物,包括瓶、罐、桶、袋等。

第四条 地方各级人民政府依照《中华人民共和国土壤污染防治法》的规定,组织、协调、督促相关部门依法履行农药包装废弃物回收处理监督管理职责,建立健全回收处理体系,统筹推进农药包装废弃物回收处理等设施建设。

第五条 县级以上地方人民政府农业农村主管部门负责本行政区域内农药生产者、经营者、使用者履行农药包装废弃物回收处理义务的监督管理。

县级以上地方人民政府生态环境主管部门负责本行政区域内农药包装废弃物回收处理活动环境污染防治的监督管理。

第六条 农药生产者(含向中国出口农药的企业)、经营者和使用者应当积极履行农药包装废弃物回收处理义务,及时回收农药包装废弃物并进行处理。

第七条 国家鼓励和支持行业协会在农药包装废弃物回收处理中发挥组织协调、技术指导、提供服务等作用,鼓励和扶持专业化服务机构开展农药包装废弃物回收处理。

第八条 县级以上地方人民政府农业农村和生态环境主管部门应当采取多种形式,开展农药包装废弃物回收处理的宣传和教育,指导农药生产者、经营者和专业化服务机构开展农药包装废弃物的回收处理。

鼓励农药生产者、经营者和社会组织开展农药包装废弃物回收处理的宣传和培训。

第二章 农药包装废弃物回收

第九条 县级以上地方人民政府农业农村主管部门应当调查监测本行政区域内农药包装废弃物产生情况,指导建立农药包装废弃物回收体系,合理布设县、乡、村农药包装废弃物回收站(点),明确管理责任。

第十条 农药生产者、经营者应当按照"谁生产、经营,谁回收"的原则,履行相应的农药包装废弃物回收义务。农药生产者、经营者可以协商确定农药包装废弃物回收义务的具体履行方式。

农药经营者应当在其经营场所设立农药包装废弃物回收装置,不得拒收其销售农药的包装废弃物。

农药生产者、经营者应当采取有效措施,引导农药使用者及时交回农药包装废弃物。

第十一条 农药使用者应当及时收集农药包装废弃物并交回农药经营者或农药包装废弃物回收站(点),不得随意丢弃。

农药使用者在施用过程中,配药时应当通过清洗等方式充分利用包装物中的农药,减少残留农药。

鼓励有条件的地方,探索建立检查员等农药

包装废弃物清洗审验机制。

第十二条 农药经营者和农药包装废弃物回收站(点)应当建立农药包装废弃物回收台账,记录农药包装废弃物的数量和去向信息。回收台账应当保存两年以上。

第十三条 农药生产者应当改进农药包装,便于清洗和回收。

国家鼓励农药生产者使用易资源化利用和易处置包装物、水溶性高分子包装物或者在环境中可降解的包装物,逐步淘汰铝箔包装物。鼓励使用便于回收的大容量包装物。

第三章 农药包装废弃物处理

第十四条 农药经营者和农药包装废弃物回收站(点)应当加强相关设施设备、场所的管理和维护,对收集的农药包装废弃物进行妥善贮存,不得擅自倾倒、堆放、遗撒农药包装废弃物。

第十五条 运输农药包装废弃物应当采取防止污染环境的措施,不得丢弃、遗撒农药包装废弃物,运输工具应当满足防雨、防渗漏、防遗撒要求。

第十六条 国家鼓励和支持对农药包装废弃物进行资源化利用;资源化利用以外的,应当依法依规进行填埋、焚烧等无害化处置。

资源化利用按照"风险可控、定点定向、全程追溯"的原则,由省级人民政府农业农村主管部门会同生态环境主管部门结合本地实际需要确定资源化利用单位,并向社会公布。资源化利用不得用于制造餐饮用具、儿童玩具等产品,防止危害人体健康。资源化利用单位不得倒卖农药包装废弃物。

县级以上地方人民政府农业农村主管部门、生态环境主管部门指导资源化利用单位利用处置回收的农药包装废弃物。

第十七条 农药包装废弃物处理费用由相应的农药生产者和经营者承担;农药生产者、经营者不明确的,处理费用由所在地的县级人民政府财政列支。

鼓励地方有关部门加大资金投入,给予补贴、优惠措施等,支持农药包装废弃物回收、贮存、运输、处置和资源化利用活动。

第四章 法律责任

第十八条 县级以上人民政府农业农村主管部门或生态环境主管部门未按规定履行职责的,对直接负责的主管人员和其他直接责任人依法给予处分;构成犯罪的,依法追究刑事责任。

第十九条 农药生产者、经营者、使用者未按规定履行农药包装废弃物回收处理义务的,由地方人民政府农业农村主管部门按照《中华人民共和国土壤污染防治法》第八十八条规定予以处罚。

第二十条 农药包装废弃物回收处理过程中,造成环境污染的,由地方人民政府生态环境主管部门按照《中华人民共和国固体废物污染环境防治法》等法律的有关规定予以处罚。

第二十一条 农药经营者和农药包装废弃物回收站(点)未按规定建立农药包装废弃物回收台账的,由地方人民政府农业农村主管部门责令改正;拒不改正或者情节严重的,可处二千元以上二万元以下罚款。

第五章 附 则

第二十二条 本办法所称的专业化服务机构,指从事农药包装废弃物回收处理等经营活动的机构。

第二十三条 本办法自2020年10月1日起施行。

农业部办公厅关于种子生产经营许可证相关问题答复的函

· 2016年10月21日
· 农办种函〔2016〕18号

《北京市种子管理站关于解释种子生产经营许可证相关问题的请示》(京农种站字〔2016〕38号)收悉,经研究,现答复如下。

2016年1月1日起施行的《中华人民共和国种子法》规定的"种子生产经营许可证",是原法"种子生产许可证"和"种子经营许可证"的合并。依照原法领取"种子生产许可证""种子经营许可证"的生产经营者,违反现行法律规定,依法需要吊销"种子生产经营许可证"的,应当根据案件具体情况,分别吊销其"种子生产许可证""种子经营许可证"。

最高人民法院关于审理侵害植物新品种权纠纷案件具体应用法律问题的若干规定(二)

·2021年6月29日最高人民法院审判委员会第1843次会议通过
·2021年7月5日最高人民法院公告公布
·自2021年7月7日起施行
·法释〔2021〕14号

为正确审理侵害植物新品种权纠纷案件,根据《中华人民共和国民法典》《中华人民共和国种子法》《中华人民共和国民事诉讼法》等法律规定,结合审判实践,制定本规定。

第一条 植物新品种权(以下简称品种权)或者植物新品种申请权的共有人对权利行使有约定的,人民法院按照其约定处理。没有约定或者约定不明的,共有人主张其可以单独实施或者以普通许可方式许可他人实施的,人民法院应予支持。

共有人单独实施该品种权,其他共有人主张该实施收益在共有人之间分配的,人民法院不予支持,但是其他共有人有证据证明其不具备实施能力或者实施条件的除外。

共有人之一许可他人实施该品种权,其他共有人主张收取的许可费在共有人之间分配的,人民法院应予支持。

第二条 品种权转让未经国务院农业、林业主管部门登记、公告,受让人以品种权人名义提起侵害品种权诉讼的,人民法院不予受理。

第三条 受品种权保护的繁殖材料应当具有繁殖能力,且繁殖出的新个体与该授权品种的特征、特性相同。

前款所称的繁殖材料不限于以品种权申请文件所描述的繁殖方式获得的繁殖材料。

第四条 以广告、展陈等方式作出销售授权品种的繁殖材料的意思表示的,人民法院可以以销售行为认定处理。

第五条 种植授权品种的繁殖材料的,人民法院可以根据案件具体情况,以生产、繁殖行为认定处理。

第六条 品种权人或者利害关系人(以下合称权利人)举证证明被诉侵权品种繁殖材料使用的名称与授权品种相同的,人民法院可以推定该被诉侵权品种繁殖材料属于授权品种的繁殖材料;有证据证明不属于该授权品种的繁殖材料的,人民法院可以认定被诉侵权人构成假冒品种行为,并参照假冒注册商标行为的有关规定确定民事责任。

第七条 受托人、被许可人超出与品种权人约定的规模或者区域生产、繁殖授权品种的繁殖材料,或者超出与品种权人约定的规模销售授权品种的繁殖材料,品种权人请求判令受托人、被许可人承担侵权责任的,人民法院依法予以支持。

第八条 被诉侵权人知道或者应当知道他人实施侵害品种权的行为,仍然提供收购、存储、运输、以繁殖为目的的加工处理等服务或者提供相关证明材料等条件的,人民法院可以依据民法典第一千一百六十九条的规定认定为帮助他人实施侵权行为。

第九条 被诉侵权物既可以作为繁殖材料又可以作为收获材料,被诉侵权人主张被诉侵权物系作为收获材料用于消费而非用于生产、繁殖的,应当承担相应的举证责任。

第十条 授权品种的繁殖材料经品种权人或者经其许可的单位、个人售出后,权利人主张他人生产、繁殖、销售该繁殖材料构成侵权的,人民法院一般不予支持,但是下列情形除外:

(一)对该繁殖材料生产、繁殖后获得的繁殖材料进行生产、繁殖、销售;

(二)为生产、繁殖目的将该繁殖材料出口到不保护该品种所属植物属或者种的国家或者地区。

第十一条 被诉侵权人主张对授权品种进行的下列生产、繁殖行为属于科研活动的,人民法院应予支持:

(一)利用授权品种培育新品种;

(二)利用授权品种培育形成新品种后,为品种权申请、品种审定、品种登记需要而重复利用授权品种的繁殖材料。

第十二条 农民在其家庭农村土地承包经营合同约定的土地范围内自繁自用授权品种的繁殖材料,权利人对此主张构成侵权的,人民法院不予支持。

对前款规定以外的行为,被诉侵权人主张其

行为属于种子法规定的农民自繁自用授权品种的繁殖材料的，人民法院应当综合考虑被诉侵权行为的目的、规模、是否营利等因素予以认定。

第十三条 销售不知道也不应当知道是未经品种权人许可而售出的被诉侵权品种繁殖材料，且举证证明具有合法来源的，人民法院可以不判令销售者承担赔偿责任，但应当判令其停止销售并承担权利人为制止侵权行为所支付的合理开支。

对于前款所称合法来源，销售者一般应当举证证明购货渠道合法、价格合理、存在实际的具体供货方、销售行为符合相关生产经营许可制度等。

第十四条 人民法院根据已经查明侵害品种权的事实，认定侵权行为成立的，可以先行判决停止侵害，并可以依据当事人的请求和具体案情，责令采取消灭活性等阻止被诉侵权物扩散、繁殖的措施。

第十五条 人民法院为确定赔偿数额，在权利人已经尽力举证，而与侵权行为相关的账簿、资料主要由被诉侵权人掌握的情况下，可以责令被诉侵权人提供与侵权行为相关的账簿、资料；被诉侵权人不提供或者提供虚假账簿、资料的，人民法院可以参考权利人的主张和提供的证据判定赔偿数额。

第十六条 被诉侵权人有抗拒保全或者擅自拆封、转移、毁损被保全物等举证妨碍行为，致使案件相关事实无法查明的，人民法院可以推定权利人就该证据所涉证明事项的主张成立。构成民事诉讼法第一百一十一条规定情形的，依法追究法律责任。

第十七条 除有关法律和司法解释规定的情形以外，以下情形也可以认定为侵权行为情节严重：

（一）因侵权被行政处罚或者法院裁判承担责任后，再次实施相同或者类似侵权行为；

（二）以侵害品种权为业；

（三）伪造品种权证书；

（四）以无标识、标签的包装销售授权品种；

（五）违反种子法第七十七条第一款第一项、第二项、第四项的规定；

（六）拒不提供被诉侵权物的生产、繁殖、销售和储存地点。

存在前款第一项至第五项情形的，在依法适用惩罚性赔偿时可以按照计算基数的二倍以上确定惩罚性赔偿数额。

第十八条 品种权终止后依法恢复权利，权利人要求实施品种权的单位或者个人支付终止期间实施品种权的费用的，人民法院可以参照有关品种权实施许可费，结合品种类型、种植时间、经营规模、当时的市场价值等因素合理确定。

第十九条 他人未经许可，自品种权初步审查合格公告之日起至被授予品种权之日止，生产、繁殖或者销售该授权品种的繁殖材料，或者为商业目的将该授权品种的繁殖材料重复使用于生产另一品种的繁殖材料，权利人对此主张追偿利益损失的，人民法院可以按照临时保护期使用费纠纷处理，并参照有关品种权实施许可费，结合品种类型、种植时间、经营规模、当时的市场价值等因素合理确定该使用费数额。

前款规定的被诉行为延续到品种授权之后，权利人对品种权临时保护期使用费和侵权损害赔偿均主张权利的，人民法院可以合并审理，但应当分别计算处理。

第二十条 侵害品种权纠纷案件涉及的专门性问题需要鉴定的，由当事人在相关领域鉴定人名录或者国务院农业、林业主管部门向人民法院推荐的鉴定人中协商确定；协商不成的，由人民法院从中指定。

第二十一条 对于没有基因指纹图谱等分子标记检测方法进行鉴定的品种，可以采用行业通用方法对授权品种与被诉侵权物的特征、特性进行同一性判断。

第二十二条 对鉴定意见有异议的一方当事人向人民法院申请复检、补充鉴定或者重新鉴定，但未提出合理理由和证据的，人民法院不予准许。

第二十三条 通过基因指纹图谱等分子标记检测方法进行鉴定，待测样品与对照样品的差异位点小于但接近临界值，被诉侵权人主张二者特征、特性不同的，应当承担举证责任；人民法院也可以根据当事人的申请，采取扩大检测位点进行加测或者提取授权品种标准样品进行测定等方法，并结合其他相关因素作出认定。

第二十四条 田间观察检测与基因指纹图谱等分子标记检测的结论不同的，人民法院应当以田间观察检测结论为准。

第二十五条 本规定自 2021 年 7 月 7 日起施行。本院以前发布的相关司法解释与本规定不一致的，按照本规定执行。

最高人民法院关于审理侵害植物新品种权纠纷案件具体应用法律问题的若干规定

· 2006年12月25日最高人民法院审判委员会第1411次会议通过
· 根据2020年12月23日最高人民法院审判委员会第1823次会议通过的《最高人民法院关于修改〈最高人民法院关于审理侵犯专利权纠纷案件应用法律若干问题的解释(二)〉等十八件知识产权类司法解释的决定》修正
· 2020年12月29日最高人民法院公告公布
· 自2021年1月1日起施行
· 法释〔2020〕19号

为正确处理侵害植物新品种权纠纷案件,根据《中华人民共和国民法典》《中华人民共和国种子法》《中华人民共和国民事诉讼法》《全国人民代表大会常务委员会关于在北京、上海、广州设立知识产权法院的决定》和《全国人民代表大会常务委员会关于专利等知识产权案件诉讼程序若干问题的决定》等有关规定,结合侵害植物新品种权纠纷案件的审判经验和实际情况,就具体应用法律的若干问题规定如下:

第一条 植物新品种权所有人(以下称品种权人)或者利害关系人认为植物新品种权受到侵害的,可以依法向人民法院提起诉讼。

前款所称利害关系人,包括植物新品种实施许可合同的被许可人、品种权财产权利的合法继承人等。

独占实施许可合同的被许可人可以单独向人民法院提起诉讼;排他实施许可合同的被许可人可以和品种权人共同起诉,也可以在品种权人不起诉时,自行提起诉讼;普通实施许可合同的被许可人经品种权人明确授权,可以提起诉讼。

第二条 未经品种权人许可,生产、繁殖或者销售授权品种的繁殖材料,或者为商业目的将授权品种的繁殖材料重复使用于生产另一品种的繁殖材料的,人民法院应当认定为侵害植物新品种权。

被诉侵权物的特征、特性与授权品种的特征、特性相同,或者特征、特性的不同是因非遗传变异所致的,人民法院一般应当认定被诉侵权物属于生产、繁殖或者销售授权品种的繁殖材料。

被诉侵权人重复以授权品种的繁殖材料为亲本与其他亲本另行繁殖的,人民法院一般应当认定属于为商业目的将授权品种的繁殖材料重复使用于生产另一品种的繁殖材料。

第三条 侵害植物新品种权纠纷案件涉及的专门性问题需要鉴定的,由双方当事人协商确定的有鉴定资格的鉴定机构、鉴定人鉴定;协商不成的,由人民法院指定的有鉴定资格的鉴定机构、鉴定人鉴定。

没有前款规定的鉴定机构、鉴定人的,由具有相应品种检测技术水平的专业机构、专业人员鉴定。

第四条 对于侵害植物新品种权纠纷案件涉及的专门性问题可以采取田间观察检测、基因指纹图谱检测等方法鉴定。

对采取前款规定方法作出的鉴定意见,人民法院应当依法质证,认定其证明力。

第五条 品种权人或者利害关系人向人民法院提起侵害植物新品种权诉讼前,可以提出行为保全或者证据保全请求,人民法院经审查作出裁定。

人民法院采取证据保全措施时,可以根据案件具体情况,邀请有关专业技术人员按照相应的技术规程协助取证。

第六条 人民法院审理侵害植物新品种权纠纷案件,应当依照民法典第一百七十九条、第一千一百八十五条、种子法第七十三条的规定,结合案件具体情况,判决侵权人承担停止侵害、赔偿损失等民事责任。

人民法院可以根据权利人的请求,按照权利人因被侵权所受实际损失或者侵权人因侵权所得利益确定赔偿数额。权利人的损失或者侵权人获得的利益难以确定的,可以参照该植物新品种权许可使用费的倍数合理确定。权利人为制止侵权行为所支付的合理开支应当另行计算。

依照前款规定难以确定赔偿数额的,人民法院可以综合考虑侵权的性质、期间、后果,植物新品种权许可使用费的数额,植物新品种实施许可的种类、时间、范围及权利人调查、制止侵权所支付的合理费用等因素,在300万元以下确定赔偿数额。

故意侵害他人植物新品种权,情节严重的,可以按照第二款确定数额的一倍以上三倍以下确定赔偿数额。

第七条 权利人和侵权人均同意将侵权物折价抵扣权利人所受损失的,人民法院应当准许。权利人或者侵权人不同意折价抵扣的,人民法院依照当事人的请求,责令侵权人对侵权物作消灭活性等使其不能再被用作繁殖材料的处理。

侵权物正处于生长期或者销毁侵权物将导致重大不利后果的,人民法院可以不采取责令销毁侵权物的方法,而判令其支付相应的合理费用。但法律、行政法规另有规定的除外。

第八条 以农业或者林业种植为业的个人、农村承包经营户接受他人委托代为繁殖侵害品种权的繁殖材料,不知道代繁物是侵害品种权的繁殖材料并说明委托人的,不承担赔偿责任。

(五)林 业

中华人民共和国森林法

- 1984年9月20日第六届全国人民代表大会常务委员会第七次会议通过
- 根据1998年4月29日第九届全国人民代表大会常务委员会第二次会议《关于修改〈中华人民共和国森林法〉的决定》第一次修正
- 根据2009年8月27日第十一届全国人民代表大会常务委员会第十次会议《关于修改部分法律的决定》第二次修正
- 2019年12月28日第十三届全国人民代表大会常务委员会第十五次会议修订
- 2019年12月28日中华人民共和国主席令第39号公布
- 自2020年7月1日起施行

第一章 总 则

第一条 【立法目的】为了践行绿水青山就是金山银山理念,保护、培育和合理利用森林资源,加快国土绿化,保障森林生态安全,建设生态文明,实现人与自然和谐共生,制定本法。

链接《全国人民代表大会常务委员会关于全面加强生态环境 保护依法推动打好污染防治攻坚战的决议》

第二条 【调整对象】在中华人民共和国领域内从事森林、林木的保护、培育、利用和森林、林木、林地的经营管理活动,适用本法。

注释 保护是指采取有效措施保护和维护森林、林木的安全稳定发展,包括禁止滥砍滥伐、森林病虫害防治、森林火灾预防扑灭,以及减少其他可能对森林、林木生长造成负面影响的因素。培育是指科学合理地进行植树造林,以及修枝剪枝、抚育采伐等经营管理活动,在人工适度参与下促进森林、林木的安全稳定发展。利用是指人们使用森林、林木产生的物质产品或者资源环境产品满足生产、生活需要的活动,如采伐林木、发展林果业、发展林下经济、森林旅游等等。

森林、林木、林地的经营管理活动,既包括政府及其有关部门对森林、林木、林地依法实施的有关管理活动,也包括林业经营主体对森林、林木、林地的经营和管理的相关活动,还包括其他主体可能参与的森林、林木、林地的经营管理活动。

链接《森林法实施条例》第2条

第三条 【基本原则】保护、培育、利用森林资源应当尊重自然、顺应自然,坚持生态优先、保护优先、保育结合、可持续发展的原则。

第四条 【目标责任制和考核评价制度】国家实行森林资源保护发展目标责任制和考核评价制度。上级人民政府对下级人民政府完成森林资源保护发展目标和森林防火、重大林业有害生物防治工作的情况进行考核,并公开考核结果。

地方人民政府可以根据本行政区域森林资源保护发展的需要,建立林长制。

注释 **林长制**

各地方可以根据实际情况建立林长制。法律没有规定全国统一实行林长制。某个行政区域范围内是否建立林长制,由各地方根据实际情况确定。根据森林资源保护发展的需要,可以在本省全面实行林长制,也可以在本省部分地区实行林长制。

建立林长制的主要目的是构建责任明确、协调有序、监管严格、保护有力的森林资源保护发展机制。林长制不是在现有的地方国家机构之外另设机构和增加人员,而是在现有国家机构设置的基础上,进一步明确责任人。林长制更多是一种组织领导和协调工作机制。

链接《环境保护法》第26条;《土壤污染防治法》第5条

第五条 【扶持措施】国家采取财政、税收、金融等方面的措施，支持森林资源保护发展。各级人民政府应当保障森林生态保护修复的投入，促进林业发展。

链接《环境保护法》第32条；《水土保持法》第36条；《国务院办公厅关于完善集体林权制度的意见》

第六条 【森林经营管理】国家以培育稳定、健康、优质、高效的森林生态系统为目标，对公益林和商品林实行分类经营管理，突出主导功能，发挥多种功能，实现森林资源永续利用。

注释 林地和林地上的森林分为两类，即公益林和商品林；林地和林地上的森林以外的林木，不再进行公益林和商品林的两类划分。公益林由国家根据生态保护的需要予以划定，划定的主体是国务院和省、自治区、直辖市人民政府，其他的主体无权划定公益林。除公益林外的林地和林地上的森林，则定性为商品林。

第七条 【森林生态效益补偿制度】国家建立森林生态效益补偿制度，加大公益林保护支持力度，完善重点生态功能区转移支付政策，指导受益地区和森林生态保护地区人民政府通过协商等方式进行生态效益补偿。

链接《环境保护法》第31条

第八条 【对民族自治地方的优惠政策】国务院和省、自治区、直辖市人民政府可以依照国家对民族自治地方自治权的规定，对民族自治地方的森林保护和林业发展实行更加优惠的政策。

链接《民族区域自治法》第27、28、32、34条

第九条 【林业主管部门】国务院林业主管部门主管全国林业工作。县级以上地方人民政府林业主管部门，主管本行政区域的林业工作。

乡镇人民政府可以确定相关机构或者设置专职、兼职人员承担林业相关工作。

注释 2018年年初，中共中央印发的《深化党和国家机构改革方案》决定，将国家林业局的职责，农业部的草原监督管理职责，以及国土资源部、住房和城乡建设部、水利部、农业部、国家海洋局等部门的自然保护区、风景名胜区、自然遗产、地质公园等管理职责整合，组建国家林业和草原局，由自然资源部管理。国家林业和草原局加挂国家公园管理局牌子。国家林业和草原局的主要职责是，监督管理森林、草原、湿地、荒漠和陆生野生动植物资源开发利用和保护，组织生态保护和修复，开展造林绿化工作，管理国家公园等各类自然保护地等。

森林法没有直接出现“国家林业和草原局”的名称，主要考虑到林业主管部门是指主管林业的政府部门，哪个部门主管林业则哪个部门就是林业主管部门，今后随着经济社会的发展及机构改革的变化，现行的林业管理体制和机构名称有可能发生变化。

第十条 【义务植树】植树造林、保护森林，是公民应尽的义务。各级人民政府应当组织开展全民义务植树活动。

每年三月十二日为植树节。

注释 这条规定可以从三个方面来理解：一是公民要参与植树造林。二是公民要保护森林。三是公民参与植树造林和保护森林是一项义务。所谓义务，是法律规定的带有强制性的任务，凡是规定范围内的单位与公民都必须履行，并且不能因此而获得报酬。法律作出这一规定，更重要的是为了提高公民爱林护林意识，倡导公民主动参与森林资源保护培育相关活动。

植树节

1979年2月23日，全国人大常委会通过了关于植树节的决议，将每年的3月12日确定为我国植树节，以动员全国各族人民植树造林，加速绿化祖国。多年来，通过植树节活动，提高了全民义务植树意识。40多年来，各级人民政府通过努力，我们国家的森林面积、森林覆盖率、森林蓄积均增长了1倍左右，人工林的面积居全球第一位。

2019年森林法修改，专门增加了植树节的规定，将植树节上升为专门的法律规定，突出体现了对植树造林的重视。这一规定可以进一步增强广大人民群众的爱林护林意识，推动形成各行各业、全国上下共同参与植树造林，建设美丽家园的良好氛围。

链接《农业法》第60条；《第五届全国人民代表大会第四次会议关于开展全民义务植树运动的决议》；《国务院关于开展全民义务植树运动的实施办法》

第十一条 【科学研究和技术推广】国家采取措施，鼓励和支持林业科学研究，推广先进适用的林业技术，提高林业科学技术水平。

链接《环境保护法》第7条

第十二条 【宣传教育】各级人民政府应当加强森林资源保护的宣传教育和知识普及工作，鼓励和支持基层群众性自治组织、新闻媒体、林业企业事业单位、志愿者等开展森林资源保护宣传活动。

教育行政部门、学校应当对学生进行森林资源保护教育。

注释 加强森林资源保护教育，事关生态文明建设全局，开展好宣传教育，必须建立由政府部门主导、全社会广泛参与的新格局。社会力量要积极参与其中，准确把握职责，发挥自身优势，丰富宣传教育的"多样性"。教育行政部门、学校应当对学生进行森林资源保护教育，做好内容设计、规划制定和导向把握，采用多种形式对学生开展森林资源保护教育。

第十三条 【表彰和奖励】对在造林绿化、森林保护、森林经营管理以及林业科学研究等方面成绩显著的组织或者个人，按照国家有关规定给予表彰、奖励。

注释 对林业工作方面成绩显著的组织或者个人予以奖励，既是对工作非常努力、作出贡献、取得重要成果的组织和个人的一种肯定，同时又可以树立榜样和标杆，引导社会各方面力量更好地投入造林绿化、森林保护、森林管理以及林业科学研究等方面，调动各方参与的积极性和主动性。本条延续原法的规定，并对相关词语进行了完善。奖励的措施包括奖励和表彰。奖励的范围主要包括四项，即造林绿化、森林保护、森林经营管理和林业科学研究。

链接《科学技术进步法》第 18 条；《公务员法》第 52 条；《劳动法》第 6 条；《森林防火条例》第 12 条

第二章 森林权属

第十四条 【国有森林资源所有权的行使】森林资源属于国家所有，由法律规定属于集体所有的除外。

国家所有的森林资源的所有权由国务院代表国家行使。国务院可以授权国务院自然资源主管部门统一履行国有森林资源所有者职责。

链接《民法典》第 246、250 条

第十五条 【权属证书核发和权益保护】林地和林地上的森林、林木的所有权、使用权，由不动产登记机构统一登记造册，核发证书。国务院确定的国家重点林区（以下简称重点林区）的森林、林木和林地，由国务院自然资源主管部门负责登记。

森林、林木、林地的所有者和使用者的合法权益受法律保护，任何组织和个人不得侵犯。

森林、林木、林地的所有者和使用者应当依法保护和合理利用森林、林木、林地，不得非法改变林地用途和毁坏森林、林木、林地。

注释 **森林、林木、林地权属证书核发**

本条第一款是 2019 年森林法修改的内容。森林、林木、林地权属证书是权利人享有森林、林木、林地所有权、使用权的证明，对保护权利人合法财产权具有重要意义。在 2013 年不动产统一登记职责整合前，权属证书（一般被称林权证）由县级以上人民政府核发，重点林区由国务院林业主管部门根据国务院授权核发。2007 年颁布的物权法规定，不动产登记，由不动产所在地的登记机构办理。2013 年，中央机构编制委员会办公室印发《关于整合不动产登记职责的通知》，将房屋登记、林地登记、草原登记和土地登记的职责整合由原国土资源部门承担。2019 年施行的《不动产登记暂行条例》第四条第一款规定："国家实行不动产统一登记制度。"第七条第一款规定："不动产登记由不动产所在地的县级人民政府不动产登记机构办理；直辖市、设区的市人民政府可以确定本级不动产登记机构统一办理所属各区的不动产登记。"2019 年修改，进一步落实不动产统一登记制度，删除了原法中关于人民政府核发证书的规定，明确林地和林地上的森林、林木的所有权、使用权，由不动产登记机构统一登记造册，核发证书。需要说明的是，根据《不动产登记暂行条例》第三十三条第一款"本条例施行前依法颁发的各类不动产权属证书和制作的不动产登记簿继续有效"的规定，在权属关系没有发生变化的情况下，林权证继续有效，不变不换。

关于重点林区权属证书核发

2019 年森林法修改，明确了国务院确定的国家重点林区（简称重点林区），森林、林木和林地，由国务院自然资源主管部门负责登记。

链接《民法典》第 210 条；《农村土地承包法》第 24 条；《不动产登记暂行条例》第 4 条

第十六条 【国有森林、林木、林地使用权的流转】国家所有的林地和林地上的森林、林木可以依法确定给林业经营者使用。林业经营者依法取得的国有林地和林地上的森林、林木的使用权，经批准可以转让、出租、作价出资等。具体办法由国务院制定。

林业经营者应当履行保护、培育森林资源的义务，保证国有森林资源稳定增长，提高森林生态功能。

注释 转让是指林业经营者让渡自己对林地和林地上森林、林木的使用权，具体形式包括买卖、交换、赠与；出租是指林业经营者在保留林地和林地上森林、林木使用权的前提下，让渡在一定期限内占有、使用、收益的权利；作价出资是指林业经营者以使用权作价，出资到投资的企业，获得股权或股份。

链接《国务院关于全民所有自然资源资产有偿使用制度改革的指导意见》；《国务院关于全民所有自然资源资产有偿使用制度改革的指导意见》

第十七条 【林地承包经营】集体所有和国家所有依法由农民集体使用的林地（以下简称集体林地）实行承包经营的，承包方享有林地承包经营权和承包林地上的林木所有权，合同另有约定的从其约定。承包方可以依法采取出租（转包）、入股、转让等方式流转林地经营权、林木所有权和使用权。

链接《农村土地承包法》第36条；《国务院办公厅关于完善集体林权制度的意见》

第十八条 【集体统一经营的林地、林木的经营及流转】未实行承包经营的集体林地以及林地上的林木，由农村集体经济组织统一经营。经本集体经济组织成员的村民会议三分之二以上成员或者三分之二以上村民代表同意并公示，可以通过招标、拍卖、公开协商等方式依法流转林地经营权、林木所有权和使用权。

注释 流转方式

1. 招标。又称招标投标，是市场经济条件下促进效率优化资源的一种交易方式，其根本原则是公开、公平、公正和诚实信用。在这种交易方式下，由农村集体经济组织或者村民委员会作为招标方；已经分别属于村内两个以上农村集体经济组织的农民集体所有的，由村内各该农村集体经济组织或者村民小组作为招标方；国家所有依法由农民集体使用的，由使用该土地的农村集体经济组织、村民委员会或者村民小组作为招标方。招标方通过发布招标公告或向有意投标承包的集体经济组织内部成员或外部农业生产者发出招标邀请等方式发出招标信息，表明将选择最能够满足承包要求的农业生产经营者与之签订承包合同的意向，由有意承包的农业生产经营者作为投标方，向招标方书面提出自己相应招标要求的条件，参加投标竞争。经招标方对各投标者的条件进行审查比较后，从中择优选定中标者，并与其签订流转合同。

2. 拍卖。是指以公开竞价的形式，将特定物的财产权利转让给最高应价竞买人的买卖方式。拍卖是一种公开的竞买活动。拍卖的出卖人称为“拍卖人”，参加拍卖的买主称为“竞买人”。拍卖最大的特点是公开性和竞争性。拍卖是由竞买人提出各种标价，通过公开竞争，由拍卖人通过击锤等特定方式接受某项出价的买卖方式。拍卖活动的公开性和竞争性充分体现在拍卖的程序上，它必须经过3个步骤：第一步，拍卖人将拍卖物的种类、拍卖处所、拍卖日期及其他必要事项公开告知公众。第二步，在规定的拍卖日期和拍卖地点，拍卖人当众拍卖规定的物品。拍卖的性质决定了竞买人必须是多数人。各竞买人在拍卖过程中可以以竞相抬高价格的方式出价购买。竞买人的出价对他自己有约束力，但是，在拍卖人拍定以前，竞买人可以随时撤回自己的出价。第三步，拍卖人对于竞买人作出的意思表示做出承诺，这种承诺就叫拍定，是拍卖人表示卖定的意思。拍定常用击锤的方式表示。拍卖人就竞买人所出的最高价高呼3次后，没有人再出更高价额时，拍卖人就可以击锤拍定。一经拍定，买卖合同便告成立。

3. 公开协商。是指当事人在平等、自愿的基础上，公开就流转的相关事宜进行协商，最终与流转条件最好的受让方依法签订流转合同。

链接《民法典》第330条；《农村土地承包法》第52条

第十九条 【林地经营权流转合同】集体林地经营权流转应当签订书面合同。林地经营权流转合同一般包括流转双方的权利义务、流转期限、流转价款及支付方式、流转期限届满林地上的林木和固定生产设施的处置、违约责任等内容。

受让方违反法律规定或者合同约定造成森林、林木、林地严重毁坏的，发包方或者承包方有权收回林地经营权。

注释 **林地经营权流转**

集体林地经营权流转包括实行家庭承包后承包方将承包林地予以流转,也包括集体统一经营林地的流转。流转后,受让方获得林地经营权并依法获得收益。由于林木生长周期长,期间的投入也大,集体林地经营权流转应当签订书面合同,这样可以全面、具体地明确流转双方当事人约定的事项,以便明确双方的权利和义务,共同履行,兑现承诺,减少纠纷。

实务问答 **什么情况下可以解除林地经营权流转合同**

林地经营权流转合同应当就双方的权利义务作出约定。农村土地承包法第四十条第二款和第三款规定:"土地经营权流转合同一般包括以下条款:(一)双方当事人的姓名、住所;(二)流转土地的名称、坐落、面积、质量等级;(三)流转期限和起止日期;(四)流转土地的用途;(五)双方当事人的权利和义务;(六)流转价款及支付方式;(七)土地被依法征收、征用、占用时有关补偿费的归属;(八)违约责任。承包方将土地交由他人代耕不超过一年的,可以不签订书面合同。"林地经营权流转应当具备以上条款。相对于一般土地流转合同,林地经营权流转合同要求双方约定流转期限届满林地上的林木和固定生产设置的处置等事项。这样规定主要是考虑了林木特殊性,避免因为权利义务约定不清而产生纠纷。

收回林地经营权的情形

林地经营权流转建立在双方自愿的基础上,双方不得随意解除合同。但是法律规定了发包方或者承包方可以解除合同的情形。根据农村土地承包法第四十二条的规定,受让方有下列情形之一的,承包方可以单方解除土地经营权流转合同:(一)擅自改变土地的农业用途;(二)弃耕抛荒连续两年以上;(三)给土地造成严重损害或者严重破坏土地生态环境;(四)其他严重违约行为。森林法本条第二款规定:"受让方违反法律规定或者合同约定造成森林、林木、林地严重毁坏的,发包方或者承包方有权收回林地经营权。"这里的"造成森林、林木、林地严重毁坏的"情形,例如违反本法第三十九条的规定,毁林开垦、采石、采砂、采土以及其他毁坏林木和林地的行为,向林地排放重金属或者其他有毒有害物质含量超标的污水、污泥,以及可能造成林地污染的清淤底泥、尾矿、矿渣等,在幼林地砍柴、毁苗、放牧等。

链接《农村土地承包法》第40条;《国务院办公厅关于完善集体林权制度的意见》

第二十条 【营造林木的所有权归属】国有企业事业单位、机关、团体、部队营造的林木,由营造单位管护并按照国家规定支配林木收益。

农村居民在房前屋后、自留地、自留山种植的林木,归个人所有。城镇居民在自有房屋的庭院内种植的林木,归个人所有。

集体或者个人承包国家所有和集体所有的宜林荒山荒地荒滩营造的林木,归承包的集体或者个人所有;合同另有约定的从其约定。

其他组织或者个人营造的林木,依法由营造者所有并享有林木收益;合同另有约定的从其约定。

注释 **国家营造的林木权属**

本条第一款规定,国有企业事业单位、机关、团体、部队营造的林木,其林木所有权归国家所有,由造林单位负责管理和保护,并按照国家有关规定支配林木收益。根据第九次全国森林资源清查(2014—2018年)结果显示的林木权属统计,国家所有占37.92%,集体所有占17.75%,个人所有占44.33%。

个人营造的林木权属

本条第二款规定,农村居民在其房前屋后、自留地、自留山种植的林木,以及城镇居民在自有房屋的庭院内种植的林木,完全归个人所有。这属于个人私有财产的一部分,个人应当享有占用、使用、收益和处分的权利,允许依法继承,合法权益受到法律的保护。

承包营造的林木权属

本条第三款是关于承包宜林荒山荒地荒滩造林的权属的规定。依照本条该款的规定,集体或者个人承包国家所有和集体所有的宜林荒山荒地荒滩造林的,林地所有权不变,承包后种植的林木归承包的集体或者个人所有;如果承包合同对种植的林木权属和收益等另有约定的,按照承包合同的约定执行。荒山,是指树木郁闭度小于10%,表层为土质,生长杂草的宜林山地;荒地,是指尚未开垦种植或曾开垦而长期废弃的土地;荒滩,是指河滩、海滩等浅滩。国有荒山、荒地、荒滩是国家重要的土地后备资源,对其进行开发从事种植业、林业、畜牧业、渔业生产,是增加农用地面积,促进后备资源开发的重要途径。

根据农村土地承包法的规定，通过招标、拍卖、公开协商等方式取得农村土地中宜林荒山荒地荒滩土地经营权的，可以依法流转土地经营权。该承包人死亡，其应得的承包收益，依照有关法律的规定继承；在承包期内，其继承人可以继续承包。

其他组织和个人营造的林木

本条第四款规定，其他组织和个人营造的林木，归该营造者所有，并有占用、使用、收益和处分的权利。如果与相关权利人签订的合同对种植的林木权属和收益等另有约定的，按照合同的约定执行。

链接《森林法实施条例》第15条

第二十一条 【征收和征用】为了生态保护、基础设施建设等公共利益的需要，确需征收、征用林地、林木的，应当依照《中华人民共和国土地管理法》等法律、行政法规的规定办理审批手续，并给予公平、合理的补偿。

注释 **审批手续**

关于征收林地的审批手续，土地管理法规定了严格的程序，以保护农民利益。第四十七条规定："国家征收土地的，依照法定程序批准后，由县级以上地方人民政府予以公告并组织实施。县级以上地方人民政府拟申请征收土地的，应当开展拟征收土地现状调查和社会稳定风险评估，并将征收范围、土地现状、征收目的、补偿标准、安置方式和社会保障等在拟征收土地所在的乡（镇）和村、村民小组范围内公告至少三十日，听取被征地的农村集体经济组织及其成员、村民委员会和其他利害关系人的意见。多数被征地的农村集体经济组织成员认为征地补偿安置方案不符合法律、法规规定的，县级以上地方人民政府应当组织召开听证会，并根据法律、法规的规定和听证会情况修改方案。拟征收土地的所有权人、使用权人应当在公告规定期限内，持不动产权属证明材料办理补偿登记。县级以上地方人民政府应当组织有关部门测算并落实有关费用，保证足额到位，与拟征收土地的所有权人、使用权人就补偿、安置等签订协议；个别确实难以达成协议的，应当在申请征收土地时如实说明。相关前期工作完成后，县级以上地方人民政府方可申请征收土地。"2019年土地管理法修改把原来的批后公告改为批前公告，使被征地农民在整个过程中有更多参与权、监督权和话语权。

除土地管理法的相关规定外，森林法还对征占用林地的审批手续作出了特殊规定。第三十七条规定，占用林地的，应当经县级以上人民政府林业主管部门审核同意，依法办理建设用地审批手续。占用林地的单位应当缴纳森林植被恢复费。

土地征收补偿

按照土地管理法的规定，当前土地补偿有几个特点：一是土地征收补偿的基本原则是保障被征地农民原有生活水平不降低，长远生计有保障。二是补偿的内容有土地补偿费、安置补助费以及农村村民住宅、其他地上附着物和青苗等的补偿费用，并安排被征地农民的社会保障费用。三是土地补偿费、安置补助费标准，由省级人民政府通过制定公布区片综合地价确定。这改变了过去以土地征收的原有用途来确定土地补偿，以年产值倍数法来确定土地补偿费和安置补助费的做法。林地的特殊之处在于，林地上有长期生长的林木。征收林地时，应当按照地上附着物和青苗的补偿费用，对权属人的损失加以补偿。

链接《民法典》第117条；《土地管理法》第45—51条；《土地管理法实施条例》第25条、第26条；《国务院办公厅关于完善集体林权制度的意见》

第二十二条 【权属争议处理】单位之间发生的林木、林地所有权和使用权争议，由县级以上人民政府依法处理。

个人之间、个人与单位之间发生的林木所有权和林地使用权争议，由乡镇人民政府或者县级以上人民政府依法处理。

当事人对有关人民政府的处理决定不服的，可以自接到处理决定通知之日起三十日内，向人民法院起诉。

在林木、林地权属争议解决前，除因森林防火、林业有害生物防治、国家重大基础设施建设等需要外，当事人任何一方不得砍伐有争议的林木或者改变林地现状。

注释 根据本法第十五条第一款的规定："林地和林地上的森林、林木的所有权、使用权，由不动产登记机构统一登记造册，核发证书。国务院确定的国家重点林区（以下简称重点林区）的森林、林木和林地，由国务院自然资源主管部门负责登记。"因此，行使权属确权职能的有关各级人民政府应当是处理林木、林地所有权和使用权争议的机关。考虑到一些林业经营者的特殊情况，如中央、省直属国有林场，以及一些经营者经营的森林面积跨行政区域等情况，对各级人民政府受理权属争议案件的范围，也应有所区别。根据本条规定，单位之间的权属争议，应由县级以上人民政府依法处理；个人之间、个人与单位之间发生的权属争议，应由乡镇人民政府或者县级以上人民政府依法处理。

权属争议的诉讼程序。当事人对有关人民政府作出的处理决定不服的，可以在接到通知之日起30日内，向人民法院起诉，由法院作出最终的裁决。应当说明，本法关于权属争议的处理，规定了由有关各级政府处理，由各级人民政府对权属争议作出处理决定是解决权属争议的法定程序。根据本条规定，只有当事人对人民政府作出的处理决定不服，当事人才可向有关人民法院提出诉讼。因此，有关当事人对其权属争议既不能协议选择人民法院直接处理，也不能由其任何一方直接向人民法院提起诉讼。

链接《行政复议法》第30条；《行政诉讼法》第12条；《农村土地承包经营纠纷调解仲裁法》第3条

第三章　发展规划

第二十三条　【国民经济和社会发展规划】县级以上人民政府应当将森林资源保护和林业发展纳入国民经济和社会发展规划。

第二十四条　【森林资源保护发展目标】县级以上人民政府应当落实国土空间开发保护要求，合理规划森林资源保护利用结构和布局，制定森林资源保护发展目标，提高森林覆盖率、森林蓄积量，提升森林生态系统质量和稳定性。

第二十五条　【林业发展规划】县级以上人民政府林业主管部门应当根据森林资源保护发展目标，编制林业发展规划。下级林业发展规划依据上级林业发展规划编制。

第二十六条　【专项规划】县级以上人民政府林业主管部门可以结合本地实际，编制林地保护利用、造林绿化、森林经营、天然林保护等相关专项规划。

第二十七条　【森林资源调查监测】国家建立森林资源调查监测制度，对全国森林资源现状及变化情况进行调查、监测和评价，并定期公布。

链接《森林法实施条例》第11条

第四章　森林保护

第二十八条　【森林功能】国家加强森林资源保护，发挥森林蓄水保土、调节气候、改善环境、维护生物多样性和提供林产品等多种功能。

链接《水土保持法》第37条

第二十九条　【公益林补偿】中央和地方财政分别安排资金，用于公益林的营造、抚育、保护、管理和非国有公益林权利人的经济补偿等，实行专款专用。具体办法由国务院财政部门会同林业主管部门制定。

第三十条　【对重点林区的支持】国家支持重点林区的转型发展和森林资源保护修复，改善生产生活条件，促进所在地区经济社会发展。重点林区按照规定享受国家重点生态功能区转移支付等政策。

链接《环境保护法》第31条

第三十一条　【森林资源保护】国家在不同自然地带的典型森林生态地区、珍贵动物和植物生长繁殖的林区、天然热带雨林区和具有特殊保护价值的其他天然林区，建立以国家公园为主体的自然保护地体系，加强保护管理。

国家支持生态脆弱地区森林资源的保护修复。

县级以上人民政府应当采取措施对具有特殊价值的野生植物资源予以保护。

链接《国务院办公厅关于健全生态保护补偿机制的意见》；《野生植物保护条例》第10、11条

第三十二条　【天然林全面保护】国家实行天然林全面保护制度，严格限制天然林采伐，加强天然林管护能力建设，保护和修复天然林资源，逐步提高天然林生态功能。具体办法由国务院规定。

链接《农业法》第16、60条

第三十三条　【地方政府和护林员的职责】地方各级人民政府应当组织有关部门建立护林组织，负责护林工作；根据实际需要建设护林设施，加强森林资源保护；督促相关组织订立护林公约、组织群众护林、划定护林责任区、配备专职或者兼职护林员。

县级或者乡镇人民政府可以聘用护林员，其主要职责是巡护森林，发现火情、林业有害生物以及破坏森林资源的行为，应当及时处理并向当地林业等有关部门报告。

注释 **护林员**

根据本条规定，县级或者乡镇人民政府可以聘用护林员。护林员是在所划定的森林保护区内的管理森林、保护森林的人员。护林员的主要职责有以下两个方面：一是巡护森林，掌握森林情况。二是发现火情、林业有害生物以及破坏森林资源的行为，如发现盗伐滥伐林木的行为、违法野外用火的行为等，应当及时处理并向当地林业等有关部门报告。

链接《森林防火条例》第22条

第三十四条 【森林火灾的预防、扑救和处置】地方各级人民政府负责本行政区域的森林防火工作，发挥群防作用；县级以上人民政府组织领导应急管理、林业、公安等部门按照职责分工密切配合做好森林火灾的科学预防、扑救和处置工作：

（一）组织开展森林防火宣传活动，普及森林防火知识；

（二）划定森林防火区，规定森林防火期；

（三）设置防火设施，配备防灭火装备和物资；

（四）建立森林火灾监测预警体系，及时消除隐患；

（五）制定森林火灾应急预案，发生森林火灾，立即组织扑救；

（六）保障预防和扑救森林火灾所需费用。

国家综合性消防救援队伍承担国家规定的森林火灾扑救任务和预防相关工作。

链接《森林防火条例》第5、16、17、20条；《森林法实施条例》第23条；《国务院办公厅关于印发国家森林火灾应急预案的通知》；《国家处置重、特大森林火灾应急预案》

第三十五条 【林业有害生物的监测、检疫和防治】县级以上人民政府林业主管部门负责本行政区域的林业有害生物的监测、检疫和防治。

省级以上人民政府林业主管部门负责确定林业植物及其产品的检疫性有害生物，划定疫区和保护区。

重大林业有害生物灾害防治实行地方人民政府负责制。发生暴发性、危险性等重大林业有害生物灾害时，当地人民政府应当及时组织除治。

林业经营者在政府支持引导下，对其经营管理范围内的林业有害生物进行防治。

链接《环境保护法》第33条；《植物检疫条例》第2、4—6条；《森林病虫害防治条例》；《国务院办公厅关于进一步加强林业有害生物防治工作的意见》

第三十六条 【林地总量控制】国家保护林地，严格控制林地转为非林地，实行占用林地总量控制，确保林地保有量不减少。各类建设项目占用林地不得超过本行政区域的占用林地总量控制指标。

注释 林地是森林资源保护发展的根基。保护林地，尽可能不占或者少占林地，直接关系到林业发展。林地必须用于林业发展和生态建设，不得擅自改变用途。一是不能违法将林地转为建设用地。各级人民政府必须高度重视生态建设和保护工作，正确处理保护生态与发展经济的关系。二是不能违法将林地转为其他农用地。坚决制止毁林开垦、乱采滥挖等违法违规行为。

各类建设项目占用林地不得超过本行政区域的占用林地总量控制指标

占用林地总量控制指标是指年度内国家允许矿藏勘查、开采以及其他各类工程建设占用林地面积的最大限量，是年度内林地转为非林地面积控制指标。各地要严格执行，采取有效措施，确保每年林地转为非林地面积控制在规定的指标内。

链接《土地管理法》第4、23、44条

第三十七条 【占用林地审批】矿藏勘查、开采以及其他各类工程建设，应当不占或者少占林地；确需占用林地的，应当经县级以上人民政府林业主管部门审核同意，依法办理建设用地审批手续。

占用林地的单位应当缴纳森林植被恢复费。森林植被恢复费征收使用管理办法由国务院财政部门会同林业主管部门制定。

县级以上人民政府林业主管部门应当按照规定安排植树造林，恢复森林植被，植树造林面积不得少于因占用林地而减少的森林植被面积。上级林业主管部门应当定期督促下级林业主管部门组织植树造林、恢复森林植被，并进行检查。

注释 **占用林地**

所谓占用林地是指用地单位因进行矿藏勘查、开采和其他各类建设工程的需要，依法使用国家所有或者集体所有的林地。

依照本条规定，必须占用林地的，应当经过三个程序：一是经县级以上人民政府林业主管部门审核同意；二是依法办理建设用地审批手续；三是占用林地的单位应当缴纳森林植被恢复费。

森林植被恢复费的使用和监督

1. 森林植被恢复费的使用。为更加合理、有效地利用森林植被恢复费，森林法专门对森林植被恢复费如何使用作出明确规定，即在本条第三款规定县级以上人民政府林业主管部门应当按照规定安排植树造林，恢复森林植被。同时还规定植树造林面积不得少于因占用林地而减少的森林植被面积。

2. 森林植被恢复费的监督。为对森林植被恢复费的使用情况进行监督，使森林植被恢复费真正用在植树造林，恢复森林植被上，森林法规定了监督措施。法律要求上级林业主管部门应当定期督促下级林业主管部门组织植树造林、恢复森林植被，并进行检查。

链接《土地管理法》第44条；《森林法实施条例》第46条；《大中型水利水电工程建设征地补偿和移民安置条例》第16条

第三十八条 【临时使用林地】需要临时使用林地的，应当经县级以上人民政府林业主管部门批准；临时使用林地的期限一般不超过二年，并不得在临时使用的林地上修建永久性建筑物。

临时使用林地期满后一年内，用地单位或者个人应当恢复植被和林业生产条件。

注释 **临时使用的林地**

临时使用林地的期限一般为二年，期满后还需要继续使用林地的，必须办理延续手续。临时使用林地不得修建永久性建筑物、构筑物和其他设施。不得以临时占地为名批准永久性使用林地，不得批准对林地表土层造成永久性破坏的建设项目附属工程临时占用林地，不可恢复林业生产条件的采石（沙）场、取土场等应当办理永久性使用林地手续。

链接《土地管理法》第57条；《森林法实施条例》第17条

第三十九条 【禁止毁坏林木、林地和森林保护标志】禁止毁林开垦、采石、采砂、采土以及其他毁坏林木和林地的行为。

禁止向林地排放重金属或者其他有毒有害物质含量超标的污水、污泥，以及可能造成林地污染的清淤底泥、尾矿、矿渣等。

禁止在幼林地砍柴、毁苗、放牧。

禁止擅自移动或者损坏森林保护标志。

注释 **禁止毁林开垦、采石、采砂、采土以及其他毁坏林木和林地的行为**

所谓毁林开垦，是指通过放火烧山等手段将林木毁掉，使林地转变为种植粮食等农作物的耕地的行为。所谓其他毁坏林木的行为，是指除毁林开垦和毁林采石、采砂、采土外，在长有林木的地方采矿、采种、采脂、修坟、建房等的行为。其他毁坏林地的行为是指除采石、采砂、采土毁坏林地的行为外，在林地上实施建窑、建坟、建房、种植农作物、堆放或排泄废弃物等行为或者进行其他非林业生产、建设，造成林地的原有植被或林业生产条件毁坏或者污染的行为。上述行为或者改变了林地的用途，或者破坏了林地的使用功能，或者直接损坏了林木，都会对森林资源的保护和林业的发展产生不利影响，所以必须加以禁止。

禁止向林地排放重金属或者其他有毒有害物质含量超标的污水、污泥，以及可能造成林地污染的清淤底泥、尾矿、矿渣等

为保护生态环境，法律对污染林地的违法行为必须严惩。向林地排放污染物的行为，既是违反森林法第三十九条的行为，也是违反土壤污染防治法第二十八条的行为。考虑到各单行法律对同一违法行为的行政处罚应保持统一，否则对相对人而言就失去了公平，因此，本法第七十四条关于法律责任与土壤污染防治法第八十七条作了衔接性的规定。

禁止在幼林地砍柴、毁苗、放牧

所谓幼林地，是指林木尚未成熟的林地（郁闭度0.3以下的新造林地）。幼林地是处于森林未郁闭前的状态，其林分结构还不够稳定，极易受到外界环境的影响和破坏，且自我修复功能较差，受到伤害后很难恢复，所以需要特殊保护。

禁止擅自移动或者损坏森林保护标志

森林保护标志，是指在森林和森林边缘地区，为进行调查区划、确定权属、保护森林资源等的需要而设立的固定标志，具体来讲，可以包括森林资源调查样地的永久性标志，调查区划的界桩，森林铁路、林区公路的标志，也可以包括造林、护林、育林等各种林业的标志、布告牌等。如果擅自移动或者损坏森林保护标志，就会产生诸如测量数据的不准确性、各种权属界限的混乱等问题，直接影响到森林资源保护和管理、经济建设甚至国防建设，所以需要妥善保护。

链接《农业法》第62条；《土壤污染防治法》第28条；《环境保护法》第42条

案例 浙江省遂昌县人民检察院诉叶继成生态破坏民事公益诉讼案（最高人民法院指导性案例209号）

裁判规则:生态恢复性司法的核心理念为及时修复受损生态环境,恢复生态功能。生态环境修复具有时效性、季节性、紧迫性的,不立即修复将导致生态环境损害扩大的,属于《中华人民共和国民事诉讼法》第一百零九条第三项规定的"因情况紧急需要先予执行的"情形,人民法院可以依法裁定先予执行。

第四十条 【古树名木和珍贵树木的保护】国家保护古树名木和珍贵树木。禁止破坏古树名木和珍贵树木及其生存的自然环境。

注释 **古树名木**

《城市绿化条例》第二十四条的规定:"百年以上树龄的树木,稀有、珍贵树木,具有历史价值或者重要纪念意义的树木,均属古树名木。"

珍贵树木

珍贵树木包括由省级以上林业主管部门或者其他部门确定的具有重大历史纪念意义、科学研究价值或者年代久远的古树名木,国家禁止、限制出口的珍贵树木以及列入国家重点保护野生植物名录的树木。

实务问答 非法采伐、毁坏珍贵树木行为"情节严重"有哪些情形

(一)非法采伐珍贵树木二株以上或者毁坏珍贵树木致使珍贵树木死亡三株以上的;

(二)非法采伐珍贵树木二立方米以上的;

(三)为首组织、策划、指挥非法采伐或者毁坏珍贵树木的;

(四)其他情节严重的情形。

链接《环境保护法》第29条;《刑法》第344条;《城市绿化条例》第24条;《最高人民法院关于审理破坏森林资源刑事案件具体应用法律若干问题的解释》第1条

第四十一条 【林业基础设施和管护能力建设】各级人民政府应当加强林业基础设施建设,应用先进适用的科技手段,提高森林防火、林业有害生物防治等森林管护能力。

各有关单位应当加强森林管护。国有林业企业事业单位应当加大投入,加强森林防火、林业有害生物防治,预防和制止破坏森林资源的行为。

链接《森林防火条例》第5、9、20条;《农业技术推广法》第2条;《进出境动植物检疫法》第5条;《国务院办公厅关于进一步加强林业有害生物防治工作的意见》

第五章 造林绿化

第四十二条 【造林绿化】国家统筹城乡造林绿化,开展大规模国土绿化行动,绿化美化城乡,推动森林城市建设,促进乡村振兴,建设美丽家园。

第四十三条 【造林绿化主体】各级人民政府应当组织各行各业和城乡居民造林绿化。

宜林荒山荒地荒滩,属于国家所有的,由县级以上人民政府林业主管部门和其他有关主管部门组织开展造林绿化;属于集体所有的,由集体经济组织组织开展造林绿化。

城市规划区内、铁路公路两侧、江河两侧、湖泊水库周围,由各有关主管部门按照有关规定因地制宜组织开展造林绿化;工矿区、工业园区、机关、学校用地,部队营区以及农场、牧场、渔场经营地区,由各该单位负责造林绿化。组织开展城市造林绿化的具体办法由国务院制定。

国家所有和集体所有的宜林荒山荒地荒滩可以由单位或者个人承包造林绿化。

链接《防洪法》第25条;《铁路法》第45条;《公路法》第41条;《农村土地承包法》第50条;《水土保持法》第34条;《森林法实施条例》第26条;《城市绿化条例》第7条

第四十四条 【公民参与造林绿化】国家鼓励公民通过植树造林、抚育管护、认建认养等方式参与造林绿化。

链接《国务院关于开展全民义务植树运动的实施办法》;《全民义务植树尽责形式管理办法(试行)》

第四十五条 【造林绿化遵循的原则】各级人民政府组织造林绿化,应当科学规划、因地制宜,优化林种、树种结构,鼓励使用乡土树种和林木良种、营造混交林,提高造林绿化质量。

国家投资或者以国家投资为主的造林绿化项目,应当按照国家规定使用林木良种。

链接《种子法》第44条;《退耕还林条例》第26条;《国务院办公厅关于加强林木种苗工作的意见》

第四十六条 【森林生态系统修复】各级人民政府应当采取以自然恢复为主、自然恢复和人工修复相结合的措施,科学保护修复森林生态系统。新造幼林地和其他应当封山育林的地方,由当地

人民政府组织封山育林。

各级人民政府应当对国务院确定的坡耕地、严重沙化耕地、严重石漠化耕地、严重污染耕地等需要生态修复的耕地，有计划地组织实施退耕还林还草。

各级人民政府应当对自然因素等导致的荒废和受损山体、退化林地以及宜林荒山荒地荒滩，因地制宜实施森林生态修复工程，恢复植被。

链接《防沙治沙法》第20条；《环境保护法》第33条；《土壤污染防治法》第54条；《农业法》第16条；《退耕还林条例》第15条

第六章　经营管理

第四十七条　【公益林和商品林的划定】国家根据生态保护的需要，将森林生态区位重要或者生态状况脆弱，以发挥生态效益为主要目的的林地和林地上的森林划定为公益林。未划定为公益林的林地和林地上的森林属于商品林。

第四十八条　【公益林的划定】公益林由国务院和省、自治区、直辖市人民政府划定并公布。

下列区域的林地和林地上的森林，应当划定为公益林：

（一）重要江河源头汇水区域；

（二）重要江河干流及支流两岸、饮用水水源地保护区；

（三）重要湿地和重要水库周围；

（四）森林和陆生野生动物类型的自然保护区；

（五）荒漠化和水土流失严重地区的防风固沙林基干林带；

（六）沿海防护林基干林带；

（七）未开发利用的原始林地区；

（八）需要划定的其他区域。

公益林划定涉及非国有林地的，应当与权利人签订书面协议，并给予合理补偿。

公益林进行调整的，应当经原划定机关同意，并予以公布。

国家级公益林划定和管理的办法由国务院制定；地方级公益林划定和管理的办法由省、自治区、直辖市人民政府制定。

链接《防沙治沙法》第16条；《水土保持法》第22条；《海洋环境保护法》第27条；《自然保护区条例》第26条

第四十九条　【公益林的经营管理】国家对公益林实施严格保护。

县级以上人民政府林业主管部门应当有计划地组织公益林经营者对公益林中生态功能低下的疏林、残次林等低质低效林，采取林分改造、森林抚育等措施，提高公益林的质量和生态保护功能。

在符合公益林生态区位保护要求和不影响公益林生态功能的前提下，经科学论证，可以合理利用公益林林地资源和森林景观资源，适度开展林下经济、森林旅游等。利用公益林开展上述活动应当严格遵守国家有关规定。

第五十条　【鼓励发展商品林】国家鼓励发展下列商品林：

（一）以生产木材为主要目的的森林；

（二）以生产果品、油料、饮料、调料、工业原料和药材等林产品为主要目的的森林；

（三）以生产燃料和其他生物质能源为主要目的的森林；

（四）其他以发挥经济效益为主要目的的森林。

在保障生态安全的前提下，国家鼓励建设速生丰产、珍贵树种和大径级用材林，增加林木储备，保障木材供给安全。

注释 商品林类型主要有：一是以生产木材为主要目的的森林。二是以生产果品、油料、饮料、调料、工业原料和药材等林产品为主要目的的森林。三是以生产燃料和其他生物质能源为主要目的的森林，包括以利用林木所含油脂为主，将其转化为生物柴油或其他化工替代产品的油料能源林以及以利用林木木质为主，将其转化为固体、液体、气体燃料或直接发电的木质能源林。四是鼓励发展其他商品林。即以生产多种林产品，获取经济效益为主要目的的森林。

第五十一条　【商品林的经营管理】商品林由林业经营者依法自主经营。在不破坏生态的前提下，可以采取集约化经营措施，合理利用森林、林木、林地，提高商品林经济效益。

注释 集约化的经营措施包括高标准整地、良种壮苗、林地施肥、林地灌溉与排水、采用先进的抚育管理和有害生物防治、机械化作业等。在获取最大限度经济收入的同时要符合以下前提条件：一是不破坏生态；二是合理利用森林、林木、林地，保证林地用途不变。

第五十二条 【直接为林业生产经营服务的工程设施占用林地】在林地上修筑下列直接为林业生产经营服务的工程设施，符合国家有关部门规定的标准的，由县级以上人民政府林业主管部门批准，不需要办理建设用地审批手续；超出标准需要占用林地的，应当依法办理建设用地审批手续：

（一）培育、生产种子、苗木的设施；

（二）贮存种子、苗木、木材的设施；

（三）集材道、运材道、防火巡护道、森林步道；

（四）林业科研、科普教育设施；

（五）野生动植物保护、护林、林业有害生物防治、森林防火、木材检疫的设施；

（六）供水、供电、供热、供气、通讯基础设施；

（七）其他直接为林业生产服务的工程设施。

注释 **修筑直接为林业生产经营服务的工程设施占用林地的行政许可事项**

在森林经营管理中，为了合理利用森林、林木和林地、保护森林资源，需要在林地上修筑必要的直接为林业生产服务的工程设施。为促进高效、快捷地开展科学的森林经营活动，《森林法实施条例》第十八条专门对修筑直接为林业生产服务的工程设施占用林地做了特别规定，即需要占用林地的，可以无须办理建设用地审批手续，直接由县级以上人民政府林业主管部门批准，也不需要缴纳森林植被恢复费。本条在对实施条例第十八条进行补充完善基础上，从法律的层面明确直接为林业生产经营服务的工程设施，符合规定标准的，不需要办理建设用地审批手续，从而较大程度上简化了占用林地手续，提高了审批效率。

不需要办理建设用地审批手续的七大类设施范围

与实施条例第十八条相比，本条拓宽了在林地上为林业生产经营服务的工程设施的范围。在第三类中增加了"防火巡护道、森林步道"，将第四类的"林业科研、试验、示范基地"，按照用途、目的，重新合并归纳为"林业科研设施、科普教育设施"两小类；将第五类中的"森林病虫害防治"拓宽为"林业有害生物防治"。第七类"其他直接为林业生产服务的工程设施"，为未来新的林业生产服务工程设施的建设预留了空间。

在林地上修筑直接为林业生产经营服务的工程设施不用办理建设用地转用审批的约束条件

本条在对适用本项行政许可，设置了一个符合"国家有关部门规定的标准"的前置条件。也就是说，适用本项行政许可，应当符合三个要件：一是修筑工程设施的目的是林业生产经营服务；二是修筑的工程设施必须属于第一款列举的七大类；三是修筑的工程设施在占地规模、建筑面积等方面必须符合国家有关部门规定的标准。不符合标准的，要按照本法第三十八条的规定办理建设用地审批手续。

链接《土地管理法》第44条；《森林法实施条例》第18条

第五十三条 【森林经营方案】国有林业企业事业单位应当编制森林经营方案，明确森林培育和管护的经营措施，报县级以上人民政府林业主管部门批准后实施。重点林区的森林经营方案由国务院林业主管部门批准后实施。

国家支持、引导其他林业经营者编制森林经营方案。

编制森林经营方案的具体办法由国务院林业主管部门制定。

链接《森林法实施条例》第11条

第五十四条 【森林年采伐量和采伐限额】国家严格控制森林年采伐量。省、自治区、直辖市人民政府林业主管部门根据消耗量低于生长量和森林分类经营管理的原则，编制本行政区域的年采伐限额，经征求国务院林业主管部门意见，报本级人民政府批准后公布实施，并报国务院备案。重点林区的年采伐限额，由国务院林业主管部门编制，报国务院批准后公布实施。

注释 **森林采伐限额制度**

森林年采伐限额是国家根据森林可持续经营利用原则，同时兼顾森林的生态效益、经济效益和社会效益，控制消耗量低于生长量，规定每年采伐森林消耗林木蓄积的最大限量。

年采伐限额编制原则

2019年修改将原森林法中"根据用材林的消耗量低于生长量的原则"，改为"根据消耗量低于生长量和森林分类经营管理的原则"，取消了只考虑用材林的原则，扩展到考虑所有类别的森林，还要考虑森林分类经营管理的原则，对于公益林和商品林，在编制采伐限额时要区别对待，以发挥主导功能为目标合理确定年采伐限额。实际工作中，采伐限额编制是一种自下而上的过程，即国家所有的森林和林木以国有林业企业事业单位、农场、厂矿为单位,集体所有的森林和林木、个人所有的林木以县为单位,对森林、林木进行科学测算后,提出本单位年采伐限额的建议指标,逐级上报,根据消耗量低于生长量和森林分类经营管理的原则,省级林业主管部门汇总平衡,经征求国务院林业主管部门意见后,由省、自治区、直辖市人民政府批准,形成本区域的年采伐限额。重点林区的年采伐限额,由国务院林业主管部门编制,报国务院批准后公布实施。年采伐限额一经批准,就必须严格遵守。

下放年采伐限额的审批权限

2019年将原森林法有关采伐限额由省级人民政府审核后报国务院批准的规定,修改为采伐限额经征求国务院林业主管部门意见,报省级人民政府批准后公布实施,并报国务院备案。将审批权下放后,有利于地方结合本地实际科学编制采伐限额,压实地方责任。省级在编制采伐限额过程中,需要征求国务院林业主管部门意见,并报国务院备案,也有利于国家准确掌握森林资源消耗情况,提高监管效率。

链接《森林法实施条例》第28条

第五十五条 【森林、林木的采伐】采伐森林、林木应当遵守下列规定:

(一)公益林只能进行抚育、更新和低质低效林改造性质的采伐。但是,因科研或者实验、防治林业有害生物、建设护林防火设施、营造生物防火隔离带、遭受自然灾害等需要采伐的除外。

(二)商品林应当根据不同情况,采取不同采伐方式,严格控制皆伐面积,伐育同步规划实施。

(三)自然保护区的林木,禁止采伐。但是,因防治林业有害生物、森林防火、维护主要保护对象生存环境、遭受自然灾害等特殊情况必须采伐的和实验区的竹林除外。

省级以上人民政府林业主管部门应当根据前款规定,按照森林分类经营管理、保护优先、注重效率和效益等原则,制定相应的林木采伐技术规程。

注释 **公益林的采伐方式和条件**

本法规定公益林只能进行抚育、更新和低质低效林改造性质的采伐。这三种采伐方式的主要目的不是生产木材,而是维持与提高公益林的质量和生态保护功能,可以对公益林中的生态功能低下的疏林、残次林等低质低效林实施包括抚育、更新和低质低效林改造性质的采伐在内的森林经营措施。同时,根据科研、抢险救灾等特殊情况,还特别规定因科研或者实验、防治林业有害生物、建设护林防火设施、营造生物防火隔离带、遭受自然灾害等需要采伐公益林的,可以采取抚育、更新和低质低效林改造性质采伐以外的采伐方式。

商品林的采伐方式和条件

商品林由经营者自主经营,一般都在立地条件好的林地,采伐后的更新也更为容易。因此,2019年修改规定经营者可以根据不同情况自主选择采伐方式。不同情况,包括立地条件、经营目的、林分年龄、林分密度、林分健康状况等。采伐方式,包括主伐、抚育采伐、低产(效)林改造采伐、更新采伐和其他采伐方式,其中主伐又分为皆伐、渐伐和择伐。但商品林也承担着发挥生态功能的作用,其采伐不能绝对的无约束,应当严格控制皆伐面积,采伐和培育森林应当同步规划、同步实施,采伐之后应按规定及时完成更新造林。

自然保护区林木的采伐

自然保护区林木原则上禁止采伐。原森林法规定自然保护区森林禁止采伐,没有规定任何例外,在修改过程中,普遍认为自然保护区林木绝对禁止采伐的规定不符合客观需要。因此,2019年修订根据自然保护区建设和管理的实际需要,特别规定因防治林业有害生物、森林防火、维护主要保护对象生存环境、遭受自然灾害等特殊情况必须采伐自然保护区林木和采伐自然保护区实验区的竹林不受禁止采伐的限制。

链接《水土保持法》第22条;《防沙治沙法》第16条;《自然保护区条例》第26条

第五十六条 【采伐许可证】采伐林地上的林木应当申请采伐许可证,并按照采伐许可证的规定进行采伐;采伐自然保护区以外的竹林,不需要申请采伐许可证,但应当符合林木采伐技术规程。

农村居民采伐自留地和房前屋后个人所有的零星林木,不需要申请采伐许可证。

非林地上的农田防护林、防风固沙林、护路林、护岸护堤林和城镇林木等的更新采伐,由有关主管部门按照有关规定管理。

采挖移植林木按照采伐林木管理。具体办法由国务院林业主管部门制定。

禁止伪造、变造、买卖、租借采伐许可证。

注释 **调整采伐许可证核发范围**

原森林法规定,采伐林木必须申请采伐许可

证。2019年修订规定采伐林地上的林木应当申请采伐许可证,自然保护区以外的竹林不需要申请。非林地上的农田防护林、防风固沙林、护路林、护岸护堤林和城镇林木的采伐,由有关主管部门按照有关规定管理。需要注意的是,相关修改并不意味着削弱非林地上林木的保护管理,如护路林、护堤护岸林、城镇林木等的采伐还应当按照公路法、防洪法、城市绿化条例等规定进行管理。自留地和个人房前屋后不属于林地,按照第一款的规定,不再办理采伐许可证。在审议中,考虑到对林农的宣传,避免出现误解,因此在第二款又再次强调农村居民采伐自留地和房前屋后个人所有的零星林木,不办理采伐许可证。

采伐竹林的规定

根据森林法第八十三条第二项的规定,林木包括树木和竹子。采伐林地上的林木时,都需要申请采伐许可证。考虑到竹子独特的生物学特性,按照修订后的森林法,采伐竹林,不再需要办理采伐许可证。但由于自然保护区的重要生态地位,采伐位于自然保护区范围以内的竹林,仍需要申请办理采伐许可证。为了有序、规范自然保护区范围以外的竹林采伐,实现竹林的持续利用和保护生态,本款规定了自然保护区范围以外的竹林采伐,需要执行林木采伐技术规程的规定。

禁止伪造、变造、买卖、租借采伐许可证

采伐许可证应当由林权权利人申请并获得,禁止通过伪造、变造、买卖、租借等行为取得采伐许可证。为打击非法取得采伐许可证行为,本法第七十七条规定了上述非法取得采伐许可证行为的法律责任。

链接《防沙治沙法》第16条;《水土保持法》第22条;《防洪法》第25条;《森林法实施条例》第16条;《自然保护区条例》第26条

第五十七条 【采伐许可证的核发机关】采伐许可证由县级以上人民政府林业主管部门核发。

县级以上人民政府林业主管部门应当采取措施,方便申请人办理采伐许可证。

农村居民采伐自留山和个人承包集体林地上的林木,由县级人民政府林业主管部门或者其委托的乡镇人民政府核发采伐许可证。

注释 **林木采伐许可证的核发主体**

林木采伐许可证由所在地县级以上林业主管部门审核发放。按照实施条例的有关规定,审核发放林木采伐许可证的林业主管部门层级是:县属国有林场,由所在地的县级林业主管部门审核发放;省、自治区、直辖市和设区的市、自治州所属的国有林业企业事业单位、其他国有企业事业单位,由所在地的省、自治区、直辖市林业主管部门审核发放;重点林区的国有林业企业事业单位,由国务院林业主管部门核发。

农村居民采伐自留山和个人承包集体林地上林木采伐许可证

农村居民采伐自留地和房前屋后个人所有的零星林木,根据本法第五十六条第二款的规定是不需要申请林木采伐许可证的。但是农村居民采伐自留山和个人承包集体林地上的林木,则应当申请取得林木采伐许可证。农村居民采伐自留山和个人承包集体林地上的林木,在需要采伐时,由县级林业主管部门或者其委托的乡、镇人民政府依照有关规定审核发放采伐许可证。为了方便林农申请采伐许可证,鼓励县级林业和草原主管部门委托乡镇政府办理林农的采伐审批发证,有条件的地方可在村(组)一级设立林木采伐受理点。

链接《行政许可法》第24、33条

案例 秦家学滥伐林木刑事附带民事公益诉讼案(最高人民法院指导案例172号)

裁判规则:1. 人民法院确定被告人森林生态环境修复义务时,可以参考专家意见及林业规划设计单位、自然保护区主管部门等出具的专业意见,明确履行修复义务的树种、树龄、地点、数量、存活率及完成时间等具体要求。

2. 被告人自愿交纳保证金作为履行生态环境修复义务担保的,人民法院可以将该情形作为从轻量刑情节。

第五十八条 【采伐许可证的申请】申请采伐许可证,应当提交有关采伐的地点、林种、树种、面积、蓄积、方式、更新措施和林木权属等内容的材料。超过省级以上人民政府林业主管部门规定面积或者蓄积量的,还应当提交伐区调查设计材料。

链接《行政许可法》第31条;《森林法实施条例》第30条

第五十九条 【采伐许可证的核发要求】符合林木采伐技术规程的,审核发放采伐许可证的部门应当及时核发采伐许可证。但是,审核发放采伐许可证的部门不得超过年采伐限额发放采伐许可证。

注释 **限额发放采伐许可证**

根据第五十四条的规定,年采伐限额是年度采伐消耗林木的最高限,是采伐量的控制数。因此,本条规定,所发放的采伐许可证准许采伐林木的总量,不能超过批准的年森林采伐限额,防止随意发放林木采伐许可证,造成超限额采伐森林和林木。

链接《行政许可法》第33、34、37—39、42条

第六十条 【不核发采伐许可证的情形】有下列情形之一的,不得核发采伐许可证:

(一)采伐封山育林期、封山育林区内的林木;

(二)上年度采伐后未按照规定完成更新造林任务;

(三)上年度发生重大滥伐案件、森林火灾或者林业有害生物灾害,未采取预防和改进措施;

(四)法律法规和国务院林业主管部门规定的禁止采伐的其他情形。

链接《行政许可法》第38条;《森林法实施条例》第31条;《防沙治沙法》第16条;《种子法》第8条;《军事设施保护法实施办法》第16条

第六十一条 【更新造林义务】采伐林木的组织和个人应当按照有关规定完成更新造林。更新造林的面积不得少于采伐的面积,更新造林应当达到相关技术规程规定的标准。

链接《水土保持法》第22条;《森林采伐更新管理办法》第14条;《森林法实施条例》第42条

第六十二条 【林业信贷】国家通过贴息、林权收储担保补助等措施,鼓励和引导金融机构开展涉林抵押贷款、林农信用贷款等符合林业特点的信贷业务,扶持林权收储机构进行市场化收储担保。

链接《国务院办公厅关于完善集体林权制度的意见》

第六十三条 【森林保险】国家支持发展森林保险。县级以上人民政府依法对森林保险提供保险费补贴。

链接《国务院办公厅关于完善集体林权制度的意见》

第六十四条 【森林认证】林业经营者可以自愿申请森林认证,促进森林经营水平提高和可持续经营。

注释 根据本条的规定,林业经营者申请森林认证必须以自愿为前提,任何单位和个人不得强迫林业经营者进行认证,有关部门、地方和协会不得将认证作为取得有关审批、财政扶持等的前提条件,也不得通过区别化对待等不公平手段要求林业经营者进行认证。

链接《产品质量法》第14条;《认证认可条例》第19条

第六十五条 【木材流通的可追溯】木材经营加工企业应当建立原料和产品出入库台账。任何单位和个人不得收购、加工、运输明知是盗伐、滥伐等非法来源的林木。

链接《刑法》第345条;《森林法实施条例》第34条;《最高人民法院关于审理破坏森林资源刑事案件具体应用法律若干问题的解释》第10、11条

第七章 监督检查

第六十六条 【监督检查】县级以上人民政府林业主管部门依照本法规定,对森林资源的保护、修复、利用、更新等进行监督检查,依法查处破坏森林资源等违法行为。

案例 云南省剑川县人民检察院诉剑川县森林公安局怠于履行法定职责环境行政公益诉讼案(最高人民法院指导案例137号)

裁判规则:环境行政公益诉讼中,人民法院应当以相对人的违法行为是否得到有效制止,行政机关是否充分、及时、有效采取法定监管措施,以及国家利益或者社会公共利益是否得到有效保护,作为审查行政机关是否履行法定职责的标准。

第六十七条 【监督检查措施】县级以上人民政府林业主管部门履行森林资源保护监督检查职责,有权采取下列措施:

(一)进入生产经营场所进行现场检查;

(二)查阅、复制有关文件、资料,对可能被转移、销毁、隐匿或者篡改的文件、资料予以封存;

(三)查封、扣押有证据证明来源非法的林木以及从事破坏森林资源活动的工具、设备或者财物;

(四)查封与破坏森林资源活动有关的场所。

省级以上人民政府林业主管部门对森林资源保护发展工作不力、问题突出、群众反映强烈的地区,可以约谈所在地区县级以上地方人民政府及其有关部门主要负责人,要求其采取措施及时整

改。约谈整改情况应当向社会公开。

链接《行政强制法》第9、17—28条

第六十八条 【森林资源损害赔偿】破坏森林资源造成生态环境损害的，县级以上人民政府自然资源主管部门、林业主管部门可以依法向人民法院提起诉讼，对侵权人提出损害赔偿要求。

注释 **县级以上人民政府自然资源主管部门、林业主管部门可以依法提起损害赔偿诉讼**

有的破坏森林资源的行为，既可能给集体经济组织或者个人的森林、林地、林木的所有权或者使用权造成损害，也可能使生态环境遭受破坏，给国家造成损害。对于这种行为，有关集体经济组织或者个人可以作为森林、林地、林木所有权人或者使用权人提起损害赔偿诉讼，县级以上人民政府自然资源主管部门、林业主管部门也可以根据本条的规定提起损害赔偿诉讼，但是应当充分考虑违法行为的破坏程度和责任人的承担能力，维护好集体和个人合法的财产权益。

赔偿范围和责任

民法典第一千二百三十四条规定，违反国家规定造成生态环境损害，生态环境能够修复的，国家规定的机关或者法律规定的组织有权请求侵权人在合理期限内承担修复责任。侵权人在期限内未修复的，国家规定的机关或者法律规定的组织可以自行或者委托他人进行修复，所需费用由侵权人负担。第一千二百三十五条规定，违反国家规定造成生态环境损害的，国家规定的机关或者法律规定的组织有权请求侵权人赔偿下列损失和费用：（一）生态环境修复期间服务功能丧失导致的损失；（二）生态环境功能永久性损害造成的损失；（三）生态环境损害调查、鉴定评估等费用；（四）清除污染、修复生态环境费用；（五）防止损害的发生和扩大所支出的合理费用。

有关司法解释也作了相关规定，最高人民法院已出台了《关于审理环境侵权责任纠纷案件适用法律若干问题的解释》《关于审理环境民事公益诉讼案件适用法律若干问题的解释》《关于审理海洋自然资源与生态环境损害赔偿纠纷案件若干问题的规定》等司法解释，对环境资源损害赔偿诉讼作出具体规定。

链接《民法典》第1235条；《环境保护法》第58条

第六十九条 【审计监督】审计机关按照国家有关规定对国有森林资源资产进行审计监督。

第八章 法律责任

第七十条 【国家机关未依法履职的法律责任】县级以上人民政府林业主管部门或者其他有关国家机关未依照本法规定履行职责的，对直接负责的主管人员和其他直接责任人员依法给予处分。

依照本法规定应当作出行政处罚决定而未作出的，上级主管部门有权责令下级主管部门作出行政处罚决定或者直接给予行政处罚。

链接《公务员法》第62条；《行政处罚法》第76—79条；《行政许可法》第72—75条；《行政强制法》第61—67条；《公职人员政务处分法》；本法第35、66、82条

第七十一条 【侵害森林、林木、林地所有者或使用者权益的法律责任】违反本法规定，侵害森林、林木、林地的所有者或者使用者的合法权益的，依法承担侵权责任。

注释 侵权责任，是指行为人实施侵权行为应承担的法律后果。本法第十五条第二款规定，森林、林木、林地的所有者和使用者的合法权益受法律保护，任何组织和个人不得侵犯。因此，任何单位或者个人侵害森林、林木、林地的所有者或使用者的合法权益的，应当依法承担侵权责任。考虑到其他法律，特别是《民法典》第七编"侵权责任"已经对侵权责任的归责原则、免责事由、承担方式等作了明确规定，本法没有必要再重复规定，只是作了衔接性规定。

链接《民法典》第1229条；《农业法》第67条；《行政强制法》第68条

第七十二条 【国有林业企业事业单位未编制森林经营方案等的法律责任】违反本法规定，国有林业企业事业单位未履行保护培育森林资源义务、未编制森林经营方案或者未按照批准的森林经营方案开展森林经营活动的，由县级以上人民政府林业主管部门责令限期改正，对直接负责的主管人员和其他直接责任人员依法给予处分。

第七十三条 【擅自改变林地用途和占用林地的法律责任】违反本法规定，未经县级以上人民政府林业主管部门审核同意，擅自改变林地用途的，由县级以上人民政府林业主管部门责令限期恢复植被和林业生产条件，可以处恢复植被和林业生产条件所需费用三倍以下的罚款。

虽经县级以上人民政府林业主管部门审核同意,但未办理建设用地审批手续擅自占用林地的,依照《中华人民共和国土地管理法》的有关规定处罚。

在临时使用的林地上修建永久性建筑物,或者临时使用林地期满后一年内未恢复植被或者林业生产条件的,依照本条第一款规定处罚。

注释 **擅自改变林地用途的违法情形**

本法第三十七条第一款规定:“矿藏勘查、开采以及其他各类工程建设,应当不占或者少占林地;确需占用林地的,应当经县级以上人民政府林业主管部门审核同意,依法办理建设用地审批手续。”典型的违法情形有:(1)有关单位和个人未向林业主管部门提交使用林地申请即擅自使用林地的行为;(2)当事人向林业主管部门申请使用林地,在林业主管部门审核过程中,擅自使用林地的行为,包括需要分别向不同行政区划林业主管部门提出申请,部分完成审核,部分未完成审核,擅自使用林地的行为;(3)当事人向林业主管部门申请使用林地,经林业主管部门审核后未同意,仍然擅自使用林地的行为。

未办理建设用地审批手续擅自占用林地

(一)矿藏勘查、开采以及其他各类工程建设,经县级以上人民政府林业主管部门审核同意,但未办理建设用地审批手续擅自占用林地的违法情形

国家实行土地用途管制制度,严格限制农用地转为建设用地,本法第三十七条规定:“矿藏勘查、开采以及其他各类工程建设,应当不占或者少占林地;确需占用林地的,应当经县级以上人民政府林业主管部门审核同意,依法办理建设用地审批手续。”按照这一规定,工程建设占用林地需先经林业主管部门审核,审核同意后还需要依法办理建设用地审批手续,未办理建设用地审批手续或者自然资源主管部门对行为人的申请未予批准,便开展矿藏勘查、开采以及其他各类工程建设活动的,即构成本条规定的违法行为。需要注意的是,本条规定存在例外情形,如因抢险救灾等急需使用林地的建设项目,

(二)在林地上修筑直接为林业生产经营服务的工程设施超出标准,未办理建设用地审批手续的情形

本法第五十二条规定:“在林地上修筑直接为林业生产经营服务的工程设施,符合国家有关部门规定的标准的,由县级以上人民政府林业主管部门批准,不需要办理建设用地审批手续;超出标准需要占用林地的,应当依法办理建设用地审批手续。”未办理建设用地审批手续,在林地上修筑直接为林业生产经营服务的工程设施超出国家有关部门规定的标准,即构成本条规定的违法行为。另外,《建设项目使用林地审核审批管理办法》第十五条规定,建设项目需要使用林地的,用地单位或者个人应当一次申请;严禁化整为零、规避林地使用审核审批。对违反国家规定,化整为零、规避审批的行为,依法应予处罚。

此外,对于上述两种违法情形,根据土地管理法第七十七条第二款的规定,超过批准的数量占用土地,多占的土地以非法占用土地论处。因而,建设单位或者个人超出批准数量擅自占用林地的行为,也构成本条规定的违法行为。

违法临时使用林地的情形

本法第三十八条规定,不得在临时使用的林地上修建永久性建筑物。临时使用林地期满后一年内,用地单位或者个人应当恢复植被和林业生产条件。据此,本条第三款规定的违法行为包括两种情形:一是,在临时使用的林地上修建永久性建筑物,即构成违法,就应当承担本款规定的法律责任。二是,临时使用林地期满后一年内未恢复植被或者林业生产条件,包括恢复植被或者林业生产条件不符合国家有关规定的行为。

链接《土地管理法》第76条;《森林法实施条例》第43条;《土地管理法实施条例》第42条

第七十四条 【毁坏林木、林地的法律责任】违反本法规定,进行开垦、采石、采砂、采土或者其他活动,造成林木毁坏的,由县级以上人民政府林业主管部门责令停止违法行为,限期在原地或者异地补种毁坏株数一倍以上三倍以下的树木,可以处毁坏林木价值五倍以下的罚款;造成林地毁坏的,由县级以上人民政府林业主管部门责令停止违法行为,限期恢复植被和林业生产条件,可以处恢复植被和林业生产条件所需费用三倍以下的罚款。

违反本法规定,在幼林地砍柴、毁苗、放牧造成林木毁坏的,由县级以上人民政府林业主管部门责令停止违法行为,限期在原地或者异地补种毁坏株数一倍以上三倍以下的树木。

向林地排放重金属或者其他有毒有害物质含量超标的污水、污泥,以及可能造成林地污染的清

淤底泥、尾矿、矿渣等的，依照《中华人民共和国土壤污染防治法》的有关规定处罚。

注释 **造成林木毁坏的违法情形**

1. 非法毁林开垦、采石、采砂、采土以及其他活动，毁坏林木的行为。在实际中，未经林业主管部门的批准，非法进行开垦、采石、采砂、采土、采种、采脂等活动，毁坏林木的现象比较普遍，这些行为所采取的手段多种多样，如有挖倒树木、砍下树梢取种、环剥取脂等方式，造成的危害和损失并不亚于盗伐、滥伐林木，对森林资源危害较大。本条规定对这类毁林行为要给予处罚，所谓"毁坏"行为，按照《国家林业局关于如何适用〈森林法实施条例〉第四十一条第一款有关规定的函》（林函策字〔2003〕109号）的解释，是指致使林木不能正常生长或者造成林木死亡等情形。非法开展上述活动，造成林木毁坏的，即构成本条的违法行为。

2. 在幼林地砍柴、毁苗、放牧的行为。本法第三十九条第三款规定："禁止在幼林地砍柴、毁苗、放牧。"第四十六条规定："新造幼林地和其他应当封山育林的地方，由当地人民政府组织封山育林。"本法对幼林地给予保护，禁止在幼林地开展砍柴、毁苗、放牧行为。违反本法规定，从事上述行为的，依法应予惩处。

造成林地毁坏的违法情形

本条打击的对象是非法开垦、采石、采砂、采土或其他活动毁坏林地的行为，其适用范围限定为"非法活动"，并非绝对地禁止所有可能造成林木、林地毁坏的开垦、采石、采砂、采土以及其他活动。如果符合有关法律规定的条件，经过法定程序来实施，虽然客观上导致了破坏林地的后果，但并不构成违法行为。如根据防洪法第四十五条的规定，在紧急防汛期，防汛指挥机构根据防汛抗洪的需要，有权在其管辖范围内决定采取取土占地等必要的紧急措施。

向林地排污的情形

任何单位和个人向林地排放以下三类物质，即构成违法：一是重金属或者其他有毒有害物质含量超标的污水；二是重金属或者其他有毒有害物质含量超标的污泥；三是可能造成土壤污染的清淤底泥、尾矿、矿渣等。其中，前两项的污水、污泥要求"重金属或者其他有毒有害物质含量超标"，排放可能造成土壤污染的清淤底泥、尾矿、矿渣等则没有某种物质超标的要求。

链接《土地管理法》第82条；《土壤污染防治法》第87条；《森林法实施条例》第45条；《刑法》第338、339、342条；《最高人民法院、最高人民检察院关于办理环境污染刑事案件适用法律若干问题的解释》第3条

案例 **铜仁市万山区人民检察院诉铜仁市万山区林业局不履行林业行政管理职责行政公益诉讼案**（最高人民法院指导性案例211号）

裁判规则：1. 违法行为人的同一行为既违反行政法应受行政处罚，又触犯刑法应受刑罚处罚的情形下，行政机关在将案件移送公安机关时不应因案件移送而撤销已经作出的行政处罚。对刑事判决未涉及的行政处罚事项，行政机关在刑事判决生效后作出行政处罚决定的，人民法院应予支持。

2. 违法行为人在刑事判决中未承担生态环境修复责任的，林业等行政主管部门应当及时责令其依法履行修复义务，若违法行为人不履行或者不完全履行时应组织代为履行。林业等行政主管部门未履行法定生态修复监督管理职责，行政公益诉讼起诉人请求其依法履职的，人民法院应予支持。

3. 特殊功能区生态环境被破坏，原则上应当原地修复。修复义务人或者代履行人主张异地修复，但不能证明原地修复已不可能或者没有必要的，人民法院不予支持。

第七十五条　【擅自移动或毁坏森林保护标志的法律责任】违反本法规定，擅自移动或者毁坏森林保护标志的，由县级以上人民政府林业主管部门恢复森林保护标志，所需费用由违法者承担。

注释 森林保护标志，是指在森林和森林边缘地区，为了进行调查区划、确定权属、保护森林资源等的需要而设立的固定标志。

违法行为人擅自移动或者毁坏森林保护标志的，由县级以上人民政府林业主管部门恢复森林保护标志，删除了森林法实施条例第四十五条中"责令限期恢复原状"的内容。同时规定，恢复森林保护标志所花费的费用由违法行为人承担，让违法行为人以承担有关费用的方式承担相应的法律责任。

链接《森林法实施条例》第45条；《野生植物保护条例》第11条；《森林防火条例》第52条

第七十六条　【盗伐、滥伐林木的法律责任】盗伐林木的，由县级以上人民政府林业主管部门责令限期在原地或者异地补种盗伐株数一倍以上五倍以下的树木，并处盗伐林木价值五倍以上十

倍以下的罚款。

滥伐林木的，由县级以上人民政府林业主管部门责令限期在原地或者异地补种滥伐株数一倍以上三倍以下的树木，可以处滥伐林木价值三倍以上五倍以下的罚款。

注释 盗伐林木是指砍伐他人所有林木的行为，采伐本单位或者本人所有的林木不构成盗伐的行为。根据本法第十五条的规定，林地和林地上的森林、林木的所有权、使用权，由不动产登记机构统一登记造册，核发证书。实践中，可以根据不动产登记证书确定林木的权属，判断砍伐林木的行为是否属于盗伐。对于盗伐林木的，由县级以上人民政府林业主管部门责令行为人在限期内补种盗伐株数一倍以上五倍以下的树木，并且要处以盗伐林木价值五倍以上十倍以下罚款。

滥伐指的是未经林业主管部门批准并核发采伐许可证，或者虽持有采伐许可证，但违反采伐许可证规定的时间、数量、树种或者方式，任意采伐本单位所有或者本人所有林木的行为。采伐林木首先应当取得采伐许可证，其次应当按照采伐许可证的规定进行采伐。采伐许可证的内容包括采伐的地点、面积、蓄积、树种、方式、期限和完成更新造林的时间等。超出采伐许可证载明的地点、时间或使用采伐许可证规定的方式以外的方式采伐等行为，都属于滥伐行为。对于滥伐林木的，由县级以上人民政府林业主管部门责令行为人在限期内补种滥伐株数一倍以上三倍以下的树木，可以处滥伐林木价值三倍以上五倍以下的罚款，也可以视情节仅责令补种，不处以罚款。

在处理盗伐、滥伐林木案件时，需要注意以下几个方面的问题：一是农村居民采伐自留地和房前屋后个人所有的零星林木，不需要申请采伐许可证。因此，农村居民采伐自留地和房前屋后个人所有的零星林木的，不构成盗伐或者滥伐行为；但是，采伐他人自留地和房前屋后的零星林木的，是盗窃行为，按照治安管理处罚法、刑法的有关规定处理。二是采伐许可证的发放范围是采伐林地上的林木，更新采伐非林地上的农田防护林、防风固沙林、护路林、护岸护堤林和城镇林木的，按照有关主管部门的规定进行，违反有关主管部门的规定进行采伐的，也可能构成盗伐或者滥伐行为。三是刑法第三百四十五条规定了盗伐林木罪、滥伐林木罪，违反本条规定，盗伐、滥伐林木数量较大的，应当依照刑法追究刑事责任。

实务问答 **1. 盗伐林木“数量较大”“数量巨大”“数量特别巨大”如何确定**

盗伐林木“数量较大”，以二至五立方米或者幼树一百至二百株为起点；盗伐林木“数量巨大”，以二十至五十立方米或者幼树一千至二千株为起点；盗伐林木“数量特别巨大”，以一百至二百立方米或者幼树五千至一万株为起点。

2. 滥伐林木“数量较大”“数量巨大”如何确定

滥伐林木“数量较大”，以十至二十立方米或者幼树五百至一千株为起点；滥伐林木“数量巨大”，以五十至一百立方米或者幼树二千五百至五千株为起点。

链接《森林法实施条例》第38条；《森林采伐更新管理办法》第20条

第七十七条 【伪造、变造、买卖、租借采伐许可证的法律责任】违反本法规定，伪造、变造、买卖、租借采伐许可证的，由县级以上人民政府林业主管部门没收证件和违法所得，并处违法所得一倍以上三倍以下的罚款；没有违法所得的，可以处二万元以下的罚款。

注释 伪造、变造、买卖、租借采伐许可证有以下特征：一是行为人在主观上属于故意，至于行为人出于何种动机不影响违法行为的成立，行为人是否以营利为目的也不影响违法行为的成立。二是行为人在客观上实施了伪造、变造、买卖、租借采伐许可证的行为。本条规定的“伪造”，是指没有制作权的人，冒用名义，非法制作采伐许可证的行为；“变造”，是指用涂改、擦消、拼接等方法，对真实的采伐许可证进行改制，变更其原来真实内容的行为；“买卖”，是指非法购买或者出售采伐许可证的行为；“租借”，是指出租采伐许可证或者将采伐许可证借给他人使用的行为。本条规定的以上几种妨害采伐许可证管理的行为，行为人可能只实施其中一种，也可能实施几种，行为人只要实施了上述行为之一就构成本条规定的违法行为。

需要说明的是，本条规定的是伪造、变造、买卖、租借采伐许可证的行政处罚。采伐许可证是有权机关颁发的制式证书，伪造、变造、买卖、租借采伐许可证的行为还可能妨害国家机关公文、证件、印章的管理秩序，触犯刑法，构成刑法第二百八十条规定的伪造、变造、买卖国家机关的公文、证件、印章罪，处三年以下有期徒刑、拘役、管制或者剥夺政治权利,并处罚金;情节严重的,处三年以上十年以下有期徒刑,并处罚金。还需要说明的是,对买卖、租借采伐许可证的行为,林业主管部门在实施处罚时,对买方、卖方、出租方和承租方都应当依照本法进行处罚。

链接《治安管理处罚法》第52条;《刑法》第280条

第七十八条 【收购、加工、运输非法来源林木的法律责任】违反本法规定,收购、加工、运输明知是盗伐、滥伐等非法来源的林木的,由县级以上人民政府林业主管部门责令停止违法行为,没收违法收购、加工、运输的林木或者变卖所得,可以处违法收购、加工、运输林木价款三倍以下的罚款。

注释 构成本条规定的违法行为,违法行为人在主观上应当是故意的,明知其收购、加工、运输的林木是属于盗伐、滥伐等非法来源的。《最高人民法院关于审理破坏森林资源刑事案件具体应用法律若干问题的解释》中规定,刑法第三百四十五条规定的"非法收购明知是盗伐、滥伐的林木"中的"明知"是指知道或者应当知道。具有下列情形之一的,可以视为应当知道,但是有证据证明确属被蒙骗的除外:(一)在非法的木材交易场所或者销售单位收购木材的;(二)收购以明显低于市场价格出售的木材的;(三)收购违反规定出售的木材的。参照这一界定,这里的"明知"也应当具备上述特征或与这些特征相类似的判断标准,尽管行为人有可能不确切知道林木的具体来源,但是结合交易场所、交易价款、交易习惯等因素,一般能够判断林木的来源是否合法。对于虽然辩称并不明知林木系非法来源的,但是从客观的交易过程来看,以明显低于市场价格收购木材、在合法交易场所以外收购木材、加工没有采伐许可证的木材等的情形,行为人又不能提供其他合理证明的,可以判断为行为人明知是非法来源的林木而收购、加工、运输。

需要说明的是,本法第八十二条对刑事责任统一进行了规定,违反本条规定的行为,情节严重的,还可能构成刑法第三百四十五条规定的非法收购、运输盗伐、滥伐的林木罪。根据《最高人民法院关于审理破坏森林资源刑事案件具体应用法律若干问题的解释》的规定,具有下列情形之一的,属于在林区非法收购盗伐、滥伐的林木"情节严重":(一)非法收购盗伐、滥伐的林木二十立方米以上或者幼树一千株以上的;(二)非法收购盗伐、滥伐的珍贵树木二立方米以上或者五株以上的;(三)其他情节严重的情形。

链接《森林法实施条例》第40条;《刑法》第345条;《最高人民法院关于审理破坏森林资源刑事案件具体应用法律若干问题的解释》第11条

第七十九条 【未完成更新造林任务的法律责任】违反本法规定,未完成更新造林任务的,由县级以上人民政府林业主管部门责令限期完成;逾期未完成的,可以处未完成造林任务所需费用二倍以下的罚款;对直接负责的主管人员和其他直接责任人员,依法给予处分。

注释 未完成更新造林任务的行为,主要包括以下几种情形:

1. 更新造林的面积少于采伐的面积的。采伐林木的组织和个人进行更新造林的面积,

2. 更新造林未达到相关技术规程规定的标准的。目前造林技术方面的国家标准只有推荐性标准,即2016年6月发布,2017年1月1日起开始施行的《造林技术规程(GBT15776—2016)》。

3. 未按照林木采伐许可证的要求更新造林的。目前,县级以上人民政府林业主管部门核发的采伐许可证上,一般会注明更新期限、更新面积,以及备注的要求等,采伐林木的组织和个人更新造林不符合采伐许可证上注明的具体要求的,也属于未完成更新造林任务的行为。

4. 其他未按照有关法规、规章和规范性文件的要求更新造林的。

链接《森林法实施条例》第42条;《森林采伐更新管理办法》第14—16条

第八十条 【拒绝、阻碍监督检查的法律责任】违反本法规定,拒绝、阻碍县级以上人民政府林业主管部门依法实施监督检查的,可以处五万元以下的罚款,情节严重的,可以责令停产停业整顿。

注释 根据本法第六十六条、第六十七条的规定以及本条的规定,拒绝、阻碍县级以上人民政府林业主管部门依法实施监督检查的行为,主要包括以下几种情形:

1. 拒绝、阻碍执法机关进入生产经营场所进行现场检查的。

2. 拒绝、阻碍执法机关查阅、复制有关文件、资料,转移、销毁、隐匿或者篡改有关文件、资料,以及拒绝、阻碍执法机关对有关文件、资料予以封存的。

3. 拒绝、阻碍执法机关查封、扣押有证据证明来源非法的林木以及从事破坏森林资源活动的工具、设备或者财物的。

4. 拒绝、阻碍执法机关查封与破坏森林资源活动有关的场所的。

5. 拒绝、阻碍省级以上人民政府林业主管部门依法对县级以上地方人民政府及其有关部门主要负责人进行约谈,或者被约谈方不按约谈时提出的整改要求及时整改的。

6. 其他拒绝、阻碍执法机关依法对森林资源的保护、修复、利用、更新等进行监督检查的行为,如依法进行询问、检验检测、要求限期提供有关材料、要求限期履行有关义务等。

需要强调的是,上述监督检查的行为,必须是依照法律、行政法规等规定实施的行为。对于不符合法律、行政法规等规定的程序、条件和要求的监督检查行为,相对人有权予以拒绝,这种拒绝行为是正当的,不属于本条调整的范围。

链接《治安管理处罚法》第 50 条;《刑法》第 277 条

第八十一条 【代为履行】违反本法规定,有下列情形之一的,由县级以上人民政府林业主管部门依法组织代为履行,代为履行所需费用由违法者承担:

(一)拒不恢复植被和林业生产条件,或者恢复植被和林业生产条件不符合国家有关规定;

(二)拒不补种树木,或者补种不符合国家有关规定。

恢复植被和林业生产条件、树木补种的标准,由省级以上人民政府林业主管部门制定。

注释 代为履行,又叫代履行,是行政强制执行的方式之一,一般是指行政强制执行机关或者第三人代替义务人履行法定义务,并向义务人征收必要费用的强制执行措施。根据行政强制法第五十条的规定,行政机关依法作出要求当事人履行排除妨碍、恢复原状等义务的行政决定,当事人逾期不履行,经催告仍不履行,其后果已经或者将危害交通安全、造成环境污染或者破坏自然资源的,行政机关可以代履行,或者委托没有利害关系的第三人代履行。需要说明的是,为恢复植被和林业生产条件,有时需要对地上的违法建筑物、构筑物、设施等进行强制拆除。按照行政强制法第四十四条和第五十三条的规定,强制拆除的情形有两种:行政机关自行强制执行和申请法院强制拆除。有的法律规定由行政机关申请法院执行,有的规定由行政机关强制执行,如果法律没有明确规定由行政机关自行强制拆除的,行政机关应当申请法院强制拆除。现行法律中没有赋予林业主管部门强制拆除的权力,因此,对于地上的建筑物等,应当申请法院强制拆除。

链接《行政强制法》第 50、51 条

第八十二条 【公安机关的行政处罚权】公安机关按照国家有关规定,可以依法行使本法第七十四条第一款、第七十六条、第七十七条、第七十八条规定的行政处罚权。

违反本法规定,构成违反治安管理行为的,依法给予治安管理处罚;构成犯罪的,依法追究刑事责任。

注释 **公安机关可以依法行使部分林业行政处罚权**

1. 对违反本法规定,进行开垦、采石、采砂、采土或者其他活动,造成林木毁坏的,公安机关可以责令停止违法行为,限期在原地或者异地补种毁坏株数一倍以上三倍以下的树木,可以处毁坏林木价值五倍以下的罚款;造成林地毁坏的,公安机关可以责令停止违法行为,限期恢复植被和林业生产条件,可以处恢复植被和林业生产条件所需费用三倍以下的罚款。

2. 对盗伐林木的,公安机关可以责令限期在原地或者异地补种盗伐株数一倍以上五倍以下的树木,并处盗伐林木价值五倍以上十倍以下的罚款。对滥伐林木的,公安机关可以责令限期在原地或者异地补种滥伐株数一倍以上三倍以下的树木,可以处滥伐林木价值三倍以上五倍以下的罚款。

3. 对违反本法规定,伪造、变造、买卖、租借采伐许可证的,公安机关可以没收证件和违法所得,并处违法所得一倍以上三倍以下的罚款;没有违法所得的,可以处二万元以下的罚款。

4. 对违反本法规定,收购、加工、运输明知是盗伐、滥伐等非法来源的林木的,公安机关可以责令停止违法行为,没收违法收购、加工、运输的林木或者变卖所得,可以处违法收购、加工、运输林木价款三倍以下的罚款。

需要说明的是,根据本条规定,公安机关"可以"行使本法规定的林业行政执法权,而不是相关的林业行政处罚权必须由公安机关行使。如果地方林草部门自身的执法力量能够承担起行政执法任务,也可以不由公安机关行使本条第一款的规定。在具体实践中,应当按照国家有关规定并结合地方实际情况来实施。

治安管理处罚

根据本条第二款的规定,违反本法规定,构成违反治安管理行为的,依法给予治安管理处罚。一般来讲,治安管理处罚是一种特殊的行政处罚,是指公安机关依照治安管理处罚法的规定,对扰乱公共秩序,妨害公共安全,侵犯人身权利、财产权利,妨害社会管理,具有社会危害性,尚不够刑事处罚的违法行为所实施的处罚。行为人违反森林法的规定实施的行为,构成违反治安管理行为的,应当适用治安管理处罚法,由公安机关依法给予治安管理处罚。治安管理处罚的种类分为:(1)警告;(2)罚款;(3)行政拘留;(4)吊销公安机关发放的许可证。对违反治安管理的外国人,可以附加适用限期出境或者驱逐出境。本法中涉及治安管理处罚的情形主要包括:

1. 拒绝、阻碍县级以上人民政府林业主管部门依法实施监督检查的。根据治安管理处罚法第五十条的规定,阻碍国家机关工作人员依法执行职务的,处警告或者二百元以下罚款;情节严重的,处五日以上十日以下拘留,可以并处五百元以下罚款。当事人如果阻碍了县级以上人民政府林业主管部门的工作人员依法执行职务,但没有采取暴力、威胁方法,尚不构成刑法第二百七十七条规定的妨害公务罪的,可以适用治安管理处罚法第五十条的规定对行为人进行治安管理处罚。

2. 伪造、变造或者买卖林木采伐许可证的,以及买卖或者使用伪造、变造的林木采伐许可证的。根据治安管理处罚法第五十二条的规定,伪造、变造或者买卖国家机关、人民团体、企业、事业单位或者其他组织的公文、证件、证明文件、印章的,以及买卖或者使用伪造、变造的国家机关、人民团体、企业、事业单位或者其他组织的公文、证件、证明文件的,处十日以上十五日以下拘留,可以并处一千元以下罚款;情节较轻的,处五日以上十日以下拘留,可以并处五百元以下罚款。当事人如果实施了上述行为,但尚不构成刑法第二百八十条规定的伪造、变造、买卖国家机关公文、证件、印章罪的,可以适用治安管理处罚法第五十二条的规定对行为人进行治安管理处罚。

3. 盗伐林木的,开垦、采石、采砂、采土或者其他活动造成林木或者林地毁坏的。根据治安管理处罚法第四十九条的规定,盗窃、诈骗、哄抢、抢夺、敲诈勒索或者故意损毁公私财物的,处五日以上十日以下拘留,可以并处五百元以下罚款;情节较重的,处十日以上十五日以下拘留,可以并处一千元以下罚款。当事人如果实施了上述行为,但尚不构成刑法第三百四十五条规定的盗伐林木罪,或者刑法第二百七十五条规定的故意毁坏公私财物罪的,可以适用治安管理处罚法第四十九条的规定对行为人进行治安管理处罚。

刑事责任

根据本条第二款的规定,违反本法规定,构成犯罪的,依法追究刑事责任。刑事法律责任是指因违反刑事法律而应当承担的法定的不利后果。行为人违反刑事法律的行为必须具备犯罪的构成要件才承担刑事法律责任。

1. 开垦、采石、采砂、采土或者其他活动故意造成林木或者林地毁坏的,以及故意毁坏林业基础设施,数额较大或者有其他严重情节的。根据刑法第二百七十五条的规定,故意毁坏公私财物,数额较大或者有其他严重情节的,处三年以下有期徒刑、拘役或者罚金;数额巨大或者有其他特别严重情节的,处三年以上七年以下有期徒刑。据此,故意毁坏森林、林木、林地以及林业基础设施等公私财物的,应当适用刑法第二百七十五条的规定追究当事人的刑事责任。

2. 以暴力、威胁方法阻碍县级以上人民政府林业主管部门依法实施监督检查的。根据刑法第二百七十七条的规定,以暴力、威胁方法阻碍国家机关工作人员依法执行职务的,构成妨害公务罪,处三年以下有期徒刑、拘役、管制或者罚金。如果当事人在拒绝、阻碍县级以上人民政府林业主管部门依法实施监督检查时,采取了暴力、威胁方法,即属于构成妨害公务罪的行为,应当适用刑法第二百七十七条的规定追究当事人的刑事责任。

3. 伪造、变造、买卖林木采伐许可证的。林木采伐许可证属于国家公文,盖有国家机关印章,根据刑法第二百八十条的规定,伪造、变造、买卖或者盗窃、抢夺、毁灭国家机关的公文、证件、印章的,处三年以下有期徒刑、拘役、管制或者剥夺政治权利;情节严重的,处三年以上十年以下有期徒刑。

4. 向林地排放重金属或者其他有毒有害物质含量超标的污水、污泥,以及可能造成林地污染的清淤底泥、尾矿、矿渣等,造成重大环境污染事故,致使公私财产遭受重大损失或者人身伤亡的严重后果的。根据刑法第三百三十八条的规定,违反国家规定,向土地、水体、大气排放、倾倒或者处置有放射性的废物、含传染病病原体的废物、有毒物质或者其他危险废物,造成重大环境污染事故,致使公私财产遭受重大损失或者人身伤亡的严重后果的,处三年以下有期徒刑或者拘役,并处或者单处罚金;后果特别严重的,处三年以上七年以下有期徒刑,并处罚金。此外,根据刑法第三百四十六条的规定,单位犯刑法第三百三十八条规定之罪的,对单位判处罚金,并对其直接负责的主管人员和其他直接责任人员,依照该条的规定处罚。

5. 非法占用林地,改变林地用途,数量较大,造成林地大量毁坏的。根据刑法第三百四十二条的规定,违反土地管理法规,非法占用耕地、林地等农用地,改变被占用土地用途,数量较大,造成耕地、林地等农用地大量毁坏的,处五年以下有期徒刑或者拘役,并处或者单处罚金。根据全国人大常委会的有关法律解释,刑法该条中的"违反土地管理法规",是指违反土地管理法、森林法、草原法等法律以及有关行政法规中关于土地管理的规定。此外,根据刑法第三百四十六条的规定,单位犯刑法第三百四十二条规定之罪的,对单位判处罚金,并对其直接负责的主管人员和其他直接责任人员,依照该条的规定处罚。

6. 毁坏古树名木和珍贵树木的。根据刑法第三百四十四条的规定,违反国家规定,非法采伐、毁坏珍贵树木或者国家重点保护的其他植物的,或者非法收购、运输、加工、出售珍贵树木或者国家重点保护的其他植物及其制品的,处三年以下有期徒刑、拘役或者管制,并处罚金;情节严重的,处三年以上七年以下有期徒刑,并处罚金。此外,根据刑法第三百四十六条的规定,单位犯刑法第三百四十四条规定之罪的,对单位判处罚金,并对其直接负责的主管人员和其他直接责任人员,依照该条的规定处罚。

7. 盗伐、滥伐森林或者其他林木,数量较大或者巨大的,以及非法收购、运输明知是盗伐、滥伐的林木,情节严重的。根据刑法第三百四十五条的规定,盗伐森林或者其他林木,数量较大的,处三年以下有期徒刑、拘役或者管制,并处或者单处罚金;数量巨大的,处三年以上七年以下有期徒刑,并处罚金;数量特别巨大的,处七年以上有期徒刑,并处罚金。违反森林法的规定,滥伐森林或者其他林木,数量较大的,处三年以下有期徒刑、拘役或者管制,并处或者单处罚金;数量巨大的,处三年以上七年以下有期徒刑,并处罚金。非法收购、运输明知是盗伐、滥伐的林木,情节严重的,处三年以下有期徒刑、拘役或者管制,并处或者单处罚金;情节特别严重的,处三年以上七年以下有期徒刑,并处罚金。盗伐、滥伐国家级自然保护区内的森林或者其他林木的,从重处罚。此外,根据刑法第三百四十六条的规定,单位犯刑法第三百四十五条规定之罪的,对单位判处罚金,并对其直接负责的主管人员和其他直接责任人员,依照该条的规定处罚。

8. 林业主管部门以及其他有关部门工作人员滥用职权、玩忽职守或者徇私舞弊,致使公共财产、国家和人民利益遭受重大损失的。根据刑法第三百九十七条的规定,国家机关工作人员滥用职权或者玩忽职守,致使公共财产、国家和人民利益遭受重大损失的,处三年以下有期徒刑或者拘役;情节特别严重的,处三年以上七年以下有期徒刑。本法另有规定的,依照规定。国家机关工作人员徇私舞弊,犯前款罪的,处五年以下有期徒刑或者拘役;情节特别严重的,处五年以上十年以下有期徒刑。本法另有规定的,依照规定。据此,各级人民政府及其有关部门工作人员在实施补贴发放、核发许可、行政处罚等林业保护和监督管理工作时,如果出现了滥用职权、玩忽职守或者徇私舞弊的行为,致使公共财产、国家和人民利益遭受重大损失的,应当适用刑法第三百九十七条的规定追究当事人的刑事责任。

9. 林业主管部门的工作人员违反森林法的规定,超过批准的年采伐限额发放林木采伐许可证或者违反规定滥发林木采伐许可证,情节严重,致使森林遭受严重破坏的。根据刑法第四百零七条的规定,林业主管部门的工作人员实施上述行为的,应当处三年以下有期徒刑或者拘役。

链接《行政处罚法》第17、18条;《治安管理处罚法》第2、10条

第九章 附 则

第八十三条 【森林、林木和林地的概念】本法下列用语的含义是:

（一）森林，包括乔木林、竹林和国家特别规定的灌木林。按照用途可以分为防护林、特种用途林、用材林、经济林和能源林。

（二）林木，包括树木和竹子。

（三）林地，是指县级以上人民政府规划确定的用于发展林业的土地。包括郁闭度 0.2 以上的乔木林地以及竹林地、灌木林地、疏林地、采伐迹地、火烧迹地、未成林造林地、苗圃地等。

第八十四条　【生效日期】本法自 2020 年 7 月 1 日起施行。

中华人民共和国草原法

- 1985 年 6 月 18 日第六届全国人民代表大会常务委员会第十一次会议通过
- 2002 年 12 月 28 日第九届全国人民代表大会常务委员会第三十一次会议修订
- 根据 2009 年 8 月 27 日第十一届全国人民代表大会常务委员会第十次会议《关于修改部分法律的决定》第一次修正
- 根据 2013 年 6 月 29 日第十二届全国人民代表大会常务委员会第三次会议《关于修改〈中华人民共和国文物保护法〉等十二部法律的决定》第二次修正
- 根据 2021 年 4 月 29 日第十三届全国人民代表大会常务委员会第二十八次会议《关于修改〈中华人民共和国道路交通安全法〉等八部法律的决定》第三次修正

第一章　总　则

第一条　为了保护、建设和合理利用草原，改善生态环境，维护生物多样性，发展现代畜牧业，促进经济和社会的可持续发展，制定本法。

第二条　在中华人民共和国领域内从事草原规划、保护、建设、利用和管理活动，适用本法。

本法所称草原，是指天然草原和人工草地。

第三条　国家对草原实行科学规划、全面保护、重点建设、合理利用的方针，促进草原的可持续利用和生态、经济、社会的协调发展。

第四条　各级人民政府应当加强对草原保护、建设和利用的管理，将草原的保护、建设和利用纳入国民经济和社会发展计划。

各级人民政府应当加强保护、建设和合理利用草原的宣传教育。

第五条　任何单位和个人都有遵守草原法律法规、保护草原的义务，同时享有对违反草原法律法规、破坏草原的行为进行监督、检举和控告的权利。

第六条　国家鼓励与支持开展草原保护、建设、利用和监测方面的科学研究，推广先进技术和先进成果，培养科学技术人才。

第七条　国家对在草原管理、保护、建设、合理利用和科学研究等工作中做出显著成绩的单位和个人，给予奖励。

第八条　国务院草原行政主管部门主管全国草原监督管理工作。

县级以上地方人民政府草原行政主管部门主管本行政区域内草原监督管理工作。

乡（镇）人民政府应当加强对本行政区域内草原保护、建设和利用情况的监督检查，根据需要可以设专职或者兼职人员负责具体监督检查工作。

第二章　草原权属

第九条　草原属于国家所有，由法律规定属于集体所有的除外。国家所有的草原，由国务院代表国家行使所有权。

任何单位或者个人不得侵占、买卖或者以其他形式非法转让草原。

第十条　国家所有的草原，可以依法确定给全民所有制单位、集体经济组织等使用。

使用草原的单位，应当履行保护、建设和合理利用草原的义务。

第十一条　依法确定给全民所有制单位、集体经济组织等使用的国家所有的草原，由县级以上人民政府登记，核发使用权证，确认草原使用权。

未确定使用权的国家所有的草原，由县级以上人民政府登记造册，并负责保护管理。

集体所有的草原，由县级人民政府登记，核发所有权证，确认草原所有权。

依法改变草原权属的，应当办理草原权属变更登记手续。

第十二条　依法登记的草原所有权和使用权受法律保护，任何单位或者个人不得侵犯。

第十三条　集体所有的草原或者依法确定给集体经济组织使用的国家所有的草原，可以由本集体经济组织内的家庭或者联户承包经营。

在草原承包经营期内，不得对承包经营者使用的草原进行调整；个别确需适当调整的，必须经本集体经济组织成员的村（牧）民会议三分之二以上成员或者三分之二以上村（牧）民代表的同意，并报乡（镇）人民政府和县级人民政府草原行政主管部门批准。

集体所有的草原或者依法确定给集体经济组织使用的国家所有的草原由本集体经济组织以外的单位或者个人承包经营的，必须经本集体经济组织成员的村（牧）民会议三分之二以上成员或者三分之二以上村（牧）民代表的同意，并报乡（镇）人民政府批准。

第十四条 承包经营草原，发包方和承包方应当签订书面合同。草原承包合同的内容应当包括双方的权利和义务、承包草原四至界限、面积和等级、承包期和起止日期、承包草原用途和违约责任等。承包期届满，原承包经营者在同等条件下享有优先承包权。

承包经营草原的单位和个人，应当履行保护、建设和按照承包合同约定的用途合理利用草原的义务。

第十五条 草原承包经营权受法律保护，可以按照自愿、有偿的原则依法转让。

草原承包经营权转让的受让方必须具有从事畜牧业生产的能力，并应当履行保护、建设和按照承包合同约定的用途合理利用草原的义务。

草原承包经营权转让应当经发包方同意。承包方与受让方在转让合同中约定的转让期限，不得超过原承包合同剩余的期限。

第十六条 草原所有权、使用权的争议，由当事人协商解决；协商不成的，由有关人民政府处理。

单位之间的争议，由县级以上人民政府处理；个人之间、个人与单位之间的争议，由乡（镇）人民政府或者县级以上人民政府处理。

当事人对有关人民政府的处理决定不服的，可以依法向人民法院起诉。

在草原权属争议解决前，任何一方不得改变草原利用现状，不得破坏草原和草原上的设施。

第三章 规 划

第十七条 国家对草原保护、建设、利用实行统一规划制度。国务院草原行政主管部门会同国务院有关部门编制全国草原保护、建设、利用规划，报国务院批准后实施。

县级以上地方人民政府草原行政主管部门会同同级有关部门依据上一级草原保护、建设、利用规划编制本行政区域的草原保护、建设、利用规划，报本级人民政府批准后实施。

经批准的草原保护、建设、利用规划确需调整或者修改时，须经原批准机关批准。

第十八条 编制草原保护、建设、利用规划，应当依据国民经济和社会发展规划并遵循下列原则：

（一）改善生态环境，维护生物多样性，促进草原的可持续利用；

（二）以现有草原为基础，因地制宜，统筹规划，分类指导；

（三）保护为主、加强建设、分批改良、合理利用；

（四）生态效益、经济效益、社会效益相结合。

第十九条 草原保护、建设、利用规划应当包括：草原保护、建设、利用的目标和措施，草原功能分区和各项建设的总体部署，各项专业规划等。

第二十条 草原保护、建设、利用规划应当与土地利用总体规划相衔接，与环境保护规划、水土保持规划、防沙治沙规划、水资源规划、林业长远规划、城市总体规划、村庄和集镇规划以及其他有关规划相协调。

第二十一条 草原保护、建设、利用规划一经批准，必须严格执行。

第二十二条 国家建立草原调查制度。

县级以上人民政府草原行政主管部门会同同级有关部门定期进行草原调查；草原所有者或者使用者应当支持、配合调查，并提供有关资料。

第二十三条 国务院草原行政主管部门会同国务院有关部门制定全国草原等级评定标准。

县级以上人民政府草原行政主管部门根据草原调查结果、草原的质量，依据草原等级评定标准，对草原进行评等定级。

第二十四条 国家建立草原统计制度。

县级以上人民政府草原行政主管部门和同级统计部门共同制定草原统计调查办法，依法对草原的面积、等级、产草量、载畜量等进行统计，定期发布草原统计资料。

草原统计资料是各级人民政府编制草原保护、建设、利用规划的依据。

第二十五条 国家建立草原生产、生态监测预警系统。

县级以上人民政府草原行政主管部门对草原的面积、等级、植被构成、生产能力、自然灾害、生物灾害等草原基本状况实行动态监测,及时为本级政府和有关部门提供动态监测和预警信息服务。

第四章 建 设

第二十六条 县级以上人民政府应当增加草原建设的投入,支持草原建设。

国家鼓励单位和个人投资建设草原,按照谁投资、谁受益的原则保护草原投资建设者的合法权益。

第二十七条 国家鼓励与支持人工草地建设、天然草原改良和饲草饲料基地建设,稳定和提高草原生产能力。

第二十八条 县级以上人民政府应当支持、鼓励和引导农牧民开展草原围栏、饲草饲料储备、牲畜圈舍、牧民定居点等生产生活设施的建设。

县级以上地方人民政府应当支持草原水利设施建设,发展草原节水灌溉,改善人畜饮水条件。

第二十九条 县级以上人民政府应当按照草原保护、建设、利用规划加强草种基地建设,鼓励选育、引进、推广优良草品种。

新草品种必须经全国草品种审定委员会审定,由国务院草原行政主管部门公告后方可推广。从境外引进草种必须依法进行审批。

县级以上人民政府草原行政主管部门应当依法加强对草种生产、加工、检疫、检验的监督管理,保证草种质量。

第三十条 县级以上人民政府应当有计划地进行火情监测、防火物资储备、防火隔离带等草原防火设施的建设,确保防火需要。

第三十一条 对退化、沙化、盐碱化、石漠化和水土流失的草原,地方各级人民政府应当按照草原保护、建设、利用规划,划定治理区,组织专项治理。

大规模的草原综合治理,列入国家国土整治计划。

第三十二条 县级以上人民政府应当根据草原保护、建设、利用规划,在本级国民经济和社会发展计划中安排资金用于草原改良、人工种草和草种生产,任何单位或者个人不得截留、挪用;县级以上人民政府财政部门和审计部门应当加强监督管理。

第五章 利 用

第三十三条 草原承包经营者应当合理利用草原,不得超过草原行政主管部门核定的载畜量;草原承包经营者应当采取种植和储备饲草饲料、增加饲草饲料供应量、调剂处理牲畜、优化畜群结构、提高出栏率等措施,保持草畜平衡。

草原载畜量标准和草畜平衡管理办法由国务院草原行政主管部门规定。

第三十四条 牧区的草原承包经营者应当实行划区轮牧,合理配置畜群,均衡利用草原。

第三十五条 国家提倡在农区、半农半牧区和有条件的牧区实行牲畜圈养。草原承包经营者应当按照饲养牲畜的种类和数量,调剂、储备饲草饲料,采用青贮和饲草饲料加工等新技术,逐步改变依赖天然草地放牧的生产方式。

在草原禁牧、休牧、轮牧区,国家对实行舍饲圈养的给予粮食和资金补助,具体办法由国务院或者国务院授权的有关部门规定。

第三十六条 县级以上地方人民政府草原行政主管部门对割草场和野生草种基地应当规定合理的割草期、采种期以及留茬高度和采割强度,实行轮割轮采。

第三十七条 遇到自然灾害等特殊情况,需要临时调剂使用草原的,按照自愿互利的原则,由双方协商解决;需要跨县临时调剂使用草原的,由有关县级人民政府或者共同的上级人民政府组织协商解决。

第三十八条 进行矿藏开采和工程建设,应当不占或者少占草原;确需征收、征用或者使用草原的,必须经省级以上人民政府草原行政主管部门审核同意后,依照有关土地管理的法律、行政法规办理建设用地审批手续。

第三十九条 因建设征收、征用集体所有的草原的,应当依照《中华人民共和国土地管理法》的规定给予补偿;因建设使用国家所有的草原的,应当依照国务院有关规定对草原承包经营者给予补偿。

因建设征收、征用或者使用草原的，应当交纳草原植被恢复费。草原植被恢复费专款专用，由草原行政主管部门按照规定用于恢复草原植被，任何单位和个人不得截留、挪用。草原植被恢复费的征收、使用和管理办法，由国务院价格主管部门和国务院财政部门会同国务院草原行政主管部门制定。

第四十条 需要临时占用草原的，应当经县级以上地方人民政府草原行政主管部门审核同意。

临时占用草原的期限不得超过二年，并不得在临时占用的草原上修建永久性建筑物、构筑物；占用期满，用地单位必须恢复草原植被并及时退还。

第四十一条 在草原上修建直接为草原保护和畜牧业生产服务的工程设施，需要使用草原的，由县级以上人民政府草原行政主管部门批准；修筑其他工程，需要将草原转为非畜牧业生产用地的，必须依法办理建设用地审批手续。

前款所称直接为草原保护和畜牧业生产服务的工程设施，是指：

（一）生产、贮存草种和饲草饲料的设施；

（二）牲畜圈舍、配种点、剪毛点、药浴池、人畜饮水设施；

（三）科研、试验、示范基地；

（四）草原防火和灌溉设施。

第六章 保 护

第四十二条 国家实行基本草原保护制度。下列草原应当划为基本草原，实施严格管理：

（一）重要放牧场；

（二）割草地；

（三）用于畜牧业生产的人工草地、退耕还草地以及改良草地、草种基地；

（四）对调节气候、涵养水源、保持水土、防风固沙具有特殊作用的草原；

（五）作为国家重点保护野生动植物生存环境的草原；

（六）草原科研、教学试验基地；

（七）国务院规定应当划为基本草原的其他草原。

基本草原的保护管理办法，由国务院制定。

第四十三条 国务院草原行政主管部门或者省、自治区、直辖市人民政府可以按照自然保护区管理的有关规定在下列地区建立草原自然保护区：

（一）具有代表性的草原类型；

（二）珍稀濒危野生动植物分布区；

（三）具有重要生态功能和经济科研价值的草原。

第四十四条 县级以上人民政府应当依法加强对草原珍稀濒危野生植物和种质资源的保护、管理。

第四十五条 国家对草原实行以草定畜、草畜平衡制度。县级以上地方人民政府草原行政主管部门应当按照国务院草原行政主管部门制定的草原载畜量标准，结合当地实际情况，定期核定草原载畜量。各级人民政府应当采取有效措施，防止超载过牧。

第四十六条 禁止开垦草原。对水土流失严重、有沙化趋势、需要改善生态环境的已垦草原，应当有计划、有步骤地退耕还草；已造成沙化、盐碱化、石漠化的，应当限期治理。

第四十七条 对严重退化、沙化、盐碱化、石漠化的草原和生态脆弱区的草原，实行禁牧、休牧制度。

第四十八条 国家支持依法实行退耕还草和禁牧、休牧。具体办法由国务院或者省、自治区、直辖市人民政府制定。

对在国务院批准规划范围内实施退耕还草的农牧民，按照国家规定给予粮食、现金、草种费补助。退耕还草完成后，由县级以上人民政府草原行政主管部门核实登记，依法履行土地用途变更手续，发放草原权属证书。

第四十九条 禁止在荒漠、半荒漠和严重退化、沙化、盐碱化、石漠化、水土流失的草原以及生态脆弱区的草原上采挖植物和从事破坏草原植被的其他活动。

第五十条 在草原上从事采土、采砂、采石等作业活动，应当报县级人民政府草原行政主管部门批准；开采矿产资源的，并应当依法办理有关手续。

经批准在草原上从事本条第一款所列活动的，应当在规定的时间、区域内，按照准许的采挖方式作业，并采取保护草原植被的措施。

在他人使用的草原上从事本条第一款所列活动的，还应当事先征得草原使用者的同意。

第五十一条 在草原上种植牧草或者饲料作物，应当符合草原保护、建设、利用规划；县级以上地方人民政府草原行政主管部门应当加强监督管理，防止草原沙化和水土流失。

第五十二条 在草原上开展经营性旅游活动，应当符合有关草原保护、建设、利用规划，并不得侵犯草原所有者、使用者和承包经营者的合法权益，不得破坏草原植被。

第五十三条 草原防火工作贯彻预防为主、防消结合的方针。

各级人民政府应当建立草原防火责任制，规定草原防火期，制定草原防火扑火预案，切实做好草原火灾的预防和扑救工作。

第五十四条 县级以上地方人民政府应当做好草原鼠害、病虫害和毒害草防治的组织管理工作。县级以上地方人民政府草原行政主管部门应当采取措施，加强草原鼠害、病虫害和毒害草监测预警、调查以及防治工作，组织研究和推广综合防治的办法。

禁止在草原上使用剧毒、高残留以及可能导致二次中毒的农药。

第五十五条 除抢险救灾和牧民搬迁的机动车辆外，禁止机动车辆离开道路在草原上行驶，破坏草原植被；因从事地质勘探、科学考察等活动确需离开道路在草原上行驶的，应当事先向所在地县级人民政府草原行政主管部门报告行驶区域和行驶路线，并按照报告的行驶区域和行驶路线在草原上行驶。

第七章 监督检查

第五十六条 国务院草原行政主管部门和草原面积较大的省、自治区的县级以上地方人民政府草原行政主管部门设立草原监督管理机构，负责草原法律、法规执行情况的监督检查，对违反草原法律、法规的行为进行查处。

草原行政主管部门和草原监督管理机构应当加强执法队伍建设，提高草原监督检查人员的政治、业务素质。草原监督检查人员应当忠于职守，秉公执法。

第五十七条 草原监督检查人员履行监督检查职责时，有权采取下列措施：

（一）要求被检查单位或者个人提供有关草原权属的文件和资料，进行查阅或者复制；

（二）要求被检查单位或者个人对草原权属等问题作出说明；

（三）进入违法现场进行拍照、摄像和勘测；

（四）责令被检查单位或者个人停止违反草原法律、法规的行为，履行法定义务。

第五十八条 国务院草原行政主管部门和省、自治区、直辖市人民政府草原行政主管部门，应当加强对草原监督检查人员的培训和考核。

第五十九条 有关单位和个人对草原监督检查人员的监督检查工作应当给予支持、配合，不得拒绝或者阻碍草原监督检查人员依法执行职务。

草原监督检查人员在履行监督检查职责时，应当向被检查单位和个人出示执法证件。

第六十条 对违反草原法律、法规的行为，应当依法作出行政处理，有关草原行政主管部门不作出行政处理决定的，上级草原行政主管部门有权责令有关草原行政主管部门作出行政处理决定或者直接作出行政处理决定。

第八章 法律责任

第六十一条 草原行政主管部门工作人员及其他国家机关有关工作人员玩忽职守、滥用职权，不依法履行监督管理职责，或者发现违法行为不予查处，造成严重后果，构成犯罪的，依法追究刑事责任；尚不够刑事处罚的，依法给予行政处分。

第六十二条 截留、挪用草原改良、人工种草和草种生产资金或者草原植被恢复费，构成犯罪的，依法追究刑事责任；尚不够刑事处罚的，依法给予行政处分。

第六十三条 无权批准征收、征用、使用草原的单位或者个人非法批准征收、征用、使用草原的，超越批准权限非法批准征收、征用、使用草原的，或者违反法律规定的程序批准征收、征用、使用草原，构成犯罪的，依法追究刑事责任；尚不够刑事处罚的，依法给予行政处分。非法批准征收、征用、使用草原的文件无效。非法批准征收、征用、使用的草原应当收回，当事人拒不归还的，以非法使用草原论处。

非法批准征收、征用、使用草原，给当事人造成损失的，依法承担赔偿责任。

第六十四条 买卖或者以其他形式非法转让草原，构成犯罪的，依法追究刑事责任；尚不够刑事处罚的，由县级以上人民政府草原行政主管部门依据职权责令限期改正，没收违法所得，并处违法所得一倍以上五倍以下的罚款。

第六十五条 未经批准或者采取欺骗手段骗取批准，非法使用草原，构成犯罪的，依法追究刑事责任;尚不够刑事处罚的,由县级以上人民政府草原行政主管部门依据职权责令退还非法使用的草原,对违反草原保护、建设、利用规划擅自将草原改为建设用地的,限期拆除在非法使用的草原上新建的建筑物和其他设施,恢复草原植被,并处草原被非法使用前三年平均产值六倍以上十二倍以下的罚款。

第六十六条 非法开垦草原,构成犯罪的,依法追究刑事责任;尚不够刑事处罚的,由县级以上人民政府草原行政主管部门依据职权责令停止违法行为,限期恢复植被,没收非法财物和违法所得,并处违法所得一倍以上五倍以下的罚款;没有违法所得的,并处五万元以下的罚款;给草原所有者或者使用者造成损失的,依法承担赔偿责任。

第六十七条 在荒漠、半荒漠和严重退化、沙化、盐碱化、石漠化、水土流失的草原,以及生态脆弱区的草原上采挖植物或者从事破坏草原植被的其他活动的,由县级以上地方人民政府草原行政主管部门依据职权责令停止违法行为,没收非法财物和违法所得,可以并处违法所得一倍以上五倍以下的罚款;没有违法所得的,可以并处五万元以下的罚款;给草原所有者或者使用者造成损失的,依法承担赔偿责任。

第六十八条 未经批准或者未按照规定的时间、区域和采挖方式在草原上进行采土、采砂、采石等活动的,由县级人民政府草原行政主管部门责令停止违法行为,限期恢复植被,没收非法财物和违法所得,可以并处违法所得一倍以上二倍以下的罚款;没有违法所得的,可以并处二万元以下的罚款;给草原所有者或者使用者造成损失的,依法承担赔偿责任。

第六十九条 违反本法第五十二条规定,在草原上开展经营性旅游活动,破坏草原植被的,由县级以上地方人民政府草原行政主管部门依据职权责令停止违法行为,限期恢复植被,没收违法所得,可以并处违法所得一倍以上二倍以下的罚款;没有违法所得的,可以并处草原被破坏前三年平均产值六倍以上十二倍以下的罚款;给草原所有者或者使用者造成损失的,依法承担赔偿责任。

第七十条 非抢险救灾和牧民搬迁的机动车辆离开道路在草原上行驶,或者从事地质勘探、科学考察等活动,未事先向所在地县级人民政府草原行政主管部门报告或者未按照报告的行驶区域和行驶路线在草原上行驶,破坏草原植被的,由县级人民政府草原行政主管部门责令停止违法行为,限期恢复植被,可以并处草原被破坏前三年平均产值三倍以上九倍以下的罚款;给草原所有者或者使用者造成损失的,依法承担赔偿责任。

第七十一条 在临时占用的草原上修建永久性建筑物、构筑物的,由县级以上地方人民政府草原行政主管部门依据职权责令限期拆除;逾期不拆除的,依法强制拆除,所需费用由违法者承担。

临时占用草原,占用期届满,用地单位不予恢复草原植被的,由县级以上地方人民政府草原行政主管部门依据职权责令限期恢复;逾期不恢复的,由县级以上地方人民政府草原行政主管部门代为恢复,所需费用由违法者承担。

第七十二条 未经批准,擅自改变草原保护、建设、利用规划的,由县级以上人民政府责令限期改正;对直接负责的主管人员和其他直接责任人员,依法给予行政处分。

第七十三条 对违反本法有关草畜平衡制度的规定,牲畜饲养量超过县级以上地方人民政府草原行政主管部门核定的草原载畜量标准的纠正或者处罚措施,由省、自治区、直辖市人民代表大会或者其常务委员会规定。

第九章 附 则

第七十四条 本法第二条第二款中所称的天然草原包括草地、草山和草坡,人工草地包括改良草地和退耕还草地,不包括城镇草地。

第七十五条 本法自 2003 年 3 月 1 日起施行。

中华人民共和国野生动物保护法

· 1988 年 11 月 8 日第七届全国人民代表大会常务委员会第四次会议通过
· 根据 2004 年 8 月 28 日第十届全国人民代表大会常务委员会第十一次会议《关于修改〈中华人民共和国野生动物保护法〉的决定》第一次修正
· 根据 2009 年 8 月 27 日第十一届全国人民代表大会常务委员会第十次会议《关于修改部分法律的决定》第二次修正
· 2016 年 7 月 2 日第十二届全国人民代表大会常务委员会第二十一次会议第一次修订
· 根据 2018 年 10 月 26 日第十三届全国人民代表大会常务委员会第六次会议《关于修改〈中华人民共和国野生动物保护法〉等十五部法律的决定》第三次修正
· 2022 年 12 月 30 日第十三届全国人民代表大会常务委员会第三十八次会议第二次修订
· 2022 年 12 月 30 日中华人民共和国主席令第 126 号公布
· 自 2023 年 5 月 1 日起施行

第一章 总 则

第一条 为了保护野生动物，拯救珍贵、濒危野生动物，维护生物多样性和生态平衡，推进生态文明建设，促进人与自然和谐共生，制定本法。

第二条 在中华人民共和国领域及管辖的其他海域，从事野生动物保护及相关活动，适用本法。

本法规定保护的野生动物，是指珍贵、濒危的陆生、水生野生动物和有重要生态、科学、社会价值的陆生野生动物。

本法规定的野生动物及其制品，是指野生动物的整体（含卵、蛋）、部分及衍生物。

珍贵、濒危的水生野生动物以外的其他水生野生动物的保护，适用《中华人民共和国渔业法》等有关法律的规定。

第三条 野生动物资源属于国家所有。

国家保障依法从事野生动物科学研究、人工繁育等保护及相关活动的组织和个人的合法权益。

第四条 国家加强重要生态系统保护和修复，对野生动物实行保护优先、规范利用、严格监管的原则，鼓励和支持开展野生动物科学研究与应用，秉持生态文明理念，推动绿色发展。

第五条 国家保护野生动物及其栖息地。县级以上人民政府应当制定野生动物及其栖息地相关保护规划和措施，并将野生动物保护经费纳入预算。

国家鼓励公民、法人和其他组织依法通过捐赠、资助、志愿服务等方式参与野生动物保护活动，支持野生动物保护公益事业。

本法规定的野生动物栖息地，是指野生动物野外种群生息繁衍的重要区域。

第六条 任何组织和个人有保护野生动物及其栖息地的义务。禁止违法猎捕、运输、交易野生动物，禁止破坏野生动物栖息地。

社会公众应当增强保护野生动物和维护公共卫生安全的意识，防止野生动物源性传染病传播，抵制违法食用野生动物，养成文明健康的生活方式。

任何组织和个人有权举报违反本法的行为，接到举报的县级以上人民政府野生动物保护主管部门和其他有关部门应当及时依法处理。

第七条 国务院林业草原、渔业主管部门分别主管全国陆生、水生野生动物保护工作。

县级以上地方人民政府对本行政区域内野生动物保护工作负责，其林业草原、渔业主管部门分别主管本行政区域内陆生、水生野生动物保护工作。

县级以上人民政府有关部门按照职责分工，负责野生动物保护相关工作。

第八条 各级人民政府应当加强野生动物保护的宣传教育和科学知识普及工作，鼓励和支持基层群众性自治组织、社会组织、企业事业单位、志愿者开展野生动物保护法律法规、生态保护等知识的宣传活动；组织开展对相关从业人员法律法规和专业知识培训；依法公开野生动物保护和管理信息。

教育行政部门、学校应当对学生进行野生动物保护知识教育。

新闻媒体应当开展野生动物保护法律法规和保护知识的宣传，并依法对违法行为进行舆论监督。

第九条 在野生动物保护和科学研究方面成绩显著的组织和个人，由县级以上人民政府按照国家有关规定给予表彰和奖励。

第二章 野生动物及其栖息地保护

第十条 国家对野生动物实行分类分级保护。

国家对珍贵、濒危的野生动物实行重点保护。国家重点保护的野生动物分为一级保护野生动物和二级保护野生动物。国家重点保护野生动物名录,由国务院野生动物保护主管部门组织科学论证评估后,报国务院批准公布。

有重要生态、科学、社会价值的陆生野生动物名录,由国务院野生动物保护主管部门征求国务院农业农村、自然资源、科学技术、生态环境、卫生健康等部门意见,组织科学论证评估后制定并公布。

地方重点保护野生动物,是指国家重点保护野生动物以外,由省、自治区、直辖市重点保护的野生动物。地方重点保护野生动物名录,由省、自治区、直辖市人民政府组织科学论证评估,征求国务院野生动物保护主管部门意见后制定、公布。

对本条规定的名录,应当每五年组织科学论证评估,根据论证评估情况进行调整,也可以根据野生动物保护的实际需要及时进行调整。

第十一条 县级以上人民政府野生动物保护主管部门应当加强信息技术应用,定期组织或者委托有关科学研究机构对野生动物及其栖息地状况进行调查、监测和评估,建立健全野生动物及其栖息地档案。

对野生动物及其栖息地状况的调查、监测和评估应当包括下列内容:

(一)野生动物野外分布区域、种群数量及结构;

(二)野生动物栖息地的面积、生态状况;

(三)野生动物及其栖息地的主要威胁因素;

(四)野生动物人工繁育情况等其他需要调查、监测和评估的内容。

第十二条 国务院野生动物保护主管部门应当会同国务院有关部门,根据野生动物及其栖息地状况的调查、监测和评估结果,确定并发布野生动物重要栖息地名录。

省级以上人民政府依法将野生动物重要栖息地划入国家公园、自然保护区等自然保护地,保护、恢复和改善野生动物生存环境。对不具备划定自然保护地条件的,县级以上人民政府可以采取划定禁猎(渔)区、规定禁猎(渔)期等措施予以保护。

禁止或者限制在自然保护地内引入外来物种、营造单一纯林、过量施洒农药等人为干扰、威胁野生动物生息繁衍的行为。

自然保护地依照有关法律法规的规定划定和管理,野生动物保护主管部门依法加强对野生动物及其栖息地的保护。

第十三条 县级以上人民政府及其有关部门在编制有关开发利用规划时,应当充分考虑野生动物及其栖息地保护的需要,分析、预测和评估规划实施可能对野生动物及其栖息地保护产生的整体影响,避免或者减少规划实施可能造成的不利后果。

禁止在自然保护地建设法律法规规定不得建设的项目。机场、铁路、公路、航道、水利水电、风电、光伏发电、围堰、围填海等建设项目的选址选线,应当避让自然保护地以及其他野生动物重要栖息地、迁徙洄游通道;确实无法避让的,应当采取修建野生动物通道、过鱼设施等措施,消除或者减少对野生动物的不利影响。

建设项目可能对自然保护地以及其他野生动物重要栖息地、迁徙洄游通道产生影响的,环境影响评价文件的审批部门在审批环境影响评价文件时,涉及国家重点保护野生动物的,应当征求国务院野生动物保护主管部门意见;涉及地方重点保护野生动物的,应当征求省、自治区、直辖市人民政府野生动物保护主管部门意见。

第十四条 各级野生动物保护主管部门应当监测环境对野生动物的影响,发现环境影响对野生动物造成危害时,应当会同有关部门及时进行调查处理。

案例 中国生物多样性保护与绿色发展基金会诉雅砻江流域水电开发有限公司生态环境保护民事公益诉讼案(最高人民法院指导案例174号)

裁判规则:人民法院审理环境民事公益诉讼案件,应当贯彻绿色发展理念和风险预防原则,根据现有证据和科学技术认为项目建成后可能对案涉地濒危野生植物生存环境造成破坏,存在影响其生存的潜在风险,从而损害生态环境公共利益的,可以判决被告采取预防性措施,将对濒危野生植物生存的影响纳入建设项目的环境影响评价,促进环境保护和经济发展的协调。

第十五条 国家重点保护野生动物和有重要生态、科学、社会价值的陆生野生动物或者地方重点保护野生动物受到自然灾害、重大环境污染事故等突发事件威胁时，当地人民政府应当及时采取应急救助措施。

国家加强野生动物收容救护能力建设。县级以上人民政府野生动物保护主管部门应当按照国家有关规定组织开展野生动物收容救护工作，加强对社会组织开展野生动物收容救护工作的规范和指导。

收容救护机构应当根据野生动物收容救护的实际需要，建立收容救护场所，配备相应的专业技术人员、救护工具、设备和药品等。

禁止以野生动物收容救护为名买卖野生动物及其制品。

第十六条 野生动物疫源疫病监测、检疫和与人畜共患传染病有关的动物传染病的防治管理，适用《中华人民共和国动物防疫法》等有关法律法规的规定。

第十七条 国家加强对野生动物遗传资源的保护，对濒危野生动物实施抢救性保护。

国务院野生动物保护主管部门应当会同国务院有关部门制定有关野生动物遗传资源保护和利用规划，建立国家野生动物遗传资源基因库，对原产我国的珍贵、濒危野生动物遗传资源实行重点保护。

第十八条 有关地方人民政府应当根据实际情况和需要建设隔离防护设施、设置安全警示标志等，预防野生动物可能造成的危害。

县级以上人民政府野生动物保护主管部门根据野生动物及其栖息地调查、监测和评估情况，对种群数量明显超过环境容量的物种，可以采取迁地保护、猎捕等种群调控措施，保障人身财产安全、生态安全和农业生产。对种群调控猎捕的野生动物按照国家有关规定进行处理和综合利用。种群调控的具体办法由国务院野生动物保护主管部门会同国务院有关部门制定。

第十九条 因保护本法规定保护的野生动物，造成人员伤亡、农作物或者其他财产损失的，由当地人民政府给予补偿。具体办法由省、自治区、直辖市人民政府制定。有关地方人民政府可以推动保险机构开展野生动物致害赔偿保险业务。

有关地方人民政府采取预防、控制国家重点保护野生动物和其他致害严重的陆生野生动物造成危害的措施以及实行补偿所需经费，由中央财政予以补助。具体办法由国务院财政部门会同国务院野生动物保护主管部门制定。

在野生动物危及人身安全的紧急情况下，采取措施造成野生动物损害的，依法不承担法律责任。

第三章 野生动物管理

第二十条 在自然保护地和禁猎(渔)区、禁猎(渔)期内，禁止猎捕以及其他妨碍野生动物生息繁衍的活动，但法律法规另有规定的除外。

野生动物迁徙洄游期间，在前款规定区域外的迁徙洄游通道内，禁止猎捕并严格限制其他妨碍野生动物生息繁衍的活动。县级以上人民政府或者其野生动物保护主管部门应当规定并公布迁徙洄游通道的范围以及妨碍野生动物生息繁衍活动的内容。

第二十一条 禁止猎捕、杀害国家重点保护野生动物。

因科学研究、种群调控、疫源疫病监测或者其他特殊情况，需要猎捕国家一级保护野生动物的，应当向国务院野生动物保护主管部门申请特许猎捕证；需要猎捕国家二级保护野生动物的，应当向省、自治区、直辖市人民政府野生动物保护主管部门申请特许猎捕证。

第二十二条 猎捕有重要生态、科学、社会价值的陆生野生动物和地方重点保护野生动物的，应当依法取得县级以上地方人民政府野生动物保护主管部门核发的狩猎证，并服从猎捕量限额管理。

第二十三条 猎捕者应当严格按照特许猎捕证、狩猎证规定的种类、数量或者限额、地点、工具、方法和期限进行猎捕。猎捕作业完成后，应当将猎捕情况向核发特许猎捕证、狩猎证的野生动物保护主管部门备案。具体办法由国务院野生动物保护主管部门制定。猎捕国家重点保护野生动物应当由专业机构和人员承担；猎捕有重要生态、科学、社会价值的陆生野生动物，有条件的地方可以由专业机构有组织开展。

持枪猎捕的，应当依法取得公安机关核发的持枪证。

第二十四条 禁止使用毒药、爆炸物、电击或者电子诱捕装置以及猎套、猎夹、捕鸟网、地枪、排铳等工具进行猎捕,禁止使用夜间照明行猎、歼灭性围猎、捣毁巢穴、火攻、烟熏、网捕等方法进行猎捕,但因物种保护、科学研究确需网捕、电子诱捕以及植保作业等除外。

前款规定以外的禁止使用的猎捕工具和方法,由县级以上地方人民政府规定并公布。

第二十五条 人工繁育野生动物实行分类分级管理,严格保护和科学利用野生动物资源。国家支持有关科学研究机构因物种保护目的人工繁育国家重点保护野生动物。

人工繁育国家重点保护野生动物实行许可制度。人工繁育国家重点保护野生动物的,应当经省、自治区、直辖市人民政府野生动物保护主管部门批准,取得人工繁育许可证,但国务院对批准机关另有规定的除外。

人工繁育有重要生态、科学、社会价值的陆生野生动物的,应当向县级人民政府野生动物保护主管部门备案。

人工繁育野生动物应当使用人工繁育子代种源,建立物种系谱、繁育档案和个体数据。因物种保护目的确需采用野外种源的,应当遵守本法有关猎捕野生动物的规定。

本法所称人工繁育子代,是指人工控制条件下繁殖出生的子代个体且其亲本也在人工控制条件下出生。

人工繁育野生动物的具体管理办法由国务院野生动物保护主管部门制定。

第二十六条 人工繁育野生动物应当有利于物种保护及其科学研究,不得违法猎捕野生动物,破坏野外种群资源,并根据野生动物习性确保其具有必要的活动空间和生息繁衍、卫生健康条件,具备与其繁育目的、种类、发展规模相适应的场所、设施、技术,符合有关技术标准和防疫要求,不得虐待野生动物。

省级以上人民政府野生动物保护主管部门可以根据保护国家重点保护野生动物的需要,组织开展国家重点保护野生动物放归野外环境工作。

前款规定以外的人工繁育的野生动物放归野外环境的,适用本法有关放生野生动物管理的规定。

第二十七条 人工繁育野生动物应当采取安全措施,防止野生动物伤人和逃逸。人工繁育的野生动物造成他人损害、危害公共安全或者破坏生态的,饲养人、管理人等应当依法承担法律责任。

第二十八条 禁止出售、购买、利用国家重点保护野生动物及其制品。

因科学研究、人工繁育、公众展示展演、文物保护或者其他特殊情况,需要出售、购买、利用国家重点保护野生动物及其制品的,应当经省、自治区、直辖市人民政府野生动物保护主管部门批准,并按照规定取得和使用专用标识,保证可追溯,但国务院对批准机关另有规定的除外。

出售、利用有重要生态、科学、社会价值的陆生野生动物和地方重点保护野生动物及其制品的,应当提供狩猎、人工繁育、进出口等合法来源证明。

实行国家重点保护野生动物和有重要生态、科学、社会价值的陆生野生动物及其制品专用标识的范围和管理办法,由国务院野生动物保护主管部门规定。

出售本条第二款、第三款规定的野生动物的,还应当依法附有检疫证明。

利用野生动物进行公众展示展演应当采取安全管理措施,并保障野生动物健康状态,具体管理办法由国务院野生动物保护主管部门会同国务院有关部门制定。

第二十九条 对人工繁育技术成熟稳定的国家重点保护野生动物或者有重要生态、科学、社会价值的陆生野生动物,经科学论证评估,纳入国务院野生动物保护主管部门制定的人工繁育国家重点保护野生动物名录或者有重要生态、科学、社会价值的陆生野生动物名录,并适时调整。对列入名录的野生动物及其制品,可以凭人工繁育许可证或者备案,按照省、自治区、直辖市人民政府野生动物保护主管部门或者其授权的部门核验的年度生产数量直接取得专用标识,凭专用标识出售和利用,保证可追溯。

对本法第十条规定的国家重点保护野生动物名录和有重要生态、科学、社会价值的陆生野生动物名录进行调整时,根据有关野外种群保护情况,可以对前款规定的有关人工繁育技术成熟稳定野生动物的人工种群,不再列入国家重点保护野生动物名录和有重要生态、科学、社会价值的陆生野生动物名录，实行与野外种群不同的管理措施，但应当依照本法第二十五条第二款、第三款和本条第一款的规定取得人工繁育许可证或者备案和专用标识。

对符合《中华人民共和国畜牧法》第十二条第二款规定的陆生野生动物人工繁育种群，经科学论证评估，可以列入畜禽遗传资源目录。

第三十条 利用野生动物及其制品的，应当以人工繁育种群为主，有利于野外种群养护，符合生态文明建设的要求，尊重社会公德，遵守法律法规和国家有关规定。

野生动物及其制品作为药品等经营和利用的，还应当遵守《中华人民共和国药品管理法》等有关法律法规的规定。

第三十一条 禁止食用国家重点保护野生动物和国家保护的有重要生态、科学、社会价值的陆生野生动物以及其他陆生野生动物。

禁止以食用为目的猎捕、交易、运输在野外环境自然生长繁殖的前款规定的野生动物。

禁止生产、经营使用本条第一款规定的野生动物及其制品制作的食品。

禁止为食用非法购买本条第一款规定的野生动物及其制品。

第三十二条 禁止为出售、购买、利用野生动物或者禁止使用的猎捕工具发布广告。禁止为违法出售、购买、利用野生动物制品发布广告。

第三十三条 禁止网络平台、商品交易市场、餐饮场所等，为违法出售、购买、食用及利用野生动物及其制品或者禁止使用的猎捕工具提供展示、交易、消费服务。

第三十四条 运输、携带、寄递国家重点保护野生动物及其制品，或者依照本法第二十九条第二款规定调出国家重点保护野生动物名录的野生动物及其制品出县境的，应当持有或者附有本法第二十一条、第二十五条、第二十八条或者第二十九条规定的许可证、批准文件的副本或者专用标识。

运输、携带、寄递有重要生态、科学、社会价值的陆生野生动物和地方重点保护野生动物，或者依照本法第二十九条第二款规定调出有重要生态、科学、社会价值的陆生野生动物名录的野生动物出县境的，应当持有狩猎、人工繁育、进出口等合法来源证明或者专用标识。

运输、携带、寄递前两款规定的野生动物出县境的，还应当依照《中华人民共和国动物防疫法》的规定附有检疫证明。

铁路、道路、水运、民航、邮政、快递等企业对托运、携带、交寄野生动物及其制品的，应当查验其相关证件、文件副本或者专用标识，对不符合规定的，不得承运、寄递。

案例 海南临高盈海船务有限公司诉三沙市渔政支队行政处罚案（最高人民法院指导案例177号）

裁判规则：我国为《濒危野生动植物种国际贸易公约》缔约国，对于列入该公约附录一、附录二中的珊瑚、砗磲的所有种，无论活体、死体，还是相关制品，均应依法给予保护。行为人非法运输该公约附录一、附录二中的珊瑚、砗磲，行政机关依照野生动物保护法等有关规定作出行政处罚的，人民法院应予支持。

第三十五条 县级以上人民政府野生动物保护主管部门应当对科学研究、人工繁育、公众展示展演等利用野生动物及其制品的活动进行规范和监督管理。

市场监督管理、海关、铁路、道路、水运、民航、邮政等部门应当按照职责分工对野生动物及其制品交易、利用、运输、携带、寄递等活动进行监督检查。

国家建立由国务院林业草原、渔业主管部门牵头，各相关部门配合的野生动物联合执法工作协调机制。地方人民政府建立相应联合执法工作协调机制。

县级以上人民政府野生动物保护主管部门和其他负有野生动物保护职责的部门发现违法事实涉嫌犯罪的，应当将犯罪线索移送具有侦查、调查职权的机关。

公安机关、人民检察院、人民法院在办理野生动物保护犯罪案件过程中认为没有犯罪事实，或者犯罪事实显著轻微，不需要追究刑事责任，但应当予以行政处罚的，应当及时将案件移送县级以上人民政府野生动物保护主管部门和其他负有野生动物保护职责的部门，有关部门应当依法处理。

第三十六条 县级以上人民政府野生动物保护主管部门和其他负有野生动物保护职责的部门，在履行本法规定的职责时，可以采取下列措施：

（一）进入与违反野生动物保护管理行为有关

的场所进行现场检查、调查；

（二）对野生动物进行检验、检测、抽样取证；

（三）查封、复制有关文件、资料，对可能被转移、销毁、隐匿或者篡改的文件、资料予以封存；

（四）查封、扣押无合法来源证明的野生动物及其制品，查封、扣押涉嫌非法猎捕野生动物或者非法收购、出售、加工、运输猎捕野生动物及其制品的工具、设备或者财物。

第三十七条 中华人民共和国缔结或者参加的国际公约禁止或者限制贸易的野生动物或者其制品名录，由国家濒危物种进出口管理机构制定、调整并公布。

进出口列入前款名录的野生动物或者其制品，或者出口国家重点保护野生动物或者其制品的，应当经国务院野生动物保护主管部门或者国务院批准，并取得国家濒危物种进出口管理机构核发的允许进出口证明书。海关凭允许进出口证明书办理进出境检疫，并依法办理其他海关手续。

涉及科学技术保密的野生动物物种的出口，按照国务院有关规定办理。

列入本条第一款名录的野生动物，经国务院野生动物保护主管部门核准，按照本法有关规定进行管理。

第三十八条 禁止向境外机构或者人员提供我国特有的野生动物遗传资源。开展国际科学研究合作的，应当依法取得批准，有我国科研机构、高等学校、企业及其研究人员实质性参与研究，按照规定提出国家共享惠益的方案，并遵守我国法律、行政法规的规定。

第三十九条 国家组织开展野生动物保护及相关执法活动的国际合作与交流，加强与毗邻国家的协作，保护野生动物迁徙通道；建立防范、打击野生动物及其制品的走私和非法贸易的部门协调机制，开展防范、打击走私和非法贸易行动。

第四十条 从境外引进野生动物物种的，应当经国务院野生动物保护主管部门批准。从境外引进列入本法第三十七条第一款名录的野生动物，还应当依法取得允许进出口证明书。海关凭进口批准文件或者允许进出口证明书办理进境检疫，并依法办理其他海关手续。

从境外引进野生动物物种的，应当采取安全可靠的防范措施，防止其进入野外环境，避免对生态系统造成危害；不得违法放生、丢弃，确需将其放生至野外环境的，应当遵守有关法律法规的规定。

发现来自境外的野生动物对生态系统造成危害的，县级以上人民政府野生动物保护等有关部门应当采取相应的安全控制措施。

第四十一条 国务院野生动物保护主管部门应当会同国务院有关部门加强对放生野生动物活动的规范、引导。任何组织和个人将野生动物放生至野外环境，应当选择适合放生地野外生存的当地物种，不得干扰当地居民的正常生活、生产，避免对生态系统造成危害。具体办法由国务院野生动物保护主管部门制定。随意放生野生动物，造成他人人身、财产损害或者危害生态系统的，依法承担法律责任。

第四十二条 禁止伪造、变造、买卖、转让、租借特许猎捕证、狩猎证、人工繁育许可证及专用标识，出售、购买、利用国家重点保护野生动物及其制品的批准文件，或者允许进出口证明书、进出口等批准文件。

前款规定的有关许可证书、专用标识、批准文件的发放有关情况，应当依法公开。

第四十三条 外国人在我国对国家重点保护野生动物进行野外考察或者在野外拍摄电影、录像，应当经省、自治区、直辖市人民政府野生动物保护主管部门或者其授权的单位批准，并遵守有关法律法规的规定。

第四十四条 省、自治区、直辖市人民代表大会或者其常务委员会可以根据地方实际情况制定对地方重点保护野生动物等的管理办法。

第四章 法律责任

第四十五条 野生动物保护主管部门或者其他有关部门不依法作出行政许可决定，发现违法行为或者接到对违法行为的举报不依法处理，或者有其他滥用职权、玩忽职守、徇私舞弊等不依法履行职责的行为的，对直接负责的主管人员和其他直接责任人员依法给予处分；构成犯罪的，依法追究刑事责任。

第四十六条 违反本法第十二条第三款、第十三条第二款规定的，依照有关法律法规的规定处罚。

第四十七条 违反本法第十五条第四款规定，以收容救护为名买卖野生动物及其制品的，由县级以上人民政府野生动物保护主管部门没收野生动物及其制品、违法所得，并处野生动物及其制品价值二倍以上二十倍以下罚款，将有关违法信息记入社会信用记录，并向社会公布；构成犯罪的，依法追究刑事责任。

第四十八条 违反本法第二十条、第二十一条、第二十三条第一款、第二十四条第一款规定，有下列行为之一的，由县级以上人民政府野生动物保护主管部门、海警机构和有关自然保护地管理机构按照职责分工没收猎获物、猎捕工具和违法所得，吊销特许猎捕证，并处猎获物价值二倍以上二十倍以下罚款；没有猎获物或者猎获物价值不足五千元的，并处一万元以上十万元以下罚款；构成犯罪的，依法追究刑事责任：

（一）在自然保护地、禁猎（渔）区、禁猎（渔）期猎捕国家重点保护野生动物；

（二）未取得特许猎捕证、未按照特许猎捕证规定猎捕、杀害国家重点保护野生动物；

（三）使用禁用的工具、方法猎捕国家重点保护野生动物。

违反本法第二十三条第一款规定，未将猎捕情况向野生动物保护主管部门备案的，由核发特许猎捕证、狩猎证的野生动物保护主管部门责令限期改正；逾期不改正的，处一万元以上十万元以下罚款；情节严重的，吊销特许猎捕证、狩猎证。

第四十九条 违反本法第二十条、第二十二条、第二十三条第一款、第二十四条第一款规定，有下列行为之一的，由县级以上地方人民政府野生动物保护主管部门和有关自然保护地管理机构按照职责分工没收猎获物、猎捕工具和违法所得，吊销狩猎证，并处猎获物价值一倍以上十倍以下罚款；没有猎获物或者猎获物价值不足二千元的，并处二千元以上二万元以下罚款；构成犯罪的，依法追究刑事责任：

（一）在自然保护地、禁猎（渔）区、禁猎（渔）期猎捕有重要生态、科学、社会价值的陆生野生动物或者地方重点保护野生动物；

（二）未取得狩猎证、未按照狩猎证规定猎捕有重要生态、科学、社会价值的陆生野生动物或者地方重点保护野生动物；

（三）使用禁用的工具、方法猎捕有重要生态、科学、社会价值的陆生野生动物或者地方重点保护野生动物。

违反本法第二十条、第二十四条第一款规定，在自然保护地、禁猎区、禁猎期或者使用禁用的工具、方法猎捕其他陆生野生动物，破坏生态的，由县级以上地方人民政府野生动物保护主管部门和有关自然保护地管理机构按照职责分工没收猎获物、猎捕工具和违法所得，并处猎获物价值一倍以上三倍以下罚款；没有猎获物或者猎获物价值不足一千元的，并处一千元以上三千元以下罚款；构成犯罪的，依法追究刑事责任。

违反本法第二十三条第二款规定，未取得持枪证持枪猎捕野生动物，构成违反治安管理行为的，还应当由公安机关依法给予治安管理处罚；构成犯罪的，依法追究刑事责任。

第五十条 违反本法第三十一条第二款规定，以食用为目的猎捕、交易、运输在野外环境自然生长繁殖的国家重点保护野生动物或者有重要生态、科学、社会价值的陆生野生动物的，依照本法第四十八条、第四十九条、第五十二条的规定从重处罚。

违反本法第三十一条第二款规定，以食用为目的猎捕在野外环境自然生长繁殖的其他陆生野生动物的，由县级以上地方人民政府野生动物保护主管部门和有关自然保护地管理机构按照职责分工没收猎获物、猎捕工具和违法所得；情节严重的，并处猎获物价值一倍以上五倍以下罚款，没有猎获物或者猎获物价值不足二千元的，并处二千元以上一万元以下罚款；构成犯罪的，依法追究刑事责任。

违反本法第三十一条第二款规定，以食用为目的交易、运输在野外环境自然生长繁殖的其他陆生野生动物的，由县级以上地方人民政府野生动物保护主管部门和市场监督管理部门按照职责分工没收野生动物；情节严重的，并处野生动物价值一倍以上五倍以下罚款；构成犯罪的，依法追究刑事责任。

第五十一条 违反本法第二十五条第二款规定，未取得人工繁育许可证，繁育国家重点保护野生动物或者依照本法第二十九条第二款规定调出国家重点保护野生动物名录的野生动物的，由县级以上人民政府野生动物保护主管部门没收野生动物及其制品，并处野生动物及其制品价值一倍以上十倍以下罚款。

违反本法第二十五条第三款规定，人工繁育

有重要生态、科学、社会价值的陆生野生动物或者依照本法第二十九条第二款规定调出有重要生态、科学、社会价值的陆生野生动物名录的野生动物未备案的，由县级人民政府野生动物保护主管部门责令限期改正；逾期不改正的，处五百元以上二千元以下罚款。

第五十二条 违反本法第二十八条第一款和第二款、第二十九条第一款、第三十四条第一款规定，未经批准、未取得或者未按照规定使用专用标识，或者未持有、未附有人工繁育许可证、批准文件的副本或者专用标识出售、购买、利用、运输、携带、寄递国家重点保护野生动物及其制品或者依照本法第二十九条第二款规定调出国家重点保护野生动物名录的野生动物及其制品的，由县级以上人民政府野生动物保护主管部门和市场监督管理部门按照职责分工没收野生动物及其制品和违法所得，责令关闭违法经营场所，并处野生动物及其制品价值二倍以上二十倍以下罚款；情节严重的，吊销人工繁育许可证、撤销批准文件、收回专用标识；构成犯罪的，依法追究刑事责任。

违反本法第二十八条第三款、第二十九条第一款、第三十四条第二款规定，未持有合法来源证明或者专用标识出售、利用、运输、携带、寄递有重要生态、科学、社会价值的陆生野生动物、地方重点保护野生动物或者依照本法第二十九条第二款规定调出有重要生态、科学、社会价值的陆生野生动物名录的野生动物及其制品的，由县级以上地方人民政府野生动物保护主管部门和市场监督管理部门按照职责分工没收野生动物，并处野生动物价值一倍以上十倍以下罚款；构成犯罪的，依法追究刑事责任。

违反本法第三十四条第四款规定，铁路、道路、水运、民航、邮政、快递等企业未按照规定查验或者承运、寄递野生动物及其制品的，由交通运输、铁路监督管理、民用航空、邮政管理等相关主管部门按照职责分工没收违法所得，并处违法所得一倍以上五倍以下罚款；情节严重的，吊销经营许可证。

案例 浙江省桐乡市陈某非法购买、饲养国家重点保护野生动物案（第一批农业行政执法指导性案例之十）

裁判规则：保护野生动物，对维护生物多样性和生态平衡、推进生态文明建设具有重要意义。我国建立了严格的野生动物保护法律制度，禁止出售、购买、利用国家重点保护野生动物及其制品；因科学研究、人工繁育、公众展示展演、文物保护或者其他特殊情况，需要出售、购买、利用国家重点保护野生动物及其制品的，应当经有关部门批准，并按规定取得和使用专用标识，保证可追溯。本案当事人违法购买两爪鳖，依法应予以处罚。需要指出的是，农业农村部门在查处农业违法案件过程中，发现涉嫌构成犯罪依法需要追究刑事责任的，应当及时向司法机关移送；对于司法机关移送农业农村部门的案件，应当根据本部门法定职责及时立案调查并依法作出处理决定。本案中，农业农村部门根据检察机关的检察建议书，及时对野生动物保护违法案件立案查处，为如何处理检察建议提供了较好范例。

第五十三条 违反本法第三十一条第一款、第四款规定，食用或者为食用非法购买本法规定保护的野生动物及其制品的，由县级以上人民政府野生动物保护主管部门和市场监督管理部门按照职责分工责令停止违法行为，没收野生动物及其制品，并处野生动物及其制品价值二倍以上二十倍以下罚款；食用或者为食用非法购买其他陆生野生动物及其制品的，责令停止违法行为，给予批评教育，没收野生动物及其制品，情节严重的，并处野生动物及其制品价值一倍以上五倍以下罚款；构成犯罪的，依法追究刑事责任。

违反本法第三十一条第三款规定，生产、经营使用本法规定保护的野生动物及其制品制作的食品的，由县级以上人民政府野生动物保护主管部门和市场监督管理部门按照职责分工责令停止违法行为，没收野生动物及其制品和违法所得，责令关闭违法经营场所，并处违法所得十五倍以上三十倍以下罚款；生产、经营使用其他陆生野生动物及其制品制作的食品的，给予批评教育，没收野生动物及其制品和违法所得，情节严重的，并处违法所得一倍以上十倍以下罚款；构成犯罪的，依法追究刑事责任。

第五十四条 违反本法第三十二条规定，为出售、购买、利用野生动物及其制品或者禁止使用的猎捕工具发布广告的，依照《中华人民共和国广告法》的规定处罚。

第五十五条 违反本法第三十三条规定，为违法出售、购买、食用及利用野生动物及其制品或者禁止使用的猎捕工具提供展示、交易、消费服务的，由县级以上人民政府市场监督管理部门责令停止违法行为，限期改正，没收违法所得，并处违法所得二倍以上十倍以下罚款；没有违法所得或者违法所得不足五千元的，处一万元以上十万元以下罚款；构成犯罪的，依法追究刑事责任。

第五十六条 违反本法第三十七条规定，进出口野生动物及其制品的，由海关、公安机关、海警机构依照法律、行政法规和国家有关规定处罚；构成犯罪的，依法追究刑事责任。

第五十七条 违反本法第三十八条规定，向境外机构或者人员提供我国特有的野生动物遗传资源的，由县级以上人民政府野生动物保护主管部门没收野生动物及其制品和违法所得，并处野生动物及其制品价值或者违法所得一倍以上五倍以下罚款；构成犯罪的，依法追究刑事责任。

第五十八条 违反本法第四十条第一款规定，从境外引进野生动物物种的，由县级以上人民政府野生动物保护主管部门没收所引进的野生动物，并处五万元以上五十万元以下罚款；未依法实施进境检疫的，依照《中华人民共和国进出境动植物检疫法》的规定处罚；构成犯罪的，依法追究刑事责任。

第五十九条 违反本法第四十条第二款规定，将从境外引进的野生动物放生、丢弃的，由县级以上人民政府野生动物保护主管部门责令限期捕回，处一万元以上十万元以下罚款；逾期不捕回的，由有关野生动物保护主管部门代为捕回或者采取降低影响的措施，所需费用由被责令限期捕回者承担；构成犯罪的，依法追究刑事责任。

第六十条 违反本法第四十二条第一款规定，伪造、变造、买卖、转让、租借有关证件、专用标识或者有关批准文件的，由县级以上人民政府野生动物保护主管部门没收违法证件、专用标识、有关批准文件和违法所得，并处五万元以上五十万元以下罚款；构成违反治安管理行为的，由公安机关依法给予治安管理处罚；构成犯罪的，依法追究刑事责任。

第六十一条 县级以上人民政府野生动物保护主管部门和其他负有野生动物保护职责的部门、机构应当按照有关规定处理罚没的野生动物及其制品，具体办法由国务院野生动物保护主管部门会同国务院有关部门制定。

第六十二条 县级以上人民政府野生动物保护主管部门应当加强对野生动物及其制品鉴定、价值评估工作的规范、指导。本法规定的猎获物价值、野生动物及其制品价值的评估标准和方法，由国务院野生动物保护主管部门制定。

第六十三条 对违反本法规定破坏野生动物资源、生态环境，损害社会公共利益的行为，可以依照《中华人民共和国环境保护法》、《中华人民共和国民事诉讼法》、《中华人民共和国行政诉讼法》等法律的规定向人民法院提起诉讼。

第五章 附 则

第六十四条 本法自 2023 年 5 月 1 日起施行。

中华人民共和国森林法实施条例

· 2000 年 1 月 29 日中华人民共和国国务院令第 278 号公布
· 根据 2011 年 1 月 8 日《国务院关于废止和修改部分行政法规的决定》第一次修订
· 根据 2016 年 2 月 6 日《国务院关于修改部分行政法规的决定》第二次修订
· 根据 2018 年 3 月 19 日《国务院关于修改和废止部分行政法规的决定》修正

第一章 总 则

第一条 根据《中华人民共和国森林法》（以下简称森林法），制定本条例。

第二条 森林资源，包括森林、林木、林地以及依托森林、林木、林地生存的野生动物、植物和微生物。

森林，包括乔木林和竹林。

林木，包括树木和竹子。

林地，包括郁闭度 0.2 以上的乔木林地以及竹林地、灌木林地、疏林地、采伐迹地、火烧迹地、未成林造林地、苗圃地和县级以上人民政府规划的宜林地。

第三条 国家依法实行森林、林木和林地登记发证制度。依法登记的森林、林木和林地的所有权、使用权受法律保护，任何单位和个人不得侵犯。

森林、林木和林地的权属证书式样由国务院林业主管部门规定。

第四条 依法使用的国家所有的森林、林木和林地，按照下列规定登记：

（一）使用国务院确定的国家所有的重点林区（以下简称重点林区）的森林、林木和林地的单位，应当向国务院林业主管部门提出登记申请，由国务院林业主管部门登记造册，核发证书，确认森林、林木和林地使用权以及由使用者所有的林木所有权；

（二）使用国家所有的跨行政区域的森林、林木和林地的单位和个人，应当向共同的上一级人民政府林业主管部门提出登记申请，由该人民政府登记造册，核发证书，确认森林、林木和林地使用权以及由使用者所有的林木所有权；

（三）使用国家所有的其他森林、林木和林地的单位和个人，应当向县级以上地方人民政府林业主管部门提出登记申请，由县级以上地方人民政府登记造册，核发证书，确认森林、林木和林地使用权以及由使用者所有的林木所有权。

未确定使用权的国家所有的森林、林木和林地，由县级以上人民政府登记造册，负责保护管理。

第五条 集体所有的森林、林木和林地，由所有者向所在地的县级人民政府林业主管部门提出登记申请，由该县级人民政府登记造册，核发证书，确认所有权。

单位和个人所有的林木，由所有者向所在地的县级人民政府林业主管部门提出登记申请，由该县级人民政府登记造册，核发证书，确认林木所有权。

使用集体所有的森林、林木和林地的单位和个人，应当向所在地的县级人民政府林业主管部门提出登记申请，由该县级人民政府登记造册，核发证书，确认森林、林木和林地使用权。

第六条 改变森林、林木和林地所有权、使用权的，应当依法办理变更登记手续。

第七条 县级以上人民政府林业主管部门应当建立森林、林木和林地权属管理档案。

第八条 国家重点防护林和特种用途林，由国务院林业主管部门提出意见，报国务院批准公布；地方重点防护林和特种用途林，由省、自治区、直辖市人民政府林业主管部门提出意见，报本级人民政府批准公布；其他防护林、用材林、特种用途林以及经济林、薪炭林，由县级人民政府林业主管部门根据国家关于林种划分的规定和本级人民政府的部署组织划定，报本级人民政府批准公布。

省、自治区、直辖市行政区域内的重点防护林和特种用途林的面积，不得少于本行政区域森林总面积的30%。

经批准公布的林种改变为其他林种的，应当报原批准公布机关批准。

第九条 依照森林法第八条第一款第（五）项规定提取的资金，必须专门用于营造坑木、造纸等用材林，不得挪作他用。审计机关和林业主管部门应当加强监督。

第十条 国务院林业主管部门向重点林区派驻的森林资源监督机构，应当加强对重点林区内森林资源保护管理的监督检查。

第二章 森林经营管理

第十一条 国务院林业主管部门应当定期监测全国森林资源消长和森林生态环境变化的情况。

重点林区森林资源调查、建立档案和编制森林经营方案等项工作，由国务院林业主管部门组织实施；其他森林资源调查、建立档案和编制森林经营方案等项工作，由县级以上地方人民政府林业主管部门组织实施。

第十二条 制定林业长远规划，应当遵循下列原则：

（一）保护生态环境和促进经济的可持续发展；

（二）以现有的森林资源为基础；

（三）与土地利用总体规划、水土保持规划、城市规划、村庄和集镇规划相协调。

第十三条 林业长远规划应当包括下列内容：

（一）林业发展目标；

（二）林种比例；

（三）林地保护利用规划；

（四）植树造林规划。

第十四条 全国林业长远规划由国务院林业主管部门会同其他有关部门编制，报国务院批准后施行。

地方各级林业长远规划由县级以上地方人民

政府林业主管部门会同其他有关部门编制，报本级人民政府批准后施行。

下级林业长远规划应当根据上一级林业长远规划编制。

林业长远规划的调整、修改，应当报经原批准机关批准。

第十五条 国家依法保护森林、林木和林地经营者的合法权益。任何单位和个人不得侵占经营者依法所有的林木和使用的林地。

用材林、经济林和薪炭林的经营者，依法享有经营权、收益权和其他合法权益。

防护林和特种用途林的经营者，有获得森林生态效益补偿的权利。

第十六条 勘查、开采矿藏和修建道路、水利、电力、通讯等工程，需要占用或者征收、征用林地的，必须遵守下列规定：

（一）用地单位应当向县级以上人民政府林业主管部门提出用地申请，经审核同意后，按照国家规定的标准预交森林植被恢复费，领取使用林地审核同意书。用地单位凭使用林地审核同意书依法办理建设用地审批手续。占用或者征收、征用林地未经林业主管部门审核同意的，土地行政主管部门不得受理建设用地申请。

（二）占用或者征收、征用防护林林地或者特种用途林林地面积10公顷以上的，用材林、经济林、薪炭林林地及其采伐迹地面积35公顷以上的，其他林地面积70公顷以上的，由国务院林业主管部门审核；占用或者征收、征用林地面积低于上述规定数量的，由省、自治区、直辖市人民政府林业主管部门审核。占用或者征收、征用重点林区的林地的，由国务院林业主管部门审核。

（三）用地单位需要采伐已经批准占用或者征收、征用的林地上的林木时，应当向林地所在地的县级以上地方人民政府林业主管部门或者国务院林业主管部门申请林木采伐许可证。

（四）占用或者征收、征用林地未被批准的，有关林业主管部门应当自接到不予批准通知之日起7日内将收取的森林植被恢复费如数退还。

第十七条 需要临时占用林地的，应当经县级以上人民政府林业主管部门批准。

临时占用林地的期限不得超过两年，并不得在临时占用的林地上修筑永久性建筑物；占用期满后，用地单位必须恢复林业生产条件。

第十八条 森林经营单位在所经营的林地范围内修筑直接为林业生产服务的工程设施，需要占用林地的，由县级以上人民政府林业主管部门批准；修筑其他工程设施，需要将林地转为非林业建设用地的，必须依法办理建设用地审批手续。

前款所称直接为林业生产服务的工程设施是指：

（一）培育、生产种子、苗木的设施；

（二）贮存种子、苗木、木材的设施；

（三）集材道、运材道；

（四）林业科研、试验、示范基地；

（五）野生动植物保护、护林、森林病虫害防治、森林防火、木材检疫的设施；

（六）供水、供电、供热、供气、通讯基础设施。

第三章 森林保护

第十九条 县级以上人民政府林业主管部门应当根据森林病虫害测报中心和测报点对测报对象的调查和监测情况，定期发布长期、中期、短期森林病虫害预报，并及时提出防治方案。

森林经营者应当选用良种，营造混交林，实行科学育林，提高防御森林病虫害的能力。

发生森林病虫害时，有关部门、森林经营者应当采取综合防治措施，及时进行除治。

发生严重森林病虫害时，当地人民政府应当采取紧急除治措施，防止蔓延，消除隐患。

第二十条 国务院林业主管部门负责确定全国林木种苗检疫对象。省、自治区、直辖市人民政府林业主管部门根据本地区的需要，可以确定本省、自治区、直辖市的林木种苗补充检疫对象，报国务院林业主管部门备案。

第二十一条 禁止毁林开垦、毁林采种和违反操作技术规程采脂、挖笋、掘根、剥树皮及过度修枝的毁林行为。

第二十二条 25度以上的坡地应当用于植树、种草。25度以上的坡耕地应当按照当地人民政府制定的规划，逐步退耕，植树和种草。

第二十三条 发生森林火灾时，当地人民政府必须立即组织军民扑救；有关部门应当积极做好扑救火灾物资的供应、运输和通讯、医疗等工作。

第四章 植树造林

第二十四条 森林法所称森林覆盖率，是指以行政区域为单位森林面积与土地面积的百分比。森林面积，包括郁闭度0.2以上的乔木林地面积和竹林地面积、国家特别规定的灌木林地面积、农田林网以及村旁、路旁、水旁、宅旁林木的覆盖面积。

县级以上地方人民政府应当按照国务院确定的森林覆盖率奋斗目标，确定本行政区域森林覆盖率的奋斗目标，并组织实施。

第二十五条 植树造林应当遵守造林技术规程，实行科学造林，提高林木的成活率。

县级人民政府对本行政区域内当年造林的情况应当组织检查验收，除国家特别规定的干旱、半干旱地区外，成活率不足85%的，不得计入年度造林完成面积。

第二十六条 国家对造林绿化实行部门和单位负责制。

铁路公路两旁、江河两岸、湖泊水库周围，各有关主管单位是造林绿化的责任单位。工矿区，机关、学校用地，部队营区以及农场、牧场、渔场经营地区，各该单位是造林绿化的责任单位。

责任单位的造林绿化任务，由所在地的县级人民政府下达责任通知书，予以确认。

第二十七条 国家保护承包造林者依法享有的林木所有权和其他合法权益。未经发包方和承包方协商一致，不得随意变更或者解除承包造林合同。

第五章 森林采伐

第二十八条 国家所有的森林和林木以国有林业企业事业单位、农场、厂矿为单位，集体所有的森林和林木、个人所有的林木以县为单位，制定年森林采伐限额，由省、自治区、直辖市人民政府林业主管部门汇总、平衡，经本级人民政府审核后，报国务院批准；其中，重点林区的年森林采伐限额，由国务院林业主管部门报国务院批准。

国务院批准的年森林采伐限额，每5年核定一次。

第二十九条 采伐森林、林木作为商品销售的，必须纳入国家年度木材生产计划；但是，农村居民采伐自留山上个人所有的薪炭林和自留地、房前屋后个人所有的零星林木除外。

第三十条 申请林木采伐许可证，除应当提交申请采伐林木的所有权证书或者使用权证书外，还应当按照下列规定提交其他有关证明文件：

（一）国有林业企业事业单位还应当提交采伐区调查设计文件和上年度采伐更新验收证明；

（二）其他单位还应当提交包括采伐林木的目的、地点、林种、林况、面积、蓄积量、方式和更新措施等内容的文件；

（三）个人还应当提交包括采伐林木的地点、面积、树种、株数、蓄积量、更新时间等内容的文件。

因扑救森林火灾、防洪抢险等紧急情况需要采伐林木的，组织抢险的单位或者部门应当自紧急情况结束之日起30日内，将采伐林木的情况报告当地县级以上人民政府林业主管部门。

第三十一条 有下列情形之一的，不得核发林木采伐许可证：

（一）防护林和特种用途林进行非抚育或者非更新性质的采伐的，或者采伐封山育林期、封山育林区内的林木的；

（二）上年度采伐后未完成更新造林任务的；

（三）上年度发生重大滥伐案件、森林火灾或者大面积严重森林病虫害，未采取预防和改进措施的。

林木采伐许可证的式样由国务院林业主管部门规定，由省、自治区、直辖市人民政府林业主管部门印制。

第三十二条 除森林法已有明确规定的外，林木采伐许可证按照下列规定权限核发：

（一）县属国有林场，由所在地的县级人民政府林业主管部门核发；

（二）省、自治区、直辖市和设区的市、自治州所属的国有林业企业事业单位、其他国有企业事业单位，由所在地的省、自治区、直辖市人民政府林业主管部门核发；

（三）重点林区的国有林业企业事业单位，由国务院林业主管部门核发。

第三十三条 利用外资营造的用材林达到一定规模需要采伐的，应当在国务院批准的年森林采伐限额内，由省、自治区、直辖市人民政府林业主管部门批准，实行采伐限额单列。

第三十四条 木材收购单位和个人不得收购没有林木采伐许可证或者其他合法来源证明的木材。

前款所称木材，是指原木、锯材、竹材、木片和省、自治区、直辖市规定的其他木材。

第三十五条 从林区运出非国家统一调拨的木材，必须持有县级以上人民政府林业主管部门核发的木材运输证。

重点林区的木材运输证，由省、自治区、直辖市人民政府林业主管部门核发；其他木材运输证，由县级以上地方人民政府林业主管部门核发。

木材运输证自木材起运点到终点全程有效，必须随货同行。没有木材运输证的，承运单位和个人不得承运。

木材运输证的式样由国务院林业主管部门规定。

第三十六条 申请木材运输证，应当提交下列证明文件：

（一）林木采伐许可证或者其他合法来源证明；

（二）检疫证明；

（三）省、自治区、直辖市人民政府林业主管部门规定的其他文件。

符合前款条件的，受理木材运输证申请的县级以上人民政府林业主管部门应当自接到申请之日起3日内发给木材运输证。

依法发放的木材运输证所准运的木材运输总量，不得超过当地年度木材生产计划规定可以运出销售的木材总量。

第三十七条 经省、自治区、直辖市人民政府批准在林区设立的木材检查站，负责检查木材运输；无证运输木材的，木材检查站应当予以制止，可以暂扣无证运输的木材，并立即报请县级以上人民政府林业主管部门依法处理。

第六章 法律责任

第三十八条 盗伐森林或者其他林木，以立木材积计算不足0.5立方米或者幼树不足20株的，由县级以上人民政府林业主管部门责令补种盗伐株数10倍的树木，没收盗伐的林木或者变卖所得，并处盗伐林木价值3倍至5倍的罚款。

盗伐森林或者其他林木，以立木材积计算0.5立方米以上或者幼树20株以上的，由县级以上人民政府林业主管部门责令补种盗伐株数10倍的树木，没收盗伐的林木或者变卖所得，并处盗伐林木价值5倍至10倍的罚款。

第三十九条 滥伐森林或者其他林木，以立木材积计算不足2立方米或者幼树不足50株的，由县级以上人民政府林业主管部门责令补种滥伐株数5倍的树木，并处滥伐林木价值2倍至3倍的罚款。

滥伐森林或者其他林木，以立木材积计算2立方米以上或者幼树50株以上的，由县级以上人民政府林业主管部门责令补种滥伐株数5倍的树木，并处滥伐林木价值3倍至5倍的罚款。

超过木材生产计划采伐森林或者其他林木的，依照前两款规定处罚。

第四十条 违反本条例规定，收购没有林木采伐许可证或者其他合法来源证明的木材的，由县级以上人民政府林业主管部门没收非法经营的木材和违法所得，并处违法所得2倍以下的罚款。

第四十一条 违反本条例规定，毁林采种或者违反操作技术规程采脂、挖笋、掘根、剥树皮及过度修枝，致使森林、林木受到毁坏的，依法赔偿损失，由县级以上人民政府林业主管部门责令停止违法行为，补种毁坏株数1倍至3倍的树木，可以处毁坏林木价值1倍至5倍的罚款；拒不补种树木或者补种不符合国家有关规定的，由县级以上人民政府林业主管部门组织代为补种，所需费用由违法者支付。

违反森林法和本条例规定，擅自开垦林地，致使森林、林木受到毁坏的，依照森林法第四十四条的规定予以处罚；对森林、林木未造成毁坏或者被开垦的林地上没有森林、林木的，由县级以上人民政府林业主管部门责令停止违法行为，限期恢复原状，可以处非法开垦林地每平方米10元以下的罚款。

第四十二条 有下列情形之一的，由县级以上人民政府林业主管部门责令限期完成造林任务；逾期未完成的，可以处应完成而未完成造林任务所需费用2倍以下的罚款；对直接负责的主管人员和其他直接责任人员，依法给予行政处分：

（一）连续两年未完成更新造林任务的；

（二）当年更新造林面积未达到应更新造林面积50%的；

（三）除国家特别规定的干旱、半干旱地区外，更新造林当年成活率未达到85%的；

（四）植树造林责任单位未按照所在地县级人民政府的要求按时完成造林任务的。

第四十三条 未经县级以上人民政府林业主

管部门审核同意,擅自改变林地用途的,由县级以上人民政府林业主管部门责令限期恢复原状,并处非法改变用途林地每平方米 10 元至 30 元的罚款。

临时占用林地,逾期不归还的,依照前款规定处罚。

第四十四条 无木材运输证运输木材的,由县级以上人民政府林业主管部门没收非法运输的木材,对货主可以并处非法运输木材价款 30%以下的罚款。

运输的木材数量超出木材运输证所准运的运输数量的,由县级以上人民政府林业主管部门没收超出部分的木材;运输的木材树种、材种、规格与木材运输证规定不符又无正当理由的,没收其不相符部分的木材。

使用伪造、涂改的木材运输证运输木材的,由县级以上人民政府林业主管部门没收非法运输的木材,并处没收木材价款 10%至 50%的罚款。

承运无木材运输证的木材的,由县级以上人民政府林业主管部门没收运费,并处运费 1 倍至 3 倍的罚款。

第四十五条 擅自移动或者毁坏林业服务标志的,由县级以上人民政府林业主管部门责令限期恢复原状;逾期不恢复原状的,由县级以上人民政府林业主管部门代为恢复,所需费用由违法者支付。

第四十六条 违反本条例规定,未经批准,擅自将防护林和特种用途林改变为其他林种的,由县级以上人民政府林业主管部门收回经营者所获取的森林生态效益补偿,并处所获取森林生态效益补偿 3 倍以下的罚款。

第七章 附 则

第四十七条 本条例中县级以上地方人民政府林业主管部门职责权限的划分,由国务院林业主管部门具体规定。

第四十八条 本条例自发布之日起施行。1986 年 4 月 28 日国务院批准、1986 年 5 月 10 日林业部发布的《中华人民共和国森林法实施细则》同时废止。

森林采伐更新管理办法

· 1987 年 8 月 25 日国务院批准
· 1987 年 9 月 10 日林业部发布
· 根据 2011 年 1 月 8 日《国务院关于废止和修改部分行政法规的决定》修订

第一章 总 则

第一条 为合理采伐森林,及时更新采伐迹地,恢复和扩大森林资源,根据《中华人民共和国森林法》(以下简称森林法)及有关规定,制定本办法。

第二条 森林采伐更新要贯彻“以营林为基础,普遍护林,大力造林,采育结合,永续利用”的林业建设方针,执行森林经营方案,实行限额采伐,发挥森林的生态效益、经济效益和社会效益。

第三条 全民、集体所有的森林、林木和个人所有的林木采伐更新,必须遵守本办法。

第二章 森林采伐

第四条 森林采伐,包括主伐、抚育采伐、更新采伐和低产林改造。

第五条 采伐林木按照森林法实施条例第三十条规定,申请林木采伐许可证时,除提交其他必备的文件外,国营企业事业单位和部队还应当提交有关主管部门核定的年度木材生产计划;农村集体、个人还应当提交基层林业站核定的年度采伐指标。上年度进行采伐的,应当提交上年度的更新验收合格证。

第六条 林木采伐许可证的核发,按森林法及其实施条例的有关规定办理。授权核发林木采伐许可证,应当有书面文件。被授权核发林木采伐许可证的单位,应当配备熟悉业务的人员,并受授权单位监督。

国营林业局、国营林场根据林木采伐许可证、伐区设计文件和年度木材生产计划,向其基层经营单位拨交伐区,发给国有林林木采伐作业证。作业证格式由省、自治区、直辖市林业主管部门制定。

第七条 对用材林的成熟林和过熟林实行主伐。主要树种的主伐年龄,按《用材林主要树种主伐年龄表》的规定执行。定向培育的森林以及表内未列入树种的主伐年龄,由省、自治区、直辖市林业主管部门规定。

第八条 用材林的主伐方式为择伐、皆伐和渐伐。

中幼龄树木多的复层异龄林,应当实行择伐。择伐强度不得大于伐前林木蓄积量的40%,伐后林分郁闭度应当保留在0.5以上。伐后容易引起林木风倒、自然枯死的林分,择伐强度应当适当降低。两次择伐的间隔期不得少于一个龄级期。

成过熟单层林、中幼龄树木少的异龄林,应当实行皆伐。皆伐面积一次不得超过5公顷,坡度平缓、土壤肥沃、容易更新的林分,可以扩大到20公顷。在采伐带、采伐块之间,应当保留相当于皆伐面积的林带、林块。对保留的林带、林块,待采伐迹地上更新的幼树生长稳定后方可采伐。皆伐后依靠天然更新的,每公顷应当保留适当数量的单株或者群状母树。

天然更新能力强的成过熟单层林,应当实行渐伐。全部采伐更新过程不得超过一个龄级期。上层林木郁闭度较小,林内幼苗、幼树株数已经达到更新标准的,可进行二次渐伐,第一次采伐林木蓄积量的50%;上层林木郁闭度较大,林内幼苗、幼树株数达不到更新标准的,可进行三次渐伐,第一次采伐林木蓄积量的30%,第二次采伐保留林木蓄积的50%,第三次采伐应当在林内更新起来的幼树接近或者达到郁闭状态时进行。

毛竹林采伐后每公顷应当保留的健壮母竹,不得少于2000株。

第九条 对下列森林只准进行抚育和更新采伐:

(一)大型水库、湖泊周围山脊以内和平地150米以内的森林,干渠的护岸林。

(二)大江、大河两岸150米以内,以及大江、大河主要支流两岸50米以内的森林;在此范围内有山脊的,以第一层山脊为界。

(三)铁路两侧各100米、公路干线两侧各50米以内的森林;在此范围内有山脊的,以第一层山脊为界。

(四)高山森林分布上限以下150米至200米以内的森林。

(五)生长在坡陡和岩石裸露地方的森林。

第十条 防护林和特种用途林中的国防林、母树林、环境保护林、风景林的更新采伐技术规程,由林业部会同有关部门制定。

薪炭林、经济林的采伐技术规程,由省、自治区、直辖市林业主管部门制定。

第十一条 幼龄林、中龄林的抚育采伐,包括透光抚育、生长抚育、综合抚育;低产林的改造,包括局部改造和全面改造,其具体办法按照林业部发布的有关技术规程执行。

第十二条 国营林业局和国营、集体林场的采伐作业,应当遵守下列规定:

(一)按林木采伐许可证和伐区设计进行采伐,不得越界采伐或者遗弃应当采伐的林木。

(二)择伐和渐伐作业实行采伐木挂号,先伐除病腐木、风折木、枯立木以及影响目的树种生长和无生长前途的树木,保留生长健壮、经济价值高的树木。

(三)控制树倒方向,固定集材道,保护幼苗、幼树、母树和其他保留树木。依靠天然更新的,伐后林地上幼苗、幼树株数保存率应当达到60%以上。

(四)采伐的木材长度2米以上,小头直径不小于8厘米的,全部运出利用;伐根高度不得超过10厘米。

(五)伐区内的采伐剩余物和藤条、灌木,在不影响森林更新的原则下,采取保留、利用、火烧、堆集或者截短散铺方法清理。

(六)对容易引起水土冲刷的集材主道,应当采取防护措施。

其他单位和个人的采伐作业,参照上述规定执行。

第十三条 森林采伐后,核发林木采伐许可证的部门应当对采伐作业质量组织检查验收,签发采伐作业质量验收证明。验收证明格式由省、自治区、直辖市林业主管部门制定。

第三章 森林更新

第十四条 采伐林木的单位和个人,应当按照优先发展人工更新,人工更新、人工促进天然更新、天然更新相结合的原则,在采伐后的当年或者次年内必须完成更新造林任务。

第十五条 更新质量必须达到以下标准:

(一)人工更新,当年成活率应当不低于85%,3年后保存率应当不低于80%。

（二）人工促进天然更新，补植、补播后的成活率和保存率达到人工更新的标准；天然下种前整地的，达到本条第三项规定的天然更新标准。

（三）天然更新，每公顷皆伐迹地应当保留健壮目的树种幼树不少于3000株或者幼苗不少于6000株，更新均匀度应当不低于60%。择伐、渐伐迹地的更新质量，达到本办法第八条第二款、第四款规定的标准。

第十六条 未更新的旧采伐迹地、火烧迹地、林中空地、水湿地等宜林荒山荒地，应当由森林经营单位制定规划，限期完成更新造林。

第十七条 人工更新和造林应当执行林业部发布的有关造林规程，做到适地适树、细致整地、良种壮苗、密度合理、精心栽植、适时抚育。在立地条件好的地方，应当培育速生丰产林。

第十八条 森林更新后，核发林木采伐许可证的部门应当组织更新单位对更新面积和质量进行检查验收，核发更新验收合格证。

第四章 罚 则

第十九条 有下列行为之一的，依照森林法第三十九条和森林法实施条例的有关规定处罚：

（一）国营企业事业单位和集体所有制单位未取得林木采伐许可证，擅自采伐林木的，或者年木材产量超过采伐许可证规定数量5%的；

（二）国营企业事业单位不按批准的采伐设计文件进行采伐作业的面积占批准的作业面积5%以上的；

集体所有制单位按照林木采伐许可证的规定进行采伐时，不符合采伐质量要求的作业面积占批准的作业面积5%以上的；

（三）个人未取得林木采伐许可证，擅自采伐林木的，或者违反林木采伐许可证规定的采伐数量、地点、方式、树种，采伐的林木超过半立方米的。

第二十条 盗伐、滥伐林木数量较大，不便计算补种株数的，可按盗伐、滥伐木材数量折算面积，并根据森林法第三十九条规定的处罚原则，责令限期营造相应面积的新林。

第二十一条 无证采伐或者超过林木采伐许可证规定数量的木材，应当从下年度木材生产计划或者采伐指标中扣除。

第二十二条 国营企业事业单位和集体所有制单位有下列行为之一，自检查之日起1个月内未纠正的，发放林木采伐许可证的部门有权收缴林木采伐许可证，中止其采伐，直到纠正为止：

（一）未按规定清理伐区的；

（二）在采伐迹地上遗弃木材，每公顷超过半立方米的；

（三）对容易引起水土冲刷的集材主道，未采取防护措施的。

第二十三条 采伐林木的单位和个人违反本办法第十四条、第十五条规定的，依照森林法第四十五条和森林法实施条例的有关规定处理。

第二十四条 采伐林木的单位违反本办法有关规定的，对其主要负责人和直接责任人员，由所在单位或者上级主管机关给予行政处分。

第二十五条 对国营企业事业单位所处罚款，从其自有资金或预算包干结余经费中开支。

第五章 附 则

第二十六条 本办法由林业部负责解释。

第二十七条 本办法自发布之日起施行。

草原征占用审核审批管理规范

·2020年6月19日

·林草规〔2020〕2号

第一条 为了加强草原征占用的监督管理，规范草原征占用的审核审批，保护草原资源和生态环境，维护农牧民的合法权益，根据《中华人民共和国草原法》的规定，制定本规范。

第二条 本规范适用于下列情形：

（一）矿藏开采和工程建设等需要征收、征用或者使用草原的审核；

（二）临时占用草原的审批；

（三）在草原上修建为草原保护和畜牧业生产服务的工程设施使用草原的审批。

第三条 县级以上林业和草原主管部门负责草原征占用的审核审批工作。

第四条 草原是重要的战略资源。国家保护草原资源，实行基本草原保护制度，严格控制草原转为其他用地。

第五条 矿藏开采、工程建设和修建工程设施应当不占或者少占草原。严格执行生态保护红线管理有关规定,原则上不得占用生态保护红线内的草原。

除国务院批准同意的建设项目,国务院有关部门、省级人民政府及其有关部门批准同意的基础设施、公共事业、民生建设项目和国防、外交建设项目外,不得占用基本草原。

第六条 矿藏开采和工程建设确需征收、征用或者使用草原的,依照下列规定的权限办理:

(一)征收、征用或者使用草原超过七十公顷的,由国家林业和草原局审核;

(二)征收、征用或者使用草原七十公顷及其以下的,由省级林业和草原主管部门审核。

第七条 工程建设、勘查、旅游等确需临时占用草原的,由县级以上地方林业和草原主管部门依据所在省、自治区、直辖市确定的权限分级审批。

临时占用草原的期限不得超过二年,并不得在临时占用的草原上修建永久性建筑物、构筑物;占用期满,使用草原的单位或者个人应当恢复草原植被并及时退还。

第八条 在草原上修建直接为草原保护和畜牧业生产服务的工程设施确需使用草原的,依照下列规定的权限办理:

(一)使用草原超过七十公顷的,由省级林业和草原主管部门审批;

(二)使用草原七十公顷及其以下的,由县级以上地方林业和草原主管部门依据所在省、自治区、直辖市确定的审批权限审批。修建其他工程,需要将草原转为非畜牧业生产用地的,应当依照本规范第六条的规定办理。

第一款所称直接为草原保护和畜牧业生产服务的工程设施,是指:

1. 生产、贮存草种和饲草饲料的设施;

2. 牲畜圈舍、配种点、剪毛点、药浴池、人畜饮水设施;

3. 科研、试验、示范基地;

4. 草原防火和灌溉设施等。

第九条 草原征占用应当符合下列条件:

(一)符合国家的产业政策,国家明令禁止的项目不得征占用草原;

(二)符合所在地县级草原保护建设利用规划,有明确的使用面积或者临时占用期限;

(三)对所在地生态环境、畜牧业生产和农牧民生活不会产生重大不利影响;

(四)征占用草原应当征得草原所有者或者使用者的同意;征占用已承包经营草原的,还应当与草原承包经营者达成补偿协议;

(五)临时占用草原的,应当具有恢复草原植被的方案;

(六)申请材料齐全、真实;

(七)法律、法规规定的其他条件。

第十条 草原征占用单位或者个人应当向具有审核审批权限的林业和草原主管部门提出草原征占用申请。

第十一条 征收、征用或者使用草原的单位或者个人,应当填写《草原征占用申请表》。

第十二条 林业和草原主管部门应当自受理申请之日起二十个工作日内完成审核或者审批工作。二十个工作日内不能完成的,经本部门负责人批准,可延长十个工作日,并告知申请人延长的理由。

第十三条 省级以上林业和草原主管部门可以根据需要组织开展现场查验工作。当地县级以上林业和草原主管部门应当将现场查验报告及时报送负责审核的林业和草原主管部门。

现场查验报告应当包括以下内容:拟征收、征用或者使用草原项目基本情况;拟征收、征用或者使用草原的权属、面积、类型、等级和相关草原所有权者、使用权者和承包经营权者数量和补偿情况;是否涉及生态保护红线、各类自然保护地内草原和未批先建等情况。

第十四条 矿藏开采和工程建设等确需征收、征用或者使用草原的单位或者个人应当一次申请。建设项目批准文件未明确分期或者分段建设的,严禁化整为零。

建设项目批准文件中明确分期或者分段建设的项目,可以根据分期或者分段实施安排,按照规定权限分次申请办理征收、征用或者使用草原审核手续。

采矿项目总体占地范围确定,采取滚动方式开发的,可以根据开发计划分阶段按照规定权限申请办理征收、征用或者使用草原审核手续。

国务院或者国务院有关部门批准的公路、铁路、油气管线、水利水电等建设项目中的桥梁、隧道、围堰、导流(渠)洞、进场道路和输电设施等控制性单体工程和配套工程,根据有关开展前期工作的批文,可以向省级林业和草原主管部门申请控制性单体工程和配套工程先行使用草原。整体项目申请时，应当附具单体工程和配套工程先行征收、征用或者使用草原的批文及其申请材料，按照规定权限一次申请办理征收、征用或者使用草原审核手续。

第十五条 组织开展矿藏开采和工程建设等征收、征用或者使用草原现场查验，人员应当不少于三人，其中应当包括两名以上具有中级以上职称的相关专业技术人员。被申请征收、征用或者使用草原的摄像或者照片资料和地上建筑、基础设施建设的视频资料，可以作为《征占用草原现场查验表》的附件。

第十六条 矿藏开采和工程建设等确需征收、征用或者使用草原的申请，经审核同意的，林业和草原主管部门应当按照《中华人民共和国草原法》的规定，向申请人收取草原植被恢复费，经审核不同意的，向申请人发放不予行政许可决定书，告知不予许可的理由。

申请人在获得准予行政许可决定书后，依法向自然资源主管部门申请办理建设用地审批手续。建设用地申请未获批准的，林业和草原主管部门退还申请人缴纳的草原植被恢复费。

第十七条 临时占用草原或者修建直接为草原保护和畜牧业生产服务的工程设施需要使用草原的申请，经审批同意的，林业和草原主管部门作出准予行政许可的书面决定。经审批不同意的，作出不予行政许可的书面决定。

第十八条 申请单位或者个人应当按照批准的面积征占用草原，不得擅自扩大面积。因建设项目设计变更确需扩大征占用草原面积的，应当依照规定权限办理征占用审核审批手续。减少征占用草原面积或者变更征占用位置的，向原审核审批机关申请办理变更手续。

第十九条 违反本规范规定，有下列情形之一的，依照《中华人民共和国草原法》的有关规定查处，构成犯罪的，依法追究刑事责任：

（一）无权批准征收、征用或者使用草原的单位或者个人非法批准征收、征用或者使用草原的；

（二）超越批准权限非法批准征收、征用或者使用草原的；

（三）违反规定程序批准征收、征用或者使用草原的；

（四）未经批准或者采取欺骗手段骗取批准，非法使用草原的；

（五）在临时占用的草原上修建永久性建筑物、构筑物的；

（六）临时占用草原，占用期届满，用地单位不予恢复草原植被的；

（七）其他违反法律法规规定征占用草原的。

第二十条 县级以上林业和草原主管部门应当建立征占用草原审核审批管理档案。

第二十一条 省、自治区、直辖市林业和草原主管部门应当在每年的第一季度将上年度本省、自治区、直辖市征占用草原的情况汇总报告国家林业和草原局。

第二十二条 《草原征占用申请表》《征占用草原现场查验表》式样由国家林业和草原局规定。

第二十三条 本规范自2020年7月31日起施行。

国家重点保护野生动物驯养繁殖许可证管理办法

- 1991年1月9日林业部公布
- 根据2011年1月25日《国家林业局关于废止和修改部分部门规章的决定》第一次修订
- 根据2015年4月30日《国家林业局关于修改部分部门规章的决定》第二次修订

第一条 为保护、发展和合理利用野生动物资源，加强野生动物驯养繁殖管理工作，维护野生动物驯养繁殖单位和个人的合法权益，根据《中华人民共和国野生动物保护法》第十七条规定，制定本办法。

第二条 从事驯养繁殖野生动物的单位和个人，必须取得《国家重点保护野生动物驯养繁殖许可证》（以下简称《驯养繁殖许可证》）。没有取得《驯养繁殖许可证》的单位和个人，不得从事野生动物驯养繁殖活动。

本办法所称野生动物，是指国家重点保护的陆生野生动物；所称驯养繁殖，是指在人为控制条件下，为保护、研究、科学实验、展览及其他经济目的而进行的野生动物驯养繁殖活动。

第三条 具备下列条件的单位和个人，可以申请《驯养繁殖许可证》：

(一)有适宜驯养繁殖野生动物的固定场所和必需的设施;

(二)具备与驯养繁殖野生动物种类、数量相适应的人员和技术;

(三)驯养繁殖野生动物的饲料来源有保证。

第四条 有下列情况之一的,可以不批准发放《驯养繁殖许可证》:

(一)野生动物资源不清;

(二)驯养繁殖尚未成功或技术尚未过关;

(三)野生动物资源极少,不能满足驯养繁殖种源要求。

第五条 驯养繁殖野生动物的单位和个人,必须向所在地县级政府野生动物行政主管部门提出书面申请,并填写《国家重点保护野生动物驯养繁殖许可证申请表》。

凡驯养繁殖国家一级保护野生动物的,由省、自治区、直辖市政府林业行政主管部门报林业部审批;凡驯养繁殖国家二级保护野生动物的,由省、自治区、直辖市政府林业行政主管部门审批。

批准驯养繁殖野生动物的,作出行政许可决定的林业行政主管部门应当核发《驯养繁殖许可证》。

《驯养繁殖许可证》和《国家重点保护野生动物驯养繁殖许可证申请表》由林业部统一印制。

第六条 驯养繁殖野生动物的单位和个人,应当遵守以下规定:

(一)遵守国家和地方有关野生动物保护管理政策和法规,关心和支持野生动物保护事业;

(二)用于驯养繁殖的野生动物来源符合国家规定;

(三)接受野生动物的行政主管部门的监督检查和指导;

(四)建立野生动物驯养繁殖档案和统计制度;

(五)按有关规定出售、利用其驯养繁殖野生动物及其产品。

第七条 驯养繁殖野生动物的单位和个人,必须按照《驯养繁殖许可证》规定的种类进行驯养繁殖活动。需要变更驯养繁殖野生动物种类的,应当比照本办法第五条的规定,在2个月内向原批准机关申请办理变更手续;需要终止驯养繁殖野生动物活动的,应当在2个月内向原批准机关办理终止手续,并交回原《驯养繁殖许可证》。

第八条 因驯养繁殖野生动物需要从野外获得种源的,必须按照《中华人民共和国野生动物保护法》第十六条及有关规定办理。

第九条 取得《驯养繁殖许可证》的单位和个人,需要出售、利用其驯养繁殖的国家一级保护野生动物及其产品的,必须经林业部或其授权的单位批准;需要出售、利用其驯养繁殖的国家二级保护野生动物及其产品的,必须经省、自治区、直辖市政府林业行政主管部门或其授权的单位批准。

取得《驯养繁殖许可证》的单位和个人未经批准不得出售、利用其驯养繁殖的野生动物及其产品。

第十条 县级以上政府野生动物行政主管部门或其授权的单位应当定期查验《驯养繁殖许可证》。对未取得《驯养繁殖许可证》的单位和个人进行野生动物驯养繁殖活动的,由县级以上政府野生动物行政主管部门没收其驯养繁殖的野生动物。

第十一条 取得《驯养繁殖许可证》的单位和个人,有下列情况之一的,除按野生动物保护法律、法规的有关规定处理外,批准驯养繁殖野生动物或核发《驯养繁殖许可证》的机关可以注销其《驯养繁殖许可证》,并可建议工商行政管理部门吊销其《企业法人营业执照》或《营业执照》:

(一)超出《驯养繁殖许可证》的规定驯养繁殖野生动物种类的;

(二)隐瞒、虚报或以其他非法手段取得《驯养繁殖许可证》的;

(三)伪造、涂改、转让或倒卖《驯养繁殖许可证》的;

(四)非法出售、利用其驯养繁殖的野生动物及其产品的;

(五)取得《驯养繁殖许可证》以后在1年内未从事驯养繁殖活动的。

被注销《驯养繁殖许可证》的单位和个人,应立即停止驯养繁殖野生动物活动,其驯养繁殖的野生动物由县级以上政府野生动物行政主管部门或其授权单位按有关规定处理。

第十二条 省、自治区、直辖市政府林业行政主管部门要建立《驯养繁殖许可证》审批、核发制度,配备专人管理,使用野生动物管理专用章。

第十三条 本办法由林业部负责解释。

第十四条 本办法自1991年4月1日起施行。

林业行政处罚程序规定

· 1996年9月27日中华人民共和国林业部令第8号公布
· 自1996年10月1日起施行

第一章 总 则

第一条 为了规范林业行政处罚，保障和监督林业行政主管部门有效实施行政管理，维护公共利益和社会秩序，保护公民、法人或者其他组织的合法权益，根据有关法律、法规，制定本规定。

第二条 依法实施林业行政处罚适用本规定。

第三条 实施林业行政处罚必须以事实为依据，以法律为准绳，遵循公正、公开、及时的原则。

实施林业行政处罚，纠正违法行为，应当坚持处罚与教育相结合，教育公民、法人或者其他组织自觉守法。

第四条 公民、法人或者其他组织对林业行政主管部门所给予的林业行政处罚，享有陈述权、申辩权；对林业行政处罚不服的，有权依法申请行政复议或者提起行政诉讼。

公民、法人或者其他组织因林业行政主管部门违法给予行政处罚受到损害的，有权依法提出赔偿要求。

第五条 违法行为构成犯罪，应当依法追究刑事责任，不得以行政处罚代替刑事处罚。

第二章 实施机关与管辖

第六条 实施林业行政处罚的机关，必须是县级以上林业行政主管部门，法律、法规授权的组织以及林业行政主管部门依法委托的组织。其他任何机关和组织，不得实施林业行政处罚。

林业行政主管部门依法委托实施林业行政处罚，必须办理书面委托手续，并由委托的林业行政主管部门报上一级林业行政主管部门备案。委托的林业行政主管部门对受委托的组织实施行政处罚的行为负责监督，并对该行为的后果承担法律责任。

受委托组织在委托范围内，以委托的林业行政主管部门名义实施行政处罚，不得再委托其他组织或者个人实施行政处罚。

第七条 地州级以上林业行政主管部门的法制工作机构统一管理林业行政处罚工作。

县级林业行政主管部门可以确定一个内部机构统一管理林业行政处罚工作。

第八条 县级林业行政主管部门管辖本辖区内的林业行政处罚。

地州级和省级林业行政主管部门管辖本辖区内重大、复杂的林业行政处罚。

林业部管辖全国重大、复杂的林业行政处罚。

第九条 林业行政处罚由违法行为发生地的林业行政主管部门管辖。

第十条 上级林业行政主管部门在必要的时候可以处理下一级林业行政主管部门管辖的林业行政处罚，也可以把自己管辖的林业行政处罚交由下一级林业行政主管部门处理；下一级林业行政主管部门认为重大、复杂的林业行政处罚需要由上一级林业行政主管部门处理的，可以报请上一级林业行政主管部门决定。

第十一条 几个同级林业行政主管部门都有管辖权的林业行政处罚，由最初受理的林业行政主管部门处理；主要违法行为地的林业行政主管部门处理更为适宜的，可以移送主要违法行为地的林业行政主管部门处理。

林业行政处罚管辖权发生争议的，报请共同上一级林业行政主管部门指定管辖。

第十二条 法律、法规授权的组织和林业行政主管部门依法委托的组织，管辖授权、委托范围内的林业行政处罚。

第三章 立案、调查与决定

第十三条 违法行为在二年内未被发现的，不再给予林业行政处罚。法律另有规定的除外。

第十四条 林业行政执法人员调查处理林业行政处罚案件时，应当向当事人或者有关人员出示执法证件。执法证件由林业部统一制发，省级以上林业行政主管部门法制工作机构负责执法证件的发放和管理工作。

第十五条 林业行政执法人员在调查处理林业行政处罚案件时与当事人有利害关系的，应当自行回避。

当事人认为林业行政执法人员与本案有利害关系或者其他关系可能影响公正处理的，有权申请林业行政执法人员回避。

林业行政执法人员的回避，由行政负责人决

定;行政负责人的回避由集体讨论决定。

回避未被决定以前,不得停止对案件的调查处理。

第十六条 林业行政执法人员在调查处理林业行政处罚案件时应当依法收取证据。

证据主要有以下几种:

(一)书证;

(二)物证;

(三)视听资料;

(四)证人证言;

(五)当事人的陈述;

(六)鉴定结论;

(七)勘验笔录、现场笔录。

证据必须经过查证属实,才能作为认定案件事实的根据。

第十七条 公民、法人或者其他组织违反林业行政管理秩序的行为,依法应当给予林业行政处罚的,林业行政主管部门必须查明事实;违法事实不清的,不得给予林业行政处罚。

第十八条 林业行政主管部门在林业行政处罚决定书送达之前,应当告知当事人作出林业行政处罚决定的事实、理由及依据,并告知当事人依法享有的权利。

第十九条 当事人有权进行陈述和申辩。林业行政主管部门必须充分听取当事人的意见,对当事人提出的事实、理由和证据,应当进行复核;当事人提出的事实、理由或者证据成立的,林业行政主管部门应当采纳。

林业行政主管部门不得因当事人申辩而加重处罚。

第二十条 凡给予林业行政处罚的,应当具备下述条件:

(一)有明确的违法行为人;

(二)有具体的违法事实和证据;

(三)法律、法规和规章规定应当给予林业行政处罚的;

(四)属于查处的机关管辖。

第一节 简易程序

第二十一条 违法事实确凿并有法定依据,对公民处以五十元以下、对法人或者其他组织处以一千元以下罚款或者警告的行政处罚的,可以当场作出林业行政处罚决定。当事人应当依照本规定的有关条款履行林业行政处罚决定。

第二十二条 执法人员当场作出林业行政处罚决定的,可以由一人进行,应当向当事人出示执法身份证件,制作《林业行政处罚当场处罚笔录》,填写《林业行政处罚当场处罚决定书》,按规定格式载明当事人的违法行为、行政处罚依据、罚款数额或者警告、时间、地点以及本行政主管部门名称,由林业行政执法人员签名或者盖章,当场交付当事人。

执法人员当场作出的林业行政处罚决定,必须报所属林业行政主管部门备案。

第二节 一般程序

第二十三条 除本规定第二十一条规定的可以当场作出的行政处罚外,林业行政主管部门必须按照一般程序规定实施林业行政处罚。

第二十四条 凡发现或者接到举报、控告、移送、上级交办、主动交代等违反林业法律、法规、规章的行为,应当填写《林业行政处罚登记表》,报行政负责人审批。对认为需要给予林业行政处罚的,在七日内予以立案;对认为不需要给予林业行政处罚的,不予立案。

立案必须符合下列条件:

(一)有违法行为发生;

(二)违法行为是应受处罚的行为;

(三)属于本机关管辖;

(四)属于一般程序适用范围。

林业行政处罚案件立案以后,经调查并报行政负责人审批,没有违法事实的,撤销立案;不属于自己管辖的,移送有关主管部门;需要追究刑事责任的,移送司法机关处理。

第二十五条 调查处理林业行政处罚案件不得少于二人。

第二十六条 林业行政主管部门收集证据时,在证据可能灭失或者以后难以取得的情况下,经行政机关负责人批准,可以先行登记保存,填写《林业行政处罚登记保存通知单》,并应当在七日内及时作出处理决定,在此期间,当事人或者有关人员不得销毁或者转移证据。

第二十七条 林业行政执法人员应当全面、公正、客观地收集、调取各种证据。必要时,可以会同有关部门共同收集、调取各种证据。收集、调取证据应当制作笔录,由调查人和有关当事人在笔录上签名或者盖章。

第二十八条 林业行政执法人员调查处理林业行政处罚案件应当询问当事人或者其他知情人(以下称被询问人),并制作《林业行政处罚询问笔录》。被询问人拒绝回答的,不影响根据证据对案件事实的认定。

询问笔录应当交被询问人核对,对于没有阅读能力的,应当向其宣读;被询问人提出补充或者改正的,应当允许;被询问人确认笔录无误后,应当在笔录上签名或者盖章;被询问人拒绝签名或者盖章的,应当在笔录上注明,询问人也应当在笔录上签名或者盖章。被询问人要求自行书写的,应当允许;必要时,林业行政执法人员也可以要求被询问人自行书写,自行书写的应当有本人的签名或者盖章。

第二十九条 林业行政执法人员对与违法行为有关的场所、物品可以进行勘验、检查。必要时,可以指派或者聘请具有专门知识的人进行勘验、检查,并可以邀请与案件无关的见证人和有关的当事人参加。当事人拒绝参加的,不影响勘验、检查的进行。

勘验、检查应当制作《林业行政处罚勘验、检查笔录》,由参加勘验、检查的人和被邀请的见证人、有关的当事人签名或者盖章。

第三十条 为解决林业行政处罚案件中某些专门性问题,林业行政主管部门可以指派或者聘请有专门知识的人进行鉴定。

鉴定人进行鉴定后,应当提出书面鉴定结论并签名或者盖章,注明本人身份。

第三十一条 林业行政处罚案件经调查事实清楚、证据确凿的,应当填写《林业行政处罚意见书》,并连同《林业行政处罚登记表》和证据等有关材料,由林业行政执法人员送法制工作机构提出初步意见后,再交由本行政主管部门负责人审查决定。

情节复杂或者重大违法行为需要给予较重行政处罚的,林业行政主管部门的负责人应当集体讨论决定。

第三十二条 凡决定给予林业行政处罚的,应当制作《林业行政处罚决定书》,按照规定格式载明下列事项:

(一)当事人的姓名或者名称、地址;

(二)违反法律、法规或者规章的事实和证据;

(三)林业行政处罚的种类和依据;

(四)林业行政处罚的履行方式和期限;

(五)不服林业行政处罚决定,申请行政复议或者提起行政诉讼的途径和期限;

(六)作出林业行政处罚决定的林业行政主管部门名称和作出决定的日期。

第三十三条 林业行政主管部门或其委托的组织作出的林业行政处罚,应当在《林业行政处罚决定书》上盖林业行政主管部门的印章。

法律、法规授权的组织作出的林业行政处罚,应当在《林业行政处罚决定书》上盖本组织的印章。

第三十四条 林业行政处罚案件自立案之日起,应当在一个月内办理完毕;经行政负责人批准可以延长,但不得超过三个月;特殊情况下三个月内不能办理完毕的,报经上级林业行政主管部门批准,可以延长。

第三十五条 林业行政主管部门及其执法人员在作出林业行政处罚决定之前,不依照规定向当事人告知给予行政处罚的事实、理由和依据,或者拒绝听取当事人的陈述、申辩,行政处罚不能成立;当事人放弃陈述或者申辩权利的除外。

第三十六条 公民、法人或者其他组织对林业行政主管部门或者行政执法人员作出的行政处罚有权提出申诉和检举;林业行政主管部门应当认真审查,发现确有错误的,应当主动改正。

作出林业行政处罚决定的林业行政主管部门负责人认为作出的林业行政处罚决定确有错误的,有权提请集体讨论,决定是否重新处理。

第三节 听证程序

第三十七条 林业行政主管部门作出责令停产停业、吊销许可证、较大数额罚款等行政处罚决定之前,应当告知当事人有要求举行听证的权利;当事人要求听证的,林业行政主管部门应当组织听证,制发《举行听证通知》,制作《林业行政处罚听证笔录》。当事人不承担林业行政主管部门组织听证的费用。听证依照法定程序进行。

第三十八条 听证结束后,林业行政主管部门依照本规定第三十一条,作出决定。

第四章 送达与执行

第三十九条 《林业行政处罚决定书》应当及

时送达被处罚人,并由被处罚人在《林业行政处罚送达回证》上签名或者盖章;被处罚人不在,可以交给其成年家属或者所在单位的负责人员代收,并在送达回证上签名或者盖章。

被处罚人或者代收人拒绝接收或者签名、盖章的,送达人可以邀请其邻居或者其单位有关人员到场,说明情况,把《林业行政处罚决定书》留在其住处或者其单位,并在送达回证上记明拒绝的事由、送达的日期,由送达人签名,即视为送达。

被处罚人不在本地的,可以委托被处罚人所在地的林业行政主管部门代为送达,也可以挂号邮寄送达。邮寄送达的,以挂号回执上注明的收件日期为送达日期。

第四十条 除依照本规定第四十一条、第四十二条规定当场收缴的罚款外,作出林业行政处罚决定的林业行政主管部门及其执法人员不得自行收缴罚款。

当事人应当自收到林业行政处罚决定书之日起十五日内,到指定的银行缴纳罚款。

第四十一条 依照本规定第二十一条可以当场作出林业行政处罚决定,有下列情形之一的,执法人员可以当场收缴罚款:

(一)依法给予二十元以下的罚款的;

(二)不当场收缴事后难以执行的。

第四十二条 在边远、水上、交通不便地区,林业行政主管部门及其执法人员作出罚款决定后,当事人向指定的银行缴纳罚款确有困难,经当事人提出,林业行政主管部门及其执法人员可以当场收缴罚款。

第四十三条 林业行政主管部门及其执法人员当场收缴罚款的,必须向当事人出具省、自治区、直辖市财政部门统一制发的罚款收据;不出具财政部门统一制发的罚款收据的,当事人有权拒绝缴纳罚款。

第四十四条 执法人员当场收缴的罚款,应当自收缴罚款之日起二日内,交至林业行政主管部门;在水上当场收缴的罚款,应当自抵岸之日起二日内交至林业行政主管部门;林业行政主管部门应当在二日内将罚款缴付指定的银行。

第四十五条 当事人逾期不履行林业行政处罚决定的,作出行政处罚决定的林业行政主管部门可以采取下列措施:

(一)到期不缴纳罚款的,每日按罚款数额的百分之三加处罚款;

(二)根据法律规定,将查封、扣押的财物拍卖或者将冻结的存款划拨抵缴罚款;

(三)申请人民法院强制执行。

第四十六条 当事人确有经济困难,需要延期或者分期缴纳罚款的,经当事人申请和作出处罚决定的林业行政主管部门审查批准,可以暂缓或者分期缴纳。

第四十七条 除依法应当予以销毁的物品外,依法没收的非法财物必须按照国家规定公开拍卖或者按照国家有关规定处理。

罚款、没收违法所得或者没收非法财物拍卖的款项,按照国家有关规定处理。

第四十八条 《林业行政处罚决定书》送达后,承办人应当将案件材料立卷。

林业行政处罚案件卷宗一般包括:卷皮、目录、案件登记表、证据材料、林业行政处罚意见书、林业行政处罚决定书和其他材料。

林业行政处罚案件办理终结,承办人应当根据一案一卷的原则,将案件的全部材料立卷归档。

第四十九条 上级交办的林业行政处罚案件办理终结,承办的单位应当将案件的处理结果向交办单位报告。

第五章 附 则

第五十条 本规定中规定的林业行政处罚案件包括破坏陆生野生动物资源的行政处罚案件。

第五十一条 本规定中规定的签名或者盖章,当事人因故不能履行的,可以按指印。

第五十二条 本规定由林业部负责解释。

第五十三条 本规定自一九九六年十月一日起施行。

林木林地权属争议处理办法

· 1996年10月14日中华人民共和国林业部令第10号公布

· 自公布之日起施行

第一章 总 则

第一条 为了公正、及时地处理林木、林地权属争议,维护当事人的合法权益,保障社会安定团结，促进林业发展，根据《中华人民共和国森林法》和国家有关规定，制定本办法。

第二条 本办法所称林木、林地权属争议，是指因森林、林木、林地所有权或者使用权的归属而产生的争议。

处理森林、林木、林地的所有权或者使用权争议（以下简称林权争议），必须遵守本办法。

第三条 处理林权争议，应当尊重历史和现实情况，遵循有利于安定团结，有利于保护、培育和合理利用森林资源，有利于群众的生产生活的原则。

第四条 林权争议由各级人民政府依法作出处理决定。

林业部、地方各级人民政府林业行政主管部门或者人民政府设立的林权争议处理机构（以下统称林权争议处理机构）按照管理权限分别负责办理林权争议处理的具体工作。

第五条 林权争议发生后，当事人所在地林权争议处理机构应当及时向所在地人民政府报告，并采取有效措施防止事态扩大。

在林权争议解决以前，任何单位和个人不得采伐有争议的林木，不得在有争议的林地上从事基本建设或者其他生产活动。

第二章 处理依据

第六条 县级以上人民政府或者国务院授权林业部依法颁发的森林、林木、林地的所有权或者使用权证书（以下简称林权证），是处理林权争议的依据。

第七条 尚未取得林权证的，下列证据作为处理林权争议的依据：

（一）土地改革时期，人民政府依法颁发的土地证；

（二）土地改革时期，《中华人民共和国土地改革法》规定不发证的林木、林地的土地清册；

（三）当事人之间依法达成的林权争议处理协议、赠送凭证及附图；

（四）人民政府作出的林权争议处理决定；

（五）对同一起林权争议有数次处理协议或者决定的，以上一级人民政府作出的最终决定或者所在地人民政府作出的最后一次决定为依据；

（六）人民法院作出的裁定、判决。

第八条 土地改革后至林权争议发生时，下列证据可以作为处理林权争议的参考依据：

（一）国有林业企业事业单位设立时，该单位的总体设计书所确定的经营管理范围及附图；

（二）土地改革、合作化时期有关林木、林地权属的其他凭证；

（三）能够准确反映林木、林地经营管理状况的有关凭证；

（四）依照法律、法规和有关政策规定，能够确定林木、林地权属的其他凭证。

第九条 土地改革前有关林木、林地权属的凭证，不得作为处理林权争议的依据或者参考依据。

第十条 处理林权争议时，林木、林地权属凭证记载的四至清楚的，应当以四至为准；四至不清楚的，应当协商解决；经协商不能解决的，由当事人共同的人民政府确定其权属。

第十一条 当事人对同一起林权争议都能够出具合法凭证的，应当协商解决；经协商不能解决的，由当事人共同的人民政府按照双方各半的原则，并结合实际情况确定其权属。

第十二条 土地改革后营造的林木，按照"谁造林、谁管护、权属归谁所有"的原则确定其权属，但明知林地权属有争议而抢造的林木或者法律、法规另有规定的除外。

第三章 处理程序

第十三条 林权争议发生后，当事人应当主动、互谅、互让地协商解决。经协商依法达成协议的，当事人应当在协议书及附图上签字或者盖章，并报所在地林权争议处理机构备案；经协商不能达成协议的，按照本办法规定向林权争议处理机构申请处理。

第十四条 林权争议由当事人共同的林权争议处理机构负责办理具体处理工作。

第十五条 申请处理林权争议的，申请人应当向林权争议处理机构提交《林木林地权属争议处理申请书》。

《林木林地权属争议处理申请书》应当包括以下内容：

（一）当事人的姓名、地址及其法定代表人的姓名、职务；

（二）争议的现状，包括争议面积、林木蓄积，争议地所在的行政区域位置、四至和附图；

（三）争议的事由，包括发生争议的时间、原因；

（四）当事人的协商意见。

《林木林地权属争议处理申请书》由省、自治区、直辖市人民政府林权争议处理机构统一印制。

第十六条 林权争议处理机构在接到《林木林地权属争议处理申请书》后，应当及时组织办理。

第十七条 当事人对自己的主张应当出具证据。当事人不能出具证据的，不影响林权争议处理机构依据有关证据认定争议事实。

第十八条 林权争议经林权争议处理机构调解达成协议的，当事人应当在协议书上签名或者盖章，并由调解人员署名，加盖林权争议处理机构印章，报同级人民政府或者林业行政主管部门备案。

第十九条 林权争议经林权争议处理机构调解未达成协议的，林权争议处理机构应当制作处理意见书，报同级人民政府作出决定。

处理意见书应当写明下列内容：

（一）当事人的姓名、地址及其法定代表人的姓名、职务；

（二）争议的事由、各方的主张及出具的证据；

（三）林权争议处理机构认定的事实、理由和适用的法律、法规及政策规定；

（四）处理意见。

第二十条 当事人之间达成的林权争议处理协议或者人民政府作出的林权争议处理决定，凡涉及国有林业企业、事业单位经营范围变更的，应当事先征得原批准机关同意。

第二十一条 当事人之间达成的林权争议处理协议，自当事人签字之日起生效；人民政府作出的林权争议处理决定，自送达之日起生效。

第二十二条 当事人对人民政府作出的林权争议处理决定不服的，可以依法提出申诉或者向人民法院提起诉讼。

第四章 奖励和惩罚

第二十三条 在林权争议处理工作中做出突出贡献的单位和个人，由县级以上人民政府林业行政主管部门给予奖励。

第二十四条 伪造、变造、涂改本办法规定的林木、林地权属凭证的，由林权争议处理机构收缴其伪造、变造、涂改的林木、林地权属凭证，并可视情节轻重处以1000元以下罚款。

第二十五条 违反本办法规定，在林权争议解决以前，擅自采伐有争议的林木或者在有争议的林地上从事基本建设及其他生产活动的，由县级以上人民政府林业行政主管部门依照《森林法》等法律、法规给予行政处罚。

第二十六条 在处理林权争议过程中，林权争议处理机构工作人员玩忽职守，徇私舞弊的，由其所在单位或者有关机关依法给予行政处分。

第五章 附 则

第二十七条 本办法由林业部负责解释。

第二十八条 本办法自发布之日起施行。

（六）畜牧业

中华人民共和国畜牧法

· 2005年12月29日第十届全国人民代表大会常务委员会第十九次会议通过
· 根据2015年4月24日第十二届全国人民代表大会常务委员会第十四次会议《关于修改〈中华人民共和国计量法〉等五部法律的决定》修正
· 2022年10月30日第十三届全国人民代表大会常务委员会第三十七次会议修订
· 2022年10月30日中华人民共和国主席令第124号公布
· 自2023年3月1日起施行

第一章 总 则

第一条 为了规范畜牧业生产经营行为，保障畜禽产品供给和质量安全，保护和合理利用畜禽遗传资源，培育和推广畜禽优良品种，振兴畜禽种业，维护畜牧业生产经营者的合法权益，防范公共卫生风险，促进畜牧业高质量发展，制定本法。

第二条 在中华人民共和国境内从事畜禽的遗传资源保护利用、繁育、饲养、经营、运输、屠宰等活动，适用本法。

本法所称畜禽，是指列入依照本法第十二条规定公布的畜禽遗传资源目录的畜禽。

蜂、蚕的资源保护利用和生产经营，适用本法有关规定。

第三条 国家支持畜牧业发展，发挥畜牧业在发展农业、农村经济和增加农民收入中的作用。

县级以上人民政府应当将畜牧业发展纳入国民经济和社会发展规划，加强畜牧业基础设施建设，鼓励和扶持发展规模化、标准化和智能化养殖，促进种养结合和农牧循环、绿色发展，推进畜牧产业化经营，提高畜牧业综合生产能力，发展安全、优质、高效、生态的畜牧业。

国家帮助和扶持民族地区、欠发达地区畜牧业的发展，保护和合理利用草原，改善畜牧业生产条件。

第四条 国家采取措施，培养畜牧兽医专业人才，加强畜禽疫病监测、畜禽疫苗研制，健全基层畜牧兽医技术推广体系，发展畜牧兽医科学技术研究和推广事业，完善畜牧业标准，开展畜牧兽医科学技术知识的教育宣传工作和畜牧兽医信息服务，推进畜牧业科技进步和创新。

第五条 国务院农业农村主管部门负责全国畜牧业的监督管理工作。县级以上地方人民政府农业农村主管部门负责本行政区域内的畜牧业监督管理工作。

县级以上人民政府有关主管部门在各自的职责范围内，负责有关促进畜牧业发展的工作。

第六条 国务院农业农村主管部门应当指导畜牧业生产经营者改善畜禽繁育、饲养、运输、屠宰的条件和环境。

第七条 各级人民政府及有关部门应当加强畜牧业相关法律法规的宣传。

对在畜牧业发展中做出显著成绩的单位和个人，按照国家有关规定给予表彰和奖励。

第八条 畜牧业生产经营者可以依法自愿成立行业协会，为成员提供信息、技术、营销、培训等服务，加强行业自律，维护成员和行业利益。

第九条 畜牧业生产经营者应当依法履行动物防疫和生态环境保护义务，接受有关主管部门依法实施的监督检查。

第二章 畜禽遗传资源保护

第十条 国家建立畜禽遗传资源保护制度，开展资源调查、保护、鉴定、登记、监测和利用等工作。各级人民政府应当采取措施，加强畜禽遗传资源保护，将畜禽遗传资源保护经费列入预算。

畜禽遗传资源保护以国家为主、多元参与，坚持保护优先、高效利用的原则，实行分类分级保护。

国家鼓励和支持有关单位、个人依法发展畜禽遗传资源保护事业，鼓励和支持高等学校、科研机构、企业加强畜禽遗传资源保护、利用的基础研究，提高科技创新能力。

第十一条 国务院农业农村主管部门设立由专业人员组成的国家畜禽遗传资源委员会，负责畜禽遗传资源的鉴定、评估和畜禽新品种、配套系的审定，承担畜禽遗传资源保护和利用规划论证及有关畜禽遗传资源保护的咨询工作。

第十二条 国务院农业农村主管部门负责定期组织畜禽遗传资源的调查工作，发布国家畜禽遗传资源状况报告，公布经国务院批准的畜禽遗传资源目录。

经过驯化和选育而成，遗传性状稳定，有成熟的品种和一定的种群规模，能够不依赖于野生种群而独立繁衍的驯养动物，可以列入畜禽遗传资源目录。

第十三条 国务院农业农村主管部门根据畜禽遗传资源分布状况，制定全国畜禽遗传资源保护和利用规划，制定、调整并公布国家级畜禽遗传资源保护名录，对原产我国的珍贵、稀有、濒危的畜禽遗传资源实行重点保护。

省、自治区、直辖市人民政府农业农村主管部门根据全国畜禽遗传资源保护和利用规划及本行政区域内的畜禽遗传资源状况，制定、调整并公布省级畜禽遗传资源保护名录，并报国务院农业农村主管部门备案，加强对地方畜禽遗传资源的保护。

第十四条 国务院农业农村主管部门根据全国畜禽遗传资源保护和利用规划及国家级畜禽遗传资源保护名录，省、自治区、直辖市人民政府农业农村主管部门根据省级畜禽遗传资源保护名录，分别建立或者确定畜禽遗传资源保种场、保护区和基因库，承担畜禽遗传资源保护任务。

享受中央和省级财政资金支持的畜禽遗传资源保种场、保护区和基因库，未经国务院农业农村主管部门或者省、自治区、直辖市人民政府农业农村主管部门批准，不得擅自处理受保护的畜禽遗传资源。

畜禽遗传资源基因库应当按照国务院农业农村主管部门或者省、自治区、直辖市人民政府农业农村主管部门的规定，定期采集和更新畜禽遗传材料。有关单位、个人应当配合畜禽遗传资源基因库采集畜禽遗传材料，并有权获得适当的经济补偿。

县级以上地方人民政府应当保障畜禽遗传资源保种场和基因库用地的需求。确需关闭或者搬迁的，应当经原建立或者确定机关批准，搬迁的按照先建后拆的原则妥善安置。

畜禽遗传资源保种场、保护区和基因库的管理办法，由国务院农业农村主管部门制定。

第十五条 新发现的畜禽遗传资源在国家畜禽遗传资源委员会鉴定前，省、自治区、直辖市人民政府农业农村主管部门应当制定保护方案，采取临时保护措施，并报国务院农业农村主管部门备案。

第十六条 从境外引进畜禽遗传资源的，应当向省、自治区、直辖市人民政府农业农村主管部门提出申请；受理申请的农业农村主管部门经审核，报国务院农业农村主管部门经评估论证后批准；但是国务院对批准机关另有规定的除外。经批准的，依照《中华人民共和国进出境动植物检疫法》的规定办理相关手续并实施检疫。

从境外引进的畜禽遗传资源被发现对境内畜禽遗传资源、生态环境有危害或者可能产生危害的，国务院农业农村主管部门应当商有关主管部门，及时采取相应的安全控制措施。

第十七条 国家对畜禽遗传资源享有主权。向境外输出或者在境内与境外机构、个人合作研究利用列入保护名录的畜禽遗传资源的，应当向省、自治区、直辖市人民政府农业农村主管部门提出申请，同时提出国家共享惠益的方案；受理申请的农业农村主管部门经审核，报国务院农业农村主管部门批准。

向境外输出畜禽遗传资源的，还应当依照《中华人民共和国进出境动植物检疫法》的规定办理相关手续并实施检疫。

新发现的畜禽遗传资源在国家畜禽遗传资源委员会鉴定前，不得向境外输出，不得与境外机构、个人合作研究利用。

第十八条 畜禽遗传资源的进出境和对外合作研究利用的审批办法由国务院规定。

第三章 种畜禽品种选育与生产经营

第十九条 国家扶持畜禽品种的选育和优良品种的推广使用，实施全国畜禽遗传改良计划；支持企业、高等学校、科研机构和技术推广单位开展联合育种，建立健全畜禽良种繁育体系。

县级以上人民政府支持开发利用列入畜禽遗传资源保护名录的品种，增加特色畜禽产品供给，满足多元化消费需求。

第二十条 国家鼓励和支持畜禽种业自主创新，加强育种技术攻关，扶持选育生产经营相结合的创新型企业发展。

第二十一条 培育的畜禽新品种、配套系和新发现的畜禽遗传资源在销售、推广前，应当通过国家畜禽遗传资源委员会审定或者鉴定，并由国务院农业农村主管部门公告。畜禽新品种、配套系的审定办法和畜禽遗传资源的鉴定办法，由国务院农业农村主管部门制定。审定或者鉴定所需的试验、检测等费用由申请者承担。

畜禽新品种、配套系培育者的合法权益受法律保护。

第二十二条 转基因畜禽品种的引进、培育、试验、审定和推广，应当符合国家有关农业转基因生物安全管理的规定。

第二十三条 省级以上畜牧兽医技术推广机构应当组织开展种畜质量监测、优良个体登记，向社会推荐优良种畜。优良种畜登记规则由国务院农业农村主管部门制定。

第二十四条 从事种畜禽生产经营或者生产经营商品代仔畜、雏禽的单位、个人，应当取得种畜禽生产经营许可证。

申请取得种畜禽生产经营许可证，应当具备下列条件：

（一）生产经营的种畜禽是通过国家畜禽遗传资源委员会审定或者鉴定的品种、配套系，或者是经批准引进的境外品种、配套系；

（二）有与生产经营规模相适应的畜牧兽医技术人员；

（三）有与生产经营规模相适应的繁育设施设备；

（四）具备法律、行政法规和国务院农业农村主管部门规定的种畜禽防疫条件；

（五）有完善的质量管理和育种记录制度；

（六）法律、行政法规规定的其他条件。

第二十五条 申请取得生产家畜卵子、精液、胚胎等遗传材料的生产经营许可证，除应当符合本法第二十四条第二款规定的条件外，还应当具备下列条件：

（一）符合国务院农业农村主管部门规定的实验室、保存和运输条件；

（二）符合国务院农业农村主管部门规定的种畜数量和质量要求；

（三）体外受精取得的胚胎、使用的卵子来源明确，供体畜符合国家规定的种畜健康标准和质量要求；

（四）符合有关国家强制性标准和国务院农业农村主管部门规定的技术要求。

第二十六条 申请取得生产家畜卵子、精液、胚胎等遗传材料的生产经营许可证，应当向省、自治区、直辖市人民政府农业农村主管部门提出申请。受理申请的农业农村主管部门应当自收到申请之日起六十个工作日内依法决定是否发放生产经营许可证。

其他种畜禽的生产经营许可证由县级以上地方人民政府农业农村主管部门审核发放。

国家对种畜禽生产经营许可证实行统一管理、分级负责，在统一的信息平台办理。种畜禽生产经营许可证的审批和发放信息应当依法向社会公开。具体办法和许可证样式由国务院农业农村主管部门制定。

第二十七条 种畜禽生产经营许可证应当注明生产经营者名称、场（厂）址、生产经营范围及许可证有效期的起止日期等。

禁止无种畜禽生产经营许可证或者违反种畜禽生产经营许可证的规定生产经营种畜禽或者商品代仔畜、雏禽。禁止伪造、变造、转让、租借种畜禽生产经营许可证。

第二十八条 农户饲养的种畜禽用于自繁自养和有少量剩余仔畜、雏禽出售的，农户饲养种公畜进行互助配种的，不需要办理种畜禽生产经营许可证。

第二十九条 发布种畜禽广告的，广告主应当持有或者提供种畜禽生产经营许可证和营业执照。广告内容应当符合有关法律、行政法规的规定，并注明种畜禽品种、配套系的审定或者鉴定名称，对主要性状的描述应当符合该品种、配套系的标准。

第三十条 销售的种畜禽、家畜配种站（点）使用的种公畜，应当符合种用标准。销售种畜禽时，应当附具种畜禽场出具的种畜禽合格证明、动物卫生监督机构出具的检疫证明，销售的种畜还应当附具种畜禽场出具的家畜系谱。

生产家畜卵子、精液、胚胎等遗传材料，应当有完整的采集、销售、移植等记录，记录应当保存二年。

第三十一条 销售种畜禽，不得有下列行为：

（一）以其他畜禽品种、配套系冒充所销售的种畜禽品种、配套系；

（二）以低代别种畜禽冒充高代别种畜禽；

（三）以不符合种用标准的畜禽冒充种畜禽；

（四）销售未经批准进口的种畜禽；

（五）销售未附具本法第三十条规定的种畜禽合格证明、检疫证明的种畜禽或者未附具家畜系谱的种畜；

（六）销售未经审定或者鉴定的种畜禽品种、配套系。

第三十二条 申请进口种畜禽的，应当持有种畜禽生产经营许可证。因没有种畜禽而未取得种畜禽生产经营许可证的，应当提供省、自治区、直辖市人民政府农业农村主管部门的说明文件。进口种畜禽的批准文件有效期为六个月。

进口的种畜禽应当符合国务院农业农村主管部门规定的技术要求。首次进口的种畜禽还应当由国家畜禽遗传资源委员会进行种用性能的评估。

种畜禽的进出口管理除适用本条前两款的规定外，还适用本法第十六条、第十七条和第二十二条的相关规定。

国家鼓励畜禽养殖者利用进口的种畜禽进行新品种、配套系的培育；培育的新品种、配套系在推广前，应当经国家畜禽遗传资源委员会审定。

第三十三条 销售商品代仔畜、雏禽的，应当向购买者提供其销售的商品代仔畜、雏禽的主要生产性能指标、免疫情况、饲养技术要求和有关咨询服务，并附具动物卫生监督机构出具的检疫证明。

销售种畜禽和商品代仔畜、雏禽，因质量问题给畜禽养殖者造成损失的，应当依法赔偿损失。

第三十四条 县级以上人民政府农业农村主管部门负责种畜禽质量安全的监督管理工作。种畜禽质量安全的监督检验应当委托具有法定资质的种畜禽质量检验机构进行；所需检验费用由同级预算列支，不得向被检验人收取。

第三十五条 蜂种、蚕种的资源保护、新品种选育、生产经营和推广，适用本法有关规定，具体管理办法由国务院农业农村主管部门制定。

第四章 畜禽养殖

第三十六条 国家建立健全现代畜禽养殖体系。县级以上人民政府农业农村主管部门应当根据畜牧业发展规划和市场需求，引导和支持畜牧业结构调整，发展优势畜禽生产，提高畜禽产品市场竞争力。

第三十七条 各级人民政府应当保障畜禽养殖用地合理需求。县级国土空间规划根据本地实际情况，安排畜禽养殖用地。畜禽养殖用地按照农业用地管理。畜禽养殖用地使用期限届满或者不再从事养殖活动，需要恢复为原用途的，由畜禽养殖用地使用人负责恢复。在畜禽养殖用地范围内需要兴建永久性建（构）筑物，涉及农用地转用的，依照《中华人民共和国土地管理法》的规定办理。

第三十八条 国家设立的畜牧兽医技术推广机构，应当提供畜禽养殖、畜禽粪污无害化处理和资源化利用技术培训，以及良种推广、疫病防治等服务。县级以上人民政府应当保障国家设立的畜牧兽医技术推广机构从事公益性技术服务的工作经费。

国家鼓励畜禽产品加工企业和其他相关生产经营者为畜禽养殖者提供所需的服务。

第三十九条 畜禽养殖场应当具备下列条件：

（一）有与其饲养规模相适应的生产场所和配套的生产设施；

（二）有为其服务的畜牧兽医技术人员；

（三）具备法律、行政法规和国务院农业农村主管部门规定的防疫条件；

（四）有与畜禽粪污无害化处理和资源化利用相适应的设施设备；

（五）法律、行政法规规定的其他条件。

畜禽养殖场兴办者应当将畜禽养殖场的名称、养殖地址、畜禽品种和养殖规模，向养殖场所在地县级人民政府农业农村主管部门备案，取得畜禽标识代码。

畜禽养殖场的规模标准和备案管理办法，由国务院农业农村主管部门制定。

畜禽养殖户的防疫条件、畜禽粪污无害化处理和资源化利用要求，由省、自治区、直辖市人民政府农业农村主管部门会同有关部门规定。

第四十条 畜禽养殖场的选址、建设应当符合国土空间规划，并遵守有关法律法规的规定；不得违反法律法规的规定，在禁养区域建设畜禽养殖场。

第四十一条 畜禽养殖场应当建立养殖档案，载明下列内容：

（一）畜禽的品种、数量、繁殖记录、标识情况、来源和进出场日期；

（二）饲料、饲料添加剂、兽药等投入品的来源、名称、使用对象、时间和用量；

（三）检疫、免疫、消毒情况；

（四）畜禽发病、死亡和无害化处理情况；

（五）畜禽粪污收集、储存、无害化处理和资源化利用情况；

（六）国务院农业农村主管部门规定的其他内容。

第四十二条 畜禽养殖者应当为其饲养的畜禽提供适当的繁殖条件和生存、生长环境。

第四十三条 从事畜禽养殖，不得有下列行为：

（一）违反法律、行政法规和国家有关强制性标准、国务院农业农村主管部门的规定使用饲料、饲料添加剂、兽药；

（二）使用未经高温处理的餐馆、食堂的泔水饲喂家畜；

（三）在垃圾场或者使用垃圾场中的物质饲养畜禽；

（四）随意弃置和处理病死畜禽；

（五）法律、行政法规和国务院农业农村主管部门规定的危害人和畜禽健康的其他行为。

第四十四条 从事畜禽养殖，应当依照《中华人民共和国动物防疫法》、《中华人民共和国农产品质量安全法》的规定，做好畜禽疫病防治和质量安全工作。

第四十五条 畜禽养殖者应当按照国家关于畜禽标识管理的规定，在应当加施标识的畜禽的指定部位加施标识。农业农村主管部门提供标识不得收费，所需费用列入省、自治区、直辖市人民政府预算。

禁止伪造、变造或者重复使用畜禽标识。禁

止持有、使用伪造、变造的畜禽标识。

第四十六条 畜禽养殖场应当保证畜禽粪污无害化处理和资源化利用设施的正常运转，保证畜禽粪污综合利用或者达标排放，防止污染环境。违法排放或者因管理不当污染环境的，应当排除危害，依法赔偿损失。

国家支持建设畜禽粪污收集、储存、粪污无害化处理和资源化利用设施，推行畜禽粪污养分平衡管理，促进农用有机肥利用和种养结合发展。

第四十七条 国家引导畜禽养殖户按照畜牧业发展规划有序发展，加强对畜禽养殖户的指导帮扶，保护其合法权益，不得随意以行政手段强行清退。

国家鼓励涉农企业带动畜禽养殖户融入现代畜牧业产业链，加强面向畜禽养殖户的社会化服务，支持畜禽养殖户和畜牧业专业合作社发展畜禽规模化、标准化养殖，支持发展新产业、新业态，促进与旅游、文化、生态等产业融合。

第四十八条 国家支持发展特种畜禽养殖。县级以上人民政府应当采取措施支持建立与特种畜禽养殖业发展相适应的养殖体系。

第四十九条 国家支持发展养蜂业，保护养蜂生产者的合法权益。

有关部门应当积极宣传和推广蜂授粉农艺措施。

第五十条 养蜂生产者在生产过程中，不得使用危害蜂产品质量安全的药品和容器，确保蜂产品质量。养蜂器具应当符合国家标准和国务院有关部门规定的技术要求。

第五十一条 养蜂生产者在转地放蜂时，当地公安、交通运输、农业农村等有关部门应当为其提供必要的便利。

养蜂生产者在国内转地放蜂，凭国务院农业农村主管部门统一格式印制的检疫证明运输蜂群，在检疫证明有效期内不得重复检疫。

第五章　草原畜牧业

第五十二条 国家支持科学利用草原，协调推进草原保护与草原畜牧业发展，坚持生态优先、生产生态有机结合，发展特色优势产业，促进农牧民增加收入，提高草原可持续发展能力，筑牢生态安全屏障，推进牧区生产生活生态协同发展。

第五十三条 国家支持牧区转变草原畜牧业发展方式，加强草原水利、草原围栏、饲草料生产加工储备、牲畜圈舍、牧道等基础设施建设。

国家鼓励推行舍饲半舍饲圈养、季节性放牧、划区轮牧等饲养方式，合理配置畜群，保持草畜平衡。

第五十四条 国家支持优良饲草品种的选育、引进和推广使用，因地制宜开展人工草地建设、天然草原改良和饲草料基地建设，优化种植结构，提高饲草料供应保障能力。

第五十五条 国家支持农牧民发展畜牧业专业合作社和现代家庭牧场，推行适度规模养殖，提升标准化生产水平，建设牛羊等重要畜产品生产基地。

第五十六条 牧区各级人民政府农业农村主管部门应当鼓励和指导农牧民改良家畜品种，优化畜群结构，实行科学饲养，合理加快出栏周转，促进草原畜牧业节本、提质、增效。

第五十七条 国家加强草原畜牧业灾害防御保障，将草原畜牧业防灾减灾列入预算，优化设施装备条件，完善牧区牛羊等家畜保险制度，提高抵御自然灾害的能力。

第五十八条 国家完善草原生态保护补助奖励政策，对采取禁牧和草畜平衡措施的农牧民按照国家有关规定给予补助奖励。

第五十九条 有关地方人民政府应当支持草原畜牧业与乡村旅游、文化等产业协同发展，推动一二三产业融合，提升产业化、品牌化、特色化水平，持续增加农牧民收入，促进牧区振兴。

第六十条 草原畜牧业发展涉及草原保护、建设、利用和管理活动的，应当遵守有关草原保护法律法规的规定。

第六章　畜禽交易与运输

第六十一条 国家加快建立统一开放、竞争有序、安全便捷的畜禽交易市场体系。

第六十二条 县级以上地方人民政府应当根据农产品批发市场发展规划，对在畜禽集散地建立畜禽批发市场给予扶持。

畜禽批发市场选址，应当符合法律、行政法规和国务院农业农村主管部门规定的动物防疫条件，并距离种畜禽场和大型畜禽养殖场三公里以外。

第六十三条 进行交易的畜禽应当符合农产

品质量安全标准和国务院有关部门规定的技术要求。

国务院农业农村主管部门规定应当加施标识而没有标识的畜禽，不得销售、收购。

国家鼓励畜禽屠宰经营者直接从畜禽养殖者收购畜禽，建立稳定收购渠道，降低动物疫病和质量安全风险。

第六十四条 运输畜禽，应当符合法律、行政法规和国务院农业农村主管部门规定的动物防疫条件，采取措施保护畜禽安全，并为运输的畜禽提供必要的空间和饲喂饮水条件。

有关部门对运输中的畜禽进行检查，应当有法律、行政法规的依据。

第七章 畜禽屠宰

第六十五条 国家实行生猪定点屠宰制度。对生猪以外的其他畜禽可以实行定点屠宰，具体办法由省、自治区、直辖市制定。农村地区个人自宰自食的除外。

省、自治区、直辖市人民政府应当按照科学布局、集中屠宰、有利流通、方便群众的原则，结合畜禽养殖、动物疫病防控和畜禽产品消费等实际情况，制定畜禽屠宰行业发展规划并组织实施。

案例 **湖南省长沙市肖某、黎某未经定点屠宰许可从事生猪屠宰活动案**（第一批农业行政执法指导性案例之七）

裁判规则：我国实行生猪定点屠宰制度。加强生猪屠宰监管，对保障生猪产品质量安全、猪肉消费安全和人民身体健康具有重要意义。在当前猪价高企情况下，受高额利润驱使，生猪屠宰违法犯罪行为时有发生。此类违法行为隐蔽性强，调查取证难度大，需要加强与公安机关协作配合，建立联合执法机制。本案中，农业农村部门在前期摸排基础上，判断案件可能涉嫌刑事犯罪，遂商请公安机关提前介入，获取了犯罪嫌疑人违法犯罪的关键证据，顺利侦破了案件。需要指出的是，为严厉打击生猪私屠滥宰违法犯罪行为，2013 年最高人民法院、最高人民检察院联合发布《关于办理危害食品安全刑事案件适用法律若干问题的解释》，在第十二条第一款明确，违反国家规定私设生猪屠宰厂（场），从事生猪屠宰、销售等经营活动，情节严重的，依照刑法第二百二十五条的规定以非法经营罪定罪处罚。

第六十六条 国家鼓励畜禽就地屠宰，引导畜禽屠宰企业向养殖主产区转移，支持畜禽产品加工、储存、运输冷链体系建设。

第六十七条 畜禽屠宰企业应当具备下列条件：

（一）有与屠宰规模相适应、水质符合国家规定标准的用水供应条件；

（二）有符合国家规定的设施设备和运载工具；

（三）有依法取得健康证明的屠宰技术人员；

（四）有经考核合格的兽医卫生检验人员；

（五）依法取得动物防疫条件合格证和其他法律法规规定的证明文件。

第六十八条 畜禽屠宰经营者应当加强畜禽屠宰质量安全管理。畜禽屠宰企业应当建立畜禽屠宰质量安全管理制度。

未经检验、检疫或者经检验、检疫不合格的畜禽产品不得出厂销售。经检验、检疫不合格的畜禽产品，按照国家有关规定处理。

地方各级人民政府应当按照规定对无害化处理的费用和损失给予补助。

第六十九条 国务院农业农村主管部门负责组织制定畜禽屠宰质量安全风险监测计划。

省、自治区、直辖市人民政府农业农村主管部门根据国家畜禽屠宰质量安全风险监测计划，结合实际情况，制定本行政区域畜禽屠宰质量安全风险监测方案并组织实施。

第八章 保障与监督

第七十条 省级以上人民政府应当在其预算内安排支持畜禽种业创新和畜牧业发展的良种补贴、贴息补助、保费补贴等资金，并鼓励有关金融机构提供金融服务，支持畜禽养殖者购买优良畜禽、繁育良种、防控疫病，支持改善生产设施、畜禽粪污无害化处理和资源化利用设施设备、扩大养殖规模，提高养殖效益。

第七十一条 县级以上人民政府应当组织农业农村主管部门和其他有关部门，依照本法和有关法律、行政法规的规定，加强对畜禽饲养环境、种畜禽质量、畜禽交易与运输、畜禽屠宰以及饲料、饲料添加剂、兽药等投入品的生产、经营、使用的监督管理。

第七十二条 国务院农业农村主管部门应当

制定畜禽标识和养殖档案管理办法，采取措施落实畜禽产品质量安全追溯和责任追究制度。

第七十三条 县级以上人民政府农业农村主管部门应当制定畜禽质量安全监督抽查计划，并按照计划开展监督抽查工作。

第七十四条 省级以上人民政府农业农村主管部门应当组织制定畜禽生产规范，指导畜禽的安全生产。

第七十五条 国家建立统一的畜禽生产和畜禽产品市场监测预警制度，逐步完善有关畜禽产品储备调节机制，加强市场调控，促进市场供需平衡和畜牧业健康发展。

县级以上人民政府有关部门应当及时发布畜禽产销信息，为畜禽生产经营者提供信息服务。

第七十六条 国家加强畜禽生产、加工、销售、运输体系建设，提升畜禽产品供应安全保障能力。

省、自治区、直辖市人民政府负责保障本行政区域内的畜禽产品供给，建立稳产保供的政策保障和责任考核体系。

国家鼓励畜禽主销区通过跨区域合作、建立养殖基地等方式，与主产区建立稳定的合作关系。

第九章 法律责任

第七十七条 违反本法规定，县级以上人民政府农业农村主管部门及其工作人员有下列行为之一的，对直接负责的主管人员和其他直接责任人员依法给予处分：

（一）利用职务上的便利，收受他人财物或者牟取其他利益；

（二）对不符合条件的申请人准予许可，或者超越法定职权准予许可；

（三）发现违法行为不予查处；

（四）其他滥用职权、玩忽职守、徇私舞弊等不依法履行监督管理工作职责的行为。

第七十八条 违反本法第十四条第二款规定，擅自处理受保护的畜禽遗传资源，造成畜禽遗传资源损失的，由省级以上人民政府农业农村主管部门处十万元以上一百万元以下罚款。

第七十九条 违反本法规定，有下列行为之一的，由省级以上人民政府农业农村主管部门责令停止违法行为，没收畜禽遗传资源和违法所得，并处五万元以上五十万元以下罚款：

（一）未经审核批准，从境外引进畜禽遗传资源；

（二）未经审核批准，在境内与境外机构、个人合作研究利用列入保护名录的畜禽遗传资源；

（三）在境内与境外机构、个人合作研究利用未经国家畜禽遗传资源委员会鉴定的新发现的畜禽遗传资源。

第八十条 违反本法规定，未经国务院农业农村主管部门批准，向境外输出畜禽遗传资源的，依照《中华人民共和国海关法》的有关规定追究法律责任。海关应当将扣留的畜禽遗传资源移送省、自治区、直辖市人民政府农业农村主管部门处理。

第八十一条 违反本法规定，销售、推广未经审定或者鉴定的畜禽品种、配套系的，由县级以上地方人民政府农业农村主管部门责令停止违法行为，没收畜禽和违法所得；违法所得在五万元以上的，并处违法所得一倍以上三倍以下罚款；没有违法所得或者违法所得不足五万元的，并处五千元以上五万元以下罚款。

第八十二条 违反本法规定，无种畜禽生产经营许可证或者违反种畜禽生产经营许可证规定生产经营，或者伪造、变造、转让、租借种畜禽生产经营许可证的，由县级以上地方人民政府农业农村主管部门责令停止违法行为，收缴伪造、变造的种畜禽生产经营许可证，没收种畜禽、商品代仔畜、雏禽和违法所得；违法所得在三万元以上的，并处违法所得一倍以上三倍以下罚款；没有违法所得或者违法所得不足三万元的，并处三千元以上三万元以下罚款。违反种畜禽生产经营许可证的规定生产经营或者转让、租借种畜禽生产经营许可证，情节严重的，并处吊销种畜禽生产经营许可证。

第八十三条 违反本法第二十九条规定的，依照《中华人民共和国广告法》的有关规定追究法律责任。

第八十四条 违反本法规定，使用的种畜禽不符合种用标准的，由县级以上地方人民政府农业农村主管部门责令停止违法行为，没收种畜禽和违法所得；违法所得在五千元以上的，并处违法所得一倍以上二倍以下罚款；没有违法所得或者违法所得不足五千元的，并处一千元以上五千元以下罚款。

第八十五条 销售种畜禽有本法第三十一条第一项至第四项违法行为之一的，由县级以上地方人民政府农业农村主管部门和市场监督管理部门按照职责分工责令停止销售，没收违法销售的（种）畜禽和违法所得；违法所得在五万元以上的，并处违法所得一倍以上五倍以下罚款；没有违法所得或者违法所得不足五万元的，并处五千元以上五万元以下罚款；情节严重的，并处吊销种畜禽生产经营许可证或者营业执照。

第八十六条 违反本法规定，兴办畜禽养殖场未备案，畜禽养殖场未建立养殖档案或者未按照规定保存养殖档案的，由县级以上地方人民政府农业农村主管部门责令限期改正，可以处一万元以下罚款。

第八十七条 违反本法第四十三条规定养殖畜禽的，依照有关法律、行政法规的规定处理、处罚。

第八十八条 违反本法规定，销售的种畜禽未附具种畜禽合格证明、家畜系谱，销售、收购国务院农业农村主管部门规定应当加施标识而没有标识的畜禽，或者重复使用畜禽标识的，由县级以上地方人民政府农业农村主管部门和市场监督管理部门按照职责分工责令改正，可以处二千元以下罚款。

销售的种畜禽未附具检疫证明，伪造、变造畜禽标识，或者持有、使用伪造、变造的畜禽标识的，依照《中华人民共和国动物防疫法》的有关规定追究法律责任。

第八十九条 违反本法规定，未经定点从事畜禽屠宰活动的，依照有关法律法规的规定处理、处罚。

第九十条 县级以上地方人民政府农业农村主管部门发现畜禽屠宰企业不再具备本法规定条件的，应当责令停业整顿，并限期整改；逾期仍未达到本法规定条件的，责令关闭，对实行定点屠宰管理的，由发证机关依法吊销定点屠宰证书。

第九十一条 违反本法第六十八条规定，畜禽屠宰企业未建立畜禽屠宰质量安全管理制度，或者畜禽屠宰经营者对经检验不合格的畜禽产品未按照国家有关规定处理的，由县级以上地方人民政府农业农村主管部门责令改正，给予警告；拒不改正的，责令停业整顿，并处五千元以上五万元以下罚款，对直接负责的主管人员和其他直接责任人员处二千元以上二万元以下罚款；情节严重的，责令关闭，对实行定点屠宰管理的，由发证机关依法吊销定点屠宰证书。

违反本法第六十八条规定的其他行为的，依照有关法律法规的规定处理、处罚。

第九十二条 违反本法规定，构成犯罪的，依法追究刑事责任。

第十章 附 则

第九十三条 本法所称畜禽遗传资源，是指畜禽及其卵子（蛋）、精液、胚胎、基因物质等遗传材料。

本法所称种畜禽，是指经过选育、具有种用价值、适于繁殖后代的畜禽及其卵子（蛋）、精液、胚胎等。

第九十四条 本法自 2023 年 3 月 1 日起施行。

中华人民共和国动物防疫法

· 1997 年 7 月 3 日第八届全国人民代表大会常务委员会第二十六次会议通过
· 2007 年 8 月 30 日第十届全国人民代表大会常务委员会第二十九次会议第一次修订
· 根据 2013 年 6 月 29 日第十二届全国人民代表大会常务委员会第三次会议《关于修改〈中华人民共和国文物保护法〉等十二部法律的决定》第一次修正
· 根据 2015 年 4 月 24 日第十二届全国人民代表大会常务委员会第十四次会议《关于修改〈中华人民共和国电力法〉等六部法律的决定》第二次修正
· 2021 年 1 月 22 日第十三届全国人民代表大会常务委员会第二十五次会议第二次修订
· 2021 年 1 月 22 日中华人民共和国主席令第 69 号公布
· 自 2021 年 5 月 1 日起施行

第一章 总 则

第一条 【立法目的】为了加强对动物防疫活动的管理，预防、控制、净化、消灭动物疫病，促进养殖业发展，防控人畜共患传染病，保障公共卫生安全和人体健康，制定本法。

第二条 【适用范围】本法适用于在中华人民共和国领域内的动物防疫及其监督管理活动。

进出境动物、动物产品的检疫，适用《中华人民共和国进出境动植物检疫法》。

注释 本法所调整的动物防疫及其监督管理活动涉及面较宽，既包括动物疫病的预防、控制、诊疗、净化、消灭，动物、动物产品的检疫和病死动物、病害动物产品的无害化处理等动物防疫活动，也包括对动物防疫活动的监督管理。第一，受本法调整的动物的范围十分广泛，包括了家畜家禽和人工饲养、捕获的其他动物。第二，受本法调整的动物产品的范围十分广泛，包括了动物的肉、生皮、原毛、绒、脏器、脂、血液、精液、卵、胚胎、骨、蹄、头、角、筋以及可能传播动物疫病的奶、蛋等。第三，受本法调整的动物疫病的范围也很广泛，各类动物传染病，包括寄生虫病的防疫都适用本法。

第三条 【定义】本法所称动物，是指家畜家禽和人工饲养、捕获的其他动物。

本法所称动物产品，是指动物的肉、生皮、原毛、绒、脏器、脂、血液、精液、卵、胚胎、骨、蹄、头、角、筋以及可能传播动物疫病的奶、蛋等。

本法所称动物疫病，是指动物传染病，包括寄生虫病。

本法所称动物防疫，是指动物疫病的预防、控制、诊疗、净化、消灭和动物、动物产品的检疫，以及病死动物、病害动物产品的无害化处理。

注释 1. 本法所称动物，是指家畜家禽和人工饲养、捕获的其他动物。家畜家禽是指列入畜禽遗传资源目录的动物，根据2020年5月27日农业农村部公布的《国家畜禽遗传资源目录》，共有28种家养动物并包括其杂交后代属于畜禽，分为传统畜禽和特种畜禽两大类。人工饲养、捕获的其他动物，包括各种实验动物、观赏动物、演艺动物、伴侣动物、水生动物和人工繁育、捕获的野生动物。

2. 本法所称动物产品，是指动物的肉、生皮、原毛、绒、脏器、脂、血液、精液、卵、胚胎、骨、蹄、头、角、筋以及可能传播动物疫病的奶、蛋等。包括两类：第一类是供人类食用和使用的动物产品，例如，动物的肉、生皮、原毛、绒、脏器、脂、血液、骨、蹄、头、角、筋以及可能传播动物疫病的奶、蛋等。第二类是动物繁殖材料，例如，动物的精液、卵和胚胎如果带有病原微生物，将直接影响动物繁殖的后代，必须加以严格管理。

3. 本法所称动物疫病，是指动物传染病，包括寄生虫病。动物传染病，是指感染病原体，使动物产生具有一定潜伏期和临床症状并具有传播性的动物疫病。例如，非洲猪瘟、口蹄疫、高致病性禽流感、新城疫、牛肺疫、炭疽、布鲁氏菌病、狂犬病、猪链球菌病、高致病性猪蓝耳病等。动物寄生虫病，即由动物性寄生物（统称寄生虫）引起的动物疾病，例如，猪囊虫病、旋毛虫病、钩端螺旋体病和血吸虫病等。

4. 本法所称动物防疫，是指动物疫病的预防、控制、诊疗、净化、消灭和动物、动物产品的检疫以及病死动物、病害动物产品的无害化处理。

（1）动物疫病的预防主要是指采取免疫接种、驱虫、药浴、消毒和饲养场所的生物安全控制，以及实施动物疫病的区域化管理等一系列综合性措施，防止动物疫病的发生。

（2）动物疫病的控制主要是指对发生的一、二、三类动物疫病采取针对性措施，防止其扩散蔓延，做到"有疫不流行"，特别是在发生重大动物疫情时，迅速采取综合性措施予以有效控制。

（3）动物疫病的诊疗是指对动物传染病等疾病进行有效的预防和诊断治疗工作。

（4）动物疫病的净化、消灭是指通过监测、检验检疫、隔离、扑杀等综合措施，在特定区域或场所对特定动物疫病实施有计划的消灭过程，达到并维持该范围内个体不发病和无感染状态。净化是以消灭特定动物疫病为目的，消灭是动物防疫工作的终极目标。

（5）动物、动物产品的检疫是指为了防止动物疫病传播，保护养殖业生产和人体健康，采用法定的检疫程序和方法，依照法定的检疫对象和检疫标准，对动物、动物产品进行疫病检查、定性。

（6）病死动物、病害动物产品的无害化处理是指用物理、化学等方法处理病死动物尸体及相关动物产品，消灭其所携带的病原体，消除动物尸体危害的过程。

链接《国务院办公厅关于建立病死畜禽无害化处理机制的意见》

第四条 【动物疫病分类】根据动物疫病对养殖业生产和人体健康的危害程度，本法规定的动物疫病分为下列三类：

（一）一类疫病，是指口蹄疫、非洲猪瘟、高致病性禽流感等对人、动物构成特别严重危害，可能造成重大经济损失和社会影响，需要采取紧急、严厉的强制预防、控制等措施的；

（二）二类疫病，是指狂犬病、布鲁氏菌病、草鱼出血病等对人、动物构成严重危害，可能造成较大经济损失和社会影响，需要采取严格预防、控制等措施的；

（三）三类疫病，是指大肠杆菌病、禽结核病、鳖腮腺炎病等常见多发，对人、动物构成危害，可能造成一定程度的经济损失和社会影响，需要及时预防、控制的。

前款一、二、三类动物疫病具体病种名录由国务院农业农村主管部门制定并公布。国务院农业农村主管部门应当根据动物疫病发生、流行情况和危害程度，及时增加、减少或者调整一、二、三类动物疫病具体病种并予以公布。

人畜共患传染病名录由国务院农业农村主管部门会同国务院卫生健康、野生动物保护等主管部门制定并公布。

注释 本条将动物疫病分为下列三类：

1. 一类疫病，是指对人、动物构成特别严重危害，可能造成重大经济损失和社会影响，需要采取紧急、严厉的强制预防、控制等措施的动物疫病，如口蹄疫、非洲猪瘟、高致病性禽流感等。

2. 二类疫病，是指狂犬病、布鲁氏菌病、草鱼出血病等对人、动物构成严重危害，可能造成较大经济损失和社会影响，需要采取严格预防、控制等措施的动物疫病。

3. 三类疫病，是指大肠杆菌病、禽结核病、鳖腮腺炎病等常见多发，对人、动物构成危害，可能造成一定程度的经济损失和社会影响，需要及时预防、控制的动物疫病。

动物疫病病种名录

国务院农业农村主管部门制定并公布一、二、三类动物疫病病种名录，并应当根据动物疫病发生、流行情况和危害程度，及时增加、减少或者调整一、二、三类动物疫病具体病种并予以公布。除国务院农业农村主管部门外，其他任何单位和个人无权制定和公布动物疫病具体病种名录。

第五条 【动物防疫方针】动物防疫实行预防为主，预防与控制、净化、消灭相结合的方针。

第六条 【社会力量参与】国家鼓励社会力量参与动物防疫工作。各级人民政府采取措施，支持单位和个人参与动物防疫的宣传教育、疫情报告、志愿服务和捐赠等活动。

第七条 【单位和个人的防疫责任】从事动物饲养、屠宰、经营、隔离、运输以及动物产品生产、经营、加工、贮藏等活动的单位和个人，依照本法和国务院农业农村主管部门的规定，做好免疫、消毒、检测、隔离、净化、消灭、无害化处理等动物防疫工作，承担动物防疫相关责任。

注释 相关单位和个人主要承担以下动物防疫相关责任：(1)饲养动物的单位和个人应当履行动物疫病强制免疫义务，按照强制免疫计划和技术规范，对动物实施免疫接种，并按照国家有关规定建立免疫档案、加施畜禽标识，保证可追溯；实施强制免疫接种的动物未达到免疫质量要求，实施补充免疫接种后仍不符合免疫质量要求的，有关单位和个人应当按照国家有关规定处理。(2)从事动物运输的单位、个人以及车辆，应当向所在地县级人民政府农业农村主管部门备案，妥善保存行程路线和托运人提供的动物名称、检疫证明编号、数量等信息。(3)饲养种用、乳用动物的单位和个人，应当按照国务院农业农村主管部门的要求定期开展动物疫病检测；检测不合格的，应当按照国家有关规定处理。(4)动物、动物产品的运载工具、垫料、包装物、容器等应当符合国务院农业农村主管部门规定的动物防疫要求；染疫动物及其排泄物、染疫动物产品，运载工具中的动物排泄物以及垫料、包装物、容器等被污染的物品，应当按照国家有关规定处理，不得随意处置。(5)单位和个人饲养犬只，应当按照规定定期免疫接种狂犬病疫苗，凭动物诊疗机构出具的免疫证明向所在地养犬登记机关申请登记。(6)从事动物疫病监测、检测、检验检疫、研究、诊疗以及动物饲养、屠宰、经营、隔离、运输等活动的单位和个人，发现动物染疫或者疑似染疫的，应当立即向所在地农业农村主管部门或者动物疫病预防控制机构报告，并迅速采取隔离等控制措施，防止动物疫情扩散。(7)从事动物饲养、屠宰、经营、隔离以及动物产品生产、经营、加工、贮藏等活动的单位和个人，应当按照国家有关规定做好病死动物、病害动物产品的无害化处理，或者委托动物和动物产品无害化处理场所处理。(8)从事动物、动物产品运输的单位和个人，应当配合做好病死动物和病害动物产品的无害化处理，不得在途中擅自弃置和处理有关动物和动物产品。(9)任何单位和个人不得买卖、加工、随意弃置病死动物和病害动物产品。

(10)动物诊疗机构应当按照国务院农业农村主管部门的规定,做好诊疗活动中的卫生安全防护、消毒、隔离和诊疗废弃物处置等工作。(11)本法和国务院农业农村主管部门规定的其他动物防疫责任。

第八条 【政府动物防疫职责】县级以上人民政府对动物防疫工作实行统一领导,采取有效措施稳定基层机构队伍,加强动物防疫队伍建设,建立健全动物防疫体系,制定并组织实施动物疫病防治规划。

乡级人民政府、街道办事处组织群众做好本辖区的动物疫病预防与控制工作,村民委员会、居民委员会予以协助。

注释 乡级人民政府、街道办事处的职责

根据本法的规定,乡级人民政府、街道办事处主要承担以下职责:(1)组织本辖区内饲养动物的单位和个人做好强制免疫,协助县级以上地方人民政府农业农村主管部门做好监督检查工作。(2)组织协调居民委员会、村民委员会做好本辖区内流浪犬、猫的控制和处置,防止疫病传播;结合本地实际,做好农村地区饲养犬只的防疫管理工作。(3)发生三类动物疫病时,所在地县级、乡级人民政府应当按照国务院农业农村主管部门的规定组织防治。(4)对在城市公共场所和乡村发现的死亡畜禽,负责组织收集、处理并溯源。(5)本法和相关法律法规规定的其他职责。

村民委员会、居民委员会的职责

根据本条的规定,村民委员会、居民委员会要协助乡级人民政府、街道办事处组织群众做好本辖区内的动物疫病预防与控制工作。例如,本法第十八条规定,村民委员会、居民委员会协助县级以上地方人民政府农业农村主管部门和乡级人民政府、街道办事处做好强制免疫相关工作。第三十条规定,居民委员会、村民委员会应当在街道办事处、乡级人民政府组织协调下,做好本辖区内流浪犬、猫的控制和处置,防止疫病传播。

第九条 【动物防疫管理体制】国务院农业农村主管部门主管全国的动物防疫工作。

县级以上地方人民政府农业农村主管部门主管本行政区域的动物防疫工作。

县级以上人民政府其他有关部门在各自职责范围内做好动物防疫工作。

军队动物卫生监督职能部门负责军队现役动物和饲养自用动物的防疫工作。

注释 国务院农业农村主管部门的职责

根据本法的规定,国务院农业农村主管部门主管全国的动物防疫工作,其主要职责包括:(1)制定并公布一、二、三类动物疫病具体病种名录,根据动物疫病发生、流行情况和危害程度,及时增加、减少或者调整一、二、三类动物疫病具体病种并予以公布。(2)会同国务院卫生健康、野生动物保护等主管部门制定并公布人畜共患传染病名录。(3)与海关总署等部门建立防止境外动物疫病输入的协作机制。(4)根据国内外动物疫情以及保护养殖业生产和人体健康的需要,及时会同国务院卫生健康等有关部门对动物疫病进行风险评估,并制定、公布动物疫病预防、控制、净化、消灭措施和技术规范。(5)确定强制免疫的动物疫病病种和区域。(6)会同国务院有关部门制订国家动物疫病监测计划。(7)规定动物疫病预防控制机构的监测职责。(8)根据对动物疫病发生、流行趋势的预测,及时发出动物疫情预警。(9)规定无规定动物疫病区和无规定动物疫病生物安全隔离区的标准,并做好监督检查,指导跨省、自治区、直辖市无规定动物疫病区建设。(10)制定动物疫病净化、消灭规划并组织实施。(11)制定动物疫病净化标准。(12)制定种用、乳用动物的健康标准,以及饲养种用、乳用动物的单位和个人的动物疫病检测要求。(13)规定动物饲养场和隔离场所、动物屠宰加工场所以及动物和动物产品无害化处理场所的防疫条件。(14)规定经营动物、动物产品的集贸市场的动物防疫条件和具体办法。(15)规定动物、动物产品的运载工具、垫料、包装物、容器等的动物防疫要求。(16)规定屠宰、经营、运输的动物和生产、经营、加工、贮藏、运输的动物产品的防疫要求。(17)依法认定重大动物疫情,及时向国务院卫生健康等有关部门和军队有关部门以及省、自治区、直辖市人民政府农业农村主管部门通报重大动物疫情的发生和处置情况,依照我国缔结或者参加的条约、协定,及时向有关国际组织或者贸易方通报重大动物疫情的发生和处置情况。(18)向社会及时公布全国动物疫情,或者授权省、自治区、直辖市人民政府农业农村主管部门公布本行政区域内的动物疫情。(19)规定疫点、疫区、受威胁区撤销和疫区封锁解除的标准和程序。(20)规定三类动物疫病的防治措施。(21)根据动物疫病的性质、特点和可能造成的社会危害,制定国家重大动物疫情应急预案报国务院批准，并按照不同动物疫病病种、流行特点及危害程度分别制订实施方案。(22)发生重大动物疫情时负责划定动物疫病风险区，禁止或者限制特定动物、动物产品由高风险区向低风险区调运。(23)规定屠宰、出售或者运输的动物以及出售或者运输的动物产品的检疫要求，规定动物卫生监督机构的检疫职责。(24)会同野生动物保护主管部门制定野生动物检疫办法。(25)制定动物运输备案等的具体办法。(26)规定输入无规定动物疫病区的动物、动物产品的检疫要求；规定跨省、自治区、直辖市引进的种用、乳用动物到达输入地后的隔离要求。(27)与野生动物保护主管部门按照职责分工制定动物和动物产品无害化处理管理办法。(28)规定动物诊疗机构的诊疗要求；制定官方兽医的具体办法；商国务院人力资源主管部门制定执业兽医资格考试办法。(29)制定乡村兽医在乡村从事动物诊疗服务活动的具体管理办法。(30)制定检疫证明、检疫标志的管理办法。(31)本法和相关法律、行政法规规定的其他职责。

县级以上地方人民政府农业农村主管部门的职责

根据本法的规定，县级以上地方人民政府农业农村主管部门主管本行政区域的动物防疫工作，其主要职责包括：(1)省、自治区、直辖市人民政府农业农村主管部门制订本行政区域的强制免疫计划；根据本行政区域内动物疫病流行情况增加实施强制免疫的动物疫病病种和区域，报本级人民政府批准后执行，并报国务院农业农村主管部门备案。(2)负责组织实施动物疫病强制免疫计划，并对饲养动物的单位和个人履行强制免疫义务的情况进行监督检查。(3)定期对本行政区域的强制免疫计划实施情况和效果进行评估，并向社会公布评估结果。(4)省、自治区、直辖市人民政府农业农村主管部门根据对动物疫病发生、流行趋势的预测，及时发出动物疫情预警。(5)与野生动物保护主管部门按照职责分工对野生动物疫源疫病进行监测、预测、预报，并定期互通情况，紧急情况及时通报。(6)对动物饲养场和隔离场所、动物屠宰加工场所以及动物和动物产品无害化处理场所进行审查，依法发放动物防疫条件合格证。(7)对经营动物、动物产品的集贸市场进行监督检查。(8)依法认定动物疫情，重大动物疫情由省、自治区、直辖市人民政府农业农村主管部门认定。(9)与同级卫生健康、野生动物保护主管部门应当及时相互通报人畜共患传染病疫情。(10)发生一类动物疫病时，应当立即派人到现场，划定疫点、疫区、受威胁区，调查疫源，及时报请本级人民政府对疫区实行封锁；发生二类动物疫病时应当划定疫点、疫区、受威胁区。(11)根据本行政区域的重大动物疫情应急预案，按照不同动物疫病病种、流行特点及危害程度分别制订实施方案。(12)对检疫不合格的动物、动物产品，监督货主按照国家有关规定处理。(13)依法审查和发放动物诊疗许可证。(14)省、自治区、直辖市人民政府农业农村主管部门按照程序确认官方兽医，由所在地县级以上人民政府农业农村主管部门进行任命。(15)制订官方兽医培训计划，提供培训条件，定期对官方兽医进行培训和考核。(16)省、自治区、直辖市人民政府农业农村主管部门颁发执业兽医资格证书。(17)对动物饲养、屠宰、经营、隔离、运输以及动物产品生产、经营、加工、贮藏、运输等活动中的动物防疫实施监督管理。(18)为控制、扑灭动物疫病，应当派人在所在地依法设立的现有检查站执行监督检查任务。(19)本法和相关法律法规规定的其他职责。

县级以上人民政府其他有关部门的职责

(1)国务院卫生健康等有关部门与国务院农业农村主管部门共同对动物疫病进行风险评估，并制定、公布动物疫病预防、控制、净化、消灭措施和技术规范；省、自治区、直辖市人民政府卫生健康等有关部门与农业农村主管部门共同开展本行政区域的动物疫病风险评估，并落实动物疫病预防、控制、净化、消灭措施。(2)科技、海关等部门按照本法及有关法律法规的规定做好动物疫病监测预警工作，并定期与农业农村主管部门互通情况，紧急情况及时通报；野生动物保护主管部门与农业农村主管部门按照职责分工对野生动物疫源疫病进行监测、预测、预报，并定期互通情况，紧急情况及时通报。(3)海关发现进出境动物和动物产品染疫或者疑似染疫的，应当及时处置并向农业农村主管部门通报。(4)野生动物保护主管部门发现野生动物染疫或者疑似染疫的，应当及时处置并向农业农村主管部门通报。(5)县级以上人民政府卫生健康主管部门和农业农村、野生动物保护等主管部门应当建立人畜共患传染病防治合作机制;发生人畜共患传染病疫情的,县级以上人民政府农业农村主管部门与同级卫生健康、野生动物保护主管部门应当及时相互通报;卫生健康主管部门应当对疫区易感染的人群进行监测,并采取相应的预防、控制措施。(6)海关的官方兽医应当具备规定的条件,由海关总署任命,具体办法由海关总署会同国务院农业农村主管部门制定。(7)本法和相关法律法规规定的其他职责。

第十条 【动物疫病防治协作机制】县级以上人民政府卫生健康主管部门和本级人民政府农业农村、野生动物保护等主管部门应当建立人畜共患传染病防治的协作机制。

国务院农业农村主管部门和海关总署等部门应当建立防止境外动物疫病输入的协作机制。

链接《关于人畜共患传染病防治合作机制的通知》

第十一条 【动物卫生监督机构职责】县级以上地方人民政府的动物卫生监督机构依照本法规定,负责动物、动物产品的检疫工作。

注释 动物卫生监督机构在动物和动物产品检疫方面的职责主要包括:(1)对屠宰、出售或者运输的动物以及出售或者运输的动物产品进行检疫。动物卫生监督机构接到检疫申报后,应当及时指派官方兽医对动物、动物产品实施检疫;检疫合格的,出具检疫证明、加施检疫标志;实施检疫的官方兽医应当在检疫证明、检疫标志上签字或者盖章,并对检疫结论负责。(2)对科研、药用、展示等特殊情形非食用性利用的野生动物、人工捕获的野生动物进行检疫。(3)对输入无规定动物疫病区的动物、动物产品进行检疫。(4)对依法应当检疫而未经检疫的动物,具备补检条件的实施补检。(5)本法和相关法律法规规定的其他职责。

第十二条 【动物疫病预防控制机构职责】县级以上人民政府按照国务院的规定,根据统筹规划、合理布局、综合设置的原则建立动物疫病预防控制机构。

动物疫病预防控制机构承担动物疫病的监测、检测、诊断、流行病学调查、疫情报告以及其他预防、控制等技术工作;承担动物疫病净化、消灭的技术工作。

注释 动物疫病预防控制机构主要承担以下工作职责:(1)负责实施本法规定的动物疫病的监测、预警、预报、实验室诊断、流行病学调查、疫情报告工作。(2)承担动物产品安全相关技术检测工作。(3)承担其他预防、控制等技术工作,包括协助提出重大动物疫病防控技术文件,做好动物疫病预防的技术指导、技术培训、科普宣传工作等。(4)承担动物疫病净化、消灭的技术工作。

第十三条 【科学研究与国际合作】国家鼓励和支持开展动物疫病的科学研究以及国际合作与交流,推广先进适用的科学研究成果,提高动物疫病防治的科学技术水平。

各级人民政府和有关部门、新闻媒体,应当加强对动物防疫法律法规和动物防疫知识的宣传。

第十四条 【表彰奖励与补助抚恤】对在动物防疫工作、相关科学研究、动物疫情扑灭中做出贡献的单位和个人,各级人民政府和有关部门按照国家有关规定给予表彰、奖励。

有关单位应当依法为动物防疫人员缴纳工伤保险费。对因参与动物防疫工作致病、致残、死亡的人员,按照国家有关规定给予补助或者抚恤。

第二章 动物疫病的预防

第十五条 【动物疫病风险评估制度】国家建立动物疫病风险评估制度。

国务院农业农村主管部门根据国内外动物疫情以及保护养殖业生产和人体健康的需要,及时会同国务院卫生健康等有关部门对动物疫病进行风险评估,并制定、公布动物疫病预防、控制、净化、消灭措施和技术规范。

省、自治区、直辖市人民政府农业农村主管部门会同本级人民政府卫生健康等有关部门开展本行政区域的动物疫病风险评估,并落实动物疫病预防、控制、净化、消灭措施。

第十六条 【强制免疫计划】国家对严重危害养殖业生产和人体健康的动物疫病实施强制免疫。

国务院农业农村主管部门确定强制免疫的动物疫病病种和区域。

省、自治区、直辖市人民政府农业农村主管部门制定本行政区域的强制免疫计划;根据本行政区域动物疫病流行情况增加实施强制免疫的动物疫病病种和区域,报本级人民政府批准后执行,并报国务院农业农村主管部门备案。

注释 强制免疫是指国家对严重危害养殖业和人类健康的动物疫病,采取制订强制免疫计划,确定免疫病种、免疫要求、免疫动物种类与区域范围、免疫实施主体、组织分工、补助经费安排、免疫效果监测以及监督管理等一系列强制性措施，有计划分步骤地预防、控制、净化和消灭动物疫病。

国务院农业农村主管部门在风险评估基础上，有权做出实施强制免疫的决策。

第十七条 【饲养单位和个人的强制免疫责任】饲养动物的单位和个人应当履行动物疫病强制免疫义务，按照强制免疫计划和技术规范，对动物实施免疫接种，并按照国家有关规定建立免疫档案、加施畜禽标识，保证可追溯。

实施强制免疫接种的动物未达到免疫质量要求，实施补充免疫接种后仍不符合免疫质量要求的，有关单位和个人应当按照国家有关规定处理。

用于预防接种的疫苗应当符合国家质量标准。

注释 免疫档案应当载明畜禽养殖场(户)名称、地址、畜禽种类、数量、免疫日期、疫苗名称、畜禽养殖场代码、畜禽标识编号、免疫人员以及用药记录等内容。畜禽标识应当符合农业农村部相关规定，由饲养动物的单位和个人自行加施，实行一畜一标，即每个家畜个体使用一个唯一编码的标识。所有家畜均应按照规定加施标识，并凭此进入流通运输等环节。

第十八条 【强制免疫计划实施】县级以上地方人民政府农业农村主管部门负责组织实施动物疫病强制免疫计划，并对饲养动物的单位和个人履行强制免疫义务的情况进行监督检查。

乡级人民政府、街道办事处组织本辖区饲养动物的单位和个人做好强制免疫，协助做好监督检查；村民委员会、居民委员会协助做好相关工作。

县级以上地方人民政府农业农村主管部门应当定期对本行政区域的强制免疫计划实施情况和效果进行评估，并向社会公布评估结果。

第十九条 【动物疫病监测和疫情预警】国家实行动物疫病监测和疫情预警制度。

县级以上人民政府建立健全动物疫病监测网络，加强动物疫病监测。

国务院农业农村主管部门会同国务院有关部门制定国家动物疫病监测计划。省、自治区、直辖市人民政府农业农村主管部门根据国家动物疫病监测计划，制定本行政区域的动物疫病监测计划。

动物疫病预防控制机构按照国务院农业农村主管部门的规定和动物疫病监测计划，对动物疫病的发生、流行等情况进行监测；从事动物饲养、屠宰、经营、隔离、运输以及动物产品生产、经营、加工、贮藏、无害化处理等活动的单位和个人不得拒绝或者阻碍。

国务院农业农村主管部门和省、自治区、直辖市人民政府农业农村主管部门根据对动物疫病发生、流行趋势的预测，及时发出动物疫情预警。地方各级人民政府接到动物疫情预警后，应当及时采取预防、控制措施。

注释 当前，在国家层面主要包括中国动物疫病预防控制中心、中国动物卫生与流行病学中心及其4个分中心，以及牛瘟、牛传染性胸膜肺炎、禽流感、口蹄疫、牛海绵状脑病、猪瘟、猪繁殖与呼吸综合征、新城疫、布鲁氏菌病、包虫病、狂犬病、血吸虫病、结核病、马鼻疽、马传染性贫血、非洲猪瘟等主要动物疫病国家参考实验室和部分疫病专业、区域实验室；地方层面主要包括省、市、县三级动物疫病预防控制机构。此外，要注重发挥动物诊疗机构、科研院所在监测预警工作中的作用。

国家和省级农业农村主管部门的相关职责

依据《国家突发重大动物疫情应急预案》的规定，根据突发重大动物疫情的性质、危害程度、涉及范围，将突发重大动物疫情划分为特别重大(Ⅰ级)、重大(Ⅱ级)、较大(Ⅲ级)和一般(Ⅳ级)四级，并依次用红色、橙色、黄色和蓝色表示特别严重、严重、较重和一般四个预警级别。发生突发重大动物疫情时，事发地的县级、市(地)级、省级人民政府及其有关部门按照分级响应的原则作出应急响应。

第二十条 【防范境外动物疫病、野生动物疫病监测以及科技、海关部门职责】陆路边境省、自治区人民政府根据动物疫病防控需要，合理设置动物疫病监测站点，健全监测工作机制，防范境外动物疫病传入。

科技、海关等部门按照本法和有关法律法规的规定做好动物疫病监测预警工作，并定期与农业农村主管部门互通情况，紧急情况及时通报。

县级以上人民政府应当完善野生动物疫源疫病监测体系和工作机制，根据需要合理布局监测站点；野生动物保护、农业农村主管部门按照职责分工做好野生动物疫源疫病监测等工作，并定期互通情况，紧急情况及时通报。

第二十一条 【无规定动物疫病区和无规定动物疫病生物安全隔离区】国家支持地方建立无

规定动物疫病区，鼓励动物饲养场建设无规定动物疫病生物安全隔离区。对符合国务院农业农村主管部门规定标准的无规定动物疫病区和无规定动物疫病生物安全隔离区，国务院农业农村主管部门验收合格予以公布，并对其维持情况进行监督检查。

省、自治区、直辖市人民政府制定并组织实施本行政区域的无规定动物疫病区建设方案。国务院农业农村主管部门指导跨省、自治区、直辖市无规定动物疫病区建设。

国务院农业农村主管部门根据行政区划、养殖屠宰产业布局、风险评估情况等对动物疫病实施分区防控，可以采取禁止或者限制特定动物、动物产品跨区域调运等措施。

注释 无疫区是指具有天然屏障或者采取人工措施，在一定期限内没有发生规定的一种或者几种动物疫病，并经验收合格的区域。无疫区分为免疫无疫区和非免疫无疫区。

生物安全隔离区是指处于同一生物安全管理体系下，在一定期限内没有发生规定的一种或者几种动物疫病的若干动物饲养场及其辅助生产场所构成，并经验收合格的特定小型区域。

链接《无规定动物疫病区管理技术规范》；《关于加强非洲猪瘟防控工作的意见》

第二十二条 【动物疫病净化、消灭计划】国务院农业农村主管部门制定并组织实施动物疫病净化、消灭规划。

县级以上地方人民政府根据动物疫病净化、消灭规划，制定并组织实施本行政区域的动物疫病净化、消灭计划。

动物疫病预防控制机构按照动物疫病净化、消灭规划、计划，开展动物疫病净化技术指导、培训，对动物疫病净化效果进行监测、评估。

国家推进动物疫病净化，鼓励和支持饲养动物的单位和个人开展动物疫病净化。饲养动物的单位和个人达到国务院农业农村主管部门规定的净化标准的，由省级以上人民政府农业农村主管部门予以公布。

第二十三条 【种用、乳用动物健康检测】种用、乳用动物应当符合国务院农业农村主管部门规定的健康标准。

饲养种用、乳用动物的单位和个人，应当按照国务院农业农村主管部门的要求，定期开展动物疫病检测；检测不合格的，应当按照国家有关规定处理。

第二十四条 【动物防疫条件】动物饲养场和隔离场所、动物屠宰加工场所以及动物和动物产品无害化处理场所，应当符合下列动物防疫条件：

（一）场所的位置与居民生活区、生活饮用水水源地、学校、医院等公共场所的距离符合国务院农业农村主管部门的规定；

（二）生产经营区域封闭隔离，工程设计和有关流程符合动物防疫要求；

（三）有与其规模相适应的污水、污物处理设施，病死动物、病害动物产品无害化处理设施设备或者冷藏冷冻设施设备，以及清洗消毒设施设备；

（四）有与其规模相适应的执业兽医或者动物防疫技术人员；

（五）有完善的隔离消毒、购销台账、日常巡查等动物防疫制度；

（六）具备国务院农业农村主管部门规定的其他动物防疫条件。

动物和动物产品无害化处理场所除应当符合前款规定的条件外，还应当具有病原检测设备、检测能力和符合动物防疫要求的专用运输车辆。

注释 动物防疫条件包括选址、工程设计、工艺流程、防疫制度和人员，以及国务院农业农村主管部门规定的其他条件。

1. 选址。动物饲养场、动物隔离场所、动物屠宰加工场所，以及动物和动物产品无害化处理场所的位置与居民生活区、生活饮用水水源地、学校、医院等公共场所的距离符合国务院农业农村主管部门的规定，保持必要的距离和空间，避免或减少相互之间的环境和生物安全风险影响。

2. 布局。对生产经营区域封闭隔离、工程设计、有关流程作出规定，有利于各类场所涉及生物风险的区域形成相对独立的生物安全控制单元。各类场所应建立区域性物理隔离条件，通过围墙、房舍、门禁设施使生产经营区域与其他区域相隔离；建立人流、物流控制条件，对人员、物品进出实施严格的准入、消毒、通道等流程控制。

3. 设施设备。污水、污物处理，病死动物、病害动物产品无害化处理或冷藏冷冻，以及清洗消毒等设施设备是防范动物疫病发生、蔓延的重要物质条件，各类场所应配备与其规模相适应的上述设施设备，确保有效实施无害化处理和安全排放，防止对其他区域以及公共环境造成危害。

4. 防疫人员。各类场所应“有”与其规模相适应的执业兽医或者动物防疫技术人员等专业人员，有利于提高防疫水平，这里的“有”是指按照规定具有专职或兼职的执业兽医或动物防疫技术人员。

5. 防疫制度。防疫制度是生产经营场所开展动物防疫活动，维持防疫水平，防止动物疫病发生、传播的重要保障。隔离消毒，就是对染疫或疑似染疫以及需要依法进行隔离的动物进行隔离，以及对生产经营区域及相关配套设施及时消毒。购销台账，就是要严格记录动物、动物产品的购入渠道、销售去向，以备查验。日常巡查，就是对动物、生产经营区域、制度执行情况等进行巡回检查，及时检查动物状态，发现动物疫病传播风险等，并采取相应措施。

第二十五条 【动物防疫条件审查制度】国家实行动物防疫条件审查制度。

开办动物饲养场和隔离场所、动物屠宰加工场所以及动物和动物产品无害化处理场所，应当向县级以上地方人民政府农业农村主管部门提出申请，并附具相关材料。受理申请的农业农村主管部门应当依照本法和《中华人民共和国行政许可法》的规定进行审查。经审查合格的，发给动物防疫条件合格证；不合格的，应当通知申请人并说明理由。

动物防疫条件合格证应当载明申请人的名称（姓名）、场（厂）址、动物（动物产品）种类等事项。

注释 实施动物防疫条件审查，应当遵守行政许可法有关程序的规定。开办者应向所在地县级以上地方人民政府农业农村主管部门提出申请。受理机关应当按照规定程序和时限进行审查和办理，审查内容包括材料审查和现场审验。根据审查结果提出行政许可意见，对合格的发放动物防疫条件合格证，对不合格的，应当告知申请人，并说明理由。

链接《行政许可法》

第二十六条 【集贸市场防疫管理】经营动物、动物产品的集贸市场应当具备国务院农业农村主管部门规定的动物防疫条件，并接受农业农村主管部门的监督检查。具体办法由国务院农业农村主管部门制定。

县级以上地方人民政府应当根据本地情况，决定在城市特定区域禁止家畜家禽活体交易。

第二十七条 【运载工具等相关物品防疫要求】动物、动物产品的运载工具、垫料、包装物、容器等应当符合国务院农业农村主管部门规定的动物防疫要求。

染疫动物及其排泄物、染疫动物产品，运载工具中的动物排泄物以及垫料、包装物、容器等被污染的物品，应当按照国家有关规定处理，不得随意处置。

链接《环境保护法》；《畜牧法》；《畜禽规模养殖污染防治条例》

第二十八条 【病原微生物实验活动管理】采集、保存、运输动物病料或者病原微生物以及从事病原微生物研究、教学、检测、诊断等活动，应当遵守国家有关病原微生物实验室管理的规定。

注释 本条中涉及的病料是指采集病死动物体或是从病死动物体上采集的组织、器官等样本，用来进行疫病的诊断或研究等工作；病原微生物，是指能够使人或者动物致病的微生物；实验活动是指实验室从事与病原微生物菌（毒）种、病料样本有关的研究、教学、检测、诊断等活动。

链接《生物安全法》

第二十九条 【经营动物、动物产品的禁止性规定】禁止屠宰、经营、运输下列动物和生产、经营、加工、贮藏、运输下列动物产品：

（一）封锁疫区内与所发生动物疫病有关的；

（二）疫区内易感染的；

（三）依法应当检疫而未经检疫或者检疫不合格的；

（四）染疫或者疑似染疫的；

（五）病死或者死因不明的；

（六）其他不符合国务院农业农村主管部门有关动物防疫规定的。

因实施集中无害化处理需要暂存、运输动物和动物产品并按照规定采取防疫措施的，不适用前款规定。

注释 1. 封锁疫区内与所发生动物疫病有关的动物和动物产品，是指封锁疫区内患病动物的同群、同类动物，以及与患病动物能够发生相互感染的其他种类的动物和这些动物的产品等。

2. 疫区内易感染的动物和动物产品，是指能被疫区内所发生疫病的病原微生物感染的动物及其动物产品。

3. 本条所称疑似染疫的动物、动物产品，是指经检查初步怀疑其感染动物疫病尚未最终确认的，不能擅自移动和经营。需要注意的是，由于微生物广泛存在于动物体内,如大肠杆菌等在一般状况下属于动物肠道常在菌群,仅在特殊条件下导致动物发病,自然环境中不存在绝对不携带病原微生物的动物。故本条所称的“染疫”并不是指不得带有任何病原体,而是指感染一类、二类动物疫病病原体,以及三类动物疫病呈现临床症状的,尤其是纳入检疫对象的疫病病原体。

4. 病死或死因不明的动物,是指染疫死亡、因病死亡的动物,以及非正常屠宰死亡,难以确定其死亡原因的动物。

5. 其他不符合动物防疫规定的动物、动物产品均属禁止经营之列。这里的“动物防疫规定”是指与本法相配套的管理办法、检疫规程、技术标准等法规文件。

第三十条 【犬只的防疫管理】单位和个人饲养犬只,应当按照规定定期免疫接种狂犬病疫苗,凭动物诊疗机构出具的免疫证明向所在地养犬登记机关申请登记。

携带犬只出户的,应当按照规定佩戴犬牌并采取系犬绳等措施,防止犬只伤人、疫病传播。

街道办事处、乡级人民政府组织协调居民委员会、村民委员会,做好本辖区流浪犬、猫的控制和处置,防止疫病传播。

县级人民政府和乡级人民政府、街道办事处应当结合本地实际,做好农村地区饲养犬只的防疫管理工作。

饲养犬只防疫管理的具体办法,由省、自治区、直辖市制定。

注释 狂犬病是由狂犬病病毒侵害中枢神经系统而引起的一种急性致死性人畜共患传染病,病死率高达100%。我国将其列为二类动物疫病,世界动物卫生组织将其列入必须报告病种。人和温血动物对狂犬病病毒都有易感性,犬科、猫科动物最易感。野生动物是该病主要储存宿主和传播载体,家犬在传播病毒中起重要作用。发病动物和带毒动物是狂犬病的主要传染源,这些动物的唾液中含有大量病毒。该病主要通过患病动物咬伤感染,亦可通过皮肤或黏膜损伤处接触发病或带毒动物的唾液感染。

链接《国家动物狂犬病防治计划》;《狂犬病防治技术规范》

第三章 动物疫情的报告、通报和公布

第三十一条 【动物疫情报告】从事动物疫病监测、检测、检验检疫、研究、诊疗以及动物饲养、屠宰、经营、隔离、运输等活动的单位和个人,发现动物染疫或者疑似染疫的,应当立即向所在地农业农村主管部门或者动物疫病预防控制机构报告,并迅速采取隔离等控制措施,防止动物疫情扩散。其他单位和个人发现动物染疫或者疑似染疫的,应当及时报告。

接到动物疫情报告的单位,应当及时采取临时隔离控制等必要措施,防止延误防控时机,并及时按照国家规定的程序上报。

注释 动物疫情责任报告人

1. 从事动物疫病监测、检测的单位和个人。是指从事动物疫病监测的各级动物疫病预防控制机构及其工作人员,以及其他从事动物疫病检测和诊断的单位及其工作人员等。

2. 从事动物检验检疫的单位和个人。是指动物卫生监督机构及其工作人员,以及从事进出境动物检疫的单位及其工作人员。

3. 从事动物疫病研究的单位和个人。是指从事动物疫病研究的科研机构、大专院校及其工作人员。

4. 从事动物诊疗的单位和个人。是指动物医院、动物诊所和其他提供动物诊疗服务的机构,以及从事动物诊疗服务的执业兽医和乡村兽医等人员。

5. 从事动物饲养的单位和个人。包括动物饲养场、畜禽散养户,以及饲养实验动物、观赏动物、宠物等动物的单位和个人。

6. 从事动物屠宰的单位和个人。是指各种动物的屠宰厂(场)及其工作人员,以及在农村地区为农民自用动物提供屠宰服务的人员。

7. 从事动物经营的单位和个人。是指在集贸市场等场所从事动物经营的单位和个人及代理人。

8. 从事动物隔离的单位和个人。是指用于隔离进出境动物,跨省、自治区、直辖市引进种用动物、乳用动物,输入无规定动物疫病区动物的隔离场所,以及其他隔离场所的开办者及其工作人员。

9. 从事动物运输的单位和个人。是指经道路、水路、铁路、航空承运动物的单位和个人。

动物疫情报告的接受主体和方式

与原动物防疫法规定的“向当地兽医主管部门、动物卫生监督机构或者动物疫病预防控制机

构报告”不同,本条规定,动物疫情责任报告人“向所在地农业农村主管部门或者动物疫病预防控制机构报告”,将疫情报告接受主体明确为疫情报告人所在地的农业农村主管部门或者动物疫病预防控制机构。具体来说就是县(市、区)级农业农村主管部门及其派出机构(如区域畜牧兽医站、乡镇畜牧兽医站)或县(市、区)动物疫病预防控制中心。本法未明确规定报告的具体方式,可以采取电话、网络、现场等多种方式。为便于报告疫情,省、市、县三级农业农村主管部门和动物疫病预防控制机构可以向社会公布动物疫情报告电话和报告方式。

链接《重大动物疫情应急条例》

第三十二条 【动物疫情认定】动物疫情由县级以上人民政府农业农村主管部门认定;其中重大动物疫情由省、自治区、直辖市人民政府农业农村主管部门认定,必要时报国务院农业农村主管部门认定。

本法所称重大动物疫情,是指一、二、三类动物疫病突然发生,迅速传播,给养殖业生产安全造成严重威胁、危害,以及可能对公众身体健康与生命安全造成危害的情形。

在重大动物疫情报告期间,必要时,所在地县级以上地方人民政府可以作出封锁决定并采取扑杀、销毁等措施。

注释 动物疫情是指动物疫病的发生、发展情况。动物疫情认定,是指县级以上人民政府的农业农村主管部门在科学诊断和流行病学调查基础上,对动物疫情进行确认的行政行为。

链接《重大动物疫情应急条例》

第三十三条 【动物疫情通报】国家实行动物疫情通报制度。

国务院农业农村主管部门应当及时向国务院卫生健康等有关部门和军队有关部门以及省、自治区、直辖市人民政府农业农村主管部门通报重大动物疫情的发生和处置情况。

海关发现进出境动物和动物产品染疫或者疑似染疫的,应当及时处置并向农业农村主管部门通报。

县级以上地方人民政府野生动物保护主管部门发现野生动物染疫或者疑似染疫的,应当及时处置并向本级人民政府农业农村主管部门通报。

国务院农业农村主管部门应当依照我国缔结或者参加的条约、协定,及时向有关国际组织或者贸易方通报重大动物疫情的发生和处置情况。

第三十四条 【人畜共患传染病疫情通报】发生人畜共患传染病疫情时,县级以上人民政府农业农村主管部门与本级人民政府卫生健康、野生动物保护等主管部门应当及时相互通报。

发生人畜共患传染病时,卫生健康主管部门应当对疫区易感染的人群进行监测,并应当依照《中华人民共和国传染病防治法》的规定及时公布疫情,采取相应的预防、控制措施。

第三十五条 【患有人畜共患传染病的人员从业限制】患有人畜共患传染病的人员不得直接从事动物疫病监测、检测、检验检疫、诊疗以及易感染动物的饲养、屠宰、经营、隔离、运输等活动。

第三十六条 【动物疫情公布】国务院农业农村主管部门向社会及时公布全国动物疫情,也可以根据需要授权省、自治区、直辖市人民政府农业农村主管部门公布本行政区域的动物疫情。其他单位和个人不得发布动物疫情。

注释 动物疫情的公布主体是国务院农业农村主管部门,同时规定国务院农业农村主管部门可以根据需要,视动物疫病的种类及其危害等情况,授权省、自治区、直辖市人民政府农业农村主管部门公布本行政区域的动物疫情。

未经主管部门公布,其他任何单位和个人都不得发布动物疫情信息。其他政府部门、新闻媒体、科研机构、大专院校等单位,获取有关动物疫情信息后,应当立即向当地农业农村主管部门或者动物疫病预防控制机构报告,不得擅自发布。擅自发布动物疫情的将承担相应的法律责任。

第三十七条 【动物疫情报告的禁止性行为】任何单位和个人不得瞒报、谎报、迟报、漏报动物疫情,不得授意他人瞒报、谎报、迟报动物疫情,不得阻碍他人报告动物疫情。

注释 本条所称的“瞒报”是指有疫情却隐瞒不报告。发生动物疫情时,动物疫情责任报告人发现但未报告,事后认定为动物疫情,则构成瞒报。

“谎报”是指虽然按规定的时限和内容上报,但报告的内容不真实。例如,将大的疫情范围报小,少报或多报发病、死亡、扑杀数量等。责任报告人报告发生某种动物疫病,后经农业农村主管部门认定不是该疫病,不构成谎报。

“迟报”是指虽然按规定要求上报,内容也真实,但未按规定时限上报,违反了动物疫情早报告的基本原则。

“漏报”是指虽然按规定的时限和程序上报，但遗漏了有关项目和内容，导致动物疫情报告不准确、不全面，给动物疫情认定工作带来困难甚至误导。

授意他人瞒报、谎报、迟报，是指授意人出于某种目的，利用自身的权力、地位、影响，明示或暗示他人瞒报、谎报、迟报动物疫情信息。

阻碍他人报告，是指阻碍者利用某种手段故意阻止他人报告动物疫情信息。例如，上级政府、部门、机构拒不接受或扣压下级报告的动物疫情信息，以及单位负责人阻止具体工作人员报告动物疫情信息。

第四章　动物疫病的控制

第三十八条　【一类动物疫病的控制措施】发生一类动物疫病时，应当采取下列控制措施：

（一）所在地县级以上地方人民政府农业农村主管部门应当立即派人到现场，划定疫点、疫区、受威胁区，调查疫源，及时报请本级人民政府对疫区实行封锁。疫区范围涉及两个以上行政区域的，由有关行政区域共同的上一级人民政府对疫区实行封锁，或者由各有关行政区域的上一级人民政府共同对疫区实行封锁。必要时，上级人民政府可以责成下级人民政府对疫区实行封锁；

（二）县级以上地方人民政府应当立即组织有关部门和单位采取封锁、隔离、扑杀、销毁、消毒、无害化处理、紧急免疫接种等强制性措施；

（三）在封锁期间，禁止染疫、疑似染疫和易感染的动物、动物产品流出疫区，禁止非疫区的易感染动物进入疫区，并根据需要对出入疫区的人员、运输工具及有关物品采取消毒和其他限制性措施。

注释 “发生一类动物疫病时”是指已经确诊为一类动物疫病。一类动物疫病的确诊权限由农业农村部规定。目前，新发病和外来病由农业农村部认定的国家参考实验室确诊；高致病性禽流感、口蹄疫、非洲猪瘟、小反刍兽疫由省级动物疫病预防控制机构确诊，省级动物疫病预防控制机构无法确诊的，由相关病种国家参考实验室进行确诊。

一类动物疫病确诊后，县级以上地方人民政府农业农村主管部门应当立即启动相应级别的应急预案，派人到现场，并采取以下措施：

一、划定疫点、疫区、受威胁区

划定疫点、疫区和受威胁区的范围，应当按照国务院及其农业农村主管部门印发的应急预案和实施方案，综合考虑不同动物疫病病种及其流行特点、危害程度等因素划定。

疫点：患病动物所在的地点。在通常情况下，规模化养殖的，以病畜禽所在的养殖场为疫点；散养的，以病畜禽所在的相对独立的饲养场所或以自然村为疫点；放牧畜，以病畜所在的牧场及其活动场地为疫点；在运输过程中发生疫病的，以运载病畜禽的车、船、飞机等为疫点；在市场发生疫病的，以病畜禽所在市场为疫点；在屠宰加工过程中发生疫病的，以病畜禽所在的待宰场所为疫点。

疫区：由疫点边缘向外延伸一定范围的区域。疫区划分时，应注意考虑所在地的人工屏障、天然屏障、周边养殖情况等因素。以高致病性禽流感为例，目前将疫点边缘向外延伸3000米的区域划为疫区。

受威胁区：由疫区边缘向外延伸一定范围的区域，也即需要建立紧急免疫带或免疫屏障以防止动物疫病传播的区域。目前，高致病性禽流感受威胁区为从疫区边缘向外延伸5000米的区域；非洲猪瘟受威胁区为从疫区边缘向外延伸1万米的区域，在有野猪活动的地区，非洲猪瘟受威胁区则为从疫区边缘向外延伸5万米的区域。

二、调查疫源

调查疫源是指所在地县级以上地方人民政府农业农村主管部门派人到疫点实地开展流行病学调查，调查所发生疫病的传染来源、传播方式以及传播途径。发生一类动物疫病时，所在地县级以上地方人民政府农业农村主管部门应当立即派人到现场，调查疫源和发病原因。

三、发布封锁令

封锁是严厉的行政强制性措施，是切断传播途径的重要手段，在封锁期间，禁止染疫、疑似染疫和易感染的动物、动物产品流出疫区，禁止非疫区的易感染动物进入疫区。封锁令由人民政府发布。发布封锁令的程序：

1. 由县级以上地方人民政府农业农村主管部门拟出封锁报告，报告内容为发生动物疫病的名称，封锁范围，封锁期间出入疫区的要求，扑杀、销毁的范围以及封锁期间采取的其他措施及范围等。

2. 报请本级人民政府决定对疫区实行封锁。

3. 本级人民政府在接到封锁报告后，应及时发布封锁令。

疫区范围涉及两个以上行政区域的，由有关行政区域共同的上一级人民政府对疫区实行封锁，或者由各有关行政区域的上一级人民政府共同对疫区实行封锁。必要时，上级人民政府可以责成下级人民政府对疫区实行封锁。

四、控制一类动物疫病的具体强制性措施

控制的具体措施有：封锁、隔离、扑杀、销毁、消毒、无害化处理、紧急免疫接种及其他强制性措施。

封锁

在有关场所张贴封锁令，在疫区周围设置警示标志；组织农业农村部门、公安部门、卫生健康部门及有关单位和人员实施管制；在出入疫区的所有路口设置临时检查消毒站，根据控制动物疫病的需要对出入疫区的人员、运输工具及有关物品采取消毒和其他限制性措施。

由于一类动物疫病严重危害养殖业发展和人体健康，为防止疫病的传播，在疫区封锁期间，任何单位和个人不得将染疫、疑似染疫和易感染的动物、动物产品运出疫区，也不得将易感染动物运入疫区。

隔离

发生一类动物疫病时的隔离是指在疫区解除封锁前，禁止疫区内未被扑杀的易感染动物移动，不得与疫区外的动物接触。隔离期间严禁无关人员、动物出入隔离场所，隔离场所的废弃物应当进行无害化处理，做好观察监测，加强保护措施。

扑杀

扑杀是指采取注射、窒息、电击等方法人为致死动物。扑杀的范围，依动物疫病种类的不同而异。在通常情况下，对疫点内染疫动物、疑似染疫动物及易感染动物都要扑杀；对疫区内易感染动物根据风险评估和流行病学调查情况确定是否扑杀；受威胁区的易感染动物一般不扑杀，具备条件的应对所有易感染动物进行紧急强制免疫，建立完善的免疫档案，加强疫病监测和免疫效果监测。

销毁

销毁是指对与染疫动物相关的排泄物、垫料、包装物、容器、污水等污染物品和饲料等投入品进行焚烧、深埋等措施，消灭或杀灭其中的病原体。销毁是消灭传染源、切断传播途径、防止动物疫病传播和蔓延的一项重要措施。销毁要严格按照技术操作规范进行，农业农村部门要加强对销毁实施过程的监督指导。

消毒

对疫点、疫区的消毒可分为封锁期间消毒和终末消毒。封锁期间消毒是指发生一类动物疫病后到解除封锁期间，为了及时杀灭由传染源排出的病原体而进行的反复多次的消毒。消毒对象是所有与染疫动物、易感染动物接触过的动物圈舍、饲喂用具、场地和物品以及动物的排泄物、分泌物、运输工具等。终末消毒是指在疫区解除封锁前对消毒对象进行的一次全面、彻底消毒。对受威胁区的消毒是预防性的，旨在杀灭可能存在的病原体。消毒中应做到消毒到位、不留死角、保证消毒次数。同时要注意选用有效的消毒药、适当的消毒药浓度，先后使用的消毒药不能拮抗、中和，生物学消毒还要注意密封等。

无害化处理

无害化处理是指用物理、化学或生物学等方法处理携带或疑似携带病原体的动物尸体、动物产品或其他物品，达到消灭传染源，切断传播途径，阻止病原扩散的目的。目前，无害化处理主要使用深埋、焚烧、高温高压化制等方法。

紧急免疫接种

紧急免疫接种是相对常规免疫接种而言的，是指发生动物疫病时进行的免疫接种。紧急免疫接种的对象是疫区内未被扑杀的易感染动物和受威胁区内的易感染动物。紧急免疫接种的目的在于提高易感染动物的免疫力，建立免疫屏障，防止动物疫病的传播和蔓延。实践证明，紧急免疫接种是行之有效的动物疫病控制措施。

其他强制性措施

在必要情况下，还可采取关闭集贸市场等其他措施。

第三十九条 【二类动物疫病的控制措施】发生二类动物疫病时，应当采取下列控制措施：

（一）所在地县级以上地方人民政府农业农村主管部门应当划定疫点、疫区、受威胁区；

（二）县级以上地方人民政府根据需要组织有关部门和单位采取隔离、扑杀、销毁、消毒、无害化处理、紧急免疫接种、限制易感染的动物和动物产品及有关物品出入等措施。

注释 “发生二类动物疫病时”，是指已经确诊为二类动物疫病。二类动物疫病的确诊权限由农业农村部规定。

发生二类动物疫病时，所在地县级以上地方人民政府农业农村主管部门应当划定疫点、疫区、受威胁区，并及时报告同级人民政府。对二类动物疫病，一般不采取封锁疫区措施，但二类动物疫病呈暴发性流行时除外。接到报告的地方人民政府，应当根据发病和死亡情况、流行趋势、危害程度等情况，决定是否组织农业农村部门、公安部门、卫生健康部门及有关单位和人员，对疫点、疫区和受威胁区的染疫动物及同群动物、疑似染疫动物、易感染动物采取隔离、扑杀、销毁、无害化处理、紧急免疫接种、限制易感染动物和动物产品及有关物品出入等控制措施。

发生二类动物疫病时，一般不采取扑杀措施，但是对农业农村部规定扑杀的，当地县级以上人民政府应当予以扑杀。对发生二类动物疫病时的隔离，与发生一类动物疫病时的隔离不同，是将未被扑杀的染疫动物、疑似染疫动物及其同群动物与其他动物分隔开，在相对独立的封闭场所进行饲养，并按照农业农村部发布的防治技术规范进行观察，必要时实施免疫接种，防止疫病扩散。

第四十条　【疫点、疫区和受威胁区的撤销与封锁解除】疫点、疫区、受威胁区的撤销和疫区封锁的解除，按照国务院农业农村主管部门规定的标准和程序评估后，由原决定机关决定并宣布。

注释 当封锁期结束或一个以上潜伏期结束，未再发现该动物疫病新病例时，划定疫点、疫区和受威胁区的农业农村主管部门应当按照农业农村部规定的标准和程序对疫情控制情况进行评估，评估后认为已达到规定的控制标准的，应宣布撤销疫点、疫区和受威胁区。如果疫区封锁的，应同时报请本级人民政府解除疫区封锁，由发布疫区封锁令的人民政府决定解除疫区封锁并向社会公布。

第四十一条　【三类动物疫病的防治措施】发生三类动物疫病时，所在地县级、乡级人民政府应当按照国务院农业农村主管部门的规定组织防治。

注释 三类动物疫病多呈慢性发展趋势，通常仅在一定程度上造成经济损失和社会影响，县级、乡级人民政府应当按照农业农村部的规定，组织动物养殖者等人员进行防治。发生三类动物疫病时的防控措施，首先是隔离，将患病动物与健康动物分隔开；其次是禁止患病动物及其产品出售；最后是采取消毒、药物治疗、免疫等措施。由于三类动物疫病常见多发，一般采取预防与治疗相结合的措施控制疫病，但对于不能治疗或治疗费用较高而失去经济价值的染疫动物及相关物品，可采取扑杀、销毁等措施。

第四十二条　【二、三类动物疫病暴发性流行时的处理】二、三类动物疫病呈暴发性流行时，按照一类动物疫病处理。

注释 动物疫病呈暴发性流行，是指该动物疫病在较短时间内、在一定区域流行或者导致较多动物患病或死亡。本法规定二、三类动物疫病呈暴发性流行时，按照一类动物疫病处理。例如，按照现行规定，1个县10天内发现5头以上炭疽患病动物，就可以认定为暴发性流行。

第四十三条　【疫区内有关单位和个人的义务】疫区内有关单位和个人，应当遵守县级以上人民政府及其农业农村主管部门依法作出的有关控制动物疫病的规定。

任何单位和个人不得藏匿、转移、盗掘已被依法隔离、封存、处理的动物和动物产品。

注释 对县级以上人民政府及其农业农村主管部门依法制定的隔离、消毒、销毁、强制免疫等疫病控制措施，疫区内有关单位和个人应当认真遵守。如作出扑杀病畜的决定，当事人不得拒绝，必须立即执行，否则将承担法律责任。

藏匿是指将有关动物、动物产品在原场所隐藏起来，以逃避依法采取的处理措施；转移是指将有关动物、动物产品移至他处，以逃避依法采取的处理措施；盗掘是指将部分或全部已被扑杀、深埋的动物、动物产品挖掘盗走。

第四十四条　【发生动物疫情时对运输企业的要求】发生动物疫情时，航空、铁路、道路、水路运输企业应当优先组织运送防疫人员和物资。

注释 疫情发生时，运输企业应优先安排、优先调度、优先运送动物防疫人员和物资；处理动物疫情的工作人员，凭所在地人民政府农业农村主管部门出具的处理动物疫情证明及工作证，优先在运输企业购票，运输企业应当保证售给最近一次前往目的地的车、船、机票；交付运输的防疫物资应有明显标志，运输企业应当保证用最快通往目的地的交通工具将物资运出；确保运输安全畅通，确保防疫人员和物资及时、安全送达。

第四十五条 【动物疫情应急预案】国务院农业农村主管部门根据动物疫病的性质、特点和可能造成的社会危害，制定国家重大动物疫情应急预案报国务院批准，并按照不同动物疫病病种、流行特点和危害程度，分别制定实施方案。

县级以上地方人民政府根据上级重大动物疫情应急预案和本地区的实际情况，制定本行政区域的重大动物疫情应急预案，报上一级人民政府农业农村主管部门备案，并抄送上一级人民政府应急管理部门。县级以上地方人民政府农业农村主管部门按照不同动物疫病病种、流行特点和危害程度，分别制定实施方案。

重大动物疫情应急预案和实施方案根据疫情状况及时调整。

第四十六条 【限制调运措施】发生重大动物疫情时，国务院农业农村主管部门负责划定动物疫病风险区，禁止或者限制特定动物、动物产品由高风险区向低风险区调运。

第四十七条 【重大动物疫情应急处置措施】发生重大动物疫情时，依照法律和国务院的规定以及应急预案采取应急处置措施。

注释 一、二、三类动物疫病突然发生、迅速传播，构成重大动物疫情时，除可以采取本法规定的控制措施外，还可以按照《突发事件应对法》等法律，《重大动物疫情应急条例》和国务院的有关规定，以及应急预案采取应急处置措施。

第五章 动物和动物产品的检疫

第四十八条 【检疫主体】动物卫生监督机构依照本法和国务院农业农村主管部门的规定对动物、动物产品实施检疫。

动物卫生监督机构的官方兽医具体实施动物、动物产品检疫。

注释 本法所称动物、动物产品检疫，是指动物卫生监督机构根据行政相对人的申请，依照本法和国务院农业农村主管部门的规定，对动物、动物产品的动物传染病状况进行确认，并根据确认结果作出行政许可决定的行为。

动物卫生监督机构是实施动物、动物产品检疫的主体。其他任何公民、法人和社会组织都无权对动物和动物产品实施检疫出证。

需要注意的是，此处所述动物、动物产品不包括进出境动物、动物产品，按照本法第二条第二款的规定，对进出境动物、动物产品的检疫适用《进出境动植物检疫法》。

本条第二款规定，动物卫生监督机构的官方兽医具体实施动物和动物产品检疫。官方兽医应当属于动物卫生监督机构，不承担动物、动物产品检疫职责的人员不能被任命为官方兽医。官方兽医任命制度、任命程序在第八章兽医管理中的第六十六条作了规定。

链接《动物检疫管理办法》

第四十九条 【检疫程序】屠宰、出售或者运输动物以及出售或者运输动物产品前，货主应当按照国务院农业农村主管部门的规定向所在地动物卫生监督机构申报检疫。

动物卫生监督机构接到检疫申报后，应当及时指派官方兽医对动物、动物产品实施检疫；检疫合格的，出具检疫证明、加施检疫标志。实施检疫的官方兽医应当在检疫证明、检疫标志上签字或者盖章，并对检疫结论负责。

动物饲养场、屠宰企业的执业兽医或者动物防疫技术人员，应当协助官方兽医实施检疫。

注释 货主在屠宰、出售或者运输动物，以及出售或者运输动物产品之前，应当按照国务院农业农村主管部门的规定向所在地动物卫生监督机构申报检疫。国务院农业农村主管部门应当对申报时间、申报方式和应当提交的资料等作出规定。《动物检疫管理办法》对动物产品、不同用途动物的检疫申报时限有不同规定，并对申报检疫应提交的资料和申报方式进行了具体规定。

本条第二款规定，动物卫生监督机构接到检疫申报后，应当及时指派官方兽医对动物、动物产品实施检疫；检疫合格的，出具检疫证明、加施检疫标志。受理申报后实施检疫，属于动物卫生监督机构和官方兽医的职责。如果受理检疫申报后出现没有及时指派官方兽医实施检疫、官方兽医没有实施检疫、对检疫不合格的动物或动物产品出具检疫证明、对检疫合格的动物或动物产品拒不出具检疫证明等情形，均属于违法行为，要承担相应的法律责任。

检疫行为是要式行政行为，官方兽医必须为检疫合格的动物、动物产品出具检疫证明，并按规定在检疫证明、检疫标志上签字或者盖章，对检疫结论负责。这是法律对官方兽医设定的职责，如果官方兽医未履行或不正当履行出具检疫证明、签字、盖章等职责要求，其行为违法，则要承担相应的法律责任。

第五十条　【野生动物检疫】因科研、药用、展示等特殊情形需要非食用性利用的野生动物，应当按照国家有关规定报动物卫生监督机构检疫，检疫合格的，方可利用。

人工捕获的野生动物，应当按照国家有关规定报捕获地动物卫生监督机构检疫，检疫合格的，方可饲养、经营和运输。

国务院农业农村主管部门会同国务院野生动物保护主管部门制定野生动物检疫办法。

链接《关于全面禁止非法野生动物交易、革除滥食野生动物陋习、切实保障人民群众生命健康安全的决定》

第五十一条　【经营运输等活动中的检疫证明与检疫标志管理】屠宰、经营、运输的动物，以及用于科研、展示、演出和比赛等非食用性利用的动物，应当附有检疫证明；经营和运输的动物产品，应当附有检疫证明、检疫标志。

第五十二条　【动物、动物产品运输管理】经航空、铁路、道路、水路运输动物和动物产品的，托运人托运时应当提供检疫证明；没有检疫证明的，承运人不得承运。

进出口动物和动物产品，承运人凭进口报关单证或者海关签发的检疫单证运递。

从事动物运输的单位、个人以及车辆，应当向所在地县级人民政府农业农村主管部门备案，妥善保存行程路线和托运人提供的动物名称、检疫证明编号、数量等信息。具体办法由国务院农业农村主管部门制定。

运载工具在装载前和卸载后应当及时清洗、消毒。

链接《国务院办公厅关于加强非洲猪瘟防控工作的意见》；《国务院办公厅关于促进畜牧业高质量发展的意见》；《农业农村部办公厅关于强化生猪收购贩运管理的通知》

第五十三条　【指定通道运输动物】省、自治区、直辖市人民政府确定并公布道路运输的动物进入本行政区域的指定通道，设置引导标志。跨省、自治区、直辖市通过道路运输动物的，应当经省、自治区、直辖市人民政府设立的指定通道入省境或者过省境。

链接《国务院办公厅关于加强非洲猪瘟防控工作的意见》；《国务院办公厅关于促进畜牧业高质量发展的意见》

第五十四条　【无规定动物疫病区的检疫】输入到无规定动物疫病区的动物、动物产品，货主应当按照国务院农业农村主管部门的规定向无规定动物疫病区所在地动物卫生监督机构申报检疫，经检疫合格的，方可进入。

链接《动物检疫管理办法》

第五十五条　【跨省引进种用、乳用动物的检疫】跨省、自治区、直辖市引进的种用、乳用动物到达输入地后，货主应当按照国务院农业农村主管部门的规定对引进的种用、乳用动物进行隔离观察。

链接《动物检疫管理办法》

第五十六条　【检疫不合格的处理】经检疫不合格的动物、动物产品，货主应当在农业农村主管部门的监督下按照国家有关规定处理，处理费用由货主承担。

注释 本条对经检疫不合格的动物、动物产品的处理作出规定，主要包括三个方面。一是明确了对检疫不合格的动物、动物产品进行处理的实施主体为货主，为其设定了相应义务。二是明确了监督主体为农业农村主管部门。为有效防范货主因自身经济利益，不按规定处理经检疫不合格的动物、动物产品，规定农业农村主管部门监督货主处理，以防止染疫或疑似染疫的动物、动物产品进入流通领域。三是明确了处理费用由货主承担。对经检疫不合格的动物、动物产品处理费用，不属于检疫相关费用，应当由处理检疫不合格的动物、动物产品的主体予以承担，这既是公平合理的，也是符合国际惯例的。

第六章　病死动物和病害动物产品的无害化处理

第五十七条　【病死动物和病害动物产品无害化处理责任】从事动物饲养、屠宰、经营、隔离以及动物产品生产、经营、加工、贮藏等活动的单位和个人，应当按照国家有关规定做好病死动物、病害动物产品的无害化处理，或者委托动物和动物产品无害化处理场所处理。

从事动物、动物产品运输的单位和个人，应当配合做好病死动物和病害动物产品的无害化处理，不得在途中擅自弃置和处理有关动物和动物产品。

任何单位和个人不得买卖、加工、随意弃置病死动物和病害动物产品。

动物和动物产品无害化处理管理办法由国务院农业农村、野生动物保护主管部门按照职责制定。

链接《农业部关于印发〈病死及病害动物无害化处理技术规范〉的通知》

案例 上海市崇明区张某某未按照规定处理、随意弃置病死动物案（第二批农业行政执法指导性案例之八）

裁判规则：随意弃置病死或死因不明的动物，会增加动物疫病传播风险。根据《动物防疫法》第五十七条规定，从事动物饲养、屠宰、经营、隔离以及动物产品生产、经营、加工、贮藏等活动的单位和个人，应当按照国家有关规定做好病死动物、病害动物产品的无害化处理，或者委托动物和动物产品无害化处理场所处理。从事动物、动物产品运输的单位和个人，应当配合做好病死动物和病害动物产品的无害化处理，不得在途中擅自弃置和处理有关动物和动物产品。任何单位和个人不得买卖、加工、随意弃置病死动物和病害动物产品。实践中，一些地方病死畜禽被随意丢弃情况时有发生，但绝大多数属于偷偷丢弃，农业农村部门很难发现和确定违法行为人。本案中，农业执法人员向案发地点周围群众了解情况掌握初步线索后，借助公安机关调取事发地监控视频和涉案车辆所有人信息，准确锁定违法行为人，查清了违法事实，及时固定违法证据，为查处类似弃置病死动物违法行为案件提供了示范。

第五十八条 【死亡动物的收集、处理和溯源】在江河、湖泊、水库等水域发现的死亡畜禽，由所在地县级人民政府组织收集、处理并溯源。

在城市公共场所和乡村发现的死亡畜禽，由所在地街道办事处、乡级人民政府组织收集、处理并溯源。

在野外环境发现的死亡野生动物，由所在地野生动物保护主管部门收集、处理。

注释《国务院办公厅关于建立病死畜禽无害化处理机制的意见》明确要求，在江河、湖泊、水库等水域发现的病死畜禽，由所在地县级政府组织收集处理；在城市公共场所以及乡村发现的病死畜禽，由所在地街道办事处或乡镇政府组织收集处理；同时要及时组织力量调查死亡畜禽来源。本法进一步将文件制度上升为法律条款，强化县级人民政府和街道办事处收集、处理和溯源责任。

同时，还明确了在野外环境发现的死亡野生动物，由所在地野生动物保护主管部门收集、处理。

第五十九条 【无害化处理场所规划建设】省、自治区、直辖市人民政府制定动物和动物产品集中无害化处理场所建设规划，建立政府主导、市场运作的无害化处理机制。

链接《农业农村部财政部关于进一步加强病死畜禽无害化处理工作的通知》；《国务院办公厅关于建立病死畜禽无害化处理机制的意见》

第六十条 【无害化处理的财政补助】各级财政对病死动物无害化处理提供补助。具体补助标准和办法由县级以上人民政府财政部门会同本级人民政府农业农村、野生动物保护等有关部门制定。

第七章 动物诊疗

第六十一条 【动物诊疗机构具备的条件】从事动物诊疗活动的机构，应当具备下列条件：

（一）有与动物诊疗活动相适应并符合动物防疫条件的场所；

（二）有与动物诊疗活动相适应的执业兽医；

（三）有与动物诊疗活动相适应的兽医器械和设备；

（四）有完善的管理制度。

动物诊疗机构包括动物医院、动物诊所以及其他提供动物诊疗服务的机构。

第六十二条 【动物诊疗许可制度】从事动物诊疗活动的机构，应当向县级以上地方人民政府农业农村主管部门申请动物诊疗许可证。受理申请的农业农村主管部门应当依照本法和《中华人民共和国行政许可法》的规定进行审查。经审查合格的，发给动物诊疗许可证；不合格的，应当通知申请人并说明理由。

注释 动物诊疗活动，是指动物疾病（包括疫病）的诊断、治疗和动物外科、绝育手术等经营性活动。按照本法规定，从事动物诊疗活动的机构，均应符合规定条件并取得动物诊疗许可证，许可对象主要包括以下几类：

1. 从事畜禽诊疗的兽医院、门诊部等；2. 从事宠物诊疗的动物医院、动物诊所等；3. 动物饲养场、动物园等单位内设的诊疗部门对外提供诊疗服务的；4. 科研、教学、检验等单位对外提供动物诊疗服务的。

设立从事动物诊疗活动的机构，应当向县级以上地方人民政府农业农村主管部门申请办理动物诊疗许可证。申请人应当提交动物诊疗许可申请、营业执照、法定代表人（负责人）身份证、拟聘执业兽医资格证明等相关材料，申请材料不全或者不符合法定形式的，应当在5日内一次告知申请人需要补正的全部内容和材料。农业农村主管部门作出受理决定后，应当按规定对动物诊疗场所进行实地审核，并自受理之日起20个工作日内作出同意或者不予批准的审核决定，自作出同意的审核决定起10日内，应当向申请人发放动物诊疗许可证，不合格的，应当通知申请人并说明理由。

第六十三条 【动物诊疗许可证载明事项与变更】动物诊疗许可证应当载明诊疗机构名称、诊疗活动范围、从业地点和法定代表人（负责人）等事项。

动物诊疗许可证载明事项变更的，应当申请变更或者换发动物诊疗许可证。

第六十四条 【动物诊疗活动防疫要求】动物诊疗机构应当按照国务院农业农村主管部门的规定，做好诊疗活动中的卫生安全防护、消毒、隔离和诊疗废弃物处置等工作。

第六十五条 【诊疗活动规范】从事动物诊疗活动，应当遵守有关动物诊疗的操作技术规范，使用符合规定的兽药和兽医器械。

兽药和兽医器械的管理办法由国务院规定。

链接《兽药管理条例》

第八章 兽医管理

第六十六条 【官方兽医任命制度】国家实行官方兽医任命制度。

官方兽医应当具备国务院农业农村主管部门规定的条件，由省、自治区、直辖市人民政府农业农村主管部门按照程序确认，由所在地县级以上人民政府农业农村主管部门任命。具体办法由国务院农业农村主管部门制定。

海关的官方兽医应当具备规定的条件，由海关总署任命。具体办法由海关总署会同国务院农业农村主管部门制定。

注释《国务院关于推进兽医管理体制改革的若干意见》要求逐步推行官方兽医制度。基于国家政策导向与管理实践，本法规定了官方兽医的法律地位和法定职责，确立了官方兽医任命制度。只有具备国务院农业农村主管部门规定的条件，由省、自治区、直辖市人民政府农业农村主管部门按照规定的程序确认，由所在地县级以上人民政府农业农村主管部门任命的人员才是官方兽医。

第六十七条 【官方兽医履职保障】官方兽医依法履行动物、动物产品检疫职责，任何单位和个人不得拒绝或者阻碍。

注释 实施动物、动物产品检疫是法定行为。一方面，官方兽医应当依法履行检疫职责，既不能失职渎职、不作为，也不能滥用职权、乱作为；另一方面，申报检疫的单位和个人应当依法配合，为检疫工作提供必要条件和便利，如果拒绝或者阻碍官方兽医实施检疫，则需要承担相应的法律责任。

链接《动物检疫管理办法》

第六十八条 【官方兽医培训考核】县级以上人民政府农业农村主管部门制定官方兽医培训计划，提供培训条件，定期对官方兽医进行培训和考核。

第六十九条 【执业资格考试】国家实行执业兽医资格考试制度。具有兽医相关专业大学专科以上学历的人员或者符合条件的乡村兽医，通过执业兽医资格考试的，由省、自治区、直辖市人民政府农业农村主管部门颁发执业兽医资格证书；从事动物诊疗等经营活动的，还应当向所在地县级人民政府农业农村主管部门备案。

执业兽医资格考试办法由国务院农业农村主管部门商国务院人力资源主管部门制定。

第七十条 【执业兽医诊断和继续教育】执业兽医开具兽医处方应当亲自诊断，并对诊断结论负责。

国家鼓励执业兽医接受继续教育。执业兽医所在机构应当支持执业兽医参加继续教育。

第七十一条 【乡村兽医管理】乡村兽医可以在乡村从事动物诊疗活动。具体管理办法由国务院农业农村主管部门制定。

第七十二条 【执业兽医、乡村兽医的动物防疫义务】执业兽医、乡村兽医应当按照所在地人民政府和农业农村主管部门的要求，参加动物疫病预防、控制和动物疫情扑灭等活动。

第七十三条 【兽医行业协会职责】兽医行业

协会提供兽医信息、技术、培训等服务,维护成员合法权益,按照章程建立健全行业规范和奖惩机制,加强行业自律,推动行业诚信建设,宣传动物防疫和兽医知识。

第九章 监督管理

第七十四条 【监督管理主体和内容】县级以上地方人民政府农业农村主管部门依照本法规定,对动物饲养、屠宰、经营、隔离、运输以及动物产品生产、经营、加工、贮藏、运输等活动中的动物防疫实施监督管理。

注释 县级以上地方人民政府农业农村主管部门是动物防疫监督管理的主体,负责对动物饲养、屠宰、经营、隔离、运输以及动物产品生产、经营、加工、贮藏、运输等活动中的动物防疫实施监督管理。动物卫生监督机构可以根据农业农村主管部门的委托,承担日常行业管理等工作。

第七十五条 【动物防疫检查站】为控制动物疫病,县级人民政府农业农村主管部门应当派人在所在地依法设立的现有检查站执行监督检查任务;必要时,经省、自治区、直辖市人民政府批准,可以设立临时性的动物防疫检查站,执行监督检查任务。

注释 如果当地未依法设立检查站,出于控制、扑灭动物疫病的需要,经省、自治区、直辖市人民政府批准,可以设立临时性的动物防疫检查站,执行监督检查任务,防止动物疫情的传出传入。本条所称的"必要时",主要是指发生重大动物疫情时。为提高建站和运行效率,临时动物防疫监督检查站要尽可能结合现有的公路收费站或检查站点进行设置,疫情解除后,可视情况撤除或依照法定程序设立对应的检查站。

动物防疫检查站的任务包括:查验检疫证明、检疫标志、畜禽标识;验物,即动物、动物产品与检疫证明的记载是否一致;对运输的动物、动物产品进行监督性抽查;发现动物疫情,按有关规定报告并采取相应处理措施;依法处罚违法行为人,依法处理有关动物和动物产品;对动物、动物产品的运载工具实施消毒;对动物防疫监督检查有关情况进行登记。

第七十六条 【监督检查措施】县级以上地方人民政府农业农村主管部门执行监督检查任务,可以采取下列措施,有关单位和个人不得拒绝或者阻碍:

(一)对动物、动物产品按照规定采样、留验、抽检;

(二)对染疫或者疑似染疫的动物、动物产品及相关物品进行隔离、查封、扣押和处理;

(三)对依法应当检疫而未经检疫的动物和动物产品,具备补检条件的实施补检,不具备补检条件的予以收缴销毁;

(四)查验检疫证明、检疫标志和畜禽标识;

(五)进入有关场所调查取证,查阅、复制与动物防疫有关的资料。

县级以上地方人民政府农业农村主管部门根据动物疫病预防、控制需要,经所在地县级以上地方人民政府批准,可以在车站、港口、机场等相关场所派驻官方兽医或者工作人员。

注释 本条第一款规定了县级以上地方人民政府农业农村主管部门在执行监督管理任务时,可以采取以下五项措施:

1. 对动物、动物产品按规定采样、留验、抽检。即县级以上地方人民政府农业农村主管部门对动物、动物产品按规定享有采样权、留验权、抽检权。这里所称"动物、动物产品"是指本法第三条第一款和第二款规定的动物与动物产品。"采样"是指县级以上地方人民政府农业农村主管部门依据规定的范围、条件、程序、数量、比例等对动物与动物产品采集样品。"留验"是指县级以上地方人民政府农业农村主管部门在监督检查动物和动物产品的过程中,责令行政相对人在得出检查结论之前,不得移动被监督检查的动物、动物产品。"抽检"是指县级以上地方人民政府农业农村主管部门根据需要按规定对动物和动物产品进行的抽查、检验。

2. 对染疫或者疑似染疫的动物、动物产品及相关物品进行隔离、查封、扣押和处理。

3. 对依法应当检疫而未经检疫的动物和动物产品,具备补检条件的实施补检,不具备补检条件的予以收缴销毁。

依法应当检疫的动物,是指本法第四十九条规定的屠宰、出售或者运输的动物,本法第五十条规定的因科研、药用、展示等特殊情形需要非食用性利用的野生动物,人工捕获的野生动物,本法第五十四条规定的输入到无规定动物疫病区的动物。

依法应当检疫的动物产品是指本法第四十九条规定出售或者运输的动物产品,本法第五十四条规定的输入到无规定动物疫病区的动物产品。

未经检疫是指货主没有向动物和动物产品所在地、野生动物捕获地、无规定动物疫病区所在地动物卫生监督机构申报检疫，动物、动物产品没有经过动物卫生监督机构检疫，没有取得检疫证明；或者虽然取得检疫证明，但已经失去法律效力。

4. 查验检疫证明、检疫标志和畜禽标识。检疫证明、检疫标志是国家管理动物、动物产品检疫制度的重要内容，是动物卫生监督机构对无特定动物疫病的动物、动物产品出具的法律凭证。畜禽标识是指经农业农村部门批准使用的耳标、电子标签、脚环及其他承载畜禽信息的标识物。

5. 进入有关场所调查取证，查阅、复制与动物防疫有关的资料。农业农村主管部门阅读、复制相关资料，涉及国家秘密、商业秘密或个人隐私的，应当注意保密。

第七十七条　【执法行为规范】执法人员执行动物防疫监督检查任务，应当出示行政执法证件，佩带统一标志。

县级以上人民政府农业农村主管部门及其工作人员不得从事与动物防疫有关的经营性活动，进行监督检查不得收取任何费用。

注释 如果执法人员不出示行政执法证件，有关单位和人员可以拒绝。不得从事的与动物防疫有关的经营性活动，是指本法第三条规定的，所有涉及动物疫病的预防、控制、诊疗、净化、消灭和动物、动物产品的检疫，以及病死动物、病害动物产品的无害化处理的经营性活动。

第七十八条　【检疫证明、检疫标志和畜禽标识管理】禁止转让、伪造或者变造检疫证明、检疫标志或者畜禽标识。

禁止持有、使用伪造或者变造的检疫证明、检疫标志或者畜禽标识。

检疫证明、检疫标志的管理办法由国务院农业农村主管部门制定。

案例 湖南省湘潭市张某经营依法应当检疫而未经检疫动物案（第一批农业行政执法指导性案例之八）

裁判规则：本案办案过程中，执法人员发现案件线索后，迅速启动执法程序，固定违法证据，证据收集充分完备，为查明案件事实、准确定性和处罚提供了有力支撑。本案中，执法人员采取市场询价的方式对同类检疫合格生猪的货值金额进行认定，并与当事人陈述的价格进行比对，确认一致，为以货值为基础确定罚款数额提供了依据。执法人员对依法应当检疫而未经检疫的生猪予以登记保存，同时为保障当事人利益，在具备补检条件的情况下依法实施补检，减少了当事人不必要的经济损失。农业农村部门在严格依法履职的同时，以对当事人权益减损最小的方式开展执法，符合法治精神。此外，在防控非洲猪瘟疫情的关键时期，农业农村部门对应当检疫而未经检疫的生猪及产品加大查处力度，可以有效降低非洲猪瘟疫情传播风险。

第十章　保障措施

第七十九条　【动物防疫工作纳入国民经济和社会发展计划】县级以上人民政府应当将动物防疫工作纳入本级国民经济和社会发展规划及年度计划。

第八十条　【科学技术研发】国家鼓励和支持动物防疫领域新技术、新设备、新产品等科学技术研究开发。

第八十一条　【动物、动物产品检疫的人员保障】县级人民政府应当为动物卫生监督机构配备与动物、动物产品检疫工作相适应的官方兽医，保障检疫工作条件。

县级人民政府农业农村主管部门可以根据动物防疫工作需要，向乡、镇或者特定区域派驻兽医机构或者工作人员。

第八十二条　【兽医社会化服务】国家鼓励和支持执业兽医、乡村兽医和动物诊疗机构开展动物防疫和疫病诊疗活动；鼓励养殖企业、兽药及饲料生产企业组建动物防疫服务团队，提供防疫服务。地方人民政府组织村级防疫员参加动物疫病防治工作的，应当保障村级防疫员合理劳务报酬。

第八十三条　【动物防疫经费保障】县级以上人民政府按照本级政府职责，将动物疫病的监测、预防、控制、净化、消灭，动物、动物产品的检疫和病死动物的无害化处理，以及监督管理所需经费纳入本级预算。

第八十四条　【应急物资的储备】县级以上人民政府应当储备动物疫情应急处置所需的防疫物资。

注释 应急物资储备要实行品种、总量平衡，动态管理，并坚持定期检查，保证在紧急需要时，调得出、供得上、质量好、品种全。

第八十五条 【动物防疫相关补偿】对在动物疫病预防、控制、净化、消灭过程中强制扑杀的动物、销毁的动物产品和相关物品，县级以上人民政府给予补偿。具体补偿标准和办法由国务院财政部门会同有关部门制定。

注释 扑杀染疫和疑似染疫动物及其同群动物，或疫点、疫区内按照规定应扑杀的易感染动物，销毁染疫或污染的动物产品，是政府采取的强制性应急处理措施，保护的是公共利益。因此，对养殖者或经营者造成的损失给予适当经济补偿是必要的救济手段。这一安排有利于防控措施的顺利执行，有利于帮助生产经营者维持生活和恢复生产。

第八十六条 【接触动物疫病病原体的人员津贴待遇】对从事动物疫病预防、检疫、监督检查、现场处理疫情以及在工作中接触动物疫病病原体的人员，有关单位按照国家规定，采取有效的卫生防护、医疗保健措施，给予畜牧兽医医疗卫生津贴等相关待遇。

注释 **医疗卫生权益保障的对象**

关于医疗卫生权益保障的对象：限于从事动物疫病预防、检疫、监督检查、现场处理疫情以及在工作中接触动物病原的人员。在日常工作中，包括动物疫病预防控制机构的检测采样人员、实验室检验检测人员，动物防疫监督执法人员和官方兽医等。在疫情应急处置工作中，包括进入疫点、疫区内进行采样、诊断、流行病学调查、扑杀动物、消毒、运输、销毁或掩埋病死动物尸体及其污染物等活动以及参与指挥和指导疫情扑灭工作的人员。

卫生防护

卫生防护主要是指通过物理隔离、化学消毒等方法使动物防疫人员尽可能避免感染病原微生物。

医疗保健

医疗保健主要是通过免疫接种、服用药品、健康检查等医疗手段，使动物防疫人员获得保护。如对从事人畜共患传染病检验、检疫和检测的人员每年组织健康体检，或者进行必要的疫苗接种等。

畜牧兽医医疗卫生津贴

经国务院批准，2015 年 12 月，人力资源和社会保障部、财政部联合印发了《关于调整农业有毒有害保健津贴和畜牧兽医医疗卫生津贴的通知》，对 1997 年发布的农业有毒有害保健津贴和畜牧兽医医疗卫生津贴进行调整。津贴补助标准提高幅度较大，新调整的三类津贴补贴标准分别为每人每月 450 元、350 元和 260 元。强调了临时人员享受津贴的权利，除专职从事有毒、有害、有传染危险的畜牧兽医工作人员外，临时参加上述工作的人员，根据实际接触情况，也能享受相应类别的津贴，并按实际接触天数折算发放。

第十一章 法律责任

第八十七条 【政府及其工作人员的法律责任】地方各级人民政府及其工作人员未依照本法规定履行职责的，对直接负责的主管人员和其他直接责任人员依法给予处分。

注释 地方各级人民政府及其工作人员未依法履职的行为。主要是指地方各级人民政府及其工作人员，在履行本法规定的动物防疫相关职责时，存在的有法不依、执法不严、违法不究，滥用职权、玩忽职守、徇私舞弊等违法行为。

链接 本法第 8、13、18—22、30、38、39、41、45、58、74、79、81、83—85 条

第八十八条 【农业农村主管部门及其工作人员的法律责任】县级以上人民政府农业农村主管部门及其工作人员违反本法规定，有下列行为之一的，由本级人民政府责令改正，通报批评；对直接负责的主管人员和其他直接责任人员依法给予处分：

（一）未及时采取预防、控制、扑灭等措施的；

（二）对不符合条件的颁发动物防疫条件合格证、动物诊疗许可证，或者对符合条件的拒不颁发动物防疫条件合格证、动物诊疗许可证的；

（三）从事与动物防疫有关的经营性活动，或者违法收取费用的；

（四）其他未依照本法规定履行职责的行为。

链接 本法第 18、19、24、25、31、38、39、45—47、61、62、77 条

第八十九条 【动物卫生监督机构及其工作人员的法律责任】动物卫生监督机构及其工作人员违反本法规定，有下列行为之一的，由本级人民政府或者农业农村主管部门责令改正，通报批评；对直接负责的主管人员和其他直接责任人员依法给予处分：

（一）对未经检疫或者检疫不合格的动物、动物产品出具检疫证明、加施检疫标志，或者对检疫合格的动物、动物产品拒不出具检疫证明、加施检疫标志的；

（二）对附有检疫证明、检疫标志的动物、动物产品重复检疫的；

（三）从事与动物防疫有关的经营性活动，或者违法收取费用的；

（四）其他未依照本法规定履行职责的行为。

链接 本法第49、50、54、76、83条

第九十条 【动物疫病预防控制机构及其工作人员的法律责任】动物疫病预防控制机构及其工作人员违反本法规定，有下列行为之一的，由本级人民政府或者农业农村主管部门责令改正，通报批评；对直接负责的主管人员和其他直接责任人员依法给予处分：

（一）未履行动物疫病监测、检测、评估职责或者伪造监测、检测、评估结果的；

（二）发生动物疫情时未及时进行诊断、调查的；

（三）接到染疫或者疑似染疫报告后，未及时按照国家规定采取措施、上报的；

（四）其他未依照本法规定履行职责的行为。

链接 本法第12、19、22、31条

第九十一条 【地方政府、有关部门及其工作人员的法律责任】地方各级人民政府、有关部门及其工作人员瞒报、谎报、迟报、漏报或者授意他人瞒报、谎报、迟报动物疫情，或者阻碍他人报告动物疫情的，由上级人民政府或者有关部门责令改正，通报批评；对直接负责的主管人员和其他直接责任人员依法给予处分。

注释 本条的适用对象是地方各级人民政府、各有关部门及其工作人员。地方各级人民政府是指省级、市级、县级和乡镇人民政府；各有关部门包括但不限于农业农村主管部门、动物卫生监督机构和动物疫病预防控制机构，以及科技、林业草原、卫生健康等部门和机构。直接负责的主管人员是指地方各级人民政府、各有关部门具体分管动物疫情报告的负责人，其他直接责任人员是指负责动物疫情报告的具体执行人员。

链接 本法第37条

第九十二条 【违反强制免疫计划，未按规定开展种用、乳用动物检测或处理，未按规定对犬只免疫接种，运载工具未按规定清洗消毒的法律责任】违反本法规定，有下列行为之一的，由县级以上地方人民政府农业农村主管部门责令限期改正，可以处一千元以下罚款；逾期不改正的，处一千元以上五千元以下罚款，由县级以上地方人民政府农业农村主管部门委托动物诊疗机构、无害化处理场所等代为处理，所需费用由违法行为人承担：

（一）对饲养的动物未按照动物疫病强制免疫计划或者免疫技术规范实施免疫接种的；

（二）对饲养的种用、乳用动物未按照国务院农业农村主管部门的要求定期开展疫病检测，或者经检测不合格而未按照规定处理的；

（三）对饲养的犬只未按照规定定期进行狂犬病免疫接种的；

（四）动物、动物产品的运载工具在装载前和卸载后未按照规定及时清洗、消毒的。

注释 本条规定的"运载工具"，应主要包括汽车、火车、飞机、船舶。运载工具在运输动物、动物产品的过程中需要与动物和动物产品频繁接触，可能成为动物疫病的传染源，不及时清洗、消毒就有可能造成动物疫病的传播。

本条规定的"所需费用"，对强制免疫而言，是指当地执业兽医提供该批动物或犬只强制免疫服务的劳务和疫苗接种所需费用；对种用和乳用动物不按照国务院农业农村主管部门的要求定期开展检测或者经检测不合格未按规定处理的，是指动物疫病预防控制机构依法收取的试剂费和检测费或者接受农业农村主管部门委托的无害化处理场所进行无害化处理的费用；对运载工具拒不按规定清洗消毒的，是指当地提供该运载工具清洗消毒的劳务费和材料费等。

链接 本法16、17、23、30条

第九十三条 【未按规定建立免疫档案或加施畜禽标识的法律责任】违反本法规定，对经强制免疫的动物未按照规定建立免疫档案，或者未按照规定加施畜禽标识的，依照《中华人民共和国畜牧法》的有关规定处罚。

第九十四条 【运载工具、垫料、包装物、容器等不符合防疫要求的法律责任】违反本法规定，动物、动物产品的运载工具、垫料、包装物、容器等不符合国务院农业农村主管部门规定的动物防疫要求的，由县级以上地方人民政府农业农村主管部门责令改正，可以处五千元以下罚款；情节严重的，处五千元以上五万元以下罚款。

注释 根据本法第二十七条第一款的规定，动物、动物产品的运载工具、垫料、包装物、容器等应当符合国务院农业农村主管部门规定的动物防疫要求，如消毒规范等，使用未达到动物防疫要求的相

关物品，不论是否造成危害后果，都应承担本条规定的法律责任。

第九十五条　【违规处理染疫动物、动物产品及其污染的有关物品的法律责任】违反本法规定，对染疫动物及其排泄物、染疫动物产品或者被染疫动物、动物产品污染的运载工具、垫料、包装物、容器等未按照规定处置的，由县级以上地方人民政府农业农村主管部门责令限期处理；逾期不处理的，由县级以上地方人民政府农业农村主管部门委托有关单位代为处理，所需费用由违法行为人承担，处五千元以上五万元以下罚款。

造成环境污染或者生态破坏的，依照环境保护有关法律法规进行处罚。

注释 根据本法第二十七条第二款的规定，应当按照国务院农业农村主管部门规定处理的有：(1)染疫动物（含检疫不合格的动物）及其排泄物；(2)染疫动物产品（含检疫不合格的动物产品）；(3)运载工具、垫料、包装物、容器等被污染的物品。

第九十六条　【患有人畜共患传染病的人员违规从事相关活动的法律责任】违反本法规定，患有人畜共患传染病的人员，直接从事动物疫病监测、检测、检验检疫，动物诊疗以及易感染动物的饲养、屠宰、经营、隔离、运输等活动的，由县级以上地方人民政府农业农村或者野生动物保护主管部门责令改正；拒不改正的，处一千元以上一万元以下罚款；情节严重的，处一万元以上五万元以下罚款。

注释 本法第三十五条规定，患有人畜共患传染病的人员禁止直接从事下列几类活动：(1)动物疫病监测、检测、检验检疫；(2)动物诊疗；(3)易感染动物的饲养、屠宰、加工、经营、隔离、运输等。

需要说明的是，本条所称的"从事动物疫病监测、检测、检验检疫的人员"，是指受委托或协助开展动物疫病监测、检测、检验检疫的人员。动物疫病预防控制机构或动物卫生监督机构工作人员有违反本法行为的，分别按照本法第八十九条和第九十条的规定，给予相应的处分。

第九十七条　【屠宰、经营、运输动物或者生产、加工、贮藏、运输动物产品违反相关规定的法律责任】违反本法第二十九条规定，屠宰、经营、运输动物或者生产、经营、加工、贮藏、运输动物产品的，由县级以上地方人民政府农业农村主管部门责令改正、采取补救措施，没收违法所得、动物和动物产品，并处同类检疫合格动物、动物产品货值金额十五倍以上三十倍以下罚款；同类检疫合格动物、动物产品货值金额不足一万元的，并处五万元以上十五万元以下罚款；其中依法应当检疫而未检疫的，依照本法第一百条的规定处罚。

前款规定的违法行为人及其法定代表人（负责人）、直接负责的主管人员和其他直接责任人员，自处罚决定作出之日起五年内不得从事相关活动；构成犯罪的，终身不得从事屠宰、经营、运输动物或者生产、经营、加工、贮藏、运输动物产品等相关活动。

注释 关于本条法律责任的适用，有两个问题需要说明：

一是，按照本条的规定，屠宰、生产、加工、经营、贮藏、运输的动物、动物产品，依法应当检疫而未检疫的，依照本法第一百条的规定处罚，即由县级以上地方人民政府农业农村主管部门责令改正，并对相关人员处以罚款。但是，应当注意的是，根据本法第七十六条的规定，对依法应当检疫而未经检疫的动物和动物产品，具备补检条件的实施补检，不具备补检条件的予以收缴销毁。按照上述规定，屠宰、生产、加工、经营、贮藏、运输的动物、动物产品依法应当检疫而未检疫的，应当按照国家有关规定适用补检制度，由农业农村主管部门指派动物卫生监督机构对其是否符合补检条件进行审查，同时根据本法第一百条的规定进行处罚。

二是，本法第五十条规定，人工捕获的野生动物，应当按照国家有关规定报捕获地动物卫生监督机构检疫，检疫合格的，方可饲养、经营、运输。第二十九条规定，禁止经营、运输依法应当检疫而未检疫或者检疫不合格的动物。本条规定的法律责任同样适用于野生动物的经营、运输等活动。

链接 本法第29条

案例 **广西壮族自治区来宾市某畜牧公司经营依法应当检疫未经检疫种猪案（第三批农业行政执法指导性案例之四）**

裁判规则：国家实行动物检疫申报制度，出售或者运输动物的，货主应当向所在地卫生监督机构申报检疫，并如实提交检疫申报单和农业农村部规定的其他材料。本案中，当事人未向种猪出栏地动物检疫申报点申报检疫，而是通过提供虚假信息的方式从其他动物卫生监督机构骗取了检疫合格证明，违反了《动物检疫管理办法》的规定，

属于依法应当检疫而未经检疫的情形。依据《动物防疫法》第九十七条、第一百条和《动物检疫管理办法》第四十三条、四十四条的规定，对于依法应当检疫而未经检疫违法行为的法律适用，应区分以下两种情况：具备补检条件的，由动物卫生监督机构依法进行补检，补检合格的，按照《动物防疫法》第九十七条转引至该法第一百条第一款处罚；补检不合格的，直接适用《动物防疫法》第九十七条处罚。不具备补检条件的，对相关产品予以收缴销毁，并按照《动物防疫法》第九十七条转引至该法第一百条第一款处罚。本案中，当事人售出的种猪经实验室疫病检测合格，应视为补检合格，桂林市农业农村局依据《动物防疫法》第一百条第一款对当事人作出处罚适用法律正确。本案能够为执法人员正确理解和适用《动物防疫法》提供借鉴。

第九十八条 【未按规定开办有关场所、从事动物运输、保存行程路线和相关信息、向无规定疫病区、跨省引进种用乳用动物、随意弃置病死动物或病害动物产品的法律责任】违反本法规定，有下列行为之一的，由县级以上地方人民政府农业农村主管部门责令改正，处三千元以上三万元以下罚款；情节严重的，责令停业整顿，并处三万元以上十万元以下罚款：

（一）开办动物饲养场和隔离场所、动物屠宰加工场所以及动物和动物产品无害化处理场所，未取得动物防疫条件合格证的；

（二）经营动物、动物产品的集贸市场不具备国务院农业农村主管部门规定的防疫条件的；

（三）未经备案从事动物运输的；

（四）未按照规定保存行程路线和托运人提供的动物名称、检疫证明编号、数量等信息的；

（五）未经检疫合格，向无规定动物疫病区输入动物、动物产品的；

（六）跨省、自治区、直辖市引进种用、乳用动物到达输入地后未按照规定进行隔离观察的；

（七）未按照规定处理或者随意弃置病死动物、病害动物产品的。

链接 本法第25、26、52、54、55、57、77条；《动物防疫条件审查办法》

第九十九条 【有关场所生产经营条件不再符合规定条件的法律责任】动物饲养场和隔离场所、动物屠宰加工场所以及动物和动物产品无害化处理场所，生产经营条件发生变化，不再符合本法第二十四条规定的动物防疫条件继续从事相关活动的，由县级以上地方人民政府农业农村主管部门给予警告，责令限期改正；逾期仍达不到规定条件的，吊销动物防疫条件合格证，并通报市场监督管理部门依法处理。

链接 本法第24、25条；《动物防疫条件审查办法》

第一百条 【违法行为人未附有检疫证明从事相关活动的法律责任】违反本法规定，屠宰、经营、运输的动物未附有检疫证明，经营和运输的动物产品未附有检疫证明、检疫标志的，由县级以上地方人民政府农业农村主管部门责令改正，处同类检疫合格动物、动物产品货值金额一倍以下罚款；对货主以外的承运人处运输费用三倍以上五倍以下罚款，情节严重的，处五倍以上十倍以下罚款。

违反本法规定，用于科研、展示、演出和比赛等非食用性利用的动物未附有检疫证明的，由县级以上地方人民政府农业农村主管部门责令改正，处三千元以上一万元以下罚款。

注释 本条规定的违法行为对负有检疫申报义务的货主来说，仅指“检疫合格但未附有检疫证明”的情形；对不负有检疫申报义务的承运人等主体，则指未凭动物检疫证明运输的情形。

链接 本法第97、50—52条

第一百零一条 【违反禁止或限制调运规定的法律责任】违反本法规定，将禁止或者限制调运的特定动物、动物产品由动物疫病高风险区调入低风险区的，由县级以上地方人民政府农业农村主管部门没收运输费用、违法运输的动物和动物产品，并处运输费用一倍以上五倍以下罚款。

注释 本法第四十六条规定，发生重大动物疫情时，国务院农业农村主管部门负责划定动物疫病风险区，禁止或者限制特定动物、动物产品由高风险区向低风险区调运。发生动物疫情后，如果某些特定的动物和动物产品从高风险区被调运至低风险区，就很有可能造成低风险区甚至沿途地区动物疫情的暴发或者扩散，造成不可挽回的损失。

第一百零二条 【未经指定通道入省境或者过省境的法律责任】违反本法规定，通过道路跨省、自治区、直辖市运输动物，未经省、自治区、直辖市人民政府设立的指定通道入省境或者过省境的，由县级以上地方人民政府农业农村主管部门对运输人处五千元以上一万元以下罚款；情节严重的，处一万元以上五万元以下罚款。

注释 根据本法第五十三条的规定，省、自治区、直辖市人民政府确定并公布道路运输的动物进入本行政区域的指定通道，设置引导标志。跨省、自治区、直辖市通过道路运输动物的，应当经省、自治区、直辖市人民政府设立的指定通道入省境或者过省境。这里需要注意的有两点：一是，这里的运输限定在道路运输方式；二是，这里的行政区域限定在省、自治区、直辖市。

第一百零三条 【转让、伪造或者变造以及持有、使用伪造或者变造的检疫证明、检疫标志或者畜禽标识的法律责任】违反本法规定，转让、伪造或者变造检疫证明、检疫标志或者畜禽标识的，由县级以上地方人民政府农业农村主管部门没收违法所得和检疫证明、检疫标志、畜禽标识，并处五千元以上五万元以下罚款。

持有、使用伪造或者变造的检疫证明、检疫标志或者畜禽标识的，由县级以上人民政府农业农村主管部门没收检疫证明、检疫标志、畜禽标识和对应的动物、动物产品，并处三千元以上三万元以下罚款。

注释 一、转让、伪造或者变造检疫证明、检疫标志或者畜禽标识的违法行为

1. 转让检疫证明、检疫标志或者畜禽标识的行为。这是指违法行为人将自己合法获得的检疫证明、检疫标志或者畜禽标识，有偿或无偿转让给他人，使他人达到逃避检疫的目的，自己可能获益也可能不获益。

2. 伪造检疫证明、检疫标志或者畜禽标识。这是指无权制作、出具检疫证明、检疫标志或者畜禽标识的单位和个人，仿制检疫证明、检疫标志或者畜禽标识的式样，以假充真的行为。

3. 变造检疫证明、检疫标志或者畜禽标识。这是指违法行为人更改检疫证明、检疫标志或者畜禽标识的内容，如改变畜禽产品的品种名称、签发日期等。

二、持有、使用伪造或者变造的检疫证明、检疫标志或者畜禽标识的违法行为

1. 持有伪造或者变造的检疫证明、检疫标志或者畜禽标识。持有，可能尚未用于动物或动物产品，但是由于检疫证明、检疫标志或者畜禽标识本身就是伪造或者变造的，持有的行为也应当被认定为违法。

2. 使用伪造或者变造的检疫证明、检疫标志或者畜禽标识。

三、适用本条应当注意的问题

1. 县级以上地方人民政府农业农村主管部门虽往往通过对伪造或者变造的检疫证明、检疫标志或者畜禽标识的受让者（持有和使用人）的监督，发现转让和伪造或者变造的检疫证明、检疫标志或者畜禽标识，但需要注意的是，出让者和受让者都是违法行为人。因此，除依法对受让者实施行政处罚外，还要通过各种途径追究出让者和伪造者、变造者的法律责任。

2. 既伪造又转让检疫等证明的，应当按照本条第一款的规定从重处罚，而不是作为两项违法行为进行处罚。

3. 转让、伪造或者变造检疫证明、检疫标志或者畜禽标识，情节严重的，如果构成犯罪，还应当依法追究刑事责任。

4. 检疫证明、检疫标志或者畜禽标识，通常随货同行，如果检疫证明标注的内容与动物或动物产品一致，仅是实际货主与检疫证明、检疫标志或者畜禽标识上标注的货主名称不同，一般不按转让检疫证明、检疫标志或者畜禽标识处罚。

第一百零四条 【擅自发布动物疫情或不遵守有关控制动物疫病规定的法律责任】违反本法规定，有下列行为之一的，由县级以上地方人民政府农业农村主管部门责令改正，处三千元以上三万元以下罚款：

（一）擅自发布动物疫情的；

（二）不遵守县级以上人民政府及其农业农村主管部门依法作出的有关控制动物疫病规定的；

（三）藏匿、转移、盗掘已被依法隔离、封存、处理的动物和动物产品的。

链接 本法第31、36、38—47条

第一百零五条 【未经许可从事动物诊疗活动及动物诊疗机构造成动物疫病扩散的法律责任】违反本法规定，未取得动物诊疗许可证从事动物诊疗活动的，由县级以上地方人民政府农业农村主管部门责令停止诊疗活动，没收违法所得，并处违法所得一倍以上三倍以下罚款；违法所得不足三万元的，并处三千元以上三万元以下罚款。

动物诊疗机构违反本法规定，未按照规定实施卫生安全防护、消毒、隔离和处置诊疗废弃物的，由县级以上地方人民政府农业农村主管部门责令改正，处一千元以上一万元以下罚款；造成动

物疫病扩散的，处一万元以上五万元以下罚款；情节严重的，吊销动物诊疗许可证。

链接 本法第62、64、65条

第一百零六条 【执业兽医未经备案从事动物诊疗活动及违反从业规范的法律责任】违反本法规定，未经执业兽医备案从事经营性动物诊疗活动的，由县级以上地方人民政府农业农村主管部门责令停止动物诊疗活动，没收违法所得，并处三千元以上三万元以下罚款；对其所在的动物诊疗机构处一万元以上五万元以下罚款。

执业兽医有下列行为之一的，由县级以上地方人民政府农业农村主管部门给予警告，责令暂停六个月以上一年以下动物诊疗活动；情节严重的，吊销执业兽医资格证书：

（一）违反有关动物诊疗的操作技术规范，造成或者可能造成动物疫病传播、流行的；

（二）使用不符合规定的兽药和兽医器械的；

（三）未按照当地人民政府或者农业农村主管部门要求参加动物疫病预防、控制和动物疫情扑灭活动的。

链接 本法第64、72条；《兽药管理条例》

第一百零七条 【生产经营不符合要求的兽医器械行为的法律责任】违反本法规定，生产经营兽医器械，产品质量不符合要求的，由县级以上地方人民政府农业农村主管部门责令限期整改；情节严重的，责令停业整顿，并处二万元以上十万元以下罚款。

注释 本条规定处罚的违法行为包括两个方面：一是生产不符合产品质量要求的兽医器械；二是经营上述产品。无论是生产者还是销售者，只要产品是不符合质量要求的兽医器械的，由县级以上地方人民政府农业农村主管部门责令限期整改；情节严重的，责令停业整顿，并处二万元以上十万元以下罚款。在执行本条的规定时，应当注意区分情况，情节不严重，可以通过整改解决的，应当首先责令整改；情节严重，如生产经营不合格兽医器械的数量巨大，兽医器械有多项检测指标不合格，严重影响使用的，应当责令停业整顿，并处罚款。

第一百零八条 【有关单位和个人不如实提供信息或者妨碍执法的法律责任】违反本法规定，从事动物疫病研究、诊疗和动物饲养、屠宰、经营、隔离、运输，以及动物产品生产、经营、加工、贮藏、无害化处理等活动的单位和个人，有下列行为之一的，由县级以上地方人民政府农业农村主管部门责令改正，可以处一万元以下罚款；拒不改正的，处一万元以上五万元以下罚款，并可以责令停业整顿：

（一）发现动物染疫、疑似染疫未报告，或者未采取隔离等控制措施的；

（二）不如实提供与动物防疫有关的资料的；

（三）拒绝或者阻碍农业农村主管部门进行监督检查的；

（四）拒绝或者阻碍动物疫病预防控制机构进行动物疫病监测、检测、评估的；

（五）拒绝或者阻碍官方兽医依法履行职责的。

链接 本法第12、18、21、22、26、31、37、48、76条

第一百零九条 【造成人畜共患传染病传播的法律责任】违反本法规定，造成人畜共患传染病传播、流行的，依法从重给予处分、处罚。

违反本法规定，构成违反治安管理行为的，依法给予治安管理处罚；构成犯罪的，依法追究刑事责任。

违反本法规定，给他人人身、财产造成损害的，依法承担民事责任。

第十二章 附 则

第一百一十条 【有关术语的定义】本法下列用语的含义：

（一）无规定动物疫病区，是指具有天然屏障或者采取人工措施，在一定期限内没有发生规定的一种或者几种动物疫病，并经验收合格的区域；

（二）无规定动物疫病生物安全隔离区，是指处于同一生物安全管理体系下，在一定期限内没有发生规定的一种或者几种动物疫病的若干动物饲养场及其辅助生产场所构成的，并经验收合格的特定小型区域；

（三）病死动物，是指染疫死亡、因病死亡、死因不明或者经检验检疫可能危害人体或者动物健康的死亡动物；

（四）病害动物产品，是指来源于病死动物的产品，或者经检验检疫可能危害人体或者动物健康的动物产品。

注释 **无规定动物疫病区**

无规定动物疫病区通常需要具备三个要素：

一是具有天然屏障或者采取人工措施。天然屏障为自然存在，足以切断规定动物疫病传播、人

和动物自然流动的地理阻隔,如山峦、河流、沙漠、海洋、沼泽等;人工措施是指在无疫区内及周边采取的免疫、监测、检疫监管、流通控制、应急处置等动物卫生措施。

二是在一定期限内没有发生规定的一种或者几种动物疫病。一定期限,是指无疫验收前的规定时间,不同规定动物疫病实现无疫的时间不同,规定时间根据规定动物疫病的种类、是否进行免疫等因素确定。规定的一种或者几种动物疫病,是指同一个无规定动物疫病区内可以实现一种规定动物疫病无疫,也可以同时实现几种规定动物疫病无疫。

三是区域。无疫区的区域一般由省级人民政府农业农村主管部门依据地理、法律或人工屏障划定,并通过官方渠道公布,通常应当集中连片,具有一定规模和范围,可以是省、自治区、直辖市的部分或全部区域,也可以是毗邻省的连片区域,这些区域经国务院农业农村主管部门验收合格后,方可称为"无规定动物疫病区"。

无规定动物疫病生物安全隔离区

无规定动物疫病生物安全隔离区通常需要具备四个要素:

一是处于同一生物安全管理体系。同一生物安全管理体系,是指企业遵循全过程风险管理原则,建立统一的生物安全管理制度,制订生物安全计划,落实生物安全措施。无规定动物疫病生物安全隔离区内所有生产单元和辅助单元在同一制度框架下运行,形成生物安全体系的闭环管理。

二是在一定期限内没有发生规定的一种或者几种动物疫病。一定期限内,是指在验收前的规定时间,通常是根据规定动物疫病的种类、是否进行免疫等因素确定,不同动物疫病规定的时间不同。规定的一种或者几种动物疫病,是指可以是一种规定的动物疫病,也可以同时是几种规定的动物疫病。

三是若干动物饲养场及其辅助生产场所。是指畜禽饲养场,以及与之处于同一生物安全管理体系下的孵化、屠宰、产品加工、饲料生产、清洗消毒、无害化处理等相关场所。

四是特定小型区域。是指由动物饲养场及其辅助生产场所组成的区域,通常所有生产单元分布应当相对集中并处于同一县级行政区域内或位于同一设区的市级行政区域毗邻县内,不同生产单元之间距离符合国务院农业农村主管部门的规定。这些区域经国务院农业农村主管部门验收合格后,方可称为"无规定动物疫病生物安全隔离区"。

病死动物

病死动物包括:一是染疫死亡的动物,因感染国家公布的《一、二、三类动物疫病病种名录》所列疫病死亡的动物;二是因病死亡的动物,主要是因为患有内科病、外科病、营养代谢病等死亡的动物;三是死因不明的动物,主要是指难以认定死亡原因的动物;四是指按照法定程序和检验检疫规范规程,经检验检疫认定的有可能危害人体健康、危害畜牧业健康发展的死亡动物。

病害动物产品

病害动物产品主要包括:用病死动物为原料加工成的产品,以及经屠宰加工企业、动物卫生监督机构等按照法定程序和检验检疫规范规程检查出的有可能危害人体健康或者畜牧业发展的病变或不适合人类食用的组织、脏器等动物产品。

第一百一十一条 【境外无规定动物疫病区和无规定动物疫病生物安全隔离区的无疫等效性评估】境外无规定动物疫病区和无规定动物疫病生物安全隔离区的无疫等效性评估,参照本法有关规定执行。

第一百一十二条 【实验动物防疫的特别规定】实验动物防疫有特殊要求的,按照实验动物管理的有关规定执行。

链接《实验动物管理条例》;《实验动物环境及设施》(GB 14925—2010)

第一百一十三条 【生效时间】本法自2021年5月1日起施行。

重大动物疫情应急条例

· 2005年11月18日中华人民共和国国务院令第450号公布

· 根据2017年10月7日《国务院关于修改部分行政法规的决定》修订

第一章 总 则

第一条 为了迅速控制、扑灭重大动物疫情,保障养殖业生产安全,保护公众身体健康与生命安全,维护正常的社会秩序,根据《中华人民共和国动物防疫法》,制定本条例。

第二条 本条例所称重大动物疫情,是指高致病性禽流感等发病率或者死亡率高的动物疫病突然发生,迅速传播,给养殖业生产安全造成严重威胁、危害,以及可能对公众身体健康与生命安全造成危害的情形,包括特别重大动物疫情。

第三条 重大动物疫情应急工作应当坚持加强领导、密切配合,依靠科学、依法防治,群防群控、果断处置的方针,及时发现,快速反应,严格处理,减少损失。

第四条 重大动物疫情应急工作按照属地管理的原则,实行政府统一领导、部门分工负责,逐级建立责任制。

县级以上人民政府兽医主管部门具体负责组织重大动物疫情的监测、调查、控制、扑灭等应急工作。

县级以上人民政府林业主管部门、兽医主管部门按照职责分工,加强对陆生野生动物疫源疫病的监测。

县级以上人民政府其他有关部门在各自的职责范围内,做好重大动物疫情的应急工作。

第五条 出入境检验检疫机关应当及时收集境外重大动物疫情信息,加强进出境动物及其产品的检验检疫工作,防止动物疫病传入和传出。兽医主管部门要及时向出入境检验检疫机关通报国内重大动物疫情。

第六条 国家鼓励、支持开展重大动物疫情监测、预防、应急处理等有关技术的科学研究和国际交流与合作。

第七条 县级以上人民政府应当对参加重大动物疫情应急处理的人员给予适当补助,对作出贡献的人员给予表彰和奖励。

第八条 对不履行或者不按照规定履行重大动物疫情应急处理职责的行为,任何单位和个人有权检举控告。

第二章 应急准备

第九条 国务院兽医主管部门应当制定全国重大动物疫情应急预案,报国务院批准,并按照不同动物疫病病种及其流行特点和危害程度,分别制定实施方案,报国务院备案。

县级以上地方人民政府根据本地区的实际情况,制定本行政区域的重大动物疫情应急预案,报上一级人民政府兽医主管部门备案。县级以上地方人民政府兽医主管部门,应当按照不同动物疫病病种及其流行特点和危害程度,分别制定实施方案。

重大动物疫情应急预案及其实施方案应当根据疫情的发展变化和实施情况,及时修改、完善。

第十条 重大动物疫情应急预案主要包括下列内容:

(一)应急指挥部的职责、组成以及成员单位的分工;

(二)重大动物疫情的监测、信息收集、报告和通报;

(三)动物疫病的确认、重大动物疫情的分级和相应的应急处理工作方案;

(四)重大动物疫情疫源的追踪和流行病学调查分析;

(五)预防、控制、扑灭重大动物疫情所需资金的来源、物资和技术的储备与调度;

(六)重大动物疫情应急处理设施和专业队伍建设。

第十一条 国务院有关部门和县级以上地方人民政府及其有关部门,应当根据重大动物疫情应急预案的要求,确保应急处理所需的疫苗、药品、设施设备和防护用品等物资的储备。

第十二条 县级以上人民政府应当建立和完善重大动物疫情监测网络和预防控制体系,加强动物防疫基础设施和乡镇动物防疫组织建设,并保证其正常运行,提高对重大动物疫情的应急处理能力。

第十三条 县级以上地方人民政府根据重大动物疫情应急需要,可以成立应急预备队,在重大动物疫情应急指挥部的指挥下,具体承担疫情的控制和扑灭任务。

应急预备队由当地兽医行政管理人员、动物防疫工作人员、有关专家、执业兽医等组成;必要时,可以组织动员社会上有一定专业知识的人员参加。公安机关、中国人民武装警察部队应当依法协助其执行任务。

应急预备队应当定期进行技术培训和应急演练。

第十四条 县级以上人民政府及其兽医主管部门应当加强对重大动物疫情应急知识和重大动物疫病科普知识的宣传,增强全社会的重大动物疫情防范意识。

第三章 监测、报告和公布

第十五条 动物防疫监督机构负责重大动物疫情的监测，饲养、经营动物和生产、经营动物产品的单位和个人应当配合，不得拒绝和阻碍。

第十六条 从事动物隔离、疫情监测、疫病研究与诊疗、检验检疫以及动物饲养、屠宰加工、运输、经营等活动的有关单位和个人，发现动物出现群体发病或者死亡的，应当立即向所在地的县（市）动物防疫监督机构报告。

第十七条 县（市）动物防疫监督机构接到报告后，应当立即赶赴现场调查核实。初步认为属于重大动物疫情的，应当在2小时内将情况逐级报省、自治区、直辖市动物防疫监督机构，并同时报所在地人民政府兽医主管部门；兽医主管部门应当及时通报同级卫生主管部门。

省、自治区、直辖市动物防疫监督机构应当在接到报告后1小时内，向省、自治区、直辖市人民政府兽医主管部门和国务院兽医主管部门所属的动物防疫监督机构报告。

省、自治区、直辖市人民政府兽医主管部门应当在接到报告后1小时内报本级人民政府和国务院兽医主管部门。

重大动物疫情发生后，省、自治区、直辖市人民政府和国务院兽医主管部门应当在4小时内向国务院报告。

第十八条 重大动物疫情报告包括下列内容：

（一）疫情发生的时间、地点；

（二）染疫、疑似染疫动物种类和数量、同群动物数量、免疫情况、死亡数量、临床症状、病理变化、诊断情况；

（三）流行病学和疫源追踪情况；

（四）已采取的控制措施；

（五）疫情报告的单位、负责人、报告人及联系方式。

第十九条 重大动物疫情由省、自治区、直辖市人民政府兽医主管部门认定；必要时，由国务院兽医主管部门认定。

第二十条 重大动物疫情由国务院兽医主管部门按照国家规定的程序，及时准确公布；其他任何单位和个人不得公布重大动物疫情。

第二十一条 重大动物疫病应当由动物防疫监督机构采集病料。其他单位和个人采集病料的，应当具备以下条件：

（一）重大动物疫病病料采集目的、病原微生物的用途应当符合国务院兽医主管部门的规定；

（二）具有与采集病料相适应的动物病原微生物实验室条件；

（三）具有与采集病料所需要的生物安全防护水平相适应的设备，以及防止病原感染和扩散的有效措施。

从事重大动物疫病病原分离的，应当遵守国家有关生物安全管理规定，防止病原扩散。

第二十二条 国务院兽医主管部门应当及时向国务院有关部门和军队有关部门以及各省、自治区、直辖市人民政府兽医主管部门通报重大动物疫情的发生和处理情况。

第二十三条 发生重大动物疫情可能感染人群时，卫生主管部门应当对疫区内易受感染的人群进行监测，并采取相应的预防、控制措施。卫生主管部门和兽医主管部门应当及时相互通报情况。

第二十四条 有关单位和个人对重大动物疫情不得瞒报、谎报、迟报，不得授意他人瞒报、谎报、迟报，不得阻碍他人报告。

第二十五条 在重大动物疫情报告期间，有关动物防疫监督机构应当立即采取临时隔离控制措施；必要时，当地县级以上地方人民政府可以作出封锁决定并采取扑杀、销毁等措施。有关单位和个人应当执行。

第四章 应急处理

第二十六条 重大动物疫情发生后，国务院和有关地方人民政府设立的重大动物疫情应急指挥部统一领导、指挥重大动物疫情应急工作。

第二十七条 重大动物疫情发生后，县级以上地方人民政府兽医主管部门应当立即划定疫点、疫区和受威胁区，调查疫源，向本级人民政府提出启动重大动物疫情应急指挥系统、应急预案和对疫区实行封锁的建议，有关人民政府应当立即作出决定。

疫点、疫区和受威胁区的范围应当按照不同动物疫病病种及其流行特点和危害程度划定，具体划定标准由国务院兽医主管部门制定。

第二十八条 国家对重大动物疫情应急处理实行分级管理，按照应急预案确定的疫情等级，由有关人民政府采取相应的应急控制措施。

第二十九条 对疫点应当采取下列措施：

（一）扑杀并销毁染疫动物和易感染的动物及其产品；

（二）对病死的动物、动物排泄物、被污染饲料、垫料、污水进行无害化处理；

（三）对被污染的物品、用具、动物圈舍、场地进行严格消毒。

第三十条 对疫区应当采取下列措施：

（一）在疫区周围设置警示标志，在出入疫区的交通路口设置临时动物检疫消毒站，对出入的人员和车辆进行消毒；

（二）扑杀并销毁染疫和疑似染疫动物及其同群动物，销毁染疫和疑似染疫的动物产品，对其他易感染的动物实行圈养或者在指定地点放养，役用动物限制在疫区内使役；

（三）对易感染的动物进行监测，并按照国务院兽医主管部门的规定实施紧急免疫接种，必要时对易感染的动物进行扑杀；

（四）关闭动物及动物产品交易市场，禁止动物进出疫区和动物产品运出疫区；

（五）对动物圈舍、动物排泄物、垫料、污水和其他可能受污染的物品、场地，进行消毒或者无害化处理。

第三十一条 对受威胁区应当采取下列措施：

（一）对易感染的动物进行监测；

（二）对易感染的动物根据需要实施紧急免疫接种。

第三十二条 重大动物疫情应急处理中设置临时动物检疫消毒站以及采取隔离、扑杀、销毁、消毒、紧急免疫接种等控制、扑灭措施的，由有关重大动物疫情应急指挥部决定，有关单位和个人必须服从；拒不服从的，由公安机关协助执行。

第三十三条 国家对疫区、受威胁区内易感染的动物免费实施紧急免疫接种；对因采取扑杀、销毁等措施给当事人造成的已经证实的损失，给予合理补偿。紧急免疫接种和补偿所需费用，由中央财政和地方财政分担。

第三十四条 重大动物疫情应急指挥部根据应急处理需要，有权紧急调集人员、物资、运输工具以及相关设施、设备。

单位和个人的物资、运输工具以及相关设施、设备被征集使用的，有关人民政府应当及时归还并给予合理补偿。

第三十五条 重大动物疫情发生后，县级以上人民政府兽医主管部门应当及时提出疫点、疫区、受威胁区的处理方案，加强疫情监测、流行病学调查、疫源追踪工作，对染疫和疑似染疫动物及其同群动物和其他易感染动物的扑杀、销毁进行技术指导，并组织实施检验检疫、消毒、无害化处理和紧急免疫接种。

第三十六条 重大动物疫情应急处理中，县级以上人民政府有关部门应当在各自的职责范围内，做好重大动物疫情应急所需的物资紧急调度和运输、应急经费安排、疫区群众救济、人的疫病防治、肉食品供应、动物及其产品市场监管、出入境检验检疫和社会治安维护等工作。

中国人民解放军、中国人民武装警察部队应当支持配合驻地人民政府做好重大动物疫情的应急工作。

第三十七条 重大动物疫情应急处理中，乡镇人民政府、村民委员会、居民委员会应当组织力量，向村民、居民宣传动物疫病防治的相关知识，协助做好疫情信息的收集、报告和各项应急处理措施的落实工作。

第三十八条 重大动物疫情发生地的人民政府和毗邻地区的人民政府应当通力合作，相互配合，做好重大动物疫情的控制、扑灭工作。

第三十九条 有关人民政府及其有关部门对参加重大动物疫情应急处理的人员，应当采取必要的卫生防护和技术指导等措施。

第四十条 自疫区内最后一头（只）发病动物及其同群动物处理完毕起，经过一个潜伏期以上的监测，未出现新的病例的，彻底消毒后，经上一级动物防疫监督机构验收合格，由原发布封锁令的人民政府宣布解除封锁，撤销疫区；由原批准机关撤销在该疫区设立的临时动物检疫消毒站。

第四十一条 县级以上人民政府应当将重大动物疫情确认、疫区封锁、扑杀及其补偿、消毒、无害化处理、疫源追踪、疫情监测以及应急物资储备等应急经费列入本级财政预算。

第五章 法律责任

第四十二条 违反本条例规定，兽医主管部门及其所属的动物防疫监督机构有下列行为之一的，由本级人民政府或者上级人民政府有关部门责令立即改正、通报批评、给予警告；对主要负责人、负有责任的主管人员和其他责任人员，依法给予记大过、降级、撤职直至开除的行政处分；构成犯罪的，依法追究刑事责任：

（一）不履行疫情报告职责，瞒报、谎报、迟报或者授意他人瞒报、谎报、迟报，阻碍他人报告重大动物疫情的；

（二）在重大动物疫情报告期间，不采取临时隔离控制措施，导致动物疫情扩散的；

（三）不及时划定疫点、疫区和受威胁区，不及时向本级人民政府提出应急处理建议，或者不按照规定对疫点、疫区和受威胁区采取预防、控制、扑灭措施的；

（四）不向本级人民政府提出启动应急指挥系统、应急预案和对疫区的封锁建议的；

（五）对动物扑杀、销毁不进行技术指导或者指导不力，或者不组织实施检验检疫、消毒、无害化处理和紧急免疫接种的；

（六）其他不履行本条例规定的职责，导致动物疫病传播、流行，或者对养殖业生产安全和公众身体健康与生命安全造成严重危害的。

第四十三条 违反本条例规定，县级以上人民政府有关部门不履行应急处理职责，不执行对疫点、疫区和受威胁区采取的措施，或者对上级人民政府有关部门的疫情调查不予配合或者阻碍、拒绝的，由本级人民政府或者上级人民政府有关部门责令立即改正、通报批评、给予警告；对主要负责人、负有责任的主管人员和其他责任人员，依法给予记大过、降级、撤职直至开除的行政处分；构成犯罪的，依法追究刑事责任。

第四十四条 违反本条例规定，有关地方人民政府阻碍报告重大动物疫情，不履行应急处理职责，不按照规定对疫点、疫区和受威胁区采取预防、控制、扑灭措施，或者对上级人民政府有关部门的疫情调查不予配合或者阻碍、拒绝的，由上级人民政府责令立即改正、通报批评、给予警告；对政府主要领导人依法给予记大过、降级、撤职直至开除的行政处分；构成犯罪的，依法追究刑事责任。

第四十五条 截留、挪用重大动物疫情应急经费，或者侵占、挪用应急储备物资的，按照《财政违法行为处罚处分条例》的规定处理；构成犯罪的，依法追究刑事责任。

第四十六条 违反本条例规定，拒绝、阻碍动物防疫监督机构进行重大动物疫情监测，或者发现动物出现群体发病或者死亡，不向当地动物防疫监督机构报告的，由动物防疫监督机构给予警告，并处2000元以上5000元以下的罚款；构成犯罪的，依法追究刑事责任。

第四十七条 违反本条例规定，不符合相应条件采集重大动物疫病病料，或者在重大动物疫病病原分离时不遵守国家有关生物安全管理规定的，由动物防疫监督机构给予警告，并处5000元以下的罚款；构成犯罪的，依法追究刑事责任。

第四十八条 在重大动物疫情发生期间，哄抬物价、欺骗消费者，散布谣言、扰乱社会秩序和市场秩序的，由价格主管部门、工商行政管理部门或者公安机关依法给予行政处罚；构成犯罪的，依法追究刑事责任。

第六章　附　则

第四十九条 本条例自公布之日起施行。

乳品质量安全监督管理条例

· 2008年10月9日中华人民共和国国务院令第536号公布

· 自公布之日起施行

第一章　总　则

第一条 为了加强乳品质量安全监督管理，保证乳品质量安全，保障公众身体健康和生命安全，促进奶业健康发展，制定本条例。

第二条 本条例所称乳品，是指生鲜乳和乳制品。

乳品质量安全监督管理适用本条例；法律对乳品质量安全监督管理另有规定的，从其规定。

第三条 奶畜养殖者、生鲜乳收购者、乳制品生产企业和销售者对其生产、收购、运输、销售的乳品质量安全负责，是乳品质量安全的第一责任者。

第四条 县级以上地方人民政府对本行政区域内的乳品质量安全监督管理负总责。

县级以上人民政府畜牧兽医主管部门负责奶畜饲养以及生鲜乳生产环节、收购环节的监督管理。县级以上质量监督检验检疫部门负责乳制品生产环节和乳品进出口环节的监督管理。县级以上工商行政管理部门负责乳制品销售环节的监督管理。县级以上食品药品监督部门负责乳制品餐饮服务环节的监督管理。县级以上人民政府卫生主管部门依照职权负责乳品质量安全监督管理的综合协调、组织查处食品安全重大事故。县级以上人民政府其他有关部门在各自职责范围内负责乳品质量安全监督管理的其他工作。

第五条 发生乳品质量安全事故,应当依照有关法律、行政法规的规定及时报告、处理;造成严重后果或者恶劣影响的,对有关人民政府、有关部门负有领导责任的负责人依法追究责任。

第六条 生鲜乳和乳制品应当符合乳品质量安全国家标准。乳品质量安全国家标准由国务院卫生主管部门组织制定,并根据风险监测和风险评估的结果及时组织修订。

乳品质量安全国家标准应当包括乳品中的致病性微生物、农药残留、兽药残留、重金属以及其他危害人体健康物质的限量规定,乳品生产经营过程的卫生要求,通用的乳品检验方法与规程,与乳品安全有关的质量要求,以及其他需要制定为乳品质量安全国家标准的内容。

制定婴幼儿奶粉的质量安全国家标准应当充分考虑婴幼儿身体特点和生长发育需要,保证婴幼儿生长发育所需的营养成分。

国务院卫生主管部门应当根据疾病信息和监督管理部门的监督管理信息等,对发现添加或者可能添加到乳品中的非食品用化学物质和其他可能危害人体健康的物质,立即组织进行风险评估,采取相应的监测、检测和监督措施。

第七条 禁止在生鲜乳生产、收购、贮存、运输、销售过程中添加任何物质。

禁止在乳制品生产过程中添加非食品用化学物质或者其他可能危害人体健康的物质。

第八条 国务院畜牧兽医主管部门会同国务院发展改革部门、工业和信息化部门、商务部门,制定全国奶业发展规划,加强奶源基地建设,完善服务体系,促进奶业健康发展。

县级以上地方人民政府应当根据全国奶业发展规划,合理确定本行政区域内奶畜养殖规模,科学安排生鲜乳的生产、收购布局。

第九条 有关行业协会应当加强行业自律,推动行业诚信建设,引导、规范奶畜养殖者、生鲜乳收购者、乳制品生产企业和销售者依法生产经营。

第二章　奶畜养殖

第十条 国家采取有效措施,鼓励、引导、扶持奶畜养殖者提高生鲜乳质量安全水平。省级以上人民政府应当在本级财政预算内安排支持奶业发展资金,并鼓励对奶畜养殖者、奶农专业生产合作社等给予信贷支持。

国家建立奶畜政策性保险制度,对参保奶畜养殖者给予保费补助。

第十一条 畜牧兽医技术推广机构应当向奶畜养殖者提供养殖技术培训、良种推广、疫病防治等服务。

国家鼓励乳制品生产企业和其他相关生产经营者为奶畜养殖者提供所需的服务。

第十二条 设立奶畜养殖场、养殖小区应当具备下列条件:

(一)符合所在地人民政府确定的本行政区域奶畜养殖规模;

(二)有与其养殖规模相适应的场所和配套设施;

(三)有为其服务的畜牧兽医技术人员;

(四)具备法律、行政法规和国务院畜牧兽医主管部门规定的防疫条件;

(五)有对奶畜粪便、废水和其他固体废物进行综合利用的沼气池等设施或者其他无害化处理设施;

(六)有生鲜乳生产、销售、运输管理制度;

(七)法律、行政法规规定的其他条件。

奶畜养殖场、养殖小区开办者应当将养殖场、养殖小区的名称、养殖地址、奶畜品种和养殖规模向养殖场、养殖小区所在地县级人民政府畜牧兽医主管部门备案。

第十三条 奶畜养殖场应当建立养殖档案,载明以下内容:

(一)奶畜的品种、数量、繁殖记录、标识情况、来源和进出场日期;

(二)饲料、饲料添加剂、兽药等投入品的来源、名称、使用对象、时间和用量;

(三)检疫、免疫、消毒情况;

(四)奶畜发病、死亡和无害化处理情况;

(五)生鲜乳生产、检测、销售情况;

(六)国务院畜牧兽医主管部门规定的其他内容。

奶畜养殖小区开办者应当逐步建立养殖档案。

第十四条 从事奶畜养殖，不得使用国家禁用的饲料、饲料添加剂、兽药以及其他对动物和人体具有直接或者潜在危害的物质。

禁止销售在规定用药期和休药期内的奶畜产的生鲜乳。

第十五条 奶畜养殖者应当确保奶畜符合国务院畜牧兽医主管部门规定的健康标准，并确保奶畜接受强制免疫。

动物疫病预防控制机构应当对奶畜的健康情况进行定期检测；经检测不符合健康标准的，应当立即隔离、治疗或者做无害化处理。

第十六条 奶畜养殖者应当做好奶畜和养殖场所的动物防疫工作，发现奶畜染疫或者疑似染疫的，应当立即报告，停止生鲜乳生产，并采取隔离等控制措施，防止疫病扩散。

奶畜养殖者对奶畜养殖过程中的排泄物、废弃物应当及时清运、处理。

第十七条 奶畜养殖者应当遵守国务院畜牧兽医主管部门制定的生鲜乳生产技术规程。直接从事挤奶工作的人员应当持有有效的健康证明。

奶畜养殖者对挤奶设施、生鲜乳贮存设施等应当及时清洗、消毒，避免对生鲜乳造成污染。

第十八条 生鲜乳应当冷藏。超过2小时未冷藏的生鲜乳，不得销售。

第三章 生鲜乳收购

第十九条 省、自治区、直辖市人民政府畜牧兽医主管部门应当根据当地奶源分布情况，按照方便奶畜养殖者、促进规模化养殖的原则，对生鲜乳收购站的建设进行科学规划和合理布局。必要时，可以实行生鲜乳集中定点收购。

国家鼓励乳制品生产企业按照规划布局，自行建设生鲜乳收购站或者收购原有生鲜乳收购站。

第二十条 生鲜乳收购站应当由取得工商登记的乳制品生产企业、奶畜养殖场、奶农专业生产合作社开办，并具备下列条件，取得所在地县级人民政府畜牧兽医主管部门颁发的生鲜乳收购许可证：

（一）符合生鲜乳收购站建设规划布局；

（二）有符合环保和卫生要求的收购场所；

（三）有与收奶量相适应的冷却、冷藏、保鲜设施和低温运输设备；

（四）有与检测项目相适应的化验、计量、检测仪器设备；

（五）有经培训合格并持有有效健康证明的从业人员；

（六）有卫生管理和质量安全保障制度。

生鲜乳收购许可证有效期2年；生鲜乳收购站不再办理工商登记。

禁止其他单位或者个人开办生鲜乳收购站。禁止其他单位或者个人收购生鲜乳。

国家对生鲜乳收购站给予扶持和补贴，提高其机械化挤奶和生鲜乳冷藏运输能力。

第二十一条 生鲜乳收购站应当及时对挤奶设施、生鲜乳贮存运输设施等进行清洗、消毒，避免对生鲜乳造成污染。

生鲜乳收购站应当按照乳品质量安全国家标准对收购的生鲜乳进行常规检测。检测费用不得向奶畜养殖者收取。

生鲜乳收购站应当保持生鲜乳的质量。

第二十二条 生鲜乳收购站应当建立生鲜乳收购、销售和检测记录。生鲜乳收购、销售和检测记录应当包括畜主姓名、单次收购量、生鲜乳检测结果、销售去向等内容，并保存2年。

第二十三条 县级以上地方人民政府价格主管部门应当加强对生鲜乳价格的监控和通报，及时发布市场供求信息和价格信息。必要时，县级以上地方人民政府建立由价格、畜牧兽医等部门以及行业协会、乳制品生产企业、生鲜乳收购者、奶畜养殖者代表组成的生鲜乳价格协调委员会，确定生鲜乳交易参考价格，供购销双方签订合同时参考。

生鲜乳购销双方应当签订书面合同。生鲜乳购销合同示范文本由国务院畜牧兽医主管部门会同国务院工商行政管理部门制定并公布。

第二十四条 禁止收购下列生鲜乳：

（一）经检测不符合健康标准或者未经检疫合格的奶畜产的；

（二）奶畜产犊7日内的初乳，但以初乳为原料从事乳制品生产的除外；

（三）在规定用药期和休药期内的奶畜产的；

（四）其他不符合乳品质量安全国家标准的。

对前款规定的生鲜乳，经检测无误后，应当予以销毁或者采取其他无害化处理措施。

第二十五条 贮存生鲜乳的容器，应当符合国家有关卫生标准，在挤奶后2小时内应当降温至0-4℃。

生鲜乳运输车辆应当取得所在地县级人民政府畜牧兽医主管部门核发的生鲜乳准运证明，并随车携带生鲜乳交接单。交接单应当载明生鲜乳收购站的名称、生鲜乳数量、交接时间，并由生鲜乳收购站经手人、押运员、司机、收奶员签字。

生鲜乳交接单一式两份，分别由生鲜乳收购站和乳品生产者保存，保存时间2年。准运证明和交接单式样由省、自治区、直辖市人民政府畜牧兽医主管部门制定。

第二十六条 县级以上人民政府应当加强生鲜乳质量安全监测体系建设，配备相应的人员和设备，确保监测能力与监测任务相适应。

第二十七条 县级以上人民政府畜牧兽医主管部门应当加强生鲜乳质量安全监测工作，制定并组织实施生鲜乳质量安全监测计划，对生鲜乳进行监督抽查，并按照法定权限及时公布监督抽查结果。

监测抽查不得向被抽查人收取任何费用，所需费用由同级财政列支。

第四章 乳制品生产

第二十八条 从事乳制品生产活动，应当具备下列条件，取得所在地质量监督部门颁发的食品生产许可证：

（一）符合国家奶业产业政策；

（二）厂房的选址和设计符合国家有关规定；

（三）有与所生产的乳制品品种和数量相适应的生产、包装和检测设备；

（四）有相应的专业技术人员和质量检验人员；

（五）有符合环保要求的废水、废气、垃圾等污染物的处理设施；

（六）有经培训合格并持有有效健康证明的从业人员；

（七）法律、行政法规规定的其他条件。

质量监督部门对乳制品生产企业颁发食品生产许可证，应当征求所在地工业行业管理部门的意见。

未取得食品生产许可证的任何单位和个人，不得从事乳制品生产。

第二十九条 乳制品生产企业应当建立质量管理制度，采取质量安全管理措施，对乳制品生产实施从原料进厂到成品出厂的全过程质量控制，保证产品质量安全。

第三十条 乳制品生产企业应当符合良好生产规范要求。国家鼓励乳制品生产企业实施危害分析与关键控制点体系，提高乳制品安全管理水平。生产婴幼儿奶粉的企业应当实施危害分析与关键控制点体系。

对通过良好生产规范、危害分析与关键控制点体系认证的乳制品生产企业，认证机构应当依法实施跟踪调查；对不再符合认证要求的企业，应当依法撤销认证，并及时向有关主管部门报告。

第三十一条 乳制品生产企业应当建立生鲜乳进货查验制度，逐批检测收购的生鲜乳，如实记录质量检测情况、供货者的名称以及联系方式、进货日期等内容，并查验运输车辆生鲜乳交接单。查验记录和生鲜乳交接单应当保存2年。乳制品生产企业不得向未取得生鲜乳收购许可证的单位和个人购进生鲜乳。

乳制品生产企业不得购进兽药等化学物质残留超标，或者含有重金属等有毒有害物质、致病性的寄生虫和微生物、生物毒素以及其他不符合乳品质量安全国家标准的生鲜乳。

第三十二条 生产乳制品使用的生鲜乳、辅料、添加剂等，应当符合法律、行政法规的规定和乳品质量安全国家标准。

生产的乳制品应当经过巴氏杀菌、高温杀菌、超高温杀菌或者其他有效方式杀菌。

生产发酵乳制品的菌种应当纯良、无害，定期鉴定，防止杂菌污染。

生产婴幼儿奶粉应当保证婴幼儿生长发育所需的营养成分，不得添加任何可能危害婴幼儿身体健康和生长发育的物质。

第三十三条 乳制品的包装应当有标签。标签应当如实标明产品名称、规格、净含量、生产日期，成分或者配料表，生产企业的名称、地址、联系方式，保质期，产品标准代号，贮存条件，所使用的食品添加剂的化学通用名称，食品生产许可证编号，法律、行政法规或者乳品质量安全国家标准规定必须标明的其他事项。

使用奶粉、黄油、乳清粉等原料加工的液态

奶，应当在包装上注明；使用复原乳作为原料生产液态奶的，应当标明“复原乳”字样，并在产品配料中如实标明复原乳所含原料及比例。

婴幼儿奶粉标签还应当标明主要营养成分及其含量，详细说明使用方法和注意事项。

第三十四条 出厂的乳制品应当符合乳品质量安全国家标准。

乳制品生产企业应当对出厂的乳制品逐批检验，并保存检验报告，留取样品。检验内容应当包括乳制品的感官指标、理化指标、卫生指标和乳制品中使用的添加剂、稳定剂以及酸奶中使用的菌种等；婴幼儿奶粉在出厂前还应当检测营养成分。对检验合格的乳制品应当标识检验合格证号；检验不合格的不得出厂。检验报告应当保存2年。

第三十五条 乳制品生产企业应当如实记录销售的乳制品名称、数量、生产日期、生产批号、检验合格证号、购货者名称及其联系方式、销售日期等。

第三十六条 乳制品生产企业发现其生产的乳制品不符合乳品质量安全国家标准、存在危害人体健康和生命安全危险或者可能危害婴幼儿身体健康或者生长发育的，应当立即停止生产，报告有关主管部门，告知销售者、消费者，召回已经出厂、上市销售的乳制品，并记录召回情况。

乳制品生产企业对召回的乳制品应当采取销毁、无害化处理等措施，防止其再次流入市场。

第五章 乳制品销售

第三十七条 从事乳制品销售应当按照食品安全监督管理的有关规定，依法向工商行政管理部门申请领取有关证照。

第三十八条 乳制品销售者应当建立并执行进货查验制度，审验供货商的经营资格，验明乳制品合格证明和产品标识，并建立乳制品进货台账，如实记录乳制品的名称、规格、数量、供货商及其联系方式、进货时间等内容。从事乳制品批发业务的销售企业应当建立乳制品销售台账，如实记录批发的乳制品的品种、规格、数量、流向等内容。进货台账和销售台账保存期限不得少于2年。

第三十九条 乳制品销售者应当采取措施，保持所销售乳制品的质量。

销售需要低温保存的乳制品的，应当配备冷藏设备或者采取冷藏措施。

第四十条 禁止购进、销售无质量合格证明、无标签或者标签残缺不清的乳制品。

禁止购进、销售过期、变质或者不符合乳品质量安全国家标准的乳制品。

第四十一条 乳制品销售者不得伪造产地，不得伪造或者冒用他人的厂名、厂址，不得伪造或者冒用认证标志等质量标志。

第四十二条 对不符合乳品质量安全国家标准、存在危害人体健康和生命安全或者可能危害婴幼儿身体健康和生长发育的乳制品，销售者应当立即停止销售，追回已经售出的乳制品，并记录追回情况。

乳制品销售者自行发现其销售的乳制品有前款规定情况的，还应当立即报告所在地工商行政管理等有关部门，通知乳制品生产企业。

第四十三条 乳制品销售者应当向消费者提供购货凭证，履行不合格乳制品的更换、退货等义务。

乳制品销售者依照前款规定履行更换、退货等义务后，属于乳制品生产企业或者供货商的责任的，销售者可以向乳制品生产企业或者供货商追偿。

第四十四条 进口的乳品应当按照乳品质量安全国家标准进行检验；尚未制定乳品质量安全国家标准的，可以参照国家有关部门指定的国外有关标准进行检验。

第四十五条 出口乳品的生产者、销售者应当保证其出口乳品符合乳品质量安全国家标准的同时还符合进口国家（地区）的标准或者合同要求。

第六章 监督检查

第四十六条 县级以上人民政府畜牧兽医主管部门应当加强对奶畜饲养以及生鲜乳生产环节、收购环节的监督检查。县级以上质量监督检验检疫部门应当加强对乳制品生产环节和乳品进出口环节的监督检查。县级以上工商行政管理部门应当加强对乳制品销售环节的监督检查。县级以上食品药品监督部门应当加强对乳制品餐饮服务环节的监督管理。监督检查部门之间，监督检查部门与其他有关部门之间，应当及时通报乳品质量安全监督管理信息。

畜牧兽医、质量监督、工商行政管理等部门应当定期开展监督抽查，并记录监督抽查的情况和处理结果。需要对乳品进行抽样检查的,不得收取任何费用,所需费用由同级财政列支。

第四十七条 畜牧兽医、质量监督、工商行政管理等部门在依据各自职责进行监督检查时,行使下列职权:

(一)实施现场检查;

(二)向有关人员调查、了解有关情况;

(三)查阅、复制有关合同、票据、账簿、检验报告等资料;

(四)查封、扣押有证据证明不符合乳品质量安全国家标准的乳品以及违法使用的生鲜乳、辅料、添加剂;

(五)查封涉嫌违法从事乳品生产经营活动的场所,扣押用于违法生产经营的工具、设备;

(六)法律、行政法规规定的其他职权。

第四十八条 县级以上质量监督部门、工商行政管理部门在监督检查中,对不符合乳品质量安全国家标准、存在危害人体健康和生命安全危险或者可能危害婴幼儿身体健康和生长发育的乳制品,责令并监督生产企业召回、销售者停止销售。

第四十九条 县级以上人民政府价格主管部门应当加强对生鲜乳购销过程中压级压价、价格欺诈、价格串通等不正当价格行为的监督检查。

第五十条 畜牧兽医主管部门、质量监督部门、工商行政管理部门应当建立乳品生产经营者违法行为记录,及时提供给中国人民银行,由中国人民银行纳入企业信用信息基础数据库。

第五十一条 省级以上人民政府畜牧兽医主管部门、质量监督部门、工商行政管理部门依据各自职责,公布乳品质量安全监督管理信息。有关监督管理部门应当及时向同级卫生主管部门通报乳品质量安全事故信息;乳品质量安全重大事故信息由省级以上人民政府卫生主管部门公布。

第五十二条 有关监督管理部门发现奶畜养殖者、生鲜乳收购者、乳制品生产企业和销售者涉嫌犯罪的,应当及时移送公安机关立案侦查。

第五十三条 任何单位和个人有权向畜牧兽医、卫生、质量监督、工商行政管理、食品药品监督等部门举报乳品生产经营中的违法行为。畜牧兽医、卫生、质量监督、工商行政管理、食品药品监督等部门应当公布本单位的电子邮件地址和举报电话;对接到的举报,应当完整地记录、保存。

接到举报的部门对属于本部门职责范围内的事项,应当及时依法处理,对于实名举报,应当及时答复;对不属于本部门职责范围内的事项,应当及时移交有权处理的部门,有权处理的部门应当立即处理,不得推诿。

第七章　法律责任

第五十四条 生鲜乳收购者、乳制品生产企业在生鲜乳收购、乳制品生产过程中,加入非食品用化学物质或者其他可能危害人体健康的物质,依照刑法第一百四十四条的规定,构成犯罪的,依法追究刑事责任,并由发证机关吊销许可证照;尚不构成犯罪的,由畜牧兽医主管部门、质量监督部门依据各自职责没收违法所得和违法生产的乳品,以及相关的工具、设备等物品,并处违法乳品货值金额15倍以上30倍以下罚款,由发证机关吊销许可证照。

第五十五条 生产、销售不符合乳品质量安全国家标准的乳品,依照刑法第一百四十三条的规定,构成犯罪的,依法追究刑事责任,并由发证机关吊销许可证照;尚不构成犯罪的,由畜牧兽医主管部门、质量监督部门、工商行政管理部门依据各自职责没收违法所得、违法乳品和相关的工具、设备等物品,并处违法乳品货值金额10倍以上20倍以下罚款,由发证机关吊销许可证照。

第五十六条 乳制品生产企业违反本条例第三十六条的规定,对不符合乳品质量安全国家标准、存在危害人体健康和生命安全或者可能危害婴幼儿身体健康和生长发育的乳制品,不停止生产、不召回的,由质量监督部门责令停止生产、召回;拒不停止生产、拒不召回的,没收其违法所得、违法乳制品和相关的工具、设备等物品,并处违法乳制品货值金额15倍以上30倍以下罚款,由发证机关吊销许可证照。

第五十七条 乳制品销售者违反本条例第四十二条的规定,对不符合乳品质量安全国家标准、存在危害人体健康和生命安全或者可能危害婴幼儿身体健康和生长发育的乳制品,不停止销售、不追回的,由工商行政管理部门责令停止销售、追回;拒不停止销售、拒不追回的,没收其违法所得、违法乳制品和相关的工具、设备等物品,并处违法乳制品货值金额15倍以上30倍以下罚款,由发证机关吊销许可证照。

第五十八条 违反本条例规定，在婴幼儿奶粉生产过程中，加入非食品用化学物质或其他可能危害人体健康的物质的，或者生产、销售的婴幼儿奶粉营养成分不足、不符合乳品质量安全国家标准的，依照本条例规定，从重处罚。

第五十九条 奶畜养殖者、生鲜乳收购者、乳制品生产企业和销售者在发生乳品质量安全事故后未报告、处置的，由畜牧兽医、质量监督、工商行政管理、食品药品监督等部门依据各自职责，责令改正，给予警告；毁灭有关证据的，责令停产停业，并处10万元以上20万元以下罚款；造成严重后果的，由发证机关吊销许可证照；构成犯罪的，依法追究刑事责任。

第六十条 有下列情形之一的，由县级以上地方人民政府畜牧兽医主管部门没收违法所得、违法收购的生鲜乳和相关的设备、设施等物品，并处违法乳品货值金额5倍以上10倍以下罚款；有许可证照的，由发证机关吊销许可证照：

（一）未取得生鲜乳收购许可证收购生鲜乳的；

（二）生鲜乳收购站取得生鲜乳收购许可证后，不再符合许可条件继续从事生鲜乳收购的；

（三）生鲜乳收购站收购本条例第二十四条规定禁止收购的生鲜乳的。

第六十一条 乳制品生产企业和销售者未取得许可证，或者取得许可证后不按照法定条件、法定要求从事生产销售活动的，由县级以上地方质量监督部门、工商行政管理部门依照《国务院关于加强食品等产品安全监督管理的特别规定》等法律、行政法规的规定处罚。

第六十二条 畜牧兽医、卫生、质量监督、工商行政管理等部门，不履行本条例规定职责、造成后果的，或者滥用职权、有其他渎职行为的，由监察机关或者任免机关对其主要负责人、直接负责的主管人员和其他直接责任人员给予记大过或者降级的处分；造成严重后果的，给予撤职或者开除的处分；构成犯罪的，依法追究刑事责任。

第八章　附　则

第六十三条 草原牧区放牧饲养的奶畜所产的生鲜乳收购办法，由所在省、自治区、直辖市人民政府参照本条例另行制定。

第六十四条 本条例自公布之日起施行。

生猪屠宰管理条例

- 1997年12月19日中华人民共和国国务院令第238号公布
- 2008年5月25日中华人民共和国国务院令第525号第一次修订
- 根据2011年1月8日《国务院关于废止和修改部分行政法规的决定》第二次修订
- 根据2016年2月6日《国务院关于修改部分行政法规的决定》第三次修订
- 2021年6月25日中华人民共和国国务院令第742号第四次修订

第一章　总　则

第一条 为了加强生猪屠宰管理，保证生猪产品质量安全，保障人民身体健康，制定本条例。

第二条 国家实行生猪定点屠宰、集中检疫制度。

除农村地区个人自宰自食的不实行定点屠宰外，任何单位和个人未经定点不得从事生猪屠宰活动。

在边远和交通不便的农村地区，可以设置仅限于向本地市场供应生猪产品的小型生猪屠宰场点，具体管理办法由省、自治区、直辖市制定。

第三条 国务院农业农村主管部门负责全国生猪屠宰的行业管理工作。县级以上地方人民政府农业农村主管部门负责本行政区域内生猪屠宰活动的监督管理。

县级以上人民政府有关部门在各自职责范围内负责生猪屠宰活动的相关管理工作。

第四条 县级以上地方人民政府应当加强对生猪屠宰监督管理工作的领导，及时协调、解决生猪屠宰监督管理工作中的重大问题。

乡镇人民政府、街道办事处应当加强生猪定点屠宰的宣传教育，协助做好生猪屠宰监督管理工作。

第五条 国家鼓励生猪养殖、屠宰、加工、配送、销售一体化发展，推行标准化屠宰，支持建设冷链流通和配送体系。

第六条 国家根据生猪定点屠宰厂（场）的规模、生产和技术条件以及质量安全管理状况，推行生猪定点屠宰厂（场）分级管理制度，鼓励、引导、扶持生猪定点屠宰厂(场)改善生产和技术条件,加强质量安全管理,提高生猪产品质量安全水平。生猪定点屠宰厂(场)分级管理的具体办法由国务院农业农村主管部门制定。

第七条 县级以上人民政府农业农村主管部门应当建立生猪定点屠宰厂(场)信用档案,记录日常监督检查结果、违法行为查处等情况,并依法向社会公示。

第二章 生猪定点屠宰

第八条 省、自治区、直辖市人民政府农业农村主管部门会同生态环境主管部门以及其他有关部门,按照科学布局、集中屠宰、有利流通、方便群众的原则,结合生猪养殖、动物疫病防控和生猪产品消费实际情况制订生猪屠宰行业发展规划,报本级人民政府批准后实施。

生猪屠宰行业发展规划应当包括发展目标、屠宰厂(场)设置、政策措施等内容。

第九条 生猪定点屠宰厂(场)由设区的市级人民政府根据生猪屠宰行业发展规划,组织农业农村、生态环境主管部门以及其他有关部门,依照本条例规定的条件进行审查,经征求省、自治区、直辖市人民政府农业农村主管部门的意见确定,并颁发生猪定点屠宰证书和生猪定点屠宰标志牌。

生猪定点屠宰证书应当载明屠宰厂(场)名称、生产地址和法定代表人(负责人)等事项。

生猪定点屠宰厂(场)变更生产地址的,应当依照本条例的规定,重新申请生猪定点屠宰证书;变更屠宰厂(场)名称、法定代表人(负责人)的,应当在市场监督管理部门办理变更登记手续后15个工作日内,向原发证机关办理变更生猪定点屠宰证书。

设区的市级人民政府应当将其确定的生猪定点屠宰厂(场)名单及时向社会公布,并报省、自治区、直辖市人民政府备案。

第十条 生猪定点屠宰厂(场)应当将生猪定点屠宰标志牌悬挂于厂(场)区的显著位置。

生猪定点屠宰证书和生猪定点屠宰标志牌不得出借、转让。任何单位和个人不得冒用或者使用伪造的生猪定点屠宰证书和生猪定点屠宰标志牌。

第十一条 生猪定点屠宰厂(场)应当具备下列条件:

(一)有与屠宰规模相适应、水质符合国家规定标准的水源条件;

(二)有符合国家规定要求的待宰间、屠宰间、急宰间、检验室以及生猪屠宰设备和运载工具;

(三)有依法取得健康证明的屠宰技术人员;

(四)有经考核合格的兽医卫生检验人员;

(五)有符合国家规定要求的检验设备、消毒设施以及符合环境保护要求的污染防治设施;

(六)有病害生猪及生猪产品无害化处理设施或者无害化处理委托协议;

(七)依法取得动物防疫条件合格证。

第十二条 生猪定点屠宰厂(场)屠宰的生猪,应当依法经动物卫生监督机构检疫合格,并附有检疫证明。

第十三条 生猪定点屠宰厂(场)应当建立生猪进厂(场)查验登记制度。

生猪定点屠宰厂(场)应当依法查验检疫证明等文件,利用信息化手段核实相关信息,如实记录屠宰生猪的来源、数量、检疫证明号和供货者名称、地址、联系方式等内容,并保存相关凭证。发现伪造、变造检疫证明的,应当及时报告农业农村主管部门。发生动物疫情时,还应当查验、记录运输车辆基本情况。记录、凭证保存期限不得少于2年。

生猪定点屠宰厂(场)接受委托屠宰的,应当与委托人签订委托屠宰协议,明确生猪产品质量安全责任。委托屠宰协议自协议期满后保存期限不得少于2年。

第十四条 生猪定点屠宰厂(场)屠宰生猪,应当遵守国家规定的操作规程、技术要求和生猪屠宰质量管理规范,并严格执行消毒技术规范。发生动物疫情时,应当按照国务院农业农村主管部门的规定,开展动物疫病检测,做好动物疫情排查和报告。

第十五条 生猪定点屠宰厂(场)应当建立严格的肉品品质检验管理制度。肉品品质检验应当遵守生猪屠宰肉品品质检验规程,与生猪屠宰同步进行,并如实记录检验结果。检验结果记录保存期限不得少于2年。

经肉品品质检验合格的生猪产品,生猪定点屠宰厂(场)应当加盖肉品品质检验合格验讫印章,附具肉品品质检验合格证。未经肉品品质检验或者经肉品品质检验不合格的生猪产品,不得出厂(场)。经检验不合格的生猪产品,应当在兽医卫生检验人员的监督下,按照国家有关规定处理,并如实记录处理情况;处理情况记录保存期限不得少于2年。

生猪屠宰肉品品质检验规程由国务院农业农村主管部门制定。

第十六条 生猪屠宰的检疫及其监督,依照动物防疫法和国务院的有关规定执行。县级以上地方人民政府按照本级政府职责,将生猪、生猪产品的检疫和监督管理所需经费纳入本级预算。

县级以上地方人民政府农业农村主管部门应当按照规定足额配备农业农村主管部门任命的兽医,由其监督生猪定点屠宰厂(场)依法查验检疫证明等文件。

农业农村主管部门任命的兽医对屠宰的生猪实施检疫。检疫合格的,出具检疫证明、加施检疫标志,并在检疫证明、检疫标志上签字或者盖章,对检疫结论负责。未经检疫或者经检疫不合格的生猪产品,不得出厂(场)。经检疫不合格的生猪及生猪产品,应当在农业农村主管部门的监督下,按照国家有关规定处理。

第十七条 生猪定点屠宰厂(场)应当建立生猪产品出厂(场)记录制度,如实记录出厂(场)生猪产品的名称、规格、数量、检疫证明号、肉品品质检验合格证号、屠宰日期、出厂(场)日期以及购货者名称、地址、联系方式等内容,并保存相关凭证。记录、凭证保存期限不得少于2年。

第十八条 生猪定点屠宰厂(场)对其生产的生猪产品质量安全负责,发现其生产的生猪产品不符合食品安全标准、有证据证明可能危害人体健康、染疫或者疑似染疫的,应当立即停止屠宰,报告农业农村主管部门,通知销售者或者委托人,召回已经销售的生猪产品,并记录通知和召回情况。

生猪定点屠宰厂(场)应当对召回的生猪产品采取无害化处理等措施,防止其再次流入市场。

第十九条 生猪定点屠宰厂(场)对病害生猪及生猪产品进行无害化处理的费用和损失,由地方各级人民政府结合本地实际予以适当补贴。

第二十条 严禁生猪定点屠宰厂(场)以及其他任何单位和个人对生猪、生猪产品注水或者注入其他物质。

严禁生猪定点屠宰厂(场)屠宰注水或者注入其他物质的生猪。

第二十一条 生猪定点屠宰厂(场)对未能及时出厂(场)的生猪产品,应当采取冷冻或者冷藏等必要措施予以储存。

第二十二条 严禁任何单位和个人为未经定点违法从事生猪屠宰活动的单位和个人提供生猪屠宰场所或者生猪产品储存设施,严禁为对生猪、生猪产品注水或者注入其他物质的单位和个人提供场所。

第二十三条 从事生猪产品销售、肉食品生产加工的单位和个人以及餐饮服务经营者、集中用餐单位生产经营的生猪产品,必须是生猪定点屠宰厂(场)经检疫和肉品品质检验合格的生猪产品。

第二十四条 地方人民政府及其有关部门不得限制外地生猪定点屠宰厂(场)经检疫和肉品品质检验合格的生猪产品进入本地市场。

案例 湖南省株洲市凌某某未经定点从事生猪屠宰活动案(第二批农业行政执法指导性案例之六)

裁判规则:私屠滥宰行为严重破坏生猪定点屠宰管理秩序,加大动物疫情传播风险,同时还经常伴随着对非法屠宰的动物和动物产品注水、注药等违法行为,严重危害人民群众身体健康。实践中,私屠滥宰窝点大多在城乡接合部或者偏远乡村,隐蔽性强,不少还没有固定的屠宰场所,加上基层农业农村部门执法职责量大面广,客观上存在私屠滥宰违法行为发现难、查处难的问题。本案中,农业农村部门积极创新执法机制,充分发动乡镇和村级干部群众,由乡镇(街道)防疫站、村委会分别明确1名执法联络员负责收集、报送私屠滥宰违法线索,并积极鼓励群众对私屠滥宰违法行为进行举报,为农业农村部门及时查处私屠滥宰违法行为、有效防止不符合农产品质量安全标准和未经检验检疫的动物产品流入市场和餐桌发挥了重要作用。

第三章 监督管理

第二十五条 国家实行生猪屠宰质量安全风险监测制度。国务院农业农村主管部门负责组织制定国家生猪屠宰质量安全风险监测计划,对生猪屠宰环节的风险因素进行监测。

省、自治区、直辖市人民政府农业农村主管部门根据国家生猪屠宰质量安全风险监测计划，结合本行政区域实际情况，制定本行政区域生猪屠宰质量安全风险监测方案并组织实施，同时报国务院农业农村主管部门备案。

第二十六条 县级以上地方人民政府农业农村主管部门应当根据生猪屠宰质量安全风险监测结果和国务院农业农村主管部门的规定，加强对生猪定点屠宰厂(场)质量安全管理状况的监督检查。

第二十七条 农业农村主管部门应当依照本条例的规定严格履行职责，加强对生猪屠宰活动的日常监督检查，建立健全随机抽查机制。

农业农村主管部门依法进行监督检查，可以采取下列措施：

(一)进入生猪屠宰等有关场所实施现场检查；

(二)向有关单位和个人了解情况；

(三)查阅、复制有关记录、票据以及其他资料；

(四)查封与违法生猪屠宰活动有关的场所、设施，扣押与违法生猪屠宰活动有关的生猪、生猪产品以及屠宰工具和设备。

农业农村主管部门进行监督检查时，监督检查人员不得少于2人，并应当出示执法证件。

对农业农村主管部门依法进行的监督检查，有关单位和个人应当予以配合，不得拒绝、阻挠。

第二十八条 农业农村主管部门应当建立举报制度，公布举报电话、信箱或者电子邮箱，受理对违反本条例规定行为的举报，并及时依法处理。

第二十九条 农业农村主管部门发现生猪屠宰涉嫌犯罪的，应当按照有关规定及时将案件移送同级公安机关。

公安机关在生猪屠宰相关犯罪案件侦查过程中认为没有犯罪事实或者犯罪事实显著轻微，不需要追究刑事责任的，应当及时将案件移送同级农业农村主管部门。公安机关在侦查过程中，需要农业农村主管部门给予检验、认定等协助的，农业农村主管部门应当给予协助。

第四章 法律责任

第三十条 农业农村主管部门在监督检查中发现生猪定点屠宰厂(场)不再具备本条例规定条件的，应当责令停业整顿，并限期整改；逾期仍达不到本条例规定条件的，由设区的市级人民政府吊销生猪定点屠宰证书，收回生猪定点屠宰标志牌。

第三十一条 违反本条例规定，未经定点从事生猪屠宰活动的，由农业农村主管部门责令关闭，没收生猪、生猪产品、屠宰工具和设备以及违法所得；货值金额不足1万元的，并处5万元以上10万元以下的罚款；货值金额1万元以上的，并处货值金额10倍以上20倍以下的罚款。

冒用或者使用伪造的生猪定点屠宰证书或者生猪定点屠宰标志牌的，依照前款的规定处罚。

生猪定点屠宰厂(场)出借、转让生猪定点屠宰证书或者生猪定点屠宰标志牌的，由设区的市级人民政府吊销生猪定点屠宰证书，收回生猪定点屠宰标志牌；有违法所得的，由农业农村主管部门没收违法所得，并处5万元以上10万元以下的罚款。

第三十二条 违反本条例规定，生猪定点屠宰厂(场)有下列情形之一的，由农业农村主管部门责令改正，给予警告；拒不改正的，责令停业整顿，处5000元以上5万元以下的罚款，对其直接负责的主管人员和其他直接责任人员处2万元以上5万元以下的罚款；情节严重的，由设区的市级人民政府吊销生猪定点屠宰证书，收回生猪定点屠宰标志牌：

(一)未按照规定建立并遵守生猪进厂(场)查验登记制度、生猪产品出厂(场)记录制度的；

(二)未按照规定签订、保存委托屠宰协议的；

(三)屠宰生猪不遵守国家规定的操作规程、技术要求和生猪屠宰质量管理规范以及消毒技术规范的；

(四)未按照规定建立并遵守肉品品质检验制度的；

(五)对经肉品品质检验不合格的生猪产品未按照国家有关规定处理并如实记录处理情况的。

发生动物疫情时，生猪定点屠宰厂(场)未按照规定开展动物疫病检测的，由农业农村主管部门责令停业整顿，并处5000元以上5万元以下的罚款，对其直接负责的主管人员和其他直接责任人员处2万元以上5万元以下的罚款；情节严重的，由设区的市级人民政府吊销生猪定点屠宰证书，收回生猪定点屠宰标志牌。

第三十三条 违反本条例规定，生猪定点屠宰厂(场)出厂(场)未经肉品品质检验或者经肉品品质检验不合格的生猪产品的，由农业农村主管部门责令停业整顿，没收生猪产品和违法所得；货值金额不足1万元的，并处10万元以上15万元以下的罚款；货值金额1万元以上的，并处货值金额15倍以上30倍以下的罚款；对其直接负责的主管人员和其他直接责任人员处5万元以上10万元以下的罚款；情节严重的，由设区的市级人民政府吊销生猪定点屠宰证书，收回生猪定点屠宰标志牌，并可以由公安机关依照《中华人民共和国食品安全法》的规定，对其直接负责的主管人员和其他直接责任人员处5日以上15日以下拘留。

第三十四条 生猪定点屠宰厂（场）依照本条例规定应当召回生猪产品而不召回的，由农业农村主管部门责令召回，停止屠宰；拒不召回或者拒不停止屠宰的，责令停业整顿，没收生猪产品和违法所得；货值金额不足1万元的，并处5万元以上10万元以下的罚款；货值金额1万元以上的，并处货值金额10倍以上20倍以下的罚款；对其直接负责的主管人员和其他直接责任人员处5万元以上10万元以下的罚款；情节严重的，由设区的市级人民政府吊销生猪定点屠宰证书，收回生猪定点屠宰标志牌。

委托人拒不执行召回规定的，依照前款规定处罚。

第三十五条 违反本条例规定，生猪定点屠宰厂（场）、其他单位和个人对生猪、生猪产品注水或者注入其他物质的，由农业农村主管部门没收注水或者注入其他物质的生猪、生猪产品、注水工具和设备以及违法所得；货值金额不足1万元的，并处5万元以上10万元以下的罚款；货值金额1万元以上的，并处货值金额10倍以上20倍以下的罚款；对生猪定点屠宰厂（场）或者其他单位的直接负责的主管人员和其他直接责任人员处5万元以上10万元以下的罚款。注入其他物质的，还可以由公安机关依照《中华人民共和国食品安全法》的规定，对其直接负责的主管人员和其他直接责任人员处5日以上15日以下拘留。

生猪定点屠宰厂（场）对生猪、生猪产品注水或者注入其他物质的，除依照前款规定处罚外，还应当由农业农村主管部门责令停业整顿；情节严重的，由设区的市级人民政府吊销生猪定点屠宰证书，收回生猪定点屠宰标志牌。

第三十六条 违反本条例规定，生猪定点屠宰厂（场）屠宰注水或者注入其他物质的生猪的，由农业农村主管部门责令停业整顿，没收注水或者注入其他物质的生猪、生猪产品和违法所得；货值金额不足1万元的，并处5万元以上10万元以下的罚款；货值金额1万元以上的，并处货值金额10倍以上20倍以下的罚款；对其直接负责的主管人员和其他直接责任人员处5万元以上10万元以下的罚款；情节严重的，由设区的市级人民政府吊销生猪定点屠宰证书，收回生猪定点屠宰标志牌。

第三十七条 违反本条例规定，为未经定点违法从事生猪屠宰活动的单位和个人提供生猪屠宰场所或者生猪产品储存设施，或者为对生猪、生猪产品注水或者注入其他物质的单位和个人提供场所的，由农业农村主管部门责令改正，没收违法所得，并处5万元以上10万以下的罚款。

第三十八条 违反本条例规定，生猪定点屠宰厂（场）被吊销生猪定点屠宰证书的，其法定代表人（负责人）、直接负责的主管人员和其他直接责任人员自处罚决定作出之日起5年内不得申请生猪定点屠宰证书或者从事生猪屠宰管理活动；因食品安全犯罪被判处有期徒刑以上刑罚的，终身不得从事生猪屠宰管理活动。

第三十九条 农业农村主管部门和其他有关部门的工作人员在生猪屠宰监督管理工作中滥用职权、玩忽职守、徇私舞弊，尚不构成犯罪的，依法给予处分。

第四十条 本条例规定的货值金额按照同类检疫合格及肉品品质检验合格的生猪、生猪产品的市场价格计算。

第四十一条 违反本条例规定，构成犯罪的，依法追究刑事责任。

第五章 附 则

第四十二条 省、自治区、直辖市人民政府确定实行定点屠宰的其他动物的屠宰管理办法，由省、自治区、直辖市根据本地区的实际情况，参照本条例制定。

第四十三条 本条例所称生猪产品，是指生猪屠宰后未经加工的胴体、肉、脂、脏器、血液、骨、头、蹄、皮。

第四十四条 生猪定点屠宰证书、生猪定点屠宰标志牌以及肉品品质检验合格验讫印章和肉品品质检验合格证的式样，由国务院农业农村主管部门统一规定。

第四十五条 本条例自2021年8月1日起施行。

兽药管理条例

·2004年4月9日中华人民共和国国务院令第404号公布
·根据2014年7月29日《国务院关于修改部分行政法规的决定》第一次修订
·根据2016年2月6日《国务院关于修改部分行政法规的决定》第二次修订
·根据2020年3月27日《国务院关于修改和废止部分行政法规的决定》第三次修订

第一章 总 则

第一条 为了加强兽药管理，保证兽药质量，防治动物疾病，促进养殖业的发展，维护人体健康，制定本条例。

第二条 在中华人民共和国境内从事兽药的研制、生产、经营、进出口、使用和监督管理，应当遵守本条例。

第三条 国务院兽医行政管理部门负责全国的兽药监督管理工作。

县级以上地方人民政府兽医行政管理部门负责本行政区域内的兽药监督管理工作。

第四条 国家实行兽用处方药和非处方药分类管理制度。兽用处方药和非处方药分类管理的办法和具体实施步骤，由国务院兽医行政管理部门规定。

第五条 国家实行兽药储备制度。

发生重大动物疫情、灾情或者其他突发事件时，国务院兽医行政管理部门可以紧急调用国家储备的兽药；必要时，也可以调用国家储备以外的兽药。

第二章 新兽药研制

第六条 国家鼓励研制新兽药，依法保护研制者的合法权益。

第七条 研制新兽药，应当具有与研制相适应的场所、仪器设备、专业技术人员、安全管理规范和措施。

研制新兽药，应当进行安全性评价。从事兽药安全性评价的单位应当遵守国务院兽医行政管理部门制定的兽药非临床研究质量管理规范和兽药临床试验质量管理规范。

省级以上人民政府兽医行政管理部门应当对兽药安全性评价单位是否符合兽药非临床研究质量管理规范和兽药临床试验质量管理规范的要求进行监督检查，并公布监督检查结果。

第八条 研制新兽药，应当在临床试验前向临床试验场所所在地省、自治区、直辖市人民政府兽医行政管理部门备案，并附具该新兽药实验室阶段安全性评价报告及其他临床前研究资料。

研制的新兽药属于生物制品的，应当在临床试验前向国务院兽医行政管理部门提出申请，国务院兽医行政管理部门应当自收到申请之日起60个工作日内将审查结果书面通知申请人。

研制新兽药需要使用一类病原微生物的，还应当具备国务院兽医行政管理部门规定的条件，并在实验室阶段前报国务院兽医行政管理部门批准。

第九条 临床试验完成后，新兽药研制者向国务院兽医行政管理部门提出新兽药注册申请时，应当提交该新兽药的样品和下列资料：

（一）名称、主要成分、理化性质；

（二）研制方法、生产工艺、质量标准和检测方法；

（三）药理和毒理试验结果、临床试验报告和稳定性试验报告；

（四）环境影响报告和污染防治措施。

研制的新兽药属于生物制品的，还应当提供菌（毒、虫）种、细胞等有关材料和资料。菌（毒、虫）种、细胞由国务院兽医行政管理部门指定的机构保藏。

研制用于食用动物的新兽药，还应当按照国务院兽医行政管理部门的规定进行兽药残留试验并提供休药期、最高残留限量标准、残留检测方法及其制定依据等资料。

国务院兽医行政管理部门应当自收到申请之日起10个工作日内，将决定受理的新兽药资料送其设立的兽药评审机构进行评审，将新兽药样品送其指定的检验机构复核检验，并自收到评审和复核检验结论之日起60个工作日内完成审查。审查合格的，发给新兽药注册证书，并发布该兽药的质量标准；不合格的，应当书面通知申请人。

第十条 国家对依法获得注册的、含有新化合物的兽药的申请人提交的其自己所取得且未披露的试验数据和其他数据实施保护。

自注册之日起6年内,对其他申请人未经已获得注册兽药的申请人同意,使用前款规定的数据申请兽药注册的,兽药注册机关不予注册;但是,其他申请人提交其自己所取得的数据的除外。

除下列情况外,兽药注册机关不得披露本条第一款规定的数据:

(一)公共利益需要;

(二)已采取措施确保该类信息不会被不正当地进行商业使用。

第三章 兽药生产

第十一条 从事兽药生产的企业,应当符合国家兽药行业发展规划和产业政策,并具备下列条件:

(一)与所生产的兽药相适应的兽医学、药学或者相关专业的技术人员;

(二)与所生产的兽药相适应的厂房、设施;

(三)与所生产的兽药相适应的兽药质量管理和质量检验的机构、人员、仪器设备;

(四)符合安全、卫生要求的生产环境;

(五)兽药生产质量管理规范规定的其他生产条件。

符合前款规定条件的,申请人方可向省、自治区、直辖市人民政府兽医行政管理部门提出申请,并附具符合前款规定条件的证明材料;省、自治区、直辖市人民政府兽医行政管理部门应当自收到申请之日起40个工作日内完成审查。经审查合格的,发给兽药生产许可证;不合格的,应当书面通知申请人。

第十二条 兽药生产许可证应当载明生产范围、生产地点、有效期和法定代表人姓名、住址等事项。

兽药生产许可证有效期为5年。有效期届满,需要继续生产兽药的,应当在许可证有效期届满前6个月到发证机关申请换发兽药生产许可证。

第十三条 兽药生产企业变更生产范围、生产地点的,应当依照本条例第十一条的规定申请换发兽药生产许可证;变更企业名称、法定代表人的,应当在办理工商变更登记手续后15个工作日内,到发证机关申请换发兽药生产许可证。

第十四条 兽药生产企业应当按照国务院兽医行政管理部门制定的兽药生产质量管理规范组织生产。

省级以上人民政府兽医行政管理部门,应当对兽药生产企业是否符合兽药生产质量管理规范的要求进行监督检查,并公布检查结果。

第十五条 兽药生产企业生产兽药,应当取得国务院兽医行政管理部门核发的产品批准文号,产品批准文号的有效期为5年。兽药产品批准文号的核发办法由国务院兽医行政管理部门制定。

第十六条 兽药生产企业应当按照兽药国家标准和国务院兽医行政管理部门批准的生产工艺进行生产。兽药生产企业改变影响兽药质量的生产工艺的,应当报原批准部门审核批准。

兽药生产企业应当建立生产记录,生产记录应当完整、准确。

第十七条 生产兽药所需的原料、辅料,应当符合国家标准或者所生产兽药的质量要求。

直接接触兽药的包装材料和容器应当符合药用要求。

第十八条 兽药出厂前应当经过质量检验,不符合质量标准的不得出厂。

兽药出厂应当附有产品质量合格证。

禁止生产假、劣兽药。

第十九条 兽药生产企业生产的每批兽用生物制品,在出厂前应当由国务院兽医行政管理部门指定的检验机构审查核对,并在必要时进行抽查检验;未经审查核对或者抽查检验不合格的,不得销售。

强制免疫所需兽用生物制品,由国务院兽医行政管理部门指定的企业生产。

第二十条 兽药包装应当按照规定印有或者贴有标签,附具说明书,并在显著位置注明"兽用"字样。

兽药的标签和说明书经国务院兽医行政管理部门批准并公布后,方可使用。

兽药的标签或者说明书,应当以中文注明兽药的通用名称、成分及其含量、规格、生产企业、产品批准文号(进口兽药注册证号)、产品批号、生产日期、有效期、适应症或者功能主治、用法、用量、休药期、禁忌、不良反应、注意事项、运输贮存保管条件及其他应当说明的内容。有商品名称的，还应当注明商品名称。

除前款规定的内容外，兽用处方药的标签或者说明书还应当印有国务院兽医行政管理部门规定的警示内容，其中兽用麻醉药品、精神药品、毒性药品和放射性药品还应当印有国务院兽医行政管理部门规定的特殊标志；兽用非处方药的标签或者说明书还应当印有国务院兽医行政管理部门规定的非处方药标志。

第二十一条 国务院兽医行政管理部门，根据保证动物产品质量安全和人体健康的需要，可以对新兽药设立不超过5年的监测期；在监测期内，不得批准其他企业生产或者进口该新兽药。生产企业应当在监测期内收集该新兽药的疗效、不良反应等资料，并及时报送国务院兽医行政管理部门。

第四章 兽药经营

第二十二条 经营兽药的企业，应当具备下列条件：

（一）与所经营的兽药相适应的兽药技术人员；

（二）与所经营的兽药相适应的营业场所、设备、仓库设施；

（三）与所经营的兽药相适应的质量管理机构或者人员；

（四）兽药经营质量管理规范规定的其他经营条件。

符合前款规定条件的，申请人方可向市、县人民政府兽医行政管理部门提出申请，并附具符合前款规定条件的证明材料；经营兽用生物制品的，应当向省、自治区、直辖市人民政府兽医行政管理部门提出申请，并附具符合前款规定条件的证明材料。

县级以上地方人民政府兽医行政管理部门，应当自收到申请之日起30个工作日内完成审查。审查合格的，发给兽药经营许可证；不合格的，应当书面通知申请人。

案例 浙江省丽水市某商务公司未取得兽药经营许可证经营兽药案（第三批农业行政执法指导性案例之三）

裁判规则：近年来，通过互联网电商平台销售兽药已成为兽药经营的重要方式，不法经营者的违法行为日益隐蔽、违法形态更加多元，客观上存在违法行为发现难、货值金额认定难、相关法律适用难等问题。根据《电子商务法》第十二条和《兽药管理条例》第二十二条的规定，经营者通过互联网电商平台经营兽药的，应当依法取得兽药经营许可证。本案中，当事人采用“无货源电商”的经营模式，将通过“爬虫软件”获得的他人销售的兽药产品信息在自己网店上架展示，加价销售给消费者，当事人和消费者之间、当事人和上游网店之间产生的是两个相互独立的法律关系，当事人无论是向上游网店购入兽药还是向下游消费者出售兽药，都是以自己的名义进行的，属于典型的经营兽药行为。依据《兽药管理条例》第五十六条的规定，当事人的行为属于无兽药经营许可证经营兽药，应当进行处罚。执法实践中，对于这种并无实际的经营场所和库存商品、利用“信息差”销售兽药的行为，较难发现和查证。本案中，执法人员从举报人提供的线索出发，通过询问当事人、提取订单截图、向互联网电商平台发送协查函调取当事人的经营信息等方式，确认当事人无证经营兽药的违法事实，并完善了证据链条，及时将涉案兽药其他违法经营主体的违法行为告知属地农业农村部门。此外，本案中当事人在丽水市农业农村局立案查处前已向消费者全额退还购药款，召回涉案兽药并退还至上游网店，丽水市农业农村局认定当事人无违法所得和违法经营的兽药，符合《兽药管理条例》第五十六条的规定。同时，丽水市农业农村局及时向涉案兽药其他违法经营主体属地农业农村部门移交了案件线索。本案对各地办理通过“无货源电商”模式经营依法应当办理经营许可的农业投入品案件具有借鉴价值。

第二十三条 兽药经营许可证应当载明经营范围、经营地点、有效期和法定代表人姓名、住址等事项。

兽药经营许可证有效期为5年。有效期届满，需要继续经营兽药的，应当在许可证有效期届满前6个月到发证机关申请换发兽药经营许可证。

第二十四条 兽药经营企业变更经营范围、经营地点的，应当依照本条例第二十二条的规定申请换发兽药经营许可证；变更企业名称、法定代表人的，应当在办理工商变更登记手续后15个工作日内，到发证机关申请换发兽药经营许可证。

第二十五条 兽药经营企业，应当遵守国务院兽医行政管理部门制定的兽药经营质量管理规范。

县级以上地方人民政府兽医行政管理部门，应当对兽药经营企业是否符合兽药经营质量管理规范的要求进行监督检查，并公布检查结果。

第二十六条 兽药经营企业购进兽药，应当将兽药产品与产品标签或者说明书、产品质量合格证核对无误。

第二十七条 兽药经营企业，应当向购买者说明兽药的功能主治、用法、用量和注意事项。销售兽用处方药的，应当遵守兽用处方药管理办法。

兽药经营企业销售兽用中药材的，应当注明产地。

禁止兽药经营企业经营人用药品和假、劣兽药。

第二十八条 兽药经营企业购销兽药，应当建立购销记录。购销记录应当载明兽药的商品名称、通用名称、剂型、规格、批号、有效期、生产厂商、购销单位、购销数量、购销日期和国务院兽医行政管理部门规定的其他事项。

第二十九条 兽药经营企业，应当建立兽药保管制度，采取必要的冷藏、防冻、防潮、防虫、防鼠等措施，保持所经营兽药的质量。

兽药入库、出库，应当执行检查验收制度，并有准确记录。

第三十条 强制免疫所需兽用生物制品的经营，应当符合国务院兽医行政管理部门的规定。

第三十一条 兽药广告的内容应当与兽药说明书内容相一致，在全国重点媒体发布兽药广告的，应当经国务院兽医行政管理部门审查批准，取得兽药广告审查批准文号。在地方媒体发布兽药广告的，应当经省、自治区、直辖市人民政府兽医行政管理部门审查批准，取得兽药广告审查批准文号；未经批准的，不得发布。

第五章 兽药进出口

第三十二条 首次向中国出口的兽药，由出口方驻中国境内的办事机构或者其委托的中国境内代理机构向国务院兽医行政管理部门申请注册，并提交下列资料和物品：

（一）生产企业所在国家（地区）兽药管理部门批准生产、销售的证明文件；

（二）生产企业所在国家（地区）兽药管理部门颁发的符合兽药生产质量管理规范的证明文件；

（三）兽药的制造方法、生产工艺、质量标准、检测方法、药理和毒理试验结果、临床试验报告、稳定性试验报告及其他相关资料；用于食用动物的兽药的休药期、最高残留限量标准、残留检测方法及其制定依据等资料；

（四）兽药的标签和说明书样本；

（五）兽药的样品、对照品、标准品；

（六）环境影响报告和污染防治措施；

（七）涉及兽药安全性的其他资料。

申请向中国出口兽用生物制品的，还应当提供菌（毒、虫）种、细胞等有关材料和资料。

第三十三条 国务院兽医行政管理部门，应当自收到申请之日起 10 个工作日内组织初步审查。经初步审查合格的，应当将决定受理的兽药资料送其设立的兽药评审机构进行评审，将该兽药样品送其指定的检验机构复核检验，并自收到评审和复核检验结论之日起 60 个工作日内完成审查。经审查合格的，发给进口兽药注册证书，并发布该兽药的质量标准；不合格的，应当书面通知申请人。

在审查过程中，国务院兽医行政管理部门可以对向中国出口兽药的企业是否符合兽药生产质量管理规范的要求进行考查，并有权要求该企业在国务院兽医行政管理部门指定的机构进行该兽药的安全性和有效性试验。

国内急需兽药、少量科研用兽药或者注册兽药的样品、对照品、标准品的进口，按照国务院兽医行政管理部门的规定办理。

第三十四条 进口兽药注册证书的有效期为 5 年。有效期届满，需要继续向中国出口兽药的，应当在有效期届满前 6 个月到发证机关申请再注册。

第三十五条 境外企业不得在中国直接销售兽药。境外企业在中国销售兽药，应当依法在中国境内设立销售机构或者委托符合条件的中国境内代理机构。

进口在中国已取得进口兽药注册证书的兽药的，中国境内代理机构凭进口兽药注册证书到口岸所在地人民政府兽医行政管理部门办理进口兽药通关单。海关凭进口兽药通关单放行。兽药进口管理办法由国务院兽医行政管理部门会同海关总署制定。

兽用生物制品进口后，应当依照本条例第十

九条的规定进行审查核对和抽查检验。其他兽药进口后,由当地兽医行政管理部门通知兽药检验机构进行抽查检验。

第三十六条 禁止进口下列兽药:

(一)药效不确定、不良反应大以及可能对养殖业、人体健康造成危害或者存在潜在风险的;

(二)来自疫区可能造成疫病在中国境内传播的兽用生物制品;

(三)经考查生产条件不符合规定的;

(四)国务院兽医行政管理部门禁止生产、经营和使用的。

第三十七条 向中国境外出口兽药,进口方要求提供兽药出口证明文件的,国务院兽医行政管理部门或者企业所在地的省、自治区、直辖市人民政府兽医行政管理部门可以出具出口兽药证明文件。

国内防疫急需的疫苗,国务院兽医行政管理部门可以限制或者禁止出口。

第六章 兽药使用

第三十八条 兽药使用单位,应当遵守国务院兽医行政管理部门制定的兽药安全使用规定,并建立用药记录。

第三十九条 禁止使用假、劣兽药以及国务院兽医行政管理部门规定禁止使用的药品和其他化合物。禁止使用的药品和其他化合物目录由国务院兽医行政管理部门制定公布。

第四十条 有休药期规定的兽药用于食用动物时,饲养者应当向购买者或者屠宰者提供准确、真实的用药记录;购买者或者屠宰者应当确保动物及其产品在用药期、休药期内不被用于食品消费。

第四十一条 国务院兽医行政管理部门,负责制定公布在饲料中允许添加的药物饲料添加剂品种目录。

禁止在饲料和动物饮用水中添加激素类药品和国务院兽医行政管理部门规定的其他禁用药品。

经批准可以在饲料中添加的兽药,应当由兽药生产企业制成药物饲料添加剂后方可添加。禁止将原料药直接添加到饲料及动物饮用水中或者直接饲喂动物。

禁止将人用药品用于动物。

第四十二条 国务院兽医行政管理部门,应当制定并组织实施国家动物及动物产品兽药残留监控计划。

县级以上人民政府兽医行政管理部门,负责组织对动物产品中兽药残留量的检测。兽药残留检测结果,由国务院兽医行政管理部门或者省、自治区、直辖市人民政府兽医行政管理部门按照权限予以公布。

动物产品的生产者、销售者对检测结果有异议的,可以自收到检测结果之日起7个工作日内向组织实施兽药残留检测的兽医行政管理部门或者其上级兽医行政管理部门提出申请,由受理申请的兽医行政管理部门指定检验机构进行复检。

兽药残留限量标准和残留检测方法,由国务院兽医行政管理部门制定发布。

第四十三条 禁止销售含有违禁药物或者兽药残留量超过标准的食用动物产品。

第七章 兽药监督管理

第四十四条 县级以上人民政府兽医行政管理部门行使兽药监督管理权。

兽药检验工作由国务院兽医行政管理部门和省、自治区、直辖市人民政府兽医行政管理部门设立的兽药检验机构承担。国务院兽医行政管理部门,可以根据需要认定其他检验机构承担兽药检验工作。

当事人对兽药检验结果有异议的,可以自收到检验结果之日起7个工作日内向实施检验的机构或者上级兽医行政管理部门设立的检验机构申请复检。

第四十五条 兽药应当符合兽药国家标准。

国家兽药典委员会拟定的、国务院兽医行政管理部门发布的《中华人民共和国兽药典》和国务院兽医行政管理部门发布的其他兽药质量标准为兽药国家标准。

兽药国家标准的标准品和对照品的标定工作由国务院兽医行政管理部门设立的兽药检验机构负责。

第四十六条 兽医行政管理部门依法进行监督检查时,对有证据证明可能是假、劣兽药的,应当采取查封、扣押的行政强制措施,并自采取行政强制措施之日起7个工作日内作出是否立案的决定;需要检验的,应当自检验报告书发出之日起15个工作日内作出是否立案的决定;不符合立案条件的,应当解除行政强制措施;需要暂停生产的,由国务院兽医行政管理部门或者省、自治区、直辖市人民政府兽医行政管理部门按照权限作出决定;需要暂停经营、使用的,由县级以上人民政府兽医行政管理部门按照权限作出决定。

未经行政强制措施决定机关或者其上级机关批准,不得擅自转移、使用、销毁、销售被查封或者扣押的兽药及有关材料。

第四十七条 有下列情形之一的,为假兽药:

(一)以非兽药冒充兽药或者以他种兽药冒充此种兽药的;

(二)兽药所含成分的种类、名称与兽药国家标准不符合的。

有下列情形之一的,按照假兽药处理:

(一)国务院兽医行政管理部门规定禁止使用的;

(二)依照本条例规定应当经审查批准而未经审查批准即生产、进口的,或者依照本条例规定应当经抽查检验、审查核对而未经抽查检验、审查核对即销售、进口的;

(三)变质的;

(四)被污染的;

(五)所标明的适应症或者功能主治超出规定范围的。

第四十八条 有下列情形之一的,为劣兽药:

(一)成分含量不符合兽药国家标准或者不标明有效成分的;

(二)不标明或者更改有效期或者超过有效期的;

(三)不标明或者更改产品批号的;

(四)其他不符合兽药国家标准,但不属于假兽药的。

第四十九条 禁止将兽用原料药拆零销售或者销售给兽药生产企业以外的单位和个人。

禁止未经兽医开具处方销售、购买、使用国务院兽医行政管理部门规定实行处方药管理的兽药。

第五十条 国家实行兽药不良反应报告制度。

兽药生产企业、经营企业、兽药使用单位和开具处方的兽医人员发现可能与兽药使用有关的严重不良反应,应当立即向所在地人民政府兽医行政管理部门报告。

第五十一条 兽药生产企业、经营企业停止生产、经营超过6个月或者关闭的,由发证机关责令其交回兽药生产许可证、兽药经营许可证。

第五十二条 禁止买卖、出租、出借兽药生产许可证、兽药经营许可证和兽药批准证明文件。

第五十三条 兽药评审检验的收费项目和标准,由国务院财政部门会同国务院价格主管部门制定,并予以公告。

第五十四条 各级兽医行政管理部门、兽药检验机构及其工作人员,不得参与兽药生产、经营活动,不得以其名义推荐或者监制、监销兽药。

第八章 法律责任

第五十五条 兽医行政管理部门及其工作人员利用职务上的便利收取他人财物或者谋取其他利益,对不符合法定条件的单位和个人核发许可证、签署审查同意意见,不履行监督职责,或者发现违法行为不予查处,造成严重后果,构成犯罪的,依法追究刑事责任;尚不构成犯罪的,依法给予行政处分。

第五十六条 违反本条例规定,无兽药生产许可证、兽药经营许可证生产、经营兽药的,或者虽有兽药生产许可证、兽药经营许可证,生产、经营假、劣兽药的,或者兽药经营企业经营人用药品的,责令其停止生产、经营,没收用于违法生产的原料、辅料、包装材料及生产、经营的兽药和违法所得,并处违法生产、经营的兽药(包括已出售的和未出售的兽药,下同)货值金额2倍以上5倍以下罚款,货值金额无法查证核实的,处10万元以上20万元以下罚款;无兽药生产许可证生产兽药,情节严重的,没收其生产设备;生产、经营假、劣兽药,情节严重的,吊销兽药生产许可证、兽药经营许可证;构成犯罪的,依法追究刑事责任;给他人造成损失的,依法承担赔偿责任。生产、经营企业的主要负责人和直接负责的主管人员终身不得从事兽药的生产、经营活动。

擅自生产强制免疫所需兽用生物制品的,按照无兽药生产许可证生产兽药处罚。

案例 1. 江苏省苏州市某渔药饲料店经营假兽药案(*第一批农业行政执法指导性案例之五*)

裁判规则:兽药质量事关水产养殖安全、水产品质量安全和生态环境安全。近年来,部分不法企业将依法应当按照兽药管理的产品以"非药品"等名义进行销售,故意规避监管,给水产品质量安全和生态安全带来巨大隐患。按照《兽药管理条例》第七十二条第一项的规定,凡标称具有预防、治疗、诊断动物疾病或者有目的地调节动物生理

机能的物质，都应当按兽药管理，取得兽药产品批准文号后方可生产；未取得产品批准文号即生产经营的，依照《兽药管理条例》第四十七条第二款第二项规定，应当按照假兽药处理。本案中，虽然涉案产品的标签标示其分别为“非药品”和“水体环境修复剂”，但执法人员通过检查产品标签和说明书中有关“作用用途”“适应症”“功能用途”的表述，发现其明确标明对水产动物细菌、病毒、真菌及各种肠虫具有抑制、杀灭或清除功能，依法认定其属于兽药。通过查询中国兽药信息网和询问当事人，农业农村部门进一步确认上述两产品均未取得兽药产品批准文号，遂按照经营假兽药对当事人给予了行政处罚，准确履行了执法职责。本案就相关产品的定性和处理，对农业农村部门查处同类违法行为具有示范作用。

2. 山东省烟台市孙某某生产经营假兽药案（第二批农业行政执法指导性案例之五）

裁判规则：加强兽药质量监管执法，对保障动物源性食品安全和维护公共卫生安全有重要意义。本案因案情复杂，当事人违法生产经营行为十分隐蔽，且涉及多个省份，烟台市农业农村部门考虑其行政执法调查手段有限，及时将案件移送公安机关，并协助公安机关报请上级农业农村部门及时出具涉案产品属于假兽药的认定意见，为司法机关追究违法犯罪分子的刑事责任提供了有力支撑。案件查办过程中，农业农村部门和公安机关精诚合作，密切配合，充分体现了农业行政执法与刑事司法工作有机衔接形成的强大合力。同时，该案的查处对生产销售假劣兽药违法行为形成了强大震慑，为净化兽药市场、维护养殖者合法权益发挥了重要作用。

第五十七条 违反本条例规定，提供虚假的资料、样品或者采取其他欺骗手段取得兽药生产许可证、兽药经营许可证或者兽药批准证明文件的，吊销兽药生产许可证、兽药经营许可证或者撤销兽药批准证明文件，并处5万元以上10万元以下罚款；给他人造成损失的，依法承担赔偿责任。其主要负责人和直接负责的主管人员终身不得从事兽药的生产、经营和进出口活动。

第五十八条 买卖、出租、出借兽药生产许可证、兽药经营许可证和兽药批准证明文件的，没收违法所得，并处1万元以上10万元以下罚款；情节严重的，吊销兽药生产许可证、兽药经营许可证或者撤销兽药批准证明文件；构成犯罪的，依法追究刑事责任；给他人造成损失的，依法承担赔偿责任。

第五十九条 违反本条例规定，兽药安全性评价单位、临床试验单位、生产和经营企业未按照规定实施兽药研究试验、生产、经营质量管理规范的，给予警告，责令其限期改正；逾期不改正的，责令停止兽药研究试验、生产、经营活动，并处5万元以下罚款；情节严重的，吊销兽药生产许可证、兽药经营许可证；给他人造成损失的，依法承担赔偿责任。

违反本条例规定，研制新兽药不具备规定的条件擅自使用一类病原微生物或者在实验室阶段前未经批准的，责令其停止实验，并处5万元以上10万元以下罚款；构成犯罪的，依法追究刑事责任；给他人造成损失的，依法承担赔偿责任。

违反本条例规定，开展新兽药临床试验应当备案而未备案的，责令其立即改正，给予警告，并处5万元以上10万元以下罚款；给他人造成损失的，依法承担赔偿责任。

第六十条 违反本条例规定，兽药的标签和说明书未经批准的，责令其限期改正；逾期不改正的，按照生产、经营假兽药处罚；有兽药产品批准文号的，撤销兽药产品批准文号；给他人造成损失的，依法承担赔偿责任。

兽药包装上未附有标签和说明书，或者标签和说明书与批准的内容不一致的，责令其限期改正；情节严重的，依照前款规定处罚。

第六十一条 违反本条例规定，境外企业在中国直接销售兽药的，责令其限期改正，没收直接销售的兽药和违法所得，并处5万元以上10万元以下罚款；情节严重的，吊销进口兽药注册证书；给他人造成损失的，依法承担赔偿责任。

第六十二条 违反本条例规定，未按照国家有关兽药安全使用规定使用兽药的、未建立用药记录或者记录不完整真实的，或者使用禁止使用的药品和其他化合物的，或者将人用药品用于动物的，责令其立即改正，并对饲喂了违禁药物及其他化合物的动物及其产品进行无害化处理；对违法单位处1万元以上5万元以下罚款；给他人造成损失的，依法承担赔偿责任。

第六十三条 违反本条例规定，销售尚在用药期、休药期内的动物及其产品用于食品消费的，或者销售含有违禁药物和兽药残留超标的动物产品用于食品消费的，责令其对含有违禁药物和兽药残留超标的动物产品进行无害化处理，没收违法所得，并处3万元以上10万元以下罚款；构成犯罪的，依法追究刑事责任；给他人造成损失的，依法承担赔偿责任。

第六十四条 违反本条例规定，擅自转移、使用、销毁、销售被查封或者扣押的兽药及有关材料的，责令其停止违法行为，给予警告，并处5万元以上10万元以下罚款。

第六十五条 违反本条例规定，兽药生产企业、经营企业、兽药使用单位和开具处方的兽医人员发现可能与兽药使用有关的严重不良反应，不向所在地人民政府兽医行政管理部门报告的，给予警告，并处5000元以上1万元以下罚款。

生产企业在新兽药监测期内不收集或者不及时报送该新兽药的疗效、不良反应等资料的，责令其限期改正，并处1万元以上5万元以下罚款；情节严重的，撤销该新兽药的产品批准文号。

第六十六条 违反本条例规定，未经兽医开具处方销售、购买、使用兽用处方药的，责令其限期改正，没收违法所得，并处5万元以下罚款；给他人造成损失的，依法承担赔偿责任。

第六十七条 违反本条例规定，兽药生产、经营企业把原料药销售给兽药生产企业以外的单位和个人的，或者兽药经营企业拆零销售原料药的，责令其立即改正，给予警告，没收违法所得，并处2万元以上5万元以下罚款；情节严重的，吊销兽药生产许可证、兽药经营许可证；给他人造成损失的，依法承担赔偿责任。

第六十八条 违反本条例规定，在饲料和动物饮用水中添加激素类药品和国务院兽医行政管理部门规定的其他禁用药品，依照《饲料和饲料添加剂管理条例》的有关规定处罚；直接将原料药添加到饲料及动物饮用水中，或者饲喂动物的，责令其立即改正，并处1万元以上3万元以下罚款；给他人造成损失的，依法承担赔偿责任。

第六十九条 有下列情形之一的，撤销兽药的产品批准文号或者吊销进口兽药注册证书：

（一）抽查检验连续2次不合格的；

（二）药效不确定、不良反应大以及可能对养殖业、人体健康造成危害或者存在潜在风险的；

（三）国务院兽医行政管理部门禁止生产、经营和使用的兽药。

被撤销产品批准文号或者被吊销进口兽药注册证书的兽药，不得继续生产、进口、经营和使用。已经生产、进口的，由所在地兽医行政管理部门监督销毁，所需费用由违法行为人承担；给他人造成损失的，依法承担赔偿责任。

第七十条 本条例规定的行政处罚由县级以上人民政府兽医行政管理部门决定；其中吊销兽药生产许可证、兽药经营许可证，撤销兽药批准证明文件或者责令停止兽药研究试验的，由发证、批准、备案部门决定。

上级兽医行政管理部门对下级兽医行政管理部门违反本条例的行政行为，应当责令限期改正；逾期不改正的，有权予以改变或者撤销。

第七十一条 本条例规定的货值金额以违法生产、经营兽药的标价计算；没有标价的，按照同类兽药的市场价格计算。

第九章 附 则

第七十二条 本条例下列用语的含义是：

（一）兽药，是指用于预防、治疗、诊断动物疾病或者有目的地调节动物生理机能的物质（含药物饲料添加剂），主要包括：血清制品、疫苗、诊断制品、微生态制品、中药材、中成药、化学药品、抗生素、生化药品、放射性药品及外用杀虫剂、消毒剂等。

（二）兽用处方药，是指凭兽医处方方可购买和使用的兽药。

（三）兽用非处方药，是指由国务院兽医行政管理部门公布的、不需要凭兽医处方就可以自行购买并按照说明书使用的兽药。

（四）兽药生产企业，是指专门生产兽药的企业和兼产兽药的企业，包括从事兽药分装的企业。

（五）兽药经营企业，是指经营兽药的专营企业或者兼营企业。

（六）新兽药，是指未曾在中国境内上市销售的兽用药品。

（七）兽药批准证明文件，是指兽药产品批准文号、进口兽药注册证书、出口兽药证明文件、新兽药注册证书等文件。

第七十三条 兽用麻醉药品、精神药品、毒性药品和放射性药品等特殊药品，依照国家有关规定管理。

第七十四条 水产养殖中的兽药使用、兽药残留检测和监督管理以及水产养殖过程中违法用药的行政处罚，由县级以上人民政府渔业主管部门及其所属的渔政监督管理机构负责。

第七十五条 本条例自2004年11月1日起施行。

饲料和饲料添加剂管理条例

- 1999年5月29日中华人民共和国国务院令第266号公布
- 根据2001年11月29日《国务院关于修改〈饲料和饲料添加剂管理条例〉的决定》第一次修订
- 2011年10月26日国务院第177次常务会议修订通过
- 根据2013年12月7日《国务院关于修改部分行政法规的决定》第二次修订
- 根据2016年2月6日《国务院关于修改部分行政法规的决定》第三次修订
- 根据2017年3月1日《国务院关于修改和废止部分行政法规的决定》第四次修订

第一章 总 则

第一条 为了加强对饲料、饲料添加剂的管理，提高饲料、饲料添加剂的质量，保障动物产品质量安全，维护公众健康，制定本条例。

第二条 本条例所称饲料，是指经工业化加工、制作的供动物食用的产品，包括单一饲料、添加剂预混合饲料、浓缩饲料、配合饲料和精料补充料。

本条例所称饲料添加剂，是指在饲料加工、制作、使用过程中添加的少量或者微量物质，包括营养性饲料添加剂和一般饲料添加剂。

饲料原料目录和饲料添加剂品种目录由国务院农业行政主管部门制定并公布。

第三条 国务院农业行政主管部门负责全国饲料、饲料添加剂的监督管理工作。

县级以上地方人民政府负责饲料、饲料添加剂管理的部门(以下简称饲料管理部门)，负责本行政区域饲料、饲料添加剂的监督管理工作。

第四条 县级以上地方人民政府统一领导本行政区域饲料、饲料添加剂的监督管理工作，建立健全监督管理机制，保障监督管理工作的开展。

第五条 饲料、饲料添加剂生产企业、经营者应当建立健全质量安全制度，对其生产、经营的饲料、饲料添加剂的质量安全负责。

第六条 任何组织或者个人有权举报在饲料、饲料添加剂生产、经营、使用过程中违反本条例的行为，有权对饲料、饲料添加剂监督管理工作提出意见和建议。

第二章 审定和登记

第七条 国家鼓励研制新饲料、新饲料添加剂。

研制新饲料、新饲料添加剂，应当遵循科学、安全、有效、环保的原则，保证新饲料、新饲料添加剂的质量安全。

第八条 研制的新饲料、新饲料添加剂投入生产前，研制者或者生产企业应当向国务院农业行政主管部门提出审定申请，并提供该新饲料、新饲料添加剂的样品和下列资料：

(一)名称、主要成分、理化性质、研制方法、生产工艺、质量标准、检测方法、检验报告、稳定性试验报告、环境影响报告和污染防治措施；

(二)国务院农业行政主管部门指定的试验机构出具的该新饲料、新饲料添加剂的饲喂效果、残留消解动态以及毒理学安全性评价报告。

申请新饲料添加剂审定的，还应当说明该新饲料添加剂的添加目的、使用方法，并提供该饲料添加剂残留可能对人体健康造成影响的分析评价报告。

第九条 国务院农业行政主管部门应当自受理申请之日起5个工作日内，将新饲料、新饲料添加剂的样品和申请资料交全国饲料评审委员会，对该新饲料、新饲料添加剂的安全性、有效性及其对环境的影响进行评审。

全国饲料评审委员会由养殖、饲料加工、动物营养、毒理、药理、代谢、卫生、化工合成、生物技术、质量标准、环境保护、食品安全风险评估等方面的专家组成。全国饲料评审委员会对新饲料、新饲料添加剂的评审采取评审会议的形式，评审会议应当有9名以上全国饲料评审委员会专家参加，根据需要也可以邀请1至2名全国饲料评审委员会专家以外的专家参加，参加评审的专家对评审事项具有表决权。评审会议应当形成评审意见和会议纪要，并由参加评审的专家审核签字；有不同意见的，应当注明。参加评审的专家应当依法公平、公正履行职责，对评审资料保密，存在回避事由的，应当主动回避。

全国饲料评审委员会应当自收到新饲料、新饲料添加剂的样品和申请资料之日起9个月内出具评审结果并提交国务院农业行政主管部门；但是，全国饲料评审委员会决定由申请人进行相关试验的，经国务院农业行政主管部门同意，评审时间可以延长3个月。

国务院农业行政主管部门应当自收到评审结果之日起10个工作日内作出是否核发新饲料、新饲料添加剂证书的决定；决定不予核发的，应当书面通知申请人并说明理由。

第十条 国务院农业行政主管部门核发新饲料、新饲料添加剂证书，应当同时按照职责权限公布该新饲料、新饲料添加剂的产品质量标准。

第十一条 新饲料、新饲料添加剂的监测期为5年。新饲料、新饲料添加剂处于监测期的，不受理其他就该新饲料、新饲料添加剂的生产申请和进口登记申请，但超过3年不投入生产的除外。

生产企业应当收集处于监测期的新饲料、新饲料添加剂的质量稳定性及其对动物产品质量安全的影响等信息，并向国务院农业行政主管部门报告；国务院农业行政主管部门应当对新饲料、新饲料添加剂的质量安全状况组织跟踪监测，证实其存在安全问题的，应当撤销新饲料、新饲料添加剂证书并予以公告。

第十二条 向中国出口中国境内尚未使用但出口国已经批准生产和使用的饲料、饲料添加剂的，由出口方驻中国境内的办事机构或者其委托的中国境内代理机构向国务院农业行政主管部门申请登记，并提供该饲料、饲料添加剂的样品和下列资料：

（一）商标、标签和推广应用情况；

（二）生产地批准生产、使用的证明和生产地以外其他国家、地区的登记资料；

（三）主要成分、理化性质、研制方法、生产工艺、质量标准、检测方法、检验报告、稳定性试验报告、环境影响报告和污染防治措施；

（四）国务院农业行政主管部门指定的试验机构出具的该饲料、饲料添加剂的饲喂效果、残留消解动态以及毒理学安全性评价报告。

申请饲料添加剂进口登记的，还应当说明该饲料添加剂的添加目的、使用方法，并提供该饲料添加剂残留可能对人体健康造成影响的分析评价报告。

国务院农业行政主管部门应当依照本条例第九条规定的新饲料、新饲料添加剂的评审程序组织评审，并决定是否核发饲料、饲料添加剂进口登记证。

首次向中国出口中国境内已经使用且出口国已经批准生产和使用的饲料、饲料添加剂的，应当依照本条第一款、第二款的规定申请登记。国务院农业行政主管部门应当自受理申请之日起10个工作日内对申请资料进行审查；审查合格的，将样品交由指定的机构进行复核检测；复核检测合格的，国务院农业行政主管部门应当在10个工作日内核发饲料、饲料添加剂进口登记证。

饲料、饲料添加剂进口登记证有效期为5年。进口登记证有效期满需要继续向中国出口饲料、饲料添加剂的，应当在有效期届满6个月前申请续展。

禁止进口未取得饲料、饲料添加剂进口登记证的饲料、饲料添加剂。

第十三条 国家对已经取得新饲料、新饲料添加剂证书或者饲料、饲料添加剂进口登记证的、含有新化合物的饲料、饲料添加剂的申请人提交的其自己所取得且未披露的试验数据和其他数据实施保护。

自核发证书之日起6年内，对其他申请人未经已取得新饲料、新饲料添加剂证书或者饲料、饲料添加剂进口登记证的申请人同意，使用前款规定的数据申请新饲料、新饲料添加剂审定或者饲料、饲料添加剂进口登记的，国务院农业行政主管部门不予审定或者登记；但是，其他申请人提交其自己所取得的数据的除外。

除下列情形外，国务院农业行政主管部门不得披露本条第一款规定的数据：

（一）公共利益需要；

（二）已采取措施确保该类信息不会被不正当地进行商业使用。

第三章 生产、经营和使用

第十四条 设立饲料、饲料添加剂生产企业，应当符合饲料工业发展规划和产业政策，并具备下列条件：

（一）有与生产饲料、饲料添加剂相适应的厂房、设备和仓储设施；

（二）有与生产饲料、饲料添加剂相适应的专职技术人员；

（三）有必要的产品质量检验机构、人员、设施和质量管理制度；

（四）有符合国家规定的安全、卫生要求的生产环境；

（五）有符合国家环境保护要求的污染防治措施；

（六）国务院农业行政主管部门制定的饲料、饲料添加剂质量安全管理规范规定的其他条件。

第十五条 申请从事饲料、饲料添加剂生产的企业，申请人应当向省、自治区、直辖市人民政府饲料管理部门提出申请。省、自治区、直辖市人民政府饲料管理部门应当自受理申请之日起10个工作日内进行书面审查；审查合格的，组织进行现场审核，并根据审核结果在10个工作日内作出是否核发生产许可证的决定。

生产许可证有效期为5年。生产许可证有效期满需要继续生产饲料、饲料添加剂的，应当在有效期届满6个月前申请续展。

第十六条 饲料添加剂、添加剂预混合饲料生产企业取得生产许可证后，由省、自治区、直辖市人民政府饲料管理部门按照国务院农业行政主管部门的规定，核发相应的产品批准文号。

第十七条 饲料、饲料添加剂生产企业应当按照国务院农业行政主管部门的规定和有关标准，对采购的饲料原料、单一饲料、饲料添加剂、药物饲料添加剂、添加剂预混合饲料和用于饲料添加剂生产的原料进行查验或者检验。

饲料生产企业使用限制使用的饲料原料、单一饲料、饲料添加剂、药物饲料添加剂、添加剂预混合饲料生产饲料的，应当遵守国务院农业行政主管部门的限制性规定。禁止使用国务院农业行政主管部门公布的饲料原料目录、饲料添加剂品种目录和药物饲料添加剂品种目录以外的任何物质生产饲料。

饲料、饲料添加剂生产企业应当如实记录采购的饲料原料、单一饲料、饲料添加剂、药物饲料添加剂、添加剂预混合饲料和用于饲料添加剂生产的原料的名称、产地、数量、保质期、许可证明文件编号、质量检验信息、生产企业名称或者供货者名称及其联系方式、进货日期等。记录保存期限不得少于2年。

第十八条 饲料、饲料添加剂生产企业，应当按照产品质量标准以及国务院农业行政主管部门制定的饲料、饲料添加剂质量安全管理规范和饲料添加剂安全使用规范组织生产，对生产过程实施有效控制并实行生产记录和产品留样观察制度。

第十九条 饲料、饲料添加剂生产企业应当对生产的饲料、饲料添加剂进行产品质量检验；检验合格的，应当附具产品质量检验合格证。未经产品质量检验、检验不合格或者未附具产品质量检验合格证的，不得出厂销售。

饲料、饲料添加剂生产企业应当如实记录出厂销售的饲料、饲料添加剂的名称、数量、生产日期、生产批次、质量检验信息、购货者名称及其联系方式、销售日期等。记录保存期限不得少于2年。

第二十条 出厂销售的饲料、饲料添加剂应当包装，包装应当符合国家有关安全、卫生的规定。

饲料生产企业直接销售给养殖者的饲料可以使用罐装车运输。罐装车应当符合国家有关安全、卫生的规定，并随罐装车附具符合本条例第二十一条规定的标签。

易燃或者其他特殊的饲料、饲料添加剂的包装应当有警示标志或者说明，并注明储运注意事项。

第二十一条 饲料、饲料添加剂的包装上应当附具标签。标签应当以中文或者适用符号标明产品名称、原料组成、产品成分分析保证值、净重或者净含量、贮存条件、使用说明、注意事项、生产日期、保质期、生产企业名称以及地址、许可证明文件编号和产品质量标准等。加入药物饲料添加剂的，还应当标明“加入药物饲料添加剂”字样，并标明其通用名称、含量和休药期。乳和乳制品以外的动物源性饲料，还应当标明“本产品不得饲喂反刍动物”字样。

第二十二条 饲料、饲料添加剂经营者应当符合下列条件：

（一）有与经营饲料、饲料添加剂相适应的经营场所和仓储设施；

（二）有具备饲料、饲料添加剂使用、贮存等知识的技术人员；

（三）有必要的产品质量管理和安全管理制度。

第二十三条 饲料、饲料添加剂经营者进货时应当查验产品标签、产品质量检验合格证和相应的许可证明文件。

饲料、饲料添加剂经营者不得对饲料、饲料添加剂进行拆包、分装，不得对饲料、饲料添加剂进行再加工或者添加任何物质。

禁止经营用国务院农业行政主管部门公布的饲料原料目录、饲料添加剂品种目录和药物饲料添加剂品种目录以外的任何物质生产的饲料。

饲料、饲料添加剂经营者应当建立产品购销台账，如实记录购销产品的名称、许可证明文件编号、规格、数量、保质期、生产企业名称或者供货者名称及其联系方式、购销时间等。购销台账保存期限不得少于2年。

第二十四条 向中国出口的饲料、饲料添加剂应当包装，包装应当符合中国有关安全、卫生的规定，并附具符合本条例第二十一条规定的标签。

向中国出口的饲料、饲料添加剂应当符合中国有关检验检疫的要求，由出入境检验检疫机构依法实施检验检疫，并对其包装和标签进行核查。包装和标签不符合要求的，不得入境。

境外企业不得直接在中国销售饲料、饲料添加剂。境外企业在中国销售饲料、饲料添加剂的，应当依法在中国境内设立销售机构或者委托符合条件的中国境内代理机构销售。

第二十五条 养殖者应当按照产品使用说明和注意事项使用饲料。在饲料或者动物饮用水中添加饲料添加剂的，应当符合饲料添加剂使用说明和注意事项的要求，遵守国务院农业行政主管部门制定的饲料添加剂安全使用规范。

养殖者使用自行配制的饲料的，应当遵守国务院农业行政主管部门制定的自行配制饲料使用规范，并不得对外提供自行配制的饲料。

使用限制使用的物质养殖动物的，应当遵守国务院农业行政主管部门的限制性规定。禁止在饲料、动物饮用水中添加国务院农业行政主管部门公布禁用的物质以及对人体具有直接或者潜在危害的其他物质，或者直接使用上述物质养殖动物。禁止在反刍动物饲料中添加乳和乳制品以外的动物源性成分。

第二十六条 国务院农业行政主管部门和县级以上地方人民政府饲料管理部门应当加强饲料、饲料添加剂质量安全知识的宣传，提高养殖者的质量安全意识，指导养殖者安全、合理使用饲料、饲料添加剂。

第二十七条 饲料、饲料添加剂在使用过程中被证实对养殖动物、人体健康或者环境有害的，由国务院农业行政主管部门决定禁用并予以公布。

第二十八条 饲料、饲料添加剂生产企业发现其生产的饲料、饲料添加剂对养殖动物、人体健康有害或者存在其他安全隐患的，应当立即停止生产，通知经营者、使用者，向饲料管理部门报告，主动召回产品，并记录召回和通知情况。召回的产品应当在饲料管理部门监督下予以无害化处理或者销毁。

饲料、饲料添加剂经营者发现其销售的饲料、饲料添加剂具有前款规定情形的，应当立即停止销售，通知生产企业、供货者和使用者，向饲料管理部门报告，并记录通知情况。

养殖者发现其使用的饲料、饲料添加剂具有本条第一款规定情形的，应当立即停止使用，通知供货者，并向饲料管理部门报告。

第二十九条 禁止生产、经营、使用未取得新饲料、新饲料添加剂证书的新饲料、新饲料添加剂以及禁用的饲料、饲料添加剂。

禁止经营、使用无产品标签、无生产许可证、无产品质量标准、无产品质量检验合格证的饲料、饲料添加剂。禁止经营、使用无产品批准文号的饲料添加剂、添加剂预混合饲料。禁止经营、使用未取得饲料、饲料添加剂进口登记证的进口饲料、进口饲料添加剂。

第三十条 禁止对饲料、饲料添加剂作具有预防或者治疗动物疾病作用的说明或者宣传。但是，饲料中添加药物饲料添加剂的，可以对所添加的药物饲料添加剂的作用加以说明。

第三十一条 国务院农业行政主管部门和省、自治区、直辖市人民政府饲料管理部门应当按照职责权限对全国或者本行政区域饲料、饲料添加剂的质量安全状况进行监测，并根据监测情况发布饲料、饲料添加剂质量安全预警信息。

第三十二条 国务院农业行政主管部门和县级以上地方人民政府饲料管理部门，应当根据需要定期或者不定期组织实施饲料、饲料添加剂监督抽查；饲料、饲料添加剂监督抽查检测工作由国务院农业行政主管部门或者省、自治区、直辖市人民政府饲料管理部门指定的具有相应技术条件的机构承担。饲料、饲料添加剂监督抽查不得收费。

国务院农业行政主管部门和省、自治区、直辖市人民政府饲料管理部门应当按照职责权限公布监督抽查结果，并可以公布具有不良记录的饲料、饲料添加剂生产企业、经营者名单。

第三十三条 县级以上地方人民政府饲料管理部门应当建立饲料、饲料添加剂监督管理档案，记录日常监督检查、违法行为查处等情况。

第三十四条 国务院农业行政主管部门和县级以上地方人民政府饲料管理部门在监督检查中可以采取下列措施：

（一）对饲料、饲料添加剂生产、经营、使用场所实施现场检查；

（二）查阅、复制有关合同、票据、账簿和其他相关资料；

（三）查封、扣押有证据证明用于违法生产饲料的饲料原料、单一饲料、饲料添加剂、药物饲料添加剂、添加剂预混合饲料，用于违法生产饲料添加剂的原料，用于违法生产饲料、饲料添加剂的工具、设施，违法生产、经营、使用的饲料、饲料添加剂；

（四）查封违法生产、经营饲料、饲料添加剂的场所。

第四章 法律责任

第三十五条 国务院农业行政主管部门、县级以上地方人民政府饲料管理部门或者其他依照本条例规定行使监督管理权的部门及其工作人员，不履行本条例规定的职责或者滥用职权、玩忽职守、徇私舞弊的，对直接负责的主管人员和其他直接责任人员，依法给予处分；直接负责的主管人员和其他直接责任人员构成犯罪的，依法追究刑事责任。

第三十六条 提供虚假的资料、样品或者采取其他欺骗方式取得许可证明文件的，由发证机关撤销相关许可证明文件，处5万元以上10万元以下罚款，申请人3年内不得就同一事项申请行政许可。以欺骗方式取得许可证明文件给他人造成损失的，依法承担赔偿责任。

第三十七条 假冒、伪造或者买卖许可证明文件的，由国务院农业行政主管部门或者县级以上地方人民政府饲料管理部门按照职责权限收缴或者吊销、撤销相关许可证明文件；构成犯罪的，依法追究刑事责任。

第三十八条 未取得生产许可证生产饲料、饲料添加剂的，由县级以上地方人民政府饲料管理部门责令停止生产，没收违法所得、违法生产的产品和用于违法生产饲料的饲料原料、单一饲料、饲料添加剂、药物饲料添加剂、添加剂预混合饲料以及用于违法生产饲料添加剂的原料，违法生产的产品货值金额不足1万元的，并处1万元以上5万元以下罚款，货值金额1万元以上的，并处货值金额5倍以上10倍以下罚款；情节严重的，没收其生产设备，生产企业的主要负责人和直接负责的主管人员10年内不得从事饲料、饲料添加剂生产、经营活动。

已经取得生产许可证，但不再具备本条例第十四条规定的条件而继续生产饲料、饲料添加剂的，由县级以上地方人民政府饲料管理部门责令停止生产、限期改正，并处1万元以上5万元以下罚款；逾期不改正的，由发证机关吊销生产许可证。

已经取得生产许可证，但未取得产品批准文号而生产饲料添加剂、添加剂预混合饲料的，由县级以上地方人民政府饲料管理部门责令停止生产，没收违法所得、违法生产的产品和用于违法生产饲料的饲料原料、单一饲料、饲料添加剂、药物饲料添加剂以及用于违法生产饲料添加剂的原料，限期补办产品批准文号，并处违法生产的产品货值金额1倍以上3倍以下罚款；情节严重的，由发证机关吊销生产许可证。

第三十九条 饲料、饲料添加剂生产企业有下列行为之一的，由县级以上地方人民政府饲料管理部门责令改正，没收违法所得、违法生产的产品和用于违法生产饲料的饲料原料、单一饲料、饲料添加剂、药物饲料添加剂、添加剂预混合饲料以及用于违法生产饲料添加剂的原料，违法生产的产品货值金额不足1万元的，并处1万元以上5万元以下罚款，货值金额1万元以上的，并处货值金额5倍以上10倍以下罚款；情节严重的，由发证机关吊销、撤销相关许可证明文件，生产企业的主要负责人和直接负责的主管人员10年内不得从事饲料、饲料添加剂生产、经营活动；构成犯罪的，依法追究刑事责任：

（一）使用限制使用的饲料原料、单一饲料、饲料添加剂、药物饲料添加剂、添加剂预混合饲料生产饲料，不遵守国务院农业行政主管部门的限制性规定的；

（二）使用国务院农业行政主管部门公布的饲料原料目录、饲料添加剂品种目录和药物饲料添加剂品种目录以外的物质生产饲料的；

（三）生产未取得新饲料、新饲料添加剂证书的新饲料、新饲料添加剂或者禁用的饲料、饲料添加剂的。

第四十条 饲料、饲料添加剂生产企业有下列行为之一的，由县级以上地方人民政府饲料管理部门责令改正，处1万元以上2万元以下罚款；拒不改正的，没收违法所得、违法生产的产品和用于违法生产饲料的饲料原料、单一饲料、饲料添加剂、药物饲料添加剂、添加剂预混合饲料以及用于违法生产饲料添加剂的原料，并处5万元以上10万元以下罚款；情节严重的，责令停止生产，可以由发证机关吊销、撤销相关许可证明文件：

（一）不按照国务院农业行政主管部门的规定和有关标准对采购的饲料原料、单一饲料、饲料添加剂、药物饲料添加剂、添加剂预混合饲料和用于饲料添加剂生产的原料进行查验或者检验的；

（二）饲料、饲料添加剂生产过程中不遵守国务院农业行政主管部门制定的饲料、饲料添加剂质量安全管理规范和饲料添加剂安全使用规范的；

（三）生产的饲料、饲料添加剂未经产品质量检验的。

第四十一条 饲料、饲料添加剂生产企业不依照本条例规定实行采购、生产、销售记录制度或者产品留样观察制度的，由县级以上地方人民政府饲料管理部门责令改正，处1万元以上2万元以下罚款；拒不改正的，没收违法所得、违法生产的产品和用于违法生产饲料的饲料原料、单一饲料、饲料添加剂、药物饲料添加剂、添加剂预混合饲料以及用于违法生产饲料添加剂的原料，处2万元以上5万元以下罚款，并可以由发证机关吊销、撤销相关许可证明文件。

饲料、饲料添加剂生产企业销售的饲料、饲料添加剂未附具产品质量检验合格证或者包装、标签不符合规定的，由县级以上地方人民政府饲料管理部门责令改正；情节严重的，没收违法所得和违法销售的产品，可以处违法销售的产品货值金额30%以下罚款。

第四十二条 不符合本条例第二十二条规定的条件经营饲料、饲料添加剂的，由县级人民政府饲料管理部门责令限期改正；逾期不改正的，没收违法所得和违法经营的产品，违法经营的产品货值金额不足1万元的，并处2000元以上2万元以下罚款，货值金额1万元以上的，并处货值金额2倍以上5倍以下罚款；情节严重的，责令停止经营，并通知工商行政管理部门，由工商行政管理部门吊销营业执照。

第四十三条 饲料、饲料添加剂经营者有下列行为之一的，由县级人民政府饲料管理部门责令改正，没收违法所得和违法经营的产品，违法经营的产品货值金额不足1万元的，并处2000元以上2万元以下罚款，货值金额1万元以上的，并处货值金额2倍以上5倍以下罚款；情节严重的，责令停止经营，并通知工商行政管理部门，由工商行政管理部门吊销营业执照；构成犯罪的，依法追究刑事责任：

（一）对饲料、饲料添加剂进行再加工或者添加物质的；

（二）经营无产品标签、无生产许可证、无产品质量检验合格证的饲料、饲料添加剂的；

（三）经营无产品批准文号的饲料添加剂、添加剂预混合饲料的；

（四）经营用国务院农业行政主管部门公布的饲料原料目录、饲料添加剂品种目录和药物饲料添加剂品种目录以外的物质生产的饲料的；

（五）经营未取得新饲料、新饲料添加剂证书的新饲料、新饲料添加剂或者未取得饲料、饲料添加剂进口登记证的进口饲料、进口饲料添加剂以及禁用的饲料、饲料添加剂的。

第四十四条 饲料、饲料添加剂经营者有下列行为之一的，由县级人民政府饲料管理部门责令改正，没收违法所得和违法经营的产品，并处2000元以上1万元以下罚款：

（一）对饲料、饲料添加剂进行拆包、分装的；

（二）不依照本条例规定实行产品购销台账制度的；

（三）经营的饲料、饲料添加剂失效、霉变或者超过保质期的。

第四十五条 对本条例第二十八条规定的饲料、饲料添加剂，生产企业不主动召回的，由县级以上地方人民政府饲料管理部门责令召回，并监督生产企业对召回的产品予以无害化处理或者销毁；情节严重的，没收违法所得，并处应召回的产品货值金额1倍以上3倍以下罚款，可以由发证机关吊销、撤销相关许可证明文件；生产企业对召回的产品不予以无害化处理或者销毁的，由县级人民政府饲料管理部门代为销毁，所需费用由生产企业承担。

对本条例第二十八条规定的饲料、饲料添加剂，经营者不停止销售的，由县级以上地方人民政府饲料管理部门责令停止销售；拒不停止销售的，没收违法所得，处1000元以上5万元以下罚款；情节严重的，责令停止经营，并通知工商行政管理部门，由工商行政管理部门吊销营业执照。

第四十六条 饲料、饲料添加剂生产企业、经营者有下列行为之一的，由县级以上地方人民政府饲料管理部门责令停止生产、经营，没收违法所得和违法生产、经营的产品，违法生产、经营的产品货值金额不足1万元的，并处2000元以上2万元以下罚款，货值金额1万元以上的，并处货值金额2倍以上5倍以下罚款；构成犯罪的，依法追究刑事责任：

（一）在生产、经营过程中，以非饲料、非饲料添加剂冒充饲料、饲料添加剂或者以此种饲料、饲料添加剂冒充他种饲料、饲料添加剂的；

（二）生产、经营无产品质量标准或者不符合产品质量标准的饲料、饲料添加剂的；

（三）生产、经营的饲料、饲料添加剂与标签标示的内容不一致的。

饲料、饲料添加剂生产企业有前款规定的行为，情节严重的，由发证机关吊销、撤销相关许可证明文件；饲料、饲料添加剂经营者有前款规定的行为，情节严重的，通知工商行政管理部门，由工商行政管理部门吊销营业执照。

案例 江苏省苏州市某饲料有限公司生产与标签标示内容不一致的饲料案（第一批农业行政执法指导性案例之六）

裁判规则：饲料标签包含了饲料产品的成分、质量、标准等关键信息，具有介绍产品、指导养殖者购买使用的作用。饲料有效成分与饲料质量直接相关，我国饲料管理法规明确要求饲料有效成分实际含量应当与标签标注含量相符。本案中，当事人生产的饲料有效成分含量大幅低于标签值，违反了饲料管理法规要求，严重损害养殖者合法权益。农业农村部门在执法检查过程中对饲料抽样送检，发现问题饲料后及时立案查处，有效防止了问题饲料流入市场，保障了养殖者利益。鉴于当事人积极配合农业农村部门调查，主动赔偿客户损失，农业农村部门对当事人依据相关自由裁量基准予以从轻处罚，为类似案例处理提供了参考。

第四十七条 养殖者有下列行为之一的，由县级人民政府饲料管理部门没收违法使用的产品和非法添加物质，对单位处1万元以上5万元以下罚款，对个人处5000元以下罚款；构成犯罪的，依法追究刑事责任：

（一）使用未取得新饲料、新饲料添加剂证书的新饲料、新饲料添加剂或者未取得饲料、饲料添加剂进口登记证的进口饲料、进口饲料添加剂的；

（二）使用无产品标签、无生产许可证、无产品质量标准、无产品质量检验合格证的饲料、饲料添加剂的；

（三）使用无产品批准文号的饲料添加剂、添加剂预混合饲料的；

（四）在饲料或者动物饮用水中添加饲料添加剂，不遵守国务院农业行政主管部门制定的饲料添加剂安全使用规范的；

（五）使用自行配制的饲料，不遵守国务院农业行政主管部门制定的自行配制饲料使用规范的；

（六）使用限制使用的物质养殖动物，不遵守国务院农业行政主管部门的限制性规定的；

（七）在反刍动物饲料中添加乳和乳制品以外的动物源性成分的。

在饲料或者动物饮用水中添加国务院农业行政主管部门公布禁用的物质以及对人体具有直接或者潜在危害的其他物质，或者直接使用上述物质养殖动物的，由县级以上地方人民政府饲料管理部门责令其对饲喂了违禁物质的动物进行无害化处理，处3万元以上10万元以下罚款；构成犯罪的，依法追究刑事责任。

第四十八条 养殖者对外提供自行配制的饲料的，由县级人民政府饲料管理部门责令改正，处2000元以上2万元以下罚款。

第五章 附 则

第四十九条 本条例下列用语的含义：

（一）饲料原料，是指来源于动物、植物、微生物或者矿物质，用于加工制作饲料但不属于饲料添加剂的饲用物质。

（二）单一饲料，是指来源于一种动物、植物、微生物或者矿物质，用于饲料产品生产的饲料。

（三）添加剂预混合饲料，是指由两种（类）或者两种（类）以上营养性饲料添加剂为主，与载体或者稀释剂按照一定比例配制的饲料，包括复合预混合饲料、微量元素预混合饲料、维生素预混合饲料。

（四）浓缩饲料，是指主要由蛋白质、矿物质和饲料添加剂按照一定比例配制的饲料。

（五）配合饲料，是指根据养殖动物营养需要，将多种饲料原料和饲料添加剂按照一定比例配制的饲料。

（六）精料补充料，是指为补充草食动物的营养，将多种饲料原料和饲料添加剂按照一定比例配制的饲料。

（七）营养性饲料添加剂，是指为补充饲料营养成分而掺入饲料中的少量或者微量物质，包括饲料级氨基酸、维生素、矿物质微量元素、酶制剂、非蛋白氮等。

（八）一般饲料添加剂，是指为保证或者改善饲料品质、提高饲料利用率而掺入饲料中的少量或者微量物质。

（九）药物饲料添加剂，是指为预防、治疗动物疾病而掺入载体或者稀释剂的兽药的预混合物质。

（十）许可证明文件，是指新饲料、新饲料添加剂证书，饲料、饲料添加剂进口登记证，饲料、饲料添加剂生产许可证，饲料添加剂、添加剂预混合饲料产品批准文号。

第五十条 药物饲料添加剂的管理，依照《兽药管理条例》的规定执行。

第五十一条 本条例自2012年5月1日起施行。

动物检疫管理办法

· 2022年9月7日农业农村部令2022年第7号公布

· 自2022年12月1日起施行

第一章 总 则

第一条 为了加强动物检疫活动管理，预防、控制、净化、消灭动物疫病，防控人畜共患传染病，保障公共卫生安全和人体健康，根据《中华人民共和国动物防疫法》，制定本办法。

第二条 本办法适用于中华人民共和国领域内的动物、动物产品的检疫及其监督管理活动。

陆生野生动物检疫办法，由农业农村部会同国家林业和草原局另行制定。

第三条 动物检疫遵循过程监管、风险控制、区域化和可追溯管理相结合的原则。

第四条 农业农村部主管全国动物检疫工作。

县级以上地方人民政府农业农村主管部门主管本行政区域内的动物检疫工作，负责动物检疫监督管理工作。

县级人民政府农业农村主管部门可以根据动物检疫工作需要，向乡、镇或者特定区域派驻动物卫生监督机构或者官方兽医。

县级以上人民政府建立的动物疫病预防控制机构应当为动物检疫及其监督管理工作提供技术支撑。

第五条 农业农村部制定、调整并公布检疫规程，明确动物检疫的范围、对象和程序。

第六条 农业农村部加强信息化建设，建立全国统一的动物检疫管理信息化系统，实现动物检疫信息的可追溯。

县级以上动物卫生监督机构应当做好本行政区域内的动物检疫信息数据管理工作。

从事动物饲养、屠宰、经营、运输、隔离等活动的单位和个人，应当按照要求在动物检疫管理信息化系统填报动物检疫相关信息。

第七条 县级以上地方人民政府的动物卫生监督机构负责本行政区域内动物检疫工作，依照《中华人民共和国动物防疫法》、本办法以及检疫规程等规定实施检疫。

动物卫生监督机构的官方兽医实施检疫，出具动物检疫证明、加施检疫标志，并对检疫结论负责。

第二章 检疫申报

第八条 国家实行动物检疫申报制度。

出售或者运输动物、动物产品的，货主应当提前三天向所在地动物卫生监督机构申报检疫。

屠宰动物的，应当提前六小时向所在地动物卫生监督机构申报检疫；急宰动物的，可以随时申报。

第九条 向无规定动物疫病区输入相关易感动物、易感动物产品的，货主除按本办法第八条规定向输出地动物卫生监督机构申报检疫外，还应当在启运三天前向输入地动物卫生监督机构申报检疫。输入易感动物的，向输入地隔离场所在地动物卫生监督机构申报；输入易感动物产品的，在输入地省级动物卫生监督机构指定的地点申报。

第十条 动物卫生监督机构应当根据动物检疫工作需要，合理设置动物检疫申报点，并向社会公布。

县级以上地方人民政府农业农村主管部门应当采取有力措施，加强动物检疫申报点建设。

第十一条 申报检疫的，应当提交检疫申报单以及农业农村部规定的其他材料，并对申报材料的真实性负责。

申报检疫采取在申报点填报或者通过传真、电子数据交换等方式申报。

第十二条 动物卫生监督机构接到申报后，应当及时对申报材料进行审查。申报材料齐全的，予以受理；有下列情形之一的，不予受理，并说明理由：

（一）申报材料不齐全的，动物卫生监督机构当场或在三日内已经一次性告知申报人需要补正的内容，但申报人拒不补正的；

（二）申报的动物、动物产品不属于本行政区域的；

（三）申报的动物、动物产品不属于动物检疫范围的；

（四）农业农村部规定不应当检疫的动物、动物产品；

（五）法律法规规定的其他不予受理的情形。

第十三条 受理申报后，动物卫生监督机构应当指派官方兽医实施检疫，可以安排协检人员协助官方兽医到现场或指定地点核实信息，开展临床健康检查。

第三章 产地检疫

第十四条 出售或者运输的动物，经检疫符合下列条件的，出具动物检疫证明：

（一）来自非封锁区及未发生相关动物疫情的饲养场（户）；

（二）来自符合风险分级管理有关规定的饲养场（户）；

（三）申报材料符合检疫规程规定；

（四）畜禽标识符合规定；

（五）按照规定进行了强制免疫，并在有效保护期内；

（六）临床检查健康；

（七）需要进行实验室疫病检测的，检测结果合格。

出售、运输的种用动物精液、卵、胚胎、种蛋，经检疫其种用动物饲养场符合第一款第一项规定，申报材料符合第一款第三项规定，供体动物符合第一款第四项、第五项、第六项、第七项规定的，出具动物检疫证明。

出售、运输的生皮、原毛、绒、血液、角等产品，经检疫其饲养场（户）符合第一款第一项规定，申报材料符合第一款第三项规定，供体动物符合第一款第四项、第五项、第六项、第七项规定，且按规定消毒合格的，出具动物检疫证明。

第十五条 出售或者运输水生动物的亲本、稚体、幼体、受精卵、发眼卵及其他遗传育种材料等水产苗种的，经检疫符合下列条件的，出具动物检疫证明：

（一）来自未发生相关水生动物疫情的苗种生产场；

（二）申报材料符合检疫规程规定；

（三）临床检查健康；

（四）需要进行实验室疫病检测的，检测结果合格。

水产苗种以外的其他水生动物及其产品不实施检疫。

第十六条 已经取得产地检疫证明的动物，从专门经营动物的集贸市场继续出售或者运输的，或者动物展示、演出、比赛后需要继续运输的，经检疫符合下列条件的，出具动物检疫证明：

（一）有原始动物检疫证明和完整的进出场记录；

（二）畜禽标识符合规定；

（三）临床检查健康；

（四）原始动物检疫证明超过调运有效期，按规定需要进行实验室疫病检测的，检测结果合格。

第十七条 跨省、自治区、直辖市引进的乳用、种用动物到达输入地后，应当在隔离场或者饲养场内的隔离舍进行隔离观察，隔离期为三十天。经隔离观察合格的，方可混群饲养；不合格的，按照有关规定进行处理。隔离观察合格后需要继续运输的，货主应当申报检疫，并取得动物检疫证明。

跨省、自治区、直辖市输入到无规定动物疫病区的乳用、种用动物的隔离按照本办法第二十六条规定执行。

第十八条 出售或者运输的动物、动物产品取得动物检疫证明后，方可离开产地。

第四章 屠宰检疫

第十九条 动物卫生监督机构向依法设立的屠宰加工场所派驻(出)官方兽医实施检疫。屠宰加工场所应当提供与检疫工作相适应的官方兽医驻场检疫室、工作室和检疫操作台等设施。

第二十条 进入屠宰加工场所的待宰动物应当附有动物检疫证明并加施有符合规定的畜禽标识。

第二十一条 屠宰加工场所应当严格执行动物入场查验登记、待宰巡查等制度，查验进场待宰动物的动物检疫证明和畜禽标识，发现动物染疫或者疑似染疫的，应当立即向所在地农业农村主管部门或者动物疫病预防控制机构报告。

第二十二条 官方兽医应当检查待宰动物健康状况，在屠宰过程中开展同步检疫和必要的实验室疫病检测，并填写屠宰检疫记录。

第二十三条 经检疫符合下列条件的，对动物的胴体及生皮、原毛、绒、脏器、血液、蹄、头、角出具动物检疫证明，加盖检疫验讫印章或者加施其他检疫标志：

(一)申报材料符合检疫规程规定；

(二)待宰动物临床检查健康；

(三)同步检疫合格；

(四)需要进行实验室疫病检测的，检测结果合格。

第二十四条 官方兽医应当回收进入屠宰加工场所待宰动物附有的动物检疫证明，并将有关信息上传至动物检疫管理信息化系统。回收的动物检疫证明保存期限不得少于十二个月。

第五章 进入无规定动物疫病区的动物检疫

第二十五条 向无规定动物疫病区运输相关易感动物、动物产品的，除附有输出地动物卫生监督机构出具的动物检疫证明外，还应当按照本办法第二十六条、第二十七条规定取得动物检疫证明。

第二十六条 输入到无规定动物疫病区的相关易感动物，应当在输入地省级动物卫生监督机构指定的隔离场所进行隔离，隔离检疫期为三十天。隔离检疫合格的，由隔离场所在地县级动物卫生监督机构的官方兽医出具动物检疫证明。

第二十七条 输入到无规定动物疫病区的相关易感动物产品，应当在输入地省级动物卫生监督机构指定的地点，按照无规定动物疫病区有关检疫要求进行检疫。检疫合格的，由当地县级动物卫生监督机构的官方兽医出具动物检疫证明。

第六章 官方兽医

第二十八条 国家实行官方兽医任命制度。官方兽医应当符合以下条件：

(一)动物卫生监督机构的在编人员，或者接受动物卫生监督机构业务指导的其他机构在编人员；

(二)从事动物检疫工作；

(三)具有畜牧兽医水产初级以上职称或者相关专业大专以上学历或者从事动物防疫等相关工作满三年以上；

(四)接受岗前培训，并经考核合格；

(五)符合农业农村部规定的其他条件。

第二十九条 县级以上动物卫生监督机构提出官方兽医任命建议，报同级农业农村主管部门审核。审核通过的，由省级农业农村主管部门按程序确认、统一编号，并报农业农村部备案。

经省级农业农村主管部门确认的官方兽医，由其所在的农业农村主管部门任命，颁发官方兽医证，公布人员名单。

官方兽医证的格式由农业农村部统一规定。

第三十条 官方兽医实施动物检疫工作时，应当持有官方兽医证。禁止伪造、变造、转借或者以其他方式违法使用官方兽医证。

第三十一条 农业农村部制定全国官方兽医培训计划。

县级以上地方人民政府农业农村主管部门制定本行政区域官方兽医培训计划，提供必要的培训条件，设立考核指标，定期对官方兽医进行培训和考核。

第三十二条 官方兽医实施动物检疫的，可以由协检人员进行协助。协检人员不得出具动物检疫证明。

协检人员的条件和管理要求由省级农业农村主管部门规定。

第三十三条 动物饲养场、屠宰加工场所的执业兽医或者动物防疫技术人员，应当协助官方兽医实施动物检疫。

第三十四条 对从事动物检疫工作的人员，有关单位按照国家规定，采取有效的卫生防护、医疗保健措施，全面落实畜牧兽医医疗卫生津贴等相关待遇。

对在动物检疫工作中做出贡献的动物卫生监督机构、官方兽医，按照国家有关规定给予表彰、奖励。

第七章 动物检疫证章标志管理

第三十五条 动物检疫证章标志包括：

（一）动物检疫证明；

（二）动物检疫印章、动物检疫标志；

（三）农业农村部规定的其他动物检疫证章标志。

第三十六条 动物检疫证章标志的内容、格式、规格、编码和制作等要求，由农业农村部统一规定。

第三十七条 县级以上动物卫生监督机构负责本行政区域内动物检疫证章标志的管理工作，建立动物检疫证章标志管理制度，严格按照程序订购、保管、发放。

第三十八条 任何单位和个人不得伪造、变造、转让动物检疫证章标志，不得持有或者使用伪造、变造、转让的动物检疫证章标志。

第八章 监督管理

第三十九条 禁止屠宰、经营、运输依法应当检疫而未经检疫或者检疫不合格的动物。

禁止生产、经营、加工、贮藏、运输依法应当检疫而未经检疫或者检疫不合格的动物产品。

第四十条 经检疫不合格的动物、动物产品，由官方兽医出具检疫处理通知单，货主或者屠宰加工场所应当在农业农村主管部门的监督下按照国家有关规定处理。

动物卫生监督机构应当及时向同级农业农村主管部门报告检疫不合格情况。

第四十一条 有下列情形之一的，出具动物检疫证明的动物卫生监督机构或者其上级动物卫生监督机构，根据利害关系人的请求或者依据职权，撤销动物检疫证明，并及时通告有关单位和个人：

（一）官方兽医滥用职权、玩忽职守出具动物检疫证明的；

（二）以欺骗、贿赂等不正当手段取得动物检疫证明的；

（三）超出动物检疫范围实施检疫，出具动物检疫证明的；

（四）对不符合检疫申报条件或者不符合检疫合格标准的动物、动物产品，出具动物检疫证明的；

（五）其他未按照《中华人民共和国动物防疫法》、本办法和检疫规程的规定实施检疫，出具动物检疫证明的。

第四十二条 有下列情形之一的，按照依法应当检疫而未经检疫处理处罚：

（一）动物种类、动物产品名称、畜禽标识号与动物检疫证明不符的；

（二）动物、动物产品数量超出动物检疫证明载明部分的；

（三）使用转让的动物检疫证明的。

第四十三条 依法应当检疫而未经检疫的动物、动物产品，由县级以上地方人民政府农业农村主管部门依照《中华人民共和国动物防疫法》处理处罚，不具备补检条件的，予以收缴销毁；具备补检条件的，由动物卫生监督机构补检。

依法应当检疫而未经检疫的胴体、肉、脏器、脂、血液、精液、卵、胚胎、骨、蹄、头、筋、种蛋等动物产品，不予补检，予以收缴销毁。

第四十四条 补检的动物具备下列条件的，补检合格，出具动物检疫证明：

（一）畜禽标识符合规定；

（二）检疫申报需要提供的材料齐全、符合要求；

（三）临床检查健康；

（四）不符合第一项或者第二项规定条件，货主于七日内提供检疫规程规定的实验室疫病检测报告，检测结果合格。

第四十五条 补检的生皮、原毛、绒、角等动物产品具备下列条件的，补检合格，出具动物检疫证明：

(一)经外观检查无腐烂变质;

(二)按照规定进行消毒;

(三)货主于七日内提供检疫规程规定的实验室疫病检测报告,检测结果合格。

第四十六条 经检疫合格的动物应当按照动物检疫证明载明的目的地运输,并在规定时间内到达,运输途中发生疫情的应当按有关规定报告并处置。

跨省、自治区、直辖市通过道路运输动物的,应当经省级人民政府设立的指定通道入省境或者过省境。

饲养场(户)或者屠宰加工场所不得接收未附有有效动物检疫证明的动物。

第四十七条 运输用于继续饲养或屠宰的畜禽到达目的地后,货主或者承运人应当在三日内向启运地县级动物卫生监督机构报告;目的地饲养场(户)或者屠宰加工场所应当在接收畜禽后三日内向所在地县级动物卫生监督机构报告。

第九章 法律责任

第四十八条 申报动物检疫隐瞒有关情况或者提供虚假材料的,或者以欺骗、贿赂等不正当手段取得动物检疫证明的,依照《中华人民共和国行政许可法》有关规定予以处罚。

第四十九条 违反本办法规定运输畜禽,有下列行为之一的,由县级以上地方人民政府农业农村主管部门处一千元以上三千元以下罚款;情节严重的,处三千元以上三万元以下罚款:

(一)运输用于继续饲养或者屠宰的畜禽到达目的地后,未向启运地动物卫生监督机构报告的;

(二)未按照动物检疫证明载明的目的地运输的;

(三)未按照动物检疫证明规定时间运达且无正当理由的;

(四)实际运输的数量少于动物检疫证明载明数量且无正当理由的。

第五十条 其他违反本办法规定的行为,依照《中华人民共和国动物防疫法》有关规定予以处罚。

第十章 附 则

第五十一条 水产苗种产地检疫,由从事水生动物检疫的县级以上动物卫生监督机构实施。

第五十二条 实验室疫病检测报告应当由动物疫病预防控制机构、取得相关资质认定、国家认可机构认可或者符合省级农业农村主管部门规定条件的实验室出具。

第五十三条 本办法自2022年12月1日起施行。农业部2010年1月21日公布、2019年4月25日修订的《动物检疫管理办法》同时废止。

动物防疫条件审查办法

·2022年9月7日农业农村部令2022年第8号公布

·自2022年12月1日起施行

第一章 总 则

第一条 为了规范动物防疫条件审查,有效预防、控制、净化、消灭动物疫病,防控人畜共患传染病,保障公共卫生安全和人体健康,根据《中华人民共和国动物防疫法》,制定本办法。

第二条 动物饲养场、动物隔离场所、动物屠宰加工场所以及动物和动物产品无害化处理场所,应当符合本办法规定的动物防疫条件,并取得动物防疫条件合格证。

经营动物和动物产品的集贸市场应当符合本办法规定的动物防疫条件。

第三条 农业农村部主管全国动物防疫条件审查和监督管理工作。

县级以上地方人民政府农业农村主管部门负责本行政区域内的动物防疫条件审查和监督管理工作。

第四条 动物防疫条件审查应当遵循公开、公平、公正、便民的原则。

第五条 农业农村部加强信息化建设,建立动物防疫条件审查信息管理系统。

第二章 动物防疫条件

第六条 动物饲养场、动物隔离场所、动物屠宰加工场所以及动物和动物产品无害化处理场所应当符合下列条件:

(一)各场所之间,各场所与动物诊疗场所、居民生活区、生活饮用水水源地、学校、医院等公共场所之间保持必要的距离;

(二)场区周围建有围墙等隔离设施;场区出

入口处设置运输车辆消毒通道或者消毒池，并单独设置人员消毒通道；生产经营区与生活办公区分开，并有隔离设施；生产经营区入口处设置人员更衣消毒室；

（三）配备与其生产经营规模相适应的执业兽医或者动物防疫技术人员；

（四）配备与其生产经营规模相适应的污水、污物处理设施，清洗消毒设施设备，以及必要的防鼠、防鸟、防虫设施设备；

（五）建立隔离消毒、购销台账、日常巡查等动物防疫制度。

第七条 动物饲养场除符合本办法第六条规定外，还应当符合下列条件：

（一）设置配备疫苗冷藏冷冻设备、消毒和诊疗等防疫设备的兽医室；

（二）生产区清洁道、污染道分设；具有相对独立的动物隔离舍；

（三）配备符合国家规定的病死动物和病害动物产品无害化处理设施设备或者冷藏冷冻等暂存设施设备；

（四）建立免疫、用药、检疫申报、疫情报告、无害化处理、畜禽标识及养殖档案管理等动物防疫制度。

禽类饲养场内的孵化间与养殖区之间应当设置隔离设施，并配备种蛋熏蒸消毒设施，孵化间的流程应当单向，不得交叉或者回流。

种畜禽场除符合本条第一款、第二款规定外，还应当有国家规定的动物疫病的净化制度；有动物精液、卵、胚胎采集等生产需要的，应当设置独立的区域。

第八条 动物隔离场所除符合本办法第六条规定外，还应当符合下列条件：

（一）饲养区内设置配备疫苗冷藏冷冻设备、消毒和诊疗等防疫设备的兽医室；

（二）饲养区内清洁道、污染道分设；

（三）配备符合国家规定的病死动物和病害动物产品无害化处理设施设备或者冷藏冷冻等暂存设施设备；

（四）建立动物进出登记、免疫、用药、疫情报告、无害化处理等动物防疫制度。

第九条 动物屠宰加工场所除符合本办法第六条规定外，还应当符合下列条件：

（一）入场动物卸载区域有固定的车辆消毒场地，并配备车辆清洗消毒设备；

（二）有与其屠宰规模相适应的独立检疫室和休息室；有待宰圈、急宰间，加工原毛、生皮、绒、骨、角的，还应当设置封闭式熏蒸消毒间；

（三）屠宰间配备检疫操作台；

（四）有符合国家规定的病死动物和病害动物产品无害化处理设施设备或者冷藏冷冻等暂存设施设备；

（五）建立动物进场查验登记、动物产品出场登记、检疫申报、疫情报告、无害化处理等动物防疫制度。

第十条 动物和动物产品无害化处理场所除符合本办法第六条规定外，还应当符合下列条件：

（一）无害化处理区内设置无害化处理间、冷库；

（二）配备与其处理规模相适应的病死动物和病害动物产品的无害化处理设施设备，符合农业农村部规定条件的专用运输车辆，以及相关病原检测设备，或者委托有资质的单位开展检测；

（三）建立病死动物和病害动物产品入场登记、无害化处理记录、病原检测、处理产物流向登记、人员防护等动物防疫制度。

第十一条 经营动物和动物产品的集贸市场应当符合下列条件：

（一）场内设管理区、交易区和废弃物处理区，且各区相对独立；

（二）动物交易区与动物产品交易区相对隔离，动物交易区内不同种类动物交易场所相对独立；

（三）配备与其经营规模相适应的污水、污物处理设施和清洗消毒设施设备；

（四）建立定期休市、清洗消毒等动物防疫制度。

经营动物的集贸市场，除符合前款规定外，周围应当建有隔离设施，运输动物车辆出入口处设置消毒通道或者消毒池。

第十二条 活禽交易市场除符合本办法第十一条规定外，还应当符合下列条件：

（一）活禽销售应单独分区，有独立出入口；市场内水禽与其他家禽应相对隔离；活禽宰杀间应相对封闭，宰杀间、销售区域、消费者之间应实施物理隔离；

（二）配备通风、无害化处理等设施设备，设置排污通道；

（三）建立日常监测、从业人员卫生防护、突发事件应急处置等动物防疫制度。

第三章 审查发证

第十三条 开办动物饲养场、动物隔离场所、动物屠宰加工场所以及动物和动物产品无害化处理场所，应当向县级人民政府农业农村主管部门提交选址需求。

县级人民政府农业农村主管部门依据评估办法，结合场所周边的天然屏障、人工屏障、饲养环境、动物分布等情况，以及动物疫病发生、流行和控制等因素，实施综合评估，确定本办法第六条第一项要求的距离，确认选址。

前款规定的评估办法由省级人民政府农业农村主管部门依据《中华人民共和国畜牧法》《中华人民共和国动物防疫法》等法律法规和本办法制定。

第十四条 本办法第十三条规定的场所建设竣工后，应当向所在地县级人民政府农业农村主管部门提出申请，并提交以下材料：

（一）《动物防疫条件审查申请表》；

（二）场所地理位置图、各功能区布局平面图；

（三）设施设备清单；

（四）管理制度文本；

（五）人员信息。

申请材料不齐全或者不符合规定条件的，县级人民政府农业农村主管部门应当自收到申请材料之日起五个工作日内，一次性告知申请人需补正的内容。

第十五条 县级人民政府农业农村主管部门应当自受理申请之日起十五个工作日内完成材料审核，并结合选址综合评估结果完成现场核查，审查合格的，颁发动物防疫条件合格证；审查不合格的，应当书面通知申请人，并说明理由。

第十六条 动物防疫条件合格证应当载明申请人的名称（姓名）、场（厂）址、动物（动物产品）种类等事项，具体格式由农业农村部规定。

第四章 监督管理

第十七条 患有人畜共患传染病的人员不得在本办法第二条所列场所直接从事动物疫病检测、检验、协助检疫、诊疗以及易感染动物的饲养、屠宰、经营、隔离等活动。

第十八条 县级以上地方人民政府农业农村主管部门依照《中华人民共和国动物防疫法》和本办法以及有关法律、法规的规定，对本办法第二条所列场所的动物防疫条件实施监督检查，有关单位和个人应当予以配合，不得拒绝和阻碍。

第十九条 推行动物饲养场分级管理制度，根据规模、设施设备状况、管理水平、生物安全风险等因素采取差异化监管措施。

第二十条 取得动物防疫条件合格证后，变更场址或者经营范围的，应当重新申请办理，同时交回原动物防疫条件合格证，由原发证机关予以注销。

变更布局、设施设备和制度，可能引起动物防疫条件发生变化的，应当提前三十日向原发证机关报告。发证机关应当在十五日内完成审查，并将审查结果通知申请人。

变更单位名称或者法定代表人（负责人）的，应当在变更后十五日内持有效证明申请变更动物防疫条件合格证。

第二十一条 动物饲养场、动物隔离场所、动物屠宰加工场所以及动物和动物产品无害化处理场所，应当在每年三月底前将上一年的动物防疫条件情况和防疫制度执行情况向县级人民政府农业农村主管部门报告。

第二十二条 禁止转让、伪造或者变造动物防疫条件合格证。

第二十三条 动物防疫条件合格证丢失或者损毁的，应当在十五日内向原发证机关申请补发。

第五章 法律责任

第二十四条 违反本办法规定，有下列行为之一的，依照《中华人民共和国动物防疫法》第九十八条的规定予以处罚：

（一）动物饲养场、动物隔离场所、动物屠宰加工场所以及动物和动物产品无害化处理场所变更场所地址或者经营范围，未按规定重新办理动物防疫条件合格证的；

（二）经营动物和动物产品的集贸市场不符合本办法第十一条、第十二条动物防疫条件的。

第二十五条 违反本办法规定，动物饲养场、动物隔离场所、动物屠宰加工场所以及动物和动物产品无害化处理场所未经审查变更布局、设施设备和制度，不再符合规定的动物防疫条件继续从事相关活动的，依照《中华人民共和国动物防疫法》第九十九条的规定予以处罚。

第二十六条 违反本办法规定，动物饲养场、动物隔离场所、动物屠宰加工场所以及动物和动物产品无害化处理场所变更单位名称或者法定代表人（负责人）未办理变更手续的，由县级以上地方人民政府农业农村主管部门责令限期改正；逾期不改正的，处一千元以上五千元以下罚款。

第二十七条 违反本办法规定，动物饲养场、动物隔离场所、动物屠宰加工场所以及动物和动物产品无害化处理场所未按规定报告动物防疫条件情况和防疫制度执行情况的，依照《中华人民共和国动物防疫法》第一百零八条的规定予以处罚。

第二十八条 违反本办法规定，涉嫌犯罪的，依法移送司法机关追究刑事责任。

第六章 附 则

第二十九条 本办法所称动物饲养场是指《中华人民共和国畜牧法》规定的畜禽养殖场。

本办法所称经营动物和动物产品的集贸市场，是指经营畜禽或者专门经营畜禽产品，并取得营业执照的集贸市场。

动物饲养场内自用的隔离舍，参照本办法第八条规定执行，不再另行办理动物防疫条件合格证。

动物饲养场、隔离场所、屠宰加工场所内的无害化处理区域，参照本办法第十条规定执行，不再另行办理动物防疫条件合格证。

第三十条 本办法自2022年12月1日起施行。农业部2010年1月21日公布的《动物防疫条件审查办法》同时废止。

本办法施行前已取得动物防疫条件合格证的各类场所，应当自本办法实施之日起一年内达到本办法规定的条件。

国家突发重大动物疫情应急预案

·2006年2月27日

1 总则

1.1 编制目的

及时、有效地预防、控制和扑灭突发重大动物疫情，最大程度地减轻突发重大动物疫情对畜牧业及公众健康造成的危害，保持经济持续稳定健康发展，保障人民身体健康安全。

1.2 编制依据

依据《中华人民共和国动物防疫法》、《中华人民共和国进出境动植物检疫法》和《国家突发公共事件总体应急预案》，制定本预案。

1.3 突发重大动物疫情分级

根据突发重大动物疫情的性质、危害程度、涉及范围，将突发重大动物疫情划分为特别重大（Ⅰ级）、重大（Ⅱ级）、较大（Ⅲ级）和一般（Ⅳ级）四级。

1.4 适用范围

本预案适用于突然发生，造成或者可能造成畜牧业生产严重损失和社会公众健康严重损害的重大动物疫情的应急处理工作。

1.5 工作原则

（1）统一领导，分级管理。各级人民政府统一领导和指挥突发重大动物疫情应急处理工作；疫情应急处理工作实行属地管理；地方各级人民政府负责扑灭本行政区域内的突发重大动物疫情，各有关部门按照预案规定，在各自的职责范围内做好疫情应急处理的有关工作。根据突发重大动物疫情的范围、性质和危害程度，对突发重大动物疫情实行分级管理。

（2）快速反应，高效运转。各级人民政府和兽医行政管理部门要依照有关法律、法规，建立和完善突发重大动物疫情应急体系、应急反应机制和应急处置制度，提高突发重大动物疫情应急处理能力；发生突发重大动物疫情时，各级人民政府要迅速作出反应，采取果断措施，及时控制和扑灭突发重大动物疫情。

（3）预防为主，群防群控。贯彻预防为主的方针，加强防疫知识的宣传，提高全社会防范突发重大动物疫情的意识；落实各项防范措施，做好人员、技术、物资和设备的应急储备工作，并根据需要定期开展技术培训和应急演练；开展疫情监测和预警预报，对各类可能引发突发重大动物疫情的情况要及时分析、预警，做到疫情早发现、快行动、严处理。突发重大动物疫情应急处理工作要依靠群众，全民防疫，动员一切资源，做到群防群控。

2 应急组织体系及职责

2.1 应急指挥机构

农业部在国务院统一领导下，负责组织、协调全国突发重大动物疫情应急处理工作。

县级以上地方人民政府兽医行政管理部门在本级人民政府统一领导下，负责组织、协调本行政区域内突发重大动物疫情应急处理工作。

国务院和县级以上地方人民政府根据本级人民政府兽医行政管理部门的建议和实际工作需要，决定是否成立全国和地方应急指挥部。

2.1.1 全国突发重大动物疫情应急指挥部的职责

国务院主管领导担任全国突发重大动物疫情应急指挥部总指挥，国务院办公厅负责同志、农业部部长担任副总指挥，全国突发重大动物疫情应急指挥部负责对特别重大突发动物疫情应急处理的统一领导、统一指挥，作出处理突发重大动物疫情的重大决策。指挥部成员单位根据突发重大动物疫情的性质和应急处理的需要确定。

指挥部下设办公室，设在农业部。负责按照指挥部要求，具体制定防治政策，部署扑灭重大动物疫情工作，并督促各地各有关部门按要求落实各项防治措施。

2.1.2 省级突发重大动物疫情应急指挥部的职责

省级突发重大动物疫情应急指挥部由省级人民政府有关部门组成，省级人民政府主管领导担任总指挥。省级突发重大动物疫情应急指挥部统一负责对本行政区域内突发重大动物疫情应急处理的指挥，作出处理本行政区域内突发重大动物疫情的决策，决定要采取的措施。

2.2 日常管理机构

农业部负责全国突发重大动物疫情应急处理的日常管理工作。

省级人民政府兽医行政管理部门负责本行政区域内突发重大动物疫情应急的协调、管理工作。

市（地）级、县级人民政府兽医行政管理部门负责本行政区域内突发重大动物疫情应急处置的日常管理工作。

2.3 专家委员会

农业部和省级人民政府兽医行政管理部门组建突发重大动物疫情专家委员会。

市（地）级和县级人民政府兽医行政管理部门可根据需要，组建突发重大动物疫情应急处理专家委员会。

2.4 应急处理机构

2.4.1 动物防疫监督机构：主要负责突发重大动物疫情报告，现场流行病学调查，开展现场临床诊断和实验室检测，加强疫病监测，对封锁、隔离、紧急免疫、扑杀、无害化处理、消毒等措施的实施进行指导、落实和监督。

2.4.2 出入境检验检疫机构：负责加强对出入境动物及动物产品的检验检疫、疫情报告、消毒处理、流行病学调查和宣传教育等。

3 突发重大动物疫情的监测、预警与报告

3.1 监测

国家建立突发重大动物疫情监测、报告网络体系。农业部和地方各级人民政府兽医行政管理部门要加强对监测工作的管理和监督，保证监测质量。

3.2 预警

各级人民政府兽医行政管理部门根据动物防疫监督机构提供的监测信息，按照重大动物疫情的发生、发展规律和特点，分析其危害程度、可能的发展趋势，及时做出相应级别的预警，依次用红色、橙色、黄色和蓝色表示特别严重、严重、较重和一般四个预警级别。

3.3 报告

任何单位和个人有权向各级人民政府及其有关部门报告突发重大动物疫情及其隐患，有权向上级政府部门举报不履行或者不按照规定履行突发重大动物疫情应急处理职责的部门、单位及个人。

3.3.1 责任报告单位和责任报告人

（1）责任报告单位

a. 县级以上地方人民政府所属动物防疫监督机构；

b. 各动物疫病国家参考实验室和相关科研院校；

c. 出入境检验检疫机构；

d. 兽医行政管理部门；

e. 县级以上地方人民政府；

f. 有关动物饲养、经营和动物产品生产、经营的单位，各类动物诊疗机构等相关单位。

（2）责任报告人

执行职务的各级动物防疫监督机构、出入境检验检疫机构的兽医人员；各类动物诊疗机构的兽医；饲养、经营动物和生产、经营动物产品的人员。

3.3.2 报告形式

各级动物防疫监督机构应按国家有关规定报

告疫情;其他责任报告单位和个人以电话或书面形式报告。

3.3.3 报告时限和程序

发现可疑动物疫情时,必须立即向当地县(市)动物防疫监督机构报告。县(市)动物防疫监督机构接到报告后,应当立即赶赴现场诊断,必要时可请省级动物防疫监督机构派人协助进行诊断,认定为疑似重大动物疫情的,应当在2小时内将疫情逐级报至省级动物防疫监督机构,并同时报所在地人民政府兽医行政管理部门。省级动物防疫监督机构应当在接到报告后1小时内,向省级兽医行政管理部门和农业部报告。省级兽医行政管理部门应当在接到报告后的1小时内报省级人民政府。特别重大、重大动物疫情发生后,省级人民政府、农业部应当在4小时内向国务院报告。

认定为疑似重大动物疫情的应立即按要求采集病料样品送省级动物防疫监督机构实验室确诊,省级动物防疫监督机构不能确诊的,送国家参考实验室确诊。确诊结果应立即报农业部,并抄送省级兽医行政管理部门。

3.3.4 报告内容

疫情发生的时间、地点、发病的动物种类和品种、动物来源、临床症状、发病数量、死亡数量、是否有人员感染、已采取的控制措施、疫情报告的单位和个人、联系方式等。

4 突发重大动物疫情的应急响应和终止

4.1 应急响应的原则

发生突发重大动物疫情时,事发地的县级、市(地)级、省级人民政府及其有关部门按照分级响应的原则作出应急响应。同时,要遵循突发重大动物疫情发生发展的客观规律,结合实际情况和预防控制工作的需要,及时调整预警和响应级别。要根据不同动物疫病的性质和特点,注重分析疫情的发展趋势,对势态和影响不断扩大的疫情,应及时升级预警和响应级别;对范围局限、不会进一步扩散的疫情,应相应降低响应级别,及时撤销预警。

突发重大动物疫情应急处理要采取边调查、边处理、边核实的方式,有效控制疫情发展。

未发生突发重大动物疫情的地方,当地人民政府兽医行政管理部门接到疫情通报后,要组织做好人员、物资等应急准备工作,采取必要的预防控制措施,防止突发重大动物疫情在本行政区域内发生,并服从上一级人民政府兽医行政管理部门的统一指挥,支援突发重大动物疫情发生地的应急处理工作。

4.2 应急响应

4.2.1 特别重大突发动物疫情(Ⅰ级)的应急响应

确认特别重大突发动物疫情后,按程序启动本预案。

(1)县级以上地方各级人民政府

a. 组织协调有关部门参与突发重大动物疫情的处理。

b. 根据突发重大动物疫情处理需要,调集本行政区域内各类人员、物资、交通工具和相关设施、设备参加应急处理工作。

c. 发布封锁令,对疫区实施封锁。

d. 在本行政区域内采取限制或者停止动物及动物产品交易、扑杀染疫或相关动物,临时征用房屋、场所、交通工具;封闭被动物疫病病原体污染的公共饮用水源等紧急措施。

e. 组织铁路、交通、民航、质检等部门依法在交通站点设置临时动物防疫监督检查站,对进出疫区、出入境的交通工具进行检查和消毒。

f. 按国家规定做好信息发布工作。

g. 组织乡镇、街道、社区以及居委会、村委会,开展群防群控。

h. 组织有关部门保障商品供应,平抑物价,严厉打击造谣传谣、制假售假等违法犯罪和扰乱社会治安的行为,维护社会稳定。

必要时,可请求中央予以支持,保证应急处理工作顺利进行。

(2)兽医行政管理部门

a. 组织动物防疫监督机构开展突发重大动物疫情的调查与处理;划定疫点、疫区、受威胁区。

b. 组织突发重大动物疫情专家委员会对突发重大动物疫情进行评估,提出启动突发重大动物疫情应急响应的级别。

c. 根据需要组织开展紧急免疫和预防用药。

d. 县级以上人民政府兽医行政管理部门负责对本行政区域内应急处理工作的督导和检查。

e. 对新发现的动物疫病,及时按照国家规定,开展有关技术标准和规范的培训工作。

f. 有针对性地开展动物防疫知识宣教,提高群众防控意识和自我防护能力。

g. 组织专家对突发重大动物疫情的处理情况进行综合评估。

(3)动物防疫监督机构

a. 县级以上动物防疫监督机构做好突发重大动物疫情的信息收集、报告与分析工作。

b. 组织疫病诊断和流行病学调查。

c. 按规定采集病料,送省级实验室或国家参考实验室确诊。

d. 承担突发重大动物疫情应急处理人员的技术培训。

(4)出入境检验检疫机构

a. 境外发生重大动物疫情时,会同有关部门停止从疫区国家或地区输入相关动物及其产品;加强对来自疫区运输工具的检疫和防疫消毒;参与打击非法走私入境动物或动物产品等违法活动。

b. 境内发生重大动物疫情时,加强出口货物的查验,会同有关部门停止疫区和受威胁区的相关动物及其产品的出口;暂停使用位于疫区内的依法设立的出入境相关动物临时隔离检疫场。

c. 出入境检验检疫工作中发现重大动物疫情或者疑似重大动物疫情时,立即向当地兽医行政管理部门报告,并协助当地动物防疫监督机构做好疫情控制和扑灭工作。

4.2.2 重大突发动物疫情(Ⅱ级)的应急响应

确认重大突发动物疫情后,按程序启动省级疫情应急响应机制。

(1)省级人民政府

省级人民政府根据省级人民政府兽医行政管理部门的建议,启动应急预案,统一领导和指挥本行政区域内突发重大动物疫情应急处理工作。组织有关部门和人员扑疫;紧急调集各种应急处理物资、交通工具和相关设施设备;发布或督导发布封锁令,对疫区实施封锁;依法设置临时动物防疫监督检查站查堵疫源;限制或停止动物及动物产品交易、扑杀染疫或相关动物;封锁被动物疫源污染的公共饮用水源等;按国家规定做好信息发布工作;组织乡镇、街道、社区及居委会、村委会,开展群防群控;组织有关部门保障商品供应,平抑物价,维护社会稳定。必要时,可请求中央予以支持,保证应急处理工作顺利进行。

(2)省级人民政府兽医行政管理部门

重大突发动物疫情确认后,向农业部报告疫情。必要时,提出省级人民政府启动应急预案的建议。同时,迅速组织有关单位开展疫情应急处置工作。组织开展突发重大动物疫情的调查与处理;划定疫点、疫区、受威胁区;组织对突发重大动物疫情应急处理的评估;负责对本行政区域内应急处理工作的督导和检查;开展有关技术培训工作;有针对性地开展动物防疫知识宣教,提高群众防控意识和自我防护能力。

(3)省级以下地方人民政府

疫情发生地人民政府及有关部门在省级人民政府或省级突发重大动物疫情应急指挥部的统一指挥下,按照要求认真履行职责,落实有关控制措施。具体组织实施突发重大动物疫情应急处理工作。

(4)农业部

加强对省级兽医行政管理部门应急处理突发重大动物疫情工作的督导,根据需要组织有关专家协助疫情应急处置;并及时向有关省份通报情况。必要时,建议国务院协调有关部门给予必要的技术和物资支持。

4.2.3 较大突发动物疫情(Ⅲ级)的应急响应

(1)市(地)级人民政府

市(地)级人民政府根据本级人民政府兽医行政管理部门的建议,启动应急预案,采取相应的综合应急措施。必要时,可向上级人民政府申请资金、物资和技术援助。

(2)市(地)级人民政府兽医行政管理部门

对较大突发动物疫情进行确认,并按照规定向当地人民政府、省级兽医行政管理部门和农业部报告调查处理情况。

(3)省级人民政府兽医行政管理部门

省级兽医行政管理部门要加强对疫情发生地疫情应急处理工作的督导,及时组织专家对地方疫情应急处理工作提供技术指导和支持,并向本省有关地区发出通报,及时采取预防控制措施,防止疫情扩散蔓延。

4.2.4 一般突发动物疫情(Ⅳ级)的应急响应

县级地方人民政府根据本级人民政府兽医行政管理部门的建议,启动应急预案,组织有关部门开展疫情应急处置工作。

县级人民政府兽医行政管理部门对一般突发重大动物疫情进行确认,并按照规定向本级人民政府和上一级兽医行政管理部门报告。

市(地)级人民政府兽医行政管理部门应组织专家对疫情应急处理进行技术指导。

省级人民政府兽医行政管理部门应根据需要提供技术支持。

4.2.5 非突发重大动物疫情发生地区的应急响应

应根据发生疫情地区的疫情性质、特点、发生区域和发展趋势,分析本地区受波及的可能性和程度,重点做好以下工作:

(1)密切保持与疫情发生地的联系,及时获取相关信息。

(2)组织做好本区域应急处理所需的人员与物资准备。

(3)开展对养殖、运输、屠宰和市场环节的动物疫情监测和防控工作,防止疫病的发生、传入和扩散。

(4)开展动物防疫知识宣传,提高公众防护能力和意识。

(5)按规定做好公路、铁路、航空、水运交通的检疫监督工作。

4.3 应急处理人员的安全防护

要确保参与疫情应急处理人员的安全。针对不同的重大动物疫病,特别是一些重大人畜共患病,应急处理人员还应采取特殊的防护措施。

4.4 突发重大动物疫情应急响应的终止

突发重大动物疫情应急响应的终止需符合以下条件:疫区内所有的动物及其产品按规定处理后,经过该疫病的至少一个最长潜伏期无新的病例出现。

特别重大突发动物疫情由农业部对疫情控制情况进行评估,提出终止应急措施的建议,按程序报批宣布。

重大突发动物疫情由省级人民政府兽医行政管理部门对疫情控制情况进行评估,提出终止应急措施的建议,按程序报批宣布,并向农业部报告。

较大突发动物疫情由市(地)级人民政府兽医行政管理部门对疫情控制情况进行评估,提出终止应急措施的建议,按程序报批宣布,并向省级人民政府兽医行政管理部门报告。

一般突发动物疫情,由县级人民政府兽医行政管理部门对疫情控制情况进行评估,提出终止应急措施的建议,按程序报批宣布,并向上一级和省级人民政府兽医行政管理部门报告。

上级人民政府兽医行政管理部门及时组织专家对突发重大动物疫情应急措施终止的评估提供技术指导和支持。

5 善后处理

5.1 后期评估

突发重大动物疫情扑灭后,各级兽医行政管理部门应在本级政府的领导下,组织有关人员对突发重大动物疫情的处理情况进行评估,提出改进建议和应对措施。

5.2 奖励

县级以上人民政府对参加突发重大动物疫情应急处理作出贡献的先进集体和个人,进行表彰;对在突发重大动物疫情应急处理工作中英勇献身的人员,按有关规定追认为烈士。

5.3 责任

对在突发重大动物疫情的预防、报告、调查、控制和处理过程中,有玩忽职守、失职、渎职等违纪违法行为的,依据有关法律法规追究当事人的责任。

5.4 灾害补偿

按照各种重大动物疫病灾害补偿的规定,确定数额等级标准,按程序进行补偿。

5.5 抚恤和补助

地方各级人民政府要组织有关部门对因参与应急处理工作致病、致残、死亡的人员,按照国家有关规定,给予相应的补助和抚恤。

5.6 恢复生产

突发重大动物疫情扑灭后,取消贸易限制及流通控制等限制性措施。根据各种重大动物疫病的特点,对疫点和疫区进行持续监测,符合要求的,方可重新引进动物,恢复畜牧业生产。

5.7 社会救助

发生重大动物疫情后,国务院民政部门应按《中华人民共和国公益事业捐赠法》和《救灾救济捐赠管理暂行办法》及国家有关政策规定,做好社会各界向疫区提供的救援物资及资金的接收,分配和使用工作。

6 突发重大动物疫情应急处置的保障

突发重大动物疫情发生后,县级以上地方人民政府应积极协调有关部门,做好突发重大动物疫情处理的应急保障工作。

6.1 通信与信息保障

县级以上指挥部应将车载电台、对讲机等通

讯工具纳入紧急防疫物资储备范畴，按照规定做好储备保养工作。

根据国家有关法规对紧急情况下的电话、电报、传真、通讯频率等予以优先待遇。

6.2 应急资源与装备保障

6.2.1 应急队伍保障

县级以上各级人民政府要建立突发重大动物疫情应急处理预备队伍，具体实施扑杀、消毒、无害化处理等疫情处理工作。

6.2.2 交通运输保障

运输部门要优先安排紧急防疫物资的调运。

6.2.3 医疗卫生保障

卫生部门负责开展重大动物疫病（人畜共患病）的人间监测，作好有关预防保障工作。各级兽医行政管理部门在做好疫情处理的同时应及时通报疫情，积极配合卫生部门开展工作。

6.2.4 治安保障

公安部门、武警部队要协助做好疫区封锁和强制扑杀工作，做好疫区安全保卫和社会治安管理。

6.2.5 物资保障

各级兽医行政管理部门应按照计划建立紧急防疫物资储备库，储备足够的药品、疫苗、诊断试剂、器械、防护用品、交通及通信工具等。

6.2.6 经费保障

各级财政部门为突发重大动物疫病防治工作提供合理而充足的资金保障。

各级财政在保证防疫经费及时、足额到位的同时，要加强对防疫经费使用的管理和监督。

各级政府应积极通过国际、国内等多渠道筹集资金，用于突发重大动物疫情应急处理工作。

6.3 技术储备与保障

建立重大动物疫病防治专家委员会，负责疫病防控策略和方法的咨询，参与防控技术方案的策划、制定和执行。

设置重大动物疫病的国家参考实验室，开展动物疫病诊断技术、防治药物、疫苗等的研究，作好技术和相关储备工作。

6.4 培训和演习

各级兽医行政管理部门要对重大动物疫情处理预备队成员进行系统培训。

在没有发生突发重大动物疫情状态下，农业部每年要有计划地选择部分地区举行演练，确保预备队扑灭疫情的应急能力。地方政府可根据资金和实际需要的情况，组织训练。

6.5 社会公众的宣传教育

县级以上地方人民政府应组织有关部门利用广播、影视、报刊、互联网、手册等多种形式对社会公众广泛开展突发重大动物疫情应急知识的普及教育，宣传动物防疫科普知识，指导群众以科学的行为和方式对待突发重大动物疫情。要充分发挥有关社会团体在普及动物防疫应急知识、科普知识方面的作用。

7 各类具体工作预案的制定

农业部应根据本预案，制定各种不同重大动物疫病应急预案，并根据形势发展要求，及时进行修订。

国务院有关部门根据本预案的规定，制定本部门职责范围内的具体工作方案。

县级以上地方人民政府根据有关法律法规的规定，参照本预案并结合本地区实际情况，组织制定本地区突发重大动物疫情应急预案。

8 附则

8.1 名词术语和缩写语的定义与说明

重大动物疫情：是指陆生、水生动物突然发生重大疫病，且迅速传播，导致动物发病率或者死亡率高，给养殖业生产安全造成严重危害，或者可能对人民身体健康与生命安全造成危害的，具有重要经济社会影响和公共卫生意义。

我国尚未发现的动物疫病：是指疯牛病、非洲猪瘟、非洲马瘟等在其他国家和地区已经发现，在我国尚未发生过的动物疫病。

我国已消灭的动物疫病：是指牛瘟、牛肺疫等在我国曾发生过，但已扑灭净化的动物疫病。

暴发：是指一定区域，短时间内发生波及范围广泛、出现大量患病动物或死亡病例，其发病率远远超过常年的发病水平。

疫点：患病动物所在的地点划定为疫点，疫点一般是指患病禽类所在的禽场（户）或其他有关屠宰、经营单位。

疫区：以疫点为中心的一定范围内的区域划定为疫区，疫区划分时注意考虑当地的饲养环境、天然屏障（如河流、山脉）和交通等因素。

受威胁区：疫区外一定范围内的区域划定为受威胁区。

本预案有关数量的表述中，“以上”含本数，

"以下"不含本数。

8.2 预案管理与更新

预案要定期评审，并根据突发重大动物疫情的形势变化和实施中发现的问题及时进行修订。

8.3 预案实施时间

本预案自印发之日起实施。

兽用生物制品经营管理办法

· 2021年3月17日农业农村部令2021年第2号公布

· 自2021年5月15日起施行

第一条 为了加强兽用生物制品经营管理，保证兽用生物制品质量，根据《兽药管理条例》，制定本办法。

第二条 在中华人民共和国境内从事兽用生物制品的分发、经营和监督管理，应当遵守本办法。

第三条 本办法所称兽用生物制品，是指以天然或者人工改造的微生物、寄生虫、生物毒素或者生物组织及代谢产物等为材料，采用生物学、分子生物学或者生物化学、生物工程等相应技术制成的，用于预防、治疗、诊断动物疫病或者有目的地调节动物生理机能的兽药，主要包括血清制品、疫苗、诊断制品和微生态制品等。

第四条 兽用生物制品分为国家强制免疫计划所需兽用生物制品（以下简称国家强制免疫用生物制品）和非国家强制免疫计划所需兽用生物制品（以下简称非国家强制免疫用生物制品）。

国家强制免疫用生物制品品种名录由农业农村部确定并公布。非国家强制免疫用生物制品是指农业农村部确定的强制免疫用生物制品以外的兽用生物制品。

第五条 农业农村部负责全国兽用生物制品的监督管理工作。县级以上地方人民政府畜牧兽医主管部门负责本行政区域内兽用生物制品的监督管理工作。

第六条 兽用生物制品生产企业可以将本企业生产的兽用生物制品销售给各级人民政府畜牧兽医主管部门或养殖场（户）、动物诊疗机构等使用者，也可以委托经销商销售。

发生重大动物疫情、灾情或者其他突发事件时，根据工作需要，国家强制免疫用生物制品由农业农村部统一调用，生产企业不得自行销售。

第七条 从事兽用生物制品经营的企业，应当依法取得《兽药经营许可证》。《兽药经营许可证》的经营范围应当具体载明国家强制免疫用生物制品、非国家强制免疫用生物制品等产品类别和委托的兽用生物制品生产企业名称。经营范围发生变化的，应当办理变更手续。

第八条 兽用生物制品生产企业可自主确定、调整经销商，并与经销商签订销售代理合同，明确代理范围等事项。

经销商只能经营所代理兽用生物制品生产企业生产的兽用生物制品，不得经营未经委托的其他企业生产的兽用生物制品。经销商可以将所代理的产品销售给使用者和获得生产企业委托的其他经销商。

第九条 省级人民政府畜牧兽医主管部门对国家强制免疫用生物制品可以依法组织实行政府采购、分发。

承担国家强制免疫用生物制品政府采购、分发任务的单位，应当建立国家强制免疫用生物制品贮存、运输、分发等管理制度，建立真实、完整的分发和冷链运输记录，记录应当保存至制品有效期满2年后。

第十条 向国家强制免疫用生物制品生产企业或其委托的经销商采购自用的国家强制免疫用生物制品的养殖场（户），在申请强制免疫补助经费时，应当按要求将采购的品种、数量、生产企业及经销商等信息提供给所在地县级地方人民政府畜牧兽医主管部门。

养殖场（户）应当建立真实、完整的采购、贮存、使用记录，并保存至制品有效期满2年后。

第十一条 兽用生物制品生产、经营企业应当遵守兽药生产质量管理规范和兽药经营质量管理规范各项规定，建立真实、完整的贮存、销售、冷链运输记录，经营企业还应当建立真实、完整的采购记录。贮存记录应当每日记录贮存设施设备温度；销售记录和采购记录应当载明产品名称、产品批号、产品规格、产品数量、生产日期、有效期、供货单位或收货单位和地址、发货日期等内容；冷链运输记录应当记录起运和到达时的温度。

第十二条 兽用生物制品生产、经营企业自行配送兽用生物制品的，应当具备相应的冷链贮存、运输条件，也可以委托具备相应冷链贮存、运输条件的配送单位配送，并对委托配送的产品质量负责。冷链贮存、运输全过程应当处于规定的贮藏温度环境下。

第十三条 兽用生物制品生产、经营企业以及承担国家强制免疫用生物制品政府采购、分发任务的单位，应当按照兽药产品追溯要求及时、准确、完整地上传制品入库、出库追溯数据至国家兽药追溯系统。

第十四条 县级以上地方人民政府畜牧兽医主管部门应当依法加强对兽用生物制品生产、经营企业和使用者监督检查，发现有违反《兽药管理条例》和本办法规定情形的，应当依法做出处理决定或者报告上级畜牧兽医主管部门。

第十五条 各级畜牧兽医主管部门、兽药检验机构、动物卫生监督机构、动物疫病预防控制机构及其工作人员，不得参与兽用生物制品生产、经营活动，不得以其名义推荐或者监制、监销兽用生物制品和进行广告宣传。

第十六条 养殖场（户）、动物诊疗机构等使用者采购的或者经政府分发获得的兽用生物制品只限自用，不得转手销售。

养殖场（户）、动物诊疗机构等使用者转手销售兽用生物制品的，或者兽用生物制品经营企业超出《兽药经营许可证》载明的经营范围经营兽用生物制品的，属于无证经营，按照《兽药管理条例》第五十六条的规定处罚；属于国家强制免疫用生物制品的，依法从重处罚。

第十七条 兽用生物制品生产、经营企业未按照要求实施兽药产品追溯，以及未按照要求建立真实、完整的贮存、销售、冷链运输记录或未实施冷链贮存、运输的，按照《兽药管理条例》第五十九条的规定处罚。

第十八条 进口兽用生物制品的经营管理，还应当适用《兽药进口管理办法》。

第十九条 本办法自2021年5月15日起施行。农业部2007年3月29日发布的《兽用生物制品经营管理办法》（农业部令第3号）同时废止。

病死畜禽和病害畜禽产品无害化处理管理办法

· 2022年5月11日农业农村部令2022年第3号公布

· 自2022年7月1日起施行

第一章 总 则

第一条 为了加强病死畜禽和病害畜禽产品无害化处理管理，防控动物疫病，促进畜牧业高质量发展，保障公共卫生安全和人体健康，根据《中华人民共和国动物防疫法》（以下简称《动物防疫法》），制定本办法。

第二条 本办法适用于畜禽饲养、屠宰、经营、隔离、运输等过程中病死畜禽和病害畜禽产品的收集、无害化处理及其监督管理活动。

发生重大动物疫情时，应当根据动物疫病防控要求开展病死畜禽和病害畜禽产品无害化处理。

第三条 下列畜禽和畜禽产品应当进行无害化处理：

（一）染疫或者疑似染疫死亡、因病死亡或者死因不明的；

（二）经检疫、检验可能危害人体或者动物健康的；

（三）因自然灾害、应激反应、物理挤压等因素死亡的；

（四）屠宰过程中经肉品品质检验确认为不可食用的；

（五）死胎、木乃伊胎等；

（六）因动物疫病防控需要被扑杀或销毁的；

（七）其他应当进行无害化处理的。

第四条 病死畜禽和病害畜禽产品无害化处理坚持统筹规划与属地负责相结合、政府监管与市场运作相结合、财政补助与保险联动相结合、集中处理与自行处理相结合的原则。

第五条 从事畜禽饲养、屠宰、经营、隔离等活动的单位和个人，应当承担主体责任，按照本办法对病死畜禽和病害畜禽产品进行无害化处理，或者委托病死畜禽无害化处理场处理。

运输过程中发生畜禽死亡或者因检疫不合格需要进行无害化处理的，承运人应当立即通知货主，配合做好无害化处理，不得擅自弃置和处理。

第六条 在江河、湖泊、水库等水域发现的死亡畜禽，依法由所在地县级人民政府组织收集、处理并溯源。

在城市公共场所和乡村发现的死亡畜禽，依法由所在地街道办事处、乡级人民政府组织收集、处理并溯源。

第七条 病死畜禽和病害畜禽产品收集、无害化处理、资源化利用应当符合农业农村部相关技术规范，并采取必要的防疫措施，防止传播动物疫病。

第八条 农业农村部主管全国病死畜禽和病害畜禽产品无害化处理工作。

县级以上地方人民政府农业农村主管部门负责本行政区域病死畜禽和病害畜禽产品无害化处理的监督管理工作。

第九条 省级人民政府农业农村主管部门结合本行政区域畜牧业发展规划和畜禽养殖、疫病发生、畜禽死亡等情况，编制病死畜禽和病害畜禽产品集中无害化处理场所建设规划，合理布局病死畜禽无害化处理场，经本级人民政府批准后实施，并报农业农村部备案。

鼓励跨县级以上行政区域建设病死畜禽无害化处理场。

第十条 县级以上人民政府农业农村主管部门应当落实病死畜禽无害化处理财政补助政策和农机购置与应用补贴政策，协调有关部门优先保障病死畜禽无害化处理场用地、落实税收优惠政策，推动建立病死畜禽无害化处理和保险联动机制，将病死畜禽无害化处理作为保险理赔的前提条件。

第二章 收 集

第十一条 畜禽养殖场、养殖户、屠宰厂（场）、隔离场应当及时对病死畜禽和病害畜禽产品进行贮存和清运。

畜禽养殖场、屠宰厂（场）、隔离场委托病死畜禽无害化处理场处理的，应当符合以下要求：

（一）采取必要的冷藏冷冻、清洗消毒等措施；

（二）具有病死畜禽和病害畜禽产品输出通道；

（三）及时通知病死畜禽无害化处理场进行收集，或自行送至指定地点。

第十二条 病死畜禽和病害畜禽产品集中暂存点应当具备下列条件：

（一）有独立封闭的贮存区域，并且防渗、防漏、防鼠、防盗，易于清洗消毒；

（二）有冷藏冷冻、清洗消毒等设施设备；

（三）设置显著警示标识；

（四）有符合动物防疫需要的其他设施设备。

第十三条 专业从事病死畜禽和病害畜禽产品收集的单位和个人，应当配备专用运输车辆，并向承运人所在地县级人民政府农业农村主管部门备案。备案时应当通过农业农村部指定的信息系统提交车辆所有权人的营业执照、运输车辆行驶证、运输车辆照片。

县级人民政府农业农村主管部门应当核实相关材料信息，备案材料符合要求的，及时予以备案；不符合要求的，应当一次性告知备案人补充相关材料。

第十四条 病死畜禽和病害畜禽产品专用运输车辆应当符合以下要求：

（一）不得运输病死畜禽和病害畜禽产品以外的其他物品；

（二）车厢密闭、防水、防渗、耐腐蚀，易于清洗和消毒；

（三）配备能够接入国家监管监控平台的车辆定位跟踪系统、车载终端；

（四）配备人员防护、清洗消毒等应急防疫用品；

（五）有符合动物防疫需要的其他设施设备。

第十五条 运输病死畜禽和病害畜禽产品的单位和个人，应当遵守下列规定：

（一）及时对车辆、相关工具及作业环境进行消毒；

（二）作业过程中如发生渗漏，应当妥善处理后再继续运输；

（三）做好人员防护和消毒。

第十六条 跨县级以上行政区域运输病死畜禽和病害畜禽产品的，相关区域县级以上地方人民政府农业农村主管部门应当加强协作配合，及时通报紧急情况，落实监管责任。

第三章 无害化处理

第十七条 病死畜禽和病害畜禽产品无害化处理以集中处理为主，自行处理为补充。

病死畜禽无害化处理场的设计处理能力应当高于日常病死畜禽和病害畜禽产品处理量，专用运输车辆数量和运载能力应当与区域内畜禽养殖情况相适应。

第十八条 病死畜禽无害化处理场应当符合省级人民政府病死畜禽和病害畜禽产品集中无害化处理场所建设规划并依法取得动物防疫条件合格证。

第十九条 畜禽养殖场、屠宰厂(场)、隔离场在本场(厂)内自行处理病死畜禽和病害畜禽产品的，应当符合无害化处理场所的动物防疫条件，不得处理本场(厂)外的病死畜禽和病害畜禽产品。

畜禽养殖场、屠宰厂(场)、隔离场在本场(厂)外自行处理的，应当建设病死畜禽无害化处理场。

第二十条 畜禽养殖场、养殖户、屠宰厂(场)、隔离场委托病死畜禽无害化处理场进行无害化处理的，应当签订委托合同，明确双方的权利、义务。

无害化处理费用由财政进行补助或者由委托方承担。

第二十一条 对于边远和交通不便地区以及畜禽养殖户自行处理零星病死畜禽的，省级人民政府农业农村主管部门可以结合实际情况和风险评估结果，组织制定相关技术规范。

第二十二条 病死畜禽和病害畜禽产品集中暂存点、病死畜禽无害化处理场应当配备专门人员负责管理。

从事病死畜禽和病害畜禽产品无害化处理的人员，应当具备相关专业技能，掌握必要的安全防护知识。

第二十三条 鼓励在符合国家有关法律法规规定的情况下，对病死畜禽和病害畜禽产品无害化处理产物进行资源化利用。

病死畜禽和病害畜禽产品无害化处理场所销售无害化处理产物的，应当严控无害化处理产物流向，查验购买方资质并留存相关材料，签订销售合同。

第二十四条 病死畜禽和病害畜禽产品无害化处理应当符合安全生产、环境保护等相关法律法规和标准规范要求，接受有关主管部门监管。

病死畜禽无害化处理场处理本办法第三条之外的病死动物和病害动物产品的，应当要求委托方提供无特殊风险物质的证明。

第四章 监督管理

第二十五条 农业农村部建立病死畜禽无害化处理监管监控平台，加强全程追溯管理。

从事畜禽饲养、屠宰、经营、隔离及病死畜禽收集、无害化处理的单位和个人，应当按要求填报信息。

县级以上地方人民政府农业农村主管部门应当做好信息审核，加强数据运用和安全管理。

第二十六条 农业农村部负责组织制定全国病死畜禽和病害畜禽产品无害化处理生物安全风险调查评估方案，对病死畜禽和病害畜禽产品收集、无害化处理生物安全风险因素进行调查评估。

省级人民政府农业农村主管部门应当制定本行政区域病死畜禽和病害畜禽产品无害化处理生物安全风险调查评估方案并组织实施。

第二十七条 根据病死畜禽无害化处理场规模、设施装备状况、管理水平等因素，推行分级管理制度。

第二十八条 病死畜禽和病害畜禽产品无害化处理场所应当建立并严格执行以下制度：

(一)设施设备运行管理制度；

(二)清洗消毒制度；

(三)人员防护制度；

(四)生物安全制度；

(五)安全生产和应急处理制度。

第二十九条 从事畜禽饲养、屠宰、经营、隔离以及病死畜禽和病害畜禽产品收集、无害化处理的单位和个人，应当建立台账，详细记录病死畜禽和病害畜禽产品的种类、数量(重量)、来源、运输车辆、交接人员和交接时间、处理产物销售情况等信息。

病死畜禽和病害畜禽产品无害化处理场所应当安装视频监控设备，对病死畜禽和病害畜禽产品进(出)场、交接、处理和处理产物存放等进行全程监控。

相关台账记录保存期不少于二年，相关监控影像资料保存期不少于三十天。

第三十条 病死畜禽和病害畜禽产品无害化处理场所应当于每年一月底前向所在地县级人民政府农业农村主管部门报告上一年度病死畜禽和病害畜禽产品无害化处理、运输车辆和环境清洗消毒等情况。

第三十一条 县级以上地方人民政府农业农村主管部门执行监督检查任务时,从事病死畜禽和病害畜禽产品收集、无害化处理的单位和个人应当予以配合,不得拒绝或者阻碍。

第三十二条 任何单位和个人对违反本办法规定的行为,有权向县级以上地方人民政府农业农村主管部门举报。接到举报的部门应当及时调查处理。

第五章 法律责任

第三十三条 未按照本办法第十一条、第十二条、第十五条、第十九条、第二十二条规定处理病死畜禽和病害畜禽产品的,按照《动物防疫法》第九十八条规定予以处罚。

第三十四条 畜禽养殖场、屠宰厂(场)、隔离场、病死畜禽无害化处理场未取得动物防疫条件合格证或生产经营条件发生变化,不再符合动物防疫条件继续从事无害化处理活动的,分别按照《动物防疫法》第九十八条、第九十九条处罚。

第三十五条 专业从事病死畜禽和病害畜禽产品运输的车辆,未经备案或者不符合本办法第十四条规定的,分别按照《动物防疫法》第九十八条、第九十四条处罚。

第三十六条 违反本办法第二十八条、第二十九条规定,未建立管理制度、台账或者未进行视频监控的,由县级以上地方人民政府农业农村主管部门责令改正;拒不改正或者情节严重的,处二千元以上二万元以下罚款。

第六章 附 则

第三十七条 本办法下列用语的含义:

(一)畜禽,是指《国家畜禽遗传资源目录》范围内的畜禽,不包括用于科学研究、教学、检定以及其他科学实验的畜禽。

(二)隔离场所,是指对跨省、自治区、直辖市引进的乳用种用动物或输入到无规定动物疫病区的相关畜禽进行隔离观察的场所,不包括进出境隔离观察场所。

(三)病死畜禽和病害畜禽产品无害化处理场所,是指病死畜禽无害化处理场以及畜禽养殖场、屠宰厂(场)、隔离场内的无害化处理区域。

第三十八条 病死水产养殖动物和病害水产养殖动物产品的无害化处理,参照本办法执行。

第三十九条 本办法自2022年7月1日起施行。

执业兽医和乡村兽医管理办法

· 2022年9月7日农业农村部令2022年第6号公布

· 自2022年10月7日起施行

第一章 总 则

第一条 为了维护执业兽医和乡村兽医合法权益,规范动物诊疗活动,加强执业兽医和乡村兽医队伍建设,保障动物健康和公共卫生安全,根据《中华人民共和国动物防疫法》,制定本办法。

第二条 本办法所称执业兽医,包括执业兽医师和执业助理兽医师。

本办法所称乡村兽医,是指尚未取得执业兽医资格,经备案在乡村从事动物诊疗活动的人员。

第三条 农业农村部主管全国执业兽医和乡村兽医管理工作,加强信息化建设,建立完善执业兽医和乡村兽医信息管理系统。

农业农村部和省级人民政府农业农村主管部门制定实施执业兽医和乡村兽医的继续教育计划,提升执业兽医和乡村兽医素质和执业水平。

县级以上地方人民政府农业农村主管部门主管本行政区域内的执业兽医和乡村兽医管理工作,加强执业兽医和乡村兽医备案、执业活动、继续教育等监督管理。

第四条 鼓励执业兽医和乡村兽医接受继续教育。执业兽医和乡村兽医继续教育工作可以委托相关机构或者组织具体承担。

执业兽医所在机构应当支持执业兽医参加继续教育。

第五条 执业兽医、乡村兽医依法执业,其权益受法律保护。

兽医行业协会应当依照法律、法规、规章和章程,加强行业自律,及时反映行业诉求,为兽医人员提供信息咨询、宣传培训、权益保护、纠纷处理等方面的服务。

第六条 对在动物防疫工作中做出突出贡献的执业兽医和乡村兽医,按照国家有关规定给予表彰和奖励。

对因参与动物防疫工作致病、致残、死亡的执业兽医和乡村兽医，按照国家有关规定给予补助或者抚恤。

县级人民政府农业农村主管部门和乡（镇）人民政府应当优先确定乡村兽医作为村级动物防疫员。

第二章 执业兽医资格考试

第七条 国家实行执业兽医资格考试制度。

具备下列条件之一的，可以报名参加全国执业兽医资格考试：

（一）具有大学专科以上学历的人员或全日制高校在校生，专业符合全国执业兽医资格考试委员会公布的报考专业目录；

（二）2009年1月1日前已取得兽医师以上专业技术职称；

（三）依法备案或登记，且从事动物诊疗活动十年以上的乡村兽医。

第八条 执业兽医资格考试由农业农村部组织，全国统一大纲、统一命题、统一考试、统一评卷。

第九条 执业兽医资格考试类别分为兽医全科类和水生动物类，包含基础、预防、临床和综合应用四门科目。

第十条 农业农村部设立的全国执业兽医资格考试委员会负责审定考试科目、考试大纲，发布考试公告、确定考试试卷等，对考试工作进行监督、指导和确定合格标准。

第十一条 通过执业兽医资格考试的人员，由省、自治区、直辖市人民政府农业农村主管部门根据考试合格标准颁发执业兽医师或者执业助理兽医师资格证书。

第三章 执业备案

第十二条 取得执业兽医资格证书并在动物诊疗机构从事动物诊疗活动的，应当向动物诊疗机构所在地备案机关备案。

第十三条 具备下列条件之一的，可以备案为乡村兽医：

（一）取得中等以上兽医、畜牧（畜牧兽医）、中兽医（民族兽医）、水产养殖等相关专业学历；

（二）取得中级以上动物疫病防治员、水生物病害防治员职业技能鉴定证书或职业技能等级证书；

（三）从事村级动物防疫员工作满五年。

第十四条 执业兽医或者乡村兽医备案的，应当向备案机关提交下列材料：

（一）备案信息表；

（二）身份证明。

除前款规定的材料外，执业兽医备案还应当提交动物诊疗机构聘用证明，乡村兽医备案还应当提交学历证明、职业技能鉴定证书或职业技能等级证书等材料。

第十五条 备案材料符合要求的，应当及时予以备案；不符合要求的，应当一次性告知备案人补正相关材料。

备案机关应当优化备案办理流程，逐步实现网上统一办理，提高备案效率。

第十六条 执业兽医可以在同一县域内备案多家执业的动物诊疗机构；在不同县域从事动物诊疗活动的，应当分别向动物诊疗机构所在地备案机关备案。

执业的动物诊疗机构发生变化的，应当按规定及时更新备案信息。

第四章 执业活动管理

第十七条 患有人畜共患传染病的执业兽医和乡村兽医不得直接从事动物诊疗活动。

第十八条 执业兽医应当在备案的动物诊疗机构执业，但动物诊疗机构间的会诊、支援、应邀出诊、急救等除外。

经备案专门从事水生动物疫病诊疗的执业兽医，不得从事其他动物疫病诊疗。

乡村兽医应当在备案机关所在县域的乡村从事动物诊疗活动，不得在城区从业。

第十九条 执业兽医师可以从事动物疾病的预防、诊断、治疗和开具处方、填写诊断书、出具动物诊疗有关证明文件等活动。

执业助理兽医师可以从事动物健康检查、采样、配药、给药、针灸等活动，在执业兽医师指导下辅助开展手术、剖检活动，但不得开具处方、填写诊断书、出具动物诊疗有关证明文件。

第二十条 执业兽医师应当规范填写处方笺、病历。未经亲自诊断、治疗，不得开具处方、填写诊断书、出具动物诊疗有关证明文件。

执业兽医师不得伪造诊断结果，出具虚假动

物诊疗证明文件。

第二十一条 参加动物诊疗教学实践的兽医相关专业学生和尚未取得执业兽医资格证书、在动物诊疗机构中参加工作实践的兽医相关专业毕业生，应当在执业兽医师监督、指导下协助参与动物诊疗活动。

第二十二条 执业兽医和乡村兽医在执业活动中应当履行下列义务：

（一）遵守法律、法规、规章和有关管理规定；

（二）按照技术操作规范从事动物诊疗活动；

（三）遵守职业道德，履行兽医职责；

（四）爱护动物，宣传动物保健知识和动物福利。

第二十三条 执业兽医和乡村兽医应当按照国家有关规定使用兽药和兽医器械，不得使用假劣兽药、农业农村部规定禁止使用的药品及其他化合物和不符合规定的兽医器械。

执业兽医和乡村兽医发现可能与兽药和兽医器械使用有关的严重不良反应的，应当立即向所在地人民政府农业农村主管部门报告。

第二十四条 执业兽医和乡村兽医在动物诊疗活动中，应当按照规定处理使用过的兽医器械和诊疗废弃物。

第二十五条 执业兽医和乡村兽医在动物诊疗活动中发现动物染疫或者疑似染疫的，应当按照国家规定立即向所在地人民政府农业农村主管部门或者动物疫病预防控制机构报告，并迅速采取隔离、消毒等控制措施，防止动物疫情扩散。

执业兽医和乡村兽医在动物诊疗活动中发现动物患有或者疑似患有国家规定应当扑杀的疫病时，不得擅自进行治疗。

第二十六条 执业兽医和乡村兽医应当按照当地人民政府或者农业农村主管部门的要求，参加动物疫病预防、控制和动物疫情扑灭活动，执业兽医所在单位和乡村兽医不得阻碍、拒绝。

执业兽医和乡村兽医可以通过承接政府购买服务的方式开展动物防疫和疫病诊疗活动。

第二十七条 执业兽医应当于每年三月底前，按照县级人民政府农业农村主管部门要求如实报告上年度兽医执业活动情况。

第二十八条 县级以上地方人民政府农业农村主管部门应当建立健全日常监管制度，对辖区内执业兽医和乡村兽医执行法律、法规、规章的情况进行监督检查。

第五章 法律责任

第二十九条 违反本办法规定，执业兽医有下列行为之一的，依照《中华人民共和国动物防疫法》第一百零六条第一款的规定予以处罚：

（一）在责令暂停动物诊疗活动期间从事动物诊疗活动的；

（二）超出备案所在县域或者执业范围从事动物诊疗活动的；

（三）执业助理兽医师直接开展手术，或者开具处方、填写诊断书、出具动物诊疗有关证明文件的。

第三十条 违反本办法规定，执业兽医对患有或者疑似患有国家规定应当扑杀的疫病的动物进行治疗，造成或者可能造成动物疫病传播、流行的，依照《中华人民共和国动物防疫法》第一百零六条第二款的规定予以处罚。

第三十一条 违反本办法规定，执业兽医未按县级人民政府农业农村主管部门要求如实形成兽医执业活动情况报告的，依照《中华人民共和国动物防疫法》第一百零八条的规定予以处罚。

第三十二条 违反本办法规定，执业兽医在动物诊疗活动中有下列行为之一的，由县级以上地方人民政府农业农村主管部门责令限期改正，处一千元以上五千元以下罚款：

（一）不使用病历，或者应当开具处方未开具处方的；

（二）不规范填写处方笺、病历的；

（三）未经亲自诊断、治疗，开具处方、填写诊断书、出具动物诊疗有关证明文件的；

（四）伪造诊断结果，出具虚假动物诊疗证明文件的。

第三十三条 违反本办法规定，乡村兽医不按照备案规定区域从事动物诊疗活动的，由县级以上地方人民政府农业农村主管部门责令限期改正，处一千元以上五千元以下罚款。

第六章 附 则

第三十四条 动物饲养场、实验动物饲育单位、兽药生产企业、动物园等单位聘用的取得执业兽医资格证书的人员，可以凭聘用合同办理执业兽医备案，但不得对外开展动物诊疗活动。

第三十五条 省、自治区、直辖市人民政府农业农村主管部门根据本地区实际，可以决定执业助理兽医师在乡村独立从事动物诊疗活动，并按执业兽医师进行执业活动管理。

第三十六条 本办法所称备案机关，是指县（市辖区）级人民政府农业农村主管部门；市辖区未设立农业农村主管部门的，备案机关为上一级农业农村主管部门。

第三十七条 本办法自2022年10月7日起施行。农业部2008年11月26日公布，2013年9月28日、2013年12月31日修订的《执业兽医管理办法》和2008年11月26日公布、2019年4月25日修订的《乡村兽医管理办法》同时废止。

动物诊疗机构管理办法

· 2022年9月7日农业农村部令2022年第5号公布
· 自2022年10月7日起施行

第一章 总 则

第一条 为了加强动物诊疗机构管理，规范动物诊疗行为，保障公共卫生安全，根据《中华人民共和国动物防疫法》，制定本办法。

第二条 在中华人民共和国境内从事动物诊疗活动的机构，应当遵守本办法。

本办法所称动物诊疗，是指动物疾病的预防、诊断、治疗和动物绝育手术等经营性活动，包括动物的健康检查、采样、剖检、配药、给药、针灸、手术、填写诊断书和出具动物诊疗有关证明文件等。

本办法所称动物诊疗机构，包括动物医院、动物诊所以及其他提供动物诊疗服务的机构。

第三条 农业农村部负责全国动物诊疗机构的监督管理。

县级以上地方人民政府农业农村主管部门负责本行政区域内动物诊疗机构的监督管理。

第四条 农业农村部加强信息化建设，建立健全动物诊疗机构信息管理系统。

县级以上地方人民政府农业农村主管部门应当优化许可办理流程，推行网上办理等便捷方式，加强动物诊疗机构信息管理工作。

第二章 诊疗许可

第五条 国家实行动物诊疗许可制度。从事动物诊疗活动的机构，应当取得动物诊疗许可证，并在规定的诊疗活动范围内开展动物诊疗活动。

第六条 从事动物诊疗活动的机构，应当具备下列条件：

（一）有固定的动物诊疗场所，且动物诊疗场所使用面积符合省、自治区、直辖市人民政府农业农村主管部门的规定；

（二）动物诊疗场所选址距离动物饲养场、动物屠宰加工场所、经营动物的集贸市场不少于二百米；

（三）动物诊疗场所设有独立的出入口，出入口不得设在居民住宅楼内或者院内，不得与同一建筑物的其他用户共用通道；

（四）具有布局合理的诊疗室、隔离室、药房等功能区；

（五）具有诊断、消毒、冷藏、常规化验、污水处理等器械设备；

（六）具有诊疗废弃物暂存处理设施，并委托专业处理机构处理；

（七）具有染疫或者疑似染疫动物的隔离控制措施及设施设备；

（八）具有与动物诊疗活动相适应的执业兽医；

（九）具有完善的诊疗服务、疫情报告、卫生安全防护、消毒、隔离、诊疗废弃物暂存、兽医器械、兽医处方、药物和无害化处理等管理制度。

第七条 动物诊所除具备本办法第六条规定的条件外，还应当具备下列条件：

（一）具有一名以上执业兽医师；

（二）具有布局合理的手术室和手术设备。

第八条 动物医院除具备本办法第六条规定的条件外，还应当具备下列条件：

（一）具有三名以上执业兽医师；

（二）具有X光机或者B超等器械设备；

（三）具有布局合理的手术室和手术设备。

除前款规定的动物医院外，其他动物诊疗机构不得从事动物颅腔、胸腔和腹腔手术。

第九条 从事动物诊疗活动的机构，应当向动物诊疗场所所在地的发证机关提出申请，并提交下列材料：

（一）动物诊疗许可证申请表；

（二）动物诊疗场所地理方位图、室内平面图和各功能区布局图；

(三)动物诊疗场所使用权证明;

(四)法定代表人(负责人)身份证明;

(五)执业兽医资格证书;

(六)设施设备清单;

(七)管理制度文本。

申请材料不齐全或者不符合规定条件的,发证机关应当自收到申请材料之日起五个工作日内一次性告知申请人需补正的内容。

第十条 动物诊疗机构应当使用规范的名称。未取得相应许可的,不得使用"动物诊所"或者"动物医院"的名称。

第十一条 发证机关受理申请后,应当在十五个工作日内完成对申请材料的审核和对动物诊疗场所的实地考查。符合规定条件的,发证机关应当向申请人颁发动物诊疗许可证;不符合条件的,书面通知申请人,并说明理由。

专门从事水生动物疫病诊疗的,发证机关在核发动物诊疗许可证时,应当征求同级渔业主管部门的意见。

第十二条 动物诊疗许可证应当载明诊疗机构名称、诊疗活动范围、从业地点和法定代表人(负责人)等事项。

动物诊疗许可证格式由农业农村部统一规定。

第十三条 动物诊疗机构设立分支机构的,应当按照本办法的规定另行办理动物诊疗许可证。

第十四条 动物诊疗机构变更名称或者法定代表人(负责人)的,应当在办理市场主体变更登记手续后十五个工作日内,向原发证机关申请办理变更手续。

动物诊疗机构变更从业地点、诊疗活动范围的,应当按照本办法规定重新办理动物诊疗许可手续,申请换发动物诊疗许可证。

第十五条 动物诊疗许可证不得伪造、变造、转让、出租、出借。

动物诊疗许可证遗失的,应当及时向原发证机关申请补发。

第十六条 发证机关办理动物诊疗许可证,不得向申请人收取费用。

第三章 诊疗活动管理

第十七条 动物诊疗机构应当依法从事动物诊疗活动,建立健全内部管理制度,在诊疗场所的显著位置悬挂动物诊疗许可证和公示诊疗活动从业人员基本情况。

第十八条 动物诊疗机构可以通过在本机构备案从业的执业兽医师,利用互联网等信息技术开展动物诊疗活动,活动范围不得超出动物诊疗许可证核定的诊疗活动范围。

第十九条 动物诊疗机构应当对兽医相关专业学生、毕业生参与动物诊疗活动加强监督指导。

第二十条 动物诊疗机构应当按照国家有关规定使用兽医器械和兽药,不得使用不符合规定的兽医器械、假劣兽药和农业农村部规定禁止使用的药品及其他化合物。

第二十一条 动物诊疗机构兼营动物用品、动物饲料、动物美容、动物寄养等项目的,兼营区域与动物诊疗区域应当分别独立设置。

第二十二条 动物诊疗机构应当使用载明机构名称的规范病历,包括门(急)诊病历和住院病历。病历档案保存期限不得少于三年。

病历根据不同的记录形式,分为纸质病历和电子病历。电子病历与纸质病历具有同等效力。

病历包括诊疗活动中形成的文字、符号、图表、影像、切片等内容或者资料。

第二十三条 动物诊疗机构应当为执业兽医师提供兽医处方笺,处方笺的格式和保存等应当符合农业农村部规定的兽医处方格式及应用规范。

第二十四条 动物诊疗机构安装、使用具有放射性的诊疗设备的,应当依法经生态环境主管部门批准。

第二十五条 动物诊疗机构发现动物染疫或者疑似染疫的,应当按照国家规定立即向所在地农业农村主管部门或者动物疫病预防控制机构报告,并迅速采取隔离、消毒等控制措施,防止动物疫情扩散。

动物诊疗机构发现动物患有或者疑似患有国家规定应当扑杀的疫病时,不得擅自进行治疗。

第二十六条 动物诊疗机构应当按照国家规定处理染疫动物及其排泄物、污染物和动物病理组织等。

动物诊疗机构应当参照《医疗废物管理条例》的有关规定处理诊疗废弃物,不得随意丢弃诊疗废弃物,排放未经无害化处理的诊疗废水。

第二十七条 动物诊疗机构应当支持执业兽医按照当地人民政府或者农业农村主管部门的要求，参加动物疫病预防、控制和动物疫情扑灭活动。

动物诊疗机构可以通过承接政府购买服务的方式开展动物防疫和疫病诊疗活动。

第二十八条 动物诊疗机构应当配合农业农村主管部门、动物卫生监督机构、动物疫病预防控制机构进行有关法律法规宣传、流行病学调查和监测工作。

第二十九条 动物诊疗机构应当定期对本单位工作人员进行专业知识、生物安全以及相关政策法规培训。

第三十条 动物诊疗机构应当于每年三月底前将上年度动物诊疗活动情况向县级人民政府农业农村主管部门报告。

第三十一条 县级以上地方人民政府农业农村主管部门应当建立健全日常监管制度，对辖区内动物诊疗机构和人员执行法律、法规、规章的情况进行监督检查。

第四章 法律责任

第三十二条 违反本办法规定，动物诊疗机构有下列行为之一的，依照《中华人民共和国动物防疫法》第一百零五条第一款的规定予以处罚：

（一）超出动物诊疗许可证核定的诊疗活动范围从事动物诊疗活动的；

（二）变更从业地点、诊疗活动范围未重新办理动物诊疗许可证的。

第三十三条 使用伪造、变造、受让、租用、借用的动物诊疗许可证的，县级以上地方人民政府农业农村主管部门应当依法收缴，并依照《中华人民共和国动物防疫法》第一百零五条第一款的规定予以处罚。

第三十四条 动物诊疗场所不再具备本办法第六条、第七条、第八条规定条件，继续从事动物诊疗活动的，由县级以上地方人民政府农业农村主管部门给予警告，责令限期改正；逾期仍达不到规定条件的，由原发证机关收回、注销其动物诊疗许可证。

第三十五条 违反本办法规定，动物诊疗机构有下列行为之一的，由县级以上地方人民政府农业农村主管部门责令限期改正，处一千元以上五千元以下罚款：

（一）变更机构名称或者法定代表人（负责人）未办理变更手续的；

（二）未在诊疗场所悬挂动物诊疗许可证或者公示诊疗活动从业人员基本情况的；

（三）未使用规范的病历或未按规定为执业兽医师提供处方笺的，或者不按规定保存病历档案的；

（四）使用未在本机构备案从业的执业兽医从事动物诊疗活动的。

第三十六条 动物诊疗机构未按规定实施卫生安全防护、消毒、隔离和处置诊疗废弃物的，依照《中华人民共和国动物防疫法》第一百零五条第二款的规定予以处罚。

第三十七条 诊疗活动从业人员有下列行为之一的，依照《中华人民共和国动物防疫法》第一百零六条第一款的规定，对其所在的动物诊疗机构予以处罚：

（一）执业兽医超出备案所在县域或者执业范围从事动物诊疗活动的；

（二）执业兽医被责令暂停动物诊疗活动期间从事动物诊疗活动的；

（三）执业助理兽医师未按规定开展手术活动，或者开具处方、填写诊断书、出具动物诊疗有关证明文件的；

（四）参加教学实践的学生或者工作实践的毕业生未经执业兽医师指导开展动物诊疗活动的。

第三十八条 违反本办法规定，动物诊疗机构未按规定报告动物诊疗活动情况的，依照《中华人民共和国动物防疫法》第一百零八条的规定予以处罚。

第三十九条 县级以上地方人民政府农业农村主管部门不依法履行审查和监督管理职责，玩忽职守、滥用职权或者徇私舞弊的，依照有关规定给予处分；构成犯罪的，依法追究刑事责任。

第五章 附 则

第四十条 乡村兽医在乡村从事动物诊疗活动的，应当有固定的从业场所。

第四十一条 本办法所称发证机关，是指县（市辖区）级人民政府农业农村主管部门；市辖区未设立农业农村主管部门的，发证机关为上一级农业农村主管部门。

第四十二条 本办法自2022年10月7日起施行。农业部2008年11月26日公布,2016年5月30日、2017年11月30日修订的《动物诊疗机构管理办法》同时废止。

本办法施行前已取得动物诊疗许可证的动物诊疗机构,应当自本办法实施之日起一年内达到本办法规定的条件。

(七)渔　业

中华人民共和国渔业法

- 1986年1月20日第六届全国人民代表大会常务委员会第十四次会议通过
- 根据2000年10月31日第九届全国人民代表大会常务委员会第十八次会议《关于修改〈中华人民共和国渔业法〉的决定》第一次修正
- 根据2004年8月28日第十届全国人民代表大会常务委员会第十一次会议《关于修改〈中华人民共和国渔业法〉的决定》第二次修正
- 根据2009年8月27日第十一届全国人民代表大会常务委员会第十次会议《关于修改部分法律的决定》第三次修正
- 根据2013年12月28日第十二届全国人民代表大会常务委员会第六次会议《关于修改〈中华人民共和国海洋环境保护法〉等七部法律的决定》第四次修正

第一章　总　则

第一条 为了加强渔业资源的保护、增殖、开发和合理利用,发展人工养殖,保障渔业生产者的合法权益,促进渔业生产的发展,适应社会主义建设和人民生活的需要,特制定本法。

第二条 在中华人民共和国的内水、滩涂、领海、专属经济区以及中华人民共和国管辖的一切其他海域从事养殖和捕捞水生动物、水生植物等渔业生产活动,都必须遵守本法。

第三条 国家对渔业生产实行以养殖为主,养殖、捕捞、加工并举,因地制宜,各有侧重的方针。

各级人民政府应当把渔业生产纳入国民经济发展计划,采取措施,加强水域的统一规划和综合利用。

第四条 国家鼓励渔业科学技术研究,推广先进技术,提高渔业科学技术水平。

第五条 在增殖和保护渔业资源、发展渔业生产、进行渔业科学技术研究等方面成绩显著的单位和个人,由各级人民政府给予精神的或者物质的奖励。

第六条 国务院渔业行政主管部门主管全国的渔业工作。县级以上地方人民政府渔业行政主管部门主管本行政区域内的渔业工作。县级以上人民政府渔业行政主管部门可以在重要渔业水域、渔港设渔政监督管理机构。

县级以上人民政府渔业行政主管部门及其所属的渔政监督管理机构可以设渔政检查人员。渔政检查人员执行渔业行政主管部门及其所属的渔政监督管理机构交付的任务。

第七条 国家对渔业的监督管理,实行统一领导、分级管理。

海洋渔业,除国务院划定由国务院渔业行政主管部门及其所属的渔政监督管理机构监督管理的海域和特定渔业资源渔场外,由毗邻海域的省、自治区、直辖市人民政府渔业行政主管部门监督管理。

江河、湖泊等水域的渔业,按照行政区划由有关县级以上人民政府渔业行政主管部门监督管理;跨行政区域的,由有关县级以上地方人民政府协商制定管理办法,或者由上一级人民政府渔业行政主管部门及其所属的渔政监督管理机构监督管理。

第八条 外国人、外国渔业船舶进入中华人民共和国管辖水域,从事渔业生产或者渔业资源调查活动,必须经国务院有关主管部门批准,并遵守本法和中华人民共和国其他有关法律、法规的规定;同中华人民共和国订有条约、协定的,按照条约、协定办理。

国家渔政渔港监督管理机构对外行使渔政渔港监督管理权。

第九条 渔业行政主管部门和其所属的渔政监督管理机构及其工作人员不得参与和从事渔业生产经营活动。

第二章　养殖业

第十条 国家鼓励全民所有制单位、集体所有制单位和个人充分利用适于养殖的水域、滩涂，发展养殖业。

第十一条 国家对水域利用进行统一规划，确定可以用于养殖业的水域和滩涂。单位和个人使用国家规划确定用于养殖业的全民所有的水域、滩涂的，使用者应当向县级以上地方人民政府渔业行政主管部门提出申请，由本级人民政府核发养殖证，许可其使用该水域、滩涂从事养殖生产。核发养殖证的具体办法由国务院规定。

集体所有的或者全民所有由农业集体经济组织使用的水域、滩涂，可以由个人或者集体承包，从事养殖生产。

第十二条 县级以上地方人民政府在核发养殖证时，应当优先安排当地的渔业生产者。

第十三条 当事人因使用国家规划确定用于养殖业的水域、滩涂从事养殖生产发生争议的，按照有关法律规定的程序处理。在争议解决以前，任何一方不得破坏养殖生产。

第十四条 国家建设征收集体所有的水域、滩涂，按照《中华人民共和国土地管理法》有关征地的规定办理。

第十五条 县级以上地方人民政府应当采取措施，加强对商品鱼生产基地和城市郊区重要养殖水域的保护。

第十六条 国家鼓励和支持水产优良品种的选育、培育和推广。水产新品种必须经全国水产原种和良种审定委员会审定，由国务院渔业行政主管部门公告后推广。

水产苗种的进口、出口由国务院渔业行政主管部门或者省、自治区、直辖市人民政府渔业行政主管部门审批。

水产苗种的生产由县级以上地方人民政府渔业行政主管部门审批。但是，渔业生产者自育、自用水产苗种的除外。

第十七条 水产苗种的进口、出口必须实施检疫，防止病害传入境内和传出境外，具体检疫工作按照有关动植物进出境检疫法律、行政法规的规定执行。

引进转基因水产苗种必须进行安全性评价，具体管理工作按照国务院有关规定执行。

第十八条 县级以上人民政府渔业行政主管部门应当加强对养殖生产的技术指导和病害防治工作。

第十九条 从事养殖生产不得使用含有毒有害物质的饵料、饲料。

第二十条 从事养殖生产应当保护水域生态环境，科学确定养殖密度，合理投饵、施肥、使用药物，不得造成水域的环境污染。

第三章 捕捞业

第二十一条 国家在财政、信贷和税收等方面采取措施，鼓励、扶持远洋捕捞业的发展，并根据渔业资源的可捕捞量，安排内水和近海捕捞力量。

第二十二条 国家根据捕捞量低于渔业资源增长量的原则，确定渔业资源的总可捕捞量，实行捕捞限额制度。国务院渔业行政主管部门负责组织渔业资源的调查和评估，为实行捕捞限额制度提供科学依据。中华人民共和国内海、领海、专属经济区和其他管辖海域的捕捞限额总量由国务院渔业行政主管部门确定，报国务院批准后逐级分解下达；国家确定的重要江河、湖泊的捕捞限额总量由有关省、自治区、直辖市人民政府确定或者协商确定，逐级分解下达。捕捞限额总量的分配应当体现公平、公正的原则，分配办法和分配结果必须向社会公开，并接受监督。

国务院渔业行政主管部门和省、自治区、直辖市人民政府渔业行政主管部门应当加强对捕捞限额制度实施情况的监督检查，对超过上级下达的捕捞限额指标的，应当在其次年捕捞限额指标中予以核减。

第二十三条 国家对捕捞业实行捕捞许可证制度。

到中华人民共和国与有关国家缔结的协定确定的共同管理的渔区或者公海从事捕捞作业的捕捞许可证，由国务院渔业行政主管部门批准发放。海洋大型拖网、围网作业的捕捞许可证，由省、自治区、直辖市人民政府渔业行政主管部门批准发放。其他作业的捕捞许可证，由县级以上地方人民政府渔业行政主管部门批准发放；但是，批准发放海洋作业的捕捞许可证不得超过国家下达的船网工具控制指标，具体办法由省、自治区、直辖市人民政府规定。

捕捞许可证不得买卖、出租和以其他形式转让，不得涂改、伪造、变造。

到他国管辖海域从事捕捞作业的，应当经国

务院渔业行政主管部门批准，并遵守中华人民共和国缔结的或者参加的有关条约、协定和有关国家的法律。

第二十四条 具备下列条件的，方可发给捕捞许可证：

（一）有渔业船舶检验证书；

（二）有渔业船舶登记证书；

（三）符合国务院渔业行政主管部门规定的其他条件。

县级以上地方人民政府渔业行政主管部门批准发放的捕捞许可证，应当与上级人民政府渔业行政主管部门下达的捕捞限额指标相适应。

第二十五条 从事捕捞作业的单位和个人，必须按照捕捞许可证关于作业类型、场所、时限、渔具数量和捕捞限额的规定进行作业，并遵守国家有关保护渔业资源的规定，大中型渔船应当填写渔捞日志。

第二十六条 制造、更新改造、购置、进口的从事捕捞作业的船舶必须经渔业船舶检验部门检验合格后，方可下水作业。具体管理办法由国务院规定。

第二十七条 渔港建设应当遵守国家的统一规划，实行谁投资谁受益的原则。县级以上地方人民政府应当对位于本行政区域内的渔港加强监督管理，维护渔港的正常秩序。

第四章 渔业资源的增殖和保护

第二十八条 县级以上人民政府渔业行政主管部门应当对其管理的渔业水域统一规划，采取措施，增殖渔业资源。县级以上人民政府渔业行政主管部门可以向受益的单位和个人征收渔业资源增殖保护费，专门用于增殖和保护渔业资源。渔业资源增殖保护费的征收办法由国务院渔业行政主管部门会同财政部门制定，报国务院批准后施行。

第二十九条 国家保护水产种质资源及其生存环境，并在具有较高经济价值和遗传育种价值的水产种质资源的主要生长繁育区域建立水产种质资源保护区。未经国务院渔业行政主管部门批准，任何单位或者个人不得在水产种质资源保护区内从事捕捞活动。

第三十条 禁止使用炸鱼、毒鱼、电鱼等破坏渔业资源的方法进行捕捞。禁止制造、销售、使用禁用的渔具。禁止在禁渔区、禁渔期进行捕捞。禁止使用小于最小网目尺寸的网具进行捕捞。捕捞的渔获物中幼鱼不得超过规定的比例。在禁渔区或者禁渔期内禁止销售非法捕捞的渔获物。

重点保护的渔业资源品种及其可捕捞标准，禁渔区和禁渔期，禁止使用或者限制使用的渔具和捕捞方法，最小网目尺寸以及其他保护渔业资源的措施，由国务院渔业行政主管部门或者省、自治区、直辖市人民政府渔业行政主管部门规定。

第三十一条 禁止捕捞有重要经济价值的水生动物苗种。因养殖或者其他特殊需要，捕捞有重要经济价值的苗种或者禁捕的怀卵亲体的，必须经国务院渔业行政主管部门或者省、自治区、直辖市人民政府渔业行政主管部门批准，在指定的区域和时间内，按照限额捕捞。

在水生动物苗种重点产区引水用水时，应当采取措施，保护苗种。

第三十二条 在鱼、虾、蟹洄游通道建闸、筑坝，对渔业资源有严重影响的，建设单位应当建造过鱼设施或者采取其他补救措施。

第三十三条 用于渔业并兼有调蓄、灌溉等功能的水体，有关主管部门应当确定渔业生产所需的最低水位线。

第三十四条 禁止围湖造田。沿海滩涂未经县级以上人民政府批准，不得围垦；重要的苗种基地和养殖场所不得围垦。

第三十五条 进行水下爆破、勘探、施工作业，对渔业资源有严重影响的，作业单位应当事先同有关县级以上人民政府渔业行政主管部门协商，采取措施，防止或者减少对渔业资源的损害；造成渔业资源损失的，由有关县级以上人民政府责令赔偿。

第三十六条 各级人民政府应当采取措施，保护和改善渔业水域的生态环境，防治污染。

渔业水域生态环境的监督管理和渔业污染事故的调查处理，依照《中华人民共和国海洋环境保护法》和《中华人民共和国水污染防治法》的有关规定执行。

第三十七条 国家对白鳍豚等珍贵、濒危水生野生动物实行重点保护，防止其灭绝。禁止捕杀、伤害国家重点保护的水生野生动物。因科学研究、驯养繁殖、展览或者其他特殊情况，需要捕捞国家重点保护的水生野生动物的，依照《中华人民共和国野生动物保护法》的规定执行。

第五章 法律责任

第三十八条 使用炸鱼、毒鱼、电鱼等破坏渔业资源方法进行捕捞的，违反关于禁渔区、禁渔期的规定进行捕捞的，或者使用禁用的渔具、捕捞方法和小于最小网目尺寸的网具进行捕捞或者渔获物中幼鱼超过规定比例的，没收渔获物和违法所得，处五万元以下的罚款；情节严重的，没收渔具，吊销捕捞许可证；情节特别严重的，可以没收渔船；构成犯罪的，依法追究刑事责任。

在禁渔区或者禁渔期内销售非法捕捞的渔获物的，县级以上地方人民政府渔业行政主管部门应当及时进行调查处理。

制造、销售禁用的渔具的，没收非法制造、销售的渔具和违法所得，并处一万元以下的罚款。

案例 重庆市江津区罗某、谢某某非法捕捞水产品案（第一批农业行政执法指导性案例之九）

裁判规则：本案发生在长江禁捕水域。长江流域重点水域禁捕，对渔业物种资源和生态系统保护具有重要意义。近年来，农业农村部、公安部等部门认真贯彻中央部署，以零容忍态度严厉打击长江非法捕捞，依法开展专项整治和联合执法行动。2020年12月，最高人民法院、最高人民检察院、公安部、农业农村部联合发布的《依法惩治长江流域非法捕捞等违法犯罪的意见》进一步明确，在长江流域禁捕区域使用电鱼等严重破坏渔业资源的禁用方法捕捞的，应依法追究刑事责任。根据《最高人民检察院、公安部关于公安机关管辖的刑事案件立案追诉标准的规定（一）》，在禁渔区或禁渔期内使用禁用工具或方法捕捞水产品，涉嫌构成《刑法》第三百四十条非法捕捞水产品罪，依法应追究刑事责任。此外，本案中农业农村部门依据有关规定与当事人订立协议，由当事人购买鱼苗增殖放流，有利于减轻和消除违法后果，恢复渔业资源和生态环境。

第三十九条 偷捕、抢夺他人养殖的水产品的，或者破坏他人养殖水体、养殖设施的，责令改正，可以处二万元以下的罚款；造成他人损失的，依法承担赔偿责任；构成犯罪的，依法追究刑事责任。

第四十条 使用全民所有的水域、滩涂从事养殖生产，无正当理由使水域、滩涂荒芜满一年的，由发放养殖证的机关责令限期开发利用；逾期未开发利用的，吊销养殖证，可以并处一万元以下的罚款。

未依法取得养殖证擅自在全民所有的水域从事养殖生产的，责令改正，补办养殖证或者限期拆除养殖设施。

未依法取得养殖证或者超越养殖证许可范围在全民所有的水域从事养殖生产，妨碍航运、行洪的，责令限期拆除养殖设施，可以并处一万元以下的罚款。

第四十一条 未依法取得捕捞许可证擅自进行捕捞的，没收渔获物和违法所得，并处十万元以下的罚款；情节严重的，并可以没收渔具和渔船。

第四十二条 违反捕捞许可证关于作业类型、场所、时限和渔具数量的规定进行捕捞的，没收渔获物和违法所得，可以并处五万元以下的罚款；情节严重的，并可以没收渔具，吊销捕捞许可证。

第四十三条 涂改、买卖、出租或者以其他形式转让捕捞许可证的，没收违法所得，吊销捕捞许可证，可以并处一万元以下的罚款；伪造、变造、买卖捕捞许可证，构成犯罪的，依法追究刑事责任。

第四十四条 非法生产、进口、出口水产苗种的，没收苗种和违法所得，并处五万元以下的罚款。

经营未经审定的水产苗种的，责令立即停止经营，没收违法所得，可以并处五万元以下的罚款。

第四十五条 未经批准在水产种质资源保护区内从事捕捞活动的，责令立即停止捕捞，没收渔获物和渔具，可以并处一万元以下的罚款。

第四十六条 外国人、外国渔船违反本法规定，擅自进入中华人民共和国管辖水域从事渔业生产和渔业资源调查活动的，责令其离开或者将其驱逐，可以没收渔获物、渔具，并处五十万元以下的罚款；情节严重的，可以没收渔船；构成犯罪的，依法追究刑事责任。

第四十七条 造成渔业水域生态环境破坏或者渔业污染事故的，依照《中华人民共和国海洋环境保护法》和《中华人民共和国水污染防治法》的规定追究法律责任。

第四十八条 本法规定的行政处罚，由县级以上人民政府渔业行政主管部门或者其所属的渔政监督管理机构决定。但是，本法已对处罚机关作出规定的除外。

在海上执法时,对违反禁渔区、禁渔期的规定或者使用禁用的渔具、捕捞方法进行捕捞,以及未取得捕捞许可证进行捕捞的,事实清楚、证据充分,但是当场不能按照法定程序作出和执行行政处罚决定的,可以先暂时扣押捕捞许可证、渔具或者渔船,回港后依法作出和执行行政处罚决定。

第四十九条 渔业行政主管部门和其所属的渔政监督管理机构及其工作人员违反本法规定核发许可证、分配捕捞限额或者从事渔业生产经营活动的,或者有其他玩忽职守不履行法定义务、滥用职权、徇私舞弊的行为的,依法给予行政处分;构成犯罪的,依法追究刑事责任。

第六章 附 则

第五十条 本法自 1986 年 7 月 1 日起施行。

中华人民共和国渔业法实施细则*

· 1987 年 10 月 14 日国务院批准
· 1987 年 10 月 20 日农牧渔业部发布
· 根据 2020 年 3 月 27 日《国务院关于修改和废止部分行政法规的决定》第一次修订
· 根据 2020 年 11 月 29 日《国务院关于修改和废止部分行政法规的决定》第二次修订

第一章 总 则

第一条 根据《中华人民共和国渔业法》(以下简称《渔业法》)第三十四条的规定,制定本实施细则。

第二条 《渔业法》及本实施细则中下列用语的含义是:

(一)"中华人民共和国的内水",是指中华人民共和国领海基线向陆一侧的海域和江河、湖泊等内陆水域。

(二)"中华人民共和国管辖的一切其他海域",是指根据中华人民共和国法律,中华人民共和国缔结、参加的国际条约、协定或者其他有关国际法,而由中华人民共和国管辖的海域。

(三)"渔业水域",是指中华人民共和国管辖水域中鱼、虾、蟹、贝类的产卵场、索饵场、越冬场、洄游通道和鱼、虾、蟹、贝、藻类及其他水生动植物的养殖场所。

第二章 渔业的监督管理

第三条 国家对渔业的监督管理,实行统一领导、分级管理。

国务院划定的"机动渔船底拖网禁渔区线"外侧,属于中华人民共和国管辖海域的渔业,由国务院渔业行政主管部门及其所属的海区渔政管理机构监督管理;"机动渔船底拖网禁渔区线"内侧海域的渔业,除国家另有规定者外,由毗邻海域的省、自治区、直辖市人民政府渔业行政主管部门监督管理。

内陆水域渔业,按照行政区划由当地县级以上地方人民政府渔业行政主管部门监督管理;跨行政区域的内陆水域渔业,由有关县级以上地方人民政府协商制定管理办法,或者由上一级人民政府渔业行政主管部门及其所属的渔政监督管理机构监督管理;跨省、自治区、直辖市的大型江河的渔业,可以由国务院渔业行政主管部门监督管理。

重要的、洄游性的共用渔业资源,由国家统一管理;定居性的、小宗的渔业资源,由地方人民政府渔业行政主管部门管理。

第四条 "机动渔船底拖网禁渔区线"内侧海域的渔业,由有关省、自治区、直辖市人民政府渔业行政主管部门协商划定监督管理范围;划定监督管理范围有困难的,可划叠区或者共管区管理,必要时由国务院渔业行政主管部门决定。

第五条 渔场和渔汛生产,应当以渔业资源可捕量为依据,按照有利于保护、增殖和合理利用渔业资源,优先安排邻近地区、兼顾其他地区的原则,统筹安排。

舟山渔场冬季带鱼汛,浙江渔场大黄鱼汛,闽东、闽中渔场大黄鱼汛,吕泗渔场大黄鱼、小黄鱼、鲳鱼汛,渤海渔场秋季对虾汛等主要渔场、渔汛和

* 本实施细则是根据 1986 年第六届全国人大常委会第十四次会议通过的《中华人民共和国渔业法》制定的。2000 年 10 月 31 日第九届全国人大常委会第十八次会议、2004 年 8 月 28 日第十届全国人大常委会第十一次会议和 2009 年 8 月 27 日第十一届全国人大常委会第十次会议、2013 年 12 月 28 日第十二届全国人大常委会第六次会议分别对渔业法进行了修正。本实施细则所指引的渔业法条文已与修正后的渔业法条文不一致。另外,两者规定内容不一致时,以修正后的渔业法条文为准。

跨海区管理线的捕捞作业，由国务院渔业行政主管部门或其授权单位安排。

第六条 国务院渔业行政主管部门的渔政渔港监督管理机构，代表国家行使渔政渔港监督管理权。

国务院渔业行政主管部门在黄渤海、东海、南海三个海区设渔政监督管理机构；在重要渔港、边境水域和跨省、自治区、直辖市的大型江河，根据需要设渔政渔港监督管理机构。

第七条 渔政检查人员有权对各种渔业及渔业船舶的证件、渔船、渔具、渔获物和捕捞方法，进行检查。

渔政检查人员经国务院渔业行政主管部门或者省级人民政府渔业行政主管部门考核，合格者方可执行公务。

第八条 渔业行政主管部门及其所属的渔政监督管理机构，应当与公安、海监、交通、环保、工商行政管理等有关部门相互协作，监督检查渔业法规的施行。

第九条 群众性护渔管理组织，应当在当地县级以上人民政府渔业行政主管部门的业务指导下，依法开展护渔管理工作。

第三章 养殖业

第十条 使用全民所有的水面、滩涂，从事养殖生产的全民所有制单位和集体所有制单位，应当向县级以上地方人民政府申请养殖使用证。

全民所有的水面、滩涂在一县行政区域内的，由该县人民政府核发养殖使用证；跨县的，由有关县协商核发养殖使用证，必要时由上级人民政府决定核发养殖使用证。

第十一条 领取养殖使用证的单位，无正当理由未从事养殖生产，或者放养量低于当地同类养殖水域平均放养量60%的，应当视为荒芜。

第十二条 全民所有的水面、滩涂中的鱼、虾、蟹、贝、藻类的自然产卵场、繁殖场、索饵场及重要的洄游通道必须予以保护，不得划作养殖场所。

第十三条 国家建设征用集体所有的水面、滩涂，按照国家土地管理法规办理。

第四章 捕捞业

第十四条 近海渔场与外海渔场的划分：

（一）渤海、黄海为近海渔场。

（二）下列四个基点之间连线内侧海域为东海近海渔场；四个基点之间连线外侧海域为东海外海渔场。四个基点是：

1. 北纬33度，东经125度；
2. 北纬29度，东经125度；
3. 北纬28度，东经124度30分；
4. 北纬27度，东经123度。

（三）下列两条等深线之内侧海域为南海近海渔场；两条等深线之外侧海域为南海外海渔场。两条等深线是：

1. 东经112度以东之80米等深线；
2. 东经112度以西之100米等深线。

第十五条 国家对捕捞业，实行捕捞许可制度。

从事外海、远洋捕捞业的，由经营者提出申请，经省、自治区、直辖市人民政府渔业行政主管部门审核后，报国务院渔业行政主管部门批准。从事外海生产的渔船，必须按照批准的海域和渔期作业，不得擅自进入近海捕捞。

近海大型拖网、围网作业的捕捞许可证，由国务院渔业行政主管部门批准发放；近海其他作业的捕捞许可证，由省、自治区、直辖市人民政府渔业行政主管部门按照国家下达的船网工具控制指标批准发放。

内陆水域的捕捞许可证，由县级以上地方人民政府渔业行政主管部门批准发放。

捕捞许可证的格式，由国务院渔业行政主管部门制定。

第十六条 在中华人民共和国管辖水域，外商投资的渔业企业，未经国务院有关主管部门批准，不得从事近海捕捞业。

第十七条 有下列情形之一的，不得发放捕捞许可证：

（一）使用破坏渔业资源、被明令禁止使用的渔具或者捕捞方法的；

（二）未按国家规定办理批准手续，制造、更新改造、购置或者进口捕捞渔船的；

（三）未按国家规定领取渔业船舶证书、航行签证簿、职务船员证书、船舶户口簿、渔民证等证件的。

第十八条 娱乐性游钓和在尚未养殖、管理的滩涂手工采集零星水产品的，不必申请捕捞许可证，但应当加强管理，防止破坏渔业资源。具体管理办法由县级以上人民政府制定。

第十九条 因科学研究等特殊需要，在禁渔区、禁渔期捕捞，或者使用禁用的渔具、捕捞方法，或者捕捞重点保护的渔业资源品种，必须经省级以上人民政府渔业行政主管部门批准。

第五章 渔业资源的增殖和保护

第二十条 禁止使用电力、鱼鹰捕鱼和敲舷作业。在特定水域确有必要使用电力或者鱼鹰捕鱼时，必须经省、自治区、直辖市人民政府渔业行政主管部门批准。

第二十一条 县级以上人民政府渔业行政主管部门，应当依照本实施细则第三条规定的管理权限，确定重点保护的渔业资源品种及采捕标准。在重要鱼、虾、蟹、贝、藻类，以及其他重要水生生物的产卵场、索饵场、越冬场和洄游通道，规定禁渔区和禁渔期，禁止使用或者限制使用的渔具和捕捞方法，最小网目尺寸，以及制定其他保护渔业资源的措施。

第二十二条 在“机动渔船底拖网禁渔区线”内侧建造人工鱼礁的，必须经有关省、自治区、直辖市人民政府渔业行政主管部门或其授权单位批准。

建造人工鱼礁，应当避开主要航道和重要锚地，并通知有关交通和海洋管理部门。

第二十三条 定置渔业一般不得跨县作业。县级以上人民政府渔业行政主管部门应当限制其网桩数量、作业场所，并规定禁渔期。海洋定置渔业，不得越出“机动渔船底拖网禁渔区线”。

第二十四条 因养殖或者其他特殊需要，捕捞鳗鲡、鲥鱼、中华绒螯蟹、真鲷、石斑鱼等有重要经济价值的水生动物苗种或者禁捕的怀卵亲体的，必须经国务院渔业行政主管部门或者省、自治区、直辖市人民政府渔业行政主管部门批准，并领取专项许可证件，方可在指定区域和时间内，按照批准限额捕捞。捕捞其他有重要经济价值的水生动物苗种的批准权，由省、自治区、直辖市人民政府渔业行政主管部门规定。

第二十五条 禁止捕捞中国对虾苗种和春季亲虾。因养殖需要中国对虾怀卵亲体的，应当限期由养殖单位自行培育，期限及管理办法由国务院渔业行政主管部门制定。

第二十六条 任何单位和个人，在鱼、虾、蟹、贝幼苗的重点产区直接引水、用水的，应当采取避开幼苗的密集期、密集区，或者设置网栅等保护措施。

第二十七条 各级渔业行政主管部门，应当对渔业水域污染情况进行监测；渔业环境保护监测网，应当纳入全国环境监测网络。因污染造成渔业损失的，应当由渔政渔港监督管理部门协同环保部门调查处理。

第二十八条 在重点渔业水域不得从事拆船业。在其他渔业水域从事拆船业，造成渔业资源损害的，由拆船单位依照有关规定负责赔偿。

第六章 罚 则

第二十九条 依照《渔业法》第二十八条规定处以罚款的，按下列规定执行：

（一）炸鱼、毒鱼的，违反关于禁渔区、禁渔期的规定进行捕捞的，擅自捕捞国家规定禁止捕捞的珍贵水生动物的，在内陆水域处五十元至五千元罚款，在海洋处五百元至五万元罚款；

（二）敲舷作业的，处一千元至五万元罚款；

（三）未经批准使用鱼鹰捕鱼的，处五十元至二百元罚款；

（四）未经批准使用电力捕鱼的，在内陆水域处二百元至一千元罚款，在海洋处五百元至三千元罚款；

（五）使用小于规定的最小网目尺寸的网具进行捕捞的，处五十元至一千元罚款。

第三十条 依照《渔业法》第二十九条规定处以罚款的，按罚款一千元以下执行。

第三十一条 依照《渔业法》第三十条规定需处以罚款的，按下列规定执行：

（一）内陆渔业非机动渔船，处五十元至一百五十元罚款；

（二）内陆渔业机动渔船和海洋渔业非机动渔船，处一百元至五百元罚款；

（三）海洋渔业机动渔船，处二百元至二万元罚款。

第三十二条 依照《渔业法》第三十一条规定需处以罚款的，按下列规定执行：

（一）内陆渔业非机动渔船，处二十五元至五十元罚款；

（二）内陆渔业机动渔船和海洋渔业非机动渔船，处五十元至一百元罚款；

（三）海洋渔业机动渔船，处五十元至三千元

罚款;

(四)外海渔船擅自进入近海捕捞的,处三千元至二万元罚款。

第三十三条 买卖、出租或者以其他形式非法转让以及涂改捕捞许可证的,没收违法所得,吊销捕捞许可证,可以并处一百元至一千元罚款。

第三十四条 依照《渔业法》第二十八条、第三十条、第三十一条、第三十二条规定需处以罚款的,对船长或者单位负责人可以视情节另处一百元至五百元罚款。

第三十五条 未按《渔业法》和本实施细则有关规定,采取保护措施,造成渔业资源损失的,围湖造田或者未经批准围垦沿海滩涂的,应当依法承担责任。

第三十六条 外商投资的渔业企业,违反本实施细则第十六条规定,没收渔获物和违法所得,可以并处三千元至五万元罚款。

第三十七条 外国人、外国渔船违反《渔业法》第八条规定,擅自进入中华人民共和国管辖水域从事渔业生产或者渔业资源调查活动的,渔业行政主管部门或其所属的渔政监督管理机构应当令其离开或者将其驱逐,并可处以罚款和没收渔获物、渔具。

第三十八条 渔业行政主管部门或其所属的渔政监督管理机构进行处罚时,应当填发处罚决定书;处以罚款及没收渔具、渔获物和违法所得的,应当开具凭证,并在捕捞许可证上载明。

第三十九条 有下列行为之一的,由公安机关依照《中华人民共和国治安管理处罚条例》的规定处罚;构成犯罪的,由司法机关依法追究刑事责任:

(一)拒绝、阻碍渔政检查人员依法执行职务的;

(二)偷窃、哄抢或者破坏渔具、渔船、渔获物的。

第四十条 渔政检查人员玩忽职守或者徇私枉法的,由其所在单位或者上级主管部门给予行政处分;构成犯罪的,依法追究刑事责任。

第七章 附 则

第四十一条 本实施细则由农牧渔业部负责解释。

第四十二条 本实施细则自发布之日起施行。

水产资源繁殖保护条例

·1979年2月10日国务院发布

第一章 总 则

第一条 根据中华人民共和国宪法第六条:“矿藏,水流,国有的森林、荒地和其他海陆资源,都属于全民所有”和第十一条:“国家保护环境和自然资源,防治污染和其他公害”的精神,为了繁殖保护水产资源,发展水产事业,以适应社会主义现代化建设的需要,特制定本条例。

第二条 凡是有经济价值的水生动物和植物的亲体、幼体、卵子、孢子等,以及赖以繁殖成长的水域环境,都按本条例的规定加以保护。

第三条 国家水产总局、各海区渔业指挥部和地方各级革命委员会,应当加强对水产资源繁殖保护工作的组织领导,充分发动和依靠群众,认真贯彻执行本条例。

第二章 保护对象和采捕原则

第四条 对下列重要或名贵的水生动物和植物应当重点加以保护。

(一)鱼类

海水鱼:带鱼、大黄鱼、小黄鱼、蓝圆鲹、沙丁鱼、太平洋鲱鱼、鳓鱼、真鲷、黑鲷、二长棘鲷、红笛鲷、梭鱼、鲆、鲽、鳎、石斑鱼、鳕鱼、狗母鱼、金线鱼、鲳鱼、鮸鱼、白姑鱼、黄姑鱼、鲐鱼、马鲛、海鳗。

淡水鱼:鲤鱼、青鱼、草鱼、鲢鱼、鳙鱼、鲌鱼、红鳍、鲮鱼、鲫鱼、鲥鱼、鳜鱼、鲂鱼、鳊鱼、鲑鱼、长江鲟、中华鲟、白鲟、青海湖裸鲤、鲚鱼、银鱼、河鳗、黄鳝、鮰鱼。

(二)虾蟹类

对虾、毛虾、青虾、鹰爪虾、中华绒螯蟹、梭子蟹、青蟹。

(三)贝类

鲍鱼、蛏、蚶、牡蛎、西施舌、扇贝、江瑶、文蛤、杂色蛤、翡翠贻贝、紫贻贝、厚壳贻贝、珍珠贝、河蚌。

(四)海藻类

紫菜、裙带菜、石花菜、江篱、海带、麒麟菜。

(五)淡水食用水生植物类

莲藕、菱角、芡实。

（六）其他

白鳍豚、鲸、大鲵、海龟、玳瑁、海参、乌贼、鱿鱼、乌龟、鳖。

各省、自治区、直辖市革命委员会可以根据本地的水产资源情况，对重点保护对象，作必要的增减。

第五条 水生动物的可捕标准，应当以达到性成熟为原则。对各种捕捞对象应当规定具体的可捕标准（长度或重量）和渔获物中小于可捕标准部分的最大比重。捕捞时应当保留足够数量的亲体，使资源能够稳定增长。

各种经济藻类和淡水食用水生植物，应当待其长成后方得采收，并注意留种、留株，合理轮采。

第六条 各地应当因地制宜采取各种措施，如改良水域条件、人工投放苗种、投放鱼巢、灌江纳苗、营救幼鱼、移植驯化、消除敌害、引种栽植等，增殖水产资源。

第三章 禁渔区和禁渔期

第七条 对某些重要鱼虾贝类产卵场、越冬场和幼体索饵场，应当合理规定禁渔区、禁渔期，分别不同情况，禁止全部作业，或限制作业的种类和某些作业的渔具数量。

第八条 凡是鱼、蟹等产卵洄游通道的江河，不得遮断河面拦捕，应当留出一定宽度的通道，以保证足够数量的亲体上溯或降河产卵繁殖。更不准在闸口拦捕鱼、蟹幼体和产卵洄游的亲体，必要时应当规定禁渔期。因养殖生产需要而捕捞鱼苗、蟹苗者，应当经省、自治区、直辖市水产部门批准，在指定水域和时间内作业。

第四章 渔具和渔法

第九条 各种主要渔具，应当按不同捕捞对象，分别规定最小网眼（箔眼）尺寸。其中机轮拖网、围网和机帆船拖网的最小网眼尺寸，由国家水产总局规定。

禁止制造或出售不合规定的渔具。

第十条 现有危害资源的渔具、渔法，应当根据其危害资源的程度，区别对待。对危害资源较轻的，应当有计划、有步骤地予以改进。对严重危害资源的，应当加以禁止或限期淘汰，在没有完全淘汰之前，应当适当地限制其作业场所和时间。

捕捞小型成熟鱼、虾的小眼网具，只准在指定的水域和时间内作业。

第十一条 严禁炸鱼、毒鱼、滥用电力捕鱼以及进行敲𦨭作业等严重损害水产资源的行为。

第五章 水域环境的维护

第十二条 禁止向渔业水域排弃有害水产资源的污水、油类、油性混合物等污染物质和废弃物。各工矿企业必须严格执行国家颁发的《工业“三废”排放试行标准》、《放射防护规定》和其他有关规定。

因卫生防疫或驱除病虫害等，需要向渔业水域投注药物时，应当兼顾到水产资源的繁殖保护。农村浸麻应当集中在指定的水域中进行。

第十三条 修建水利工程，要注意保护渔业水域环境。在鱼、蟹等洄游通道筑坝，要相应地建造过鱼设施。已建成的水利工程，凡阻碍鱼、蟹等洄游和产卵的，由水产部门和水利管理部门协商，在许可的水位、水量、水质的条件下，适时开闸纳苗或捕苗移殖。

围垦海涂、湖滩，要在不损害水产资源的条件下，统筹安排，有计划地进行。

第六章 奖 惩

第十四条 对贯彻执行本条例有成绩的单位或个人，国家水产总局、各海区渔业指挥部和地方各级革命委员会应当酌情给予表扬或适当的物质奖励。

第十五条 对违反本条例的，应当视情节轻重给予批评教育，或赔偿损失、没收渔获、没收渔具、罚款等处分。凡干部带头怂恿违反本条例的，要追究责任，必要时给予行政或纪律处分。对严重损害资源造成重大破坏的，或抗拒管理，行凶打人的，要追究刑事责任。对坏人的破坏活动要坚决打击，依法惩处。

第七章 组织领导和职责

第十六条 全国水产资源繁殖保护工作由国家水产总局管理，有关部门配合。地方各级革命委员会应当指定水产行政部门和其他有关部门具体负责本条例的贯彻执行，并可以根据需要设置渔政管理机构。各海区渔业指挥部和省、自治区、直辖市应当配备渔政船只。

有些海湾、湖泊、江河、水库等水域，也可以根据需要，经省、自治区、直辖市革命委员会批准，设立水产资源繁殖保护管理机构或群众性的管理委员会。

第十七条 各级水产行政部门及其渔政管理机构，应当切实加强对水产资源繁殖保护工作的管理，建立渔业许可证制度，核定渔船、渔具发展数量和作业类型，进行渔船登记，加强监督检查，保障对水产资源的合理利用。

水产科研部门应当将资源调查、资源保护和改进渔具、渔法的研究工作列为一项重要任务，及时提出水产资源繁殖保护的建议，并为制定实施细则提供科学依据。

第十八条 凡是跨越本省、自治区、直辖市水域进行渔业生产的，必须遵守当地水产资源繁殖保护的有关具体规定。

因科学研究工作需要，从事与本条例和当地有关水产资源繁殖保护的规定有抵触的活动，必须事先报经省、自治区、直辖市水产行政部门批准。

第八章　附　则

第十九条 地方各级革命委员会应当根据本条例的规定，结合本地区的具体情况，制定实施细则，报上一级领导机关备案。

第二十条 本条例自颁布之日起施行。

渔业资源增殖保护费征收使用办法

- 1988 年 10 月 9 日国务院批准
- 1988 年 10 月 31 日农业部、财政部、国家物价局令第 1 号公布
- 根据 2011 年 1 月 8 日《国务院关于废止和修改部分行政法规的决定》修订

第一条 根据《中华人民共和国渔业法》的有关规定，制定本办法。

第二条 凡在中华人民共和国的内水、滩涂、领海以及中华人民共和国管辖的其他海域采捕天然生长和人工增殖水生动植物的单位和个人，必须依照本办法缴纳渔业资源增殖保护费（以下简称“渔业资源费”）。

第三条 渔业资源费的征收和使用，实行取之于渔、用之于渔的原则。

第四条 渔业资源费由县级以上人民政府渔业行政主管部门及其授权单位依照批准发放捕捞许可证的权限征收。由国务院渔业行政主管部门批准发放捕捞许可证的，渔业资源费由国务院渔业行政主管部门所属的海区渔政监督管理机构（以下称“海区渔政监督管理机构”）征收。

第五条 渔业资源费分为海洋渔业资源费和内陆水域渔业资源费。

海洋渔业资源费年征收金额，由沿海省级人民政府渔业行政主管部门或者海区渔政监督管理机构，在其批准发放捕捞许可证的渔船前 3 年采捕水产品的平均年总产值（不含专项采捕经济价值较高的渔业资源品种产值）1%至 3%的幅度内确定。

内陆水域渔业资源费年征收金额由省级人民政府确定。

专项采捕经济价值较高的渔业资源品种，渔业资源费年征收金额，由省级人民政府渔业行政主管部门或者海区渔政监督管理机构，在其批准发放捕捞许可证的渔船前 3 年采捕该品种的平均年总产值 3%至 5%的幅度内确定。

经济价值较高的渔业资源品种名录，由国务院渔业行政主管部门确定。

第六条 渔业资源费的具体征收标准，由省级人民政府渔业行政主管部门或者海区渔政监督管理机构，在本办法第五条确定的渔业资源费年征收金额幅度内，依照下列原则制定：

（一）从事外海捕捞、有利于渔业资源保护或者国家鼓励开发的作业的，其渔业资源费征收标准应当低于平均征收标准，也可以在一定时期内免征渔业资源费。

（二）从事应当淘汰、不利于渔业资源保护或者国家限制发展的作业的，或者持临时捕捞许可证进行采捕作业的，其渔业资源费征收标准应当高于平均征收标准，但最高不得超过平均征收标准金额的 3 倍。

（三）依法经批准采捕珍稀水生动植物的，依照专项采捕经济价值较高的渔业资源品种适用的征收标准，加倍征收渔业资源费，但最高不得超过上述征收标准金额的 3 倍。因从事科研活动的需要，依据有关规定经批准采捕珍稀水生动植物的除外。

渔业资源费的具体征收标准，省级人民政府渔业行政主管部门制定的，由省级人民政府物价

部门核定；海区渔政监督管理机构制定的，报国务院渔业行政主管部门审查后，由国务院物价部门核定。

第七条 县级以上地方人民政府渔业行政主管部门或者海区渔政监督管理机构，根据本办法第六条规定的渔业资源费征收标准，依照作业单位的船只、功率和网具数量，确定应当缴纳的渔业资源费金额。

第八条 持有广东省和香港、澳门地区双重户籍的流动渔船，由广东省人民政府渔业行政主管部门征收渔业资源费。

第九条 县级以上地方人民政府渔业行政主管部门或者海区渔政监督管理机构，在批准发放捕捞许可证的同时征收渔业资源费，并在捕捞许可证上注明缴纳金额，加盖印章。

征收渔业资源费时，必须出具收费的收据。

第十条 渔业资源费列入当年生产成本。

第十一条 省级人民政府渔业行政主管部门征收的渔业资源费（含市、县上缴部分，下同），实行按比例留成和上缴一部分统筹使用的办法。

沿海省级人民政府渔业行政主管部门征收的海洋渔业资源费，90%由其留用；10%上缴海区渔政监督管理机构，用于大范围洄游性渔业资源增殖保护项目。省级人民政府渔业行政主管部门征收的内陆水域渔业资源费全部由其安排使用。

市、县人民政府渔业行政主管部门征收的渔业资源费上缴省、自治区、直辖市的比例，由省级人民政府渔业行政主管部门商同级财政部门确定。

第十二条 渔业资源费用于渔业资源的增殖、保护，使用范围是：

（一）购买增殖放流用的苗种和培育苗种所需的配套设施，修建近海和内陆水域人工鱼礁、鱼巢等增殖设施；

（二）为保护特定的渔业资源品种，借给渔民用于转业或者转产的生产周转金（不得作为生活补助和流动资金）；

（三）为增殖渔业资源提供科学研究经费补助；

（四）为改善渔业资源增殖保护管理手段和监测渔业资源提供经费补助。

渔业资源费用于渔业资源增殖与保护之间的比例，属于海区掌握的，由海区渔政监督管理机构确定；属于省、自治区、直辖市掌握的，由省级人民政府渔业行政主管部门商同级财政部门确定。

第十三条 跨省、自治区、直辖市的大江、大河的人工增殖放流，由江河流经的省、自治区、直辖市人民政府渔业行政主管部门根据国务院渔业行政主管部门的统一规划，从其征收的内陆水域渔业资源费中提取经费。

第十四条 渔业资源费按预算外资金管理。

县级以上人民政府渔业行政主管部门征收的渔业资源费应当交同级财政部门在银行开设专户储存，依照规定用途专款专用，不得挪用。

第十五条 县级以上地方人民政府渔业行政主管部门以及渔业资源费的其他使用单位，应当在年初编制渔业资源费收支计划，在年终编制决算，报同级财政部门审批，并报上一级渔业行政主管部门备案。

海区渔政监督管理机构编制的渔业资源费收支计划和年终决算，由国务院渔业行政主管部门审查汇总后，报财政部门审批。

收支计划和决算报表的格式由国务院渔业行政主管部门统一制订。

第十六条 各级财政、物价和审计部门，应当加强对渔业资源费征收使用工作的监督检查，对挪用、浪费渔业资源费的行为，应当依照国家有关规定查处。

第十七条 本办法由国务院渔业行政主管部门会同财政、物价部门解释。

第十八条 本办法自 1989 年 1 月 1 日起施行。

渔业捕捞许可管理规定

· 2018 年 12 月 3 日农业农村部令 2018 年第 1 号公布
· 根据 2020 年 7 月 8 日《农业农村部关于修改和废止部分规章、规范性文件的决定》第一次修订
· 根据 2022 年 1 月 7 日《农业农村部关于修改和废止部分规章、规范性文件的决定》第二次修订

第一章 总 则

第一条 为了保护、合理利用渔业资源，控制捕捞强度，维护渔业生产秩序，保障渔业生产者的合法权益，根据《中华人民共和国渔业法》，制定本

规定。

第二条 中华人民共和国的公民、法人和其他组织从事渔业捕捞活动，以及外国人、外国渔业船舶在中华人民共和国领域及管辖的其他水域从事渔业捕捞活动，应当遵守本规定。

中华人民共和国缔结的条约、协定另有规定的，按条约、协定执行。

第三条 国家对捕捞业实行船网工具控制指标管理，实行捕捞许可证制度和捕捞限额制度。

国家根据渔业资源变化与环境状况，确定船网工具控制指标，控制捕捞能力总量和渔业捕捞许可证数量。渔业捕捞许可证的批准发放，应当遵循公开、公平、公正原则，数量不得超过船网工具控制指标范围。

第四条 渔业捕捞许可证、船网工具指标等证书文件的审批实行签发人负责制，相关证书文件经签发人签字并加盖公章后方为有效。

签发人对其审批签发证书文件的真实性及合法性负责。

第五条 农业农村部主管全国渔业捕捞许可管理和捕捞能力总量控制工作。

县级以上地方人民政府渔业主管部门及其所属的渔政监督管理机构负责本行政区域内的渔业捕捞许可管理和捕捞能力总量控制的组织、实施工作。

第六条 县级以上人民政府渔业主管部门应当在其办公场所和网上办理平台，公布船网工具指标、渔业捕捞许可证审批的条件、程序、期限以及需要提交的全部材料目录和申请书示范文本等事项。

县级以上人民政府渔业主管部门应当按照本规定自受理船网工具指标或渔业捕捞许可证申请之日起20个工作日内审查完毕或者作出是否批准的决定。不予受理申请或者不予批准的，应当书面通知申请人并说明理由。

第七条 县级以上人民政府渔业主管部门应当加强渔船和捕捞许可管理信息系统建设，建立健全渔船动态管理数据库。海洋渔船船网工具指标和捕捞许可证的申请、审核审批及制发证书文件等应当通过全国统一的渔船动态管理系统进行。

申请人应当提供的户口簿、营业执照、渔业船舶检验证书、渔业船舶登记证等法定证照、权属证明在全国渔船动态管理系统或者部门间核查能够查询到有效信息的，可以不再提供纸质材料。

第二章 船网工具指标

第八条 海洋渔船按船长分为以下三类：

（一）海洋大型渔船：船长大于或者等于24米；

（二）海洋中型渔船：船长大于或者等于12米且小于24米；

（三）海洋小型渔船：船长小于12米。

内陆渔船的分类标准由各省、自治区、直辖市人民政府渔业主管部门制定。

第九条 国内海洋大中型捕捞渔船的船网工具控制指标由农业农村部确定并报国务院批准后，向有关省、自治区、直辖市下达。国内海洋小型捕捞渔船的船网工具控制指标由省、自治区、直辖市人民政府依据其渔业资源与环境承载能力、资源利用状况、渔民传统作业情况等确定，报农业农村部批准后下达。

县级以上地方人民政府渔业主管部门应当控制本行政区域内海洋捕捞渔船的数量、功率，不得超过国家或省、自治区、直辖市人民政府下达的船网工具控制指标，具体办法由省、自治区、直辖市人民政府规定。

内陆水域捕捞业的船网工具控制指标和管理，按照省、自治区、直辖市人民政府的规定执行。

第十条 制造、更新改造、购置、进口海洋捕捞渔船，应当经有审批权的人民政府渔业主管部门在国家或者省、自治区、直辖市下达的船网工具控制指标内批准，并取得渔业船网工具指标批准书。

第十一条 申请海洋捕捞渔船船网工具指标，应当向户籍所在地、法人或非法人组织登记地县级以上人民政府渔业主管部门提出，提交渔业船网工具指标申请书、申请人户口簿或者营业执照，以及申请人所属渔业组织出具的意见，并按以下情况提供资料：

（一）制造海洋捕捞渔船的，提供经确认符合船机桨匹配要求的渔船建造设计图纸。

国内海洋捕捞渔船淘汰后申请制造渔船的，还应当提供渔船拆解所在地县级以上地方人民政府渔业主管部门出具的渔业船舶拆解、销毁或处理证明和现场监督管理的影像资料，以及原发证机关出具的渔业船舶证书注销证明。

国内海洋捕捞渔船因海损事故造成渔船灭失后申请制造渔船的，还应当提供船籍港登记机关出具的灭失证明和原发证机关出具的渔业船舶证书注销证明。

（二）购置海洋捕捞渔船的提供：

1. 被购置渔船的渔业船舶检验证书、渔业船舶国籍证书和所有权登记证书；

2. 被购置渔船的渔业捕捞许可证注销证明；

3. 渔业船网工具指标转移证明；

4. 渔船交易合同；

5. 出售方户口簿或者营业执照。

（三）更新改造海洋捕捞渔船的提供：

1. 渔业船舶检验证书、渔业船舶国籍证书和所有权登记证书；

2. 渔业捕捞许可证注销证明。

申请增加国内渔船主机功率的，还应当提供用于主机功率增加部分的被淘汰渔船的拆解、销毁或处理证明和现场监督管理的影像资料或者灭失证明，及其原发证机关出具的渔业船舶证书注销证明，并提供经确认符合船机桨匹配要求的渔船建造设计图纸。

（四）进口海洋捕捞渔船的，提供进口理由、旧渔业船舶进口技术评定书。

（五）申请制造、购置、更新改造、进口远洋渔船的，除分别按照第一项、第二项、第三项、第四项规定提供相应资料外，应当提供远洋渔业项目可行性研究报告；到他国管辖海域作业的远洋渔船，还应当提供与外方的合作协议或有关当局同意入渔的证明。但是，申请购置和更新改造的远洋渔船，不需提供渔业捕捞许可证注销证明。

（六）购置并制造、购置并更新改造、进口并更新改造海洋捕捞渔船的，同时按照制造、更新改造和进口海洋捕捞渔船的要求提供相关材料。

第十二条 下列海洋捕捞渔船的船网工具指标，向省级人民政府渔业主管部门申请。省级人民政府渔业主管部门应当按照规定进行审查，并将审查意见和申请人的全部申请材料报农业农村部审批：

（一）远洋渔船；

（二）因特殊需要，超过国家下达的省、自治区、直辖市渔业船网工具控制指标的渔船；

（三）其他依法应由农业农村部审批的渔船。

第十三条 除第十二条规定情况外，制造或者更新改造国内海洋大中型捕捞渔船的船网工具指标，由省级人民政府渔业主管部门审批。

跨省、自治区、直辖市购置国内海洋捕捞渔船的，由买入地省级人民政府渔业主管部门审批。

其他国内渔船的船网工具指标的申请、审批，由省、自治区、直辖市人民政府规定。

第十四条 制造、更新改造国内海洋捕捞渔船的，应当在本省、自治区、直辖市渔业船网工具控制指标范围内，通过淘汰旧捕捞渔船解决，船数和功率数应当分别不超过淘汰渔船的船数和功率数。国内海洋大中型捕捞渔船和小型捕捞渔船的船网工具指标不得相互转换。

购置国内海洋捕捞渔船的船网工具指标随船转移。国内海洋大中型捕捞渔船不得跨海区买卖，国内海洋小型和内陆捕捞渔船不得跨省、自治区、直辖市买卖。

国内现有海洋捕捞渔船经审批转为远洋捕捞作业的，其船网工具指标予以保留。因渔船发生重大改造，导致渔船主尺度、主机功率和作业类型发生变更的除外。

专业远洋渔船不计入省、自治区、直辖市的船网工具控制指标，由农业农村部统一管理，不得在我国管辖水域作业。

第十五条 渔船灭失、拆解、销毁的，原船舶所有人可自渔船灭失、拆解、销毁之日起12个月内，按本规定申请办理渔船制造或更新改造手续；逾期未申请的，视为自行放弃，由渔业主管部门收回船网工具指标。渔船灭失依法需要调查处理的，调查处理所需时间不计算在此规定期限内。

专业远洋渔船因特殊原因无法按期申请办理渔船制造手续的，可在前款规定期限内申请延期，但最长不超过相应远洋渔业项目届满之日起36个月。

第十六条 申请人应当凭渔业船网工具指标批准书办理渔船制造、更新改造、购置或进口手续，并申请渔船检验、登记，办理渔业捕捞许可证。

制造、更新改造、进口渔船的渔业船网工具指标批准书的有效期为18个月，购置渔船的渔业船网工具指标批准书的有效期为6个月。因特殊原因在规定期限内无法办理完毕相关手续的，可在有效期届满前3个月内申请有效期延展18个月。

已开工建造的到特殊渔区作业的专业远洋渔

船,在延展期内仍无法办理完毕相关手续的,可在延展期届满前3个月内再申请延展18个月,且不得再次申请延展。

船网工具指标批准书有效期届满未依法延续的,审批机关应当予以注销并收回船网工具指标。

第十七条 渔业船网工具指标批准书在有效期内遗失或者灭失的,船舶所有人应当在1个月内向原审批机关说明遗失或者灭失的时间、地点和原因等情况,由原审批机关在其官方网站上发布声明,自公告声明发布之日起15日后,船舶所有人可向原审批机关申请补发渔业船网工具指标批准书。补发的渔业船网工具指标批准书有效期限不变。

第十八条 因继承、赠与、法院判决、拍卖等发生海洋渔船所有权转移的,参照购置海洋捕捞渔船的规定申请办理船网工具指标和渔业捕捞许可证。依法拍卖的,竞买人应当具备规定的条件。

第十九条 有下列情形之一的,不予受理海洋渔船的渔业船网工具指标申请;已经受理的,不予批准:

(一)渔船数量或功率数超过船网工具控制指标的;

(二)从国外或香港、澳门、台湾地区进口,或以合作、合资等方式引进捕捞渔船在我国管辖水域作业的;

(三)除他国政府许可或到特殊渔区作业有特别需求的专业远洋渔船外,制造拖网作业渔船的;

(四)制造单锚张纲张网、单船大型深水有囊围网(三角虎网)作业渔船的;

(五)户籍登记为一户的申请人已有两艘以上小型捕捞渔船,申请制造、购置的;

(六)除专业远洋渔船外,申请人户籍所在地、法人或非法人组织登记地为非沿海县(市)的,或者企业法定代表人户籍所在地与企业登记地不一致的;

(七)违反本规定第十四条第一款、第二款规定,以及不符合有关法律、法规、规章规定和产业发展政策的。

第三章 渔业捕捞许可证

第一节 一般规定

第二十条 在中华人民共和国管辖水域从事渔业捕捞活动,以及中国籍渔船在公海从事渔业捕捞活动,应当经审批机关批准并领取渔业捕捞许可证,按照渔业捕捞许可证核定的作业类型、场所、时限、渔具数量和规格、捕捞品种等作业。对已实行捕捞限额管理的品种或水域,应当按照规定的捕捞限额作业。

禁止在禁渔区、禁渔期、自然保护区从事渔业捕捞活动。

渔业捕捞许可证应当随船携带,徒手作业的应当随身携带,妥善保管,并接受渔业行政执法人员的检查。

第二十一条 渔业捕捞许可证分为下列八类:

(一)海洋渔业捕捞许可证,适用于许可中国籍渔船在我国管辖海域的捕捞作业;

(二)公海渔业捕捞许可证,适用于许可中国籍渔船在公海的捕捞作业。国际或区域渔业管理组织有特别规定的,应当同时遵守有关规定;

(三)内陆渔业捕捞许可证,适用于许可在内陆水域的捕捞作业;

(四)专项(特许)渔业捕捞许可证,适用于许可在特定水域、特定时间或对特定品种的捕捞作业,或者使用特定渔具或捕捞方法的捕捞作业;

(五)临时渔业捕捞许可证,适用于许可临时从事捕捞作业和非专业渔船临时从事捕捞作业;

(六)休闲渔业捕捞许可证,适用于许可从事休闲渔业的捕捞活动;

(七)外国渔业捕捞许可证,适用于许可外国船舶、外国人在我国管辖水域的捕捞作业;

(八)捕捞辅助船许可证,适用于许可为渔业捕捞生产提供服务的渔业捕捞辅助船,从事捕捞辅助活动。

第二十二条 渔业捕捞许可证核定的作业类型分为刺网、围网、拖网、张网、钓具、耙刺、陷阱、笼壶、地拉网、敷网、抄网、掩罩等共12种。核定作业类型最多不得超过两种,并应当符合渔具准用目录和技术标准,明确每种作业类型中的具体作业方式。拖网、张网不得互换且不得与其他作业类型兼作,其他作业类型不得改为拖网、张网作业。

捕捞辅助船不得从事捕捞生产作业,其携带的渔具应当捆绑、覆盖。

第二十三条 渔业捕捞许可证核定的海洋捕捞作业场所分为以下四类:

A类渔区:黄海、渤海、东海和南海等海域机动渔船底拖网禁渔区线向陆地一侧海域；

B类渔区：我国与有关国家缔结的协定确定的共同管理渔区、南沙海域、黄岩岛海域及其他特定渔业资源渔场和水产种质资源保护区；

C类渔区：渤海、黄海、东海、南海及其他我国管辖海域中除A类、B类渔区之外的海域。其中，黄渤海区为C1、东海区为C2、南海区为C3；

D类渔区：公海。

内陆水域捕捞作业场所按具体水域核定，跨行政区域的按该水域在不同行政区域的范围进行核定。

海洋捕捞作业场所要明确核定渔区的类别和范围，其中B类渔区要明确核定渔区、渔场或保护区的具体名称。公海要明确海域的名称。内陆水域作业场所要明确具体的水域名称及其范围。

第二十四条 渔业捕捞许可证的作业场所核定权限如下：

（一）农业农村部：A类、B类、C类、D类渔区和内陆水域；

（二）省级人民政府渔业主管部门：在海洋为本省、自治区、直辖市范围内的A类渔区，农业农村部授权的B类渔区、C类渔区。在内陆水域为本省、自治区、直辖市行政管辖水域；

（三）市、县级人民政府渔业主管部门：由省级人民政府渔业主管部门在其权限内规定并授权。

第二十五条 国内海洋大中型渔船捕捞许可证的作业场所应当核定在海洋B类、C类渔区，国内海洋小型渔船捕捞许可证的作业场所应当核定在海洋A类渔区。因传统作业习惯需要，经作业水域所在地审批机关批准，海洋大中型渔船捕捞许可证的作业场所可核定在海洋A类渔区。

作业场所核定在B类、C类渔区的渔船，不得跨海区界限作业，但我国与有关国家缔结的协定确定的共同管理渔区跨越海区界限的除外。作业场所核定在A类渔区或内陆水域的渔船，不得跨省、自治区、直辖市管辖水域界限作业。

第二十六条 专项（特许）渔业捕捞许可证应当与海洋渔业捕捞许可证或内陆渔业捕捞许可证同时使用，但因教学、科研等特殊需要，可单独使用专项（特许）渔业捕捞许可证。在B类渔区捕捞作业的，应当申请核发专项（特许）渔业捕捞许可证。

第二节 申请与核发

第二十七条 渔业捕捞许可证的申请人应当是船舶所有人。

徒手作业的，渔业捕捞许可证的申请人应当是作业人本人。

第二十八条 申请渔业捕捞许可证，申请人应当向户籍所在地、法人或非法人组织登记地县级以上人民政府渔业主管部门提出申请，并提交下列资料：

（一）渔业捕捞许可证申请书；

（二）船舶所有人户口簿或者营业执照；

（三）渔业船舶检验证书、渔业船舶国籍证书和所有权登记证书，徒手作业的除外；

（四）渔具和捕捞方法符合渔具准用目录和技术标准的说明。

申请海洋渔业捕捞许可证，除提供第一款规定的资料外，还应提供：

（一）申请人所属渔业组织出具的意见；

（二）首次申请和重新申请捕捞许可证的，提供渔业船网工具指标批准书；

（三）申请换发捕捞许可证的，提供原捕捞许可证。

申请公海渔业捕捞许可证，除提供第一款规定的资料外，还需提供：

（一）农业农村部远洋渔业项目批准文件；

（二）首次申请和重新申请的，提供渔业船网工具指标批准书；

（三）非专业远洋渔船需提供海洋渔业捕捞许可证暂存的凭据。

申请专项（特许）渔业捕捞许可证，除提供第一款规定的资料外，还应提供海洋渔业捕捞许可证或内陆渔业捕捞许可证。其中，申请到B类渔区作业的专项（特许）渔业捕捞许可证的，还应当依据有关管理规定提供申请材料；申请在禁渔区或者禁渔期作业的，还应当提供作业事由和计划；承担教学、科研等项目租用渔船的，还应提供项目计划、租用协议。

科研、教学单位的专业科研调查船、教学实习船申请专项（特许）渔业捕捞许可证，除提供第一款规定的资料外，还应提供科研调查、教学实习任务书或项目可行性报告。

第二十九条 下列作业渔船的渔业捕捞许可

证，向船籍港所在地省级人民政府渔业主管部门申请。省级人民政府渔业主管部门应当审核并报农业农村部批准发放：

（一）到公海作业的；

（二）到我国与有关国家缔结的协定确定的共同管理渔区及南沙海域、黄岩岛海域作业的；

（三）到特定渔业资源渔场、水产种质资源保护区作业的；

（四）科研、教学单位的专业科研调查船、教学实习船从事渔业科研、教学实习活动的；

（五）其他依法应当由农业农村部批准发放的。

第三十条 下列作业的捕捞许可证，由省级人民政府渔业主管部门批准发放：

（一）海洋大型拖网、围网渔船作业的；

（二）因养殖或者其他特殊需要，捕捞农业农村部颁布的有重要经济价值的苗种或者禁捕的怀卵亲体的；

（三）因教学、科研等特殊需要，在禁渔区、禁渔期从事捕捞作业的。

第三十一条 因传统作业习惯或科研、教学及其他特殊情况，需要跨越本规定第二十五条第二款规定的界限从事捕捞作业的，由申请人所在地县级以上地方人民政府渔业主管部门审核同意后，报作业水域所在地审批机关批准发放。

在相邻交界水域作业的渔业捕捞许可证，由交界水域有关的县级以上地方人民政府渔业主管部门协商发放，或由其共同的上级人民政府渔业主管部门批准发放。

第三十二条 除本规定第二十九条、第三十条、第三十一条情况外，其他作业的渔业捕捞许可证由县级以上地方人民政府渔业主管部门审批发放。

县级以上地方人民政府渔业主管部门审批发放渔业捕捞许可证，应当优先安排当地专业渔民和渔业企业。

第三十三条 除专业远洋渔船外，申请渔业捕捞许可证，企业法定代表人户籍所在地与企业登记地不一致的；申请海洋渔业捕捞许可证，申请人户籍所在地、法人或非法人组织登记地为非沿海县（市）的，不予受理；已经受理的，不予批准。

第三节 证书使用

第三十四条 从事钓具、灯光围网作业渔船的子船与其主船（母船）使用同一本渔业捕捞许可证。

第三十五条 海洋渔业捕捞许可证和内陆渔业捕捞许可证的使用期限为5年。其他种类渔业捕捞许可证的使用期限根据实际需要确定，但最长不超过3年。

使用达到农业农村部规定的老旧渔业船舶船龄的渔船从事捕捞作业的，发证机关核发其渔业捕捞许可证时，证书使用期限不得超过渔业船舶检验证书记载的有效期限。

第三十六条 渔业捕捞许可证使用期届满，或者在有效期内有下列情形之一的，应当按规定申请换发渔业捕捞许可证：

（一）因行政区划调整导致船名变更、船籍港变更的；

（二）作业场所、作业方式变更的；

（三）船舶所有人姓名、名称或地址变更的，但渔船所有权发生转移的除外；

（四）渔业捕捞许可证污损不能使用的。

渔业捕捞许可证使用期届满的，船舶所有人应当在使用期届满前3个月内，向原发证机关申请换发捕捞许可证。发证机关批准换发渔业捕捞许可证时，应当收回原渔业捕捞许可证，并予以注销。

第三十七条 在渔业捕捞许可证有效期内有下列情形之一的，应当重新申请渔业捕捞许可证：

（一）渔船作业类型变更的；

（二）渔船主机、主尺度、总吨位变更的；

（三）因购置渔船发生所有人变更的；

（四）国内现有捕捞渔船经审批转为远洋捕捞作业的。

有前款第一项、第二项、第三项情形的，还应当办理原渔业捕捞许可证注销手续。

第三十八条 渔业捕捞许可证遗失或者灭失的，船舶所有人应当在1个月内向原发证机关说明遗失或者灭失的时间、地点和原因等情况，由原发证机关在其官方网站上发布声明，自公告声明发布之日起15日后，船舶所有人可向原发证机关申请补发渔业捕捞许可证。补发的渔业捕捞许可证使用期限不变。

第三十九条 有下列情形之一的，渔业捕捞许可证失效，发证机关应当予以注销：

（一）渔业捕捞许可证、渔业船舶检验证书或者渔业船舶国籍证书有效期届满未依法延续的；

（二）渔船灭失、拆解或销毁的，或者因渔船损毁且渔业捕捞许可证灭失的；

（三）不再从事渔业捕捞作业的；

（四）渔业捕捞许可证依法被撤销、撤回或者吊销的；

（五）以贿赂、欺骗等不正当手段取得渔业捕捞许可证的；

（六）依法应当注销的其他情形。

有前款第一项、第三项规定情形的，发证机关应当事先告知当事人。有前款第二项规定情形的，应当由船舶所有人提供相关证明。

渔业捕捞许可证注销后12个月内未按规定重新申请办理的，视为自行放弃，由渔业主管部门收回船网工具指标，更新改造渔船注销捕捞许可证的除外。

第四十条 使用期一年以上的渔业捕捞许可证实行年审制度，每年审验一次。

渔业捕捞许可证的年审工作由发证机关负责，也可由发证机关委托申请人户籍所在地、法人或非法人组织登记地的县级以上地方人民政府渔业主管部门负责。

第四十一条 同时符合下列条件的，为年审合格，由审验人签字，注明日期，加盖公章：

（一）具有有效的渔业船舶检验证书和渔业船舶国籍证书，船舶所有人和渔船主尺度、主机功率、总吨位未发生变更，且与渔业船舶证书载明的一致；

（二）渔船作业类型、场所、时限、渔具数量与许可内容一致；

（三）按规定填写和提交渔捞日志，未超出捕捞限额指标（对实行捕捞限额管理的渔船）；

（四）按规定缴纳渔业资源增殖保护费；

（五）按规定履行行政处罚决定；

（六）其他条件符合有关规定。

年审不合格的，由渔业主管部门责令船舶所有人限期改正，可以再审验一次。再次审验合格的，渔业捕捞许可证继续有效。

第四章 监督管理

第四十二条 渔业船网工具指标批准书、渔业船网工具指标申请不予许可决定书、渔业捕捞许可证、渔业捕捞许可证注销证明、渔业船舶拆解销毁或处理证明、渔业船舶灭失证明、渔业船网工具指标转移证明等证书文件，由农业农村部规定样式并统一印制。

渔业船网工具指标申请书、渔业船网工具指标申请审核变更说明、渔业捕捞许可证申请书、渔业捕捞许可证注销申请表、渔捞日志等，由县级以上人民政府渔业主管部门按照农业农村部规定的统一格式印制。

第四十三条 县级以上人民政府渔业主管部门应当逐船建立渔业船网工具指标审批和渔业捕捞许可证核发档案。

渔业船网工具指标批准书使用和渔业捕捞许可证被注销后，其核发档案应当保存至少5年。

第四十四条 签发人实行农业农村部和省级人民政府渔业主管部门报备制度，县级以上人民政府渔业主管部门应推荐一至两人为签发人。

省级人民政府渔业主管部门负责备案公布本省、自治区、直辖市县级以上地方人民政府渔业主管部门的签发人，农业农村部负责备案公布省、自治区、直辖市渔业主管部门的签发人。

第四十五条 签发人越权、违规签发，或擅自更改渔业船网工具指标和渔业捕捞许可证书证件，或有其他玩忽职守、徇私舞弊等行为的，视情节对有关签发人给予警告、通报批评、暂停或取消签发人资格等处分；签发人及其所在单位应依法承担相应责任。

越权、违规签发或擅自更改的证书证件由其签发人所在单位的上级机关撤销，由原发证机关注销。

第四十六条 禁止涂改、伪造、变造、买卖、出租、出借或以其他形式转让渔业船网工具指标批准书和渔业捕捞许可证。

第四十七条 有下列情形之一的，为无效渔业捕捞许可证：

（一）逾期未年审或年审不合格的；

（二）证书载明的渔船主机功率与实际功率不符的；

（三）以欺骗或者涂改、伪造、变造、买卖、出租、出借等非法方式取得的；

（四）被撤销、注销的。

使用无效的渔业捕捞许可证或者无正当理由不能提供渔业捕捞许可证的，视为无证捕捞。

涂改、伪造、变造、买卖、出租、出借或以其他形式转让的渔业船网工具指标批准书，为无效渔业船网工具指标批准书，由批准机关予以注销，并核销相应船网工具指标。

第四十八条 依法被没收渔船的，海洋大中型捕捞渔船的船网工具指标由农业农村部核销，其他渔船的船网工具指标由省、自治区、直辖市人民政府渔业主管部门核销。

第四十九条 依法被列入失信被执行人的，县级以上人民政府渔业主管部门应当对其渔业船网工具指标、捕捞许可证的申请按规定予以限制，并冻结失信被执行人及其渔船在全国渔船动态管理系统中的相关数据。

第五十条 海洋大中型渔船从事捕捞活动应当填写渔捞日志，渔捞日志应当记载渔船捕捞作业、进港卸载渔获物、水上收购或转运渔获物等情况。其他渔船渔捞日志的管理由省、自治区、直辖市人民政府规定。

第五十一条 国内海洋大中型渔船应当在返港后向港口所在地县级人民政府渔业主管部门或其指定的机构或渔业组织提交渔捞日志。公海捕捞作业渔船应当每月向农业农村部或其指定机构提交渔捞日志。使用电子渔捞日志的，应当每日提交。

第五十二条 船长应当对渔捞日志记录内容的真实性、正确性负责。

禁止在A类渔区转载渔获物。

第五十三条 未按规定提交渔捞日志或者渔捞日志填写不真实、不规范的，由县级以上人民政府渔业主管部门或其所属的渔政监督管理机构给予警告，责令改正；逾期不改正的，可以处1000元以上1万元以下罚款。

第五十四条 违反本规定的其他行为，依照《中华人民共和国渔业法》或其他有关法律法规规章进行处罚。

第五章 附 则

第五十五条 本规定有关用语的定义如下：

渔业捕捞活动：捕捞或准备捕捞水生生物资源的行为，以及为这种行为提供支持和服务的各种活动。在尚未管理的滩涂或水域手工零星采集水产品的除外。

渔船：《中华人民共和国渔港水域交通安全管理条例》规定的渔业船舶。

船长：《渔业船舶国籍证书》中所载明的船长。

捕捞渔船：从事捕捞活动的生产船。

捕捞辅助船：渔获物运销船、冷藏加工船、渔用物资和燃料补给船等为渔业捕捞生产提供服务的船舶。

非专业渔船：从事捕捞活动的教学、科研调查船，特殊用途渔船，用于休闲捕捞活动的专业旅游观光船等船舶。

远洋渔船：在公海或他国管辖海域作业的捕捞渔船和捕捞辅助船，包括专业远洋渔船和非专业远洋渔船。专业远洋渔船，指专门用于在公海或他国管辖海域作业的捕捞渔船和捕捞辅助船；非专业远洋渔船，指具有国内有效的渔业捕捞许可证，转产到公海或他国管辖海域作业的捕捞渔船和捕捞辅助船。

船网工具控制指标：渔船的数量及其主机功率数值、网具或其他渔具的数量的最高限额。

船网工具指标：渔船的主机功率数值、网具或其他渔具的数额。

制造渔船：新建造渔船，包括旧船淘汰后再建造渔船。

更新改造渔船：通过更新主机或对船体和结构进行改造改变渔船主机功率、作业类型、主尺度或总吨位。

购置渔船：从国内买入渔船。

进口渔船：从国外和香港、澳门、台湾地区买入渔船，包括以各种方式引进渔船。

渔业组织：渔业合作组织、渔业社团（协会）、村集体经济组织、村民委员会等法人或非法人组织。

渔业船舶证书：渔业船舶检验证书、渔业船舶国籍证书、渔业捕捞许可证。

第五十六条 香港、澳门特别行政区持有广东省户籍的流动渔船的船网工具指标和捕捞许可证管理，按照农业农村部有关港澳流动渔船管理的规定执行。

第五十七条 国内捕捞辅助船的总量控制应当与本行政区域内捕捞渔船数量和规模相匹配，其船网工具指标和捕捞许可证审批按照捕捞渔船进行管理。

国内捕捞辅助船、休闲渔船和徒手作业捕捞许可管理的具体办法，由省、自治区、直辖市人民政府渔业主管部门规定。

第五十八条 我国渔船到他国管辖水域作

业，应当经农业农村部批准。

中国籍渔业船舶以光船条件出租到境外申请办理光船租赁登记和非专业远洋渔船申请办理远洋渔业项目前，应当将海洋渔业捕捞许可证交回原发证机关暂存，原发证机关应当出具暂存凭据。渔业捕捞许可证暂存期不计入渔业捕捞许可证核定的使用期限，暂存期间不需要办理年审手续。渔船回国终止光船租赁和远洋渔业项目后，凭暂存凭据领回渔业捕捞许可证。

第五十九条 本规定自2019年1月1日起施行。原农业部2002年8月23日发布，2004年7月1日、2007年11月8日和2013年12月31日修订的《渔业捕捞许可管理规定》同时废止。

三、农　村

（一）综　合

关于深入推进农村社区建设试点工作的指导意见

·2015 年 5 月

为贯彻落实党的十八大和十八届三中、四中全会精神，创新农村基层社会治理，提升农村公共服务水平，促进城乡一体化建设，现就深入推进农村社区建设试点工作提出如下指导意见。

一、充分认识深化农村社区建设试点的重要意义

农村社区是农村社会服务管理的基本单元。随着中国特色新型工业化、信息化、城镇化、农业现代化进程加快，我国农村社会正在发生深刻变化，农村基层社会治理面临许多新情况新问题：农村人口结构加剧变化，部分地区非户籍居民大幅增加，非户籍居民的社会融入问题凸显，部分地区存在村庄空心化现象，农村“三留守”群体持续扩大；农村利益主体日趋多元，农村居民服务需求更加多样，农村社会事业发展明显滞后，社会管理和公共服务能力难以适应；村民自治机制和法律制度仍需进一步完善等。加强农村社区建设，有利于推动户籍居民和非户籍居民和谐相处，有利于促进政府行政管理、公共服务与农村居民自我管理、自我服务更好地衔接互动，有利于增强农村社区自治和服务功能，为农民幸福安康、农业可持续发展、农村和谐稳定奠定坚实基础。

中央高度重视农村基层社会管理和服务工作，对推进农村社区建设提出明确要求。农村社区建设要在党和政府的领导下，在行政村范围内，依靠全体居民，整合各类资源，强化社区自治和服务功能，促进农村社区经济、政治、文化、社会、生态全面协调可持续发展，不断提升农村居民生活质量和文明素养，努力构建新型乡村治理体制机制。近年来，各地区各有关部门认真贯彻中央决策部署，组织开展农村社区建设试点工作，取得了一定成效。实践证明，农村社区建设是社会主义新农村建设的重要内容，是推进新型城镇化的配套工程，是夯实党的执政基础、巩固基层政权的重要举措。各地区各有关部门要主动适应农村经济社会发展新要求、顺应农民群众过上更加美好生活的新期待，增强做好农村社区建设工作的责任感和紧迫感，深入推进试点工作。

二、总体要求

（一）工作目标

以邓小平理论、“三个代表”重要思想、科学发展观为指导，深入贯彻习近平总书记系列重要讲话精神，以全面提高农村居民生活质量和文明素养为根本，完善村民自治与多元主体参与有机结合的农村社区共建共享机制，健全村民自我服务与政府公共服务、社会公益服务有效衔接的农村基层综合服务管理平台，形成乡土文化和现代文明融合发展的文化纽带，构建生态功能与生产生活功能协调发展的人居环境，打造一批管理有序、服务完善、文明祥和的农村社区建设示范点，为全面推进农村社区建设、统筹城乡发展探索路径、积累经验。

（二）基本原则

——以人为本、完善自治。坚持和完善村党组织领导的充满活力的村民自治制度，尊重农村居民的主体地位，切实维护好保障好农村居民的民主政治权利、合法经济利益和社会生活权益，让农村居民从农村社区建设中得到更多实惠。

——党政主导、社会协同。落实党委和政府的组织领导、统筹协调、规划建设、政策引导、资源投入等职责，发挥农村基层党组织核心作用和自治组织基础作用，调动农村集体经济组织、农民合作经济组织、农村群团组织和社会组织等各类主体的积极性、主动性和创造性。

——城乡衔接、突出特色。加强农村社区建设与新型城镇化建设的配套衔接，强化农村社区建设对新农村建设的有效支撑，既注意以城带乡、以乡促城、优势互补、共同提高，又重视乡土味道、体现农村特点、保留乡村风貌。

——科学谋划、分类施策。把握农村经济社会发展规律，做好农村社区建设的顶层设计和整体谋划，提高试点工作的科学性、前瞻性和可行性、有效性。加强分类指导，统筹考虑各地农村社区的经济发展条件、人口状况及变动趋势、自然地理状况、历史文化传统等因素，合理确定试点目标和工作重点，因地制宜开展试点探索。

——改革创新、依法治理。坚持和发展农村社会治理有效方式，发挥农村居民首创精神，积极推进农村基层社会治理的理论创新、实践创新和制度创新。深化农村基层组织依法治理，发挥村规民约积极作用，推进农村社区治理法治化、规范化。

三、工作任务

（一）完善在村党组织领导下、以村民自治为基础的农村社区治理机制。农村社区建设坚持村党组织领导、村民委员会牵头，以村民自治为根本途径和有效手段，发动农村居民参与，同时不改变村民自治机制，不增加农村基层管理层级。推进农村基层服务型党组织建设，增强乡镇、村党组织服务功能。以农村基层党组织建设带动农村自治组织、群众组织、经济社会服务组织建设，健全完善农村基层党组织引领农村社区建设的领导机制和工作机制。依法确定乡镇政府与村民委员会的权责边界，促进基层政府与基层群众自治组织有效衔接、良性互动。认真贯彻实施村民委员会组织法，加强村民委员会和村务监督机构建设，完善农村社区建设重大问题的民主决策、民主监督制度。依托村民会议、村民代表会议等载体，广泛开展形式多样的农村社区协商，探索村民议事会、村民理事会等协商形式，探索村民小组协商和管理的有效方式，逐步实现基层协商经常化、规范化、制度化。

（二）促进流动人口有效参与农村社区服务管理。依法保障符合条件的非本村户籍居民参加村民委员会选举和享有农村社区基本公共服务的权利。吸纳非户籍居民参与农村社区公共事务和公益事业的协商，建立户籍居民和非户籍居民共同参与的农村社区协调议事机制。在保障农村集体经济组织成员合法权益的前提下，探索通过分担筹资筹劳、投资集体经济等方式，引导非户籍居民更广泛地参与民主决策。健全利益相关方参与决策机制，采取会议表决、代表议事、远程咨询等决策方式，维护外出务工居民在户籍所在地农村社区的权利。健全农村“三留守”人员关爱服务体系，重点发展学前教育和养老服务，培育青年志愿组织和妇女互助组织，建立农村社区“三留守”人员动态信息库，扩大呼叫终端、远程监控等信息技术应用，切实提高对农村留守儿童、留守妇女、留守老人的服务能力和服务水平。

（三）畅通多元主体参与农村社区建设渠道。建立县级以上机关党员、干部到农村社区挂职任职、驻点包户制度。建立和完善党代表、人大代表、政协委员联系农村居民、支持农村社区发展机制。鼓励驻村机关、团体、部队、企事业单位支持、参与农村社区建设。拓宽外出发展人员和退休回乡人员参与农村社区建设渠道。依法确定村民委员会和农村集体经济组织以及各类经营主体的关系，保障农村集体经济组织独立开展经济活动的自主权，增强村集体经济组织支持农村社区建设的能力。推动发展新型农村合作金融组织、新型农民合作经济组织和社会组织，通过购买服务、直接资助、以奖代补、公益创投等方式，支持社区社会组织参与社区公共事务和公益事业，支持专业化社会服务组织到农村社区开展服务。

（四）推进农村社区法治建设。加强农村社区司法行政工作室等法治机构建设，指导农村社区开展各项法治工作，探索整合农村社区层面法治力量，加强农村社区法律援助工作，推动法治工作网络、机制和人员向农村社区延伸，推进覆盖农村居民的公共法律服务体系建设。完善人民调解、行政调解、司法调解联动工作体系，建立调处化解农村矛盾纠纷综合机制，及时了解掌握和回应不同利益主体的关切和诉求，有效预防和就地化解矛盾纠纷。建立健全农村社区公共安全体系，创新农村立体化社会治安防控体系，加强和创新农村社区平安建设，建立覆盖农村全部实有人口的动态管理机制，做好社区禁毒和特殊人群帮教工作。加强农村社区警务、警务辅助力量和群防群治队伍建设，对符合任职年限条件的农村警务室民警落实职级待遇。加强农村社区普法宣传教育，提高基层党员、干部法治思维和依法办事能力，引导农村居民依法反映诉求、解决矛盾纠纷。指导完善村民自治章程和村规民约，支持农村居民自我约束和自我管理，提高农村社区治理法治化水平。

（五）提升农村社区公共服务供给水平。健全农村社区服务设施和服务体系，整合利用村级组织活动场所、文化室、卫生室、计划生育服务室、农民体育健身工程等现有场地、设施和资源，推进农村基层综合性公共服务设施建设，提升农村基层公共服务信息化水平，逐步构建县（市、区）、乡（镇）、村三级联动互补的基本公共服务网络。积极推动基本公共服务项目向农村社区延伸，探索建立公共服务事项全程委托代理机制，促进城乡基本公共服务均等化。加强农村社区教育，鼓励各级各类学校教育资源向周边农村居民开放，用好县级职教中心、乡（镇）成人文化技术学校和农村社区教育教学点。改善农村社区医疗卫生条件，加大对乡（镇）、村卫生和计划生育服务机构设施改造、设备更新、人员培训等方面的支持力度。做好农村社区扶贫、社会救助、社会福利和优抚安置服务，推进农村社区养老、助残服务，组织引导农村居民积极参加城乡居民养老保险，全面实施城乡居民大病保险制度和"救急难"工作试点。

（六）推动农村社区公益性服务、市场化服务创新发展。广泛动员党政机关、企事业单位、各类社会组织和居民群众参加农村社区志愿服务，切实发挥党员先锋模范作用。完善农村社区志愿服务站点布局，搭建社区志愿者、服务对象和服务项目对接平台，开展丰富多彩的社区志愿互助活动。根据农村社区发展特点和居民需求，分类推进社会工作服务，发挥社会工作专业人才引领社区志愿者服务作用。鼓励企业和供销合作社完善农村社区商业网点和物流布局，引导经营性服务组织在农村社区开展连锁经营，采取购买服务等方式，支持社会力量在农村兴办养老助残、扶贫济困等各类社会事业。

（七）强化农村社区文化认同。以培育和践行社会主义核心价值观为根本，发展各具特色的农村社区文化，丰富农村居民文化生活，增强农村居民的归属感和认同感。深入开展和谐社区等精神文明创建活动，树立良好家风，弘扬公序良俗，创新和发展乡贤文化，形成健康向上、开放包容、创新进取的社会风尚。健全农村社区现代公共文化服务体系，整合宣传文化、党员教育、科学普及、体育健身等服务功能，形成综合性文化服务中心，开辟群众文体活动广场，增强农村文化惠民工程实效。引导城市文化机构、团体到农村社区拓展服务，支持农民兴办演出团体和其他文化团体。发现和培养乡土文化能人、民族民间文化传承人等各类文化人才，广泛开展具有浓郁乡土气息的农村社区文化体育活动，凝聚有利于农村社区发展的内在动力和创新活力。

（八）改善农村社区人居环境。强化农村居民节约意识、环保意识和生态意识，形成爱护环境、节约资源的生活习惯、生产方式和良好风气。发动农村居民和社会力量开展形式多样的农村社区公共空间、公共设施、公共绿化管护行动。完善农村社区基础设施，建立健全农村供电、供排水、道路交通安全、消防安全、地名标志、通信网络等公用设施的建设、运行、管护和综合利用机制，提高对自然灾害、事故灾难、公共卫生事件、社会安全事件的预防和处置能力。分级建立污水、垃圾收集处理网络，健全日常管理维护，促进农村废弃物循环利用，重点解决污水乱排、垃圾乱扔、秸秆随意抛弃和焚烧等脏乱差问题。加快改水、改厨、改厕、改圈，改善农村社区卫生条件。积极推进"美丽乡村"和村镇生态文明建设，保持农村社区乡土特色和田园风光。

四、工作要求

（一）加强组织领导。各省（自治区、直辖市）要结合本地实际，确定一定数量具备条件的试点县，选择不同类型的行政村开展试点，土地集体所有权在村民小组的，可根据群众意愿和实际需要，将试点工作延伸到自然村层面，并制定切实可行的试点实施方案。中央和国家机关有关部门要加强对地方试点工作的指导，及时制定完善相关配套政策。地方党委和政府要把农村社区建设试点工作纳入重要议事日程，建立农村社区建设统筹协调和绩效评估机制。农村社区建设要在维护农民土地承包经营权和宅基地用益物权前提下开展，与当地国民经济和社会发展总体规划、土地利用规划、村庄规划和社会主义新农村建设规划等相衔接，与统筹城乡基层党的建设同步考虑。严禁强制推行大拆大建、撤村并居，严禁违反土地利用规划擅自改变农地用途，严禁以"管委会"等机构取代村党组织和村民委员会。各级民政部门要切实履行牵头职责，会同有关部门加强对试点工作的协调督导，适时组织专项督查。

（二）加强分类指导。根据不同地区经济社会发展水平和农村社区实际情况，突出重点、分类施策，稳步推进试点工作。城中村、城边村和农村居民集中移居点，要探索借鉴城市社区服务管理的有效经验，逐步实现与城镇基础设施、基本公共服务和社会事业发展相衔接；地形复杂、交通不便、居住分散的农村地区和林区、牧区、渔区可根据自身条件，探索推进农村社区建设的有效途径。外来人口集中的农村社区要重点推进社区基本公共服务向非户籍居民覆盖，促进外来人口的社区融入；人口流出较多的农村社区要加强对留守人员的生产扶持、社会救助和人文关怀，切实解决他们生产生活中的实际困难。村民自治基础和集体经济较好的村，要积极发展社区公益事业，完善社区公共设施和人居环境，着力提升居民生活品质；偏远、经济欠发达地区的农村社区，要切实增强村庄自治功能和发展能力。

（三）落实扶持政策。试点地区要加大投入力度，统筹整合相关涉农资金，提高资金使用效率，避免重复建设。推动农村社区拓宽资金来源渠道，统筹利用好村集体经济收入、政府投入和社会资金，重点保障基本公共服务设施和网络、农村居民活动场所建设需要，按规定合理安排农村社区工作经费和人员报酬。推进政府部门向社会组织转移职能和加大政府向社会组织购买服务力度，做到权随责走、费随事转。落实和完善支持农村社区建设的价格优惠政策，村民委员会服务设施用电以及社会福利场所生活用电按居民生活类价格执行。制定完善农村社区建设投融资政策，鼓励金融机构加快相关金融产品开发和服务创新，积极利用小额贷款等方式，安排信贷资金支持农村社区建设。探索在省级以下条件成熟的地区设立财政资金、金融和产业资本共同筹资的农村社区建设发展基金，吸纳更多社会资本参与农村社区建设。

（四）强化人才支撑。选优配强村"两委"领导班子，特别是选好用好管好村党组织带头人。及时吸纳农村优秀分子入党，加大发展农村青年党员工作力度。鼓励和支持退伍军人、普通高校和职业院校毕业生及各类优秀人才到农村社区工作。支持农村社区通过向社会公开招聘、挂职锻炼等方式配备和使用社会工作专业人才。加强对乡镇干部、村"两委"成员和农村社区工作者的培训，提升推动农村社区发展和服务农村居民的能力。

（五）及时总结经验。加强对农村社区建设的理论政策研究，及时将成熟的经验做法上升为政策法规，为全面推进农村社区建设提供制度保障。积极开展农村社区建设示范创建活动，适时对试点工作成效进行总结评估，稳步扩大试点范围。及时发现和宣传各类先进典型，总结推广好的经验和做法，形成全社会共同参与和推动农村社区建设的良好氛围。

各省（自治区、直辖市）要根据本指导意见，结合本地实际，制定推进农村社区建设试点工作的具体实施意见。尚未完成户籍制度改革、仍保留村民委员会的农垦区和工矿区可参照本指导意见制定试点方案。

国务院办公厅关于引导农村产权流转交易市场健康发展的意见

· 2014 年 12 月 30 日
· 国办发〔2014〕71 号

近年来，随着农村劳动力持续转移和农村改革不断深化，农户承包土地经营权、林权等各类农村产权流转交易需求明显增长，许多地方建立了多种形式的农村产权流转交易市场和服务平台，为农村产权流转交易提供了有效服务。但是，各地农村产权流转交易市场发展不平衡，其设立、运行、监管有待规范。引导农村产权流转交易市场健康发展，事关农村改革发展稳定大局，有利于保障农民和农村集体经济组织的财产权益，有利于提高农村要素资源配置和利用效率，有利于加快推进农业现代化。为此，经国务院同意，现提出以下意见。

一、总体要求

（一）指导思想。以邓小平理论、"三个代表"

重要思想、科学发展观为指导,深入贯彻习近平总书记系列重要讲话精神,全面落实党的十八大和十八届三中、四中全会精神,按照党中央、国务院决策部署,以坚持和完善农村基本经营制度为前提,以保障农民和农村集体经济组织的财产权益为根本,以规范流转交易行为和完善服务功能为重点,扎实做好农村产权流转交易市场建设工作。

(二)基本原则。

——坚持公益性为主。必须坚持为农服务宗旨,突出公益性,不以盈利为目的,引导、规范和扶持农村产权流转交易市场发展,充分发挥其服务农村改革发展的重要作用。

——坚持公开公正规范。必须坚持公开透明、自主交易、公平竞争、规范有序,逐步探索形成符合农村实际和农村产权流转交易特点的市场形式、交易规则、服务方式和监管办法。

——坚持因地制宜。是否设立市场、设立什么样的市场、覆盖多大范围等,都要从各地实际出发,统筹规划、合理布局,不能搞强迫命令,不能搞行政瞎指挥。

——坚持稳步推进。充分利用和完善现有农村产权流转交易市场,在有需求、有条件的地方积极探索新的市场形式,稳妥慎重、循序渐进,不急于求成,不片面追求速度和规模。

二、定位和形式

(三)性质。农村产权流转交易市场是为各类农村产权依法流转交易提供服务的平台,包括现有的农村土地承包经营权流转服务中心、农村集体资产管理交易中心、林权管理服务中心和林业产权交易所,以及各地探索建立的其他形式农村产权流转交易市场。现阶段通过市场流转交易的农村产权包括承包到户的和农村集体统一经营管理的资源性资产、经营性资产等,以农户承包土地经营权、集体林地经营权为主,不涉及农村集体土地所有权和依法以家庭承包方式承包的集体土地承包权,具有明显的资产使用权租赁市场的特征。流转交易以服务农户、农民合作社、农村集体经济组织为主,流转交易目的以从事农业生产经营为主,具有显著的农业农村特色。流转交易行为主要发生在县、乡范围内,区域差异较大,具有鲜明的地域特点。

(四)功能。农村产权流转交易市场既要发挥信息传递、价格发现、交易中介的基本功能,又要注意发挥贴近"三农",为农户、农民合作社、农村集体经济组织等主体流转交易产权提供便利和制度保障的特殊功能。适应交易主体、目的和方式多样化的需求,不断拓展服务功能,逐步发展成集信息发布、产权交易、法律咨询、资产评估、抵押融资等为一体的为农服务综合平台。

(五)设立。农村产权流转交易市场是政府主导、服务"三农"的非盈利性机构,可以是事业法人,也可以是企业法人。设立农村产权流转交易市场,要经过科学论证,由当地政府审批。当地政府要成立由相关部门组成的农村产权流转交易监督管理委员会,承担组织协调、政策制定等方面职责,负责对市场运行进行指导和监管。

(六)构成。县、乡农村土地承包经营权和林权等流转服务平台,是现阶段农村产权流转交易市场的主要形式和重要组成部分。利用好现有的各类农村产权流转服务平台,充分发挥其植根农村、贴近农户、熟悉农情的优势,做好县、乡范围内的农村产权流转交易服务工作。现阶段市场建设应以县域为主。确有需要的地方,可以设立覆盖地(市)乃至省(区、市)地域范围的市场,承担更大范围的信息整合发布和大额流转交易。各地要加强统筹协调,理顺县、乡农村产权流转服务平台与更高层级农村产权流转交易市场的关系,可以采取多种形式合作共建,也可以实行一体化运营,推动实现资源共享、优势互补、协同发展。

(七)形式。鼓励各地探索符合农村产权流转交易实际需要的多种市场形式,既要搞好交易所式的市场建设,也要有效利用电子交易网络平台。鼓励有条件的地方整合各类流转服务平台,建立提供综合服务的市场。农村产权流转交易市场可以是独立的交易场所,也可以利用政务服务大厅等场所,形成"一个屋顶之下、多个服务窗口、多品种产权交易"的综合平台。

三、运行和监管

(八)交易品种。农村产权类别较多,权属关系复杂,承载功能多样,适用规则不同,应实行分类指导。法律没有限制的品种均可以入市流转交易,流转交易的方式、期限和流转交易后的开发利用要遵循相关法律、法规和政策。现阶段的交易品种主要包括:

1. 农户承包土地经营权。是指以家庭承包方式承包的耕地、草地、养殖水面等经营权,可以采取出租、入股等方式流转交易，流转期限由流转双方在法律规定范围内协商确定。

2. 林权。是指集体林地经营权和林木所有权、使用权，可以采取出租、转让、入股、作价出资或合作等方式流转交易，流转期限不能超过法定期限。

3. “四荒”使用权。是指农村集体所有的荒山、荒沟、荒丘、荒滩使用权。采取家庭承包方式取得的，按照农户承包土地经营权有关规定进行流转交易。以其他方式承包的，其承包经营权可以采取转让、出租、入股、抵押等方式进行流转交易。

4. 农村集体经营性资产。是指由农村集体统一经营管理的经营性资产（不含土地）的所有权或使用权，可以采取承包、租赁、出让、入股、合资、合作等方式流转交易。

5. 农业生产设施设备。是指农户、农民合作组织、农村集体和涉农企业等拥有的农业生产设施设备，可以采取转让、租赁、拍卖等方式流转交易。

6. 小型水利设施使用权。是指农户、农民合作组织、农村集体和涉农企业等拥有的小型水利设施使用权，可以采取承包、租赁、转让、抵押、股份合作等方式流转交易。

7. 农业类知识产权。是指涉农专利、商标、版权、新品种、新技术等，可以采取转让、出租、股份合作等方式流转交易。

8. 其他。农村建设项目招标、产业项目招商和转让等。

（九）交易主体。凡是法律、法规和政策没有限制的法人和自然人均可以进入市场参与流转交易，具体准入条件按照相关法律、法规和政策执行。现阶段市场流转交易主体主要有农户、农民合作社、农村集体经济组织、涉农企业和其他投资者。农户拥有的产权是否入市流转交易由农户自主决定。任何组织和个人不得强迫或妨碍自主交易。一定标的额以上的农村集体资产流转必须进入市场公开交易，防止暗箱操作。农村产权流转交易市场要依法对各类市场主体的资格进行审查核实、登记备案。产权流转交易的出让方必须是产权权利人，或者受产权权利人委托的受托人。除农户宅基地使用权、农民住房财产权、农户持有的集体资产股权之外，流转交易的受让方原则上没有资格限制（外资企业和境外投资者按照有关法律、法规执行）。对工商企业进入市场流转交易，要依据相关法律、法规和政策，加强准入监管和风险防范。

（十）服务内容。农村产权流转交易市场都应提供发布交易信息、受理交易咨询和申请、协助产权查询、组织交易、出具产权流转交易鉴证书，协助办理产权变更登记和资金结算手续等基本服务；可以根据自身条件，开展资产评估、法律服务、产权经纪、项目推介、抵押融资等配套服务，还可以引入财会、法律、资产评估等中介服务组织以及银行、保险等金融机构和担保公司，为农村产权流转交易提供专业化服务。

（十一）管理制度。农村产权流转交易市场要建立健全规范的市场管理制度和交易规则，对市场运行、服务规范、中介行为、纠纷调处、收费标准等作出具体规定。实行统一规范的业务受理、信息发布、交易签约、交易中（终）止、交易（合同）鉴证、档案管理等制度，流转交易的产权应无争议，发布信息应真实、准确、完整，交易品种和方式应符合相应法律、法规和政策，交易过程应公开公正，交易服务应方便农民群众。

（十二）监督管理。农村产权流转交易监督管理委员会和市场主管部门要强化监督管理，加强定期检查和动态监测，促进交易公平，防范交易风险，确保市场规范运行。及时查处各类违法违规交易行为，严禁隐瞒信息、暗箱操作、操纵交易。耕地、林地、草地、水利设施等产权流转交易后的开发利用，不能改变用途，不能破坏农业综合生产能力，不能破坏生态功能，有关部门要加强监管。

（十三）行业自律。探索建立农村产权流转交易市场行业协会，充分发挥其推动行业发展和行业自律的积极作用。协会要推进行业规范、交易制度和服务标准建设，加强经验交流、政策咨询、人员培训等服务；增强行业自律意识，自觉维护行业形象，提升市场公信力。

四、保障措施

（十四）扶持政策。各地要稳步推进农村集体产权制度改革，扎实做好土地承包经营权、集体建设用地使用权、农户宅基地使用权、林权等确权登记颁证工作。实行市场建设和运营财政补贴等优惠政策，通过采取购买社会化服务或公益性岗位等措施，支持充分利用现代信息技术建立农村产权流转交易和管理信息网络平台，完善服务功能和手段。组织从业人员开展业务培训，积极培育市场中介服务组织，逐步提高专业化水平。

（十五）组织领导。各地要加强领导，健全工作机制，严格执行相关法律、法规和政策；从本地实际出发，根据农村产权流转交易需要，制定管理办法和实施方案。农村工作综合部门和科技、财政、国土资源、住房城乡建设、农业、水利、林业、金融等部门要密切配合，加强指导，及时研究解决工作中的困难和问题。

关于引导农村土地经营权有序流转发展农业适度规模经营的意见

·2014年11月

伴随我国工业化、信息化、城镇化和农业现代化进程，农村劳动力大量转移，农业物质技术装备水平不断提高，农户承包土地的经营权流转明显加快，发展适度规模经营已成为必然趋势。实践证明，土地流转和适度规模经营是发展现代农业的必由之路，有利于优化土地资源配置和提高劳动生产率，有利于保障粮食安全和主要农产品供给，有利于促进农业技术推广应用和农业增效、农民增收，应从我国人多地少、农村情况千差万别的实际出发，积极稳妥地推进。为引导农村土地（指承包耕地）经营权有序流转、发展农业适度规模经营，现提出如下意见。

一、总体要求

（一）指导思想。全面理解、准确把握中央关于全面深化农村改革的精神，按照加快构建以农户家庭经营为基础、合作与联合为纽带、社会化服务为支撑的立体式复合型现代农业经营体系和走生产技术先进、经营规模适度、市场竞争力强、生态环境可持续的中国特色新型农业现代化道路的要求，以保障国家粮食安全、促进农业增效和农民增收为目标，坚持农村土地集体所有，实现所有权、承包权、经营权三权分置，引导土地经营权有序流转，坚持家庭经营的基础性地位，积极培育新型经营主体，发展多种形式的适度规模经营，巩固和完善农村基本经营制度。改革的方向要明，步子要稳，既要加大政策扶持力度，加强典型示范引导，鼓励创新农业经营体制机制，又要因地制宜、循序渐进，不能搞大跃进，不能搞强迫命令，不能搞行政瞎指挥，使农业适度规模经营发展与城镇化进程和农村劳动力转移规模相适应，与农业科技进步和生产手段改进程度相适应，与农业社会化服务水平提高相适应，让农民成为土地流转和规模经营的积极参与者和真正受益者，避免走弯路。

（二）基本原则

——坚持农村土地集体所有权，稳定农户承包权，放活土地经营权，以家庭承包经营为基础，推进家庭经营、集体经营、合作经营、企业经营等多种经营方式共同发展。

——坚持以改革为动力，充分发挥农民首创精神，鼓励创新，支持基层先行先试，靠改革破解发展难题。

——坚持依法、自愿、有偿，以农民为主体，政府扶持引导，市场配置资源，土地经营权流转不得违背承包农户意愿、不得损害农民权益、不得改变土地用途、不得破坏农业综合生产能力和农业生态环境。

——坚持经营规模适度，既要注重提升土地经营规模，又要防止土地过度集中，兼顾效率与公平，不断提高劳动生产率、土地产出率和资源利用率，确保农地农用，重点支持发展粮食规模化生产。

二、稳定完善农村土地承包关系

（三）健全土地承包经营权登记制度。建立健全承包合同取得权利、登记记载权利、证书证明权利的土地承包经营权登记制度，是稳定农村土地承包关系、促进土地经营权流转、发展适度规模经营的重要基础性工作。完善承包合同，健全登记簿，颁发权属证书，强化土地承包经营权物权保护，为开展土地流转、调处土地纠纷、完善补贴政策、进行征地补偿和抵押担保提供重要依据。建立健全土地承包经营权信息应用平台，方便群众查询，利于服务管理。土地承包经营权确权登记原则上确权到户到地，在尊重农民意愿的前提下，也可以确权确股不确地。切实维护妇女的土地承包权益。

（四）推进土地承包经营权确权登记颁证工作。按照中央统一部署、地方全面负责的要求，在稳步扩大试点的基础上，用5年左右时间基本完成土地承包经营权确权登记颁证工作，妥善解决农户承包地块面积不准、四至不清等问题。在工作中，各地要保持承包关系稳定，以现有承包台账、合同、证书为依据确认承包地归属；坚持依法规范操作，严格执行政策，按照规定内容和程序开展工作；充分调动农民群众积极性，依靠村民民主协商，自主解决矛盾纠纷；从实际出发，以农村集体土地所有权确权为基础，以第二次全国土地调查成果为依据，采用符合标准规范、农民群众认可的技术方法；坚持分级负责，强化县乡两级的责任，建立健全党委和政府统一领导、部门密切协作、群众广泛参与的工作机制；科学制定工作方案，明确时间表和路线图，确保工作质量。有关部门要加强调查研究，有针对性地提出操作性政策建议和具体工作指导意见。土地承包经营权确权登记颁证工作经费纳入地方财政预算，中央财政给予补助。

三、规范引导农村土地经营权有序流转

（五）鼓励创新土地流转形式。鼓励承包农户依法采取转包、出租、互换、转让及入股等方式流转承包地。鼓励有条件的地方制定扶持政策，引导农户长期流转承包地并促进其转移就业。鼓励农民在自愿前提下采取互换并地方式解决承包地细碎化问题。在同等条件下，本集体经济组织成员享有土地流转优先权。以转让方式流转承包地的，原则上应在本集体经济组织成员之间进行，且需经发包方同意。以其他形式流转的，应当依法报发包方备案。抓紧研究探索集体所有权、农户承包权、土地经营权在土地流转中的相互权利关系和具体实现形式。按照全国统一安排，稳步推进土地经营权抵押、担保试点，研究制定统一规范的实施办法，探索建立抵押资产处置机制。

（六）严格规范土地流转行为。土地承包经营权属于农民家庭，土地是否流转、价格如何确定、形式如何选择，应由承包农户自主决定，流转收益应归承包农户所有。流转期限应由流转双方在法律规定的范围内协商确定。没有农户的书面委托，农村基层组织无权以任何方式决定流转农户的承包地，更不能以少数服从多数的名义，将整村整组农户承包地集中对外招商经营。防止少数基层干部私相授受，谋取私利。严禁通过定任务、下指标或将流转面积、流转比例纳入绩效考核等方式推动土地流转。

（七）加强土地流转管理和服务。有关部门要研究制定流转市场运行规范，加快发展多种形式的土地经营权流转市场。依托农村经营管理机构健全土地流转服务平台，完善县乡村三级服务和管理网络，建立土地流转监测制度，为流转双方提供信息发布、政策咨询等服务。土地流转服务主体可以开展信息沟通、委托流转等服务，但禁止层层转包从中牟利。土地流转给非本村（组）集体成员或村（组）集体受农户委托统一组织流转并利用集体资金改良土壤、提高地力的，可向本集体经济组织以外的流入方收取基础设施使用费和土地流转管理服务费，用于农田基本建设或其他公益性支出。引导承包农户与流入方签订书面流转合同，并使用统一的省级合同示范文本。依法保护流入方的土地经营权益，流转合同到期后流入方可在同等条件下优先续约。加强农村土地承包经营纠纷调解仲裁体系建设，健全纠纷调处机制，妥善化解土地承包经营流转纠纷。

（八）合理确定土地经营规模。各地要依据自然经济条件、农村劳动力转移情况、农业机械化水平等因素，研究确定本地区土地规模经营的适宜标准。防止脱离实际、违背农民意愿，片面追求超大规模经营的倾向。现阶段，对土地经营规模相当于当地户均承包地面积10至15倍、务农收入相当于当地二三产业务工收入的，应当给予重点扶持。创新规模经营方式，在引导土地资源适度集聚的同时，通过农民的合作与联合、开展社会化服务等多种形式，提升农业规模化经营水平。

（九）扶持粮食规模化生产。加大粮食生产支持力度，原有粮食直接补贴、良种补贴、农资综合补贴归属由承包农户与流入方协商确定，新增部分应向粮食生产规模经营主体倾斜。在有条件的地方开展按照实际粮食播种面积或产量对生产者补贴试点。对从事粮食规模化生产的农民合作社、家庭农场等经营主体，符合申报农机购置补贴条件的，要优先安排。探索选择运行规范的粮食生产规模经营主体开展目标价格保险试点。抓紧开展粮食生产规模经营主体营销贷款试点，允许用粮食作物、生产及配套辅助设施进行抵押融资。粮食品种保险要逐步实现粮食生产规模经营主体愿保尽保，并适当提高对产粮大县稻谷、小麦、玉米三大粮食品种保险的保费补贴比例。各地区各有关部门要研究制定相应配套办法，更好地为粮食生产规模经营主体提供支持服务。

（十）加强土地流转用途管制。坚持最严格的耕地保护制度，切实保护基本农田。严禁借土地流转之名违规搞非农建设。严禁在流转农地上建设或变相建设旅游度假村、高尔夫球场、别墅、私人会所等。严禁占用基本农田挖塘栽树及其他毁坏种植条件的行为。严禁破坏、污染、圈占闲置耕地和损毁农田基础设施。坚决查处通过“以租代征”违法违规进行非农建设的行为，坚决禁止擅自将耕地“非农化”。利用规划和标准引导设施农业发展，强化设施农用地的用途监管。采取措施保证流转土地用于农业生产，可以通过停发粮食直接补贴、良种补贴、农资综合补贴等办法遏制撂荒耕地的行为。在粮食主产区、粮食生产功能区、高产创建项目实施区，不符合产业规划的经营行为不再享受相关农业生产扶持政策。合理引导粮田流转价格，降低粮食生产成本，稳定粮食种植面积。

四、加快培育新型农业经营主体

（十一）发挥家庭经营的基础作用。在今后相当长时期内，普通农户仍占大多数，要继续重视和扶持其发展农业生产。重点培育以家庭成员为主要劳动力、以农业为主要收入来源，从事专业化、集约化农业生产的家庭农场，使之成为引领适度规模经营、发展现代农业的有生力量。分级建立示范家庭农场名录，健全管理服务制度，加强示范引导。鼓励各地整合涉农资金建设连片高标准农田，并优先流向家庭农场、专业大户等规模经营农户。

（十二）探索新的集体经营方式。集体经济组织要积极为承包农户开展多种形式的生产服务，通过统一服务降低生产成本、提高生产效率。有条件的地方根据农民意愿，可以统一连片整理耕地，将土地折股量化、确权到户，经营所得收益按股分配，也可以引导农民以承包地入股组建土地股份合作组织，通过自营或委托经营等方式发展农业规模经营。各地要结合实际不断探索和丰富集体经营的实现形式。

（十三）加快发展农户间的合作经营。鼓励承包农户通过共同使用农业机械、开展联合营销等方式发展联户经营。鼓励发展多种形式的农民合作组织，深入推进示范社创建活动，促进农民合作社规范发展。在管理民主、运行规范、带动力强的农民合作社和供销合作社基础上，培育发展农村合作金融。引导发展农民专业合作社联合社，支持农民合作社开展农社对接。允许农民以承包经营权入股发展农业产业化经营。探索建立农户入股土地生产性能评价制度，按照耕地数量质量、参照当地土地经营权流转价格计价折股。

（十四）鼓励发展适合企业化经营的现代种养业。鼓励农业产业化龙头企业等涉农企业重点从事农产品加工流通和农业社会化服务，带动农户和农民合作社发展规模经营。引导工商资本发展良种种苗繁育、高标准设施农业、规模化养殖等适合企业化经营的现代种养业，开发农村“四荒”资源发展多种经营。支持农业企业与农户、农民合作社建立紧密的利益联结机制，实现合理分工、互利共赢。支持经济发达地区通过农业示范园区引导各类经营主体共同出资、相互持股，发展多种形式的农业混合所有制经济。

（十五）加大对新型农业经营主体的扶持力度。鼓励地方扩大对家庭农场、专业大户、农民合作社、龙头企业、农业社会化服务组织的扶持资金规模。支持符合条件的新型农业经营主体优先承担涉农项目，新增农业补贴向新型农业经营主体倾斜。加快建立财政项目资金直接投向符合条件的合作社、财政补助形成的资产转交合作社持有和管护的管理制度。各省（自治区、直辖市）根据实际情况，在年度建设用地指标中可单列一定比例专门用于新型农业经营主体建设配套辅助设施，并按规定减免相关税费。综合运用货币和财税政策工具，引导金融机构建立健全针对新型农业经营主体的信贷、保险支持机制，创新金融产品和服务，加大信贷支持力度，分散规模经营风险。鼓励符合条件的农业产业化龙头企业通过发行短期融资券、中期票据、中小企业集合票据等多种方式，拓宽融资渠道。鼓励融资担保机构为新型农业经营主体提供融资担保服务，鼓励有条件的地方通过设立融资担保专项资金、担保风险补偿基金等加大扶持力度。落实和完善相关税收优惠政策，支持农民合作社发展农产品加工流通。

（十六）加强对工商企业租赁农户承包地的监管和风险防范。各地对工商企业长时间、大面积租赁农户承包地要有明确的上限控制，建立健全资格审查、项目审核、风险保障金制度，对租地条件、经营范围和违规处罚等作出规定。工商企业租赁农户承包地要按面积实行分级备案，严格准入门槛，加强事中事后监管，防止浪费农地资源、损害农民土地权益，防范承包农户因流入方违约或经营不善遭受损失。定期对租赁土地企业的农业经营能力、土地用途和风险防范能力等开展监督检查，查验土地利用、合同履行等情况，及时查处纠正违法违规行为，对符合要求的可给予政策扶持。有关部门要抓紧制定管理办法，并加强对各地落实情况的监督检查。

五、建立健全农业社会化服务体系

（十七）培育多元社会化服务组织。巩固乡镇涉农公共服务机构基础条件建设成果。鼓励农技推广、动植物防疫、农产品质量安全监管等公共服务机构围绕发展农业适度规模经营拓展服务范围。大力培育各类经营性服务组织，积极发展良种种苗繁育、统防统治、测土配方施肥、粪污集中处理等农业生产性服务业，大力发展农产品电子商务等现代流通服务业，支持建设粮食烘干、农机场库棚和仓储物流等配套基础设施。农产品初加工和农业灌溉用电执行农业生产用电价格。鼓励以县为单位开展农业社会化服务示范创建活动。开展政府购买农业公益性服务试点，鼓励向经营性服务组织购买易监管、可量化的公益性服务。研究制定政府购买农业公益性服务的指导性目录，建立健全购买服务的标准合同、规范程序和监督机制。积极推广既不改变农户承包关系，又保证地有人种的托管服务模式，鼓励种粮大户、农机大户和农机合作社开展全程托管或主要生产环节托管，实现统一耕作，规模化生产。

（十八）开展新型职业农民教育培训。制定专门规划和政策，壮大新型职业农民队伍。整合教育培训资源，改善农业职业学校和其他学校涉农专业办学条件，加快发展农业职业教育，大力发展现代农业远程教育。实施新型职业农民培育工程，围绕主导产业开展农业技能和经营能力培养培训，扩大农村实用人才带头人示范培养培训规模，加大对专业大户、家庭农场经营者、农民合作社带头人、农业企业经营管理人员、农业社会化服务人员和返乡农民工的培养培训力度，把青年农民纳入国家实用人才培养计划。努力构建新型职业农民和农村实用人才培养、认定、扶持体系，建立公益性农民培养培训制度，探索建立培育新型职业农民制度。

（十九）发挥供销合作社的优势和作用。扎实推进供销合作社综合改革试点，按照改造自我、服务农民的要求，把供销合作社打造成服务农民生产生活的生力军和综合平台。利用供销合作社农资经营渠道，深化行业合作，推进技物结合，为新型农业经营主体提供服务。推动供销合作社农产品流通企业、农副产品批发市场、网络终端与新型农业经营主体对接，开展农产品生产、加工、流通服务。鼓励基层供销合作社针对农业生产重要环节，与农民签订服务协议，开展合作式、订单式服务，提高服务规模化水平。

土地问题涉及亿万农民切身利益，事关全局。各级党委和政府要充分认识引导农村土地经营权有序流转、发展农业适度规模经营的重要性、复杂性和长期性，切实加强组织领导，严格按照中央政策和国家法律法规办事，及时查处违纪违法行为。坚持从实际出发，加强调查研究，搞好分类指导，充分利用农村改革试验区、现代农业示范区等开展试点试验，认真总结基层和农民群众创造的好经验好做法。加大政策宣传力度，牢固树立政策观念，准确把握政策要求，营造良好的改革发展环境。加强农村经营管理体系建设，明确相应机构承担农村经管工作职责，确保事有人干、责有人负。各有关部门要按照职责分工，抓紧修订完善相关法律法规，建立工作指导和检查监督制度，健全齐抓共管的工作机制，引导农村土地经营权有序流转，促进农业适度规模经营健康发展。

国务院办公厅关于创新农村基础设施投融资体制机制的指导意见

· 2017 年 2 月 6 日

· 国办发〔2017〕17 号

农村基础设施是社会主义新农村建设的重要内容，是农村经济社会发展的重要支撑。近年来，我国农村道路、供水、污水垃圾处理、供电、电信等基础设施建设步伐不断加快，生产生活条件逐步改善，但由于历史欠账较多、资金投入不足、融资渠道不畅等原因，农村基础设施总体上仍比较薄弱，与全面建成小康社会的要求还有较大差距。为创新农村基础设施投融资体制机制，加快农村基础设施建设步伐，经国务院同意，现提出以下意见。

一、总体要求

（一）指导思想。全面贯彻党的十八大和十八届三中、四中、五中、六中全会精神，深入贯彻习近平总书记系列重要讲话精神和治国理政新理念新思想新战略，认真落实党中央、国务院决策部署，统筹推进“五位一体”总体布局和协调推进“四个全面”战略布局，牢固树立和贯彻落实创新、协调、绿色、开放、共享的发展理念，以加快补齐农村基础设施短板、推进城乡发展一体化为目标，以创新投融资体制机制为突破口，明确各级政府事权和投入责任，拓宽投融资渠道，优化投融资模式，加大建设投入，完善管护机制，全面提高农村基础设施建设和管理水平。

（二）基本原则。

政府主导、社会参与。明确农村基础设施的公共产品定位，强化政府投入和主导责任，加强城乡基础设施统筹规划，加大政策支持力度。破除体制机制障碍，引导和鼓励社会资本投向农村基础设施领域，提高建设和管护市场化、专业化程度。

农民受益、民主决策。发挥农民作为农村基础设施直接受益主体的作用，引导农民和农村集体经济组织积极参与项目建设和管理，推动决策民主化，保障农民知情权、参与权和监督权。

因地制宜、分类施策。充分发挥地方政府和投资主体的积极性，探索适合不同地区、不同基础设施特点的投融资机制。兼顾公平与效率，实施差别化投融资政策，加大对贫困地区的支持力度。

建管并重、统筹推进。坚持先建机制、后建工程，合理确定农村基础设施投融资模式和运行方式。推进投融资体制机制创新与建设管护机制创新、农村集体产权制度改革等有机结合，实现可持续发展。

（三）主要目标。到 2020 年，主体多元、充满活力的投融资体制基本形成，市场运作、专业高效的建管机制逐步建立，城乡基础设施建设管理一体化水平明显提高，农村基础设施条件明显改善，美丽宜居乡村建设取得明显进展，广大农民共享改革发展成果的获得感进一步增强。

二、构建多元化投融资新格局，健全投入长效机制

（四）健全分级分类投入体制。明确各级政府事权和投入责任，构建事权清晰、权责一致、中央支持、省级统筹、县级负责的农村基础设施投入体系。对农村道路等没有收益的基础设施，建设投入以政府为主，鼓励社会资本和农民参与。对农村供水、污水垃圾处理等有一定收益的基础设施，建设投入以政府和社会资本为主，积极引导农民投入。对农村供电、电信等以经营性为主的基础设施，建设投入以企业为主，政府对贫困地区和重点区域给予补助。（国家发展改革委、财政部牵头负责）

（五）完善财政投入稳定增长机制。优先保障财政对农业农村的投入，相应支出列入各级财政预算，坚持把农业农村作为国家固定资产投资的重点领域，确保力度不减弱、总量有增加。统筹政府土地出让收益等各类资金，支持农村基础设施建设。支持地方政府以规划为依据，整合不同渠道下达但建设内容相近的资金，形成合力。（财政部、国家发展改革委牵头负责）

（六）创新政府投资支持方式。发挥政府投资的引导和撬动作用，采取直接投资、投资补助、资本金注入、财政贴息、以奖代补、先建后补、无偿提供建筑材料等多种方式支持农村基础设施建设。鼓励地方政府和社会资本设立农村基础设施建设投资基金。建立规范的地方政府举债融资机制，推动地方融资平台转型改制和市场化融资，重点向农村基础设施建设倾斜。允许地方政府发行一般债券支持农村道路建设，发行专项债券支持农村供水、污水垃圾处理设施建设，探索发行县级农村基础设施建设项目集合债。支持符合条件的企业发行企业债券，用于农村供电、电信设施建设。鼓励地方政府通过财政拨款、特许或委托经营等渠道筹措资金，设立不向社会征收的政府性农村基础设施维修养护基金。鼓励有条件的地区将农村基础设施与产业、园区、乡村旅游等进行捆绑，实行一体化开发和建设，实现相互促进、互利共赢。（国家发展改革委、财政部、人民银行、银监会、证监会等负责）

（七）建立政府和社会资本合作机制。支持各地通过政府和社会资本合作模式，引导社会资本投向农村基础设施领域。鼓励按照“公益性项目、市场化运作”理念，大力推进政府购买服务，创新农村基础设施建设和运营模式。支持地方政府将农村基础设施项目整体打包，提高收益能力，并建立运营补偿机制，保障社会资本获得合理投资回报。对农村基础设施项目在用电、用地等方面优先保障。（国家发展改革委、财政部、工业和信息化部、国土资源部、住房城乡建设部、水利部、农业部、国家林业局、国家能源局等负责）

（八）充分调动农民参与积极性。尊重农民主体地位，加强宣传教育，发挥其在农村基础设施决策、投入、建设、管护等方面作用。完善村民一事一议制度，合理确定筹资筹劳限额，加大财政奖补力度。鼓励农民和农村集体经济组织自主筹资筹劳开展村内基础设施建设。推行农村基础设施建设项目公示制度，发挥村民理事会、新型农业经营主体等监督作用。（农业部、水利部、国家林业局、民政部、住房城乡建设部等负责）

（九）加大金融支持力度。政策性银行和开发性金融机构要结合各自职能定位和业务范围，强化对农村基础设施建设的支持。鼓励商业银行加大农村基础设施信贷投放力度，改善农村金融服务。发挥农业银行面向三农、商业运作的优势，加大对农村基础设施的支持力度。支持银行业金融机构开展收费权、特许经营权等担保创新类贷款业务。完善涉农贷款财政奖励补助政策，支持收益较好、能够市场化运作的农村基础设施重点项目开展股权和债权融资。建立并规范发展融资担保、保险等多种形式的增信机制，提高各类投资建设主体的融资能力。加快推进农村信用体系建设。鼓励利用国际金融组织和外国政府贷款建设农村基础设施。（人民银行、银监会、证监会、保监会、国家发展改革委、财政部、农业发展银行、开发银行、农业银行等负责）

（十）强化国有企业社会责任。切实发挥输配电企业、基础电信运营企业的主体作用，加大对农村电网改造升级、电信设施建设的投入力度。鼓励其他领域的国有企业拓展农村基础设施建设业务，支持中央企业和地方国有企业通过帮扶援建等方式参与农村基础设施建设。（国务院国资委、国家发展改革委、财政部、工业和信息化部、国家能源局等负责）

（十一）引导社会各界积极援建。鼓励企业、社会组织、个人通过捐资捐物、结对帮扶、包村包项目等形式，支持农村基础设施建设和运行管护。引导国内外机构、基金会、社会团体和各界人士依托公益捐助平台，为农村基础设施建设筹资筹物。落实企业和个人公益性捐赠所得税税前扣除政策。进一步推进东西部扶贫协作，支持贫困地区农村基础设施建设。（民政部、财政部、税务总局、国家发展改革委、国务院扶贫办等负责）

三、完善建设管护机制，保障工程长期发挥效益

（十二）完善农村公路建设养护机制。将农村公路建设、养护、管理机构运行经费及人员基本支出纳入一般公共财政预算。推广“建养一体化”模式，通过政府购买服务等方式，引入专业企业、社会资本建设和养护农村公路。鼓励采取出让公路冠名权、广告权、相关资源开发权等方式，筹资建设和养护农村公路。结合物价上涨、里程增加、等级提升等因素，合理确定农村公路养护资金补助标准。（交通运输部、财政部、国家发展改革委等负责）

（十三）加快农村供水设施产权制度改革。以政府投入为主兴建、规模较大的农村集中供水基础设施，由县级人民政府或其授权部门根据国家有关规定确定产权归属；以政府投入为主兴建、规模较小的农村供水基础设施，资产交由农村集体经济组织或农民用水合作组织所有；单户或联户农村供水基础设施，国家补助资金所形成的资产归受益农户所有；社会资本投资兴建的农村供水基础设施，所形成的资产归投资者所有，或依据投资者意愿确定产权归属。由产权所有者建立管护制度，落实管护责任。鼓励开展农村供水设施产权交易，通过拍卖、租赁、承包、股份合作、委托经营等方式将一定期限内的管护权、收益权划归社会投资者。推进国有供水企业股份制改造，引入第三方参与运行管理。（水利部、住房城乡建设部、国家发展改革委、财政部等负责）

（十四）理顺农村污水垃圾处理管理体制。探索建立农村污水垃圾处理统一管理体制，切实解决多头管理问题。鼓励实施城乡生活污水“统一规划、统一建设、统一运行、统一管理”集中处理与农村污水“分户、联户、村组”分散处理相结合的模式，推动农村垃圾分类和资源化利用，完善农村垃圾“户分类、村组收集、乡镇转运、市县处理”集中处置与“户分类、村组收集、乡镇（或村）就地处理”分散处置相结合的模式，推广建立村庄保洁制度。推进建立统一的农村人居环境建设管理信息化平台，促进相关资源统筹利用。（住房城乡建设部、环境保护部牵头负责）

（十五）积极推进农村电力管理体制改革。加快建立规范的现代电力企业制度，鼓励有条件的地区开展县级电网企业股份制改革试点。逐步向符合条件的市场主体放开增量配电网投资业务，赋予投资主体新增配电网的所有权和经营权。鼓励以混合所有制方式发展配电业务，通过公私合营模式引入社会资本参与农村电网改造升级及运营。支持社会资本投资建设清洁能源项目和分布式电源并网工程。（国家能源局、国家发展改革委牵头负责）

（十六）鼓励农村电信设施建设向民间资本开放。创新农村电信基础设施建设项目融资模式，支持民间资本以资本入股、业务代理、网络代维等多种形式与基础电信企业开展合作，参与农村电信基础设施建设。加快推进东中部发达地区农村宽带接入市场向民间资本开放试点工作，逐步深化试点，鼓励和引导民间资本开展农村宽带接入网络建设和业务运营。（工业和信息化部牵头负责）

（十七）改进项目管理和绩效评价方式。建立涵盖需求决策、投资管理、建设运营等全过程、多层次的农村基础设施建设项目综合评价体系。对具备条件的项目，通过公开招标、邀请招标、定向委托、竞争性谈判等多种方式选择专业化的第三方机构，参与项目前期论证、招投标、建设监理、效益评价等，建立绩效考核、监督激励和定期评价机制。（国家发展改革委、财政部牵头负责）

四、健全定价机制，激发投资动力和活力

（十八）合理确定农村供水价格。在建立使用者付费制度、促进节约用水的基础上，完善农村供水水价形成机制。对城市周边已纳入城镇自来水供应范围的农户，实行统一的居民阶梯水价政策。对实行农村集中式供水的，按照补偿成本、合理盈利的原则确定水价，实行有偿服务、计量收费。地方政府和具备条件的农村集体经济组织可根据实际情况对运营单位进行合理补偿。通过加强水费征收和运行维护费用补偿等措施，保障工程正常运行及日常维护。（国家发展改革委、水利部牵头负责）

（十九）探索建立污水垃圾处理农户缴费制度。鼓励先行先试，在有条件的地区实行污水垃圾处理农户缴费制度，保障运营单位获得合理收益，综合考虑污染防治形势、经济社会承受能力、农村居民意愿等因素，合理确定缴费水平和标准，建立财政补贴与农户缴费合理分摊机制。完善农村污水垃圾处理费用调整机制，建立上下游价格调整联动机制，价格调整不到位时，地方政府和具备条件的村集体可根据实际情况对运营单位给予合理补偿。（住房城乡建设部、国家发展改革委、财政部等负责）

（二十）完善输配电价机制。按照“管住中间、放开两头”的原则，推进输配电价改革，严格成本审核和监管，完善分类定价、阶梯电价政策，落实好“两分钱”农网还贷资金政策，研究建立电力普遍服务补偿机制，支持农村地区发展。（国家发展改革委、国家能源局牵头负责）

（二十一）推进农村地区宽带网络提速降费。加快农村宽带网络建设，引导基础电信企业公平竞争。指导和推动基础电信企业简化资费结构，切实提高农村宽带上网等业务的性价比，为农村贫困户提供更加优惠的资费方案，为发展“互联网+”提供有力支撑。（工业和信息化部牵头负责）

五、保障措施

（二十二）强化规划引导作用。按照城乡一体化发展的要求，衔接协调各类规划，推进县域乡村建设规划编制，统筹农村道路、供水、污水垃圾处理、供电、电信等基础设施建设布局。推动城镇基础设施向农村延伸，鼓励将城市周边农村、规模较大的中心镇纳入城镇基础设施建设规划，实行统一规划、统一建设、统一管护。（住房城乡建设部牵头负责）

（二十三）完善相关法律法规。完善农村基础设施投融资相关法律法规，依法保护投资者合法权益，维护公平有序的市场投资环境。推动公路法、村庄和集镇规划建设管理条例等相关法律法规修订工作，为创新农村基础设施投融资体制机制创造条件。加快修订相关规定，适当放宽对农村小型基础设施投资项目管理“四制”要求。（交通运输部、住房城乡建设部、国家发展改革委、农业部、国务院法制办等负责）

（二十四）落实地方政府责任。地方各级人民政府要把农村基础设施建设管护摆上重要议事日程，统筹本辖区内国有林区、林场、垦区等基础设施建设，积极创新投融资体制机制。县级人民政府是农村基础设施建设管护的责任主体，要结合本地实际，制定实施意见，确保各项措施落到实处。（各省级人民政府负责）

（二十五）加强部门协作。国务院各有关部门要根据本意见，按照职责分工，密切协作配合，抓紧制定相关配套措施。国家发展改革委要会同有关部门对意见落实情况进行跟踪分析和定期评估，并向国务院报告。（国家发展改革委牵头负责）

（二）农村土地

1. 土地管理

中华人民共和国土地管理法

· 1986 年 6 月 25 日第六届全国人民代表大会常务委员会第十六次会议通过
· 根据 1988 年 12 月 29 日第七届全国人民代表大会常务委员会第五次会议《关于修改〈中华人民共和国土地管理法〉的决定》第一次修正
· 1998 年 8 月 29 日第九届全国人民代表大会常务委员会第四次会议修订
· 根据 2004 年 8 月 28 日第十届全国人民代表大会常务委员会第十一次会议《关于修改〈中华人民共和国土地管理法〉的决定》第二次修正
· 根据 2019 年 8 月 26 日第十三届全国人民代表大会常务委员会第十二次会议《关于修改〈中华人民共和国土地管理法〉、〈中华人民共和国城市房地产管理法〉的决定》第三次修正

理解与适用

土地是民生之本、发展之基，关系到广大人民群众的切身利益。随着我国经济社会的快速发展，土地作为基本生产资料的地位和作用日益突出。

《土地管理法》于 1986 年 6 月 25 日由第六届全国人民代表大会常务委员会第十六次会议通过，其间经历 1988 年、1998 年、2004 年及 2019 年四次变迁。《土地管理法》共 8 章 87 条，明确了国有土地和集体所有土地在范围上的划分，确立了土地用途管制制度，对耕地实施特殊保护，详细规范了建设占用土地涉及农用地转为建设用地应当办理的审批手续，加强了各级自然资源主管部门对违反土地管理法律、法规行为的监督检查力度，强化了违法者的法律责任。2019 年 8 月 26 日修改的土地管理法，继续坚持土地公有制不动摇，坚持农民利益不受损，坚持最严格的耕地保护制度和最严格的节约集约用地制度，并在充分总结农村土地制度改革试点成功经验的基础上，在土地征收制度、集体经营性建设用地入市、宅基地管理等方面作出多项重大突破，将多年来土地制度的改革成果上升为法律规定。《民法典》《土地管理法实施条例》《城镇国有土地使用权出让和转让暂行条例》《基本农田保护条例》和《违反土地管理规定行为处分办法》等法律法规和政策性文件的出台或修订，建立了耕地保护制度、建设用地管理制度、土地产权和交易制度、监督检查制度和法律责任制度。

《土地管理法》的主要内容包括：

（一）土地权属制度。我国实行土地公有制，分为全民所有和集体所有两种。其中国有土地的范围包括：城市市区的土地，依法属于国家所有的农村和城市郊区的土地，国家已征收的土地。土地所有权不得买卖或者以其他形式非法转让，但是土地使用权可以依法转让。

（二）农用地转建设用地。国家严格限制农用地转为建设用地，控制建设用地总量。建设占用土地，涉及农用地转为建设用地的，应当按照管理权限办理批转手续。（1）永久基本农田转为建设用地的，由国务院批准。（2）在土地利用总体规划确定的城市和村庄、集镇建设用地规模范围内，为实施该规划而将永久基本农田以外的农用地转为建设用地的，按土地利用年度计划分批

次按照国务院规定由原批准土地利用总体规划的机关或者其授权的机关批准。在已批准的农用地转用范围内,具体建设项目用地可以由市、县人民政府批准。(3)在土地利用总体规划确定的城市和村庄、集镇建设用地规模范围外,将永久基本农田以外的农用地转为建设用地的,由国务院或者国务院授权的省、自治区、直辖市人民政府批准。

(三)土地征收及征地补偿。国家为了公共利益的需要,可以依法对土地实行征收并给予补偿。征收土地应当依法及时足额支付土地补偿费、安置补助费以及农村村民住宅、其他地上附着物和青苗等的补偿费用,并安排被征地农民的社会保障费用。征地补偿的原则是应当保障被征地农民"原有生活水平不降低、长远生计有保障",具体计算方法是:(1)征收农用地的土地补偿费、安置补助费标准由省、自治区、直辖市通过制定公布区片综合地价确定。制定区片综合地价应当综合考虑土地原用途、土地资源条件、土地产值、土地区位、土地供求关系、人口以及经济社会发展水平等因素,并至少每三年调整或者重新公布一次。(2)地上附着物和青苗等的补偿标准,由省、自治区、直辖市制定。(3)农村村民住宅,应当按照先补偿后搬迁、居住条件有改善的原则,尊重农村村民意愿,采取重新安排宅基地建房、提供安置房或者货币补偿等方式给予公平、合理的补偿,并对因征收造成的搬迁、临时安置等费用予以补偿,保障农村村民居住的权利和合法的住房财产权益。(4)县级以上地方人民政府应当将被征地农民纳入相应的养老等社会保障体系。被征地农民的社会保障费用主要用于符合条件的被征地农民的养老保险等社会保险缴费补贴。

(四)国有土地使用权的出让和划拨。(1)取得的代价不同:经县级以上人民政府批准,以划拨方式获得国有土地使用权的,无须向国家缴纳土地使用权出让金,为无偿取得。但是如果该土地被划拨前存在拆迁、安置等情况的,以划拨方式取得土地使用权的单位应当承担补偿安置的费用。以出让方式取得国有土地使用权的,须向国家缴纳土地使用权出让金。(2)使用年限不同:以划拨方式取得国有土地使用权一般没有使用年限限制,以出让方式取得的土地使用权则有年限限制,如工业用地出让年限最高为50年,商业用地最高为40年,居住用地最高为70年。(3)经营活动的限制不同:划拨取得的土地使用权,限制自用,未经政府批准不得进行转让、出租、抵押等经营活动,出让方式取得土地使用权,可以进行转让、出租、抵押等经营活动。(4)依法收回土地使用权时补偿不同:划拨方式取得的土地使用权,市、县人民政府根据城市建设发展需要和城市规划的要求,可以无偿收回,根据实际情况对其地上建筑物、其他附着物给予适当补偿;出让方式取得的土地使用权,则根据土地使用者使用土地的实际年限和开发土地的实际情况给予相应的补偿。

第一章 总 则

第一条 【立法目的】为了加强土地管理,维护土地的社会主义公有制,保护、开发土地资源,合理利用土地,切实保护耕地,促进社会经济的可持续发展,根据宪法,制定本法。

注释 土地是与人类生存和发展最息息相关的物质基础,包括耕地、林地、草地、农田水利用地、养殖水面、城乡住宅和公共设施用地、工矿用地、交通水利设施用地、旅游用地、军事设施用地等,具有有限性、不可替代性、永久性、不可移动性等基本特征。

第二条 【基本土地制度】中华人民共和国实行土地的社会主义公有制,即全民所有制和劳动群众集体所有制。

全民所有,即国家所有土地的所有权由国务院代表国家行使。

任何单位和个人不得侵占、买卖或者以其他形式非法转让土地。土地使用权可以依法转让。

国家为了公共利益的需要,可以依法对土地实行征收或者征用并给予补偿。

国家依法实行国有土地有偿使用制度。但是,国家在法律规定的范围内划拨国有土地使用权的除外。

注释 土地的社会主义公有制

依据宪法和本法,我国土地的社会主义公有制分为全民所有制和劳动群众集体所有制这两种基本形式。任何组织或者个人不得侵占、买卖或者以其他形式非法转让土地。我国公有土地所有权的主体只能是国家和有关农民集体,除国家为了公共利益的需要可以依法征收农民集体所有的土地外,公有土地的所有权是不能改变的。任何买卖或者变相买卖土地,即通过买卖改变土地所有权的行为都是非法的，都必须依法禁止。

土地使用权是指土地使用者在法律规定的范围内对所使用的土地享有占有、使用和收益的权利。我国确立了土地所有权和使用权相分离的原则，土地使用权可以依法转让。

土地征收制度

土地所有权转让的例外形式是国家对土地的征收。为了保证社会长远发展和公益事业顺畅发展，当国有建设用地不足时，国家或政府可以对属于集体所有的土地进行征收。由于征收是对土地的重新分配，关乎与该块土地具有权利关联的众多单位和个人的利益，因此征收的适用必须严格限制，不得滥用。

土地有偿使用制度

我国的国有土地有偿使用制度是指，国家将国有土地使用权在一定年限内出让给土地使用者，由土地使用者向国家支付土地使用权出让金的制度。在法定条件下对土地的无偿使用是有偿使用制度的补充和例外。国有土地有偿使用制度主要包括：建设单位使用国有土地，应当以出让等有偿使用方式取得，但是法律、行政法规规定可以划拨方式取得的除外；土地有偿使用可以通过土地使用权出让、租赁、授权经营、作价入股（出资）等方式实现，其中出让方式有招标、拍卖、挂牌和协议；工业、商业、旅游、娱乐和商品住宅等经营性用地，应当采取招拍挂方式出让；同一宗地有两个以上意向用地者的，应当以招拍挂方式出让。

链接《宪法》第 6、10 条；《民法典》第 242、243、245、249、260、325、327、347 条；《城市房地产管理法》第 3、9 条

第三条 【土地基本国策】十分珍惜、合理利用土地和切实保护耕地是我国的基本国策。各级人民政府应当采取措施，全面规划，严格管理，保护、开发土地资源，制止非法占用土地的行为。

链接《国务院关于深化改革严格土地管理的决定》；《省级政府耕地保护责任目标考核办法》

第四条 【土地用途管制制度】国家实行土地用途管制制度。

国家编制土地利用总体规划，规定土地用途，将土地分为农用地、建设用地和未利用地。严格限制农用地转为建设用地，控制建设用地总量，对耕地实行特殊保护。

前款所称农用地是指直接用于农业生产的土地，包括耕地、林地、草地、农田水利用地、养殖水面等；建设用地是指建造建筑物、构筑物的土地，包括城乡住宅和公共设施用地、工矿用地、交通水利设施用地、旅游用地、军事设施用地等；未利用地是指农用地和建设用地以外的土地。

使用土地的单位和个人必须严格按照土地利用总体规划确定的用途使用土地。

注释 **土地用途管制制度**

土地用途管制制度，是指国家为保证土地资源的合理利用以及经济、社会和环境的协调发展，通过编制国土空间规划划定土地利用区，确定每一块土地的用途，土地使用者、土地所有者应严格地按照国家确定的土地用途利用土地的制度。其核心是依据国土空间规划对土地用途转变实行严格控制。

链接《民法典》第 244 条；《土地管理法实施条例》第 3 条；《自然生态空间用途管制办法（试行）》

第五条 【土地管理体制】国务院自然资源主管部门统一负责全国土地的管理和监督工作。

县级以上地方人民政府自然资源主管部门的设置及其职责，由省、自治区、直辖市人民政府根据国务院有关规定确定。

注释 在 1998 年国务院机构改革中，原国家土地管理局与地质矿产部、国家海洋局、国家测绘局合并组建了国土资源部。2018 年机构改革时，将国土资源部的职责，国家发展和改革委员会的组织编制主体功能区规划职责，住房和城乡建设部的城乡规划管理职责，水利部的水资源调查和确权登记管理职责，农业部的草原资源调查和确权登记管理职责，国家林业局的森林、湿地等资源调查和确权登记管理职责，国家海洋局的职责，国家测绘地理信息局的职责整合，组建自然资源部。自然资源部现为我国中央一级的土地行政主管部门。

链接《自然资源部职能配置、内设机构和人员编制规定》

第六条 【国家土地督察制度】国务院授权的机构对省、自治区、直辖市人民政府以及国务院确定的城市人民政府土地利用和土地管理情况进行督察。

注释 **土地督察制度**

本条规定标志着国家土地督察制度正式成为土地管理的法律制度。土地督察制度主要包括以下内容：

1. 督察的主体。根据本条规定，土地督察的主体是经国务院授权专门对省、自治区、直辖市人民政府以及国务院确定的城市人民政府行使土地监督检查权的机构。

2. 督察的对象。根据本条规定，督察对象为省、自治区、直辖市人民政府以及国务院确定的城市人民政府。

3. 督查的内容。国家自然资源督察机构根据授权对省、自治区、直辖市人民政府以及国务院确定的城市人民政府下列土地利用和土地管理情况进行督察：(1)耕地保护情况；(2)土地节约集约利用情况；(3)国土空间规划编制和实施情况；(4)国家有关土地管理重大决策落实情况；(5)土地管理法律、行政法规执行情况；(6)其他土地利用和土地管理情况。

链接《国务院办公厅关于建立国家土地督察制度有关问题的通知》；《土地管理法实施条例》第 44 条

第七条 【单位和个人的土地管理权利和义务】任何单位和个人都有遵守土地管理法律、法规的义务，并有权对违反土地管理法律、法规的行为提出检举和控告。

链接《宪法》第 41 条；《信访工作条例》

第八条 【奖励】在保护和开发土地资源、合理利用土地以及进行有关的科学研究等方面成绩显著的单位和个人，由人民政府给予奖励。

第二章 土地的所有权和使用权

第九条 【土地所有制】城市市区的土地属于国家所有。

农村和城市郊区的土地，除由法律规定属于国家所有的以外，属于农民集体所有；宅基地和自留地、自留山，属于农民集体所有。

注释 我国土地的所有权主体只有两个，一个是国家，一个是农民集体。

宅基地，主要是指农民用于建造住房及其附属设施的一定范围内的土地；自留地是指我国农业合作化以后农民集体经济组织分配给本集体经济组织成员（村民）长期使用的土地；自留山是指农民集体经济组织分配给农民长期使用的少量的柴山和荒坡。

链接《宪法》第 9、10 条；《民法典》第 249、250 条；《确定土地所有权和使用权的若干规定》第 18 条；《土地权属争议调查处理办法》

第十条 【土地使用权】国有土地和农民集体所有的土地，可以依法确定给单位或者个人使用。使用土地的单位和个人，有保护、管理和合理利用土地的义务。

注释 本条是关于土地使用权的规定，体现了土地的所有权和使用权相分离的基本原则。虽然国家和农民集体拥有土地，但是政府机构、企事业单位、社会团体、个人等都可以在符合法律规定的情况下，办理相关手续，取得合理利用土地的权利并获取收益，这并不意味着其对土地的使用可以不受任何限制，还是应当承担保护、管理和合理利用土地的义务，根据土地的自然属性和经济属性的不同，科学使用土地，防止水土流失和盐渍化。

国有土地依法确定给单位或个人使用的方式

(1)土地划拨。即土地使用者只需按照一定程序提出申请，经法定机关批准即可取得土地使用权，无须向土地所有者交付土地使用权出让费用。(2)土地使用权出让。即国家以土地所有者的身份将土地使用权在一定年限内让与土地使用者，并由土地使用者向国家支付土地使用权出让金的行为。土地使用权出让应当签订出让合同。

实务问答 国有土地依法确定给单位或个人使用后，其使用权可否进入市场流转？

根据《城镇国有土地使用权出让和转让暂行条例》的相关规定，以出让方式有偿取得的土地使用权可以依法转让、出租、抵押或继承。而根据该条例第 44 条的规定，除法定的特殊情况外，以土地划拨方式无偿取得的土地使用权则不得进入市场交易或流转。但是，根据该条例第 45 条的规定，符合下列条件的，经市、县人民政府自然资源主管部门和房产管理部门批准，其划拨土地使用权和地上建筑物、其他附着物所有权可以转让、出租、抵押：(1)土地使用者为公司、企业、其他经济组织和个人；(2)领有国有土地使用证；(3)具有地上建筑物、其他附着物合法的产权证明；(4)依法签订土地使用权出让合同，向当地市、县人民政府补交土地使用权出让金或者以转让、出租、抵押所获收益抵交土地使用权出让金。

通过土地划拨方式取得的国有土地使用权，必须依法转变为出让土地使用权之后，方可进入市场交易或流转。

链接《民法典》第324条;《农村土地承包法》第2、21条;《城市房地产管理法》第2条;《城镇国有土地使用权出让和转让暂行条例》第13、44、45条

案例 1. 杨延虎等贪污案(最高人民法院指导案例11号)

裁判规则:土地使用权具有财产性利益,属于刑法第三百八十二条第一款规定中的"公共财物",可以成为贪污的对象。

2. 山西A房地产开发有限公司与B重型机械(集团)有限公司土地使用权转让合同纠纷案(《中华人民共和国最高人民法院公报》2008年第3期)

裁判规则:划拨土地,指土地使用者通过除出让土地使用权以外的其他各种方式依法取得的国有土地。根据最高人民法院《关于审理涉及国有土地使用权合同纠纷案件适用法律问题的解释》第九条规定:"转让方未取得出让土地使用权证书与受让方订立合同转让土地使用权,起诉前转让方已经取得出让土地使用权证书或者有批准权的人民政府同意转让的,应当认定合同有效。"对于划拨的土地,即使转让方在签署合同时无土地使用权证,也不导致合同必然无效,只要转让方在起诉之前取得土地使用权证的,或者有批准权的政府主管部门同意转让的,合同是双方的真实意思表示,不存在规避法律,损害国家利益的行为,应认定该合同是合法有效的。本案中,《协议书》是双方在平等的基础上,自愿协商达成的协议,是双方真实的意思表示。《协议书》不仅详细地约定了所转让土地的面积、价格、付款方式、违约责任,还具体约定了双方权利义务及履行程序。《协议书》签订时,A公司及B公司均知道该宗土地属于划拨用地,所以在《协议书》第三条8约定:由B公司负责办理土地出让手续;第三条9约定:B公司土地出让手续办理完毕,即为A公司办理土地使用权转让手续。这一缔约行为并没有规避法律损害国家利益,事实上,B公司和A公司正是按照上述约定完成该宗土地转让的。因此,《协议书》合法有效。

第十一条 【集体所有土地的经营和管理】农民集体所有的土地依法属于村农民集体所有的,由村集体经济组织或者村民委员会经营、管理;已经分别属于村内两个以上农村集体经济组织的农民集体所有的,由村内各该农村集体经济组织或者村民小组经营、管理;已经属于乡(镇)农民集体所有的,由乡(镇)农村集体经济组织经营、管理。

链接《民法典》第262条;《国务院法制办公室关于供销合作社能否享有集体土地所有权问题的复函》;《农村土地承包法》第13条

第十二条 【土地所有权和使用权登记】土地的所有权和使用权的登记,依照有关不动产登记的法律、行政法规执行。

依法登记的土地的所有权和使用权受法律保护,任何单位和个人不得侵犯。

注释本条所讲的土地所有权是指土地所有者在法律规定的范围内对其所有的土地享有占有、使用、收益和处分的权利。包括国有土地所有权和农民集体土地所有权。本条所讲的使用权是指土地使用权人对依法取得的土地享有占有、使用、收益和依法处分的权利。包括对国有土地和对农民集体土地的使用权。

《民法典》第349条规定,设立建设用地使用权的,应当向登记机构申请建设用地使用权登记。建设用地使用权自登记时设立。登记机构应当向建设用地使用权人发放权属证书。第355条规定,建设用地使用权转让、互换、出资或者赠与的,应当向登记机构申请变更登记。第360条规定,建设用地使用权消灭的,出让人应当及时办理注销登记。登记机构应当收回权属证书。同时,还对不动产登记应提供的必要资料、登记的效力、不动产登记簿效力及其管理机构、不动产登记簿与不动产权属证书的关系、不动产更正登记和异议登记等作出了规定。

《农村土地承包法》对土地承包经营权和土地经营权登记作出了规定,第24条规定,国家对耕地、林地和草地等实行统一登记,登记机构应当向承包方颁发土地承包经营权证或者林权证等证书,并登记造册,确认土地承包经营权。第35条规定,土地承包经营权互换、转让的,当事人可以向登记机构申请登记。未经登记,不得对抗善意第三人。第41条规定,土地经营权流转期限为5年以上的,当事人可以向登记机构申请土地经营权登记。未经登记,不得对抗善意第三人。

集体土地所有权登记

集体土地所有权登记,依照下列规定提出申请:(1)土地属于村农民集体所有的,由村集体经济组织代为申请,没有集体经济组织的,由村民委员会代为申请;(2)土地分别属于村内两个以上农民集体所有的,由村内各集体经济组织代为申请,没

有集体经济组织的,由村民小组代为申请;(3)土地属于乡(镇)农民集体所有的,由乡(镇)集体经济组织代为申请。申请集体土地所有权首次登记的,应当提交下列材料:(1)土地权属来源材料;(2)权籍调查表、宗地图以及宗地界址点坐标;(3)其他必要材料。

国有建设用地使用权登记

依法取得国有建设用地使用权,可以单独申请国有建设用地使用权登记。依法利用国有建设用地建造房屋的,可以申请国有建设用地使用权及房屋所有权登记。申请国有建设用地使用权首次登记,应当提交下列材料:(1)土地权属来源材料;(2)权籍调查表、宗地图以及宗地界址点坐标;(3)土地出让价款、土地租金、相关税费等缴纳凭证;(4)其他必要材料。上述规定的土地权属来源材料,根据权利取得方式的不同,包括国有建设用地划拨决定书、国有建设用地使用权出让合同、国有建设用地使用权租赁合同以及国有建设用地使用权作价出资(入股)、授权经营批准文件。申请在地上或者地下单独设立国有建设用地使用权登记的,按照上述规定办理。申请国有建设用地使用权及房屋所有权首次登记的,应当提交下列材料:(1)不动产权属证书或者土地权属来源材料;(2)建设工程符合规划的材料;(3)房屋已经竣工的材料;(4)房地产调查或者测绘报告;(5)相关税费缴纳凭证;(6)其他必要材料。

实务问答 依法登记的土地所有权和使用权受到侵害时的救济途径?

(1)行政救济途径。当土地所有权人和使用权人的权利受侵害时,可以请求行政机关给予保护,或作出处理。(2)司法救济途径。当土地所有权人和使用权人的权利受侵害时,受害人可以通过以下途径寻求司法救济:①通过确权之诉来解决。即自己的权利与他人发生归属争议时,请求法院确认权利的存在与归属。②通过给付之诉来解决。即当义务人不履行自己的义务时,权利人可请求法院责令义务人履行自己的义务。③通过变更之诉来解决。即权利人要求变动已经存在的权利时,请求法院依法予以变更。

链接《民法典》第349、355、360条;《农村土地承包法》第24、35、41条;《不动产登记暂行条例》;《不动产登记暂行条例实施细则》

第十三条 【土地承包经营】农民集体所有和国家所有依法由农民集体使用的耕地、林地、草地,以及其他依法用于农业的土地,采取农村集体经济组织内部的家庭承包方式承包,不宜采取家庭承包方式的荒山、荒沟、荒丘、荒滩等,可以采取招标、拍卖、公开协商等方式承包,从事种植业、林业、畜牧业、渔业生产。家庭承包的耕地的承包期为三十年,草地的承包期为三十年至五十年,林地的承包期为三十年至七十年;耕地承包期届满后再延长三十年,草地、林地承包期届满后依法相应延长。

国家所有依法用于农业的土地可以由单位或者个人承包经营,从事种植业、林业、畜牧业、渔业生产。

发包方和承包方应当依法订立承包合同,约定双方的权利和义务。承包经营土地的单位和个人,有保护和按照承包合同约定的用途合理利用土地的义务。

注释 本条分别对农村土地的家庭承包及承包的期限,"四荒地"等其他农村土地的承包,国有农用地的承包经营,以及订立承包合同并履行保护和合理利用土地义务作出了规定。

为与农村土地承包法的内容相衔接,本条第1款一是明确土地承包经营权的客体:农民集体所有的土地和国家所有依法由农民集体使用的耕地、林地、草地,以及其他依法用于农业的土地。二是明确土地承包经营权的主体:对一般农用地而言,以家庭承包方式设立的土地承包经营权,其主体必须是本集体经济组织成员所组成的农户,具有特定的身份性;"四荒地"(荒山、荒沟、荒丘和荒滩)土地承包人则无身份限制,除了本集体经济组织成员,其他集体经济组织成员以及城镇居民或组织也可作为承包人,在同等条件下,本集体经济组织成员享有优先承包权。三是土地承包经营的方式为以采取农村集体经济组织内部的家庭承包方式承包为主,不宜采取家庭承包方式的"四荒地"等,可以采取招标、拍卖、公开协商等方式承包。四是明确土地承包经营合同的期限。

本条第2款规定,国家所有依法用于农业的土地可以由单位或者个人承包经营,从事种植业、林业、畜牧业、渔业生产。国有土地承包经营应根据本条规定和其他有关法律的规定订立承包经营合同,约定双方的权利和义务。

本条第3款一是规定,发包方和承包方应当依法订立承包合同。承包合同是明确发包方、承包方的权利义务关系并具有法律效力的文书，是承包方依法承包国家和集体所有土地的合法依据，是约定当事人双方权利义务的重要凭证。本条规定的承包合同，包括农村土地家庭承包合同、其他方式承包的土地承包合同和国有农用地承包经营合同三种。承包合同一般包括以下条款：发包方、承包方的名称，发包方负责人和承包方代表的姓名、住所；承包土地的名称、坐落、面积、质量等级；承包期限和起止日期；承包土地的用途；发包方和承包方的权利和义务；违约责任等。承包合同自成立之日起生效。承包方自承包合同生效时取得土地承包经营权。二是规定承包经营土地的单位和个人，有保护和按照承包合同约定的用途合理利用土地的义务。

链接《民法典》第261条；《农村土地承包法》第14—18、21—23条；《农村土地经营权流转管理办法》

案例 **王某荣与何某云、王某胜等农村土地承包经营权纠纷案（最高人民法院公布保障民生第二批典型案例之一）**

裁判规则：王某荣作为城市居民，在二轮土地延包中不享有土地承包经营权。第一，王某荣于1992年1月将户口从王某学家迁至白城市新立派出所辖区内落户。《农村土地承包法》第二十六条第三款规定："承包期内，承包方全家迁入设区的市，转为非农业户口的，应当将承包的耕地和草地交回发包方。承包方不交回的，发包方可以收回承包的耕地和草地。"可见迁入设区的市、转为非农业户口，是丧失农村土地承包经营权的条件。由于目前我国法律没有对农村居民个人丧失土地承包经营权的条件作出明确具体的规定，因此，只能比照法律中最相类似的条款进行认定，上述规定应当成为认定在第二轮土地承包中，王某荣是否对王某学家承包的土地享有承包经营权的法律依据。此时王某荣的户口已经迁入设区的市，成为城市居民，因此不应再享有农村土地承包经营权。当地第二轮土地承包仍依照土地承包法第十五条之规定，以本集体经济组织的农户为单位。延包的含义是只丈量土地，不进行调整。符合增人不增地、减人不减地的政策。王某荣此时已不是王某学家庭成员，在二轮土地延包中不享有土地承包经营权。第二，《农村土地承包经营权证》是民事案件中认定当事人是否具有农村土地承包经营权的重要依据。

第十四条 【土地所有权和使用权争议解决】土地所有权和使用权争议，由当事人协商解决；协商不成的，由人民政府处理。

单位之间的争议，由县级以上人民政府处理；个人之间、个人与单位之间的争议，由乡级人民政府或者县级以上人民政府处理。

当事人对有关人民政府的处理决定不服的，可以自接到处理决定通知之日起三十日内，向人民法院起诉。

在土地所有权和使用权争议解决前，任何一方不得改变土地利用现状。

注释 **土地权属的争议**

土地权属的争议既有可能是关于土地的所有权，也有可能是关于土地的使用权而发生的争议。在发生权属争议时，争议双方应当先行协商，将纠纷尽快以最低成本解决；若协商不成，再交由人民政府处理。

不能作为土地权属争议案件受理的案件

土地侵权案件；行政区域边界争议案件；土地违法案件；农村土地承包经营权争议案件等。

链接《农村土地承包法》第四章；《土地权属争议调查处理办法》第14条；《自然资源行政复议规定》；《行政复议法》第2、9条；《行政诉讼法》第2、45、46条

第三章 土地利用总体规划

第十五条 【土地利用总体规划的编制依据和规划期限】各级人民政府应当依据国民经济和社会发展规划、国土整治和资源环境保护的要求、土地供给能力以及各项建设对土地的需求，组织编制土地利用总体规划。

土地利用总体规划的规划期限由国务院规定。

第十六条 【土地利用总体规划的编制要求】下级土地利用总体规划应当依据上一级土地利用总体规划编制。

地方各级人民政府编制的土地利用总体规划中的建设用地总量不得超过上一级土地利用总体规划确定的控制指标，耕地保有量不得低于上一级土地利用总体规划确定的控制指标。

省、自治区、直辖市人民政府编制的土地利用总体规划，应当确保本行政区域内耕地总量不减少。

第十七条 【土地利用总体规划的编制原则】 土地利用总体规划按照下列原则编制：

（一）落实国土空间开发保护要求，严格土地用途管制；

（二）严格保护永久基本农田，严格控制非农业建设占用农用地；

（三）提高土地节约集约利用水平；

（四）统筹安排城乡生产、生活、生态用地，满足乡村产业和基础设施用地合理需求，促进城乡融合发展；

（五）保护和改善生态环境，保障土地的可持续利用；

（六）占用耕地与开发复垦耕地数量平衡、质量相当。

第十八条 【国土空间规划】 国家建立国土空间规划体系。编制国土空间规划应当坚持生态优先，绿色、可持续发展，科学有序统筹安排生态、农业、城镇等功能空间，优化国土空间结构和布局，提升国土空间开发、保护的质量和效率。

经依法批准的国土空间规划是各类开发、保护、建设活动的基本依据。已经编制国土空间规划的，不再编制土地利用总体规划和城乡规划。

链接《土地管理法实施条例》第二章；《自然资源部关于全面开展国土空间规划工作的通知》

第十九条 【县、乡级土地利用总体规划的编制要求】 县级土地利用总体规划应当划分土地利用区，明确土地用途。

乡（镇）土地利用总体规划应当划分土地利用区，根据土地使用条件，确定每一块土地的用途，并予以公告。

第二十条 【土地利用总体规划的审批】 土地利用总体规划实行分级审批。

省、自治区、直辖市的土地利用总体规划，报国务院批准。

省、自治区人民政府所在地的市、人口在一百万以上的城市以及国务院指定的城市的土地利用总体规划，经省、自治区人民政府审查同意后，报国务院批准。

本条第二款、第三款规定以外的土地利用总体规划，逐级上报省、自治区、直辖市人民政府批准；其中，乡（镇）土地利用总体规划可以由省级人民政府授权的设区的市、自治州人民政府批准。

土地利用总体规划一经批准，必须严格执行。

第二十一条 【建设用地的要求】 城市建设用地规模应当符合国家规定的标准，充分利用现有建设用地，不占或者尽量少占农用地。

城市总体规划、村庄和集镇规划，应当与土地利用总体规划相衔接，城市总体规划、村庄和集镇规划中建设用地规模不得超过土地利用总体规划确定的城市和村庄、集镇建设用地规模。

在城市规划区内、村庄和集镇规划区内，城市和村庄、集镇建设用地应当符合城市规划、村庄和集镇规划。

注释 土地利用总体规划与城镇总体规划各自的任务不同。从土地利用的角度看，城市总体规划、村庄和集镇规划应当服从土地利用总体规划对建设用地规模的安排。城市总体规划、村庄和集镇规划应当与土地利用总体规划相衔接。新的国土空间规划编制实施后，不再编制土地利用总体规划和城乡规划，将彻底解决过去规划之间的不协调问题。

链接《国务院关于促进节约集约用地的通知》

第二十二条 【相关规划与土地利用总体规划的衔接】 江河、湖泊综合治理和开发利用规划，应当与土地利用总体规划相衔接。在江河、湖泊、水库的管理和保护范围以及蓄洪滞洪区内，土地利用应当符合江河、湖泊综合治理和开发利用规划，符合河道、湖泊行洪、蓄洪和输水的要求。

链接《水法》第14、15条；《防洪法》第9—11条

第二十三条 【土地利用年度计划】 各级人民政府应当加强土地利用计划管理，实行建设用地总量控制。

土地利用年度计划，根据国民经济和社会发展计划、国家产业政策、土地利用总体规划以及建设用地和土地利用的实际状况编制。土地利用年度计划应当对本法第六十三条规定的集体经营性建设用地作出合理安排。土地利用年度计划的编制审批程序与土地利用总体规划的编制审批程序相同，一经审批下达，必须严格执行。

第二十四条 【土地利用年度计划执行情况报告】 省、自治区、直辖市人民政府应当将土地利用年度计划的执行情况列为国民经济和社会发展计划执行情况的内容，向同级人民代表大会报告。

第二十五条 【土地利用总体规划的修改】 经批准的土地利用总体规划的修改，须经原批准机关批准；未经批准，不得改变土地利用总体规划确定的土地用途。

经国务院批准的大型能源、交通、水利等基础设施建设用地,需要改变土地利用总体规划的,根据国务院的批准文件修改土地利用总体规划。

经省、自治区、直辖市人民政府批准的能源、交通、水利等基础设施建设用地,需要改变土地利用总体规划的,属于省级人民政府土地利用总体规划批准权限内的,根据省级人民政府的批准文件修改土地利用总体规划。

第二十六条 【土地调查】国家建立土地调查制度。

县级以上人民政府自然资源主管部门会同同级有关部门进行土地调查。土地所有者或者使用者应当配合调查,并提供有关资料。

注释 土地调查包括下列内容:(1)土地利用现状及变化情况,包括地类、位置、面积、分布等状况;(2)土地权属及变化情况,包括土地的所有权和使用权状况;(3)土地条件,包括土地的自然条件、社会经济条件等状况。进行土地利用现状及变化情况调查时,应当重点调查永久基本农田现状及变化情况,包括永久基本农田的数量、分布和保护状况。

全国土地调查成果,报国务院批准后向社会公布。地方土地调查成果,经本级人民政府审核,报上一级人民政府批准后向社会公布。全国土地调查成果公布后,县级以上地方人民政府方可自上而下逐级依次公布本行政区域的土地调查成果。土地调查成果是编制国土空间规划以及自然资源管理、保护和利用的重要依据。土地调查技术规程由国务院自然资源主管部门会同有关部门制定。

链接《土地管理法实施条例》第4条;《土地调查条例》;《土地调查条例实施办法》

第二十七条 【土地分等定级】县级以上人民政府自然资源主管部门会同同级有关部门根据土地调查成果、规划土地用途和国家制定的统一标准,评定土地等级。

注释 评定土地等级又称为土地的分等定级,是根据土地的自然属性和经济属性及其在社会经济活动中的地位、作用,进行调查、测算后确定土地质量和价值的评估活动。科学评定、划分土地等级为制定有关规划、计划和有偿使用土地提供了依据。国务院自然资源主管部门会同有关部门制定土地等级评定标准。县级以上人民政府自然资源主管部门应当会同有关部门根据土地等级评定标准,对土地等级进行评定。地方土地等级评定结果经本级人民政府审核,报上一级人民政府自然资源主管部门批准后向社会公布。根据国民经济和社会发展状况,土地等级每5年重新评定一次。

链接《土地管理法实施条例》第5条

第二十八条 【土地统计】国家建立土地统计制度。

县级以上人民政府统计机构和自然资源主管部门依法进行土地统计调查,定期发布土地统计资料。土地所有者或者使用者应当提供有关资料,不得拒报、迟报,不得提供不真实、不完整的资料。

统计机构和自然资源主管部门共同发布的土地面积统计资料是各级人民政府编制土地利用总体规划的依据。

链接《统计法》第7、23、24、41条

第二十九条 【土地利用动态监测】国家建立全国土地管理信息系统,对土地利用状况进行动态监测。

注释 县级以上人民政府自然资源主管部门应当加强信息化建设,建立统一的国土空间基础信息平台,实行土地管理全流程信息化管理,对土地利用状况进行动态监测,与发展改革、住房和城乡建设等有关部门建立土地管理信息共享机制,依法公开土地管理信息。

链接《土地管理法实施条例》第6、7条

第四章 耕地保护

第三十条 【占用耕地补偿制度】国家保护耕地,严格控制耕地转为非耕地。

国家实行占用耕地补偿制度。非农业建设经批准占用耕地的,按照"占多少,垦多少"的原则,由占用耕地的单位负责开垦与所占用耕地的数量和质量相当的耕地;没有条件开垦或者开垦的耕地不符合要求的,应当按照省、自治区、直辖市的规定缴纳耕地开垦费,专款用于开垦新的耕地。

省、自治区、直辖市人民政府应当制定开垦耕地计划,监督占用耕地的单位按照计划开垦耕地或者按照计划组织开垦耕地,并进行验收。

注释 本条规定了我国对耕地实行保护的制度、占用耕地补偿制度,以及占补平衡原则。国家为了遏制耕地每年大量减少的趋势,维持耕地总量的动态平衡,不仅实行严格的土地用途管制制度,还采取了占用耕地补偿制度作为救济措施。市、县人民政府、农村集体经济组织和建设单位，在国土空间规划确定的城市和村庄、集镇建设用地范围内，经依法批准占用耕地，以及在国土空间规划确定的城市和村庄、集镇建设用地范围外的能源、交通、水利、矿山、军事设施等建设项目经依法批准占用耕地的，无论基于营利或非营利的原因，都要履行补偿义务，开垦与其占用耕地的数量和质量相当的新的耕地。

补充耕地的具体责任人的确定

补充耕地的责任人是占用耕地的单位，具体有以下三种情形：(1)城市建设用地范围内，由政府统一征收后再进行出让的，补充耕地的责任人是地方人民政府。(2)城市建设用地范围外，单独选址进行建设的，补充耕地的责任人是建设单位，市、县人民政府应当做好监管。(3)村庄、集镇建设占用耕地的，补充耕地责任人是农村集体经济组织，市、县人民政府应当做好监管。

占用耕地的单位补偿

补偿的方法有两个：(1)按照"占多少，垦多少"的原则，由占用耕地的单位负责开垦与所占用耕地的数量和质量相当的耕地。其具体要求有：其一，耕地数量不能减少，新开垦的耕地要与其所占用的耕地数量相当。其二，对于没有荒地后备资源的地方，也可以采取改造中低产田，使之成为质量较好的耕地的办法达到补足数量的目的。如可以用大于其所占耕地面积的中低产田的面积来补足(以产量折算的方法)。其三，新开垦的耕地要与其所占用的耕地质量相当。(2)没有条件开垦或者开垦的耕地不符合要求的，应当按照省、自治区、直辖市的规定缴纳耕地开垦费，专款用于开垦新的耕地。

省、自治区、直辖市人民政府应当组织自然资源主管部门、农业农村主管部门对开垦的耕地进行验收，确保开垦的耕地落实到地块。划入永久基本农田的还应当纳入国家永久基本农田数据库严格管理。占用耕地补充情况应当按照国家有关规定向社会公布。

链接《土地管理法实施条例》第8条

第三十一条　【耕地耕作层土壤的保护】县级以上地方人民政府可以要求占用耕地的单位将所占用耕地耕作层的土壤用于新开垦耕地、劣质地或者其他耕地的土壤改良。

注释 耕地耕作层是指经农业生产生活活动的长期影响和改造，土壤不断熟化，耕性得到改善，肥力得到提高而形成的适用于农作物生长，厚度为30—50厘米的表土层。对有条件再利用的耕作层，要注重收集、运输和保护，用于新开垦的耕地或荒地的土壤改良，保证耕地再开垦的质量。

县级以上地方人民政府应当采取措施，预防和治理耕地土壤流失、污染，有计划地改造中低产田，建设高标准农田，提高耕地质量，保护黑土地等优质耕地，并依法对建设所占用耕地耕作层的土壤利用作出合理安排。非农业建设依法占用永久基本农田的，建设单位应当按照省、自治区、直辖市的规定，将所占用耕地耕作层的土壤用于新开垦耕地、劣质地或者其他耕地的土壤改良。县级以上地方人民政府应当加强对农业结构调整的引导和管理，防止破坏耕地耕作层；设施农业用地不再使用的，应当及时组织恢复种植条件。

链接《土地管理法实施条例》第11条

第三十二条　【省级政府耕地保护责任】省、自治区、直辖市人民政府应当严格执行土地利用总体规划和土地利用年度计划，采取措施，确保本行政区域内耕地总量不减少、质量不降低。耕地总量减少的，由国务院责令在规定期限内组织开垦与所减少耕地的数量与质量相当的耕地；耕地质量降低的，由国务院责令在规定期限内组织整治。新开垦和整治的耕地由国务院自然资源主管部门会同农业农村主管部门验收。

个别省、直辖市确因土地后备资源匮乏，新增建设用地后，新开垦耕地的数量不足以补偿所占用耕地的数量的，必须报经国务院批准减免本行政区域内开垦耕地的数量，易地开垦数量和质量相当的耕地。

注释 以省、自治区、直辖市为单位实行耕地总量和质量平衡，实行的是省级政府负责制。省、自治区、直辖市人民政府对本行政区域耕地保护负总责，其主要负责人是本行政区域耕地保护的第一责任人。省、自治区、直辖市人民政府应当将国务院确定的耕地保有量和永久基本农田保护任务分解下达，落实到具体地块。国务院对省、自治区、直辖市人民政府耕地保护责任目标落实情况进行考核。对于省级人民政府没有切实履行耕地保护责任的，国务院将及时采取措施。本条规定突出了对耕地质量的保护与提升，明确各省级人民政府的耕地保护责任，不仅仅是保护耕地数量，更重要的是要保护和提升耕地质量。

链接《土地管理法实施条例》第13条

第三十三条 【永久基本农田保护制度】国家实行永久基本农田保护制度。下列耕地应当根据土地利用总体规划划为永久基本农田，实行严格保护：

（一）经国务院农业农村主管部门或者县级以上地方人民政府批准确定的粮、棉、油、糖等重要农产品生产基地内的耕地；

（二）有良好的水利与水土保持设施的耕地，正在实施改造计划以及可以改造的中、低产田和已建成的高标准农田；

（三）蔬菜生产基地；

（四）农业科研、教学试验田；

（五）国务院规定应当划为永久基本农田的其他耕地。

各省、自治区、直辖市划定的永久基本农田一般应当占本行政区域内耕地的百分之八十以上，具体比例由国务院根据各省、自治区、直辖市耕地实际情况规定。

注释 永久基本农田，是指根据一定时期人口和社会经济发展对农产品的需求以及对建设用地的预测，依据国土空间规划确定的不得擅自占用或改变用途并实行特殊保护的耕地。永久基本农田的划定主要是为了对耕地实行特殊保护。对于那些影响国民经济及农业发展的重点耕地，必须划入永久基本农田，实行严格保护。

链接《基本农田保护条例》第2、8—11条

第三十四条 【永久基本农田划定】永久基本农田划定以乡（镇）为单位进行，由县级人民政府自然资源主管部门会同同级农业农村主管部门组织实施。永久基本农田应当落实到地块，纳入国家永久基本农田数据库严格管理。

乡（镇）人民政府应当将永久基本农田的位置、范围向社会公告，并设立保护标志。

链接《基本农田保护条例》第11—13条

第三十五条 【永久基本农田的保护措施】永久基本农田经依法划定后，任何单位和个人不得擅自占用或者改变其用途。国家能源、交通、水利、军事设施等重点建设项目选址确实难以避让永久基本农田，涉及农用地转用或者土地征收的，必须经国务院批准。

禁止通过擅自调整县级土地利用总体规划、乡（镇）土地利用总体规划等方式规避永久基本农田农用地转用或者土地征收的审批。

注释 永久基本农田一经划定，任何单位和个人不得擅自占用或者擅自改变用途。按有关要求，重大建设项目选址确实难以避让永久基本农田的，农用地转用和土地征收必须报国务院审批。这意味着，除了国家重点建设项目，如交通、能源、水利、军事设施等项目经批准可以占用永久基本农田外，其他项目一律不得占用永久基本农田。占用永久基本农田，审批的层级为国务院，其他任何部门都无权批准。

链接《基本农田保护条例》第14—16条

第三十六条 【耕地质量保护】各级人民政府应当采取措施，引导因地制宜轮作休耕，改良土壤，提高地力，维护排灌工程设施，防止土地荒漠化、盐渍化、水土流失和土壤污染。

链接《土壤污染防治法》

第三十七条 【非农业建设用地原则及禁止破坏耕地】非农业建设必须节约使用土地，可以利用荒地的，不得占用耕地；可以利用劣地的，不得占用好地。

禁止占用耕地建窑、建坟或者擅自在耕地上建房、挖砂、采石、采矿、取土等。

禁止占用永久基本农田发展林果业和挖塘养鱼。

注释 国家对耕地实行特殊保护，严守耕地保护红线，严格控制耕地转为林地、草地、园地等其他农用地，并建立耕地保护补偿制度，具体办法和耕地保护补偿实施步骤由国务院自然资源主管部门会同有关部门规定。非农业建设必须节约使用土地，可以利用荒地的，不得占用耕地；可以利用劣地的，不得占用好地。禁止占用耕地建窑、建坟或者擅自在耕地上建房、挖砂、采石、采矿、取土等。禁止占用永久基本农田发展林果业和挖塘养鱼。耕地应当优先用于粮食和棉、油、糖、蔬菜等农产品生产。按照国家有关规定需要将耕地转为林地、草地、园地等其他农用地的，应当优先使用难以长期稳定利用的耕地。

链接《土地管理法实施条例》第12条

案例 北京市人民检察院第四分院诉朱清良、朱清涛环境污染民事公益诉讼案（最高人民法院指导性案例206号）

裁判规则：1. 两个以上侵权人分别实施污染

环境、破坏生态行为造成同一损害，每一个侵权人的污染环境、破坏生态行为都不足以造成全部损害，部分侵权人根据修复方案确定的整体修复要求履行全部修复义务后，请求以代其他侵权人支出的修复费用折抵其应当承担的生态环境服务功能损失赔偿金的，人民法院应予支持。

2. 对于侵权人实施的生态环境修复工程，应当进行修复效果评估。经评估，受损生态环境服务功能已经恢复的，可以认定侵权人已经履行生态环境修复责任。

第三十八条 【非农业建设闲置耕地的处理】 禁止任何单位和个人闲置、荒芜耕地。已经办理审批手续的非农业建设占用耕地，一年内不用而又可以耕种并收获的，应当由原耕种该幅耕地的集体或者个人恢复耕种，也可以由用地单位组织耕种；一年以上未动工建设的，应当按照省、自治区、直辖市的规定缴纳闲置费；连续二年未使用的，经原批准机关批准，由县级以上人民政府无偿收回用地单位的土地使用权；该幅土地原为农民集体所有的，应当交由原农村集体经济组织恢复耕种。

在城市规划区范围内，以出让方式取得土地使用权进行房地产开发的闲置土地，依照《中华人民共和国城市房地产管理法》的有关规定办理。

注释 闲置土地，是指国有建设用地使用权人超过国有建设用地使用权有偿使用合同或者划拨决定书约定、规定的动工开发日期满一年未动工开发的国有建设用地。已动工开发但开发建设用地面积占应动工开发建设用地总面积不足三分之一或者已投资额占总投资额不足百分之二十五，中止开发建设满一年的国有建设用地，也可以认定为闲置土地。

链接《农村土地承包法》第 42、64 条；《城市房地产管理法》第 26 条；《闲置土地处置办法》

第三十九条 【未利用地的开发】 国家鼓励单位和个人按照土地利用总体规划，在保护和改善生态环境、防止水土流失和土地荒漠化的前提下，开发未利用的土地；适宜开发为农用地的，应当优先开发成农用地。

国家依法保护开发者的合法权益。

第四十条 【未利用地开垦的要求】 开垦未利用的土地，必须经过科学论证和评估，在土地利用总体规划划定的可开垦的区域内，经依法批准后进行。禁止毁坏森林、草原开垦耕地，禁止围湖造田和侵占江河滩地。

根据土地利用总体规划，对破坏生态环境开垦、围垦的土地，有计划有步骤地退耕还林、还牧、还湖。

注释 开垦未利用的土地，必须具备以下三个条件：(1)必须经过科学论证和评估；(2)必须在国土空间规划划定的可开垦的区域内进行；(3)必须经依法批准。对耕地的开垦、拓展不得毁坏森林、草原，禁止围湖造田和侵占江河滩地。

具有重要生态功能的未利用地应当依法划入生态保护红线，实施严格保护。建设项目占用国土空间规划确定的未利用地的，按照省、自治区、直辖市的规定办理。

链接《退耕还林条例》；《水土保持法》第 14 条；《防洪法》第 22、23 条；《土地管理法实施条例》第 22 条

第四十一条 【国有荒山、荒地、荒滩的开发】 开发未确定使用权的国有荒山、荒地、荒滩从事种植业、林业、畜牧业、渔业生产的，经县级以上人民政府依法批准，可以确定给开发单位或者个人长期使用。

注释 按照国土空间规划，开发未确定土地使用权的国有荒山、荒地、荒滩从事种植业、林业、畜牧业、渔业生产的，应当向土地所在地的县级以上人民政府自然资源主管部门提出申请，按照省、自治区、省辖市规定的权限，由县级以上地方人民政府批准。

国有荒山、荒地、荒滩，按照土地类型属于未利用土地，开垦未利用土地，同时还应当依照本法第 39 条和第 40 条的规定进行，即开垦未利用土地应当在国土空间规划划定的可开垦区域内进行，并防止水土流失和土地荒漠化。禁止毁坏森林、草原开垦耕地，禁止围湖造田和侵占江湖滩地。

链接《土地管理法实施条例》第 9 条；《国务院办公厅关于进一步做好治理开发农村“四荒”资源工作的通知》

第四十二条 【土地整理】 国家鼓励土地整理。县、乡（镇）人民政府应当组织农村集体经济组织，按照土地利用总体规划，对田、水、路、林、村综合整治，提高耕地质量，增加有效耕地面积，改善农业生产条件和生态环境。

地方各级人民政府应当采取措施，改造中、低产田，整治闲散地和废弃地。

注释 土地整理，是指在一定的区域内，按照国土空间规划的要求，通过采取各种措施，对田、水、路、林、村综合整治，提高耕地质量，增加有效耕地面积，改善农业生态条件和生态环境的行为。县级人

民政府应当按照国土空间规划关于统筹布局农业、生态、城镇等功能空间的要求，制定土地整理方案，促进耕地保护和土地节约集约利用。县、乡(镇)人民政府应当组织农村集体经济组织，实施土地整理方案，对闲散地和废弃地有计划地整治、改造。土地整理新增耕地，可以用作建设所占用耕地的补充。鼓励社会主体依法参与土地整理。

链接《土地管理法实施条例》第10条

第四十三条 【土地复垦】因挖损、塌陷、压占等造成土地破坏，用地单位和个人应当按照国家有关规定负责复垦；没有条件复垦或者复垦不符合要求的，应当缴纳土地复垦费，专项用于土地复垦。复垦的土地应当优先用于农业。

注释土地复垦，是指对生产建设活动和自然灾害损毁的土地，采取整治措施，使其达到可供利用状态的活动。生产建设活动损毁的土地，按照"谁损毁，谁复垦"的原则，由生产建设单位或者个人负责复垦。由于历史原因无法确定土地复垦义务人的生产建设活动损毁的土地，以及自然灾害损毁土地，由县级以上人民政府负责组织复垦。土地复垦义务人不复垦，或者复垦验收中经整改仍不合格的，应当缴纳土地复垦费，由有关自然资源主管部门代为组织复垦。确定土地复垦费的数额，应当综合考虑损毁前的土地类型、实际损毁面积、损毁程度、复垦标准、复垦用途和完成复垦任务所需的工程量等因素。土地复垦费的具体征收使用管理办法，由国务院财政、价格主管部门商国务院有关部门制定。土地复垦义务人缴纳的土地复垦费专项用于土地复垦。任何单位和个人不得截留、挤占、挪用。

土地复垦的范围

下列损毁土地由土地复垦义务人负责复垦：(1)露天采矿、烧制砖瓦、挖沙取土等地表挖掘所损毁的土地；(2)地下采矿等造成地表塌陷的土地；(3)堆放采矿剥离物、废石、矿渣、粉煤灰等固体废弃物压占的土地；(4)能源、交通、水利等基础设施建设和其他生产建设活动临时占用所损毁的土地。

链接《土地复垦条例》；《循环经济促进法》第22、53条；《煤炭法》第25条；《防洪法》第45条；《矿产资源法》第21、32条；《国务院关于促进节约集约用地的通知》

第五章 建设用地

第四十四条 【农用地转用】建设占用土地，涉及农用地转为建设用地的，应当办理农用地转用审批手续。

永久基本农田转为建设用地的，由国务院批准。

在土地利用总体规划确定的城市和村庄、集镇建设用地规模范围内，为实施该规划而将永久基本农田以外的农用地转为建设用地的，按土地利用年度计划分批次按照国务院规定由原批准土地利用总体规划的机关或者其授权的机关批准。在已批准的农用地转用范围内，具体建设项目用地可以由市、县人民政府批准。

在土地利用总体规划确定的城市和村庄、集镇建设用地规模范围外，将永久基本农田以外的农用地转为建设用地的，由国务院或者国务院授权的省、自治区、直辖市人民政府批准。

注释农用地转为建设用地，简称农用地转用，是指现状的农用地按照国土空间规划和国家规定的批准权限，经过审查批准后转为建设用地的行为。

在国土空间规划确定的城市和村庄、集镇建设用地范围内，为实施该规划而将农用地转为建设用地的，由市、县人民政府组织自然资源等部门拟订农用地转用方案，分批次报有批准权的人民政府批准。农用地转用方案应当重点对建设项目安排、是否符合国土空间规划和土地利用年度计划以及补充耕地情况作出说明。农用地转用方案经批准后，由市、县人民政府组织实施。

需要注意的是，本条对在国土空间规划确定的城市和村庄、集镇建设用地规模范围内的建设用地审批采用了农用地转用审批与具体建设项目用地审批相分离的制度，即农用地转用按土地利用年度计划分批次按照国务院规定由原批准国土空间规划的机关或者其授权的机关批准，而在已批准的农用地转用范围内，具体建设项目用地可以由市、县人民政府批准。

建设项目确需占用国土空间规划确定的城市和村庄、集镇建设用地范围外的农用地，涉及占用永久基本农田的，由国务院批准；不涉及占用永久基本农田的，由国务院或者国务院授权的省、自治区、直辖市人民政府批准。具体按照下列规定办理：(1)建设项目批准、核准前或者备案前后，由自然资源主管部门对建设项目用地事项进行审查，提出建设项目用地预审意见。建设项目需要申请核发选址意见书的，应当合并办理建设项目用地预审与选址意见书，核发建设项目用地预审与选址意见书。(2)建设单位持建设项目的批准、核准或者备案文件，向市、县人民政府提出建设用地申请。市、县人民政府组织自然资源等部门拟订农用地转用方案，报有批准权的人民政府批准；依法应当由国务院批准的，由省、自治区、直辖市人民政府审核后上报。农用地转用方案应当重点对是否符合国土空间规划和土地利用年度计划以及补充耕地情况作出说明，涉及占用永久基本农田的，还应当对占用永久基本农田的必要性、合理性和补划可行性作出说明。(3)农用地转用方案经批准后，由市、县人民政府组织实施。

建设项目需要使用土地的，建设单位原则上应当一次申请，办理建设用地审批手续，确需分期建设的项目，可以根据可行性研究报告确定的方案，分期申请建设用地，分期办理建设用地审批手续。建设过程中用地范围确需调整的，应当依法办理建设用地审批手续。农用地转用涉及征收土地的，还应当依法办理征收土地手续。

链接《土地管理法实施条例》第23—25条；《国土资源部关于贯彻执行〈中华人民共和国土地管理法〉和〈中华人民共和国土地管理法实施条例〉若干问题的意见》三、四；《国务院关于授权和委托用地审批权的决定》

案例 青岛市国土资源和房屋管理局某国土资源分局与青岛某木业有限公司土地使用权出让合同纠纷案(《中华人民共和国最高人民法院公报》2008年第5期)

裁判规则：依法成立的合同，自成立时生效。法律、行政法规规定应当办理批准、登记等手续生效的，依照其规定。《土地管理法》第44条规定，“建设占用土地，涉及农用地转为建设用地的，应当办理农用地转用审批手续”。据此认定本案中未经政府批准农转用土地的部分合同无效。但，部分合同无效，不影响其他部分效力的，其他部分仍然有效。就本案情况看，认定部分合同无效，不会影响其他部分的效力。

第四十五条 【征地范围】为了公共利益的需要，有下列情形之一，确需征收农民集体所有的土地的，可以依法实施征收：

(一)军事和外交需要用地的；

(二)由政府组织实施的能源、交通、水利、通信、邮政等基础设施建设需要用地的；

(三)由政府组织实施的科技、教育、文化、卫生、体育、生态环境和资源保护、防灾减灾、文物保护、社区综合服务、社会福利、市政公用、优抚安置、英烈保护等公共事业需要用地的；

(四)由政府组织实施的扶贫搬迁、保障性安居工程建设需要用地的；

(五)在土地利用总体规划确定的城镇建设用地范围内，经省级以上人民政府批准由县级以上地方人民政府组织实施的成片开发建设需要用地的；

(六)法律规定为公共利益需要可以征收农民集体所有的土地的其他情形。

前款规定的建设活动，应当符合国民经济和社会发展规划、土地利用总体规划、城乡规划和专项规划；第(四)项、第(五)项规定的建设活动，还应当纳入国民经济和社会发展年度计划；第(五)项规定的成片开发并应当符合国务院自然资源主管部门规定的标准。

注释 宪法规定，国家为了公共利益的需要，可以依照法律规定对土地实行征收或者征用并给予补偿。《民法典》规定，“为了公共利益的需要，依照法律规定的权限和程序可以征收集体所有的土地和组织、个人的房屋以及其他不动产”。本条第1款采用列举式与概括式相结合的表述方式，列举了6种情形，对“公共利益”的范围进行了明确。其中，第6项为兜底条款，为“法律规定为公共利益需要可以征收农民集体所有的土地的其他情形”，即只有法律才能规定公共利益的情形。这一规定对“公共利益”的范围进行了明确和严格限定，体现征地的公益性和强制性，回归征地本源。

链接《宪法》第10条；《民法典》第243条

第四十六条 【征地审批权限】征收下列土地的，由国务院批准：

(一)永久基本农田；

(二)永久基本农田以外的耕地超过三十五公顷的；

(三)其他土地超过七十公顷的。

征收前款规定以外的土地的，由省、自治区、直辖市人民政府批准。

征收农用地的，应当依照本法第四十四条的规定先行办理农用地转用审批。其中，经国务院批准农用地转用的，同时办理征地审批手续，不再另行办理征地审批；经省、自治区、直辖市人民政府在征地批准权限内批准农用地转用的，同时办理征地审批手续，不再另行办理征地审批，超过征地批准权限的，应当依照本条第一款的规定另行办理征地审批。

注释 征收土地应当经过非常严格的审批程序，实行国务院和省级政府两级审批制。对国务院批准权限采用列举式：(1)永久基本农田；(2)永久基本农田以外的耕地超过35公顷的；(3)其他土地超过70公顷的。除此之外其他土地的征收，应由省、自治区、直辖市人民政府批准。

需要注意的是，按照法律规定，为了严格对农用地的保护，农用地的征收首先应进行农用地转用审批手续，然后再办理征收审批手续。但是，为了各项建设工程及时启动，应当尽量遵循对农用地转用的批准和对征地的批准在同一政府一次办理的原则。但是，若两项申请的审批权限不同，则应当遵循征地审批权"就高不就低"的准则，将征地审批交由国务院办理。

链接《土地管理法实施条例》第23、24条；《建设用地审查报批管理办法》第5—8、11—21条

第四十七条 【土地征收程序】国家征收土地的，依照法定程序批准后，由县级以上地方人民政府予以公告并组织实施。

县级以上地方人民政府拟申请征收土地的，应当开展拟征收土地现状调查和社会稳定风险评估，并将征收范围、土地现状、征收目的、补偿标准、安置方式和社会保障等在拟征收土地所在的乡(镇)和村、村民小组范围内公告至少三十日，听取被征地的农村集体经济组织及其成员、村民委员会和其他利害关系人的意见。

多数被征地的农村集体经济组织成员认为征地补偿安置方案不符合法律、法规规定的，县级以上地方人民政府应当组织召开听证会，并根据法律、法规的规定和听证会情况修改方案。

拟征收土地的所有权人、使用权人应当在公告规定期限内，持不动产权属证明材料办理补偿登记。县级以上地方人民政府应当组织有关部门测算并落实有关费用，保证足额到位，与拟征收土地的所有权人、使用权人就补偿、安置等签订协议；个别确实难以达成协议的，应当在申请征收土地时如实说明。

相关前期工作完成后，县级以上地方人民政府方可申请征收土地。

注释 根据本条规定，为了保障被征收人的知情权、参与权、表达权、监督权，征地批准前需要履行调查、评估、公告、听证、登记、协议六步程序。

土地现状调查和社会稳定风险评估

需要征收土地，县级以上地方人民政府认为符合本法第45条规定的，应当发布征收土地预公告，并开展拟征收土地现状调查和社会稳定风险评估。征收土地预公告应当包括征收范围、征收目的、开展土地现状调查的安排等内容。征收土地预公告应当采用有利于社会公众知晓的方式，在拟征收土地所在的乡(镇)和村、村民小组范围内发布，预公告时间不少于10个工作日。自征收土地预公告发布之日起，任何单位和个人不得在拟征收范围内抢栽抢建；违反规定抢栽抢建的，对抢栽抢建部分不予补偿。

土地现状调查应当查明土地的位置、权属、地类、面积，以及农村村民住宅、其他地上附着物和青苗等的权属、种类、数量等情况。

社会稳定风险评估应当对征收土地的社会稳定风险状况进行综合研判，确定风险点，提出风险防范措施和处置预案。社会稳定风险评估应当有被征地的农村集体经济组织及其成员、村民委员会和其他利害关系人参加，评估结果是申请征收土地的重要依据。

征收补偿方案及其公告

县级以上地方人民政府应当依据社会稳定风险评估结果，结合土地现状调查情况，组织自然资源、财政、农业农村、人力资源和社会保障等有关部门拟定征地补偿安置方案。征地补偿安置方案应当包括征收范围、土地现状、征收目的、补偿方式和标准、安置对象、安置方式、社会保障等内容。

征地补偿安置方案拟定后，县级以上地方人民政府应当在拟征收土地所在的乡(镇)和村、村民小组范围内公告，公告时间不少于30日。征地补偿安置公告应当同时载明办理补偿登记的方式和期限、异议反馈渠道等内容。

其中，征收范围主要是精确的界址范围，土地现状主要是依土地现状调查获取的土地利用类型面积、分布和利用状况，征收目的主要是本法第45条中规定的具体的公益性目的，补偿标准、安置方式和社会保障主要是一些事关被征地群众日后生

活保障的基本信息。上述信息在公示过程中必须听取被征地的农村集体经济组织及其成员、村民委员会和其他利害关系人的意见。“其他利害关系人”，实践中指土地承包经营权人、农业设施所有人等其他与被征地块有关的人员。

补偿登记

拟征收土地的所有权人、使用权人，如农村集体经济组织、土地的承包经营者、使用宅基地的农村村民等，应当在公告规定的期限内，持能证明其享有该土地法定权利的权属证书，如集体土地所有权证、集体土地使用权证、有偿使用合同或承包经营合同，办理征地补偿登记，获得补偿。补偿登记除对土地所有权、使用权进行登记外，还应当对被征用土地上的地上物进行清点，并依法进行登记，包括因征地而受到破坏的其他土地上的设施、青苗和其他附着物等，以便能确定恢复或补偿的办法。

链接《土地管理法实施条例》第 26—31 条

案例 萍乡市亚鹏房地产开发有限公司诉萍乡市国土资源局不履行行政协议案（最高人民法院指导案例 76 号）

裁判规则：行政机关在职权范围内对行政协议约定的条款进行的解释，对协议双方具有法律约束力，人民法院经过审查，根据实际情况，可以作为审查行政协议的依据。

第四十八条 【土地征收补偿安置】征收土地应当给予公平、合理的补偿，保障被征地农民原有生活水平不降低、长远生计有保障。

征收土地应当依法及时足额支付土地补偿费、安置补助费以及农村村民住宅、其他地上附着物和青苗等的补偿费用，并安排被征地农民的社会保障费用。

征收农用地的土地补偿费、安置补助费标准由省、自治区、直辖市通过制定公布区片综合地价确定。制定区片综合地价应当综合考虑土地原用途、土地资源条件、土地产值、土地区位、土地供求关系、人口以及经济社会发展水平等因素，并至少每三年调整或者重新公布一次。

征收农用地以外的其他土地、地上附着物和青苗等的补偿标准，由省、自治区、直辖市制定。对其中的农村村民住宅，应当按照先补偿后搬迁、居住条件有改善的原则，尊重农村村民意愿，采取重新安排宅基地建房、提供安置房或者货币补偿等方式给予公平、合理的补偿，并对因征收造成的搬迁、临时安置等费用予以补偿，保障农村村民居住的权利和合法的住房财产权益。

县级以上地方人民政府应当将被征地农民纳入相应的养老等社会保障体系。被征地农民的社会保障费用主要用于符合条件的被征地农民的养老保险等社会保险缴费补贴。被征地农民社会保障费用的筹集、管理和使用办法，由省、自治区、直辖市制定。

注释 本条是关于土地征收补偿安置的条款，规定了补偿原则、补偿内容、补偿标准、地上附着物和青苗补偿、农村村民居住权益和住房财产权保护、被征地农民的社会保障等内容。

土地征收补偿的费用包括土地补偿费、安置补助费，农村村民住宅、地上附着物和青苗等的补偿费用，以及安排被征地农民的社会保障费用。土地补偿费和安置补助费由征地区片综合地价确定。省、自治区、直辖市应当制定公布区片综合地价，确定征收农用地的土地补偿费、安置补助费标准，并制定土地补偿费、安置补助费分配办法。区片综合地价应当至少每三年调整或者重新公布一次。地上附着物和青苗等的补偿标准，由省、自治区、直辖市制定，这主要是考虑到各地实际情况不同，由各省结合情况因地制宜制定标准，能够更好地保障农民利益。地上附着物和青苗等的补偿费用，归其所有权人所有。住宅安置的标准，补偿方式方面，在充分尊重农民意愿的前提下，考虑到各地实际情况不同，预留了多种补偿方式，比如，建设用地指标比较充裕的地区，可以重新安排宅基地，土地资源紧张的地区，可以通过建设安置房进行集中安置，对于已经不需要提供住房的农民，可以通过货币化的方式进行补偿。同时，明确提出将“因征收造成的搬迁、临时安置等费用”列入补偿内容，周全考虑了农民经济利益的具体情况，体现了公平公正的原则。将被征地农民纳入社会保障体系，是确保“长远生计有保障”的重要措施手段。实践中，各级政府已经逐渐将被征地农民纳入社保体系予以保障，但是各地保障方式不同，本条主要是作原则性规定，关于社保费用筹集、管理、使用的具体办法，授权各省级人民政府自行制定。社会保障费用主要用于符合条件的被征地农民的养老保险等社会保险缴费补贴，按省、自治区、直辖市的规定单独列支。

申请征收土地的县级以上地方人民政府应当及时落实土地补偿费、安置补助费、农村村民住宅以及其他地上附着物和青苗等的补偿费用、社会保障费用等,并保证足额到位,专款专用。有关费用未足额到位的,不得批准征收土地。

链接《土地管理法实施条例》第32条

案例 山西省某集团有限公司诉山西省某市人民政府收回国有土地使用权决定案(《中华人民共和国最高人民法院公报》2017年第1期)

裁判规则:有征收必有补偿,无补偿则无征收。征收补偿应当遵循及时补偿原则和公平补偿原则。补偿问题未依法定程序解决前,被征收人有权拒绝交出房屋和土地。

第四十九条 【征地补偿费用的使用】被征地的农村集体经济组织应当将征收土地的补偿费用的收支状况向本集体经济组织的成员公布,接受监督。

禁止侵占、挪用被征收土地单位的征地补偿费用和其他有关费用。

案例 南昌市某自然村、南昌市某镇人民政府承包地征收补偿费用分配纠纷案(最高人民法院民事裁定书〔2020〕最高法民申4067号)

裁判规则:某村委会作为基层自治组织与南昌市国土资源局某分局签订《征收土地协议书》,收到案涉相应征收补偿费用,有合同为据。某村委会在向被征地村民发放了各项补偿费用6066702元后,将剩余土地补偿费11071964元留存村集体经济组织而未向村民发放,某自然村为此向某村委会主张案涉剩余征地补偿费,原审确定双方争议法律关系性质为承包地征收补偿费用分配纠纷,并无不当。村民委员会是村民自我管理、自我教育、自我服务的基层群众性自治组织,依法管理本村属于村农民集体所有的土地和其他财产,依据《中华人民共和国村民委员会组织法》第二十四条第一款第七项规定"涉及村民利益的下列事项,经村民会议讨论决定方可办理:征地补偿费的使用、分配方案",征地补偿费用的使用和分配须经村民会议民主议定程序,案涉土地补偿费未经村民会议民主议定,原审认定某自然村无权直接要求某村委会支付剩余土地补偿费,并无不当。

第五十条 【支持被征地农民就业】地方各级人民政府应当支持被征地的农村集体经济组织和农民从事开发经营,兴办企业。

第五十一条 【大中型水利水电工程建设征地补偿和移民安置】大中型水利、水电工程建设征收土地的补偿费标准和移民安置办法,由国务院另行规定。

链接《大中型水利水电工程建设征地补偿和移民安置条例》

第五十二条 【建设项目用地审查】建设项目可行性研究论证时,自然资源主管部门可以根据土地利用总体规划、土地利用年度计划和建设用地标准,对建设用地有关事项进行审查,并提出意见。

注释 本条所指可行性论证阶段的审查是指用地预审,主要是自然资源主管部门在建设项目审批、核准、备案阶段,根据土地利用方面的规划和计划,依法对建设项目涉及的土地利用事项进行的审查并提出用地预审意见,这是建设用地报批程序第一步,其目的是在项目审批、核准、备案阶段对其配套供地方案的合法性、合规性和合理性进行同步审查,确保项目后续顺利实施。

建设项目用地实行分级预审制度。审查的内容包括拟建项目的基本情况、拟选址占地情况、拟用地是否符合国土空间规划、拟用地面积是否符合土地使用标准、拟用地是否符合供地政策等。自然资源主管部门应当自受理预审申请或者收到转报材料之日起20日内,完成审查工作,并出具预审意见。20日内不能出具预审意见的,经负责预审的自然资源主管部门负责人批准,可以延长10日。预审应提出结论性意见,该意见是有关部门审批项目可行性研究报告、核准项目申请报告的必备文件。

链接《建设用地审查报批管理办法》第4条;《建设项目用地预审管理办法》

第五十三条 【建设项目使用国有土地的审批】经批准的建设项目需要使用国有建设用地的,建设单位应当持法律、行政法规规定的有关文件,向有批准权的县级以上人民政府自然资源主管部门提出建设用地申请,经自然资源主管部门审查,报本级人民政府批准。

第五十四条 【国有土地的取得方式】建设单位使用国有土地,应当以出让等有偿使用方式取得;但是,下列建设用地,经县级以上人民政府依法批准,可以以划拨方式取得:

(一)国家机关用地和军事用地;

(二)城市基础设施用地和公益事业用地;

(三)国家重点扶持的能源、交通、水利等基础设施用地;

(四)法律、行政法规规定的其他用地。

注释 **有偿使用**

原则上,取得国有建设用地使用权应支付相应对价,采取有偿使用方式,有偿使用国有土地的,由市、县人民政府自然资源主管部门与土地使用者签订国有土地有偿使用合同。有偿使用的方式主要包括:

1. 国有土地使用权出让,即国家以土地所有者的身份将土地使用权在一定年限内让与土地使用者,并由土地使用者向国家支付土地使用权出让金的行为。土地使用者在支付全部土地使用权出让金后,应当依照规定办理登记,领取土地使用证,取得土地使用权。国有土地使用权出让应当签订出让合同。土地使用者应当按照城市规划的要求和合同规定的期限与条件开发、利用、经营土地。否则,市、县人民政府自然资源主管部门将根据违规情况对使用者分别采取限期纠正、警告、罚款、无偿收回土地使用权的处罚。土地使用者若需要改变土地使用权出让合同规定的土地用途的,应当征得出让方同意并经自然资源主管部门和城市规划部门批准,重新签订土地使用权出让合同,并相应增加或减少土地使用权出让金。

2. 国有土地租赁,即国家将一定时期内的土地使用权让与土地使用者使用,而土地使用者按年度向国家缴纳租金的行为。根据《民法典》合同编规定,租赁期限不得超过20年。国有土地使用权出让、国有土地租赁等应当依照国家有关规定通过公开的交易平台进行交易,并纳入统一的公共资源交易平台体系。除依法可以采取协议方式外,应当采取招标、拍卖、挂牌等竞争性方式确定土地使用者。

3. 国有土地使用权作价出资或入股。这是指国家以一定年限的国有土地使用权作价,作为出资或股本投入新设立的企业,该土地使用权由新设企业持有的供地方式。土地使用权作价出资(入股)形成的国家股股权,按照国有资产投资主体由有批准权的人民政府自然资源主管部门委托有资格的国有股权持股单位统一持有。

无偿使用

除了有偿使用方式外,一些特殊建设用地,经县级以上人民政府依法批准,土地使用者可以通过各种方式依法无偿取得使用权,也即以划拨方式取得。划拨使用国有土地的,由市、县人民政府自然资源主管部门向土地使用者核发国有土地划拨决定书。这些特殊用地主要包括:(1)国家机关使用的土地;(2)军事用地;(3)城市基础设施用地;(4)公益事业用地;(5)国家重点扶持的能源、交通、水利等项目用地;(6)法律、行政法规规定的其他建设用地。《划拨用地目录》对划拨用地的具体范围和内容进行了规定。

土地使用权划拨包括两种方式:一是指县级以上人民政府批准,在土地使用者缴纳补偿、安置等费用后将该幅土地交付给土地使用者使用;二是指县级以上人民政府批准,将国有土地使用权无偿交付给土地使用者使用的行为。现实中,第一种情况占多数。

划拨土地使用权转让、出租、抵押的,应签订土地使用权出让合同,向当地市、县人民政府补交土地使用权出让金或者以转让、出租、抵押所获收益抵缴土地使用权出让金。

因使用者停止使用划拨土地或市、县人民政府根据城市建设发展需要和城市规划的要求,可以无偿收回划拨土地,对其地上建筑物、其他附着物,市、县人民政府应当根据实际情况给予适当补偿。

链接《民法典》第325、347、348条;《土地管理法实施条例》第17、18条;《建设用地审查报批管理办法》第22条;《协议出让国有土地使用权规定》;《城镇国有土地使用权出让和转让暂行条例》;《招标拍卖挂牌出让国有建设用地使用权规定》

第五十五条 【国有土地有偿使用费】以出让等有偿使用方式取得国有土地使用权的建设单位,按照国务院规定的标准和办法,缴纳土地使用权出让金等土地有偿使用费和其他费用后,方可使用土地。

自本法施行之日起,新增建设用地的土地有偿使用费,百分之三十上缴中央财政,百分之七十留给有关地方人民政府。具体使用管理办法由国务院财政部门会同有关部门制定,并报国务院批准。

注释 土地使用权出让金是指各级政府自然资源主管部门将土地使用权出让给土地使用者,按规定向受让人收取的土地使用权出让的全部价款。土地使用权出让金具体的付款方式和付款办法,应当由国有土地使用权有偿使用合同来约定。采用国有土地租赁方式的，应当一次性支付按国有土地租赁合同约定需要支付的国有土地有偿使用费和其他费用。采用国有土地入股的，应当先办理国有土地使用权股权持有的有关手续，签订合同或章程后，方可办理土地登记，并使用土地。

本条第2款规定的新增建设用地的土地有偿使用费，是指国家在新增建设用地中应取得的平均土地纯收益。

链接《民法典》第351条；《土地管理法实施条例》第19条；《财政部、国土资源部关于调整新增建设用地土地有偿使用费征收等别的通知》

第五十六条 【国有土地的使用要求】建设单位使用国有土地的，应当按照土地使用权出让等有偿使用合同的约定或者土地使用权划拨批准文件的规定使用土地；确需改变该幅土地建设用途的，应当经有关人民政府自然资源主管部门同意，报原批准用地的人民政府批准。其中，在城市规划区内改变土地用途的，在报批前，应当先经有关城市规划行政主管部门同意。

注释 土地用途是土地使用权出让合同的组成部分，按照城乡规划法、城市房地产管理法等规定，出让地块的位置、使用性质、开发强度等规划条件应当作为国有土地使用权出让合同的组成部分。违反合同的约定使用土地一方面涉及违约责任，应当依照合同的约定予以处置；另一方面违反规划管制要求，按照《城镇国有土地使用权出让和转让暂行条例》等，还应当给予行政处罚。

采用划拨方式提供土地使用权的，政府在批准用地文件中对建设用地的用途及使用要求也都有明确的规定，用地单位必须按照批准的用途使用，不得擅自改变批准的用途。

确需改变土地用途的，由于土地用途是土地使用权出让的重要内容，改变土地用途也需要按照原申请审批程序履行审查程序，即按本法第53条的规定履行审批程序。划拨土地改变用途后，不再符合划拨条件，法律、法规或者《国有土地划拨决定书》明确改变用途应当收回土地使用权的，应当由市、县人民政府收回划拨土地。可以继续使用该幅土地的，应当按国有土地有偿使用的有关规定办理有偿使用手续，签订土地有偿使用合同，补缴土地有偿使用费。

在城市规划区内改变土地用途的，在报批前，应当先经有关城市规划行政主管部门同意。根据国务院机构改革方案，城市规划纳入国土空间规划，由自然资源主管部门统一监督实施，自然资源主管部门就是城市规划行政主管部门，无需另行征求意见。

链接《民法典》第344、350、353、354条；《城乡规划法》；《城市房地产管理法》；《城镇国有土地使用权出让和转让暂行条例》

案例 某国土局与某置业公司国有土地使用权出让合同纠纷案（《中华人民共和国最高人民法院公报》2007年第3期）

裁判规则：涉案公司在与国土局签订《国有土地使用权出让合同》之前，委托土地评估鉴定机构对土地用途进行鉴定。该国土局委托评估时的土地用途为住宅用地，双方签订出让合同之前该公司委托评估的土地用途为综合用地。因此，在双方签订《国有土地使用权出让合同》之前该公司委托评估土地用途为综合用地，在签订《国有土地使用权出让合同》中将土地用途变成住宅，属于国土局与该公司通过签订合同的形式对部分条款内容的变更，与《土地管理法》第56条关于建设单位使用国有土地的，应当按照土地使用权出让等有偿使用合同的约定或者土地使用权规划批准文件的规定使用土地的内容不相冲突。双方签订的《国有土地使用权出让合同》与规划和评估报告中的土地用途不相同，如果可能导致土地使用权出让金低于订立合同时当地政府按照国家规定确定的最低价的，属于影响国有土地使用权出让合同价格条款效力的因素，但不导致国有土地使用权出让合同无效。

第五十七条 【建设项目临时用地】建设项目施工和地质勘查需要临时使用国有土地或者农民集体所有的土地的，由县级以上人民政府自然资源主管部门批准。其中，在城市规划区内的临时用地，在报批前，应当先经有关城市规划行政主管部门同意。土地使用者应当根据土地权属，与有关自然资源主管部门或者农村集体经济组织、村民委员会签订临时使用土地合同，并按照合同的约定支付临时使用土地补偿费。

临时使用土地的使用者应当按照临时使用土地合同约定的用途使用土地，并不得修建永久性建筑物。

临时使用土地期限一般不超过二年。

注释 临时用地包括两类：一类是工程建设施工临时用地，包括工程建设施工中设置的临时加工车间、材料堆场、取土弃土用地、运输道路等。另一类是地质勘查过程中的临时用地，包括：厂址、坝址、铁路、公路选址等需要对工程地质、水文地质情况进行勘测，探矿、采矿需要对矿藏情况进行勘查勘探所需临时使用的土地等。

临时用地不改变土地用途的性质，也不改变土地的权属，即原土地的所有权和使用权都无需改变。使用农民集体土地的不需要办理征用征收手续，使用国有土地的也不必办理划拨或有偿使用手续，只需签订临时使用土地合同，并对土地所有权人和原土地使用权人予以一定的补偿。建设项目施工、地质勘查需要临时使用土地的，应当尽量不占或者少占耕地。临时用地由县级以上人民政府自然资源主管部门批准，期限一般不超过二年；建设周期较长的能源、交通、水利等基础设施建设使用的临时用地，期限不超过四年；法律、行政法规另有规定的除外。土地使用者应当自临时用地期满之日起一年内完成土地复垦，使其达到可供利用状态，其中占用耕地的应当恢复种植条件。

违反本条规定，在临时使用的土地上修建永久性建筑物的，由县级以上人民政府自然资源主管部门责令限期拆除，按占用面积处土地复垦费5倍以上10倍以下的罚款；逾期不拆除的，由作出行政决定的机关依法申请人民法院强制执行。

链接《土地管理法实施条例》第20、21、52条

第五十八条 【收回国有土地使用权】有下列情形之一的，由有关人民政府自然资源主管部门报经原批准用地的人民政府或者有批准权的人民政府批准，可以收回国有土地使用权：

（一）为实施城市规划进行旧城区改建以及其他公共利益需要，确需使用土地的；

（二）土地出让等有偿使用合同约定的使用期限届满，土地使用者未申请续期或者申请续期未获批准的；

（三）因单位撤销、迁移等原因，停止使用原划拨的国有土地的；

（四）公路、铁路、机场、矿场等经核准报废的。

依照前款第（一）项的规定收回国有土地使用权的，对土地使用权人应当给予适当补偿。

链接《民法典》第358条；《城镇国有土地使用权出让和转让暂行条例》第42、47条；《最高人民法院关于破产企业国有划拨土地使用权应否列入破产财产等问题的批复》；《国家土地管理局印发〈关于认定收回土地使用权行政决定法律性质的意见〉的通知》

案例 1. 魏某高、陈某志诉某县人民政府收回土地使用权批复案（最高人民法院指导案例22号）

裁判规则：根据《土地储备管理办法》和《安徽省国有土地储备办法》以收回方式储备国有土地的程序规定，某县国土资源行政主管部门在某县人民政府作出批准收回国有土地使用权方案批复后，应当向原土地使用权人送达对外发生法律效力的收回国有土地使用权通知。某县人民政府的批复属于内部行政行为，不向相对人送达，对相对人的权利义务尚未产生实际影响，一般不属于行政诉讼的受案范围。但本案中，某县人民政府作出批复后，某县国土资源行政主管部门没有制作并送达对外发生效力的法律文书，即直接交某县土地储备中心根据该批复实施拆迁补偿安置行为，对原土地使用权人的权利义务产生了实际影响；原土地使用权人也通过申请政府信息公开知道了该批复的内容，并对批复提起了行政复议，复议机关作出复议决定时也告知了诉权，该批复已实际执行并外化为对外发生法律效力的具体行政行为。因此，对该批复不服提起行政诉讼的，人民法院应当依法受理。

2. 某公司与海南省某县人民政府、第三人中国农业银行某支行收回国有土地使用权及撤销土地证案（《中华人民共和国最高人民法院公报》2015年第2期）

裁判规则：县政府根据省政府批准的总体规划要求为建设县政府办公楼需要使用涉案土地，收回某公司的土地使用权，应当依法给予"适当补偿"。所谓"适当补偿"应当是公平合理的补偿，即按照被收回土地的性质、用途、区位等，以作出收地决定之日的市场评估价予以补偿。县政府按土地原成本价予以补偿于法无据。某公司以收地决定违法，涉案土地使用权至今仍属于其享有为由，主张应以最终判决时的市场评估价予以补偿，其理由不能成立。本案收地决定属于违反程序，判决确认收地决定违法并未否定其法律效力。根据《物权法》第二十八条规定，涉案土地使用权自收地决定生效之日已经发生物权转移的效力。考虑到涉案土地登记资料中"土地用途"栏系空白，结

合当地土地交易市场情况,对涉案土地以使用年限最长、市场价值最高的"住宅用地"用途进行评估,有利于维护行政相对人的合法权益。鉴于县政府收回土地使用权行为违法,补偿价格明显不公,且收地决定作出后涉案土地升值较大,而当事人因不能以转让土地使用权方式及时偿还银行贷款,存在贷款利息损失,县政府在支付补偿款的同时,还应当支付自决定收回土地使用权之日起至实际支付全部补偿款之日的同期银行贷款利息。

3. 某房地产有限公司诉某市国土资源局行政补偿案(最高人民法院行政裁定书〔2017〕最高法行申1342号)

裁判规则:根据《土地管理法》第五十八条第二款,为公共利益需要使用土地,提前收回国有土地使用权的,应当对土地使用权人给予适当补偿。收回的土地使用权以出让方式供应的,应当根据土地面积、剩余土地使用年期、原批准用途、土地开发利用程度、规划限制等,参照市场地价水平,经专业机构评估后予以补偿;收回的土地使用权以划拨方式供应的,参照评估的划拨土地使用权价格,核定土地使用者应有权益后予以补偿;确定补偿标准的基准日,原则上应当以行政主体作出收回决定的日期或者以收回土地事宜向社会公告的日期为准。

第五十九条 【乡、村建设使用土地的要求】乡镇企业、乡(镇)村公共设施、公益事业、农村村民住宅等乡(镇)村建设,应当按照村庄和集镇规划,合理布局,综合开发,配套建设;建设用地,应当符合乡(镇)土地利用总体规划和土地利用年度计划,并依照本法第四十四条、第六十条、第六十一条、第六十二条的规定办理审批手续。

注释 乡镇企业、乡(镇)村公共设施、公益事业、农村村民住宅等乡(镇)村建设用地必须符合五项原则:一是应当符合乡(镇)国土空间规划确定的地块用途。二是符合土地利用年度计划,不能突破土地利用年度计划确定的控制指标。三是符合村庄和集镇规划,按照规划许可条件用地。四是坚持合理布局,综合开发,配套建设,节约集约利用土地,服务乡村振兴战略。五是涉及农用地的依法办理农用地转用和用地审批。

第六十条 【村集体兴办企业使用土地】农村集体经济组织使用乡(镇)土地利用总体规划确定的建设用地兴办企业或者与其他单位、个人以土地使用权入股、联营等形式共同举办企业的,应当持有关批准文件,向县级以上地方人民政府自然资源主管部门提出申请,按照省、自治区、直辖市规定的批准权限,由县级以上地方人民政府批准;其中,涉及占用农用地的,依照本法第四十四条的规定办理审批手续。

按照前款规定兴办企业的建设用地,必须严格控制。省、自治区、直辖市可以按照乡镇企业的不同行业和经营规模,分别规定用地标准。

第六十一条 【乡村公共设施、公益事业建设用地审批】乡(镇)村公共设施、公益事业建设,需要使用土地的,经乡(镇)人民政府审核,向县级以上地方人民政府自然资源主管部门提出申请,按照省、自治区、直辖市规定的批准权限,由县级以上地方人民政府批准;其中,涉及占用农用地的,依照本法第四十四条的规定办理审批手续。

第六十二条 【农村宅基地管理】农村村民一户只能拥有一处宅基地,其宅基地的面积不得超过省、自治区、直辖市规定的标准。

人均土地少、不能保障一户拥有一处宅基地的地区,县级人民政府在充分尊重农村村民意愿的基础上,可以采取措施,按照省、自治区、直辖市规定的标准保障农村村民实现户有所居。

农村村民建住宅,应当符合乡(镇)土地利用总体规划、村庄规划,不得占用永久基本农田,并尽量使用原有的宅基地和村内空闲地。编制乡(镇)土地利用总体规划、村庄规划应当统筹并合理安排宅基地用地,改善农村村民居住环境和条件。

农村村民住宅用地,由乡(镇)人民政府审核批准;其中,涉及占用农用地的,依照本法第四十四条的规定办理审批手续。

农村村民出卖、出租、赠与住宅后,再申请宅基地的,不予批准。

国家允许进城落户的农村村民依法自愿有偿退出宅基地,鼓励农村集体经济组织及其成员盘活利用闲置宅基地和闲置住宅。

国务院农业农村主管部门负责全国农村宅基地改革和管理有关工作。

注释 **一户一宅**

宅基地是农村村民用于建造住宅及其附属设施的集体建设用地,包括住房、附属用房和庭院等用地。农村村民一户只能拥有一处宅基地,面积不得超过本省、自治区、直辖市规定的标准。农村村民申请宅基地的，应当以户为单位向农村集体经济组织提出申请；没有设立农村集体经济组织的，应当向所在的村民小组或者村民委员会提出申请。宅基地申请依法经农村村民集体讨论通过并在本集体范围内公示后，报乡（镇）人民政府审核批准。涉及占用农用地的，应当依法办理农用地转用审批手续。农村村民应严格按照批准面积和建房标准建设住宅，禁止未批先建、超面积占用宅基地。经批准易地建造住宅的，应严格按照“建新拆旧”要求，将原宅基地交还村集体。对历史形成的宅基地面积超标和“一户多宅”等问题，要按照有关政策规定分类进行认定和处置。人均土地少、不能保障一户拥有一处宅基地的地区，县级人民政府在充分尊重农民意愿的基础上，可以采取措施，按照省、自治区、直辖市规定的标准保障农村村民实现户有所居。比如，在国土空间规划确定的城镇建设用地规模范围内，通过建设新型农村社区、农民公寓和新型住宅小区保障农民“一户一房”。这里“户”的组成人员中必须有集体经济组织成员。

宅基地使用权流转方式

根据本条第5款规定，宅基地使用权的流转有出卖、出租、赠与三种方式。关于“出卖”，可以在集体经济组织内部进行，但是必须符合一定的条件：一是转让人与受让人必须是同一集体经济组织内部的成员。二是受让人没有住房和宅基地，且符合宅基地使用权申请分配的条件。三是转让行为需征得本集体经济组织的同意。“赠与”的法律效果和“出卖”基本相同。但是，农村村民出卖、出租、赠与住宅后，再申请宅基地的，不予批准。另外，需要说明的一点是，因房产继承等合法原因形成的多处住宅及宅基地，原则上不作处理，农村村民可以通过出卖等方式处理，也可以维护原状，但房屋不得翻建，房屋损坏后，多余的宅基地应当退出。

宅基地有偿使用及自愿有偿退出

2015年1月，中共中央办公厅和国务院办公厅联合印发了《关于农村土地征收、集体经营性建设用地入市、宅基地制度改革试点工作的意见》，要求对因历史原因形成超标准占用宅基地和一户多宅的，以及非本集体经济组织成员通过继承房屋等占有的宅基地，由农村集体经济组织主导，探索有偿使用。允许进城落户农民在本集体经济组织内部自愿有偿退出或转让宅基地。2015年2月27日第十二届全国人民代表大会常务委员会第十三次会议通过《全国人民代表大会常务委员会关于授权国务院在北京市大兴区等三十三个试点县（市、区）行政区域暂时调整实施有关法律规定的决定》，开始进行农村土地改革试点。在改革试点过程中，各地对于自愿有偿退出宅基地、盘活利用闲置宅基地和闲置住宅的条件、方式、程序等进行了多种有益的探索。

2019年9月11日，中农办、农业农村部印发了《关于进一步加强农村宅基地管理的通知》，提出鼓励村集体和农民盘活利用闲置宅基地和闲置住宅，通过自主经营、合作经营、委托经营等方式，依法依规发展农家乐、民宿、乡村旅游等。城镇居民、工商资本等租赁农房居住或开展经营的，要严格遵守相关规定，租赁合同的期限不得超过20年。合同到期后，双方可以另行约定。在尊重农民意愿并符合规划的前提下，鼓励村集体积极稳妥开展闲置宅基地整治，整治出的土地优先用于满足农民新增宅基地需求、村庄建设和乡村产业发展。闲置宅基地盘活利用产生的土地增值收益要全部用于农业农村。在征得宅基地所有权人同意的前提下，鼓励农村村民在本集体经济组织内部向符合宅基地申请条件的农户转让宅基地。各地可探索通过制定宅基地转让示范合同等方式，引导规范转让行为。转让合同生效后，应及时办理宅基地使用权变更手续。国家允许进城落户的农村村民依法自愿有偿退出宅基地。乡（镇）人民政府和农村集体经济组织、村民委员会等应当将退出的宅基地优先用于保障该农村集体经济组织成员的宅基地需求。

依法取得的宅基地和宅基地上的农村村民住宅及其附属设施受法律保护。禁止违背农村村民意愿强制流转宅基地，禁止违法收回农村村民依法取得的宅基地，禁止以退出宅基地作为农村村民进城落户的条件，禁止强迫农村村民搬迁退出宅基地。

宅基地管理的主管部门

本条第7款明确由国务院农业农村主管部门负责全国农村宅基地改革和管理有关工作，并赋予了农业农村主管部门在宅基地监督管理和行政执法等方面的相应职责，即全国农村宅基地改革和管理的主管部门由自然资源主管部门变为农业农村主管部门。

链接《民法典》第362—365条;《城乡规划法》;《土地管理法实施条例》第33—36条;《关于进一步加强农村宅基地管理的通知》

第六十三条 【集体经营性建设用地入市】土地利用总体规划、城乡规划确定为工业、商业等经营性用途,并经依法登记的集体经营性建设用地,土地所有权人可以通过出让、出租等方式交由单位或者个人使用,并应当签订书面合同,载明土地界址、面积、动工期限、使用期限、土地用途、规划条件和双方其他权利义务。

前款规定的集体经营性建设用地出让、出租等,应当经本集体经济组织成员的村民会议三分之二以上成员或者三分之二以上村民代表的同意。

通过出让等方式取得的集体经营性建设用地使用权可以转让、互换、出资、赠与或者抵押,但法律、行政法规另有规定或者土地所有权人、土地使用权人签订的书面合同另有约定的除外。

集体经营性建设用地的出租,集体建设用地使用权的出让及其最高年限、转让、互换、出资、赠与、抵押等,参照同类用途的国有建设用地执行。具体办法由国务院制定。

注释 **集体经营性建设用地入市主体**

根据本法第10条,集体土地所有权人分为三种情况:一是农民集体所有的土地依法属于村农民集体所有的,由村集体经济组织或者村民委员会经营、管理;二是分别属于村内两个以上农村集体经济组织的农民集体所有的,由村内各相应农村集体经济组织或者村民小组经营、管理;三是已经属于乡(镇)农民集体所有的,由乡(镇)农村集体经济组织经营、管理。考虑到入市方案制定和实施过程具有一定专业性,在集体经营性建设用地入市过程中,集体经济组织可以自己直接实施,也可以委托其他主体代为实施。

关于集体经营性建设用地使用主体,并未设置准入门槛,单位和个人均可以使用。因此,我国境内外的自然人、法人,除法律、法规另有规定外,均可依法取得集体经营性建设用地使用权,进行土地开发、利用和经营。

集体经营性建设用地入市条件

集体经营性建设用地入市必须符合以下五个条件:一是符合国土空间规划。本法第4条规定"国家实行土地用途管制制度",确定了土地用途管制的总体原则。在这一总体原则下,本条规定集体经营性建设用地入市地块必须符合国土空间规划。二是符合规定的用途。入市的集体经营性建设用地用途十分明确,仅限于工业和商业等经营性用途,不属于经营用途的,不得入市流转。三是权属清晰。入市的集体经营性建设用地应当属于"经依法登记的",必须是权属清晰、没有争议的,避免在流转过程中出现产权纠纷,影响当事人权利的实现。四是经过集体依法决策。集体经营性建设用地入市必须经土地所有权人的集体决策程序,应当经本集体经济组织成员的村民会议三分之二以上成员或者三分之二以上村民代表的同意。五是签订流转合同。集体经营性建设用地入市应当签订合同。集体经营性建设用地入市后,对合同执行产生争议的,由交易双方协商处理,协商不成的,依照合同约定申请仲裁或向人民法院提起诉讼。

集体经营性建设用地流转方式

国土空间规划确定为工业、商业等经营性用途,且已依法办理土地所有权登记的集体经营性建设用地,土地所有权人可以通过出让、出租等方式交由单位或者个人在一定年限内有偿使用。土地所有权人拟出让、出租集体经营性建设用地的,市、县人民政府自然资源主管部门应当依据国土空间规划提出拟出让、出租的集体经营性建设用地的规划条件,明确土地界址、面积、用途和开发建设强度等。市、县人民政府自然资源主管部门应当会同有关部门提出产业准入和生态环境保护要求。土地所有权人应当依据规划条件、产业准入和生态环境保护要求等,编制集体经营性建设用地出让、出租等方案,并依照本法第63条的规定,由本集体经济组织形成书面意见,在出让、出租前不少于10个工作日报市、县人民政府。市、县人民政府认为该方案不符合规划条件或者产业准入和生态环境保护要求等的,应当在收到方案后5个工作日内提出修改意见。土地所有权人应当按照市、县人民政府的意见进行修改。集体经营性建设用地出让、出租等方案应当载明宗地的土地界址、面积、用途、规划条件、产业准入和生态环境保护要求、使用期限、交易方式、入市价格、集体收益分配安排等内容。

土地所有权人应当依据集体经营性建设用地

出让、出租等方案，以招标、拍卖、挂牌或者协议等方式确定土地使用者，双方应当签订书面合同，载明土地界址、面积、用途、规划条件、使用期限、交易价款支付、交地时间和开工竣工期限、产业准入和生态环境保护要求，约定提前收回的条件、补偿方式、土地使用权届满续期和地上建筑物、构筑物等附着物处理方式，以及违约责任和解决争议的方法等，并报市、县人民政府自然资源主管部门备案。未依法将规划条件、产业准入和生态环境保护要求纳入合同的，合同无效；造成损失的，依法承担民事责任。合同示范文本由国务院自然资源主管部门制定。

集体经营性建设用地使用者应当按照约定及时支付集体经营性建设用地价款，并依法缴纳相关税费，对集体经营性建设用地使用权以及依法利用集体经营性建设用地建造的建筑物、构筑物及其附属设施的所有权，依法申请办理不动产登记。

通过出让等方式取得的集体经营性建设用地使用权依法转让、互换、出资、赠与或者抵押的，双方应当签订书面合同，并书面通知土地所有权人。集体经营性建设用地的出租，集体建设用地使用权的出让及其最高年限、转让、互换、出资、赠与、抵押等，参照同类用途的国有建设用地执行，法律、行政法规另有规定的除外。

链接《城乡规划法》；《村民委员会组织法》；《土地管理法实施条例》第37—43条；《城镇国有土地使用权出让和转让暂行条例》；《关于完善建设用地使用权转让、出租、抵押二级市场的指导意见》

第六十四条　【集体建设用地的使用要求】集体建设用地的使用者应当严格按照土地利用总体规划、城乡规划确定的用途使用土地。

第六十五条　【不符合土地利用总体规划的建筑物的处理】在土地利用总体规划制定前已建的不符合土地利用总体规划确定的用途的建筑物、构筑物，不得重建、扩建。

注释土地利用必须符合国土空间规划。根据“法不溯及既往”的原则，合法用地行为在先、规划制定在后的，不因为规划确定的新用途管制要求而责令既有土地用途立即改变。但是，重建、扩建行为，必须按照新用途执行。违反本条规定，对建筑物、构筑物进行重建、扩建的，由县级以上人民政府自然资源主管部门责令限期拆除；逾期不拆除的，由作出行政决定的机关依法申请人民法院强制执行。

链接《土地管理法实施条例》第35条

第六十六条　【集体建设用地使用权的收回】有下列情形之一的，农村集体经济组织报经原批准用地的人民政府批准，可以收回土地使用权：

（一）为乡（镇）村公共设施和公益事业建设，需要使用土地的；

（二）不按照批准的用途使用土地的；

（三）因撤销、迁移等原因而停止使用土地的。

依照前款第（一）项规定收回农民集体所有的土地的，对土地使用权人应当给予适当补偿。

收回集体经营性建设用地使用权，依照双方签订的书面合同办理，法律、行政法规另有规定的除外。

注释本条所规定的土地使用权不包括承包经营权。承包经营权的收回将按承包合同和国家有关规定办理。为了防止土地所有权人滥用权利，损害使用者的合法权益，收回集体土地使用权也应当在严格的程序下进行，即必须经原批准用地的人民政府批准，并由原登记机关注销土地登记。

本条第3款是关于收回集体经营性建设用地使用权的规定。对本款规定可以从以下三个方面进行理解：其一，集体经营性建设用地使用权是物权的一种，受到法律严格保护，不得随意变更、收回，农村集体经济组织原则上不得按照本条第1款的规定收回。其二，建设用地使用权转让是基于民事合同的物权变动行为，其收回的条件应当是合同的重要内容。实践中，国有建设用地使用权出让合同都对收回条件作了规定。集体经营性建设用地使用权的出让合同也应当就收回条件作出规定。根据《民法典》的规定，双方当事人约定的收回条件，不得与法律法规相悖，也不得违反公序良俗，否则该部分无效。其三，本款在体现合同意思自治的基础上，作出了“法律、行政法规另有规定的除外”的保留性规定，主要是，除发生双方合同约定的土地收回条件外，法律、行政法规强制性规定的条件发生时，所有权人也可以依此收回土地。

第六章　监督检查

第六十七条　【监督检查职责】县级以上人民政府自然资源主管部门对违反土地管理法律、法规的行为进行监督检查。

县级以上人民政府农业农村主管部门对违反

农村宅基地管理法律、法规的行为进行监督检查的，适用本法关于自然资源主管部门监督检查的规定。

土地管理监督检查人员应当熟悉土地管理法律、法规，忠于职守、秉公执法。

链接《土地管理法实施条例》第五章；《自然资源执法监督规定》；《自然资源行政处罚办法》

案例 张某竹诉某市国土资源局行政不作为案（最高人民法院发布人民法院关于行政不作为十大案例）

裁判规则：张某竹向河南省某市国土资源局（以下简称市国土局）书面提出申请，请求该局依法查处其所在村的耕地被有关工程项目违法强行占用的行为，并向该局寄送了申请书。市国土局于2013年10月17日收到申请后，没有受理、立案、处理，也未告知张某竹，张某竹遂以市国土局不履行法定职责为由诉至法院，请求确认被告不履行法定职责的具体行政行为违法，并要求被告对土地违法行为进行查处。法院审理后认为，原告张某竹向被告市国土局提出查处违法占地申请后，被告应当受理，被告既没有受理，也没有告知原告是否立案，故原告要求确认被告不履行法定职责违法，并限期履行法定职责的请求，有事实根据和法律依据，法院予以支持。

第六十八条 【监督检查措施】县级以上人民政府自然资源主管部门履行监督检查职责时，有权采取下列措施：

（一）要求被检查的单位或者个人提供有关土地权利的文件和资料，进行查阅或者予以复制；

（二）要求被检查的单位或者个人就有关土地权利的问题作出说明；

（三）进入被检查单位或者个人非法占用的土地现场进行勘测；

（四）责令非法占用土地的单位或者个人停止违反土地管理法律、法规的行为。

注释 自然资源主管部门、农业农村主管部门按照职责分工进行监督检查时，可以采取下列措施：(1)询问违法案件涉及的单位或者个人；(2)进入被检查单位或者个人涉嫌土地违法的现场进行拍照、摄像；(3)责令当事人停止正在进行的土地违法行为；(4)对涉嫌土地违法的单位或者个人，在调查期间暂停办理与该违法案件相关的土地审批、登记等手续；(5)对可能被转移、销毁、隐匿或者篡改的文件、资料予以封存，责令涉嫌土地违法的单位或者个人在调查期间不得变卖、转移与案件有关的财物；(6)本条规定的其他监督检查措施。

链接《土地管理法实施条例》第48条

第六十九条 【出示监督检查证件】土地管理监督检查人员履行职责，需要进入现场进行勘测、要求有关单位或者个人提供文件、资料和作出说明的，应当出示土地管理监督检查证件。

第七十条 【有关单位和个人对土地监督检查的配合义务】有关单位和个人对县级以上人民政府自然资源主管部门就土地违法行为进行的监督检查应当支持与配合，并提供工作方便，不得拒绝与阻碍土地管理监督检查人员依法执行职务。

注释 本条规定的有关单位和个人，包括各级人民政府、政府部门、司法机关、社会团体、企事业单位和任何人。只要有违反土地管理法律、法规的，就必须依法接受县级以上人民政府自然资源主管部门的监督检查，不得拒绝与阻碍土地管理监督检查人员依法执行职务。土地监督检查人员依法履行监督检查职责，需要查阅或者复制有关文件或资料时，被检查单位或者个人必须提供；需要了解土地占用情况时，被检查单位或者个人必须就有关情况作出说明；需要进行现场勘测时，被检查单位或者个人必须为土地管理监督检查人员进入非法占用的土地现场进行勘测提供工作方便；当自然资源主管部门责令停止违反土地管理法律、法规的行为时，被检查单位或者个人必须服从自然资源主管部门的决定，停止违反土地管理法律、法规的行为。对于土地管理监督检查人员的以上要求，被检查单位或者个人不得以任何借口予以拒绝或者阻碍。拒绝或者阻碍土地管理监督检查人员依法执行职务，构成犯罪的，依法追究刑事责任；尚不构成犯罪的，由公安机关依法给予处罚。

链接《土地管理法实施条例》第45条

第七十一条 【国家工作人员违法行为的处理】县级以上人民政府自然资源主管部门在监督检查工作中发现国家工作人员的违法行为，依法应当给予处分的，应当依法予以处理；自己无权处理的，应当依法移送监察机关或者有关机关处理。

注释 县级以上人民政府自然资源主管部门在监督检查工作中发现的国家工作人员的违法行为，依法应当给予处分的情况有两种：

1. 直接违反土地管理法律、法规的行为。根据本法第74条、第75条、第78条、第80条、第81条、第85条的规定,有下列违法行为之一尚不构成犯罪的,对其直接负责的主管人员和其他直接责任人员,应当给予处分:(1)买卖或者以其他形式非法转让土地的;(2)未经批准或者采取欺骗手段骗取批准,非法占用土地的;(3)超过批准的数量占用土地的;(4)无权批准征收、使用土地的单位或者个人非法批准占用土地的;(5)超越批准权限非法批准占用土地的;(6)不按照国土空间规划确定的用途批准用地的;(7)违反法律规定的程序批准占用、征收土地的;(8)侵占、挪用被征收土地单位的征地补偿费用和其他有关费用的;(9)自然资源主管部门及其工作人员玩忽职守、滥用职权、徇私舞弊的。

2. 以土地问题为起因引发的违反其他法律、法规的行为。如利用职权在审批土地或者办理土地权属登记等工作中索贿、受贿,尚不构成犯罪的等。这些违法行为虽未直接违反土地管理法律、法规,但是违反了公务员法等法律、法规的规定。

链接《违反土地管理规定行为处分办法》;《公务员法》;《监察法》

第七十二条 【土地违法行为责任追究】县级以上人民政府自然资源主管部门在监督检查工作中发现土地违法行为构成犯罪的,应当将案件移送有关机关,依法追究刑事责任;尚不构成犯罪的,应当依法给予行政处罚。

注释 县级以上人民政府自然资源主管部门就土地违法行为进行监督检查时,发现违法行为构成犯罪的,应当依法将该案件移送司法机关处理,不得以罚代刑。尚不构成犯罪的,依法给予行政处罚。主要的行政处罚包括:(1)罚款;(2)没收违法所得;(3)没收在非法转让或者占用的土地上新建的建筑物和其他设施;(4)责令限期改正或者治理;(5)责令缴纳复垦费;(6)责令退还或者交还非法占用的土地;(7)责令限期拆除在非法占用的土地上新建的建筑物和其他设施等。

依法应当移送司法机关处理的土地违法案件

县级以上人民政府自然资源主管部门在监督检查中发现土地违法行为构成犯罪的,应当移送司法机关,依法追究刑事责任。土地违法行为是否构成犯罪取决于:一是行为人是否具有权利能力和行为能力;二是行为人在主观上是否有犯罪的故意;三是行为人是否实施了违反土地管理法律、法规的行为;四是行为人的违法行为是否侵犯了国家的土地管理制度,并且在情节和对社会造成的危害后果上达到了刑法规定的定罪标准。根据本法第74条、第75条、第77条、第79条、第80条、第84条的规定,有下列违法行为之一,构成犯罪的,应当将案件移送司法机关,依法追究刑事责任:(1)买卖或者以其他形式非法转让土地的;(2)非法占用耕地建窑、建坟或者擅自在耕地上建房、挖砂、采石、采矿、取土等,破坏种植条件的;(3)因开发土地造成土地荒漠化、盐渍化的;(4)未经批准或者采取欺骗手段骗取批准,非法占用土地的;(5)超过批准的数量占用土地的;(6)无权批准征收、使用土地的单位或者个人非法批准占用土地的;(7)超越批准权限非法批准占用土地的;(8)不按照国土空间规划确定的用途批准用地的;(9)违反法律规定的程序批准占用、征收土地的;(10)侵占、挪用被征收土地单位的征地补偿费用和其他有关费用的;(11)自然资源主管部门的工作人员玩忽职守、滥用职权、徇私舞弊的。

链接《行政执法机关移送涉嫌犯罪案件的规定》

第七十三条 【不履行法定职责的处理】依照本法规定应当给予行政处罚,而有关自然资源主管部门不给予行政处罚的,上级人民政府自然资源主管部门有权责令有关自然资源主管部门作出行政处罚决定或者直接给予行政处罚,并给予有关自然资源主管部门的负责人处分。

注释 **应依法给予行政处罚的行为**

有下列土地违法行为之一,尚不构成犯罪的,由县级以上人民政府自然资源主管部门,依法给予行政处罚:(1)买卖或者以其他形式非法转让土地的;(2)非法占用耕地建窑、建坟或者擅自在耕地上建房、挖砂、采石、采矿、取土等,破坏种植条件的;(3)因开发土地造成土地荒漠化、盐渍化的;(4)违反本法规定,拒不履行土地复垦义务的;(5)未经批准或者采取欺骗手段骗取批准,非法占用土地的;(6)超过批准的数量或者规定的标准占用土地的;(7)无权批准征收、使用土地的单位或者个人非法批准占用土地的;(8)超越批准权限非法批准占用土地的;(9)不按照国土空间规划确定的用途批准用地的;(10)违反法律规定的程序批准占用、征收土地的;(11)依法被收回国有土地使用权当事人拒不交出土地的;(12)临时使用土地期满拒不归还的;(13)不按批准的用途使用国有土地的;(14)擅自将农民集体所有的土地的使用权出让、转让或者出租用于非农业建设的;(15)不依法办理土地变更登记的。

链接《土地管理法实施条例》第49条;《违反土地管理规定行为处分办法》

第七章 法律责任

第七十四条 【非法转让土地的法律责任】买卖或者以其他形式非法转让土地的,由县级以上人民政府自然资源主管部门没收违法所得;对违反土地利用总体规划擅自将农用地改为建设用地的,限期拆除在非法转让的土地上新建的建筑物和其他设施,恢复土地原状,对符合土地利用总体规划的,没收在非法转让的土地上新建的建筑物和其他设施;可以并处罚款;对直接负责的主管人员和其他直接责任人员,依法给予处分;构成犯罪的,依法追究刑事责任。

注释 本条规定的买卖或者以其他形式非法转让土地的违法行为,依据其非法转让的土地权利内容的不同,概括起来,主要表现为以下三种情况:

1. 买卖、非法转让国有土地、农民集体所有土地所有权的行为。根据本法第二章关于土地的所有权和使用权的规定,我国的土地所有权依法由国家或农民集体所有。因此,任何单位或者个人,只能依法取得土地的使用权,而不得对其使用的土地进行买卖或者以其他形式转让土地所有权。

2. 非法转让国有土地使用权的行为。城市房地产管理法对国有土地使用权的转让作出了具体的规定。转让土地使用权,是指土地使用者将土地使用权再转移的行为,包括出售、交换和赠与等。以出让方式取得的土地使用权不得转让的情况包括:(1)未按照出让合同的约定支付全部土地使用权出让金,并取得土地使用权证书的;(2)司法机关和行政机关依法裁定、决定查封或者以其他形式限制房地产权利的;(3)依法收回土地使用权的;(4)共有房地产,未经其他共有人书面同意的;(5)未按照土地使用权出让合同规定的期限和条件投资开发、利用土地的;(6)土地权属有争议的;(7)未依法登记,领取权属证书的;(8)有关法律、行政法规规定的禁止转让的其他情形。以划拨方式取得的土地使用权不得转让的情况包括:(1)转让房地产时,未按照国务院的规定报有批准权的人民政府批准的;(2)有批准权的人民政府根据国务院的规定,决定可以不办理土地使用权出让手续,但转让方未按照国务院规定将转让房地产所获得的收益中的土地收益上缴国家或者作其他处理的。

3. 非法转让农民集体所有土地使用权的行为,系指违反本法第63条的规定,转让农民集体所有土地的使用权用于非农业建设的行为。

依照本条规定处以罚款的,罚款额为违法所得的10%以上50%以下。

链接《刑法》第228条;《土地管理法实施条例》第54条;《违反土地管理规定行为处分办法》;《最高人民法院关于审理破坏土地资源刑事案件具体应用法律若干问题的解释》

第七十五条 【破坏耕地的法律责任】违反本法规定,占用耕地建窑、建坟或者擅自在耕地上建房、挖砂、采石、采矿、取土等,破坏种植条件的,或者因开发土地造成土地荒漠化、盐渍化的,由县级以上人民政府自然资源主管部门、农业农村主管部门等按照职责责令限期改正或者治理,可以并处罚款;构成犯罪的,依法追究刑事责任。

注释 破坏耕地种植条件的行为主要分两种情况:一是违法占用耕地的行为,主要包括违法占用耕地建窑、建坟等;二是违法破坏耕地的行为,主要包括擅自在耕地上建房、挖砂、采石、采矿、取土等。前一种情形是完全禁止的,即只要实施了在耕地上建窑、建坟的行为,就构成了违法行为。后一种情形是以"擅自"为前提,即在耕地上建房、挖砂、采石、采矿、取土等行为,如果符合有关法律规定的条件,经过法定程序来实施,则不构成违法行为。违反本法规定,破坏耕地种植条件,或者因开发土地造成土地荒漠化、盐渍化的,由县级以上人民政府自然资源主管部门、农业农村主管部门等按照职责责令限期改正或者治理,可以并处耕地开垦费的5倍以上10倍以下罚款,破坏黑土地等优质耕地的,从重处罚。构成犯罪的,依法根据《刑法》第342条追究刑事责任。

链接《刑法》第342条;《土地管理法实施条例》第55条;《最高人民法院关于审理破坏土地资源刑事案件具体应用法律若干问题的解释》第3条

案例 1. 江苏省南京市人民检察院诉王玉林生态破坏民事公益诉讼案(最高人民法院指导性案例207号)

裁判规则:1. 人民法院审理环境民事公益诉

讼案件,应当坚持山水林田湖草沙一体化保护和系统治理。对非法采矿造成的生态环境损害,不仅要对造成山体(矿产资源)的损失进行认定,还要对开采区域的林草、水土、生物资源及其栖息地等生态环境要素的受损情况进行整体认定。

2. 人民法院审理环境民事公益诉讼案件,应当充分重视提高生态环境修复的针对性、有效性,可以在判决侵权人承担生态环境修复费用时,结合生态环境基础修复及生物多样性修复方案,确定修复费用的具体使用方向。

2. 九江市人民政府诉江西正鹏环保科技有限公司、杭州连新建材有限公司、李德等生态环境损害赔偿诉讼案(最高人民法院指导性案例 210 号)

裁判规则:1. 生态环境损害赔偿案件中,国家规定的机关通过诉前磋商,与部分赔偿义务人达成生态环境损害赔偿协议的,可以依法向人民法院申请司法确认;对磋商不成的其他赔偿义务人,国家规定的机关可以依法提起生态环境损害赔偿诉讼。

2. 侵权人虽因同一污染环境、破坏生态行为涉嫌刑事犯罪,但生态环境损害赔偿诉讼案件中认定侵权事实证据充分的,不以相关刑事案件审理结果为依据,人民法院应当继续审理,依法判决侵权人承担生态环境修复和赔偿责任。

第七十六条 【不履行复垦义务的法律责任】违反本法规定,拒不履行土地复垦义务的,由县级以上人民政府自然资源主管部门责令限期改正;逾期不改正的,责令缴纳复垦费,专项用于土地复垦,可以处以罚款。

注释 因生产建设活动损毁的土地,按照"谁损毁,谁复垦"的原则进行复垦工作。土地复垦义务人应当按照土地复垦标准和国务院自然资源主管部门的规定编制土地复垦方案,在办理建设用地申请或者采矿权申请手续时,就应随有关报批材料报送土地复垦方案。未编制土地复垦方案或者土地复垦方案不符合要求的,有批准权的人民政府不得批准建设用地。

土地复垦义务人应当按照土地复垦方案开展土地复垦工作。矿山企业还应当对土地损毁情况进行动态监测和评价。生产建设周期长、需要分阶段实施复垦的,土地复垦义务人应当对土地复垦工作与生产建设活动统一规划、统筹实施,根据生产建设进度确定各阶段土地复垦的目标任务、工程规划设计、费用安排、工程实施进度和完成期限等。

土地复垦义务人应当将土地复垦费用列入生产成本或者建设项目总投资。当其不复垦或者复垦验收中经整改仍不合格的,应当缴纳土地复垦费,由有关自然资源主管部门代为组织复垦,如对由其他单位或者个人使用的国有土地或者农民集体所有的土地造成毁损的,除负责复垦外,还应当向遭受损失的单位或者个人支付损失补偿费。此外,不依法履行复垦义务人在申请新的建设用地、申请新的采矿许可证或者申请采矿许可证延续、变更、注销时,将不被批准。

对于土地复垦中出现的违法行为,《土地复垦条例》进一步明确了各相关人员的法律责任:一是针对监管部门及其工作人员在复垦工作中可能出现的各种徇私舞弊、滥用职权、玩忽职守的行为,包括违法许可,截留、挤占、挪用土地复垦费,在验收中弄虚作假,不依法履行监管职责或者不依法查处违法行为,谋取不正当利益等,规定了依法处分、追究刑事责任等相应的法律责任;二是针对土地复垦义务人在复垦活动中可能出现的各种违法行为,包括未按照规定补充编制土地复垦方案、安排土地复垦费用、进行表土剥离、报告有关情况、缴纳土地复垦费,将重金属污染物或者其他有毒有害物质用作回填或者充填材料,拒绝、阻碍监督检查或者弄虚作假等,规定了责令限期改正、责令停止违法行为、限期治理、罚款、吊销采矿许可证等相应的法律责任。

链接《土地管理法实施条例》第 56 条;《土地复垦条例》第 36—43 条

第七十七条 【非法占用土地的法律责任】未经批准或者采取欺骗手段骗取批准,非法占用土地的,由县级以上人民政府自然资源主管部门责令退还非法占用的土地,对违反土地利用总体规划擅自将农用地改为建设用地的,限期拆除在非法占用的土地上新建的建筑物和其他设施,恢复土地原状,对符合土地利用总体规划的,没收在非法占用的土地上新建的建筑物和其他设施,可以并处罚款;对非法占用土地单位的直接负责的主管人员和其他直接责任人员,依法给予处分;构成犯罪的,依法追究刑事责任。

超过批准的数量占用土地,多占的土地以非法占用土地论处。

注释 未经批准或者采取欺骗手段骗取批准,非法占用土地的违法行为主要包括两个方面:一是未经审批或者采取欺骗手段骗取用地审批而占用土地的。主要包括:(1)建设单位或者个人未经用地审批或者采取欺骗手段骗取批准而占用土地的;(2)举办乡镇企业未经批准使用农民集体所有的土地的;(3)乡(镇)、村公共设施和公益事业建设未经批准或者采取欺骗手段骗取批准,占用农民集体所有的土地进行建设的;(4)建设项目施工和地质勘查未经批准或者采取欺骗手段骗取批准,临时使用国有土地或者农民集体所有的土地的;(5)其他未经用地审批占用土地的行为。二是占用土地涉及农用地改为建设用地,未取得农用地转用审批或者采取欺骗手段骗取农用地转用审批的行为。此外,根据本条第2款规定,属于超过批准的数量占用土地的,多占的土地以非法占用土地论处。

未经合法批准占用土地的,如若非法占用后的土地仍符合国土空间规划,则应没收在非法占用的土地上新建的建筑物和其他设施;若非法占用并擅自将农用地改为建设用地,违反国土空间规划的,应限期拆除在非法占用的土地上新建的建筑物和其他设施,恢复土地原状。

链接《刑法》第342条;《土地管理法实施条例》第57、58条;《违反土地管理规定行为处分办法》

案例 **沈某某诉贵州省黄平县自然资源局撤销行政处罚案**(最高法发布耕地保护典型行政案例)

裁判规则:本案的意义在于明确了违法占地行为的行政处罚追诉时效应从违法行为终了之日起计算。《中华人民共和国行政处罚法》第二十九条第一款规定"违法行为在二年内未被发现的,不再给予行政处罚。法律另有规定的除外。"实践中,有当事人误以为行政处罚追诉时效以行为开始之日起算,认为违法行为持续两年即超过追诉时效,不会被处罚。本案明确了《中华人民共和国行政处罚法》第二十九条第二款"前款规定期限,从违法行为发生之日起计算;违法行为有连续或者继续状态的,从行为终了之日起计算"规定的内涵,对于促使违法占地行为人放弃侥幸心理,及时停止违法行为,恢复土地原状保护耕地具有积极意义。

第七十八条 【非法占用土地建住宅的法律责任】农村村民未经批准或者采取欺骗手段骗取批准,非法占用土地建住宅的,由县级以上人民政府农业农村主管部门责令退还非法占用的土地,限期拆除在非法占用的土地上新建的房屋。

超过省、自治区、直辖市规定的标准,多占的土地以非法占用土地论处。

注释 农村村民非法占用土地建住宅的行为,主要包括以下几种情形:一是农村村民占用土地建住宅,未经乡(镇)人民政府审核批准,或者骗取批准的。二是农村村民占用土地建住宅,面积超过省、自治区、直辖市规定的标准的。三是农村村民占用永久基本农田建住宅的。四是农村村民出卖、出租、赠与住宅后,再占用土地建住宅的。五是农村村民占用土地建住宅,涉及农用地转用,未按照本法第44条办理农用地转用审批手续的。

需要注意的是,本条的违法主体仅限于农村村民,处罚的是违反农村宅基地管理方面规定的违法行为。对于非农村村民非法占用土地建住宅的,适用本法第77条非法占用土地的法律责任。

案例 **四川省西昌市陈某某未经批准非法占用宅基地建住宅案**(第三批农业行政执法指导性案例之五)

裁判规则:2018年国务院机构改革后,原来由自然资源部承担的宅基地改革和管理有关职能划转到农业农村部。根据2019年修订的《土地管理法》第七十八条的规定,只有农村村民未经批准或者采取欺骗手段骗取批准,非法占用土地建住宅的,才由农业农村部门依法查处。本案中,执法人员准确把握宅基地执法职责的内涵和外延,紧紧围绕"农村村民"、"未经批准"、"占用土地"和"建住宅"四个核心要素进行调查取证。西昌市农业农村局在分别询问当事人和证人、委托第三方进行现场勘验测绘的基础上,商请户籍管理机关、宅基地审批机关、土地管理机关协助调查,形成了完整、准确、环环相扣的证据链条,充分证明了当事人未经批准非法占用宅基地建住宅的违法事实存在。本案从发现违法线索、完善证据链条、作出行政处罚到申请人民法院强制执行的全过程,对农业农村部门办理宅基地违法案件具有借鉴意义。

第七十九条 【非法批准征收、使用土地的法律责任】无权批准征收、使用土地的单位或者个人非法批准占用土地的,超越批准权限非法批准占用土地的,不按照土地利用总体规划确定的用途批准用地的,或者违反法律规定的程序批准占用、征收土地的,其批准文件无效,对非法批准征收、使用土地的直接负责的主管人员和其他直接责任人员，依法给予处分；构成犯罪的，依法追究刑事责任。非法批准、使用的土地应当收回，有关当事人拒不归还的，以非法占用土地论处。

非法批准征收、使用土地，对当事人造成损失的，依法应当承担赔偿责任。

链接《土地管理法》第44、46、57条；《刑法》第410条；《违反土地管理规定行为处分办法》；《最高人民法院关于审理破坏土地资源刑事案件具体应用法律若干问题的解释》第4、5条；《全国人民代表大会常务委员会关于〈中华人民共和国刑法〉第二百二十八条、第三百四十二条、第四百一十条的解释》

第八十条 【非法侵占、挪用征地补偿费的法律责任】侵占、挪用被征收土地单位的征地补偿费用和其他有关费用，构成犯罪的，依法追究刑事责任；尚不构成犯罪的，依法给予处分。

注释 所谓侵占，是指侵吞、盗窃、骗取或者以其他非法手段将公共财物占为己有的行为。所谓挪用，是指将公共财物挪作他用的行为。本条所规定的侵占、挪用的对象为被征收土地单位的征地补偿费用和其他有关费用。征地补偿费用包括征收农用地的土地补偿费、安置补助费以及征收农用地以外的其他土地、地上附着物和青苗等的补偿费。其他有关费用是指与征收集体土地有关的其他费用，例如征收农村村民住宅，对征收造成的搬迁、临时安置等给予的补偿费用。侵占、挪用征地补偿费可能构成贪污罪、挪用公款罪、侵占罪以及挪用公司、企业或者其他单位资金罪。

链接《刑法》第271、272、382、384条；《土地管理法实施条例》第64条；《违反土地管理规定行为处分办法》

第八十一条 【拒不交还土地、不按照批准用途使用土地的法律责任】依法收回国有土地使用权当事人拒不交出土地的，临时使用土地期满拒不归还的，或者不按照批准的用途使用国有土地的，由县级以上人民政府自然资源主管部门责令交还土地，处以罚款。

注释 在下列三种情况下，当事人应当交还土地：(1)依法收回国有土地使用权的，如因为公共利益的需要、旧城区改造或土地被闲置等原因；(2)临时使用土地期满；(3)不按照批准的用途使用国有土地的。若在上述情况发生时，当事人拒不交还土地，则应当受到相应的行政处罚，由县级以上人民政府自然资源主管部门责令交出土地，并处以罚款，罚款额为非法占用土地每平方米100元以上500元以下；拒不交出土地的，申请人民法院强制执行。

链接《土地管理法实施条例》第59条

第八十二条 【擅自将集体土地用于非农业建设和集体经营性建设用地违法入市的法律责任】擅自将农民集体所有的土地通过出让、转让使用权或者出租等方式用于非农业建设，或者违反本法规定，将集体经营性建设用地通过出让、出租等方式交由单位或者个人使用的，由县级以上人民政府自然资源主管部门责令限期改正，没收违法所得，并处罚款。

注释 擅自将农民集体所有的土地通过出让、转让使用权或者出租等方式用于非农业建设，是指没有法律依据或者未经法律规定的程序，通过出让、转让或者出租等方式将集体土地用于非农业建设。本法相关条款，如第60条、第61条、第62条等对农民集体所有土地使用权的出让、转让或者出租作出了规定。违反这些规定，未办理相关手续即将集体土地交给他人用于非农业建设的，对转让方给予本条规定的处罚。

集体经营性建设用地违法入市的行为主要有以下几种：(1)不符合国土空间规划规定的土地用途。(2)未经依法登记。(3)入市主体不符合法律规定。(4)未签订书面合同明确权利义务。(5)未经村集体民主决策。(6)不符合土地利用年度计划。

上述违法行为的法律责任包括：(1)责令限期改正。对于上述违法行为，应当由县级以上人民政府自然资源主管部门责令限期改正，将违法行为恢复到合法状态，给其他主体造成损失的，应由有过错的一方依法承担民事责任。(2)没收违法所得和罚款。根据本条的规定，没收违法所得和罚款的处罚必须同时适用。罚款额为非法所得的10%以上30%以下。

链接《宪法》第10条；《土地管理法实施条例》第60条

第八十三条 【责令限期拆除的执行】依照本法规定，责令限期拆除在非法占用的土地上新建的建筑物和其他设施的，建设单位或者个人必须立即停止施工，自行拆除；对继续施工的，作出处罚决定的机关有权制止。建设单位或者个人对责令限期拆除的行政处罚决定不服的，可以在接到责令限期拆除决定之日起十五日内，向人民法院起诉;期满不起诉又不自行拆除的,由作出处罚决定的机关依法申请人民法院强制执行,费用由违法者承担。

注释 当事人在接到责令限期拆除的处罚决定后,应当立即停止施工,自行拆除建筑物和其他设施。如果当事人不服该行政处罚决定,在停止施工的同时,可以向作出处罚决定的机关说明情况,要求其撤销处罚决定,也可以依法向上一级行政机关申请行政复议,或者在规定的期限内向人民法院提起行政诉讼。

被处罚的建设单位或者个人对责令限期拆除的行政处罚决定不服的,可以在接到处罚决定之日起15日内,向人民法院提起行政诉讼。本条规定的提起行政诉讼的期间为接到责令限期拆除决定之日起15日内,是特殊的提起行政诉讼的期间,而不是行政诉讼法规定的从当事人知道行政机关作出具体行政行为之日起的6个月。超过上述期限提起行政诉讼的,人民法院可以不予受理。

本法未赋予行政机关强制执行的权力,如果当事人拒不执行其行政处罚决定,作出行政处罚的机关可以向人民法院提出申请,由人民法院强制执行。根据本条的规定,强制执行的费用由违法者承担。

链接《土地管理法》第74、77、78条;《行政诉讼法》第97条

案例 陈某某诉洋浦经济开发区管理委员会城乡建设行政强制案(最高法发布耕地保护典型行政案例)

裁判规则:根据相关法律规定,乡、村庄规划区内的建筑物违反城乡规划法的,可由乡、镇人民政府依法强制拆除,规划区外的建筑物违反土地管理法规定的,应当由行政机关申请人民法院强制拆除。所以,在查处违法建筑的过程中,行政机关需要对违法建筑物的性质进行调查,而不能笼统地适用城乡规划法予以简单处理。本案中,通过对违法建筑的性质认定,明确了查处不同类型非法建筑所应适用的法律依据,为行政机关依法行政提供了较好的借鉴意义。

第八十四条 【自然资源主管部门、农业农村主管部门工作人员违法的法律责任】自然资源主管部门、农业农村主管部门的工作人员玩忽职守、滥用职权、徇私舞弊,构成犯罪的,依法追究刑事责任;尚不构成犯罪的,依法给予处分。

注释 所谓玩忽职守,是指自然资源主管部门、农业农村主管部门的工作人员不履行、不正确履行或者放弃履行职责的行为。所谓滥用职权,是指自然资源主管部门、农业农村主管部门的工作人员违反法律规定的权限和程序,滥用职权或者超越职权的行为。所谓徇私舞弊,是指自然资源主管部门、农业农村主管部门的工作人员为徇个人私利或者亲友私情而玩忽职守、滥用职权的行为。对于自然资源主管部门、农业农村主管部门工作人员的上述违法行为,任何单位和个人都有权检举和控告,有关部门应当严肃查处,并依法追究其法律责任。

链接《刑法》第397、402、410条;《监察法》;《土地管理法实施条例》第65条;《违反土地管理规定行为处分办法》;《最高人民法院关于审理破坏土地资源刑事案件具体应用法律若干问题的解释》第6、7条

第八章 附 则

第八十五条 【外商投资企业使用土地的法律适用】外商投资企业使用土地的,适用本法;法律另有规定的,从其规定。

第八十六条 【过渡期间有关规划的适用】在根据本法第十八条的规定编制国土空间规划前,经依法批准的土地利用总体规划和城乡规划继续执行。

注释 本法第18条对国土空间规划编制要求作出规定,明确了国土空间规划的法律地位,并规定已经编制国土空间规划的,不再编制土地利用总体规划和城乡规划。这一规定为下一步开展国土空间规划编制和实施提供了法律保障。在国土空间规划编制和实施前,土地利用总体规划和城乡规划应当继续执行,依然是土地管理的重要依据,有关行政审批、监督检查等工作应当严格按照土地利用总体规划和城乡规划的要求进行。各地方和有关部门在土地管理工作中,要切实做好土地利用总体规划和城乡规划与国土空间规划在过渡期间的衔接,防止出现执法空白。

第八十七条 【施行时间】本法自1999年1月1日起施行。

中华人民共和国黑土地保护法

·2022年6月24日第十三届全国人民代表大会常务委员会第三十五次会议通过
·2022年6月24日中华人民共和国主席令第115号公布
·自2022年8月1日起施行

第一条 为了保护黑土地资源,稳步恢复提升黑土地基础地力,促进资源可持续利用,维护生态平衡,保障国家粮食安全,制定本法。

第二条 从事黑土地保护、利用和相关治理、修复等活动,适用本法。本法没有规定的,适用土地管理等有关法律的规定。

本法所称黑土地,是指黑龙江省、吉林省、辽宁省、内蒙古自治区(以下简称四省区)的相关区域范围内具有黑色或者暗黑色腐殖质表土层,性状好、肥力高的耕地。

第三条 国家实行科学、有效的黑土地保护政策,保障黑土地保护财政投入,综合采取工程、农艺、农机、生物等措施,保护黑土地的优良生产能力,确保黑土地总量不减少、功能不退化、质量有提升、产能可持续。

第四条 黑土地保护应当坚持统筹规划、因地制宜、用养结合、近期目标与远期目标结合、突出重点、综合施策的原则,建立健全政府主导、农业生产经营者实施、社会参与的保护机制。

国务院农业农村主管部门会同自然资源、水行政等有关部门,综合考虑黑土地开垦历史和利用现状,以及黑土层厚度、土壤性状、土壤类型等,按照最有利于全面保护、综合治理和系统修复的原则,科学合理确定黑土地保护范围并适时调整,有计划、分步骤、分类别地推进黑土地保护工作。历史上属黑土地的,除确无法修复的外,原则上都应列入黑土地保护范围进行修恢复。

第五条 黑土地应当用于粮食和油料作物、糖料作物、蔬菜等农产品生产。

黑土层深厚、土壤性状良好的黑土地应当按照规定的标准划入永久基本农田,重点用于粮食生产,实行严格保护,确保数量和质量长期稳定。

第六条 国务院和四省区人民政府加强对黑土地保护工作的领导、组织、协调、监督管理,统筹制定黑土地保护政策。四省区人民政府对本行政区域内的黑土地数量、质量、生态环境负责。

县级以上地方人民政府应当建立农业农村、自然资源、水行政、发展改革、财政、生态环境等有关部门组成的黑土地保护协调机制,加强协调指导,明确工作责任,推动黑土地保护工作落实。

乡镇人民政府应当协助组织实施黑土地保护工作,向农业生产经营者推广适宜其所经营耕地的保护、治理、修复和利用措施,督促农业生产经营者履行黑土地保护义务。

第七条 各级人民政府应当加强黑土地保护宣传教育,提高全社会的黑土地保护意识。

对在黑土地保护工作中做出突出贡献的单位和个人,按照国家有关规定给予表彰和奖励。

第八条 国务院标准化主管部门和农业农村、自然资源、水行政等主管部门按照职责分工,制定和完善黑土地质量和其他保护标准。

第九条 国家建立健全黑土地调查和监测制度。

县级以上人民政府自然资源主管部门会同有关部门开展土地调查时,同步开展黑土地类型、分布、数量、质量、保护和利用状况等情况的调查,建立黑土地档案。

国务院农业农村、水行政等主管部门会同四省区人民政府建立健全黑土地质量监测网络,加强对黑土地土壤性状、黑土层厚度、水蚀、风蚀等情况的常态化监测,建立黑土地质量动态变化数据库,并做好信息共享工作。

第十条 县级以上人民政府应当将黑土地保护工作纳入国民经济和社会发展规划。

国土空间规划应当充分考虑保护黑土地及其周边生态环境,合理布局各类用途土地,以利于黑土地水蚀、风蚀等的预防和治理。

县级以上人民政府农业农村主管部门会同有关部门以调查和监测为基础、体现整体集中连片治理,编制黑土地保护规划,明确保护范围、目标任务、技术模式、保障措施等,遏制黑土地退化趋势,提升黑土地质量,改善黑土地生态环境。县级黑土地保护规划应当与国土空间规划相衔接,落实到黑土地具体地块,并向社会公布。

第十一条 国家采取措施加强黑土地保护的科技支撑能力建设,将黑土地保护、治理、修复和利用的科技创新作为重点支持领域;鼓励高等学校、科研机构和农业技术推广机构等协同开展科技攻关。县级以上人民政府应当鼓励和支持水土保持、防风固沙、土壤改良、地力培肥、生态保护等科学研究和科研成果推广应用。

有关耕地质量监测保护和农业技术推广机构应当对农业生产经营者保护黑土地进行技术培训、提供指导服务。

国家鼓励企业、高等学校、职业学校、科研机构、科学技术社会团体、农民专业合作社、农业社会化服务组织、农业科技人员等开展黑土地保护相关技术服务。

国家支持开展黑土地保护国际合作与交流。

第十二条 县级以上人民政府应当采取以下措施加强黑土地农田基础设施建设:

(一)加强农田水利工程建设,完善水田、旱地灌排体系;

(二)加强田块整治,修复沟毁耕地,合理划分适宜耕作田块;

(三)加强坡耕地、侵蚀沟水土保持工程建设;

(四)合理规划修建机耕路、生产路;

(五)建设农田防护林网;

(六)其他黑土地保护措施。

第十三条 县级以上人民政府应当推广科学的耕作制度,采取以下措施提高黑土地质量:

(一)因地制宜实行轮作等用地养地相结合的种植制度,按照国家有关规定推广适度休耕;

(二)因地制宜推广免(少)耕、深松等保护性耕作技术,推广适宜的农业机械;

(三)因地制宜推广秸秆覆盖、粉碎深(翻)埋、过腹转化等还田方式;

(四)组织实施测土配方施肥,科学减少化肥施用量,鼓励增施有机肥料,推广土壤生物改良等技术;

(五)推广生物技术或者生物制剂防治病虫害等绿色防控技术,科学减少化学农药、除草剂使用量,合理使用农用薄膜等农业生产资料;

(六)其他黑土地质量提升措施。

第十四条 国家鼓励采取综合性措施,预防和治理水土流失,防止黑土地土壤侵蚀、土地沙化和盐渍化,改善和修复农田生态环境。

县级以上人民政府应当开展侵蚀沟治理,实施沟头沟坡沟底加固防护,因地制宜组织在侵蚀沟的沟坡和沟岸、黑土地周边河流两岸、湖泊和水库周边等区域营造植物保护带或者采取其他措施,防止侵蚀沟变宽变深变长。

县级以上人民政府应当按照因害设防、合理管护、科学布局的原则,制定农田防护林建设计划,组织沿农田道路、沟渠等种植农田防护林,防止违背自然规律造林绿化。农田防护林只能进行抚育、更新性质的采伐,确保防护林功能不减退。

县级以上人民政府应当组织开展防沙治沙,加强黑土地周边的沙漠和沙化土地治理,防止黑土地沙化。

第十五条 县级以上人民政府应当加强黑土地生态保护和黑土地周边林地、草原、湿地的保护修复,推动荒山荒坡治理,提升自然生态系统涵养水源、保持水土、防风固沙、维护生物多样性等生态功能,维持有利于黑土地保护的自然生态环境。

第十六条 县级人民政府应当依据黑土地调查和监测数据,并结合土壤类型和质量等级、气候特点、环境状况等实际情况,对本行政区域内的黑土地进行科学分区,制定并组织实施黑土地质量提升计划,因地制宜合理采取保护、治理、修复和利用的精细化措施。

第十七条 国有农场应当对其经营管理范围内的黑土地加强保护,充分发挥示范作用,并依法接受监督检查。

农村集体经济组织、村民委员会和村民小组应当依法发包农村土地,监督承包方依照承包合同约定的用途合理利用和保护黑土地,制止承包方损害黑土地等行为。

农村集体经济组织、农业企业、农民专业合作社、农户等应当十分珍惜和合理利用黑土地,加强农田基础设施建设,因地制宜应用保护性耕作等技术,积极采取提升黑土地质量和改善农田生态环境的养护措施,依法保护黑土地。

第十八条 农业投入品生产者、经营者和使用者应当依法对农药、肥料、农用薄膜等农业投入品的包装物、废弃物进行回收以及资源化利用或者无害化处理,不得随意丢弃,防止黑土地污染。

县级人民政府应当采取措施,支持农药、肥料、农用薄膜等农业投入品包装物、废弃物的回收以及资源化利用或者无害化处理。

第十九条 从事畜禽养殖的单位和个人,应当科学开展畜禽粪污无害化处理和资源化利用，以畜禽粪污就地就近还田利用为重点，促进黑土地绿色种养循环农业发展。

县级以上人民政府应当支持开展畜禽粪污无害化处理和资源化利用。

第二十条 任何组织和个人不得破坏黑土地资源和生态环境。禁止盗挖、滥挖和非法买卖黑土。国务院自然资源主管部门会同农业农村、水行政、公安、交通运输、市场监督管理等部门应当建立健全保护黑土地资源监督管理制度，提高对盗挖、滥挖、非法买卖黑土和其他破坏黑土地资源、生态环境行为的综合治理能力。

第二十一条 建设项目不得占用黑土地；确需占用的，应当依法严格审批，并补充数量和质量相当的耕地。

建设项目占用黑土地的，应当按照规定的标准对耕作层的土壤进行剥离。剥离的黑土应当就近用于新开垦耕地和劣质耕地改良、被污染耕地的治理、高标准农田建设、土地复垦等。建设项目主体应当制定剥离黑土的再利用方案，报自然资源主管部门备案。具体办法由四省区人民政府分别制定。

第二十二条 国家建立健全黑土地保护财政投入保障制度。县级以上人民政府应当将黑土地保护资金纳入本级预算。

国家加大对黑土地保护措施奖补资金的倾斜力度，建立长期稳定的奖励补助机制。

县级以上地方人民政府应当将黑土地保护作为土地使用权出让收入用于农业农村投入的重点领域，并加大投入力度。

国家组织开展高标准农田、农田水利、水土保持、防沙治沙、农田防护林、土地复垦等建设活动，在项目资金安排上积极支持黑土地保护需要。县级人民政府可以按照国家有关规定统筹使用涉农资金用于黑土地保护，提高财政资金使用效益。

第二十三条 国家实行用养结合、保护效果导向的激励政策，对采取黑土地保护和治理修复措施的农业生产经营者按照国家有关规定给予奖励补助。

第二十四条 国家鼓励粮食主销区通过资金支持、与四省区建立稳定粮食购销关系等经济合作方式参与黑土地保护，建立健全黑土地跨区域投入保护机制。

第二十五条 国家按照政策支持、社会参与、市场化运作的原则，鼓励社会资本投入黑土地保护活动，并保护投资者的合法权益。

国家鼓励保险机构开展黑土地保护相关保险业务。

国家支持农民专业合作社、企业等以多种方式与农户建立利益联结机制和社会化服务机制，发展适度规模经营，推动农产品品质提升、品牌打造和标准化生产，提高黑土地产出效益。

第二十六条 国务院对四省区人民政府黑土地保护责任落实情况进行考核，将黑土地保护情况纳入耕地保护责任目标。

第二十七条 县级以上人民政府自然资源、农业农村、水行政等有关部门按照职责，依法对黑土地保护和质量建设情况联合开展监督检查。

第二十八条 县级以上人民政府应当向本级人民代表大会或者其常务委员会报告黑土地保护情况，依法接受监督。

第二十九条 违反本法规定，国务院农业农村、自然资源等有关部门、县级以上地方人民政府及其有关部门有下列行为之一的，对直接负责的主管人员和其他直接责任人员给予警告、记过或者记大过处分；情节较重的，给予降级或者撤职处分；情节严重的，给予开除处分：

（一）截留、挪用或者未按照规定使用黑土地保护资金；

（二）对破坏黑土地的行为，发现或者接到举报未及时查处；

（三）其他不依法履行黑土地保护职责导致黑土地资源和生态环境遭受破坏的行为。

第三十条 非法占用或者损毁黑土地农田基础设施的，由县级以上地方人民政府农业农村、水行政等部门责令停止违法行为，限期恢复原状，处恢复费用一倍以上三倍以下罚款。

第三十一条 违法将黑土地用于非农建设的，依照土地管理等有关法律法规的规定从重处罚。

违反法律法规规定，造成黑土地面积减少、质量下降、功能退化或者生态环境损害的，应当依法治理修复、赔偿损失。

农业生产经营者未尽到黑土地保护义务，经批评教育仍不改正的，可以不予发放耕地保护相关补贴。

第三十二条 违反本法第二十条规定，盗挖、滥挖黑土的，依照土地管理等有关法律法规的规定从重处罚。

非法出售黑土的，由县级以上地方人民政府市场监督管理、农业农村、自然资源等部门按照职责分工没收非法出售的黑土和违法所得，并处每立方米五百元以上五千元以下罚款；明知是非法出售的黑土而购买的，没收非法购买的黑土，并处货值金额一倍以上三倍以下罚款。

第三十三条 违反本法第二十一条规定，建设项目占用黑土地未对耕作层的土壤实施剥离的，由县级以上地方人民政府自然资源主管部门处每平方米一百元以上二百元以下罚款；未按照规定的标准对耕作层的土壤实施剥离的，处每平方米五十元以上一百元以下罚款。

第三十四条 拒绝、阻碍对黑土地保护情况依法进行监督检查的，由县级以上地方人民政府有关部门责令改正；拒不改正的，处二千元以上二万元以下罚款。

第三十五条 造成黑土地污染、水土流失的，分别依照污染防治、水土保持等有关法律法规的规定从重处罚。

第三十六条 违反本法规定，构成犯罪的，依法追究刑事责任。

第三十七条 林地、草原、湿地、河湖等范围内黑土的保护，适用《中华人民共和国森林法》、《中华人民共和国草原法》、《中华人民共和国湿地保护法》、《中华人民共和国水法》等有关法律；有关法律对盗挖、滥挖、非法买卖黑土未作规定的，参照本法第三十二条的规定处罚。

第三十八条 本法自2022年8月1日起施行。

中华人民共和国耕地占用税法

· 2018年12月29日第十三届全国人民代表大会常务委员会第七次会议通过

· 2018年12月29日中华人民共和国主席令第18号公布

· 自2019年9月1日起施行

第一条 为了合理利用土地资源，加强土地管理，保护耕地，制定本法。

第二条 在中华人民共和国境内占用耕地建设建筑物、构筑物或者从事非农业建设的单位和个人，为耕地占用税的纳税人，应当依照本法规定缴纳耕地占用税。

占用耕地建设农田水利设施的，不缴纳耕地占用税。

本法所称耕地，是指用于种植农作物的土地。

第三条 耕地占用税以纳税人实际占用的耕地面积为计税依据，按照规定的适用税额一次性征收，应纳税额为纳税人实际占用的耕地面积（平方米）乘以适用税额。

第四条 耕地占用税的税额如下：

（一）人均耕地不超过一亩的地区（以县、自治县、不设区的市、市辖区为单位，下同），每平方米为十元至五十元；

（二）人均耕地超过一亩但不超过二亩的地区，每平方米为八元至四十元；

（三）人均耕地超过二亩但不超过三亩的地区，每平方米为六元至三十元；

（四）人均耕地超过三亩的地区，每平方米为五元至二十五元。

各地区耕地占用税的适用税额，由省、自治区、直辖市人民政府根据人均耕地面积和经济发展等情况，在前款规定的税额幅度内提出，报同级人民代表大会常务委员会决定，并报全国人民代表大会常务委员会和国务院备案。各省、自治区、直辖市耕地占用税适用税额的平均水平，不得低于本法所附《各省、自治区、直辖市耕地占用税平均税额表》规定的平均税额。

第五条 在人均耕地低于零点五亩的地区，省、自治区、直辖市可以根据当地经济发展情况，适当提高耕地占用税的适用税额，但提高的部分不得超过本法第四条第二款确定的适用税额的百分之五十。具体适用税额按照本法第四条第二款规定的程序确定。

第六条 占用基本农田的，应当按照本法第四条第二款或者第五条确定的当地适用税额，加按百分之一百五十征收。

第七条 军事设施、学校、幼儿园、社会福利机构、医疗机构占用耕地，免征耕地占用税。

铁路线路、公路线路、飞机场跑道、停机坪、港口、航道、水利工程占用耕地，减按每平方米二元的税额征收耕地占用税。

农村居民在规定用地标准以内占用耕地新建自用住宅,按照当地适用税额减半征收耕地占用税;其中农村居民经批准搬迁,新建自用住宅占用耕地不超过原宅基地面积的部分,免征耕地占用税。

农村烈士遗属、因公牺牲军人遗属、残疾军人以及符合农村最低生活保障条件的农村居民,在规定用地标准以内新建自用住宅,免征耕地占用税。

根据国民经济和社会发展的需要,国务院可以规定免征或者减征耕地占用税的其他情形,报全国人民代表大会常务委员会备案。

第八条 依照本法第七条第一款、第二款规定免征或者减征耕地占用税后,纳税人改变原占地用途,不再属于免征或者减征耕地占用税情形的,应当按照当地适用税额补缴耕地占用税。

第九条 耕地占用税由税务机关负责征收。

第十条 耕地占用税的纳税义务发生时间为纳税人收到自然资源主管部门办理占用耕地手续的书面通知的当日。纳税人应当自纳税义务发生之日起三十日内申报缴纳耕地占用税。

自然资源主管部门凭耕地占用税完税凭证或者免税凭证和其他有关文件发放建设用地批准书。

第十一条 纳税人因建设项目施工或者地质勘查临时占用耕地,应当依照本法的规定缴纳耕地占用税。纳税人在批准临时占用耕地期满之日起一年内依法复垦,恢复种植条件的,全额退还已经缴纳的耕地占用税。

第十二条 占用园地、林地、草地、农田水利用地、养殖水面、渔业水域滩涂以及其他农用地建设建筑物、构筑物或者从事非农业建设的,依照本法的规定缴纳耕地占用税。

占用前款规定的农用地的,适用税额可以适当低于本地区按照本法第四条第二款确定的适用税额,但降低的部分不得超过百分之五十。具体适用税额由省、自治区、直辖市人民政府提出,报同级人民代表大会常务委员会决定,并报全国人民代表大会常务委员会和国务院备案。

占用本条第一款规定的农用地建设直接为农业生产服务的生产设施的,不缴纳耕地占用税。

第十三条 税务机关应当与相关部门建立耕地占用税涉税信息共享机制和工作配合机制。县级以上地方人民政府自然资源、农业农村、水利等相关部门应当定期向税务机关提供农用地转用、临时占地等信息,协助税务机关加强耕地占用税征收管理。

税务机关发现纳税人的纳税申报数据资料异常或者纳税人未按照规定期限申报纳税的,可以提请相关部门进行复核,相关部门应当自收到税务机关复核申请之日起三十日内向税务机关出具复核意见。

第十四条 耕地占用税的征收管理,依照本法和《中华人民共和国税收征收管理法》的规定执行。

第十五条 纳税人、税务机关及其工作人员违反本法规定的,依照《中华人民共和国税收征收管理法》和有关法律法规的规定追究法律责任。

第十六条 本法自 2019 年 9 月 1 日起施行。2007 年 12 月 1 日国务院公布的《中华人民共和国耕地占用税暂行条例》同时废止。

附:

各省、自治区、直辖市耕地占用税平均税额表

省、自治区、直辖市	平均税额(元/平方米)
上海	45
北京	40
天津	35
江苏、浙江、福建、广东	30
辽宁、湖北、湖南	25
河北、安徽、江西、山东、河南、重庆、四川	22.5
广西、海南、贵州、云南、陕西	20
山西、吉林、黑龙江	17.5
内蒙古、西藏、甘肃、青海、宁夏、新疆	12.5

中华人民共和国
土地管理法实施条例

· 1998 年 12 月 27 日中华人民共和国国务院令第 256 号公布
· 根据 2011 年 1 月 8 日《国务院关于废止和修改部分行政法规的决定》第一次修订
· 根据 2014 年 7 月 29 日《国务院关于修改部分行政法规的决定》第二次修订
· 2021 年 7 月 2 日中华人民共和国国务院令第 743 号第三次修订

第一章　总　则

第一条　根据《中华人民共和国土地管理法》(以下简称《土地管理法》),制定本条例。

第二章　国土空间规划

第二条　国家建立国土空间规划体系。

土地开发、保护、建设活动应当坚持规划先行。经依法批准的国土空间规划是各类开发、保护、建设活动的基本依据。

已经编制国土空间规划的,不再编制土地利用总体规划和城乡规划。在编制国土空间规划前,经依法批准的土地利用总体规划和城乡规划继续执行。

第三条　国土空间规划应当细化落实国家发展规划提出的国土空间开发保护要求,统筹布局农业、生态、城镇等功能空间,划定落实永久基本农田、生态保护红线和城镇开发边界。

国土空间规划应当包括国土空间开发保护格局和规划用地布局、结构、用途管制要求等内容,明确耕地保有量、建设用地规模、禁止开垦的范围等要求,统筹基础设施和公共设施用地布局,综合利用地上地下空间,合理确定并严格控制新增建设用地规模,提高土地节约集约利用水平,保障土地的可持续利用。

第四条　土地调查应当包括下列内容:

(一)土地权属以及变化情况;

(二)土地利用现状以及变化情况;

(三)土地条件。

全国土地调查成果,报国务院批准后向社会公布。地方土地调查成果,经本级人民政府审核,报上一级人民政府批准后向社会公布。全国土地调查成果公布后,县级以上地方人民政府方可自上而下逐级依次公布本行政区域的土地调查成果。

土地调查成果是编制国土空间规划以及自然资源管理、保护和利用的重要依据。

土地调查技术规程由国务院自然资源主管部门会同有关部门制定。

第五条　国务院自然资源主管部门会同有关部门制定土地等级评定标准。

县级以上人民政府自然资源主管部门应当会同有关部门根据土地等级评定标准,对土地等级进行评定。地方土地等级评定结果经本级人民政府审核,报上一级人民政府自然资源主管部门批准后向社会公布。

根据国民经济和社会发展状况,土地等级每五年重新评定一次。

第六条　县级以上人民政府自然资源主管部门应当加强信息化建设,建立统一的国土空间基础信息平台,实行土地管理全流程信息化管理,对土地利用状况进行动态监测,与发展改革、住房和城乡建设等有关部门建立土地管理信息共享机制,依法公开土地管理信息。

第七条　县级以上人民政府自然资源主管部门应当加强地籍管理,建立健全地籍数据库。

第三章　耕地保护

第八条　国家实行占用耕地补偿制度。在国土空间规划确定的城市和村庄、集镇建设用地范围内经依法批准占用耕地,以及在国土空间规划确定的城市和村庄、集镇建设用地范围外的能源、交通、水利、矿山、军事设施等建设项目经依法批准占用耕地的,分别由县级人民政府、农村集体经济组织和建设单位负责开垦与所占用耕地的数量和质量相当的耕地;没有条件开垦或者开垦的耕地不符合要求的,应当按照省、自治区、直辖市的规定缴纳耕地开垦费,专款用于开垦新的耕地。

省、自治区、直辖市人民政府应当组织自然资源主管部门、农业农村主管部门对开垦的耕地进行验收,确保开垦的耕地落实到地块。划入永久基本农田的还应当纳入国家永久基本农田数据库严格管理。占用耕地补充情况应当按照国家有关规定向社会公布。

个别省、直辖市需要易地开垦耕地的，依照《土地管理法》第三十二条的规定执行。

第九条 禁止任何单位和个人在国土空间规划确定的禁止开垦的范围内从事土地开发活动。

按照国土空间规划，开发未确定土地使用权的国有荒山、荒地、荒滩从事种植业、林业、畜牧业、渔业生产的，应当向土地所在地的县级以上地方人民政府自然资源主管部门提出申请，按照省、自治区、直辖市规定的权限，由县级以上地方人民政府批准。

第十条 县级人民政府应当按照国土空间规划关于统筹布局农业、生态、城镇等功能空间的要求，制定土地整理方案，促进耕地保护和土地节约集约利用。

县、乡（镇）人民政府应当组织农村集体经济组织，实施土地整理方案，对闲散地和废弃地有计划地整治、改造。土地整理新增耕地，可以用作建设所占用耕地的补充。

鼓励社会主体依法参与土地整理。

第十一条 县级以上地方人民政府应当采取措施，预防和治理耕地土壤流失、污染，有计划地改造中低产田，建设高标准农田，提高耕地质量，保护黑土地等优质耕地，并依法对建设所占用耕地耕作层的土壤利用作出合理安排。

非农业建设依法占用永久基本农田的，建设单位应当按照省、自治区、直辖市的规定，将所占用耕地耕作层的土壤用于新开垦耕地、劣质地或者其他耕地的土壤改良。

县级以上地方人民政府应当加强对农业结构调整的引导和管理，防止破坏耕地耕作层；设施农业用地不再使用的，应当及时组织恢复种植条件。

第十二条 国家对耕地实行特殊保护，严守耕地保护红线，严格控制耕地转为林地、草地、园地等其他农用地，并建立耕地保护补偿制度，具体办法和耕地保护补偿实施步骤由国务院自然资源主管部门会同有关部门规定。

非农业建设必须节约使用土地，可以利用荒地的，不得占用耕地；可以利用劣地的，不得占用好地。禁止占用耕地建窑、建坟或者擅自在耕地上建房、挖砂、采石、采矿、取土等。禁止占用永久基本农田发展林果业和挖塘养鱼。

耕地应当优先用于粮食和棉、油、糖、蔬菜等农产品生产。按照国家有关规定需要将耕地转为林地、草地、园地等其他农用地的，应当优先使用难以长期稳定利用的耕地。

第十三条 省、自治区、直辖市人民政府对本行政区域耕地保护负总责，其主要负责人是本行政区域耕地保护的第一责任人。

省、自治区、直辖市人民政府应当将国务院确定的耕地保有量和永久基本农田保护任务分解下达，落实到具体地块。

国务院对省、自治区、直辖市人民政府耕地保护责任目标落实情况进行考核。

第四章 建设用地

第一节 一般规定

第十四条 建设项目需要使用土地的，应当符合国土空间规划、土地利用年度计划和用途管制以及节约资源、保护生态环境的要求，并严格执行建设用地标准，优先使用存量建设用地，提高建设用地使用效率。

从事土地开发利用活动，应当采取有效措施，防止、减少土壤污染，并确保建设用地符合土壤环境质量要求。

第十五条 各级人民政府应当依据国民经济和社会发展规划及年度计划、国土空间规划、国家产业政策以及城乡建设、土地利用的实际状况等，加强土地利用计划管理，实行建设用地总量控制，推动城乡存量建设用地开发利用，引导城镇低效用地再开发，落实建设用地标准控制制度，开展节约集约用地评价，推广应用节地技术和节地模式。

第十六条 县级以上地方人民政府自然资源主管部门应当将本级人民政府确定的年度建设用地供应总量、结构、时序、地块、用途等在政府网站上向社会公布，供社会公众查阅。

第十七条 建设单位使用国有土地，应当以有偿使用方式取得；但是，法律、行政法规规定可以以划拨方式取得的除外。

国有土地有偿使用的方式包括：

（一）国有土地使用权出让；

（二）国有土地租赁；

（三）国有土地使用权作价出资或者入股。

第十八条 国有土地使用权出让、国有土地租赁等应当依照国家有关规定通过公开的交易平台进行交易，并纳入统一的公共资源交易平台体系。除依法可以采取协议方式外，应当采取招标、拍卖、挂牌等竞争性方式确定土地使用者。

第十九条 《土地管理法》第五十五条规定的新增建设用地的土地有偿使用费，是指国家在新增建设用地中应取得的平均土地纯收益。

第二十条 建设项目施工、地质勘查需要临时使用土地的，应当尽量不占或者少占耕地。

临时用地由县级以上人民政府自然资源主管部门批准，期限一般不超过二年；建设周期较长的能源、交通、水利等基础设施建设使用的临时用地，期限不超过四年；法律、行政法规另有规定的除外。

土地使用者应当自临时用地期满之日起一年内完成土地复垦，使其达到可供利用状态，其中占用耕地的应当恢复种植条件。

第二十一条 抢险救灾、疫情防控等急需使用土地的，可以先行使用土地。其中，属于临时用地的，用后应当恢复原状并交还原土地使用者使用，不再办理用地审批手续；属于永久性建设用地的，建设单位应当在不晚于应急处置工作结束六个月内申请补办建设用地审批手续。

第二十二条 具有重要生态功能的未利用地应当依法划入生态保护红线，实施严格保护。

建设项目占用国土空间规划确定的未利用地的，按照省、自治区、直辖市的规定办理。

第二节 农用地转用

第二十三条 在国土空间规划确定的城市和村庄、集镇建设用地范围内，为实施该规划而将农用地转为建设用地的，由市、县人民政府组织自然资源等部门拟订农用地转用方案，分批次报有批准权的人民政府批准。

农用地转用方案应当重点对建设项目安排、是否符合国土空间规划和土地利用年度计划以及补充耕地情况作出说明。

农用地转用方案经批准后，由市、县人民政府组织实施。

第二十四条 建设项目确需占用国土空间规划确定的城市和村庄、集镇建设用地范围外的农用地，涉及占用永久基本农田的，由国务院批准；不涉及占用永久基本农田的，由国务院或者国务院授权的省、自治区、直辖市人民政府批准。具体按照下列规定办理：

（一）建设项目批准、核准前或者备案前后，由自然资源主管部门对建设项目用地事项进行审查，提出建设项目用地预审意见。建设项目需要申请核发选址意见书的，应当合并办理建设项目用地预审与选址意见书，核发建设项目用地预审与选址意见书。

（二）建设单位持建设项目的批准、核准或者备案文件，向市、县人民政府提出建设用地申请。市、县人民政府组织自然资源等部门拟订农用地转用方案，报有批准权的人民政府批准；依法应当由国务院批准的，由省、自治区、直辖市人民政府审核后上报。农用地转用方案应当重点对是否符合国土空间规划和土地利用年度计划以及补充耕地情况作出说明，涉及占用永久基本农田的，还应当对占用永久基本农田的必要性、合理性和补划可行性作出说明。

（三）农用地转用方案经批准后，由市、县人民政府组织实施。

第二十五条 建设项目需要使用土地的，建设单位原则上应当一次申请，办理建设用地审批手续，确需分期建设的项目，可以根据可行性研究报告确定的方案，分期申请建设用地，分期办理建设用地审批手续。建设过程中用地范围确需调整的，应当依法办理建设用地审批手续。

农用地转用涉及征收土地的，还应当依法办理征收土地手续。

第三节 土地征收

第二十六条 需要征收土地，县级以上地方人民政府认为符合《土地管理法》第四十五条规定的，应当发布征收土地预公告，并开展拟征收土地现状调查和社会稳定风险评估。

征收土地预公告应当包括征收范围、征收目的、开展土地现状调查的安排等内容。征收土地预公告应当采用有利于社会公众知晓的方式，在拟征收土地所在的乡（镇）和村、村民小组范围内发布，预公告时间不少于十个工作日。自征收土地预公告发布之日起，任何单位和个人不得在拟征收范围内抢栽抢建；违反规定抢栽抢建的，对抢栽抢建部分不予补偿。

土地现状调查应当查明土地的位置、权属、地类、面积，以及农村村民住宅、其他地上附着物和青苗等的权属、种类、数量等情况。

社会稳定风险评估应当对征收土地的社会稳定风险状况进行综合研判，确定风险点，提出风险防范措施和处置预案。社会稳定风险评估应当有被征地的农村集体经济组织及其成员、村民委员会和其他利害关系人参加，评估结果是申请征收土地的重要依据。

第二十七条 县级以上地方人民政府应当依据社会稳定风险评估结果，结合土地现状调查情况，组织自然资源、财政、农业农村、人力资源和社会保障等有关部门拟定征地补偿安置方案。

征地补偿安置方案应当包括征收范围、土地现状、征收目的、补偿方式和标准、安置对象、安置方式、社会保障等内容。

第二十八条 征地补偿安置方案拟定后，县级以上地方人民政府应当在拟征收土地所在的乡（镇）和村、村民小组范围内公告，公告时间不少于三十日。

征地补偿安置公告应当同时载明办理补偿登记的方式和期限、异议反馈渠道等内容。

多数被征地的农村集体经济组织成员认为拟定的征地补偿安置方案不符合法律、法规规定的，县级以上地方人民政府应当组织听证。

第二十九条 县级以上地方人民政府根据法律、法规规定和听证会等情况确定征地补偿安置方案后，应当组织有关部门与拟征收土地的所有权人、使用权人签订征地补偿安置协议。征地补偿安置协议示范文本由省、自治区、直辖市人民政府制定。

对个别确实难以达成征地补偿安置协议的，县级以上地方人民政府应当在申请征收土地时如实说明。

第三十条 县级以上地方人民政府完成本条例规定的征地前期工作后，方可提出征收土地申请，依照《土地管理法》第四十六条的规定报有批准权的人民政府批准。

有批准权的人民政府应当对征收土地的必要性、合理性、是否符合《土地管理法》第四十五条规定的为了公共利益确需征收土地的情形以及是否符合法定程序进行审查。

第三十一条 征收土地申请经依法批准后，县级以上地方人民政府应当自收到批准文件之日起十五个工作日内在拟征收土地所在的乡（镇）和村、村民小组范围内发布征收土地公告，公布征收范围、征收时间等具体工作安排，对个别未达成征地补偿安置协议的应当作出征地补偿安置决定，并依法组织实施。

第三十二条 省、自治区、直辖市应当制定公布区片综合地价，确定征收农用地的土地补偿费、安置补助费标准，并制定土地补偿费、安置补助费分配办法。

地上附着物和青苗等的补偿费用，归其所有权人所有。

社会保障费用主要用于符合条件的被征地农民的养老保险等社会保险缴费补贴，按照省、自治区、直辖市的规定单独列支。

申请征收土地的县级以上地方人民政府应当及时落实土地补偿费、安置补助费、农村村民住宅以及其他地上附着物和青苗等的补偿费用、社会保障费用等，并保证足额到位，专款专用。有关费用未足额到位的，不得批准征收土地。

第四节 宅基地管理

第三十三条 农村居民点布局和建设用地规模应当遵循节约集约、因地制宜的原则合理规划。县级以上地方人民政府应当按照国家规定安排建设用地指标，合理保障本行政区域农村村民宅基地需求。

乡（镇）、县、市国土空间规划和村庄规划应当统筹考虑农村村民生产、生活需求，突出节约集约用地导向，科学划定宅基地范围。

第三十四条 农村村民申请宅基地的，应当以户为单位向农村集体经济组织提出申请；没有设立农村集体经济组织的，应当向所在的村民小组或者村民委员会提出申请。宅基地申请依法经农村村民集体讨论通过并在本集体范围内公示后，报乡（镇）人民政府审核批准。

涉及占用农用地的，应当依法办理农用地转用审批手续。

第三十五条 国家允许进城落户的农村村民依法自愿有偿退出宅基地。乡（镇）人民政府和农村集体经济组织、村民委员会等应当将退出的宅基地优先用于保障该农村集体经济组织成员的宅基地需求。

第三十六条 依法取得的宅基地和宅基地上的农村村民住宅及其附属设施受法律保护。

禁止违背农村村民意愿强制流转宅基地，禁止违法收回农村村民依法取得的宅基地，禁止以退出宅基地作为农村村民进城落户的条件，禁止强迫农村村民搬迁退出宅基地。

第五节 集体经营性建设用地管理

第三十七条 国土空间规划应当统筹并合理安排集体经营性建设用地布局和用途，依法控制集体经营性建设用地规模，促进集体经营性建设用地的节约集约利用。

鼓励乡村重点产业和项目使用集体经营性建设用地。

第三十八条 国土空间规划确定为工业、商业等经营性用途，且已依法办理土地所有权登记的集体经营性建设用地，土地所有权人可以通过出让、出租等方式交由单位或者个人在一定年限内有偿使用。

第三十九条 土地所有权人拟出让、出租集体经营性建设用地的，市、县人民政府自然资源主管部门应当依据国土空间规划提出拟出让、出租的集体经营性建设用地的规划条件，明确土地界址、面积、用途和开发建设强度等。

市、县人民政府自然资源主管部门应当会同有关部门提出产业准入和生态环境保护要求。

第四十条 土地所有权人应当依据规划条件、产业准入和生态环境保护要求等，编制集体经营性建设用地出让、出租等方案，并依照《土地管理法》第六十三条的规定，由本集体经济组织形成书面意见，在出让、出租前不少于十个工作日报市、县人民政府。市、县人民政府认为该方案不符合规划条件或者产业准入和生态环境保护要求等的，应当在收到方案后五个工作日内提出修改意见。土地所有权人应当按照市、县人民政府的意见进行修改。

集体经营性建设用地出让、出租等方案应当载明宗地的土地界址、面积、用途、规划条件、产业准入和生态环境保护要求、使用期限、交易方式、入市价格、集体收益分配安排等内容。

第四十一条 土地所有权人应当依据集体经营性建设用地出让、出租等方案，以招标、拍卖、挂牌或者协议等方式确定土地使用者，双方应当签订书面合同，载明土地界址、面积、用途、规划条件、使用期限、交易价款支付、交地时间和开工竣工期限、产业准入和生态环境保护要求，约定提前收回的条件、补偿方式、土地使用权届满续期和地上建筑物、构筑物等附着物处理方式，以及违约责任和解决争议的方法等，并报市、县人民政府自然资源主管部门备案。未依法将规划条件、产业准入和生态环境保护要求纳入合同的，合同无效；造成损失的，依法承担民事责任。合同示范文本由国务院自然资源主管部门制定。

第四十二条 集体经营性建设用地使用者应当按照约定及时支付集体经营性建设用地价款，并依法缴纳相关税费，对集体经营性建设用地使用权以及依法利用集体经营性建设用地建造的建筑物、构筑物及其附属设施的所有权，依法申请办理不动产登记。

第四十三条 通过出让等方式取得的集体经营性建设用地使用权依法转让、互换、出资、赠与或者抵押的，双方应当签订书面合同，并书面通知土地所有权人。

集体经营性建设用地的出租，集体建设用地使用权的出让及其最高年限、转让、互换、出资、赠与、抵押等，参照同类用途的国有建设用地执行，法律、行政法规另有规定的除外。

第五章 监督检查

第四十四条 国家自然资源督察机构根据授权对省、自治区、直辖市人民政府以及国务院确定的城市人民政府下列土地利用和土地管理情况进行督察：

（一）耕地保护情况；

（二）土地节约集约利用情况；

（三）国土空间规划编制和实施情况；

（四）国家有关土地管理重大决策落实情况；

（五）土地管理法律、行政法规执行情况；

（六）其他土地利用和土地管理情况。

第四十五条 国家自然资源督察机构进行督察时，有权向有关单位和个人了解督察事项有关情况，有关单位和个人应当支持、协助督察机构工作，如实反映情况，并提供有关材料。

第四十六条 被督察的地方人民政府违反土地管理法律、行政法规，或者落实国家有关土地管理重大决策不力的，国家自然资源督察机构可以向被督察的地方人民政府下达督察意见书，地方人民政府应当认真组织整改，并及时报告整改情况；国家自然资源督察机构可以约谈被督察的地方人民政府有关负责人，并可以依法向监察机关、任免机关等有关机关提出追究相关责任人责任的建议。

第四十七条 土地管理监督检查人员应当经过培训，经考核合格，取得行政执法证件后，方可从事土地管理监督检查工作。

第四十八条 自然资源主管部门、农业农村主管部门按照职责分工进行监督检查时，可以采取下列措施：

（一）询问违法案件涉及的单位或者个人；

（二）进入被检查单位或者个人涉嫌土地违法的现场进行拍照、摄像；

（三）责令当事人停止正在进行的土地违法行为；

（四）对涉嫌土地违法的单位或者个人，在调查期间暂停办理与该违法案件相关的土地审批、登记等手续；

（五）对可能被转移、销毁、隐匿或者篡改的文件、资料予以封存，责令涉嫌土地违法的单位或者个人在调查期间不得变卖、转移与案件有关的财物；

（六）《土地管理法》第六十八条规定的其他监督检查措施。

第四十九条 依照《土地管理法》第七十三条的规定给予处分的，应当按照管理权限由责令作出行政处罚决定或者直接给予行政处罚的上级人民政府自然资源主管部门或者其他任免机关、单位作出。

第五十条 县级以上人民政府自然资源主管部门应当会同有关部门建立信用监管、动态巡查等机制，加强对建设用地供应交易和供后开发利用的监管，对建设用地市场重大失信行为依法实施惩戒，并依法公开相关信息。

第六章 法律责任

第五十一条 违反《土地管理法》第三十七条的规定，非法占用永久基本农田发展林果业或者挖塘养鱼的，由县级以上人民政府自然资源主管部门责令限期改正；逾期不改正的，按占用面积处耕地开垦费2倍以上5倍以下的罚款；破坏种植条件的，依照《土地管理法》第七十五条的规定处罚。

第五十二条 违反《土地管理法》第五十七条的规定，在临时使用的土地上修建永久性建筑物的，由县级以上人民政府自然资源主管部门责令限期拆除，按占用面积处土地复垦费5倍以上10倍以下的罚款；逾期不拆除的，由作出行政决定的机关依法申请人民法院强制执行。

第五十三条 违反《土地管理法》第六十五条的规定，对建筑物、构筑物进行重建、扩建的，由县级以上人民政府自然资源主管部门责令限期拆除；逾期不拆除的，由作出行政决定的机关依法申请人民法院强制执行。

第五十四条 依照《土地管理法》第七十四条的规定处以罚款的，罚款额为违法所得的10%以上50%以下。

第五十五条 依照《土地管理法》第七十五条的规定处以罚款的，罚款额为耕地开垦费的5倍以上10倍以下；破坏黑土地等优质耕地的，从重处罚。

第五十六条 依照《土地管理法》第七十六条的规定处以罚款的，罚款额为土地复垦费的2倍以上5倍以下。

违反本条例规定，临时用地期满之日起一年内未完成复垦或者未恢复种植条件的，由县级以上人民政府自然资源主管部门责令限期改正，依照《土地管理法》第七十六条的规定处罚，并由县级以上人民政府自然资源主管部门会同农业农村主管部门代为完成复垦或者恢复种植条件。

第五十七条 依照《土地管理法》第七十七条的规定处以罚款的，罚款额为非法占用土地每平方米100元以上1000元以下。

违反本条例规定，在国土空间规划确定的禁止开垦的范围内从事土地开发活动的，由县级以上人民政府自然资源主管部门责令限期改正，并依照《土地管理法》第七十七条的规定处罚。

第五十八条 依照《土地管理法》第七十四条、第七十七条的规定，县级以上人民政府自然资源主管部门没收在非法转让或者非法占用的土地上新建的建筑物和其他设施的，应当于九十日内交由本级人民政府或者其指定的部门依法管理和处置。

第五十九条 依照《土地管理法》第八十一条的规定处以罚款的，罚款额为非法占用土地每平方米100元以上500元以下。

第六十条 依照《土地管理法》第八十二条的规定处以罚款的，罚款额为违法所得的10%以上

30%以下。

第六十一条 阻碍自然资源主管部门、农业农村主管部门的工作人员依法执行职务，构成违反治安管理行为的，依法给予治安管理处罚。

第六十二条 违反土地管理法律、法规规定，阻挠国家建设征收土地的，由县级以上地方人民政府责令交出土地；拒不交出土地的，依法申请人民法院强制执行。

案例 沙明保等诉马鞍山市花山区人民政府房屋强制拆除行政赔偿案（最高人民法院指导案例91号）

裁判规则：在房屋强制拆除引发的行政赔偿案件中，原告提供了初步证据，但因行政机关的原因导致原告无法对房屋内物品损失举证，行政机关亦因未依法进行财产登记、公证等措施无法对房屋内物品损失举证的，人民法院对原告未超出市场价值的符合生活常理的房屋内物品的赔偿请求，应当予以支持。

第六十三条 违反本条例规定，侵犯农村村民依法取得的宅基地权益的，责令限期改正，对有关责任单位通报批评、给予警告；造成损失的，依法承担赔偿责任；对直接负责的主管人员和其他直接责任人员，依法给予处分。

第六十四条 贪污、侵占、挪用、私分、截留、拖欠征地补偿安置费用和其他有关费用的，责令改正，追回有关款项，限期退还违法所得，对有关责任单位通报批评、给予警告；造成损失的，依法承担赔偿责任；对直接负责的主管人员和其他直接责任人员，依法给予处分。

第六十五条 各级人民政府及自然资源主管部门、农业农村主管部门工作人员玩忽职守、滥用职权、徇私舞弊的，依法给予处分。

第六十六条 违反本条例规定，构成犯罪的，依法追究刑事责任。

第七章 附 则

第六十七条 本条例自2021年9月1日起施行。

基本农田保护条例

·1998年12月27日中华人民共和国国务院令第257号公布

·根据2011年1月8日《国务院关于废止和修改部分行政法规的决定》修订

第一章 总 则

第一条 为了对基本农田实行特殊保护，促进农业生产和社会经济的可持续发展，根据《中华人民共和国农业法》和《中华人民共和国土地管理法》，制定本条例。

第二条 国家实行基本农田保护制度。

本条例所称基本农田，是指按照一定时期人口和社会经济发展对农产品的需求，依据土地利用总体规划确定的不得占用的耕地。

本条例所称基本农田保护区，是指为对基本农田实行特殊保护而依据土地利用总体规划和依照法定程序确定的特定保护区域。

第三条 基本农田保护实行全面规划、合理利用、用养结合、严格保护的方针。

第四条 县级以上地方各级人民政府应当将基本农田保护工作纳入国民经济和社会发展计划，作为政府领导任期目标责任制的一项内容，并由上一级人民政府监督实施。

第五条 任何单位和个人都有保护基本农田的义务，并有权检举、控告侵占、破坏基本农田和其他违反本条例的行为。

第六条 国务院土地行政主管部门和农业行政主管部门按照国务院规定的职责分工，依照本条例负责全国的基本农田保护管理工作。

县级以上地方各级人民政府土地行政主管部门和农业行政主管部门按照本级人民政府规定的职责分工，依照本条例负责本行政区域内的基本农田保护管理工作。

乡（镇）人民政府负责本行政区域内的基本农田保护管理工作。

第七条 国家对在基本农田保护工作中取得显著成绩的单位和个人，给予奖励。

第二章 划 定

第八条 各级人民政府在编制土地利用总体

规划时,应当将基本农田保护作为规划的一项内容,明确基本农田保护的布局安排、数量指标和质量要求。

县级和乡(镇)土地利用总体规划应当确定基本农田保护区。

第九条 省、自治区、直辖市划定的基本农田应当占本行政区域内耕地总面积的80%以上,具体数量指标根据全国土地利用总体规划逐级分解下达。

第十条 下列耕地应当划入基本农田保护区,严格管理:

(一)经国务院有关主管部门或者县级以上地方人民政府批准确定的粮、棉、油生产基地内的耕地;

(二)有良好的水利与水土保持设施的耕地,正在实施改造计划以及可以改造的中、低产田;

(三)蔬菜生产基地;

(四)农业科研、教学试验田。

根据土地利用总体规划,铁路、公路等交通沿线,城市和村庄、集镇建设用地区周边的耕地,应当优先划入基本农田保护区;需要退耕还林、还牧、还湖的耕地,不应当划入基本农田保护区。

第十一条 基本农田保护区以乡(镇)为单位划区定界,由县级人民政府土地行政主管部门会同同级农业行政主管部门组织实施。

划定的基本农田保护区,由县级人民政府设立保护标志,予以公告,由县级人民政府土地行政主管部门建立档案,并抄送同级农业行政主管部门。任何单位和个人不得破坏或者擅自改变基本农田保护区的保护标志。

基本农田划区定界后,由省、自治区、直辖市人民政府组织土地行政主管部门和农业行政主管部门验收确认,或者由省、自治区人民政府授权设区的市、自治州人民政府组织土地行政主管部门和农业行政主管部门验收确认。

第十二条 划定基本农田保护区时,不得改变土地承包者的承包经营权。

第十三条 划定基本农田保护区的技术规程,由国务院土地行政主管部门会同国务院农业行政主管部门制定。

第三章 保 护

第十四条 地方各级人民政府应当采取措施,确保土地利用总体规划确定的本行政区域内基本农田的数量不减少。

第十五条 基本农田保护区经依法划定后,任何单位和个人不得改变或者占用。国家能源、交通、水利、军事设施等重点建设项目选址确实无法避开基本农田保护区,需要占用基本农田,涉及农用地转用或者征收土地的,必须经国务院批准。

第十六条 经国务院批准占用基本农田的,当地人民政府应当按照国务院的批准文件修改土地利用总体规划,并补充划入数量和质量相当的基本农田。占用单位应当按照占多少、垦多少的原则,负责开垦与所占基本农田的数量与质量相当的耕地;没有条件开垦或者开垦的耕地不符合要求的,应当按照省、自治区、直辖市的规定缴纳耕地开垦费,专款用于开垦新的耕地。

占用基本农田的单位应当按照县级以上地方人民政府的要求,将所占用基本农田耕作层的土壤用于新开垦耕地、劣质地或者其他耕地的土壤改良。

第十七条 禁止任何单位和个人在基本农田保护区内建窑、建房、建坟、挖砂、采石、采矿、取土、堆放固体废弃物或者进行其他破坏基本农田的活动。

禁止任何单位和个人占用基本农田发展林果业和挖塘养鱼。

第十八条 禁止任何单位和个人闲置、荒芜基本农田。经国务院批准的重点建设项目占用基本农田的,满1年不使用而又可以耕种并收获的,应当由原耕种该幅基本农田的集体或者个人恢复耕种,也可以由用地单位组织耕种;1年以上未动工建设的,应当按照省、自治区、直辖市的规定缴纳闲置费;连续2年未使用的,经国务院批准,由县级以上人民政府无偿收回用地单位的土地使用权;该幅土地原为农民集体所有的,应当交由原农村集体经济组织恢复耕种,重新划入基本农田保护区。

承包经营基本农田的单位或者个人连续2年弃耕抛荒的,原发包单位应当终止承包合同,收回发包的基本农田。

第十九条 国家提倡和鼓励农业生产者对其经营的基本农田施用有机肥料,合理施用化肥和农药。利用基本农田从事农业生产的单位和个人应当保持和培肥地力。

第二十条 县级人民政府应当根据当地实际

情况制定基本农田地力分等定级办法，由农业行政主管部门会同土地行政主管部门组织实施，对基本农田地力分等定级，并建立档案。

第二十一条 农村集体经济组织或者村民委员会应当定期评定基本农田地力等级。

第二十二条 县级以上地方各级人民政府农业行政主管部门应当逐步建立基本农田地力与施肥效益长期定位监测网点，定期向本级人民政府提出基本农田地力变化状况报告以及相应的地力保护措施，并为农业生产者提供施肥指导服务。

第二十三条 县级以上人民政府农业行政主管部门应当会同同级环境保护行政主管部门对基本农田环境污染进行监测和评价，并定期向本级人民政府提出环境质量与发展趋势的报告。

第二十四条 经国务院批准占用基本农田兴建国家重点建设项目的，必须遵守国家有关建设项目环境保护管理的规定。在建设项目环境影响报告书中，应当有基本农田环境保护方案。

第二十五条 向基本农田保护区提供肥料和作为肥料的城市垃圾、污泥的，应当符合国家有关标准。

第二十六条 因发生事故或者其他突然性事件，造成或者可能造成基本农田环境污染事故的，当事人必须立即采取措施处理，并向当地环境保护行政主管部门和农业行政主管部门报告，接受调查处理。

第四章 监督管理

第二十七条 在建立基本农田保护区的地方，县级以上地方人民政府应当与下一级人民政府签订基本农田保护责任书；乡（镇）人民政府应当根据与县级人民政府签订的基本农田保护责任书的要求，与农村集体经济组织或者村民委员会签订基本农田保护责任书。

基本农田保护责任书应当包括下列内容：

（一）基本农田的范围、面积、地块；

（二）基本农田的地力等级；

（三）保护措施；

（四）当事人的权利与义务；

（五）奖励与处罚。

第二十八条 县级以上地方人民政府应当建立基本农田保护监督检查制度，定期组织土地行政主管部门、农业行政主管部门以及其他有关部门对基本农田保护情况进行检查，将检查情况书面报告上一级人民政府。被检查的单位和个人应当如实提供有关情况和资料，不得拒绝。

第二十九条 县级以上地方人民政府土地行政主管部门、农业行政主管部门对本行政区域内发生的破坏基本农田的行为，有权责令纠正。

第五章 法律责任

第三十条 违反本条例规定，有下列行为之一的，依照《中华人民共和国土地管理法》和《中华人民共和国土地管理法实施条例》的有关规定，从重给予处罚：

（一）未经批准或者采取欺骗手段骗取批准，非法占用基本农田的；

（二）超过批准数量，非法占用基本农田的；

（三）非法批准占用基本农田的；

（四）买卖或者以其他形式非法转让基本农田的。

第三十一条 违反本条例规定，应当将耕地划入基本农田保护区而不划入的，由上一级人民政府责令限期改正；拒不改正的，对直接负责的主管人员和其他直接责任人员依法给予行政处分或者纪律处分。

第三十二条 违反本条例规定，破坏或者擅自改变基本农田保护区标志的，由县级以上地方人民政府土地行政主管部门或者农业行政主管部门责令恢复原状，可以处1000元以下罚款。

第三十三条 违反本条例规定，占用基本农田建窑、建房、建坟、挖砂、采石、采矿、取土、堆放固体废弃物或者从事其他活动破坏基本农田，毁坏种植条件的，由县级以上人民政府土地行政主管部门责令改正或者治理，恢复原种植条件，处占用基本农田的耕地开垦费1倍以上2倍以下的罚款；构成犯罪的，依法追究刑事责任。

案例 袁某某诉贵州省仁怀市综合执法局撤销行政处罚案（最高法发布耕地保护典型行政案例）

裁判规则：与普通农业用地不同，基本农田是国家重点保护的耕地种类，未经批准，在基本农田保护区内修建属于农业设施的养殖用房同样是违反《基本农田保护条例》规定的行为，应按照《基本农田保护条例》第三十三条予以处理。本案对于农业生产设施用地的选择，具有很好的警示引导作用，有利于促进基本农田的保护。此外，本案中

行政机关主动撤销有瑕疵的行政处罚决定,改正相关错误,也值得肯定。

第三十四条 侵占、挪用基本农田的耕地开垦费,构成犯罪的,依法追究刑事责任;尚不构成犯罪的,依法给予行政处分或者纪律处分。

第六章 附 则

第三十五条 省、自治区、直辖市人民政府可以根据当地实际情况,将其他农业生产用地划为保护区。保护区内的其他农业生产用地的保护和管理,可以参照本条例执行。

第三十六条 本条例自1999年1月1日起施行。1994年8月18日国务院发布的《基本农田保护条例》同时废止。

土地复垦条例

· 2011年3月5日中华人民共和国国务院令第592号公布

· 自公布之日起施行

第一章 总 则

第一条 为了落实十分珍惜、合理利用土地和切实保护耕地的基本国策,规范土地复垦活动,加强土地复垦管理,提高土地利用的社会效益、经济效益和生态效益,根据《中华人民共和国土地管理法》,制定本条例。

第二条 本条例所称土地复垦,是指对生产建设活动和自然灾害损毁的土地,采取整治措施,使其达到可供利用状态的活动。

第三条 生产建设活动损毁的土地,按照"谁损毁,谁复垦"的原则,由生产建设单位或者个人(以下称土地复垦义务人)负责复垦。但是,由于历史原因无法确定土地复垦义务人的生产建设活动损毁的土地(以下称历史遗留损毁土地),由县级以上人民政府负责组织复垦。

自然灾害损毁的土地,由县级以上人民政府负责组织复垦。

案例 河南省公路工程局集团有限公司诉西平县国土资源局土地复垦协议案(最高法发布耕地保护典型行政案例)

裁判规则: 本案明确了原用地单位使用土地完毕后,其他单位继续使用土地的,在原用地单位未依据土地复垦协议或土地复垦方案履行土地复垦义务或土地复垦不达标的情况下,不得免除其土地复垦责任,从而体现了"谁毁损,谁复垦"的原则,从土地复垦角度体现了对耕地的严格保护。

第四条 生产建设活动应当节约集约利用土地,不占或者少占耕地;对依法占用的土地应当采取有效措施,减少土地损毁面积,降低土地损毁程度。

土地复垦应当坚持科学规划、因地制宜、综合治理、经济可行、合理利用的原则。复垦的土地应当优先用于农业。

第五条 国务院国土资源主管部门负责全国土地复垦的监督管理工作。县级以上地方人民政府国土资源主管部门负责本行政区域土地复垦的监督管理工作。

县级以上人民政府其他有关部门依照本条例的规定和各自的职责做好土地复垦有关工作。

第六条 编制土地复垦方案、实施土地复垦工程、进行土地复垦验收等活动,应当遵守土地复垦国家标准;没有国家标准的,应当遵守土地复垦行业标准。

制定土地复垦国家标准和行业标准,应当根据土地损毁的类型、程度、自然地理条件和复垦的可行性等因素,分类确定不同类型损毁土地的复垦方式、目标和要求等。

第七条 县级以上地方人民政府国土资源主管部门应当建立土地复垦监测制度,及时掌握本行政区域土地资源损毁和土地复垦效果等情况。

国务院国土资源主管部门和省、自治区、直辖市人民政府国土资源主管部门应当建立健全土地复垦信息管理系统,收集、汇总和发布土地复垦数据信息。

第八条 县级以上人民政府国土资源主管部门应当依据职责加强对土地复垦情况的监督检查。被检查的单位或者个人应当如实反映情况,提供必要的资料。

任何单位和个人不得扰乱、阻挠土地复垦工作,破坏土地复垦工程、设施和设备。

第九条 国家鼓励和支持土地复垦科学研究和技术创新,推广先进的土地复垦技术。

对在土地复垦工作中作出突出贡献的单位和个人,由县级以上人民政府给予表彰。

第二章 生产建设活动损毁土地的复垦

第十条 下列损毁土地由土地复垦义务人负责复垦:

(一)露天采矿、烧制砖瓦、挖沙取土等地表挖掘所损毁的土地;

(二)地下采矿等造成地表塌陷的土地;

(三)堆放采矿剥离物、废石、矿渣、粉煤灰等固体废弃物压占的土地;

(四)能源、交通、水利等基础设施建设和其他生产建设活动临时占用所损毁的土地。

第十一条 土地复垦义务人应当按照土地复垦标准和国务院国土资源主管部门的规定编制土地复垦方案。

第十二条 土地复垦方案应当包括下列内容:

(一)项目概况和项目区土地利用状况;

(二)损毁土地的分析预测和土地复垦的可行性评价;

(三)土地复垦的目标任务;

(四)土地复垦应当达到的质量要求和采取的措施;

(五)土地复垦工程和投资估(概)算;

(六)土地复垦费用的安排;

(七)土地复垦工作计划与进度安排;

(八)国务院国土资源主管部门规定的其他内容。

第十三条 土地复垦义务人应当在办理建设用地申请或者采矿权申请手续时,随有关报批材料报送土地复垦方案。

土地复垦义务人未编制土地复垦方案或者土地复垦方案不符合要求的,有批准权的人民政府不得批准建设用地,有批准权的国土资源主管部门不得颁发采矿许可证。

本条例施行前已经办理建设用地手续或者领取采矿许可证,本条例施行后继续从事生产建设活动造成土地损毁的,土地复垦义务人应当按照国务院国土资源主管部门的规定补充编制土地复垦方案。

第十四条 土地复垦义务人应当按照土地复垦方案开展土地复垦工作。矿山企业还应当对土地损毁情况进行动态监测和评价。

生产建设周期长、需要分阶段实施复垦的,土地复垦义务人应当对土地复垦工作与生产建设活动统一规划、统筹实施,根据生产建设进度确定各阶段土地复垦的目标任务、工程规划设计、费用安排、工程实施进度和完成期限等。

第十五条 土地复垦义务人应当将土地复垦费用列入生产成本或者建设项目总投资。

第十六条 土地复垦义务人应当建立土地复垦质量控制制度,遵守土地复垦标准和环境保护标准,保护土壤质量与生态环境,避免污染土壤和地下水。

土地复垦义务人应当首先对拟损毁的耕地、林地、牧草地进行表土剥离,剥离的表土用于被损毁土地的复垦。

禁止将重金属污染物或者其他有毒有害物质用作回填或者充填材料。受重金属污染物或者其他有毒有害物质污染的土地复垦后,达不到国家有关标准的,不得用于种植食用农作物。

第十七条 土地复垦义务人应当于每年12月31日前向县级以上地方人民政府国土资源主管部门报告当年的土地损毁情况、土地复垦费用使用情况以及土地复垦工程实施情况。

县级以上地方人民政府国土资源主管部门应当加强对土地复垦义务人使用土地复垦费用和实施土地复垦工程的监督。

第十八条 土地复垦义务人不复垦,或者复垦验收中经整改仍不合格的,应当缴纳土地复垦费,由有关国土资源主管部门代为组织复垦。

确定土地复垦费的数额,应当综合考虑损毁前的土地类型、实际损毁面积、损毁程度、复垦标准、复垦用途和完成复垦任务所需的工程量等因素。土地复垦费的具体征收使用管理办法,由国务院财政、价格主管部门商国务院有关部门制定。

土地复垦义务人缴纳的土地复垦费专项用于土地复垦。任何单位和个人不得截留、挤占、挪用。

第十九条 土地复垦义务人对在生产建设活动中损毁的由其他单位或者个人使用的国有土地或者农民集体所有的土地,除负责复垦外,还应当向遭受损失的单位或者个人支付损失补偿费。

损失补偿费由土地复垦义务人与遭受损失的单位或者个人按照造成的实际损失协商确定;协商不成的,可以向土地所在地人民政府国土资源主管部门申请调解或者依法向人民法院提起民事诉讼。

第二十条 土地复垦义务人不依法履行土地复垦义务的，在申请新的建设用地时，有批准权的人民政府不得批准；在申请新的采矿许可证或者申请采矿许可证延续、变更、注销时，有批准权的国土资源主管部门不得批准。

第三章 历史遗留损毁土地和自然灾害损毁土地的复垦

第二十一条 县级以上人民政府国土资源主管部门应当对历史遗留损毁土地和自然灾害损毁土地进行调查评价。

第二十二条 县级以上人民政府国土资源主管部门应当在调查评价的基础上，根据土地利用总体规划编制土地复垦专项规划，确定复垦的重点区域以及复垦的目标任务和要求，报本级人民政府批准后组织实施。

第二十三条 对历史遗留损毁土地和自然灾害损毁土地，县级以上人民政府应当投入资金进行复垦，或者按照"谁投资，谁受益"的原则，吸引社会投资进行复垦。土地权利人明确的，可以采取扶持、优惠措施，鼓励土地权利人自行复垦。

第二十四条 国家对历史遗留损毁土地和自然灾害损毁土地的复垦按项目实施管理。

县级以上人民政府国土资源主管部门应当根据土地复垦专项规划和年度土地复垦资金安排情况确定年度复垦项目。

第二十五条 政府投资进行复垦的，负责组织实施土地复垦项目的国土资源主管部门应当组织编制土地复垦项目设计书，明确复垦项目的位置、面积、目标任务、工程规划设计、实施进度及完成期限等。

土地权利人自行复垦或者社会投资进行复垦的，土地权利人或者投资单位、个人应当组织编制土地复垦项目设计书，并报负责组织实施土地复垦项目的国土资源主管部门审查同意后实施。

第二十六条 政府投资进行复垦的，有关国土资源主管部门应当依照招标投标法律法规的规定，通过公开招标的方式确定土地复垦项目的施工单位。

土地权利人自行复垦或者社会投资进行复垦的，土地复垦项目的施工单位由土地权利人或者投资单位、个人依法自行确定。

第二十七条 土地复垦项目的施工单位应当按照土地复垦项目设计书进行复垦。

负责组织实施土地复垦项目的国土资源主管部门应当健全项目管理制度，加强项目实施中的指导、管理和监督。

第四章 土地复垦验收

第二十八条 土地复垦义务人按照土地复垦方案的要求完成土地复垦任务后，应当按照国务院国土资源主管部门的规定向所在地县级以上地方人民政府国土资源主管部门申请验收，接到申请的国土资源主管部门应当会同同级农业、林业、环境保护等有关部门进行验收。

进行土地复垦验收，应当邀请有关专家进行现场踏勘，查验复垦后的土地是否符合土地复垦标准以及土地复垦方案的要求，核实复垦后的土地类型、面积和质量等情况，并将初步验收结果公告，听取相关权利人的意见。相关权利人对土地复垦完成情况提出异议的，国土资源主管部门应当会同有关部门进一步核查，并将核查情况向相关权利人反馈；情况属实的，应当向土地复垦义务人提出整改意见。

第二十九条 负责组织验收的国土资源主管部门应当会同有关部门在接到土地复垦验收申请之日起60个工作日内完成验收，经验收合格的，向土地复垦义务人出具验收合格确认书；经验收不合格的，向土地复垦义务人出具书面整改意见，列明需要整改的事项，由土地复垦义务人整改完成后重新申请验收。

第三十条 政府投资的土地复垦项目竣工后，负责组织实施土地复垦项目的国土资源主管部门应当依照本条例第二十八条第二款的规定进行初步验收。初步验收完成后，负责组织实施土地复垦项目的国土资源主管部门应当按照国务院国土资源主管部门的规定向上级人民政府国土资源主管部门申请最终验收。上级人民政府国土资源主管部门应当会同有关部门及时组织验收。

土地权利人自行复垦或者社会投资进行复垦的土地复垦项目竣工后，由负责组织实施土地复垦项目的国土资源主管部门会同有关部门进行验收。

第三十一条 复垦为农用地的，负责组织验收的国土资源主管部门应当会同有关部门在验收合格后的5年内对土地复垦效果进行跟踪评价，并提出改善土地质量的建议和措施。

第五章 土地复垦激励措施

第三十二条 土地复垦义务人在规定的期限内将生产建设活动损毁的耕地、林地、牧草地等农用地复垦恢复原状的，依照国家有关税收法律法规的规定退还已经缴纳的耕地占用税。

第三十三条 社会投资复垦的历史遗留损毁土地或者自然灾害损毁土地，属于无使用权人的国有土地的，经县级以上人民政府依法批准，可以确定给投资单位或者个人长期从事种植业、林业、畜牧业或者渔业生产。

社会投资复垦的历史遗留损毁土地或者自然灾害损毁土地，属于农民集体所有土地或者有使用权人的国有土地的，有关国土资源主管部门应当组织投资单位或者个人与土地权利人签订土地复垦协议，明确复垦的目标任务以及复垦后的土地使用和收益分配。

第三十四条 历史遗留损毁和自然灾害损毁的国有土地的使用权人，以及历史遗留损毁和自然灾害损毁的农民集体所有土地的所有权人、使用权人，自行将损毁土地复垦为耕地的，由县级以上地方人民政府给予补贴。

第三十五条 县级以上地方人民政府将历史遗留损毁和自然灾害损毁的建设用地复垦为耕地的，按照国家有关规定可以作为本省、自治区、直辖市内进行非农建设占用耕地时的补充耕地指标。

第六章 法律责任

第三十六条 负有土地复垦监督管理职责的部门及其工作人员有下列行为之一的，对直接负责的主管人员和其他直接责任人员，依法给予处分；直接负责的主管人员和其他直接责任人员构成犯罪的，依法追究刑事责任：

（一）违反本条例规定批准建设用地或者批准采矿许可证及采矿许可证的延续、变更、注销的；

（二）截留、挤占、挪用土地复垦费的；

（三）在土地复垦验收中弄虚作假的；

（四）不依法履行监督管理职责或者对发现的违反本条例的行为不依法查处的；

（五）在审查土地复垦方案、实施土地复垦项目、组织土地复垦验收以及实施监督检查过程中，索取、收受他人财物或者谋取其他利益的；

（六）其他徇私舞弊、滥用职权、玩忽职守行为。

第三十七条 本条例施行前已经办理建设用地手续或者领取采矿许可证，本条例施行后继续从事生产建设活动造成土地损毁的土地复垦义务人未按照规定补充编制土地复垦方案的，由县级以上地方人民政府国土资源主管部门责令限期改正；逾期不改正的，处 10 万元以上 20 万元以下的罚款。

第三十八条 土地复垦义务人未按照规定将土地复垦费用列入生产成本或者建设项目总投资的，由县级以上地方人民政府国土资源主管部门责令限期改正；逾期不改正的，处 10 万元以上 50 万元以下的罚款。

第三十九条 土地复垦义务人未按照规定对拟损毁的耕地、林地、牧草地进行表土剥离，由县级以上地方人民政府国土资源主管部门责令限期改正；逾期不改正的，按照应当进行表土剥离的土地面积处每公顷 1 万元的罚款。

第四十条 土地复垦义务人将重金属污染物或者其他有毒有害物质用作回填或者充填材料的，由县级以上地方人民政府环境保护主管部门责令停止违法行为，限期采取治理措施，消除污染，处 10 万元以上 50 万元以下的罚款；逾期不采取治理措施的，环境保护主管部门可以指定有治理能力的单位代为治理，所需费用由违法者承担。

第四十一条 土地复垦义务人未按照规定报告土地损毁情况、土地复垦费用使用情况或者土地复垦工程实施情况的，由县级以上地方人民政府国土资源主管部门责令限期改正；逾期不改正的，处 2 万元以上 5 万元以下的罚款。

第四十二条 土地复垦义务人依照本条例规定应当缴纳土地复垦费而不缴纳的，由县级以上地方人民政府国土资源主管部门责令限期缴纳；逾期不缴纳的，处应缴纳土地复垦费 1 倍以上 2 倍以下的罚款，土地复垦义务人为矿山企业的，由颁发采矿许可证的机关吊销采矿许可证。

第四十三条 土地复垦义务人拒绝、阻碍国土资源主管部门监督检查，或者在接受监督检查时弄虚作假的，由国土资源主管部门责令改正，处 2 万元以上 5 万元以下的罚款；有关责任人员构成违反治安管理行为的，由公安机关依法予以治安管理处罚；有关责任人员构成犯罪的，依法追究刑事责任。

破坏土地复垦工程、设施和设备，构成违反治安管理行为的，由公安机关依法予以治安管理处罚；构成犯罪的，依法追究刑事责任。

第七章 附 则

第四十四条 本条例自公布之日起施行。1988年11月8日国务院发布的《土地复垦规定》同时废止。

最高人民法院关于审理破坏土地资源刑事案件具体应用法律若干问题的解释

·2000年6月16日最高人民法院审判委员会第1119次会议通过
·2000年6月19日最高人民法院公告公布
·自2000年6月22日起施行
·法释〔2000〕14号

为依法惩处破坏土地资源犯罪活动，根据刑法的有关规定，现就审理这类案件具体应用法律的若干问题解释如下：

第一条 以牟利为目的，违反土地管理法规，非法转让、倒卖土地使用权，具有下列情形之一的，属于非法转让、倒卖土地使用权“情节严重”，依照刑法第二百二十八条的规定，以非法转让、倒卖土地使用权罪定罪处罚：

（一）非法转让、倒卖基本农田五亩以上的；

（二）非法转让、倒卖基本农田以外的耕地十亩以上的；

（三）非法转让、倒卖其他土地二十亩以上的；

（四）非法获利五十万元以上的；

（五）非法转让、倒卖土地接近上述数量标准并具有其他恶劣情节的，如曾因非法转让、倒卖土地使用权受过行政处罚或者造成严重后果等。

第二条 实施第一条规定的行为，具有下列情形之一的，属于非法转让、倒卖土地使用权“情节特别严重”：

（一）非法转让、倒卖基本农田十亩以上的；

（二）非法转让、倒卖基本农田以外的耕地二十亩以上的；

（三）非法转让、倒卖其他土地四十亩以上的；

（四）非法获利一百万元以上的；

（五）非法转让、倒卖土地接近上述数量标准并具有其他恶劣情节，如造成严重后果等。

第三条 违反土地管理法规，非法占用耕地改作他用，数量较大，造成耕地大量毁坏的，依照刑法第三百四十二条的规定，以非法占用耕地罪定罪处罚：

（一）非法占用耕地“数量较大”，是指非法占用基本农田五亩以上或者非法占用基本农田以外的耕地十亩以上。

（二）非法占用耕地“造成耕地大量毁坏”，是指行为人非法占用耕地建窑、建坟、建房、挖沙、采石、采矿、取土、堆放固体废弃物或者进行其他非农业建设，造成基本农田五亩以上或者基本农田以外的耕地十亩以上种植条件严重毁坏或者严重污染。

第四条 国家机关工作人员徇私舞弊，违反土地管理法规，滥用职权，非法批准征用、占用土地，具有下列情形之一的，属于非法批准征用、占用土地“情节严重”，依照刑法第四百一十条的规定，以非法批准征用、占用土地罪定罪处罚：

（一）非法批准征用、占用基本农田十亩以上的；

（二）非法批准征用、占用基本农田以外的耕地三十亩以上的；

（三）非法批准征用、占用其他土地五十亩以上的；

（四）虽未达到上述数量标准，但非法批准征用、占用土地造成直接经济损失三十万元以上；造成耕地大量毁坏等恶劣情节的。

第五条 实施第四条规定的行为，具有下列情形之一的，属于非法批准征用、占用土地“致使国家或者集体利益遭受特别重大损失”：

（一）非法批准征用、占用基本农田二十亩以上的；

（二）非法批准征用、占用基本农田以外的耕地六十亩以上的；

（三）非法批准征用、占用其他土地一百亩以上的；

（四）非法批准征用、占用土地，造成基本农田五亩以上，其他耕地十亩以上严重毁坏的；

（五）非法批准征用、占用土地造成直接经济损失五十万元以上等恶劣情节的。

第六条 国家机关工作人员徇私舞弊，违反土地管理法规，非法低价出让国有土地使用权，具有下列情形之一的，属于“情节严重”，依照刑法第四百一十条的规定，以非法低价出让国有土地使用权罪定罪处罚：

（一）出让国有土地使用权面积在三十亩以上，并且出让价额低于国家规定的最低价额标准的百分之六十的；

（二）造成国有土地资产流失价额在三十万元以上的。

第七条 实施第六条规定的行为，具有下列情形之一的，属于非法低价出让国有土地使用权，“致使国家和集体利益遭受特别重大损失”：

（一）非法低价出让国有土地使用权面积在六十亩以上，并且出让价额低于国家规定的最低价额标准的百分之四十的；

（二）造成国有土地资产流失价额在五十万元以上的。

第八条 单位犯非法转让、倒卖土地使用权罪、非法占有耕地罪的定罪量刑标准，依照本解释第一条、第二条、第三条的规定执行。

第九条 多次实施本解释规定的行为依法应当追诉的，或者一年内多次实施本解释规定的行为未经处理的，按照累计的数量、数额处罚。

2. 土地承包

中华人民共和国农村土地承包法

- 2002 年 8 月 29 日第九届全国人民代表大会常务委员会第二十九次会议通过
- 2002 年 8 月 29 日中华人民共和国主席令第七十三号公布
- 根据 2009 年 8 月 27 日第十一届全国人民代表大会常务委员会第十次会议《关于修改部分法律的决定》第一次修正
- 根据 2018 年 12 月 29 日第十三届全国人民代表大会常务委员会第七次会议《关于修改〈中华人民共和国农村土地承包法〉的决定》第二次修正

理解与适用

农村土地承包是指对农民集体所有和国家所有依法由农民集体使用的耕地、林地、草地，以及其他依法用于农业的土地，采取农村集体经济组织内部的家庭承包方式，不宜采取家庭承包方式的荒山、荒沟、荒丘、荒滩等农村土地，采取招标、拍卖、公开协商等方式承包。

家庭承包经营是我国的一个伟大创举，在坚持土地等生产资料集体所有的前提下，把土地使用权承包给农户，确立了家庭经营的主体地位，赋予了农民充分的生产经营自主权。家庭承包经营和集体统一经营是相互依存的统一整体，家庭承包经营是我国农村集体经济组织内部的一个经营层次，是农村集体经济的一种有效经营方式。农民通过承包本集体的农村土地，取得土地承包经营权，从而对所承包的土地享有经营自主权、收益权和土地承包经营权流转的权利。

《中华人民共和国农村土地承包法》于 2002 年 8 月经第九届全国人民代表大会常务委员会第二十九次会议通过，自 2003 年 3 月 1 日起施行。2009 年 8 月 27 日第十一届全国人民代表大会常务委员会第十次会议作出决定，将法律中的“征用”修改为“征收、征用”。

农村土地承包法 2018 年 12 月 29 日第二次修正主要有以下九个方面的内容：

（一）明确了农村集体土地所有权、土地承包权、土地经营权“三权分置”

“三权分置”改革是继家庭承包责任制之后农村改革的重大制度创新，从理论和实践丰富了农村双层经营体制的内涵。家庭联产承包责任制实现集体土地的“两权分离”，主要解决调动亿万农民的生产积极性问题，“三权分置”主要解决农业适度规模经营、集约化经营及发展现代农业问题。

1. 集体土地所有权。

《中华人民共和国宪法》第 10 条第 2 款规定，“农村和城市郊区的土地，除由法律规定属于国家所有的以外,属于集体所有”。根据《中华人民共和国民法典》第 261 条第 1 款的规定,农村集体土地“属于本集体成员集体所有”。农村集体经济组织或者村委会代表集体经济组织行使所有权,享有对土地占有、使用、收益和处分的权利。我国农村集体土地所有权集体所有制同全民所有制一样,是社会主义经济制度的基础。

民法典物权编将土地承包经营权界定为用益物权,集体所有权侵犯承包经营权的问题从法律上得以解决。2018 年 12 月 29 日修改农村土地承包法,立足于坚持集体土地所有权制度,清晰界定集体土地所有权与土地承包经营权的权利内容,防止集体土地所有权虚置,做到权利平衡、不相互挤压。

原农村土地承包法将集体土地所有权的权利内容界定为发包权、监督权、管理权及法律、法规规定的其他权利。修改后的农村土地承包法,对集体经济组织在土地发包、土地经营权流转、土地用途管制、土地合理利用、土地经营权融资担保管理等方面的权利进一步细化(第 14 条、第 45 条、第 46 条、第 47 条、第 64 条)。

2. 土地承包权。

土地承包权是承包地流转后从土地承包经营权中分置出来的,农户拥有土地承包权是农村基本经营制度的基础。实践中,取得承包权有两个条件:具有本集体经济组织成员资格(成员属性);与发包方签订了承包合同,获得了承包地(财产属性)。

土地承包经营权与土地承包权的权利主体都是土地承包方。承包方的权利如下:一是在承包期限内使用承包地,自主组织生产经营和处置产品的权利;二是承包期内出租(转包)、互换、转让、入股、交回承包地、获得收益的权利;三是在承包地被征收、征用、占用获得补偿的权利;四是承包期内承包人应得的承包收益可以依法继承,林地承包人死亡,其继承人可以在承包期内继承承包等。土地承包经营权互换、转让须在集体经济组织内进行,互换是为了方便耕作,转让是放弃土地承包经营权,发包方需要与新承包方重新确定承包关系(第 17 条、第 27 条、第 30 条、第 32 条、第 33 条、第 34 条、第 36 条)。

在承包地未流转的情况下,承包方拥有土地承包经营权,既承包又经营。在承包地流转的情况下,承包方拥有土地承包权,只承包不经营,经营权流转给了第三方。流转是土地承包权设立的前提。如果承包方与第三方的土地流转合同到期,承包方仍享有土地承包经营权。土地承包权权能中的收益权和受限定的处分权(可以收回土地经营权但不能买卖承包地)是现实存在的,不是虚置的权利。

3. 土地经营权。

承包方采用出租(转包)、入股等方式将承包地流转给第三方使用后,土地经营权转移。保障土地经营权人依法享有的合法权益,规范流转行为,是完善农村土地承包法律制度的一个重点,也是农村基本经营制度的与时俱进。

土地经营权人的权利:一是按照合同使用流转的承包地,自主开展生产经营并取得收益(第 37 条);二是因改善生产条件、提高生产能力获得相应补偿(第 43 条);三是经承包方同意并向发包方备案,可以用土地经营权设定融资担保(第 47 条);四是经承包方书面同意并向本集体经济组织备案,可以再流转土地经营权等(第 46 条)。土地经营权人承担的义务:支付土地流转对价,不改变流转土地的农业用途和连续两年以上弃耕抛荒,不破坏农业综合生产能力和土地生态环境等(第 40 条、42 条)。

(二)明确了农村土地承包关系保持稳定并长久不变

土地承包关系从“长期稳定”到“长久不变”,目的是给土地承包经营权人稳定的经营预期,巩固和完善农村基本经营制度。

(三)明确了第二轮土地承包到期再延长三十年

这样规定,既体现土地承包关系稳定的主基调,又有利于处理坚持土地集体所有与保护农民财产权的关系,有利于处理土地承包制度稳定与完善的关系,有利于处理土地流转、适度规模经营与化解人地突出矛盾的关系。草地、林地二轮承包期届满后,按照相关规定继续延长(第21条第2款)。

(四)明确了维护进城落户农民的土地承包经营权

原农村土地承包法规定,承包期内,承包方全家迁入小城镇落户的,应当按照承包方的意愿,保留其土地承包经营权或者允许其依法进行土地承包经营权流转。承包期内,承包方全家迁入设区的市,转为非农业户口的,应当将承包的耕地和草地交回发包方。承包方不交回的,发包方可以收回承包的耕地和草地。

2018年12月29日修改在制度设计上把握了三个原则:第一,承包期内,农民进城落户,无论是部分成员或者举家迁入,都不以退出土地承包权为前置条件。第二,承包期内,农民全家在城镇落户后,引导支持其依法自愿有偿转让承包地或流转土地经营权。第三,把是否交回承包地的选择权交给进城落户农民和其原所在的集体经济组织,不代替农民和集体经济组织选择。

(五)明确了土地经营权可以融资担保

以承包地的土地经营权作为融资担保标的物,是以承包人对承包地享有的占有、使用、收益和流转权利为基础的,满足用益物权可设定为融资担保标的物的法定条件。随着土地承包经营权确权登记、农村土地流转交易市场完善,将承包地的土地经营权纳入融资担保标的物范围水到渠成。以承包地的土地经营权为标的物设定担保,当债务人不能履行债务,债权人依法定程序处分担保物,只是转移了承包地的土地经营权,实质是使用权和收益权,土地承包权没有转移,承包地的集体所有性质也不因此改变。

第三方通过流转取得的土地经营权,经承包方书面同意并向发包方备案,可以向金融机构融资担保。

(六)明确了承包经营权的入股权能

对于农村土地承包经营权入股,原农村土地承包法是将家庭承包方式和"四荒地"招标、拍卖、公开协商承包方式分开处理的。对于家庭承包方式取得的承包地,原农村土地承包法将入股限定在承包方自愿联合从事农业合作生产的范围。对"四荒地"的土地承包经营权,原农村土地承包法规定可以采取入股方式流转。2018年12月29日农村土地承包法修改,增加了承包方可以采用入股的方式流转土地经营权的规定,但需向发包方备案。

承包地的土地经营权采取入股方式流转,与原法规定的土地承包经营权入股发展农业合作不同,前者宽泛,包括入股法人企业,后者是入股组建土地股份合作社;前者的治理结构可以是公司制,后者是股份合作制,是特殊的法人治理结构;承包地的土地经营权入股法人企业后,能处置的只是承包地的土地经营权,土地承包权仍归承包方,集体土地所有权也不改变。对此,农村土地承包法仅作原则性规定,给实践留出空间。

(七)明确工商企业流转土地经营权的准入监管

农村土地承包法规定,县级以上地方人民政府应当建立工商企业等社会资本流转土地经营权的资格审查、项目审核和风险防范制度,本集体经济组织可以收取适量管理费用。上述规定,目的是加强农地用途管制和保护农民流转土地经营权的权益,是规范而不是堵,允许工商企业进入农业提升集约化经营水平的方向没有改变。当然,要禁止借机设置门槛搞权力寻租(第45条)。

(八)明确妇女土地承包权益的保护

原农村土地承包法中对保护妇女土地承包权益已有规定。现实中侵害妇女土地承包权益,表现为通过制定村规民约,对结婚、离婚或丧偶妇女的土地承包权益、集体经济收益的分配权益等进行限制。农村土地承包是按户承包,按人分地,妇女出嫁前,是具有土地承包经营权的家庭成员。妇女如在婚入地未取得承包地,按照原农村土地承包法的规定,婚出地的发包方不得收回其承包地。如果婚出地家庭兄弟姐妹分家析产,出嫁女依然享有原家庭承包土地的财产权益。2018年12月29日修法进一步明确,农户内家庭成员依法平等享有承包土地的各项权益。土地承包经营权证或者林权证应当将具有土地承包经营权的全部家庭成员列入(第16条、第24条)。

（九）授权确认农村集体经济组织成员身份

鉴于自人民公社制度解体以来，集体经济组织成员身份边界不清问题由来已久，十分复杂。经反复权衡，修正案只作出衔接性规定，对确认农村集体经济组织成员身份的原则、程序等留给其他法律或法规具体规定（第69条）。

第一章 总 则

第一条 【立法目的】为了巩固和完善以家庭承包经营为基础、统分结合的双层经营体制，保持农村土地承包关系稳定并长久不变，维护农村土地承包经营当事人的合法权益，促进农业、农村经济发展和农村社会和谐稳定，根据宪法，制定本法。

第二条 【农村土地范围】本法所称农村土地，是指农民集体所有和国家所有依法由农民集体使用的耕地、林地、草地，以及其他依法用于农业的土地。

注释 根据本条的规定，本法所称的农村土地，主要包括以下三种类型：

一是农民集体所有的耕地、林地、草地。农民集体所有的耕地、林地、草地是指所有权归集体的耕地、林地、草地。用于农业的土地中数量最多，涉及面最广。与每一个农民利益最密切的是耕地、林地和草地。这些农村土地，多采用人人有份的家庭承包方式，集体经济组织成员都有承包的权利。

二是国家所有依法由农民集体使用的耕地、林地、草地。国家所有依法由农民集体使用的耕地、林地、草地与农民集体所有的耕地、林地、草地的区别在于，前者的所有权属于国家，但依法由农民集体使用。

三是其他依法用于农业的土地。用于农业的土地，主要有耕地、林地和草地，还有一些其他依法用于农业的土地，如养殖水面、“四荒地”等。养殖水面主要是指用于养殖水产品的水面，养殖水面属于农村土地不可分割的一部分，也是用于农业生产的，所以也包括在本条所称的农村土地的范围之中。此外，还有荒山、荒丘、荒沟、荒滩等“四荒地”，“四荒地”依法是需要用于农业的，也属于本条所称的农村土地。

链接《宪法》第9、10条；《民法典》第310、343条；《土地管理法》第2、4条；《草原法》第9、10条；《森林法》；《渔业法》第11条

第三条 【农村土地承包经营制度】国家实行农村土地承包经营制度。

农村土地承包采取农村集体经济组织内部的家庭承包方式，不宜采取家庭承包方式的荒山、荒沟、荒丘、荒滩等农村土地，可以采取招标、拍卖、公开协商等方式承包。

注释 本条规定的农村土地承包经营制度，包括两种承包方式，即家庭经营方式的承包和以招标、拍卖、公开协商等方式的承包。

农村土地承包采取农村集体经济组织内部的家庭承包方式。家庭承包方式是指以农村集体经济组织的每一个农户家庭全体成员为一个生产经营单位，作为承包人承包农民集体的耕地、林地、草地等农业用地，对于承包地按照本集体经济组织成员是人人平等地享有一份的方式进行承包。

农村集体经济组织内部的家庭承包方式的主要特点如下：一是集体经济组织的每个人，不论男女老少，都平等享有承包本农民集体的农村土地的权利，除非他自己放弃这个权利。二是以户为生产经营单位承包，也就是以一个农户家庭的全体成员作为承包方，与本集体经济组织或者村委会订立一个承包合同，享有合同中约定的权利，承担合同中约定的义务。承包户家庭中的成员死亡，只要这个承包户还有其他人在，承包关系仍不变，由这个承包户中的其他成员继续承包。三是承包的农村土地对集体经济组织的每一个成员而言是人人有份的，这主要是指耕地、林地和草地，但不限于耕地、林地、草地。对于本集体经济组织的成员应当人人有份的农村土地，应当实行家庭承包的方式。

链接《民法典》第330、331条

第四条 【农村土地承包后土地所有权性质不变】农村土地承包后，土地的所有权性质不变。承包地不得买卖。

注释 根据本条的规定，第一，农民对土地承包不是私有化，农民对所承包的土地不具有独立的土地所有权，土地所有权承包前属于农民集体所有的仍属于农民集体所有，承包前属于国家所有的仍属于国家所有，土地所有权的性质不会因为土地承包而发生改变。第二，农民对其所承包的土

地不得买卖,只能依照本法的规定对其互换、转让土地承包经营权或者流转土地经营权。

链接《民法典》第331条

第五条 【承包权的主体及对承包权的保护】农村集体经济组织成员有权依法承包由本集体经济组织发包的农村土地。

任何组织和个人不得剥夺和非法限制农村集体经济组织成员承包土地的权利。

注释 本条第1款规定,农村集体经济组织成员有权依法承包由本集体经济组织发包的农村土地。本款规定主要有以下三个含义:(1)农村集体经济组织成员有权承包的土地是农村集体所有的土地以及国家所有依法由农民集体使用的农村土地。按照宪法和土地管理法等法律规定,农村和城市郊区的土地,除由法律规定属于国家所有的以外,属于农民集体所有;宅基地和自留地、自留山,属于农民集体所有。农民集体所有有三种主要形式:一是村农民集体所有;二是村内两个以上农村集体经济组织的农民集体所有;三是乡(镇)农民集体所有。农村土地主要包括耕地、林地、草地、荒山、荒沟、荒丘、荒滩、养殖水面等。(2)有权承包本集体经济组织发包土地的是本集体经济组织的成员。(3)本农村集体经济组织成员是指本集体经济组织内的所有成员。

本条第2款规定,任何组织和个人不得剥夺和非法限制农村集体经济组织成员承包土地的权利。因此,任何组织和个人不得以民族、种族、性别、职业、家庭出身、宗教信仰、教育程度、财产状况、居住期限等理由,剥夺和非法限制农村集体经济组织成员的承包权利。

链接《宪法》第6、8条;《行政诉讼法》第12条

第六条 【土地承包经营权男女平等】农村土地承包,妇女与男子享有平等的权利。承包中应当保护妇女的合法权益,任何组织和个人不得剥夺、侵害妇女应当享有的土地承包经营权。

注释 农村妇女在农村土地承包中的权利,主要体现在以下三个方面:一是作为农村集体经济组织的成员,妇女同男子一样有权承包本集体经济组织发包的土地。不能因为是妇女而不许其承包土地,也不能因为是妇女而不分配给其应有的承包地份额。二是妇女结婚的,其承包土地的权利受法律保护。三是在妇女离婚或者丧偶的情况下,仍在原居住地生活,或者不在原居住地生活但在新居住地未取得承包地的,原集体经济组织不得收回该妇女已经取得的原承包地。

链接《农村土地承包合同管理办法》第5条第1款

第七条 【公开、公平、公正原则】农村土地承包应当坚持公开、公平、公正的原则,正确处理国家、集体、个人三者的利益关系。

注释 在进行农村土地家庭承包中,"公开"是指以下三个方面:一是进行承包活动的信息要公开。二是进行承包的程序要公开。三是承包方案和承包结果公开。

在进行农村土地家庭承包中,"公平"主要是指本集体经济组织成员依法平等地享有、行使承包本集体经济组织土地的权利。在确定承包方案时,应当民主协商,公平合理地确定发包方、承包方权利义务。

在进行农村土地家庭承包中,"公正"主要是指在承包过程中,要严格按照法定的条件和程序办事,同等地对待每一个承包方,不得暗箱操作,也不得厚此薄彼,亲亲疏疏。

第八条 【集体土地所有者和承包方合法权益的保护】国家保护集体土地所有者的合法权益,保护承包方的土地承包经营权,任何组织和个人不得侵犯。

注释 国家保护集体土地所有者的合法权益主要表现在以下三个方面:(1)对集体所有的土地,依法确认所有权。(2)保护农村集体经济组织依法对土地的经营管理权。(3)对侵犯集体土地的行为,给予法律制裁。

国家保护承包方的土地承包经营权主要表现在以下八个方面:(1)本法明确规定,农村集体经济组织成员有权依法承包由本集体经济组织发包的土地。(2)承包期内,发包方不得收回承包地。(3)承包期内,发包方不得调整承包地。(4)承包期内,承包方可以自愿将承包地交回发包方。(5)承包方应得的承包收益,依照民法典继承编的规定继承。林地承包的承包方死亡,其继承人可以在承包期内继续承包。通过招标、拍卖、公开协商等方式取得土地经营权的,该承包人死亡,其应得的承包收益,依照民法典继承编的规定继承;在承包期内,其继承人可以继续承包。需要说明的是,土地承包是以农户家庭为单位,承包人是指承包土地的农户家庭,而不是指家庭中的某个成员。承包人死亡是指承包户家庭的人均已死亡的情

况。承包耕地、草地的家庭中某一个人死亡,其他成员还在,不发生继承问题,仍由其他成员承包;家庭成员均已死亡的,其承包经营权终止,承包经营权不再由该承包户以外的其他亲属继承。由于林地的承包具有收益慢、周期长、风险大等特点,因此林地承包的承包人死亡,承包户以外的继承人可以在承包期内继续承包。(6)家庭承包中的承包方承包土地后,享有土地承包经营权,可以自己经营,也可以保留土地承包权,流转其承包地的土地经营权,由他人经营。(7)发包方违反承包合同,给承包方造成损失的,承包方有权要求发包方承担赔偿损失等违约责任。(8)任何组织和个人侵害土地承包经营权的,都应当承担法律责任。

第九条 【"三权分置"】承包方承包土地后,享有土地承包经营权,可以自己经营,也可以保留土地承包权,流转其承包地的土地经营权,由他人经营。

注释 "三权分置"是农村土地经营方式在改革过程中两次"两权分离"的结果:第一次"两权分离",农户通过家庭承包的方式,从集体土地所有权中分离出土地承包经营权。第二次"两权分离",承包方通过出租(转包)、入股等方式,将承包地流转给他人经营,从土地承包经营权中分离出土地经营权。

本条规定从法律上确认两次"两权分离"造成的经营方式的转变,并赋予受让方以土地经营权,实现法律上的平等保护:

(1)承包方享有土地承包经营权。土地承包经营权是一种用益物权。承包方享有的土地经营权的具体包括权利包括:依法享有直接支配和排他占有承包地的权利;依法享有承包地使用、收益的权利,有权自主组织生产经营和处置产品;依法互换、转让土地承包经营权;依法流转土地经营权;承包地被依法征收、征用、占用的,有权依法获得相应的补偿;承包期内,发包方不得调整承包地,因自然灾害严重毁损承包地等特殊情形需要个别调整的,应当依照法定程序进行;承包期内,发包方不得收回承包地;等等。

(2)承包方自己经营。自己经营就是承包户以家庭成员为主要劳动力,在自己所承包的农村土地上直接从事农业生产经营。这是农村土地最主要的经营方式。

(3)承包方保留土地承包权,流转土地经营权。承包方除自己经营外,还可以通过与他人签订合同,将土地经营权流转给他人,由他人经营。土地经营权是从土地承包经营权中派生出来的新的权利。从法律性质上而言,土地承包经营权人流转土地经营权后,其所享有的土地承包经营权并未发生改变,只是承包方行使土地承包经营权的方式发生了改变而已,从直接行使转变为间接行使。2018年12月29日农村土地承包法修改,对"流转"的法律性质进行了修改,流转的对象仅限于流转土地经营权,不再保留土地承包经营权;流转的方式限于转包(出租)、入股或者其他方式,而不再包括互换和转让。土地承包经营权仍可以在本集体经济组织内部互换或者转让。

(4)受让方享有土地经营权。土地经营权人有权在合同约定的期限内占有农村土地,自主开展农业生产经营并取得收益。具体包括:有权使用流转土地自主从事农业生产经营并获得相应收益;经承包方同意,可依法依规改良土壤、提升地力,建设农业生产、附属、配套设施,并按照合同约定获得合理补偿;经承包方书面同意,并向本集体经济组织备案,土地经营权人可以再流转土地经营权,或者以土地经营权向金融机构融资担保;等等。

链接《农村土地承包合同管理办法》第17条

第十条 【土地经营权流转的保护】国家保护承包方依法、自愿、有偿流转土地经营权,保护土地经营权人的合法权益,任何组织和个人不得侵犯。

注释 本条明确承包方流转土地经营权的权利受到法律保护,但只是作了原则性规定,对流转土地经营权的保护,其他条文还有配套的具体规定。主要有:本法第17条第3项规定,承包方的权利包括依法流转土地经营权;第36条规定,承包方可以自主决定流转方式;第60条、第61条、第65条等条文还规定了侵害流转土地经营权的法律后果。

保护土地经营权人的合法权益,可以从两个方面来理解:一方面,土地经营权流转的受让方与承包方签订了流转合同,作为合同当事人,土地经营权人的权利受到民法典(合同编)等相关法律的保护。另一方面,受让方通过签订流转合同,合同生效后,即依法取得了土地经营权。

第十一条 【土地资源的保护】农村土地承包经营应当遵守法律、法规,保护土地资源的合理开发和可持续利用。未经依法批准不得将承包地用

于非农建设。

国家鼓励增加对土地的投入，培肥地力，提高农业生产能力。

链接《土地管理法》第3、4条;《土地管理法实施条例》第23—25条;《草原法》第3、4、6、7条;《森林法》第11条

第十二条　【土地承包管理部门】国务院农业农村、林业和草原主管部门分别依照国务院规定的职责负责全国农村土地承包经营及承包经营合同管理的指导。

县级以上地方人民政府农业农村、林业和草原等主管部门分别依照各自职责，负责本行政区域内农村土地承包经营及承包经营合同管理。

乡(镇)人民政府负责本行政区域内农村土地承包经营及承包经营合同管理。

第二章　家庭承包

第一节　发包方和承包方的权利和义务

第十三条　【发包主体】农民集体所有的土地依法属于村农民集体所有的，由村集体经济组织或者村民委员会发包;已经分别属于村内两个以上农村集体经济组织的农民集体所有的，由村内各该农村集体经济组织或者村民小组发包。村集体经济组织或者村民委员会发包的，不得改变村内各集体经济组织农民集体所有的土地的所有权。

国家所有依法由农民集体使用的农村土地，由使用该土地的农村集体经济组织、村民委员会或者村民小组发包。

注释 农民集体所有的土地发包方的确定有两种情况:

(1)农民集体所有的土地，依法属于村农民集体所有的，由村集体经济组织或者村民委员会发包。这里的“村”指行政村，即设立村民委员会的村，而不是指自然村。农民集体所有的土地，依法属于村农民集体所有，是指属于行政村农民集体所有。农民集体所有的土地，由村集体经济组织或者村民委员会发包。

(2)已经分别属于村内两个以上农村集体经济组织的农民集体所有的，由村内各该农村集体经济组织或者村民小组发包。这里的村民小组是指行政村内由村民组成的组织，它是村民自治共同体内部的一种组织形式，相当于原生产队的层次。本条规定“已经分别属于村内两个以上农村集体经济组织的农民集体所有的”土地是指该土地原先分别属于两个以上的生产队，现在其土地仍然分别属于相当于原生产队的各该农村集体经济组织或者村民小组的农民集体所有。已经分别属于村内两个以上农村集体经济组织的农民集体所有的，由村内各该农村集体经济组织或者村民小组发包。

村集体经济组织或者村民委员会发包的，不得改变村内各集体经济组织农民集体所有的土地的所有权。这里的“村内各集体经济组织农民集体所有的土地”是指前面提到的“已经分别属于村内两个以上农村集体经济组织的农民集体所有的”土地。按照“谁所有，谁发包”的原则，应当由村内各该农村集体经济组织或者村民小组发包。但是，许多村民小组也不具备发包的条件，或者由其发包不方便，实践中由村集体经济组织或者村民委员会代为发包。虽然由村集体经济组织或者村民委员会代为发包，但并不能因此改变所有权关系。

国家所有依法由农民集体使用的农村土地，由农村集体经济组织、村民委员会或者村民小组发包。具体由谁发包，应当根据该土地的具体使用情况而定。由村农民集体使用的，由村集体经济组织发包，村集体经济组织未设立的，由村民委员会发包。由村内两个以上集体经济组织的农民集体使用的，由村内各集体经济组织发包，村内各集体经济组织未设立的，由村民小组发包。村内各集体经济组织或者村民小组发包有困难或者不方便的，也可以由村集体经济组织或者村民委员会代为发包。

第十四条　【发包方的权利】发包方享有下列权利:

(一)发包本集体所有的或者国家所有依法由本集体使用的农村土地;

(二)监督承包方依照承包合同约定的用途合理利用和保护土地;

(三)制止承包方损害承包地和农业资源的行为;

(四)法律、行政法规规定的其他权利。

注释 本条规定的这几项权利分别说明如下:(1)发包本集体所有的或者国家所有依法由本集体使用的农村土地的权利。这是发包方的发包权，是享

有其他权利的前提。发包方可以发包的土地有两类:一类是本集体所有的农村土地,另一类是国家所有依法由本集体使用的农村土地。第二类土地发包人虽然不是所有人,也享有法律赋予的发包权。(2)监督承包方依照承包合同约定的用途合理利用和保护土地的权利。(3)制止承包方损害承包地和农业资源的行为的权利。(4)法律、行政法规规定的其他权利。这是一项兜底的规定。例如,本法第45条第2款规定:"工商企业等社会资本通过流转取得土地经营权的,本集体经济组织可以收取适量管理费用。"

第十五条 【发包方的义务】发包方承担下列义务:

(一)维护承包方的土地承包经营权,不得非法变更、解除承包合同;

(二)尊重承包方的生产经营自主权,不得干涉承包方依法进行正常的生产经营活动;

(三)依照承包合同约定为承包方提供生产、技术、信息等服务;

(四)执行县、乡(镇)土地利用总体规划,组织本集体经济组织内的农业基础设施建设;

(五)法律、行政法规规定的其他义务。

链接《民法典》第336、337条

第十六条 【承包主体和家庭成员平等享有权益】家庭承包的承包方是本集体经济组织的农户。

农户内家庭成员依法平等享有承包土地的各项权益。

注释 农村土地家庭承包的承包方是本集体经济组织的农户。需要说明的是:第一,农村集体经济组织的每一个成员都有承包土地的权利,家庭承包中,是按人人有份分配承包地,按户组成一个生产经营单位作为承包方。第二,强调承包方是本集体经济组织的农户主要是针对农村集体的耕地、草地和林地等适宜家庭承包的土地的承包。根据本法第三章规定,不宜采取家庭承包方式的荒山、荒沟、荒滩等农村土地可以通过招标、拍卖、公开协商等方式承包给农户,也可承包给单位或个人,这里的单位或个人可以来自本集体经济组织外。

案例 李某祥诉李某梅继承权纠纷案(《最高人民法院公报》2009年第12期)

裁判规则:根据《农村土地承包法》第15条(现为第16条)的规定,农村土地家庭承包的,承包方是本集体经济组织的农户,其本质特征是以本集体经济组织内部的农户家庭为单位实行农村土地承包经营。家庭承包方式的农村土地承包经营权属于农户家庭,而不属于某一个家庭成员。根据《继承法》第3条(对应《民法典》第1122条)的规定,遗产是公民死亡时遗留的个人合法财产。农村土地承包经营权不属于个人财产,故不发生继承问题。除林地外的家庭承包,当承包农地的农户家庭中的一人或几人死亡,承包经营仍然是以户为单位,承包地仍由该农户的其他家庭成员继续承包经营;当承包经营农户家庭的成员全部死亡,由于承包经营权的取得是以集体成员权为基础,该土地承包经营权归于消灭,不能由该农户家庭成员的继承人继续承包经营,更不能作为该农户家庭成员的遗产处理。

第十七条 【承包方的权利】承包方享有下列权利:

(一)依法享有承包地使用、收益的权利,有权自主组织生产经营和处置产品;

(二)依法互换、转让土地承包经营权;

(三)依法流转土地经营权;

(四)承包地被依法征收、征用、占用的,有权依法获得相应的补偿;

(五)法律、行政法规规定的其他权利。

注释 根据本条的规定,承包方享有以下权利:

1. 依法享有承包地使用、收益的权利,有权自主组织生产经营和处置产品。

这项权利主要包括以下三个方面的内容:(1)依法对承包地享有使用的权利。对承包土地的使用不仅表现为进行传统意义上的耕作、种植等,因进行农业生产而修建的必要的附属设施,如建造沟渠、修建水井等构筑物,也应是对承包土地的一种使用。所修建的附属设施的所有权应当归承包人享有。(2)依法获取承包地收益的权利。收益权就是承包方有获取承包地上产生的收益的权利,这种收益主要是从承包地上种植的农作物以及养殖畜牧中所获得的利益,例如果树产生的果实,粮田里产出的粮食。(3)自主组织生产经营和处置产品的权利。自主组织生产经营是指农户可以在法律规定的范围内决定如何在土地上进行生产经营,如选择种植的时间、品种等;产品处置权是指农户可以自由决定农产品是否卖,如何卖,卖给谁等。

2. 依法互换、转让土地承包经营权。

承包方承包土地后,可以行使承包经营权,自己经营；也可以将承包地依法互换、转让。

3. 依法流转土地经营权。

承包方对土地经营权依法进行流转有利于农村经济结构的调整，也有利于维护农村土地承包关系的长期稳定。“三权分置”改革的核心问题是家庭承包的承包户在经营方式上发生转变，即由农户自己经营，转变为保留土地承包权，将承包地流转给他人经营，实现土地承包经营权和土地经营权的分离。

4. 承包地被依法征收、征用、占用的，有权依法获得相应的补偿。

征收土地是国家为了社会公共利益的需要，将集体所有的土地转变为国有土地的一项制度。根据《民法典》第243条第2款的规定，征收集体所有的土地，应当依法及时足额支付土地补偿费、安置补助费以及农村村民住宅、其他地上附着物和青苗等的补偿费用，并安排被征地农民的社会保障费用，保障被征地农民的生活，维护被征地农民的合法权益。征用是国家强制使用单位、个人的财产。对于征用，根据《民法典》第245条的规定，因抢险救灾、疫情防控等紧急需要，依照法律规定的权限和程序可以征用组织、个人的不动产或者动产。被征用的不动产或者动产使用后，应当返还被征用人。组织、个人的不动产或者动产被征用或者征用后毁损、灭失的，应当给予补偿。占用是指兴办乡镇企业和村民建设住宅经依法批准使用本集体经济组织农民集体所有的土地或者乡（镇）村公共设施和公益事业建设经依法批准使用农民集体所有土地的行为。

链接《民法典》第243、245条；《土地管理法》第30—43条

案例 **湖南刘某与宁乡县某村一组承包地征收补偿费用分配纠纷抗诉案（2019年11月28日全国妇联发布第三届“依法维护妇女儿童权益十大案例”）**

裁判规则：对于农民而言，土地承包经营权和宅基地使用权是法律赋予农户的用益物权，集体收益分配权是农民作为集体经济组织成员应当享有的合法财产权利。这三权是当下农民生存生活最重要的保障，不宜因进城务工农民享受了相关社会保险待遇就剥夺其集体经济组织成员资格，对于没有在其他集体经济组织享受成员权益的出嫁女，更不应剥夺其成员资格。

湖南省人民检察院通过对国家关于非法买卖户籍应当销户处理的政策全面解读和对证据材料的细致分析，认定刘某合法有效的户口一直都是某村一组的农业户口；经过充分论证，依据是否具有该集体经济组织户籍、是否分配了承包土地、是否履行了该集体经济组织成员义务三条原则，认定刘某具有该集体经济组织成员资格，从而依据《最高人民法院关于审理涉及农村土地承包纠纷案件适用法律问题的解释》第24条（现为第22条）支持刘某参与承包地征收补偿费用分配的权利有力地保护了以刘某为代表的新一代农民工、出嫁女的合法权益。

第十八条　【承包方的义务】承包方承担下列义务：

（一）维持土地的农业用途，未经依法批准不得用于非农建设；

（二）依法保护和合理利用土地，不得给土地造成永久性损害；

（三）法律、行政法规规定的其他义务。

注释 本条规定承包方应当承担以下义务：

（1）维持土地的农业用途，未经批准不得用于非农建设。这里的“农业用途”是指将土地直接用于农业生产，从事种植业、林业、畜牧业、渔业生产。“非农建设”是指将土地用于农业生产目的以外的建设活动，例如在土地上建造房屋、建造工厂等。需要强调的是，要求承包方维护土地的农业用途，不得用于非农建设，并不是对承包方土地承包经营权的不合理限制。承包方在农业用途的范围内可以自由决定种什么，怎么种，如承包方可以在承包土地上种蔬菜，种粮食，还可以种其他经济作物。

（2）依法保护和合理利用土地，不得给土地造成永久性损害。这里所讲的依法保护土地是指作为土地使用人的承包方对土地生产能力进行保护，保证土地生态环境的良好性能和质量。合理利用土地是指承包方在使用土地的过程中，通过科学使用土地，使土地的利用与其自然的、社会的特性相适应，充分发挥土地要素在生产活动中的作用，以获得最佳的经济、生产、生态的综合效益。具体来说，要做到保护耕地、保护土地生态环境、提高土地利用率、防止水土流失和盐碱化。“永久性损害”是指使土地不再具有生产能力、不能再被利用的损害，例如在土地上过度使用化肥或向土

地长期排污，使土地不能被利用。

链接《民法典》第334条；《土地管理法》第38条

第二节　承包的原则和程序

第十九条　【土地承包的原则】土地承包应当遵循以下原则：

（一）按照规定统一组织承包时，本集体经济组织成员依法平等地行使承包土地的权利，也可以自愿放弃承包土地的权利；

（二）民主协商，公平合理；

（三）承包方案应当按照本法第十三条的规定，依法经本集体经济组织成员的村民会议三分之二以上成员或者三分之二以上村民代表的同意；

（四）承包程序合法。

注释 根据本条的规定，土地承包应当遵循以下四个原则：

（1）按照规定统一组织承包时，本集体经济组织成员依法平等地行使承包土地的权利，也可以自愿放弃承包土地的权利。这里的"平等"主要体现在两个方面：一是本集体经济组织的成员平等地享有承包本集体经济组织土地的权利，无论男女老少、体弱病残。二是本集体经济组织成员在承包过程中平等地行使承包本集体经济组织土地的权利，发包方应当平等地对待每一个本集体经济组织成员承包土地的权利。这主要体现在承包过程中，发包方不能厚此薄彼、亲亲疏疏，不能对本集体经济组织成员实行差别对待。

本集体经济组织成员对土地承包的权利一方面体现在依法平等地享有和行使承包土地的权利，另一方面体现在自愿放弃承包土地的权利。

（2）民主协商，公平合理。这里的"公平合理"要求本集体经济组织成员之间所承包的土地在土质的好坏、离居住地距离的远近、离水源的远近等方面不能有太大的差别。

（3）承包方案应当按照本法第13条的规定，依法经本集体经济组织成员的村民会议三分之二以上成员或者三分之二以上村民代表的同意。本集体经济组织成员的村民会议依法选举产生的承包工作小组，应当依照法律、法规的规定拟订承包方案，并在本集体经济组织范围内公示不少于十五日。承包方案由承包工作小组公开组织实施。承包方案应当符合下列要求：①内容合法；②程序规范；③保障农村集体经济组织成员合法权益；④不得违法收回、调整承包地；⑤法律、法规和规章规定的其他要求。

（4）承包程序合法。承包中，承包程序应当符合法律的规定，违反法律规定的承包程序进行的承包是无效的。

第二十条　【土地承包的程序】土地承包应当按照以下程序进行：

（一）本集体经济组织成员的村民会议选举产生承包工作小组；

（二）承包工作小组依照法律、法规的规定拟订并公布承包方案；

（三）依法召开本集体经济组织成员的村民会议，讨论通过承包方案；

（四）公开组织实施承包方案；

（五）签订承包合同。

注释 根据本条的规定，土地承包应当依照以下程序进行：

（1）本集体经济组织成员的村民会议选举产生承包工作小组。（2）承包工作小组依照法律、法规的规定拟订并公布承包方案。（3）依法召开本集体经济组织成员的村民会议，讨论通过承包方案。根据本法第19条第3项的规定，承包方案应当按照本法第13条的规定，依法经本集体经济组织的村民会议三分之二以上成员或者三分之二以上村民代表同意。（4）公开组织实施承包方案。（5）签订承包合同。

根据本法第22条的规定，承包合同一般包括以下条款：（1）发包方、承包方的名称，发包方负责人和承包方代表的姓名、住所；（2）承包土地的名称、坐落、面积、质量等级；（3）承包期限和起止日期；（4）承包土地的用途；（5）发包方和承包方的权利义务；（6）违约责任。承包合同自双方当事人签名、盖章或者按指印时成立，承包合同自成立之日起生效，承包方自承包合同生效时取得土地承包经营权。

第三节　承包期限和承包合同

第二十一条　【承包期限】耕地的承包期为三十年。草地的承包期为三十年至五十年。林地的承包期为三十年至七十年。

前款规定的耕地承包期届满后再延长三十年，草地、林地承包期届满后依照前款规定相应延长。

注释 承包期限是指农村土地承包经营权存续的期间，在此期间内，承包方享有土地承包经营权，依照法律的规定和合同的约定，行使权利，承担义务。

我国对土地实行用途管理制度。土地管理法按照土地的用途，将土地划分为农用地、建设用地和未利用地，其中，农用地又包括耕地、林地、草地、农田水利用地和养殖水面等。本条第1款根据我国农村土地家庭承包的实际情况，对不同用途的土地的承包期作出规定。(1)耕地。耕地是指种植农作物的土地，包括灌溉水田、望天田(又称天水田)、水浇地、旱地和菜地。我国农村实行土地承包经营制度的土地主要是耕地。(2)草地、林地。草地是指以生长草本植物为主，用于畜牧业的土地，包括天然草地、改良草地和人工草地。草原是草地的主体。林地是指生长乔木、竹类、灌木、沿海红树林的土地，包括有林地、灌木林地、疏林地、未成林造林地以及迹地和苗圃等。

根据本条第2款的规定，草地、林地的承包期届满后，比照耕地承包期届满后再延长三十年的规定，作相应延长。例如，如果草地、林地的现承包期为四十年，该承包期届满后再延长四十年；如果草地、林地的现承包期为五十年，该承包期届满后再延长五十年。

第二十二条 【承包合同】发包方应当与承包方签订书面承包合同。

承包合同一般包括以下条款：

(一)发包方、承包方的名称，发包方负责人和承包方代表的姓名、住所；

(二)承包土地的名称、坐落、面积、质量等级；

(三)承包期限和起止日期；

(四)承包土地的用途；

(五)发包方和承包方的权利和义务；

(六)违约责任。

注释 土地承包合同是发包方与承包方之间达成的，关于农村土地承包权利义务关系的协议。根据本法的规定，土地承包合同具有以下特征：

(1)合同的主体是法定的。发包方是与农民集体所有土地范围一致的农村集体经济组织、村委会或者村民小组。即土地依法属于村农民集体所有的，由村集体经济组织或者村民委员会发包；已经分别属于村内两个以上农村集体经济组织的农民集体所有的，由村内各该农村集体经济组织或者村民小组发包。国家所有依法由农民集体使用的农村土地，由使用该土地的农村集体经济组织、村民委员会或者村民小组发包。承包方是本集体经济组织的农户。

(2)合同内容受到法律规定的约束，有些内容不允许当事人自由约定。例如，对于耕地的承包期，本法明确规定为三十年，并且耕地承包期届满后再延长三十年。再如，对于承包地的收回等，法律都有明确规定。这些内容都不允许当事人自由约定。

(3)土地承包合同是双务合同。发包方应当尊重承包方的生产经营自主权，为承包方提供生产、技术、信息等服务，有权对承包方进行监督等；承包方对承包地享有占有、使用、收益和流转的权利，其应维持土地的农业用途，保护和合理利用土地等。

(4)合同属于要式合同。双方当事人签订承包合同应当采用书面形式。

承包合同应当符合下列要求：(1)文本规范；(2)内容合法；(3)双方当事人签名、盖章或者按指印；(4)法律、法规和规章规定的其他要求。

链接《民法典》第333条第1款；《农村土地承包合同管理办法》第10条第1款

第二十三条 【承包合同的生效】承包合同自成立之日起生效。承包方自承包合同生效时取得土地承包经营权。

注释 合同的成立是指订约当事人就合同的主要内容形成合意。合同的生效是指合同产生法律约束力。本条主要明确了承包合同的生效时间。同时，考虑到我国农村土地承包的实际情况，明确了承包经营权的取得以合同生效为前提，不以登记为生效的要件。

此外，本条主要是从承包合同生效时间的角度予以规定，但承包合同要实际产生法律约束力，还不能有法律规定的合同无效等事由。对此，民法典作出了明确规定。《民法典》第155条规定，无效的或者被撤销的民事法律行自始没有法律约束力。对合同在哪些情形下可以认定无效或者可以被撤销，民法典作出了详细规定，这些规定也适用于土地承包合同。《民法典》第143条规定，具备下列条件的民事法律行为有效：(1)行为人具有相应的民事行为能力；(2)意思表示真实；(3)不违反法律、行政法规的强制性规定，不违背公序良俗。

第二十四条 【土地承包经营权登记】国家对耕地、林地和草地等实行统一登记，登记机构应当向承包方颁发土地承包经营权证或者林权证等证书，并登记造册，确认土地承包经营权。

土地承包经营权证或者林权证等证书应当将具有土地承包经营权的全部家庭成员列入。

登记机构除按规定收取证书工本费外，不得收取其他费用。

注释 对于本条第1款需要从以下三个方面予以把握：一是关于土地承包经营权登记制度与土地承包经营权设立的关系。土地承包经营权的设立，没有采用登记生效主义，即不以登记为生效的要件。二是国家实行土地承包经营权统一登记制度，由统一的登记机构对耕地、林地、草地等进行登记。三是关于发放证书、登记造册。土地承包经营权证书、林权证等证书，是承包方享有土地承包经营权的法律凭证。承包方签订承包合同，取得土地承包经营权后，登记机构应当向土地承包经营权人发放土地承包经营权证、林权证等证书，并登记造册，将土地的使用权属、用途、面积等情况登记在专门的簿册上，以确认土地承包经营权。

链接《民法典》第333条第2款

第二十五条 【承包合同的稳定性】承包合同生效后，发包方不得因承办人或者负责人的变动而变更或者解除，也不得因集体经济组织的分立或者合并而变更或者解除。

注释 根据本法的规定，发包方是集体经济组织、村委会或者村民小组。承包合同是发包方与承包方签订的。承办人或者负责人只是发包方的法定代表人或者代理人，并不等同于发包方。承办人或者负责人的变动并不构成对合同的实质性变更。

发包方不得因集体经济组织的分立或者合并而变更或者解除承包合同。分立是指一个集体经济组织被分为两个以上新的组织，原组织的权利义务由新的集体经济组织承担。合并一般是指两种情况：一是指两个以上组织合并成为一个新的组织，由新的组织承担被合并的组织的权利义务。另一种情况是指一个组织被撤销后，将其权利义务一并转让给另一个组织。

承包期内，出现下列情形之一的，承包合同变更：(1)承包方依法分立或者合并的；(2)发包方依法调整承包地的；(3)承包方自愿交回部分承包地的；(4)土地承包经营权互换的；(5)土地承包经营权部分转让的；(6)承包地被部分征收的；(7)法律、法规和规章规定的其他情形。承包合同变更的，变更后的承包期限不得超过承包期的剩余期限。

承包期内，出现下列情形之一的，承包合同终止：(1)承包方消亡的；(2)承包方自愿交回全部承包地的；(3)土地承包经营权全部转让的；(4)承包地被全部征收的；(5)法律、法规和规章规定的其他情形。

链接《农村土地承包合同管理办法》第13、14条

第二十六条 【严禁国家机关及其工作人员利用职权干涉农村土地承包或者变更、解除承包合同】国家机关及其工作人员不得利用职权干涉农村土地承包或者变更、解除承包合同。

注释 本条规定的违法行为的主体是国家机关及其工作人员。国家机关是指国家的权力机关、监察机关、行政机关、司法机关以及军事机关，包括各级人大及其常委会，各级监察委员会、各级人民政府，各级法院、检察院等。国家机关工作人员是指在国家机关中从事公务的人员，即在国家机关中行使一定职权、履行一定职务的人员。

对于国家机关及其工作人员干涉土地承包，变更、解除承包合同应当承担的法律责任，依照本法“争议的解决和法律责任”一章第65条的规定，国家机关及其工作人员有利用职权干涉农村土地承包，变更、解除承包合同，给承包方造成损失的，应当承担损害赔偿等责任；情节严重的，由上级机关或者所在单位给予直接责任人员处分；构成犯罪的，依法追究刑事责任。

第四节 土地承包经营权的保护和互换、转让

第二十七条 【承包期内承包地的交回和收回】承包期内，发包方不得收回承包地。

国家保护进城农户的土地承包经营权。不得以退出土地承包经营权作为农户进城落户的条件。

承包期内，承包农户进城落户的，引导支持其按照自愿有偿原则依法在本集体经济组织内转让土地承包经营权或者将承包地交回发包方，也可以鼓励其流转土地经营权。

承包期内，承包方交回承包地或者发包方依法收回承包地时，承包方对其在承包地上投入而提高土地生产能力的，有权获得相应的补偿。

注释 根据本条第1款的规定，除法律对承包地的

收回有特别规定外，在承包期内，无论承包方发生什么样的变化，只要作为承包方的家庭还存在，发包方都不得收回承包地。例如，承包方家庭中的一人或者数人死亡的；子女升学、参军或者在城市就业的；妇女结婚，在新居住地未取得承包地的；承包方在农村从事各种非农产业的等，只要作为承包方的农户家庭没有消亡，发包方都不得收回其承包地。

根据本条第2款、第3款的规定，承包农户即使全家都进城落户，不管是否纳入城镇住房和社会保障体系，也不管是否丧失农村集体经济组织成员身份，其进城落户前所取得的农村土地承包经营权仍然受国家保护。农户进城落户后，其所取得的土地承包经营权不受任何影响。农户既可以根据自己的意愿，并按照农业生产季节回来耕作；也可以根据本法第34条的规定按照自愿有偿原则依法在本集体经济组织内转让土地承包经营权；还可以根据本法第二章第五节的规定向他人流转土地经营权；当然，如果农户自愿将承包地交回发包方，也是允许的。

本条第4款规定，承包期内，承包方交回承包地或者发包方依法收回承包地时，承包方对其在承包地上投入而提高土地生产能力的，有权获得相应的补偿。例如，承包方对盐碱度较高的土地或者荒漠化的土地进行治理，使其成为较为肥沃的土地，在交回承包地时，发包方应当对承包方因治理土地而付出的投入给予相应的经济补偿。

链接《土地管理法》第37条

案例 **陈某棕诉某村一组、某村村委会征地补偿款分配纠纷案**（《最高人民法院公报》2005年第10期）

裁判规则：依照《土地管理法》第14条（现为第13条）和《农村土地承包法》第26条（现为第27条）的规定，承包土地的农民到小城镇落户后，其土地承包经营权可以保留或者依法流转；该土地如果被征用，承包土地的农民有权获得征地补偿款。

第二十八条 【承包期内承包地的调整】承包期内，发包方不得调整承包地。

承包期内，因自然灾害严重毁损承包地等特殊情形对个别农户之间承包的耕地和草地需要适当调整的，必须经本集体经济组织成员的村民会议三分之二以上成员或者三分之二以上村民代表的同意，并报乡（镇）人民政府和县级人民政府农业农村、林业和草原等主管部门批准。承包合同中约定不得调整的，按照其约定。

注释 关于本条第2款规定的“本集体经济组织成员的村民会议”，考虑到土地所有者和发包主体的不同，并根据本法第13条的规定，如果土地是由村集体经济组织或者村民委员会发包的，这里的“村民会议”应当指村集体范围内的村民会议，即由村集体经济组织成员组成的村民会议；如果土地是由村内各集体经济组织或者村民小组发包的，这里的“村民会议”应当指村民小组范围内的村民会议，即由村民小组成员组成的村民会议。“村民会议三分之二以上成员”应当指组成村民会议的全体成员的三分之二以上成员；“三分之二以上村民代表”应当指由村民代表组成的村民会议的全体代表的三分之二以上代表。

第二十九条 【用于调整承包土地或者承包给新增人口的土地】下列土地应当用于调整承包土地或者承包给新增人口：

（一）集体经济组织依法预留的机动地；

（二）通过依法开垦等方式增加的；

（三）发包方依法收回和承包方依法、自愿交回的。

注释 本条规定的应当用于调整承包土地或者承包给新增人口的土地包括：(1)集体经济组织依法预留的机动地。机动地是发包方在发包土地时，预先留出的不作为承包地的少量土地，用于解决承包期内的人地矛盾问题。(2)通过依法开垦等方式增加的土地。主要是指通过开垦未利用地，如开垦荒地而增加的土地。(3)发包方依法收回和承包方依法、自愿交回的土地。本法第27条、第30条、第31条等条文对发包方依法收回承包地和承包方依法、自愿交回承包地等作了明确规定。

第三十条 【承包期内承包方自愿将承包地交回发包方的处理】承包期内，承包方可以自愿将承包地交回发包方。承包方自愿交回承包地的，可以获得合理补偿，但是应当提前半年以书面形式通知发包方。承包方在承包期内交回承包地的，在承包期内不得再要求承包土地。

注释 根据《农村土地承包合同管理办法》第18条的规定，承包方自愿将部分或者全部承包地交回发包方的，承包方与发包方在该土地上的承包关系终止，承包期内其土地承包经营权部分或者全部消灭，并不得再要求承包土地。承包方自愿交回承包地的，应当提前半年以书面形式通知发包方。承包方对其在承包地上投入而提高土地生产能力的，有权获得相应的补偿。交回承包地的其他补偿，由发包方和承包方协商确定。

第三十一条 【妇女婚姻关系变动对土地承包的影响】承包期内，妇女结婚，在新居住地未取得承包地的，发包方不得收回其原承包地；妇女离婚或者丧偶，仍在原居住地生活或者不在原居住地生活但在新居住地未取得承包地的，发包方不得收回其原承包地。

注释 本条规定主要包括以下内容：(1)承包期内，妇女结婚的，妇女嫁入方所在村应当尽量解决其土地承包问题。如果当地既没有富余的土地，也不进行小调整，而是实行“增人不增地，减人不减地”的办法，则出嫁妇女原籍所在地的发包方不得收回其原承包地。(2)妇女离婚或者丧偶，仍在原居住地生活的，其已取得的承包地应当由离婚或者丧偶妇女继续承包，发包方不得收回；不在原居住地生活的，新居住地的集体经济组织应当尽量为其解决承包土地问题，如可以在依法进行小调整时分给离婚或者丧偶妇女一份承包地，离婚或者丧偶妇女在新居住地未取得承包地的，原居住地的发包方不得收回其原承包地。

第三十二条 【承包收益和林地承包权的继承】承包人应得的承包收益，依照继承法的规定继承。

林地承包的承包人死亡，其继承人可以在承包期内继续承包。

注释 关于土地承包经营权能否继承的问题，首先应当明确的是，家庭承包的承包方是本集体经济组织的农户。家庭中部分成员死亡的，由于作为承包方的户还存在，因此不发生继承的问题，由家庭中的其他成员继续承包。只有在因家庭成员全部死亡而导致承包方消亡的情况下，才存在是否允许继承的问题。对家庭成员全部死亡而导致承包方消亡的，其承包地不允许继承，应当由集体经济组织收回，并严格用于解决人地矛盾。

承包地虽然不允许继承，但承包人应得的承包收益，如已收获的粮食、未收割的农作物等，作为承包人的个人财产，则应当依照民法典继承编的规定继承。继承人可以是本集体经济组织的成员，也可以不是本集体经济组织的成员。承包人应得的承包收益，自承包人死亡时开始继承，而不必等到承包经营的家庭消亡时才开始继承。

上述继承的问题，主要是指耕地和草地，关于林地能否继承的问题，本条第2款规定：“林地承包的承包人死亡，其继承人可以在承包期内继续承包”。

根据《农村土地承包合同管理办法》第19条第2款、第3款、第4款的规定，土地承包经营权互换的，应当签订书面合同，并向发包方备案。承包方提交备案的互换合同，应当符合下列要求：(1)互换双方是属于同一集体经济组织的农户；(2)互换后的承包期限不超过承包期的剩余期限；(3)法律、法规和规章规定的其他事项。互换合同备案后，互换双方应当与发包方变更承包合同。

第三十三条 【土地承包经营权的互换】承包方之间为方便耕种或者各自需要，可以对属于同一集体经济组织的土地的土地承包经营权进行互换，并向发包方备案。

注释 土地承包经营权互换是指土地承包经营权人将自己的土地承包经营权交换给他人行使，自己行使从他人处换来的土地承包经营权。权利交换后，原有的发包方与承包方的关系，变为发包方与互换后的承包方的关系，双方的权利义务同时作出相应的调整。

需要注意的是：第一，土地承包经营权互换只是土地承包经营权人改变，不是土地用途及承包义务的改变，互换后的土地承包经营权人仍然要按照发包时确定的该土地的用途使用土地，履行该地块原来负担的义务。例如，发包时确定某地块用于种植粮食作物，承包经营权互换后不能用于开挖鱼塘。第二，家庭承包的土地，不仅涉及不同集体经济组织的土地权属，也关系农户的生存保障。因此，承包方只能与属于同一集体经济组织的农户互换土地承包经营权，不能与其他集体经济组织的农户互换土地承包经营权。

根据《农村土地承包合同管理办法》第19条第2款、第3款、第4款的规定，土地承包经营权互换的，应当签订书面合同，并向发包方备案。承包方提交备案的互换合同，应当符合下列要求：(1)互换双方是属于同一集体经济组织的农户；(2)互换后的承包期限不超过承包期的剩余期限；(3)法律、法规和规章规定的其他事项。互换合同备案后，互换双方应当与发包方变更承包合同。

第三十四条 【土地承包经营权的转让】经发包方同意，承包方可以将全部或者部分的土地承包经营权转让给本集体经济组织的其他农户，由该农户同发包方确立新的承包关系，原承包方与发包方在该土地上的承包关系即行终止。

注释 土地承包经营权转让是指土地承包经营权人将其拥有的未到期的土地承包经营权以一定的方式和条件移转给他人的行为。土地承包经营权的受让对象只能是本集体经济组织的成员。

承包方转让土地承包经营权的，应当以书面形式向发包方提交申请。发包方同意转让的，承包方与受让方应当签订书面合同；发包方不同意转让的，应当于七日内向承包方书面说明理由。发包方无法定理由的，不得拒绝同意承包方的转让申请。未经发包方同意的，土地承包经营权转让合同无效。土地承包经营权转让合同，应当符合下列要求：（1）受让方是本集体经济组织的农户；（2）转让后的承包期限不超过承包期的剩余期限；（3）法律、法规和规章规定的其他事项。土地承包经营权转让后，受让方应当与发包方签订承包合同。原承包方与发包方在该土地上的承包关系终止，承包期内其土地承包经营权部分或者全部消灭，并不得再要求承包土地。

承包合同订立、变更和终止的，应当开展土地承包经营权调查。土地承包经营权调查，应当查清发包方、承包方的名称，发包方负责人和承包方代表的姓名、身份证号码、住所，承包方家庭成员，承包地块的名称、坐落、面积、质量等级、土地用途等信息。

链接《民法典》第334条；《农村土地承包合同管理办法》第20、26—31条

第三十五条 【土地承包经营权互换、转让的登记】土地承包经营权互换、转让的，当事人可以向登记机构申请登记。未经登记，不得对抗善意第三人。

注释 本条对于土地承包经营权的互换、转让采用登记对抗主义。也就是说，当事人签订土地承包经营权的互换、转让合同，并经发包方备案或者同意后，该合同即发生法律效力，不强制当事人登记。

未经登记，不能对抗善意第三人。也就是说，不登记将产生不利于土地承包经营权受让人的法律后果。例如，承包户A将某块土地的承包经营权转让给B，但没有办理变更登记。之后，A又将同一块地的承包经营权转让给C，同时办理了变更登记。如果B与C就该块土地的承包经营权发生纠纷，由于C取得土地承包经营权并进行了登记，他的权利将受到保护。B将不能取得该地块的土地承包经营权。

第五节 土地经营权

第三十六条 【土地经营权设立】承包方可以自主决定依法采取出租（转包）、入股或者其他方式向他人流转土地经营权，并向发包方备案。

注释 土地经营权设立的主体

设立土地经营权的主体就是承包方和受让方，双方经过协商一致以合同方式设立土地经营权。农村土地经营权流转是在承包方与发包方承包关系保持不变的前提下，承包方依法在一定期限内将土地经营权部分或者全部交由他人自主开展农业生产经营的行为。

土地经营权流转的受让方应当为具有农业经营能力或者资质的组织和个人。在同等条件下，本集体经济组织成员享有优先权。

土地经营权设立的客体

《农村土地经营权流转管理办法》第34条第1款规定，本办法所称农村土地，是指除林地、草地以外的，农民集体所有和国家所有依法由农民集体使用的耕地和其他用于农业的土地。

土地经营权设立的原则

土地经营权流转应当坚持农村土地农民集体所有、农户家庭承包经营的基本制度，保持农村土地承包关系稳定并长久不变，遵循依法、自愿、有偿原则，任何组织和个人不得强迫或者阻碍承包方流转土地经营权。

土地经营权流转不得损害农村集体经济组织和利害关系人的合法权益，不得破坏农业综合生产能力和农业生态环境，不得改变承包土地的所有权性质及其农业用途，确保农地农用，优先用于粮食生产，制止耕地"非农化"、防止耕地"非粮化"。

土地经营权设立的方式

根据本条的规定，承包方可以采取出租（转包）、入股或者其他方式向他人流转土地经营权。具体而言，土地经营权设立的方式可以分为三类：

（1）出租（转包）。是指承包方将部分或者全部土地经营权，租赁给他人从事农业生产经营。

（2）入股。是指承包方将部分或者全部土地经营权作价出资，成为公司、合作经济组织等股东或者成员，并用于农业生产经营。

(3)其他方式。其他方式就是出租、入股之外的方式,如根据本法第 47 条的规定,承包方可以用承包地的土地经营权向金融机构融资担保。这也是一种设立土地经营权的方式。在当事人以土地经营权设定担保物权时,一旦债务人未能偿还到期债务,担保物权人有权就土地经营权优先受偿。

土地经营权设立的程序要求

根据本条的规定,土地经营权的设立应当向发包方备案。所谓备案就是以书面形式告知集体经济组织土地经营权设立的事实。备案的义务主体是承包方,即设立土地经营权的农户,而不是受让方。接受备案的一方是发包方。根据本法第 13 条的规定,农民集体所有的土地依法属于村农民集体所有的,由村集体经济组织或者村民委员会发包;已经分别属于村内两个以上农村集体经济组织的农民集体所有的,由村内各该农村集体经济组织或者村民小组发包。因此,承包方应当根据承包时的实际情况,依法向相应的发包方备案:由本村集体经济组织发包的,就应当向本村集体经济组织备案;由本小组集体经济组织发包的,则应当向本小组集体经济组织备案;由村民委员会代为发包的,就应当报村民委员会备案。

链接《民法典》第 339 条;《农村土地经营权流转管理办法》第 1—16 条

第三十七条 【土地经营权人的基本权利】土地经营权人有权在合同约定的期限内占有农村土地,自主开展农业生产经营并取得收益。

注释 土地经营权是受让方根据流转合同的约定对承包方承包的农村土地依法占有,并利用其开展农业生产经营并取得收益的权利。

(1)权利的主体。土地经营权的权利主体就是根据土地经营权流转合同取得土地经营权的自然人或者组织。(2)权利的客体。土地经营权的客体就是农村土地。(3)权利的取得。土地经营权是由承包方通过一定的民事法律行为设立的,这种民事法律行为就是与受让方签订土地经营权流转合同。(4)权利的期限。土地承包经营权是一种用益物权,而且是有期限物权。根据本法的规定,土地经营权流转的期限不得超过承包期的剩余期限。这里的不得超过就是当事人可以根据合同约定土地经营权的最长期限,可以是一年、二年、三年、五年或者十年等,只要不超过承包期的剩余期限即可。(5)权利的消灭。土地经营权是有期限的权利,因此一旦双方约定的流转期限届满,土地经营权人的权利自然因到期而消灭。土地经营权也可能因为土地经营权流转合同的解除、被撤销或者宣告无效等事由而解除。

链接《民法典》第 340 条

第三十八条 【土地经营权流转的原则】土地经营权流转应当遵循以下原则:

(一)依法、自愿、有偿,任何组织和个人不得强迫或者阻碍土地经营权流转;

(二)不得改变土地所有权的性质和土地的农业用途,不得破坏农业综合生产能力和农业生态环境;

(三)流转期限不得超过承包期的剩余期限;

(四)受让方须有农业经营能力或者资质;

(五)在同等条件下,本集体经济组织成员享有优先权。

注释 土地经营权流转"不得改变土地所有权的性质"进一步明确了土地经营权流转的性质不是买卖土地,土地经营权人获得的仅仅是经营土地的权利,而非土地所有权。土地经营权人只能依法占有、使用承包地并获取收益,不得擅自处分承包地。

农业综合生产能力是指一定地区、一定时期和一定社会经济技术条件下,通过具体生产过程的组织和土地、劳力、资金、科技、管理等农业生产诸要素综合投入所形成的,并可以相对稳定地实现的农业综合产出水平,包括农业生产要素投入能力、农业生产产出能力、农田设施保障和抗御自然灾害能力等。不得破坏农业综合生产能力,就是在利用承包地开展农业生产经营获取收益时,必须确保土地、水等自然资源的可持续利用,确保农产品的实际产量不降低,确保农业设施能够抵抗自然灾害等。

第三十九条 【土地经营权流转价款】土地经营权流转的价款,应当由当事人双方协商确定。流转的收益归承包方所有,任何组织和个人不得擅自截留、扣缴。

第四十条 【土地经营权流转合同】土地经营权流转,当事人双方应当签订书面流转合同。

土地经营权流转合同一般包括以下条款:

(一)双方当事人的姓名、住所;

(二)流转土地的名称、坐落、面积、质量等级;

(三)流转期限和起止日期;

(四)流转土地的用途;

（五）双方当事人的权利和义务；

（六）流转价款及支付方式；

（七）土地被依法征收、征用、占用时有关补偿费的归属；

（八）违约责任。

承包方将土地交由他人代耕不超过一年的，可以不签订书面合同。

注释 需要注意的是，本条第3款规定，承包方将土地交由他人代耕不超过一年的，可以不签订书面合同。代耕就是将承包方承包地交由自己的亲朋好友代为耕种。承包方这样做一般是为避免土地撂荒，而且不少是无偿的。但是，考虑到有的代耕期限较长，为了避免纠纷，明确双方的权利义务关系，代耕超过一年的，还是应当签订书面合同。

链接《农村土地经营权流转管理办法》第17—19条

第四十一条 【土地经营权流转的登记】土地经营权流转期限为五年以上的，当事人可以向登记机构申请土地经营权登记。未经登记，不得对抗善意第三人。

注释 根据《民法典》第341条的规定，流转期限为五年以上的土地经营权，自流转合同生效时设立。

根据《民法典》第341条及本条的规定，土地经营权未经登记不得对抗善意第三人。所谓善意第三人就是不知道也不应当知道承包地上设有土地经营权的人。登记后的土地经营权相对于债权而言同样具有优先效力。例如，甲将自己的承包地流转给乙后，乙未申请土地经营权登记。事后，甲又与丙签订土地经营权流转合同，并对于甲已经与乙签订流转合同并不知情，并申请土地经营权登记。之后，当事人之间因为土地使用发生纠纷。此时，丙的土地经营权因申请登记具有对抗效力，因此可以对抗乙的债权。从权利保护的角度而言，申请土地经营权登记对于土地经营权人具有更强的保护力。

第四十二条 【土地经营权流转合同单方解除权】承包方不得单方解除土地经营权流转合同，但受让方有下列情形之一的除外：

（一）擅自改变土地的农业用途；

（二）弃耕抛荒连续两年以上；

（三）给土地造成严重损害或者严重破坏土地生态环境；

（四）其他严重违约行为。

注释 本条没有规定承包方行使单方解除权的具体方式和程序要求。因此，承包方要解除土地经营权流转合同，还应当遵守民法典合同编有关解除权的规定。一方面，解除权应当在法定或者约定的期限内行使。另一方面，行使解除权还应按照一定的方式。本条规定，当事人根据约定解除权和法定解除权主张解除合同的，应当通知对方。合同自通知到达对方时解除。

有以上规定的情形，承包方在合理期限内不解除土地经营权流转合同的，发包方有权要求终止土地经营权流转合同。受让方对土地和土地生态环境造成的损害应当依法予以赔偿。

链接《农村土地经营权流转管理办法》第20条

第四十三条 【土地经营权受让方依法投资并获得补偿】经承包方同意，受让方可以依法投资改良土壤，建设农业生产附属、配套设施，并按照合同约定对其投资部分获得合理补偿。

注释 经承包方同意，受让方依法投资改良土壤，建设农业生产附属、配套设施，及农业生产中直接用于作物种植和畜禽水产养殖设施的，土地经营权流转合同到期或者未到期由承包方依法提前收回承包土地时，受让方有权获得合理补偿。具体补偿办法可在土地经营权流转合同中约定或者由双方协商确定。

第四十四条 【承包方流转土地经营权后与发包方承包关系不变】承包方流转土地经营权的，其与发包方的承包关系不变。

注释 根据本条的规定，承包方流转土地经营权的，其与发包方的承包关系不变。理解这一规定，可以从以下三个方面予以把握：

（1）承包方流转土地经营权可以采取出租、入股或者其他方式，但无论采取何种方式，其与受让方形成何种性质的法律关系，均不影响其与发包方之前形成的承包关系。承包方依然属于承包合同关系的一方当事人。

（2）承包方与受让土地经营权的受让方形成的是土地经营权流转合同，承包方与发包方形成的是承包合同，两个合同关系虽然相互独立，但也有一定的联系，主要体现在，流转合同的期限不得超过承包合同的剩余期限、受让方从事经营同样应当遵循农地利用规划及保护生态等要求。

（3）发包方尽管不是流转合同的当事人，但其作为土地发包的主体，在特定情形下，依然享有终止流转合同并要求受让方赔偿损害的权利。根据本法第64条的规定,土地经营权人擅自改变土地的农业用途、弃耕抛荒连续两年以上、给土地造成严重损害或者严重破坏土地生态环境,承包方在合理期限内不解除土地经营权流转合同的,发包方有权要求终止土地经营权流转合同。

链接《农村土地经营权流转管理办法》第15条

第四十五条 【建立社会资本取得土地经营权的资格审查等制度】县级以上地方人民政府应当建立工商企业等社会资本通过流转取得土地经营权的资格审查、项目审核和风险防范制度。

工商企业等社会资本通过流转取得土地经营权的,本集体经济组织可以收取适量管理费用。

具体办法由国务院农业农村、林业和草原主管部门规定。

注释 根据本条第1款的规定,县级以上地方人民政府应当建立工商企业等社会资本通过流转取得土地经营权的资格审查、项目审核和风险防范制度。

审查审核的一般程序如下:

(1)受让主体与承包方就流转面积、期限、价款等进行协商并签订流转意向协议书。涉及未承包到户集体土地等集体资源的,应当按照法定程序经本集体经济组织成员的村民会议三分之二以上成员或者三分之二以上村民代表的同意,并与集体经济组织签订流转意向协议书。

(2)受让主体按照分级审查审核规定,分别向乡(镇)人民政府农村土地承包管理部门或者县级以上地方人民政府农业农村主管(农村经营管理)部门提出申请,并提交流转意向协议书、农业经营能力或者资质证明、流转项目规划等相关材料。

(3)县级以上地方人民政府或者乡(镇)人民政府应当依法组织相关职能部门、农村集体经济组织代表、农民代表、专家等就土地用途、受让主体农业经营能力,以及经营项目是否符合粮食生产等产业规划等进行审查审核,并于受理之日起20个工作日内作出审查审核意见。

(4)审查审核通过的,受让主体与承包方签订土地经营权流转合同。未按规定提交审查审核申请或者审查审核未通过的,不得开展土地经营权流转活动。

链接《农村土地经营权流转管理办法》第29—32条;《最高人民法院关于审理涉及农村土地承包纠纷案件适用法律问题的解释》

第四十六条 【土地经营权的再流转】经承包方书面同意,并向本集体经济组织备案,受让方可以再流转土地经营权。

注释 根据本条的规定,通过流转取得土地经营权的受让方,如果再次流转土地经营权,需要注意把握:第一,土地经营权的再次流转需要经过"同意加备案"的程序。即受让方再次流转土地经营权,需要征得承包方的书面同意,同时还应向作为发包方的集体经济组织履行备案手续。第二,受让方再次流转土地经营权的方式,根据本法第36条的规定为出租(转包)、入股或者其他方式。

链接《农村土地经营权流转管理办法》第12条

第四十七条 【土地经营权融资担保】承包方可以用承包地的土地经营权向金融机构融资担保,并向发包方备案。受让方通过流转取得的土地经营权,经承包方书面同意并向发包方备案,可以向金融机构融资担保。

担保物权自融资担保合同生效时设立。当事人可以向登记机构申请登记;未经登记,不得对抗善意第三人。

实现担保物权时,担保物权人有权就土地经营权优先受偿。

土地经营权融资担保办法由国务院有关部门规定。

注释 本条第1款规定,承包方可以用承包地的土地经营权向金融机构融资担保,并向发包方备案。本款包含两种情况:(1)承包方利用其所承包的承包地的土地经营权向金融机构融资担保。此种情况下,由于承包方并未将承包地的土地经营权向外流转,承包方的土地承包权与土地经营权没有分离,因此作为担保物的土地经营权实际上未现实存在,承包方是用将来的土地经营权融资担保,到需要实现担保物权时,土地经营权才从土地承包经营权中分离出来,作为优先受偿的财产出现。(2)承包方将承包地的土地经营权流转后,受让土地经营权的受让方利用土地经营权向金融机构融资担保。在这种情况下,承包方自己不实际经营土地,而是流转给受让方,受让方将流转取得的承包地的土地经营权向金融机构融资担保。

根据本条第2款的规定,担保物权自融资担保合同生效时设立。当事人可以向登记机构申请登记;未经登记,不得对抗善意第三人。

第三章 其他方式的承包

第四十八条 【其他承包方式】不宜采取家庭承包方式的荒山、荒沟、荒丘、荒滩等农村土地,通过招标、拍卖、公开协商等方式承包的,适用本章规定。

第四十九条 【以其他方式承包农村土地时承包合同的签订】以其他方式承包农村土地的,应当签订承包合同,承包方取得土地经营权。当事人的权利和义务、承包期限等,由双方协商确定。以招标、拍卖方式承包的,承包费通过公开竞标、竞价确定;以公开协商等方式承包的,承包费由双方议定。

第五十条 【荒山、荒沟、荒丘、荒滩等的承包经营方式】荒山、荒沟、荒丘、荒滩等可以直接通过招标、拍卖、公开协商等方式实行承包经营,也可以将土地经营权折股分给本集体经济组织成员后,再实行承包经营或者股份合作经营。

承包荒山、荒沟、荒丘、荒滩的,应当遵守有关法律、行政法规的规定,防止水土流失,保护生态环境。

第五十一条 【本集体经济组织成员有权优先承包】以其他方式承包农村土地,在同等条件下,本集体经济组织成员有权优先承包。

注释 不能简单地认为在以其他方式承包土地的情况下,本集体经济组织内部成员一定有权优先承包,这里的优先是以"同等条件"为前提的。在与本集体经济组织外的单位或个人竞争土地承包时,本集体经济组织内部成员与外部竞争者具有同等的竞争条件的,发包方才可将土地优先承包给本集体经济组织内部成员。

第五十二条 【将农村土地发包给本集体经济组织以外的单位或者个人承包的程序】发包方将农村土地发包给本集体经济组织以外的单位或者个人承包,应当事先经本集体经济组织成员的村民会议三分之二以上成员或者三分之二以上村民代表的同意,并报乡(镇)人民政府批准。

由本集体经济组织以外的单位或者个人承包的,应当对承包方的资信情况和经营能力进行审查后,再签订承包合同。

注释 根据本条的规定,本集体经济组织以外的单位和个人以其他方式承包农村土地的,应当事先经本集体经济组织成员的村民会议三分之二以上成员或者三分之二以上村民代表的同意。并且,由本集体经济组织以外的单位和个人承包经营的,发包方应当对承包方的资信情况和经营能力进行审查后,再签订承包合同。

第五十三条 【以其他方式承包农村土地后,土地经营权的流转】通过招标、拍卖、公开协商等方式承包农村土地,经依法登记取得权属证书的,可以依法采取出租、入股、抵押或者其他方式流转土地经营权。

注释 依据本法第3条的规定,我国的农村土地承包制度包括"农村集体经济组织内部的家庭承包方式"和"其他方式的承包"。通过家庭方式的承包取得土地承包经营权后,登记机构应当向承包方颁发土地承包经营权证或者林权证等证书,并登记造册,确认土地承包经营权。承包方在此基础上,可以直接向他人流转土地经营权。

但是,以招标、拍卖、公开协商等方式取得的土地承包经营权,承包方有的与发包人是债权关系。要注意的是,通过其他方式的承包所取得的土地经营权是通过市场化的行为并支付一定的对价获得的,其流转无需向发包人备案或经发包人同意。流转对受让方也没有特别限制,接受流转的一方可以是本集体经济组织以外的个人、农业公司等。

链接《民法典》第342条

第五十四条 【以其他方式取得的土地承包经营权的继承】依照本章规定通过招标、拍卖、公开协商等方式取得土地经营权的,该承包人死亡,其应得的承包收益,依照继承法的规定继承;在承包期内,其继承人可以继续承包。

注释 关于家庭承包中的继承问题已在本法第32条作了规定,本条对以其他方式的承包的继承问题作出规定。家庭承包和其他方式的承包引发的继承问题共同之处在于,两种方式的承包中承包人死亡后其应得的承包收益,都可以依照民法典继承编的规定继承。差别主要体现在:

(1)在家庭承包的方式中,土地承包经营权是农村集体经济组织内部人人有份的,是农村集体经济组织成员的一项权利。而成为非农业人口的继承人能否继承土地承包经营权?应当说成为非农业人口的继承人已经不是农村集体经济组织的成员了,也不享有对土地承包经营权的继承权。而在其他方式的承包中,则不存在这个问题。例如,一个农户对本村荒山的承包,这个承包并不是在本村内人人有份的,而是通过招标、拍卖或者公开协商等方式进行承包取得的土地经营权。这种承包是有偿取得的,期限较长,投入很大,应当允许继承,而且允许成为非农业人口的继承人继承。

(2)在家庭承包的方式中,由于是以户为生产经营单位,因此部分家庭成员死亡的,不发生土地承包经营权本身的继承问题,而是由该承包户内的其他成员继续承包。如果全部承包人死亡,承包方的家庭消亡后,土地承包经营权由发包方收回,其他继承人只能继承土地承包的收益,并要求发包方对被继承人在土地上的投入做一定的补偿。而在其他方式的承包中,则有所不同。例如,承包本村荒山的承包人,在其死后,荒山可以由其继承人继续承包。如果所有的继承人都不愿意承包经营,还可以通过出租、入股、抵押或者其他方式流转土地经营权,将流转获得的收益作为遗产处理。

(3)在家庭承包方式中,林地承包的承包人死亡,其继承人可以在承包期内继续承包。本条规定的其他方式的承包的继承与林地承包是相似的,即以其他方式承包的承包人死亡后,其所承包的"四荒地"在承包期内由继承人继续承包。

第四章 争议的解决和法律责任

第五十五条 【土地承包经营纠纷的解决方式】因土地承包经营发生纠纷的,双方当事人可以通过协商解决,也可以请求村民委员会、乡(镇)人民政府等调解解决。

当事人不愿协商、调解或者协商、调解不成的,可以向农村土地承包仲裁机构申请仲裁,也可以直接向人民法院起诉。

注释 土地承包经营纠纷,主要是指在土地承包过程中发包方与承包方发生的纠纷,承包方与受让方发生的纠纷,也包括土地承包经营当事人与第三人发生的纠纷。

调解是指在村民委员会、乡(镇)人民政府等第三方的主持下,在双方当事人自愿的基础上,通过宣传法律、法规、规章和政策,劝导当事人化解矛盾,自愿就争议事项达成协议,使农村土地承包经营纠纷及时得到解决的一种活动。当事人可以将纠纷通过调解解决,但调解不是仲裁或诉讼的必经程序。调解人可以是个人,也可以是人民政府及其有关部门,还可以是其他社会团体、组织。

本条规定了几种主要的调解单位。例如,对于村民小组或者村内的集体经济组织发包的,发生纠纷后,可以请求村民委员会调解;对于村集体经济组织或者村民委员会发包的,发生纠纷后,可以请求乡(镇)人民政府调解。其他调解部门可以是政府的农业农村、林业和草原等行政主管部门,也可以是政府设立的负责农业承包管理工作的农村集体经济管理部门,还可以是农村土地承包仲裁委员会。

第五十六条 【侵害土地承包经营权、土地经营权应当承担民事责任】任何组织和个人侵害土地承包经营权、土地经营权的,应当承担民事责任。

注释 根据《民法典》第179条的规定,承担民事责任的方式主要有:(1)停止侵害;(2)排除妨碍;(3)消除危险;(4)返还财产;(5)恢复原状;(6)修理、重作、更换;(7)继续履行;(8)赔偿损失;(9)支付违约金;(10)消除影响、恢复名誉;(11)赔礼道歉。

本条有一点需要明确,即对于国家机关及其工作人员利用职权干涉和侵害农村土地承包经营权的行为如何处理?本法第65条列举了相关侵权行为,如利用职权干涉农村土地承包经营,变更、解除承包经营合同,干涉承包经营当事人依法享有的生产经营自主权,强迫、阻碍承包经营当事人进行土地承包经营权互换、转让或者土地经营权流转等行为。根据《行政诉讼法》第12条第1款第7项之规定,如果承包人认为行政机关侵犯其经营自主权或者农村土地承包经营权、农村土地经营权,或者按照同款第12项之规定,认为行政机关侵犯其他人身权、财产权等合法权益的,其可以向人民法院提起行政诉讼。根据《国家赔偿法》第4条第4项的规定,受害人有权向造成损害的行政机关请求赔偿。

链接《农村土地承包经营纠纷调解仲裁法》

第五十七条 【发包方的民事责任】发包方有下列行为之一的,应当承担停止侵害、排除妨碍、消除危险、返还财产、恢复原状、赔偿损失等民事责任:

(一)干涉承包方依法享有的生产经营自主权;

(二)违反本法规定收回、调整承包地;

(三)强迫或者阻碍承包方进行土地承包经营权的互换、转让或者土地经营权流转;

(四)假借少数服从多数强迫承包方放弃或者变更土地承包经营权;

（五）以划分“口粮田”和“责任田”等为由收回承包地搞招标承包；

（六）将承包地收回抵顶欠款；

（七）剥夺、侵害妇女依法享有的土地承包经营权；

（八）其他侵害土地承包经营权的行为。

注释 承担民事责任的方式，就发包方而言，是发包方因违法侵害承包方合法权益承担民事责任的形式。

（1）停止侵害。停止侵害是指发包方正在实施侵害承包方享有的土地承包经营权时，承包方为了维护自己的合法权益，防止损害后果的扩大，有权制止正在实施的不法行为，要求其停止侵害。

（2）排除妨碍。排除妨碍是指将妨害他人权利的障碍予以排除，如发包方在承包地边堆放建筑用沙石，妨害承包方收割机械的进入，影响其生产。

（3）消除危险。消除危险是指因行为人实施的行为或者设置的物件等有造成他人损害或再次造成他人损害的危险时，受害人有权请求行为人将危险排除。这里所说的危险是现实存在的，而不是一种潜在的可能。

（4）返还财产。返还财产从民法理论上来说是指一方当事人将非法占有的他人财产返还给对方当事人。被他人非法占有的可能是物，或者其他财产。所返还财产可能是原物，也可能不是原物。

（5）恢复原状。按字面意思理解，恢复原状是指将损坏的东西重新修复，引申下去，可以指恢复权利至未被侵害时的状态。

（6）赔偿损失。赔偿损失是违法行为人对违法行为造成的损害所承担的补偿对方损失的民事法律责任方式，是适用范围最为广泛的一种责任形式。赔偿损失的方式包括实物赔偿和金钱赔偿两种。

第五十八条 【承包合同中无效的约定】承包合同中违背承包方意愿或者违反法律、行政法规有关不得收回、调整承包地等强制性规定的约定无效。

第五十九条 【违约责任】当事人一方不履行合同义务或者履行义务不符合约定的，应当依法承担违约责任。

第六十条 【无效的土地承包经营权互换、转让或土地经营权流转】任何组织和个人强迫进行土地承包经营权互换、转让或者土地经营权流转的，该互换、转让或者流转无效。

第六十一条 【擅自截留、扣缴土地承包经营权互换、转让或土地经营权流转收益的处理】任何组织和个人擅自截留、扣缴土地承包经营权互换、转让或者土地经营权流转收益的，应当退还。

第六十二条 【非法征收、征用、占用土地或者贪污、挪用土地征收、征用补偿费用的法律责任】违反土地管理法规，非法征收、征用、占用土地或者贪污、挪用土地征收、征用补偿费用，构成犯罪的，依法追究刑事责任；造成他人损害的，应当承担损害赔偿等责任。

案例 1. 杨某1等人诉某县人民政府、某县朝歌街道办事处、某县朝歌街道办事处某村村民委员会违法占地及行政赔偿案（2020年12月14日耕地保护典型行政案例）

裁判规则：本案是一起行政机关未取得审批手续强制占用农民承包地并清除地上农作物，侵犯农民土地承包经营权的典型案例。

根据相关法律规定，国家基于公共利益需要，可以对集体土地实施征收，但必须遵循严格的土地征收与补偿程序。

实践中，部分行政机关为加快工作进度，在没有合法征地手续的情况下强行摧毁农民耕地上的农作物，属于违法行为。

对于因强占土地引起的赔偿问题，本案明确了在具备恢复原状条件的情况下，应当优先适用恢复原状的判决方式，将土地恢复至能够耕种的状态并予以返还的原则，对于从根本上保护耕地，具有积极的借鉴意义。

2. 某市某纺织品有限公司诉某省某市自然资源局行政处罚案（2020年12月14日耕地保护典型行政案例）

裁判规则：本案明确了违法占地行为的认定，并非仅以当事人是否拥有合法的土地流转手续为准，而是要结合当事人使用土地是否依法办理批准手续、是否改变土地的农业用途等因素。本案中，某公司虽主张其享有涉案土地的土地承包经营权，但其所占用土地为耕地及耕地以外的其他农用地，土地承包经营权人应按照土地的用途依法、依规使用土地，而不得擅自改变土地的农业用途。

第六十三条 【违法将承包地用于非农建设或者给承包地造成永久性损害的法律责任】承包方、土地经营权人违法将承包地用于非农建设的，由县级以上地方人民政府有关主管部门依法予以处罚。

承包方给承包地造成永久性损害的,发包方有权制止,并有权要求赔偿由此造成的损失。

第六十四条 【土地经营权人的民事责任】土地经营权人擅自改变土地的农业用途、弃耕抛荒连续两年以上、给土地造成严重损害或者严重破坏土地生态环境,承包方在合理期限内不解除土地经营权流转合同的,发包方有权要求终止土地经营权流转合同。土地经营权人对土地和土地生态环境造成的损害应当予以赔偿。

第六十五条 【国家机关及其工作人员利用职权侵害土地承包经营权、土地经营权行为的法律责任】国家机关及其工作人员有利用职权干涉农村土地承包经营,变更、解除承包经营合同,干涉承包经营当事人依法享有的生产经营自主权,强迫、阻碍承包经营当事人进行土地承包经营权互换、转让或者土地经营权流转等侵害土地承包经营权、土地经营权的行为,给承包经营当事人造成损失的,应当承担损害赔偿等责任;情节严重的,由上级机关或者所在单位给予直接责任人员处分;构成犯罪的,依法追究刑事责任。

第五章 附 则

第六十六条 【本法实施前的农村土地承包继续有效】本法实施前已经按照国家有关农村土地承包的规定承包,包括承包期限长于本法规定的,本法实施后继续有效,不得重新承包土地。未向承包方颁发土地承包经营权证或者林权证等证书的,应当补发证书。

第六十七条 【机动地的预留】本法实施前已经预留机动地的,机动地面积不得超过本集体经济组织耕地总面积的百分之五。不足百分之五的,不得再增加机动地。

本法实施前未留机动地的,本法实施后不得再留机动地。

第六十八条 【实施办法的制定】各省、自治区、直辖市人民代表大会常务委员会可以根据本法,结合本行政区域的实际情况,制定实施办法。

第六十九条 【农村集体经济组织成员身份的确认】确认农村集体经济组织成员身份的原则、程序等,由法律、法规规定。

第七十条 【施行时间】本法自 2003 年 3 月 1 日起施行。

中华人民共和国农村土地承包经营纠纷调解仲裁法

· 2009 年 6 月 27 日第十一届全国人民代表大会常务委员会第九次会议通过
· 2009 年 6 月 27 日中华人民共和国主席令第 14 号公布
· 自 2010 年 1 月 1 日起施行

第一章 总 则

第一条 为了公正、及时解决农村土地承包经营纠纷,维护当事人的合法权益,促进农村经济发展和社会稳定,制定本法。

第二条 农村土地承包经营纠纷调解和仲裁,适用本法。

农村土地承包经营纠纷包括:

(一)因订立、履行、变更、解除和终止农村土地承包合同发生的纠纷;

(二)因农村土地承包经营权转包、出租、互换、转让、入股等流转发生的纠纷;

(三)因收回、调整承包地发生的纠纷;

(四)因确认农村土地承包经营权发生的纠纷;

(五)因侵害农村土地承包经营权发生的纠纷;

(六)法律、法规规定的其他农村土地承包经营纠纷。

因征收集体所有的土地及其补偿发生的纠纷,不属于农村土地承包仲裁委员会的受理范围,可以通过行政复议或者诉讼等方式解决。

第三条 发生农村土地承包经营纠纷的,当事人可以自行和解,也可以请求村民委员会、乡(镇)人民政府等调解。

第四条 当事人和解、调解不成或者不愿和解、调解的,可以向农村土地承包仲裁委员会申请仲裁,也可以直接向人民法院起诉。

第五条 农村土地承包经营纠纷调解和仲裁,应当公开、公平、公正,便民高效,根据事实,符合法律,尊重社会公德。

第六条 县级以上人民政府应当加强对农村土地承包经营纠纷调解和仲裁工作的指导。

县级以上人民政府农村土地承包管理部门及

其他有关部门应当依照职责分工,支持有关调解组织和农村土地承包仲裁委员会依法开展工作。

第二章 调 解

第七条 村民委员会、乡(镇)人民政府应当加强农村土地承包经营纠纷的调解工作,帮助当事人达成协议解决纠纷。

第八条 当事人申请农村土地承包经营纠纷调解可以书面申请,也可以口头申请。口头申请的,由村民委员会或者乡(镇)人民政府当场记录申请人的基本情况、申请调解的纠纷事项、理由和时间。

第九条 调解农村土地承包经营纠纷,村民委员会或者乡(镇)人民政府应当充分听取当事人对事实和理由的陈述,讲解有关法律以及国家政策,耐心疏导,帮助当事人达成协议。

第十条 经调解达成协议的,村民委员会或者乡(镇)人民政府应当制作调解协议书。

调解协议书由双方当事人签名、盖章或者按指印,经调解人员签名并加盖调解组织印章后生效。

第十一条 仲裁庭对农村土地承包经营纠纷应当进行调解。调解达成协议的,仲裁庭应当制作调解书;调解不成的,应当及时作出裁决。

调解书应当写明仲裁请求和当事人协议的结果。调解书由仲裁员签名,加盖农村土地承包仲裁委员会印章,送达双方当事人。

调解书经双方当事人签收后,即发生法律效力。在调解书签收前当事人反悔的,仲裁庭应当及时作出裁决。

第三章 仲 裁

第一节 仲裁委员会和仲裁员

第十二条 农村土地承包仲裁委员会,根据解决农村土地承包经营纠纷的实际需要设立。农村土地承包仲裁委员会可以在县和不设区的市设立,也可以在设区的市或者其市辖区设立。

农村土地承包仲裁委员会在当地人民政府指导下设立。设立农村土地承包仲裁委员会的,其日常工作由当地农村土地承包管理部门承担。

第十三条 农村土地承包仲裁委员会由当地人民政府及其有关部门代表、有关人民团体代表、农村集体经济组织代表、农民代表和法律、经济等相关专业人员兼任组成,其中农民代表和法律、经济等相关专业人员不得少于组成人员的二分之一。

农村土地承包仲裁委员会设主任一人、副主任一至二人和委员若干人。主任、副主任由全体组成人员选举产生。

第十四条 农村土地承包仲裁委员会依法履行下列职责:

(一)聘任、解聘仲裁员;

(二)受理仲裁申请;

(三)监督仲裁活动。

农村土地承包仲裁委员会应当依照本法制定章程,对其组成人员的产生方式及任期、议事规则等作出规定。

第十五条 农村土地承包仲裁委员会应当从公道正派的人员中聘任仲裁员。

仲裁员应当符合下列条件之一:

(一)从事农村土地承包管理工作满五年;

(二)从事法律工作或者人民调解工作满五年;

(三)在当地威信较高,并熟悉农村土地承包法律以及国家政策的居民。

第十六条 农村土地承包仲裁委员会应当对仲裁员进行农村土地承包法律以及国家政策的培训。

省、自治区、直辖市人民政府农村土地承包管理部门应当制定仲裁员培训计划,加强对仲裁员培训工作的组织和指导。

第十七条 农村土地承包仲裁委员会组成人员、仲裁员应当依法履行职责,遵守农村土地承包仲裁委员会章程和仲裁规则,不得索贿受贿、徇私舞弊,不得侵害当事人的合法权益。

仲裁员有索贿受贿、徇私舞弊、枉法裁决以及接受当事人请客送礼等违法违纪行为的,农村土地承包仲裁委员会应当将其除名;构成犯罪的,依法追究刑事责任。

县级以上地方人民政府及有关部门应当受理对农村土地承包仲裁委员会组成人员、仲裁员违法违纪行为的投诉和举报,并依法组织查处。

第二节 申请和受理

第十八条 农村土地承包经营纠纷申请仲裁的时效期间为二年,自当事人知道或者应当知道其权利被侵害之日起计算。

第十九条 农村土地承包经营纠纷仲裁的申请人、被申请人为当事人。家庭承包的,可以由农户代表人参加仲裁。当事人一方人数众多的,可以推选代表人参加仲裁。

与案件处理结果有利害关系的,可以申请作为第三人参加仲裁,或者由农村土地承包仲裁委员会通知其参加仲裁。

当事人、第三人可以委托代理人参加仲裁。

第二十条 申请农村土地承包经营纠纷仲裁应当符合下列条件:

(一)申请人与纠纷有直接的利害关系;

(二)有明确的被申请人;

(三)有具体的仲裁请求和事实、理由;

(四)属于农村土地承包仲裁委员会的受理范围。

第二十一条 当事人申请仲裁,应当向纠纷涉及的土地所在地的农村土地承包仲裁委员会递交仲裁申请书。仲裁申请书可以邮寄或者委托他人代交。仲裁申请书应当载明申请人和被申请人的基本情况,仲裁请求和所根据的事实、理由,并提供相应的证据和证据来源。

书面申请确有困难的,可以口头申请,由农村土地承包仲裁委员会记入笔录,经申请人核实后由其签名、盖章或者按指印。

第二十二条 农村土地承包仲裁委员会应当对仲裁申请予以审查,认为符合本法第二十条规定的,应当受理。有下列情形之一的,不予受理;已受理的,终止仲裁程序:

(一)不符合申请条件;

(二)人民法院已受理该纠纷;

(三)法律规定该纠纷应当由其他机构处理;

(四)对该纠纷已有生效的判决、裁定、仲裁裁决、行政处理决定等。

第二十三条 农村土地承包仲裁委员会决定受理的,应当自收到仲裁申请之日起五个工作日内,将受理通知书、仲裁规则和仲裁员名册送达申请人;决定不予受理或者终止仲裁程序的,应当自收到仲裁申请或者发现终止仲裁程序情形之日起五个工作日内书面通知申请人,并说明理由。

第二十四条 农村土地承包仲裁委员会应当自受理仲裁申请之日起五个工作日内,将受理通知书、仲裁申请书副本、仲裁规则和仲裁员名册送达被申请人。

第二十五条 被申请人应当自收到仲裁申请书副本之日起十日内向农村土地承包仲裁委员会提交答辩书;书面答辩确有困难的,可以口头答辩,由农村土地承包仲裁委员会记入笔录,经被申请人核实后由其签名、盖章或者按指印。农村土地承包仲裁委员会应当自收到答辩书之日起五个工作日内将答辩书副本送达申请人。被申请人未答辩的,不影响仲裁程序的进行。

第二十六条 一方当事人因另一方当事人的行为或者其他原因,可能使裁决不能执行或者难以执行的,可以申请财产保全。

当事人申请财产保全的,农村土地承包仲裁委员会应当将当事人的申请提交被申请人住所地或者财产所在地的基层人民法院。

申请有错误的,申请人应当赔偿被申请人因财产保全所遭受的损失。

第三节 仲裁庭的组成

第二十七条 仲裁庭由三名仲裁员组成,首席仲裁员由当事人共同选定,其他二名仲裁员由当事人各自选定;当事人不能选定的,由农村土地承包仲裁委员会主任指定。

事实清楚、权利义务关系明确、争议不大的农村土地承包经营纠纷,经双方当事人同意,可以由一名仲裁员仲裁。仲裁员由当事人共同选定或者由农村土地承包仲裁委员会主任指定。

农村土地承包仲裁委员会应当自仲裁庭组成之日起二个工作日内将仲裁庭组成情况通知当事人。

第二十八条 仲裁员有下列情形之一的,必须回避,当事人也有权以口头或者书面方式申请其回避:

(一)是本案当事人或者当事人、代理人的近亲属;

(二)与本案有利害关系;

(三)与本案当事人、代理人有其他关系,可能影响公正仲裁;

(四)私自会见当事人、代理人,或者接受当事人、代理人的请客送礼。

当事人提出回避申请,应当说明理由,在首次开庭前提出。回避事由在首次开庭后知道的,可以在最后一次开庭终结前提出。

第二十九条 农村土地承包仲裁委员会对回

避申请应当及时作出决定，以口头或者书面方式通知当事人，并说明理由。

仲裁员是否回避，由农村土地承包仲裁委员会主任决定；农村土地承包仲裁委员会主任担任仲裁员时，由农村土地承包仲裁委员会集体决定。

仲裁员因回避或者其他原因不能履行职责的，应当依照本法规定重新选定或者指定仲裁员。

第四节 开庭和裁决

第三十条 农村土地承包经营纠纷仲裁应当开庭进行。

开庭可以在纠纷涉及的土地所在地的乡（镇）或者村进行，也可以在农村土地承包仲裁委员会所在地进行。当事人双方要求在乡（镇）或者村开庭的，应当在该乡（镇）或者村开庭。

开庭应当公开，但涉及国家秘密、商业秘密和个人隐私以及当事人约定不公开的除外。

第三十一条 仲裁庭应当在开庭五个工作日前将开庭的时间、地点通知当事人和其他仲裁参与人。

当事人有正当理由的，可以向仲裁庭请求变更开庭的时间、地点。是否变更，由仲裁庭决定。

第三十二条 当事人申请仲裁后，可以自行和解。达成和解协议的，可以请求仲裁庭根据和解协议作出裁决书，也可以撤回仲裁申请。

第三十三条 申请人可以放弃或者变更仲裁请求。被申请人可以承认或者反驳仲裁请求，有权提出反请求。

第三十四条 仲裁庭作出裁决前，申请人撤回仲裁申请的，除被申请人提出反请求的外，仲裁庭应当终止仲裁。

第三十五条 申请人经书面通知，无正当理由不到庭或者未经仲裁庭许可中途退庭的，可以视为撤回仲裁申请。

被申请人经书面通知，无正当理由不到庭或者未经仲裁庭许可中途退庭的，可以缺席裁决。

第三十六条 当事人在开庭过程中有权发表意见、陈述事实和理由、提供证据、进行质证和辩论。对不通晓当地通用语言文字的当事人，农村土地承包仲裁委员会应当为其提供翻译。

第三十七条 当事人应当对自己的主张提供证据。与纠纷有关的证据由作为当事人一方的发包方等掌握管理的，该当事人应当在仲裁庭指定的期限内提供，逾期不提供的，应当承担不利后果。

第三十八条 仲裁庭认为有必要收集的证据，可以自行收集。

第三十九条 仲裁庭对专门性问题认为需要鉴定的，可以交由当事人约定的鉴定机构鉴定；当事人没有约定的，由仲裁庭指定的鉴定机构鉴定。

根据当事人的请求或者仲裁庭的要求，鉴定机构应当派鉴定人参加开庭。当事人经仲裁庭许可，可以向鉴定人提问。

第四十条 证据应当在开庭时出示，但涉及国家秘密、商业秘密和个人隐私的证据不得在公开开庭时出示。

仲裁庭应当依照仲裁规则的规定开庭，给予双方当事人平等陈述、辩论的机会，并组织当事人进行质证。

经仲裁庭查证属实的证据，应当作为认定事实的根据。

第四十一条 在证据可能灭失或者以后难以取得的情况下，当事人可以申请证据保全。当事人申请证据保全的，农村土地承包仲裁委员会应当将当事人的申请提交证据所在地的基层人民法院。

第四十二条 对权利义务关系明确的纠纷，经当事人申请，仲裁庭可以先行裁定维持现状、恢复农业生产以及停止取土、占地等行为。

一方当事人不履行先行裁定的，另一方当事人可以向人民法院申请执行，但应当提供相应的担保。

第四十三条 仲裁庭应当将开庭情况记入笔录，由仲裁员、记录人员、当事人和其他仲裁参与人签名、盖章或者按指印。

当事人和其他仲裁参与人认为对自己陈述的记录有遗漏或者差错的，有权申请补正。如果不予补正，应当记录该申请。

第四十四条 仲裁庭应当根据认定的事实和法律以及国家政策作出裁决并制作裁决书。

裁决应当按照多数仲裁员的意见作出，少数仲裁员的不同意见可以记入笔录。仲裁庭不能形成多数意见时，裁决应当按照首席仲裁员的意见作出。

第四十五条 裁决书应当写明仲裁请求、争议事实、裁决理由、裁决结果、裁决日期以及当事人不服仲裁裁决的起诉权利、期限，由仲裁员签名，加盖农村土地承包仲裁委员会印章。

农村土地承包仲裁委员会应当在裁决作出之

日起三个工作日内将裁决书送达当事人，并告知当事人不服仲裁裁决的起诉权利、期限。

第四十六条 仲裁庭依法独立履行职责，不受行政机关、社会团体和个人的干涉。

第四十七条 仲裁农村土地承包经营纠纷，应当自受理仲裁申请之日起六十日内结束；案情复杂需要延长的，经农村土地承包仲裁委员会主任批准可以延长，并书面通知当事人，但延长期限不得超过三十日。

第四十八条 当事人不服仲裁裁决的，可以自收到裁决书之日起三十日内向人民法院起诉。逾期不起诉的，裁决书即发生法律效力。

第四十九条 当事人对发生法律效力的调解书、裁决书，应当依照规定的期限履行。一方当事人逾期不履行的，另一方当事人可以向被申请人住所地或者财产所在地的基层人民法院申请执行。受理申请的人民法院应当依法执行。

第四章 附 则

第五十条 本法所称农村土地，是指农民集体所有和国家所有依法由农民集体使用的耕地、林地、草地，以及其他依法用于农业的土地。

第五十一条 农村土地承包经营纠纷仲裁规则和农村土地承包仲裁委员会示范章程，由国务院农业、林业行政主管部门依照本法规定共同制定。

第五十二条 农村土地承包经营纠纷仲裁不得向当事人收取费用，仲裁工作经费纳入财政预算予以保障。

第五十三条 本法自2010年1月1日起施行。

农村土地承包合同管理办法

· 2023年1月29日农业农村部第1次常务会议审议通过
· 2023年2月17日中华人民共和国农业农村部令2023年第1号
· 自2023年5月1日起施行

第一章 总 则

第一条 为了规范农村土地承包合同的管理，维护承包合同当事人的合法权益，维护农村社会和谐稳定，根据《中华人民共和国农村土地承包法》等法律及有关规定，制定本办法。

第二条 农村土地承包经营应当巩固和完善以家庭承包经营为基础、统分结合的双层经营体制，保持农村土地承包关系稳定并长久不变。农村土地承包经营，不得改变土地的所有权性质。

第三条 农村土地承包经营应当依法签订承包合同。土地承包经营权自承包合同生效时设立。

承包合同订立、变更和终止的，应当开展土地承包经营权调查。

第四条 农村土地承包合同管理应当遵守法律、法规，保护土地资源的合理开发和可持续利用，依法落实耕地利用优先序。发包方和承包方应当依法履行保护农村土地的义务。

第五条 农村土地承包合同管理应当充分维护农民的财产权益，任何组织和个人不得剥夺和非法限制农村集体经济组织成员承包土地的权利。妇女与男子享有平等的承包农村土地的权利。

承包方承包土地后，享有土地承包经营权，可以自己经营，也可以保留土地承包权，流转其承包地的土地经营权，由他人经营。

第六条 农业农村部负责全国农村土地承包合同管理的指导。

县级以上地方人民政府农业农村主管（农村经营管理）部门负责本行政区域内农村土地承包合同管理。

乡（镇）人民政府负责本行政区域内农村土地承包合同管理。

第二章 承包方案

第七条 本集体经济组织成员的村民会议依法选举产生的承包工作小组，应当依照法律、法规的规定拟订承包方案，并在本集体经济组织范围内公示不少于十五日。

承包方案应当依法经本集体经济组织成员的村民会议三分之二以上成员或者三分之二以上村民代表的同意。

承包方案由承包工作小组公开组织实施。

第八条 承包方案应当符合下列要求：

（一）内容合法；

（二）程序规范；

（三）保障农村集体经济组织成员合法权益；

（四）不得违法收回、调整承包地；

（五）法律、法规和规章规定的其他要求。

第九条 县级以上地方人民政府农业农村主管（农村经营管理）部门、乡（镇）人民政府农村土地承包管理部门应当指导制定承包方案，并对承包方案的实施进行监督，发现问题的，应当及时予以纠正。

第三章 承包合同的订立、变更和终止

第十条 承包合同应当符合下列要求：

（一）文本规范；

（二）内容合法；

（三）双方当事人签名、盖章或者按指印；

（四）法律、法规和规章规定的其他要求。

县级以上地方人民政府农业农村主管（农村经营管理）部门、乡（镇）人民政府农村土地承包管理部门应当依法指导发包方和承包方订立、变更或者终止承包合同，并对承包合同实施监督，发现不符合前款要求的，应当及时通知发包方更正。

第十一条 发包方和承包方应当采取书面形式签订承包合同。

承包合同一般包括以下条款：

（一）发包方、承包方的名称，发包方负责人和承包方代表的姓名、住所；

（二）承包土地的名称、坐落、面积、质量等级；

（三）承包方家庭成员信息；

（四）承包期限和起止日期；

（五）承包土地的用途；

（六）发包方和承包方的权利和义务；

（七）违约责任。

承包合同示范文本由农业农村部制定。

第十二条 承包合同自双方当事人签名、盖章或者按指印时成立。

第十三条 承包期内，出现下列情形之一的，承包合同变更：

（一）承包方依法分立或者合并的；

（二）发包方依法调整承包地的；

（三）承包方自愿交回部分承包地的；

（四）土地承包经营权互换的；

（五）土地承包经营权部分转让的；

（六）承包地被部分征收的；

（七）法律、法规和规章规定的其他情形。

承包合同变更的，变更后的承包期限不得超过承包期的剩余期限。

第十四条 承包期内，出现下列情形之一的，承包合同终止：

（一）承包方消亡的；

（二）承包方自愿交回全部承包地的；

（三）土地承包经营权全部转让的；

（四）承包地被全部征收的；

（五）法律、法规和规章规定的其他情形。

第十五条 承包地被征收、发包方依法调整承包地或者承包方消亡的，发包方应当变更或者终止承包合同。

除前款规定的情形外，承包合同变更、终止的，承包方向发包方提出申请，并提交以下材料：

（一）变更、终止承包合同的书面申请；

（二）原承包合同；

（三）承包方分立或者合并的协议，交回承包地的书面通知或者协议，土地承包经营权互换合同、转让合同等其他相关证明材料；

（四）具有土地承包经营权的全部家庭成员同意变更、终止承包合同的书面材料；

（五）法律、法规和规章规定的其他材料。

第十六条 省级人民政府农业农村主管部门可以根据本行政区域实际依法制定承包方分立、合并、消亡而导致承包合同变更、终止的具体规定。

第十七条 承包期内，因自然灾害严重毁损承包地等特殊情形对个别农户之间承包地需要适当调整的，发包方应当制定承包地调整方案，并应当经本集体经济组织成员的村民会议三分之二以上成员或者三分之二以上村民代表的同意。承包合同中约定不得调整的，按照其约定。

调整方案通过之日起二十个工作日内，发包方应当将调整方案报乡（镇）人民政府和县级人民政府农业农村主管（农村经营管理）部门批准。

乡（镇）人民政府应当于二十个工作日内完成调整方案的审批，并报县级人民政府农业农村主管（农村经营管理）部门；县级人民政府农业农村主管（农村经营管理）部门应当于二十个工作日内完成调整方案的审批。乡（镇）人民政府、县级人民政府农业农村主管（农村经营管理）部门对违反法律、法规和规章规定的调整方案，应当及时通知发包方予以更正，并重新申请批准。

调整方案未经乡（镇）人民政府和县级人民政府农业农村主管（农村经营管理）部门批准的，发包方不得调整承包地。

第十八条 承包方自愿将部分或者全部承包地交回发包方的，承包方与发包方在该土地上的承包关系终止，承包期内其土地承包经营权部分或者全部消灭，并不得再要求承包土地。

承包方自愿交回承包地的，应当提前半年以书面形式通知发包方。承包方对其在承包地上投入而提高土地生产能力的，有权获得相应的补偿。交回承包地的其他补偿，由发包方和承包方协商确定。

第十九条 为了方便耕种或者各自需要，承包方之间可以互换属于同一集体经济组织的不同承包地块的土地承包经营权。

土地承包经营权互换的，应当签订书面合同，并向发包方备案。

承包方提交备案的互换合同，应当符合下列要求：

（一）互换双方是属于同一集体经济组织的农户；

（二）互换后的承包期限不超过承包期的剩余期限；

（三）法律、法规和规章规定的其他事项。

互换合同备案后，互换双方应当与发包方变更承包合同。

第二十条 经承包方申请和发包方同意，承包方可以将部分或者全部土地承包经营权转让给本集体经济组织的其他农户。

承包方转让土地承包经营权的，应当以书面形式向发包方提交申请。发包方同意转让的，承包方与受让方应当签订书面合同；发包方不同意转让的，应当于七日内向承包方书面说明理由。发包方无法定理由的，不得拒绝同意承包方的转让申请。未经发包方同意的，土地承包经营权转让合同无效。

土地承包经营权转让合同，应当符合下列要求：

（一）受让方是本集体经济组织的农户；

（二）转让后的承包期限不超过承包期的剩余期限；

（三）法律、法规和规章规定的其他事项。

土地承包经营权转让后，受让方应当与发包方签订承包合同。原承包方与发包方在该土地上的承包关系终止，承包期内其土地承包经营权部分或者全部消灭，并不得再要求承包土地。

第四章　承包档案和信息管理

第二十一条 承包合同管理工作中形成的，对国家、社会和个人有保存价值的文字、图表、声像、数据等各种形式和载体的材料，应当纳入农村土地承包档案管理。

县级以上地方人民政府农业农村主管（农村经营管理）部门、乡（镇）人民政府农村土地承包管理部门应当制定工作方案、健全档案工作管理制度、落实专项经费、指定工作人员、配备必要设施设备，确保农村土地承包档案完整与安全。

发包方应当将农村土地承包档案纳入村级档案管理。

第二十二条 承包合同管理工作中产生、使用和保管的数据，包括承包地权属数据、地理信息数据和其他相关数据等，应当纳入农村土地承包数据管理。

县级以上地方人民政府农业农村主管（农村经营管理）部门负责本行政区域内农村土地承包数据的管理，组织开展数据采集、使用、更新、保管和保密等工作，并向上级业务主管部门提交数据。

鼓励县级以上地方人民政府农业农村主管（农村经营管理）部门通过数据交换接口、数据抄送等方式与相关部门和机构实现承包合同数据互通共享，并明确使用、保管和保密责任。

第二十三条 县级以上地方人民政府农业农村主管（农村经营管理）部门应当加强农村土地承包合同管理信息化建设，按照统一标准和技术规范建立国家、省、市、县等互联互通的农村土地承包信息应用平台。

第二十四条 县级以上地方人民政府农业农村主管（农村经营管理）部门、乡（镇）人民政府农村土地承包管理部门应当利用农村土地承包信息应用平台，组织开展承包合同网签。

第二十五条 承包方、利害关系人有权依法查询、复制农村土地承包档案和农村土地承包数据的相关资料，发包方、乡（镇）人民政府农村土地承包管理部门、县级以上地方人民政府农业农村主管（农村经营管理）部门应当依法提供。

第五章　土地承包经营权调查

第二十六条 土地承包经营权调查，应当查清发包方、承包方的名称，发包方负责人和承包方代表的姓名、身份证号码、住所,承包方家庭成员,承包地块的名称、坐落、面积、质量等级、土地用途等信息。

第二十七条 土地承包经营权调查应当按照农村土地承包经营权调查规程实施,一般包括准备工作、权属调查、地块测量、审核公示、勘误修正、结果确认、信息入库、成果归档等。

农村土地承包经营权调查规程由农业农村部制定。

第二十八条 土地承包经营权调查的成果,应当符合农村土地承包经营权调查规程的质量要求,并纳入农村土地承包信息应用平台统一管理。

第二十九条 县级以上地方人民政府农业农村主管(农村经营管理)部门、乡(镇)人民政府农村土地承包管理部门依法组织开展本行政区域内的土地承包经营权调查。

土地承包经营权调查可以依法聘请具有相应资质的单位开展。

第六章 法律责任

第三十条 国家机关及其工作人员利用职权干涉承包合同的订立、变更、终止,给承包方造成损失的,应当依法承担损害赔偿等责任;情节严重的,由上级机关或者所在单位给予直接责任人员处分;构成犯罪的,依法追究刑事责任。

第三十一条 土地承包经营权调查、农村土地承包档案管理、农村土地承包数据管理和使用过程中发生的违法行为,根据相关法律法规的规定予以处罚;构成犯罪的,依法追究刑事责任。

第七章 附 则

第三十二条 本办法所称农村土地,是指除林地、草地以外的,农民集体所有和国家所有依法由农民集体使用的耕地和其他依法用于农业的土地。

本办法所称承包合同,是指在家庭承包方式中,发包方和承包方依法签订的土地承包经营权合同。

第三十三条 本办法施行以前依法签订的承包合同继续有效。

第三十四条 本办法自2023年5月1日起施行。农业部2003年11月14日发布的《中华人民共和国农村土地承包经营权证管理办法》(农业部令第33号)同时废止。

农村土地承包经营纠纷仲裁规则

· 2009年12月29日农业部、国家林业局令2010年第1号公布

· 自2010年1月1日起施行

第一章 总 则

第一条 为规范农村土地承包经营纠纷仲裁活动,根据《中华人民共和国农村土地承包经营纠纷调解仲裁法》,制定本规则。

第二条 农村土地承包经营纠纷仲裁适用本规则。

第三条 下列农村土地承包经营纠纷,当事人可以向农村土地承包仲裁委员会(以下简称仲裁委员会)申请仲裁:

(一)因订立、履行、变更、解除和终止农村土地承包合同发生的纠纷;

(二)因农村土地承包经营权转包、出租、互换、转让、入股等流转发生的纠纷;

(三)因收回、调整承包地发生的纠纷;

(四)因确认农村土地承包经营权发生的纠纷;

(五)因侵害农村土地承包经营权发生的纠纷;

(六)法律、法规规定的其他农村土地承包经营纠纷。

因征收集体所有的土地及其补偿发生的纠纷,不属于仲裁委员会的受理范围,可以通过行政复议或者诉讼等方式解决。

第四条 仲裁委员会依法设立,其日常工作由当地农村土地承包管理部门承担。

第五条 农村土地承包经营纠纷仲裁,应当公开、公平、公正,便民高效,注重调解,尊重事实,符合法律,遵守社会公德。

第二章 申请和受理

第六条 农村土地承包经营纠纷仲裁的申请人、被申请人为仲裁当事人。

第七条 家庭承包的,可以由农户代表人参加仲裁。农户代表人由农户成员共同推选;不能共同推选的,按下列方式确定:

(一)土地承包经营权证或者林权证等证书上记载的人;

（二）未取得土地承包经营权证或者林权证等证书的，为在承包合同上签字的人。

第八条 当事人一方为五户（人）以上的，可以推选三至五名代表人参加仲裁。

第九条 与案件处理结果有利害关系的，可以申请作为第三人参加仲裁，或者由仲裁委员会通知其参加仲裁。

第十条 当事人、第三人可以委托代理人参加仲裁。

当事人或者第三人为无民事行为能力人或者限制民事行为能力人的，由其法定代理人参加仲裁。

第十一条 当事人申请农村土地承包经营纠纷仲裁的时效期间为二年，自当事人知道或者应当知道其权利被侵害之日起计算。

仲裁时效因申请调解、申请仲裁、当事人一方提出要求或者同意履行义务而中断。从中断时起，仲裁时效重新计算。

在仲裁时效期间的最后六个月内，因不可抗力或者其他事由，当事人不能申请仲裁的，仲裁时效中止。从中止时效的原因消除之日起，仲裁时效期间继续计算。

侵害农村土地承包经营权行为持续发生的，仲裁时效从侵权行为终了时计算。

第十二条 申请农村土地承包经营纠纷仲裁，应当符合下列条件：

（一）申请人与纠纷有直接的利害关系；

（二）有明确的被申请人；

（三）有具体的仲裁请求和事实、理由；

（四）属于仲裁委员会的受理范围。

第十三条 当事人申请仲裁，应当向纠纷涉及土地所在地的仲裁委员会递交仲裁申请书。申请书可以邮寄或者委托他人代交。

书面申请有困难的，可以口头申请，由仲裁委员会记入笔录，经申请人核实后由其签名、盖章或者按指印。

仲裁委员会收到仲裁申请材料，应当出具回执。回执应当载明接收材料的名称和份数、接收日期等，并加盖仲裁委员会印章。

第十四条 仲裁申请书应当载明下列内容：

（一）申请人和被申请人的姓名、年龄、住所、邮政编码、电话或者其他通讯方式；法人或者其他组织应当写明名称、地址和法定代表人或者主要负责人的姓名、职务、通讯方式；

（二）申请人的仲裁请求；

（三）仲裁请求所依据的事实和理由；

（四）证据和证据来源、证人姓名和联系方式。

第十五条 仲裁委员会应当对仲裁申请进行审查，符合申请条件的，应当受理。

有下列情形之一的，不予受理；已受理的，终止仲裁程序：

（一）不符合申请条件；

（二）人民法院已受理该纠纷；

（三）法律规定该纠纷应当由其他机构受理；

（四）对该纠纷已有生效的判决、裁定、仲裁裁决、行政处理决定等。

第十六条 仲裁委员会决定受理仲裁申请的，应当自收到仲裁申请之日起五个工作日内，将受理通知书、仲裁规则、仲裁员名册送达申请人，将受理通知书、仲裁申请书副本、仲裁规则、仲裁员名册送达被申请人。

决定不予受理或者终止仲裁程序的，应当自收到仲裁申请或者发现终止仲裁程序情形之日起五个工作日内书面通知申请人，并说明理由。

需要通知第三人参加仲裁的，仲裁委员会应当通知第三人，并告知其权利义务。

第十七条 被申请人应当自收到仲裁申请书副本之日起十日内向仲裁委员会提交答辩书。

仲裁委员会应当自收到答辩书之日起五个工作日内将答辩书副本送达申请人。

被申请人未答辩的，不影响仲裁程序的进行。

第十八条 答辩书应当载明下列内容：

（一）答辩人姓名、年龄、住所、邮政编码、电话或者其他通讯方式；法人或者其他组织应当写明名称、地址和法定代表人或者主要负责人的姓名、职务、通讯方式；

（二）对申请人仲裁申请的答辩及所依据的事实和理由；

（三）证据和证据来源，证人姓名和联系方式。

书面答辩确有困难的，可以口头答辩，由仲裁委员会记入笔录，经被申请人核实后由其签名、盖章或者按指印。

第十九条 当事人提交仲裁申请书、答辩书、有关证据材料及其他书面文件，应当一式三份。

第二十条 因一方当事人的行为或者其他原因可能使裁决不能执行或者难以执行，另一方当事人申请财产保全的，仲裁委员会应当将当事人的申请提交被申请人住所地或者财产所在地的基层人民法院，并告知申请人因申请错误造成被申请人财产损失的，应当承担相应的赔偿责任。

第三章 仲裁庭

第二十一条 仲裁庭由三名仲裁员组成。

事实清楚、权利义务关系明确、争议不大的农村土地承包经营纠纷，经双方当事人同意，可以由一名仲裁员仲裁。

第二十二条 双方当事人自收到受理通知书之日起五个工作日内，从仲裁员名册中选定仲裁员。首席仲裁员由双方当事人共同选定，其他二名仲裁员由双方当事人各自选定；当事人不能选定的，由仲裁委员会主任指定。

独任仲裁员由双方当事人共同选定；当事人不能选定的，由仲裁委员会主任指定。

仲裁委员会应当自仲裁庭组成之日起二个工作日内将仲裁庭组成情况通知当事人。

第二十三条 仲裁庭组成后，首席仲裁员应当召集其他仲裁员审阅案件材料，了解纠纷的事实和情节，研究双方当事人的请求和理由，查核证据，整理争议焦点。

仲裁庭认为确有必要的，可以要求当事人在一定期限内补充证据，也可以自行调查取证。自行调查取证的，调查人员不得少于二人。

第二十四条 仲裁员有下列情形之一的，应当回避：

（一）是本案当事人或者当事人、代理人的近亲属；

（二）与本案有利害关系；

（三）与本案当事人、代理人有其他关系，可能影响公正仲裁；

（四）私自会见当事人、代理人，或者接受当事人、代理人请客送礼。

第二十五条 仲裁员有回避情形的，应当以口头或者书面方式及时向仲裁委员会提出。

当事人认为仲裁员有回避情形的，有权以口头或者书面方式向仲裁委员会申请其回避。

当事人提出回避申请，应当在首次开庭前提出，并说明理由；在首次开庭后知道回避事由的，可以在最后一次开庭终结前提出。

第二十六条 仲裁委员会应当自收到回避申请或者发现仲裁员有回避情形之日起二个工作日内作出决定，以口头或者书面方式通知当事人，并说明理由。

仲裁员是否回避，由仲裁委员会主任决定；仲裁委员会主任担任仲裁员时，由仲裁委员会集体决定主任的回避。

第二十七条 仲裁员有下列情形之一的，应当按照本规则第二十二条规定重新选定或者指定仲裁员：

（一）被决定回避的；

（二）在法律上或者事实上不能履行职责的；

（三）因被除名或者解聘丧失仲裁员资格的；

（四）因个人原因退出或者不能从事仲裁工作的；

（五）因徇私舞弊、失职渎职被仲裁委员会决定更换的。

重新选定或者指定仲裁员后，仲裁程序继续进行。当事人请求仲裁程序重新进行的，由仲裁庭决定。

第二十八条 仲裁庭应当向当事人提供必要的法律政策解释，帮助当事人自行和解。

达成和解协议的，当事人可以请求仲裁庭根据和解协议制作裁决书；当事人要求撤回仲裁申请的，仲裁庭应当终止仲裁程序。

第二十九条 仲裁庭应当在双方当事人自愿的基础上进行调解。调解达成协议的，仲裁庭应当制作调解书。

调解书应当载明双方当事人基本情况、纠纷事由、仲裁请求和协议结果，由仲裁员签名，并加盖仲裁委员会印章，送达双方当事人。

调解书经双方当事人签收即发生法律效力。

第三十条 调解不成或者当事人在调解书签收前反悔的，仲裁庭应当及时作出裁决。

当事人在调解过程中的陈述、意见、观点或者建议，仲裁庭不得作为裁决的证据或依据。

第三十一条 仲裁庭作出裁决前，申请人放弃仲裁请求并撤回仲裁申请，且被申请人没有就申请人的仲裁请求提出反请求的，仲裁庭应当终止仲裁程序。

申请人经书面通知，无正当理由不到庭或者未经仲裁庭许可中途退庭的，可以视为撤回仲裁申请。

第三十二条 被申请人就申请人的仲裁请求提出反请求的，应当说明反请求事项及其所依据的事实和理由，并附具有关证明材料。

被申请人在仲裁庭组成前提出反请求的，由仲裁委员会决定是否受理；在仲裁庭组成后提出反请求的，由仲裁庭决定是否受理。

仲裁委员会或者仲裁庭决定受理反请求的，应当自收到反请求之日起五个工作日内将反请求申请书副本送达申请人。申请人应当在收到反请求申请书副本后十个工作日内提交反请求答辩书，不答辩的不影响仲裁程序的进行。仲裁庭应当将被申请人的反请求与申请人的请求合并审理。

仲裁委员会或者仲裁庭决定不予受理反请求的，应当书面通知被申请人，并说明理由。

第三十三条 仲裁庭组成前申请人变更仲裁请求或者被申请人变更反请求的，由仲裁委员会作出是否准许的决定；仲裁庭组成后变更请求或者反请求的，由仲裁庭作出是否准许的决定。

第四章 开 庭

第三十四条 农村土地承包经营纠纷仲裁应当开庭进行。开庭应当公开，但涉及国家秘密、商业秘密和个人隐私以及当事人约定不公开的除外。

开庭可以在纠纷涉及的土地所在地的乡（镇）或者村进行，也可以在仲裁委员会所在地进行。当事人双方要求在乡（镇）或者村开庭的，应当在该乡（镇）或者村开庭。

第三十五条 仲裁庭应当在开庭五个工作日前将开庭时间、地点通知当事人、第三人和其他仲裁参与人。

当事人请求变更开庭时间和地点的，应当在开庭三个工作日前向仲裁庭提出，并说明理由。仲裁庭决定变更的，通知双方当事人、第三人和其他仲裁参与人；决定不变更的，通知提出变更请求的当事人。

第三十六条 公开开庭的，应当将开庭时间、地点等信息予以公告。

申请旁听的公民，经仲裁庭审查后可以旁听。

第三十七条 被申请人经书面通知，无正当理由不到庭或者未经仲裁庭许可中途退庭的，仲裁庭可以缺席裁决。

被申请人提出反请求，申请人经书面通知，无正当理由不到庭或者未经仲裁庭许可中途退庭的，仲裁庭可以就反请求缺席裁决。

第三十八条 开庭前，仲裁庭应当查明当事人、第三人、代理人和其他仲裁参与人是否到庭，并逐一核对身份。

开庭由首席仲裁员或者独任仲裁员宣布。首席仲裁员或者独任仲裁员应当宣布案由，宣读仲裁庭组成人员名单、仲裁庭纪律、当事人权利和义务，询问当事人是否申请仲裁员回避。

第三十九条 仲裁庭应当保障双方当事人平等陈述的机会，组织当事人、第三人、代理人陈述事实、意见、理由。

第四十条 当事人、第三人应当提供证据，对其主张加以证明。

与纠纷有关的证据由作为当事人一方的发包方等掌握管理的，该当事人应当在仲裁庭指定的期限内提供，逾期不提供的，应当承担不利后果。

第四十一条 仲裁庭自行调查收集的证据，应当在开庭时向双方当事人出示。

第四十二条 仲裁庭对专门性问题认为需要鉴定的，可以交由当事人约定的鉴定机构鉴定；当事人没有约定的，由仲裁庭指定的鉴定机构鉴定。

第四十三条 当事人申请证据保全，应当向仲裁委员会书面提出。仲裁委员会应当自收到申请之日起二个工作日内，将申请提交证据所在地的基层人民法院。

第四十四条 当事人、第三人申请证人出庭作证的，仲裁庭应当准许，并告知证人的权利义务。

证人不得旁听案件审理。

第四十五条 证据应当在开庭时出示，但涉及国家秘密、商业秘密和个人隐私的证据不得在公开开庭时出示。

仲裁庭应当组织当事人、第三人交换证据，相互质证。

经仲裁庭许可，当事人、第三人可以向证人询问，证人应当据实回答。

根据当事人的请求或者仲裁庭的要求，鉴定机构应当派鉴定人参加开庭。经仲裁庭许可，当事人可以向鉴定人提问。

第四十六条 仲裁庭应当保障双方当事人平等行使辩论权，并对争议焦点组织辩论。

辩论终结时，首席仲裁员或者独任仲裁员应当征询双方当事人、第三人的最后意见。

第四十七条 对权利义务关系明确的纠纷，当事人可以向仲裁庭书面提出先行裁定申请，请求维持现状、恢复农业生产以及停止取土、占地等破坏性行为。仲裁庭应当自收到先行裁定申请之日起二个工作日内作出决定。

仲裁庭作出先行裁定的，应当制作先行裁定书，并告知先行裁定申请人可以向人民法院申请执行，但应当提供相应的担保。

先行裁定书应当载明先行裁定申请的内容、依据事实和理由、裁定结果和日期，由仲裁员签名，加盖仲裁委员会印章。

第四十八条 仲裁庭应当将开庭情况记入笔录。笔录由仲裁员、记录人员、当事人、第三人和其他仲裁参与人签名、盖章或者按指印。

当事人、第三人和其他仲裁参与人认为对自己的陈述记录有遗漏或者差错的，有权申请补正。仲裁庭不予补正的，应当向申请人说明情况，并记录该申请。

第四十九条 发生下列情形之一的，仲裁程序中止：

（一）一方当事人死亡，需要等待继承人表明是否参加仲裁的；

（二）一方当事人丧失行为能力，尚未确定法定代理人的；

（三）作为一方当事人的法人或者其他组织终止，尚未确定权利义务承受人的；

（四）一方当事人因不可抗拒的事由，不能参加仲裁的；

（五）本案必须以另一案的审理结果为依据，而另一案尚未审结的；

（六）其他应当中止仲裁程序的情形。

在仲裁庭组成前发生仲裁中止事由的，由仲裁委员会决定是否中止仲裁；仲裁庭组成后发生仲裁中止事由的，由仲裁庭决定是否中止仲裁。决定仲裁程序中止的，应当书面通知当事人。

仲裁程序中止的原因消除后，仲裁委员会或者仲裁庭应当在三个工作日内作出恢复仲裁程序的决定，并通知当事人和第三人。

第五十条 发生下列情形之一的，仲裁程序终结：

（一）申请人死亡或者终止，没有继承人及权利义务承受人，或者继承人、权利义务承受人放弃权利的；

（二）被申请人死亡或者终止，没有可供执行的财产，也没有应当承担义务的人的；

（三）其他应当终结仲裁程序的。

终结仲裁程序的，仲裁委员会应当自发现终结仲裁程序情形之日起五个工作日内书面通知当事人、第三人，并说明理由。

第五章 裁决和送达

第五十一条 仲裁庭应当根据认定的事实和法律以及国家政策作出裁决，并制作裁决书。

首席仲裁员组织仲裁庭对案件进行评议，裁决依多数仲裁员意见作出。少数仲裁员的不同意见可以记入笔录。

仲裁庭不能形成多数意见时，应当按照首席仲裁员的意见作出裁决。

第五十二条 裁决书应当写明仲裁请求、争议事实、裁决理由和依据、裁决结果、裁决日期，以及当事人不服仲裁裁决的起诉权利和期限。

裁决书由仲裁员签名，加盖仲裁委员会印章。

第五十三条 对裁决书中的文字、计算错误，或者裁决书中有遗漏的事项，仲裁庭应当及时补正。补正构成裁决书的一部分。

第五十四条 仲裁庭应当自受理仲裁申请之日起六十日内作出仲裁裁决。受理日期以受理通知书上记载的日期为准。

案情复杂需要延长的，经仲裁委员会主任批准可以延长，但延长期限不得超过三十日。

延长期限的，应当自作出延期决定之日起三个工作日内书面通知当事人、第三人。

期限不包括仲裁程序中止、鉴定、当事人在庭外自行和解、补充申请材料和补正裁决的时间。

第五十五条 仲裁委员会应当在裁决作出之日起三个工作日内将裁决书送达当事人、第三人。

直接送达的，应当告知当事人、第三人下列事项：

（一）不服仲裁裁决的，可以在收到裁决书之日起三十日内向人民法院起诉，逾期不起诉的，裁决书即发生法律效力；

（二）一方当事人不履行生效的裁决书所确定义务的，另一方当事人可以向被申请人住所地或者财产所在地的基层人民法院申请执行。

第五十六条 仲裁文书应当直接送达当事人或者其代理人。受送达人是自然人，但本人不在场的，由其同住成年家属签收；受送达人是法人或者其他组织的，应当由法人的法定代表人、其他组织的主要负责人或者该法人、组织负责收件的人签收。

仲裁文书送达后，由受送达人在送达回证上签名、盖章或者按指印，受送达人在送达回证上的签收日期为送达日期。

受送达人或者其同住成年家属拒绝接收仲裁文书的，可以留置送达。送达人应当邀请有关基层组织或者受送达人所在单位的代表到场，说明情况，在送达回证上记明拒收理由和日期，由送达人、见证人签名、盖章或者按指印，将仲裁文书留在受送达人的住所，即视为已经送达。

直接送达有困难的，可以邮寄送达。邮寄送达的，以当事人签收日期为送达日期。

当事人下落不明，或者以前款规定的送达方式无法送达的，可以公告送达，自发出公告之日起，经过六十日，即视为已经送达。

第六章 附 则

第五十七条 独任仲裁可以适用简易程序。简易程序的仲裁规则由仲裁委员会依照本规则制定。

第五十八条 期间包括法定期间和仲裁庭指定的期间。

期间以日、月、年计算，期间开始日不计算在期间内。

期间最后一日是法定节假日的，以法定节假日后的第一个工作日为期间的最后一日。

第五十九条 对不通晓当地通用语言文字的当事人、第三人，仲裁委员会应当为其提供翻译。

第六十条 仲裁文书格式由农业部、国家林业局共同制定。

第六十一条 农村土地承包经营纠纷仲裁不得向当事人收取费用，仲裁工作经费依法纳入财政预算予以保障。

当事人委托代理人、申请鉴定等发生的费用由当事人负担。

第六十二条 本规则自2010年1月1日起施行。

农村土地经营权流转管理办法

· 2021年1月26日农业农村部令2021年第1号公布

· 自2021年3月1日起施行

第一章 总 则

第一条 为了规范农村土地经营权（以下简称土地经营权）流转行为，保障流转当事人合法权益，加快农业农村现代化，维护农村社会和谐稳定，根据《中华人民共和国农村土地承包法》等法律及有关规定，制定本办法。

第二条 土地经营权流转应当坚持农村土地农民集体所有、农户家庭承包经营的基本制度，保持农村土地承包关系稳定并长久不变，遵循依法、自愿、有偿原则，任何组织和个人不得强迫或者阻碍承包方流转土地经营权。

第三条 土地经营权流转不得损害农村集体经济组织和利害关系人的合法权益，不得破坏农业综合生产能力和农业生态环境，不得改变承包土地的所有权性质及其农业用途，确保农地农用，优先用于粮食生产，制止耕地"非农化"、防止耕地"非粮化"。

第四条 土地经营权流转应当因地制宜、循序渐进，把握好流转、集中、规模经营的度，流转规模应当与城镇化进程和农村劳动力转移规模相适应，与农业科技进步和生产手段改进程度相适应，与农业社会化服务水平提高相适应，鼓励各地建立多种形式的土地经营权流转风险防范和保障机制。

第五条 农业农村部负责全国土地经营权流转及流转合同管理的指导。

县级以上地方人民政府农业农村主管（农村经营管理）部门依照职责，负责本行政区域内土地经营权流转及流转合同管理。

乡（镇）人民政府负责本行政区域内土地经营权流转及流转合同管理。

第二章 流转当事人

第六条 承包方在承包期限内有权依法自主决定土地经营权是否流转，以及流转对象、方式、期限等。

第七条 土地经营权流转收益归承包方所有，任何组织和个人不得擅自截留、扣缴。

第八条 承包方自愿委托发包方、中介组织或者他人流转其土地经营权的，应当由承包方出具流转委托书。委托书应当载明委托的事项、权限和期限等，并由委托人和受托人签字或者盖章。

没有承包方的书面委托，任何组织和个人无权以任何方式决定流转承包方的土地经营权。

第九条 土地经营权流转的受让方应当为具有农业经营能力或者资质的组织和个人。在同等条件下，本集体经济组织成员享有优先权。

第十条 土地经营权流转的方式、期限、价款和具体条件，由流转双方平等协商确定。流转期限届满后，受让方享有以同等条件优先续约的权利。

第十一条 受让方应当依照有关法律法规保护土地，禁止改变土地的农业用途。禁止闲置、荒芜耕地，禁止占用耕地建窑、建坟或者擅自在耕地上建房、挖砂、采石、采矿、取土等。禁止占用永久基本农田发展林果业和挖塘养鱼。

第十二条 受让方将流转取得的土地经营权再流转以及向金融机构融资担保的，应当事先取得承包方书面同意，并向发包方备案。

第十三条 经承包方同意，受让方依法投资改良土壤，建设农业生产附属、配套设施，及农业生产中直接用于作物种植和畜禽水产养殖设施的，土地经营权流转合同到期或者未到期由承包方依法提前收回承包土地时，受让方有权获得合理补偿。具体补偿办法可在土地经营权流转合同中约定或者由双方协商确定。

第三章 流转方式

第十四条 承包方可以采取出租（转包）、入股或者其他符合有关法律和国家政策规定的方式流转土地经营权。

出租（转包），是指承包方将部分或者全部土地经营权，租赁给他人从事农业生产经营。

入股，是指承包方将部分或者全部土地经营权作价出资，成为公司、合作经济组织等股东或者成员，并用于农业生产经营。

第十五条 承包方依法采取出租（转包）、入股或者其他方式将土地经营权部分或者全部流转的，承包方与发包方的承包关系不变，双方享有的权利和承担的义务不变。

第十六条 承包方自愿将土地经营权入股公司发展农业产业化经营的，可以采取优先股等方式降低承包方风险。公司解散时入股土地应当退回原承包方。

第四章 流转合同

第十七条 承包方流转土地经营权，应当与受让方在协商一致的基础上签订书面流转合同，并向发包方备案。

承包方将土地交由他人代耕不超过一年的，可以不签订书面合同。

第十八条 承包方委托发包方、中介组织或者他人流转土地经营权的，流转合同应当由承包方或者其书面委托的受托人签订。

第十九条 土地经营权流转合同一般包括以下内容：

（一）双方当事人的姓名或者名称、住所、联系方式等；

（二）流转土地的名称、四至、面积、质量等级、土地类型、地块代码等；

（三）流转的期限和起止日期；

（四）流转方式；

（五）流转土地的用途；

（六）双方当事人的权利和义务；

（七）流转价款或者股份分红，以及支付方式和支付时间；

（八）合同到期后地上附着物及相关设施的处理；

（九）土地被依法征收、征用、占用时有关补偿费的归属；

（十）违约责任。

土地经营权流转合同示范文本由农业农村部制定。

第二十条 承包方不得单方解除土地经营权流转合同，但受让方有下列情形之一的除外：

（一）擅自改变土地的农业用途；

（二）弃耕抛荒连续两年以上；

（三）给土地造成严重损害或者严重破坏土地生态环境；

（四）其他严重违约行为。

有以上情形，承包方在合理期限内不解除土地经营权流转合同的，发包方有权要求终止土地经营权流转合同。

受让方对土地和土地生态环境造成的损害应当依法予以赔偿。

第五章 流转管理

第二十一条 发包方对承包方流转土地经营权、受让方再流转土地经营权以及承包方、受让方利用土地经营权融资担保的，应当办理备案，并报告乡（镇）人民政府农村土地承包管理部门。

第二十二条 乡（镇）人民政府农村土地承包管理部门应当向达成流转意向的双方提供统一文

本格式的流转合同，并指导签订。流转合同中有违反法律法规的，应当及时予以纠正。

第二十三条 乡（镇）人民政府农村土地承包管理部门应当建立土地经营权流转台账，及时准确记载流转情况。

第二十四条 乡（镇）人民政府农村土地承包管理部门应当对土地经营权流转有关文件、资料及流转合同等进行归档并妥善保管。

第二十五条 鼓励各地建立土地经营权流转市场或者农村产权交易市场。县级以上地方人民政府农业农村主管（农村经营管理）部门应当加强业务指导，督促其建立健全运行规则，规范开展土地经营权流转政策咨询、信息发布、合同签订、交易鉴证、权益评估、融资担保、档案管理等服务。

第二十六条 县级以上地方人民政府农业农村主管（农村经营管理）部门应当按照统一标准和技术规范建立国家、省、市、县等互联互通的农村土地承包信息应用平台，健全土地经营权流转合同网签制度，提升土地经营权流转规范化、信息化管理水平。

第二十七条 县级以上地方人民政府农业农村主管（农村经营管理）部门应当加强对乡（镇）人民政府农村土地承包管理部门工作的指导。乡（镇）人民政府农村土地承包管理部门应当依法开展土地经营权流转的指导和管理工作。

第二十八条 县级以上地方人民政府农业农村主管（农村经营管理）部门应当加强服务，鼓励受让方发展粮食生产；鼓励和引导工商企业等社会资本（包括法人、非法人组织或者自然人等）发展适合企业化经营的现代种养业。

县级以上地方人民政府农业农村主管（农村经营管理）部门应当根据自然经济条件、农村劳动力转移情况、农业机械化水平等因素，引导受让方发展适度规模经营，防止垒大户。

第二十九条 县级以上地方人民政府对工商企业等社会资本流转土地经营权，依法建立分级资格审查和项目审核制度。审查审核的一般程序如下：

（一）受让主体与承包方就流转面积、期限、价款等进行协商并签订流转意向协议书。涉及未承包到户集体土地等集体资源的，应当按照法定程序经本集体经济组织成员的村民会议三分之二以上成员或者三分之二以上村民代表的同意，并与集体经济组织签订流转意向协议书。

（二）受让主体按照分级审查审核规定，分别向乡（镇）人民政府农村土地承包管理部门或者县级以上地方人民政府农业农村主管（农村经营管理）部门提出申请，并提交流转意向协议书、农业经营能力或者资质证明、流转项目规划等相关材料。

（三）县级以上地方人民政府或者乡（镇）人民政府应当依法组织相关职能部门、农村集体经济组织代表、农民代表、专家等就土地用途、受让主体农业经营能力，以及经营项目是否符合粮食生产等产业规划等进行审查审核，并于受理之日起20个工作日内作出审查审核意见。

（四）审查审核通过的，受让主体与承包方签订土地经营权流转合同。未按规定提交审查审核申请或者审查审核未通过的，不得开展土地经营权流转活动。

第三十条 县级以上地方人民政府依法建立工商企业等社会资本通过流转取得土地经营权的风险防范制度，加强事中事后监管，及时查处纠正违法违规行为。

鼓励承包方和受让方在土地经营权流转市场或者农村产权交易市场公开交易。

对整村（组）土地经营权流转面积较大、涉及农户较多、经营风险较高的项目，流转双方可以协商设立风险保障金。

鼓励保险机构为土地经营权流转提供流转履约保证保险等多种形式保险服务。

第三十一条 农村集体经济组织为工商企业等社会资本流转土地经营权提供服务的，可以收取适量管理费用。收取管理费用的金额和方式应当由农村集体经济组织、承包方和工商企业等社会资本三方协商确定。管理费用应当纳入农村集体经济组织会计核算和财务管理，主要用于农田基本建设或者其他公益性支出。

第三十二条 县级以上地方人民政府可以根据本办法，结合本行政区域实际，制定工商企业等社会资本通过流转取得土地经营权的资格审查、项目审核和风险防范实施细则。

第三十三条 土地经营权流转发生争议或者纠纷的，当事人可以协商解决，也可以请求村民委员会、乡（镇）人民政府等进行调解。

当事人不愿意协商、调解或者协商、调解不成的，可以向农村土地承包仲裁机构申请仲裁，也可以直接向人民法院提起诉讼。

第六章 附 则

第三十四条 本办法所称农村土地，是指除林地、草地以外的，农民集体所有和国家所有依法由农民集体使用的耕地和其他用于农业的土地。

本办法所称农村土地经营权流转，是指在承包方与发包方承包关系保持不变的前提下，承包方依法在一定期限内将土地经营权部分或者全部交由他人自主开展农业生产经营的行为。

第三十五条 通过招标、拍卖和公开协商等方式承包荒山、荒沟、荒丘、荒滩等农村土地，经依法登记取得权属证书的，可以流转土地经营权，其流转管理参照本办法执行。

第三十六条 本办法自2021年3月1日起施行。农业部2005年1月19日发布的《农村土地承包经营权流转管理办法》（农业部令第47号）同时废止。

农业部、财政部、国土资源部、国家测绘地理信息局关于进一步做好农村土地承包经营权确权登记颁证有关工作的通知

·2016年4月18日
·农经发〔2016〕4号

各省、自治区、直辖市农业（农牧、农村经济）厅（局、委）、财政厅（局）、国土资源厅（局），测绘地理信息行政主管部门：

按照2016年中央1号文件有关精神要求，现就进一步做好农村土地承包经营权确权登记颁证有关工作通知如下。

一、加快工作进度，抓好任务落实

各地要倒排时间表，在保证质量的前提下抓紧工作进度，积极稳妥推进试点，确保到2018年底，除一些少数民族及边疆地区外，基本完成确权登记颁证工作。试点工作进展较慢的地区，要抓紧查找问题，尽快修订方案计划，加大工作力度，强化督导落实，确保按时保质完成试点任务；进展较快的地区，要组织开展好“回头看”，确保进度服从质量；基本完成的地区，要抓紧健全土地承包经营权确权登记颁证制度，做好变更登记等日常管理服务工作。

二、严守工作程序，确保工作质量

各地要把保证质量作为确权工作重中之重，按照法律政策规定和技术标准要求，严格遵循准备工作、权属调查、纠纷调处、审核公示、完善合同、建立健全数据库和信息系统、建立登记簿、颁发证书、资料归档等程序，扎实做好各个环节的工作，确保图形、簿证记载的面积、坐落、界址与实地相符，确保承包合同、登记簿、证书记载的确权信息真实准确完整一致，符合标准规范、得到农民群众认可、经得起历史检验。要把握好现场指界、审核公示、签字确认等关键节点，留存有关视频、照片等证明材料，杜绝假公示、假签字等弄虚作假行为，严禁减少必要的实地指界、测量等环节，防止简单以图定界、以面积定界。

三、规范采购行为，加强管理服务

各地要加强对试点地区确权登记颁证有关服务采购工作的指导管理。严格执行《政府采购法》等法律和有关规定，规范权属调查测绘、数据建库等采购行为，确保公开、公平、公正。应由基层政府承担的宣传培训、成果审核、监督检查等工作，不得外包给技术服务单位独立承担。参与权属调查测绘项目竞标的单位，原则上需具备乙级以上相关专业测绘资质。不提倡采用最低评标价法确定测绘单位，不得低于成本价采购，不得违法收取中标、成交单位有关费用，不得恶意拖欠中标、成交单位项目经费。加强对中标、成交单位的事中事后监管督查，查处违法转包分包行为，对恶意拖延进度、影响任务安排或成果不符合质量要求的，要依法依规处理。

四、严格权属调查，保证信息准确

各地要依据《农村土地承包经营权调查规程》等技术标准，规范开展方案制定、权属调查、审核公示、勘误修正等工作，查清每个承包地块的坐落、界址、面积和权利归属，形成代码统一、内容完备、信息准确的调查成果，为土地承包经营权确权登记提供依据。充分利用卫星导航定位基准站等测绘基准设施，提高界址点测定、工作底图制作等成果的精确性，避免出现关键界址记录不清、坐标测量不准、面积计算不实等问题。测绘地理信息部门要积极配合农业部门做好相关技术支持，协助做好技术设计、影像纠正、底图检测和成果检验等工作，提供已有地理信息成果，保证信息准确权威，并合理利用确权成果更新地理信息，共同推进

信息资源的共建共享。

五、强化过程督查,做好成果验收

各地要抓紧建立健全确权登记颁证过程监督检查机制。通过组织开展专项检查、抽样调查、实地核查或委托第三方评估等方式,认真查看工作程序是否规范、成果是否符合标准、数据库建设是否符合要求、档案资料是否真实完整、农民群众是否满意。要参照《农村土地承包经营权确权登记颁证成果检查验收办法(试行)》等规定,健全成果验收制度,督促市县扎实做好自查、核查,认真组织做好验收工作。要结合实际,科学制定验收方案,分期分批地开展成果验收,做到成熟一批验收一批。除一些少数民族及边疆地区外,所有县级行政区已验收合格,面积不准、四至不清等问题已妥善解决、土地承包经营权确权登记制度建立健全、信息应用平台已上线试运行的省份,要适时就完成情况向中央作出报告。

六、加快数据库建设,保障成果汇交

各地要参照《农村土地承包经营权确权登记数据库规范》等技术标准,以县级行政区为基本单元,扎实做好确权登记数据库完善或建设。要严把数据质量关口,做好县级数据入库合库前后的质量检查,确保确权登记数据真实完整、格式规范、空间参考一致、属性关联关系正确。同一县级行政区域内分标段开展权属调查、数据建库等工作的,应明确数据库建设牵头技术单位。基本完成试点任务的地区,要加强对本辖区确权数据质量的监督检查,纠正错误数据、补充缺失内容,杜绝相邻区域确权成果交错、重叠等问题。确权工作通过验收后,要参照《农村土地承包经营权确权登记数据库成果汇交办法(试行)》等规定,及时逐级汇交确权登记数据,为国家确权登记数据汇总和信息应用平台上线运行提供数据保障。

七、严守保密规定,保障数据安全

土地承包经营权确权登记颁证过程中涉及国家秘密的资料和数据,必须严格按照国家有关保密规定进行管理,确保不发生失密、泄密问题。要增强安全保密意识,健全内部管理监督制度,落实工作责任制,强化对涉密人员、涉密计算机和信息系统、涉密介质和资料成果使用的管理,确保涉密地理空间信息以及农户身份数据的安全。涉及军事禁区、军事管理区的农村土地承包经营权调查,要主动与当地驻军联系;未经军事主管部门批准许可,一律不得在相关区域开展权属调查。涉密数据资料必须在涉密计算机或涉密存储介质中进行存储或处理。确权登记颁证过程中所获得或使用的数据资料不得擅自对外公开,确因工作需要对外公开的,要进行保密审查、脱密处理。未经批准,不得将相关资料和数据对外移交和商业化服务。

八、强化资金保障,规范资金使用

各地要严格遵守预算法律法规和财政资金管理规定,强化专项经费使用管理,提高资金使用效益,严禁挤占、挪用、截留补助资金,确保合法合规、专款专用。要将农村土地承包经营权确权登记颁证工作经费纳入地方预算,按照《中央财政农村土地承包经营权确权登记颁证补助资金管理办法》的规定,及时将中央财政补助资金拨付到位。对于外包给社会力量承担的有关工作,各地要根据工作进度和质量情况,按照合同约定及时支付相关款项、返还保证金,避免资金支付不到位影响工作质量和进度。要加大对补助资金的内部审计、财务监督力度,发现贪污、挪用补助经费的,依法严肃处理。

九、积极探索创新,拓展成果应用

在充分尊重农民意愿的前提下,各地可结合土地承包经营权确权登记颁证,通过互换并地、按户连片种植解决地块细碎化问题,促进适度规模经营发展。基本完成确权登记颁证的地方,要推进成果在土地经营权流转、抵押担保以及涉农政策扶持等方面的应用,结合实际情况探索成果在新型农业经营主体发展、农业保险、农业规划、生态保护治理、农田基础设施建设等方面的应用。有条件的地方,可以充分利用确权成果,开展土地承包经营权自愿有偿退出试点,深入挖掘成果在发展现代农业、建设美丽乡村等方面的应用潜力,推动确权红利不断释放,实现确权经济效益和社会效益最大化。

十、妥善解决纠纷,维护农村稳定

要注重对试点地区全局性、倾向性问题的预判和调查,加强对局部地区重大问题的研究,制定解决相关纠纷问题的指导意见。矛盾纠纷集中、问题突出的地区要制定相应的应急处置预案和措施。要依法规范开展农村土地承包经营纠纷调解仲裁工作,积极发挥乡村调解、县市仲裁、司法保障的作用,引导当事人依法理性地反映和解决土地承包经营纠纷。要注重发挥农民群众和乡村干部的主体作用，充分依托协商、调解、仲裁和诉讼等渠道，妥善将各类矛盾纠纷化解在基层。

各省（区、市）要按照本通知的要求，结合地方实际，研究制定相应的政策和措施。

最高人民法院关于审理涉及农村土地承包纠纷案件适用法律问题的解释

· 2005 年 3 月 29 日最高人民法院审判委员会第 1346 次会议通过
· 根据 2020 年 12 月 23 日最高人民法院审判委员会第 1823 次会议通过的《最高人民法院关于修改〈最高人民法院关于在民事审判工作中适用《中华人民共和国工会法》若干问题的解释〉等二十七件民事类司法解释的决定》修正
· 2020 年 12 月 29 日最高人民法院公告公布
· 自 2021 年 1 月 1 日起施行
· 法释〔2020〕17 号

为正确审理农村土地承包纠纷案件，依法保护当事人的合法权益，根据《中华人民共和国民法典》《中华人民共和国农村土地承包法》《中华人民共和国土地管理法》《中华人民共和国民事诉讼法》等法律的规定，结合民事审判实践，制定本解释。

一、受理与诉讼主体

第一条 下列涉及农村土地承包民事纠纷，人民法院应当依法受理：

（一）承包合同纠纷；

（二）承包经营权侵权纠纷；

（三）土地经营权侵权纠纷；

（四）承包经营权互换、转让纠纷；

（五）土地经营权流转纠纷；

（六）承包地征收补偿费用分配纠纷；

（七）承包经营权继承纠纷；

（八）土地经营权继承纠纷。

农村集体经济组织成员因未实际取得土地承包经营权提起民事诉讼的，人民法院应当告知其向有关行政主管部门申请解决。

农村集体经济组织成员就用于分配的土地补偿费数额提起民事诉讼的，人民法院不予受理。

第二条 当事人自愿达成书面仲裁协议的，受诉人民法院应当参照《最高人民法院关于适用〈中华人民共和国民事诉讼法〉的解释》第二百一十五条、第二百一十六条的规定处理。

当事人未达成书面仲裁协议，一方当事人向农村土地承包仲裁机构申请仲裁，另一方当事人提起诉讼的，人民法院应予受理，并书面通知仲裁机构。但另一方当事人接受仲裁管辖后又起诉的，人民法院不予受理。

当事人对仲裁裁决不服并在收到裁决书之日起三十日内提起诉讼的，人民法院应予受理。

第三条 承包合同纠纷，以发包方和承包方为当事人。

前款所称承包方是指以家庭承包方式承包本集体经济组织农村土地的农户，以及以其他方式承包农村土地的组织或者个人。

第四条 农户成员为多人的，由其代表人进行诉讼。

农户代表人按照下列情形确定：

（一）土地承包经营权证等证书上记载的人；

（二）未依法登记取得土地承包经营权证等证书的，为在承包合同上签名的人；

（三）前两项规定的人死亡、丧失民事行为能力或者因其他原因无法进行诉讼的，为农户成员推选的人。

二、家庭承包纠纷案件的处理

第五条 承包合同中有关收回、调整承包地的约定违反农村土地承包法第二十七条、第二十八条、第三十一条规定的，应当认定该约定无效。

第六条 因发包方违法收回、调整承包地，或者因发包方收回承包方弃耕、撂荒的承包地产生的纠纷，按照下列情形，分别处理：

（一）发包方未将承包地另行发包，承包方请求返还承包地的，应予支持；

（二）发包方已将承包地另行发包给第三人，承包方以发包方和第三人为共同被告，请求确认其所签订的承包合同无效、返还承包地并赔偿损失的，应予支持。但属于承包方弃耕、撂荒情形的，对其赔偿损失的诉讼请求，不予支持。

前款第（二）项所称的第三人，请求受益方补偿其在承包地上的合理投入的，应予支持。

第七条 承包合同约定或者土地承包经营权

证等证书记载的承包期限短于农村土地承包法规定的期限，承包方请求延长的，应予支持。

第八条 承包方违反农村土地承包法第十八条规定，未经依法批准将承包地用于非农建设或者对承包地造成永久性损害，发包方请求承包方停止侵害、恢复原状或者赔偿损失的，应予支持。

第九条 发包方根据农村土地承包法第二十七条规定收回承包地前，承包方已经以出租、入股或者其他形式将其土地经营权流转给第三人，且流转期限尚未届满，因流转价款收取产生的纠纷，按照下列情形，分别处理：

（一）承包方已经一次性收取了流转价款，发包方请求承包方返还剩余流转期限的流转价款的，应予支持；

（二）流转价款为分期支付，发包方请求第三人按照流转合同的约定支付流转价款的，应予支持。

第十条 承包方交回承包地不符合农村土地承包法第三十条规定程序的，不得认定其为自愿交回。

第十一条 土地经营权流转中，本集体经济组织成员在流转价款、流转期限等主要内容相同的条件下主张优先权的，应予支持。但下列情形除外：

（一）在书面公示的合理期限内未提出优先权主张的；

（二）未经书面公示，在本集体经济组织以外的人开始使用承包地两个月内未提出优先权主张的。

第十二条 发包方胁迫承包方将土地经营权流转给第三人，承包方请求撤销其与第三人签订的流转合同的，应予支持。

发包方阻碍承包方依法流转土地经营权，承包方请求排除妨碍、赔偿损失的，应予支持。

第十三条 承包方未经发包方同意，转让其土地承包经营权的，转让合同无效。但发包方无法定理由不同意或者拖延表态的除外。

第十四条 承包方依法采取出租、入股或者其他方式流转土地经营权，发包方仅以该土地经营权流转合同未报其备案为由，请求确认合同无效的，不予支持。

第十五条 因承包方不收取流转价款或者向对方支付费用的约定产生纠纷，当事人协商变更无法达成一致，且继续履行又显失公平的，人民法院可以根据发生变更的客观情况，按照公平原则处理。

第十六条 当事人对出租地流转期限没有约定或者约定不明的，参照民法典第七百三十条规定处理。除当事人另有约定或者属于林地承包经营外，承包地交回的时间应当在农作物收获期结束后或者下一耕种期开始前。

对提高土地生产能力的投入，对方当事人请求承包方给予相应补偿的，应予支持。

第十七条 发包方或者其他组织、个人擅自截留、扣缴承包收益或者土地经营权流转收益，承包方请求返还的，应予支持。

发包方或者其他组织、个人主张抵销的，不予支持。

三、其他方式承包纠纷的处理

第十八条 本集体经济组织成员在承包费、承包期限等主要内容相同的条件下主张优先承包的，应予支持。但在发包方将农村土地发包给本集体经济组织以外的组织或者个人，已经法律规定的民主议定程序通过，并由乡（镇）人民政府批准后主张优先承包的，不予支持。

第十九条 发包方就同一土地签订两个以上承包合同，承包方均主张取得土地经营权的，按照下列情形，分别处理：

（一）已经依法登记的承包方，取得土地经营权；

（二）均未依法登记的，生效在先合同的承包方取得土地经营权；

（三）依前两项规定无法确定的，已经根据承包合同合法占有使用承包地的人取得土地经营权，但争议发生后一方强行先占承包地的行为和事实，不得作为确定土地经营权的依据。

四、土地征收补偿费用分配及土地承包经营权继承纠纷的处理

第二十条 承包地被依法征收，承包方请求发包方给付已经收到的地上附着物和青苗的补偿费的，应予支持。

承包方已将土地经营权以出租、入股或者其他方式流转给第三人的，除当事人另有约定外，青苗补偿费归实际投入人所有，地上附着物补偿费归附着物所有人所有。

第二十一条 承包地被依法征收，放弃统一安置的家庭承包方，请求发包方给付已经收到的安置补助费的，应予支持。

第二十二条 农村集体经济组织或者村民委员会、村民小组,可以依照法律规定的民主议定程序,决定在本集体经济组织内部分配已经收到的土地补偿费。征地补偿安置方案确定时已经具有本集体经济组织成员资格的人,请求支付相应份额的,应予支持。但已报全国人大常委会、国务院备案的地方性法规、自治条例和单行条例、地方政府规章对土地补偿费在农村集体经济组织内部的分配办法另有规定的除外。

第二十三条 林地家庭承包中,承包方的继承人请求在承包期内继续承包的,应予支持。

其他方式承包中,承包方的继承人或者权利义务承受者请求在承包期内继续承包的,应予支持。

五、其他规定

第二十四条 人民法院在审理涉及本解释第五条、第六条第一款第(二)项及第二款、第十五条的纠纷案件时,应当着重进行调解。必要时可以委托人民调解组织进行调解。

第二十五条 本解释自2005年9月1日起施行。施行后受理的第一审案件,适用本解释的规定。

施行前已经生效的司法解释与本解释不一致的,以本解释为准。

最高人民法院关于审理涉及农村土地承包经营纠纷调解仲裁案件适用法律若干问题的解释

· 2013年12月27日最高人民法院审判委员会第1601次会议通过
· 根据2020年12月23日最高人民法院审判委员会第1823次会议通过的《最高人民法院关于修改〈最高人民法院关于在民事审判工作中适用《中华人民共和国工会法》若干问题的解释〉等二十七件民事类司法解释的决定》修正
· 2020年12月29日最高人民法院公告公布
· 自2021年1月1日起施行
· 法释〔2020〕17号

为正确审理涉及农村土地承包经营纠纷调解仲裁案件,根据《中华人民共和国农村土地承包法》《中华人民共和国农村土地承包经营纠纷调解仲裁法》《中华人民共和国民事诉讼法》等法律的规定,结合民事审判实践,就审理涉及农村土地承包经营纠纷调解仲裁案件适用法律的若干问题,制定本解释。

第一条 农村土地承包仲裁委员会根据农村土地承包经营纠纷调解仲裁法第十八条规定,以超过申请仲裁的时效期间为由驳回申请后,当事人就同一纠纷提起诉讼的,人民法院应予受理。

第二条 当事人在收到农村土地承包仲裁委员会作出的裁决书之日起三十日后或者签收农村土地承包仲裁委员会作出的调解书后,就同一纠纷向人民法院提起诉讼的,裁定不予受理;已经受理的,裁定驳回起诉。

第三条 当事人在收到农村土地承包仲裁委员会作出的裁决书之日起三十日内,向人民法院提起诉讼,请求撤销仲裁裁决的,人民法院应当告知当事人就原纠纷提起诉讼。

第四条 农村土地承包仲裁委员会依法向人民法院提交当事人财产保全申请的,申请财产保全的当事人为申请人。

农村土地承包仲裁委员会应当提交下列材料:

(一)财产保全申请书;

(二)农村土地承包仲裁委员会发出的受理案件通知书;

(三)申请人的身份证明;

(四)申请保全财产的具体情况。

人民法院采取保全措施,可以责令申请人提供担保,申请人不提供担保的,裁定驳回申请。

第五条 人民法院对农村土地承包仲裁委员会提交的财产保全申请材料,应当进行审查。符合前条规定的,应予受理;申请材料不齐全或不符合规定的,人民法院应当告知农村土地承包仲裁委员会需要补齐的内容。

人民法院决定受理的,应当于三日内向当事人送达受理通知书并告知农村土地承包仲裁委员会。

第六条 人民法院受理财产保全申请后,应当在十日内作出裁定。因特殊情况需要延长的,经本院院长批准,可以延长五日。

人民法院接受申请后,对情况紧急的,必须在四十八小时内作出裁定;裁定采取保全措施的,应当立即开始执行。

第七条 农村土地承包经营纠纷仲裁中采取的财产保全措施，在申请保全的当事人依法提起诉讼后，自动转为诉讼中的财产保全措施，并适用《最高人民法院关于适用〈中华人民共和国民事诉讼法〉的解释》第四百八十七条关于查封、扣押、冻结期限的规定。

第八条 农村土地承包仲裁委员会依法向人民法院提交当事人证据保全申请的，应当提供下列材料：

（一）证据保全申请书；

（二）农村土地承包仲裁委员会发出的受理案件通知书；

（三）申请人的身份证明；

（四）申请保全证据的具体情况。

对证据保全的具体程序事项，适用本解释第五、六、七条关于财产保全的规定。

第九条 农村土地承包仲裁委员会作出先行裁定后，一方当事人依法向被执行人住所地或者被执行的财产所在地基层人民法院申请执行的，人民法院应予受理和执行。

申请执行先行裁定的，应当提供以下材料：

（一）申请执行书；

（二）农村土地承包仲裁委员会作出的先行裁定书；

（三）申请执行人的身份证明；

（四）申请执行人提供的担保情况；

（五）其他应当提交的文件或证件。

第十条 当事人根据农村土地承包经营纠纷调解仲裁法第四十九条规定，向人民法院申请执行调解书、裁决书，符合《最高人民法院关于人民法院执行工作若干问题的规定（试行）》第十六条规定条件的，人民法院应予受理和执行。

第十一条 当事人因不服农村土地承包仲裁委员会作出的仲裁裁决向人民法院提起诉讼的，起诉期从其收到裁决书的次日起计算。

第十二条 本解释施行后，人民法院尚未审结的一审、二审案件适用本解释规定。本解释施行前已经作出生效裁判的案件，本解释施行后依法再审的，不适用本解释规定。

3. 土地征收安置与补偿

最高人民法院关于审理涉及农村集体土地行政案件若干问题的规定

· 2011年5月9日最高人民法院审判委员会第1522次会议通过
· 2011年8月7日最高人民法院公告公布
· 自2011年9月5日起施行
· 法释〔2011〕20号

为正确审理涉及农村集体土地的行政案件，根据《中华人民共和国物权法》、《中华人民共和国土地管理法》和《中华人民共和国行政诉讼法》等有关法律规定，结合行政审判实际，制定本规定。

第一条 农村集体土地的权利人或者利害关系人（以下简称土地权利人）认为行政机关作出的涉及农村集体土地的行政行为侵犯其合法权益，提起诉讼的，属于人民法院行政诉讼的受案范围。

第二条 土地登记机构根据人民法院生效裁判文书、协助执行通知书或者仲裁机构的法律文书办理的土地权属登记行为，土地权利人不服提起诉讼的，人民法院不予受理，但土地权利人认为登记内容与有关文书内容不一致的除外。

第三条 村民委员会或者农村集体经济组织对涉及农村集体土地的行政行为不起诉的，过半数的村民可以以集体经济组织名义提起诉讼。

农村集体经济组织成员全部转为城镇居民后，对涉及农村集体土地的行政行为不服的，过半数的原集体经济组织成员可以提起诉讼。

第四条 土地使用权人或者实际使用人对行政机关作出涉及其使用或实际使用的集体土地的行政行为不服的，可以以自己的名义提起诉讼。

第五条 土地权利人认为土地储备机构作出的行为侵犯其依法享有的农村集体土地所有权或使用权的，向人民法院提起诉讼的，应当以土地储备机构所隶属的土地管理部门为被告。

第六条 土地权利人认为乡级以上人民政府作出的土地确权决定侵犯其依法享有的农村集体土地所有权或者使用权，经复议后向人民法院提起诉讼的,人民法院应当依法受理。

法律、法规规定应当先申请行政复议的土地行政案件,复议机关作出不受理复议申请的决定或者以不符合受理条件为由驳回复议申请,复议申请人不服的,应当以复议机关为被告向人民法院提起诉讼。

第七条 土地权利人认为行政机关作出的行政处罚、行政强制措施等行政行为侵犯其依法享有的农村集体土地所有权或者使用权,直接向人民法院提起诉讼的,人民法院应当依法受理。

第八条 土地权属登记(包括土地权属证书)在生效裁判和仲裁裁决中作为定案证据,利害关系人对该登记行为提起诉讼的,人民法院应当依法受理。

第九条 涉及农村集体土地的行政决定以公告方式送达的,起诉期限自公告确定的期限届满之日起计算。

第十条 土地权利人对土地管理部门组织实施过程中确定的土地补偿有异议,直接向人民法院提起诉讼的,人民法院不予受理,但应当告知土地权利人先申请行政机关裁决。

第十一条 土地权利人以土地管理部门超过两年对非法占地行为进行处罚违法,向人民法院起诉的,人民法院应当按照行政处罚法第二十九条第二款的规定处理。

第十二条 征收农村集体土地时涉及被征收土地上的房屋及其他不动产,土地权利人可以请求依照物权法第四十二条第二款的规定给予补偿。

征收农村集体土地时未就被征收土地上的房屋及其他不动产进行安置补偿,补偿安置时房屋所在地已纳入城市规划区,土地权利人请求参照执行国有土地上房屋征收补偿标准的,人民法院一般应予支持,但应当扣除已经取得的土地补偿费。

第十三条 在审理土地行政案件中,人民法院经当事人同意进行协调的期间,不计算在审理期限内。当事人不同意继续协商的,人民法院应当及时审理,并恢复计算审理期限。

第十四条 县级以上人民政府土地管理部门根据土地管理法实施条例第四十五条的规定,申请人民法院执行其作出的责令交出土地决定的,应当符合下列条件:

(一)征收土地方案已经有权机关依法批准;

(二)市、县人民政府和土地管理部门已经依照土地管理法和土地管理法实施条例规定的程序实施征地行为;

(三)被征收土地所有权人、使用人已经依法得到安置补偿或者无正当理由拒绝接受安置补偿,且拒不交出土地,已经影响到征收工作的正常进行;

(四)符合《最高人民法院关于执行〈中华人民共和国行政诉讼法〉若干问题的解释》第八十六条规定的条件。

人民法院对符合条件的申请,应当予以受理,并通知申请人;对不符合条件的申请,应当裁定不予受理。

第十五条 最高人民法院以前所作的司法解释与本规定不一致的,以本规定为准。

(三)乡镇企业

中华人民共和国乡镇企业法

· 1996年10月29日第八届全国人民代表大会常务委员会第二十二次会议通过
· 1996年10月29日中华人民共和国主席令第76号公布
· 自1997年1月1日起施行

第一条 为了扶持和引导乡镇企业持续健康发展,保护乡镇企业的合法权益,规范乡镇企业的行为,繁荣农村经济,促进社会主义现代化建设,制定本法。

第二条 本法所称乡镇企业,是指农村集体经济组织或者农民投资为主,在乡镇(包括所辖村)举办的承担支援农业义务的各类企业。

前款所称投资为主,是指农村集体经济组织或者农民投资超过50%,或者虽不足50%,但能起到控股或者实际支配作用。

乡镇企业符合企业法人条件的,依法取得企业法人资格。

第三条 乡镇企业是农村经济的重要支柱和国民经济的重要组成部分。

乡镇企业的主要任务是,根据市场需要发展

商品生产,提供社会服务,增加社会有效供给,吸收农村剩余劳动力,提高农民收入,支援农业,推进农业和农村现代化,促进国民经济和社会事业发展。

第四条 发展乡镇企业,坚持以农村集体经济为主导,多种经济成分共同发展的原则。

第五条 国家对乡镇企业积极扶持、合理规划、分类指导、依法管理。

第六条 国家鼓励和重点扶持经济欠发达地区、少数民族地区发展乡镇企业,鼓励经济发达地区的乡镇企业或者其他经济组织采取多种形式支持经济欠发达地区和少数民族地区举办乡镇企业。

第七条 国务院乡镇企业行政管理部门和有关部门按照各自的职责对全国的乡镇企业进行规划、协调、监督、服务;县级以上地方各级人民政府乡镇企业行政管理部门和有关部门按照各自的职责对本行政区域内的乡镇企业进行规划、协调、监督、服务。

第八条 经依法登记设立的乡镇企业,应当向当地乡镇企业行政管理部门办理登记备案手续。

乡镇企业改变名称、住所或者分立、合并、停业、终止等,依法办理变更登记、设立登记或者注销登记后,应当报乡镇企业行政管理部门备案。

第九条 乡镇企业在城市设立的分支机构,或者农村集体经济组织在城市开办的并承担支援农业义务的企业,按照乡镇企业对待。

第十条 农村集体经济组织投资设立的乡镇企业,其企业财产权属于设立该企业的全体农民集体所有。

农村集体经济组织与其他企业、组织或者个人共同投资设立的乡镇企业,其企业财产权按照出资份额属于投资者所有。

农民合伙或者单独投资设立的乡镇企业,其企业财产权属于投资者所有。

第十一条 乡镇企业依法实行独立核算,自主经营,自负盈亏。

具有企业法人资格的乡镇企业,依法享有法人财产权。

第十二条 国家保护乡镇企业的合法权益;乡镇企业的合法财产不受侵犯。

任何组织或者个人不得违反法律、行政法规干预乡镇企业的生产经营,撤换企业负责人;不得非法占有或者无偿使用乡镇企业的财产。

第十三条 乡镇企业按照法律、行政法规规定的企业形式设立,投资者依照有关法律、行政法规决定企业的重大事项,建立经营管理制度,依法享有权利和承担义务。

第十四条 乡镇企业依法实行民主管理,投资者在确定企业经营管理制度和企业负责人,作出重大经营决策和决定职工工资、生活福利、劳动保护、劳动安全等重大问题时,应当听取本企业工会或者职工的意见,实施情况要定期向职工公布,接受职工监督。

第十五条 国家鼓励有条件的地区建立、健全乡镇企业职工社会保险制度。

第十六条 乡镇企业停业、终止,已经建立社会保险制度的,按照有关规定安排职工;依法订立劳动合同的,按照合同的约定办理。原属于农村集体经济组织的职工有权返回农村集体经济组织从事生产,或者由职工自谋职业。

第十七条 乡镇企业从税后利润中提取一定比例的资金用于支援农业和农村社会性支出,其比例和管理使用办法由省、自治区、直辖市人民政府规定。

除法律、行政法规另有规定外,任何机关、组织或者个人不得以任何方式向乡镇企业收取费用,进行摊派。

第十八条 国家根据乡镇企业发展的情况,在一定时期内对乡镇企业减征一定比例的税收。减征税收的税种、期限和比例由国务院规定。

第十九条 国家对符合下列条件之一的中小型乡镇企业,根据不同情况实行一定期限的税收优惠:

(一)集体所有制乡镇企业开办初期经营确有困难的;

(二)设立在少数民族地区、边远地区和贫困地区的;

(三)从事粮食、饲料、肉类的加工、贮存、运销经营的;

(四)国家产业政策规定需要特殊扶持的。

前款税收优惠的具体办法由国务院规定。

第二十条 国家运用信贷手段,鼓励和扶持乡镇企业发展。对于符合前条规定条件之一并且符合贷款条件的乡镇企业,国家有关金融机构可以给予优先贷款，对其中生产资金困难且有发展前途的可以给予优惠贷款。

前款优先贷款、优惠贷款的具体办法由国务院规定。

第二十一条 县级以上人民政府依照国家有关规定，可以设立乡镇企业发展基金。基金由下列资金组成：

（一）政府拨付的用于乡镇企业发展的周转金；

（二）乡镇企业每年上缴地方税金增长部分中一定比例的资金；

（三）基金运用产生的收益；

（四）农村集体经济组织、乡镇企业、农民等自愿提供的资金。

第二十二条 乡镇企业发展基金专门用于扶持乡镇企业发展，其使用范围如下：

（一）支持少数民族地区、边远地区和贫困地区发展乡镇企业；

（二）支持经济欠发达地区、少数民族地区与经济发达地区的乡镇企业之间进行经济技术合作和举办合资项目；

（三）支持乡镇企业按照国家产业政策调整产业结构和产品结构；

（四）支持乡镇企业进行技术改造，开发名特优新产品和生产传统手工艺产品；

（五）发展生产农用生产资料或者直接为农业生产服务的乡镇企业；

（六）发展从事粮食、饲料、肉类的加工、贮存、运销经营的乡镇企业；

（七）支持乡镇企业职工的职业教育和技术培训；

（八）其他需要扶持的项目。

乡镇企业发展基金的设立和使用管理办法由国务院规定。

第二十三条 国家积极培养乡镇企业人才，鼓励科技人员、经营管理人员及大中专毕业生到乡镇企业工作，通过多种方式为乡镇企业服务。

乡镇企业通过多渠道、多形式培训技术人员、经营管理人员和生产人员，并采取优惠措施吸引人才。

第二十四条 国家采取优惠措施，鼓励乡镇企业同科研机构、高等院校、国有企业及其他企业、组织之间开展各种形式的经济技术合作。

第二十五条 国家鼓励乡镇企业开展对外经济技术合作与交流，建设出口商品生产基地，增加出口创汇。

具备条件的乡镇企业依法经批准可以取得对外贸易经营权。

第二十六条 地方各级人民政府按照统一规划、合理布局的原则，将发展乡镇企业同小城镇建设相结合，引导和促进乡镇企业适当集中发展，逐步加强基础设施和服务设施建设，以加快小城镇建设。

第二十七条 乡镇企业应当按照市场需要和国家产业政策，合理调整产业结构和产品结构，加强技术改造，不断采用先进的技术、生产工艺和设备，提高企业经营管理水平。

第二十八条 举办乡镇企业，其建设用地应当符合土地利用总体规划，严格控制、合理利用和节约使用土地，凡有荒地、劣地可以利用的，不得占用耕地、好地。

举办乡镇企业使用农村集体所有的土地的，应当依照法律、法规的规定，办理有关用地批准手续和土地登记手续。

乡镇企业使用农村集体所有的土地，连续闲置两年以上或者因停办闲置 1 年以上的，应当由原土地所有者收回该土地使用权，重新安排使用。

第二十九条 乡镇企业应当依法合理开发和使用自然资源。

乡镇企业从事矿产资源开采，必须依照有关法律规定，经有关部门批准，取得采矿许可证、生产许可证，实行正规作业，防止资源浪费，严禁破坏资源。

第三十条 乡镇企业应当按照国家有关规定，建立财务会计制度，加强财务管理，依法设置会计账册，如实记录财务活动。

第三十一条 乡镇企业必须按照国家统计制度，如实报送统计资料。对于违反国家规定制发的统计调查报表，乡镇企业有权拒绝填报。

第三十二条 乡镇企业应当依法办理税务登记，按期进行纳税申报，足额缴纳税款。

各级人民政府应当依法加强乡镇企业的税收管理工作，有关管理部门不得超越管理权限对乡镇企业减免税。

第三十三条 乡镇企业应当加强产品质量管理，努力提高产品质量；生产和销售的产品必须符合保障人体健康,人身、财产安全的国家标准和行业标准;不得生产、销售失效、变质产品和国家明令淘汰的产品;不得在产品中掺杂、掺假,以假充真,以次充好。

第三十四条 乡镇企业应当依法使用商标,重视企业信誉;按照国家规定,制作所生产经营的商品标识,不得伪造产品的产地或者伪造、冒用他人厂名、厂址和认证标志、名优标志。

第三十五条 乡镇企业必须遵守有关环境保护的法律、法规,按照国家产业政策,在当地人民政府的统一指导下,采取措施,积极发展无污染、少污染和低资源消耗的企业,切实防治环境污染和生态破坏,保护和改善环境。

地方人民政府应当制定和实施乡镇企业环境保护规划,提高乡镇企业防治污染的能力。

第三十六条 乡镇企业建设对环境有影响的项目,必须严格执行环境影响评价制度。

乡镇企业建设项目中防治污染的设施,必须与主体工程同时设计、同时施工、同时投产使用。防治污染的设施必须经环境保护行政主管部门验收合格后,该建设项目方可投入生产或者使用。

乡镇企业不得采用或者使用国家明令禁止的严重污染环境的生产工艺和设备;不得生产和经营国家明令禁止的严重污染环境的产品。排放污染物超过国家或者地方规定标准,严重污染环境的,必须限期治理,逾期未完成治理任务的,依法关闭、停产或者转产。

第三十七条 乡镇企业必须遵守有关劳动保护、劳动安全的法律、法规,认真贯彻执行安全第一、预防为主的方针,采取有效的劳动卫生技术措施和管理措施,防止生产伤亡事故和职业病的发生;对危害职工安全的事故隐患,应当限期解决或者停产整顿。严禁管理者违章指挥,强令职工冒险作业。发生生产伤亡事故,应当采取积极抢救措施,依法妥善处理,并向有关部门报告。

第三十八条 违反本法规定,有下列行为之一的,由县级以上人民政府乡镇企业行政管理部门责令改正:

(一)非法改变乡镇企业所有权的;

(二)非法占有或者无偿使用乡镇企业财产的;

(三)非法撤换乡镇企业负责人的;

(四)侵犯乡镇企业自主经营权的。

前款行为给乡镇企业造成经济损失的,应当依法赔偿。

第三十九条 乡镇企业有权向审计、监察、财政、物价和乡镇企业行政管理部门控告、检举向企业非法收费、摊派或者罚款的单位和个人。有关部门和上级机关应当责令责任人停止其行为,并限期归还有关财物。对直接责任人员,有关部门可以根据情节轻重,给予相应的处罚。

第四十条 乡镇企业违反国家产品质量、环境保护、土地管理、自然资源开发、劳动安全、税收及其他有关法律、法规的,除依照有关法律、法规处理外,在其改正之前,应当根据情节轻重停止其享受本法规定的部分或者全部优惠。

第四十一条 乡镇企业违反本法规定,不承担支援农业义务的,由乡镇企业行政管理部门责令改正,在其改正之前,可以停止其享受本法规定的部分或者全部优惠。

第四十二条 对依照本法第三十八条至第四十一条规定所作处罚、处理决定不服的,当事人可以依法申请行政复议、提起诉讼。

第四十三条 本法自 1997 年 1 月 1 日起施行。

中华人民共和国农民专业合作社法

·2006 年 10 月 31 日第十届全国人民代表大会常务委员会第二十四次会议通过

·2017 年 12 月 27 日第十二届全国人民代表大会常务委员会第三十一次会议修订

第一章 总 则

第一条 为了规范农民专业合作社的组织和行为,鼓励、支持、引导农民专业合作社的发展,保护农民专业合作社及其成员的合法权益,推进农业农村现代化,制定本法。

第二条 本法所称农民专业合作社,是指在农村家庭承包经营基础上,农产品的生产经营者或者农业生产经营服务的提供者、利用者,自愿联合、民主管理的互助性经济组织。

第三条 农民专业合作社以其成员为主要服务对象,开展以下一种或者多种业务:

(一)农业生产资料的购买、使用;

（二）农产品的生产、销售、加工、运输、贮藏及其他相关服务；

（三）农村民间工艺及制品、休闲农业和乡村旅游资源的开发经营等；

（四）与农业生产经营有关的技术、信息、设施建设运营等服务。

第四条 农民专业合作社应当遵循下列原则：

（一）成员以农民为主体；

（二）以服务成员为宗旨，谋求全体成员的共同利益；

（三）入社自愿、退社自由；

（四）成员地位平等，实行民主管理；

（五）盈余主要按照成员与农民专业合作社的交易量（额）比例返还。

第五条 农民专业合作社依照本法登记，取得法人资格。

农民专业合作社对由成员出资、公积金、国家财政直接补助、他人捐赠以及合法取得的其他资产所形成的财产，享有占有、使用和处分的权利，并以上述财产对债务承担责任。

第六条 农民专业合作社成员以其账户内记载的出资额和公积金份额为限对农民专业合作社承担责任。

第七条 国家保障农民专业合作社享有与其他市场主体平等的法律地位。

国家保护农民专业合作社及其成员的合法权益，任何单位和个人不得侵犯。

第八条 农民专业合作社从事生产经营活动，应当遵守法律，遵守社会公德、商业道德，诚实守信，不得从事与章程规定无关的活动。

第九条 农民专业合作社为扩大生产经营和服务的规模，发展产业化经营，提高市场竞争力，可以依法自愿设立或者加入农民专业合作社联合社。

第十条 国家通过财政支持、税收优惠和金融、科技、人才的扶持以及产业政策引导等措施，促进农民专业合作社的发展。

国家鼓励和支持公民、法人和其他组织为农民专业合作社提供帮助和服务。

对发展农民专业合作社事业做出突出贡献的单位和个人，按照国家有关规定予以表彰和奖励。

第十一条 县级以上人民政府应当建立农民专业合作社工作的综合协调机制，统筹指导、协调、推动农民专业合作社的建设和发展。

县级以上人民政府农业主管部门、其他有关部门和组织应当依据各自职责，对农民专业合作社的建设和发展给予指导、扶持和服务。

第二章 设立和登记

第十二条 设立农民专业合作社，应当具备下列条件：

（一）有五名以上符合本法第十九条、第二十条规定的成员；

（二）有符合本法规定的章程；

（三）有符合本法规定的组织机构；

（四）有符合法律、行政法规规定的名称和章程确定的住所；

（五）有符合章程规定的成员出资。

第十三条 农民专业合作社成员可以用货币出资，也可以用实物、知识产权、土地经营权、林权等可以用货币估价并可以依法转让的非货币财产，以及章程规定的其他方式作价出资；但是，法律、行政法规规定不得作为出资的财产除外。

农民专业合作社成员不得以对该社或者其他成员的债权，充抵出资；不得以缴纳的出资，抵销对该社或者其他成员的债务。

第十四条 设立农民专业合作社，应当召开由全体设立人参加的设立大会。设立时自愿成为该社成员的人为设立人。

设立大会行使下列职权：

（一）通过本社章程，章程应当由全体设立人一致通过；

（二）选举产生理事长、理事、执行监事或者监事会成员；

（三）审议其他重大事项。

第十五条 农民专业合作社章程应当载明下列事项：

（一）名称和住所；

（二）业务范围；

（三）成员资格及入社、退社和除名；

（四）成员的权利和义务；

（五）组织机构及其产生办法、职权、任期、议事规则；

（六）成员的出资方式、出资额，成员出资的转让、继承、担保；

（七）财务管理和盈余分配、亏损处理；

（八）章程修改程序；

（九）解散事由和清算办法；

（十）公告事项及发布方式；

（十一）附加表决权的设立、行使方式和行使范围；

（十二）需要载明的其他事项。

第十六条 设立农民专业合作社，应当向工商行政管理部门提交下列文件，申请设立登记：

（一）登记申请书；

（二）全体设立人签名、盖章的设立大会纪要；

（三）全体设立人签名、盖章的章程；

（四）法定代表人、理事的任职文件及身份证明；

（五）出资成员签名、盖章的出资清单；

（六）住所使用证明；

（七）法律、行政法规规定的其他文件。

登记机关应当自受理登记申请之日起二十日内办理完毕，向符合登记条件的申请者颁发营业执照，登记类型为农民专业合作社。

农民专业合作社法定登记事项变更的，应当申请变更登记。

登记机关应当将农民专业合作社的登记信息通报同级农业等有关部门。

农民专业合作社登记办法由国务院规定。办理登记不得收取费用。

第十七条 农民专业合作社应当按照国家有关规定，向登记机关报送年度报告，并向社会公示。

第十八条 农民专业合作社可以依法向公司等企业投资，以其出资额为限对所投资企业承担责任。

第三章 成 员

第十九条 具有民事行为能力的公民，以及从事与农民专业合作社业务直接有关的生产经营活动的企业、事业单位或者社会组织，能够利用农民专业合作社提供的服务，承认并遵守农民专业合作社章程，履行章程规定的入社手续的，可以成为农民专业合作社的成员。但是，具有管理公共事务职能的单位不得加入农民专业合作社。

农民专业合作社应当置备成员名册，并报登记机关。

第二十条 农民专业合作社的成员中，农民至少应当占成员总数的百分之八十。

成员总数二十人以下的，可以有一个企业、事业单位或者社会组织成员；成员总数超过二十人的，企业、事业单位和社会组织成员不得超过成员总数的百分之五。

第二十一条 农民专业合作社成员享有下列权利：

（一）参加成员大会，并享有表决权、选举权和被选举权，按照章程规定对本社实行民主管理；

（二）利用本社提供的服务和生产经营设施；

（三）按照章程规定或者成员大会决议分享盈余；

（四）查阅本社的章程、成员名册、成员大会或者成员代表大会记录、理事会会议决议、监事会会议决议、财务会计报告、会计账簿和财务审计报告；

（五）章程规定的其他权利。

第二十二条 农民专业合作社成员大会选举和表决，实行一人一票制，成员各享有一票的基本表决权。

出资额或者与本社交易量（额）较大的成员按照章程规定，可以享有附加表决权。本社的附加表决权总票数，不得超过本社成员基本表决权总票数的百分之二十。享有附加表决权的成员及其享有的附加表决权数，应当在每次成员大会召开时告知出席会议的全体成员。

第二十三条 农民专业合作社成员承担下列义务：

（一）执行成员大会、成员代表大会和理事会的决议；

（二）按照章程规定向本社出资；

（三）按照章程规定与本社进行交易；

（四）按照章程规定承担亏损；

（五）章程规定的其他义务。

第二十四条 符合本法第十九条、第二十条规定的公民、企业、事业单位或者社会组织，要求加入已成立的农民专业合作社，应当向理事长或者理事会提出书面申请，经成员大会或者成员代表大会表决通过后，成为本社成员。

第二十五条 农民专业合作社成员要求退社的，应当在会计年度终了的三个月前向理事长或者理事会提出书面申请；其中，企业、事业单位或者社会组织成员退社，应当在会计年度终了的六个月前提出；章程另有规定的，从其规定。退社成员的成员资格自会计年度终了时终止。

第二十六条 农民专业合作社成员不遵守农民专业合作社的章程、成员大会或者成员代表大会的决议，或者严重危害其他成员及农民专业合作社利益的，可以予以除名。

成员的除名，应当经成员大会或者成员代表大会表决通过。

在实施前款规定时，应当为该成员提供陈述意见的机会。

被除名成员的成员资格自会计年度终了时终止。

第二十七条 成员在其资格终止前与农民专业合作社已订立的合同，应当继续履行；章程另有规定或者与本社另有约定的除外。

第二十八条 成员资格终止的，农民专业合作社应当按照章程规定的方式和期限，退还记载在该成员账户内的出资额和公积金份额；对成员资格终止前的可分配盈余，依照本法第四十四条的规定向其返还。

资格终止的成员应当按照章程规定分摊资格终止前本社的亏损及债务。

第四章 组织机构

第二十九条 农民专业合作社成员大会由全体成员组成，是本社的权力机构，行使下列职权：

（一）修改章程；

（二）选举和罢免理事长、理事、执行监事或者监事会成员；

（三）决定重大财产处置、对外投资、对外担保和生产经营活动中的其他重大事项；

（四）批准年度业务报告、盈余分配方案、亏损处理方案；

（五）对合并、分立、解散、清算，以及设立、加入联合社等作出决议；

（六）决定聘用经营管理人员和专业技术人员的数量、资格和任期；

（七）听取理事长或者理事会关于成员变动情况的报告，对成员的入社、除名等作出决议；

（八）公积金的提取及使用；

（九）章程规定的其他职权。

第三十条 农民专业合作社召开成员大会，出席人数应当达到成员总数三分之二以上。

成员大会选举或者作出决议，应当由本社成员表决权总数过半数通过；作出修改章程或者合并、分立、解散，以及设立、加入联合社的决议应当由本社成员表决权总数的三分之二以上通过。章程对表决权数有较高规定的，从其规定。

第三十一条 农民专业合作社成员大会每年至少召开一次，会议的召集由章程规定。有下列情形之一的，应当在二十日内召开临时成员大会：

（一）百分之三十以上的成员提议；

（二）执行监事或者监事会提议；

（三）章程规定的其他情形。

第三十二条 农民专业合作社成员超过一百五十人的，可以按照章程规定设立成员代表大会。成员代表大会按照章程规定可以行使成员大会的部分或者全部职权。

依法设立成员代表大会的，成员代表人数一般为成员总人数的百分之十，最低人数为五十一人。

第三十三条 农民专业合作社设理事长一名，可以设理事会。理事长为本社的法定代表人。

农民专业合作社可以设执行监事或者监事会。理事长、理事、经理和财务会计人员不得兼任监事。

理事长、理事、执行监事或者监事会成员，由成员大会从本社成员中选举产生，依照本法和章程的规定行使职权，对成员大会负责。

理事会会议、监事会会议的表决，实行一人一票。

第三十四条 农民专业合作社的成员大会、成员代表大会、理事会、监事会，应当将所议事项的决定作成会议记录，出席会议的成员、成员代表、理事、监事应当在会议记录上签名。

第三十五条 农民专业合作社的理事长或者理事会可以按照成员大会的决定聘任经理和财务会计人员，理事长或者理事可以兼任经理。经理按照章程规定或者理事会的决定，可以聘任其他人员。

经理按照章程规定和理事长或者理事会授权，负责具体生产经营活动。

第三十六条 农民专业合作社的理事长、理事和管理人员不得有下列行为：

（一）侵占、挪用或者私分本社资产；

（二）违反章程规定或者未经成员大会同意，将本社资金借贷给他人或者以本社资产为他人提供担保；

（三）接受他人与本社交易的佣金归为己有；

（四）从事损害本社经济利益的其他活动。

理事长、理事和管理人员违反前款规定所得的收入，应当归本社所有；给本社造成损失的，应当承担赔偿责任。

第三十七条 农民专业合作社的理事长、理事、经理不得兼任业务性质相同的其他农民专业合作社的理事长、理事、监事、经理。

第三十八条 执行与农民专业合作社业务有关公务的人员，不得担任农民专业合作社的理事长、理事、监事、经理或者财务会计人员。

第五章 财务管理

第三十九条 农民专业合作社应当按照国务院财政部门制定的财务会计制度进行财务管理和会计核算。

第四十条 农民专业合作社的理事长或者理事会应当按照章程规定，组织编制年度业务报告、盈余分配方案、亏损处理方案以及财务会计报告，于成员大会召开的十五日前，置备于办公地点，供成员查阅。

第四十一条 农民专业合作社与其成员的交易、与利用其提供的服务的非成员的交易，应当分别核算。

第四十二条 农民专业合作社可以按照章程规定或者成员大会决议从当年盈余中提取公积金。公积金用于弥补亏损、扩大生产经营或者转为成员出资。

每年提取的公积金按照章程规定量化为每个成员的份额。

第四十三条 农民专业合作社应当为每个成员设立成员账户，主要记载下列内容：

（一）该成员的出资额；

（二）量化为该成员的公积金份额；

（三）该成员与本社的交易量（额）。

第四十四条 在弥补亏损、提取公积金后的当年盈余，为农民专业合作社的可分配盈余。可分配盈余主要按照成员与本社的交易量（额）比例返还。

可分配盈余按成员与本社的交易量（额）比例返还的返还总额不得低于可分配盈余的百分之六十；返还后的剩余部分，以成员账户中记载的出资额和公积金份额，以及本社接受国家财政直接补助和他人捐赠形成的财产平均量化到成员的份额，按比例分配给本社成员。

经成员大会或者成员代表大会表决同意，可以将全部或者部分可分配盈余转为对农民专业合作社的出资，并记载在成员账户中。

具体分配办法按照章程规定或者经成员大会决议确定。

第四十五条 设立执行监事或者监事会的农民专业合作社，由执行监事或者监事会负责对本社的财务进行内部审计，审计结果应当向成员大会报告。

成员大会也可以委托社会中介机构对本社的财务进行审计。

第六章 合并、分立、解散和清算

第四十六条 农民专业合作社合并，应当自合并决议作出之日起十日内通知债权人。合并各方的债权、债务应当由合并后存续或者新设的组织承继。

第四十七条 农民专业合作社分立，其财产作相应的分割，并应当自分立决议作出之日起十日内通知债权人。分立前的债务由分立后的组织承担连带责任。但是，在分立前与债权人就债务清偿达成的书面协议另有约定的除外。

第四十八条 农民专业合作社因下列原因解散：

（一）章程规定的解散事由出现；

（二）成员大会决议解散；

（三）因合并或者分立需要解散；

（四）依法被吊销营业执照或者被撤销。

因前款第一项、第二项、第四项原因解散的，应当在解散事由出现之日起十五日内由成员大会推举成员组成清算组，开始解散清算。逾期不能组成清算组的，成员、债权人可以向人民法院申请指定成员组成清算组进行清算，人民法院应当受理该申请，并及时指定成员组成清算组进行清算。

第四十九条 清算组自成立之日起接管农民专业合作社，负责处理与清算有关未了结业务，清理财产和债权、债务，分配清偿债务后的剩余财产，代表农民专业合作社参与诉讼、仲裁或者其他法律程序，并在清算结束时办理注销登记。

第五十条 清算组应当自成立之日起十日内通知农民专业合作社成员和债权人，并于六十日内在报纸上公告。债权人应当自接到通知之日起三十日内，未接到通知的自公告之日起四十五日内，向清算组申报债权。如果在规定期间内全部成员、债权人均已收到通知，免除清算组的公告义务。

债权人申报债权，应当说明债权的有关事项，并提供证明材料。清算组应当对债权进行审查、登记。

在申报债权期间，清算组不得对债权人进行清偿。

第五十一条 农民专业合作社因本法第四十八条第一款的原因解散，或者人民法院受理破产申请时，不能办理成员退社手续。

第五十二条 清算组负责制定包括清偿农民专业合作社员工的工资及社会保险费用，清偿所欠税款和其他各项债务，以及分配剩余财产在内的清算方案，经成员大会通过或者申请人民法院确认后实施。

清算组发现农民专业合作社的财产不足以清偿债务的，应当依法向人民法院申请破产。

第五十三条 农民专业合作社接受国家财政直接补助形成的财产，在解散、破产清算时，不得作为可分配剩余资产分配给成员，具体按照国务院财政部门有关规定执行。

第五十四条 清算组成员应当忠于职守，依法履行清算义务，因故意或者重大过失给农民专业合作社成员及债权人造成损失的，应当承担赔偿责任。

第五十五条 农民专业合作社破产适用企业破产法的有关规定。但是，破产财产在清偿破产费用和共益债务后，应当优先清偿破产前与农民成员已发生交易但尚未结清的款项。

第七章 农民专业合作社联合社

第五十六条 三个以上的农民专业合作社在自愿的基础上，可以出资设立农民专业合作社联合社。

农民专业合作社联合社应当有自己的名称、组织机构和住所，由联合社全体成员制定并承认的章程，以及符合章程规定的成员出资。

第五十七条 农民专业合作社联合社依照本法登记，取得法人资格，领取营业执照，登记类型为农民专业合作社联合社。

第五十八条 农民专业合作社联合社以其全部财产对该社的债务承担责任；农民专业合作社联合社的成员以其出资额为限对农民专业合作社联合社承担责任。

第五十九条 农民专业合作社联合社应当设立由全体成员参加的成员大会，其职权包括修改农民专业合作社联合社章程，选举和罢免农民专业合作社联合社理事长、理事和监事，决定农民专业合作社联合社的经营方案及盈余分配，决定对外投资和担保方案等重大事项。

农民专业合作社联合社不设成员代表大会，可以根据需要设立理事会、监事会或者执行监事。理事长、理事应当由成员社选派的人员担任。

第六十条 农民专业合作社联合社的成员大会选举和表决，实行一社一票。

第六十一条 农民专业合作社联合社可分配盈余的分配办法，按照本法规定的原则由农民专业合作社联合社章程规定。

第六十二条 农民专业合作社联合社成员退社，应当在会计年度终了的六个月前以书面形式向理事会提出。退社成员的成员资格自会计年度终了时终止。

第六十三条 本章对农民专业合作社联合社没有规定的，适用本法关于农民专业合作社的规定。

第八章 扶持措施

第六十四条 国家支持发展农业和农村经济的建设项目，可以委托和安排有条件的农民专业合作社实施。

第六十五条 中央和地方财政应当分别安排资金，支持农民专业合作社开展信息、培训、农产品标准与认证、农业生产基础设施建设、市场营销和技术推广等服务。国家对革命老区、民族地区、边疆地区和贫困地区的农民专业合作社给予优先扶助。

县级以上人民政府有关部门应当依法加强对财政补助资金使用情况的监督。

第六十六条 国家政策性金融机构应当采取多种形式，为农民专业合作社提供多渠道的资金支持。具体支持政策由国务院规定。

国家鼓励商业性金融机构采取多种形式，为农民专业合作社及其成员提供金融服务。

国家鼓励保险机构为农民专业合作社提供多种形式的农业保险服务。鼓励农民专业合作社依法开展互助保险。

第六十七条 农民专业合作社享受国家规定的对农业生产、加工、流通、服务和其他涉农经济活动相应的税收优惠。

第六十八条 农民专业合作社从事农产品初加工用电执行农业生产用电价格，农民专业合作社生产性配套辅助设施用地按农用地管理，具体办法由国务院有关部门规定。

第九章 法律责任

第六十九条 侵占、挪用、截留、私分或者以其他方式侵犯农民专业合作社及其成员的合法财产，非法干预农民专业合作社及其成员的生产经营活动，向农民专业合作社及其成员摊派，强迫农民专业合作社及其成员接受有偿服务，造成农民专业合作社经济损失的，依法追究法律责任。

第七十条 农民专业合作社向登记机关提供虚假登记材料或者采取其他欺诈手段取得登记的，由登记机关责令改正，可以处五千元以下罚款；情节严重的，撤销登记或者吊销营业执照。

第七十一条 农民专业合作社连续两年未从事经营活动的，吊销其营业执照。

第七十二条 农民专业合作社在依法向有关主管部门提供的财务报告等材料中，作虚假记载或者隐瞒重要事实的，依法追究法律责任。

第十章 附 则

第七十三条 国有农场、林场、牧场、渔场等企业中实行承包租赁经营、从事农业生产经营或者服务的职工，兴办农民专业合作社适用本法。

第七十四条 本法自2018年7月1日起施行。

中华人民共和国
乡村集体所有制企业条例

· 1990年6月3日中华人民共和国国务院令第59号公布

· 根据2011年1月8日《国务院关于废止和修改部分行政法规的决定》修订

第一章 总 则

第一条 为了保障乡村集体所有制企业的合法权益，引导其健康发展，制定本条例。

第二条 本条例适用于由乡（含镇，下同）村（含村民小组，下同）农民集体举办的企业。

农业生产合作社、农村供销合作社、农村信用社不适用本条例。

第三条 乡村集体所有制企业是我国社会主义公有制经济的组成部分。

国家对乡村集体所有制企业实行积极扶持，合理规划，正确引导，加强管理的方针。

第四条 乡村集体所有制企业的主要任务是：发展商品生产和服务业，满足社会日益增长的物质和文化生活的需要；调整农村产业结构，合理利用农村劳动力；支援农业生产和农村建设，增加国家财政和农民的收入；积极发展出口创汇生产；为大工业配套和服务。

第五条 国家保护乡村集体所有制企业的合法权益，禁止任何组织和个人侵犯其财产。

第六条 乡村集体所有制企业实行自主经营，独立核算，自负盈亏。

乡村集体所有制企业实行多种形式的经营责任制。

乡村集体所有制企业可以在不改变集体所有制性质的前提下，吸收投资入股。

第七条 国家鼓励和扶持乡村集体所有制企业采用先进适用的科学技术和经营管理方法，加速企业现代化。

第八条 国家鼓励和保护乡村集体所有制企业依照平等互利、自愿协商、等价有偿的原则，进行多种形式的经济技术合作。

第九条 国家鼓励和支持乡村集体所有制企业依法利用自然资源，因地制宜发展符合国家产业政策和市场需要的产业和产品，增加社会有效供给。

第十条 乡村集体所有制企业经依法审查，具备法人条件的，登记后取得法人资格，厂长（经理）为企业的法定代表人。

第十一条 乡村集体所有制企业职工有返回其所属的农民集体经济组织从事农业生产的权利。

第十二条 国务院乡镇企业行政主管部门主管全国乡村集体所有制企业。地方人民政府乡镇企业行政主管部门主管本行政区域内的乡村集体所有制企业（以下简称企业）。

第二章 企业的设立、变更和终止

第十三条 设立企业应当具备下列条件：

（一）产品和提供的服务为社会所需要，并符合国家法律、法规和政策规定；

（二）有自己的名称、组织机构和生产经营场所；

（三）有确定的经营范围；

（四）有与生产经营和服务规模相适应的资金、设备、从业人员和必要的原材料条件；

（五）有必要的劳动卫生、安全生产条件和环境保护措施；

（六）符合当地乡村建设规划，合理利用土地。

第十四条 设立企业必须依照法律、法规，经乡级人民政府审核后，报请县级人民政府乡镇企业主管部门以及法律、法规规定的有关部门批准，持有关批准文件向企业所在地工商行政管理机关办理登记，经核准领取《企业法人营业执照》或者《营业执照》后始得营业，并向税务机关办理税务登记。

企业应当在核准登记的经营范围内从事生产经营活动。

第十五条 企业分立、合并、迁移、停业、终止以及改变名称、经营范围等，须经原批准企业设立的机关核准，向当地工商行政管理机关和税务机关办理变更或者注销登记，并通知开户银行。

第十六条 企业分立、合并、停业或者终止时，必须保护其财产，依法清理债权、债务。

第十七条 企业破产应当进行破产清算，法人以企业的财产对企业债权人清偿债务。

第三章 企业的所有者和经营者

第十八条 企业财产属于举办该企业的乡或者村范围内的全体农民集体所有，由乡或者村的农民大会（农民代表会议）或者代表全体农民的集体经济组织行使企业财产的所有权。

企业实行承包、租赁制或者与其他所有制企业联营的，企业财产的所有权不变。

第十九条 企业所有者依法决定企业的经营方向、经营形式、厂长（经理）人选或者选聘方式，依法决定企业税后利润在其与企业之间的具体分配比例，有权作出关于企业分立、合并、迁移、停业、终止、申请破产等决议。

企业所有者应当为企业的生产、供应、销售提供服务，并尊重企业的自主权。

第二十条 实行承包或者租赁制的企业，企业所有者应当采取公开招标方式确定经营者，不具备条件的，也可以采取招聘、推荐等方式选用经营者。

招标可以在企业内部或者企业外部进行。投标者可以是经营集团或者个人。经营集团中标后，必须确定企业经营者。

企业所有者应当对投标者全面评审，择优选定。

第二十一条 实行承包或者租赁制的企业，企业经营者应当具备下列条件：

（一）坚持四项基本原则和改革开放，遵纪守法；

（二）必要的文化知识和专业技术知识；

（三）必要的企业经营管理能力；

（四）提供必要的财产担保或者保证人；

（五）企业所有者提供的其他合法条件。

第二十二条 企业经营者是企业的厂长（经理）。企业实行厂长（经理）负责制。厂长（经理）对企业全面负责，代表企业行使职权。

第二十三条 实行承包或者租赁制的企业，订立承包或者租赁合同时，应当坚持平等、自愿、协商的原则，兼顾国家、集体和个人的利益。

第四章 企业的权利和义务

第二十四条 企业在生产经营活动中享有下列权利：

（一）占有和使用企业资产，依照国家规定筹集资金；

（二）在核准登记的范围内自主安排生产经营活动；

（三）确定企业内部机构设置和人员配备；依法招聘、辞退职工，并确定工资形式和奖惩办法；

（四）有权自行销售本企业的产品，但国务院另有规定的除外；

（五）有权自行确定本企业的产品价格、劳务价格，但国务院规定由物价部门和有关主管部门控制价格的除外；

（六）自愿参加行业协会和产品评比；

（七）依照国家规定自愿参加各种招标、投标活动，申请产品定点生产，取得生产许可证；

（八）自主订立经济合同，开展经济技术合作；

（九）依法开发和利用自然资源；

（十）依法利用外资、引进先进技术和设备，开展进出口贸易等涉外经济活动，并依照国家规定提留企业的外汇收入；

（十一）拒绝摊派和非法罚款，但法律、法规规定应当提供财力、物力、人力的除外。

第二十五条 企业在生产经营活动中应当履行下列义务：

（一）依法缴纳税金；

（二）依照国家以及省、自治区、直辖市人民政府的规定，上交支农资金和管理费；

（三）依法建立健全财务会计、审计、统计等制度，按期编报财务、统计报表；

（四）保护自然资源和环境，防止和治理污染；

（五）努力降低原材料和能源消耗，发展符合国家产业政策的产品；

（六）做好劳动保护工作，实行安全生产；

（七）保证产品质量和服务质量；

（八）依法履行合同；

（九）对职工进行政治思想、科学文化、技术业务和职业道德等方面的教育；

（十）遵守法律、法规和政策的其他规定。

第五章 企业的管理

第二十六条 企业职工有参加企业民主管理，对厂长（经理）和其他管理人员提出批评和控告的权利。

企业职工大会或者职工代表大会有权对企业经营管理中的问题提出意见和建议，评议、监督厂长（经理）和其他管理人员，维护职工的合法权益。

第二十七条 企业应当兼顾国家、集体和个人的利益，合理安排积累与消费的比例，对职工实行各尽所能、按劳分配的原则。

男工与女工应当同工同酬。

第二十八条 企业招用职工应当依法签订劳动合同，实行灵活的用工形式和办法。

对技术要求高的企业，应当逐步形成专业化的技术职工队伍。

第二十九条 企业不得招用未满16周岁的童工。

第三十条 企业对从事高度危险作业的职工，必须依照国家规定向保险公司投保。

有条件的企业，应当参照国家有关规定实行职工社会保险。

第三十一条 企业发生劳动争议，可以依照《中华人民共和国劳动争议调解仲裁法》处理。

第三十二条 企业税后利润，留给企业的部分不应低于60%，由企业自主安排，主要用作增加生产发展基金，进行技术改造和扩大再生产，适当增加福利基金和奖励基金。

企业税后利润交给企业所有者的部分，主要用于扶持农业基本建设、农业技术服务、农村公益事业、企业更新改造或者发展新企业。

第三十三条 企业应当根据国家有关规定，加强本企业的各项基础管理和合同管理。

第六章 企业与政府有关部门的关系

第三十四条 各级人民政府乡镇企业行政主管部门根据国家的法律、法规和政策，加强对企业的指导、管理、监督、协调和服务：

（一）监督检查企业执行国家法律、法规和政策；

（二）制订企业发展规划，协同有关部门制定农村剩余劳动力就业规划；

（三）会同有关部门指导企业的计划、统计、财务、审计、价格、物资、质量、设备、技术、劳动、安全生产、环境保护等管理工作；

（四）组织和指导企业的技术进步、职工教育和培训；

（五）向企业提供经济、技术咨询和信息服务；

（六）协调企业与有关方面的关系，帮助企业开展经济技术合作；

（七）总结推广企业发展的经验；

（八）组织和指导企业的思想政治工作，促进企业的社会主义精神文明建设。

第三十五条 各级人民政府有关行业管理部门应当根据国家的产业政策和行业发展规划，对企业的发展方向进行指导和监督；对企业开展技术指导、人才培训和经济、技术信息服务；指导、帮助和监督企业开展劳动保护、环境保护等工作。

第三十六条 政府有关部门应当为符合国家产业政策，经济和社会效益好的企业创造发展条件：

（一）对企业所需的能源、原材料、资金等，计划、物资、金融等部门应当积极帮助解决；生产纳入国家指令性计划的产品所需的能源、原材料等，由安排生产任务的部门和单位组织供应；（2011年1月8日删除）

（二）根据国家有关规定，对生产名、优产品和出口创汇产品的企业，应当在信贷、能源、原材料和运输等方面给予扶持；

（三）为企业培训、招用专业技术人才和引进先进技术创造条件。

第七章 奖励与处罚

第三十七条 对在企业经营管理、科技进步、劳动保护、环境保护和思想政治工作等方面作出显著成绩的企业和个人，由人民政府给予奖励。

第三十八条 企业产品质量达不到国家规定标准的，企业所有者和企业主管部门应当责令其限期整顿，经整顿无效者，应当责令其停产或者转产，直至建议有关机关撤销生产许可证，吊销营业执照。

企业因生产、销售前款所指的产品，给用户和消费者造成财产损失、人身损害的，应当承担赔偿责任；构成犯罪的，依法追究刑事责任。

第三十九条 企业厂长（经理）侵犯职工合法权益，情节严重的，由企业所有者给予行政处分；构成犯罪的，依法追究刑事责任。

第四十条 对向企业摊派的单位和个人，企业可以向审计机关或者其他有关部门控告、检举。经审计机关确认是摊派行为的，由审计机关通知摊派单位停止摊派行为，限期退回摊派财物；对摊派单位的负责人和直接责任人员，监察机关或者有关主管部门可以根据情节轻重，给予行政处分。

第四十一条 政府部门的工作人员玩忽职守、滥用职权，使企业合法权益遭受损害的，由其所在单位或者上级主管机关给予行政处分；构成犯罪的，依法追究刑事责任。

第四十二条 企业违反财政、税收、劳动、工商行政、价格、资源、环境保护等法律、法规的，依照有关法律、法规处理。

第八章 附 则

第四十三条 本条例由国务院乡镇企业行政主管部门负责解释，并组织实施。

第四十四条 省、自治区、直辖市人民政府可以根据本条例制定实施办法。

第四十五条 本条例自 1990 年 7 月 1 日起施行。

（四）农村基层组织

中华人民共和国村民委员会组织法

· 1998 年 11 月 4 日第九届全国人民代表大会常务委员会第五次会议通过

· 2010 年 10 月 28 日第十一届全国人民代表大会常务委员会第十七次会议修订

· 根据 2018 年 12 月 29 日第十三届全国人民代表大会常务委员会第七次会议《关于修改〈中华人民共和国村民委员会组织法〉〈中华人民共和国城市居民委员会组织法〉的决定》修正

第一章 总 则

第一条 【立法宗旨和依据】为了保障农村村民实行自治，由村民依法办理自己的事情，发展农村基层民主，维护村民的合法权益，促进社会主义新农村建设，根据宪法，制定本法。

链接《宪法》第 111 条

第二条 【村民委员会的性质和任务】村民委员会是村民自我管理、自我教育、自我服务的基层群众性自治组织，实行民主选举、民主决策、民主管理、民主监督。

村民委员会办理本村的公共事务和公益事业，调解民间纠纷，协助维护社会治安，向人民政府反映村民的意见、要求和提出建议。

村民委员会向村民会议、村民代表会议负责并报告工作。

注释 村民自治的方式是民主选举、民主决策、民主管理、民主监督。所谓民主选举，就是由本村有选举权的村民依照法律法规规定的程序，直接选举村民委员会主任、副主任和委员，任何组织或者个人不得指定、委派村民委员会成员。

所谓民主决策是指涉及村民切身利益的事项，必须由村民民主讨论，按多数人的意见作出决定。

所谓民主管理，是指在对村内的社会事务、经济建设、个人行为的管理过程中要吸收村民参加，并认真听取村民的不同意见。

所谓民主监督，是指由村民对村民委员会的工作和村内的各项事务实行民主监督。

实务问答 1. 村民委员会与国家政权机关有什么区别

国家政权以一系列具有不同作用的国家机关的形式出现，如权力机关、行政机关、监察机关、审判机关、检察机关、军事机关等，它以暴力为后盾，对社会实行系统的控制和管理，其内部具有严格的组织关系和层级结构。村民委员会是在基层社会生活中发挥自治作用的一种非国家政权的组织形式，它与政权机关的区别是：(1)政权机关所通过的法律、法规、规章、指示、命令、决议、决定、行政措施等，都具有国家强制力，对拒不服从者可以强制其服从；而村民委员会所通过的决议、决定、自治章程和村规民约等，都不具有国家强制力，对拒不服从者不能强制其服从，而只能靠说服、动员、教育、舆论压力等方式加以贯彻落实。(2)政权机关全面管理本辖区内的政治、经济、文化、社会事务等方面的工作，村民委员会只管理本村群众自己的事务。(3)政权机关自上而下有一套严密的组织系统，村民委员会没有自己的上下组织系统。

2. 村民委员会与民族区域自治地方有什么不同

村民委员会作为基层群众自治组织与民族区域自治地方不同，其主要区别是：(1)民族区域自治，是指按照宪法和民族区域自治法的规定，在国家的统一领导下，各少数民族聚居的地方实行区域自治，设立自治机关，行使自治权。它是我国解决民族问题的一项基本政策，是一项民族民主制度。基层群众自治是指在农村基层由群众按照法律规定设立村民委员会，自己管理自己的基层事务，它是我国解决基层直接民主的一项基本政策，是一项基层民主制度。(2)民族区域自治只是在少数民族聚居的地区实行，我国的民族自治地方有自治区、自治州、自治县三级。而基层群众自治则在全国农村普遍实行，只有村民委员会一级。(3)民族自治地方设立的自治机关，即人民代表大会和人民政府，是国家的地方政权机关，既依法行使地方国家政权机关的职权，又依法行使自治权，自主管理本地区的政治、经济、文化建设等事业。而作为基层群众自治组织的村民委员会，虽然法律也确立了它的自治权，但它不是一级国家政权机关，两者的自治权是不同的。

3. 什么是村公共事务？什么是村公益事业

村公共事务，一般是指与本村全体村民的生产生活普遍相关的事务。办理公共事务的经费主要来源于村集体经济的公益金和向驻村企事业单位及村民的集资。其主要作用是为村民生产提供服务，为村民生活提供便利，带有一定的服务性质。公共事务主要有：规划村庄，修路架桥；兴修水利，架设电线；兴办教育，发展科技；建卫生室，保护环境等。

村公益事业，是指村集体兴办的带有公共福利性质的事业。办理的经费主要来源于村集体经济的公益金和向驻村企事业单位及村民的集资。其主要作用是帮助全体村民或特定的对象解决实际困难，带有一定的福利性质。村公益事业的内容主要有：兴办敬老院、托儿所和幼儿园；照顾五保户，帮助困难户；建立红白理事会，开展移风易俗等。

4. 实践中，应如何处理好村民会议与村委会的关系

要正确处理好村民会议与村委会的关系，在实际工作中应注意以下问题：一是树立村民会议的权威性，保证实现法律赋予它的权力。必须保证村民会议按时召开，村委会及其下属机构必须认真执行村民会议的决定，积极主动向村民会议报告工作，接受村民会议的监督。二是村民应积极支持村委会的工作，发挥村委会的作用，为村委会顺利实施村民会议通过的各项决定创造条件。

链接《宪法》第111条；《城市居民委员会组织法》第2、3条；《农村土地承包法》第55条；《最高人民法院、司法部关于进一步加强新形势下人民调解工作的意见》六、八；《人民调解法》第8、9、12条

第三条 【村民委员会的设立】村民委员会根据村民居住状况、人口多少，按照便于群众自治，有利于经济发展和社会管理的原则设立。

村民委员会的设立、撤销、范围调整，由乡、民族乡、镇的人民政府提出，经村民会议讨论同意，报县级人民政府批准。

村民委员会可以根据村民居住状况、集体土地所有权关系等分设若干村民小组。

注释 村民小组是村民自治共同体内部的一种组织形式，是自治的一个层次。村民小组负责经营、管理属于村民小组的集体土地和其他财产。根据《土地管理法》的规定，农村土地所有权属于村民小组集体所有的，由村民小组经营、管理，在发包时，由村民小组作为发包方，承包给村民经营。

实务问答 村民小组组长利用职务便利非法占有公共财物行为如何定性

根据《最高人民法院关于村民小组组长利用

职务便利非法占有公共财物行为如何定性问题的批复》的规定，对村民小组组长利用职务上的便利，将村民小组集体财产非法占为己有，数额较大的行为，应当依照刑法第二百七十一条第一款的规定，以职务侵占罪定罪处罚。

链接《城市居民委员会组织法》第 6 条；《土地管理法》第 10 条；《民法典》第 262、264 条

第四条 【基层党组织在村民自治中的作用】中国共产党在农村的基层组织，按照中国共产党章程进行工作，发挥领导核心作用，领导和支持村民委员会行使职权；依照宪法和法律，支持和保障村民开展自治活动、直接行使民主权利。

实务问答村党支部书记和村民委员会主任可以由一人兼任吗

村党支部书记和村委会主任可以由一人担任。村党支部书记的产生依据的是《中国共产党章程》及《中国共产党农村基层组织工作条例》的有关规定，村民委员会主任的产生依据的是《村民委员会组织法》，只要不违反相关的规定就可以由一人兼任。

第五条 【乡镇人民政府与村民委员会的关系】乡、民族乡、镇的人民政府对村民委员会的工作给予指导、支持和帮助，但是不得干预依法属于村民自治范围内的事项。

村民委员会协助乡、民族乡、镇的人民政府开展工作。

注释乡镇政府与村委会的关系可从以下几个方面来理解：(1)乡镇政府与村委会是指导关系而不是领导关系。乡镇政府对村委会的工作应当给予指导、支持和帮助。指导，是对村委会如何依法开展自治活动给予引导，不能强迫命令，只能通过培训、宣传、说服、动员等方式引导村委会在法律的范围内积极开展自治活动。支持和帮助，就是对村委会依法开展自治活动给予尊重和肯定，对村委会在工作中遇到的各种阻力和困难帮助协调解决，在物质等各方面提供援助等。(2)乡镇政府不得干预依法属于村民自治范围内的事项。村委会是群众自治组织，凡依法属于自治范围内的事项，都应当由村民自己讨论决定，乡镇政府不得干预。所谓不得干预，就是对依法属于村民自治范围的事项，乡镇政府不能强迫也不能包办，但可以指导，包括宣传、说明、解释、说服、动员等。(3)村委会应当协助乡镇政府开展工作。村委会协助乡镇政府开展工作，是指协助与本村有关的、属于乡镇政府职责范围内的各项工作，包括环境与资源保护、土地管理、公共卫生、治安保卫、计划生育、优抚救济、税收、粮食收购等等。协助的主要形式是宣传、教育、动员、提供情况等，一般不直接办理。必要时，可以受乡镇政府的委托，代表乡镇政府办理有关行政性事宜。村委会受委托办理的政府事宜，属于政府的具体行政行为，应由委托的乡镇政府承担责任。

实务问答 1. 依法属于村民自治范围内的事项有哪些

判断哪些事项属于村民自治范围，应当遵循两点：一是根据依法行政原则，凡是政府的职权，必须要有法律、法规的明确规定。法律、法规规定的政府职权，既是政府必须履行的义务，又是政府行使职权的界限，超越这个界限就是越权。二是《村民委员会组织法》对自治范围的事项作了规定的，村民自治组织在这些范围内的事项作出决定，乡镇政府都不得干预。具体而言，主要有：(1)村委会的设立、撤销和范围的调整；(2)村委会成员的直接选举和罢免；(3)村民会议的组成和召开；(4)村委会对村民会议负责并报告工作，村民会议对村委会工作报告的审议，对村委会成员工作的评议；(5)村民小组长的推选产生；(6)法律规定的村委会提请村民会议讨论决定的事项；(7)村民代表的推选和村民代表会议的召开，村民会议授权村民代表会议的事项；(8)法律规定的村委会职责、任务、权利和义务的实行和履行。

2. 村委会协助乡镇政府办理的行政事务主要有哪些

本法第 5 条第 2 款规定了村委会负有协助乡镇人民政府开展工作的义务，也就意味着村委会将承担一定的行政事务。村委会协助乡镇政府处理的行政事务主要有以下几类：(1)与贯彻国家和地方法律法规有关的行政事务。(2)与党和国家的方针政策有关的行政性事务。(3)临时性或突发性的行政事务。政府处理这类事务需要公民的积极配合。例如应对自然灾害，尽管政府设有职能部门负责自然灾害的救灾救济工作，但要把工作落到实处，离不开村委会的配合。(4)地方政府以各种形式部署的行政性事务。

链接《宪法》第 111 条；《人口与计划生育法》第 12 条；《安全生产法》第 75 条；《消防法》第 6 条；《人民调解法》第 8、9、12 条；《禁毒法》第 17、19

条;《突发事件应对法》第21条;《传染病防治法》第9条;《价格法》第37条;《民法典》第27、1150条;《老年人权益保障法》第7条

第二章 村民委员会的组成和职责

第六条 【村民委员会的组成】村民委员会由主任、副主任和委员共三至七人组成。

村民委员会成员中,应当有妇女成员,多民族村民居住的村应当有人数较少的民族的成员。

对村民委员会成员,根据工作情况,给予适当补贴。

实务问答 村委会人数是不是固定的

我国农村地域辽阔,各地区经济、社会发展很不平衡,村的自然条件及村民的人口数量、居住状况差别也很大,相应地,村委会所承担的工作量也就不同。村委会成员少的可以为3人,多的可以达到7人,但不能少于3人,也不能多于7人。具体人数,各地可以根据本地的实际情况予以确定。为了便于讨论决定问题,村委会成员应为单数。

链接《宪法》第4、33、48条;《妇女权益保障法》第14条

第七条 【村民委员会下属机构的设置】村民委员会根据需要设人民调解、治安保卫、公共卫生与计划生育等委员会。村民委员会成员可以兼任下属委员会的成员。人口少的村的村民委员会可以不设下属委员会,由村民委员会成员分工负责人民调解、治安保卫、公共卫生与计划生育等工作。

注释 人民调解委员会是村民委员会下设的调解民间纠纷的群众性组织,在基层人民政府和基层人民法院指导下进行工作。人民调解委员会的任务为调解民间纠纷,并通过调解工作宣传法律、法规、规章和政策,教育公民遵纪守法,尊重社会公德。人民调解委员会应当向村民委员会反映民间纠纷和调解工作的情况。

治安保卫委员会是群众性治安保卫组织,主要负责协助维护农村社会治安,保证本村的生产、生活和社会秩序的稳定。

公共卫生委员会是群众性卫生组织,主要负责向村民宣传卫生常识,协助搞好本地区的环境卫生,提供卫生服务等。

开展计划生育工作以来,许多村民委员会设立了计划生育委员会,专门负责计划生育的宣传、检查和监督工作。

除了人民调解、治安保卫、公共卫生与计划生育等,村民委员会还可以根据需要设立一些其他委员会。

实务问答 人民调解委员会的具体职能是什么

人民调解委员会的任务是通过说服、疏导等方法,促使当事人在平等协商基础上自愿达成调解协议。人民调解委员会调解民间纠纷,不收取任何费用。人民调解员根据纠纷的不同情况,可以采取多种方式调解民间纠纷,充分听取当事人的陈述,讲解有关法律、法规和国家政策,耐心疏导,在当事人平等协商、互谅互让的基础上提出纠纷解决方案,帮助当事人自愿达成调解协议。调解工作应当遵守一定的原则,即依据法律、法规、规章和政策进行调解,法律、法规、规章和政策没有明确规定的,依据社会公德进行调解;调解工作应当在双方当事人自愿平等的基础上进行;尊重当事人的诉讼权利,不得因未经调解或者调解不成而阻止当事人向人民法院起诉。

链接《宪法》第25、111条;《人民调解法》;《治安保卫委员会暂行组织条例》;《人口与计划生育法》

第八条 【村民委员会的经济职能】村民委员会应当支持和组织村民依法发展各种形式的合作经济和其他经济,承担本村生产的服务和协调工作,促进农村生产建设和经济发展。

村民委员会依照法律规定,管理本村属于村农民集体所有的土地和其他财产,引导村民合理利用自然资源,保护和改善生态环境。

村民委员会应当尊重并支持集体经济组织依法独立进行经济活动的自主权,维护以家庭承包经营为基础、统分结合的双层经营体制,保障集体经济组织和村民、承包经营户、联户或者合伙的合法财产权和其他合法权益。

实务问答 村委会的经济职能是什么

村委会的经济职能主要有:

(1)支持和组织村民依法发展各种形式的合作经济和其他经济。从目前农村合作经济组织的实际情况看,主要有三种形式:一是按照一村一社的模式建立起来的、由全体村民参加的区域性合作经济组织,主要有村经济联合社、村集体经济联合公司等,统一管理全村的土地和村办的各种合作经济,包括村办企业、村办各种服务队等。二是由村委会直接管理全村的土地和各种村办的合作经济。三是部分村民自愿组织起来的各种合作经

济,包括村民小组投资兴办的企业等等。

(2)承担本村生产的服务和协调工作。农村实行家庭承包责任制以后,需要解决产前、产中、产后的各种服务和协调。

(3)依法管理本村土地和其他财产。管理农村集体土地,应区别不同情况分别对待:①属于全村农民集体所有的土地,如果建有全村村民都参加的区域性村集体经济组织的,由村集体经济组织作为发包方,将土地承包给村民经营;没有村集体经济组织的,由村委会作为发包方,将土地承包给村民经营。②属于村民小组集体所有的土地,由村民小组作为发包方,将土地承包给村民经营。③属于全乡镇农民集体所有的土地,由乡镇集体经济组织经营、管理。本村其他财产,包括动产和不动产,是否由村委会管理,也按以上原则分别情况决定。

(4)引导村民合理利用自然资源,保护和改善生态环境。

(5)尊重集体经济组织依法享有的经营自主权,保障集体经济组织和村民合法的财产权和其他合法权益。农村的各种集体经济组织,都依法享有经营自主权,村委会应当予以尊重,不能随便干预。

(6)维护以家庭承包经营为基础、统分结合的双层经营体制。

链接《民法典》第261、262、330、332条;《土地管理法》第11、57条;《农村土地承包法》第13条;《农村土地承包经营纠纷调解仲裁法》第3、7、10条;《最高人民法院关于审理涉及农村土地承包纠纷案件适用法律问题的解释》第24条

第九条 【村民委员会的社会职能】村民委员会应当宣传宪法、法律、法规和国家的政策,教育和推动村民履行法律规定的义务、爱护公共财产,维护村民的合法权益,发展文化教育,普及科技知识,促进男女平等,做好计划生育工作,促进村与村之间的团结、互助,开展多种形式的社会主义精神文明建设活动。

村民委员会应当支持服务性、公益性、互助性社会组织依法开展活动,推动农村社区建设。

多民族村民居住的村,村民委员会应当教育和引导各民族村民增进团结、互相尊重、互相帮助。

链接《宪法》第4、24、25、48、59条;《国防教育法》第21条;《农村五保供养工作条例》第7、8、13、18条

案例 **李秋月等诉广州市花都区梯面镇红山村村民委员会违反安全保障义务责任纠纷案**(最高人民法院指导案例140号)

裁判规则:公共场所经营管理者的安全保障义务,应限于合理限度范围内,与其管理和控制能力相适应。完全民事行为能力人因私自攀爬景区内果树采摘果实而不慎跌落致其自身损害,主张经营管理者承担赔偿责任的,人民法院不予支持。

第十条 【对村民委员会及其成员的要求】村民委员会及其成员应当遵守宪法、法律、法规和国家的政策,遵守并组织实施村民自治章程、村规民约,执行村民会议、村民代表会议的决定、决议,办事公道,廉洁奉公,热心为村民服务,接受村民监督。

实务问答 **村民委员会成员和村党支部成员出现贪污受贿、挪用公款的情况能构成犯罪吗**

在我国刑法上,对贪污罪、挪用公款罪和受贿罪都有明确的规定,其犯罪构成的主体必须是国家工作人员。鉴于农村基层干部贪污受贿、挪用公款的情形经常出现,而刑法没有明确的规定,造成基层群众特别是基层农民告状无门,不利于矛盾的化解和社会的稳定。针对这一问题,全国人大常委会于2000年4月29日通过了关于《〈中华人民共和国刑法〉第九十三条第二款的解释》(2009年8月27日修订),该立法解释规定,村民委员会等村级基层组织人员(主要指村民委员会成员和村党支部成员)协助人民政府从事下列行政管理工作时,属于刑法第93条第2款规定的"其他依照法律从事公务的人员":(1)救灾、抢险、防汛、优抚、扶贫、移民、救济款物的管理;(2)社会捐助公益事业款物的管理;(3)国有土地的经营和管理;(4)土地征收、征用补偿费用的管理;(5)代征、代缴税款;(6)有关计划生育、户口、征兵工作;(7)协助人民政府从事的其他行政管理工作。村民委员会等村基层组织人员从事前款规定的公务,利用职务上的便利,非法占有公共财物、挪用公款、索取他人财物或者非法收受他人财物,构成犯罪的,适用刑法第382条和第383条贪污罪、第384条挪用公款罪、第385条和第386条受贿罪的规定。也就是说,村民委员会等村级基层组织人员在上述七种情形下,属于准国家工作人员,可以以国家工作人员论,构成贪污罪、挪用公款罪和受贿罪的犯罪主体,可以追究其刑事责任。

由于农村基层组织干部从事的职务工作中既包括上述的国家公务，又包括单纯的集体事务，如修桥筑路、修建码头、兴修水利、集资办厂、出租房屋、办学等公益事业，对此不能视为依法从事公务。有关人员在履行这方面职能的过程中，利用职权侵占集体财物、挪用集体资金的，可以构成刑法第 271 条职务侵占罪和刑法第 272 条挪用资金罪的犯罪主体。

链接《刑法》第 271、272、382—386 条；《全国人民代表大会常务委员会关于〈中华人民共和国刑法〉第九十三条第二款的解释》

第三章　村民委员会的选举

第十一条　【村民委员会成员的产生方式和任期】村民委员会主任、副主任和委员，由村民直接选举产生。任何组织或者个人不得指定、委派或者撤换村民委员会成员。

村民委员会每届任期五年，届满应当及时举行换届选举。村民委员会成员可以连选连任。

注释村民委员会主任、副主任、委员三种职务都必须由村民直接投票选举产生，不得先选举村民委员会委员，然后再由委员自己推选主任和副主任。也不得采用户代表选举，更不得采用推选村民代表，然后由村民代表选举村民委员会主任、副主任和委员的做法。

第十二条　【村民选举委员会】村民委员会的选举，由村民选举委员会主持。

村民选举委员会由主任和委员组成，由村民会议、村民代表会议或者各村民小组会议推选产生。

村民选举委员会成员被提名为村民委员会成员候选人，应当退出村民选举委员会。

村民选举委员会成员退出村民选举委员会或者因其他原因出缺的，按照原推选结果依次递补，也可以另行推选。

实务问答村民选举委员会的职责有哪些

根据《村民委员会选举规程》的规定，村民选举委员会主要履行以下职责：(一)制定村民委员会选举工作方案；(二)宣传有关村民委员会选举的法律、法规和政策；(三)解答有关选举咨询；(四)召开选举工作会议，部署选举工作；(五)提名和培训本村选举工作人员；(六)公布选举日、投票地点和时间，确定投票方式；(七)登记参加选举的村民，公布参加选举村民的名单，颁发参选证；(八)组织村民提名确定村民委员会成员候选人，审查候选人参选资格，公布候选人名单；(九)介绍候选人，组织选举竞争活动；(十)办理委托投票手续；(十一)制作或者领取选票、制作票箱，布置选举大会会场、分会场或者投票站；(十二)组织投票，主持选举大会，确认选举是否有效，公布并上报选举结果和当选名单；(十三)建立选举工作档案，主持新老村民委员会的工作移交；(十四)受理申诉，处理选举纠纷；(十五)办理选举工作中的其他事项。

第十三条　【村民选举资格】年满十八周岁的村民，不分民族、种族、性别、职业、家庭出身、宗教信仰、教育程度、财产状况、居住期限，都有选举权和被选举权；但是，依照法律被剥夺政治权利的人除外。

村民委员会选举前，应当对下列人员进行登记，列入参加选举的村民名单：

（一）户籍在本村并且在本村居住的村民；

（二）户籍在本村，不在本村居住，本人表示参加选举的村民；

（三）户籍不在本村，在本村居住一年以上，本人申请参加选举，并且经村民会议或者村民代表会议同意参加选举的公民。

已在户籍所在村或者居住村登记参加选举的村民，不得再参加其他地方村民委员会的选举。

实务问答 1. 村委会换届选举时如何进行选民登记

(1)公布选民登记日

选民登记日前，村民选举委员会应当发布公告，告知本届村民委员会选举的选民登记日。

(2)登记对象

村民委员会选举前，应当对下列人员进行登记，列入参加选举的村民名单：

①户籍在本村并且在本村居住的村民；②户籍在本村，不在本村居住，本人表示参加选举的村民；③户籍不在本村，在本村居住一年以上，本人申请参加选举，并且经村民会议或者村民代表会议同意参加选举的公民。

已在户籍所在村或者居住村登记参加选举的村民，不得再参加其他地方村民委员会的选举。经村民选举委员会告知，本人书面表示不参加选举的，不列入参加选举的村民名单。依照法律被剥夺政治权利的人，不得参加村民委员会的选举。

(3)登记方法

登记时,既可以村民小组为单位设立登记站,村民到站登记,也可由登记员入户登记。村民选举委员会应当对登记参加选举的村民名单进行造册。

(4)公布选民名单

村民选举委员会应当对登记参加选举的村民名单进行审核确认,并在选举日的二十日前公布。对登记参加选举的村民名单有异议的,应当自名单公布之日起五日内向村民选举委员会申诉,村民选举委员会应当自收到申诉之日起三日内作出处理决定,并公布处理结果。登记参加选举的村民名单出现变动的,村民选举委员会应当及时公布。

(5)发放参选证

选举日前,村民选举委员会应当根据登记参加选举的村民名单填写、发放参选证,并由村民签收。投票选举时,村民凭参选证领取选票。

2. 村民委员会选举应当遵循哪些原则

村委会作为村民自治的组织,必须真正代表村民的意志和利益。选举村委会组成人员,应当遵循以下几个原则:(1)直接选举,是指由选民本人直接选举本村的村民委员会成员,充分表达选民自己的意志。因此,无论是采用户代表选举还是采用村民代表选举,实际上都是用间接选举取代了直接选举,都是违背法律规定的。(2)普遍选举,是指凡达到法定年龄、法律无限制性规定的村民,均有选举权和被选举权,而不受民族、种族、性别、职业、出身、宗教信仰、教育程度、财产状况、居住期限等限制。(3)秘密写票,即选民投票时在秘密写票处写票,且不署写票人本人的姓名。(4)差额选举,这是相对于等额选举而言的,是指正式候选人人数多于应选人数的选举方式。村委会选举中,村委会主任、副主任和委员,都要实行差额选举。(5)无记名投票,是指选民在投票选举中以不记名的方式填写选票。(6)竞争选举,指候选人之间为争取选民信任而主动采取自我宣传、自我表现、主动承诺等相互竞争活动。

3. 什么是一人一票

所谓一人一票,是指每个选民在一次选举中只有一个投票权,每张选票的价值相等。一人一票体现了选举的平等原则,选民不会因为性别、出身、民族、种族、地位、政治状况、宗教信仰等差别而受到限制或享有特权。所有的选民都在平等的基础上参加选举。

4. 村委会选举期间外出打工的村民如何参与选举

在选举期间,一些选民由于外出务工经商或其他原因,不能到选举现场投票的,可以委托本人信任的选民代投或在选举委员会的组织下通过邮寄选票的方式参加投票。委托投票必须办理书面委托手续,每一选民最多只能接受3人委托,受委托人应在选举日当天亲自参加投票。通过邮寄选票方式参加选举的,由选举委员会寄给选民选票,选民填写后寄回,选举委员会在选举大会上当场宣布邮寄投票的选票数、回收票数及投票人姓名,并将邮寄选票投进票箱。

链接《宪法》第34条

第十四条 【村民名单】登记参加选举的村民名单应当在选举日的二十日前由村民选举委员会公布。

对登记参加选举的村民名单有异议的,应当自名单公布之日起五日内向村民选举委员会申诉,村民选举委员会应当自收到申诉之日起三日内作出处理决定,并公布处理结果。

第十五条 【村民委员会的选举程序】选举村民委员会,由登记参加选举的村民直接提名候选人。村民提名候选人,应当从全体村民利益出发,推荐奉公守法、品行良好、公道正派、热心公益、具有一定文化水平和工作能力的村民为候选人。候选人的名额应当多于应选名额。村民选举委员会应当组织候选人与村民见面,由候选人介绍履行职责的设想,回答村民提出的问题。

选举村民委员会,有登记参加选举的村民过半数投票,选举有效;候选人获得参加投票的村民过半数的选票,始得当选。当选人数不足应选名额的,不足的名额另行选举。另行选举的,第一次投票未当选的人员得票多的为候选人,候选人以得票多的当选,但是所得票数不得少于已投选票总数的三分之一。

选举实行无记名投票、公开计票的方法,选举结果应当当场公布。选举时,应当设立秘密写票处。

登记参加选举的村民,选举期间外出不能参加投票的,可以书面委托本村有选举权的近亲属代为投票。村民选举委员会应当公布委托人和受委托人的名单。

具体选举办法由省、自治区、直辖市的人民代表大会常务委员会规定。

实务问答村民委员会成员的候选人如何产生

(1)确定职位和职数

村民会议或者村民代表会议拟定村民委员会的职位和职数,村民选举委员会应当及时公布,并报乡级人民政府或者乡级村民委员会选举工作指导机构备案。

(2)确定候选人人数

村民选举委员会应当根据村民委员会主任、副主任、委员的职数,分别拟定候选人名额。候选人名额应当多于应选名额。

(3)提名确定候选人

村民委员会成员候选人,应当由登记参加选举的村民直接提名,根据拟定的候选人名额,按照得票多少确定。每一村民提名人数不得超过拟定的候选人名额。无行为能力或者被判处刑罚的,不得提名为候选人。候选人中应当有适当的妇女名额,没有产生妇女候选人的,以得票最多的妇女为候选人。

(4)公布候选人名单

村民选举委员会应当以得票多少为序,公布候选人名单,并报乡级村民委员会选举工作指导机构备案。候选人不愿意接受提名的,应当及时向村民选举委员会书面提出,由村民选举委员会确认并公布。候选人名额不足时,按原得票多少依次递补。村民委员会选举,也可以采取无候选人的方式,一次投票产生。

第十六条 【罢免程序】本村五分之一以上有选举权的村民或者三分之一以上的村民代表联名,可以提出罢免村民委员会成员的要求,并说明要求罢免的理由。被提出罢免的村民委员会成员有权提出申辩意见。

罢免村民委员会成员,须有登记参加选举的村民过半数投票,并须经投票的村民过半数通过。

实务问答村民罢免意见高度一致,还需要履行罢免程序吗

本条规定了罢免村委会成员的必经程序。村民作为自治主体,在行使自己罢免权的同时,也要树立现代法治意识。程序因其严密性、规范性和对过程信息的详细存留,能最大程度地再现事件原貌,得到矛盾双方的认可,即使当事人心存疑虑,也有据可查,易于化解。因此,即使村民的罢免意见高度一致,也必须履行法定程序。为了图省事图方便而忽略程序是不可取的。

第十七条 【对破坏村民委员会选举的制裁】以暴力、威胁、欺骗、贿赂、伪造选票、虚报选举票数等不正当手段当选村民委员会成员的,当选无效。

对以暴力、威胁、欺骗、贿赂、伪造选票、虚报选举票数等不正当手段,妨害村民行使选举权、被选举权,破坏村民委员会选举的行为,村民有权向乡、民族乡、镇的人民代表大会和人民政府或者县级人民代表大会常务委员会和人民政府及其有关主管部门举报,由乡级或者县级人民政府负责调查并依法处理。

实务问答1. 如何确定选举、选票是否有效

在直接选举中,本村全体选民的过半数参加投票(包括委托投票),选举方能有效。投票结束后,选举工作人员首先应清点收回的选票数。选举所投的票数多于投票人数的,选举无效;等于或少于投票人数的,选举有效。接着向选民宣布本次投票收回的选票数是多少张,是否符合法律规定,本次投票选举是否有效。然后,选举工作人员再检验每张选票是有效票、废票,还是弃权票,并向选民报告本次选举收回的选票中,有效票多少张、废票多少张、弃权票多少张。计算选票时,如果发现从票箱里取出的选票多于发出的选票总数(即投票人数),这意味着有人多投了票,投了假票或者有其他舞弊的行为,所以选举无效。如果开箱取出的选票少于发出的选票总数,可能有人领票后未投票,则该次选举仍然有效。如果开箱取出的选票和发出的选票相等,即投进的票数等于投票人数,表明领票人全部参加了投票,没有人多领票,也没有人多投票,选举自然有效。

每一选票所选人数多于应选人数的作废,等于或者少于应选人数的有效。

收回的选票,如果因涂改、淹湿、揉搓等无法辨认是赞成、反对,还是另选其他选民的,经监票人认定,也同样作废票处理。但废票仍然计入选票总数。这里的"废票"应是特指全部无法辨认的选票。可以辨认的部分有效,无法辨认的部分无效。这里的"认定"主体不能理解为某一监票人的个体,而应是全体监票人。如果监票人对认定结果有分歧,全体监票人应当在各自辨认的基础上,经过表决形成最终的认定结果。

2. 村委会选举违法行为如何认定

实际工作中,选举的违法行为主要有:(1)以暴力、威胁、欺骗、贿赂、伪造选票等不正当手段,

妨害选民行使选举权,破坏村民委员会选举的行为。(2)调整、变更村民委员会成员候选人或者指定、委派、撤销村民委员会成员的行为。(3)对检举村民委员会选举中违法行为的村民或者提出罢免村民委员会成员的村民进行压制、报复的行为。(4)破坏村民委员会选举的其他违法行为,是指除上述三项所列违法行为以外的其他破坏村民委员会选举的行为。如冒领、多领选票,以不正当方式拉选票,以家族、宗派势力干扰选举等等。

3. 破坏村委会选举的行为是否构成破坏选举罪

《刑法》第256条规定了破坏选举罪。但是,该罪适用的对象是破坏各级人民代表大会代表和国家机关领导人员的选举的活动。村委会是基层群众性自治组织,不属于国家机关,其成员的选举,既不是人大代表的选举,也不是国家机关领导人员的选举。因此,对于破坏村委会选举的行为不能适用《刑法》第256条的规定,不能以破坏选举罪定罪量刑,而应当按照《村民委员会组织法》的规定予以处理。

链接《全国人民代表大会和地方各级人民代表大会选举法》第59条;《刑法》第256条;《治安管理处罚法》第23条

第十八条 【村民委员会成员职务自行终止的情形】村民委员会成员丧失行为能力或者被判处刑罚的,其职务自行终止。

注释“行为能力”是指能够以自己的行为依法行使权利和承担义务的能力。丧失行为能力是指失去了以自己的行为行使权利和承担义务的能力,例如,成为不能辨认自己行为的精神病人或者“植物人”等。需要注意的,村民委员会成员是否“丧失行为能力”应当依法由有关的机关认定,只有经过法定机关认定的“丧失行为能力”,才能作为村民委员会成员职务自行终止的法定理由,并产生本条所规定的法律后果。

“判处刑罚”是指法院经过判决,处以刑事处罚的情形。只要依据刑法的规定被法院判处刑罚的,无论是故意犯罪还是过失犯罪,均属于法定的终止村民委员会成员职务的情形。

“职务自行终止”是指本条规定的情形经上述法定程序确认后,无需再通过罢免程序或者其他程序,村民委员会成员的职务即被免除。

链接《民事诉讼法》第194—197条;《刑法》第28、29条

第十九条 【村民委员会成员出缺的补选】村民委员会成员出缺,可以由村民会议或者村民代表会议进行补选。补选程序参照本法第十五条的规定办理。补选的村民委员会成员的任期到本届村民委员会任期届满时止。

注释补选与另行选举的不同在于,另行选举是指当选举村民委员会成员时,当选人数不足应选名额时,对不足的名额再次进行的选举。另行选举的目的是选出在前次选举中未选足的名额,其候选人是固定的,即在第一次投票未当选的人员中得票多的为候选人。另行选举的村民委员会成员的当选要求比第一次选举时的法定要求相对要低,即以得票多的当选,只要所得票数不少于已投选票总数的1/3就可以了。而补选的程序完全参照选举的程序,即第一次投票的程序。

实务问答**出缺有哪几种情形**

村民委员会成员出缺的情形可能有以下几种:一是村民委员会成员被村民罢免的;二是村民委员会成员丧失行为能力的,或者被判处刑罚,其村民委员会成员职务自然终止的,即本法第18条所规定的情形;三是村民委员会成员两次民主评议不合格的,其职务终止,即本法第33条第2款规定的情形;四是村民委员会成员辞职的;五是村民委员会成员死亡的,等等。

第二十条 【村民委员会的工作移交】村民委员会应当自新一届村民委员会产生之日起十日内完成工作移交。工作移交由村民选举委员会主持,由乡、民族乡、镇的人民政府监督。

第四章 村民会议和村民代表会议

第二十一条 【村民会议的组成和召集】村民会议由本村十八周岁以上的村民组成。

村民会议由村民委员会召集。有十分之一以上的村民或者三分之一以上的村民代表提议,应当召集村民会议。召集村民会议,应当提前十天通知村民。

实务问答**依法被剥夺政治权利的村民是否可以参加村民会议**

依照法律被剥夺政治权利的本村村民是否可以参加村民会议,本条没有规定。根据《刑法》第54条的规定,剥夺政治权利是指剥夺公民享有的选举权和被选举权;言论、出版、集会、结社、游行、示威自由的权利;担任国家机关职务的权利;担任

国有公司、企业、事业单位和人民团体领导职务的权利。宪法规定的其他权利,如劳动权、休息权、受教育权、财产权、继承权等,则和一般公民一样享有。因此,依照法律被剥夺政治权利的人作为村民的一员,应当可以参加村民会议,对村民会议讨论的各项问题发表意见,但在选举村委会组成人员时,不享有选举权和被选举权;在罢免村委会组成人员时,不享有表决权。

链接《宪法》第 34 条;《民法典》第 18 条;《刑法》第 54 条

第二十二条 【村民会议的召开】召开村民会议,应当有本村十八周岁以上村民的过半数,或者本村三分之二以上的户的代表参加,村民会议所作决定应当经到会人员的过半数通过。法律对召开村民会议及作出决定另有规定的,依照其规定。

召开村民会议,根据需要可以邀请驻本村的企业、事业单位和群众组织派代表列席。

注释 1. 村民会议的形式。村民会议有两种形式:(1)由本村 18 周岁以上的村民参加的会议;(2)由每户派代表参加的会议。在通常情况下,村民会议应坚持本村 18 周岁以上的村民参加的形式。只有在居住分散、或外出人员较多,全体村民不易召集的地方,才采取户派代表的形式。一些重大的村务活动,如选举村委会组成人员、罢免村委会组成人员、讨论通过村民自治章程等,也不能采取户派代表的村民会议的形式。村民会议有 18 周岁以上的村民过半数参加,或者有 2/3 以上的户派代表参加,方才有效。

2. 村民会议的表决。民主集中制原则是农村基层群众自治的一个重要原则。所谓民主集中制是在民主基础上的集中,在集中指导下的民主。它既不是无政府主义,也不是个人专制,是把民主和集中有机地结合在一起。这一原则体现在村民会议的表决制度上,就是少数服从多数,即村民会议所作的决定应当经到会人员的过半数通过,只有这样的决定才对全体村民有约束力。

3. 关于列席村民会议。随着农村社会主义经济的不断发展,村委会同外界的联系越来越多,村内有不少驻在本村的企业、事业单位和群众组织,他们同本村发生着各种利益关系。村民会议在讨论本村村务时,往往会涉及他们的利益,这时就要邀请他们派代表列席村民会议。列席会议的代表不具有表决权,但有些事项应征得他们的同意。

第二十三条 【村民会议对村民委员会的监督】村民会议审议村民委员会的年度工作报告,评议村民委员会成员的工作;有权撤销或者变更村民委员会不适当的决定;有权撤销或者变更村民代表会议不适当的决定。

村民会议可以授权村民代表会议审议村民委员会的年度工作报告,评议村民委员会成员的工作,撤销或者变更村民委员会不适当的决定。

第二十四条 【村民会议讨论决定的事项】涉及村民利益的下列事项,经村民会议讨论决定方可办理:

(一)本村享受误工补贴的人员及补贴标准;

(二)从村集体经济所得收益的使用;

(三)本村公益事业的兴办和筹资筹劳方案及建设承包方案;

(四)土地承包经营方案;

(五)村集体经济项目的立项、承包方案;

(六)宅基地的使用方案;

(七)征地补偿费的使用、分配方案;

(八)以借贷、租赁或者其他方式处分村集体财产;

(九)村民会议认为应当由村民会议讨论决定的涉及村民利益的其他事项。

村民会议可以授权村民代表会议讨论决定前款规定的事项。

法律对讨论决定村集体经济组织财产和成员权益的事项另有规定的,依照其规定。

链接《农村土地承包法》第 19、27、28、52 条;《民法典》第 261 条;《土地管理法》第 47—49 条;《草原法》第 13 条

第二十五条 【村民代表会议的组成和产生】人数较多或者居住分散的村,可以设立村民代表会议,讨论决定村民会议授权的事项。村民代表会议由村民委员会成员和村民代表组成,村民代表应当占村民代表会议组成人员的五分之四以上,妇女村民代表应当占村民代表会议组成人员的三分之一以上。

村民代表由村民按每五户至十五户推选一人,或者由各村民小组推选若干人。村民代表的任期与村民委员会的任期相同。村民代表可以连选连任。

村民代表应当向其推选户或者村民小组负责,接受村民监督。

注释 村民代表开会是特殊情况下村民会议的补充形式,既不是村民会议的常设形式,也不是村民自治的专门监督机构。其讨论的事项来源于村民会议的授权,自身没有独立的职权,行使村民会议授予的权力。凡是村民会议授权的事项,村民代表会议均可以行使职权;凡是村民会议没有授权的事项,村民代表会议便无权讨论决定。村民代表开会决定的事项不得同村民会议的决定相抵触,也不得超越村民会议的授权。村民会议有权撤销与村民会议的决定相抵触或者越权作出的或者是不适当的决定。

第二十六条 【村民代表会议的召集和召开】村民代表会议由村民委员会召集。村民代表会议每季度召开一次。有五分之一以上的村民代表提议,应当召集村民代表会议。

村民代表会议有三分之二以上的组成人员参加方可召开,所作决定应当经到会人员的过半数同意。

第二十七条 【村民自治章程和村规民约】村民会议可以制定和修改村民自治章程、村规民约,并报乡、民族乡、镇的人民政府备案。

村民自治章程、村规民约以及村民会议或者村民代表会议的决定不得与宪法、法律、法规和国家的政策相抵触,不得有侵犯村民的人身权利、民主权利和合法财产权利的内容。

村民自治章程、村规民约以及村民会议或者村民代表会议的决定违反前款规定的,由乡、民族乡、镇的人民政府责令改正。

链接《宪法》第 24 条第 1 款

第二十八条 【村民小组会议】召开村民小组会议,应当有本村民小组十八周岁以上的村民三分之二以上,或者本村民小组三分之二以上的户的代表参加,所作决定应当经到会人员的过半数同意。

村民小组组长由村民小组会议推选。村民小组组长任期与村民委员会的任期相同,可以连选连任。

属于村民小组的集体所有的土地、企业和其他财产的经营管理以及公益事项的办理,由村民小组会议依照有关法律的规定讨论决定,所作决定及实施情况应当及时向本村民小组的村民公布。

注释 为了切实保障村民依法办理自己的事情,保障村民利益不受侵害,2010 年修订《村民委员会组织法》,增加了村民小组会议制度,细化了村民小组会议召开及表决通过决定的条件,明确了村民小组组长的任期,对属于村民小组的集体所有的土地、企业和其他财产的经营管理以及公益事项的办理,与有关法律规定作了衔接。

实务问答 如何对村民不满意的村民小组长进行更换

村民小组长不能正确履行自己的职责,本组村民不满意的,村民有权向村民委员会提出更换要求。更换村民小组长时,由本小组 1/5 以上有选举权的村民提出,有选举权的村民过半数同意,更换有效。村民委员会无权随意更换村民小组长。村民小组长缺额的,应及时进行补选。

链接《土地管理法》第 10 条;《农村土地承包法》第 13、19、52 条;《民法典》第 261、262、264 条

第五章 民主管理和民主监督

第二十九条 【村民委员会及其成员的工作方法】村民委员会应当实行少数服从多数的民主决策机制和公开透明的工作原则,建立健全各种工作制度。

注释 少数服从多数的"多数",是指两种情形:

1."多数"指过半数,是对村民民主决策自治事务的一般性要求。就村民会议和村民代表会议而言,本法规定,召开村民会议,应当有本村 18 周岁以上村民的过半数,或者本村 2/3 以上的户的代表参加,村民会议所作决定应当经到会人员的过半数通过。村民代表会议有 2/3 以上的组成人员参加方可召开,所作决定应当经到会人员的过半数同意。就村集体经济组织的村民(成员)会议或村民(成员)代表会议而言,讨论决定如筹资筹劳方案等一般性事务,所作决定应当经到会人员或者村民(成员)代表所代表的户的过半数通过。就村民小组会议而言,本法规定,召开村民小组会议,应当有本村民小组 18 周岁以上的村民 2/3 以上,或者本村民小组 2/3 以上的户的代表参加,所作决定应当经到会人员的过半数同意。

2."多数"指 2/3 以上多数,是对村民民主决策自治事务的特殊性要求,通常情况下在法律中有关于表决人数比例要求的规定。根据本法及有关法律的规定,召开村民会议或者村民代表会议、村集体经济组织的村民(成员)会议或村民(成员)

代表会议，法律对召开会议、讨论决定事项和作出决定另有规定的，依照法律规定执行。村民小组会议讨论决定属于村民小组的集体所有的土地、企业和其他财产的经营管理以及公益事项的办理，由村民小组会议依照有关法律的规定讨论决定。如《农村土地承包法》第13条中规定，农民集体所有的土地依法属于村农民集体所有的，由村集体经济组织或者村民委员会发包；已经分别属于村内两个以上农村集体经济组织的农民集体所有的，由村内各该农村集体经济组织或者村民小组发包。国家所有依法由农民集体使用的农村土地，由使用该土地的农村集体经济组织、村民委员会或者村民小组发包。第19条规定，承包方案应当按照农村土地承包法第13条的规定，依法经本集体经济组织成员的村民会议2/3以上成员或者2/3以上村民代表的同意。

链接《农村土地承包法》第19、27、52条；《草原法》第13条

第三十条 【村务公开的事项】村民委员会实行村务公开制度。

村民委员会应当及时公布下列事项，接受村民的监督：

（一）本法第二十三条、第二十四条规定的由村民会议、村民代表会议讨论决定的事项及其实施情况；

（二）国家计划生育政策的落实方案；

（三）政府拨付和接受社会捐赠的救灾救助、补贴补助等资金、物资的管理使用情况；

（四）村民委员会协助人民政府开展工作的情况；

（五）涉及本村村民利益，村民普遍关心的其他事项。

前款规定事项中，一般事项至少每季度公布一次；集体财务往来较多的，财务收支情况应当每月公布一次；涉及村民利益的重大事项应当随时公布。

村民委员会应当保证所公布事项的真实性，并接受村民的查询。

链接《农业法》第73条；《公益事业捐赠法》第22条；《义务教育法》第13条；《禁毒法》第17条；《农村五保供养工作条例》第3条

第三十一条 【村务公开不实的处理】村民委员会不及时公布应当公布的事项或者公布的事项不真实的，村民有权向乡、民族乡、镇的人民政府或者县级人民政府及其有关主管部门反映，有关人民政府或者主管部门应当负责调查核实，责令依法公布；经查证确有违法行为的，有关人员应当依法承担责任。

实务问答 **违反村务公开的有哪些具体情形**

违反村务公开规定的主要情形有两种：一是公布不及时。凡是未按照法律、村民自治章程和国家有关规定中关于公布事项的时间、次数要求进行公布的，属于村民委员会不及时公布应当公布的事项的情形。

二是公布不真实。凡是在公布应当公布的事项中，存在弄虚作假、公布不全面、名实不符、遗漏错误等情况的，属于村民委员会不真实公布应当公布的事项的情形。

链接《土地管理法》第49条

第三十二条 【村务监督机构】村应当建立村务监督委员会或者其他形式的村务监督机构，负责村民民主理财，监督村务公开等制度的落实，其成员由村民会议或者村民代表会议在村民中推选产生，其中应有具备财会、管理知识的人员。村民委员会成员及其近亲属不得担任村务监督机构成员。村务监督机构成员向村民会议和村民代表会议负责，可以列席村民委员会会议。

链接《村民委员会组织法》第24、30条

第三十三条 【民主评议】村民委员会成员以及由村民或者村集体承担误工补贴的聘用人员，应当接受村民会议或者村民代表会议对其履行职责情况的民主评议。民主评议每年至少进行一次，由村务监督机构主持。

村民委员会成员连续两次被评议不称职的，其职务终止。

注释 村民委员会成员连续两次被评议不称职的，其职务终止。这样规定，是为了进一步畅通民主评议不称职的村民委员会成员的退出机制。村民委员会成员连续两次被评议不称职，说明该成员确实不能胜任岗位职责的要求，这种情况下就不需要再走辞职和罢免程序，而直接终止其职务。这样做的目的，既可以避免村民委员会成员应当辞职而拒不辞职的情况发生，也可以避免罢免难且浪费时间、人力、物力。

本条未对由村民或者村集体承担误工补贴的聘用人员连续两次被评议不称职的如何处理作出

规定,根据本条的立法精神,也应当按照村民委员会成员被评议不称职的处理办法,终止其职务,不再聘用。

第三十四条 【村务档案】村民委员会和村务监督机构应当建立村务档案。村务档案包括:选举文件和选票,会议记录,土地发包方案和承包合同,经济合同,集体财务账目,集体资产登记文件,公益设施基本资料,基本建设资料,宅基地使用方案,征地补偿费使用及分配方案等。村务档案应当真实、准确、完整、规范。

注释 村务档案的范围

根据本条的规定,村务档案包括:

(1)选举文件和选票。选举文件是指在村民委员会选举过程中产生的各种文件,主要包括选举工作方案、选举会议程序、选民登记表、选民名单、正式选举的选票票样及选举结果的统计票、换届选举的公示、公告、正式候选人名单、候选人演讲稿、选举大会监票、计票、唱票人名单、选举报告单、选举工作总结、村民委员会成员职责分工等等。

(2)会议记录。在会议过程中,由记录人员把会议的组织情况和具体内容记录下来,就形成了会议记录。会议记录有笔录、音录和影像录几种,对会议记录而言,音录、像录通常只是手段,最终还要将录下的内容还原成文字。村民委员会、村民会议、村民代表会议以及村务监督机构等召开的会议都应当形成会议记录,以备存档和将来查阅。会议记录应当准确写明会议名称,开会时间、地点,会议主持人、出席会议应到和实到人数,缺席、迟到或早退人数及其姓名、职务,记录者姓名,会议发言和有关动态,会议的决定、决议或表决等情况。

(3)土地发包方案和承包合同。土地发包方案应包括:发包土地名称、坐落、面积(四至及平面图)、质量等级、用途、期限;根据土地质量等级采取的合理的发包措施;发包土地的顺序、方式等。

(4)经济合同。本条所称经济合同,主要是指农村集体经济组织与其内部成员或者与本集体经济组织以外的自然人、法人或其他组织订立的经济合同。经济合同档案的范围不仅应当包括村级各类合同书,还应当包括调整变更合同协议书、纠纷调解书、仲裁书、年度合同兑现资料以及涉及合同管理的有关资料。

(5)集体财务账目。农村集体财务账目主要包括财务计划;各项收入,如发包及上交收入、集体统一经营收入、集资款、土地补偿费、救济扶贫款、上级部门拨款等。各项支出,如生产性建设支出、公益福利事业支出、村组干部补贴、招待费支出、集体统一经营支出、救济扶贫专项支出等;各项财产;债权债务;收益分配;农户承担的集资款、水费、电费、劳动积累工、义务工及以资代劳等。

(6)集体资产登记文件。村集体资产主要包括:法律规定属于村集体所有的土地、森林、山岭、草原、水面和滩涂等自然资源;村集体经济组织所有的建筑物、道路、农业机械、机电设备、交通工具、通讯工具、牲畜、林木、农田水利设施和教育、科技、文化、卫生、体育设施等;村集体经济组织投资的企业中,按照投资份额拥有的资产股权和增值的资产权益;政府对村集体经济组织的无偿拨款、补贴、减免税款以及国家机关、社会团体、企事业单位、其他组织和个人对村集体经济组织资助、捐赠的财物等;村集体经济组织所有的现金、存款、有价证券;村集体经济组织所有的商标权、专利权、著作权等无形资产;法律、法规规定属于村集体经济组织所有的其他资产,等等。

(7)公益设施基本资料。公益设施基本资料包括农村公路设施基本资料、水利设施基本资料、卫生设施基本资料、文化设施基本资料、办公设施基本资料等等。这些资料对于了解和掌握农村公益设施的建设和变更情况非常重要,因此应当作为村务档案妥善保存。

(8)基本建设资料。基本建设资料包括新建、扩建和改建的各项农业工程资料,可以分为生产性建设资料,如改良土壤、兴修水利、购置农机具等的资料;非生产性建设资料,如住宅、文教、卫生、公用事业建设资料。除以上与农业生产直接有关的建设资料以外,也包括智力投资、开展科技活动等方面的建设资料。农业基本建设对我国农业生产力配置、农业物质技术基础的改进、农业劳动生产率的提高都具有重要作用,因此这方面的资料应当作为村务资料进行保存。

(9)宅基地使用方案。宅基地使用方案是指经村民会议讨论决定的村民兴建住宅,怎么建,谁先建,谁后建,如何保护有限的土地资源等的方案。这一方案是村民宅基地划分情况的基本依据,需要作为村务档案妥善保存。

(10)征地补偿费使用及分配方案。征地补偿费,是指农村集体经济组织所有土地被依法征收所获得的经济补偿。包括:土地补偿费、安置补助费、青苗补偿费和地上附着物补偿费。随着工业化、城市化进程的不断推进和新农村建设步伐的加快,农村集体经济组织所有土地被征用、占用的数量增加,对征地补偿费的使用和分配方案,需要经过村民会议的讨论决定。对于该分配方案,应作为村务档案长期保存。

第三十五条 【对村民委员会成员的审计】村民委员会成员实行任期和离任经济责任审计,审计包括下列事项:

(一)本村财务收支情况;

(二)本村债权债务情况;

(三)政府拨付和接受社会捐赠的资金、物资管理使用情况;

(四)本村生产经营和建设项目的发包管理以及公益事业建设项目招标投标情况;

(五)本村资金管理使用以及本村集体资产、资源的承包、租赁、担保、出让情况,征地补偿费的使用、分配情况;

(六)本村五分之一以上的村民要求审计的其他事项。

村民委员会成员的任期和离任经济责任审计,由县级人民政府农业部门、财政部门或者乡、民族乡、镇的人民政府负责组织,审计结果应当公布,其中离任经济责任审计结果应当在下一届村民委员会选举之前公布。

链接《全国人民代表大会常务委员会关于〈中华人民共和国刑法〉第九十三条第二款的解释》

第三十六条 【实现村民自治权的司法和行政救济措施】村民委员会或者村民委员会成员作出的决定侵害村民合法权益的,受侵害的村民可以申请人民法院予以撤销,责任人依法承担法律责任。

村民委员会不依照法律、法规的规定履行法定义务的,由乡、民族乡、镇的人民政府责令改正。

乡、民族乡、镇的人民政府干预依法属于村民自治范围事项的,由上一级人民政府责令改正。

注释 本条是关于实现村民自治权的司法和行政救济措施的规定。村民委员会及其成员依照本法的规定履行职权受法律保护,同时要接受来自村民的内部监督和来自有关人民政府、司法机关的外部监督。村民的合法权益受法律保护,按照人民法院组织法、地方组织法等法律规定,基层人民法院、乡一级人民政府,县人民政府都负有保障公民合法权益的职责。

链接《民法典》第 265 条;《农村土地承包法》第 5、6、8、10、15、17、27、28、36、39、51、52、55、57 条;《土地管理法》第 49、80 条;《妇女权益保障法》第 55、56、85 条;《农业法》第 94—97 条;《人口与计划生育法》第 40 条

第六章 附 则

第三十七条 【协助政府工作及公益事业的经费来源】人民政府对村民委员会协助政府开展工作应当提供必要的条件;人民政府有关部门委托村民委员会开展工作需要经费的,由委托部门承担。

村民委员会办理本村公益事业所需的经费,由村民会议通过筹资筹劳解决;经费确有困难的,由地方人民政府给予适当支持。

链接《村民委员会组织法》第 2、24、30 条

第三十八条 【村民委员会与驻在单位的关系】驻在农村的机关、团体、部队、国有及国有控股企业、事业单位及其人员不参加村民委员会组织,但应当通过多种形式参与农村社区建设,并遵守有关村规民约。

村民委员会、村民会议或者村民代表会议讨论决定与前款规定的单位有关的事项,应当与其协商。

链接《村民委员会组织法》第 13 条

第三十九条 【地方人大的保证职责】地方各级人民代表大会和县级以上地方各级人民代表大会常务委员会在本行政区域内保证本法的实施,保障村民依法行使自治权利。

链接《宪法》第 99 条;《地方各级人民代表大会和地方各级人民政府组织法》第 11、50 条

第四十条 【实施办法的制定】省、自治区、直辖市的人民代表大会常务委员会根据本法,结合本行政区域的实际情况,制定实施办法。

链接《村民委员会组织法》第 15 条;《立法法》第 72、73 条

第四十一条 【施行时间】本法自公布之日起施行。

村民委员会选举规程

·2013年5月2日
·民发〔2013〕76号

第一章　村民选举委员会的产生

一、推选村民选举委员会

村民选举委员会主持村民委员会的选举。

村民选举委员会由主任和委员组成，由村民会议、村民代表会议或者村民小组会议推选产生，实行少数服从多数的议事原则。

村民选举委员会的人数应当根据村民居住状况、参加选举村民的多少决定，不少于三人，以奇数为宜。村民之间有近亲属关系的，不宜同时担任村民选举委员会成员。

村民委员会应当及时公布选举委员会主任和委员名单，并报乡级人民政府或者乡级村民委员会选举工作指导机构备案。

二、村民选举委员会的任期

村民选举委员会的任期，自推选组成之日起，至新老村民委员会工作移交后终止。

三、村民选举委员会成员的变动

村民选举委员会成员被提名为村民委员会成员候选人，应当退出村民选举委员会。

村民选举委员会成员退出村民选举委员会或者因其他原因出缺的，按照原推选结果依次递补，也可以另行推选。

村民选举委员会成员不履行职责，致使选举工作无法正常进行的，经村民会议、村民代表会议或者村民小组会议讨论同意，其职务终止。

村民选举委员会成员的变动，应当及时公布，并报乡级人民政府或者乡级村民委员会选举工作指导机构备案。

四、村民选举委员会的职责

村民选举委员会主要履行以下职责：

（一）制定村民委员会选举工作方案；

（二）宣传有关村民委员会选举的法律、法规和政策；

（三）解答有关选举咨询；

（四）召开选举工作会议，部署选举工作；

（五）提名和培训本村选举工作人员；

（六）公布选举日、投票地点和时间，确定投票方式；

（七）登记参加选举的村民，公布参加选举村民的名单，颁发参选证；

（八）组织村民提名确定村民委员会成员候选人，审查候选人参选资格，公布候选人名单；

（九）介绍候选人，组织选举竞争活动；

（十）办理委托投票手续；

（十一）制作或者领取选票、制作票箱，布置选举大会会场、分会场或者投票站；

（十二）组织投票，主持选举大会，确认选举是否有效，公布并上报选举结果和当选名单；

（十三）建立选举工作档案，主持新老村民委员会的工作移交；

（十四）受理申诉，处理选举纠纷；

（十五）办理选举工作中的其他事项。

村民委员会选举工作方案应当由村民会议或者村民代表会议讨论通过，并报乡级人民政府或者乡级村民委员会选举工作指导机构备案。

第二章　选举宣传

一、宣传内容

村民选举委员会应当就以下内容开展宣传：

（一）宪法有关内容，《中华人民共和国村民委员会组织法》，本省（自治区、直辖市）有关村民委员会选举的法规；

（二）中央和地方有关村民委员会选举的政策和规定；

（三）村民委员会选举中村民的权利与义务；

（四）县、乡两级政府村民委员会选举的工作方案；

（五）本村选举工作方案；

（六）其他有关选举事项。

二、宣传方式

村民选举委员会可以采取以下方式进行选举宣传：

（一）广播、电视、报纸、互联网等；

（二）宣传栏、宣传车、宣传单等；

（三）选举宣传会议、选举咨询站；

（四）标语、口号等。

第三章　登记参加选举的村民

一、公布选民登记日

选民登记日前，村民选举委员会应当发布公

告，告知本届村民委员会选举的选民登记日。

二、登记对象

村民委员会选举前，应当对下列人员进行登记，列入参加选举的村民名单：

（一）户籍在本村并且在本村居住的村民；

（二）户籍在本村，不在本村居住，本人表示参加选举的村民；

（三）户籍不在本村，在本村居住一年以上，本人申请参加选举，并且经村民会议或者村民代表会议同意参加选举的公民。

已在户籍所在村或者居住村登记参加选举的村民，不得再参加其他地方村民委员会的选举。经村民选举委员会告知，本人书面表示不参加选举的，不列入参加选举的村民名单。

依照法律被剥夺政治权利的人，不得参加村民委员会的选举。

三、登记方法

登记时，既可以村民小组为单位设立登记站，村民到站登记，也可由登记员入户登记。

村民选举委员会应当对登记参加选举的村民名单进行造册。

四、公布选民名单

村民选举委员会应当对登记参加选举的村民名单进行审核确认，并在选举日的二十日前公布。

对登记参加选举的村民名单有异议的，应当自名单公布之日起五日内向村民选举委员会申诉，村民选举委员会应当自收到申诉之日起三日内作出处理决定，并公布处理结果。

登记参加选举的村民名单出现变动的，村民选举委员会应当及时公布。

五、发放参选证

选举日前，村民选举委员会应当根据登记参加选举的村民名单填写、发放参选证，并由村民签收。投票选举时，村民凭参选证领取选票。

第四章　提名确定候选人

一、确定职位和职数

村民会议或者村民代表会议拟定村民委员会的职位和职数，村民选举委员会应当及时公布，并报乡级人民政府或者乡级村民委员会选举工作指导机构备案。

二、确定候选人人数

村民选举委员会应当根据村民委员会主任、副主任、委员的职数，分别拟定候选人名额。候选人名额应当多于应选名额。

三、提名确定候选人

村民委员会成员候选人，应当由登记参加选举的村民直接提名，根据拟定的候选人名额，按照得票多少确定。每一村民提名人数不得超过拟定的候选人名额。无行为能力或者被判处刑罚的，不得提名为候选人。

候选人中应当有适当的妇女名额，没有产生妇女候选人的，以得票最多的妇女为候选人。

四、公布候选人名单

村民选举委员会应当以得票多少为序，公布候选人名单，并报乡级村民委员会选举工作指导机构备案。

候选人不愿意接受提名的，应当及时向村民选举委员会书面提出，由村民选举委员会确认并公布。候选人名额不足时，按原得票多少依次递补。

村民委员会选举，也可以采取无候选人的方式，一次投票产生。

第五章　选举竞争

一、选举竞争的组织

村民选举委员会应当组织候选人与村民见面，由候选人介绍履职设想，回答村民提问。选举竞争应当在村民选举委员会的主持和监督下，公开、公平、公正地进行。村民选举委员会应当对候选人的选举竞争材料进行审核把关。

二、选举竞争的时间

选举竞争活动一般在选举日前进行。候选人在选举日可进行竞职陈述，其他选举竞争活动不宜在当日开展。确有需要的，由村民选举委员会决定并统一组织。

三、选举竞争的形式

村民选举委员会可以组织以下形式的选举竞争活动：

（一）在指定地点公布候选人的选举竞争材料；

（二）组织候选人与村民见面并回答村民问题；

（三）有闭路电视的村，可以组织候选人在电视上陈述；

（四）其他形式。

四、选举竞争的内容

选举竞争材料和选举竞职陈述主要包括以下内容：

（一）候选人的基本情况；

（二）竞争职位及理由；

（三）治村设想；

（四）对待当选与落选的态度。

第六章　投票选举

一、确定投票方式

村民委员会投票选举，可采取以下两种方式：

（一）召开选举大会；

（二）设立投票站。

采取选举大会方式的，可以组织全体登记参加选举的村民集中统一投票；也可以设立中心选举会场，辅之以分会场分别投票。采取投票站方式的，不再召开选举大会，村民在投票站选举日开放时间内自由投票。

选举大会可以设置流动票箱，但应当严格控制流动票箱的使用。

具体投票方式，流动票箱的使用对象和行走路线，由村民代表会议讨论决定。

二、公布选举日、投票方式、投票时间和投票地点

村民选举委员会应当及时公布选举日、投票方式、投票时间和投票地点。

选举日和投票的方式、时间、地点一经公布，任何组织和个人不得随意变动和更改。如因不可抗力，或者无法产生候选人等因素，需要变更的，应当报乡级人民政府或者乡级村民委员会选举工作指导机构批准并及时公布。

三、办理委托投票

登记参加选举的村民，选举期间外出不能参加投票的，可以委托本村有选举权的近亲属代为投票。每一登记参加选举的村民接受委托投票不得超过三人。提名为村民委员会候选人的，不得接受委托。

委托投票应当办理书面委托手续。村民选举委员会应当及时公布委托人和受委托人的名单。

受委托人在选举日凭书面委托凭证和委托人的参选证，领取选票并参加投票。受委托人不得再委托他人。

四、设计和印制选票

选票设计应当遵循明白易懂、科学合理和便于操作、便于统计的原则。县级民政部门可以统一设计选票样式。

村民选举委员会应当在乡级人民政府或者乡级村民委员会选举工作指导机构的指导下，根据选票样式，印制符合本村实际的选票。

选票印制后应当加盖公章并签封，选举日在选举大会或者投票站上，由选举工作人员当众启封。

五、确定选举工作人员

村民选举委员会应当依法依规提名选举工作人员，经村民代表会议讨论通过。选举工作人员包括总监票员、验证发票员、唱票员、计票员、监票员、代书员，投票站工作人员，流动票箱监票员等。

选举工作人员要有一定的文化水平和工作能力，遵纪守法、公道正派。候选人及其近亲属，不得担任选举工作人员。

采取选举大会投票的，选举工作人员名单应当在选举日前公布，并在选举大会上宣布；采用投票站形式投票的，应当在选举日前公布。

选举工作人员确定后，村民选举委员会应当对其进行培训。

六、布置会场或者投票站

村民选举委员会应当在选举日前布置好投票会场或者投票站。

投票会场应当按选举流程设计好领票、写票、投票的循环路线，方便村民投票。投票站的设定应当根据村民居住的集中情况和自然村或者村民小组的分布情况决定，并且应当设立一个中心投票站。

七、投票选举

（一）选举大会投票程序。

采取选举大会进行选举的，由村民选举委员会召集，村民选举委员会主任主持。流程如下：

1. 宣布大会开始；
2. 奏国歌；
3. 报告本次选举工作进展情况；
4. 宣布投票办法和选举工作人员；
5. 候选人发表竞职陈述；
6. 检查票箱；
7. 启封、清点选票；
8. 讲解选票；
9. 根据需要派出流动票箱；
10. 验证发票；
11. 秘密写票、投票；
12. 销毁剩余选票；
13. 集中流动票箱，清点选票数；
14. 检验选票；

15. 公开唱票、计票；

16. 当场公布投票结果；

17. 封存选票，填写选举结果报告单；

18. 宣布当选名单。

投票结束后，应当将所有票箱集中，将选票混在一起，由选举工作人员逐张检验、清点选票总数后，统一唱票、计票。难以确认的选票应当由监票人在公开唱计票前提交村民选举委员会讨论决定。

（二）投票站投票程序。

采取投票站方式选举的，由村民选举委员会主持。流程如下：

1. 同时开放全部投票站；

2. 各投票站工作人员当众检查票箱，并启封、清点选票；

3. 验证发票；

4. 村民秘密写票、投票；

5. 关闭投票站，销毁剩余选票并密封票箱；

6. 集中票箱，清点选票数；

7. 公开验票、唱票、计票；

8. 当场公布选举结果；

9. 封存选票，填写选举结果报告单；

10. 宣布当选名单。

八、选举有效性确认

选举村民委员会，有登记参加选举的村民过半数投票，选举有效。参加投票的村民人数，以从票箱收回的选票数为准。

有下列情形之一的，选举无效：

（一）村民选举委员会未按照法定程序产生的；

（二）候选人的产生不符合法律规定的；

（三）参加投票的村民人数未过登记参加选举的村民半数的；

（四）违反差额选举原则，采取等额选举的；

（五）收回的选票多于发出选票的；

（六）没有公开唱票、计票的；

（七）没有当场公布选举结果的；

（八）其他违反法律、法规有关选举程序规定的。

因村民选举委员会未按照法定程序产生而造成选举无效的，乡级村民委员会选举指导机构应当指导组织重新选举。因其他原因认定选举无效的，由村民选举委员会重新组织选举，时间由村民代表会议确定。

九、确认当选

候选人获得参加投票的村民过半数的选票，始得当选。获得过半数选票的人数超过应选名额时，以得票多的当选；如遇票数相等不能确定当选人时，应当就票数相等的人进行再次投票，以得票多的当选。

村民委员会主任、副主任的当选人中没有妇女，但委员的候选人中有妇女获得过半数选票的，应当首先确定得票最多的妇女当选委员，其他当选人按照得票多少的顺序确定；如果委员的候选人中没有妇女获得过半数选票的，应当从应选名额中确定一个名额另行选举妇女委员，直到选出为止，其他当选人按照得票多少的顺序确定。

选举结果经村民选举委员会确认有效后，须当场宣布，同时应当公布所有候选人和被选人所得票数。以暴力、威胁、欺骗、贿赂、伪造选票、虚报选举票数等不正当手段当选的，当选无效。

村民选举委员会应当在投票选举当日或者次日，公布当选的村民委员会成员名单，并报乡级人民政府备案。村民选举委员会无正当理由不公布选举结果的，乡级人民政府或者乡级村民委员会选举工作指导机构应当予以批评教育，督促其改正。

十、颁发当选证书

县级人民政府主管部门或者乡级人民政府，应当自新一届村民委员会产生之日起十日内向新当选的成员颁发统一印制的当选证书。

十一、另行选举

村民委员会当选人不足应选名额的，不足的名额另行选举。另行选举可以在选举日当日举行，也可以在选举日后十日内进行，具体时间由村民选举委员会确定。

另行选举的，第一次投票未当选的人员得票多的为候选人，候选人以得票多的当选，但得票数不得少于已投选票数的三分之一。

另行选举的程序与第一次选举相同。参加选举的村民以第一次登记的名单为准，不重新进行选民登记。原委托关系继续有效，但被委托人成为候选人的委托关系自行终止，原委托人可以重新办理委托手续。

经另行选举，应选职位仍未选足，但村民委员会成员已选足三人的，不足职位可以空缺。主任未选出的，由副主任主持工作；主任、副主任都未选出的，由村民代表会议在当选的委员中推选一人主持工作。

第七章　选举后续工作

一、工作移交

村民委员会应当自新一届村民委员会产生之日十日内完成工作移交。

原村民委员会应当依法依规将印章、办公场所、办公用具、集体财务账目、固定资产、工作档案、债权债务及其他遗留问题等，及时移交给新一届村民委员会。

移交工作由村民选举委员会主持，乡级人民政府监督。对拒绝移交或者无故拖延移交的，乡级人民政府应当给予批评教育，督促其改正。

二、建立选举工作档案

村民委员会选举工作结束后，应当及时建立选举工作档案，交由新一届村民委员会指定专人保管，至少保存三年以上。

选举工作档案包括：

（一）村民选举委员会成员名单及推选情况材料；

（二）村民选举委员会选举会议记录；

（三）村民选举委员会发布的选举公告；

（四）选民登记册；

（五）候选人名单及得票数；

（六）选票和委托投票书、选举结果统计、选举报告单；

（七）选举大会议程和工作人员名单；

（八）新当选的村民委员会成员名单；

（九）选举工作总结；

（十）其他有关选举的资料。

第八章　村民委员会成员的罢免和补选

一、罢免

本村五分之一以上有选举权的村民或者三分之一以上的村民代表联名，可以提出罢免村民委员会成员的要求，启动罢免程序。

罢免程序如下：

（一）书面向村民委员会提出罢免要求，说明罢免理由；

（二）召开村民代表会议，审议罢免要求；

（三）被罢免对象进行申辩或者书面提出申辩意见；

（四）召开村民会议，进行投票表决；

（五）公布罢免结果。

罢免村民委员会主任的，由副主任主持村民会议投票表决，不设副主任的，由委员推选一人主持；罢免村民委员会副主任、委员的，由村民委员会主任主持。罢免村民委员会全体成员的，或者主任、副主任、委员不主持村民会议的，可在乡级人民政府指导下，由村民会议或者村民代表会议推选代表主持。

罢免村民委员会成员，须有登记参加选举的村民过半数投票，并须经投票的村民过半数通过。罢免获得通过的，被罢免的村民委员会成员自通过之日起终止职务，十日内办理工作交接手续。罢免未获通过的，六个月内不得以同一事实和理由再次提出罢免要求。

二、补选

村民委员会成员出缺，可以由村民会议或者村民代表会议进行补选。

村民委员会成员出缺的原因有：

（一）职务自行终止；

（二）辞职；

（三）罢免。

村民委员会成员因死亡、丧失行为能力、被判处刑罚或者连续两次民主评议不称职，其职务自行终止。村民委员会成员因故辞职，应当书面提出申请，村民委员会应当在三十日内召开村民代表会议，决定是否接受其辞职。村民委员会成员连续两次提出辞职要求的，应当接受其辞职。村民代表会议可以决定对辞职的村民委员会成员进行离任经济责任审计。

补选程序，参照村民委员会选举投票程序。补选村民委员会个别成员的，由村民委员会主持；补选全体村民委员会成员的，由重新推选产生的村民选举委员会主持。补选时，村民委员会没有妇女成员的，应当至少补选一名妇女成员。

村民委员会成员职务自行终止、因故辞职，以及补选结果，村民委员会应当及时公告，并报乡级人民政府备案。

村务监督委员会成员、村民代表和村民小组长的推选可以参照本规程办理。

（五）教　育

国务院关于进一步加强农村教育工作的决定

·2003年9月17日

·国发〔2003〕19号

为认真贯彻落实党的十六大精神，加快农村教育发展，深化农村教育改革，促进农村经济社会和城乡协调发展，现就进一步加强农村教育工作特作如下决定。

一、明确农村教育在全面建设小康社会中的重要地位，把农村教育作为教育工作的重中之重

1. 农村教育在全面建设小康社会中具有基础性、先导性、全局性的重要作用。发展农村教育，办好农村学校，是直接关系8亿多农民切身利益，满足广大农村人口学习需求的一件大事；是提高劳动者素质，促进传统农业向现代农业转变，从根本上解决农业、农村和农民问题的关键所在；是转移农村富余劳动力，推进工业化和城镇化，将人口压力转化为人力资源优势的重要途径；是加强农村精神文明建设，提高农民思想道德水平，促进农村经济社会协调发展的重大举措。必须从实践"三个代表"重要思想和全面建设小康社会的战略高度，优先发展农村教育。

2. 农村教育在构建具有中国特色的现代国民教育体系和建设学习型社会中具有十分重要的地位。农村教育面广量大，教育水平的高低关系到各级各类人才的培养和整个教育事业的发展，关系到全民族素质的提高。农村学校作为遍布乡村的基层公共服务机构，在培养学生的同时，还承担着面向广大农民传播先进文化和科学技术，提高农民劳动技能和创业能力的重要任务。发展农村教育，使广大农民群众及其子女享有接受良好教育的机会，是实现教育公平和体现社会公正的一个重要方面，是社会主义教育的本质要求。

3. 我国在人口众多、生产力发展水平不高的条件下，实现了基本普及九年义务教育和基本扫除青壮年文盲（以下简称"两基"）的历史性任务，农村义务教育管理体制改革取得了突破性进展，农村职业教育和成人教育得到了很大发展，为国家经济社会发展提供了大量较高素质的劳动者和丰富的人才资源。但是，我国农村教育整体薄弱的状况还没有得到根本扭转，城乡教育差距还有扩大的趋势，教育为农村经济社会发展服务的能力亟待加强。在新的形势下，要增强责任感和紧迫感，将农村教育作为教育工作的重中之重，一手抓发展，一手抓改革，促进农村各级各类教育协调发展，更好地适应全面建设小康社会的需要。

二、加快推进"两基"攻坚，巩固提高普及义务教育的成果和质量

4. 力争用五年时间完成西部地区"两基"攻坚任务。目前，西部地区仍有372个县没有实现"两基"目标。这些县主要分布在"老、少、边、穷"地区，"两基"攻坚任务十分艰巨。到2007年，西部地区普及九年义务教育（以下简称"普九"）人口覆盖率要达到85%以上，青壮年文盲率降到5%以下。完成这项任务，对于推进扶贫开发、促进民族团结、维护边疆稳定和实现国家长治久安，具有极其重要的意义。要将"两基"攻坚作为西部大开发的一项重要任务，摆在与基础设施建设和生态环境建设同等重要的位置。国务院有关部门和西部各省（自治区、直辖市）人民政府要制定工作规划，设立专项经费，精心组织实施，并每年督促检查一次，确保目标实现。要以加强中小学校舍和初中寄宿制学校建设、扩大初中学校招生规模、提高教师队伍素质、推进现代远程教育、扶助家庭经济困难学生为重点，周密部署，狠抓落实。中央继续安排专项经费实施贫困地区义务教育工程，安排中央资金对"两基"攻坚进行重点支持。中央和地方新增扶贫资金要支持贫困乡村发展教育事业。中部地区没有实现"两基"目标的县也要集中力量打好攻坚战。大力提高女童和残疾儿童少年的义务教育普及水平。

5. 已经实现"两基"目标的地区特别是中部和西部地区，要巩固成果、提高质量。各级政府要切实做好"两基"巩固提高的规划和部署。继续推进中小学布局结构调整，努力改善办学条件，重点加强农村初中和边远山区、少数民族地区寄宿制学校建设，改善学校卫生设施和学生食宿条件，提高实验仪器设备和图书的装备水平。深化教育教学改革，根据农村实际加快课程改革步伐。提高教师和校长队伍素质,全面提高学校管理水平。努力降低农村初中辍学率,提高办学水平和教育质量,形成农村义务教育持续、健康发展的机制。经济发达的农村地区要实现高水平、高质量“普九”目标。经过不懈努力,力争2010年在全国实现全面普及九年义务教育和全面提高义务教育质量的目标。

6. 发展农村高中阶段教育和幼儿教育。今后五年,经济发达地区的农村要努力普及高中阶段教育,其他地区的农村要加快发展高中阶段教育。要积极开展各种形式的初中后教育。国家继续安排资金,重点支持中西部地区一批基础较好的普通高中和职业学校改善办学条件,提高教育质量,扩大优质教育资源。地方各级政府要重视并扶持农村幼儿教育的发展,充分利用农村中小学布局调整后富余的教育资源发展幼儿教育。鼓励发展民办高中阶段教育和幼儿教育。

7. 建立和完善教育对口支援制度。继续实施“东部地区学校对口支援西部贫困地区学校工程”和“大中城市学校对口支援本省(自治区、直辖市)贫困地区学校工程”,建立东部地区经济比较发达的县(市、区)对口支援西部地区贫困县、大中城市对口支援本省(自治区、直辖市)贫困县的制度。进一步加大中央对民族自治地区农村教育的扶持力度,继续办好内地西藏中学(班)和新疆班。

三、坚持为“三农”服务的方向,大力发展职业教育和成人教育,深化农村教育改革

8. 农村教育教学改革的指导思想是:必须全面贯彻党的教育方针,坚持为“三农”服务的方向,增强办学的针对性和实用性,满足农民群众多样化的学习需求;必须全面推进素质教育,紧密联系农村实际,注重受教育者思想品德、实践能力和就业能力的培养;必须实行基础教育、职业教育和成人教育的“三教统筹”,有效整合教育资源,充分发挥农村学校的综合功能,提高办学效益。

9. 积极推进农村中小学课程和教学改革。农村中小学教育内容的选择、教科书的编写和教学活动的开展,在实现国家规定基础教育基本要求时,要紧密联系农村实际,突出农村特色。在农村初、高中适当增加职业教育的内容,继续开展“绿色证书”教育,并积极创造条件或利用职业学校的资源,开设以实用技术为主的课程,鼓励学生在获得毕业证书的同时获得职业资格证书。

10. 以就业为导向,大力发展农村职业教育。要实行多样、灵活、开放的办学模式,把教育教学与生产实践、社会服务、技术推广结合起来,加强实践教学和就业能力的培养。在开展学历教育的同时,大力开展多种形式的职业培训,适应农村产业结构调整,推动农村劳动力向二、三产业转移。实行灵活的教学和学籍管理制度,方便学生工学交替、半工半读、城乡分段和职前职后分段完成学业。在整合现有资源的基础上,重点建设好地(市)、县级骨干示范职业学校和培训机构。要积极鼓励社会力量和吸引外资举办职业教育,促进职业教育办学主体和投资多元化。

11. 以农民培训为重点开展农村成人教育,促进农业增效、农民增收。普遍开展农村实用技术培训,每年培训农民超过1亿人次。积极实施农村劳动力转移培训,每年培训2000万人次以上,使他们初步掌握在城镇和非农产业就业必需的技能,并获得相应的职业资格或培训证书。要坚持培训与市场挂钩,鼓励和支持“定单”培养,先培训后输出。逐步形成政府扶持、用人单位出资、培训机构减免经费、农民适当分担的投入机制。继续发挥乡镇成人文化技术学校、农业广播电视学校和各种农业技术推广、培训机构的重要作用。农村中小学可一校挂两牌,日校办夜校,积极开展农民文化技术教育和培训,成为乡村基层开展文化、科技和教育活动的重要基地。

12. 加强农村学校劳动实践场所建设。农村学校劳动实践场所是贯彻教育与生产劳动相结合,实行“农科教结合”和“三教统筹”的有效载体。地方政府要根据农村学校课程改革的需要,充分利用现有农业示范场所、科技推广基地等多种资源,鼓励有丰富实践经验的专业技术人员担任专兼职指导教师,指导和支持农村学校积极开展各种劳动实践和勤工俭学活动。政府有关部门和乡、村要根据实际情况和有关规定,提供少量土地作为学校劳动实践和勤工俭学场所,具体实施办法由教育部会同农业部、国土资源部等部门制定。

13. 高等学校、科研机构要充分发挥在推进“农科教结合”中的重要作用。通过建立定点联系县、参与组建科研生产联合体和农业产业化龙头企业、转让技术成果等方式,积极开发和推广农业实用技术和科研成果;支持乡镇企业的技术改造和产品更新换代;帮助农村职业学校和中小学培养师资。

14. 加大城市对农村教育的支持和服务,促进城市和农村教育协调发展。城市各级政府要坚持以流入地政府管理为主、以公办中小学为主,保障进城务工就业农民子女接受义务教育。城市职业学校要扩大面向农村的招生规模,到2007年争取年招生规模达到350万人。城市各类职业学校和培训机构要积极开展进城务工就业农民的职业技能培训。要积极推进城市与农村、东部与西部职业学校多种形式的合作办学,不断扩大对口招生规模。城市和东部地区要对农村家庭经济困难的学生适当减免学费并为学生就业提供帮助,促进农村新增劳动力转移。各大中城市要充分发挥教育资源的优势,加大对农村教育的帮助和服务。

四、落实农村义务教育"以县为主"管理体制的要求,加大投入,完善经费保障机制

15. 明确各级政府保障农村义务教育投入的责任。农村税费改革以后,中央加大转移支付力度,有力保障了农村义务教育管理体制的调整。当前,关键是各级政府要进一步加大投入,共同保障农村义务教育的基本需求。落实"在国务院领导下,由地方政府负责、分级管理、以县为主"(简称"以县为主")的农村义务教育管理体制,县级政府要切实担负起对本地教育发展规划、经费安排使用、校长和教师人事等方面进行统筹管理的责任。中央、省和地(市)级政府要通过增加转移支付,增强财政困难县义务教育经费的保障能力。特别是省级政府要切实均衡本行政区域内各县财力,逐县核定并加大对财政困难县的转移支付力度;县级政府要增加对义务教育的投入,将农村义务教育经费全额纳入预算,依法向同级人民代表大会或其常委会专题报告,并接受其监督和检查。乡镇政府要积极筹措资金,改善农村中小学办学条件。

各级政府要认真落实中央关于新增教育经费主要用于农村的要求。在税费改革中,确保改革后农村义务教育的投入不低于改革前的水平并力争有所提高。在确保农村义务教育投入的同时,也要增加对职业教育、农民培训和扫盲教育的经费投入。

16. 建立和完善农村中小学教职工工资保障机制。根据农村中小学教职工编制和国家有关工资标准的规定,省级人民政府要统筹安排,确保农村中小学教职工工资按时足额发放,进一步落实省长(主席、市长)负责制。安排使用中央下达的工资性转移支付资金,省、地(市)不得留用,全部补助到县,主要补助经过努力仍有困难的县用于工资发放,在年初将资金指标下达到县。各地要抓紧清理补发历年拖欠的农村中小学教职工工资。本《决定》发布后,国务院办公厅将对发生新欠农村中小学教职工工资的情况按省(自治区、直辖市)予以通报。

17. 建立健全农村中小学校舍维护、改造和建设保障机制。要认真组织实施农村中小学危房改造工程,消除现存危房。建立完善校舍定期勘察、鉴定工作制度。地方政府要将维护、改造和建设农村中小学校舍纳入社会事业发展和基础设施建设规划,把所需经费纳入政府预算。要认真落实《国务院关于全面推进农村税费改革试点工作的意见》(国发〔2003〕12号)中关于"省级财政应根据本地实际情况,从农村税费改革专项转移支付资金中,每年安排一定资金用于学校危房改造,确保师生安全"的规定。中央继续对中西部困难地区中小学校舍改造给予支持。农村"普九"欠债问题,要在化解乡村债务时,通盘考虑解决。债权单位和个人不得因追索债务影响学校正常教学秩序。

18. 确保农村中小学校公用经费。省级政府要本着实事求是的原则,根据本地区经济社会发展水平和维持学校正常运转的基本支出需要,年内完成农村中小学生均公用经费基本标准、杂费标准以及预算内生均公用经费拨款标准的制定和修订工作,并报财政部和教育部备案。杂费收入要全部用于学校公用经费开支。县级政府要按照省级政府制定的标准拨付公用经费,对实行"一费制"的国家扶贫开发工作重点县和财力确有困难的县,省、地(市)政府对其公用经费缺口要予以补足。公用经费基本标准要根据农村义务教育发展的需要和财政能力逐步提高。同时,要加大治理教育乱收费力度,对违反规定乱收费和挪用挤占中小学经费的行为要严肃查处。

五、建立健全资助家庭经济困难学生就学制度,保障农村适龄少年儿童接受义务教育的权利

19. 目前,我国农村家庭经济困难的适龄少年儿童接受义务教育迫切需要得到关心和资助。要在已有助学办法的基础上，建立和健全扶持农村家庭经济困难学生接受义务教育的助学制度。到2007年，争取全国农村义务教育阶段家庭经济困难学生都能享受到“两免一补”（免杂费、免书本费、补助寄宿生生活费），努力做到不让学生因家庭经济困难而失学。

20. 中央财政继续设立中小学助学金，重点扶持中西部农村地区家庭经济困难学生就学，逐步扩大免费发放教科书的范围。各级政府设立专项资金，逐步帮助学校免除家庭经济困难学生杂费，对家庭经济困难的寄宿学生提供必要的生活补助。

21. 要广泛动员和鼓励机关、团体、企事业单位和公民捐资助学。进一步落实对捐资助学单位和个人的税收优惠政策，对纳税人通过非营利的社会团体和国家机关向农村义务教育的捐赠，在应纳税所得额中全额扣除。充分发挥社会团体在捐资助学中的作用。鼓励“希望工程”、“春蕾计划”等继续做好资助家庭经济困难学生就学工作。中央和地方各级人民政府对捐资助学贡献突出的单位和个人，给予表彰和奖励。

六、加快推进农村中小学人事制度改革，大力提高教师队伍素质

22. 加强农村中小学编制管理。要严格执行国家颁布的中小学教职工编制标准，抓紧落实编制核定工作。在核定编制时，应充分考虑农村中小学区域广、生源分散、教学点较多等特点，保证这些地区教学编制的基本需求。所有地区都必须坚决清理并归还被占用的教职工编制，对各类在编不在岗的人员要限期与学校脱离关系。建立年度编制报告制度和定期调整制度。有关部门要抓紧制定和实施职业学校和成人学校的教职工编制标准。

23. 依法执行教师资格制度，全面推行教师聘任制。严格掌握教师资格认定条件，严禁聘用不具备教师资格的人员担任教师。拓宽教师来源渠道，逐步提高新聘教师的学历层次。教师聘任实行按需设岗、公开招聘、平等竞争、择优聘任、科学考核、合同管理。各省（自治区、直辖市）要制定切实可行的实施办法，指导做好农村中小学教职工定岗、定员和分流工作。积极探索建立教师资格定期考核考试制度。要将师德修养和教育教学工作实绩作为选聘教师和确定教师专业技术职务的主要依据。坚持依法从严治教，加强教师队伍管理，对严重违反教师职业道德、严重失职的人员，坚决清除出教师队伍。

24. 严格掌握校长任职条件，积极推行校长聘任制。农村中小学校长必须具备良好的思想政治道德素质、较强的组织管理能力和较高的业务水平。校长应具有中级以上教师职务，一般有5年以上教育教学工作经历。坚持把公开选拔、平等竞争、择优聘任作为选拔任用校长的主要方式。切实扩大民主，保障教职工对校长选拔任用工作的参与和监督，并努力提高社区和学生家长的参与程度。校长实行任期制，对考核不合格或严重失职、渎职者，应及时予以解聘或撤职。

25. 积极引导鼓励教师和其他具备教师资格的人员到乡村中小学任教。各地要落实国家规定的对农村地区、边远地区、贫困地区中小学教师津贴、补贴。建立城镇中小学教师到乡村任教服务期制度。城镇中小学教师晋升高级教师职务，应有在乡村中小学任教一年以上的经历。适当提高乡村中小学中、高级教师职务岗位比例。地（市）、县教育行政部门要建立区域内城乡“校对校”教师定期交流制度。增加选派东部地区教师到西部地区任教、西部地区教师到东部地区接受培训的数量。国家继续组织实施大学毕业生支援农村教育志愿者计划。

26. 加强农村教师和校长的教育培训工作。构建农村教师终身教育体系，实施“农村教师素质提高工程”，开展以新课程、新知识、新技术、新方法为重点的新一轮教师全员培训和继续教育。坚持农村中小学校长任职资格培训和定期提高培训制度。切实保障教师和校长培训经费投入。

七、实施农村中小学现代远程教育工程，促进城乡优质教育资源共享，提高农村教育质量和效益

27. 实施农村中小学现代远程教育工程要按照“总体规划、先行试点、重点突破、分步实施”的原则推进。在2003年继续试点工作的基础上，争取用五年左右时间，使农村初中基本具备计算机教室，农村小学基本具备卫星教学收视点，农村小学教学点具备教学光盘播放设备和成套教学光盘。工程投入要以地方为主，多渠道筹集经费，中央对中西部地区给予适当扶持。

28. 实施农村中小学现代远程教育工程，要着力于教育质量和效益的提高。要与农村各类教育发展规划和中小学布局调整相结合；与课程改革、加强学校管理、教师继续教育相结合；与“农科教结合”、“三教统筹”、农村党员干部教育相结合。

29. 加快开发农村现代远程教育资源。制定农村教育教学资源建设规划，加快开发和制作符合课程改革精神，适应不同地区、不同要求的农村教育教学资源和课程资源。国家重点支持开发制作针对中西部农村地区需要的同步课堂、教学资源光盘和卫星数据广播资源。建立农村现代远程教育资源征集、遴选、认证制度。

八、切实加强领导，动员全社会力量关心和支持农村教育事业

30. 地方各级人民政府要建立健全农村教育工作领导责任制，把农村教育的发展和改革列入重要议事日程抓紧抓好。要在深入调查研究的基础上，制定本地农村教育发展和改革的规划，精心组织实施；加强统筹协调，及时研究解决突出问题，尤其要保障农村教育经费的投入；倾听广大教师和农民群众的呼声，主动为农村教育办实事；坚持依法行政，认真执行教育法律法规，维护师生的合法权益，狠抓农村教育各项政策的落实。

31. 推进农村教育改革试验，努力探索农村教育改革新路子。各地要在总结改革经验的基础上，进一步解放思想、实事求是、与时俱进，大胆破除束缚农村教育发展的思想观念和体制障碍，在农村办学体制、运行机制、教育结构和教学内容与方法等方面进行改革探索。各省（自治区、直辖市）人民政府都要选择若干个县作为改革试验区；各地（市）、县都要选择1-2个乡镇和若干所学校作为改革试验点。要通过改革试验，推出一批有效服务“三农”的办学新典型；创造同社会主义市场经济体制相适应、符合教育规律、具有农村特色的教育新经验。

32. 农业、科技、教育等部门要充分发挥各自优势，密切配合，共同推进“农科教结合”。为形成政府统筹、分工协作、齐抓共管的有效工作机制，各地可根据实际需要，建立“农科教结合”工作联席会议制度。

33. 加强对农村教育的督查工作。要重点督查“以县为主”的农村义务教育管理体制和“保工资、保安全、保运转”目标的落实情况，以及“两基”攻坚和巩固提高工作的进展情况。建立对县级人民政府教育工作的督导评估机制，并将督导评估的结果作为考核领导干部政绩的重要内容和进行表彰奖励或责任追究的重要依据。

34. 广泛动员国家机关、部队、企事业单位、社会团体和人民群众通过各种方式支持农村教育的发展。发挥新闻媒体的舆论导向作用，大力宣传农村优秀教师的先进模范事迹。数百万农村教师辛勤耕耘在农村教育工作第一线，为我国教育事业发展和农村现代化建设作出了卓越贡献。特别是长期工作在“老、少、边、穷”地区的乡村教师，克服困难，爱岗敬业，艰苦奋斗，无私奉献，应该得到全社会的尊重。中央和地方各级人民政府要定期对做出突出贡献的优秀农村教师和教育工作者予以表彰奖励，在全社会形成尊师重教、关心支持农村教育的良好氛围。

义务教育薄弱环节改善与能力提升补助资金管理办法

·2021年7月7日
·财教〔2021〕127号

第一条 为规范和加强义务教育薄弱环节改善与能力提升补助资金管理，提高资金使用效益，根据国家预算管理有关规定，制定本办法。

第二条 本办法所称义务教育薄弱环节改善与能力提升补助资金（以下称补助资金），是指中央财政用于支持义务教育发展，改善薄弱环节和提升办学能力的转移支付资金。重点支持中西部地区和东部部分困难地区。实施期限为2021-2025年。

第三条 补助资金管理遵循“中央引导、省级统筹，突出重点、注重绩效，规范透明、强化监督”的原则。

第四条 补助资金主要用于以下方面：

（一）支持改善农村学校基本办学条件，因地制宜加强学校教室、宿舍和食堂等设施建设，配齐洗浴、饮水等学生生活必需的设施设备，改善学校寄宿条件，根据需要设置心理咨询室、图书室等功能教室；按照国家规范要求加强校园安全设施设备建设；支持取暖设施和卫生厕所改造；改善规划保留的乡村小规模学校办学条件，保障教育教学需要。

（二）支持新建、改扩建必要的义务教育学校，有序扩大城镇学位供给，巩固消除“大班额”成果。

（三）支持学校网络设施设备和“三个课堂”建设，配备体育、美育和劳动教育所需必要设施设备，建设必要的体育、美育场地和劳动教育场所，改善校园文化环境。

补助资金支持的学校必须是已列入当地学校布局规划、拟长期保留的义务教育阶段公办学校。完全中学和十二年一贯制学校的高中部以及因打造“重点校”而形成的超大规模学校不纳入支持范围。

礼堂、体育馆、游泳馆（池）、教师周转宿舍和独立建筑的办公楼建设，校舍日常维修改造和抗震加固，零星设备购置，教育行政部门机关及直属非教学机构的建设和设备购置，以及其他超越办学标准的事项，不得列入补助资金使用范围。

第五条 补助资金由财政部会同教育部共同管理。教育部负责审核地方提出的区域绩效目标等相关材料和数据，提供资金测算需要的基础数据，并对提供的基础数据的准确性、及时性负责。财政部根据预算管理相关规定，会同教育部研究确定有关省份补助资金预算金额、资金的整体绩效目标。

省级财政、教育部门负责明确省级及省以下各级财政、教育部门在基础数据审核、资金安排、使用管理等方面的责任，切实加强资金管理。

第六条 补助资金采取因素法分配，首先按照西部、中部、东部各占50%、40%、10%的区域因素确定分地区资金规模，在此基础上再按基础因素、投入因素分配到有关省份，重点向基础薄弱、财力困难的省份倾斜。其中：

基础因素（权重80%），主要考虑学生数等事业发展情况，以及巩固脱贫攻坚成果与乡村振兴有效衔接、落实中央决策部署等因素。各因素数据主要通过相关统计资料获得。

投入因素（权重20%），主要考虑生均一般公共预算教育支出等反映地方财政努力程度的因素。各因素数据主要通过相关统计资料获得。

财政部会同教育部综合考虑各地工作进展等情况，研究确定绩效调节系数，对资金分配情况进行适当调节。

计算公式为：

某省份补助资金＝（该省份基础因素/∑有关省份基础因素×权重+该省份投入因素/∑有关省份投入因素×权重）×补助资金年度预算地区资金总额×绩效调节系数

财政部、教育部根据党中央、国务院有关决策部署和义务教育改革发展新形势等情况，适时调整完善相关分配因素、权重、计算公式等。

第七条 省级财政、教育部门应当于每年2月底前向财政部、教育部报送当年补助资金申报材料，并抄送财政部当地监管局。申报材料主要包括：

（一）上年度工作总结，包括上年度补助资金使用情况、年度绩效目标完成情况、绩效评价结果、地方财政投入情况、主要管理措施、问题分析及对策等。

（二）当年工作计划，主要包括当年全省工作目标和补助资金区域绩效目标、重点任务和资金安排计划，绩效指标要指向明确、细化量化、合理可行、相应匹配。

第八条 财政部于每年全国人民代表大会批准中央预算后三十日内，会同教育部正式下达补助资金预算，并抄送财政部当地监管局。每年10月31日前，提前下达下一年度补助资金预计数。省级财政部门在收到补助资金预算后，应当会同省级教育部门在三十日内按照预算级次合理分配、及时下达本行政区域县级以上各级政府部门，并抄送财政部当地监管局。

第九条 补助资金支付执行国库集中支付制度。涉及政府采购的，按照政府采购有关法律法规和有关制度执行。属于基本建设的项目，应当严格履行基本建设程序，执行相关建设标准和要求，确保工程质量。

第十条 省级财政、教育部门在分配补助资金时，应当结合本地区年度重点工作和省级财政安排相关资金，加大省级统筹力度，重点向欠发达地区、民族地区、边境地区、革命老区倾斜。要做好与农村义务教育学校校舍安全保障长效机制、发展改革部门安排基本建设项目等各渠道资金的统筹和对接，防止资金、项目安排重复交叉或缺位。

县（区）级财政、教育部门应当落实资金管理主体责任，加强区域内相关教育经费的统筹安排和使用，兼顾不同规模学校运转的实际情况，坚持“实用、够用、安全、节俭”的原则，严禁超标准建设和豪华建设。要加强学校预算管理,细化预算编制,硬化预算执行,强化预算监督;规范学校财务管理,确保补助资金使用安全、规范和有效。

各级财政、教育部门要加强财政风险控制,强化流程控制、依法合规分配和使用资金,实行不相容岗位(职责)分离控制。

第十一条 各地要切实做好项目前期准备工作,强化项目管理,加快预算执行进度。补助资金原则上应在当年执行完毕,年度未支出的资金按财政部结转结余资金管理有关规定处理。

第十二条 各级财政、教育部门要按照全面实施预算绩效管理的要求,建立健全全过程预算绩效管理机制,按规定科学合理设定绩效目标,对照绩效目标做好绩效监控,认真组织开展绩效评价,强化评价结果运用,做好绩效信息公开,提高补助资金配置效率和使用效益。财政部、教育部根据工作需要适时组织开展重点绩效评价。

第十三条 财政部各地监管局应当按照工作职责和财政部要求,对补助资金实施监管。地方各级财政部门应当会同同级教育部门,按照各自职责加强项目审核申报、经费使用管理等工作,建立"谁使用、谁负责"的责任机制。严禁将补助资金用于平衡预算、偿还债务、支付利息、对外投资等支出,不得从补助资金中提取工作经费或管理经费。

第十四条 各级财政、教育部门及其工作人员、申报使用补助资金的部门、单位及个人存在违法违规行为的,依法责令改正并追究相应责任;涉嫌犯罪的,依法移送有关机关处理。

第十五条 本办法由财政部、教育部负责解释。各省级财政、教育部门可以根据本办法,结合各地实际,制定具体管理办法,报财政部、教育部备案,并抄送财政部当地监管局。

第十六条 本办法自印发之日起施行。《财政部 教育部关于印发〈义务教育薄弱环节改善与能力提升补助资金管理办法〉的通知》(财教〔2019〕100号)同时废止。

教育部等九部门关于加快发展面向农村的职业教育的意见

·2011年10月25日

·教职成〔2011〕13号

各省、自治区、直辖市教育厅(教委)、发展改革委、科技厅(局)、财政厅(局)、人社厅(局)、水利厅(局)、农业厅(局)、林业厅(局)、粮食厅(局):

为贯彻落实《国民经济和社会发展第十二个五年规划纲要》和《国家中长期教育改革和发展规划纲要(2010-2020年)》,现就加快发展面向农村的职业教育提出如下意见。

一、加快发展农村职业教育,服务社会主义新农村建设

(一)加快发展面向农村的职业教育意义重大。面向农村的职业教育是服务农业、农村、农民的职业教育,包括办在农村的职业教育、农业职业教育和为农村建设培养人才的职业教育与技能培训,其中"农业"包括农、林、牧、副、渔、水利、粮食以及农业社会化服务等涉农产业。加快发展面向农村的职业教育,对在工业化、城镇化深入发展中同步推进农业现代化,推进社会主义新农村建设,推动城乡统筹发展,建设教育强国和人力资源强国,具有重大而深远的意义。

(二)进一步明确农村职业教育改革发展的目标任务。农村职业教育要以推动县域经济社会发展为目标,坚持学校教育与技能培训并举、全日制与非全日制并重,大力开发农村人力资源,逐步形成适应县域经济社会发展要求,体现终身教育理念的现代农村职业教育体系。

(三)着力改善办学条件,大幅提升农村职业教育基础能力。各地要以职业学校设置标准等文件为依据,努力改善农村职业学校办学条件,切实加强农村职业学校实训基地建设、教学信息化和现代化建设。职业教育基础能力建设项目要积极推动农村职业学校发展。强化职业教育资源的统筹协调和综合利用,推进城乡、区域合作,组织开展城市对农村职业教育的对口支持,在符合有关规定的前提下,动员相关企业、高等学校和科研院所以技术、人才、项目、资金、设备等方式支持农村职业学校建设,增强服务“三农”能力。

(四)紧密结合县域经济社会发展需求,深化农村职业教育改革创新。改革农村职业教育办学模式,推动“政府主导、行业指导、企业参与”办学。改革农村职业教育培养模式,根据县域主导产业、特色产业和现代农业发展需求,加强优势专业、特色专业和涉农专业建设,使农村职业教育深度融入当地产业链;推进学分制等弹性学习制度,允许学生通过送教下乡、工学交替等多种形式完成学业;改革农村职业教育教学模式,大力推进具有县域特色的工学结合、校企合作和顶岗实习;围绕农村生产实践,推进项目教学、生产一线教学;充分利用现代教育技术手段,不断提升教学质量。改革农村职业教育评价制度,建立健全以学生为中心、以能力为本位,多元主体参与的教育质量评价体系。

二、加强农业职业学校和涉农专业建设,提升支撑现代农业发展能力

(五)重点办好一批农业职业学校和涉农专业。探索有关部门通过合作共建加快发展农业职业教育的工作机制,以农村实用人才带头人和农村生产经营型人才为重点,每年培养农村实用人才100万人,实现2020年农村实用人才总量达到1800万人的目标。服务现代农业和新一轮“米袋子”、“菜篮子”工程建设,优先扶持中等农业职业学校创建国家级中等职业教育改革发展示范学校,办好1000个涉农专业点,普遍提升农业职业学校办学水平,使其成为培养农业技能型人才的重要基地;13个粮食主产省、21个重点市和800个产粮大县,600个大城市郊区和蔬菜优势产区要重点办好一批农业职业学校和涉农专业;加快建立农业类高等学校、科研院所对口帮扶农业职业学校和涉农专业点的机制。特别是要加大对水利、林业和粮食等行业职业教育的支持力度。

围绕新时期国家加快水利改革发展的需要,办好一批水利职业学校和水利类专业。支持水利职业学校和水利类专业点建设,加强水利专业技术人才和管理人才培养;在职业学校及农村人口中开展水情教育,提高水患意识、节水意识、水资源保护意识。

按照生态文明建设和产业发展需求,服务十大生态屏障和十大主导产业建设,办好一批林业职业学校和林业类专业,大力开展针对林农的职业培训。

围绕保障国家粮食安全的要求,服务现代粮食流通产业发展,办好一批粮食职业学校和粮食类专业。依据粮食产业结构优化需求,在粮食主产省办好一批粮食类职业学校。

(六)组建一批农业职业教育集团。充分发挥农业类行业企业、高等学校、示范(骨干)高等职业学校、科研院所作用,推动农业职业学校和涉农专业点建设。按照以服务现代农业为目标、以行业产业为纽带、以资源共享为核心、以互利共赢为基础的原则,在人才需求分析、优质教学资源共享、教师培养培训、学生实习就业、企业职工在职培训和产教研一体化等方面开展合作,促进产教深度合作,共同推进农业产业发展,提高为区域经济发展的贡献率。

(七)增强农业职业教育吸引力。落实好国家中等职业学校学生助学金和涉农专业学生免学费政策,吸引更多学生接受农业职业教育;完善招生考试制度,提高职业学校涉农专业学生对口升学比例;制定实施优惠政策,提高职业学校涉农专业学生到农业类企事业单位的就业巩固率;推动地方各级人民政府落实和完善各项创业扶持政策,改善创业环境,积极引导职业学校涉农专业毕业生创业,符合税收法律法规规定的,依法给予税收优惠政策。

三、坚持三教统筹、农科教结合,努力培育新型农民

(八)加强三教统筹,推进农科教结合。农村基础教育、职业教育、成人教育要分工协作,形成合力,共同培育“有文化、懂技术、会经营”的新型农民。农村中小学在巩固提高九年义务教育水平的同时,要充分利用师资、设备、场所支持开展农民教育培训;农村职业教育要大力培养现代农业专业人才、经营人才、创业人才和新型农民,扩大农村实用人才规模,提升队伍整体素质;农村成人教育要积极开展农村实用技术培训、农村劳动力转移培训和农民学历继续教育,提升农村主要劳动年龄人口就业创业能力。在城市确定一批职业学校、成人学校、社区学校和培训机构作为农民工培训基地,开展农民工职业教育与技能培训。每年开展各类农民和农民工培训8000万人次。

(九)健全县域职业教育培训网络,加强农民教育培训。办好县级中等职业学校,使其成为指导县域新型农民培养培训、农村人力资源开发、农村劳动力转移培训、新技术培训与推广、扶贫开发和普及高中阶段教育的重要基地。推动乡镇人民政府办好已有的乡村成人文化技术学校和农业科技推广站,使其成为乡村农民教育培训的重要阵地;没有举办成人文化技术学校的乡镇,要依托乡镇初中、中心小学的师资和远程教育设施以及乡镇文化站、村文化室等开展农民教育培训,依托农村中小学校布局调整后闲置的学校资源发展农村成人教育。各级农村职业教育培训机构要配备专兼职管理人员,组织引导农民参加教育培训。要充分利用现代远程教育网络,切实发挥现代教育手段在农民教育培训中的作用。

(十)实施分类培训,增强培训实效性。继续开展农村实用技术培训,提高农民从事现代农业生产和经营服务能力;继续开展农村转移劳动力就业技能培训,提高农村富余劳动力转移就业能力,改善农村民生;开展生产技能加文化基础的农民学历继续教育工程,有效提升农民的受教育年限;开展思想道德、时事政策、文化、卫生、科普常识和社会生活等方面的教育培训,提高全体农民综合素质。针对农民学习特点,采取集中培训与个人自学相结合,课堂教学与生产实践相结合,远程教育与现场指导相结合,脱产、半脱产和短期脱产学习等方式开展农民培训,依托卫星电视、计算机网络、中国教育卫星宽带传输网开展远程教育,推广"送教下乡"、"流动课堂车"等培训新模式。努力做到培训一批农民,推广一批技术,发展一项产业,振兴一方经济。

四、加强师资队伍建设,加大经费投入,建立稳定、长效的保障机制

(十一)加强农村、农业职业学校师资队伍建设。各省(区、市)主管部门要采取积极措施,吸引优秀人才和高等学校优秀毕业生到农村、农业职业学校任教。支持农业技术推广部门、农业企业等组织中具有一定理论水平和丰富实践经验的技术骨干、带头人补充到职业学校涉农专业师资队伍。农村、农业职业学校专业教师和实习指导教师占专任教师的比例应不低于70%,兼职教师承担的专业教学任务原则上不少于工作总量的30%,建立一支结构合理、素质优良、相对稳定、专兼结合的教师队伍,使农业职业学校和职业学校涉农专业点教师配备生师比逐步达到20:1。

(十二)加强农村、农业职业学校教师培养培训。"职业学校教师素质提高计划"要向农村、农业职业学校倾斜。各省(区、市)要加快组织对农村、农业职业学校专业教师的轮训。建立教师到高等学校、科研院所、企业和生产合作组织实践的基地,完善教师到企业和生产一线实践制度,促进农村、农业职业学校"双师型"教师队伍建设。各职业学校要积极开展校本培训。建立和完善教师考评奖励制度,把师德师风、专业发展、服务学生作为教师考核、职务聘任、选派进修和评优奖励的重要依据。鼓励教师通过"送教下乡"、技能竞赛、在职攻读相关硕士学位等方式,提升专业水平和实践能力。各级教育行政部门要积极创造条件,有计划、有组织地选派农村、农业职业学校教师到国内外高等学校、科研院所和企业进修学习,造就一批农村、农业职业教育专业带头人和骨干教师。

(十三)深化人事制度改革,努力提高教师待遇。各地要结合农村、农业职业学校专业设置实际,逐步完善农村、农业职业学校教师管理制度,全面推行教职工聘用制度和岗位管理制度,探索固定岗和流动岗相结合、专职和兼职相结合的设岗和用人办法,建立充满活力的学校用人机制。积极推进农村、农业职业学校做好工资收入分配,保证教师合理的工资待遇,稳定教师队伍。职业学校教师表彰要适当向农村、农业职业学校倾斜。

(十四)加大公共财政对农村、农业职业教育投入。督促各级人民政府增加对农村、农业职业教育投入,推动各省(区、市)研究制订农村、农业职业教育生均经费标准,确保农村、农业职业学校生均预算内教育事业费和生均预算内公用经费较大幅度增长。各地要加大对与职业教育相关的农业新品种、新技术推广应用以及农村科技普及的支持力度。依法督促农村、农业职业学校举办者按时足额拨付办学经费。各地在安排职业教育基础能力建设项目时,要重点支持农村、农业职业学校。进一步落实和完善国家中等职业教育助学金和免学费政策,加快推进农村中等职业教育免费进程。推动省级人民政府按照统筹规划、集中使用、提高效益的要求统筹安排农村成人教育经费。

(十五)加强资金管理,多种渠道筹资办学。督促地方各级人民政府确保农村、农业职业学校事业性收入全额用于学校发展,各有关部门不得收取调节基金,不得冲抵财政拨款,不得截留或挪作他用,不得乱收费、滥罚款、乱集资和乱摊派。规范中等职业学校国家助学金和免学费资金的发放与管理工作。企业、学校应当按照规定按时足额向实习学生支付报酬,不得拖欠、克扣,企业支付给实习学生的报酬,符合税收法律法规规定的,可以在企业所得税前据实扣除。鼓励企业事业组织、社会团体、其他社会组织和公民个人捐助面向农村的职业教育,捐赠必须用于指定用途,不得挪用、克扣,符合税收法律法规规定的公益性捐赠支出可以在计算应纳税所得额时扣除。

五、切实加强领导,健全管理体制,营造良好发展环境

(十六)建立健全有关部门合作共建、共同推进农业职业教育的工作机制。推动有关部门定期研究、协调解决农业职业教育发展重大问题。落实农业、林业、水利和粮食等行业主管部门指导本行业职业教育责任,推动农业职业学校基础能力建设、师资队伍培养、校企合作和人才培养等方面的工作。发挥农业职业教育行业指导委员会在人才需求预测、专业设置、课程开发、教材建设和督导评价等方面的指导作用。有关部门要统筹培训经费和项目,充分发挥职业学校在行业培训中的重要作用。

(十七)推动地方各级人民政府把发展农村职业教育纳入当地经济社会和教育发展规划,切实解决农村职业教育发展中的实际困难和问题。强化发展农村职业教育省级政府宏观指导、市(地)级政府统筹发展、县级政府为主管理的责任。推动省级人民政府调控各市(地)职业教育资源布局和发展规模。充分发挥市(地)级人民政府在区域内的统筹规划和协调管理作用,按照"今后一个时期总体保持普通高中和中等职业学校招生规模大体相当"原则,调整招生比例,优化高中阶段教育结构,合理整合各县(市、区)职业教育资源,规划中等职业学校和专业布点。落实县级人民政府管理和发展本地职业教育的责任,根据需要办好县级职教中心(职业学校)。没有举办中等职业学校的县要努力办好职业培训机构,面向城乡劳动者积极开展职业技能培训和农村实用技术培训。

(十八)推动县级人民政府加强统筹新型农民培训工作的力度。要成立专门领导机构,整合培训资源,制定培训规划并纳入县域经济社会发展总体规划,建立健全新型农民培训管理规章制度。农业、科技、教育、人社、扶贫等部门要按照职责分工,充分发挥各自优势,密切配合,形成政府统筹、明确分工、落实责任、齐抓共管,共同培育新型农民的工作机制。有关部门要依托现有的职业学校、成人学校和培训机构,遴选一批培训规模大、培训质量高、培训效益好的基地。

(十九)建立统筹城市与农村职业学校发展的机制。要积极争取各方面支持,推动农村职业学校与城市职业学校、用工企业签订对口合作办学协议。在联合招生、师资培训、教学资源、学生实习、毕业生就业等方面开展深入、稳定的合作。积极推动实行农村学生第一年在农村职业学校学习,第二年和第三年到城市对口职业学校学习的制度,充分发挥城市职业学校在组织教学、实习和毕业生就业等方面的优势,推动农村职业教育增强培养能力,提高教学质量。

(二十)加强督导和宣传,形成发展面向农村的职业教育的良好社会环境。国家有关部门要对部分省(区、市)面向农村的职业教育工作开展联合督查。各省(区、市)要对面向农村的职业教育的发展规划、经费投入和办学水平等开展专项督导,并作为对市、县教育工作督导评估和教育领导干部工作考核的重要内容。研究制订农村职业教育和成人教育示范县评估标准,组织开展国家级"农村职业教育和成人教育示范县"创建活动。按照国家有关规定,表彰面向农村的职业教育的先进单位和个人。广泛宣传优秀农村实用人才和优秀学员在社会主义新农村建设中的重要贡献,提高他们的经济收入和社会地位,形成全社会重视、支持面向农村的职业教育的良好社会环境和舆论氛围。

(六)医疗卫生

中华人民共和国医师法(节录)

· 2021 年 8 月 20 日第十三届全国人民代表大会常务委员会第三十次会议通过
· 2021 年 8 月 20 日中华人民共和国主席令第 94 号公布
· 自 2022 年 3 月 1 日起施行

……

第四十六条 国家采取措施,统筹城乡资源,加强基层医疗卫生队伍和服务能力建设,对乡村医疗卫生人员建立县乡村上下贯通的职业发展机制，通过县管乡用、乡聘村用等方式，将乡村医疗卫生人员纳入县域医疗卫生人员管理。

执业医师晋升为副高级技术职称的，应当有累计一年以上在县级以下或者对口支援的医疗卫生机构提供医疗卫生服务的经历；晋升副高级技术职称后，在县级以下或者对口支援的医疗卫生机构提供医疗卫生服务，累计一年以上的，同等条件下优先晋升正高级技术职称。

国家采取措施，鼓励取得执业医师资格或者执业助理医师资格的人员依法开办村医疗卫生机构，或者在村医疗卫生机构提供医疗卫生服务。

第四十七条 国家鼓励在村医疗卫生机构中向村民提供预防、保健和一般医疗服务的乡村医生通过医学教育取得医学专业学历；鼓励符合条件的乡村医生参加医师资格考试，依法取得医师资格。

国家采取措施，通过信息化、智能化手段帮助乡村医生提高医学技术能力和水平，进一步完善对乡村医生的服务收入多渠道补助机制和养老等政策。

乡村医生的具体管理办法，由国务院制定。

……

乡村医生从业管理条例

· 2003 年 8 月 5 日中华人民共和国国务院令第 386 号公布

· 自 2004 年 1 月 1 日起施行

第一章 总 则

第一条 为了提高乡村医生的职业道德和业务素质，加强乡村医生从业管理，保护乡村医生的合法权益，保障村民获得初级卫生保健服务，根据《中华人民共和国执业医师法》（以下称执业医师法）的规定，制定本条例。

第二条 本条例适用于尚未取得执业医师资格或者执业助理医师资格，经注册在村医疗卫生机构从事预防、保健和一般医疗服务的乡村医生。

村医疗卫生机构中的执业医师或者执业助理医师，依照执业医师法的规定管理，不适用本条例。

第三条 国务院卫生行政主管部门负责全国乡村医生的管理工作。

县级以上地方人民政府卫生行政主管部门负责本行政区域内乡村医生的管理工作。

第四条 国家对在农村预防、保健、医疗服务和突发事件应急处理工作中做出突出成绩的乡村医生，给予奖励。

第五条 地方各级人民政府应当加强乡村医生的培训工作，采取多种形式对乡村医生进行培训。

第六条 具有学历教育资格的医学教育机构，应当按照国家有关规定开展适应农村需要的医学学历教育，定向为农村培养适用的卫生人员。

国家鼓励乡村医生学习中医药基本知识，运用中医药技能防治疾病。

第七条 国家鼓励乡村医生通过医学教育取得医学专业学历；鼓励符合条件的乡村医生申请参加国家医师资格考试。

第八条 国家鼓励取得执业医师资格或者执业助理医师资格的人员，开办村医疗卫生机构，或者在村医疗卫生机构向村民提供预防、保健和医疗服务。

第二章 执业注册

第九条 国家实行乡村医生执业注册制度。

县级人民政府卫生行政主管部门负责乡村医生执业注册工作。

第十条 本条例公布前的乡村医生，取得县级以上地方人民政府卫生行政主管部门颁发的乡村医生证书，并符合下列条件之一的，可以向县级人民政府卫生行政主管部门申请乡村医生执业注册，取得乡村医生执业证书后，继续在村医疗卫生机构执业：

（一）已经取得中等以上医学专业学历的；

（二）在村医疗卫生机构连续工作 20 年以上的；

（三）按照省、自治区、直辖市人民政府卫生行政主管部门制定的培训规划，接受培训取得合格证书的。

第十一条 对具有县级以上地方人民政府卫生行政主管部门颁发的乡村医生证书，但不符合本条例第十条规定条件的乡村医生，县级人民政府卫生行政主管部门应当进行有关预防、保健和一般医疗服务基本知识的培训，并根据省、自治区、直辖市人民政府卫生行政主管部门确定的考试内容、考试范围进行考试。

前款所指的乡村医生经培训并考试合格的，可以申请乡村医生执业注册；经培训但考试不合格的，县级人民政府卫生行政主管部门应当组织对其再次培训和考试。不参加再次培训或者再次考试仍不合格的，不得申请乡村医生执业注册。

本条所指的培训、考试，应当在本条例施行后6个月内完成。

第十二条 本条例公布之日起进入村医疗卫生机构从事预防、保健和医疗服务的人员，应当具备执业医师资格或者执业助理医师资格。

不具备前款规定条件的地区，根据实际需要，可以允许具有中等医学专业学历的人员，或者经培训达到中等医学专业水平的其他人员申请执业注册，进入村医疗卫生机构执业。具体办法由省、自治区、直辖市人民政府制定。

第十三条 符合本条例规定申请在村医疗卫生机构执业的人员，应当持村医疗卫生机构出具的拟聘用证明和相关学历证明、证书，向村医疗卫生机构所在地的县级人民政府卫生行政主管部门申请执业注册。

县级人民政府卫生行政主管部门应当自受理申请之日起15日内完成审核工作，对符合本条例规定条件的，准予执业注册，发给乡村医生执业证书；对不符合本条例规定条件的，不予注册，并书面说明理由。

第十四条 乡村医生有下列情形之一的，不予注册：

（一）不具有完全民事行为能力的；

（二）受刑事处罚，自刑罚执行完毕之日起至申请执业注册之日止不满2年的；

（三）受吊销乡村医生执业证书行政处罚，自处罚决定之日起至申请执业注册之日止不满2年的。

第十五条 乡村医生经注册取得执业证书后，方可在聘用其执业的村医疗卫生机构从事预防、保健和一般医疗服务。

未经注册取得乡村医生执业证书的，不得执业。

第十六条 乡村医生执业证书有效期为5年。

乡村医生执业证书有效期满需要继续执业的，应当在有效期满前3个月申请再注册。

县级人民政府卫生行政主管部门应当自受理申请之日起15日内进行审核，对符合省、自治区、直辖市人民政府卫生行政主管部门规定条件的，准予再注册，换发乡村医生执业证书；对不符合条件的，不予再注册，由发证部门收回原乡村医生执业证书。

第十七条 乡村医生应当在聘用其执业的村医疗卫生机构执业；变更执业的村医疗卫生机构的，应当依照本条例第十三条规定的程序办理变更注册手续。

第十八条 乡村医生有下列情形之一的，由原注册的卫生行政主管部门注销执业注册，收回乡村医生执业证书：

（一）死亡或者被宣告失踪的；

（二）受刑事处罚的；

（三）中止执业活动满2年的；

（四）考核不合格，逾期未提出再次考核申请或者经再次考核仍不合格的。

第十九条 县级人民政府卫生行政主管部门应当将准予执业注册、再注册和注销注册的人员名单向其执业的村医疗卫生机构所在地的村民公告，并由设区的市级人民政府卫生行政主管部门汇总，报省、自治区、直辖市人民政府卫生行政主管部门备案。

第二十条 县级人民政府卫生行政主管部门办理乡村医生执业注册、再注册、注销注册，应当依据法定权限、条件和程序，遵循便民原则，提高办事效率。

第二十一条 村民和乡村医生发现违法办理乡村医生执业注册、再注册、注销注册的，可以向有关人民政府卫生行政主管部门反映；有关人民政府卫生行政主管部门对反映的情况应当及时核实，调查处理，并将调查处理结果予以公布。

第二十二条 上级人民政府卫生行政主管部门应当加强对下级人民政府卫生行政主管部门办理乡村医生执业注册、再注册、注销注册的监督检查，及时纠正违法行为。

第三章 执业规则

第二十三条 乡村医生在执业活动中享有下列权利：

（一）进行一般医学处置，出具相应的医学证明；

（二）参与医学经验交流，参加专业学术团体；

（三）参加业务培训和教育；

（四）在执业活动中，人格尊严、人身安全不受侵犯；

（五）获取报酬；

（六）对当地的预防、保健、医疗工作和卫生行政主管部门的工作提出意见和建议。

第二十四条 乡村医生在执业活动中应当履行下列义务：

（一）遵守法律、法规、规章和诊疗护理技术规范、常规；

（二）树立敬业精神，遵守职业道德，履行乡村医生职责，为村民健康服务；

（三）关心、爱护、尊重患者，保护患者的隐私；

（四）努力钻研业务，更新知识，提高专业技术水平；

（五）向村民宣传卫生保健知识，对患者进行健康教育。

第二十五条 乡村医生应当协助有关部门做好初级卫生保健服务工作；按照规定及时报告传染病疫情和中毒事件，如实填写并上报有关卫生统计报表，妥善保管有关资料。

第二十六条 乡村医生在执业活动中，不得重复使用一次性医疗器械和卫生材料。对使用过的一次性医疗器械和卫生材料，应当按照规定处置。

第二十七条 乡村医生应当如实向患者或者其家属介绍病情，对超出一般医疗服务范围或者限于医疗条件和技术水平不能诊治的病人，应当及时转诊；情况紧急不能转诊的，应当先行抢救并及时向有抢救条件的医疗卫生机构求助。

第二十八条 乡村医生不得出具与执业范围无关或者与执业范围不相符的医学证明，不得进行实验性临床医疗活动。

第二十九条 省、自治区、直辖市人民政府卫生行政主管部门应当按照乡村医生一般医疗服务范围，制定乡村医生基本用药目录。乡村医生应当在乡村医生基本用药目录规定的范围内用药。

第三十条 县级人民政府对乡村医生开展国家规定的预防、保健等公共卫生服务，应当按照有关规定予以补助。

第四章 培训与考核

第三十一条 省、自治区、直辖市人民政府组织制定乡村医生培训规划，保证乡村医生至少每2年接受一次培训。县级人民政府根据培训规划制定本地区乡村医生培训计划。

对承担国家规定的预防、保健等公共卫生服务的乡村医生，其培训所需经费列入县级财政预算。对边远贫困地区，设区的市级以上地方人民政府应当给予适当经费支持。

国家鼓励社会组织和个人支持乡村医生培训工作。

第三十二条 县级人民政府卫生行政主管部门根据乡村医生培训计划，负责组织乡村医生的培训工作。

乡、镇人民政府以及村民委员会应当为乡村医生开展工作和学习提供条件，保证乡村医生接受培训和继续教育。

第三十三条 乡村医生应当按照培训规划的要求至少每2年接受一次培训，更新医学知识，提高业务水平。

第三十四条 县级人民政府卫生行政主管部门负责组织本地区乡村医生的考核工作；对乡村医生的考核，每2年组织一次。

对乡村医生的考核应当客观、公正，充分听取乡村医生执业的村医疗卫生机构、乡村医生本人、所在村村民委员会和村民的意见。

第三十五条 县级人民政府卫生行政主管部门负责检查乡村医生执业情况，收集村民对乡村医生业务水平、工作质量的评价和建议，接受村民对乡村医生的投诉，并进行汇总、分析。汇总、分析结果与乡村医生接受培训的情况作为对乡村医生进行考核的主要内容。

第三十六条 乡村医生经考核合格的，可以继续执业；经考核不合格的，在6个月之内可以申请进行再次考核。逾期未提出再次考核申请或者经再次考核仍不合格的乡村医生，原注册部门应当注销其执业注册，并收回乡村医生执业证书。

第三十七条 有关人民政府卫生行政主管部门对村民和乡村医生提出的意见、建议和投诉，应当及时调查处理，并将调查处理结果告知村民或者乡村医生。

第五章 法律责任

第三十八条 乡村医生在执业活动中，违反本条例规定，有下列行为之一的，由县级人民政府卫生行政主管部门责令限期改正,给予警告;逾期不改正的,责令暂停3个月以上6个月以下执业活动;情节严重的,由原发证部门暂扣乡村医生执业证书:

(一)执业活动超出规定的执业范围,或者未按照规定进行转诊的;

(二)违反规定使用乡村医生基本用药目录以外的处方药品的;

(三)违反规定出具医学证明,或者伪造卫生统计资料的;

(四)发现传染病疫情、中毒事件不按规定报告的。

第三十九条 乡村医生在执业活动中,违反规定进行实验性临床医疗活动,或者重复使用一次性医疗器械和卫生材料的,由县级人民政府卫生行政主管部门责令停止违法行为,给予警告,可以并处1000元以下的罚款;情节严重的,由原发证部门暂扣或者吊销乡村医生执业证书。

第四十条 乡村医生变更执业的村医疗卫生机构,未办理变更执业注册手续的,由县级人民政府卫生行政主管部门给予警告,责令限期办理变更注册手续。

第四十一条 以不正当手段取得乡村医生执业证书的,由发证部门收缴乡村医生执业证书;造成患者人身损害的,依法承担民事赔偿责任;构成犯罪的,依法追究刑事责任。

第四十二条 未经注册在村医疗卫生机构从事医疗活动的,由县级以上地方人民政府卫生行政主管部门予以取缔,没收其违法所得以及药品、医疗器械,违法所得5000元以上的,并处违法所得1倍以上3倍以下的罚款;没有违法所得或者违法所得不足5000元的,并处1000元以上3000元以下的罚款;造成患者人身损害的,依法承担民事赔偿责任;构成犯罪的,依法追究刑事责任。

第四十三条 县级人民政府卫生行政主管部门未按照乡村医生培训规划、计划组织乡村医生培训的,由本级人民政府或者上一级人民政府卫生行政主管部门责令改正;情节严重的,对直接负责的主管人员和其他直接责任人员依法给予行政处分。

第四十四条 县级人民政府卫生行政主管部门,对不符合本条例规定条件的人员发给乡村医生执业证书,或者对符合条件的人员不发给乡村医生执业证书的,由本级人民政府或者上一级人民政府卫生行政主管部门责令改正,收回或者补发乡村医生执业证书,并对直接负责的主管人员和其他直接责任人员依法给予行政处分。

第四十五条 县级人民政府卫生行政主管部门对乡村医生执业注册或者再注册申请,未在规定时间内完成审核工作的,或者未按照规定将准予执业注册、再注册和注销注册的人员名单向村民予以公告的,由本级人民政府或者上一级人民政府卫生行政主管部门责令限期改正;逾期不改正的,对直接负责的主管人员和其他直接责任人员依法给予行政处分。

第四十六条 卫生行政主管部门对村民和乡村医生反映的办理乡村医生执业注册、再注册、注销注册的违法活动未及时核实、调查处理或者未公布调查处理结果的,由本级人民政府或者上一级人民政府卫生行政主管部门责令限期改正;逾期不改正的,对直接负责的主管人员和其他直接责任人员依法给予行政处分。

第四十七条 寻衅滋事、阻碍乡村医生依法执业,侮辱、诽谤、威胁、殴打乡村医生,构成违反治安管理行为的,由公安机关依法予以处罚;构成犯罪的,依法追究刑事责任。

第六章 附 则

第四十八条 乡村医生执业证书格式由国务院卫生行政主管部门规定。

第四十九条 本条例自2004年1月1日起施行。

关于进一步加强新型农村合作医疗基金管理的意见

· 2011年5月25日

· 卫农卫发〔2011〕52号

各省、自治区、直辖市及计划单列市卫生厅(局),财政厅(局):

近年来,随着政府补助标准和保障水平的稳步提高,新型农村合作医疗(以下简称新农合)基金的规模不断扩大。根据卫生部等五部门《关于巩固和发展新型农村合作医疗制度的意见》(卫农

卫发〔2009〕68号),为切实加强新农合基金管理,保障基金安全,提高基金使用绩效,现提出如下意见:

一、加强参合管理

坚持以家庭为单位自愿参加的原则,农村中小学生应当随父母参加户籍所在地的新农合,进城务工的农民及随迁家属、进城就读农村学生可以自愿选择参加新农合或者城镇职工基本医疗保险、城镇居民基本医疗保险,但不得重复参加、重复享受待遇。各地要逐步建立新农合与城镇居民医保的信息沟通机制,通过加强参合(保)人员身份信息比对,消除重复参合(保)现象。

地方各级卫生、财政部门要在准确核查参合人数和个人缴费情况的基础上,按照要求及时将财政补助资金申请材料上报上级卫生、财政部门,地方各级财政部门应当及时、足额划拨上级和本级财政补助资金,坚决杜绝虚报参合人数、虚报地方补助资金等套取上级补助资金的行为。

加强合作医疗证(卡)管理。新农合管理经办机构要认真核实身份,做好缴费、制(发)证(卡)和就医结算工作,引导农民妥善保管合作医疗证(卡),任何单位和他人不得扣留、借用。

二、规范合理使用新农合基金

各省(区、市)要加强对县(市、区)的指导,逐步规范和统一全省(区、市)的新农合统筹补偿方案。既要防止"收不抵支",也要防止结余过多。新农合基金出现"收不抵支"和累计结余为负数的统筹地区,要认真分析超支原因,及时调整补偿方案、强化医疗费用控制和监管。补偿方案的调整,需在综合分析历年补偿方案运行和基金使用等情况的基础上,结合筹资标准的提高,进行科学测算,受益面的扩大和保障水平的提高要与基金承受能力相适应。

继续实施有利于基层医疗卫生机构就诊和基本药物使用的报销政策。适当提高县外住院补偿起付线,合理确定报销比例,引导参合农民到基层医疗卫生机构就诊和合理使用基本药物。加强门诊补偿方案与住院补偿方案的衔接,采取住院补偿低费用段报销比例与门诊报销比例一致,或合理设置乡镇卫生院住院补偿起付线的做法,控制门诊转住院行为。各地要切实将门诊统筹基金用于支付参合农民政策范围内门诊医疗费用,基金结余不能用于冲抵下一年度农民个人参合缴费,不得向参合农民返还现金。

要做好新农合补偿与公共卫生项目和相关减免优惠政策的衔接,设有财政专项经费支持的"农村孕产妇住院分娩"、"艾滋病防治"、"结核病防治"、"血吸虫病防治"、"慢性病防治"等公共卫生项目,救治经费必须首先按照财政专项经费补助政策或经费使用有关规定执行,剩余部分的医药费用再按照新农合规定补偿。不得以新农合补偿代替财政专项补助,不得用新农合资金冲抵其他专项资金或填补其他资金缺口。

规范县外就医转诊备案制度,完善急诊等特殊情况异地就医的限时转诊备案管理办法。可采取设置不同报销比例等形式,引导参合农民主动办理转诊备案手续。县级以上新农合定点医疗机构要设立专门机构,配备专职人员经办管理新农合业务,配合新农合经办机构做好即时结报、参合患者就诊信息核查和统计上报等工作,确保异地就诊信息核查渠道通畅。

三、加强对定点医疗机构的监管

各级卫生行政部门,特别是县级卫生行政部门要进一步强化对定点医疗机构服务行为的监管,特别是对乡镇卫生院和民营医疗机构的管理,严格定点医疗机构准入和退出机制。建立由新农合经办机构与定点医疗机构的谈判机制,进一步规范和强化协议管理,通过谈判将服务范围、出入院标准、临床诊疗规范、支付方式和支付标准、医疗费用控制、目录外用药控制、开展即时结报、网络支持及统计上报、就诊信息协查等纳入协议范围,明确违约责任及处理办法。各级定点医疗机构有责任向新农合经办机构提供真实信息,协助核实住院病人情况。

定期开展对定点医疗机构的考核评价,将次均费用及其增长幅度、平均住院日、目录内药品使用比例、住院人次数占总诊疗人次比例等指标纳入考核内容并加强监测预警。考核不合格者,可采取警告、通报批评、扣减即时结报回付款、暂停或取消定点资格等措施。考核结果要定期向社会公布,接受舆论监督。建立医疗机构考核档案,积极探索医疗机构信用等级管理办法。

定点医疗机构医务人员和财务人员须认真核对参合就诊人员的合作医疗证(卡)的有效性,核实身份信息,不得为冒名顶替者办理门诊及住院手续。贯彻知情同意原则,使用目录外药品和诊疗项目须履行告知义务。定点医疗机构及医务人员不得降低入院标准、扩大住院范围,不得在开具处方和报销时将目录外药品(或诊疗项目)篡换成目录内药品(或诊疗项目)。

对医疗机构和相关人员通过虚增住院天数、虚报门诊、住院、体检人次,挂床住院,伪造医疗文书及报销凭证套取新农合基金的,一经发现要严肃查处,情节严重的要取消医疗机构新农合定点资格直至依法吊销医疗机构执业许可证,对医疗机构主要负责人要追究责任,对违规医务人员可依法吊销执业资格,通报相关违规行为。

四、加快推进支付方式改革

各地要认真总结支付方式改革试点的成效与经验,加强培训与指导,逐步扩大支付方式改革的试点范围。要将门诊统筹与门诊总额预付制度相结合,将住院统筹与按病种付费、按床日付费等支付方式改革相结合。通过新农合支付方式的引导和制约机制,推动定点医疗机构加强内部管理,规范服务行为,控制医药费用不合理增长。开展支付方式改革的地区应当积极协助本省(区、市)价格主管部门,研究完善医疗收费与按病种付费等相关衔接工作。开展按病种支付方式改革试点的医疗机构制订的具体临床路径要充分考虑当地医疗实际、医疗机构自身的服务能力和新农合等各项医保基金的负担能力。新农合等经办机构要加强审查。加快推进新农合定点医疗机构即时结报工作,从 2012 年开始,没有条件开展即时结报的省、市级医疗机构不予纳入新农合定点范围或适当下调补偿比例。

五、严格执行新农合基金财务会计制度

新农合基金实行收支两条线管理,专款专用,不得用于参合农民医疗费用补偿以外的任何支出。要加强基金收支预算管理,按年度编制新农合基金预算,建立基金运行分析和风险预警制度,防范基金风险,提高使用效率。要规范票据管理、现金管理和资金划拨流程。

农民个人缴费应当及时缴入财政专户,不具备直接缴入财政专户条件的统筹地区,经办机构可在财政部门和卫生行政部门认定的国有或国有控股商业银行设立收入户,但一个统筹地区至多开设一个收入户,并按期将收入户存款及利息汇缴财政专户,不得发生其他支付业务。收入户月末无余额。

新农合财政专户及支出户产生的利息收入要直接计入或定期转入新农合财政专户。各统筹地区设立新农合收入户、支出户要报省级财政、卫生部门登记备案。

要健全新农合基金的内部审计和督导检查制度。财政、卫生部门和新农合经办机构要定期与开户银行对账,保证账账相符、账款相符。各统筹地区要重视发挥审计作用,定期邀请审计部门或会计师事务所开展新农合审计工作,强化外部监管。

六、规范新农合经办机构内部监督制约机制

要建立起有效的管理经办制约机制,各省(区、市)要根据实际情况,在限定的期限内,使乡镇一级的新农合管理经办与乡镇卫生院的医疗服务相分离。实行县级经办机构向乡镇派驻经办审核人员的做法,通过异地任职、交叉任职等形式,确保经办人员的独立性。暂时难以实现新农合管理经办与医疗服务分离的乡镇,县级新农合经办机构要强化报销审核工作。

新农合经办机构应当规范设置会计、出纳、审核、复核、信息统计、稽查等岗位,并明确职责分工。会计、出纳、审核不得互相兼任,审核和复核不能由一人完成,不得由一人办理基金支付的全过程。

要规范审核流程,采取网络实时审核与费用清单事后审核双重措施,对病人、病历、处方、收费的真实性、一致性、合理性进行综合审核并定期复核。严格票据审核,必须使用就诊票据原件报销。建立健全稽查制度,通过电话查询、入户回访等方式,对参合患者尤其是异地就医或发生大额医疗费用的参合患者进行跟踪核查。经办机构及其工作人员不得擅自变更支付项目、扩大报销范围、降低或提高补偿标准,严禁虚列支出、提取或变相提取管理费。

定期开展培训,提高经办机构经办能力和管理水平。加强对经办机构的绩效考核,将组织机构设置、财务会计管理、审核报销程序、稽查监管、公示落实、档案管理、信访受理等纳入考核范围,奖优罚劣,调动经办人员积极性。

各地要进一步充实新农合管理经办队伍,落实人员编制和工作经费。省、市级卫生行政部门要有专人或专门的处室负责新农合管理,县级卫生行政部门要设立专门的经办机构,强化管理经办队伍建设。鼓励各地采取政府购买服务的方式,委托具有资质的商业保险机构参与新农合经办服务,但不得将基金用于支付商业保险机构的管理费用。政府和主管部门要加强监管和规范指导,保证基金安全。

七、加快推进新农合信息化建设

各省(区、市)要严格按照卫生部制定的《新农合管理信息系统基本规范》(卫办农卫发〔2008〕127号),加快建设省级新农合信息平台,确保与国家级信息平台互联互通。要加强新农合信息系统的安全等级制度保护工作,采取有效措施保障新农合信息和网络安全,防范信息泄露。

定点医疗机构信息系统要主动提供标准化数据接口,实现与新农合信息系统的无缝连接,保证新农合病人的即时结报,并按规定向新农合信息平台上传参合农民就诊规范化数据信息。有条件的地区要通过推广使用参合"一卡通"等可识别身份的信息化凭证等方式,防范冒名顶替等弄虚作假行为。

各省(区、市)要依托省级卫生信息平台或省级新农合信息平台开发即时查询功能,所有二级以上医疗机构要实时或定期上传出院病人规范化信息(含患者姓名、身份证号、住址、入出院日期、疾病诊断、医疗费用等),尽快实现就医信息联网审核。

八、严格执行新农合三级定期公示制度

统筹地区新农合经办机构、定点医疗机构和村委会要在醒目位置或人口集中的区域设置新农合公示栏,有条件的地区要同步实行网上公示。经办机构公示内容应当包括新农合基本政策、政府补助政策、个人缴费政策、报销补偿政策、基金收支情况、大额费用补偿情况、监督举报电话等;定点医疗机构公示内容应当包括报销补偿政策、报销药物目录和诊疗项目目录、就诊转诊流程、个人补偿情况等;各行政村要将本村参合农民获得补偿情况作为村务公开的重要内容之一。

公示内容要及时更新,参合人员补偿情况要每月更新,各级卫生行政部门要定期或不定期开展监督检查,确保公示制度落实到位。要注意保护参合人员隐私,不应公示患者的疾病名称等信息。对省外就医者,可实行先公示后补偿。要进一步完善监督举报制度,建立信访内容核查、反馈机制,充分发挥社会和舆论的监督作用。

九、加强协调配合,严肃查处违法违规行为

各地要充分认识新农合基金管理的重要性、紧迫性和艰巨性,把基金管理作为新时期新农合工作的重中之重,切实加强组织领导,落实各级各相关部门的监管职责,形成部门联动、齐抓共管的工作格局。统筹地区卫生部门负责人是新农合综合管理的主要责任人。各级卫生、财政部门要主动会同审计、公安、监察等部门,严密防范、严厉打击欺诈新农合基金的行为,定期或不定期开展联合监督检查,准确掌握新农合运行情况,及时排查和消除基金安全隐患。要建立健全责任追究制度,依法加大对贪污、挤占、挪用、骗取新农合基金等违法违规行为的处罚力度。出现新农合重大管理问题,要追究统筹地区卫生部门负责人的责任;涉及玩忽职守或渎职的,要追究法律责任。

关于巩固和发展新型农村合作医疗制度的意见

·2009年7月2日
·卫农卫发〔2009〕68号

各省、自治区、直辖市卫生厅局、民政厅局、财政厅局、农业(林)厅(局、委)、中医药局:

新型农村合作医疗(以下简称新农合)制度是党中央、国务院为解决农村居民看病就医问题而建立的一项基本医疗保障制度,是落实科学发展观、构建社会主义和谐社会的重大举措。2003年以来,在各级政府的领导下,各有关部门共同努力,广大农村居民积极参与,新农合工作取得了显著成效。农村地区已全面建立起新农合制度,制度框架和运行机制基本建立,农村居民医疗负担得到减轻,卫生服务利用率得到提高,因病致贫、因病返贫的状况得到缓解。为贯彻《中共中央国务院关于深化医药卫生体制改革的意见》精神,落实《国务院关于医药卫生体制改革近期重点实施方案(2009—2011年)》,现就巩固和发展新农合制度提出如下意见。

一、明确目标任务,稳步发展新农合制度

在已全面建立新农合制度的基础上,各地要以便民、利民、为民为出发点,大力加强制度建设,巩固和发展与农村经济社会发展水平和农民基本医疗需求相适应的、具有基本医疗保障性质的新农合制度,逐步缩小城乡居民之间的基本医疗保障差距。逐步提高筹资标准和待遇水平，进一步调整和完善统筹补偿方案，强化基金监督管理，让参合农民得到更多实惠，增强新农合的吸引力，继续保持高水平的参合率。从2009年下半年开始，新农合补偿封顶线（最高支付限额）达到当地农民人均纯收入的6倍以上。有条件的地区，可开展地市级统筹试点，逐步提高新农合统筹层次和管理层次，增强基金抗风险能力。

二、逐步提高筹资水平，完善筹资机制

要根据各级政府财力状况和农民收入增长情况及承受能力，逐步提高财政补助标准及农民个人筹资水平，积极探索建立稳定可靠、合理增长的筹资机制。

2009年，全国新农合筹资水平要达到每人每年100元，其中，中央财政对中西部地区参合农民按40元标准补助，对东部省份按照中西部地区的一定比例给予补助；地方财政补助标准要不低于40元，农民个人缴费增加到不低于20元。东部地区的人均筹资水平应不低于中西部地区。

2010年开始，全国新农合筹资水平提高到每人每年150元，其中，中央财政对中西部地区参合农民按60元的标准补助，对东部省份按照中西部地区一定比例给予补助；地方财政补助标准相应提高到60元，确有困难的地区可分两年到位。地方增加的资金，应以省级财政承担为主，尽量减少困难县（市、区）的负担。农民个人缴费由每人每年20元增加到30元，困难地区可以分两年到位。

各地要继续坚持以家庭为单位自愿参加的原则，积极探索符合当地情况，农民群众易于接受，简便易行的新农合个人缴费方式。可以采取农民定时定点交纳、委托乡镇财税所等机构代收、经村民代表大会同意由村民委员会代收或经农民同意后由金融机构通过农民的储蓄或结算账户代缴等方式，逐步变上门收缴为引导农民主动缴纳，降低筹资成本，提高工作效率。

三、调整新农合补偿方案，使农民群众更多受益

各省（区、市）要加强对县（市、区）的指导，进一步规范和统一全省（区、市）的新农合统筹补偿方案，在综合分析历年补偿方案运行和基金使用等情况的基础上，结合筹资标准的提高，适当扩大受益面和提高保障水平。

开展住院统筹加门诊统筹的地区，要适当提高基层医疗机构的门诊补偿比例，门诊补偿比例和封顶线要与住院补偿起付线和补偿比例有效衔接。开展大病统筹加门诊家庭账户的地区，要提高家庭账户基金的使用率，有条件的地区要逐步转为住院统筹加门诊统筹模式。要扩大对慢性病等特殊病种大额门诊医药费用纳入统筹基金进行补偿的病种范围。要结合门诊补偿政策，合理调整住院补偿起付线，适当提高补偿比例和封顶线，扩大补偿范围。统筹补偿方案要重点提高在县、乡、村级医疗机构医药费用和使用中医药有关费用的补偿比例，引导农民在基层就医和应用中医药适宜技术。县内难以医治的疑难杂症按规定转外就医的，可适当提高补偿比例，扩大补偿范围，进一步缓解农民患大病的医药费用负担。

严格执行有关基金结余的规定。年底基金结余较多的地区，可以按照《卫生部关于规范新型农村合作医疗二次补偿的指导意见》（卫农卫发〔2008〕65号）和《卫生部关于规范新型农村合作医疗健康体检工作的意见》（卫农卫发〔2008〕55号）要求，开展二次补偿或健康体检工作，使农民充分受益。同时，结合实际适当调整下年度统筹补偿方案，但不应将二次补偿作为常规性补偿模式。

此外，要做好新农合基金补偿与公共卫生专项补助的衔接，新农合基金只能用于参合农民的医药费用补偿，应由政府另行安排资金的基本公共卫生服务项目不应纳入新农合补偿范围，重大公共卫生服务项目（如农村孕产妇住院分娩）应先执行国家专项补助，剩余部分中的医药费用再按新农合规定给予补偿。有条件的地区可探索公共卫生经费和新农合基金的总额预付等多种支付管理办法。

四、加大基金监管力度，确保基金安全运行

要认真执行财政部、卫生部下发的新农合基金财务会计制度。从基金的筹集、拨付、存储、使用等各个环节着手，规范基金监管措施，健全监管机制，加强对基金运行情况的分析和监控，保障基金安全运行，确保及时支付农民医药费用的补偿款。新农合基金要全部纳入财政专户管理和核算，并实行收支两条线管理，专款专用。经办机构应配备取得会计从业资格证书的专职财会人员，建立内部稽核制度，合理设置财务会计岗位，会计和出纳不得由一人兼任。基金的使用和费用的补偿,要坚持县、乡、村三级定期公示制度,完善群众举报、投诉、咨询等农民参与监督管理的有效形式,畅通信访受理渠道,及时处理群众反映的问题。

为了保证各级新农合财政补助资金及时足额到位,进一步简化补助拨付方式,从2009年起调整中央财政补助资金拨付办法,采取年初预拨、年底结算的方式,加快审核下达中央财政补助资金,同时地方财政补助资金也要及时足额到位。各地要严格执行财政部发布的新农合补助资金国库集中支付管理暂行办法,保证各级财政补助资金直接拨付到县级新农合基金专户,杜绝新农合基金截留、滞留的现象。

五、规范医疗服务行为,控制医药费用不合理增长

要采取多种综合措施规范医疗服务行为。各级卫生部门要加强对定点医疗机构服务行为的行政监管,将定点医疗机构做好新农合工作情况纳入日常工作考核指标体系,对出现的违规违纪行为要按照有关规定严肃处理。要注重发挥协议管理在定点医疗机构管理中的作用,建立健全新农合定点医疗机构的准入和退出机制,通过协议实行动态管理。探索建立本县(市、区)以外定点医疗机构信息沟通和监管制度,由省、市(地)级新农合管理机构确定同级定点医疗机构,并实施监管。对定点医疗机构的检查、用药等行为进行严格监管,合理控制药品费用和大型设备检查。

积极开展支付方式改革,控制医药费用不合理支出,可推广单病种定额付费和限额付费制度,合理确定病种收费标准,逐步扩大病种范围,严格掌握入出院标准;开展门诊统筹的地区,要积极探索门诊费用总额预付或总额核算的支付方式。

发挥社会和舆论监督对医疗机构服务行为的约束作用,推行医药费用查询制、平均住院费用公示及警示制度,完善补偿公示等多项措施,建立医药费用监测和信息发布制度。各级定点医疗机构也要切实加强内部管理,建立健全疾病检查、治疗、用药、收费等方面的规范、制度和自律机制,加强绩效考核。

六、坚持便民的就医和结报方式,做好流动人口参加新农合的有关工作

全面实行参合农民在统筹区域范围内所有定点医疗机构自主选择就医,出院即时获得补偿的办法。简化农民到县外就医的转诊手续,探索推行参合农民在省市级定点医疗机构就医即时结报的办法,方便参合农民在全省范围内就医补偿。

定点医疗机构要按照新农合的规定认真初审并垫付补偿资金。经办机构要强化资料审核,并采取现场抽查、事后回访、网络监管等多种行之有效的方式,对医药费用发生的真实性、合理性进行认真复审。对于不符合新农合补偿规定的费用由医疗机构自行承担,经办机构不予结算。

积极引导外出务工农民参加新农合制度。外出务工农民的个人参合费用收缴时间可根据实际情况延长至春节前后。要做好外出务工参合农民的就医补偿工作,探索方便外出务工农民就医,简化审核报销程序的有效方式,探索在农民工务工城市确定新农合定点医疗机构。在制订和调整统筹补偿方案时,要认真分析外出务工农民返乡就医对新农合运行的影响,并提出相应对策。要充分考虑流动人口的实际情况,做好新农合与相关制度的衔接。

七、健全管理经办体系,提高经办服务能力

随着门诊统筹的推进,新农合的监管难度加大。各县(市、区)要根据要求落实新农合管理经办机构的人员编制,保证必要的工作经费。有条件的地方可进一步充实人员力量,实行县级经办机构向乡镇派驻经办审核人员的做法,严格新农合基金监管。建立健全各项内部管理、考核制度,继续加强管理经办人员培训,提高管理经办服务水平。要按照全国的统一要求和规定,制定全省的新农合信息化建设方案,加快推进新农合信息化建设,逐步实现新农合经办机构与定点医疗机构的联网,实行县级网上审核,省级网上监测运行,全国网上信息汇总分析。在全国逐步建立新农合监测网络,开展新农合运行的监测评估工作,改进监管手段,创新监管方法,降低管理成本,建立监管的长效机制,提高监管的水平和效率。在确保基金安全和有效监管的前提下,积极提倡以政府购买医疗保障服务的方式,探索委托具有资质的商业保险机构参与新农合经办服务。

八、加强新农合与相关制度的衔接

要加强部门配合,做好新农合与农村医疗救助制度在政策、技术、服务管理和费用结算方面的有效衔接。在县级探索建立新农合与农村医疗救助的统一服务平台，使贫困参合农民能够方便、快捷地获得新农合补偿和医疗救助补助资金。有条件的地区，要实现两项制度的信息共享，积极推行贫困农民就医后在医疗机构当场结算新农合补偿和医疗救助补助资金的一站式服务，简化手续，方便贫困农民。

要做好新农合、城镇居民基本医疗保险和城镇职工基本医疗保险制度在相关政策及经办服务等方面的衔接，既要保证人人能够享受基本医疗保障，又要避免重复参合（保），重复享受待遇，推动三项制度平稳、协调发展。

新农合制度的巩固和发展关系到亿万农民的切身利益，是一项重大的民生工程。要继续坚持和完善政府领导，卫生部门主管，多部门配合，经办机构具体承办，医疗机构提供医疗服务，农民群众参与的管理运行机制。各级卫生、财政、农业、民政等相关部门要在各级政府的领导下，加强协调，密切配合，各负其责。卫生部门要充分发挥主管部门的作用，做好政策拟订、组织实施和综合管理工作；财政部门要加大投入力度，加强对财政补助资金和新农合基金的监管；农业部门要做好宣传推广工作，协助筹集资金，监督基金使用；民政部门要做好农村医疗救助工作，加强与新农合制度的衔接，帮助贫困农民解决特殊困难。各部门要根据各自职责，积极支持，共同促进新农合制度不断巩固完善，持续发展。

国务院关于整合城乡居民基本医疗保险制度的意见

· 2016 年 1 月 3 日
· 国发〔2016〕3 号

整合城镇居民基本医疗保险（以下简称城镇居民医保）和新型农村合作医疗（以下简称新农合）两项制度，建立统一的城乡居民基本医疗保险（以下简称城乡居民医保）制度，是推进医药卫生体制改革、实现城乡居民公平享有基本医疗保险权益、促进社会公平正义、增进人民福祉的重大举措，对促进城乡经济社会协调发展、全面建成小康社会具有重要意义。在总结城镇居民医保和新农合运行情况以及地方探索实践经验的基础上，现就整合建立城乡居民医保制度提出如下意见。

一、总体要求与基本原则

（一）*总体要求*。

以邓小平理论、“三个代表”重要思想、科学发展观为指导，认真贯彻党的十八大、十八届二中、三中、四中、五中全会和习近平总书记系列重要讲话精神，落实党中央、国务院关于深化医药卫生体制改革的要求，按照全覆盖、保基本、多层次、可持续的方针，加强统筹协调与顶层设计，遵循先易后难、循序渐进的原则，从完善政策入手，推进城镇居民医保和新农合制度整合，逐步在全国范围内建立起统一的城乡居民医保制度，推动保障更加公平、管理服务更加规范、医疗资源利用更加有效，促进全民医保体系持续健康发展。

（二）*基本原则*。

1. 统筹规划、协调发展。要把城乡居民医保制度整合纳入全民医保体系发展和深化医改全局，统筹安排，合理规划，突出医保、医疗、医药三医联动，加强基本医保、大病保险、医疗救助、疾病应急救助、商业健康保险等衔接，强化制度的系统性、整体性、协同性。

2. 立足基本、保障公平。要准确定位，科学设计，立足经济社会发展水平、城乡居民负担和基金承受能力，充分考虑并逐步缩小城乡差距、地区差异，保障城乡居民公平享有基本医保待遇，实现城乡居民医保制度可持续发展。

3. 因地制宜、有序推进。要结合实际，全面分析研判，周密制订实施方案，加强整合前后的衔接，确保工作顺畅接续、有序过渡，确保群众基本医保待遇不受影响，确保医保基金安全和制度运行平稳。

4. 创新机制、提升效能。要坚持管办分开，落实政府责任，完善管理运行机制，深入推进支付方式改革，提升医保资金使用效率和经办管理服务效能。充分发挥市场机制作用，调动社会力量参与基本医保经办服务。

二、整合基本制度政策

（一）*统一覆盖范围*。

城乡居民医保制度覆盖范围包括现有城镇居民医保和新农合所有应参保（合）人员，即覆盖除职工基本医疗保险应参保人员以外的其他所有城乡居民。农民工和灵活就业人员依法参加职工基本医疗保险，有困难的可按照当地规定参加城乡居民医保。各地要完善参保方式,促进应保尽保,避免重复参保。

(二)统一筹资政策。

坚持多渠道筹资,继续实行个人缴费与政府补助相结合为主的筹资方式,鼓励集体、单位或其他社会经济组织给予扶持或资助。各地要统筹考虑城乡居民医保与大病保险保障需求,按照基金收支平衡的原则,合理确定城乡统一的筹资标准。现有城镇居民医保和新农合个人缴费标准差距较大的地区,可采取差别缴费的办法,利用2-3年时间逐步过渡。整合后的实际人均筹资和个人缴费不得低于现有水平。

完善筹资动态调整机制。在精算平衡的基础上,逐步建立与经济社会发展水平、各方承受能力相适应的稳定筹资机制。逐步建立个人缴费标准与城乡居民人均可支配收入相衔接的机制。合理划分政府与个人的筹资责任,在提高政府补助标准的同时,适当提高个人缴费比重。

(三)统一保障待遇。

遵循保障适度、收支平衡的原则,均衡城乡保障待遇,逐步统一保障范围和支付标准,为参保人员提供公平的基本医疗保障。妥善处理整合前的特殊保障政策,做好过渡与衔接。

城乡居民医保基金主要用于支付参保人员发生的住院和门诊医药费用。稳定住院保障水平,政策范围内住院费用支付比例保持在75%左右。进一步完善门诊统筹,逐步提高门诊保障水平。逐步缩小政策范围内支付比例与实际支付比例间的差距。

(四)统一医保目录。

统一城乡居民医保药品目录和医疗服务项目目录,明确药品和医疗服务支付范围。各省(区、市)要按照国家基本医保用药管理和基本药物制度有关规定,遵循临床必需、安全有效、价格合理、技术适宜、基金可承受的原则,在现有城镇居民医保和新农合目录的基础上,适当考虑参保人员需求变化进行调整,有增有减、有控有扩,做到种类基本齐全、结构总体合理。完善医保目录管理办法,实行分级管理、动态调整。

(五)统一定点管理。

统一城乡居民医保定点机构管理办法,强化定点服务协议管理,建立健全考核评价机制和动态的准入退出机制。对非公立医疗机构与公立医疗机构实行同等的定点管理政策。原则上由统筹地区管理机构负责定点机构的准入、退出和监管,省级管理机构负责制订定点机构的准入原则和管理办法,并重点加强对统筹区域外的省、市级定点医疗机构的指导与监督。

(六)统一基金管理。

城乡居民医保执行国家统一的基金财务制度、会计制度和基金预决算管理制度。城乡居民医保基金纳入财政专户,实行"收支两条线"管理。基金独立核算、专户管理,任何单位和个人不得挤占挪用。

结合基金预算管理全面推进付费总额控制。基金使用遵循以收定支、收支平衡、略有结余的原则,确保应支付费用及时足额拨付,合理控制基金当年结余率和累计结余率。建立健全基金运行风险预警机制,防范基金风险,提高使用效率。

强化基金内部审计和外部监督,坚持基金收支运行情况信息公开和参保人员就医结算信息公示制度,加强社会监督、民主监督和舆论监督。

三、理顺管理体制

(一)整合经办机构。

鼓励有条件的地区理顺医保管理体制,统一基本医保行政管理职能。充分利用现有城镇居民医保、新农合经办资源,整合城乡居民医保经办机构、人员和信息系统,规范经办流程,提供一体化的经办服务。完善经办机构内外部监督制约机制,加强培训和绩效考核。

(二)创新经办管理。

完善管理运行机制,改进服务手段和管理办法,优化经办流程,提高管理效率和服务水平。鼓励有条件的地区创新经办服务模式,推进管办分开,引入竞争机制,在确保基金安全和有效监管的前提下,以政府购买服务的方式委托具有资质的商业保险机构等社会力量参与基本医保的经办服务,激发经办活力。

四、提升服务效能

(一)提高统筹层次。

城乡居民医保制度原则上实行市(地)级统筹,各地要围绕统一待遇政策、基金管理、信息系统和就医结算等重点,稳步推进市(地)级统筹。做好医保关系转移接续和异地就医结算服务。根据统筹地区内各县(市、区)的经济发展和医疗服务水平，加强基金的分级管理，充分调动县级政府、经办管理机构基金管理的积极性和主动性。鼓励有条件的地区实行省级统筹。

（二）完善信息系统。

整合现有信息系统，支撑城乡居民医保制度运行和功能拓展。推动城乡居民医保信息系统与定点机构信息系统、医疗救助信息系统的业务协同和信息共享，做好城乡居民医保信息系统与参与经办服务的商业保险机构信息系统必要的信息交换和数据共享。强化信息安全和患者信息隐私保护。

（三）完善支付方式。

系统推进按人头付费、按病种付费、按床日付费、总额预付等多种付费方式相结合的复合支付方式改革，建立健全医保经办机构与医疗机构及药品供应商的谈判协商机制和风险分担机制，推动形成合理的医保支付标准，引导定点医疗机构规范服务行为，控制医疗费用不合理增长。

通过支持参保居民与基层医疗机构及全科医师开展签约服务、制定差别化的支付政策等措施，推进分级诊疗制度建设，逐步形成基层首诊、双向转诊、急慢分治、上下联动的就医新秩序。

（四）加强医疗服务监管。

完善城乡居民医保服务监管办法，充分运用协议管理，强化对医疗服务的监控作用。各级医保经办机构要利用信息化手段，推进医保智能审核和实时监控，促进合理诊疗、合理用药。卫生计生行政部门要加强医疗服务监管，规范医疗服务行为。

五、精心组织实施，确保整合工作平稳推进

（一）加强组织领导。

整合城乡居民医保制度是深化医改的一项重点任务，关系城乡居民切身利益，涉及面广、政策性强。各地各有关部门要按照全面深化改革的战略布局要求，充分认识这项工作的重要意义，加强领导，精心组织，确保整合工作平稳有序推进。各省级医改领导小组要加强统筹协调，及时研究解决整合过程中的问题。

（二）明确工作进度和责任分工。

各省（区、市）要于2016年6月底前对整合城乡居民医保工作作出规划和部署，明确时间表、路线图，健全工作推进和考核评价机制，严格落实责任制，确保各项政策措施落实到位。各统筹地区要于2016年12月底前出台具体实施方案。综合医改试点省要将整合城乡居民医保作为重点改革内容，加强与医改其他工作的统筹协调，加快推进。

各地人力资源社会保障、卫生计生部门要完善相关政策措施，加强城乡居民医保制度整合前后的衔接；财政部门要完善基金财务会计制度，会同相关部门做好基金监管工作；保险监管部门要加强对参与经办服务的商业保险机构的从业资格审查、服务质量和市场行为监管；发展改革部门要将城乡居民医保制度整合纳入国民经济和社会发展规划；编制管理部门要在经办资源和管理体制整合工作中发挥职能作用；医改办要协调相关部门做好跟踪评价、经验总结和推广工作。

（三）做好宣传工作。

要加强正面宣传和舆论引导，及时准确解读政策，宣传各地经验亮点，妥善回应公众关切，合理引导社会预期，努力营造城乡居民医保制度整合的良好氛围。

四、农　民

(一)农民工权益保护

保障农民工工资支付条例

·2019年12月4日国务院第73次常务会议通过
·2019年12月30日中华人民共和国国务院令第724号公布
·自2020年5月1日起施行

第一章　总　则

第一条　为了规范农民工工资支付行为,保障农民工按时足额获得工资,根据《中华人民共和国劳动法》及有关法律规定,制定本条例。

第二条　保障农民工工资支付,适用本条例。

本条例所称农民工,是指为用人单位提供劳动的农村居民。

本条例所称工资,是指农民工为用人单位提供劳动后应当获得的劳动报酬。

第三条　农民工有按时足额获得工资的权利。任何单位和个人不得拖欠农民工工资。

农民工应当遵守劳动纪律和职业道德,执行劳动安全卫生规程,完成劳动任务。

第四条　县级以上地方人民政府对本行政区域内保障农民工工资支付工作负责,建立保障农民工工资支付工作协调机制,加强监管能力建设,健全保障农民工工资支付工作目标责任制,并纳入对本级人民政府有关部门和下级人民政府进行考核和监督的内容。

乡镇人民政府、街道办事处应当加强对拖欠农民工工资矛盾的排查和调处工作,防范和化解矛盾,及时调解纠纷。

第五条　保障农民工工资支付,应当坚持市场主体负责、政府依法监管、社会协同监督,按照源头治理、预防为主、防治结合、标本兼治的要求,依法根治拖欠农民工工资问题。

第六条　用人单位实行农民工劳动用工实名制管理,与招用的农民工书面约定或者通过依法制定的规章制度规定工资支付标准、支付时间、支付方式等内容。

第七条　人力资源社会保障行政部门负责保障农民工工资支付工作的组织协调、管理指导和农民工工资支付情况的监督检查,查处有关拖欠农民工工资案件。

住房城乡建设、交通运输、水利等相关行业工程建设主管部门按照职责履行行业监管责任,督办因违法发包、转包、违法分包、挂靠、拖欠工程款等导致的拖欠农民工工资案件。

发展改革等部门按照职责负责政府投资项目的审批管理,依法审查政府投资项目的资金来源和筹措方式,按规定及时安排政府投资,加强社会信用体系建设,组织对拖欠农民工工资失信联合惩戒对象依法依规予以限制和惩戒。

财政部门负责政府投资资金的预算管理,根据经批准的预算按规定及时足额拨付政府投资资金。

公安机关负责及时受理、侦办涉嫌拒不支付劳动报酬刑事案件,依法处置因农民工工资拖欠引发的社会治安案件。

司法行政、自然资源、人民银行、审计、国有资产管理、税务、市场监管、金融监管等部门,按照职责做好与保障农民工工资支付相关的工作。

第八条　工会、共产主义青年团、妇女联合会、残疾人联合会等组织按照职责依法维护农民工获得工资的权利。

第九条　新闻媒体应当开展保障农民工工资支付法律法规政策的公益宣传和先进典型的报道,依法加强对拖欠农民工工资违法行为的舆论监督,引导用人单位增强依法用工、按时足额支付工资的法律意识，引导农民工依法维权。

第十条 被拖欠工资的农民工有权依法投诉，或者申请劳动争议调解仲裁和提起诉讼。

任何单位和个人对拖欠农民工工资的行为，有权向人力资源社会保障行政部门或者其他有关部门举报。

人力资源社会保障行政部门和其他有关部门应当公开举报投诉电话、网站等渠道，依法接受对拖欠农民工工资行为的举报、投诉。对于举报、投诉的处理实行首问负责制，属于本部门受理的，应当依法及时处理；不属于本部门受理的，应当及时转送相关部门，相关部门应当依法及时处理，并将处理结果告知举报、投诉人。

第二章 工资支付形式与周期

第十一条 农民工工资应当以货币形式，通过银行转账或者现金支付给农民工本人，不得以实物或者有价证券等其他形式替代。

第十二条 用人单位应当按照与农民工书面约定或者依法制定的规章制度规定的工资支付周期和具体支付日期足额支付工资。

第十三条 实行月、周、日、小时工资制的，按照月、周、日、小时为周期支付工资；实行计件工资制的，工资支付周期由双方依法约定。

第十四条 用人单位与农民工书面约定或者依法制定的规章制度规定的具体支付日期，可以在农民工提供劳动的当期或者次期。具体支付日期遇法定节假日或者休息日的，应当在法定节假日或者休息日前支付。

用人单位因不可抗力未能在支付日期支付工资的，应当在不可抗力消除后及时支付。

第十五条 用人单位应当按照工资支付周期编制书面工资支付台账，并至少保存3年。

书面工资支付台账应当包括用人单位名称，支付周期，支付日期，支付对象姓名、身份证号码、联系方式，工作时间，应发工资项目及数额，代扣、代缴、扣除项目和数额，实发工资数额，银行代发工资凭证或者农民工签字等内容。

用人单位向农民工支付工资时，应当提供农民工本人的工资清单。

第三章 工资清偿

第十六条 用人单位拖欠农民工工资的，应当依法予以清偿。

第十七条 不具备合法经营资格的单位招用农民工，农民工已经付出劳动而未获得工资的，依照有关法律规定执行。

第十八条 用工单位使用个人、不具备合法经营资格的单位或者未依法取得劳务派遣许可证的单位派遣的农民工，拖欠农民工工资的，由用工单位清偿，并可以依法进行追偿。

第十九条 用人单位将工作任务发包给个人或者不具备合法经营资格的单位，导致拖欠所招用农民工工资的，依照有关法律规定执行。

用人单位允许个人、不具备合法经营资格或者未取得相应资质的单位以用人单位的名义对外经营，导致拖欠所招用农民工工资的，由用人单位清偿，并可以依法进行追偿。

第二十条 合伙企业、个人独资企业、个体经济组织等用人单位拖欠农民工工资的，应当依法予以清偿；不清偿的，由出资人依法清偿。

第二十一条 用人单位合并或者分立时，应当在实施合并或者分立前依法清偿拖欠的农民工工资；经与农民工书面协商一致的，可以由合并或者分立后承继其权利和义务的用人单位清偿。

第二十二条 用人单位被依法吊销营业执照或者登记证书、被责令关闭、被撤销或者依法解散的，应当在申请注销登记前依法清偿拖欠的农民工工资。

未依据前款规定清偿农民工工资的用人单位主要出资人，应当在注册新用人单位前清偿拖欠的农民工工资。

第四章 工程建设领域特别规定

第二十三条 建设单位应当有满足施工所需要的资金安排。没有满足施工所需要的资金安排的，工程建设项目不得开工建设；依法需要办理施工许可证的，相关行业工程建设主管部门不予颁发施工许可证。

政府投资项目所需资金，应当按照国家有关规定落实到位，不得由施工单位垫资建设。

第二十四条 建设单位应当向施工单位提供工程款支付担保。

建设单位与施工总承包单位依法订立书面工程施工合同，应当约定工程款计量周期、工程款进度结算办法以及人工费用拨付周期，并按照保障农民工工资按时足额支付的要求约定人工费用。人工费用拨付周期不得超过1个月。

建设单位与施工总承包单位应当将工程施工合同保存备查。

第二十五条 施工总承包单位与分包单位依法订立书面分包合同，应当约定工程款计量周期、工程款进度结算办法。

第二十六条 施工总承包单位应当按照有关规定开设农民工工资专用账户，专项用于支付该工程建设项目农民工工资。

开设、使用农民工工资专用账户有关资料应当由施工总承包单位妥善保存备查。

第二十七条 金融机构应当优化农民工工资专用账户开设服务流程，做好农民工工资专用账户的日常管理工作；发现资金未按约定拨付等情况的，及时通知施工总承包单位，由施工总承包单位报告人力资源社会保障行政部门和相关行业工程建设主管部门，并纳入欠薪预警系统。

工程完工且未拖欠农民工工资的，施工总承包单位公示30日后，可以申请注销农民工工资专用账户，账户内余额归施工总承包单位所有。

第二十八条 施工总承包单位或者分包单位应当依法与所招用的农民工订立劳动合同并进行用工实名登记，具备条件的行业应当通过相应的管理服务信息平台进行用工实名登记、管理。未与施工总承包单位或者分包单位订立劳动合同并进行用工实名登记的人员，不得进入项目现场施工。

施工总承包单位应当在工程项目部配备劳资专管员，对分包单位劳动用工实施监督管理，掌握施工现场用工、考勤、工资支付等情况，审核分包单位编制的农民工工资支付表，分包单位应当予以配合。

施工总承包单位、分包单位应当建立用工管理台账，并保存至工程完工且工资全部结清后至少3年。

第二十九条 建设单位应当按照合同约定及时拨付工程款，并将人工费用及时足额拨付至农民工工资专用账户，加强对施工总承包单位按时足额支付农民工工资的监督。

因建设单位未按照合同约定及时拨付工程款导致农民工工资拖欠的，建设单位应当以未结清的工程款为限先行垫付被拖欠的农民工工资。

建设单位应当以项目为单位建立保障农民工工资支付协调机制和工资拖欠预防机制，督促施工总承包单位加强劳动用工管理，妥善处理与农民工工资支付相关的矛盾纠纷。发生农民工集体讨薪事件的，建设单位应当会同施工总承包单位及时处理，并向项目所在地人力资源社会保障行政部门和相关行业工程建设主管部门报告有关情况。

第三十条 分包单位对所招用农民工的实名制管理和工资支付负直接责任。

施工总承包单位对分包单位劳动用工和工资发放等情况进行监督。

分包单位拖欠农民工工资的，由施工总承包单位先行清偿，再依法进行追偿。

工程建设项目转包，拖欠农民工工资的，由施工总承包单位先行清偿，再依法进行追偿。

第三十一条 工程建设领域推行分包单位农民工工资委托施工总承包单位代发制度。

分包单位应当按月考核农民工工作量并编制工资支付表，经农民工本人签字确认后，与当月工程进度等情况一并交施工总承包单位。

施工总承包单位根据分包单位编制的工资支付表，通过农民工工资专用账户直接将工资支付到农民工本人的银行账户，并向分包单位提供代发工资凭证。

用于支付农民工工资的银行账户所绑定的农民工本人社会保障卡或者银行卡，用人单位或者其他人员不得以任何理由扣押或者变相扣押。

第三十二条 施工总承包单位应当按照有关规定存储工资保证金，专项用于支付为所承包工程提供劳动的农民工被拖欠的工资。

工资保证金实行差异化存储办法，对一定时期内未发生工资拖欠的单位实行减免措施，对发生工资拖欠的单位适当提高存储比例。工资保证金可以用金融机构保函替代。

工资保证金的存储比例、存储形式、减免措施等具体办法，由国务院人力资源社会保障行政部门会同有关部门制定。

第三十三条 除法律另有规定外，农民工工资专用账户资金和工资保证金不得因支付为本项目提供劳动的农民工工资之外的原因被查封、冻结或者划拨。

第三十四条 施工总承包单位应当在施工现

场醒目位置设立维权信息告示牌，明示下列事项：

（一）建设单位、施工总承包单位及所在项目部、分包单位、相关行业工程建设主管部门、劳资专管员等基本信息；

（二）当地最低工资标准、工资支付日期等基本信息；

（三）相关行业工程建设主管部门和劳动保障监察投诉举报电话、劳动争议调解仲裁申请渠道、法律援助申请渠道、公共法律服务热线等信息。

第三十五条 建设单位与施工总承包单位或者承包单位与分包单位因工程数量、质量、造价等产生争议的，建设单位不得因争议不按照本条例第二十四条的规定拨付工程款中的人工费用，施工总承包单位也不得因争议不按照规定代发工资。

第三十六条 建设单位或者施工总承包单位将建设工程发包或者分包给个人或者不具备合法经营资格的单位，导致拖欠农民工工资的，由建设单位或者施工总承包单位清偿。

施工单位允许其他单位和个人以施工单位的名义对外承揽建设工程，导致拖欠农民工工资的，由施工单位清偿。

第三十七条 工程建设项目违反国土空间规划、工程建设等法律法规，导致拖欠农民工工资的，由建设单位清偿。

第五章 监督检查

第三十八条 县级以上地方人民政府应当建立农民工工资支付监控预警平台，实现人力资源社会保障、发展改革、司法行政、财政、住房城乡建设、交通运输、水利等部门的工程项目审批、资金落实、施工许可、劳动用工、工资支付等信息及时共享。

人力资源社会保障行政部门根据水电燃气供应、物业管理、信贷、税收等反映企业生产经营相关指标的变化情况，及时监控和预警工资支付隐患并做好防范工作，市场监管、金融监管、税务等部门应当予以配合。

第三十九条 人力资源社会保障行政部门、相关行业工程建设主管部门和其他有关部门应当按照职责，加强对用人单位与农民工签订劳动合同、工资支付以及工程建设项目实行农民工实名制管理、农民工工资专用账户管理、施工总承包单位代发工资、工资保证金存储、维权信息公示等情况的监督检查，预防和减少拖欠农民工工资行为的发生。

第四十条 人力资源社会保障行政部门在查处拖欠农民工工资案件时，需要依法查询相关单位金融账户和相关当事人拥有房产、车辆等情况的，应当经设区的市级以上地方人民政府人力资源社会保障行政部门负责人批准，有关金融机构和登记部门应当予以配合。

第四十一条 人力资源社会保障行政部门在查处拖欠农民工工资案件时，发生用人单位拒不配合调查、清偿责任主体及相关当事人无法联系等情形的，可以请求公安机关和其他有关部门协助处理。

人力资源社会保障行政部门发现拖欠农民工工资的违法行为涉嫌构成拒不支付劳动报酬罪的，应当按照有关规定及时移送公安机关审查并作出决定。

第四十二条 人力资源社会保障行政部门作出责令支付被拖欠的农民工工资的决定，相关单位不支付的，可以依法申请人民法院强制执行。

第四十三条 相关行业工程建设主管部门应当依法规范本领域建设市场秩序，对违法发包、转包、违法分包、挂靠等行为进行查处，并对导致拖欠农民工工资的违法行为及时予以制止、纠正。

第四十四条 财政部门、审计机关和相关行业工程建设主管部门按照职责，依法对政府投资项目建设单位按照工程施工合同约定向农民工工资专用账户拨付资金情况进行监督。

第四十五条 司法行政部门和法律援助机构应当将农民工列为法律援助的重点对象，并依法为请求支付工资的农民工提供便捷的法律援助。

公共法律服务相关机构应当积极参与相关诉讼、咨询、调解等活动，帮助解决拖欠农民工工资问题。

第四十六条 人力资源社会保障行政部门、相关行业工程建设主管部门和其他有关部门应当按照“谁执法谁普法”普法责任制的要求，通过以案释法等多种形式，加大对保障农民工工资支付相关法律法规的普及宣传。

第四十七条 人力资源社会保障行政部门应当建立用人单位及相关责任人劳动保障守法诚信档案，对用人单位开展守法诚信等级评价。

用人单位有严重拖欠农民工工资违法行为的，由人力资源社会保障行政部门向社会公布，必要时可以通过召开新闻发布会等形式向媒体公开曝光。

第四十八条 用人单位拖欠农民工工资，情节严重或者造成严重不良社会影响的，有关部门应当将该用人单位及其法定代表人或者主要负责人、直接负责的主管人员和其他直接责任人员列入拖欠农民工工资失信联合惩戒对象名单，在政府资金支持、政府采购、招投标、融资贷款、市场准入、税收优惠、评优评先、交通出行等方面依法依规予以限制。

拖欠农民工工资需要列入失信联合惩戒名单的具体情形，由国务院人力资源社会保障行政部门规定。

第四十九条 建设单位未依法提供工程款支付担保或者政府投资项目拖欠工程款，导致拖欠农民工工资的，县级以上地方人民政府应当限制其新建项目，并记入信用记录，纳入国家信用信息系统进行公示。

第五十条 农民工与用人单位就拖欠工资存在争议，用人单位应当提供依法由其保存的劳动合同、职工名册、工资支付台账和清单等材料；不提供的，依法承担不利后果。

第五十一条 工会依法维护农民工工资权益，对用人单位工资支付情况进行监督；发现拖欠农民工工资的，可以要求用人单位改正，拒不改正的，可以请求人力资源社会保障行政部门和其他有关部门依法处理。

第五十二条 单位或者个人编造虚假事实或者采取非法手段讨要农民工工资，或者以拖欠农民工工资为名讨要工程款的，依法予以处理。

第六章　法律责任

第五十三条 违反本条例规定拖欠农民工工资的，依照有关法律规定执行。

第五十四条 有下列情形之一的，由人力资源社会保障行政部门责令限期改正；逾期不改正的，对单位处2万元以上5万元以下的罚款，对法定代表人或者主要负责人、直接负责的主管人员和其他直接责任人员处1万元以上3万元以下的罚款：

（一）以实物、有价证券等形式代替货币支付农民工工资；

（二）未编制工资支付台账并依法保存，或者未向农民工提供工资清单；

（三）扣押或者变相扣押用于支付农民工工资的银行账户所绑定的农民工本人社会保障卡或者银行卡。

第五十五条 有下列情形之一的，由人力资源社会保障行政部门、相关行业工程建设主管部门按照职责责令限期改正；逾期不改正的，责令项目停工，并处5万元以上10万元以下的罚款；情节严重的，给予施工单位限制承接新工程、降低资质等级、吊销资质证书等处罚：

（一）施工总承包单位未按规定开设或者使用农民工工资专用账户；

（二）施工总承包单位未按规定存储工资保证金或者未提供金融机构保函；

（三）施工总承包单位、分包单位未实行劳动用工实名制管理。

第五十六条 有下列情形之一的，由人力资源社会保障行政部门、相关行业工程建设主管部门按照职责责令限期改正；逾期不改正的，处5万元以上10万元以下的罚款：

（一）分包单位未按月考核农民工工作量、编制工资支付表并经农民工本人签字确认；

（二）施工总承包单位未对分包单位劳动用工实施监督管理；

（三）分包单位未配合施工总承包单位对其劳动用工进行监督管理；

（四）施工总承包单位未实行施工现场维权信息公示制度。

第五十七条 有下列情形之一的，由人力资源社会保障行政部门、相关行业工程建设主管部门按照职责责令限期改正；逾期不改正的，责令项目停工，并处5万元以上10万元以下的罚款：

（一）建设单位未依法提供工程款支付担保；

（二）建设单位未按约定及时足额向农民工工资专用账户拨付工程款中的人工费用；

（三）建设单位或者施工总承包单位拒不提供或者无法提供工程施工合同、农民工工资专用账户有关资料。

第五十八条 不依法配合人力资源社会保障行政部门查询相关单位金融账户的，由金融监管部门责令改正；拒不改正的，处2万元以上5万元以下的罚款。

第五十九条 政府投资项目政府投资资金不到位拖欠农民工工资的，由人力资源社会保障行政部门报本级人民政府批准，责令限期足额拨付所拖欠的资金；逾期不拨付的，由上一级人民政府人力资源社会保障行政部门约谈直接责任部门和相关监管部门负责人，必要时进行通报，约谈地方人民政府负责人。情节严重的，对地方人民政府及其有关部门负责人、直接负责的主管人员和其他直接责任人员依法依规给予处分。

第六十条 政府投资项目建设单位未经批准立项建设、擅自扩大建设规模、擅自增加投资概算、未及时拨付工程款等导致拖欠农民工工资的，除依法承担责任外，由人力资源社会保障行政部门、其他有关部门按照职责约谈建设单位负责人，并作为其业绩考核、薪酬分配、评优评先、职务晋升等的重要依据。

第六十一条 对于建设资金不到位、违法违规开工建设的社会投资工程建设项目拖欠农民工工资的，由人力资源社会保障行政部门、其他有关部门按照职责依法对建设单位进行处罚；对建设单位负责人依法依规给予处分。相关部门工作人员未依法履行职责的，由有关机关依法依规给予处分。

第六十二条 县级以上地方人民政府人力资源社会保障、发展改革、财政、公安等部门和相关行业工程建设主管部门工作人员，在履行农民工工资支付监督管理职责过程中滥用职权、玩忽职守、徇私舞弊的，依法依规给予处分；构成犯罪的，依法追究刑事责任。

第七章 附 则

第六十三条 用人单位一时难以支付拖欠的农民工工资或者拖欠农民工工资逃匿的，县级以上地方人民政府可以动用应急周转金，先行垫付用人单位拖欠的农民工部分工资或者基本生活费。对已经垫付的应急周转金，应当依法向拖欠农民工工资的用人单位进行追偿。

第六十四条 本条例自2020年5月1日起施行。

关于改善农民工居住条件的指导意见

·2007年12月5日
·建住房〔2007〕276号

为逐步改善农民工居住条件，保障农民工合法权益，推动中国特色城镇化的健康发展，促进社会和谐稳定，根据《国务院关于解决农民工问题的若干意见》（国发〔2006〕5号）及《国务院关于解决城市低收入家庭住房困难的若干意见》（国发〔2007〕24号）精神，提出以下意见：

一、指导思想和基本原则

（一）指导思想。以邓小平理论和“三个代表”重要思想为指导，按照贯彻落实科学发展观，构建和谐社会的要求，把改善农民工居住条件作为解决城市低收入家庭住房困难工作的一项重要内容，明确责任，加强指导，强化监督，积极采取各种政策措施，力争到“十一五”期末，使农民工居住条件得到逐步改善。

（二）基本原则。改善农民工居住条件，一要因地制宜，满足基本居住需要；二要循序渐进，逐步解决；三要政策扶持，用工单位负责。

二、多渠道提供农民工居住场所

（三）用工单位是改善农民工居住条件的责任主体。要积极主动，广开渠道，妥善安排，为招用的农民工提供符合基本卫生和安全条件的居住场所，并逐步改善其居住条件。

（四）用工单位可以采取无偿提供、廉价租赁等方式向农民工提供居住场所，具体方式可在劳动合同中予以约定。农民工自行安排居住场所的，用工单位应当给予一定的住房租金补助，并可在劳动合同中予以明确。

（五）招用农民工较多的企业，应充分利用自有职工宿舍或通过租赁、购置等方式筹集农民工住房房源。在符合规划的前提下，可在依法取得的企业用地范围内建设农民工集体宿舍。

（六）农民工集中的开发区和工业园区，应按照集约用地的原则，集中建设农民工集体宿舍，由用工单位承租后向农民工提供，或由农民工直接承租，但不得按商品住房出售或出租。

（七）城中村改造时，要考虑农民工的居住需要，在符合城市规划和土地利用总体规划的前提下，集中建设向农民工出租的集体宿舍，建设用地不得采取以租代征方式供应，建设项目不得变相搞房地产开发。

（八）有条件的地方，可以比照经济适用住房建设的相关优惠政策，根据产业布局、农民工数量及分布状况，政府引导，市场运作，建设符合农民工特点的住房，以农民工可承受的合理租金向农民工出租。

（九）积极引导和鼓励城乡结合部居民利用自有住房向农民工出租。

三、保证农民工居住场所安全、卫生

（十）向农民工提供的居住场所应符合住宅安全、消防标准和基本卫生要求，远离危险源和污染源。工程施工类企业向施工现场农民工提供的宿舍，应符合建筑施工现场环境与卫生标准有关规定；其他行业用工单位向农民工提供的宿舍，应符合宿舍建筑设计规范有关规定。

（十一）集中建设的农民工集体宿舍和专供农民工租用的住房，要做好规划设计和建设管理，充分考虑农民工的居住需要和生活成本，坚持经济适用、合理布局、科学设计、确保质量，同时应适当配备必要的文化、体育活动等设施设备。

四、加强政策扶持，强化监督指导

（十二）各地要将长期在城市就业与生活的农民工居住问题，纳入城市住房建设规划。市、县人民政府要立足当地实际，指导和督促用工单位切实负起责任，妥善安排农民工居住，多渠道提供农民工居住场所，逐步改善农民工居住条件。

（十三）市、县人民政府对集中建设的向农民工出租的集体宿舍项目，要在选址、供地及相关配套设施建设等方面予以支持。对享受政府优惠政策建设的农民工集体宿舍和住房，擅自按商品房出售、出租或改作其他用途的，房地产管理等部门不得为其办理相关手续，要依照法律法规进行查处，并追究相关责任人员的责任。

（十四）对农民工聚居区域，市、县人民政府要加强规划和管理，强化治安及环境卫生治理，加大公共交通等市政公用事业建设力度，提高公共基础设施保障能力，方便农民工生产生活，营造良好居住环境，维护和谐稳定的社会秩序。

拖欠农民工工资失信联合惩戒对象名单管理暂行办法

·2021年11月10日人力资源和社会保障部令第45号公布

·自2022年1月1日起施行

第一条 为了维护劳动者合法权益，完善失信约束机制，加强信用监管，规范拖欠农民工工资失信联合惩戒对象名单（以下简称失信联合惩戒名单）管理工作，根据《保障农民工工资支付条例》等有关规定，制定本办法。

第二条 人力资源社会保障行政部门实施列入失信联合惩戒名单、公开信息、信用修复等管理活动，适用本办法。

第三条 人力资源社会保障部负责组织、指导全国失信联合惩戒名单管理工作。

县级以上地方人力资源社会保障行政部门依据行政执法管辖权限，负责失信联合惩戒名单管理的具体实施工作。

第四条 失信联合惩戒名单管理实行“谁执法、谁认定、谁负责”，遵循依法依规、客观公正、公开透明、动态管理的原则。

实施失信联合惩戒名单管理，应当依法依规加强信用信息安全和个人信息保护。人力资源社会保障行政部门及其工作人员对实施失信联合惩戒名单管理过程中知悉的国家秘密、商业秘密、个人隐私，应当依法依规予以保密。

第五条 用人单位拖欠农民工工资，具有下列情形之一，经人力资源社会保障行政部门依法责令限期支付工资，逾期未支付的，人力资源社会保障行政部门应当作出列入决定，将该用人单位及其法定代表人或者主要负责人、直接负责的主管人员和其他直接责任人员（以下简称当事人）列入失信联合惩戒名单：

（一）克扣、无故拖欠农民工工资达到认定拒不支付劳动报酬罪数额标准的；

（二）因拖欠农民工工资违法行为引发群体性事件、极端事件造成严重不良社会影响的。

第六条 人力资源社会保障行政部门在作出列入决定前，应当告知当事人拟列入失信联合惩戒名单的事由、依据、提出异议等依法享有的权利和本办法第七条可以不予列入失信联合惩戒名单的规定。

当事人自收到告知之日起5个工作日内，可以向人力资源社会保障行政部门提出异议。对异议期内提出的异议，人力资源社会保障行政部门应当自收到异议之日起5个工作日内予以核实，并将结果告知当事人。

第七条 用人单位在人力资源社会保障行政部门作出列入决定前，已经改正拖欠农民工工资违法行为，且作出不再拖欠农民工工资书面信用承诺的，可以不予列入失信联合惩戒名单。

第八条 人力资源社会保障行政部门应当自责令限期支付工资文书指定期限届满之日起20个工作日内作出列入决定。情况复杂的，经人力资源社会保障行政部门负责人批准，可以延长20个工作日。

人力资源社会保障行政部门作出列入决定，应当制作列入决定书。列入决定书应当载明列入事由、列入依据、联合惩戒措施提示、提前移出条件和程序、救济措施等，并按照有关规定交付或者送达当事人。

第九条 作出列入决定的人力资源社会保障行政部门应当按照政府信息公开等有关规定，通过本部门门户网站和其他指定的网站公开失信联合惩戒名单。

第十条 作出列入决定的人力资源社会保障行政部门应当按照有关规定，将失信联合惩戒名单信息共享至同级信用信息共享平台，供相关部门作为在各自职责范围内按照《保障农民工工资支付条例》等有关规定，对被列入失信联合惩戒名单的当事人实施联合惩戒的依据。

对被列入失信联合惩戒名单的当事人，由相关部门在政府资金支持、政府采购、招投标、融资贷款、市场准入、税收优惠、评优评先、交通出行等方面依法依规予以限制。

第十一条 当事人被列入失信联合惩戒名单的期限为3年，自人力资源社会保障行政部门作出列入决定之日起计算。

第十二条 用人单位同时符合下列条件的，可以向作出列入决定的人力资源社会保障行政部门申请提前移出失信联合惩戒名单：

（一）已经改正拖欠农民工工资违法行为的；

（二）自改正之日起被列入失信联合惩戒名单满6个月的；

（三）作出不再拖欠农民工工资书面信用承诺的。

第十三条 用人单位符合本办法第十二条规定条件，但是具有下列情形之一的，不得提前移出失信联合惩戒名单：

（一）列入失信联合惩戒名单期限内再次发生拖欠农民工工资违法行为的；

（二）因涉嫌拒不支付劳动报酬犯罪正在刑事诉讼期间或者已经被追究刑事责任的；

（三）法律、法规和党中央、国务院政策文件规定的其他情形。

第十四条 用人单位申请提前移出失信联合惩戒名单，应当提交书面申请、已经改正拖欠农民工工资违法行为的证据和不再拖欠农民工工资书面信用承诺。

人力资源社会保障行政部门应当自收到用人单位提前移出失信联合惩戒名单申请之日起15个工作日内予以核实，决定是否准予提前移出，制作决定书并按照有关规定交付或者送达用人单位。不予提前移出的，应当说明理由。

人力资源社会保障行政部门准予用人单位提前移出失信联合惩戒名单的，应当将该用人单位的其他当事人一并提前移出失信联合惩戒名单。

第十五条 申请提前移出的用人单位故意隐瞒真实情况、提供虚假资料，情节严重的，由作出提前移出决定的人力资源社会保障行政部门撤销提前移出决定，恢复列入状态。列入的起止时间重新计算。

第十六条 列入决定所依据的责令限期支付工资文书被依法撤销的，作出列入决定的人力资源社会保障行政部门应当撤销列入决定。

第十七条 有下列情形之一的，作出列入决定的人力资源社会保障行政部门应当于10个工作日内将当事人移出失信联合惩戒名单，在本部门门户网站停止公开相关信息，并告知第九条规定的有关网站：

（一）当事人被列入失信联合惩戒名单期限届满的；

（二）人力资源社会保障行政部门决定提前移出失信联合惩戒名单的；

（三）列入决定被依法撤销的。

当事人被移出失信联合惩戒名单的，人力资源社会保障行政部门应当及时将移出信息共享至同级信用信息共享平台，相关部门联合惩戒措施按照规定终止。

第十八条 当事人对列入失信联合惩戒名单决定或者不予提前移出失信联合惩戒名单决定不服的，可以依法申请行政复议或者提起行政诉讼。

第十九条 人力资源社会保障行政部门工作人员在实施失信联合惩戒名单管理过程中，滥用职权、玩忽职守、徇私舞弊的，依法依规给予处分；构成犯罪的，依法追究刑事责任。

第二十条 本办法自2022年1月1日起施行。

(二)社会保障

农村五保供养工作条例

· 2006年1月21日中华人民共和国国务院令第456号公布

· 自2006年3月1日起施行

第一章 总 则

第一条 为了做好农村五保供养工作，保障农村五保供养对象的正常生活，促进农村社会保障制度的发展，制定本条例。

第二条 本条例所称农村五保供养，是指依照本条例规定，在吃、穿、住、医、葬方面给予村民的生活照顾和物质帮助。

第三条 国务院民政部门主管全国的农村五保供养工作；县级以上地方各级人民政府民政部门主管本行政区域内的农村五保供养工作。

乡、民族乡、镇人民政府管理本行政区域内的农村五保供养工作。

村民委员会协助乡、民族乡、镇人民政府开展农村五保供养工作。

第四条 国家鼓励社会组织和个人为农村五保供养对象和农村五保供养工作提供捐助和服务。

第五条 国家对在农村五保供养工作中做出显著成绩的单位和个人，给予表彰和奖励。

第二章 供养对象

第六条 老年、残疾或者未满16周岁的村民，无劳动能力、无生活来源又无法定赡养、抚养、扶养义务人，或者其法定赡养、抚养、扶养义务人无赡养、抚养、扶养能力的，享受农村五保供养待遇。

第七条 享受农村五保供养待遇，应当由村民本人向村民委员会提出申请；因年幼或者智力残疾无法表达意愿的，由村民小组或者其他村民代为提出申请。经村民委员会民主评议，对符合本条例第六条规定条件的，在本村范围内公告；无重大异议的，由村民委员会将评议意见和有关材料报送乡、民族乡、镇人民政府审核。

乡、民族乡、镇人民政府应当自收到评议意见之日起20日内提出审核意见，并将审核意见和有关材料报送县级人民政府民政部门审批。县级人民政府民政部门应当自收到审核意见和有关材料之日起20日内作出审批决定。对批准给予农村五保供养待遇的，发给《农村五保供养证书》；对不符合条件不予批准的，应当书面说明理由。

乡、民族乡、镇人民政府应当对申请人的家庭状况和经济条件进行调查核实；必要时，县级人民政府民政部门可以进行复核。申请人、有关组织或者个人应当配合、接受调查，如实提供有关情况。

第八条 农村五保供养对象不再符合本条例第六条规定条件的，村民委员会或者敬老院等农村五保供养服务机构(以下简称农村五保供养服务机构)应当向乡、民族乡、镇人民政府报告，由乡、民族乡、镇人民政府审核并报县级人民政府民政部门核准后，核销其《农村五保供养证书》。

农村五保供养对象死亡，丧葬事宜办理完毕后，村民委员会或者农村五保供养服务机构应当向乡、民族乡、镇人民政府报告，由乡、民族乡、镇人民政府报县级人民政府民政部门核准后，核销其《农村五保供养证书》。

第三章 供养内容

第九条 农村五保供养包括下列供养内容：

(一)供给粮油、副食品和生活用燃料；

(二)供给服装、被褥等生活用品和零用钱；

(三)提供符合基本居住条件的住房；

（四）提供疾病治疗，对生活不能自理的给予照料；

（五）办理丧葬事宜。

农村五保供养对象未满16周岁或者已满16周岁仍在接受义务教育的，应当保障他们依法接受义务教育所需费用。

农村五保供养对象的疾病治疗，应当与当地农村合作医疗和农村医疗救助制度相衔接。

第十条 农村五保供养标准不得低于当地村民的平均生活水平，并根据当地村民平均生活水平的提高适时调整。

农村五保供养标准，可以由省、自治区、直辖市人民政府制定，在本行政区域内公布执行，也可以由设区的市级或者县级人民政府制定，报所在的省、自治区、直辖市人民政府备案后公布执行。

国务院民政部门、国务院财政部门应当加强对农村五保供养标准制定工作的指导。

第十一条 农村五保供养资金，在地方人民政府财政预算中安排。有农村集体经营等收入的地方，可以从农村集体经营等收入中安排资金，用于补助和改善农村五保供养对象的生活。农村五保供养对象将承包土地交由他人代耕的，其收益归该农村五保供养对象所有。具体办法由省、自治区、直辖市人民政府规定。

中央财政对财政困难地区的农村五保供养，在资金上给予适当补助。

农村五保供养资金，应当专门用于农村五保供养对象的生活，任何组织或者个人不得贪污、挪用、截留或者私分。

第四章 供养形式

第十二条 农村五保供养对象可以在当地的农村五保供养服务机构集中供养，也可以在家分散供养。农村五保供养对象可以自行选择供养形式。

第十三条 集中供养的农村五保供养对象，由农村五保供养服务机构提供供养服务；分散供养的农村五保供养对象，可以由村民委员会提供照料，也可以由农村五保供养服务机构提供有关供养服务。

第十四条 各级人民政府应当把农村五保供养服务机构建设纳入经济社会发展规划。

县级人民政府和乡、民族乡、镇人民政府应当为农村五保供养服务机构提供必要的设备、管理资金，并配备必要的工作人员。

第十五条 农村五保供养服务机构应当建立健全内部民主管理和服务管理制度。

农村五保供养服务机构工作人员应当经过必要的培训。

第十六条 农村五保供养服务机构可以开展以改善农村五保供养对象生活条件为目的的农副业生产。地方各级人民政府及其有关部门应当对农村五保供养服务机构开展农副业生产给予必要的扶持。

第十七条 乡、民族乡、镇人民政府应当与村民委员会或者农村五保供养服务机构签订供养服务协议，保证农村五保供养对象享受符合要求的供养。

村民委员会可以委托村民对分散供养的农村五保供养对象提供照料。

第五章 监督管理

第十八条 县级以上人民政府应当依法加强对农村五保供养工作的监督管理。县级以上地方各级人民政府民政部门和乡、民族乡、镇人民政府应当制定农村五保供养工作的管理制度，并负责督促实施。

第十九条 财政部门应当按时足额拨付农村五保供养资金，确保资金到位，并加强对资金使用情况的监督管理。

审计机关应当依法加强对农村五保供养资金使用情况的审计。

第二十条 农村五保供养待遇的申请条件、程序、民主评议情况以及农村五保供养的标准和资金使用情况等，应当向社会公告，接受社会监督。

第二十一条 农村五保供养服务机构应当遵守治安、消防、卫生、财务会计等方面的法律、法规和国家有关规定，向农村五保供养对象提供符合要求的供养服务，并接受地方人民政府及其有关部门的监督管理。

第六章 法律责任

第二十二条 违反本条例规定，有关行政机关及其工作人员有下列行为之一的，对直接负责的主管人员以及其他直接责任人员依法给予行政处分；构成犯罪的，依法追究刑事责任：

（一）对符合农村五保供养条件的村民不予批准享受农村五保供养待遇的，或者对不符合农村五保供养条件的村民批准其享受农村五保供养待遇的；

（二）贪污、挪用、截留、私分农村五保供养款物的；

（三）有其他滥用职权、玩忽职守、徇私舞弊行为的。

第二十三条 违反本条例规定，村民委员会组成人员贪污、挪用、截留农村五保供养款物的，依法予以罢免；构成犯罪的，依法追究刑事责任。

违反本条例规定，农村五保供养服务机构工作人员私分、挪用、截留农村五保供养款物的，予以辞退；构成犯罪的，依法追究刑事责任。

第二十四条 违反本条例规定，村民委员会或者农村五保供养服务机构对农村五保供养对象提供的供养服务不符合要求的，由乡、民族乡、镇人民政府责令限期改正；逾期不改正的，乡、民族乡、镇人民政府有权终止供养服务协议；造成损失的，依法承担赔偿责任。

第七章 附 则

第二十五条 《农村五保供养证书》由国务院民政部门规定式样，由省、自治区、直辖市人民政府民政部门监制。

第二十六条 本条例自 2006 年 3 月 1 日起施行。1994 年 1 月 23 日国务院发布的《农村五保供养工作条例》同时废止。

国务院关于在全国建立农村最低生活保障制度的通知

· 2007 年 7 月 11 日
· 国发〔2007〕19 号

为贯彻落实党的十六届六中全会精神，切实解决农村贫困人口的生活困难，国务院决定，2007 年在全国建立农村最低生活保障制度。现就有关问题通知如下：

一、充分认识建立农村最低生活保障制度的重要意义

改革开放以来，我国经济持续快速健康发展，党和政府高度重视“三农”工作，不断加大扶贫开发和社会救助工作力度，农村贫困人口数量大幅减少。但是，仍有部分贫困人口尚未解决温饱问题，需要政府给予必要的救助，以保障其基本生活，并帮助其中有劳动能力的人积极劳动脱贫致富。党的十六大以来，部分地区根据中央部署，积极探索建立农村最低生活保障制度，为全面解决农村贫困人口的基本生活问题打下了良好基础。在全国建立农村最低生活保障制度，是践行“三个代表”重要思想、落实科学发展观和构建社会主义和谐社会的必然要求，是解决农村贫困人口温饱问题的重要举措，也是建立覆盖城乡的社会保障体系的重要内容。做好这一工作，对于促进农村经济社会发展，逐步缩小城乡差距，维护社会公平具有重要意义。各地区、各部门要充分认识建立农村最低生活保障制度的重要性，将其作为社会主义新农村建设的一项重要任务，高度重视，扎实推进。

二、明确建立农村最低生活保障制度的目标和总体要求

建立农村最低生活保障制度的目标是：通过在全国范围建立农村最低生活保障制度，将符合条件的农村贫困人口全部纳入保障范围，稳定、持久、有效地解决全国农村贫困人口的温饱问题。

建立农村最低生活保障制度，实行地方人民政府负责制，按属地进行管理。各地要从当地农村经济社会发展水平和财力状况的实际出发，合理确定保障标准和对象范围。同时，要做到制度完善、程序明确、操作规范、方法简便，保证公开、公平、公正。要实行动态管理，做到保障对象有进有出，补助水平有升有降。要与扶贫开发、促进就业以及其他农村社会保障政策、生活性补助措施相衔接，坚持政府救济与家庭赡养扶养、社会互助、个人自立相结合，鼓励和支持有劳动能力的贫困人口生产自救，脱贫致富。

三、合理确定农村最低生活保障标准和对象范围

农村最低生活保障标准由县级以上地方人民政府按照能够维持当地农村居民全年基本生活所必需的吃饭、穿衣、用水、用电等费用确定，并报上一级地方人民政府备案后公布执行。农村最低生活保障标准要随着当地生活必需品价格变化和人民生活水平提高适时进行调整。

农村最低生活保障对象是家庭年人均纯收入低于当地最低生活保障标准的农村居民，主要是因病残、年老体弱、丧失劳动能力以及生存条件恶劣等原因造成生活常年困难的农村居民。

四、规范农村最低生活保障管理

农村最低生活保障的管理既要严格规范，又要从农村实际出发，采取简便易行的方法。

（一）申请、审核和审批。申请农村最低生活保障，一般由户主本人向户籍所在地的乡（镇）人民政府提出申请；村民委员会受乡（镇）人民政府委托，也可受理申请。受乡（镇）人民政府委托，在村党组织的领导下，村民委员会对申请人开展家庭经济状况调查、组织村民会议或村民代表会议民主评议后提出初步意见，报乡（镇）人民政府；乡（镇）人民政府审核后，报县级人民政府民政部门审批。乡（镇）人民政府和县级人民政府民政部门要核查申请人的家庭收入，了解其家庭财产、劳动力状况和实际生活水平，并结合村民民主评议，提出审核、审批意见。在核算申请人家庭收入时，申请人家庭按国家规定所获得的优待抚恤金、计划生育奖励与扶助金以及教育、见义勇为等方面的奖励性补助，一般不计入家庭收入，具体核算办法由地方人民政府确定。

（二）民主公示。村民委员会、乡（镇）人民政府以及县级人民政府民政部门要及时向社会公布有关信息，接受群众监督。公示的内容重点为：最低生活保障对象的申请情况和对最低生活保障对象的民主评议意见，审核、审批意见，实际补助水平等情况。对公示没有异议的，要按程序及时落实申请人的最低生活保障待遇；对公示有异议的，要进行调查核实，认真处理。

（三）资金发放。最低生活保障金原则上按照申请人家庭年人均纯收入与保障标准的差额发放，也可以在核查申请人家庭收入的基础上，按照其家庭的困难程度和类别，分档发放。要加快推行国库集中支付方式，通过代理金融机构直接、及时地将最低生活保障金支付到最低生活保障对象账户。

（四）动态管理。乡（镇）人民政府和县级人民政府民政部门要采取多种形式，定期或不定期调查了解农村困难群众的生活状况，及时将符合条件的困难群众纳入保障范围；并根据其家庭经济状况的变化，及时按程序办理停发、减发或增发最低生活保障金的手续。保障对象和补助水平变动情况都要及时向社会公示。

五、落实农村最低生活保障资金

农村最低生活保障资金的筹集以地方为主，地方各级人民政府要将农村最低生活保障资金列入财政预算，省级人民政府要加大投入。地方各级人民政府民政部门要根据保障对象人数等提出资金需求，经同级财政部门审核后列入预算。中央财政对财政困难地区给予适当补助。

地方各级人民政府及其相关部门要统筹考虑农村各项社会救助制度，合理安排农村最低生活保障资金，提高资金使用效益。同时，鼓励和引导社会力量为农村最低生活保障提供捐赠和资助。农村最低生活保障资金实行专项管理，专账核算，专款专用，严禁挤占挪用。

六、加强领导，确保农村最低生活保障制度的顺利实施

在全国建立农村最低生活保障制度，是一项重大而又复杂的系统性工作。地方各级人民政府要高度重视，将其纳入政府工作的重要议事日程，加强领导，明确责任，统筹协调，抓好落实。

要精心设计制度方案，周密组织实施。各省、自治区、直辖市人民政府制订和修订的方案，要报民政部、财政部备案。已建立农村最低生活保障制度的，要进一步完善制度，规范操作，努力提高管理水平；尚未建立农村最低生活保障制度的，要抓紧建章立制，在今年内把最低生活保障制度建立起来并组织实施。要加大政策宣传力度，利用广播、电视、报刊、互联网等媒体，做好宣传普及工作，使农村最低生活保障政策进村入户、家喻户晓。要加强协调与配合，各级民政部门要发挥职能部门作用，建立健全各项规章制度，推进信息化建设，不断提高规范化、制度化、科学化管理水平；财政部门要落实资金，加强对资金使用和管理的监督；扶贫部门要密切配合、搞好衔接，在最低生活保障制度实施后，仍要坚持开发式扶贫的方针，扶持有劳动能力的贫困人口脱贫致富。要做好新型农村合作医疗和农村医疗救助工作，防止因病致贫或返贫。要加强监督检查，县级以上地方人民政府及其相关部门要定期组织检查或抽查，对违法违纪行为及时纠正处理，对工作成绩突出的予以表彰，并定期向上一级人民政府及其相关部门报告工作进展情况。各省、自治区、直辖市人民政府要于每年年底前,将农村最低生活保障制度实施情况报告国务院。

农村最低生活保障工作涉及面广、政策性强、工作量大,地方各级人民政府在推进农村综合改革,加强农村公共服务能力建设的过程中,要统筹考虑建立农村最低生活保障制度的需要,科学整合县乡管理机构及人力资源,合理安排工作人员和工作经费,切实加强工作力量,提供必要的工作条件,逐步实现低保信息化管理,努力提高管理和服务质量,确保农村最低生活保障制度顺利实施和不断完善。

(三)计划生育

中华人民共和国人口与计划生育法

· 2001年12月29日第九届全国人民代表大会常务委员会第二十五次会议通过
· 根据2015年12月27日第十二届全国人民代表大会常务委员会第十八次会议《关于修改〈中华人民共和国人口与计划生育法〉的决定》第一次修正
· 根据2021年8月20日第十三届全国人民代表大会常务委员会第三十次会议《关于修改〈中华人民共和国人口与计划生育法〉的决定》第二次修正

第一章 总 则

第一条 为了实现人口与经济、社会、资源、环境的协调发展,推行计划生育,维护公民的合法权益,促进家庭幸福、民族繁荣与社会进步,根据宪法,制定本法。

第二条 我国是人口众多的国家,实行计划生育是国家的基本国策。

国家采取综合措施,调控人口数量,提高人口素质,推动实现适度生育水平,优化人口结构,促进人口长期均衡发展。

国家依靠宣传教育、科学技术进步、综合服务、建立健全奖励和社会保障制度,开展人口与计划生育工作。

第三条 开展人口与计划生育工作,应当与增加妇女受教育和就业机会、增进妇女健康、提高妇女地位相结合。

第四条 各级人民政府及其工作人员在推行计划生育工作中应当严格依法行政,文明执法,不得侵犯公民的合法权益。

卫生健康主管部门及其工作人员依法执行公务受法律保护。

第五条 国务院领导全国的人口与计划生育工作。

地方各级人民政府领导本行政区域内的人口与计划生育工作。

第六条 国务院卫生健康主管部门负责全国计划生育工作和与计划生育有关的人口工作。

县级以上地方各级人民政府卫生健康主管部门负责本行政区域内的计划生育工作和与计划生育有关的人口工作。

县级以上各级人民政府其他有关部门在各自的职责范围内,负责有关的人口与计划生育工作。

第七条 工会、共产主义青年团、妇女联合会及计划生育协会等社会团体、企业事业组织和公民应当协助人民政府开展人口与计划生育工作。

第八条 国家对在人口与计划生育工作中作出显著成绩的组织和个人,给予奖励。

第二章 人口发展规划的制定与实施

第九条 国务院编制人口发展规划,并将其纳入国民经济和社会发展计划。

县级以上地方各级人民政府根据全国人口发展规划以及上一级人民政府人口发展规划,结合当地实际情况编制本行政区域的人口发展规划,并将其纳入国民经济和社会发展计划。

第十条 县级以上各级人民政府根据人口发展规划,制定人口与计划生育实施方案并组织实施。

县级以上各级人民政府卫生健康主管部门负责实施人口与计划生育实施方案的日常工作。

乡、民族乡、镇的人民政府和城市街道办事处负责本管辖区域内的人口与计划生育工作,贯彻落实人口与计划生育实施方案。

第十一条 人口与计划生育实施方案应当规定调控人口数量,提高人口素质,推动实现适度生育水平,优化人口结构,加强母婴保健和婴幼儿照护服务,促进家庭发展的措施。

第十二条 村民委员会、居民委员会应当依法做好计划生育工作。

机关、部队、社会团体、企业事业组织应当做好本单位的计划生育工作。

第十三条 卫生健康、教育、科技、文化、民政、新闻出版、广播电视等部门应当组织开展人口与计划生育宣传教育。

大众传媒负有开展人口与计划生育的社会公益性宣传的义务。

学校应当在学生中,以符合受教育者特征的适当方式,有计划地开展生理卫生教育、青春期教育或者性健康教育。

第十四条 流动人口的计划生育工作由其户籍所在地和现居住地的人民政府共同负责管理,以现居住地为主。

第十五条 国家根据国民经济和社会发展状况逐步提高人口与计划生育经费投入的总体水平。各级人民政府应当保障人口与计划生育工作必要的经费。

各级人民政府应当对欠发达地区、少数民族地区开展人口与计划生育工作给予重点扶持。

国家鼓励社会团体、企业事业组织和个人为人口与计划生育工作提供捐助。

任何单位和个人不得截留、克扣、挪用人口与计划生育工作费用。

第十六条 国家鼓励开展人口与计划生育领域的科学研究和对外交流与合作。

第三章 生育调节

第十七条 公民有生育的权利,也有依法实行计划生育的义务,夫妻双方在实行计划生育中负有共同的责任。

第十八条 国家提倡适龄婚育、优生优育。一对夫妻可以生育三个子女。

符合法律、法规规定条件的,可以要求安排再生育子女。具体办法由省、自治区、直辖市人民代表大会或者其常务委员会规定。

少数民族也要实行计划生育,具体办法由省、自治区、直辖市人民代表大会或者其常务委员会规定。

夫妻双方户籍所在地的省、自治区、直辖市之间关于再生育子女的规定不一致的,按照有利于当事人的原则适用。

第十九条 国家创造条件,保障公民知情选择安全、有效、适宜的避孕节育措施。实施避孕节育手术,应当保证受术者的安全。

第二十条 育龄夫妻自主选择计划生育避孕节育措施,预防和减少非意愿妊娠。

第二十一条 实行计划生育的育龄夫妻免费享受国家规定的基本项目的计划生育技术服务。

前款规定所需经费,按照国家有关规定列入财政预算或者由社会保险予以保障。

第二十二条 禁止歧视、虐待生育女婴的妇女和不育的妇女。

禁止歧视、虐待、遗弃女婴。

第四章 奖励与社会保障

第二十三条 国家对实行计划生育的夫妻,按照规定给予奖励。

第二十四条 国家建立、健全基本养老保险、基本医疗保险、生育保险和社会福利等社会保障制度,促进计划生育。

国家鼓励保险公司举办有利于计划生育的保险项目。

第二十五条 符合法律、法规规定生育子女的夫妻,可以获得延长生育假的奖励或者其他福利待遇。

国家支持有条件的地方设立父母育儿假。

第二十六条 妇女怀孕、生育和哺乳期间,按照国家有关规定享受特殊劳动保护并可以获得帮助和补偿。国家保障妇女就业合法权益,为因生育影响就业的妇女提供就业服务。

公民实行计划生育手术,享受国家规定的休假。

第二十七条 国家采取财政、税收、保险、教育、住房、就业等支持措施,减轻家庭生育、养育、教育负担。

第二十八条 县级以上各级人民政府综合采取规划、土地、住房、财政、金融、人才等措施,推动建立普惠托育服务体系,提高婴幼儿家庭获得服务的可及性和公平性。

国家鼓励和引导社会力量兴办托育机构,支持幼儿园和机关、企业事业单位、社区提供托育服务。

托育机构的设置和服务应当符合托育服务相关标准和规范。托育机构应当向县级人民政府卫生健康主管部门备案。

第二十九条 县级以上地方各级人民政府应当在城乡社区建设改造中，建设与常住人口规模相适应的婴幼儿活动场所及配套服务设施。

公共场所和女职工比较多的用人单位应当配置母婴设施，为婴幼儿照护、哺乳提供便利条件。

第三十条 县级以上各级人民政府应当加强对家庭婴幼儿照护的支持和指导，增强家庭的科学育儿能力。

医疗卫生机构应当按照规定为婴幼儿家庭开展预防接种、疾病防控等服务，提供膳食营养、生长发育等健康指导。

第三十一条 在国家提倡一对夫妻生育一个子女期间，自愿终身只生育一个子女的夫妻，国家发给《独生子女父母光荣证》。

获得《独生子女父母光荣证》的夫妻，按照国家和省、自治区、直辖市有关规定享受独生子女父母奖励。

法律、法规或者规章规定给予获得《独生子女父母光荣证》的夫妻奖励的措施中由其所在单位落实的，有关单位应当执行。

在国家提倡一对夫妻生育一个子女期间，按照规定应当享受计划生育家庭老年人奖励扶助的，继续享受相关奖励扶助，并在老年人福利、养老服务等方面给予必要的优先和照顾。

第三十二条 获得《独生子女父母光荣证》的夫妻，独生子女发生意外伤残、死亡的，按照规定获得扶助。县级以上各级人民政府建立、健全对上述人群的生活、养老、医疗、精神慰藉等全方位帮扶保障制度。

第三十三条 地方各级人民政府对农村实行计划生育的家庭发展经济，给予资金、技术、培训等方面的支持、优惠；对实行计划生育的贫困家庭，在扶贫贷款、以工代赈、扶贫项目和社会救济等方面给予优先照顾。

第三十四条 本章规定的奖励和社会保障措施，省、自治区、直辖市和设区的市、自治州的人民代表大会及其常务委员会或者人民政府可以依据本法和有关法律、行政法规的规定，结合当地实际情况，制定具体实施办法。

第五章 计划生育服务

第三十五条 国家建立婚前保健、孕产期保健制度，防止或者减少出生缺陷，提高出生婴儿健康水平。

第三十六条 各级人民政府应当采取措施，保障公民享有计划生育服务，提高公民的生殖健康水平。

第三十七条 医疗卫生机构应当针对育龄人群开展优生优育知识宣传教育，对育龄妇女开展围孕期、孕产期保健服务，承担计划生育、优生优育、生殖保健的咨询、指导和技术服务，规范开展不孕不育症诊疗。

第三十八条 计划生育技术服务人员应当指导实行计划生育的公民选择安全、有效、适宜的避孕措施。

国家鼓励计划生育新技术、新药具的研究、应用和推广。

第三十九条 严禁利用超声技术和其他技术手段进行非医学需要的胎儿性别鉴定；严禁非医学需要的选择性别的人工终止妊娠。

第六章 法律责任

第四十条 违反本法规定，有下列行为之一的，由卫生健康主管部门责令改正，给予警告，没收违法所得；违法所得一万元以上的，处违法所得二倍以上六倍以下的罚款；没有违法所得或者违法所得不足一万元的，处一万元以上三万元以下的罚款；情节严重的，由原发证机关吊销执业证书；构成犯罪的，依法追究刑事责任：

（一）非法为他人施行计划生育手术的；

（二）利用超声技术和其他技术手段为他人进行非医学需要的胎儿性别鉴定或者选择性别的人工终止妊娠的。

第四十一条 托育机构违反托育服务相关标准和规范的，由卫生健康主管部门责令改正，给予警告；拒不改正的，处五千元以上五万元以下的罚款；情节严重的，责令停止托育服务，并处五万元以上十万元以下的罚款。

托育机构有虐待婴幼儿行为的，其直接负责的主管人员和其他直接责任人员终身不得从事婴幼儿照护服务；构成犯罪的，依法追究刑事责任。

第四十二条 计划生育技术服务人员违章操作或者延误抢救、诊治，造成严重后果的，依照有关法律、行政法规的规定承担相应的法律责任。

第四十三条 国家机关工作人员在计划生育

工作中，有下列行为之一，构成犯罪的，依法追究刑事责任；尚不构成犯罪的，依法给予处分；有违法所得的，没收违法所得：

（一）侵犯公民人身权、财产权和其他合法权益的；

（二）滥用职权、玩忽职守、徇私舞弊的；

（三）索取、收受贿赂的；

（四）截留、克扣、挪用、贪污计划生育经费的；

（五）虚报、瞒报、伪造、篡改或者拒报人口与计划生育统计数据的。

第四十四条 违反本法规定，不履行协助计划生育管理义务的，由有关地方人民政府责令改正，并给予通报批评；对直接负责的主管人员和其他直接责任人员依法给予处分。

第四十五条 拒绝、阻碍卫生健康主管部门及其工作人员依法执行公务的，由卫生健康主管部门给予批评教育并予以制止；构成违反治安管理行为的，依法给予治安管理处罚；构成犯罪的，依法追究刑事责任。

第四十六条 公民、法人或者其他组织认为行政机关在实施计划生育管理过程中侵犯其合法权益，可以依法申请行政复议或者提起行政诉讼。

第七章 附 则

第四十七条 中国人民解放军和中国人民武装警察部队执行本法的具体办法，由中央军事委员会依据本法制定。

第四十八条 本法自 2002 年 9 月 1 日起施行。

图书在版编目（CIP）数据

中华人民共和国乡村振兴注释法典 / 中国法制出版社编．—北京：中国法制出版社，2023.6
（注释法典）
ISBN 978-7-5216-3452-5

Ⅰ．①中…　Ⅱ．①中…　Ⅲ．①乡村振兴促进法-法律解释-中国　Ⅳ．①D922.405

中国国家版本馆 CIP 数据核字（2023）第 065777 号

策划编辑：舒　丹　　　责任编辑：张　僚　　　封面设计：周黎明

中华人民共和国乡村振兴注释法典

ZHONGHUA RENMIN GONGHEGUO XIANGCUN ZHENXING ZHUSHI FADIAN

经销/新华书店
印刷/三河市紫恒印装有限公司
开本/710 毫米×1000 毫米　16 开　　　印张/ 44　字数/ 1188 千
版次/2023 年 6 月第 1 版　　　2023 年 6 月第 1 次印刷

中国法制出版社出版
书号 ISBN 978-7-5216-3452-5　　　定价：98.00 元

北京市西城区西便门西里甲 16 号西便门办公区
邮政编码：100053　　　传真：010-63141600
网址：http://www.zgfzs.com　　　**编辑部电话：010-63141663**
市场营销部电话：010-63141612　　　**印务部电话：010-63141606**